貞石可憑

新見隋代墓誌銘疏證

國家社科基金重點項目資助（14AZS004）
陝西師範大學優秀學術著作出版基金資助出版
陝西師範大學歷史文化學院資助出版

周曉薇 王其禕 ◎ 著

科学出版社
北京

内容简介

本書蒐集了2008年以後新見隋代墓誌163種，依時間排序而對每種墓誌從基本信息、誌蓋誌文、疏證三方面進行個案整理與研究。

疏證側重釐清誌主的出身、家族、世系、任職、婚姻、子女、宅第、葬地等史料實況，並分析與誌主生平事功相關聯的史事，以爲史籍之補正；且欲通過梳理隋代與前朝後世相關墓誌文獻之間的聯繫，尋找契合的規律和問題，進而做整體或專題的從史料到史學乃至藝術諸層面的探討，以期促進對隋代總體研究的拓展與深化。

本書可供文獻學、中國古代史專業師生閱讀和參考。

圖書在版編目（CIP）數據

貞石可憑：新見隋代墓誌銘疏證/周曉薇，王其褘著. —北京：科學出版社，2019.12
ISBN 978-7-03-063746-8

I. ①貞… II. ①周… ②王… III. ①墓誌-研究-中國-隋代 IV. ①K877.45

中國版本圖書館CIP數據核字（2019）第283184號

責任編輯：任曉剛 / 責任校對：韓 楊
責任印製：師艷茹 / 封面設計：楠竹文化

科学出版社 出版
北京東黃城根北街16號
郵政編碼：100717
http://www.sciencep.com

北京九天鴻程印刷有限責任公司 印刷
科學出版社發行 各地新華書店經銷

2019年12月第 一 版　開本：787×1092　1/16
2019年12月第一次印刷　印張：35 1/4
字數：650 000

定價：458.00元
（如有印裝質量問題，我社負責調換）

前　言

　　進入 21 世紀以來，對於出土文獻的整理與研究，墓誌銘這一門類已蔚然成爲大端，並日漸深入和廣泛地嘉惠於學界。著眼於隋代，隨著《隋代墓誌銘彙考》的出版，利用墓誌資料所展開的研究，已趨於多元並呈現出不少新創獲。

　　自 2007 年《隋代墓誌銘彙考》出版迄今，又有數量可觀的新出或新見隋代墓誌緣刊佈甚少且多散在民間而尚少爲學界所知詳。另外，針對新出土墓誌的零星研究，固亦不乏視角獨特、研究深入之成果，然則畢竟數量較少。而造成新出隋代墓誌研究成果相對薄弱的主要原因，乃在於許多墓誌尚未能收集整理並系統納入已出版的相關石刻文獻彙編中，研究者自無從或不便利用。又且即使編入個別墓誌彙編中的新墓誌也存在著"拓本重復影印、辨僞工作不夠，錄文大多沒有校記，許多材料交代不清""要利用的材料需要核對不同的拓本圖版、文字也需要核對幾家錄文、對照圖版、擇善而從"的問題①，因此無法集中對新出隋代墓誌進行整體把握與全面研究。

　　我們近年來密切關注和收集自 2008 年以後新出與新見隋代墓誌信息，隨時梳理新出墓誌的著錄、收藏以及研究狀況，從地域、年代、性別、書體、紋飾、形制、文法、字樣以及史學資料價值等多方面，建立起盡可能細緻全面的數據分析平臺，並對於尚可資深入探討的主題予以分門別類的史料與史學分析。新出隋代墓誌無疑爲中古史研究提供了諸多新資料，也無疑會大有益於解決以往因資料不足而未能深入探究的問題，從而助推相關學術領域催生出更多豐富的成果，這正是本書旨趣與研究價值之所在。

一、新見隋代墓誌的基本要素及數據

　　總計：163 種［磚誌：4 種（墨書 2 種，陰刻未填色 2 種）；枕銘：1 種（誌主梁衍有墓誌一石，又有枕銘一石，故將枕銘與墓誌合並爲 1 種）］，此數量與《隋代墓誌銘彙考》正編的 521 種相較，已接近《隋代墓誌銘彙考》的 1/3。

　　公藏：39 種。

　　私藏（凡非公有制博物館館藏及流散於民間者皆歸爲私藏）：124 種。

　　163 種中有墓誌蓋者：80 種。

　　依時段劃分：開皇 92 種，仁壽 14 種，大業 57 種。

　　誌主爲男性者：136 種（含婦從夫合葬者 43 種）。

　　誌主爲女性者：27 種（皆獨葬）。

　　誌主爲釋氏者 3 人（釋童真、尼元華光、尼元媛柔）。

---

① 榮新江：《學術訓練與學術規範——中國古代史研究入門》，北京：北京大學出版社，2011 年，第 32 頁。

誌主爲公主者3人（北魏宗室女彭城郡公主元華光，西魏文帝女、于儀妻廣寧公主元氏，北周宇文泰第十四女西河公主宇文氏）。

誌主在正史有傳者：17人，即薛舒、耿雄、劉玄（字世清）、厙狄士文、劉仁恩、柳機、鄭仲明、包愷、柳敬言、韋壽、李倩（蒨）之、李禮之、于儀（本傳作于禮）、梁脩芝（字彥光）、宋士素、長孫行布、陸融。（《隋代墓誌銘彙考》中在正史有傳者僅11人）。

又，誌主父祖輩或子輩以及女性誌主的夫君在正史有傳者：涉及49種墓誌。

就史學研究而言，勢必要從史料的分析進入到史學的分析，因此一個新出土的人物墓誌銘就如同正史中的一個人物本傳，將一個時代的人物志、傳予以盡可能全面的結合和互爲補充，無疑會推進對於這個時代的社會與政治、歷史與文化、民族與宗教等諸多情狀的全面認知和瞭解。當然，就傳世文獻尤其匱乏的隋代而言，在正史上有傳的人物墓誌的發現，通常其史料與學術研究價值會顯得尤其重要。

出土地的數據比例統計：

西安地區（含咸陽）83種，陝西境內（不含西安地區）11種，總計94種。

洛陽地區（含河南境內）總計43種。

河北8種、山西9種、甘肅5種、寧夏2種、山東1種、出土地不詳者1種，總計26種。

《隋代墓誌銘彙考》中洛陽及河南所出數量超出長安及陝西所出數量約1倍，而新見163種隋墓誌所呈現的比例正相反，即西安與陝西境內所出反比洛陽與河南境內所出多出了1倍有餘，以兩京地位與人事相較，則新見墓誌的史料價值更加毋庸忽視，尤其西安地區所出者必然爲學界所重視有加。

以墓誌文與墓誌蓋的書寫字體分析：墓誌文書體分別有正書140種，隸書22種，篆書1種。其中文帝朝正書開皇76種、仁壽14種；隸書開皇16種。煬帝朝正書50種，隸書6種，篆書1種。

有墓誌蓋82種，素面無字者2種，有蓋題者80種（其中篆書68種，正書9種，隸書1種，蓋題書體未獲知見者2種）。

又，22種隸書墓誌中出自洛陽5種、北齊舊地鄴城、安陽與衛輝10種、山西上黨與壺關3種、甘肅天水與慶陽2種，長安僅有2種。

上述數據足以見證彼時書法主流與末流的趨向與態勢，即新體楷書的成熟與舊體隸書的式微。也足以見證京師長安在引領文化藝術潮流與導向上的地位與作用。固然墓誌蓋題的篆書依然是承前啓後的基本書體，但誌蓋書體除篆書外又有一些楷書的使用而少見隸書的面目，似也說明在彼時主流書體影響下的嬗變風向與權重。

二、去僞存真、考辯疏證：爲研究隋代社會歷史賦予新內涵

自2007年《隋代墓誌銘彙考》出版之後，逾10年光陰，我們已陸續蒐集、整理並疏證完成了新見隋代墓誌銘163種。當然，這也是恰逢了一種機遇，尤其對我們的課題進程而言，確實是一個千載難逢的時運。不過現代化經濟建設的飛速開發，對於古代墓

葬文化而言，其所帶來的毀壞之嚴重也是無比痛惜的。而面對兩難與無奈，我們仍需悉心收集、梳理和研究，否則，這些如薤露般珍稀而不可再生的墓誌文獻勢必會稍縱即逝甚至毀失殆盡而再難追尋。

2014 年我們出版了《片石千秋：隋代墓誌銘與隋代歷史文化》一書，主要是針對《隋代墓誌銘彙考》所收 500 多種墓誌以及一些後續新見的墓誌資料所進行的研究，內容包括隋代家族研究、隋代避諱釋例、隋代墓誌辯僞、隋代主流書體與"隸楷之變"、隋代墓誌紋飾圖像解讀、隋代兩京地名稽考等諸方面。另外還出版了《柔順之象：隋代女性與社會》一書，也是在充分利用隋代墓誌的素材中，去關注和探討隋代女性問題，因爲女性墓誌所佔比例不少，所探討的問題也就大多試圖貼近於隋代女性的"生活實態"，並致力於對客觀歷史現實的探索與還原。

這次我們謹以疏證的方式針對 2008 年以後新出與新見的隋代墓誌資料進行整理與探討，一是從個案研究入手，釐清每位誌主的出身、家族、世系、任職、婚姻、子女、宅第、葬所等實況，疏證誌主生平事功及與之相關聯的史事，以補正相關史籍之闕訛；二是橫向或縱向地通過梳理隋代與前朝後世相關墓誌文獻之間的聯繫，尋找契合的規律和問題，再結合傳世文獻，進而做可能的整體或專題的從史料到史學乃至藝術等諸方面的分析，以此促進對隋代總體研究的拓展與深化。研究方向雖然與之前有其重疊之處，但新資料所反映的具體內容又無疑爲深廣研究賦予了新的內涵。

（1）經濟史與外交史新資料。譬如"地主"一詞在隋代墓誌有較多出現，指土地的實際擁有者或管理者。將土地所有者稱爲地主，隋唐之前頗不多見，對相關墓誌進行歸納梳理，有助於對中古後期土地制度與經濟史層面的深入研討。又譬如墓誌中有不少聘陳（薛舒）與聘高麗（裴遺業）使主等新信息，對於研討隋陳間國家關係及唐朝與高麗的外交政策具有重要價值。

（2）古都歷史地理新資料。關於隋唐兩京城坊的研究已取得豐碩成果，其中專門論及隋代兩京城坊的研究首推辛德勇《隋大興城坊考稿》的詳盡考察。而對於隋代東都洛陽城坊的系統梳理補苴尚不充分，因此特別側重以所能見知的隋代墓誌銘尤其是新出墓誌爲基本素材，並結合傳世文獻與今人成果，對隋代東都洛陽坊里名稱進行了稽考訂補，最終得以印證史書地理志所載 103 坊中的 36 坊和坊外的 1 坊，計轄於河南縣的 19 坊、轄於洛陽縣的 18 坊、與文獻記載不能相合及屬縣未詳的 7 坊，另外附帶梳理出屬於漢魏洛陽故城的 15 坊，希望能對隋代東都洛陽城坊的考訂和研究趨近系統化而有以推進。另外對墓誌新見長安大興城城郊地名、新見東魏北齊故都鄴城坊里名稱，也盡可能進行了相關考究與梳理。

（3）補正隋代職官。諸如監察御史、起部郎等，並注重對史誌記載互異或闕佚問題的相與補正，以梳理百官、禮儀等典章制度之沿革。譬如《曹瑾墓誌》記載其職任竟一一具體到年月日，殊爲少見，爲瞭解周隋時期職官制度與升等步驟皆有重要參考價值。

（4）世家大族梳理。充分利用世家大族房分與世系之新資料，與正史結合考察諸如杜氏、柳氏、謝氏、于氏、辛氏、朱氏、索氏、皇甫氏、司馬氏等家族事迹，通過對家族郡望世系及歷官婚姻的分析研究，探討中古世家大族與政治經濟乃至社會文化之間的聯繫。

（5）南朝士族與文化。關注於南朝士人進入周隋的學術交往及其文化事功，主要依據《朱幹墓誌》《包愷墓誌》所載信息爲切入點，對相關聯的南朝士人群體進行了深入研究。如吳郡錢塘朱氏是南朝齊梁間文學世家，其後裔在進入北周後竟不爲史載，新出土的隋代《朱幹墓誌》所揭示的正是朱氏一族在周隋間的政治與文化生活軌跡。由於墓誌的序和銘乃分別出自南朝文學領袖明克讓與庾信之手，故對於補備他們的遺文和研討入北的南朝士人交往關係存留了珍貴史料。其中所揭示的豐富的南朝士人行跡與文化傳承，也爲進一步探究周隋間的政治文化傾向特別是文化理念提供了可資借鑒的依據。新出《包愷墓誌》記載可謂賅詳，如其祖父名諱、職任，包愷在陳、隋的職任與文教活動等，皆可補備史傳記述之不足。至於墓誌所記又頗多可與梁、陳、隋史事互爲補充與印證者，則尤見其史料價值之重要。特別是包愷在隋主要從事修書、講史等文化教育活動，且其在隋期間的友好交往圈中亦多爲流寓隋朝的江南士人，因而適可通過這一特殊群體的文教事功，展現隋朝政府對江南文士所採取的"懷柔"策略之功效，並揭示出江南士人在隋朝文教建設中所發揮的積極作用。

（6）胡族姓氏與稀見姓氏探討。利用墓誌中有關北朝胡姓、賜姓之新資料，探討了諸如乞伏氏、賀婁氏、尉遲氏、成氏等氏族源流及其繁衍遷變。賜姓如《耿雄墓誌》所記賜姓和稽氏《宇文穆暨妻乙弗氏墓誌》所記賜姓乙弗氏等，可資研討北朝胡姓諸問題，並可見證胡族在北朝後期的社會政治地位及其與中央王朝之關係。《士孫氏墓誌》則揭示出中古時期隨著胡漢民族的融并程度而逐漸消沉的趨勢。

（7）注重僧尼人物。有關僧人、女尼新資料的研究以《釋童真墓誌》最具典型，童真見載於《續高僧傳》，是迄今僅見的隋代比丘墓誌，對研究隋唐大禪定寺沿革與衰微，以及仙游寺塔仁壽元年瘞埋舍利史事價值頗高。女尼元華光與其同爲比丘尼的侄女元媛柔一並葬於杜陵原上，梳理華光的家族世系，正揭示出她們在政權更迭時期與世家貴族聯姻以延續政治生命的事狀，以及其遁入佛門的社會及個人因緣。

（8）枕銘的發現。《梁衍墓誌》及《梁衍枕銘》，可以梳理梁衍家族世系與籍貫等情況，而在墓葬中發現的石刻枕銘，其文字內容乃是其墓誌銘文字的縮寫，這種功用在中古墓誌史料與墓葬隨葬品中亦似尚屬首例，故頗具文化價值而饒有趣味。

（9）補充正史中立傳者的資料闕失。《隋書》曾試圖爲劉仁恩與郭均立傳，然因資料闕失而僅有寥寥數句，今據兩人墓誌，正可彌補"事行闕落，史莫能詳"之遺憾。

（10）周隋間有關宅園記載的新發現。《王清墓誌》對其住宅與園林有著細緻描述與渲染，這在中古時期的墓誌文撰寫中殊不多見，在隋代墓誌中也是絕無僅有。從墓誌對其宅邸與園林的刻意描繪中，得以窺見隋代官宦家庭的宅第和園林建築式樣與規模，並可參稽史籍中的宫室營繕法令以探究其宅第僭侈逾制的狀況，以及結合相關文獻來探討彼時邸宅與園林建築的時代風尚與社會背景，尤其是南北文化融合對於北方宅園營造風格的影響。

（11）隋代宦官史事輯略。對於隋代宦官史事的研討，因限於史源的匱乏而一直顯得頗爲沉寂且薄弱，且服務於宦官機構的人物與職能亦尤見稀少且不詳。而利用新出土的《張寂墓誌》及之前見知的六種隋代宦者誌傳約而考之，則庶幾可以稍補隋代宦官史事之所闕略，並借以見證隋代宦官制度之基本情實。

（12）墓誌形制、圖飾以及墓園石刻。《張蔭墓誌》誌石形制最有特徵，誌石四側各鏤空一個壼門，形狀如同一面有足的小石几，誌蓋盝頂正中減底浮雕一條團龍，此種墓誌石造型與團龍紋樣爲隋代乃至中古時期的墓誌中所僅見；《張道淵墓誌》中記載的石碑、石人、石羊、石虎、石門等頗可資探討中古葬制與墓園石刻及石像生等的分類和演變；《潘嗣墓誌》誌蓋圖案極富文化與藝術元素，四殺爲卷草紋，盝頂中部爲蓋題，四角各有一重環形連珠與八角團花圖案，且外環皆呈火焰紋，四方爲四神與雲紋圖案，四神首尾皆呈順時針方向，其中的玄武圖案最爲奇特，表現爲龜蛇分體、龜蛇相隨、兩首對望。此種分體式玄武圖像極爲少見，唯漢鏡中有類似者。

（13）隋代磚誌的整體梳理。在《郭貴寶妻吳小妃墓誌磚》疏證中，對迄今所見61種隋代磚墓誌，從數量、年代、形制、文辭、書法、出土地及誌主身份等諸方面做了詳細梳理總結。

（14）新體楷書的典範。隋代墓誌書法所呈現出的楷書面貌，已基本擺脫了舊朝的筆法，隸書迅速衰微，在民間使用的比例已不足楷書的十分之一。兩京地區尤其是長安，書體風尚廣泛受到南朝梁陳的影響，楷書筆法從峻利變爲溫潤，字形從寬嚴略趨高聳，結體從舒鬆走向緊緻，對初唐楷書的輝煌給予了直接的滋養。其中以《韓恆貴墓誌》的流美俊朗、《宇文穆墓誌》的端穆雍和、《獨孤儉墓誌》的峻整肅括等最具典範，而《黎淳墓誌》的楷隸相間也是這一時段有著別具一格風采的樣板。

古人云："石不能言，或憑焉。"①前賢曰："簡策以外，足以窺古人之陳迹者，無過金石。"②的確，局限隋代研究的一大因素正是可以作爲第一手史料的史源的匱乏，故我們不揣淺陋地對2008年以後新見隋代墓誌資料予以蒐討整合、去僞存真、辯析疏證，自認爲憑依這些未經史官選擇與改削的、原始的隋代人物墓誌信息，排除掉其中的諛墓成分，或多或少可以填補一些傳統史料所未能備詳的缺略，抑或當較正史在更廣闊的社會層面上有著更多的存真存實。要之，系統周詳地整理，客觀準確地記錄，細緻認真地分析，深入透徹地疏證，乃是對墓誌研究持之以恒的基本原則。特別是新出墓誌多是爲中下層官吏與庶民立傳，故相較與正史，墓誌銘則可資更廣泛細微地探討社會基本生活與民眾精神世界的各個層面，亦即更能透見社會情實與時代面貌。因此，憑借新出隋代墓誌資料，應能有效推進隋代研究的廣度和深度，也必將隨著對新資料與新問題的研討進而爲新理論的構建鋪墊坦途。那麼，從保存人物史事的第一手材料得以倍加擴大的意義而論，應更能證見隋代墓誌的文獻地位之重要和史料價值之珍貴，以及研究意義之廣大，從而爲治史者所樂於取徵並有利於跟進時代學術之潮流。

---

① [晉]杜預注、[唐]孔穎達正義：《春秋左傳正義》卷44《昭公八年》，北京：中華書局，1980年影印阮元《十三經注疏》本，第2052頁上。

② 顧燮光撰、王其褘校點：《夢碧簃石言》，瀋陽：遼寧教育出版社，2001年，第1頁。

凡 例

本書共收録2008—2018年新見隋代墓誌銘（含磚質墓誌）163種，皆按葬年月日排序。

每一種墓誌爲一個獨立單元，每個單元以序號、墓誌名稱與葬年月日爲小標題，内容包括"基本信息""誌蓋""誌文""疏證"四欄，不附加圖版。

墓誌名稱均簡化到以誌主姓名加"墓誌"，姓氏不詳者以"□"表示，女性誌主則冠以其夫姓名或姓氏，合葬墓誌則在男性誌主姓名後加"暨妻某氏"之類，個别特殊身份者則加注或釋尼或宫人或皇后公主等。凡有墓誌蓋者，名稱中皆加"並蓋"二字。目録與標題中的葬年均括注公元紀年數字。

"基本信息"一欄以不分段的叙述形式介紹出土時地與存藏所在，其次説明誌文與誌蓋之行款書體以及撰書人名等，基本書體以正書、隸書與篆書表示。再次介紹形制與紋飾，並對特殊形制與磚質墓誌予以提示，尺寸則以長、寬、厚表示，單位用釐米。最後提示該墓誌所見圖文著録與研究之出處。

"誌蓋"一欄謄録蓋題文字。

"誌文"一欄均依據拓本圖版以正字迻録並斷句標點。墓誌序文不分段，銘文亦不依照韻脚分段，銘文後有附記家族世系文字者，另起一行録寫。録文採用新式標點，但不用感嘆號，亦不加專名號與轉行標誌符號。其中原有因避諱及家族人物世次輩分等因素出現的空格或轉行，因爲不影響釋讀，皆不再保留，唯原本留空待補之字而最終未能補上的空格，則依原樣式留出，並加灰底"　"表示。銘文中表示分段换韻的"其一""其二"等字樣，皆用小字處理。文中的殘損字不可辨識者以"□"表示，殘損而尚可推校的字以字外加"□"表示，缺漏字以"[□]"表示，衍字加"（）"表示，訛誤字則在疏證中説明。在字樣的處理上，當時的俗體字與今日通行的簡體字相同者，如"万""于"（非姓氏）"号""并"（非名詞）"无""与""岳"（非姓氏）"吴""灾""台""盖""礼""即""来""夹""却""属""烟""断""迹""恒""弥""岩""国""宫"等皆予照録，通同字與古今字亦照録，其餘除專名以外的俗寫字（包括缺筆短劃者）、異體字與别字等，皆徑改爲正字。

"疏證"一欄，鑒於墓誌文字長短不一，史事多寡互異，故疏證文字則旨在做力所能及的考證，亦即可考者考之，不可考者略之，有重要史料價值者考之，一般常識性問題略之，遂有短者千餘字，長者萬餘字之差别，而難能求其體量之相當。另外，在疏證中提及和引用的隋代墓誌材料凡屬於本書收録的163種者，皆不再特别注明出處。

本書均採用現行繁體字，基本信息與疏證中除帝王紀元之年份以外的數字均用阿拉伯數字表示。

目　　録

前言

凡例

○○一　劉光墓誌　開皇元年（581）六月十八日 …………………………………1
○○二　華端墓誌　開皇元年（581） …………………………………………………3
○○三　李令穆墓誌磚　開皇二年（582）三月十六日 ………………………………5
○○四　尼元華光墓誌　開皇二年（582）十月十三日 ………………………………7
○○五　尼元媛柔墓誌　開皇二年（582）十月十三日 ………………………………10
○○六　辛韶暨妻趙氏墓誌　開皇二年（582）十二月十四日 ………………………13
○○七　尹昇墓誌　開皇二年（582）十二月二十五日 ………………………………16
○○八　鄧玄秀妻辛輝蘭墓誌　開皇三年（583）正月二十日 ………………………19
○○九　長孫璬暨妻叱羅氏墓誌　開皇三年（583）二月十五日 ……………………21
○一○　皇甫光暨妻辛氏墓誌　開皇三年（583）十一月十四日 ……………………25
○一一　張崇訓暨妻高氏墓誌　開皇三年（583）十一月十四日 ……………………27
○一二　薛舒墓誌　開皇三年（583）閏十二月十五日 ………………………………31
○一三　元儉暨妻念氏崔氏墓誌　開皇五年（585）二月二十二日 …………………34
○一四　郭貴賓妻吳小妃墓誌磚　開皇五年（585）十月一日 ………………………36
○一五　皇甫道愛墓誌　開皇五年（585）□月二十日 ………………………………40
○一六　韋壽妻史世貴墓誌　開皇六年（586）正月二十五日 ………………………42
○一七　李君妻盧勝髣墓誌　開皇六年（586）正月三十日 …………………………45
○一八　李伯憲墓誌　開皇六年（586）正月三十日 …………………………………51
○一九　于寬墓誌　開皇六年（586）十一月七日 ……………………………………54
○二○　許孝衍墓誌　開皇六年（586）十一月七日 …………………………………57
○二一　陸孝昇墓誌　開皇六年（586）十一月七日 …………………………………59
○二二　宋士素墓誌　開皇六年（586）十一月七日 …………………………………62
○二三　李倩之墓誌　開皇六年（586）十二月三日 …………………………………64
○二四　李禮之墓誌　開皇六年（586）十二月三日 …………………………………68
○二五　董琳暨妻魏氏墓誌　開皇七年（587）十月二十日 …………………………70
○二六　侯紹墓誌　開皇八年（588）五月十四日 ……………………………………74
○二七　□子建墓誌　開皇八年（588）十一月七日 …………………………………76

編號	墓誌名	日期	頁碼
〇二八	陸融墓誌	開皇八年（588）十一月八日	78
〇二九	朱幹墓誌	開皇八年（588）十一月二十日	81
〇三〇	劉悅墓誌	開皇八年（588）十一月三十日	95
〇三一	趙羅墓誌	開皇九年（589）十月一日	97
〇三二	乞扶令和妻郁久閭募滿墓誌	開皇九年（589）十月十三日	100
〇三三	趙文鏡墓誌	開皇九年（589）十月十三日	105
〇三四	安備墓誌	開皇九年（589）十月二十四日	109
〇三五	成罕墓誌	開皇九年（589）十月二十四日	111
〇三六	成備墓誌	開皇九年（589）十月二十四日	113
〇三七	成晉墓誌	開皇九年（589）十月二十四日	118
〇三八	楊渙墓誌	開皇九年（589）十月二十五日	120
〇三九	元叡墓誌	開皇九年（589）十月二十五日	122
〇四〇	索叡墓誌	開皇九年（589）十一月十九日	124
〇四一	索雄墓誌	開皇九年（589）十一月十九日	133
〇四二	索欣墓誌	開皇九年（589）十一月十九日	134
〇四三	索盼墓誌	開皇九年（589）十一月十九日	135
〇四四	王孝深墓誌	開皇九年（589）十一月二十日	137
〇四五	楊陁羅墓誌	開皇九年（589）十一月二十日	142
〇四六	韋秋母婁氏墓誌	開皇九年（589）十一月二十日	145
〇四七	華政墓誌	開皇九年（589）十一月□日	148
〇四八	于儀暨妻廣寧公主元氏墓誌	開皇十年（590）四月二十七日	150
〇四九	耿雄墓誌	開皇十年（590）十月三十日	155
〇五〇	成君妻士孫氏墓誌	開皇十一年（591）二月二十日	162
〇五一	梁衍暨妻韓氏墓誌（附枕銘）	開皇十一年（591）十月二十五日	167
〇五二	裴遺業墓誌	開皇十一年（591）十一月七日	175
〇五三	劉玄墓誌	開皇十一年（591）閏十二月七日	180
〇五四	邊袞墓誌	開皇十二年（592）正月十五日	183
〇五五	薛貴琛暨妻紇骨氏墓誌	開皇十二年（592）七月十七日	185
〇五六	長孫懿墓誌	開皇十二年（592）十月十二日	189
〇五七	林乾陁暨妻石氏墓誌	開皇十二年（592）十二月一日	194
〇五八	曹瑾墓誌	開皇十三年（593）十月十七日	196
〇五九	梁脩芝墓誌	開皇十三年（593）十一月二十四日	199
〇六〇	薛寶墓誌	開皇十四年（594）正月十四日	204
〇六一	辛瑾墓誌	開皇十四年（594）正月二十六日	206
〇六二	吳寶墓誌	開皇十四年（594）二月七日	208

〇六三	庫狄士文墓誌 開皇十四年（594）三月十二日	211
〇六四	扈志墓誌 開皇十四年（594）十一月十三日	213
〇六五	元世壽墓誌 開皇十四年（594）十一月二十八日	220
〇六六	劉仁恩墓誌 開皇十四年（594）十二月十九日	223
〇六七	李平墓誌 開皇十四年（594）十二月十九日	227
〇六八	郭均墓誌 開皇十五年（595）正月十四日	230
〇六九	王節暨妻趙氏墓誌 開皇十五年（595）二月二十日	235
〇七〇	尉永墓誌 開皇十五年（595）十月二十一日	238
〇七一	鹿善暨妻劉氏墓誌 開皇十五年（595）十月二十一日	243
〇七二	婁叡妻乞伏氏墓誌 開皇十五年（595）十月二十四日	249
〇七三	劉昶妻宇文氏墓誌 開皇十七年（597）六月二十八日	256
〇七四	楊雄母蘭勝蠻墓誌 開皇十七年（597）十一月十一日	260
〇七五	平梁公妻王氏墓誌 開皇十七年（597）十一月二十九日	263
〇七六	萬寶暨妻王氏墓誌 開皇十八年（598）五月十二日	267
〇七七	田集暨妻吳氏墓誌 開皇十八年（598）五月十四日	271
〇七八	宋叔彥暨妻可朱渾氏高氏墓誌 開皇十八年（598）七月二十一日	274
〇七九	王賢暨妻張氏墓誌 開皇十八年（598）十月二十三日	276
〇八〇	李和暨妻趙氏墓誌 開皇十八年（598）十月二十四日	278
〇八一	韓恆貴墓誌 開皇十八年（598）十一月三日	280
〇八二	馬君妻王善墓誌 開皇十八年（598）十一月五日	283
〇八三	韋壽墓誌 開皇十八年（598）十一月十七日	287
〇八四	韋總妻達奚氏墓誌 開皇十八年（598）十一月十七日	289
〇八五	崔顯墓誌 開皇十九年（599）十月十四日	293
〇八六	乙弗明墓誌 開皇十九年（599）十一月二十三日	296
〇八七	宇文穆暨妻乙弗氏墓誌 開皇二十年（600）二月一日	299
〇八八	楊善籥墓誌 開皇二十年（600）四月十四日	301
〇八九	閻顯暨妻劉氏墓誌 開皇二十年（600）五月二十一日	303
〇九〇	吳通暨妻謝氏墓誌 開皇二十年（600）十月二十九日	305
〇九一	張蔭暨妻羊氏墓誌 開皇二十年（600）十月二十九日	308
〇九二	范宏暨妻李氏墓誌 開皇二十年（600）十一月十一日	310
〇九三	陳暉暨妻劉氏墓誌 仁壽元年（601）三月二十六日	313
〇九四	毛護墓誌 仁壽元年（601）三月二十九日	315
〇九五	柳機墓誌 仁壽元年（601）七月二十八日	320
〇九六	張寂墓誌 仁壽元年（601）十月二十三日	336
〇九七	卞茂暨妻張氏墓誌 仁壽元年（601）十一月二十九日	344

○九八　司馬融墓誌　仁壽元年（601）十一月二十九日 …… 347
○九九　長孫君妻薛氏墓誌　仁壽三年（603）二月十二日 …… 349
一○○　司馬君妻尉瓊仁墓誌　仁壽三年（603）十月十六日 …… 350
一○一　請世埮墓誌　仁壽三年（603）十月二十三日 …… 352
一○二　皇甫紘墓誌　仁壽三年（603）十一月十八日 …… 354
一○三　史崇基墓誌　仁壽三年（603）十二月二十八日 …… 356
一○四　□元暨妻崔氏鮑氏墓誌　仁壽四年（604）三月二十四日 …… 361
一○五　睦尚墓誌　仁壽四年（604）十一月十日 …… 363
一○六　解昭暨妻常氏墓誌　仁壽四年（604）十一月二十八日 …… 365
一○七　李裕墓誌　大業元年（605）正月十一日 …… 367
一○八　長孫行布墓誌　大業元年（605）二月二十三日 …… 370
一○九　黎淳暨妻楊氏墓誌　大業二年（606）正月六日 …… 372
一一○　□善墓誌　大業二年（606）三月十九日 …… 375
一一一　長孫懿妻劉氏墓誌　大業二年（606）十一月廿二日 …… 377
一一二　魏乾暨妻李氏墓誌　大業二年（606）十一月二十二日 …… 378
一一三　于斌暨妻李氏墓誌　大業二年（606）十一月二十二日 …… 380
一一四　王清暨妻蘇氏墓誌　大業二年（606）十一月二十三日 …… 384
一一五　裴子休妻魏薩墓誌　大業三年（607）二月五日 …… 394
一一六　康寶足暨妻翟氏墓誌　大業三年（607）八月八日 …… 396
一一七　姚勳暨妻且渠氏陳氏墓誌　大業三年（607）十月九日 …… 398
一一八　楊君妻元氏墓誌　大業三年（607）十一月四日 …… 401
一一九　楊君後夫人李氏墓誌　大業三年（607）十一月四日 …… 403
一二○　司馬季沖暨妻元氏墓誌　大業三年（607）十一月二十七日 …… 405
一二一　王濟暨妻董氏墓誌　大業四年（608）二月十一日 …… 407
一二二　陳沅陵王妃沈氏墓誌　大業四年（608）六月八日 …… 410
一二三　張開暨妻趙氏墓誌　大業四年（608）八月二日 …… 411
一二四　高裔墓誌　大業四年（608）十月十日 …… 414
一二五　張秩暨妻李氏墓誌　大業四年（608）□月九日 …… 416
一二六　李公勳墓誌　大業五年（609）正月二十八日 …… 418
一二七　田世眕墓誌　大業五年（609）五月六日 …… 420
一二八　王伯暨妻□氏墓誌　大業五年（609）十一月二十二日 …… 422
一二九　李世洛墓誌　大業五年（609）十二月十六日 …… 425
一三○　胡岳墓誌　大業六年（610）正月十一日 …… 427
一三一　韋津妻元咳女墓誌　大業六年（610）七月二十三日 …… 429
一三二　韋世□墓誌　大業六年（610）七月二十五日 …… 432

一三三	鄭仲明墓誌　大業六年（610）十一月二十三日	434
一三四	辛侶墓誌　大業六年（610）閏十一月十五日	437
一三五	杜君妻錢大忍墓誌　大業七年（611）二月十六日	440
一三六	趙榮墓誌　大業七年（611）二月二十八日	442
一三七	高叡墓誌　大業八年（612）正月十九日	445
一三八	霍遷墓誌　大業九年（613）正月九日	448
一三九	李協墓誌　大業九年（613）正月二十二日	450
一四〇	郝宜墓誌　大業九年（613）三月五日	452
一四一	張道淵暨妻衛氏墓誌　大業九年（613）十月二日	454
一四二	潘嗣墓誌　大業九年（613）十月三日	459
一四三	董重暨妻梁氏墓誌　大業九年（613）十月十四日	462
一四四	元誠墓誌　大業九年（613）十月十四日	464
一四五	王均暨妻申氏墓誌　大業九年（613）十月十四日	466
一四六	杜懿暨妻韋氏墓誌　大業九年（613）十月十五日	468
一四七	杜祐墓誌　大業九年（613）十月十五日	472
一四八	釋童真墓誌　大業十年（614）三月十三日	477
一四九	趙宮人墓誌　大業十年（614）十月二十七日	481
一五〇	陸平墓誌　大業十年（614）十一月十五日	483
一五一	秦僧伽暨妻徐氏墓誌　大業十一年（615）正月十六日	489
一五二	陳宣帝皇后柳敬言墓誌　大業十一年（615）二月二十七日	493
一五三	謝善富墓誌磚　大業十一年（615）四月十六日	495
一五四	樊覽墓誌　大業十一年（615）七月十九日	497
一五五	王子良母劉盆墓誌　大業十一年（615）八月二十四日	501
一五六	趙通暨妻禮氏墓誌　大業十一年（615）十月二十六日	503
一五七	李善墓誌　大業十一年（615）十一月二十一日	506
一五八	于懿墓誌　大業十二年（616）正月十九日	508
一五九	韓舒暨妻婁氏墓誌　大業十二年（616）正月二十二日	511
一六〇	獨孤儉墓誌　大業十二年（616）四月十七日	513
一六一	夏侯遷墓誌　大業十二年（616）十月十三日	516
一六二	尹彦卿墓誌　大業十二年（616）十二月十四日	518
一六三	包愷墓誌　大業十三年（617）正月十日	523

參考文獻 …………………………………………………………………………… 540

後記 ………………………………………………………………………………… 547

○○一　劉光墓誌

【基本信息】

劉光墓誌，2000 年出土於河南洛陽，誌石今存民間。誌文 6 行，滿行 11 字，隸書，有方界格，未見墓誌蓋。誌石拓本長寬均 30 釐米。墓誌圖版載在趙君平、趙文成《河洛墓刻拾零》①，研究參詳王其禕、王慶衛《〈隋代墓誌銘彙考〉補》②，並認爲"誌石首題損泐，誌主姓氏不詳"，後蒙洛陽趙振華傳來誌石圖版，諦審再三，當爲劉姓。

【誌文】

隋故冠軍將軍劉君墓銘
君諱光，字暉仲，瀛州河間人也。以開皇元年六月十三日卒于洛陽永康之里，時年六十有一，以年其月十八日葬張夫人橋西北二里。

【疏證】

以誌主劉光開皇元年（581）六月卒而享年六十一歲且卒葬於洛陽推之，其任"冠軍將軍"當在前朝之東魏或北齊，抑或爲褒賞勳庸而由隋朝泛授者。"冠軍將軍"在東魏、北齊及隋皆爲散號將軍，唯在東魏、北齊皆階從第三品，在隋階從六品。③"河間"時屬"瀛州"，則誌文"州"前泐損一字當是"瀛"字，"瀛州河間"，當今河北省河間縣。《隋書》卷 30《地理志中》"河間郡"下小注云："舊置瀛州"，又河間郡河間縣下小注云："舊置河間郡，開皇初郡廢。大業初復置郡，並武垣縣入焉。"④

誌云"卒于洛陽永康之里"，而隋之洛陽城無永康里，有"永豐里"，"永豐里"之西南又有"康俗里"，皆屬河南縣。以誌主卒在開皇元年（581）六月，而洛陽新都置成於大業元年（605），則此"永康里"名應在北魏洛陽故城，屬洛陽縣，如延昌四年（515）《王禎墓誌》云"卒于洛陽永康里"⑤，正光四年（523）《王曉墓誌》云"卒于洛陽永康里"⑥，正光四年（523）《王基墓誌》云"薨于洛陽永康里"⑦等，又《北史》卷 100《傳序》記李超隋開皇中"終於洛陽永康里宅"⑧。

---

① 趙君平、趙文成：《河洛墓刻拾零》上冊，北京：北京圖書館出版社，2007 年，第 45 頁。
② 王其禕、王慶衛：《〈隋代墓誌銘彙考〉補》，西安碑林博物館：《碑林集刊》第 13 輯，西安：陝西人民美術出版社，2008 年，第 189—190 頁。
③《魏書》卷 113《官氏志九》，北京：中華書局，1974 年，第 2995 頁；《隋書》卷 27《百官志中》，北京：中華書局，1973 年，第 765 頁；《隋書》卷 28《百官志下》，北京：中華書局，1973 年，第 786 頁。
④《隋書》卷 30《地理志中》，北京：中華書局，1973 年，第 856 頁。
⑤ 趙萬里：《漢魏南北朝墓誌集釋》第 3 冊，北京：科學出版社，1956 年，第 129 頁下圖 216。
⑥ 洛陽市文物工作隊：《洛陽出土歷代墓誌輯繩》，北京：中國社會科學出版社，1991 年，第 36 頁。
⑦ 趙萬里：《漢魏南北朝墓誌集釋》第 3 冊，北京：科學出版社，1956 年，第 142 頁上圖 235。
⑧《北史》卷 100《傳序》，北京：中華書局，1974 年，第 3341 頁。

葬地"張夫人橋"當即張方橋。趙萬里《漢魏南北朝墓誌集釋》卷 8《張禮暨妻羅氏墓誌並蓋》云:"誌稱:'葬張方橋北二里,却背芒足,前眺洛川。'案張方橋一名長分橋。《洛陽伽藍記》四:'出閶闔門城外七里長分橋。中朝時以谷水浚急,注於城下,多壞民家,立石橋以限之,長則分流入洛,故名。或云昔河間王在長安,遣張方征長沙土營軍於此,因爲張方橋。今民間訛語號爲張夫人橋。朝士送迎,多在此處。'是橋臨谷水,南距谷水入洛水處當不甚遠。《魏書·楊椿傳》'群公百寮餞於城西張方橋'。又《崔亮傳》'亮爲僕射,奏於張方橋東堰谷水造水碾磨數十區'。亦橋臨谷水之證。隋以後名漸不彰。《嘉慶洛陽縣志》七《土地記》'晋張方橋在城西',蓋至近世已不能實指其所在矣。"[1]今據此隋開皇元年(581)葬在"張夫人橋西北二里"之《劉光墓誌》,或可爲《洛陽伽藍記》所言"今民間訛語號爲張夫人橋"添一佐證。而隋誌中張方橋又稱張方營,其地約當今洛陽城東大馬村一帶。除《張禮墓誌》外,尚有開皇三年(583)《張顏墓誌》"窆于張方橋西北二里",開皇十五年(595)《張協墓誌》"筮宅于華源鄉之南郊、張方營之北野",仁壽元年(601)《張通墓誌》"葬在張方橋北五里",仁壽三年(603)《朱寶墓誌》"葬于城西華原鄉張方橋東北七里",仁壽四年(604)《王夏墓誌》"窆于清風鄉張方橋馮村之北一里"等,均載在《隋代墓誌銘彙考》。

---

[1] 趙萬里:《漢魏南北朝墓誌集釋》第 2 冊,北京:科學出版社,1956 年,第 82 頁上。

○○二　華端墓誌

【基本信息】

華端墓誌，2009 年出土於西安南郊少陵原，2012 年 12 月入藏西安碑林博物館。誌文 23 行，滿行 24 字，正書，有方界格。蓋題 9 字，3 行，每行 3 字，陽文篆書，有方界格。誌石長 43 釐米、寬 42.5 釐米，誌蓋覆斗形，盝頂長 34.5 釐米、寬 35 釐米。墓誌圖文載在劉文《陝西新見隋朝墓誌》[①]，研究參詳王其褘、周曉薇《長安地區新出隋代墓誌銘十種集釋》[②]。

【誌蓋】

大隋華使君之墓誌銘

【誌文】

大隋華使君之墓誌

君諱端，字世端，大寧武城人也。盤根始於微子，葉散殷王。既而冠冕蟬聯，光于晉魏。祖爽，本郡太守。考紹，位重聲高，才匡王室，孝昌之始，解褐奉朝請，歷任大行臺右丞、中書舍人、黃門侍郎、使持節、驃騎大將軍、開府儀同三司、大都督、文州刺史，封高唐縣開國侯，邑一千五百戶，薨贈燕幽二州刺史。惟公神風挺秀，寶器天成，樹玉嶺於藍田，起金峯於麗渚。拜袁將軍而懷橘江夏，愧神童之名；對李府君而高談北海，稱孤璧之号。志成孝節，文武才兼，弱冠登朝，彈冠入仕，門藉勳蔭，令問有聞。天和五年，出身任給事中士。既劬勞匪懈，獻替扶輪，禁衛綢繆，常倍帷幄。建德五年，遷橫野將軍、大府中士。洪溝不割，龍駕東飛，靜燕趙之埃塵，掃青徐之芥霧。鴻門壯士，樊將軍之有功；潼關烈臣，許亭侯之猛衛。誠節既著，勞賞即褒，授大都督。驅馳清幹，在任有功。宣政之年，轉授天官府內府上士，任參文武，勤勞效績。大象二年，詔授黃瓜縣男，邑二百戶。大隋之初，即任東宮右內率，領帥都督兵。方當被功山岳，貴極台星，學匱不成，爲山劬覆，壽未立年，早鍾長夜。春秋卅有七，薨於家堂。嗚呼哀哉，乃窆于大興縣小陵之原。終君之有傷國顏子之永痛。可謂家碎掌珠，物催連璧，朝光送節，夜漏催晨，式載芳猷，千齡不朽。

洪緒遐載，貴戚綿邈。先德乘乾，中宗封岳。漢有冠纓，魏稱惇學。貴爵門推，劍綬傳握。器惟文武，六藝兼該。庸城敵散，平原陣開。或遊春路，乍賦陽臺。孔徒流痛，漢室銜哀。胡桑葉落，易水風悽。遼東鶴叫，薊北烏啼。市朝潛草，年世終迷。空餘松檟，時向墳低。

[①] 劉文：《陝西新見隋朝墓誌》，西安：三秦出版社，2018 年，第 64 頁。
[②] 王其褘、周曉薇：《長安地區新出隋代墓誌銘十種集釋》，西安碑林博物館：《碑林集刊》第 19 輯，西安：三秦出版社，2013 年，第 5—8 頁。

【疏證】

　　華氏小姓，史傳中少見。《元和姓纂》卷 9 "華"云："宋戴公子考父説，食采於華（今陝西華山），因氏焉。華督、華元、華宣、華亥，並爲宋卿。漢《功臣表》，華毋害，傳封四代。又華成、華嬰。"①之後，東漢三國有博平侯華歆、醫聖華佗、徐陵亭侯華覈、晉有觀陽伯華表、少府卿華嶠、秘書監華譚，魏有華文榮及其子華天龍、華惠連，南朝陳有湘洲刺史華皎，南朝齊有孝義華寶，隋代有華秋。華氏地望自漢以後爲平原高唐，南朝華皎、華寶云爲晉陵"暨錫"和"無錫"者，是其支分。隋代武城（今河北武城）、高唐（今山東高唐）皆清河郡屬縣，則華端一支著籍"大寧武城"，蓋出華氏正宗。"大寧"在周隋間非是州郡名，疑是指大寧防。而隋代之華秋云爲"汲郡臨河"（今山西永和），亦近於高唐地望。

　　誌主華端及其祖華爽、父華紹，皆不見於史傳。華爽任本郡太守，華紹北魏時"歷任大行臺右丞、中書舍人、黃門侍郎、使持節、驃騎大將軍、開府儀同三司、大都督、文州刺史，封高唐縣開國侯，邑一千五百户，薨贈燕幽二州刺史"，以及華端歷任北周天官府内府上士、黃瓜縣男、隋東宫右内率領帥都督兵等，皆可爲史傳補書一筆。

　　"大興縣小陵之原"即唐代之萬年縣少陵原，屬洪原鄉。隋唐交替之間，小陵原改爲少陵原，故此名稱乃是斷代的一個重要參數②。

　　誌文在字樣方面，如果説"邑"字缺一點在當時俗寫中還比較常見，那麽"華"字缺兩豎和"空"字缺一豎的情況就較爲特殊了，顯然是刻工匆忙中漏刻，而非避諱缺筆。又"薊"下"魚"作"角"，"式"字不僅"工"作"土"，且末筆更多添一撇，"物"缺起筆一撇，"物催連璧"的"催"當作"摧"，"糹"旁三點多作一橫等，皆爲誤别和俗寫。"嚮"作"向"的寫法也值得留意。在語詞方面，"盤根始於微子，葉散殷王"一句當有缺字，"終君之有傷國顔子之永痛"一句疑有文字脱誤，難以點斷。隋初緣避諱而改"中書"爲"内史"，然誌文猶言"中書舍人"而不作"内史舍人"，蓋知隋代對於嫌名"中"字的避諱實不嚴格③。又，墓誌文常稱宅室爲私第、家第，此稱"家堂"者爲少見。

　　以"大隋之初，即任東宫右内率，領帥都督兵。方當被功山岳，貴極台星，學匱不成，爲山劬覆，壽未立年，早鍾長夜。春秋卅有七，薨於家堂"推之，華端當生於東魏武定三年（545），而其卒葬年份則姑且置在開皇元年（581）。

　　華端兄華政墓誌亦已出土，參詳開皇九年（589）《華政墓誌》。

---

① [唐]林寶撰、岑仲勉校記：《元和姓纂（附四校記）》卷 9，北京：中華書局，1994 年，第 1323 頁。
② 周曉薇、王其禕：《新見隋代〈尚衣奉御尹彦卿墓誌〉研讀——兼説"小陵原"與"少陵原"的名稱沿革》，《考古與文物》2011 年第 4 期，第 95—98 頁。
③ 王其禕、周曉薇：《隋代避諱釋例——以隋代墓誌銘爲主體材料》，全國高等院校古籍整理研究工作委員會、《中國典籍與文化》編輯部：《中國典籍與文化論叢》第 13 輯，南京：鳳凰出版社，2011 年，第 28—46 頁。

○○三　李令穆墓誌磚

【基本信息】

李令穆墓誌磚，2003 年 11 月出土於固原市原州區南原漢唐墓地北區，墓葬編號 M5，現存固原博物館。誌文行字數不等，正書。墓誌質地爲磚誌，共兩塊，文字爲墨書。兩磚均長 34 釐米、寬 17 釐米、厚 5.5 釐米。墓誌圖版載在《固原南塬漢唐墓地》①。

【誌文】

開皇二年歲次壬寅三月乙巳朔十六日庚申原州平高縣故李令穆銘。

【疏證】

《固原南塬漢唐墓地》云："出土有兩塊青磚，兩磚上下平置疊壓，上塊青磚墨書一字，模糊不清，底塊青磚正面刻有銘文，這塊磚應該是此墓的墓誌磚。"②

原州平高縣，《隋書》卷 29《地理志上》"平涼郡"小注曰："舊置原州，後周置總管府，大業初府廢。"又平涼郡統縣有"平高"，小注曰："後魏置太平郡，後改爲平高。開皇初郡廢。大業初置平涼郡。有關官。有笄頭山。"③《元和郡縣圖志》卷 3《關內道三》原州管縣有"平高縣，本漢高平縣，屬安定郡。後魏太武帝太延二年，於今縣理置平高縣，屬平高郡。隋開皇三年罷郡，以縣屬原州。大業三年，以原州爲平涼郡。武德元年重爲原州，縣仍屬焉。"④然《魏書》卷 106 下《地形志下》"原州"小注曰："太延二年置鎮，正光五年改爲，並置郡縣。治高平城。"且原州所領二郡的高平郡所領二縣亦爲"高平"和"里亭"，未見有平高縣之設。⑤故高平改平高，或在北魏之後，亦即西魏北周時期。如 1983 年固原出土北周天和四年（569）《李賢墓誌》曰："原州平高人"⑥，1994 年，固原出土北周建德元年（572）《大利稽冒頓墓誌》曰："原州平高縣民"⑦，《周書》卷 30《李穆傳》記李穆西魏時以征江陵功，"尋進位大將軍，賜姓拓拔氏。俄除原州刺史，又以（兄）賢子（孝軌）爲平高郡守，（兄）遠子（植）爲平高縣令，並加鼓吹"⑧。皆可爲證。此墓誌撰在開皇二年（582），適可支持《隋書·地理志》"開皇初郡廢"亦即廢平高郡而改置原州之説，而與《元和郡縣圖志》所謂"開皇三年罷郡，以縣屬原州"的記

---

① 寧夏文物考古研究所：《固原南塬漢唐墓地》，北京：文物出版社，2009 年，第 36 頁圖版。
② 寧夏文物考古研究所：《固原南塬漢唐墓地》，北京：文物出版社，2009 年，第 34 頁。
③《隋書》卷 29《地理志上》，北京：中華書局，1974 年，第 812 頁。
④ [唐] 李吉甫撰、賀次君點校：《元和郡縣圖志》上冊，北京：中華書局，1983 年，第 58 頁。
⑤《魏書》卷 106 下《地形志下》，北京：中華書局，1974 年，第 2622 頁。
⑥ 寧夏回族自治區博物館、寧夏固原博物館：《寧夏固原北周李賢夫婦墓發掘簡報》，《文物》1985 年第 11 期，第 17 頁。
⑦ 羅豐：《北周大利稽氏墓磚》，《考古與文物》2003 年第 4 期，第 68—70 頁。
⑧《周書》卷 30《李穆傳》，北京：中華書局，1971 年，第 528 頁。

載提早一年,未詳"開皇三年罷郡"之説是否準確?又,開皇二十年(600)《閻顯墓誌》[1],依然稱"原州平高人",可以佐證彼時尚未改原州爲平涼郡。而可以支持"大業初置平涼郡"或"大業三年以原州爲平涼郡"之隋代墓誌,則有固原出土大業六年(610)《史射勿墓誌》"平涼平高縣人"與長安出土大業十二年(616)《田行達墓誌》"平涼平高人"之説[2]。

---

[1] 銀川美術館:《寧夏歷代碑刻集》,銀川:寧夏人民出版社,2007年,第15頁。
[2] 上舉兩方墓誌各載王其禕、周曉薇:《隋代墓誌銘彙考》第3冊,北京:綫裝書局,2007年,第188頁;王其禕、周曉薇:《隋代墓誌銘彙考》第5冊,北京:綫裝書局,2007年,第313頁。

○○四　尼元華光墓誌

【基本信息】

尼元華光墓誌，2015年5月出土於西安南郊少陵原，誌石今存民間。誌文14行，行字數不等，正書，有豎界格。蓋題9字，3行，每行3字，陽文篆書，有方界格。誌石長19釐米、寬23.5釐米，誌蓋覆斗形，盝頂長14.5釐米、寬19釐米，誌蓋斷裂。元華光另有一方墓誌刊葬於北周天和五年（570）者亦同時同地出土。研究參詳傅清音《新出元華光墓誌與元媛柔墓誌所見元魏宗女的婚姻和信仰》①。

【誌蓋】

魏彭城郡公主墓誌銘

【誌文】

魏彭城郡公主尼元之墓誌

公主諱華光，姓元氏，河南洛陽人也。魏昭成皇帝五世孫，高祖帝之第八子壽久可汗，曾祖魏左丞相、常山王遵，祖魏内都大官、常山王素連，父魏司朔燕相四州刺史、太尉公淑，母吕氏。公主適魏瑯琊郡公司馬裔，魏大統元年封徐州彭城郡公主，知苦空之無常，識涅般之究竟，遂入道。周天和五年歲次庚寅三月廿八日薨，時年八十有一，大隋開皇二年歲次壬寅十月十三日窆於杜陵原。

大兄，魏使持節、司空公、鄴州刺史諱顥字神周。弟，魏使持節、司空公、襄洛靈涇秦雍六州刺史、侍中、尚書令、司州牧、留守大都督、□馮翊王諱季海字九泉。

【疏證】

開皇二年（582）的《元華光墓誌》爲遷葬墓誌，而其初葬墓誌則刊於北周天和五年（570）。茲迻録如下：

雍州等覺寺比丘尼僧華墓誌

尼俗姓拓拔氏，字華光，魏照成皇帝五世之孫，曾祖諱遵，左右二丞相、常山王，祖諱素連，大將軍、鎮都大將、内外二都□□官、常山康王，司朔燕相四州刺史諱淑第三女，司空公、鄴冀二州刺史顥之妹，司空公、尚書令、司州牧、馮翊簡穆王季海姊，適瑯琊郡公、河内司馬裔，魏大統元年□詔授彭城郡公主，夫喪後，以泡沫□恒，遂入道焉。以大周天和五年歲次庚寅三月乙酉朔廿八日壬子終于道場，四月甲寅朔葬於京兆郡萬年縣鴻固鄉吉遷里，春秋八十有一。

---

① 傅清音：《新出元華光墓誌與元媛柔墓誌所見元魏宗女的婚姻和信仰》，中國文化遺産研究院：《出土文獻研究》第十八輯，上海：中西書局，2019年，第410—422頁。

長子市奴，琅琊郡公。次子法僧。次子康買。次子季禮。

結合兩方墓誌記載，可知元華光系出北魏鮮卑拓跋氏昭成皇帝什翼犍後裔，高祖爲昭成帝之第八子壽久可汗，曾祖爲常山王元遵，祖爲常山康王元素連，父爲太尉元淑，兄爲鄴冀刺史元顥，弟爲馮翊王元季海，而其夫君則是琅琊郡公司馬裔，又其本人亦於大統元年（535）封徐州彭城郡公主，故墓誌史料對於考詳北魏宗室這一重要分支人物的世係、職爵與聯姻，乃至家族浮沉等多具補益價值。另外，與《元華光墓誌》同時同地出土的還有一方其侄女《元媛柔墓誌》，亦葬於開皇二年（582），可一并參詳。

元華光的兩方墓誌，初葬於北周的墓誌稱其爲"俗姓拓拔氏"，隋代遷葬墓誌則稱"姓元氏"。北魏太和二十年（496），令拓跋氏改姓元氏①。西魏大統十五年（549）五月，詔令太和中改姓者恢復舊姓②。隋代詔復改元氏③。北魏太和十九年（495），孝文帝下詔南遷洛陽的代人，死葬河南，悉爲河南洛陽人。北周明帝曾詔令北魏稱河南洛陽者，改稱京兆人④。北周《元華光墓誌》未言籍貫，而隋《元華光墓誌》和《元媛柔墓誌》則並稱河南洛陽人。

元遵、元素連，《魏書》卷15與《北史》卷15有傳；元淑、元季海，《北史》卷15有傳。這一支元氏人物世係，載在《元和姓纂》卷4"元氏"與《古今姓氏書辯證》卷七"元氏"，而據近年新出元華光家族人物墓誌，如元淑、元昭、元顥、元世緒、元侔及元季海妻李稚華與季海子元儉等人墓誌，或可相與證補。

元華光之夫爲魏琅琊郡公河內司馬裔，檢諸文獻，有昭著於史的後魏琅琊王司馬楚之曾孫、司馬金龍孫、司馬悦子且得到庾信撰寫碑誌之司馬裔，然據《北史》與《周書》之司馬裔傳與元華光的墓誌比勘，職爵多異，而以兩人享年推算，亦有懸殊，另外碑誌所載司馬裔夫人雖亦屬元魏宗室，却世係、封號與葬地與元華光多所不同，故此元華光之夫魏琅琊郡公河內司馬裔者，必當另有其人。檢《魏書》司馬楚之本傳，記其還有一位名叫司馬裔的曾孫，而這位司馬裔是司馬延宗的兒子，司馬延宗則是司馬金龍的長子，司馬金龍又襲爵其父司馬楚之的琅邪王，則司馬延宗"子裔，茲承業。世宗時，悦等爲裔理嫡，還襲祖爵"者⑤，所襲正當是其祖司馬金龍的琅邪公爵號，而其襲爵之時亦正在北魏世宗宣武帝時期（500—515）。如此推算，則此司馬延宗之子司馬裔恰與元華光年歲相合矣。

元華光在其夫喪亡後入道出家，而據《李稚華墓誌》"馮翊王昆季早亡，唯姊一人，適司馬琅耶公，早寡歸居"⑥，那麼元華光究竟何時早寡？亦即其夫司馬裔何時喪亡？《元

---

① 《北史》卷3《魏高祖孝文帝本紀》，北京：中華書局，1974年，第114—115頁。
② 《北史》卷5《西魏文帝本紀》，北京：中華書局，1974年，第180頁。
③ 姚薇元：《北朝胡姓考》修訂本，北京：中華書局，2007年，第6頁；牟發松：《〈拓跋虎墓誌〉釋考》，武漢大學中國三至九世紀研究所：《魏晉南北朝隋唐史資料》第18輯，武漢：武漢大學出版社，2001年，第127—138頁。
④ 《北史》卷9《周世宗明帝本紀》，北京：中華書局，1974年，第335頁。
⑤ 《魏書》卷37《司馬楚之傳》，北京：中華書局，1974年，第857頁。
⑥ 胡戟、榮新江：《大唐西市博物館藏墓誌》上冊，北京：北京大學出版社，2012年，第10頁。

華光墓誌》未記司馬裔在北周時官職，而《魏書》又載司馬延宗子裔"位至後軍將軍。卒，贈征虜將軍、洛州刺史"①，再以"早寡"推算，可證司馬裔去世或當在北魏後期，亦即在元華光三四十歲之間，這也符合彼時元華光已育有四子，且除却"長子市奴，琅琊郡公"外，其餘三子都還未有官職的特徵。

元華光出家與寂滅的"雍州等覺寺"，史無記載，可爲西魏、北周都城寺院研究補一名目。元華光葬地"萬年縣鴻固鄉吉遷里"爲北周鄉里名，入隋後再與其侄女元媛柔一起遷葬到杜陵原，其實鴻固鄉所在的鴻固原就是杜陵原，亦即小陵原，且亦當是元氏族塋所在。至於兩次下葬的地點究竟相距多遠，緣墓誌出土信息喪失而難以詳知。鴻固鄉，參詳開皇六年（586）《韋壽妻史世貴墓誌》。吉遷里，疑爲同名異地的常用名之一，顧名思義爲舉家吉遷於此。②杜陵原，參詳大業十二年（616）《尹彥卿墓誌》。

北魏元氏宗室的葬地與政權發展緊密相關，自拓跋珪於天興元年（398）遷都平城，近一個世紀平城一直是拓跋政權的政治、經濟中心，據《元淑墓誌》和北魏景明五年（504）《拓跋忠墓誌》可知，常山王子孫的祖塋疑在永固白登之陽，即平城東。③北魏孝文帝遷都洛陽後，元氏宗室的墓地分佈在北魏洛陽郭城西北北邙山域，其中昭成皇帝後裔的墓地，大致分佈在瀍河以東④。魏分東西，後由齊周取而代之，西魏、北周皆定都關中，元氏宗室入關者或多以長安爲其葬地，實則元氏宗室在東魏者多遭屠戮，保全者多從西魏焉。如北魏高陽文穆王雍之子育於北周明帝二年（558）葬於小陵原⑤，元淑子元季海隨孝武入關後效力西魏，其姐、妻、女、侄皆葬於長安。《洛陽伽藍記》卷4《城東》云："經河陰之役，諸元殲盡，王侯第宅，多題爲寺。"⑥而北齊"大誅元氏，自昭成已下，並無遺焉"⑦。自宇文泰始，待諸元宗室頗寬厚，據《周書》卷38《元偉傳》載："元氏戚屬，並保全之，內外任使，布於列職。孝閔踐祚，無替前緒。明、武纘業，亦遵先志。雖天厭魏德，鼎命已遷，枝葉榮茂，足以逾於前代矣。"⑧其中"今錄其名位可知者"正有"尚書僕射、馮翊王元季海"。誠然元氏枝葉滋蔓於唐世者猶多，但作爲北朝胡姓大族，畢竟進入隋唐以後始趨衰微。

---

① 《魏書》卷37《司馬楚之傳》，北京：中華書局，1974年，第857頁。
② 黄敏：《漢魏六朝石刻鄉里詞語的整理與研究》，西南大學博士學位論文，2013年，第165、196頁。
③ 殷憲：《魏故城陽宣王（拓跋忠）墓誌考》，《中國國家博物館館刊》2014年第3期，第76—83頁。
④ 宿白：《盛樂、平城一帶的拓跋鮮卑——北魏遺迹——鮮卑遺迹輯録之二》，《文物》1977年第11期，第38—46頁；宿白：《北魏洛陽城和北邙陵墓——鮮卑遺迹輯録之三》，《文物》1978年第7期，第42—52頁。
⑤ 祥生：《長安發現北魏獻文皇帝之孫墓誌》，西安碑林博物館編：《碑林集刊》第4輯，西安：陝西人民美術出版社，1996年，第62—63頁。
⑥ 〔北魏〕楊衒之撰、范祥雍校注：《洛陽伽藍記校註》卷4《城西》，上海：上海古籍出版社，1978年，第208頁。
⑦ 《北史》卷19《獻文六王·彭城王勰傳》，北京：中華書局，1974年，第709頁。
⑧ 《周書》卷38《元偉傳》，北京：中華書局，1971年，第689頁。

○○五　尼元媛柔墓誌

【基本信息】

尼元媛柔墓誌，2015年5月出土於西安南郊少陵原，誌石今存民間。誌文16行，行字數不等，有竪界格。蓋題9字，3行，每行3字，陽文篆書，有方界格。誌石拓本長26.5釐米、寬27釐米，誌蓋覆斗形，盝頂拓本長21.5釐米、寬20釐米。研究參詳傅清音《新出元華光墓誌與元媛柔墓誌所見元魏宗女的婚姻和信仰》①。

【誌蓋】

魏馮翊王女之墓誌銘

【誌文】

魏司空公尚書令馮翊簡穆王第二女比丘尼元之墓誌

尼諱媛柔，字惠柔，姓元，河南洛陽人也。魏照成皇帝六世孫，高祖諱遵，魏左右丞相、常山王；曾祖諱素連，魏大將軍、内外二都大官、常山王、諡曰康；祖，魏肆朔燕相四州刺史、太尉公，諡曰靜，夫人吕氏；父諱季海，字九泉，魏使持節、侍中、兼司徒公、尚書左僕射、襄洛靈涇秦雍六州刺史、領軍將軍、司州牧、司空公、尚書令、留守大都督、馮翊王，薨贈本官，諡曰簡穆，母隴西李氏，尋拜爲妃，父諱沖，字思順，魏司空公、尚書僕射、清淵公，諡曰文穆，母滎陽鄭氏。尼兄弟二人，姊妹有三，身居第二。父母嬌怜，偏蒙過庭之及；長而自悟，洞於无爲之理。年十四，童子出家，知苦空而勵己，惜寸影而要心。千章逕耳，似易水餘瓶，靜思三昧，六塵俱服。恭上接下，並歎其能，精誠辯博，咸稱其德。珠沉九湘，金藏山下，春芳始茂，便隨秋葉，臨終益悟，冀望花生。傷無主祭，長辞追恨，以大隋開皇二年歲次壬寅十月六日遘疾，七日大漸於伽藍，春秋五十有三，以其月十三日窆於杜陵原。

兄，大將軍、勳隴洛衛四州刺史、大御正、少司馬、平凉公孝才；弟，儀同三司、甘州刺史、烏水公孝約；姊，適司空公、燕國公于寔；妹，適太師、申國公李穆。

【疏證】

元媛柔爲元季海第二女，其姑爲元華光，參詳開皇二年（582）《元華光墓誌》。元媛柔外祖父李沖，《魏書》卷53、《北史》卷100有傳。元媛柔父元季海，《北史》卷15有傳。據史傳所記，元季海字元泉，諡"穆"；墓誌稱元季海字九泉，諡"簡穆"。元季海歷官，則墓誌可與史傳互爲證補。元媛柔母李稚華，爲北魏司空文穆公李沖之女，在西

---

① 傅清音：《新出元華光墓誌與元媛柔墓誌所見元魏宗女的婚姻和信仰》，中國文化遺產研究院：《出土文獻研究》第十八輯，上海：中西書局，2019年，第410—422頁。

魏廢帝元欽納宇文泰之女宇文氏爲妃時選爲內傅,又爲西魏恭帝之皇后若干氏詔爲保母。元媛柔兄孝才,弟孝約,墓誌所記二人歷官情況亦可與史書互補。孝才即元亨,《隋書》卷54、《北史》卷15有傳。孝約即元儉,正史無傳,而有開皇五年（585）《元儉墓誌》可資參詳。

墓誌稱元媛柔"姊,適司空公、燕國公于寔;妹,適太師、申國公李穆"。于寔是西魏八柱國之一的于謹之子①,墓誌稱于寔爲"司空公、燕國公",《李稚華墓誌》稱其爲"大將軍延壽公"②,于寔在北周孝閔帝踐祚時授民部中大夫,進爵延壽郡公,又進位大將軍。天和五年（570）襲爵燕國公,隋開皇元年（581）薨,贈司空。③《周書》卷15《于謹附于寔傳》記于寔子于顗④,唐永徽元年（650）《于哲墓誌》記誌主爲于謹曾孫、于寔孫、于顗子⑤。《北史》卷91《韓覬妻于氏傳》之于氏爲于寔女⑥。李穆與于寔皆效力於宇文泰,參加過沙苑、河橋等重大戰役。李穆在大統四年（538）河橋之戰中亦有獻馬救主之功,故備受宇文泰榮寵。後又爲隋代建立有推舉之功,上十三環金帶於隋文帝,對隋文帝稱帝多有助力,官至太師。⑦《元媛柔墓誌》稱李穆爲"太師、申國公",《李稚華墓誌》稱其爲"柱國安武公",李穆於北周世宗即位時拜安武郡公,保定三年（563）,遷柱國大將軍。天和二年（567）進封申國公,大象二年（580）加太傅,隋文帝時拜爲太師。

北魏孝文帝遷都洛陽後,建立了包括鮮卑等民族的門閥體制⑧,詳定姓族標準,漢族四姓和鮮卑貴族的穆、陸、賀、樓、劉、於、嵇、尉八姓享受一樣的權力,在此門閥的基礎上,提倡與漢族高門通婚,明令門當戶對的婚姻。如北魏高宗文成帝和平四年（463）下詔:"婚姻者,人道之始。比者以來,貴族之門多不率法,或貪利財賂,或因緣私好,在於苟合,無所擇選。塵穢清化,虧損人倫,將何以宣示典謨,垂之來裔。今制皇族師傅王公侯伯及士庶之家,不得與百工伎巧卑姓爲婚,犯者加罪。"⑨北魏孝文帝太和二年（478）又下詔:"乃者人漸奢尚,婚葬越軌。又皇族貴戚及士庶之家,不惟氏族高下,與非類婚偶。先帝親發明詔,爲之科禁。而百姓一習一常,仍不肅改。朕念憲章舊典,永爲定準,犯者以違制論。"⑩

彼時要求宗室與八姓及漢族高門聯姻:"于時,王國舍人應取八族及清修之門。"⑪作

---

① 于謹與宇文泰關係極爲親密,其所轄軍府似在雍州和華州一帶,華州是宇文泰長駐之地,于謹可能掌握著宇文泰最重要的軍團,可以說他是宇文泰政權的主力。參詳毛漢光:《中國中古政治史論》,上海:上海書店出版社,2002年,第249—252頁。
② 胡戟、榮新江:《大唐西市博物館藏墓誌》上冊,北京:北京大學出版社,2012年,第10頁。
③《周書》卷15《于謹附于寔傳》,北京:中華書局,1971年,第250—251頁。
④《周書》卷15《于謹附于寔傳》,北京:中華書局,1971年,第251頁。
⑤ 趙力光:《西安碑林博物館新藏墓誌續編》上冊,西安:陝西師範大學出版總社有限公司,2014年,第74—78頁。
⑥《北史》卷91《韓覬妻于氏傳》,北京:中華書局,1974年,第3009頁。
⑦《周書》卷30《李穆傳》,北京:中華書局,1971年,第527—529頁;《隋書·李穆傳》略同。
⑧ 唐長孺:《論北魏孝文帝定姓族》,《魏晉南北朝史論拾遺》,北京:中華書局,1983年,第80頁。
⑨《北史》卷2《魏高宗文成帝紀》,北京:中華書局,1974年,第72頁。
⑩《北史》卷3《魏高祖孝文帝紀》,北京:中華書局,1974年,第94頁。
⑪《魏書》卷21上《獻文六王上·咸陽王禧傳》,北京:中華書局,1974年,第534頁。

爲北魏宗室的素連之子元淑一支，其子元季海娶北魏第一等門閥李沖之女；第三女元華光嫁北魏顯貴河內大族司馬延宗之子司馬裔。北魏末年戰亂，元氏宗室和鮮卑貴族八姓都受到沉重創傷，北族的新興軍事貴族興起，如八柱國、十二大將軍和二十四軍的開府儀同[①]。于時，元季海二女分適八柱國于謹子于寔和宇文泰腹心李穆；元季海子元儉前夫人枹罕念氏系魏太師、金城公念賢之女，繼室博陵崔氏之父爲周司徒公、隋大將軍、安國公崔猷[②]，此種聯姻對於延續元氏在政權更迭時期的政治生命頗有助益。

元媛柔十四歲即皈依佛門，當與其姑元華光的影響有關，甚有可能與元華光同在雍州等覺寺修行，可參開皇二年（582）《尼元華光墓誌》。

[①] 唐長孺：《魏晉南北朝隋唐史三論》，北京：中華書局，2001年，第177—178頁。
[②] 參詳王其禕、王慶衛：《〈隋代墓誌銘彙考〉補》之開皇四年（584）《元儉墓誌》，西安碑林博物館：《碑林集刊》第13輯，西安：陝西人民美術出版社，2008年，第191—192頁。

○○六　辛韶暨妻趙氏墓誌

【基本信息】

辛韶暨妻趙氏墓誌，2009 年出土於西安藍田縣，誌石今存民間。誌文 26 行，滿行 26 字，正書兼隸書筆意，有方界格。文末附刻兩行小字，亦正書。蓋題 9 字，3 行，每行 3 字，陽文篆書，有方界格。誌石長 50 釐米、寬 51 釐米，誌蓋長寬均 51.5 釐米，盝頂長寬均 39 釐米。誌蓋四殺刻卷草紋，盝頂四周刻單排連珠紋。墓誌圖文見載於王連龍《新見北朝墓誌集釋》[1]，葉煒、劉秀峰《墨香閣藏北朝墓誌》[2]，劉文《陝西新見隋朝墓誌》[3]。

【誌蓋】

大隋儀同辛君墓誌銘

【誌文】

大隋使持節車騎大將軍儀同三司硤州使君之墓誌銘

君諱韶，字僧伽，隴西狄道人也。昔大夫淵遠，證戎於百年；將軍英貌，破羌於萬里。毗則牽衣魏朝，謐乃掌壼晉室，世卿世禄，可大可久。祖，隴西府君，德惟公輔，才稱王佐。父，相州使君，聲震關西，氣高隴右。君稟靈宿象，降神海岳，天性孝友，自然朗潤。問道通人，少極淹中之業；神交長者，早得圯上之書。釋褐奉朝請、大丞相府墨曹參軍，遷東宫舍人，侍魏恭帝及八王講讀，轉秘書郎中。授業金華，琢磨為寶；刊書石室，朱紫自分。參撰六官，能成郁乎之美；預充八使，便有慨然之心。梁相請和，行人選衆，我堪專對，復膺俞往。玉壘遐荒，銅陵險僻，化政公以明德懿親，承制彼壤，乃除大都督公府記室曹，書記謀猷，雅有弘益，仍被遣治城都縣，局此大方，俯治小邑，雖專割雞，已同馴雉。又治始州長史、普安郡守，尋除驃騎將軍、司徒府上士，又轉夏官職方大夫。杞國公作鎮漢中，高選僚屬，降就別車，以康南鄭。未幾，除車騎大將軍、儀同三司、江陵總管長史，治硤州刺史。鄧騭始号東京，清塵可嗣；應詹流譽南土，芳風更新。方當礪金舟水，坐論太階之上；豈謂穨山壞木，夢講陰堂之隅。春秋五十有九，以周建德四年三月十四日遘疾薨於家，追贈儀同三司。以隋開皇二年歲次壬寅十二月辛丑十四日改窆於藍田縣堺。二宫夾墓，方驗樗子之言；四馬悲鳴，還似滕公之室。山時崩壞，海或揚塵，式銘陰礎，用紀明哲。其詞曰：

崇基西閫，竦幹東扶。六莖上感，參漏下敷。太史箴闕，車騎分符。青緺世襲，丹轂代驅。君濟其美，含章蔚起。學以冀心，德惟潤已。立身無競，齊足非齒。師表人倫，善

---

[1] 王連龍：《新見北朝墓誌集釋》，北京：中國書籍出版社，2013 年，第 185—187 頁。
[2] 葉煒、劉秀峰：《墨香閣藏北朝墓誌》，上海：上海古籍出版社，2016 年，第 202—203 頁。
[3] 劉文：《陝西新見隋朝墓誌》，西安：三秦出版社，2018 年，第 8 頁。

居父子。趣事龍樓，沉思麟閣。六官創制，四牡諧度。入帷疾愈，出壇利博。單父慚信，漁陽比樂。居半流謠，登高起賦。六條斯舉，三階是喻。藏舟易失，下春難駐。未昇金鉉，翻埋玉樹。封如馬鬣，地似牛亭。如何万事，頓隔千齡。松風迥急，隴月孤明。唯言与氣，不朽恒生。

夫人姓趙，河南洛陽人，父肅、廷尉卿、清河公之第二女，其年十二月同窆藍田。有子三女二，長子爽愷，次子贊世，次子侃誠。長女適皇甫氏，次女適韋氏。

【疏證】

王連龍《新見北朝墓誌集釋》最先刊載此誌，並對辛韶身份、仕宦、地名等問題有所考證，兹不贅言。唯有可補充及訂正之處如下：

誌云"毗則牽衣魏朝，謐乃掌壺晉室"，"毗"指辛毗，《晉書》有傳；謐乃辛謐，《晉書》有傳。誌文記述辛毗、辛謐，意在說明魏晉時期家族代有名人。誌云："祖，隴西府君，德惟公輔，才稱王佐。父，相州使君"，蓋避家諱，述其祖、父皆無名字。而由西魏大統十二年（546）《辛術墓誌》之記述則知辛韶祖爲辛臣明、父爲辛虯。①辛臣明、辛虯，史傳無載，據北魏永熙三年（534）《辛虯墓誌》，可知辛虯字龍駒，終秦州刺史，贈相州刺史，諡烈。普泰二年（532）去世，享年七十七歲，葬於山北縣（北魏、西魏屬京兆郡，北周蓋萬年縣、隋改大興縣）。②再結合北魏永熙三年（534）《辛璞墓誌》③、隋大業六年（610）《辛侃墓誌》，略可梳理辛韶家族在北魏至隋期間的世系關係：辛韶祖辛臣明，父辛虯。辛虯八子爲辛璞、辛術、辛瑜、辛浹、辛會、辛瑞、辛邕、辛韶。辛韶三子爲辛爽愷、辛贊世、辛侃（誠）。辛侃二子爲辛積慶、辛積福。

誌云"侍魏恭帝及八王講讀，轉秘書郎中"，此事史傳未載，而有趣的是，《周書》卷35《薛慎傳》載："太祖於行臺省置學，取丞郎及府佐德行明敏者充生。悉令旦理公務，晚就講習，先六經，後子史。又於諸生中簡德行淳懿者，侍太祖讀書。慎與李璨及隴西李伯良、辛韶，武功蘇衡，譙郡夏侯裕，安定梁曠、梁禮，河南長孫璋，河東裴舉、薛同，滎陽鄭朝等十二人，並應其選。"④則辛韶與李伯良、薛慎等十二人被選做周太祖侍讀，却被《周書》記錄下來，不知爲何辛韶誌略去不記。而據史書記述，則可知當時爲侍讀之十二人姓名。又據墓誌而知辛韶在西魏時先曾任過"侍魏恭帝及八王講讀"。

誌云"化政公以明德懿親，承制彼壤，乃除大都督公府記室曹"，化政公指宇文貴，《周書》《北史》有傳。《周書》卷19《宇文貴傳》云："從魏孝武西遷，進爵化政郡公"⑤，且時任閣內大都督。此云宇文貴選辛韶任其大都督公府中的記室曹一職。誌云："書記謀猷，雅有弘益，仍被遣治城都縣"，城都縣應即隋代蜀郡成都縣，城爲成之別寫。誌云"又治始州

---

① 王連龍：《新見北朝墓誌集釋》，北京：中國書籍出版社，2013年，第108頁。
② 石存陝西漢唐石刻博物館。
③ 趙文成、趙君平：《秦晉豫新出墓誌蒐佚續編》，北京：國家圖書館出版社，2015年，第87頁。
④《周書》卷35《薛慎傳》，北京：中華書局，1971年，第624—625頁。
⑤《周書》卷19《宇文貴傳》，北京：中華書局，1971年，第312頁。

長史、普安郡守",《隋書》卷29《地理志上》普安郡小注云:"梁置南梁州,後改爲安州。西魏改爲始州。"普安郡有普安縣,小注云:"舊曰南安。西魏改曰普安,置普安郡。開皇初郡廢,大業初置郡焉。"①誌云:"杞國公作鎮漢中,高選僚屬,降就別車,以康南鄭",杞國公,據王連龍考證爲宇文椿,有誤,應爲其兄宇文亮,《周書》《北史》有傳。《周書》卷10《宇文亮傳》云:"亮字乾德。武成初,封永昌郡公。後襲烈公爵,除開府儀同三司、梁州總管。"②烈公爲杞簡公宇文連之子宇文元寶:"保定初,追贈大將軍、小司徒、大都督、幽燕等六州諸軍事、幽州刺史。襲爵杞國公,謚曰烈。以章武公導子亮嗣。"③也就是說,早在天和時期,宇文亮已襲爵杞國公。宇文椿,《周書》卷10、《北史》卷57有傳。據《周書》卷10《宇文椿傳》云:"宣帝即位,拜大司寇。亮誅後,詔令紹烈公封"④。宇文亮在宣帝大象初因謀反被殺,故宇文椿是在繼宇文亮卒後才襲封烈公宇文元寶的杞國公爵號。而辛韶卒在武帝建德四年(575),則此前"作鎮漢中"的杞國公必然是宇文亮而非宇文椿。誌云辛韶以隋開皇二年(582)"改窆于藍田縣堺",值得注意。因據其家族成員墓誌如《辛虬墓誌》云其葬於山北縣界,山北縣即周隋之萬年、大興縣,始置於後秦姚興時,至北周天和三年(568)廢省。《辛璞墓誌》言其葬於"樂遊之南原",《辛術墓誌》言其葬於"樂遊厝南",《辛術妻裴氏墓誌》亦言其葬於"樂遊里",以"樂遊之南原"即在山北縣界推之,辛氏族塋於隋朝以前當在一地,唯至辛韶夫婦,始改葬於萬年縣東鄰的藍田縣界,未詳何故?

誌云辛韶夫人趙氏"河南洛陽人,父肅,廷尉卿、清河公"。趙肅,《周書》《北史》有傳。《周書》卷37《趙肅傳》云:"趙肅字雍慶,河南洛陽人。世居河西""大統十三年,除廷尉少卿",十四年"封清河縣子,邑三百户。十六年,除廷尉卿,加征東將軍"。"十七年,進位車騎大將軍、儀同三司、散騎常侍,賜姓乙弗氏。"⑤誌云:"有子三女二,長子爽愷,次子贊世,次子侃誠。長女適皇甫氏,次女適韋氏",史傳皆無載。辛侃誠即辛侃,參詳大業六年(610)《辛侃墓誌》。

隴西武將世家辛氏綿延數百年,從兩漢至隋朝各時期政權中都有其踪跡,然因史書相關記載的簡約,辛氏家族支系的情況甚少見於史傳,幸賴出土墓誌文獻得以補充,且不唯補充家族支系,也對辛氏人物的社會活動、辛氏家族在西魏北周的政治生活狀況提供了參考依據。從辛韶祖、父所任官職來看,地位較爲顯赫,說明其在關隴地區頗有一定勢力。辛韶釋褐奉朝請、大丞相府墨曹參軍,先後任東宮舍人、秘書郎中等文職,後爲杞國公宇文亮府僚,除車騎大將軍、儀同三司、江陵總管長史,治硤州刺史。此辛氏一族自辛臣明起,便進入關隴地區發展,其後人亦多仕宦於周隋京師之地,並最終落籍京兆,可以證見辛氏一族在北朝後期已然形成爲關隴集團中一支重要的軍事力量。⑥

---

① 《隋書》卷29《地理志上》,北京:中華書局,1973年,第823頁。
② 《周書》卷10《宇文亮傳》,北京:中華書局,1971年,第157頁。
③ 《周書》卷10《宇文連傳附宇文元寶傳》,北京:中華書局,1971年,第159頁。
④ 《周書》卷10《宇文椿傳》,北京:中華書局,1971年,第158頁。
⑤ 《周書》卷37《趙肅傳》,北京:中華書局,1971年,第662—663頁。
⑥ 參詳李皓:《遷徙與蛻變:中古時期隴西辛氏家族研究》,陝西師範大學碩士學位論文,2016年。

○○七　尹昇墓誌

【基本信息】

尹昇墓誌，西安南郊杜陵原出土，誌石今存民間。誌文 23 行，滿行 23 字，正書，有方界格。蓋題 16 字，4 行，每行 4 字，陽文篆書，有方界格。誌石長寬均 44 釐米，誌蓋覆斗形，盝頂長 36 釐米、寬 35.5 釐米。墓誌圖文載在劉文《陝西新見隋朝墓誌》[①]。研究參詳黨斌《新見墓誌所涉鮮卑乙弗氏問題》[②]。

【誌蓋】

大隋使持節上大將軍北地郡公之墓誌

【誌文】

大隋上大將軍北地公尹之銘

公諱昇，字阿各提，朔州人也。自吉甫降山岳之靈，關令得神仙之要，清源峻趾，有自由來。公少聞雄勇，長稱器局。起家爲周太祖親信，以恭勤被知，戰功見賞，歷奉朝請、都督。後征洛陽，先鋒陷陣，封昌國縣開國子，邑三百戶。又隨柱國乙弗貴援潁川，授持節、撫軍將軍、大都督、通直散騎常侍，尋加使持節、車騎大將軍、儀同三司，進驃騎大將軍、開府儀同、大都督。於寧州領八坊，御下以寬，齊衆以栗。又率偏師出靈、鹽等六州堺，防鎮北境。邊亭於是卧皷，戎候所以息烽。頻以北征茹茹，勳賞烏氏縣開國公，增邑通前一千三百戶。保定三年，除馮翊郡守，民愛清淨，吏懾威棱。属以庸蜀多虞，蠻夷放命。率兵一万，問罪西垂。遷遷興州刺史。山澤無草竊之奸，農桑致豐羨之業。建德二年，轉大將軍。五年，詔除南朔、汾、蔚、顯四州諸軍事南朔州總管，以軍功授上大將軍。大象元年，出爲延州總管，籌策如規，政刑有術。二年，改封北地郡公，增邑通前二千戶。大隋開皇二年夏六月薨在長安，春秋七十。乘輿軫悼，行路掩涕。詔贈本官爵，加金、羅、遷、井四州諸軍事金州刺史，禮也。其年冬十二月辛未朔廿五日乙未窆于藍田縣小陵原。式寄芳徽，乃爲銘曰：

篤生命世，於鑠將軍。蓄茲鱗羽，託彼風雲。搴旗立節，保大成勳。二八斯伍，四七稱群。鍾［□］既備，山河亦分。徽猷日闡，改績歲聞。錫几未加，據鞍猶壯。無徵與善，人之云喪。礼備策哀，榮深詔葬。遺民奔属，皇輿臨望。蕭管夜誼，虞歌曉唱。千秋寂寞。九

【疏證】

誌文末尾"九"字以下可能尚有文字轉刻於誌石左側面而爲拓工所漏，待補。銘文

[①] 劉文：《陝西新見隋朝墓誌》，西安：三秦出版社，2018 年，第 10 頁。
[②] 黨斌：《新見墓誌所涉鮮卑乙弗氏問題》，《石河子大學學報》（哲學社會科學版）2019 年第 2 期，第 78—83 頁。

"鍾既備",所脱一字疑在"鍾"後。誌文"御下以寬,齊衆以栗"的"栗"字,當爲"律"字之誤。《周易》云:"師出以律,否臧凶。"王弼注曰:"爲師之始,齊師者也。齊衆以律,失律則散。故師出以律,律不可失。失律而臧,何異於否。失令有功,法所不赦。故師出不以律,否臧皆凶。"①《史記》卷 25《律書第三》亦詮釋曰:"六律爲萬事根本焉。其于兵械尤所重,故云'望敵知吉凶,聞聲效勝負',百王不易之道也。"②

誌云:"公諱昇,字阿各提,朔州人也"。《元和姓纂》卷 6 記尹姓有天水、河間、樂城三房,無朔州房。

誌云尹昇"起家爲周太祖親信""歷奉朝請、都督。後征洛陽,先鋒陷陣,封昌國縣開國子,邑三百戶",征洛陽之戰發生在西魏大統三年(537)亦即東魏天平四年(537)十月,《魏書》卷 12《孝靜紀》載,東魏天平四年(537)冬十月"己酉,寶炬行臺宮景壽、都督楊白駒寇洛州,大都督韓延大破之。寶炬又遣其子大行臺元季海、大都督獨孤如願逼洛州,刺史廣陽王湛棄城退還,季海、如願遂據金墉"③。《魏書》卷 105 之 4《天象志一》載,東魏天平四年(537)十月"獨孤信拔洛陽"④。《周書》卷 2《文帝紀下》載:"(大統三年)八月丁丑,太祖率李弼、獨孤信、梁御、趙貴、于謹、若干惠、怡峰、劉亮、王德、侯莫陳崇、李遠、達奚武等十二將東伐。"⑤

誌云:"又隨柱國乙弗貴援潁川,授持節、撫軍將軍、大都督、通直散騎常侍,尋加使持節、車騎大將軍、儀同三司,進驃騎大將軍、開府儀同、大都督。"乙弗貴即趙貴,爲北魏景穆皇帝子陽平王元新成孫元敏的女婿,西魏八柱國之一。《北史》卷 17《景穆十二王傳上》載陽平王新成次子衍,"子敏,嗜酒多費,家爲之貧。其婿柱國乙弗貴、大將軍大利稽祐家貲皆千萬,每營給之。敏隨即散盡,而帝不之責"⑥。《周書》卷 4《明帝紀》載,北周明帝元年(557)十二月"甲午,詔曰:'善人之後,猶累世獲宥,況魏氏以德讓代終,豈容不加隱衈。元氏子女自坐趙貴等事以來,所有沒入爲官口者,悉宜放免'"⑦。"乙弗貴援潁川",指的是西魏大統三年(537)十月周文帝率獨孤信、趙貴等出兵攻奪東魏佔領的洛陽之後,潁川亦來降,東魏又欲復降地而再戰於潁川。潁川,史傳或作潁州。《魏書》卷 12《孝靜紀》載,東魏元象元年(538)春正月,"行臺任祥率豫州刺史堯雄等與大行臺侯景、司徒高敖曹、大都督万俟受洛干等於北豫相會,俱討潁州。梁回等棄城遁走,潁州平"⑧。《周書》卷 16《趙貴傳》載:"從太祖復弘農,戰沙苑,拜侍中、驃騎大將軍、開府儀同三司,進爵中山郡公,除雍州刺史。從戰河橋,貴與怡峰爲左軍,戰不利,先還。又從援玉壁,齊神武遁去。高仲密以北

---

① [魏]王弼等注、[唐]孔穎達等正義:《周易正義》卷 2《師》,北京:中華書局,1980 年影印阮元《十三經注疏》本,第 25 頁中。
② 《史記》卷 25《律書第三》,北京:中華書局,1982 年,第 1239 頁。
③ 《魏書》卷 12《孝靜紀》,北京:中華書局,1974 年,第 301 頁。
④ 《魏書》卷 105 之 4《天象志一》,北京:中華書局,1974 年,第 2447 頁。
⑤ 《周書》卷 2《文帝紀下》,北京:中華書局,1971 年,第 23 頁。
⑥ 《北史》卷 17《景穆十二王傳上》,北京:中華書局,1973 年,第 630—631 頁。
⑦ 《周書》卷 4《明帝紀》,北京:中華書局,1971 年,第 54 頁;《北史》卷 9《周本紀·世宗明帝紀》所記略同。
⑧ 《魏書》卷 12《孝靜紀》,北京:中華書局,1974 年,第 302 頁。

豫州降，太祖率師迎之，與東魏人戰於邙山。貴爲左軍，失律，諸軍因此並潰。坐免官，以驃騎、大都督領本軍。尋復官爵，拜御史中尉，加大將軍。東魏將高岳、慕容紹宗等圍王思政於潁川，貴率軍援之，東南諸州兵亦受貴節度。東魏人遏洧水灌城，軍不得至，思政遂没。貴乃班師。尋拜柱國大將軍，賜姓乙弗氏。"①

誌云："頻以北征茹茹，勳賞烏氏縣開國公，增邑通前一千三百户"。據《周書》卷2《文帝紀下》記載，此一時期與茹茹交戰約有三次：一爲西魏大統六年（540）夏，"茹茹度河至夏州，太祖召諸軍屯沙苑以備之"；一爲大統十三年（547）春正月，"茹茹寇高平，至於方城"；一爲西魏恭帝元年（554）夏四月，"茹茹乙旃達官寇廣武。五月，遣柱國趙貴追擊之，斬首數千級，收其輜重而還"②。蓋尹昇皆參與了這幾次征伐，因得勳賞烏氏縣開國公。

《周書》卷6《武帝紀下》載，建德五年（576）冬十月己酉，帝總戎東伐。"癸亥，帝至晋州，遣齊王憲率精騎二萬守雀鼠谷，陳王純步騎二萬守千里徑，鄭國公達奚震步騎一萬守統軍川，大將軍韓明步騎五千守齊子嶺，（焉）[烏]氏公尹昇步騎五千守（鍾）鼓[鍾]鎮，涼城公辛韶步騎五千守蒲津關，柱國、趙王招步騎一萬自華谷攻齊汾州諸城，柱國宇文盛步騎一萬守汾水關。遣内史王誼監六軍，攻晋州城。帝屯於汾曲。"③又，其校勘記云："《北史》卷一〇《周本紀下》、《册府》卷一一七'焉'作'烏'，《北史》'昇'作'升'《册府》作'尹昇'，知採自《周書》。'昇''升'互通。'焉氏'則無此郡縣。當從《北史》、《册府》作'烏氏'。《通鑑》卷一七二作'焉氏公尹升'，胡注以爲'焉氏'即《魏書·地形志》涼州番和郡之燕支縣。按《魏書》卷一〇六《地形志》安定郡有烏氏縣，云'二漢、晋屬安定'。則即《漢書·地理志》之'烏氏'。《漢志》顔師古注'氏音支'，知'氏'字誤。《魏書》卷四五《韋閬附梁穎傳》稱梁嵩遵封烏氏縣開國伯，正作'烏氏'。尹昇所封亦即此縣，作'焉氏'誤，不必强以燕支縣實之。今據改。"④今據《尹昇墓誌》可確證"烏氏"與"昇"字爲準。而墓誌所記尹昇"（建德）五年，詔除南朔、汾、蔚、顯四州諸軍事南朔州總管，以軍功授上大將軍"，其所謂"軍功"者，正是其率"步騎五千守（鍾）鼓[鍾]鎮"也。至於尹昇在保定年間"屬以庸蜀多虞，蠻夷放命。率兵一萬，問罪西垂"之事，則又爲史籍所未詳。

誌云"窆于藍田縣小陵原"，小陵原屬藍田縣之謂，僅此一例，所見隋代墓誌皆言大興縣小陵原，西魏北周墓誌亦未見有言藍田縣小陵原者。藍田縣與大興縣大致以滻水爲界，滻水以東的白鹿原屬藍田縣，以西的小陵原屬大興縣。但在小陵原偏向東南首的一段則容有參差，即小陵原東南首的滻水西畔也有一部分屬於藍田縣管轄，只是當時具體的縣界區劃已難以清晰。大致推測，小陵原向東南延伸到今引鎮以東的史家寨一帶，蓋已入藍田縣界，故此墓誌若確實葬於藍田縣小陵原，則其地理位置可能就在今藍田縣史家寨地域。關於小陵原的考證，參詳大業十二年（616）《尹彦卿墓誌》。

---

① 《周書》卷16《趙貴傳》，北京：中華書局，1971年，第262頁。
② 《周書》卷2《文帝紀下》，北京：中華書局，1971年，第27、30、35頁。
③ 《周書》卷6《武帝紀下》，北京：中華書局，1971年，第95—96頁；《北史》卷10《周武帝紀下》所記略同，唯將"尹昇"作"尹升"。
④ 《周書》卷6《武帝紀下》校勘記[六]，北京：中華書局，1971年，第109頁。

○○八　鄧玄秀妻辛輝蘭墓誌

【基本信息】

鄧玄秀妻辛輝蘭墓誌，出土於陝西咸陽，誌石今存民間。誌文17行，滿行17字，正書，有方界格。蓋題3行，每行3字，陽文篆書，有方界格。誌石拓片長40釐米、寬40.5釐米。誌蓋覆斗形，盝頂拓片長30釐米、寬30釐米。墓誌圖版與錄文見載於趙文成、趙君平《秦晉豫新出墓誌蒐佚續編》[①]，王連龍《新見隋唐墓誌集釋》[②]。

【誌蓋】

大隋昌樂郡君辛氏誌

【誌文】

使持節車騎將軍儀同三司河東郡太守長平縣開國子鄧玄秀妻昌樂郡君故辛氏墓銘

郡君字輝蘭，隴西狄道人也。十五世祖漢車騎將軍執金吾慶忌，從宦西京，因居馮翊富平里。遂領袖五陵，冠冕三輔。郡君雍州主簿對之曾孫，太中大夫雍州治中榮之第三女。孝德成本，幽閑表性。烝既作配，言歸君子。婦道無違，母儀有式，洞鑒空有，深達因果。積善虛言，不終遐壽。以大隋開皇二年十一月卅日遘疾，薨乎河東郡，春秋六十四，仍以開皇三年正月廿日窆雍州北原洪同川。懼日月不居，陵谷好徙，是用刊斯沉礎，永播餘徽，乃爲銘曰：

遥哉洪族，復矣名宗。家傳天爵，世襲人龍。類珠育漢，如竹生邛。彼美誰嗣，淑媛能踪。草塵易驚，風燭難留。魂歸寥廓，柩委山丘。壟初墳濕，松新未裯。鏤兹玄碣，傳芳不休。

【疏證】

辛輝蘭曾祖對、父榮及其夫鄧玄秀，史皆無載。誌云："郡君字輝蘭，隴西狄道人也。十五世祖漢車騎將軍執金吾慶忌，從宦西京，因居馮翊富平里。"辛慶忌，《漢書》卷69有傳，云"辛慶忌字子真""成帝初，徵爲光禄大夫，遷左曹中郎將，至執金吾。""爲國虎臣，遭世承平，匈奴、西域親附，敬其威信"。又云其三子"皆有將帥之風""宗族支屬至二千石者十餘人"。還在傳末強調"慶忌本狄道人，爲將軍，徙昌陵。昌陵罷，留長安"[③]。可知隴西辛慶忌一支在漢朝已落籍長安，並"居馮翊富平里"，而辛輝蘭曾祖與其父亦皆任職於雍州，故辛輝蘭薨乎河東郡而窆於雍州北原洪同川，或當與其先祖已著籍於長安有關。誌云辛輝蘭出嫁前"孝德成本，幽閑表性"，結縭后"婦道無違，母儀有

[①] 趙文成、趙君平：《秦晉豫新出墓誌蒐佚續編》第1册，北京：國家圖書館出版社，2015年，第163頁。
[②] 王連龍：《新見隋唐墓誌集釋》，瀋陽：遼海出版社，2015年，第1頁。
[③]《漢書》卷69《辛慶忌傳》，北京：中華書局，1962年，第2996—2998頁。

式",皆是墓誌對彼時女性品質主流觀念的叙寫。"洞鑒空有,深達因果",應説明辛輝蘭有對釋教的崇信。墓誌言葬地爲"雍州北原洪同川",雍州始置於開皇三年(583),墓誌葬於開皇三年(583)正月廿日,時間差相合符。雍州北原,當即咸陽北原,其東段或屬長安縣,近於長安城西北。又見開皇五年(585)《王琰墓誌》"長安縣之北原"①,當亦指咸陽北原之東段,行政區劃屬長安縣,地理位置則近於長安城西北。又據開皇二十年(600)《宇文穆墓誌》"合葬于咸陽縣城國鄉之山"②,然周隋兩朝皆無咸陽縣之設,有咸陽郡,開皇初廢。"城國鄉"名稱亦爲僅見。以宇文氏家族大塋乃在咸陽北原推之,"城國鄉之山"或即在此地。北原之名在北周已有出現,如天和五年(570)《蕭太墓誌》"葬于長安北原"。建德元年(572)《步陸孤氏墓誌》"歸葬長安之北原"。北周又有"北陵原"之稱,蓋亦指"北原",如建德三年(574)《拓拔競夫人尉遲氏墓誌》"葬於京兆之北陵原"③。"洪同川"名稱爲僅見,因墓誌出土地信息失存,故無法詳確其地理位置。然既言雍州北原,則當在京城西北方向,亦或近於咸陽北原,而北周隋唐之間咸陽有洪瀆原、洪瀆川,與此洪同川名稱音讀略近,當爲一地。如北周建德二年(573)《宇文顯墓誌》"遷葬於咸陽石安縣之洪瀆原"④。參詳開皇十五年(595)《鹿善暨妻劉氏墓誌》。

---

① 王其禕、周曉薇:《長安地區新出隋代墓誌銘十種集釋》,西安碑林博物館:《碑林集刊》第19輯,西安:三秦出版社,2013年,第8—10頁。
② 王其禕、周曉薇:《長安地區新出隋代墓誌銘十種集釋》,西安碑林博物館:《碑林集刊》第19輯,西安:三秦出版社,2013年,第17—20頁。
③ 上舉三方墓誌載[北周]庾信撰、[清]倪璠注、許逸民校點:《庾子山集注》下册,北京:中華書局,1980年,第1008、1029、1068頁。
④ 王其禕、李舉綱:《新出土北周建德二年庾信撰〈宇文顯墓誌銘〉勘證》,西安碑林博物館:《紀念西安碑林九百二十週年華誕國際學術研討會論文集》,北京:文物出版社,2008年,第487—496頁;[北周]庾信撰、[清]倪璠注、許逸民校點:《庾子山集注》下册,北京:中華書局,1980年,第956頁。然《庾子山集注》將"石安縣"誤作"長安縣"。

○○九　長孫璥暨妻叱羅氏墓誌

【基本信息】

長孫璥暨妻叱羅氏墓誌，出土於西安南郊長安區，誌石今存民間。誌文 36 行，滿行 36 字，正書，有方界格。蓋題 15 字，4 行，滿行 4 字，第 2 行 3 字，陽文篆書，有方界格。誌石長寬均 57 釐米，厚 5 釐米，誌石四側綫刻壼門十二生肖圖案，每個生肖動物襯托以花草背景。誌蓋覆斗形，盝頂長寬均 44 釐米，四殺綫刻四神及力士圖案。蓋題四周及誌蓋四側綫刻捲草紋。墓誌圖文披露於劉文《陝西新見隋朝墓誌》①。

【誌蓋】

大隋上開府陽霖公長孫史君之墓誌

【誌文】

大隋使持節上開府儀同三司晉降二州諸軍事晉降二州刺史陽霖公之墓誌

公諱璥，字月苻，河南洛陽人也。其先与魏氏同宗，猶軒轅之子，得姓者十二；顓頊之胤，分族者八人。祖絨，員外散騎侍郎，風神警悟，志識淵遠。秀而不實，弱齡即世。父儉，德實天挺，才惟人傑。与周大祖文皇帝經綸提挈，叶贊中興。歷位柱國、尚書僕射、小冢宰、二荆襄陝四總管、南北道三行臺、昌寧郡公。贈太保，封鄶國公，謚曰文。公即文公之第八子也，生而英異，同闕澤之夢；知子唯親，錫月苻之字。韶齓嬉遊，但爲營陣之法；成童志尚，仍懷將帥之心。覽刺過於百名，吐文踰於萬牒。弓橫宛轉，則兕殪猨驚；劍動蕭條，則蛟分鴻斷。有周大冢宰晉國公，地居魯、衛，任當伊、霍，引爲親信，封顯州陽林縣開國伯，邑八百戶。尋授都督，仍遷帥都督、大都督。公恪居官次，夙夜無怠。加以思同斑爾，志在規摹。天和五年，詔授小司金大夫，轉任司木。遷使持節、車騎大將軍、儀同三司。延平之始，鄧騭以高門初授；太始之末，鄭袤以貴德居之。望古疇今，當仁誰讓。周武皇帝雄圖叡略，將一寰宇。命牟夷而造六鈞，詔涵人而連七属。馬將軍獻木幕之具，陳敬王奉神弩之機。乃授軍器監，復爲司金大夫。其年遷驃騎大將軍、開府儀同三司、大都督。羊祜以元勳懋績，就拜荆州之府；裴楷以清華望重，受光禄之署。公允茲恩寄，實有兼榮。建德元年，授旅賁大夫，掌衛皇麾，典兵禁闥。鈎陳之內，光其天寵。洎銅陵始附，玉壘初聞。擁節塞帷，寔資朝望。三年，授遂州諸軍事遂州刺史。地接岷峨，民惟巴濮。是稱剽獷，舊号難治。公入境宣威，下車布德。徐州愧其甘雨，荆部慙其惠風。洲磧轉高，驗富民之教洽；沙盃常滿，顯勸農之化行。宣政元年，代下還闕，又任軍器總監。其年授虎賁中大夫，進爵爲侯，前後增邑一千一百戶。赤狄白狄，或離或附。僑如栗如，一彼一此。乃授公石州諸軍事石州刺史。公曝以秋陽，潤之春露。刑清訟息，遠服迩安。

---

① 劉文：《陝西新見隋朝墓誌》，西安：三秦出版社，2018 年，第 12 頁。

信結美稷之童，恩被若耶之老。士女胥悦，繈負相尋。旬朔之間，戶盈十倍。俄丁母曹夫人艱，泣血三年，加人一等。朝旨斷恩，以義奪禮，從權起授石州刺史。大隋御寓，鼎命惟新。肆觀群后，義存黜陟。乃授上開府，進爵爲公。庭列軒懸，門羅榮戟，功懋懋賞，當世榮之。又以獫允内侵，總戎薊北。而射雕之騎忽映胡桑，列鶴之兵猶屯易水。伯宗固守，雖有飛泉之異；少卿深入，終致箭盡之危。張膽不虧，銜鬚遂殞。時開皇二年秋八月十五日，春秋卌有四。皇情感悼，禮異恒綸。終其東園秘器，送以南宫衛。贈晉州降州二州諸軍事、晉降二州刺史，謚曰陽霖公，禮也。夫人叱羅氏，周柱國、南陽公協之女也。四德幽閑，六行光備。天和四年，先從風燭。以今開皇三年歲次癸卯二月庚午朔十五日甲申合葬於雍州長安縣鴻固鄉冑貴里。繼室夫人田氏，太傅、觀國襄公弘之女，司空敬公恭之妹也。齊國筮仕，鳳飛啓冑；薛邑分封，雞鳴爲客。以兹世地，爰挺柔儀。既屬惟殯之哀，仍辭郊吊之禮。明珠在掌，未啓鑿楹之書；雄劍沉淵，遂滅侵星之氣。存亡感歎，悲恨兼深。靈櫬自遠，泉扃且閟。經始依隨，備嘗危苦。而山稱鎮地，尚或東武飛空；葬者藏也，乃有佳城見日。其銘云尔：

金曆告終，玄精受命。建國經野，天臨日镜。高陽分族，公孫得姓。人物繼軌，衣冠鼎盛。文公載挺，是曰民英。雄才卓犖，逸氣縱橫。入居端揆，出總連城。越柱標迹，燕山勒銘。八桂聚生，三珠別幹。肅肅風彩，堂堂氣岸。入室操戈，登樓轉笴。籋雲騁足，搏風矯翰。夙應令問，弱冠登朝。乘軒服冕，擁節班條。貪泉起詠，玄酒興謡。擊鍾陳鼎，奏鼓吟簫。霧起盧龍，塵飛玄菟。志在横行，道窮提步。義存身沒，年新人故。栢谷開塋，祁連象墓。塞無光禄，城有夫人。事經夷險，理極艱辛。今生似客，昔日如賓。還看壟樹，獨自含春。

【疏證】

誌云長孫璿爲"河南洛陽人也"，並强調"其先与魏氏同宗"，分族得姓爲長孫氏。與長孫璿父長孫儉本傳云"其先，魏之枝族，姓托拔氏。孝文遷洛，改爲長孫"之記述契合。①長孫儉，《周書》《北史》皆有傳。《北史》卷22《長孫嵩傳附五世孫儉傳》云："儉，本名慶明。曾祖地汾，安東將軍、臨川公。祖酌，恒州刺史。父郕，員外散騎侍郎，早卒。"②墓誌則云："祖郕，員外散騎侍郎，風神警悟，志識淵遠。秀而不實，弱齡即世。"誌史亦合。又據史傳可知長孫璿高祖長孫地汾、曾祖長孫酌之職官封爵。誌云："父儉，德實天挺，才惟人傑。与周大祖文皇帝經綸提挈，叶贊中興"，《周書》卷26《長孫儉傳》亦云："太祖臨夏州，以儉爲録事，深器敬之。……凡有經綸謀策，儉皆參預。"③誌云："歷位柱國、尚書僕射、小冢宰、二荆襄陝四總管、南北道三行臺、昌寧郡公。贈太保，封鄶國公，謚曰文"，可與《周書》《北史》本傳互參，且略有不同，如"尚書僕射"，傳載先爲"大行臺尚書"、又任"東南道行臺僕射"；"二荆襄陝四總管"，傳載"授總管荆

---

① 《周書》卷26《長孫儉傳》，北京：中華書局，1971年，第427頁。
② 《北史》卷22《長孫嵩傳附五世孫儉傳》，北京：中華書局，1974年，第807頁。
③ 《周書》卷26《長孫儉傳》，北京：中華書局，1971年，第427頁。

襄等五十二州諸軍事、行荆州刺史""天和初，轉陝州，總管七州諸軍事、陝州刺史"①。

長孫璥史傳無載，而誌載其履歷，任職頗多。則選取其中較爲特殊者約略考之。誌云："有周大冢宰晉國公，地居魯、衛，任當伊、霍，引爲親信，封顯州陽林縣開國伯，邑八百戶。尋授都督，仍遷帥都督、大都督"，周大冢宰晉國公爲宇文護，北周孝閔帝踐祚，拜宇文護爲大冢宰。則長孫璥是被宇文護"引爲親信"，在其幕下任職，從親信做到都督、帥都督、大都督。誌云："天和五年，詔授小司金大夫，轉任司木"，小司金、司木，在北周爲冬官工部屬官。不久，"乃授軍器監，復爲司金大夫"，然據《周書》卷 6《武帝紀下》載，建德四年（575）春正月戊辰"初置軍器監"②，則誌文雖未寫明長孫璥任軍器監的時間，但其後方述其建德元年（572）的職任，恐有誤焉。誌云："建德元年，授旅賁大夫。"旅賁大夫，若從誌文描繪其職責爲"掌衛皇廛，典兵禁闥"來看，似應爲兩職，即旅賁中郎將和太子門大夫。誌云："三年，授遂州諸軍事遂州刺史。"遂州，《隋書》卷 29《地理志上》遂寧郡小注云："後周置遂州。仁壽二年，置總管府。大業初府廢。"③則知隋代遂寧郡即後周之遂州。又據《周書》卷 3《孝閔帝紀》載，元年（557）春正月，"丙寅，於劍南陵井置陵州，武康郡置資州，遂寧郡置遂州"④。則知北周的遂州由遂寧郡而置，入隋在開皇年間又改爲遂寧郡。而據《隋書》卷 29《地理志上》卷末史官評述"蜀郡、臨邛、眉山、隆山、資陽、瀘川、巴東、遂寧、巴西"等地：

> 其風俗大抵與漢中不別。其人敏慧輕急，貌多蔾陋，頗慕文學，時有斐然，多溺於逸樂，少從宦之士，或至耆年白首，不離鄉邑。人多工巧，綾錦雕鏤之妙，殆侔於上國。貧家不務儲蓄，富室專於趨利。其處家室，則女勤作業，而士多自閑，聚會宴飲，尤足意錢之戲。小人薄於情禮，父子率多異居。其邊野富人，多規固山澤，以財物雄役夷、獠，故輕爲奸藏，權傾州縣。此亦其舊俗乎？又有獽狿蠻賨，其居處風俗，衣服飲食，頗同於獠，而亦與蜀人相類。⑤

則知誌云遂州"地接岷峨，民惟巴濮。是稱剽獷，舊号難治"之説不謬，也正由於此，"公入境宣威，下車布德"，爲當地民衆帶來"甘雨""惠風"，教洽勸農，風化大行。之後，長孫璥又授任"石州諸軍事石州刺史"。石州，據《隋書》卷 30《地理志中》離石郡小注："後齊置西汾州，後周改爲石州。"⑥則知隋之離石郡即北周之石州。隋朝建立，"乃授上開府，進爵爲公""又以獵允內侵，總戎薊北"，長孫璥也正是在平定"獵允內侵"的戰役中，"張膽不虧，銜鬚遂殞"。時爲"開皇二年秋八月十五日，春秋卅有四"。又據墓誌知此次突厥入侵地點在薊北，《隋書》卷 30《地理志中》涿郡薊縣小注云："舊置燕

---

①《北史》卷 22《長孫儉傳》，北京：中華書局，1974 年，第 809 頁。《周書》長孫儉本傳未載長孫儉從荆州徵還及以後歷官（參見本傳校勘記八），因僅舉《北史》所載。
②《周書》卷 6《武帝紀下》，北京：中華書局，1971 年，第 91 頁。
③《隋書》卷 29《地理志上》，北京：中華書局，1973 年，第 825 頁。
④《周書》卷 3《孝閔帝紀》，北京：中華書局，1971 年，第 47 頁。
⑤《隋書》卷 29《地理志上》，北京：中華書局，1973 年，第 830 頁。
⑥《隋書》卷 30《地理志中》，北京：中華書局，1973 年，第 852 頁。

郡，開皇初廢，大業初置涿郡。"①檢《隋書》卷1《高祖紀上》載，開皇二年（582）五月"己未，高寶寧寇平州，突厥入長城"②，長孫璥當是在此次戰事中陣亡。誌云："皇情感悼，禮異恒倫。終其東園秘器，送以南宮衛，贈晉州降州二州諸軍事、晉降二州刺史，諡曰陽霖公，礼也"。東園秘器即死者入殮之棺材，南宮衛當指衛尉寺之南宮衛所職掌的甲兵及吉凶儀仗。亦即長孫璥的喪事是得到了朝廷供給棺木並派出葬禮儀仗的殊榮。相似的案例諸如《梁書》卷25《周捨傳》云："贈侍中、護軍將軍，鼓吹一部，給東園秘器，朝服一具，衣一襲，喪事隨由資給。"③鼓吹一部，當爲派出的奏樂儀仗。《陳書》卷9《侯瑱傳》載："贈侍中、驃騎大將軍、大司馬，加羽葆、鼓吹、班劍二十人，給東園秘器，諡曰壯肅。"④其中的羽葆、班劍，亦皆爲儀仗。

誌云："夫人叱羅氏，周柱國、南陽公協之女也"。叱羅協，《周書》《北史》皆有傳。《周書》卷11《晉蕩公護傳附叱羅協傳》云："叱羅協本名與高祖諱同，後改爲。少寒微，嘗爲州小吏，以恭謹見知。""魏恭帝三年，太祖徵協入朝，論蜀中事，乃賜姓宇文氏，增邑通前一千五百戶。"叱羅協又深得晉公宇文護器重，任府長史。"晉公護以協竭忠於己，每提獎之，頻考上中，賞以粟帛。遷少保，轉少傅，進位大將軍，爵南陽郡公，兼營作副監。""協既受護重委，冀得婚連帝室，乃求復舊姓叱羅氏。護爲奏請，高祖許之。又進位柱國。……護誅，協除名"⑤。可見長孫璥與叱羅氏的聯姻正可謂高門對顯宦。

誌云："繼室夫人田氏，太傅、觀國襄公弘之女，司空敬公恭之妹也"。田弘及其子田恭，《周書》《北史》皆有傳。兩史本傳皆云田弘在北周孝閔帝時，進爵雁門郡公，歷位大司空、少保、襄州總管，薨於州。其子田恭嗣爵，後在隋初進爵觀國公，終官左武衛大將軍，卒贈司空，諡敬公。⑥本傳未記田弘太傅一職，蓋爲入隋後之贈官，而爲史傳所未載。本傳亦未載田弘"觀國襄公"爵諡，蓋誤將其子田恭爵號移與田弘名下。史傳又載田弘次子田德懋，大業中爲尚書駕部郎。

誌云"合葬於雍州長安縣鴻固鄉胄貴里"，鴻固鄉又多稱洪固鄉，胄貴里又稱疇貴里，參詳開皇六年（586）《韋壽妻史世貴墓誌》。

誌題"降州"應是"絳州"之別寫。

---

① 《隋書》卷30《地理志中》，北京：中華書局，1973年，第857頁。
② 《隋書》卷1《高祖紀上》，北京：中華書局，1973年，第17頁。
③ 《梁書》卷25《周捨傳》，北京：中華書局，1973年，第376頁。
④ 《陳書》卷9《侯瑱傳》，北京：中華書局，1973年，第156頁。
⑤ 《周書》卷11《晉蕩公護傳附叱羅協傳》，北京：中華書局，1971年，第177—180頁。
⑥ 《周書》卷27《田弘傳》及《田恭傳》，北京：中華書局，1971年，第449—450頁；《北史》卷65《田弘傳》及《田恭傳》略同。

○一○　皇甫光暨妻辛氏墓誌

【基本信息】

皇甫光暨妻辛氏墓誌，2006年1月西安市長安區陝西師範大學長安校區後勤基地工地出土，今存陝西省考古研究院。誌文24行，滿行24字，正書，有方界格。蓋題9字，3行，每行3字，陽文篆書，有方界格。誌石並誌蓋均長42.5釐米、寬41釐米、厚6釐米，誌蓋覆斗形，誌石四側與誌蓋四殺、四側皆爲素面。墓誌圖版與錄文見載於李明、劉呆運、李舉綱《長安高陽原新出土隋唐墓誌》[①]。

【誌蓋】

大隋大都督皇甫光銘

【誌文】

大隋雍州從事京尹主簿潁州贊治新陽章武二郡太守驃騎將軍平恩縣開國子皇甫光墓銘
君諱光，字景融，安定烏氏人也。盖殷王之苗裔，漢雍州牧鸞之後，晉大司農卿陶若干世孫。肇基命氏之由，群后積世之盛，灼灼乎若三辰之麗，遠天曠暨，其猶見之，故不二三談也。曾祖覆，符秦侍中、荆州刺史，乃圖畍忠謇之軌，册牒庭爭之藆，寔茂英聲於任代，貽芳音於來葉者矣。父諱江，字界胡，才韻秀立，世踵風徽，行同四科，識兼知二。以名家子德譽素高，頻辟州都主簿。何異祖逖之慄軌當時，劉琨之緝譽風俗。君資黃中之純氣，踵遲迻於軒轅。基宇自高，通鑒獨遠。少廩廊廟之才，早懷瑚璉之志。行無友而月拚，學不師而日廣。加以立身謹固，孝盡事親。造次靡違，終始弗匱。小心翼翼，衡鏡在躬。寬慈忠恕，迄老而逾益。起家州牧召從事，京尹辟主簿。頻除安定、虞鄉二縣令。邦域捐風流，朝野則清軌。未及朞月，風移俗易。雖復折轅還犢未之或擬儀。遷潁州贊治，砥心機務，庶績咸凝。又除新陽、章武二郡太守，弘義讓以勖君子，施恩惠而字小民。斑白懷道，寔間於閭閈。以君前迻宰任，清響遠聞，翼佐州綱，公私著稱。乃授君大都督、驃騎將軍、右光禄、平恩縣開國子。冀延遐壽，永範邦閭。而昊天不弔，夢楹云及。春秋六十有九，薨於家。以今大隋開皇三年歲次癸卯十一月丙申朔十四日己酉，共夫人辛氏合窆乎京兆郡杜縣高陽原冑貴里。銘述貽芳，永圖泉石。其詞曰：
灼灼高門，堂堂海冑。卿相蟬聯，道隆德富。護羌傑出，司農挺茂。荆州誕叡，抽筠特秀。川岳降靈，幽明陶氣。篤生君子，英韻宏逸。吐言河瀉，發辭風疾。陸子慙文，江生謝筆。良木中摧，高峯儵墜。翠柳啓途，龍輀將暨。白楊含風，清松蕭瑟。永固泉堂，終天長畢。

[①] 李明、劉呆運、李舉綱：《長安高陽原新出土隋唐墓誌》，北京：文物出版社，2016年，第2—5頁。

【疏證】

皇甫光先祖"漢雍州牧鷟",正史無載。"晋大司農卿陶",《晋書》卷3《武帝本紀》載:"(泰始二年)九月己未,散騎常侍皇甫陶、傅玄領諫官,上書諫諍,有司奏請寢之"①。泰始八年(272)二月,"帝與右將軍皇甫陶論事,陶與帝爭言,散騎常侍鄭徽表請罪之"②。《晋書》卷45《侯史光傳》載,泰始初,"與皇甫陶、荀廙持節循省風俗,及還,奏事稱旨"③。《晋書》卷47《傅玄傳》云:"初,玄進皇甫陶,及入而抵,玄以事與陶爭,言誼譁,爲有司所奏,二人竟坐免官。"④正史皆未言皇甫陶任大司農卿。曾祖覆,《晋書》卷111《皇甫真載記》言其爲安定朝那人,"從子奮、覆,並顯關西"⑤。《晋書》卷116《姚萇載記》載:"時苻堅爲慕容沖所逼,走入五將山。沖入長安。堅司隸校尉權翼、尚書趙遷、大鴻臚皇甫覆、光禄大夫薛贊、扶風太守段鏗等文武數百人奔於萇。"⑥皇甫覆官"苻秦侍中、荆州刺史",可補正史之闕,而正史記其任"大鴻臚"則又爲誌所未言及。父江(字界胡),正史無載。

《魏書》與《北史》有皇甫光傳。《魏書》卷71本傳云:"光,美須髯,善言笑。仕蕭鸞,以軍勳至右軍將軍。入國,爲輔國將軍,假南兖州刺史。卒於勃海太守。"⑦《北史》卷45本傳略同。然史傳所記皇甫光官職皆與誌文不合。再以時代推之,史傳之皇甫光嘗歷蕭齊,入北魏後卒,與此仕於北魏的誌主皇甫光當非同一人。又誌曰皇甫光"又除新陽、章武二郡太守",檢仁壽四年(604)《解盛墓誌》"去大周宣政元年,郡守皇甫公辟爲主簿"⑧,大業六年(610)《解盛妻張字墓誌》首行題曰"故章武郡主簿解君妻張墓誌"⑨,以時代推之,此北周宣政元年(578)在任之章武郡守皇甫公正是誌主皇甫光⑩。

葬地"京兆郡杜縣高陽原胄貴里","杜縣"設於北魏,相沿於西魏、北周而廢,或作"杜城縣"。雍州與大興縣皆始置於開皇三年(583),則此誌之稱"杜縣"雖在改置縣名之初而猶沿用舊稱。胄貴里又作疇貴里、壽貴里、稠貴里。參詳開皇六年(586)《韋壽妻史世貴墓誌》。

隋誌所見安定皇甫氏尚有載在《隋代墓誌銘彙考》的開皇九年(589)《皇甫忍墓誌》、大業九年(613)《皇甫深墓誌》、大業三年(607)《皇甫誕墓誌》(存目)⑪,又有新出開皇五年(585)《皇甫謙墓誌》(皇甫忍兄)⑫、開皇五年(585)《皇甫道愛墓誌》(皇甫謙姪),然皆不與皇甫光爲同一支系。

---

① 《晋書》卷3《武帝本紀》,北京:中華書局,1974年,第54頁。
② 《晋書》卷3《武帝本紀》,北京:中華書局,1974年,第62頁。
③ 《晋書》卷45《侯史光傳》,北京:中華書局,1974年,第1289頁。
④ 《晋書》卷47《傅玄傳》,北京:中華書局,1974年,第1320頁。
⑤ 《晋書》卷111《皇甫真載記》,北京:中華書局,1974年,第2861頁。
⑥ 《晋書》卷116《姚萇載記》,北京:中華書局,1974年,第2966頁。
⑦ 《魏書》卷71《皇甫光傳》,北京:中華書局,1974年,第1579頁。
⑧ 王其禕、周曉薇:《隋代墓誌銘彙考》第3册,北京:綫裝書局,2007年,第89頁。
⑨ 王其禕、周曉薇:《隋代墓誌銘彙考》第4册,北京:綫裝書局,2007年,第24頁。
⑩ 李明、劉呆運、李舉綱:《長安高陽原新出土隋唐墓誌》,北京:文物出版社,2016年,第5頁。
⑪ 《皇甫誕碑》約立於唐代貞觀中,今藏西安碑林博物館。
⑫ 李明、劉呆運、李舉綱:《長安高陽原新出土隋唐墓誌》,北京:文物出版社,2016年,第10—13頁。

〇一一　張崇訓暨妻高氏墓誌

【基本信息】

張崇訓暨妻高氏墓誌，2012 年 6 月山東省青州市王墳鎮喬家莊村徵集，今存青州市博物館。誌文 33 行，滿行 24 字，正書，有方界格。誌石長 68 釐米、寬 94 釐米、厚 10 釐米。墓誌披露於劉華國、姜建成《山東青州新出土隋張崇訓墓誌》[①]。

【誌文】

青州故主薄張君墓誌銘

君諱崇訓，字士則，清河東武城人也。自功高西漢，封極山囗；囗擅東都，數窮天地。或復流歌詠於金石，樹風聲於雕篆，有自來矣，可不然乎？南燕左光禄侍中谿，即君之六世祖也。祖長民，新城令、兗州別駕，制控百里，調乂四民，康彼海沂，騁兹驥足。父精，辟州都，顯晦真俗，抑楊人野，信必由己，學不爲人，猶是玉嶺傍潤，珠冰圓折，抑爲世生，遂分光彩。君束髮有異，早得千里之談；裹足聞道，先窮百舍之力。故使遒迓服膺，高擅西河之美；縉紳藉甚，鬱起東州之譽。豈止三冬萬卷，一遍五行，望我清塵，曾何等級。況乃色養有嬰兒之聲，風摇懷孺子之慕，略由天性，通彼神明而已。既而，望實兼舉，州里樂推，束帛遠臻，特徵主薄。片言探理，正面立朝，猶明鏡之寫納四鄰，等高松之擢秀千丈。未幾屈志，自免私門。昔敬叔發徒勞之憤，安仁辭斗筲之役，即事儔人，蕭條俱遠。於是獨韞風調，自王江湖，偃仰性場，縱橫理窟。風光對水，更似仙舟之浮；子侄拜交，還同德星之聚。方期觀光上國，永固南山，聽爽神祇，告全手足。以武定五年十月六日卒於龍泉里，以武定七年三月廿三日葬於幽州固之陽。夫人高氏，勃海條人也。父儁，三徵主薄，再辟州都。弟望高人，簪裾異俗，目標沙汰，口約銓衡，牆仞莫窺，風流可揖。夫人早得父兄之風，夙承母姑之匠，心安習禮，服盡濯衣，外敏若神，内温如玉。東晉西秦之匹，相望不愧；同牢合卺之親，於斯爲重。進退師氏，朝夕囗婦儀，必也緣情起法，因事納軌，至如板轝調神，周旋禮要，稱觴納壽，造次義方。而空聞與善，遽從飄燭。以開皇元年五月廿九日卒於尖山里，以開皇三年十一月十四日附葬先塋。若夫孔公起當衢之聞，杜氏發開階之請，清風何遠，此則其人。雖復伯偕吮筆，未暇盡美；將恐叔子登山，逆陳餘恨。式鐫囗石，永誌幽泉。乃爲銘曰：

極天疏構，帶地分流。代滋蘭若，間挺琳球。析圭聞趙，啟土封留。相連鼎棘，不絶歌謳。若人鍾美，篤生不世。藉秀九芝，乘香八桂。學窮劉馬，道兼莊惠。行則脂韋，言成砥礪。粵惟淑敏，早脩亲栗。敬似對賓，和如調瑟。居業閑整，守心專一。宜爾子孫，又靜家室。庶憑偕若，共保長春。彼蒼不吊，殲我良人。松青日晚，壟白霜晨。言題永

[①] 劉華國、姜建成：《山東青州新出土隋張崇訓墓誌》，《文物》2015 年第 2 期，第 71 頁。

夜，無枉芳塵。

【疏證】

誌主張崇訓與其六世祖張谿、祖張長民、父張精，以及妻高氏父高儶，皆不載於史籍。清河東武城張氏系出西漢留侯張良後裔，後魏有太山太守張岱，自河内徙清河。又有張幸、張準父子，相繼爲青州刺史，爵平陸侯，至唐代清河房張氏又有張文瓘、張錫伯侄相繼相高宗、武后。張崇訓一支不爲史籍所載，蓋緣其後代不昌焉。然能結姻親於渤海望族高氏，蓋自六世祖南燕左光禄侍中張谿始定著青州，成爲清河張氏的青州一支，且其祖、父亦貴爲兗州别駕與本州州都，崇訓本人也做到本州主簿，似可見證其青州大族的社會地位猶爲世所重焉。

張崇訓父張精與其岳父高儶皆任過青州"州都"，以張崇訓卒在東魏武定五年（547）推之，張精與高儶所任州都當在北魏。這裏僅將"州都"官的沿革略作梳理：州都即州大中正的別稱。三國魏曹丕時行九品中正制，郡置中正，州置大中正，掌管地方選拔官吏事宜，亦即品第人物、以備政府詮選士人。州都也稱州都大中正，又有大州都之謂。北魏時"諸州大中正，視第五品。諸州中正，畿郡邑中正，視從第五品"①。錢大昕《廿二史考異》卷40《北史三》"韋師傳"條云："魏晉以後，諸州皆置大中正，以甄別流品。隋時避諱，改爲州都，而去中正之名。"②而實際上州都之設，早在魏晉南北朝已有，且隋代儘管有州都之設，而中正官名亦並未禁止使用，也就是説只是名存實亡罷了。③《通典》卷32《職官十四·州郡上》"總論州佐"之"中正"條曰："魏司空陳群以天臺選用不盡人才，擇州之才優有昭鑒者，除爲中正，自拔人才，詮定九品，州郡皆置。……晉宣帝加置大中正，故有大小中正，其用人甚重。齊梁亦重焉。後魏有之，北齊郡縣皆有其本州中正，以京官爲之。隋有州都，其任亦重。"④《通典》卷33《職官十五》"總論郡佐"之"中正"條亦曰："魏置。晉諸中正，率一國所推，臺閣取信。後魏孝明正光元年罷諸郡中正。北齊郡縣皆有之，他史多闕。隋初有，後罷而有州都。大唐並無此官。"⑤《晉書》卷45《劉毅傳》略云："毅以魏立九品，權時之制，未見得人，而有'八損'，乃上疏曰：'今之中正，不精才實，務依黨利；不均稱尺，務隨愛憎。是以上品無寒門，下品無勢族。置州都者，取州里清議，咸所歸服，將以鎮異同，一言議。'"後劉毅被舉爲青州大中正，又"遂爲州都，詮正人流，清濁區別，其所彈貶，自親貴者始"⑥。可知魏

---

① 《隋書》卷27《百官志中》，北京：中華書局，1973年，第770頁。

② [清]錢大昕著，方詩銘、周殿傑校點：《廿二史考異》上册，上海：上海古籍出版社，2004年，第642頁。此條錢氏例舉《隋書》卷46《韋師傳》，北京：中華書局，1973年，第1257頁載："于時晉王爲雍州牧，盛存望第，以司空楊雄、尚書左僕射高熲，並爲州都督，引師爲主簿。"並指出"州都下疑衍督字""後人校書，不達州都爲何語，妄加'督'字"。

③ 張旭華：《隋及唐初九品中正制的廢除》，《史學月刊》2009年第8期，第19—27頁。

④ [唐]杜佑著，[日]長澤規矩也、尾崎康校訂，韓昇譯訂：《北宋版通典》第7册卷32《職官十四·州郡上》，上海：上海人民出版社，2008年，第246頁。

⑤ [唐]杜佑著，[日]長澤規矩也、尾崎康校訂，韓昇譯訂：《北宋版通典》第7册卷33《職官十五》，上海：上海人民出版社，2008年，第263頁。

⑥ 《晉書》卷45《劉毅傳》，北京：中華書局，1974年，第1274、1279頁。

晋時期中正與州都並存，職責亦相當。三國吴則稱大中正爲大公平，《三國志》卷61《吴書·潘濬傳》裴松之注曰："《襄陽記》曰：襄陽習温，爲荆州大公平。大公平，今之州都。（潘）祕過辭於温，問曰：'先君昔曰君侯當爲州里議主。今果如其言，不審州里誰當復相代者？'温曰：'無過於君也。'後祕爲尚書僕射，代温爲公平，甚得州里之譽。"①則南朝與魏晋北朝一樣，亦行州都之設②。另，中古石刻文獻中亦多見州都之名，皆可與傳世文獻互證，並可證隋代並未禁止使用中正官稱謂，且在隋代石刻文獻中所見州都之名其實也寥寥可數③。還有一點需要説明，即通常僅言"州都"而不明確説明某州都者，當即指所在州的"州都"，如北魏延昌四年（515）《皇甫驎墓誌》曰："刺史王公召簡高梁，澄練涇土。尒日搜揚，無先君者，辟君爲州都。君詮才舉弟，稱允群望，平直之選，歌聲滿路。刺史嘉君忠篤，即拜爲主簿"，又曰："妻安定梁氏，州主簿、郡功曹洪敞女"，以所言"涇土"與"葬於鄠縣申鄉洪澇里"推之④，其州都與主簿蓋皆爲雍州屬職。而此《張崇訓墓誌》"父精，辟州都"，妻高氏"父儁，三徵主簿，再辟州都"，及崇訓本人"望實兼舉，州里樂推，束帛遠臻，特徵主簿"，皆未言明何州之州都與主簿，故以葬地在青州推之，似皆當指青州州都與主簿⑤。也有明言"本州都"者，如北魏正始三年（506）《寇臻墓誌》"夫人本州都譙國高士夏侯融之女"⑥，孝昌二年（526）《寇治墓誌》"母譙郡夏侯氏，父融，本州都"⑦。以《張崇訓墓誌》言郡望爲清河東武城縣，言妻高氏郡望爲渤海脩縣，則張精與高儁所任"州都"之州郡皆與籍貫相合，此正是北朝州都官的一大特點。周一良嘗論"北朝之中正"指出：

> 北魏時中正職權似亦與南朝同樣衰落，成地方長官之下屬，主要任務爲推薦州郡僚佐。其職任雖與吏部不同，而權力遠在王權所統御之吏部以下。……北魏孝文帝模仿漢族制度，採取各種措施，以加強王權，中正名望雖高，職權趨於衰落，似亦自此而亦甚。……大抵北朝中正之作用似尚較南朝爲大，猶非全屬虛名。其原因恐不在於北朝皇帝權力之大小，而在於北方社會經濟落後，更趨向於保守，因而對於魏晋以來舊制改革不如南方之多。南朝多僑州郡縣，人士流移，而北方無此情況，當亦是北朝中正猶多少能行使職權之一因。⑧

---

① 《三國志》卷61《吴書·潘濬傳》，北京：中華書局，1965年，第1399頁。
② 《宋書》卷94《恩倖傳序》，北京：中華書局，1974年，第2301頁載："州都、郡正，以才品人。"
③ 參詳周曉薇、王其禕：《片石千秋：隋代墓誌銘與隋代歷史文化》第二章"隋代避諱釋例"，北京：科學出版社，2014年，第80—83頁。梳理隋誌所見"州都"者，約有開皇三年（583）《張崇訓墓誌》、開皇三年（583）《皇甫光墓誌》、開皇六年（586）《田達墓誌》、開皇八年（588）《韋略墓誌》、開皇十一年（591）《裴遺業墓誌》、開皇二十年（600）《張蔭墓誌》、仁壽元年（601）《房吉墓誌》、大業七年（611）《趙榮墓誌》、大業十一年（615）《曹海凝墓誌》。
④ 毛遠明：《漢魏六朝碑刻校注》第4册，北京：綫裝書局，2008年，第282頁。
⑤ 傳世文獻亦有青州州都，《魏書》卷66《崔亮傳》，北京：中華書局，1974年，第1481頁曰："弟隱處，青州州都。"
⑥ 趙超：《漢魏南北朝墓誌彙編》，上海：上海古籍出版社，1992年，第49頁。
⑦ 趙超：《漢魏南北朝墓誌彙編》，上海：上海古籍出版社，1992年，第200頁。
⑧ 周一良：《魏晋南北朝史札記》補訂本，北京：中華書局，2015年，第369—374頁。日本學者宫川尚志《六朝史研究·政治社會篇》對中正制度的考訂頗爲詳贍確切，可參讀［日］宫川尚志：《六朝史研究·政治社會篇》，京都：平樂寺書店，1962年。

墓誌言崇訓卒在"龍泉里"、葬在"幽州固之陽",崇訓妻高氏卒在"尖山里",檢清代張承燮《益都縣圖志》,知益都縣(即今青州市)確有尖山在樂善鄉,龍泉山在王墳鎮,則作爲里名的龍泉、尖山亦當有所本。唯"幽州固"地名史無記載,以墓誌徵集自青州市王墳鎮喬家莊村,疑即此地。

○一二　薛舒墓誌

【基本信息】

薛舒墓誌，2011年出土於西安南郊，墓誌今存民間。誌文27行，滿行26字，正書，有方界格。誌石拓本長51釐米，寬50釐米。墓誌披露於王其禕、周曉薇《西安新出隋代聘陳使主〈薛舒墓誌〉考證》[①]。

【誌文】

大隋故儀同三司樂寧縣開國侯薛君墓誌銘

君諱舒，字陽元，河東汾陰人也。昔車正事夏，功著建侯；左相翼殷，業光作誥。雖復世移運改，葉散枝分，盛德之後必昌，象賢之風無絶。祖衆慶，司徒、騎兵參軍，張急絃悲，聲高和寡，莫耶於是刺薺，市丘所以亨雞。父憕，魏內書侍郎，東宮執讀，司言鳳沼，摘勾龍樓，摛掞藻於天庭，噉高名於帝宅。君年甫髫齓，遭家不造，開鑒楹之書，承斷織之訓。潛志墳典，未嘗廢弃三餘；得性矜莊，不勞檟楚二物。襟神秀徹，志識開敏，有真長之理思，體叔寶之風流，襲封夏陽縣開國子，歷守廟上士、宣納上士、治小禮部大夫，出使陳國，又授少禮部本州主簿，尋除禮部下大夫。吳人背誕，竊有江外，王師薄伐，徇地淮表。兵交使在，不易其人。君緩頰膏脣，銜命喻旨，品金還貢，苞茅無闕，授儀同三司。大隋啓運，景命惟新，除尚書禮部侍郎，封樂寧縣開國子，尋以經始社廟，進爵爲侯。三年春，遷散騎侍郎，仍兼散騎常侍、聘陳使主。君才堪出境，光足照鄰，屢往水鄉，頻探禹穴，延譽之美，絶後超前。而輔仁莫驗，福謙終爽，亦既旋珪，奄同埋玉。以其年十一月十一日寢疾卒於大興里舍，春秋卌有五。倚閭慈母，痛甚敬姜；舉案良妻，悲深徐淑。遠賓掛劍，舊友脫驂，歎交臂之易失，嗟促膝之難久。閑館迎風，無復傳觴之日，薄帷鑑月，詎有彈琴之期。嗚呼，仍以開皇三年歲次癸卯閏十二月乙未朔十五日己酉厝於小陵原。余地在收族，情兼世親，雪泣含豪，乃爲銘曰：

汾川寶氣，后土神光。人多儁傑，地有靈祥。門傳教義，世挺珪璋。藻身浴德，文美名香。載誕若人，允膺家慶。風韻開爽，音詞清令。體運虛舟，心懸明鏡。賦樓雲起，書臺雪映。彈冠在位，扇席承親。維持禮則，吐納絲綸。請纓渭涘，憑軾江濱。勾吳遺質，於越稱臣。薤晞朝露，舟移夜壑。合浦珠沉，甘泉玉落。雅琴絶響，清鐏罷酌。腸斷慈猨，聲悲寡鶴。傍瞻灞岸，却望鎬京。塋新松短，地近山平。幽扃已密，天井難明。空餘蘭氣，千載猶生。

其月十一日遺腹産一子名乾紹字天祐。

[①]　成建正：《陝西歷史博物館館刊》第20輯，西安：三秦出版社，2013年，第244—246頁。

【疏證】

隋代建國以後，尚與南朝的陳並峙了九年，方才在開皇九年（589）滅亡陳朝而統一全國。在隋、陳兩立的這些年中，爲史籍所載的出使陳國的外交大使和副使約有十二位，依次爲：鄭撝，開皇元年（581）十月"遣兼散騎侍郎鄭撝使於陳"。薛舒、王劭，開皇三年（583）四月"遣兼散騎常侍薛舒、兼通直散騎常侍王劭使於陳"。曹令則、魏澹，開皇三年（583）閏十二月"遣兼散騎常侍曹令則、通直散騎常侍魏澹使於陳"，以上均見《隋書》卷 1《高祖紀上》。又《隋書》卷 58《魏澹傳》亦云："及高祖受禪，出爲行臺禮部侍郎。尋爲散騎常侍、聘陳主使"[①]，蓋與曹令則出使爲一事，見《隋書》卷 58 本傳。薛道衡、豆盧寔，開皇四年（584）十一月"遣兼散騎常侍薛道衡、通直散騎常侍豆盧寔使於陳"，見《隋書》卷 1《高祖紀上》。又《薛道衡傳》亦云："高祖受禪，坐事除名。河間王弘北征突厥，召典軍書，還除內史舍人。其年，兼散騎常侍，聘陳主使"，見《隋書》卷 57 本傳。裴豪、劉顗，開皇六年（586）八月"遣散騎常侍裴豪、兼通直散騎常侍劉顗聘於陳"，見《隋書》卷 1《高祖紀上》。崔儦，"開皇四年，徵授給事郎，尋兼內史舍人。後數年，兼通直散騎侍郎，聘於陳，還授員外散騎侍郎"，見《隋書》卷 76 本傳。程尚賢、韋惲，開皇八年（588）三月"遣兼散騎常侍程尚賢、兼通直散騎常侍韋惲使於陳"，見《隋書》卷 2《高祖紀下》。此《薛舒墓誌》的出土，又爲詳細瞭解這位開皇三年（583）四月擔任出使陳國大使者的身世家族提供了珍貴的史料。

薛舒族望河東汾陰，"祖衆慶，司徒、騎兵參軍""父憕，魏內書侍郎，東宮執讀"。薛舒與其父薛憕，有傳載於《周書》與《北史》。據薛憕本傳，知薛憕字景猷，河東汾陰人。曾祖弘敞，逢赫連之亂，率宗人避地襄陽。憕早年喪父，家貧，躬耕以養祖母。江表取人，多以世族。憕世無貴仕，解褐不過侍郎。孝昌中，杖策還洛陽。普泰中，拜給事中。加伏波將軍。齊神武帝時，東遊陳梁間，又遊長安，爲侯莫陳悅召爲行臺郎，除鎮遠將軍、步兵校尉。周文帝平悅，引爲記事參軍。魏孝武帝西遷，授征虜將軍、中散大夫，封夏陽縣男。西魏文帝即位，拜中書侍郎，加安東將軍，增邑百戶，進爵爲伯。大統初，嘗參定儀制。後坐事死。子舒嗣，北周時官職禮部下大夫、儀同大將軍、聘陳使副。[②]今據墓誌，可補薛舒履歷職官特別是入隋後事迹甚多。又知其祖薛衆慶早卒，而薛舒亦在"年甫髫齔，遭家不造"。以薛舒開皇三年（583）卒年四十五歲推之，其父薛憕卒世當不晚於西魏大統十年（544）。墓誌云薛憕嘗入"東宮執讀"，史傳不載，亦不詳在何時，恐亦當在大統間。至於薛舒在北周"襲封夏陽縣開國子，歷守廟上士、宣納上士、治小禮部大夫，出使陳國，又授少禮部本州主簿"，入隋"除尚書禮部侍郎，封樂寧縣開國子，尋以經始社廟，進爵爲侯"，皆可補史傳所闕略。薛舒在北周朝即嘗出使陳國，歷周隋之交，陳朝猶據守江表，且與隋廷並峙多年，薛舒能"緩頰膏脣，銜命喻旨，品金還貢，苞茅無闕"而不辱使命，故得再爲隋朝所信任重用，除尚書禮部侍郎，進封樂

[①]《隋書》卷 58《魏澹傳》，北京：中華書局，1973 年，第 1416 頁。
[②]《周書》卷 38《薛憕傳》，北京：中華書局，1971 年，第 683—684 頁；《北史》卷 36《薛憕傳》，北京：中華書局，1974 年，第 1344—1346 頁。

寧縣開國侯，其尤爲突出者乃在"(開皇)三年春，遷散騎侍郎，仍兼散騎常侍、聘陳使主"，贏得"才堪出境，光足照鄰，屢往水鄉，頻探禹穴，延譽之美，絕後超前"之殊榮。此皆可以與正史所載周陳之間和隋陳之間的外交關係史事互證互補。揆諸正史，薛舒在周隋兩朝使陳之事確載在其中。如《周書》卷7《宣帝紀》載，大象元年（579）九月乙卯，"遣御正杜杲、禮部薛舒使於陳"①。《隋書》卷1《高祖紀上》載，開皇三年（583）二月"癸酉，陳遣兼散騎常侍賀徹、兼通直散騎常侍蕭褒來聘"。夏四月"己丑，陳郢州城主張子譏遣使請降，上以和好，不納。辛卯，遣兼散騎常侍薛舒、兼通直散騎常侍王劭使於陳"。十一月"庚辰，陳遣散騎常侍周墳、通直散騎常侍袁彥來聘。陳主知上之貌異世人，使彥畫像持去。""閏十二月乙卯，遣兼散騎常侍曹令則、通直散騎常侍魏澹使於陳"②。薛舒卒於開皇三年（583）十一月，故十二月的聘陳使主已易爲曹令則。由"陳郢州城主張子譏遣使請降，上以和好，不納"及聘使往來頻仍諸事，可以見證彼時正處在一個陳隋兩國通好穩定的時期。

墓誌末行云"其月十一日遺腹產一子名乾紹字天祐"，可知在薛舒下葬的前四天亦即其去世後的第三十天，其妻產下了遺腹子薛乾紹字天祐。

墓誌又云"卒於大興里舍"，意爲京都大興城中的里坊宅第，非是坊里名。"厝於小陵原"，即唐之少陵原，位於長安城南郊偏東的漢宣帝杜陵一帶③。

墓誌所言"內書侍郎"，《通典》卷21《職官三》"中書令"條云："隋初改中書爲內史……煬帝大業十二年，又改內史爲內書，後復爲內史令。"④據《薛舒墓誌》可證開皇初已有因避諱而改中書爲內書者，並非遲至大業十二年（616）始然。

墓誌未署撰者名字，然誌文有"余地在收族，情兼世親，雪泣含豪"云云，可知撰者乃爲同宗族人無疑。何謂"收族"，《儀禮·喪服》云："大宗者，收族者也。不可以絕。"鄭玄注曰："收族者，謂別親疏，序昭穆。"⑤《禮記·大傳》云："親親故尊祖，尊祖故敬宗，敬宗故收族，收族故宗廟嚴，宗廟嚴故重社稷，重社稷故愛百姓。"鄭玄注曰："收族，序以昭穆也。"孔穎達疏云："收族故宗廟嚴者，若族人散亂，骨肉乖離，則宗廟祭享不嚴肅也。若收之，則親族不散，昭穆有倫，則宗廟之所以尊嚴也。"⑥由此可知"收族"的意思或即表示以上下尊卑、親疏遠近之序來團結族人。那麼，"地在收族"也就應該是指其"情兼世親"的家族封邑乃至大塋等土地都聚在一片。至於薛舒一族的郡望，以其"河東汾陰"與薛道衡、薛收父子籍貫一致推之，或亦當出薛氏西祖房。

---

① 《周書》卷7《宣帝紀》，北京：中華書局，1971年，第121頁。
② 《周書》卷7《宣帝紀》，北京：中華書局，1973年，第18—20頁。
③ 周曉薇、王其禕：《新見隋代〈尚衣奉御尹彥卿墓誌〉研讀——兼說"小陵原"與"少陵原"的名稱沿革》，《考古與文物》2011年第4期，第95—98頁。
④ ［唐］杜佑著，［日］長澤規矩也、尾崎康校訂，韓昇譯訂：《北宋版通典》第5冊卷21《職官三》，上海：上海人民出版社，2008年，第29頁。
⑤ ［漢］鄭玄注、［唐］賈公彥疏：《儀禮注疏》卷30《喪服》，北京：中華書局，1980年影印阮元《十三經注疏》本，第1106頁上。
⑥ ［漢］鄭玄注、［唐］孔穎達等正義：《禮記正義》卷34《大傳》，北京：中華書局，1980年影印阮元《十三經注疏》本，第1508—1509頁。

○一三　元儉暨妻念氏崔氏墓誌

【基本信息】

元儉暨妻念氏崔氏墓誌，出土於河南洛陽，墓誌今存民間。誌文21行，滿行21字，正書兼隸書筆意，有方界格。蓋題9字，3行，每行3字，陽文篆書，有方界格。蓋題右側附刻"念氏父賢，魏太師、金城公"，左側附刻"崔氏父宣猷，周司徒公、隋大將軍、安國公"。誌石長寬均58釐米。墓誌圖文見載於趙君平、趙文成《河洛墓刻拾零》[①]，齊運通《洛陽新獲七朝墓誌》[②]，研究參詳王其禕、王慶衛《〈隋代墓誌銘彙考〉補》[③]。

【誌蓋】

隋故溫州使君元公銘

【誌文】

公諱儉，字孝約，河南洛陽人，魏常山康王之曾孫。分搆嶠壺，聯暉日月。祖淑，燕恒朔肆相五州刺史，愛遺方部，聲播歌謠。考季海，司空、馮翊簡穆王。強類虛牟，遷依晉鄭。公因生丹宂，颴茲仁義之彩，似降玄栒，蹈夫規矩之迹。魏大統末，調爲給事中，尋加五等帥，遷直閣將軍，殿中監，換掌式上士。周天和初，授帥都督，又遷大都督，頃之，除使持節、儀同三司，封烏水縣開國侯，仍出行甘州刺史，追爲蕃部大夫。大隨統曆，除洵州刺史，進爵爲公。轉溫州刺史。瞻言畏壘，方施社稷。西河之騎徒迎，支江之虎飜送。以開皇四年八月廿一日薨於位，春秋五十。前夫人抱罕念氏，繼室博陵崔氏，即以五年歲次乙巳二月戊子朔廿二日已酉並合葬於洛陽河南縣之北原。委水何窮，尚留揚塵之語；深谷無影，或興爲岸之説。故飛英騰茂，刻顏雕瓊，其銘曰：

炳靈惟漢，降神於嶽。水德餘風，人英迥擢。相金且照，文圭已琢。乃事翽飛，初求宦學。牙門俊傑，良家騎射。我攝虎賁，孰不推謝。入陪帷奕，流聲蘊藉。賞論郡縣，賢稱杞梓。吾從大夫，令問不已。乘傳時出，褰帷至正，水火兼行，風俗斯理。平生詎幾，零落無時。魂兮安在，山川間之。遠非蠅弔，來同馬革。東嶽常期，北邙真宅。霧深連曉，月明通夕。但見松楊，空成古昔。

【疏證】

誌主元儉字孝約，不見於正史。而其曾祖"魏常山康王"即"陪葬金陵，配享廟庭"之元遵子元素，《魏書》《北史》皆有傳。"祖淑"字買仁，爲元素第五子，《北史》卷15《元

[①] 趙君平、趙文成：《河洛墓刻拾零》上冊，北京：北京圖書館出版社，2007年，第48頁。
[②] 齊運通：《洛陽新獲七朝墓誌》，北京：中華書局，2012年，第43頁。
[③] 王其禕、王慶衛：《〈隋代墓誌銘彙考〉補》，西安碑林博物館：《碑林集刊》第13輯，西安：陝西人民美術出版社，2008年，第191—192頁。

淑傳》云"爲河東太守"和"卒於平城鎮將"①，而不及誌文所云"燕恒朔肆相五州刺史"。"考季海"字元泉，《北史》卷 15 有傳，記季海謚"穆"②，而誌云謚"簡穆"，略異。誌蓋附刻文字云元儉前夫人枹罕"念氏，父賢，魏太師、金城公"，《周書》《北史》皆有傳。據《周書》卷 14《念賢傳》知其字蓋盧，先後爵屯留縣伯、平恩縣公、安定郡公，大統初，拜太尉，"三年，轉太師"，有子念華，官至開府儀同三司、合州刺史。③而誌云"金城公"爵則爲史所缺。誌蓋附刻文字又云元儉繼室博陵"崔氏，父宣猷，周司徒公，隋大將軍、安國公"，崔宣猷即崔猷，《魏書》《周書》《北史》皆有傳。《隋書》卷 60《崔仲方傳》亦云："父宣猷，周小司徒。"④崔宣猷爲崔挺孫、崔孝芬第二子，據《魏書》卷 57《崔宣猷傳》知其在魏歷"司徒中郎，走於關西"⑤。據《周書》卷 27《崔猷傳》，知其"字宣猷""普泰初，除征虜將軍、司徒從事中郎"，大統"十七年，進侍中"，"本州大中正，賜姓宇文氏"。魏恭帝元年（554），"猷深爲晉公護所重，護乃養猷第三女（《北史》本傳作'第二女'）爲己女，封富平公主"。北周朝拜御正、司會中大夫，建德六年拜小司徒，加上開府儀同大將軍。入隋，"以猷前代舊齒，授大將軍，進爵汲郡公，增邑通前三千戶。開皇四年卒，謚曰明"⑥。誌云宣猷爵隋"安國公"，則可補史之闕。另，元儉有姊元媛柔，可參開皇二年（582）《元媛柔墓誌》。

元儉雖不載於正史，而從其由西魏歷"五等帥"和"掌式上士"，到北周歷大都督、烏水縣侯、甘州刺史，再到隋代歷洵州、溫州刺史，爵烏水縣公，皆能位居顯宦，知元魏宗室之後裔，猶能爲後世所倚重和利用，當然也與其世家大族相互聯姻從而維繫起政治勢力的緣由不無關係。"五等帥"與"掌式上士"皆不見載於正史，唯《周書》卷 48《崔善方傳》記其子之象掌式中士，《隋書》卷 54《田仁恭傳》記其在周，以明經爲掌式中士，以是知元儉任"掌式上士"當在北周朝。烏水縣爲隴西郡屬縣，《隋書》卷 29《地理志上》隴西郡長川縣小注云："後魏置安陽郡，領安陽、烏水二縣。西魏改曰北秦州，後又改曰交州。開皇三年郡廢。十八年改州曰紀州，安陽曰長川。大業初州廢，又廢烏水入焉。"⑦枹罕，當今甘肅臨夏，北周置枹罕郡，統枹罕縣，開皇初郡廢。⑧墓誌猶沿用舊稱。

此誌蓋題作"隋"而誌文作"大隨"，知當時改"隨"作"隋"並不嚴格。

---

① 《北史》卷 15《元淑傳》，北京：中華書局，1974 年，第 573 頁。
② 《北史》卷 15《元季海傳》，北京：中華書局，1974 年，第 573 頁。
③ 《周書》卷 14《念賢傳》，北京：中華書局，1971 年，第 226—227 頁。
④ 《隋書》卷 60《崔仲方傳》，北京：中華書局，1973 年，第 1447 頁。
⑤ 《魏書》卷 57《崔宣猷傳》，北京：中華書局，1974 年，第 1269 頁。
⑥ 《周書》卷 27《崔猷傳》，北京：中華書局，1971 年，第 615—617 頁。
⑦ 《隋書》卷 29《地理志上》，北京：中華書局，1973 年，第 814 頁。
⑧ 《隋書》卷 29《地理志上》，北京：中華書局，1973 年，第 814 頁。

〇一四　郭貴賓妻吳小妃墓誌磚

【基本信息】

　　郭貴賓妻吳小妃墓誌磚，出土於河北正定縣，今存河北正定劉秀峰墨香閣。誌文 3 行，共 20 字，正書。誌磚長 29 釐米、寬 15 釐米。墓誌圖文載在葉煒、劉秀峰《墨香閣藏北朝墓誌》①。

【誌文】

開皇五年十月一日故人郭貴賓妻吳小妃銘記之耳。

【疏證】

　　此墓誌磚文辭簡約，以"貴賓"與"小妃"爲名字，皆有期望榮華富貴之寓意。通常簡約的磚誌銘文多以"銘記"二字結尾，而此誌又在"銘記"之後增加"之耳"二字，殊爲特例。

　　茲僅就目下所能得見的 61 種隋代磚墓誌彙爲表 1，以便通覽，並略作釋説。

表 1　隋代磚墓誌彙表　　　　　　　　　　（單位：釐米）

刊葬年份	誌主姓名	尺寸（長、寬）	出土地區	刊刻書寫
開皇二年（582）	楊元伯妻邵氏	25×13	不詳	陰刻
開皇二年（582）	李令穆	34×17	寧夏固原	墨書
開皇三年（583）	紹咸	30×30	不詳	陰刻
開皇五年（585）	王振	38×20	甘肅武都	陰刻
開皇五年（585）	郭貴賓妻吳小妃	29×15	河北正定	陰刻
開皇六年（586）	郁久閭伏仁	32.8×32.5	陝西西安	陰刻
開皇七年（587）	李君妻馬希孃	不詳，長方形	不詳	陰刻
開皇八年（588）	呂杏洛妻路蘭	29.5×15	河北正定	陰刻
開皇八年（588）	侯紹	42×42	河南洛陽	墨書
開皇九年（589）	趙洪	不詳	河南安陽	朱書
開皇九年（589）	李道慶妻魏女仕	24.6×16.6	陝西鳳翔	陰刻
開皇十年（590）	□君	31.5×16	河南安陽	墨書

---

①　葉煒、劉秀峰：《墨香閣藏北朝墓誌》，上海：上海古籍出版社，2016 年，第 273 頁。

续表

刊葬年份	誌主姓名	尺寸（長、寬）	出土地區	刊刻書寫
開皇十年（590）	梁悅	17×17	陝西西安	陰刻
開皇十一年（591）	□君	38×17	河南安陽	墨書
開皇十一年（591）	郝丘妻趙氏	28×14	河北行唐	陰刻
開皇十三年（593）	輔顯袟妻賈君	29×14	河北正定	陰刻
開皇十四年（594）	梁龕	34×18	陝西西安	陰刻
開皇十四年（594）	董季禄妻郝令	29×15	河北隆堯	陰刻
開皇十五年（595）	張君	不詳	河北無極	陰刻
開皇十六年（596）	韓□叔	28×14	河北正定	陰刻
開皇十六年（596）	任屯郎妻張氏	28.5×16	陝西西安	陰刻
開皇十七年（597）	趙長述	34.5×17.3	陝西西安	陰刻
開皇十七年（597）	牛譙洲	35×17×7.5	陝西西安	陰刻
開皇十八年（598）	張延敬	26×13	河北正定	陰刻
開皇十九年（599）	苑德讚妻杜□生	28×13	河北	陰刻
開皇年間（581—600）	張□	35.2×16.8	陝西鳳翔	陰刻
仁壽元年（601）	楊士貴	32×17	陝西西安	陰刻
仁壽元年（601）	魯阿鼻	32×32	陝西西安	陰刻
仁壽元年（601）	徐釋山	不詳，長方形	浙江	陰刻
仁壽三年（603）	姜君	38.2×19	河南安陽	墨書
仁壽三年（603）	劉君	32.2×16.5	河南安陽	墨書
大業元年（605）	李文都	35×18	陝西西安	陰刻
大業元年（605）	郭定洛	不詳	陝西西安	陰刻
大業元年（605）	張智明	不詳	不詳	陰刻
大業元年（605）	張伏奴	不詳	不詳	陰刻
大業二年（606）	李清息士通	31×16	河北隆堯	陰刻
大業三年（607）	李奴奴	30.5×15.5	河北正定	陰刻
大業三年（607）	王劍達	31×34	河南洛陽	陰刻
大業三年（607）	呂曇	24×17.8	陝西西安	陰刻
大業三年（607）	郭雲	不詳，長方形	山東濟寧	陰刻
大業四年（608）	董子達妻□氏	不詳，長方形	不詳	陰刻
大業五年（609）	蘇金封	30×15	河北正定	陰刻
大業五年（609）	元君妻崔氏	不詳	陝西西安	陰刻填朱

续表

刊葬年份	誌主姓名	尺寸（長、寬）	出土地區	刊刻書寫
大業六年（610）	甄元希	27×26	不詳	陰刻
大業七年（611）	斛斯樞	25.5×21.8	河南洛陽	陰刻
大業七年（611）	□睦	33.8×33.3	河南洛陽	陰刻
大業八年（612）	扈土潛妻焦氏	不詳	河南鄭州	墨書
大業九年（613）	賀叔達妻張客孃	30×15	不詳	陰刻
大業九年（613）	郝歡妻張氏	28×14	河北行唐	陰刻
大業十年（614）	韓叔鷟	36×17	河南洛陽	陰刻
大業十一年（615）	尹君妻王氏	32.5×16	陝西西安	陰刻
大業十一年（615）	裴延齡	不詳，長方形	不詳	陰刻
大業十一年（615）	謝善富	34×33	陝西西安	陰刻
大業十二年（616）	張善敬	30.5×14.4	河北	墨書
大業年間（605—617）	王法愛	37×17	河南洛陽	陰刻
大業年間（605—617）	□君	不詳	不詳	不詳
開明二年（618）	裴氏	35×35	河南洛陽	墨書
開明二年（618）	王仲暨妻淳于氏	34.3×33.8	河南洛陽	陰刻
隋	崔氏	不詳	河北	陰刻
隋	□敏	不詳	河南洛陽	朱書
隋	嚴□	不詳	不詳	陰刻

表1所列61例隋代磚誌，除載在《隋代墓誌銘彙考》者，皆爲2008年以後的新發現。其中陝西所出16例，河南所出15例，河北所出15例，寧夏、甘肅、浙江、山東所出各1例，所出地域不詳者11例。從目前數據統計來看，隋代磚誌以陝西、河南與河北三地所出爲多，陝西所出主要集中在長安地區，河南所出主要集中在洛陽和安陽兩地，河北所出則主要集中在正定一帶。使用磚墓誌的誌主多是下層民衆，無錢置辦石質墓誌並請人撰刻，故磚墓誌的特點通常是小型而粗糙，且書寫拙劣，甚至不加刊刻而直接書寫。磚誌的形制則以豎長方形爲多，正方形較少，橫長方形者鮮見。磚誌的尺寸，高度少有超過40釐米者，大多在25到38釐米之間，而寬度則大多在14到20釐米之間，厚度多在6釐米左右。陝西和河南的磚誌尺寸通常要比河北的稍大一些，如河北正定一帶的磚誌高度多不超過30釐米，而長安的磚誌高度則多在30釐米以上，這爲分析當時各地區建築用磚的通常形制，以及與後世磚誌尺寸的比較變化等也可提供值得參考的數據。另外，少量磚誌還有誌蓋，亦即由兩塊磚組成，或有蓋題，或素面無字，或墓誌文辭由一塊磚沿及另一塊磚。磚誌書法多爲正楷，且大多草率古拙，亦不乏直接奏刀上磚

者。磚誌多爲陰刻，也有少量墨書或朱書者，還有在陰刻後填朱者。磚誌的文辭多簡約，大多磚誌中的主體要素爲時間和姓名，女性誌主又常常冠以夫君的姓名，陝西與河南的磚誌往往記錄的更詳細一些，有的還記述了籍貫和葬地，乃至在姓名前加上官職。西安與洛陽所出個別方形和尺寸較大的磚誌所記文字較詳，且誌主的身份也相較於那些使用長方形磚墓誌的誌主地位較高或家境較好。如侯紹的身份是"雄例將軍行臺騎兵參軍"；郁久閭伏仁的身份是左親衛，且是東胡茹茹主之苗裔；□睦的身份是白水王記室，且其父祖皆貴爲侯爵；裴氏出自官宦家庭；王仲爲縣令之子；特別是王法愛，爲揚州刺史、黄門侍郎之女，潭州總管、江都郡通守之兒媳，身後墓誌竟以小磚簡陋爲之，足見當時家道中衰之甚，亦可知草草安葬應是在隋末離亂之時。而其墓誌猶能詳細記載世系官職，實屬不易。

〇一五　皇甫道愛墓誌

【基本信息】

皇甫道愛墓誌，2005 年 12 月西安市長安區陝西師範大學長安校區後勤基地工地出土，墓誌今存陝西省考古研究院。誌文 23 行，滿行 23 字，正書，有方界格。蓋題 9 字，3 行，每行 3 字，陰文正書，有方界格。誌石長寬均 33 釐米、厚 7 釐米，誌蓋長寬均 33 釐米、厚 6 釐米。誌蓋覆斗形，誌石四側與誌蓋四側及四殺皆爲素面。墓誌圖文載在李明、劉呆運、李舉綱《長安高陽原新出土隋唐墓誌》[①]。

【誌蓋】

大隋皇甫九會之墓誌

【誌文】

大隋樂昌鎮司馬都督皇甫公世子墓誌銘
君諱道愛，字九會，安定朝那人也。言其先世出自軒丘，語其苗裔分居若水。肇初安定，世有英賢。枝葉扶踈，波瀾淼漫，鴻勳彰乎舊史，盛烈播于前朝。斯乃史冊，詳之不復言矣。曾祖，京兆郡功曹。祖，懷安、廣城、浰陽三郡守。父，樂昌鎮司馬都督。並以明德上才，見重當世。金聲玉響，播於海內，君霄天地之上靈，稟陰陽之秀氣。溫溫閏玉，雅諒清高。風規軌則，孤貞特秀。韞隨珠於衿抱，懷琬琰於性靈。器宇淵深，神識閒遠，非法度不履，非德義不言。率孝友以事家，竭貞誠以奉國。志冲和以動靜，秉寬裕而周褆。盖乃進退貽儀，抑揚風詠，清流雅調，景行於仁者焉。年十有二召爲大學生。初登庠序，樂道之心靡倦；始涉文堂，德邁之情彌遠。弼諧雖渥，經文緯武。性慕琴書，座延賓客。而君少懷瘵疾，沉淪不愈，天不憖遺，奄從朝露，春秋廿四殞歿。悲慟鄉閭，哀酸邑里。開皇五年歲次乙巳廿日葬於長安縣之洪固鄉思臺里。山楹□鬱，龍磐蠖屈，永掩金聲，長埋玉質。恐山谷潛移，桑田變海，故勒鐫貞石，以播英聲。乃爲銘曰：
崐崿瓊條，志邁雲霄。從容氣岸，卓絕辟僚。溫猶玉閏，凜若霜飄。雍容吾子，百行其昭。生屙窀穸，死溺沉淪。如何不吊，勿奄今晨。悲纏親友，痛結行人。一歸蒿里，万古無春。光陰不思，奄然長謝。華堂絶響，窮泉啓舍。鳳書空卷，龍鞍罷跨。日烏空曉，月蛙方夜。墳乾苔菉，堕没悠蓬。白雲霧嶺，清風入松。千齡樹迹，萬代遺踪。

【疏證】

皇甫道愛，正史無載。據開皇九年（589）《皇甫忍墓誌》"公諱忍，朝郍人也。……祖

[①] 李明、劉呆運、李舉剛：《長安高陽原新出土隋唐墓誌》，北京：文物出版社，2016 年，第 14—17 頁。

興隆，京兆郡功曹。父脩逸，懷安、廣城、利陽三郡太守"①，又據開皇五年（585）《皇甫謙墓誌》"祖京兆郡功曹，澡身浴德，立言樹行。父懷安、廣城、浰陽三郡守"②，可知皇甫道愛爲皇甫謙、皇甫忍兩兄弟侄兒。其父"樂昌鎮司馬都督"，與皇甫謙、皇甫忍爲兄弟。

誌云皇甫道愛"年十有二召爲大學生"，《隋書》卷27《百官志中》記北齊國子寺有"太學生二百人"③，又據《隋書》卷73《辛公義傳》載："周天和中，選良家子任太學生，以勤苦著稱。"④可知周、齊兩朝皆有國子太學生之設，且皆沿承北魏制度。以皇甫道愛開皇五年（585）卒，年廿四推之，其"召爲大學生"當在北周建德二年（573）。檢隋代墓誌又見開皇十四年（594）《王臺墓誌》載："少以冑子選任大學生，天和五年，擢良家異材，乃授都督、領下士。"大業十二年（616）《唐直墓誌》載："起家大學生，尋以明經被薦，蒙授越王府記室，仍加內史、治都督。大象之初，治行軍元帥府兵曹，又任相府記室，俄遷洺州平恩縣令。"⑤開皇二十年（600）《宇文穆暨妻乙弗氏墓誌》載："年十有五，補太學生，詢訪微言，若對閔曾之侶；尋求故實，似參游夏之例。慕白首之坐忘，欺青衿之末學。射策甲科，擢補左侍上士，俄授宗衛宗英上士。"皆爲北周太學生。理推隋代當亦有太學生之設，惜尚未能見到案例支持。

又，墓誌失載葬期月份，僅曰："開皇五年歲次乙巳廿日葬於長安縣之洪固鄉思臺里"，或以爲此墓誌行文與書法皆與誌主伯父《皇甫謙墓誌》相似，且皇甫謙亦於開皇"五年十一月廿日葬於長安縣之洪固鄉思臺里"，則兩墓誌當爲同時書刻安葬焉⑥。

---

① 王其禕、周曉薇：《隋代墓誌銘彙考》第1冊，北京：綫裝書局，2007年，第359頁。
② 李明、劉呆運、李舉剛：《長安高陽原新出土隋唐墓誌》，北京：文物出版社，2016年，第10頁。
③ 《隋書》卷27《百官志中》，北京：中華書局，1973年，第757頁。
④ 《隋書》卷73《辛公義傳》，北京：中華書局，1987年，第1681頁。
⑤ 上舉兩墓誌分別載王其禕、周曉薇：《隋代墓誌銘彙考》第2冊，北京：綫裝書局，2007年，第136頁；王其禕、周曉薇：《隋代墓誌銘彙考》第5冊，北京：綫裝書局，2007年，第371頁。
⑥ 李明、劉呆運、李舉綱：《長安高陽原新出土隋唐墓誌》，北京：文物出版社，2016年，第17頁。

〇一六　韋壽妻史世貴墓誌

【基本信息】

韋壽妻史世貴墓誌，1989 年春於西安市長安區韋曲北原出土，墓誌今存陝西省考古研究院。誌文 23 行，滿行 23 字。正書，有方界格。蓋題 9 字，3 行，每行 3 字，陽文篆書，有方界格。誌石長寬均 44 釐米、厚 6.5 釐米。誌蓋長寬均 54.5 釐米，厚 7 釐米。誌石與誌蓋均素面無紋飾。開皇十八年（598）《韋壽墓誌》亦同時同地出土。墓誌披露於戴應新《隋韋諶墓和韋壽夫婦合葬墓的出土文物》[1]，王其禕、周曉薇《隋代墓誌銘彙考》納入"存目"[2]。

【誌蓋】

大隋滑國夫人之墓誌

【誌文】

大隋使持節上開府毛州諸軍事毛州刺史滑國公韋壽之妻滑國夫人史氏之墓誌
夫人諱世貴，扶風莫西人也。使持節、柱國大將軍、東南道□十六州諸軍事、荊州總管、荊州刺史、安政烈公史寧之第□女也。昔河陽縣內，既作賦而神傷；漆園樹下，雖扣盆而猶□。信万恨之不追，何百年之太早。夫人生居甲館，地本良家，用茲積善，誕此英媛。含章秉德，直置精神，柔情濯態，自然風采。飛繡縠於玉臺，敞珠簾於金穴。既及摽梅之時，實致桃夭之義。承筐委贄，簡賢配德。宗卿致逆女之期，諸娣有盈門之送。年十有三，作嬪夫氏。婦功婦德，絕世表於當年；彤管彤闈，佳麗稱於獨步。幽閑之業有聞，字愛之情斯重。以開皇元年詔授滑國夫人，以申小君之貴。既而寒暑推移，人事飄忽，終成亳社之災，遂致泉臺之禍。天不輔仁，奄見徂歿。春秋卅有一，以開皇五年六月十五日薨于毛州之官舍，嗚呼哀哉。六年歲次敦牂正月廿五日權瘞于大興縣小陵南洪固鄉壽貴里。悲龍燭之不歸，愴魚軒之空反。眘然遺事，歎息之際万途，撫存悼亡，傷心者非一。式題令範，乃爲銘曰：
倚歟令淑，公族公孫。禮成保姆，德重閨門。含章內朗，幽閑外溫。紘綖嗣職，酒醴司存。承巾沃盥，舉案陪飧。如何飄忽，遽掩營魂。恨由傷錦，悲生扣盆。松風夜急，隴霧朝昏。如何夭逝，天道寧論。
長息寶鶯，滑國世子；第二息寶鸞，河陽縣男；第三子三岳；第四子寶安。長女寶質；第二女寶越；第三女寶殿；第四女桃符；第五女寶意。

---

[1] 戴應新：《隋韋諶墓和韋壽夫婦合葬墓的出土文物》，（臺北）《故宮文物月刊》2000 年第 4 期。
[2] 王其禕、周曉薇：《隋代墓誌銘彙考》第 6 冊，北京：綫裝書局，2007 年，第 198 頁。

【疏證】

誌載史世貴父史寧爲"使持節、柱國大將軍、東南道□十六州諸軍事、荆州總管、荆州刺史、安政烈公"。史寧,《周書》卷28、《北史》卷61有傳。《周書》本傳云:"寧少以軍功,拜別將。遷直閣將軍、都督,宿衛禁中。尋加持節、征東將軍、金紫光禄大夫",魏廢帝"三年,吐谷渾通使於齊,寧擊獲之,就拜大將軍"。"孝閔帝踐阼,拜小司徒,出爲荆襄淅鄀等五十二州及江陵鎮防諸軍事、荆州刺史""保定三年,卒於州。謚曰烈"①。與誌文記載略合。

《元和姓纂》卷6"史氏"建康房云:"今隸酒泉郡,史丹裔孫後漢歸義侯苞之後,至晋永嘉亂,避地河西,因居建康。苞裔孫寧,後周安政公;生祥,隋城陽公。"②《周書》卷28《史寧傳》曰:"史寧字永和,建康(袁)〔表〕氏人也。曾祖豫,仕沮渠氏爲臨松令。魏平涼州,祖灌隨例遷於撫寧鎮,因家焉。父遵,初爲征虜府鎧曹參軍。屬杜洛周構逆,六鎮自相屠陷,遵遂率鄉里二千家奔恒州。其後恒州爲賊所敗,遵復歸洛陽。拜樓煩郡守。"③校勘記〔一〕又云:"錢氏《考異》三二云:'此涼州之建康,非揚州之建康也。"袁氏"當爲"表氏"之譌。'按錢説是。表氏是漢以來的舊縣,屬酒泉郡。建康郡,前涼張駿置。表氏縣當時改屬建康。"④

《史世貴墓誌》云:"扶風莫西人",當隨史寧定著長安後改籍而署爲新貫。"扶風莫西"即扶風郡莫西縣。北魏太和十一年(487)分扶風郡置武功郡,又分扶風郡好時縣置莫西縣轄於武功郡。⑤隋開皇十八年(598)改莫西縣爲好時縣並轄於京兆郡,大業三年(607)又廢好時縣置上宜縣。⑥誌云:"開皇元年詔授滑國夫人,以申小君之貴。"據《韋壽墓誌》知韋壽於北周大象二年(580)七月"進封滑國公"。又有大業六年(610)《史射勿墓誌》爲"平涼平高縣人"⑦,則史寧一支建康史氏應與平涼史射勿一支宗屬最近。

誌云史世貴"既及摽梅之時,實致桃夭之義。承筐委贄,簡賢配德。宗卿致逆女之期,諸娣有盈門之送。年十有三,作嬪夫氏"。"摽梅",語出《毛詩·召南·摽有梅》:"摽有梅,其實七兮;求我庶士,迨其吉兮。"言梅熟自落。疏曰:"此梅雖落,其實十分之中尚在樹者七,其三始落,是梅始衰興。女年十六七亦女年始衰。"⑧後因以"摽梅"比喻女子已到結縭年齡⑨。史世貴"年十有三,作嬪夫氏",比通常理解的摽梅年齡較早。

---

① 《周書》卷28《史寧傳》,北京:中華書局,1971年,第465—469頁。
② 〔唐〕林寶撰、岑仲勉校記:《元和姓纂(附四校記)》卷6,北京:中華書局,1994年,第822頁。
③ 《周書》卷28《史寧傳》,北京:中華書局,1971年,第465頁。
④ 《周書》卷28《史寧傳》校勘記〔一〕,北京:中華書局,1971年,第483頁。
⑤ 《魏書》卷106下《地形志二下》,北京:中華書局,1974年,第2609—2610頁。
⑥ 《隋書》卷29《地理志上》,北京:中華書局,1973年,第808頁。
⑦ 王其禕、周曉薇:《隋代墓誌銘彙考》第4冊,北京:綫裝書局,2007年,第38頁。
⑧ 〔漢〕鄭玄箋、〔唐〕孔穎達等正義:《毛詩正義》卷1《召南·摽有梅》,北京:中華書局,1980年影印阮元《十三經注疏》本,第291頁中。
⑨ 毛漢光:《唐代婦女家庭角色的幾個重要時段——以墓誌銘爲例》,《人文及社會科學》1991年2期,第194頁中定"摽梅"爲15歲,見全文注釋3。

史世貴"權瘞于大興縣小陵南洪固鄉壽貴里",其夫韋壽卒於開皇十二年(592),"(開皇十八年)歸葬於大(興)縣洪固鄉舊塋之內",則其夫婦當葬於一地。參詳開皇十八年(598)《韋壽墓誌》。"壽貴里"之名北周已有,如北周宣政元年(578)《宇文瓘墓誌》云:"反葬于萬年縣洪固鄉壽貴里。"①今據此誌可知壽貴里名稱沿續至隋代。"壽貴里"又稱"疇貴里",如北魏孝昌二年(526)《韋彧墓誌》云:"君諱彧,字遵慶,京兆杜人也,今分山北縣洪固鄉疇貴里。"②又有開皇十八年(598)《劉安墓誌》"葬于京師□□洪貴鄉胄貴里(按'洪貴鄉'當即'洪固鄉'之音近而誤)"、仁壽元年(601)《魯阿鼻墓誌》"遷葬小陵之原洪固鄉疇貴里"與《魯鍾馗墓誌》"歸葬於雍州大興縣洪固鄉疇貴里之原",以上三方墓誌皆出土於今西安市長安區南里王村一帶③。又有大業六年(610)《韋圓照妻楊靜徽墓誌》"遷窆舊塋洪固鄉疇貴里"④,其與獨孤具足墓誌一樣皆屬韋氏家族墓葬地,且均出土於今西安市長安區韋曲街道辦事處北原。由此或可斷定壽(疇)貴里之大致方位在今南里王村與韋曲街道辦事處之間。隋之壽(疇)貴里,又稱胄貴里。唐代亦有胄貴里,而未見壽(疇)貴里。顧況撰《韓滉行狀》"京兆府萬年縣洪固鄉胄貴里韓滉年六十五"⑤,路巖撰《義昌軍節度使渾公神道碑》"葬於京兆府萬年縣洪固鄉胄貴里"⑥。又據《長安志》卷11載:"洪固鄉在縣南一十五里,管村四十八,胄貴里"⑦,推知唐代洪固鄉位置與隋代基本一致,則隋唐之"胄貴里"蓋亦在同一區域。

---

① 宋英、趙小寧:《北周〈宇文瓘墓誌〉考釋》,西安碑林博物館:《碑林集刊》第8輯,西安:陝西人民美術出版社,2002年,第49—56頁。
② 周偉洲、賈麥明、穆小軍:《新出土的四方北朝韋氏墓誌考釋》,《文博》2000年第2期,第65—72頁。
③ 上舉三墓誌載王其禕、周曉薇:《隋代墓誌銘彙考》第2冊,北京:綫裝書局,2007年,第280頁;王其禕、周曉薇:《隋代墓誌銘彙考》第3冊,北京:綫裝書局,2007年,第15、17頁。
④ 王其禕、周曉薇:《隋代墓誌銘彙考》第4冊,北京:綫裝書局,2007年,第62頁。
⑤ [唐]顧況撰:《華陽集》卷下,《景印文淵閣四庫全書》第1072冊,臺北:商務印書館,1986年,第558頁
⑥ [宋]李昉等編:《文苑英華》卷916,北京:中華書局,1966年影印本,第4824頁下。
⑦ [宋]宋敏求撰,辛德勇、郎潔點校:《長安志》卷11,西安:三秦出版社,2013年,第357頁。

〇一七　李君妻盧勝髽墓誌

【基本信息】

李君妻盧勝髽墓誌，出土於河南安陽安豐鄉，誌石今存民間。誌文 20 行，滿行 20 字，隸書。蓋題 9 字，3 行，每行 3 字，陽文篆書，有方界格。誌石並誌蓋尺寸皆不詳。誌蓋覆斗形，蓋題左右各嵌一枚鐵環，已銹蝕缺失。墓誌圖文載在賈振林《文化安豐》[①]。研究參詳周曉薇《安陽出土隋代盧勝髽李伯憲母子墓誌釋讀》[②]。

【誌蓋】

隋李府君故妻盧墓誌

【誌文】

室人諱勝髽，范陽涿人也。自漢侍中植已後，世□□代，人更十葉，莫不一時模範，爲國棟樑。高祖度世，齊州使君。曾祖尚書懿侯淵，小字陽烏。祖道和，車騎府法曹。父銀青光禄景熙。纓紱相傳，儒素播於耳目；學行爲業，茂迹焕諸圖史。外氏即魏中山王、尚書令、相州刺史，基趾崖岸，地居磐石。室人有言有德，禀自性靈。女誡女儀，誦而不輟。余以世親，表裏結媾，一經合巹，相敬如賓。又處猶子之地，同居不少，奉上接下，家無異議。姻戚衆論，若出一口。病在膏肓，良藥不救。平原忽矣，日迫崦嵫。以齊天保九年三月廿九日，鄴城東北隅安仁里奄然物化。非無誕育，苗而不秀。朔望之禮，祭無主人。非直酋酒盈鱒，悼於長往。出入階塾者足以酸鼻。大隋開皇六年歲次丙午正月癸丑朔三十日壬午，改窆今相州安陽城西北廿里野馬崗東北大塋域之内。恐谷岸推遷，爲記云爾。銘非古迹，亦略其詞曰：

人生一世，通途百年。各如石火，何後何先。白日暫時昭晰，終同大夜綿綿。祖父弈葉，已在序中，不復俱載。

女淑儀，適齊内書侍郎趙叔將，即司空公、宜陽王第三子。

【疏證】

2011 年，大象出版社出版的《文化安豐》一書在著録時誤將開皇六年（586）《李勝髽墓誌》誌蓋（實爲《盧勝髽墓誌蓋》）與開皇六年（586）《李伯憲墓誌》誌蓋張冠李戴、互爲竄亂，在此特予説明並糾正。范陽涿縣（今河北涿州）爲盧姓地望，誌文"漢侍中植"即東漢盧植，《後漢書》卷 64 有傳。又據其子《李伯憲墓誌》知盧勝髽出嫁李産之。

[①] 賈振林：《文化安豐》，鄭州：大象出版社，2011 年，第 287—288 頁。

[②] 周曉薇：《安陽出土隋代盧勝髽李伯憲母子墓誌釋讀》，西安碑林博物館：《碑林論叢》第 23 輯，西安：三秦出版社，2018 年，第 11—21 頁。

盧勝髣"高祖度世，囗州使君""曾祖尚書懿侯淵，小字陽烏""祖道和，車騎府法曹"，《魏書》《北史》皆有傳。"父銀青光祿景熙"，僅見載於《魏書》卷47《盧道和傳》。據史傳，知盧度世父爲盧玄，盧玄父爲盧邈，盧邈父爲盧偃，盧偃父爲盧諶。盧度世字子遷，任齊州刺史，延興元年（471）卒，年五十三，謚惠侯。盧淵爲盧度世長子，字伯源，小名陽烏。嘗任豫州刺史、安南將軍兼太尉長史，"景明初，除秘書監。二年卒官，年四十八。贈安北將軍、幽州刺史，復本爵固安伯，謚曰懿"。又云："淵與僕射李沖特相友善。沖重淵門風，而淵祇沖才官，故皆爲婚姻，往來親密。"① 盧道和爲盧淵第六子，字叔維，"兄弟之中，人望最下。冀州中軍府中兵參軍。卒"。又曰："子景豫。景豫弟景熙，武定中，儀同開府諮議。"② 誌傳相較，墓誌所記盧淵、盧道和、盧景熙三人官職皆不爲史傳所載。誌文又曰："外氏即魏中山王、尚書令、相州刺史"，此盧勝髣的外祖父魏中山王當即元熙。據《魏書》卷19下《元熙傳》，元熙爲元英次子，延昌二年（513）襲封元英中山王爵，"累遷兼將作大匠，拜太常少卿、給事黃門侍郎，尋轉光祿勳。時領軍于忠執政。熙，忠之壻也，故歲中驟遷。尋除平西將軍、東秦州刺史，進號安西將軍，秘書監。尋以本將軍授相州刺史"③。正光元年（520）於鄴城起兵討伐元叉被殺。然誌文所記"尚書令"一職不見於史傳焉。誌云："女淑儀，適齊內書侍郎趙叔將，即司空公、宜陽王第三子"，宜陽王即趙彥深，《北齊書》卷38《趙彥深傳》云："齊朝宰相，善始令終唯彥深一人。然諷朝廷以子叔堅爲中書侍郎，頗招物議。時馮子琮子慈明、祖珽子君信並相繼居中書，故時語云：'馮、祖及趙，穢我鳳池。'然叔堅身材最劣。"④ 此中書侍郎趙叔堅應即"內書侍郎趙叔將"，隋代避楊忠諱改中爲內，復據《趙彥深傳》"彥深有七子，仲將知名"云云，或可推知"將"字當爲彥深七子的排行用字，因疑史傳作"叔堅"者，或爲"叔將"之誤。誌又云"余以世親，表裏結媾"，所謂"世親"，即指盧、李二族數代多有聯姻，如盧玄娶李氏，盧淵亦娶李氏，而盧勝髣今又嫁於李產之焉。

誌云："以齊天保九年三月廿九日，鄴城東北隅安仁里奄然物化"，可知李產之家族故居所在的安仁里位於北齊鄴城之東北隅。而據其子《李伯憲墓誌》又知李伯憲故居宣化里也位於北齊鄴城之東北隅。安仁里與宣化里及其位於鄴城之方位，可補鄴城坊里研究之不足。如《歷代宅京記》云："（鄴城）南城自興和遷都之後，四民輻湊，里閻闐溢，蓋有四百餘坊，然皆莫見其名，不獲其分布所在。"⑤ 王仲犖在《北周地理志》中亦僅據史傳碑誌歸理出鄴城南城的十餘個坊里名稱，以及個別坊里的所在位置，計有永康里、允中里、敷教里、修正里、清風里、中壇里、修義里、信義里、得遊里、東明里、崇寧里、徵海里、宣平行里、土臺坊、義井坊、元子思坊、七帝坊、天宫坊、石橋坊。⑥ 今又

---

① 《魏書》卷47《盧淵傳》，北京：中華書局，1974年，第1050頁。
② 《魏書》卷47《盧道和傳》，北京：中華書局，1974年，第1052頁。
③ 《魏書》卷19下《元熙傳》，北京：中華書局，1974年，第503頁。
④ 《北齊書》卷38《趙彥深傳》，北京：中華書局，1972年，第507—508頁；《北史》卷55《趙彥深傳》同。
⑤ [清] 顧炎武：《歷代宅京記》卷12《鄴下·右城內城外雜錄》，北京：中華書局，1984年，第184頁。
⑥ 王仲犖：《北周地理志》卷10《河北下·相州》，北京：中華書局，1980年，第921—922頁。其中的"允中里"當即"允忠里"，"崇寧里"當即"蒿寧里"。

可據補安仁、宣化二里，唯宣化里名已多見於出土墓誌矣。1975 年，河北省臨城縣西鎮村出土的北齊武平五年（574）《李祖牧墓誌》云："以天統五年歲次己丑七月五日薨於鄴城宣化之里舍"，同時同地所出北齊武平五年（574）《李祖牧妻宋靈媛墓誌》云："以皇建二年歲次辛巳六月十七日終於鄴城宣化里。"1975 年於河北省臨城縣西鎮村出土的北齊武平五年（574）李祖牧第三子《李君穎墓誌》云："以大齊武平四年歲次癸巳六月五日終於宣化里。"1977 年於山東省歷城縣後周村出土的北齊武平七年（576）《趙奉伯妻傅華墓誌》云："武平七年正月庚辰朔十四日癸巳遘疾薨於鄴城宣化里第。"①案迄今可以得知的鄴都坊里名稱數量不過五十有餘，而鄴都南城建置亦不過"東西六里，南北八里六十步"，若與隋唐長安城外郭城"東西一十八里一百一十五步，南北一十五里一百七十五步"，有坊一百零八，以及洛陽城外郭城東面十五里二百一十步，南面十五里七十步，西面十二里一百二十步，北面七里二十步，有坊一百十三相比較，顯然《歷代宅京記》所謂鄴都南城"有四百餘坊"之説令人懷疑②，詳見表2。

表 2　新出墓誌所見鄴都坊里名稱表（限於卒所與葬地皆在鄴城者）

誌主名稱	刊葬時間	坊里名稱	著録文獻
田盛	興和二年（540）	鄴都鄴定里	《文化安豐》第 167 頁
藺君妻史郎郎	武定元年（543）	鄴縣咸安行	《墨香閣藏北朝墓誌》第 52 頁
吕盛	武定二年（544）	鄴縣宣平里	《文化安豐》第 184 頁
霍育	武定二年（544）	鄴都業定里	《文化安豐》第 187 頁
李彬	武定二年（544）	鄴都修仁里	《文化安豐》第 189 頁
宇文紹義	武定三年（545）	寧鄉里	《文化安豐》第 194 頁
田靜	武定四年（546）	臨漳縣崇仁鄉孝義里	《文化安豐》第 197 頁
陰寶	武定四年（546）	臨漳縣軌俗里	《文化安豐》第 199 頁
雷亥郎妻文羅氣	武定五年（547）	鄴都德宮里	《文化安豐》第 200 頁
祖貴之	武定七年（549）	鄴都吉遷里	《洛陽新獲墓誌二〇一五》第 30 頁
房纂	武定七年（549）	沾下里	《洛陽新獲墓誌二〇一五》第 31 頁
郭欽	武定八年（550）	鄴都建忠里	《文化安豐》第 206 頁
元囧	天保元年（550）	鄴都修仁里	《北朝藝術研究院藏品圖録・墓誌》第 108 頁
麹夫人張氏	天保元年（550）	鄴都顯義里	《北朝藝術研究院藏品圖録・墓誌》第 110 頁

① 4方墓誌皆載毛遠明：《漢魏六朝碑刻校注》第 10 冊，北京：綫裝書局，2008 年，第 65、68、71、104 頁。
② 依據黄敏：《漢魏六朝石刻鄉里村坊研究》第三章"漢魏六朝石刻都城鄉里考"，鄴城里坊的總數或當是 323 坊。黄敏：《漢魏六朝石刻鄉里村坊研究》，北京：中國社會科學出版社，2019 年，第 190—191 頁。

续表

誌主名稱	刊葬時間	坊里名稱	著錄文獻
嚴詮	天保二年（551）	鄴都里	《文化安豐》第 215 頁
元叡	天保三年（552）	鄴城脩仁里	《文化安豐》第 222 頁
陸净	天保五年（554）	魏郡臨漳縣陽賜里	《北朝藝術研究院藏品圖錄·墓誌》第 120 頁
崔仲姿	天保七年（556）	敬仕行俠仁里	《文化安豐》第 246 頁
李子叔	天保七年（556）	鄴都延德里	《北朝藝術研究院藏品圖錄·墓誌》第 128 頁
李德元	天保七年（556）	鄴都延德里	《漢魏六朝碑刻校注》第 8 冊，第 389 頁
元叉妻胡玄輝	天保八年（557）	京師鄴城縣安明里	《北朝藝術研究院藏品圖錄·墓誌》第 130 頁
李寧	天保八年（557）	鄴城東軌俗行光義里	《文化安豐》第 250 頁
高榮	天保九年（558）	敬士里	《文化安豐》第 253 頁
尉櫛暨妻王金姬	天保十年（559）	鄴城脩義里	《北大圖書館新藏金石拓本精華》第 114 頁
張齊母褚夫人	皇建二年（561）	鄴縣宣范里	《文化安豐》第 260 頁
薛廣	河清四年（565）	成安縣修仁里	《漢魏六朝碑刻校注》第 9 冊，第 177 頁
沈興	天統元年（565）	廣陽里	《文化安豐》第 283 頁
貞德	天統元年（565）	歸義里	《安陽墓誌選編》第 4 頁
屈護暨妻王客女	天統元年（565）	臨漳軌俗里	《安陽墓誌選編》第 123 頁
張君妻董儀	天統元年（565）	鄴城北信義里	《文化安豐》第 291 頁
孫顯	天統元年（565）	鄴城之左總時里	《文化安豐》第 293 頁
崔昂	天統二年（566）	鄴都遵明里	《漢魏六朝碑刻校注》第 9 冊，第 242 頁
崔昂妻盧脩娥	天統二年（566）	鄴縣脩人里	《漢魏六朝碑刻校注》第 9 冊，第 245 頁
司馬季沖妻元客女	天統三年（567）	鄴之安衆里	《北朝藝術研究院藏品圖錄·墓誌》第 158 頁
李夫人馬頭	天統三年（567）	宣範行譚延寔里	《北朝藝術研究院藏品圖錄·墓誌》第 160 頁

续表

誌主名稱	刊葬時間	坊里名稱	著録文獻
堯峻妻吐谷渾靜媚	天統三年（567）	京師永福里	《漢魏六朝碑刻校注》第9冊，第261頁
屈誕	天統四年（568）	鄴城之内宣宫里	《洛陽新獲墓誌二〇一五》第41頁
趙靜	天統五年（569）	鄴縣照德里	《文化安豐》第315頁
宇文長	武平元年（570）	範宫里	《安陽墓誌選編》第124頁
張宗憲	武平二年（571）	鄴都臨路里	《文化安豐》第328頁
梅勝郎妻崔迎男	武平二年（571）	鄴縣州西坊之里	《文化安豐》第344頁
賈進	武平三年（572）	鄴城宣範里	《安陽墓誌選編》第7頁
賈寶	武平四年（573）	鄴城之西廣陽坊	《安陽墓誌選編》第9頁
和紹隆妻元華	武平四年（573）	鄴城宣風行廣寧里	《漢魏六朝碑刻校注》第10冊，第20頁
崔博	武平四年（573）	㵎水里	《漢魏六朝碑刻校注》第10冊，第23頁
李祖	武平五年（574）	鄴城宣化里	《漢魏六朝碑刻校注》第10冊，第65頁
李祖牧妻宋靈媛	武平五年（574）	鄴城宣化里	《漢魏六朝碑刻校注》第10冊，第68頁
李君穎	武平五年（574）	宣化里	《漢魏六朝碑刻校注》第10冊，第71頁
叔孫都	武平六年（575）	鄴縣宣平里	《文化安豐》第366頁
獨孤譽	武平六年（575）	鄴城西土臺里	《北朝藝術研究院藏品圖録·墓誌》第178頁
趙奉伯妻傅華	武平七年（576）	鄴城宣化里	《漢魏六朝碑刻校注》第10冊，第107頁
李希宗妻崔幼妃	武平七年（576）	鄴之道政里	《漢魏六朝碑刻校注》第10冊，第111頁
李智源	武平七年（576）	臨漳縣惠光里	《文化安豐》第379頁
尉茂	大象二年（580）	鄴都崇福里净居寺	《北朝藝術研究院藏品圖録·墓誌》第194頁
劉歸暨妻侯氏	開皇三年（583）	鄴城廣明里	《安陽墓誌選編》第12頁
盧勝髣	開皇六年（586）	鄴城東北隅安仁里	《文化安豐》第287頁
李伯憲	開皇六年（586）	鄴城東北隅宣化里	《文化安豐》第289頁

续表

誌主名稱	刊葬時間	坊里名稱	著錄文獻
索欣	開皇九年（589）	鄴城弘仁里	《文化安豐》第 397 頁
索盼	開皇九年（589）	鄴城弘仁里	《文化安豐》第 387 頁
楊脩陁	開皇九年（589）	鄴城崇仁里	西安交通大學藝術館藏石
孟慶暨妻張氏	仁壽四年（604）	相州鄴縣神光里	《文化安豐》第 144 頁
馮君暨妻李玉嬌	仁壽四年（604）	鄴城徵海里	《隋代墓誌銘彙考》第 3 冊，第 126 頁
劉賓暨妻王氏	大業七年（611）	鄴城西孝義里	《隋代墓誌銘彙考》第 4 冊，第 229 頁

　　表 2 據新出墓誌梳理新見鄴都里坊名稱除去重復者計有 51 個，再加上《北周地理志》提及而不見於表 2 的 13 個里坊名，則約有 64 個坊里名稱矣。又，黃敏博士論文《漢魏六朝石刻鄉里詞語的整理與研究》第三章"漢魏六朝石刻的都城鄉里"共梳理出東魏北齊鄴城里坊名稱 56 個、村名 2 個，其中有據新材料發現的鄉義、風義、景榮、永福、香夏、孝終、建忠、公子、德遊、廣都、令鄉、仁壽、昭仁凡十一坊里名稱，復可補表 2 之漏闕①。另外，表 2 中所見某行某里及某某行里，蓋為東魏、北齊且尤其是北齊時期鄴城不同於歷代普遍的京畿地區鄉里編制的獨特制度，即將縣與坊里之間的一級編制改鄉為行，所謂"行"即"行徑途尉"的簡稱，一行管轄數目不等的坊里，這無疑是一個很有意思的制度現象。②

　　誌云"改窆今相州安陽城西北廿里野馬崗東北大塋域之內"，以此誌與盧勝髣子《李伯憲墓誌》兩誌誌蓋在《文化安豐》中出現竄亂的情況分析，兩方墓誌很可能爲同時同地出土，故《盧勝髣墓誌》的出土地也應在今安陽市安豐鄉漳河南岸的太平店村附近。而所謂的大塋，應即李產之、李伯憲一族的族塋。

---

① 黃敏：《漢魏六朝石刻鄉里詞語的整理與研究》第三章，西南大學博士學位論文，2013 年；又見氏著《漢魏六朝石刻鄉里村坊研究》第三章，北京：中國社會科學出版社，2019 年，第 189—217 頁。
② 《隋書》卷 27《百官志中》，北京：中華書局，1973 年，第 761 頁；黃敏：《漢魏六朝石刻鄉里村坊研究》第三章，北京：中國社會科學出版社，2019 年，第 212—216 頁。

○一八　李伯憲墓誌

【基本信息】

李伯憲墓誌，出土於河南安陽安豐鄉，誌石今存民間。誌文 21 行，滿行 21 字，隸書，有方界格。蓋題 9 字，3 行，每行 3 字，陽文篆書，有方界格。誌石並誌蓋尺寸皆不詳。誌蓋覆斗形，蓋題左右各嵌一枚鐵環，已銹蝕缺失。墓誌圖文載在賈振林《文化安豐》[1]。研究參詳周曉薇《安陽出土隋代盧勝髳李伯憲母子墓誌釋讀》[2]。

【誌蓋】

齊故參軍李君墓誌銘

【誌文】

君諱伯憲，字公度，隴西狄道人。盖顓頊之後也。柱下□德，氣分表於隆周；將軍挺烈，鴻名振於炎漢。自此已還，龜組相襲，或文或武，代有偉人。武昭王暠衣冠禮樂，秦隴一時，即君之七世祖。曾祖司空文穆公，麾指雅俗，水鏡天下。大父通直齊州使君，趍走丹墀，合香粉璧，仲膺先人，肆志丘園，不厠朝伍，見重時輩，光暎囂書。君岐嶷之始，親表許其遠大；髫齓之歲，嚴君謂爲長者。家人因以相傳，遂稱小字焉。憘愠之間，造次未形於色；榮辱之地，澹然不概懷抱。尔嘗曳裾公府，應辟解褐，由祇家命也，本非所好。報施之理，先賢爲疑，天道助善，一何無驗。春秋卅四，以齊天統元年歲次乙酉十一月廿二日遘疾終於鄴城東北隅宣化里。粵以大隋開皇六年歲次丙午正月癸丑朔卅日壬午，移窆於野馬崗東北豹祀南二千餘步。既而前室改醮，終闕祔合之禮；孤旐指壙，卒無偕老之人。祭則無主，猶子不立。哀慟姻戚，悲凉行路。不加封樹，將惑牧竪。聊以鐫記，庶防陵谷。

曾祖韶，雍州、相州、冀州、定州、并州、兖州刺史，吏部尚書，司空公。祖瑾，通直散騎侍郎，齊州刺史。父產之，偃仰衡門，不以纓紱爲意。母范陽盧氏，父道和，法曹，即陽烏第六子。妻瑯瑘王氏，尚書冀之曾孫女。

【疏證】

2011 年，大象出版社出版的《文化安豐》一書在著錄時誤將開皇六年（586）《李勝髳墓誌》誌蓋（實爲《盧勝髳墓誌蓋》）與開皇六年（586）《李伯憲墓誌》誌蓋張冠李戴、互爲竄亂，在此特予說明並糾正。誌文曰："母范陽盧氏，父道和，法曹，即陽烏第六子"，

---

[1] 賈振林：《文化安豐》，鄭州：大象出版社，2011 年，第 289—290 頁。
[2] 周曉薇：《安陽出土隋代盧勝髳李伯憲母子墓誌釋讀》，西安碑林博物館編：《碑林論叢》第 23 輯，西安：三秦出版社，2018 年，第 11—21 頁。

可知李伯憲母盧氏即盧勝髣,而《盧勝髣墓誌》則曰:"曾祖尚書懿侯淵,小字陽烏。祖道和,車騎府法曹。父銀青光祿景熙",又可知《李伯憲墓誌》將盧勝髣"祖道和"誤作"父道和"矣。陽烏盧淵,《魏書》卷47、《北史》卷30皆有傳。

李伯憲不載於史籍。墓誌記李氏遠祖,追溯到周柱下史李耳與漢飛將軍李廣。李伯憲七世祖武昭王李暠,《魏書》《北史》皆有傳。李伯憲曾祖李韶、祖李瑾,《魏書》《北史》皆有傳。李伯憲父李產之,《魏書》《北齊書》《北史》皆有傳。由史傳可以溯知李韶爲姑臧侯李承長子,李承爲敦煌公李寶長子,李寶爲私署驍騎將軍、祁連酒泉晉昌三郡太守李翻之子,李翻爲私署涼王李暠之子。據史傳,知李韶字元伯,襲爵姑臧侯,給事黃門侍郎兼大鴻臚,世宗初領七兵尚書,肅宗初任殿中尚書、吏部尚書,所任諸州刺史依次爲兗州、并州、定州、相州、雍州、冀州,再轉定州,卒贈侍中、散騎常侍、司空公、雍州刺史,謚文恭(墓誌作"文穆公"),永安中追封安城縣伯。又知李瑾爲李韶次子,字道瑜,美容貌,有才學,任通直散騎侍郎,莊帝初,於河陰遇害,年四十九(《北史》本傳作"年三十九"),贈齊州刺史。李瑾長子李產之,字孫僑,容貌短陋,友愛篤至,任北豫州司馬,享年亦四十九。《李伯憲墓誌》曰:"仲膺先人,肆志丘園,不策朝伍,見重時輩,光暎嵒書",仲膺即指李伯憲兄弟李仲膺,先人即指其父李產之。墓誌又曰:"父產之,偃仰蓬門,不以纓紱爲意",實則李產之出任過北豫州司馬。李產之子李仲膺,字公祀,仕周爲東京少吏部上士,隋開皇中卒於荊州總管司馬,《北史》有傳,亦可參詳隋大業二年(606)《李仲膺墓誌》①。又,河北涿縣出土唐武德八年(625)《盧文構妻李月相墓誌》略云:"曾祖韶,魏侍中吏部尚書贈司空文宗公;祖瑾,魏通直散騎侍郎齊州刺史;父產之,齊散騎侍郎。"②更可知李產之並非"不策於朝伍",其在北齊還曾任過散騎侍郎。又由享年可以推知李月相爲李伯憲的妹妹。2014年,安陽博物館又入藏了隋開皇六年(586)《李倩之墓誌》與開皇六年(586)《李禮之墓誌》,此二人皆爲李產之弟,亦可參詳。③此外,《文化安豐》一書還載有北魏景明三年(502)敦煌公李寶的孫子《李伯欽墓誌》、東魏武定二年(544)姑臧侯李韶的孫子《李彬墓誌》、北齊天保八年(557)姑臧侯李韶的曾孫《李桃杖墓誌》、北齊河清二年(563)敦煌公李寶的曾孫《李叔儉墓誌》,皆與李伯憲爲同一宗支,可一并梳理其家族世系。

盧李通婚,由來尚矣。范陽盧氏與隴西李氏,皆中原顯族,門第相當,故互申婚姻,累世不絕,正史多有案例可尋。④今見李伯憲父母李產之與盧氏、李伯憲妹妹李月相與盧文構,《李禮之墓誌》又云:"父瑾,齊州刺史,母范陽盧氏",《李倩之墓誌》亦提及"從

---

① 何石:《讀隋〈李仲膺墓誌〉》,2010年12月31日發佈於豆丁網,2011年3月26日發佈於新浪博客。與《李仲膺墓誌》同時出土的還有其夫人《盧淨褘墓誌》,葬於唐貞觀四年(630),錄文亦見《讀隋〈李仲膺墓誌〉》。《李仲膺墓誌》未記其享年,故無由推知李伯憲與李仲膺孰長孰幼。

② 周紹良:《唐代墓誌彙編》上冊,上海:上海古籍出版社,1992年,第2—3頁;趙萬里:《漢魏南北朝墓誌集釋》第2冊,北京:科學出版社,1956年,第89頁上下;趙萬里:《漢魏南北朝墓誌集釋》第5冊,北京:科學出版社,1956年,第263頁上下。

③ 張同利:《新見北齊李禮之、李倩之墓誌及其相關問題考論》,《蘭臺世界》2012年第10期,第107—109頁。

④ 趙萬里:《漢魏南北朝墓誌集釋》第2冊,北京:科學出版社,1956年,第89頁上下。

舅盧太常"，又記"女昭相，適給事黄門侍郎范陽盧思道"，皆可爲證。

誌云："尓當曳裾公府，應辟解褐，由祗家命也，本非所好"，由墓誌蓋題可知李伯憲確曾做過"本非所好"的參軍一職而已。李伯憲妻王氏，爲王冀曾孫女，然此瑯琊人尚書王冀，史籍未見記載。誌文曰："既而前室改醮，終闕袝合之禮；孤旐指壙，卒無偕老之人。"此"前室"之謂，當即王氏。又以李伯憲三十四歲去世，二十一年後移葬推之，所謂的"既而前室改醮"當在其去世後不久，所以才有遷葬時所謂的"終闕袝合之禮"之詞。由此也可探討彼時女性改嫁的世俗觀念和社會態度。

誌云："以齊天統元年歲次乙酉十一月廿二日遘疾終於鄴城東北隅宣化里"，可知李伯憲故居宣化里位於北齊鄴城之東北隅。誌云："移窆於野馬崗東北豹祀南二千餘步"，記葬地甚詳。野馬崗可與北邙山相比類，是東魏北齊時期鄴城地區的叢葬地①，豹祠是北齊九祠之一，也是當時當地衆所周知的地標，位於今河南省安陽縣安豐鄉北豐村漳河南岸，野馬崗與豹祠之名常見於中古後期鄴城地區刊葬的碑誌中。由豹祀南二千餘步推之，李伯憲葬地當在今北豐村南三四里遠的太平店村附近。誌文又特別强調"不加封樹，將惑牧豎"，這反映了當時人對毁墓盜墓謹加提防的心理。

---

① 《北齊書》《北史》《隋書》皆有述及"野馬崗"名。亦可參詳許作民：《安陽古今地名考·野馬崗和壽安山》，鄭州：中州古籍出版社，1992年。墓誌中亦多見野馬崗名，或云鄴城西南十五里，或云鄴城西卅里，或云鄴城西南廿五里，或云鄴城西南廿里，或云鄴城西南十九里。參詳孔德銘：《安陽古野馬崗考》，《殷都學刊》2015年第2期，第34—39頁。

〇一九　于寬墓誌

【基本信息】

于寬墓誌，出土於西安市長安區郭杜鎮，2009 年入藏大唐西市博物館。誌文 29 行，滿行 29 字，正書兼隸書筆意，有方界格。蓋題 9 字，3 行，每行 3 字，陽文篆書，有方界格。誌石長寬均 42 釐米、厚 7.5 釐米，石斷爲五塊，已粘合。誌蓋覆斗形，盝頂長 38.5 釐米、寬 39.5 釐米、厚 6 釐米。誌石四側與誌蓋四殺皆爲素面。墓誌圖文著錄於胡戟、榮新江《大唐西市博物館藏墓誌》[①]。

【誌蓋】

大隋開府清河公墓誌

【誌文】

大隋使持節開府儀同大□□清河公于使君之墓誌

君諱寬，字惠安，恒州桑乾人也。周武王四子邘晉應韓，因國爲氏，漢丞相定國高門待封，即其後也。冠冕縉紳，焕乎史策，可略而言焉。祖提，參謀魏室，翼贊周朝，贈柱國大將軍、建平郡開國公。父虎，性愛閑靜，高尚其事，特類顔子，聰明不壽，贈涇恒二州刺史。君幼而聰慧，形表端華。紈綺之中，卓然獨立。及長從師，字無再問。叔父謹，柱國、燕文公，常教誨子弟，語人曰：此子真吾家千里駒也。年十一便學弓馬，大統十三年，事周大祖爲親信，授輔國將軍。魏後元年，從叔父燕文公平江陵有功，加六級，授大都督。君本居豪族，兼挾勢家，至於狐矢，最爲長藝，類養由之蹲□，同李廣之射雕。周元年，授冀州清河縣開國子，邑三百戶。始開茅土，稍啓山川。二年，授使持節、車騎大將軍、儀同三司，仍治右武伯大夫，入參輿輦，出擁旌麾，軒冕照人，光華滿室。是年即轉中大夫，仍爲武伯，名著九能，漸階三事。詔授興州諸軍事興州刺史，下車揚化，威惠兼馳，曾未碁月，雲行風偃，豹産之□，自此方興，田郭之風，於斯更重。其年又進爵爲侯。建德四年，從柱國、申國公攻栢崖城，身先士卒，仍爲留谷城主，恩同挾纊，惠等投醪。宣政元年，授湖州諸軍事湖州刺史，屢典六條，久賢十部，示之以寬猛，宣之以惠和。袟滿海□，攀轅卧轍。開皇元年，進爵爲公，前後合九百戶。天不憗遺，梁木其壞，忽焉寢疾，薨于京師，春秋七十一。以大隋開皇六年歲次丙午十一月戊寅朔七日甲申窆于長安之高陽原。君澡身沐德，恭孝無先，循躬立行，信義爲本，可謂古之遺愛。有子四人，令德在喪，哀毀殆將滅性，恐山移海竭，谷淺岸深，鐫斯玄石，以旌不朽。其銘曰：

巖巖峻岳，悠悠巨川。周王啓祚，漢相承先。家聲日顯，世德踰傳。達人接踵，貴仕蟬

[①] 胡戟、榮新江：《大唐西市博物館藏墓誌》上册，北京：北京大學出版社，2012 年，第 20 頁。

聯。唯岳降神，篤生申甫。幼而岐嶷，長蹈規矩。佩玉鏗鏘，堦庭容與。器兼廊廟，才堪宰輔。屢開幕府，頻莅推轂。孝敬連甍，清廉比屋。謳謌滿野，德音盈軸。哲人其萎，忽囗無祿。柳車旦引，薤曲朝誼。風轉素盖，日映丹幡。高松徒迥，厚土長昏。千秋万歲，空作遊魂。

世子長扶，東宮備身左右。仲子建扶，秦王叱干真。叔子越扶，東宮右親衛。季子神扶，東宮左親衛。

【疏證】

誌主于寬與其父于虎皆不見於史傳。而其祖于提，《魏書》《北史》有傳。據本傳知于提爲代人，北魏高祖時曾出使高車。事據《魏书》卷103《高车传》載："（太和十四年）阿伏至羅遣商胡越者至京師，以二箭奉貢，云：'蠕蠕爲天子之賊，臣諫之不從，遂叛來至此而自竪立。當爲天子討除蠕蠕。'高祖未之信也，遣使者于提往觀虛實。阿伏至羅與窮奇遣使者薄頡隨于提來朝，貢其方物。詔員外散騎侍郎可足渾長生復與于提使高車，各賜綉袴褶一具，雜彩百匹。"①《魏書》卷87《于提傳》記此次出使，于提被高車王阿伏至羅扣押三年乃放還。高祖以其守節不屈甚嘉之，拜隴西太守，並賜爵五等男。②北周保定二年（562），以子燕國公于謹著勛，"追贈使持節、柱國大將軍、太保、建平郡公"。③今據《于寬墓誌》可補于提次子于虎及其後裔一支。④

于氏本姓万紐于氏，《魏書》卷113《官氏志》云："勿忸于氏，後改爲于氏。"⑤于謹一族本姓万紐于氏亦有史證，如《周書》卷32《唐瑾傳》載："時燕公于謹勳高望重，朝野所屬。白文帝，言瑾學行兼修，願與之同姓，結爲兄弟。庶子孫承其餘論，有益義方。文帝歎異者久之，更賜瑾姓万紐于氏。"⑥正因唐瑾仰慕于謹而"願與之同姓"，文帝因此"更賜瑾万紐于氏"，則于謹本姓万紐于氏可證。⑦

而于提次子于虎一支，《元和姓纂》卷2云："提次子彪，灃川公。生寬，隋右武將軍、清河公。孫仁表，兵部員外。"⑧《于寬墓誌》云："父虎，性愛閑靜，高尚其事……贈涇恒二州刺史"。"彪"與"虎"，史誌互異。《于寬墓誌》又記其四子依次爲"世子長扶，東宮備身左右。仲子建扶，秦王叱干真。叔子越扶，東宮右親衛。季子神扶，東宮左親衛"。《元和姓纂》則於寬下遽敘其孫輩仁表，而闕載寬之子輩，適可據補。又，大業十二年（616）《于懿墓誌》略云："君諱懿，字長符，京兆藍田人也。……祖虎，周涇、

---

① 《魏书》卷103《高车传》，北京：中華書局，1974年，第2310頁。其事又載《北史》卷98《蠕蠕傳》。
② 《魏書》卷87《于提傳》，北京：中華書局，1974年，第1892—1893頁。
③ 《周書》卷15《于謹傳》，北京：中華書局，1971年，第243頁。
④ 于寬叔父于謹，《周書》卷15有傳，其子于寔、翼等人史書皆有傳，且《元和姓纂》也略述其脉系，因而這支世系較爲清晰。今有《于寬墓誌》以及寬子大業十二年（616）《于緯墓誌》（王其禕、周曉薇：《隋代墓誌銘彙考》第5冊，北京：綫裝書局，2007年，第277頁），則于謹弟于虎一支世系亦可有序梳理，以補史之闕載焉。
⑤ 《魏書》卷113《官氏志》，北京：中華書局，1974年，第3007頁。
⑥ 《周書》卷32《唐瑾傳》，北京：中華書局，1971年，第564頁。
⑦ 姚薇元：《北朝胡姓考》修訂本，北京：中華書局，2007年，第58頁。
⑧ ［唐］林寶撰、岑仲勉校記：《元和姓纂（附四校記）》卷2，北京：中華書局，1994年，第244頁。

恒二州刺史，豐川縣公……父寬，周使持節、驃騎大將軍、開府儀同三司、右武伯大夫、興、湖二州刺史、清河縣開國公。"①知懿爲寬子，而合《于寬墓誌》可知于懿爲于寬長子，唯其字"長扶"與于懿誌"長符"互異。其記"祖虎"則與于寬誌同。又見大業十二年（616）《于緯墓誌》云："君諱緯，字神符，京兆藍田人。柱國、太保、建平公提之孫，開府儀同三司、清河公寬之子也。"②合《于寬墓誌》知于緯爲寬第四子，唯其字"神扶"與于緯誌云"神符"互異。又《于緯墓誌》將其曾祖提誤記爲祖，而闕載其祖虎。

于寬長子任東宮備身左右，備身左右在隋代太子府常設八人，"掌供奉弓箭"，官階爲七品。三子與四子分別任東宮右親衛與左親衛，太子左右衛官階爲從七品至從九品不等。③

誌云于寬"魏後元年，從叔父燕文公平江陵有功，加六級，授大都督"。于謹平江陵事，史載甚多，諸如"西魏伐梁元帝於江陵。……江陵陷，梁元帝为西魏將于謹所杀"④，"魏恭帝元年，周文命柱國于謹伐江陵，誓以兵會之"⑤。"魏後元年"即"魏恭帝元年"，則于寬從于謹"平江陵"立功授大都督正當此時。誌云："建德四年，從柱國、申國公攻栢崖城，身先士卒，仍爲留谷城主，恩同挾纊，惠等投醪"，"柱國、申國公"即北周李穆，《周書》卷30《李穆傳》云："天和二年，進封申國公，邑五千戶，舊爵迴授一子。……（建德）六年，進位上柱國，除并州總管。"並記建德四年（575），"高祖東征，令穆率兵三萬，別攻軹關及河北諸縣，竝破之。"⑥《北史》卷30《盧愷傳》亦云："建德四年，李穆攻拔軹關、栢崖二鎮，命愷作露布。"⑦則誌史所載相合。

又，關於于氏家族譜系，可參詳陳鵬《嫁接世系與望托東海——北周隋唐虜姓于氏譜系建構之考察》與張衛東《北朝隋唐于氏家族研究》。⑧

---

① 趙君平、趙文成：《秦晉豫新出墓誌蒐佚》第1冊，北京：國家圖書館出版社，2011年，第125頁；齊運通：《洛陽新獲七朝墓誌》，北京：中華書局，2012年，第63頁。
② 王其禕、周曉薇：《隋代墓誌銘彙考》第5冊，北京：綫裝書局，2007年，第278頁。
③ 《隋書》卷28《百官志下》，北京：中華書局，1973年，第787、788—789頁。
④ 《北齊書》卷4《齊文宣帝紀》，北京：中華書局，1972年，第59頁；又見《周書》卷15《于謹傳》等。
⑤ 《北史》卷93《梁帝蕭詧傳》，北京：中華書局，1974年，第3088頁。
⑥ 《周書》卷30《李穆傳》，北京：中華書局，1971年，第528頁。
⑦ 《北史》卷30《盧愷傳》，北京：中華書局，1974年，第1089頁。
⑧ 陳鵬：《嫁接世系與望托東海——北周隋唐虜姓于氏譜系建構之考察》，蒼銘主編：《民族史研究》第12輯，北京：中央民族大學出版社，2015年，第178—181頁；張衛東：《北朝隋唐于氏家族研究》，《福建論壇》2010年第8期。

○二○　許孝衍墓誌

【基本信息】
　　許孝衍墓誌，出土於河北臨漳鄴城故址，誌石今存民間。誌文 19 行，滿行 19 字，正書，有方界格。誌石長 39 釐米、寬 39 釐米、厚 10 釐米。墓誌圖版載在《衡水出土墓誌》①。

【誌文】
君諱孝衍，字伯通，高陽博野人也。祖協，高陽太守，衿神亮拔，志業弘遠，腰銀未盡其望，衣錦所以爲榮。父璣，魏給事黃門侍郎、南青州刺史。君出後伯父琰，琰，滄州刺史，贈尚書僕射。並模楷當世，標榜一時。君不扶自直，夙稟門風，矼錫增明鏡之光，雕琢發白虹之氣。弱冠郡署功曹，三爲州主簿，釋褐開府行參軍，又除殿內侍御史，轉侍御史。秉心固理，正色當官，彈射不待加人，風軌足以厲俗。以齊河清四年五月十八日卒於鄴里，春秋卅有二，以大隋開皇六年歲次丙午十一月戊寅朔七日甲申厝於博野縣東南廿五里。乃爲銘曰：
平輿龍淵，高陽才里。分枝散葉，同源別汜。門積珪璜，室開蘭芷。世德逾盛，嘉聲不已。誕茲英妙，譬彼琳球。外無臧否，內蘊陽秋。書探金匱，字掛銀鉤。文河不竭，筆海恒流。高山易仰，深陂難測。屢被嘉招，頻登右職。執法平允，立言抗直。霜蘭莫施，貪夫自息。世同過隙，人隨閱川。舉橫故坐，酒奠虛筵。巍巍孤隴，寂寂幽泉。黃壚一夜，白日千年。
夫人字湘儀，博陵崔氏，父季義，鎮軍府長史。

【疏證】
　　隋代墓誌所見許姓甚少，羅振玉《磚誌徵存》卷上著錄大業三年（607）三月《劉茂妻許氏墓誌》，後隨羅氏携往日本，今存東京書道博物館。黃立猷《石刻名彙》卷 3 又著錄有隋《許君妻宋氏墓誌》，早佚，僅得存目。第三位許氏即此高陽許孝衍，且是姓名行事具完備而世系可以徵諸史籍者，亦即孝衍父璣與伯父琰，皆有傳附《魏書》卷 46《許彥傳》。茲節錄史傳相關文字如下：

　　　　許彥，字道謨，小字嘉屯，高陽新城人也。祖茂，慕容氏高陽太守。……（彥子）龍，官至趙郡太守。孫琰，字長琳，有幹用。初除太學博士，累遷尚書南主客郎、瀛州中正。孝昌中卒，年四十七。贈平東將軍、滄州刺史。永熙中，重贈散騎常侍、衛將軍、尚書右僕射、瀛州刺史。

---

① 衡水市文物局：《衡水出土墓誌》，石家莊：河北美術出版社，2010 年，第 28 頁。

琰弟璣，字仲衡，有識尚。廣平王常侍、員外散騎侍郎、諫議大夫。遷通直散騎常侍、瀛州大中正、散騎常侍、滎陽太守、行南青州事。卒，年五十五。琰兄弟並通率，多與勝流交遊。①

史傳於許龍與其孫許琰之間，失載了琰父一代，今據墓誌，可補許協。又《元和姓纂》卷6"許氏"高陽北祖房亦載有許彥一支，然於許龍以下俱失載焉②。《新唐書》卷73上《宰相世系表三上》亦載許氏③。茲結合史傳、《元和姓纂》與墓誌梳理許孝衍以上十五代世次與官爵如下：

許猗（秦隱士）—曾孫許毗（漢侍中、太常）—許德字伯饒（漢安定、汝南太守）—長子許據（漢大司農）—許允（魏中領軍）—孫許式—次子許邁（晉東海太守，號北祖）—長子許茂（高陽太守）—孫許彥字道謨，小字嘉屯（後魏侍中、安東將軍、相州刺史、武昌宣公）—季子許龍（後魏趙郡太守）—許協（後魏高陽太守）—許琰字長琳（後魏尚書南主客郎、瀛州中正，贈平東將軍、滄州刺史、散騎常侍、衛將軍、尚書右僕射、瀛州刺史）、許璣字仲衡（後魏廣平王常侍、員外散騎侍郎、諫議大夫。遷通直散騎常侍、瀛州大中正、散騎常侍、滎陽太守、行南青州事）—許孝衍字伯通（侍御史）。

墓誌與史傳稍有異同者，墓誌記許琰爲"滄州刺史"，而史傳載許琰滄州刺史爲贈官；墓誌記許璣爲"魏給事黃門侍郎、南青州刺史"，而史傳不載"給事黃門侍郎"一職，所謂"行南青州事"，當即"南青州刺史"。據墓誌又知許孝衍本爲許琰之子，後過繼給叔父許璣，因又反稱許琰爲伯父。墓誌云許氏"高陽博野人"，而史傳稱"高陽新城人"，《元和姓纂》歸在"高陽北新城縣"，《新唐書》卷73上《宰相世系表三上》更詳言許氏"自容城徙冀州高陽北新城都鄉樂善里"。"博野"（約當今河北保定偏南）、"新城（北新城）"（約當今河北徐水）二縣，北魏皆屬高陽郡，然史籍所見許氏多署"新城人"，而鮮署"博野人"。隋開皇初郡廢，博野屬河間郡。墓誌猶言"高陽博野人"者，蓋取北魏時郡縣關係。

許孝衍妻崔湘儀父鎮軍府長史崔季義，不載於史。

---

① 《魏書》卷46《許彥傳》，北京：中華書局，1974年，第1036—1038頁。
② [唐]林寶撰、岑仲勉校記：《元和姓纂（附四校記）》卷6，北京：中華書局，1994年，第852—853頁。
③ 《新唐書》卷73上《宰相世系表三上》，北京：中華書局，1975年，第2875頁。

○二一　陸孝昇墓誌

【基本信息】

　　陸孝昇墓誌，出土於山西長治市，誌石今存洛陽九朝刻石文字博物館。誌文 24 行，滿行 24 字，隸書，有方界格。誌石拓本長、寬均 51 釐米。墓誌圖文載在齊運通、楊建鋒《洛陽新獲墓誌二〇一五》[1]，研究參詳王其褘、傅清音《讀洛陽九朝刻石文字博物館藏隋墓誌三種》[2]，景凱東《〈陸孝昇墓誌〉考釋——兼論北齊的南兗州行臺》[3]。

【誌文】

周故夏官二命士初安太守陸府君墓誌銘

君諱孝昇，字師乾，河南洛陽人也。魏有天下，基自玄方，我則協契同心，爲其羽翼，乃隆周之客散，即炎漢之蕭曹，累仁積德，重規沓矩，世載無隕，風流尚存。祖，柱國、上庸宣公，懷瑾握瑜，立言樹行。聲傳耆孝之口，迹滿先賢之錄。父，恒州刺史，澡身浴德，緯武經文，穆若清風，霈同時雨。君禀和傑起，含章秀出。神明俊朗，關鍵幽深。亦猶朝陽之鳳，仁義昞於毛羽；春陰之寳，光彩潤於林木。及服膺北面，師逸功倍。有反三之敏，懷知十之材。辯譬林藪，文同綺縠。坐客對而心醉，辭人見而氣盡。解褐楊州參軍事，授南兗州刑獄參軍、兼府主簿、錄事參軍事、梁郡丞。亟贊名蕃，頻趍公府，聲實兼美，進退生光。遷南兗州行臺郎中。周平東夏，授豫州初安郡守。露惠霜威，流清蕩濁，如泥逐印，若水仿壺。京師蒙九里之潤，山谷受一錢之禮。建德末，授東京夏官二命士。皇太子涒雷將發，重離未升，作牧三河，言求異士，乃辟爲洛州主簿。既而吉凶同域，鍾箭相催，齛日不追，負舟俄及。春秋卅八，以開皇五年四月五日喪于洛陽，粵以六年歲次鶉火十一月戊寅朔七日甲申安厝于上黨崇仁鄉吉遷里。山或飛移，海成陵陸，乃憑翠石，式昭不朽。

其銘曰：

分天累搆，紀地靈長。世功世禄，爲龍爲光。珠生漢涘，梓出荆陽。我承餘慶，其風未央。
早擅無雙，幼標通理。昂昂高韻，堂堂容止。藻思雲飛，清論飈起。依仁據德，令終善始。
學優則仕，資父事君。出内宣譽，周行恪勤。芳蘭在握，銅竹斯分。化流渦浦，恩結汝濆。
日馭難留，逝川不捨。人生若寄，俄隨隟馬。月慘山門，雲愁寒野。于嗟仙鵠，獨鳴松檟。

【疏證】

　　《魏書》卷 113《官氏志九》曰："步六孤氏，後改爲陸氏。"[4]《元和姓纂》卷 10"陸

---

① 齊運通、楊建鋒：《洛陽新獲墓誌二〇一五》，北京：中華書局，2017 年，第 47 頁。
② 王其褘、傅清音：《讀洛陽九朝刻石文字博物館藏隋墓誌三種》，《文博》2018 年第 3 期，第 67—73 頁。
③ 景凱東：《〈陸孝昇墓誌〉考釋——兼論北齊的南兗州行臺》，《文教資料》2017 年第 18 期，第 68—70、152 頁。
④ 《魏書》卷 113《官氏志九》，北京：中華書局，1974 年，第 3007 頁。

氏"河南洛陽房云:"出自代北,代爲郡長大人,號步六孤氏。後魏孝文遷洛,改爲陸氏,與穆、奚、於、賀、劉、婁爲北人八族。"①可知北朝以降之陸姓氏族多爲系出北魏代郡之步六孤姓,亦即其族屬當爲代北鮮卑人。北朝正史爲陸氏系出代人者立傳的大都出自《魏書》陸俟、陸真與《周書》陸騰家族,《北齊書》與《隋書》則未有爲代人陸氏立傳者。出土石刻文獻中所見北朝代人陸氏,約有北魏正光四年(523)《陸希道墓誌》即代人陸俟之孫、陸叡之子。北魏建義元年(528)《陸紹墓誌》"河南河陰人",並言"承膏腴於北都,綴聯葩於南京",北都即代郡平城(今大同)。②北魏永安三年(530)《元夫人陸孟暉墓誌》"故司空公、東郡莊王之孫"③,東郡莊王即代人陸俟之孫、陸麗長子陸定國。東魏武定五年(547)《元凝妃陸順華墓誌》"河南洛陽人",陸順華"祖受洛跋",即代人陸俟長子陸馛。北周建德元年(572)《步六孤須蜜多墓誌》"本姓陸,吳郡吳人也""高祖載,爲劉義真長史,留鎮關中。既没赫連,因即仕魏。臨終誡其子孫曰:'樂操土風,不忘本也。言念尔祖,無違此心。'"④隋開皇八年(588)《陸融墓誌》"河南洛陽人也。昔鼎湖輕舉,煙霞之駕不追;若水降居,星電之祥無絶。分源散葉,開國承家。自北徂南,從王佐帝。五世祖俟,魏尚書令、司徒公、東平王"。隋大業十年(614)《陸平墓誌》"君諱平,字銓,代人也。其先顓頊曾孫陸終之苗裔,西漢大夫,以才辯而下南越;東吳上宰,布恩信而威北魏。績以誠節濟君,機以文章冠俗"。隋大業十二年(616)陸融子《陸蕢暨妻王氏墓誌》"京兆鄠人也""七世祖魏尚書令、司徒、東平威王"⑤。據《步六孤須蜜多墓誌》與《陸平墓誌》分析,陸氏吳郡房未必有入北後改姓步六孤氏之轍迹,而墓誌所言郡望籍貫恐怕頗有掩飾其胡族身份之嫌。今見《陸孝昇墓誌》亦云:"河南洛陽人也。魏有天下,基自玄方",則陸孝昇一族無疑也是代人進入中原的一支,因此也應是本姓步六孤氏,即北魏孝文帝時所改北人八族之一。

誌云陸孝昇"祖,柱國、上庸宣公"和"父,恒州刺史"。檢史傳有上庸公爵者唯陸騰,《周書》卷28《陸騰傳》云其尚安平主,即東萊王貴平女也。魏恭帝三年(556)封爵上庸縣公,天和六年(571)進位柱國,進爵上庸郡公。建德二年(573)徵拜大司空,

---

① [唐]林寶撰、岑仲勉校記:《元和姓纂(附四校記)》卷10,北京:中華書局,1994年,第1422—1423頁;亦可參詳姚薇元:《北朝胡姓考》修訂本,北京:中華書局,2007年,第32頁。

② 上舉兩方墓誌分別載北京圖書館金石組:《北京圖書館藏中國歷代石刻拓本滙編》第4冊,鄭州:中州古籍出版社,1989年,第157頁;北京圖書館金石組:《北京圖書館藏中國歷代石刻拓本滙編》第5冊,鄭州:中州古籍出版社,1989年,第99頁。

③ 趙萬里:《漢魏南北朝墓誌集釋》第3冊,北京:科學出版社,1956年,第58頁下圖93。

④ 上舉兩墓誌分別載北京圖書館金石組:《北京圖書館藏中國歷代石刻拓本滙編》第6冊,鄭州:中州古籍出版社,1989年,第146頁;北京圖書館金石組:《北京圖書館藏中國歷代石刻拓本滙編》第8冊,鄭州:中州古籍出版社,1989年,第158頁。吳郡陸氏,《舊唐書》卷189上與《新唐書》卷198之《儒學上·陸德明傳》皆云"蘇州吳人"。據《新唐書》卷73下《宰相世系表三下》,北京:中華書局,1975年,第2965頁"陸氏"所載,知"陸氏出自媯姓。田完裔孫齊宣王少子通,字季達,封於平原般縣陸鄉,即陸終故地,因以氏焉。漢代吳烈字伯元,任"吳令、豫章都尉,既卒,吳人思之,迎其喪,葬於胥屏亭,子孫遂爲吳郡吳縣人"。西安近年新出唐開元十一年(723)《行杭州鹽官縣令陸大鵬墓誌》、唐開元十四年(726)《太子宮門郎陸大演墓誌》與唐大中六年(852)《陸紹墓誌》皆云吳郡人,並可知陸德明一族乃爲吳縣陸氏大房丹徒枝之正脉,且陸紹一族更是正統的平原陸鄉陸氏而過江居於吳郡者脉系。

⑤ 劉文:《陝西新見隋朝墓誌》,西安:三秦出版社,2018年,第106頁。陸俟謚"威王",史傳皆作"成王",墓誌蓋誤。

尋出爲涇州總管。宣政元年（578）冬，薨於京師。贈本官加并汾等五州刺史，重贈大後丞。諡曰定。[①]以諡號與官銜多互異，則陸騰當非孝昇祖。又據陸騰本傳附載其二子，長子陸玄，大象末爲隋文相府內兵參軍；次子陸融，大象中位至大將軍、定陵縣公，二人亦皆未有孝昇父所領"恒州刺史"之任。墓誌載陸孝昇起家任揚州參軍事，授南兗州刑獄參軍兼府主簿、錄事參軍事、梁郡丞。又遷南兗州行臺郎中。孝昇所任揚州（今安徽淮南）、梁郡（今安徽壽縣）、南兗州（當今安徽亳州）數職皆爲北齊命官。墓誌又云："周平東夏，授豫州初安郡守"，即周武帝建德六年（577）平定東夏，可知孝昇任豫州初安郡守的時間應爲建德六年（577），即北周代齊之時。豫州初安郡當今河南確山縣。對照《周書》陸騰本傳述陸騰一族在孝武西遷時定著於鄴城，後陸騰爲西魏所敗而效命於西魏北周，然其母兄猶在北齊[②]，或可推測，自北齊進入北周的陸孝昇一族與代人陸騰一族亦有可能爲同宗，譬如有可能是陸騰兄長這一脈。如此，墓誌所謂的"祖，柱國、上庸宣公"與"父，恒州刺史"者，應該不會是攀附或虛造的。

墓誌所謂"建德末，授東京夏官二命士。皇太子涒雷將發，重離未升，作牧三河，言求異士，乃辟爲洛州主簿"，皇太子指北周武帝宇文邕長子宇文贇，宣皇帝"建德元年四月癸巳，高祖親告廟，冠於阼階，立爲皇太子"[③]。"涒雷"爲太子之喻，"重離"爲帝王之喻。陸孝昇"授東京夏官二命士"在建德末年皇太子即皇帝位之前，彼時宇文贇"作牧三河，言求異士"，遂辟陸孝昇爲洛州主簿，故有"涒雷將發，重離未升"之語。又據"以開皇五年四月五日喪于洛陽，粵以六年歲次鶉火十一月戊寅朔七日甲申安厝於上黨崇仁鄉吉遷里"一語，可知入隋以後孝昇未再出仕，且隨著北周滅亡而由北魏時期的著籍地洛陽遷居於上黨（今山西長治）焉。

[①]《周書》卷28《陸騰傳》，北京：中華書局，1974年，第469—473頁。
[②]《周書》卷28《陸騰傳》，北京：中華書局，1974年，第469—473頁。
[③]《周書》卷7《宣帝紀》，北京：中華書局，1974年，第115頁。

〇二二　宋士素墓誌

【基本信息】

宋士素墓誌，出土於河南安陽鄴城故地，誌石今存民間。誌文15行，滿行16字，正書，有方界格。誌石拓本長寬均45釐米。

【誌文】

君諱士素，燉煌人。祖稚，勃海太守。父遊道，儀同三司、瓜州刺史。以兄孫出嗣叔祖僕射使君慶後。解褐魏濟陰王太尉府行參軍，脩起居注，轉并州田曹參軍、丞相府田曹鎧曹參軍、兼中書舍人、太子門大夫。又爲太子舍人、太子中舍人，俄轉中書侍郎、散騎常侍、給事黃門侍郎、食幽州無終縣幹、假儀同三司、銀青光禄大夫、驃騎將軍、儀同三司。又除開府儀同三司、昌平縣開國公。君懷性純和，富於文雅。一從歷宦，恒典樞機。周有東夏，除治儀同大將軍、蒙州雉城郡守。大象二年六月廿三日終於郡館，春秋五十有二。大隋開皇六年歲次丙午十一月戊寅朔七日甲申歸葬於鄴城西南野馬崗南舊塋之所。

【疏證】

墓誌言宋士素爲燉煌人，《元和姓纂》卷8"宋氏"敦煌房云："漢有宋諒。諒裔孫後漢清水公繇，曾孫遊道。繇六代孫壽，唐同州郃陽縣令。"[1]《魏書》卷52《宋繇傳》亦云："敦煌人也。世祖拜繇爲河西王右丞相，賜爵清水公，加安遠將軍。"[2]據宋繇本傳又知宋繇曾孫爲宋稚、玄孫爲宋遊道。宋士素祖宋稚，《魏書》《北史》有傳，載其曾任"青州勃海太守"，與誌相合。又據本傳知宋稚字季預，曾師事安邑李紹後，受諸經傳。太和中，拜司徒屬。景明二年（501）起，任白水縣令十一年之久。宋士素父遊道，《魏書》《北齊書》《北史》皆有傳。誌載其爲"儀同三司、瓜州刺史"，皆北齊贈官。宋遊道魏時曾任太尉、尚書左丞等職。北齊天保元年（550）兼任太府卿。其性格剛直，疾惡如仇，見人犯罪，皆欲致之極法。每戒其子士素、士約、士慎等曰："吾執法太剛，數遭屯蹇，性自如此，子孫不足以師之。"諸子奉父言，柔和謙遜。[3]宋士素，《北齊書》《北史》有傳。誌文"以兄孫出嗣叔祖僕射使君慶後"一語不甚明晰，史傳未有士素之"叔祖僕射使君慶"者。《北齊書》本傳云："士素沉密少言，有才識。稍遷中書舍人。"[4]史傳闕載其起家與就職中書舍人之前官銜，則據誌可知宋士素起家魏濟陰王太尉行參軍，又脩起

---

[1] ［唐］林寶撰、岑仲勉校記：《元和姓纂（附四校記）》卷8，北京：中華書局，1994年，第1171頁。
[2] 《魏書》卷52《宋繇傳》，北京：中華書局，1974年，第1152—1153頁。
[3] 《北齊書》卷47《宋遊道傳》，北京：中華書局，1972年，第655—656頁。
[4] 《北齊書》卷47《宋士素傳》，北京：中華書局，1972年，第657頁。

居注,轉并州田曹參軍、丞相府田曹鎧曹參軍、兼中書舍人、太子門大夫。《北齊書》本傳云:"趙彥深引入內省,參典機密,歷中書、黃門侍郎,遷儀同三司、散騎常侍,常領黃門侍郎。自處機要近二十年,周慎溫恭,甚爲彥深所重。初祖珽知朝政,出彥深爲刺史。珽奏以士素爲東郡守,中書侍郎李德林白珽留之,由是還除黃門侍郎,共參機密。"①則又可與墓誌"又爲太子舍人、太子中舍人,俄轉中書侍郎、散騎常侍、給事黃門侍郎、食幽州無終縣幹、假儀同三司、銀青光禄大夫、驃騎將軍、儀同三司。又除開府儀同三司、昌平縣開國公。君懷性純和,富於文雅。一從歷官,恒典樞機"之記叙相互補充。復據《北齊書》卷8《後主紀》記載:"(十二月)丁巳,大赦,改武平七年爲隆化元年。……戊午,延宗從衆議即皇帝位於晋陽,改隆化爲德昌元年。……庚申,帝入鄴。辛酉,延宗與周師戰於晋陽,大敗,爲周師所虜。……甲子,皇太后從北道至。引文武一品已上入朱華門,賜酒食,給紙筆,問以禦周之方。群臣各異議,帝莫知所從。又引高元海、宋士素、盧思道、李德林等,欲議禪位皇太子。先是望氣者言,當有革易,於是依天統故事,授位幼主。"②又可知宋士素曾參與商議使後主禪位、授皇帝位於幼主之事。據誌還可知"周有東夏",亦即北周滅北齊後,宋士素在北周"除治儀同大將軍、蒙州雉城郡守",直至"大象二年六月廿三日終於郡館,春秋五十有二",皆爲史傳所不載。

---

① 《北齊書》卷47《宋士素傳》,北京:中華書局,1972年,第657頁。
② 《北齊書》卷8《後主紀》,北京:中華書局,1972年,第110—111頁。

○二三　李倩之墓誌

【基本信息】

李倩之墓誌，2014 年秋出土於河南安陽，誌石今存安陽市博物館。誌文 30 行，滿行 30 字，正書，有方界格。誌石拓本長 54 釐米、寬 53.8 釐米。研究參詳張同利《新見北齊李禮之、李倩之墓誌及相關問題考論》①。

【誌文】

齊故尚書吏部郎中光州刺史李君墓誌銘

君諱倩之，字曼容，隴西狄道人也。昔柱下真人，玄風扇於千祀；山西上將，休烈被於後昆。逮金德不昌，神州委御，六世祖涼武昭王，下輦自王，虎嘯河右，累葉重光，鬱爲冠族。祖韶，魏司空、文恭公，果行育德，師範簪帶。父瑾，齊州使君，名香文美，沒有餘輝。君擢秀桂林，含滋蘭畹，縮髮趍庭，率由教義。言斯可踐，行有餘力。不愍內外，無愧卿長。解巾開府參軍事，出除明威將軍、冀州驃騎主簿，入爲司空主簿，加輕車將軍。齊室受終，承華肇建，高選人地，左右少陽，天保初除太子洗馬，頃之除陽翟太守，授尚書考功郎。齊文宣威侮五常，沉湎酒德，吉人□士，多遇其灾。君恪居官次，風猷藉甚，瞬息之間，窓同齒劍。天保九年七月廿日終於鄴城，春秋卌七。君學涉經史，不守章句，一言靡釋，首行無玷。孝友淳深，勵兹薄俗。昆弟雍睦，見貴當時。從舅盧太常、通人邢文簡，雖年齒名級，不翅雁行，並挹其家風，重其素行，分庭虛左，若有神期。昔東陵巨盜，享天年之福；上地大儒，離畏塗之禍，嗚呼，遭隨踏跤，報施無徵。天道茫茫，非適今也。齊天統五年追贈假節督光州諸軍事、尚書吏部郎中、光州刺史。隋開皇六年歲次丙午十二月丁未朔三日己酉安厝於鄴縣西南廿里。刊石泉門，垂芳來葉。其詞曰：

海陰珠浦，春陽玉田。含華獨潤，韞耀孤圓。高門餘祉，士介宜然。貞情特立，篤行無前。無愠無懀，不諂不黷。內贊儲猷，外毗鼎鉉。禮闈具草，韓餘剖竹。郎署以清，邦政斯穆。聞諸達聖，德必有鄰。尒云玄造，多助善人。展矣君子，生也不辰。帝實不諦，春非我春。大塊不仁，小年如寄。冤魂既往，寵章空被。隴結曙霜，松吟晚吹。式刊黝石，永旌高義。

妻太原王氏，祖瓊，中書監長侯。父延業，中書侍郎、齊州刺史。

子元儉，并州田曹參軍。妻博陵崔氏，父季舒，侍中、特進、開府儀同三司。

子武卿，司州主薄，出後第四叔。妻南陽趙氏，父彥深，侍中、司徒公。

女月靜，適齊州別駕從事史太原王脩。女昭明，適太子僕清河崔拯。女昭相，適給事黃

---

① 張同利：《新見北齊李禮之、李倩之墓誌及相關問題考論》，《蘭臺世界》2016 年第 10 期，第 107—109 頁。

門侍郎范陽盧思道。女良願，適陽夏太守熒陽鄭蘊。

【疏證】

與此墓誌同時同地出土者還有隋開皇六年（586）李倩之弟《李禮之墓誌》。張同利《新見北齊李禮之、李倩之墓誌及其相關問題考論》對李倩之、李禮之墓誌予以錄文標點並簡要考述，還披露李倩之尚有另一方葬年爲北齊天保十年（559）的《輕車將軍考功郎中李君墓記》，當爲初葬時墓誌，誌文環刻於誌石正面與兩側面，惜誌石下落不詳。據拓本知墓記分刻三面，正面 3 行，左側 3 行，右側 2 行，各行字數不等。墓記錄文如下：

輕車將軍考功郎中李君墓記

君諱倩之，字曼容，隴西狄道人。年卌七，齊天保十年歲次己卯七月丙辰朔廿日乙亥亡，廿二日殯十里候東北第四弟墓西。

［下轉墓誌左側］曾祖承，雍州刺史。祖韶，司空公。父瑾，齊州刺史。

［下轉墓誌右側］妻太原王氏。息華煬，年十八；息華聚，年十四。

唯張同利考論在錄文標點中有破句及當斷未斷之處，考證也未能認真全面檢索史書對相關人物和史事的記述，如李倩之的妻族及女兒所嫁夫家人物均有史載可資考究，因補充如下：

誌云："君諱倩之，字曼容，隴西狄道人也。昔柱下真人，玄風扇於千祀；山西上將，休烈被於後昆。"柱下真人即老子，史載曾任柱下史，又被尊奉爲道家創始者，因稱柱下真人。山西上將指籍貫隴西成紀的漢大將軍李廣，爲漢朝十五特將之一。此爲李倩之家族溯源而附會李姓名人焉。誌云："六世祖涼武昭王，下輦自王，虎嘯河右，累葉重光，鬱爲冠族。祖韶，魏司空、文恭公，果行育德，師範簪帶。父瑾，齊州使君，名香文美，沒有餘輝。"六世祖涼武昭王者李暠，《魏書》卷 99《私署涼王李暠傳》載："天興中，暠私署大都督、大將軍、護羌校尉、秦涼二州牧、涼公，年號庚子，居敦煌，遣使朝貢。天賜中，改年建初，遷於酒泉，歲修職貢。"①祖李韶，《魏書》《北史》卷 100 有傳，《魏書》卷 39《李韶傳》云其世宗朝徵拜侍中，領七兵尚書。又任撫軍將軍、并州刺史。又兼將作大匠，敕參定朝儀、律令。兼將作大匠。肅宗初，入爲殿中尚書，行雍州事。后除中軍大將軍、吏部尚書，加散騎常侍等職。正光五年（524）四月卒，贈司空公，諡曰文恭公。②父李瑾，《魏書》《北齊書》《北史》有傳。《魏書》卷 39《李瑾傳》云："瑾，字道瑜。美容貌，頗有才學，特爲韶所鍾愛。清河王懌知賞之，懌爲司徒，辟參軍。轉著作佐郎，加龍驤將軍。稍遷通直散騎侍郎，與給事黃門侍郎王遵業、尚書郎盧觀典領儀注。臨淮王彧謂瑾等曰：'卿等三俊，共掌帝儀，可謂舅甥之國。'王、盧即瑾之外兄也。肅宗崩，上諡策文，瑾所制也。莊帝初，於河陰遇害，年四十九。贈冠軍將軍、齊

---

① 《魏書》卷 99《私署涼王李暠傳》，北京：中華書局，1974 年，第 2202 頁。
② 《魏書》卷 39《李韶傳》，北京：中華書局，1974 年，第 886—887 頁。

州刺史。"①則誌云齊州刺史者，乃贈官也。誌云其"名香文美"，與傳曰李瑾"頗有才學"，曾典領儀注，爲肅宗制上謚策文等事相合。誌云李倩之字曼容，李倩之，史書有傳。《魏書》卷 39《李瑾傳》云："長子產之，字孫僑。……產之蒨之，武定末，司空咨簿。"②《北齊書》卷 29《李玙傳附李瑾傳》云："瑾六子，產之、倩之、壽之、禮之、行之、凝之，並有器望。"③《北史》卷 100《李瑾傳》載："產之弟蒨之，字曼容，清通好文學。齊天保初，歷太子洗馬，行陽翟郡守，爲政清靜，吏人稱之。遷尚書考功郎中，遇文宣昏縱，見害，時人冤之。"④其名諱《魏書》與《北史》均作蒨之，今據墓誌，可知應作倩之。誌載其"天保初除太子洗馬，頃之除陽翟太守，授尚書考功郎"等職任均與史合。誌云："孝友淳深，勵茲薄俗。昆弟雍睦，見貴當時"，亦與《魏書》李瑾本傳提到長子產之"撫訓諸弟，友愛篤至"的記述相符⑤。誌云："齊文宣威侮五常，沉湎酒德，告人□士，多遇其災。君恪居官次，風猷藉甚，瞬息之間，忽同齒劍"，與史載"遇文宣昏縱，見害，時人冤之"之描述亦合。據誌知其卒於天保九年（558）七月廿日，春秋卅七。北齊天統五年（569）追贈假節督光州諸軍事、尚書吏部郎中、光州刺史。據其磚誌，知其先葬於"齊天保十年歲次己卯七月丙辰朔廿日乙亥廿二日殯十里候東北第四弟墓西"，又於隋"開皇六年歲次丙午十二月丁未朔三日己酉安厝於鄴縣西南廿里"。

誌云："妻太原王氏，祖瓊，中書監長侯。父延業，中書侍郎、齊州刺史"，王瓊，《魏書》卷 38《王慧龍傳附王瓊傳》略云："瓊字世珍，高祖賜名焉。孝昌三年，除鎮東將軍、金紫光祿大夫、中書令。卒，年七十四。贈征北將軍、中書監、并州刺史。"⑥則中書監爲其贈官。王瓊有四子，傳載："長子遵業……位著作佐郎，與司徒左長史崔鴻同撰起居注。……乃詣代京，採拾遺文，以補起居所闕。與崔光、安豐王延明等參定服章。及光爲肅宗講《孝經》，遵業預講，延業錄義，並應詔作釋奠侍宴詩。時人語曰：'英英濟濟，王家兄弟。'"⑦其中提到王遵業、延業兄弟二人應詔作釋奠侍宴詩之事。又據《北史》卷 24《崔憼傳》知王延業曾任"著作佐郎，監典校書"⑧。

誌云："子元儉，并州田曹參軍。妻博陵崔氏，父季舒，侍中、特進、開府儀同三司。"李元儉，史傳無載。崔季舒，《北齊書》卷 39 有傳略云："季舒字叔正。少孤，性明敏，涉獵經史，長於尺牘，有當世才具。累拜度支尚書、開府儀同三司。久之，除膠州刺史，遷侍中、開府……待詔文林館，監撰《御覽》。加特進，監國史。"⑨誌載其職任與史傳略合。誌云："子武卿，司州主簿，出後第四叔。妻南陽趙氏，父彥深，侍中、司徒公。"李武卿及其妻父趙彥深史傳無載。誌云："（第三女）昭相，適給事黃門侍郎范陽盧思道"，

---

① 《魏書》卷 39《李瑾傳》，北京：中華書局，1974 年，第 888 頁。
② 《魏書》卷 39《李瑾傳》，北京：中華書局，1974 年，第 888 頁。
③ 《北齊書》卷 29《李玙傳附李瑾傳》，北京：中華書局，1972 年，第 397 頁。
④ 《北史》卷 100《李瑾傳》，北京：中華書局，1974 年，第 3320 頁。
⑤ 《魏書》卷 39《李瑾傳》，北京：中華書局，1974 年，第 888 頁。
⑥ 《魏書》卷 38《王慧龍傳附王瓊傳》，北京：中華書局，1974 年，第 878 頁；《北史》卷 35 附傳略同。
⑦ 《魏書》卷 38《王慧龍傳附王瓊傳》，北京：中華書局，1974 年，第 878—879 頁。
⑧ 《北史》卷 24《崔憼傳》，北京：中華書局，1974 年，第 879 頁。
⑨ 《北齊書》卷 39《崔季舒傳》，北京：中華書局，1972 年，第 511—512 頁。

盧思道，《隋書》卷 57、《北史》卷 30 皆有傳，以才學重於當時，北齊歷任主客郎、給事黃門侍郎、待詔文林館，北周滅齊後入長安，授儀同三司，官至散騎侍郎，奏內史侍郎事。隋開皇元年（581）卒，有集三十卷，行于時。

　　墓誌書體猶作隸書，適與鄴城之地在北朝後期的書法傳統相符合。雖然入隋以後，新體楷書在長安、洛陽兩地已然普遍流行，但在東魏、北齊故地猶然保守著以隸書銘石的傳統風尚。衡之以數據分析，統計迄今所能見知的隋代墓誌銘書體，隸書的比例約佔十分之一，而在隸書的地域特徵上，鄴城地區又約佔隸書墓誌數量的三分之一強，其次為洛陽與山西。因此，對於隋代舊體與新體書法風尚嬗變的研究，鄴城地區的碑誌無疑是最重要且最具典型意義的對象。

○二四　李禮之墓誌

【基本信息】

李禮之墓誌，2014 年秋出土於河南安陽，誌石今存安陽市博物館。誌文 23 行，滿行 23 字，正書，有方界格。誌石拓本長 49.5 釐米、寬 49 釐米。研究參詳張同利《新見北齊李禮之、李倩之墓誌及相關問題考論》①。

【誌文】

齊故輕車將軍司徒府騎兵參軍李君墓誌

君諱礼之，字延州，隴西狄道人也。其在漢世，李廣、李陵，並爲名將，著於前史，丞相蔡君之先也。及永嘉失馭，晉室遷流，六世祖暠，遂霸河右，專主征伐。四世祖儀同宣公寶，以魏德廣被，遷居中土。自茲已後，家聲日盛，青紫相襲，軒旆成陰。汝南人物之鄉，襄陽冠盖之里，不能異此。君少而通慧，廉讓有遠議。不假德於四鄰，豈買名於城市。率中庸之行，弘長者之風。兼兄弟夙孤，贏金有闕。崎嶇儉約之中，不失和穆之理。食有加味，相得乃湌。衣無常主，易之而出。相博以文，不殊兩彥。相友以義，何推二陳。故見重於人倫，取歸於終口。方絃歌下邑，流子賤之風；布政斯民，起史公之術。而賈生早世，輔嗣無年。故鄧析恨天道之薄，馬遷所以疑報施也。而兄居南楚，弟夢西河。雖傷非奉倩，而痛均伯道。闔棺於吏民之手，受嗟於里尹之位。天保六年歲次乙亥七月己卯朔十一日己丑，薨於并州樂平郡樂平縣。其年九月戊寅朔八日乙酉，歸殯於鄴城北十里候東北二里大冢之東。既室家繼殯，雙棺俱窆。故述美陳哀，勒銘於此。其銘曰：

爵禄爲世，公卿有門。載德相踵，傳業恒存。如蘭在畹，譬玉生崑。耀卿之子，王公之孫。既明且哲，終和以温。人官何否，天爵虚尊。高車未軔，逸羽方騫。黄墟一啓，白日已昏。雙□指壙，雨緋齊軒。良書卷帙，旨酒停樽。風松自響，草露將繁。土隴爲貴，空貽后昆。

至隋開皇六年歲次丙午十二月丁未朔三日己酉，安厝鄴西南廿里。

[以下轉誌石左側]曾祖，姑臧□□□□□□□□。祖韶，司空文恭公。祖母滎陽□□□義秘書監南。父瑾，齊州刺史，母范陽盧氏。父□□□□□□□□□妻滎陽鄭氏，字□儀。□□□□七日同□□□□之中庶人。

【疏證】

李禮之與其兄李倩之同時同地下葬，參詳開皇六年（586）《李倩之墓誌》。李禮之墓

---

① 張同利：《新見北齊李禮之、李倩之墓誌及相關問題考論》，《蘭臺世界》2016 年第 10 期，第 107—109 頁。

誌又述及其"四世祖儀同宣公寶,以魏德廣被,遷居中土",李寶,《魏書》卷39有傳云:"李寶,字懷素,小字衍孫,隴西狄道人,私署涼王暠之孫也。"曾任"侍中、都督西垂諸軍事、鎮西大將軍、開府儀同三司、領護西戎校尉、沙州牧",太安五年(459)薨,贈以本官,"謚曰宣"。

誌題"齊故輕車將軍司徒府騎兵參軍",據《北史》卷100《李瑾傳》云其子"禮之,位司徒騎兵參軍"[①],史傳所記與誌合。又據同書同卷載:"產之兄弟,並有器望。邢子才爲禮之墓誌云:'食有奇味,相待乃飡,衣無常主,易之而出。'時以爲實錄。諸婦相親,皆如姊妹。蒨之死,諸弟不避當時凶暴,行喪極哀。趙郡李榮來弔之,歎曰:'此家風範,海內所稱,今始見之,真吾師也。'欲與連類,即日自名勞之。"[②]其中"食有奇味,相待乃飡,衣無常主,易之而出"一句,果見於誌中,只是個別字略有不同,則此誌或確爲邢子才所撰。關於其中的文句不同及撰誌者問題,張同利《新見北齊李禮之、李倩之墓誌及其相關問題考論》已涉及,茲不贅述。

---

① 《北史》卷100《李瑾傳》,北京:中華書局,1974年,第3321頁。
② 《北史》卷100《李瑾傳》,北京:中華書局,1974年,第3322頁。

○二五　董琳暨妻魏氏墓誌

【基本信息】

　　董琳暨妻魏氏墓誌，出土於西安南郊少陵原，誌石今存大唐西市博物館。誌文31行，滿行33字，正書，有方界格。蓋題9字，3行，每行3字，陽文正書，有方界格。誌石長37.5釐米、寬37.5釐米。誌蓋覆斗形，盝頂長31.5釐米、寬31釐米，誌蓋素面。誌石四側與誌蓋四殺並四側有無紋飾不詳。墓誌圖文見載於齊運通、楊建鋒《洛陽新獲墓誌二〇一五》[1]。研究參詳王其禕《西安新出隋〈董琳暨妻魏氏墓誌〉小識》[2]。

【誌蓋】

大隋儀同故董琳銘誌

【誌文】

大隋使持節儀同三司贈淩州刺史曲細公董府君之墓誌銘

公諱琳，字世寶，河南洛陽人也。其先顓頊之苗裔，晉之良史，筆直當時；漢之碩儒，才難一代。繼踵英華，詳于史策。祖安，未仕早卒。父海賓，魏殿中將軍、隴西太守。君婦河州魏虎之女。門行脩立，志節清廉。魏氏封延州義鄉縣君。有才子三人，並忠孝誠良。長息士□，弟二子賢度，弟三子士胤。公幼而聰敏，禀自天然，少也□流，不由人教。魏永安二年，釋褐員外侍郎，時年十八。常以青囊九卷，有所未窮；黃素一篇，尚須師受。有志丘園，無情朝廷，恥彈王貢之冠，且挂二疎之冕。於是尋求鬼谷，追訪□崖，踦跼鶺翅之峯，險阻羊腸之路。聚秋夜之螢，積冬霄之雪，沉思凝神，有年載矣。故得八風逆順，致遠鉤深；六甲孤虛，索隱探賾。永熙三年，王途中圮，高歡則龍驤鄴洛，宇文則虎步秦梁。及乎魏武西遷，公乃據鄉立義，獎勵酋豪，撫脩疲弱，旬日之間，贏粮影附。耿純□客，率鉅鏃以歸身；劉植宗親，據昌成而託體。大統九年，論功命爵，乃受宣威將軍，封真定縣開國男，被徵還闕。魏後元年，周大祖知公明習兵書，備嘗詢訪，翠鳳黃鳥，妙識卷舒；九地三門，尤精起伏。泉瀉風飛，切問近對，深象贊賞，仍爲霸府上客。太祖即世，晉公總揆，光選僚屬，難備其才。乃以公爲禮曹，加寧遠將軍、員外常侍。武成元年，西戎逆命，頻驚烽候，屢動風塵，大司馬賀蘭祥偏師薄伐，天子命公參祥軍事。至於壇場應變，帷幄謀謨，巨細諮詢，皷動承稟，洮陽望風，指南之力。二年，授天官府上士。保定元年，遷小史大夫，加大都督、平東將軍。四年，授使持節、車騎大將軍、儀同三司、大都督。漢朝元舅，鄧騭超遷；晉室功臣，王沉光拜。公之此授，足爲倫擬。天和元年，出爲澄城太守，下車布政，間行求瘼。五袴興哥，兩岐成詠。

---

[1] 齊運通、楊建鋒：《洛陽新獲墓誌二〇一五》，北京：中華書局，2017年，第48頁。
[2] 王其禕：《西安新出隋〈董琳暨妻魏氏墓誌〉小識》，強躍：《陝西歷史博物館館刊》第23輯，西安：三秦出版社，2016年，第197—200頁。

大象元年，進封曲細縣開國伯，邑六百戶，除敷州內部郡守。開皇元年，進爵爲公，又拜東郡太守。公以年在懸車，久□分竹，骸骨之請，表疏交馳，方降明敕，獲從私志。公墻仞難知，器宇不測，語其品藻，則許邵非儔；論其識鑒，則林宗詎忘。皇帝龍潛，早知攀附。蕭王月角，被識景丹。撫軍天表，見知裴秀。士感知己，懷此無忘。誠如父言，豈敢忘德。故偏蒙禮遇，特加優寵，每因宴見，必沾賞錫。又月別給錢一萬，以充怡養。而桑榆景迫，便沾霜露，嗚呼命也，邁疾弗療。以大隋開皇七年歲次丁未五月甲辰朔九日壬子薨于弟，春秋七十有八，詔贈淩州刺史。即以其年十月壬寅朔廿日辛酉合葬於大興縣之小陵原。嗚呼哀哉，爲銘之尒：

少典之孫，昌意之子。若水降居，窮桑肇始。漢曰明經，晉稱良史。珪璋繼踵，猗歟若人。爰初發迹，志屏囂塵。市朝才子，山巖逸民。德齊儒仲，名高子真。時逢剝喪，世屬□屯。三星象麗，九地兵神。陳平入漢，董翳辭秦。功葉即達，身名斯立。黼黻陳衣，山河啓邑。分竹□從，質能寔彰。書封舊篋，柱挂餘琳。盛德有後，方應克昌。嗚呼一老，先茲露霜。山頹石□，宿缺星亡。樹栽青盖，棺餙黃腸。墳塋寂漠，原隰蒼茫。勒茲玄石，地久天長。

【疏證】

董琳與其祖安、父海賓，並其妻魏氏父魏虎，以及長子士□、二子賢度、三子士胤，俱未載於史。《元和姓纂》卷6"董氏"有隴西、弘農、河東、范陽四房，《太平寰宇記》卷19《河南道·齊州》載："濟陰郡（今山東菏澤）四姓，苗、董、卞、鄡。"①而董琳墓誌署爲河南洛陽人，則隋代又有洛陽一支②。董氏在隋代還有汴州一支，見開皇十七年（597）《董美人墓誌》曰："汴州恤宜縣人也。祖佛子，齊涼州刺史。"③大業六年（610）《董榮墓誌》則記其三代"因官胙土，遂居此邑，上黨郡上當縣五龍鄉歸福里善護山西二里"④。隋代董氏人物之著者有隴西房之順政公董純，《隋書》卷65有傳，弘農房之隋州司馬董泚，載在《元和姓纂》，上儀同董子華，《隋書》卷78有傳附來和。又，《隋書》卷17《律曆志中》載高祖受禪之初，擢道士張賓爲華州刺史，並使與儀同劉暉、驃騎將軍董琳……議造新曆⑤。蓋與此誌主曲細公董琳非是同一人。董琳開皇七年（587）卒時享年七十八歲，則其入隋時已年過七十矣，即所謂"年在懸車"。故入隋後雖爵位由縣伯進封爲縣公，却並未領受東郡太守的實職，亦即入隋後並未效力於朝廷。然能夠得到朝廷"月別給錢一万，以充怡養"的禮遇與寵優，似說明董琳與朝廷的關係之密切當不比

---

① [宋]樂史撰、王文楚等點校：《太平寰宇記》卷19《河南道·齊州》，北京：中華書局，2007年，第383頁。
② 隋大業二年（606）《董敬墓誌》云"隴西敦煌人"，却卒葬於洛陽，恐已定著洛陽矣。載王其禕、周曉薇：《隋代墓誌銘彙考》第3冊，北京：綫裝書局，2007年，第175頁。又，大業九年（613）《董重墓誌》亦曰"隴西人"，而"卒於江州潯陽縣"，却"返窆洛陽縣崇讓鄉"，亦知其家族已定著洛陽。參詳趙君平、趙文成：《秦晉豫新出墓誌蒐佚》第1冊，北京：國家圖書館出版社，2011年，第119頁。
③ 王其禕、周曉薇：《隋代墓誌銘彙考》第2冊，北京：綫裝書局，2007年，第257頁。
④ 近年山西上黨縣出土，筆者自藏拓本。
⑤《隋書》卷17《律曆志中》，北京：中華書局，1973年，第420—421頁。

一般,正所謂"皇帝龍潛,早知攀附",以"每因宴見,必沾賞錫"者。這一點與《隋書》有傳的雁門人董子華"當高祖龍潛時,並私謂高祖曰'公當爲天子,善自愛',及踐祚",以"子華爲上儀同"的情況頗有相似。①又以其享年七十八歲,且卒葬於"大興縣之小陵原"推之,董琳一族或在西魏、北周時已定著於長安。小陵原即唐之少陵原②,爲漢唐間長安城東南郊王公貴族最見集中的叢葬地。

董氏多言其爲董狐、董仲舒之後,此墓誌亦言:"晉之良史,筆直當時;漢之碩儒,才難一代",即分別指董狐與董仲舒。墓誌記董琳自北魏至隋之事功與歷官甚詳,北魏永安二年(529),董琳"釋褐員外侍郎,時年十八"。永熙三年(534),魏武西遷,董琳"據鄉立義,獎勵酋豪,撫脩疲弱,旬日之間,贏糧影附"。西魏"大統九年,論功命爵,乃受宣威將軍,封真定縣開國男,被徵還闕"。魏後元年(554),以"明習兵書"成爲宇文泰丞相府親信即"霸府上客"。北周建立,晉公宇文護爲丞相,用董琳"爲禮曹,加寧遠將軍、員外常侍"。武成元年(559),又隨大司馬賀蘭祥西征吐谷渾,任參軍事。武成二年(560),授天官府上士。保定元年(561),遷小史大夫,加大都督、平東將軍。保定四年(564),授使持節、車騎大將軍、儀同三司、大都督。天和元年(566),出爲澄城太守。大象元年(579),進封曲細縣開國伯,邑六百戶,除敷州內部郡守。開皇元年(581),進爵爲公。又拜東郡太守而乞骸獲從。"禮曹"一職不載於史,故職掌不詳,然既在宇文護丞相府中,則或相當於六部中的禮部胥吏。北周"小史大夫"一職,正史未載,石刻文獻中亦僅此一例。兩漢間鄉一級吏員有小史,顯然與此不爲一事。揆諸《唐六典》卷9《中書省·中書舍人》條小注:"後周春官府置小史上士二人,比其任也。隋初改曰內史舍人,置八人,專掌詔誥,正第六品上;開皇三年,加從第五品上。"③《通典》卷21《職官三·中書省》亦云:"後周有小史上士二人,此其任也,屬春官。隋內史舍人八員,專掌詔誥。"④可知北周"小史"爲禮部屬官,然小史上士與小史大夫有何區別?尚不能詳。

誌曰董琳年輕時"常以青囊九卷,有所未窮;黃素一篇,尚須師受","青囊"泛指風水術與中醫藥書籍,"黃素"則指秦漢間道家隱士黃石公的《素經》(又稱《素書》),知董琳爲西魏北周所重用者,乃是基於他明習風水、嫻熟兵書的本領。武成元年(559)北周出兵討伐西戎吐谷渾戰事載在《周書》卷20《賀蘭祥傳》,其略云:"武成初,吐谷渾侵涼州,詔祥與宇文貴總兵討之。……遂與吐渾廣定王、鍾留王等戰,破之。因拔其洮陽、洪和二城,以其地爲洮州。撫安西土,振旅而還。"⑤又,《隋書》卷29《地理志上》載清化郡統縣有長池,

---

① 《隋書》卷78《來和傳附董子華傳》,北京:中華書局,1973年,第1774頁。
② 周曉薇、王其禕:《新見隋代〈尚衣奉御尹彥卿墓誌〉研讀——兼說"小陵原"與"少陵原"的名稱沿革》,《考古與文物》2011年第4期,第95—98頁。
③ [唐] 李林甫等撰、陳仲夫點校:《唐六典》卷9《中書省·中書舍人》,北京:中華書局,1992年,第276頁。
④ [唐] 杜佑著,[日] 長澤規矩也、尾崎康校訂,韓昇譯訂:《北宋版通典》第5冊卷21《職官三》,上海:上海人民出版社,2008年,第31頁。
⑤ 《周書》卷20《賀蘭祥傳》,北京:中華書局,1971年,第337—338頁;《北史》卷61《賀蘭祥傳》略同。

其小注曰:"後周置,曰曲細。開皇末改焉。"①董氏"進封曲細縣開國伯"在北周大象元年(579),"進爵爲公"在開皇元年(581),皆與曲細設縣時段相合。"淩州"當即"陵州"之別寫,始置於西魏,隋大業初改隆山郡,治所在今四川仁壽縣。

墓誌在行文格式上表現有兩種避諱方式,一是改字避諱,即"除敷州內部郡守"之"內"字爲避隋文帝父楊忠嫌名"中"字之諱改。二是平闕避諱,即於國諱"明敕"和"大隋"之下皆轉行。平闕轉行的避諱方式可以追溯到東漢建和二年(148)《石門頌》、延熹八年(165)《華山廟碑》、建寧二年(169)《史晨前碑》爲最早②,西晉咸寧四年(278)《臨辟雍碑》亦屬典型。然此種方式在南北朝碑誌中所見並不十分流行,且因家諱而轉行者似更多於因國諱而轉行者,通常以北朝墓誌中抄錄家族譜牒亦即"引譜入誌"部分的行文格式最爲突顯③。以避國諱而轉行者爲例,約有北魏孝昌三年(527)《和邃墓誌》於"高祖孝文皇帝"及"皇略"前④,北魏孝昌三年(527)《王仁墓誌》於"孝皇朝"前⑤,北齊天保六年(555)《元子邃墓誌》於"聖"字前,北齊武平元年(570)《高殷妃李難勝墓誌》於"大齊"前、北周建德五年(576)《王鈞墓誌》於"大周"前⑥、隋大業六年《薛保興墓誌》於"帝"字前⑦,皆用抬頭轉行方式,此董琳墓誌又爲添得一例。推測此種避諱方式之所以較爲少見(唐宋以降直至明清,愈發演爲普遍與常態,參詳《唐六典》卷4《尚書禮部·禮部郎中》⑧),除却彼時避諱尚不嚴格之外,或還緣於其與空格方式相較亦不甚美觀之故吧。

---

① 《隋書》卷29《地理志上》,北京:中華書局,1973年,第819頁。
② 《觀堂集林》卷18認爲"平闕之制自秦以來然矣",詳見《王國維遺書》第3冊,上海:上海古籍書店,1983年影印本。
③ 陳爽:《出土墓誌所見中古譜牒探迹》,《中國史研究》2013年第4期,第69—100頁。
④ 毛遠明:《漢魏六朝碑刻校注》第6冊,北京:綫裝書局,2008年,第88頁。
⑤ 齊運通:《洛陽新獲七朝墓誌》,北京:中華書局,2012年,第21頁。
⑥ 上舉三方墓誌載毛遠明:《漢魏六朝碑刻校注》第8冊,北京:綫裝書局,2008年,第374頁;毛遠明:《漢魏六朝碑刻校注》第9冊,北京:綫裝書局,2008年,第332頁;毛遠明:《漢魏六朝碑刻校注》第10冊,北京:綫裝書局,2008年,第291頁。
⑦ 王其禕、周曉薇:《隋代墓誌銘彙考》第4冊,北京:綫裝書局,2007年,第111頁。
⑧ [唐]李林甫等撰、陳仲夫點校:《唐六典》卷4《尚書禮部·禮部郎中》,北京:中華書局,1992年,第113頁載:"凡上表、疏、箋、啓及判、策、文章,如平闕之式。"小注曰:"謂昊天、后土,天神、地祇,上帝、天帝,廟號,桃皇祖、妣,皇考、皇妣,先帝、先后,皇帝、天子,陛下、至尊,太皇太后、皇太后,皇后、皇太子皆平出;宗廟、社稷,太社、太稷,神主、山陵、陵號,乘輿、車駕,制書、敕旨,明制、聖化,天恩、慈旨,中宫、御前,闕廷、朝廷之類並闕字;宗廟中、陵中、行陵、陵中樹木、待制、乘輿車中馬,舉陵廟名爲官,如此之類,皆不闕字。若泛説古典,延及天地,不指説平闕之名者,亦不平出。若寫經史群書及撰録舊事,其文有犯國諱者,皆爲字不成。"

〇二六　侯紹墓誌

【基本信息】

侯紹墓誌，據傳出土於河南洛陽白馬寺朱村，誌石今存洛陽民間。誌文6行，每行9字，正書，有方界格。磚墓誌，墨書。誌石長寬均42釐米。墓誌圖文載在趙文成、趙君平《秦晋豫新出墓誌蒐佚續編》①。

【誌文】

大隋開皇八年歲次戊申五月己巳朔十四日壬午，洛州河南縣故人雄例將軍、行臺騎兵參軍侯紹，葬在洛城西北張方橋北四里，銘記。

【疏證】

侯紹，史傳未載。誌云"葬在洛城西北張方橋北四里"，張方橋又稱張分橋，《洛陽伽藍記》卷4《城西·法雲寺》條載："延伯出師於洛陽城西張方橋，即漢之夕陽亭也。"②《洛陽伽藍記》卷4《城西·永明寺》條又載："出閶闔門城外七里長分橋，中朝時以穀水浚急，注於城下，多壞民家，立石橋以限之；長則分流入洛，故名曰長分橋。或云晋河間王在長安遣張方征長沙王，營軍於此，因爲張方橋也。未知孰是。今民間訛語號爲張夫人橋。朝士送迎，多在此處。"③則知張方橋在北魏洛陽城西。而所謂"今民間訛語號爲張夫人橋"者，可據開皇元年（581）《□光墓誌》云"卒於洛陽永康之里，葬張夫人橋西北二里"添一佐證。又據開皇九年（589）《安備墓誌》④與開皇十二年（592）《張盛墓誌》⑤，可證彼時又作"張分橋"。趙萬里跋開皇九年（589）《張禮暨妻羅氏墓誌並蓋》云："是橋（張方橋）臨谷水，南距谷水入洛水處當不甚遠。《魏書·楊椿傳》'群公百寮餞於城西張方橋'。又《崔亮傳》'亮爲僕射，奏於張方橋東堰谷水造水碾磨數十區'。亦橋臨谷水之證。隋以後名漸不彰。《嘉慶洛陽縣志》七《土地記》'晋張方橋在城西'，蓋至近世已不能實指其所在矣。"⑥

張方橋因谷水浚急而建，長則分流入洛。所以張方橋應在谷水幹流。張劍在《洛陽出土墓誌與洛陽古代行政區劃之關係》中對谷水有所考證，他認爲："北魏隋唐時期的谷水就是今天的澗河。但是，還有出土於洛陽東北的兩方墓誌亦與谷水有關……

---

① 趙文成、趙君平：《秦晋豫新出墓誌蒐佚續編》第1冊，北京：國家圖書館出版社，2015年，第166頁。
② ［北魏］楊衒之著、范祥雍校注：《洛陽伽藍記校注》，上海：上海古籍出版社，1978年，第203頁。
③ ［北魏］楊衒之著、范祥雍校注：《洛陽伽藍記校注》，上海：上海古籍出版社，1978年，第237—238頁。
④ 葛承雍：《祆教聖火藝術的新發現——隋代安備墓文物初探》，《美術研究》2009年第3期，第14—18頁。
⑤ 王其禕、周曉薇：《隋代墓誌銘彙考》第2冊，北京：綫裝書局，2007年，第206頁。
⑥ 趙萬里：《漢魏南北朝墓誌集釋》第2冊，北京：科學出版社，1956年，第82頁上。

董村、馬坡之南亦有流經的一條谷水。此谷水當是指漢晉以來開鑿的引谷入洛的人工渠道。"①另據考古發現，北魏洛陽城西郭牆外側今名分金溝之廢弃河道，據學者們考證可能就是西晉時爲限制西引谷水流量，立石橋限水分流的"張方溝"或"長分溝"遺迹。分金溝爲今白馬寺鎮的一個小村莊，其所在大致就在開皇九年（589）《張禮暨妻羅氏墓誌》②出土地即今洛陽城東大馬村南部，與其誌文所述"合葬張方橋北二里"恰好相符。由此亦可推斷張方橋位於隋代洛陽城東。而《侯紹墓誌》"葬在洛城西北張方橋北四里"者，則更在今洛陽城東大馬村南部以東矣。又見唐貞觀二年（628）《段夫人張女羨墓誌》"合葬於洛陽縣清風鄉張方里芒山之陽"③，可知唐初"張方里"或因地界"張方橋"而得名。

---

① 張劍：《洛陽出土墓誌與洛陽古代行政區劃之關係》，趙振華：《洛陽出土墓誌研究文集》，北京：朝華出版社，2002年，第159頁。
② 王其禕、周曉薇：《隋代墓誌銘彙考》第1冊，北京：綫裝書局，2007年，第311頁。
③ 周紹良：《唐代墓誌彙編》上冊，上海：上海古籍出版社，1991年，第12—13頁。

〇二七　□子建墓誌

【基本信息】

□子建墓誌，出土於河南省安陽縣安豐鄉，誌石今存民間。誌文16行，滿行17字，隸書，有方界格。拓片長44釐米、寬四41.7釐米。誌石中部橫向斷裂，自首行"朔州"二字之間至末行"晨"字約傷11字，又第15行最後一字"忽"亦左半磨泐。墓誌圖文見載於賈振林《文化安豐》①，研究參詳王其禕、周曉薇《洛陽新見隋代墓誌銘輯釋三種》②。

【誌文】

君諱子建，朔州太原人也。崇基鬱起，綿緒焕然，將相有門，公侯斯復。祖，驃騎將軍、定州諸軍事定州刺史、洛州諸軍事洛州刺史、西南道大行臺録尚書、太尉公。考，使持節、驃騎大將軍、趙州諸軍事趙州刺史、開府儀同三司、順陽縣開國伯。君幼而慷愾，夙有不世之資；少播英猷，早著成人之量。釋褐庫真，尋轉前鋒第二副正都督，又除假節、督秦州諸軍事秦州刺史、越騎校尉。俄遷儀同三司。自周平東夏，文軌大通，以君令問灼然，仍特收採，除使持節、儀同大將軍，又轉儀同三司、高陽縣開國子。開皇七年四月，神不祐善，終於雍州，時年五十。以八年十一月七日歸祔相州鄴城西南廿里先君神塋之内。乃爲銘曰：

歸哉盛德，卓矣能仁。緩談平越，奮戟吞秦。忽辭神第，奄馭靈轓，晨雞不旦，歲月徒春。

【疏證】

誌主子建，姓氏不詳，以其爲朔州太原人，又言"將相有門，公侯斯復"，疑姓王氏。其祖爲太尉公，又任"西南道大行臺録尚書"，其父爲順陽縣開國伯，官品皆高，然未書名字，不便稽案。檢北朝諸史，王姓人物之職官亦無所對應此子建三代，付闕待考。然從所莅職銜及"緩談平越，奮戟吞秦"推之，子建一門三代當爲武將世家。《北齊書》多見"西南道行臺""西南道大行臺"者，如北齊陸法和即爲太尉公、西南道大行臺，則子建祖父任"西南道大行臺録尚書"時或在陸法和麾下。又"朔州太原"之説蓋誤，太原當屬并州，非屬朔州。

以開皇七年（587）享年五十推之，子建釋褐之年正當北齊初，則其所任庫真、前鋒第二副正都督、假節督秦州諸軍事秦州刺史、越騎校尉、儀同三司等職皆爲北齊

---

① 賈振林：《文化安豐》，鄭州：大象出版社，2011年，第391—392頁。
② 王其禕、周曉薇：《洛陽新見隋代墓誌銘輯釋三種》，《華夏考古》2011年第4期，第109—115頁。

官。"自周平東夏""仍特收採"以後所任使持節、儀同大將軍、儀同三司、高陽縣開國子則皆北周官爵。庫真是鮮卑語官名，北朝及隋内侍宿衛武官之一，有時也做起家官，品級不詳，又作"庫直"。《北齊書》卷 10《高祖十一王傳》云："帝以渙第七子爲當之，乃使庫真都督破六韓伯昇之鄴徵渙。"①《北齊書》卷 25《王紘傳》載："興和中，世宗召爲庫直。"②《北齊書》卷 41《皮景和傳》云："除庫直正都督"③，《隋書》卷 39《元景山傳》云：其子成壽"後爲秦王庫真車騎。"④《隋書》卷 51《長孫晟傳》云："其長子行布，亦多謀略，有父風。起家漢王諒庫真，甚見親狎。"⑤《新唐書》卷 105《長孫敞傳》云："隋煬帝爲晋王，敞以庫直從畋驪山。"⑥據《新唐書》卷 49 下《百官志》知"庫直"在唐初隸親事府，選材勇爲之，後廢於貞觀中。越騎校尉屬"五校"之一，掌騎兵，見《魏書》卷 113《官氏志九》。隋代置於鷹揚府，《隋書》卷 28《百官志下》云："鷹揚每府置越騎校尉二人，掌騎士，步兵校尉二人，領步兵，並正六品。"⑦子建入隋後似無官職，固然正當四十三歲壯年，則其雖然特爲北周"收採"却並不爲隋朝所收採耳。北朝官領民酋長有第一第二之分，都督也有正副之分，皆可見證於文獻。左右衛府之直盪、直衛、直突屬官皆有前鋒，而前鋒官也有第一第二之分，除此誌外，開皇九年（589）《索盼墓誌》"起家東宫庫真，轉前峰第二副都督"云云亦可爲證。前鋒官見載於北朝墓誌者尚有北齊天保六年（555）《竇泰墓誌》云："爲寧遠將軍、虎賁中郎將、前鋒都督"，又陳太建二年（570）《衛和墓誌》云："司徒王僧辯知之，召爲前鋒將軍。"⑧隋大業元年（605）《王善來墓誌》云："父盖仁，志逸英賢，獨步人表。齊獻武皇帝補任前鋒直盪、第一領民酋長。"另見隋大業九年（613）《豆盧寔墓誌》"天子問罪東夷，陳兵朔野，以公爲左第二軍海冥道副將"⑨，這也是前軍不僅分左右而且分第一第二之别例。

子建"終於雍州"而"歸祔相州鄴城西南廿里先君神塋之内"，蓋其父乃建功於北齊並著籍鄴都，遂有族塋在鄴城。又，子建年五十卒於雍州而不葬於雍州，蓋亦緣於其未能爲隋朝所收採任官之故。

又，銘文"奄馭靈輴"的"輴"字疑是"轜"，指大車上的席墊。而此誌書法古拙勁拔，頗具北齊以至周隋時期鄴地所出隸書墓誌之韻格氣象。

---

① 《北齊書》卷 10《高祖十一王傳》，北京：中華書局，1972 年，第 136 頁。
② 《北齊書》卷 25《王紘傳》，北京：中華書局，1972 年，第 365 頁。
③ 《北齊書》卷 41《皮景和傳》，北京：中華書局，1972 年，第 537 頁。
④ 《隋書》卷 39《元景山傳》，北京：中華書局，1973 年，第 1153 頁。
⑤ 《隋書》卷 51《長孫晟傳》，北京：中華書局，1973 年，第 1336 頁。
⑥ 《新唐書》卷 105《長孫敞傳》，北京：中華書局，1975 年，第 4022 頁。
⑦ 《隋書》卷 28《百官志下》，北京：中華書局，1973 年，第 800 頁。
⑧ 上舉兩方墓誌載趙超：《漢魏南北朝墓誌彙編》，天津：天津古籍出版社，1992 年，第 394、33 頁。
⑨ 上舉兩方墓誌分别載王其禕、周曉薇：《隋代墓誌銘彙考》第 3 册，北京：綫裝書局，2007 年，第 154 頁；王其禕、周曉薇：《隋代墓誌銘彙考》第 4 册，北京：綫裝書局，2007 年，第 346 頁。

○二八　陸融墓誌

【基本信息】

　　陸融墓誌，出土於西安南郊長安區，誌石今存民間。誌文32行，滿行33字，正書，有方界格。蓋題12字，4行，每行3字，陽文篆書，有方界格。誌石長寬均55.5釐米，誌蓋盝覆斗形，盝頂長35釐米、寬35.5釐米。四殺綫刻四神與捲草圖案，蓋題四周綫刻蔓草紋。墓誌圖文載在劉文《陝西新見隋朝墓誌》①。

【誌蓋】

隋大將軍定陵郡開國公墓誌

【誌文】

大隋故大將軍定陵懷公墓誌銘

公諱融，字士光，河南洛陽人也。昔鼎湖輕舉，煙霞之駕不追；若水降居，星電之祥無絶。分源散葉，開國承家。自北祖南，從王佐帝。五世祖俟，魏尚書令、司徒公、東平王。位窮上爵，地唯伯舅。猶吕牙之在周朝，若張耳之居漢世。祖旭，右光禄大夫、并州刺史，贈柱國、上庸宣公。器寓方峻，理職恢遠。道德淵源，人倫箸蔡。父騰，周柱國、江陵等五總管、潼州等十一州刺史、大司空、大後丞、上庸定公。齊迹閌散，追踪風力。三鼎所以俱鎬，四碑於是不朽。公即定公之第三子。星精下降，練氣上升。龍種見奇，鳳姿表異。風彩明悟，若彦輔之開天；心神照朗，同太初之懷日。幼涉師門，服膺聖典。網羅百氏，耳目千載。擊劍曲城，深體縱橫之術；彎弧相圃，無愧孝悌之言。周天和三年，起家補左侍上士。五年，授大都督。六年，除使持節、車騎大將軍、儀同三司。高祖電發西秦，長驅東夏。公躬參武落，勳著戎行。建德五年，授上儀同大將軍，封平昌縣開國公，邑一千三百户。遷少兵部下大夫、熊渠中旅下大夫、左少宫伯下大夫、司木中大夫。皇上霸圖肇闢，納録惟始。貽訓冲人，褒賢進德，授開府儀同大將軍。蠢爾蠻荆，蜂扇蟻聚。戎機外動，事資毗贊。乃除行軍元帥府長史，剿除魁傑，撫慰遺燼。威恩備舉，山谷肅清。大隋建極，圖勞命賞，除大將軍、定陵郡開國公，邑户如故。開皇二年，除使持節伊州諸軍事伊州刺史。宣條按部，訓俗導民。偃草抑塗，令行禁止。百城仰化，万里謐然。豈直稱最一州，故亦垂法天下。輶軒巡省，璽書勞問。賜以穀帛，用表治能。八年二月，詔行洛州諸軍事洛州刺史、宫總監。三川名利，風俗難治。四塞關河，衿帶爲重。公褰帷入境，衣錦来遊。駐馬待期，停車決訟。家承德教，政以禮成。而縢理乖節，弥留日甚。爰降優旨，方從賜告。借寇之民，相望於帝闕；乞耿之奏，屢

---

① 劉文：《陝西新見隋朝墓誌》，西安：三秦出版社，2018年，第17頁。

聞於帷扆。福謙終爽，与善莫徵。春秋卅有七，以開皇八年七月十九日薨於州廨。廢膳撤懸，悼深震極。罷市輟相，痛感吏民。名生於人，抑惟恒典。太常考行，諡曰懷公，禮也。惟公世躡高位，弈葉丕顯。不持榮貴自矜，唯以素淡爲業。名教之地，娛樂性靈。文酒之間，蕭散懷抱。以任真體運，虛心待物。彈貢公之冠，情深薦士；結王生之襪，義在尊賢。百齡未半，千秋長往。掛寶劍於幽隴，徒傷過客；聞哀笛於清霄，空悲舊友。嗚呼，仍以其年十一月丙寅朔八日癸酉厝於長安縣高陽里。乃爲銘曰：

金運告終，水行啓聖。並建同德，分封異姓。奄有大邦，光膺寵命。舃奕門緒，蟬聯家慶。世偶雲飛，時逢星聚。璽歸帝宅，鼎移天府。於穆定公，經文緯武。道均三傑，名班四輔。河嶽降靈，誕此民英。松筠比節，劍鏡齊明。文同鳳炳，書類鴻驚。高情磊落，壯志縱橫。立朝登仕，優賢揚歷。九万風摶，三千水激。紫泥屢降，黃扉早闢。德茂朝倫，聲高群辟。崇芒少室，伊闕輨轅。京華故地，民俗殷繁。頻加榮禮，亟委名蕃。惠風扇物，甘雨隨軒。二豎入夢，兩童無藥。魂歸玄灞，迹留清洛。廟訓白虎，松悲黃鶴。欲識儀形，昭彰麟閣。世子立素，第二子立信，第三子立言，第四子立志。

【疏證】

陸融五代祖陸俟，《魏書》《北史》有傳，其父陸騰，《周書》《北史》有傳。誌云："公諱融，字士光，河南洛陽人也。"《魏書》卷40《陸俟傳》及《周書》卷28《陸騰傳》皆云爲"代人也"。至陸融一代始由"代人"轉稱"河南洛陽人"，緣由則如誌文所言"分源散葉，開國承家。自北祖南，從王佐帝"，亦即隨著北魏定都洛陽，其家族便定居在洛陽。

《元和姓纂》卷10"陸氏"河南洛陽房云："出自代北，代爲郡長大人，號步六孤氏。後魏孝文遷洛，改爲陸氏，與穆、奚、於、賀、劉、婁爲北人八族。"[1]可知北朝以降之陸姓氏族多爲系出北魏代郡之步六孤姓，亦即其族屬當爲代北鮮卑人。誌云："五世祖俟，魏尚書令、司徒公、東平王。"陸俟，《魏書》《北史》皆有傳，其在高祖朝進爵東平王，然未載其任尚書令，爵司徒公。誌云："祖旭，右光禄大夫、并州刺史，贈柱國、上庸宣公。"陸旭，《周書》卷28《陸騰傳》云："父旭，性雅澹，好《老》《易》緯候之學，撰《五星要訣》及《兩儀真圖》，頗得其指要，太和中，徵拜中書博士，稍遷散騎常侍。知天下將亂，遂隱於太行山。孝莊即位，屢徵不起。後贈并汾恒肆四州刺史。"[2]傳誌相較，唯并州刺史一職相合，其他職任多有不同，而并州刺史一職亦存在職事與贈官之異。誌云："父騰，周柱國、江陵等五總管、潼州等十一州刺史、大司空、大後丞、上庸定公。"陸騰，《周書》《北史》皆有傳，誌載其職任，皆在北周天和、建德年間。《周書》卷28本傳云："（天和）四年，遷江陵總管……六年，進位柱國，進爵上庸郡公，增邑通前三千五百户。建德二年，徵拜大司空，尋出爲涇州總管。宣政元年冬，薨於京師。贈本官加

---

① [唐]林寶撰、岑仲勉校記：《元和姓纂（附四校記）》卷10，北京：中華書局，1994年，第1422—1423頁；姚薇元《北朝胡姓考》修訂本，北京：中華書局，2007年，第32頁。

② 《周書》卷28《陸騰傳》，北京：中華書局，1971年，第469頁。

并汾等五州刺史,重贈大後丞。諡曰定。"①誌傳對比,亦有小異。

《周書》卷28《陸騰傳》亦云陸騰子陸融,"字士傾,最知名,少歷顯職。大象中,位至大將軍、定陵縣公"②。陸融字"士傾",與墓誌字"士光"互異,當以誌爲是。陸融爲陸騰第三子,在史傳中記載甚簡,據誌可詳知其履歷。北周天和三年(568),陸融起家補左侍上士。五年,授大都督。六年,除使持節、車騎大將軍、儀同三司。誌云:"高祖電發西秦,長驅東夏。公躬參武落,勳著戎行",是云陸融響應高祖布署,參加了平北齊的戰役,並於建德五年(576),授上儀同大將軍,封平昌縣開國公,邑一千三百戶。遷少兵部下大夫、熊渠中旅下大夫、左少宮伯下大夫、司木中大夫。又授開府儀同大將軍。誌云:"蠢爾蠻荊,蜂扇蟻聚。戎機外動,事資毗贊。乃除行軍元帥府長史,剿除魁傑,撫慰遺燼。威恩備舉,山谷肅清",檢《周書》卷8《靜帝紀》,大象二年(580)秋七月,"豫州、荊州、襄州三總管內諸蠻,各率種落反,焚燒村驛,攻亂郡縣"③。則任命陸融爲行軍元帥長史,參與對"荊蠻"魁傑的剿除。又據《隋書》卷1《高祖紀》載,大象元年(579)七月,"荊、鄖群蠻乘釁作亂,命亳州總管賀若誼討平之"④。則其時的行軍元帥爲亳州總管賀若誼。《隋書》卷39《賀若誼傳》載,周武帝時任熊州刺史、洛州刺史,以功進位大將軍。隋開皇年間,拜華州刺史,俄轉敷州刺史,改封海陵郡公,轉涇州刺史、靈州刺史,進位柱國。⑤入隋之後,陸融任大將軍、定陵郡開國公,邑戶如故。開皇二年(582),除使持節伊州諸軍事伊州刺史。治理有方,還得到過"璽書勞問",並"賜以穀帛,用表制能"。開皇八年(588)二月,詔行洛州諸軍事洛州刺史、宮總監。"春秋卅有七,以開皇八年七月十九日薨於州廨""以其年十一月丙寅朔八日癸酉厝於長安縣高陽里"。有四子,世子立素,第二子立信,第三子立言,第四子立志。其中第三子立言墓誌參詳大業十二年(616)《陸蹟墓誌》⑥。立素、立信、立志,史傳皆無載。開皇六年(586)《陸孝昇墓誌》,當與陸融爲同宗,亦可參詳。

又,日本和泉市久保惣紀念美術館收藏唐貞觀四年(630)《唐遂安郡王妃陸娘子墓誌》,云陸娘子爲北魏陸俟七世孫、隋上庸公陸玄之孫、唐獲嘉縣令陸彥術之女。⑦陸玄即陸騰長子,《周書》附陸騰傳。而遂安郡王即兩唐書有傳之遂安郡公李安遠,其父爲隋雲州刺史李徹。李安遠亦有墓誌出土,云:"王諱安,字世壽,隴西成紀人也。太武皇帝再從侄,皇上之從兄。"⑧《陸娘子墓誌》葬在"長安城西南高陽原",《李安墓誌》葬在"長安縣福陽鄉修福里高陽之原",其地皆當今西安南郊長安區郭杜鎮東祝村一帶。可知高陽原應是陸騰一系的族塋所在。

---

① 《周書》卷28《陸騰傳》,北京:中華書局,1971年,第472—473頁。
② 《周書》卷28《陸騰傳》,北京:中華書局,1971年,第473頁。
③ 《周書》卷8《靜帝紀》,北京:中華書局,1971年,第132—133頁。
④ 《隋書》卷1《高祖紀》,北京:中華書局,1973年,第4頁。
⑤ 《隋書》卷39《賀若誼傳》,北京:中華書局,1973年,第1159—1160頁。
⑥ 劉文:《陝西新見隋朝墓誌》,西安:三秦出版社,2018年,第106頁。
⑦ 冉萬里、趙戈:《〈大唐故陸妃墓誌之銘〉考釋》,《考古與文物》2017年第3期,第104—109頁。
⑧ 吳鋼:《全唐文補遺》第7輯,西安:三秦出版社,2005年,第244頁;葛承雍《新出唐遂安王李世壽墓誌考釋》,榮新江:《唐研究》第3輯,北京:北京大學出版社,1997年,第445—451頁。

〇二九 朱幹墓誌

【基本信息】

朱幹墓誌，2006 年出土於陝西涇陽，誌石今存洛陽民間。誌文 34 行，滿行 34 字，正書，有方界格，明克讓撰序、庾信撰銘。拓片長寬均 55.8 釐米。墓誌圖版載在趙君平、趙文成《秦晋豫新出墓誌蒐佚》[①]，研究參詳周曉薇、王其褘《流寓周隋的南朝士人交往圖卷——新出隋開皇八年〈朱幹墓誌〉箋證》[②]。

【誌文】

周故司成大夫楊州刺史朱使君墓誌

君諱幹，字善政，顓頊苗裔，漢御史大夫雲之後也。九世祖鴻臚卿均，避董卓之乱，遷于江左，因居吳郡之錢唐縣，世爲著姓，簪冕蟬聯，煥乎方策。祖巽之，幼挺志節，徵士顧歡有知人之鑒，見而嗟賞，以女妻焉。爲弟復仇，具於齊史，當世稱之。強記博聞，著《辯相論》。齊高宗作鎮壽春，引爲府佐。魏孝文帝耀威淮上，將事南遊，州乃遣巽之及清河崔慶遠聊效屈兒，勞師問故，頗同談咲，用却秦軍，出宰吳平縣。入爲始安王記室。府王遘難，咸勸出奔，巽之答曰：豈有安而事之，急則苟免。遂與楊州別駕陸閑一時同斃。父异，弱冠就外祖受業，精力不勌，師逸功倍，該覽群書，尤明《禮》《易》。太子中庶平原明山賓，道術相望，風期冥合，彈冠結綬，以致嘉招。入直西省，除太學博士。梁武皇帝幸壽光殿，爲講《孝經》，朝野榮之。官至侍中、左衛將軍、領軍將軍，掌中書事。密勿機衡，廿餘載，出納絲綸，是稱喉舌，削柿焚藁，無際可尋，國體朝章，爰及民俗，吉凶疑滯，斷決如流，弈秋之巧，品爲第一。故以詳之史官，可略言矣。贈侍中、尚書僕射。君尚書僕射第七子也，岐嶷夙成，弱不好弄，年甫九歲，誦《孝經》《論語》，選補易生，韋編將絶。國子博士汝南周弘正，經笥文宗，深相歎挹。兼善圍棋，頗參其妙。十八喪父，毀悴改形，見者深慮，將滅于時，封豕荐食，長虵未剪。君以世荷朝寄，心在報雪，弗遑枕草，即事尋戈，招率宗親，應同郡陸縉，星言電邁，赴攻太守蘇單于，臨陣果決，誓之以死，羽扇纔麾，金城已陷，單于授首，斬於軍門。天數有違，飛蒭不繼，憤慨兼懷，撫膺何及。乃從鄱陽步道歸身渚宮，除著作佐郎，轉太子舍人，尋遷洗馬。長孺正直，叔寶風流，我則兼之，諒無愧色。儲后以君名實無爽，深加禮昒，陪歌春誦，侍撫夏絃，預北塲之遊，參西園之宴。既而楚聲多死，垂翅歸朝，大

[①] 趙君平、趙文成：《秦晋豫新出墓誌蒐佚》第 1 冊，北京：國家圖書館出版社，2011 年，第 82 頁。
[②] 周曉薇、王其褘：《流寓周隋的南朝士人交往圖卷——新出隋開皇八年〈朱幹墓誌〉箋證》，《陝西師範大學學報》（哲學社會科學版）2014 年第 4 期，第 83—92 頁。

冢宰引之東閤，待以客禮。及石渠廣闢，奉詔来遊，侶劉向而校書，偶戴馮而重席。所生袁夫人並第八弟斐，遠在會計，負米之志長絶，尋箭之集無因。會陳國使至，請求朝士，天子普召南冠，問其留去，衆人疑於奉對，君乃涕泗言曰："老母隔絶，願還侍養。"帝深嘉異，竟不能遣。柱國齊國公，天子之介弟也，博求材藝，請君自隨，□以清階，授爲府属，解衣推食，彰於造次，行師誓衆，必令陪奉。羽檄軍書，成於馬上；奇謀深策，運之帳中。天和五年，隨齊公東討，愍善無徵，殲我明德。十一月十一日殞於戎事，春秋卅有九。詔贈司成大夫、楊州刺史。六年二月四日卜兆於萬年縣軹道鄉。大隋膺運，遷都改築，窀穸之所，迩于王城，以開皇八年十一月廿日移墳涇陽縣鴻川鄉誠義里。君資孝禀誠，懷仁抱義，留連風月，脱略形骸。臨秋水而談玄，登春臺而秉筆，淑人君子，其在斯乎。平原明克讓，世親義重，姻属情深，撫事傷懷，嗚呼永慟。悉其行事，錄而序焉。開府新野庾信，文林辭菀，詩弈相交，舊有銘文，今仍鑴勒，其辭云尔：

篠筥之美，瑶琨之琛。山精虎據，劍氣龍鱗。水含昌閣，沙長富春。會稽高邸，桐鄉貴紳。諭兵上蔡，獻計春申。執法機總，藉甚英聲。佐時明略，脱屣公卿。有焚書橐，無言树名。策存鏤鼎，勳入銘旍。誕此鳳鶵，生兹龍種。石渠名盛，金華譽重。麗詞霞映，玄言泉涌。南轅不就，北道言歸。漢宫推食，梁園解衣。懸秤雁起，垂露鶺飛。廣武置陣，成罜解圍。入隨憑軾，命盡交綏。洗馬改葬，風流名士。有志前驅，無時中止。隴首月昏，松根草死。□水悠然，華亭永矣。

【疏證】

誌文所述朱幹家族人事行迹頗多與梁、陳、北周、隋代史事互爲印證，而其中所涉南朝仕宦文人活動，尤能再現流寓周隋的南朝士人之間的交往關係，並可進而參照史傳以見知當時社會歷史與文化大背景下的基本情實。

一、錢塘朱氏家族世系及其人物行迹

（1）朱幹遠祖朱雲、朱均。誌云："君諱幹，字善政，顓頊苗裔，漢御史大夫雲之後也。九世祖鴻臚卿均，避董卓之亂，遷於江左，因居吳郡之錢唐縣，世爲著姓，簪冕蟬聯，焕乎方策。"朱雲，《漢書》卷67有傳云："字游，魯人也，徙平陵。"[1]《元和姓纂》卷2"朱"姓曰："顓頊之後，周封曹挾於邾，爲楚所滅，子孫去'邑'爲氏。"[2]並記"錢塘"一房，云爲"漢槐里侯朱雲之後。八代孫至賓，後漢光禄勳，始居錢塘，爲著姓"。[3]誌文與《元和姓纂》記載互異處有二：一是朱雲的官爵，誌文僅言"漢御史大夫"，《元和姓纂》僅言"漢槐里侯"。案《漢書·朱雲傳》記其曾任杜陵令與槐里令，或當以本傳爲是。誌云朱雲爲"漢御史大夫"疑是附會，理由是《漢書》本傳載元帝時華陰守丞嘉曾

---

[1]《漢書》卷67《朱雲傳》，北京：中華書局，1962年，第2913頁。
[2]［唐］林寶撰、岑仲勉校記：《元和姓纂（附四校記）》卷2，北京：中華書局，1994年，第253頁。
[3]［唐］林寶撰、岑仲勉校記：《元和姓纂（附四校記）》卷2，北京：中華書局，1994年，第254頁。

上表力薦朱雲"以六百石秩試守御史大夫"①，然最終未能獲準。誌文以朱雲未任之職爲實職，旨在顯揚朱氏遠祖的政治地位之顯貴，這也是墓誌在叙述遠祖時常常出現的冒官浮誇之弊。二是誌云："九世祖鴻臚卿均，避董卓之亂，遷于江左，因居吴郡之錢唐縣，世爲著姓"；《元和姓纂》則記："八代孫至實，後漢光禄勳，始居錢塘，爲著姓。"②以其皆爲"始居錢塘"之朱氏錢塘房始祖，故知朱均與朱至實疑即同一人，唯鴻臚卿與光禄勳（後世改光禄卿）互異。

（2）朱幹曾祖朱昭之。誌文未載朱幹曾祖，據《南齊書》卷55《朱謙之傳》載："父昭之，以學解稱於鄉里。"③《南史》卷62《朱异傳》亦云："祖昭之，以學解稱於鄉。"④知朱昭之即朱幹曾祖，且朱幹一族自其曾祖一代始以學識聞名於鄉里。

（3）朱幹祖朱巽之、叔祖朱謙之。誌云朱幹祖"巽之"，見載於《梁書》卷38《朱异傳》，其云："父巽，以義烈知名，官至齊江夏王參軍、吴平令。"⑤《南齊書·朱謙之傳》又云："謙之之兄選之"⑥，《梁書》卷38《朱异傳》校勘記則認爲當爲選之⑦，今據《朱幹墓誌》，可證"巽之"爲是，而"選之"爲訛。

誌云巽之"幼挺志節，徵士顧歡有知人之鑒，見而嗟賞，以女妻焉"。《南史》卷62《朱异傳》載："巽之字處林，有志節，著《辯相論》。幼時，顧歡見而異之，以女妻焉。仕齊官至吴平令。"⑧誌史記載相合。顧歡，《南齊書》《南史》皆有傳，爲南朝齊著名學者，淹通黄老之學，撰述頗豐。由此又知朱巽之字叫"處林"，以著《辯相論》爲顧歡賞識，娶顧歡女爲妻，家族亦始與南朝文學士人聯姻。

誌云巽之"爲弟復仇，具於齊史，當世稱之"。巽之弟即謙之，有傳見《南齊書·孝義傳》，載有謙之爲母親申孝義而被仇人所殺以及巽之爲謙之復仇之事。⑨

誌云巽之"強記博聞，著《辯相論》。齊高宗作鎮壽春，引爲府佐。魏孝文帝耀威淮上，將事南遊，州乃遣巽之及清河崔慶遠聊效屈兒，勞師問故，頗同談咲，用却秦軍，出宰吴平縣"。誌文"屈兒"當爲"屈完"之誤。屈完，即楚大夫屈完。《左傳》曰："楚子使屈完如師，師退，次于召陵。齊侯陳諸侯之師，與屈完乘而觀之。齊侯曰：豈不穀是爲，先君之好是繼。與不穀同好如何？對曰：君惠徼福。曰：以此衆戰。誰能禦之？以此攻城，何城不克？對曰：君若以德綏諸侯，誰敢不服？君若以力，楚國方城以爲城，漢水以爲池。雖衆無所用之。屈完及諸侯盟。"⑩則"聊效屈完"即典出於此。誌文所述

---

① 《漢書》卷67《朱雲傳》，北京：中華書局，1962年，第2913頁。
② ［唐］林寶撰、岑仲勉校記：《元和姓纂（附四校記）》卷2，北京：中華書局，1994年，第254頁。
③ 《南齊書》卷55《朱謙之傳》，北京：中華書局，1972年，第962頁。
④ 《南史》卷62《朱异傳》，北京：中華書局，1975年，第1514頁。
⑤ 《梁書》卷38《朱异傳》，北京：中華書局，1973年，第537頁
⑥ 《南齊書》卷55《朱謙之傳》，北京：中華書局，1972年，第963頁。《南齊書》卷45《遥昌傳》亦作"選之"。
⑦ 《梁書》卷38《朱异傳》校勘記［一］，北京：中華書局，1973年，第551頁。
⑧ 《南史》卷62《朱异傳》，北京：中華書局，1975年，第1514頁。
⑨ 《南齊書》卷55《朱謙之傳》，北京：中華書局，1972年，第962—963頁。
⑩ ［晉］杜預注、［唐］孔穎達正義：《春秋左傳正義》卷12《僖公四年》，北京：中華書局，1980年影印阮元《十三經注疏》本，第1793頁上。

"勞師問故，頗同談咲，用却秦軍，出宰吳平縣"之史事，適與《南齊書》卷 45《遙昌傳》記載相合①。

誌云巽之"入爲始安王記室。府王遘難，咸勸出奔，巽之答曰：'豈有安而事之，急則苟免。'遂與楊州別駕陸閑一時同斃"。始安王即遙光，南齊宗室始安貞王道生之子。其"府王遘難"事，見載《南齊書》卷 7《東昏侯紀》永元元年（499）八月：

> 丙（午）[辰]，揚州刺史始安王遙光據東府反，詔曲赦京邑，中外戒嚴。尚書令徐孝嗣以下屯衛宮城。遣領軍將軍蕭坦之率六軍討之。戊午，斬遙光傳首。②

揚州別駕陸閑，《南史》卷 48《陸閑傳》云閑字遐業，仕至揚州別駕：

> 永元末，刺史始安王遙光據東府作亂，或勸去之。閑曰："吾爲人吏，何可逃死。"臺軍攻陷城，閑以綱佐被收，至杜姥宅，尚書令徐孝嗣啓閑不預逆謀。未及報，徐世標命殺之。③

又見《南史》卷 41《始安王遙光傳》云："遙光舉事四日而卒。……天下知名之士劉渢、渢弟瀁、陸閑、閑子絳、司馬端、崔慶遠皆坐誅。"④此列舉坐誅者六人，未見朱巽之列在其中，而墓誌云遙光構亂事發，衆人皆勸巽之出奔，巽之回應"豈有安而事之，急則苟免"一句亦與當時陸閑所云"吾爲人吏，何可逃死"相似乃爾。據墓誌知身爲始安王府記室的朱巽之亦在坐誅"天下知名之士"之列而爲史所闕載。

（4）朱幹父朱异。墓誌記朱幹父朱异事迹甚詳。朱异在《梁書》《南史》皆有傳。誌云："父异，弱冠就外祖受業，精力不勌，師逸功倍，該覽群書，尤明《禮》《易》。""外祖"即顧歡，《南齊書》《南史》皆有傳。《南齊書》卷 54 本傳略云："八歲，誦《孝經》、《詩》、《論》。及長，篤志好學。……事黃老道，解陰陽書，爲數術多效驗。……歡口不辯，善於著筆。著《三名論》，甚工，鐘會《四本》之流也。又注王弼《易》二《繫》，學者傳之。"⑤《隋書·經籍志》記其著有《尚書百問》一卷、《老子義綱》一卷、《顧歡集》三十卷。⑥《梁書》卷 38《朱异傳》載："异年數歲，外祖顧歡撫之謂异祖昭之曰：'此兒非常器，當成卿門戶。'……即長，乃折節從師，遍治五經，尤明《禮》《易》。"⑦史誌記載相合。誌又云："太子中庶平原明山賓，道術相望，風期冥合，彈冠結綬，以致嘉招，入直西省，除太學博士。梁武皇帝幸壽光殿，爲講《孝經》，朝野榮之。官至侍中、左衛將軍、領軍將軍，掌中書事。"明山賓，《梁書》《南史》有傳。《梁書》卷 27 本傳云：

---

① 《南齊書》卷 45《遙昌傳》，北京：中華書局，1972 年，第 792—793 頁。
② 《南齊書》卷 7《東昏侯紀》，北京：中華書局，1972 年，第 98 頁。
③ 《南史》卷 48《陸閑傳》，北京：中華書局，1975 年，第 1194 頁。
④ 《南史》卷 41《始安王遙光傳》，北京：中華書局，1975 年，第 2041—2042 頁。
⑤ 《南齊書》卷 54《顧歡傳》，北京：中華書局，1972 年，第 928、930、935 頁。
⑥ 《隋書》卷 32《經籍志一》，北京：中華書局，1973 年，第 914 頁；《隋書》卷 34《經籍志三》，北京：中華書局，1973 年，第 1000 頁；《隋書》卷 35《經籍志四》，北京：中華書局，1973 年，第 1075 頁。
⑦ 《梁書》卷 38《朱异傳》，北京：中華書局，1973 年，第 537 頁。[唐]張彥遠《歷代名畫記》卷 3《敘自古跋尾押署》中所列晉宋周隋間鑒識藝人有隋代朱异。又，故宮博物院藏明萬曆二十四年（1596）吳廷摹刻《餘清齋帖》中的《樂毅論》末尾有"异"字押署，或以爲隋代的朱异。筆者認爲兩朱异均即誌主朱幹之父。

　　　　明山賓字孝若，平原鬲人也。……高祖引爲相府田曹參軍。梁臺建，爲尚書駕
　　　部郎，遷治書侍御史，右軍記室參軍，掌治吉禮。時初置五經博士，山賓首膺其選。
　　　遷北中郎諮議參軍，侍皇太子讀。累遷中書侍郎，國子博士，太子率更令，中庶子，
　　　博士如故。①

則山賓爲五經博士及任太子中庶子，均在梁高祖時期。此時朱异年齡尚輕，而明山賓看重他的"道術"，於是直接向梁高祖上書表薦朱异：

　　　　竊見錢唐朱异，年時尚少，德備老成，在獨無散逸之想，處闇有對賓之色，器
　　　宇弘深，神表峰峻。金山萬丈，緣陟未登；玉海千尋，窺映不測。加以圭璋新琢，
　　　錦組初構，觸響鏗鏘，值采便發。觀其信行，非惟十室所稀，若使負重遥途，必有
　　　千里之用。②

梁高祖遂即召見了朱异，且"使說《孝經》、《周易》義，甚悦之，謂左右曰：'朱异實異。'後見明山賓，謂曰：'卿所舉殊得其人。'仍召异直西省，俄兼太學博士"。這便是朱异"彈冠結綬，以致嘉招"的因果。"其年，高祖自講《孝經》，使异執讀。遷尚書儀曹郎，入兼中書通事舍人，累遷鴻臚卿，太子右衛率，尋加員外常侍"。大同"八年，改加侍中，太清元年，遷左衛將軍，領步兵。二年，遷中領軍，舍人如故"③。誌云："密勿機衡，廿餘載，出納絲綸，是稱喉舌，削柿焚葉，無際可尋，國體朝章，爰及民俗，吉凶疑滯，斷決如流，弈秋之巧，品爲第一。故以詳之史官，可略言矣。贈侍中、尚書僕射。"《梁書》朱异本傳亦載：

　　　　自周捨卒後，异代掌機謀，方鎮改換，朝儀國典，詔誥敕書，並兼掌之。每四
　　　方表疏，當局簿領，諮詢詳斷，填委於前，异屬辭落紙，覽事下議，從橫敏贍，不
　　　暫停筆，頃刻之間，諸事便了。④

誌史記載復相一致。誌云朱异贈官與本傳略有不同，"尚書僕射"，傳作"尚書右僕射"。又本傳云："异居權要三十餘年，善窺人主意曲，能阿諛以承上旨，故特被寵任。歷官自員外常侍至侍中，四官皆珥貂，自右衛率至領軍，四職並驅鹵簿，近代未之有也"。⑤此是史臣對朱异的評價，亦常被後世史籍引爲權要受寵於帝王的典型事例而廣爲談論。

　　以誌云朱幹"十八喪父"且朱幹卒於北周天和五年（570）享年三十九歲推之，朱异當卒於梁武帝太清三年（549）。

　　（5）朱幹兄弟、母親與朱幹後裔。誌云朱幹爲朱异第七子，又云："所生袁夫人並第八弟斐，遠在會計，負米之志長絶；尋箭之集無因"，知朱异夫人姓袁氏，又有第八子名

―――――――
① 《梁書》卷27《明山賓傳》，北京：中華書局，1973年，第405—406頁。
② 《梁書》卷38《朱异傳》，北京：中華書局，1973年，第537—538頁。
③ 《梁書》卷38《朱异傳》，北京：中華書局，1973年，第538頁。
④ 《梁書》卷38《朱异傳》，北京：中華書局，1973年，第538頁。
⑤ 《梁書》卷38《朱异傳》，北京：中華書局，1973年，第540頁。

斐，史傳皆無載。據朱异本傳還知："長子肅，官至國子博士；次子閏，司徒掾。並遇亂卒。"①則朱幹至少有兄弟八人。

綜合以上史誌材料，可梳理列朱幹一族世系表如圖 1 所示：

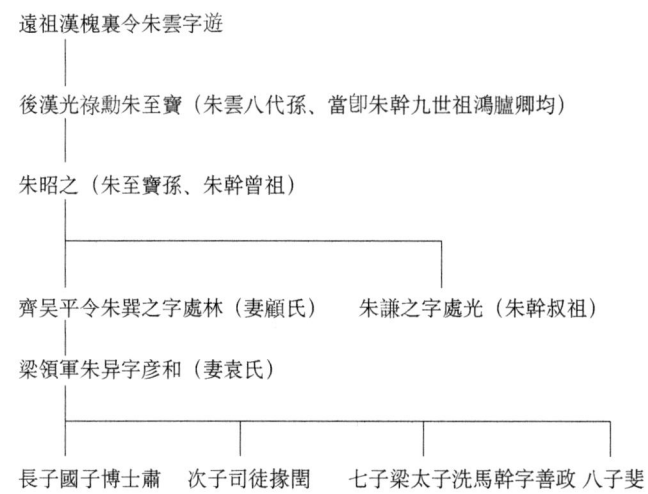

圖 1　朱幹家族世系示意圖

《周書》卷 5《武帝紀上》載："（天和）六年春正月己酉朔……詔柱國、齊國公憲率師禦斛律明月。三月己酉，齊國公憲自龍門度河，斛律明月退華谷。憲攻拔其新築五城。"②緣此可知"東討"的對象爲斛律明月，朱幹則當卒於天和六年（571）正月到三月間攻禦戰時。而誌云："十一月十一日殞於戎事"，亦恐不確，或戰時負了重傷，拖至十一月十一日而亡，亦未可知。

誌云："平原明克讓，世親義重，姻属情深，撫事傷懷，嗚呼永慟。悉其行事，録而序焉。"爲朱幹撰寫墓誌序文的"平原明克讓"，《北史》《隋書》皆有傳，其墓誌亦已出土於西安，可資參詳。據《隋書》卷 58《明克讓傳》知其父明山賓，即前述曾向梁高祖推薦朱异者，則明克讓爲名儒之後。"克讓少好儒雅，善談論，博涉書史，所覽將萬卷。《三禮》禮論，尤所研精，龜策曆象，咸得其妙"。有趣的是明克讓"年十四，釋褐湘東王法曹參軍。時舍人朱异在儀賢堂講《老子》，克讓預焉。堂邊有修竹，异令克讓詠之。克讓攬筆輒成，其卒章曰：'非君多愛賞，誰貴此貞心。'异甚奇之。"則朱异在講學時，意外發現明山賓之子能夠攬筆成詩，是一位聰明才俊，自然會對他多加栽培和抬舉。明克讓在梁"仕歷司徒祭酒、尚書都官郎中、散騎侍郎、兼國子博士、中書侍郎。梁滅，歸於長安，周明帝引爲麟趾殿學士，俄授著作上士，轉外史下大夫，出爲衛王友，歷漢

---

① 《梁書》卷 38《朱异傳》，北京：中華書局，1973 年，第 540 頁。
② 《周書》卷 5《武帝紀上》，北京：中華書局，1971 年，第 78 頁。關於齊公憲東討時間，《周書》卷 29《宇文盛傳》，北京：中華書局，1971 年，第 493 頁亦載："天和五年，入爲大宗伯。六年，與柱國王傑從齊公憲東討。"則事在天和六年（571），此又一證。

東、南陳二郡守。武帝即位，復徵爲露門學士，令與太史官屬正定新曆。拜儀同三司，累遷司調大夫，賜爵歷城縣伯，邑五百戶。"①可以見證明山賓、明克讓與朱异、朱幹兩家乃爲儒學世交，且互有提掖之誼。特別是明克讓與朱幹還一同在麟趾殿參與了北周孝明帝組織的八十餘位文學者"刊校經史"的工作，則兩人的世誼與友誼當非同一般。而誌云："世親義重，姻屬情深"，則又説明兩家還有一層聯姻關係②。明克讓卒於開皇十四年（594），嘗"著《孝經義疏》一部，《古今帝代記》一卷，《文類》四卷，《續名僧記》一卷，集二十卷"③，惜皆不傳世。則今《朱幹墓誌》序文竟成其遺世獨存。

誌云："開府新野庾信，文林辭苑，詩弈相交，舊有銘文，今仍鐫勒。"知墓誌銘文的撰者爲庾信，且與朱幹有"文林辭苑，詩弈相交"的情誼，不僅是文友，同時也是棋友，這正與誌文講朱幹"兼善圍棋，頗參其妙"一語互爲照應。所謂"舊有銘文，今仍鐫勒"，是指朱幹在北周天和六年（571）"卜兆於萬年縣軹道鄉"時的墓誌銘文原本就是庾信撰寫的，而到開皇八年（588）遷葬時，雖然由明克讓重寫了墓誌序文，却依然用庾信的舊有銘文來刊刻，因爲庾信在入隋後的第一年就去世了，此時已不能再爲他的這位後進文友命筆了。庾信是南北朝著名文學大家，《周書》《北史》皆有傳。《周書》卷41《庾信傳》載其祖籍南陽新野，"祖易，齊徵士。父肩吾，梁散騎常侍、中書令。信幼而俊邁，聰敏絶倫。博覽群書，尤善《春秋左氏傳》。……時肩吾爲梁太子中庶子，掌管記。東海徐摛爲左衛率。摛子陵及信，竝爲抄撰學士。父子在東宫，出入禁闥，恩禮莫與比靈斯。既有盛才，文竝綺豔，故世號爲徐、庾體焉。當時後進，競相模範。每有一文，京都莫不傳誦。"④梁朝滅亡，進入北周，"世宗、高祖竝雅好文學，信特蒙恩禮。至於趙、滕諸王，周旋款至，有若布衣之交。群公碑誌，多相請托"⑤。正因庾信在文學上頗負盛名，來請托其撰寫碑誌者甚夥，此事竟至載入本傳。可惜傳世的《庾子山集》中已經失載了《朱幹墓誌》的銘文，則這篇銘文的發現，不僅可得補闕庾信遺文，更可資研討其文體、文風之遷變。又檢讀《庾子山集》卷10有《朱雲折檻讚》一篇⑥，是據《漢書·朱雲傳》所載事迹爲素材而作，則庾信樂意爲朱幹撰寫墓誌銘文，或許早有對朱雲的欽敬和對其後代的愛惜之情，也很有可能與朱幹父朱异本在梁朝時就有著深厚文誼，這都應該在情理中，果真如此，則又可成就一段文學佳話。另外，值得重視的是，撰序與撰銘出於兩位當世文學大家之手，在墓誌銘的撰寫人中亦實不多見。

墓誌雖然沒有提及書者的姓名，但以墓誌序文所言"錄而序焉"，以及當時尚未流行在墓誌上題寫書者名字推之，其方嚴寬博而又稍兼隸意的楷法或有可能也是出自明克讓的手筆。

---

① 《隋書》卷58《明克讓傳》，北京：中華書局，1973年，第1415頁。
② 詳見開皇十年（590）《明克讓墓誌》載："時右衛朱异，任遇當朝，因篤通家，妻之以女"，劉文：《陝西新見隋朝墓誌》，西安：三秦出版社，2018年，第44頁。
③ 《隋書》卷58《明克讓傳》，北京：中華書局，1973年，第1416頁。
④ 《周書》卷41《庾信傳》，北京：中華書局，1971年，第733頁。
⑤ 《周書》卷41《庾信傳》，北京：中華書局，1971年，第734頁。
⑥ [北周]庾信撰、[清]倪璠注、許逸民校點：《庾子山集注》中册，北京：中華書局，1980年，第635—636頁。

《朱幹墓誌》所見碑誌文的序與銘爲兩人分撰的現象，在隋代之前已經有所表現。這樣一種創作模式，大約是伴隨著碑誌載體在北朝的普及與成熟和文學創作在南朝的"新變"（如"文學始用四聲"的音韻發明並流行於此時①）與燦爛而融合互動興起的。梳理南北朝碑誌文中的序銘分撰情形，能夠見知其發軔時期在南北兩朝大約是相當的。另外，彼時由著名文人聯手創作碑誌文已漸成時尚，並漸次影響到隋唐時期。事例詳見拙文《流寓周隋的南朝士人交往圖卷——新出隋開皇八年〈朱幹墓誌〉箋證》②。至於此類創作形式在唐代的流行脈絡與特點，可參詳孟國棟《碑誌所見唐人合作撰文現象研究》③。而若歸納這種文學創作形式的興起緣由與意義，大約有幾點值得注意。一是可以見知往往銘文部分多是由合作的兩人中文學功力更爲深巨的一位執筆，這應該是應合了時代的流行風尚。即南北朝是散體文向格律詩發展的文體趨向流變時期，文學辭章重視聲律韻格的趨向愈加明顯，期間出現的韻書如南朝齊梁間沈約的《四聲譜》、周顒的《四聲切韻》、隋代陸法言的《切韻》和唐代孫愐的《唐韻》，以及宋代的《廣韻》和《集韻》，都是中古文學"新變"以後聲韻發展成熟的碩果。因此合撰碑誌文中的銘文對於研討韻律的流行與發展自是極爲典型可信的案例。二是這種形式中的撰者往往多是大文學家，又往往多是出身南朝的文學士族，故可以見證南北朝時期以迄於隋代統一後的文學融合趨勢。三是凡有此合撰形式的碑誌，其主家身份多爲世家大族與王公顯宦，延請文學名流聖手撰寫序銘一則不失自家身份地位；二則也可借以相互抬升名望，提高社會影響。

二、朱幹葬地考說

誌云："（天和）六年二月四日卜兆於萬年縣軹道鄉，大隋膺運，遷都改築，窀穸之所，迩于王城，以開皇八年十一月廿日移墳涇陽縣鴻川鄉誠義里。"軹道鄉在北周屬萬年縣，故墓誌言"萬年縣軹道鄉"。軹道又作枳道，爲秦咸陽城東出霸上的大道，有軹道亭在霸陵。《戰國策》卷19《趙策二》"蘇秦從燕之趙始合從"條："夫秦下軹道則南陽動"，鮑彪注軹道曰："《秦紀》注：亭名，在霸陵。"④《史記》卷6《秦始皇本紀》載："子嬰爲秦王四十六日，楚將沛公破秦軍入武關，遂至霸上，使人約降子嬰。子嬰即系頸以組，白馬素車，奉天子璽符，降軹道旁。"《集解》徐廣曰："在霸陵。"裴駰案：蘇林曰"亭名，在長安東十三里。"⑤《史記》卷8《高祖本紀》載："漢元年十月，沛公兵遂先諸侯至霸上。秦王子嬰素車白馬，系頸以組，封皇帝璽符節，降軹道旁。"裴駰《集解》引蘇林曰："亭名。在長安東十三里。"《索隱》"枳音只"。《漢宮殿疏》云："枳道亭東去霸城觀四里，觀東去霸水百步"。《正義》"軹音紙"。《括地志》云："軹道在雍州萬年縣東北

---

① 《梁書》卷49《庾肩吾傳》，北京：中華書局，1973年，第690頁曰："齊永明中，文士王融、謝朓、沈約文章始用四聲，以爲新變。至是轉拘聲韻，彌尚麗靡，復踰於往時。"

② 周曉薇、王其禕：《流寓周隋的南朝士人交往圖卷——新出隋開皇八年〈朱幹墓誌〉箋證》，《陝西師範大學學報》（哲學社會科學版）2014年第4期，第88—89頁。

③ 孟國棟：《碑誌所見唐人合作撰文現象研究》，榮新江：《唐研究》第17卷，北京：北京大學出版社，2011年，第145—158頁；胡可先、孟國棟、武曉紅：《考古發現與唐代文學研究》，杭州：浙江大學出版社，2014年，第133—150頁。

④ ［西漢］劉向：《戰國策》卷19《趙策二》，上海：上海古籍出版社，1985年影印本，第637頁。

⑤ 《史記》卷6《秦始皇本紀》，北京：中華書局，1982年，第275頁。

十六里苑中。"①《漢書》卷1上《高帝紀上》"降軹道旁"下顏師古注曰："軹音軹。軹道亭在霸成觀西四里。"②北周沿用漢代長安城爲都城，故軹道亭在漢及北周長安城東十三里，至隋代遷建新都大興城，恰在北周長安城東十數里，故秦漢軹道亭已羅入隋大興城北部禁苑中，於是方有因誌主朱幹的"窀穸之所，迩于王城"而在其卒後十八年的隋"開皇八年十一月廿日移墳涇陽縣鴻川鄉誠義里"。又因誌文所稱"軹道鄉"當是北周時鄉名，至隋代建立大興城後，隨著軹道亭一帶納入禁苑，於是軹道鄉或者向禁苑以外的更爲東北的地段遷移，或者乾脆就在入隋後不久而省並了這一鄉名，所以文獻中竟僅此一見，包括唐代墓誌等文獻中亦未見有此鄉名。

三、墓誌所見流寓周隋的南朝士人交往關係

纵观朱幹家族人物行迹，可稱得上是南朝官宦士人之家。曾祖朱昭之，在家鄉以學識著稱。祖父朱巽之，幼挺志節，梁朝徵士顧歡有"知人之鑒"，將女兒嫁給他，以姻親共結兩姓之好。父親朱异在其外祖顧歡的精心教導下，遍治五經，尤明《禮》《易》。朱异的學識又被大儒明山賓賞識，上書將其表薦給梁高祖，深得梁高祖重用。朱异居權要三十多年，"所撰《禮》《易》講疏及《儀注》、《文集》百餘篇，亂中多亡逸"③。而朱异在儀賢堂講《老子》時，又發現了明山賓之子——一位才識聰慧的少年明克讓，朱异在賛賞之餘更是對克讓精心栽培，並將女兒嫁給他，可以想見明、朱兩家"世親義重"的世交維系因此而更加密切。之後明克讓與朱幹亦成爲摯友，並一同進入北周從事文獻整理等工作，因爲克讓比朱幹年長七歲，且又入了隋朝，故能夠更多關注朱幹一生的成長並能"悉其行事"，甚至還有"姻属情深"的非同一般關係。他們不僅在梁朝爲官場同事，即朱幹爲著作佐郎、太子洗馬，明克讓爲國子博士、中書侍郎。而且梁滅以後又同歸於長安，並一同被北周明帝引入麟趾殿刊校經史。周武帝時，明克讓還被"復徵爲露門學士，令與太史官屬正定新曆"。④而朱幹也在完成了麟趾殿的文化事務之後，又成爲宇文泰第五子齊煬王憲的府屬，"行師誓衆，必令陪奉。羽檄軍書，成於馬上；奇謀深策，運之帳中"，承擔著軍中的文職參謀工作。只可惜朱幹在北周天和六年（571）隨宇文憲征伐北齊斛律明月時竟戰死於龍門度河之役，年僅三十九歲，否則其文才武略勢必在後來的滅齊、亡陳與建設隋朝的事業中更加突顯而光大。《朱幹墓誌》所揭示的南朝士人交往圈，除了爲其墓誌撰寫序與銘的明克讓和庾信以外，還有對他有少年提攜之恩的在梁陳間"經笥文宗"的"國子博士汝南周弘正"。周弘正爲陳朝大學問家，《陳書》卷24《周弘正傳》載："弘正特善玄言，兼明釋典，雖碩學名僧，莫不請質疑滯。……所著《周易講疏》十六卷，《論語疏》十一卷，《莊子疏》八卷，《老子疏》五卷，《孝經疏》兩卷，

---

① 《史記》卷8《高祖本紀》，北京：中華書局，1982年，第362頁；[唐]李泰等著、賀次君輯校：《括地志輯校》，北京：中華書局，1980年，第9頁載："軹故亭在雍州萬年縣東北十六里苑中。"
② 《漢書》卷1上《高帝紀上》，北京：中華書局，1962年，第22頁。
③ 《梁書》卷38《朱异傳》，北京：中華書局，1973年，第540頁。
④ 《隋書》卷58《明克讓傳》，北京：中華書局，1973年，第1415頁。

《集》二十卷，行於世。子墳，官至吏部郎。"①以周弘正卒於陳宣帝太建六年（574）享年七十九推之，朱幹在未入北周前與周弘正的交往中，或許也與周弘正之子周墳有一定的聯繫。試將上述朱幹一家與南朝士人的交往關係圖解如圖 2 所示：

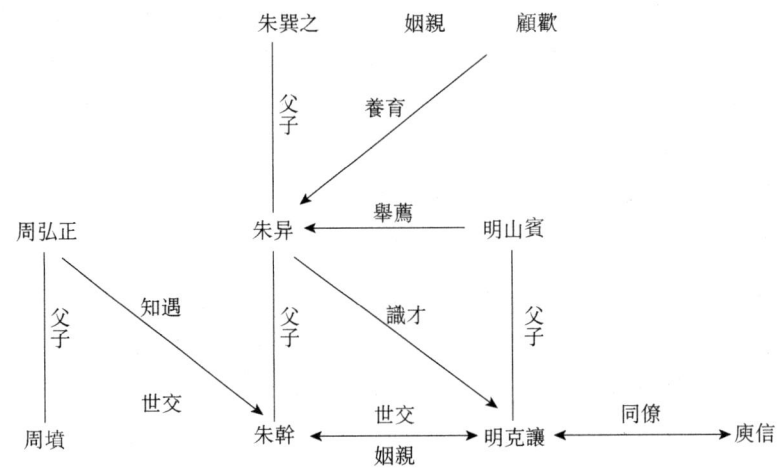

圖2　朱幹一家與南朝士人交往關係圖

圍繞《朱幹墓誌》所涉及的南朝士人關係，反映出這樣幾種情形：一是梁、陳文士大多有其家族學術淵源，他們之間往往會通過聯姻的方式結好，並向後裔傳播家學。二是梁、陳文士最看重個人在學業上的潛能特質，一旦發現青年俊彥，就會向朝廷引薦推舉，因爲有"知人之鑒"，所推舉者不但得到當朝重用，推舉者也會得到贊賞。三是在引薦過程中，經常會出現姻親、世交、上下輩之間的提攜，但決非以私情爲重，主要是以學問爲契機。而以上三種情形，又會發展成一種態勢：即因爲梁、陳文士圈中存在姻親、世交、師生多層關係，又往往會擴大文士之間的交往圈，進而形成一股有強大影響力的文化勢力。以下試以入隋後的明克讓爲主綫，來闡明這種情狀。《隋書》卷 58《明克讓傳》載：

> 高祖受禪，拜太子內舍人，轉率更令，進爵爲侯。太子以師道處之，恩禮甚厚。每有四方珍味，輒以賜之。于時東宮盛徵天下才學之士，至於博物洽聞，皆出其下。②

所謂"東宮盛徵天下才學之士"的情況，《隋書》卷45《楊勇傳》載："勇頗好學，解屬詞賦，性寬仁和厚，率意任情，無矯飾之行。引明克讓、姚察、陸開明等爲之賓友。"③與明克讓同在東宮爲賓友的吳興人姚察，曾在陳朝知著作郎事、給事黃門侍郎、秘書監，領著作，後經江總推薦做到吏部尚書。"陳滅入隋，開皇九年，詔授秘書丞，別敕成梁、陳二代史。又敕於朱華閣長參。文帝知察蔬菲，別日乃獨召入內殿，賜菓菜，乃指察謂朝臣曰：

---

① 《陳書》卷 24《周弘正傳》，北京：中華書局，1973 年，第 309—310 頁。
② 《隋書》卷 58《明克讓傳》，北京：中華書局，1973 年，第 1415 頁。
③ 《隋書》卷 45《楊勇傳》，北京：中華書局，1973 年，第 1230 頁。

'聞姚察學行當今無比,我平陳唯得此一人'。"①這不僅説明隋文帝對於姚察學識地位的欽慕與肯定,也説明了楊隋政權在文化政策方面對於南朝士人與文化的渴求。陸開明則爲北齊士人,《北齊書》卷42《陽休之傳》載:

  休之好學不倦,博綜經史,文章雖不華靡,亦爲正典。……周武平齊,與吏部尚書袁聿修、衛尉卿李祖欽、度支尚書元脩伯、大理卿司馬幼之、司農卿崔達挐、秘書監源文宗、散騎常侍兼中書侍郎李若、散騎常侍給事黄門侍郎李孝貞、給事黄門侍郎盧思道、給事黄門侍郎顔之推、通直散騎常侍兼中書侍郎李德林、通直散騎常侍兼中書舍人陸乂、中書侍郎薛道衡、中書舍人高行恭、辛德源、王劭、陸開明十八人同徵,令隨駕後赴長安。②

則在周隋之間,明克讓的學術交往圈子,除了有南朝入北的庾信、周弘正、陸繽、朱幹、姚察等一批梁陳士人,同時還與陽休之本傳中記載的那些入了周、隋的北齊文人有官宦與文學聯繫。也就是説在周隋之間的文化建設中,南朝與北齊的文化開始浸透並影響了周隋文化的内質,亦即朝著軍事化與文質化並重的治國理念推進。《隋書》明克讓本傳又云:"詔與太常牛弘等修禮議樂,當朝典故多所裁正。"③檢《隋書》49《牛弘傳》相關記載:"時高祖又令弘與楊素、蘇威、薛道衡、許善心、虞世基、崔子發等並召諸儒,論新禮降殺輕重。"④然並未見提及明克讓其人,對此,陳寅恪推論:"克讓承其父學,據梁朝之故事,修隋室之新儀;牛弘制定五禮,欲取資於蕭梁,而求共事之人,則克讓實其上選無疑也。"⑤所論甚是。可知明克讓不但參加了"與太常牛弘等修禮議樂"的工作,也必在修議禮樂的過程中結識和交往了牛弘等一批北朝特别是北齊文士,從而擴大了他與南北士人的交往圈。由此更能見證影響周隋之間文化一統的以梁陳爲主的南朝和以北齊爲主的北朝這兩大派系的鼎足力量之强大。

周弘正子周墳的事迹見載於《隋書》卷19《天文志上》:

  高祖平陳,得善天官者周墳,並得宋氏渾儀之器。乃命庾季才等,參校周、齊、梁、陳及祖暅、孫僧化官私舊圖,刊其大小,正彼疏密,依准三家星位,以爲蓋圖……以墳爲太史令。墳博考經書,勤於教習,自此太史觀生,始能識天官。⑥

可見入隋任職太史令的周墳,乃是致力於天文研究的學者。其實,明克讓也嘗與"善天官者"一同編纂過周曆,《隋書》卷17《律曆志中》曰:"西魏入關,尚行李業興《正光曆》法。至周明帝武成元年,始詔有司造周曆。於是露門學士明克讓、麟趾學士庾季才,及諸日者,採祖暅舊議,通簡南北之術。自斯已後,頗覘其謬,固周、齊並時,而曆差

---

① 《陳書》卷27《姚察傳》,北京:中華書局,1973年,第352頁。
② 《北齊書》卷42《陽休之傳》,北京:中華書局,1972年,第563—564頁。
③ 《隋書》卷58《明克讓傳》,北京:中華書局,1973年,第1416頁。
④ 《隋書》49《牛弘傳》,北京:中華書局,1973年,第1308—1309頁。
⑤ 陳寅恪:《隋唐制度淵源略論稿》,上海:上海古籍出版社,1982年,第48頁。
⑥ 《隋書》卷19《天文志上》,北京:中華書局,1973年,第504—505頁。

一日。克讓儒者，不處日官，以其書下于太史。"①《隋書》卷58《明克讓傳》又云："武帝即位，復徵爲露門學士，令與太史官屬正定新曆。"②無論是在明帝時還是武帝時，前後相差不過一年，而明克讓與太史官署的天文官們一同編纂周曆之事確是事實。那麼開皇八年（588）平陳後以周墳、庾季才等"參校周、齊、梁、陳及祖晅、孫僧化官私舊圖"的工作，推測也不會缺了明克讓的參與。雖然明克讓在北周滅梁時已入長安，而周墳則是遲至隋滅陳時才入長安，但其二人在隋代開皇間因天文律曆工作而相互交往還是極有可能的。

　　這裏謹通過與明克讓相關聯的人與事，以窺見梁陳士人進入周隋後，依舊憑藉著世族間的姻親、世交、師生等多層關係來不斷擴大其特殊階層的交往圈子，而這個圈子裏的士人無論職任高低和政治際遇有別，都依然能夠以學問相契、以學術相論，如大多仍從事草創典制、刪定禮樂的工作。正因爲能夠"俊異畢集"，校訂經史、切磋學問，故其生活與交往仍有屬於自己的帶著特別家國情結的一方天地和人際關係。

　　當然，形成這種態勢的一個顯著因素，應是北周、隋初都能重視任用南朝與北齊士人參與創制禮樂等文化制度的建設以及從事文學活動。譬如北周統治者禮遇南方才俊，一方面與統治者自身喜愛文學有關，如前舉《周書》卷41《庾信傳》所云：世宗、高祖竝雅好文學，因而對於庾信特蒙恩禮。"至於趙、滕諸王，周旋款至，有若布衣之交。"③對於王褒也是"特加親待。帝每遊宴，命褒等賦詩談論，常在左右。尋加開府儀同三司。保定中，除內史中大夫。高祖作《象經》，令褒注之。引據該洽，甚見稱賞……建德以後，頗參謀議。凡大詔冊，皆令褒具草。"④另一方面北周統治者希望通過任用南朝與北齊士人參與文化建設，以倣效南朝的典章文物，來發展本朝的學術，佐成北周完善新的制度，並有利於對南朝的征服。諸如北周設立麟趾學士，不僅將文士集中在一起整理和校正了大量的經史書籍，還通過一系列整理文化典籍的活動，加強了文士之間品評文學、交流學術的氛圍，從而促進了南北之間文化的融合和學術優長的互補與水平的提高。⑤也就是說周隋之間的治國策略漸趨側重"文質化"的傾向是顯而易見的，而導致這種側重傾向比重的主要客觀因素，正是大量南朝士人的流寓周隋，以及因爲這些士人之間的密切交往而對於文化建設的推進。

　　隋初不吝任用有家學淵源的梁陳士人，憑藉他們來修訂禮樂，如明克讓、許善心、虞世基、裴政、袁朗，"皆爲南朝之名士，而家世以學業顯於梁陳之時者也。隋修五禮，欲采梁陳以後江東發展之新迹，則茲數子者，亦猶北魏孝文帝之王肅、劉芳，然則史所謂隋'采梁儀注以爲五禮'者，必經由此諸人所輸入，無疑也"⑥。因此陳寅恪認爲：

---

① 《隋書》卷17《律曆志中》，北京：中華書局，1973年，第418—419頁。
② 《隋書》卷58《明克讓傳》，北京：中華書局，1973年，第1415頁。
③ 《周書》卷41《庾信傳》，北京：中華書局，1971年，第734頁。
④ 《周書》卷41《王褒傳》，北京：中華書局，1971年，第731頁。
⑤ 宋燕鵬、張素格：《北周麟趾學士的設置、學術活動及其意義》，《河北科技大學學報》（社會科學版）2008年第2期，第77—80頁。
⑥ 陳寅恪：《隋唐制度淵源略論稿》，上海：上海古籍出版社，1982年，第51頁。

"隋文帝雖受周禪,其禮制多不上襲北周,而轉仿北齊或更採江左蕭梁之舊典,與其政權之授受,王業之繼承,迥然別爲一事,而與後來李唐之繼楊隋者不同。"①可知與政治制度的承襲北朝不同,隋文帝在禮樂等文化方面接續的是梁陳以及北齊的禮儀制度,並用以系統建設和構架隋朝的文物制度。隋文帝對待學者文士的態度也是"頓天網以掩之,賁旌帛以禮之,設好爵以縻之,於是四海九州彊學待問之士靡不畢集焉"。②

正由於大量南朝系統的碩學士人參與到北周、隋朝的官僚機構與文化建設中③,方才不僅使得北周政治文化發展呈現出新氣象,也更使隋朝的政治文化呈現出"刑法與禮儀同運,文德與武功俱遠"的高漲局面④,當然更推助了南北文化全面而透徹地交匯與融合。可以肯定地認爲北周與隋朝新的文化風尚與典章制度的形成,是主要依靠了梁、陳、北齊學有淵源的士人,他們在自覺與不自覺之間肩負起傳承文化的重任,而他們能夠在新的王朝完成這項傳遞文化的使命,不但需要當朝統治者對他們的認可重用,還需要有一個互相依靠互相信任的群體,即連接他們共同交往與交遊的圈子,這個圈子裏的人既有朋友、同僚,也有上下級或知遇,更多的是姻親與世交。從《朱幹墓誌》所反映出的南朝士人交往關係,正如一幅歷史畫卷而清晰地展現了這一點。

四、結論

總結《朱幹墓誌》所揭示的史事與人物,其於史料與史學研究之價值可歸作如下方面:

(1)在社會與家族史方面,吳郡錢塘朱氏是南朝齊梁間文學世家,有名於當代,亦見載於史籍。然自北周滅梁以後,在梁"居權要三十餘年"的朱异後裔流寓到北方者,竟爲史所失傳。故《朱幹墓誌》爲揭示此朱氏一族在周隋間的政治生活軌迹提供了珍貴史料,也爲其家族世系的鏈接補備了重要闕環。

(2)在文學史方面,誌文的序與銘由明克讓和庾信合作完成,二人不僅皆爲從南朝流寓北朝者,且都是在南北兩朝後期具有當世文學領軍地位的士人,更重要的是明克讓的衆多著作皆已亡佚,則《朱幹墓誌》的序竟成了他碩果僅存的珍貴遺文;而在庾信的著述中,《朱幹墓誌》的銘文也同樣爲《庾子山集》所闕載,故亦可補其遺缺。

(3)在政治與文化史方面,《朱幹墓誌》不僅揭示了錢塘朱氏與平原明氏、新野庾氏這三姓一同入北的南朝士族在文學上的密切關係及其在當時文學上的地位和影響,更由此而連接到南朝齊梁間的文化傳授背景與人物,如顧歡、崔慶遠、明山賓、陸閒、齊高宗、梁武帝、周弘正、陸緝等人事,儼然展開了一幅豐富多彩的南朝士人交往圖卷,同時也通過朱氏、明氏、庾氏等南人流寓到周隋的經歷與待遇,折射出周隋間的

---

① 陳寅恪:《隋唐制度淵源略論稿》,上海:上海古籍出版社,1982年,第51頁。
② 《隋書》卷75《儒林傳·序》,北京:中華書局,1973年,第1706頁。
③ 關於隋代文化教育政策,可參詳湯承業:《隋文帝政治事功之研究》第六章,臺北:商務印書館,1967年;劉淑芬:《隋代南方政策的影響》,《史原》1980年第10期,第59—79頁;王大建:《隋代文化政策的調整與改革》,《文史哲》1995年第3期,第32—38頁;臧嶸:《隋文帝統一南北的功業》,《隋唐五代史論》,石家莊:河北教育出版社,2000年。
④ 《隋書》卷1《高祖紀上》,北京:中華書局,1973年,第11頁。

政治文化政策傾向，亦即開始在北方軍事體系中接受南朝文化體系的入主與並舉，並逐漸趨向統治集團性質的"文質化"進程。其實，周隋統治雖短，其在文化理念的建設上是有一致性的，即充分利用南朝士人，建立以南朝文化爲主的新文化體系，説它有"關中本位政策偏離"與"南朝系勢力抬頭"的傾向也不爲過[1]，因爲後來迅速獲得成功的李唐王朝所採取的"始以武功壹海内，終以文德懷遠人"[2]的文治政策已顯然從此得到借鑑與繼承。

---

[1] 劉淑芬：《隋代南方政策的影響》，《史原》1980年第10期，第59—79頁；山崎宏：《隋朝官僚的性質》，《東京教育大學文學部紀要》1956年第6號。

[2] [唐]魏徵撰：《九成宫醴泉銘》，《中國法書選》31，東京：二玄社，1987年影印三井文庫藏本，第10頁。

○三○　劉悅墓誌

【基本信息】

　　劉悅墓誌，出土於西安市長安區郭杜鎮，誌石今存長安區博物館。誌文 28 行，滿行 32 字，正書，有方界格。蓋題 9 字，3 行，每行 3 字，陽文篆書，有方界格。誌石並誌蓋長寬均 52 釐米，誌蓋覆斗形，誌石四側與誌蓋四殺四側皆素面無紋飾。墓誌圖文載在齊運通、楊建鋒《洛陽新獲墓誌二〇一五》[①]，研究參詳傅清音《隋劉悅墓誌考釋》[②]。

【誌蓋】

大隋蔚州使君之墓誌

【誌文】

大隋故蔚州諸軍事蔚州刺史劉公墓誌

公諱悅，字法歡，彭城彭城人。祖寬，恒山太守，因仕魏，子孫遂留恒岱，故復爲恒州人。昔草麟見獲，卯金受命，靈虵既分，赤水膺曆，自茲以降，祉葉如雲。父超，魏世爲莫賀弗，贈儀同三司、光禄大夫、朔州刺史。勝氣無前，英姿絶世，乘風丹極，落羽輕霄。雖復良規不就，芳聲猶永。公早懷倜儻，幼聞旅力，便弓馬，曉兵書，弱冠從戎，廣傳令問。屬當塗剥亂，海水群飛。天子失馭，强臣盜國。侍從武皇，西巡關右，任爲都督，備在侍衛。于時新都草創，衿帶未安，要害險阻，各生猜貳。於是選練左右，委以腹心，乃拜持節東南道偏率，控御王旅，問罪南畿，討平三鴉、湖陽蠻賊，以軍功除鄠縣令。清儉威下，信著臨民。畏之若明神，愛之如冬日。夜犬無聲，晨羊息飲。後太祖躬統三軍，建旌東伐，召公從役，解印推鋒，凡前後四經嚴陣，皆深陷先登，作氣賈勇。莫府差勳，乃行舍爵，遷衛將軍、左金紫光禄大夫、沃陽縣開國侯。重以北芒之役，王師失利，吕布見執，郭取受羈，輔仁無證，竟以憂歿。貞魂雖返，靈櫬不歸，諸子長號，公私傷斷。及函夏既同，車書無外，家人奉迎，乃旋堲栢，詔贈蔚州諸軍事、蔚州刺史。曰以大隋開皇八年冬十一月卅日葬于大興都西南七里。乃鐫玄石，式播清猷。銘曰：

擾龍之裔，斬蛇之緒。玉葉分豊，金枝泒楚。恒山穆穆，聿来胥宇。光禄猗猗，陸離龜組。其一篤生君子，譬彼瑶琨。方中圓外，行溢於言。力踰扛鼎，勇邁齊原。彎弧破虱，矯箭吟猨。其二世亂識誠，歲寒知勁。運遭版蕩，時逢放命。漢帝幸蒲，周王居鄭。我從羈靮，盟均七姓。其三旅行建節，偏率麾軍。戎頮若水，敵散猶雲。專城制命，以苔洪勳。化民易俗，實賴賢君。其四龍戰于野，魯陽揮日。天未忘難，秦師喪律。甲下旗搴，車奔馬逸。遠射見留，荀瑩爲質。其五天乎不弔，憂疾交侵。凌雲冤頸，明月泥沉。他人藁葬，行路

[①] 齊運通、楊建鋒：《洛陽新獲墓誌二〇一五》，北京：中華書局，2017 年，第 49 頁。
[②] 傅清音：《隋劉悅墓誌考釋》，《中國國家博物館館刊》2018 年第 11 期，第 74—80 頁。

傷心。故鄉万里，轉轂千金。其六文軌既同，氛埃已滅。神旐引路，靈輀儼轍。虞歌慷慨，悲笳嗚咽。蒿里載榮，幽魂方雪。其七群孤永慕，如不欲生。手栽松栢，親筑丘塋。冥冥后土，鬱鬱佳城。千齡永閟，万古留聲。其八

弟文歡，魏朝直閤將軍石門縣開國伯。大統三年身故，合葬。

第二息中，大都督，興世縣開國伯。宣正二年身故。妻堯，開皇七年身故，合葬。

第五息天和四年身故，合葬。

第七息達，建德六年身故。

第三息妻李，開皇八年身故。

【疏證】

　　劉悦與其父劉超，祖劉寬，弟劉文歡，子劉中、劉達皆不載於史傳。檢《魏書》卷40《陸俟傳》，記有北魏世祖拓跋燾時，安定盧水胡劉超等恃險秦川、聚黨萬餘以叛，後爲陸俟斬首一事，可知此劉超乃生活在涇渭流域的秦川，而誌文所記"魏世爲莫賀弗，贈儀同三司、光禄大夫、朔州刺史"之劉超，因爲"莫賀弗"是對東北與北方民族或部落首領酋長的通稱，北魏時期始演化爲柔然政權中的官號，類似於"將軍"①，則其應該生活在北部的著籍地恒州，以此推之，還不能肯定兩劉超即爲同一人。

　　以誌文"貞魂雖返，靈櫬不歸，諸子長號，公私傷斷。及函夏既同，車書無外，家人奉迎，乃旋塋栢"推之，誌主或當卒於北周對北齊的戰事中，然誌文未言卒期，故開皇八年（588）冬十一月卅日應是其遷葬時間。

　　"侍從武皇，西巡關右"之武皇當指北魏孝武帝元脩。"于時新都草創"之新都當指西魏定都長安。"太祖躬統三軍，建旌東伐"之太祖當指北周太祖宇文泰東伐北齊。

---

① 劉春華：《"莫賀弗"試析》，《西北民族研究》2001年第1期，第148—154頁。

○三一　趙羅墓誌

【基本信息】

趙羅墓誌，2008 年出土於河南洛陽孟津縣送莊鄉，誌石今存洛陽民間。誌文 21 行，滿行 21 字，隸書，有方界格。蓋題 9 字，3 行，每行 3 字，陽文篆書，有方界格。拓片長 48.5 釐米、寬 49 釐米。誌石前兩行倒數第 4、第 5 字皆磨泐，倒數第 2 行最後一字"壞"的下半泐損。誌蓋拓片一幀，僅拓印盝頂部分，長 40.5 釐米、寬 41 釐米。墓誌圖文見載於趙君平、趙文成《秦晋豫新出墓誌蒐佚》[①]、齊運通《洛陽新獲七朝墓誌》[②]。研究參詳王其禕、周曉薇《洛陽新見隋代墓誌銘輯釋三種》[③]。

【誌蓋】

故河陰功曹趙君之銘

【誌文】

君諱羅，字士廓，南陽南陽人也。魏太常卿□□曾孫，中散大夫和之子。世傳禮樂，景德銘於鼎鍾；代襲簪纓，聲績光於舊史。君幼而岐嶷，早著通理之名；髫齔恭勤，夙有神童之稱。懷橘負米，孝友稱自州間；悅禮敦詩，信惠彰於家國。探賾索隱，精義入神。天爵在躬，志不營禄；執卑之訓，丘壑迢然。倚喻馬蹄，沖虛自守。閨門有禮，妻子肅如。取与之間，廉讓必著。下學上達，遠近承風。鳴鶴在皋，邦君佇德。齊乾明元年，本縣令楊公召署平正。周大象元年，梁公復召爲功曹。大隋開皇七年，元公召授主簿。祖厝所在，展禽欲去，不能父母之鄉，袁安從斯馨力。五教咸叙，曲盡贊弼之功；四術兼施，賴我三良之助。匡衡百石，杜業材官，以今望古，彼多慙德。景福雖盛，報施有期。開皇八年三月十三日遘疾薨於私第。開皇九年歲次大梁十月辛酉朔一日辛酉葬於河陰鳳鶋鄉鳳鶋里，銜索不絶，過隙難留，童童屬屬，瘦憂何已。窮號孺慕，終天莫追，鑴石紀功，庶傳不朽。其詞曰：於赫我君，性合天道。宣慈惠和，起自繦褓。溫恭左右，德禮莫僭。怡怡令色，恂恂謀言。朝夕誠著，寤寐思虔。五秉安親，公西止足。日加四金，展生維禄。不宰不營，誰言寵辱。師我袁安，訓斯邦族。逝川處住，風樹難留。梁木其壞，即此玄丘。家捐金玉，邦喪良舟。佳城鬱矣，梓宅千秋。

【疏證】

趙羅，正史不載。其字墓誌書作"土廓"，疑當作"士廓"。趙羅曾祖爲魏太常卿，

[①] 趙君平、趙文成：《秦晋豫新出墓誌蒐佚》第 1 册，北京：國家圖書館出版社，2012 年，第 84 頁。

[②] 齊運通：《洛陽新獲七朝墓誌》，北京：中華書局，2012 年，第 44 頁。

[③] 王其禕、周曉薇：《洛陽新見隋代墓誌銘輯釋三種》，《華夏考古》2011 年第 4 期，第 111—112 頁。

墓誌泐其名字，《魏書》有北魏太府卿南陽人趙邕，未知有瓜葛否？趙羅父趙和爲中散大夫，《周書》有同名之北魏寧遠將軍洛陽人趙和，不是同一人。誌文云："齊乾明元年，本縣令楊公召署平正。周大象元年，梁公復召爲功曹。大隋開皇七年，元公召授主簿。"知趙羅歷仕三朝，而楊公、梁公、元公三人，則皆不得詳其爲誰。"平正"即"中正"，隋代避諱隋文帝父親楊忠之同音嫌名而改，隋代石刻文獻與傳世文獻中皆多見。而誌文中的"中散大夫"又不避"中"字，可知一是"中散大夫"一職在當時未加諱改；二是隋代避諱制度實際上還算寬鬆。

關於葬地，誌云："葬于河陰鳳鷜鄉鳳鷜里"，凰字作"鷜"在隋墓誌中並不少見，如開皇九年（589）《來和墓誌》"葬于河陰鳳鷜鄉鳳鷜里"，開皇十七年（597）《囗敬暨妻董氏墓誌》銘文"鳳鷜上殯"，大業十二年（616）《李元暨妻鄧氏墓誌》銘文"鳳鷜於飛"等皆是①。彼時的河陰鳳鷜鄉鳳鷜里的地理位置，考《來和墓誌》出土於今洛陽邙山之陰的孟津縣東南鳳凰臺，則開皇八年（588）《趙羅墓誌》亦當出於此地。唐代鳳凰鄉改爲平陰鄉，鳳凰里名稱依然沿用，如會昌四年（844）《唐氏墓誌》"權窆洛陽縣平陰鄉鳳凰里北陶村"②，墓誌出土地爲洛陽城北楊凹村，東距鳳凰臺數里。又，隋大業末年又有"鳳臺鄉"及"鳳臺里"，署名"鳳凰鄉"和"鳳臺鄉"的墓誌出土地亦極爲接近，推測其鄉名皆與"鳳凰臺"相關，而兩種鄉名蓋爲同一鄉在不同時期的稱謂。③

匡衡、杜業，皆西漢人，匡衡有傳見《漢書》卷81，杜業即杜鄴，有傳見《漢書》卷85。袁安爲東漢人，有傳見《後漢書》卷45。誌文"祖厝所在，展禽欲去，不能父母之鄉，袁安從斯罄力"即用袁安典故，詳見《後漢書》卷45《袁安傳》。④

葬期"開皇九年歲次大梁十月辛酉朔一日辛酉"，檢《二十史朔閏表》干支正合，開皇九年（589）爲己酉年。"大梁"爲星次名，按照古天文十二次度數的排列和二十八舍辰次分野，"自胃七度至畢十一度爲大梁，於辰在酉，趙之分野，屬冀州"⑤。又誌文記卒年月日，而不書享年，少見。

誌文"童童属属"一語的"童童"爲諧音別寫，當作"洞洞屬屬"，言虔敬謹順貌。《禮·祭義》云："洞洞乎，屬屬乎，如弗勝，如將失之，其孝敬之心至也與。"疏云："正義曰：洞洞屬屬，是嚴敬之貌。"⑥《漢書》卷85《谷永杜鄴傳》又有"洞洞屬屬，小心畏忌"之說⑦。

銘文"五秉安親，公西止足"對句，皆用孔子弟子公西赤（字子華）故事，典出《論

---

① 上舉三方墓誌載王其禕、周曉薇：《隋代墓誌銘彙考》第1冊，北京：綫裝書局，2007年，第294頁；王其禕、周曉薇：《隋代墓誌銘彙考》第2冊，北京：綫裝書局，2007年，第148頁；王其禕、周曉薇：《隋代墓誌銘彙考》第5冊，北京：綫裝書局，2007年，第288頁。
② 河南省文物研究所、河南省洛陽地區文管處：《千唐誌齋藏誌》下冊，北京：文物出版社，1984年，第1087頁。
③ 周曉薇、王其禕、王靈：《隋代東都洛陽城四郊地名考補》，《中國歷史地理論叢》2009年第3輯，第83—84頁。
④《後漢書》卷45《袁安傳》，北京：中華書局，1965年，第1522頁。
⑤《晉書》卷11《天文志》，北京：中華書局，1974年，第308頁。
⑥ [漢] 鄭玄注、[唐] 孔穎達等正義：《禮記正義》卷47《祭義》，北京：中華書局，1980年影印阮元《十三經注疏》本，第1593頁下。
⑦《漢書》卷85《谷永杜鄴傳》，北京：中華書局，1962年，第3451頁顔師古注曰："洞洞，驚肅也。屬屬，專謹也。"

語》的《雍也》與《先進》二篇。前者講"子華使於齊，冉子爲其母請粟。子曰：與之釜。請益。曰：與之庾。冉子與之粟五秉。子曰：赤之適齊也，乘肥馬，衣輕裘，吾聞之也。君子周急不繼富。"①爲此孔子批評冉子說君子當周救人之窮急而不當繼接於富有。後者講孔門弟子各言其志，而公西華唯言願做管理宗廟祭祀的小相，孔子曰"赤也爲之小，孰能爲之大"，亦即批評子華謙言小相，而誰又能爲大相呢？②又《論語·先進》還講到公西華聞孔子云"若聖與仁，則吾豈敢。抑爲之不厭，誨人不倦，則可謂云爾已矣"，故答於孔子曰："正唯弟子不能學也"，亦即正如所言不厭不倦之二事弟子猶不能學，況仁聖乎？③

---

① ［三國·魏］何晏集解、［宋］邢昺疏：《論語注疏》卷 6，北京：中華書局，1980 年影印阮元《十三經注疏》本，第 2477—2478 頁。

② ［三國·魏］何晏集解、［宋］邢昺疏：《論語注疏》卷 11，北京：中華書局，1980 年影印阮元《十三經注疏》本，第 2500 頁下。

③ ［三國·魏］何晏集解、［宋］邢昺疏：《論語注疏》卷 7，北京：中華書局，1980 年影印阮元《十三經注疏》本，第 2484 頁上。

○三二　乞扶令和妻郁久閭募滿墓誌

【基本信息】

乞扶令和妻郁久閭募滿墓誌，2006 年出土於河南衛輝市唐莊鎮大司馬村北，誌石今存衛輝市文化局。誌文 29 行，滿行 28 字，正書，有方界格。蓋題 9 字，3 行，每行 3 字，陽文篆書，有方界格。誌石長 69 釐米、寬 69 釐米、厚 11 釐米；誌蓋覆斗形，長 69 釐米、寬 69 釐米、厚 12.5 釐米，盝頂邊長 60 釐米。誌石四側與誌蓋四側及四殺皆素面無紋飾。盝頂四角原嵌鐵環已銹爛。墓誌蓋亦已殘裂爲二十塊。相關著錄與研究有王其禕、周曉薇《隋代墓誌銘彙考》①，付兵兵《唐乞伏令和墓誌銘考釋》②，四川大學考古學係、河南省文物局南水北調文物保護辦公室《河南衛輝市大司馬村隋唐乞扶令和夫婦墓》③，周偉洲《乞伏令和夫婦墓誌銘證補》④，盧亞輝《书评〈卫辉大司马墓地〉》⑤。

【誌蓋】

大隋西河國夫人墓銘

【誌文】

大隋柱國齊州刺史西河公乞扶令和夫人郁久閭氏墓誌

夫人諱募滿，字思盈，其先夏后之苗裔，天人之後也。昔禹子好田，來降豐草；烏丸善騎，校獮長山。黃雲啓霸者之符，白雪開帝皇之業。聖人繼作，芳門鬱起。崇基共琨閬爭高，鴻源與滄溟等濬。金科玉牒，難得而詳。祖遠，道濟生民，任高伊吕。父伏真，功蓋天下，位隆周邵。夫人禀質上玄，資靈秀岳。德冠生知，理窮繫象。弱笄就傅，章臺之業早傳；出教公宫，戚里之才先達。周姬下嫁，唐女嬪媯，詩美蕭邕，書陳赫弈。母儀淑慎，婦德幽閑。服澣濯之衣，躬酒漿之事。夫人才調高奇，志局淹遠，龜筴無得並其明，琴瑟不可齊其韻。亭亭似月，嗤檮藥之非工；婉婉如神，咲投壺之未巧。剋柔剋令，言告言歸，思媚諸姑，實貽嬪則。外姻畢穆，內政聿脩，國友彝章，宜從訓典。齊天統五年，授幽州范陽郡君。武平七年，又授宜民王妃。道超邇代，世多命賞。作合於君，自家刑國。開皇元年，令旨主饋作儷，儀刑閨闥，從爵有章，用光柔範。授柱國西河國夫人，漢封慎氏，未見褒策；魏錫卞君，曾無優禮。豈若寵榮三代，貽範百王，遜彼前脩，未有如斯之盛者也。夫人業隆家慶，德協閨帷，居滿則憂，在盈便懼。綺羅弗玩，珠玉不寶。故能稱千尋於疇昔，垂萬葉於後昆。西

---

① 王其禕、周曉薇：《隋代墓誌銘彙考》第 6 冊，北京：綫裝書局，2007 年，第 96 頁存目 012 號。
② 付兵兵：《唐乞伏令和墓誌銘考釋》，《中國歷史文物》2009 年第 4 期，第 52—58 頁。
③ 四川大學考古學係、河南省文物局南水北調文物保護辦公室：《河南衛輝市大司馬村隋唐乞扶令和夫婦墓》，《考古》2015 年第 2 期，第 32—70 頁。
④ 周偉洲：《乞伏令和夫婦墓誌銘證補》，《西北民族研究論叢》第 13 輯，北京：社會科學文獻出版社，2016 年，第 87—96 頁。
⑤ 河南省文物局編著：《衛輝大司馬墓地》下編，北京：科學出版社，2016 年，第 224—237 頁。

河公體道要真，探微索隱，網羅卿相，驅馳列辟。恒以伉儷之重，相敬如賓。家室好仇，非禮不動。庶雞鳴有作，卷耳聿製，甘与同夢，志期偕老。寧知芳蘭始馥，遇秋風以振條；逸翮方申，忽涂窮而墜羽。朝華不艷，晨露先晞，景命不遐，遽從物故。以開皇八年二月薨於衛州汲縣興讓里，時年五十二。於時，日月韜光，風雲改色，邑有散笲，鄰不相杵。無勞陟峴，自有墮淚之夫；詎假河梁，已見沾纓之客。諸居驟徙，逝川不住，祖載有期，宅兆將及。以開皇九年歲次己酉十月辛酉朔十三日癸酉窆於汲縣西北廿里關村北壹伯步。玉帳長埋，金屏永閟，玄旌抗節，服馬悲鳴。冀天長地久，訪龜筮而可識；古往今來，討芳碑而猶記。其銘曰：

川岳炳靈，誕生陰則。卓彼淑女，君子是翼。於穆丕顯，王猷允塞。秉心無二，威儀不忒。出傅外宮，入諧內職。其一終溫且惠，淑慎其身。怵明尒止，天道輔仁。宜享遐笒，福禄来臻。何其忽爽，奄作棺塵。其二彼倉者天，蓋高卑聽。邊彫春槿，先摧寒勁。故墓易犁，殘碑難名。孤魂敝悗，窮泉遼敻。其三龍輴啓路，言歸玄室。丹旐從風，素旗蔽日。桂影參差，松風蕭瑟。人生溘盡，榮華俱畢。其四

【疏證】

2006 年，河南省衛輝市在進行南水北調中綫工程時，發現唐乞伏令和夫婦合葬墓一座，四川大學考古系遂進行了考古挖掘，出土墓誌兩方，一方爲開皇九年（589）《郁久閭募滿墓誌》；另一方爲唐貞觀元年（627）郁久閭募滿夫《乞扶令和墓誌》。《乞扶令和墓誌》出土時裂爲兩塊，長寬均 59 釐米、厚 14 釐米，誌文 20 行，滿行 25 字，正書，有方界格。誌題"隋故使持節柱國西河郡開國公乞扶令和墓誌"。誌云："公名惠，字令和，桑乾馬邑人也。"出身北朝名門，"世襲衣纓，冠冕蟬聯"，北齊"乃敕授開府儀同三司右武衛大將軍，別封瀛州永寧縣開國公，食邑一千戶。尋除南鄭州宜民王"。北周"武皇帝始兼天下，旁求儁彥，詔授柱國西河公，餘官如故"。入隋，"開皇元年，詔授壽州總管、六州諸軍事，又除涼州總管，增邑二千五百戶。俄轉徐州總管，又遷荆州總管，領覃桂二總管，卅一州諸軍事。仁壽二年，詔授秦州總管"。"大業六年歲次庚午秋九月己未朔廿四日，在雍州大興縣宣陽坊，薨於露寢，春秋八十有七。粵以大唐貞觀元年歲次丁亥，八月庚辰朔五日甲申，厝於山之傷（陽），禮也"。乞扶令和，即乞伏令和，《北齊書》《隋書》《北史》皆有傳。《隋書》卷 55《乞伏慧傳》云："乞伏慧字令和，馬邑鮮卑人也。祖周，魏銀青光禄大夫，父纂，金紫光禄大夫，並爲第一領民酋長。"[1]令和北齊"自永寧縣公封宜民郡王"，北周"進位柱國，賜爵西河郡公"。隋"高祖受禪，拜曹州刺史。曹土舊俗，民多奸隱，戶口名簿帳恒不以實。慧下車按察，得戶數萬。遷涼州總管。先是，突厥屢爲寇抄，慧於是嚴警烽燧，遠爲斥候，虜亦素憚其名，竟不入境。歲餘，轉齊州刺史，得隱戶數千。遷壽州總管。其年，左轉杞州刺史，在職數年，遷徐州總管。時年逾七十，上表求致仕，不許。俄轉荆州總管，又領潭桂二州總管三十一州

---

[1]《隋書》卷 55《乞伏慧傳》，北京：中華書局，1973 年，第 1377—1378 頁。

諸軍事"①。大業五年（609）爲天水太守，"遇帝西巡，坐爲道不整，獻食疏薄，帝大怒，命左右斬之。見其無髮，乃釋，除名爲民。卒於家"②。誌傳互勘，"乞伏"與"乞扶"互異；"慧"與"惠"互異；"潭桂二州總管"與"覃桂二總管"互異。入隋後職任，誌史所記順序不同，且誌文缺載"曹州刺史""齊州刺史""杞州刺史"，史傳缺載"六州諸軍事""徐州總管"。付兵兵《唐乞伏令和墓誌銘考釋》，從"乞伏令和的族屬""乞伏令和的籍貫""第一領民酋長""乞伏令和生平""墓誌反映的其他問題"五個方面有所考釋，可資參考。③

誌云乞伏令和夫人諱募滿，字思盈，"祖遠，道濟生民，行高伊吕。父伏真，功蓋天下，位隆周邵"，史皆無載。誌云其"弱笄就傅，章臺之業早傳；出教公宫，戚里之才先達"，"弱笄"，指女子剛剛接近加笄的年齡，大約爲十四歲左右。④"章臺之業早傳"句明確説明募滿在十三四歲時從"傅"接受了許嫁前的教育。女子許嫁前的教育主要由師傅、姆教、母師的教導來完成，其接受教育的時間，一般應當從六七歲開始直到許嫁前的十四五歲。中國古代中上層家庭都會請姆、傅、師來做爲女子的家庭教師，對女子進行婦德婦禮教育以及助祭纖紝等女事技能培訓。"出教公宫，戚里之才先達"句又明確説明募滿還接受了許嫁後的教育。所謂"公宫""宗室"教育，出於《儀禮·士昏禮》："女子許嫁，笄而禮之，稱字。祖廟未毁，教于公宫三月，若祖廟已毁，則教於宗室。"⑤《禮記·昏義》對此解釋道："是以古者，婦人先嫁三月，祖廟未毁，教於公宫，祖廟既毁，教於宗室。教以婦德、婦言、婦容、婦功，教成祭之。牲用魚，芼之以蘋藻，所以成婦順也。"⑥據誌文，可知隋代也是遵循古禮。其他女性墓誌中亦有"公宫之教""教於宗室"等描述，則表示對已經許嫁的女子所進行的教育。主要是針對她們將要從在室女子轉換成妻子角色而進行的更集中的教育，以更好的貫徹"適人之道"的教育核心。值得注意的是漢代鄭玄對《禮記》此段的注釋爲："謂與天子、諸侯同姓者也。嫁女者，必就尊者教成之。教成之者，女師也。"⑦是説只有與天子和諸侯同姓的待嫁女子才可以受教於公宫。而上引募滿的事例，不屬於皇族皇親的範疇，只是泛指在室女子出嫁前所接受教育的實際內容，而並非代表實際意義上的所謂"公宫""宗室"之特定人群的教育。⑧果然，受過女教的募滿，具有"母儀淑慎，婦德幽閑"的品質，"服澣濯之衣，躬酒漿之事"的

---

① 《隋書》卷55《乞伏慧傳》，北京：中華書局，1973年，第1378頁。
② 《隋書》卷55《乞伏慧傳》，北京：中華書局，1973年，第1378頁。
③ 付兵兵：《唐乞伏令和墓誌銘考釋》，《中國歷史文物》2009年第4期，第52—58頁。
④ 李斌城等：《隋唐五代社會生活史》，北京：中國社會科學出版社，1998年，第183頁認爲：登笄、既笄、逮笄、成笄、始笄與笄年等表示15歲，弱笄、幼笄、將笄、近笄和副笄等表示14歲。
⑤ ［漢］鄭玄注、［唐］賈公彦疏：《儀禮注疏》卷6《士昏禮》，北京：中華書局，1980年影印阮元《十三經注疏》本，第970—971頁。
⑥ ［漢］鄭玄注、［唐］孔穎達等正義：《禮記正義》卷61《昏義》，北京：中華書局，1980年影印阮元《十三經注疏》本，第1681頁中。
⑦ ［漢］鄭玄注、［唐］孔穎達等正義：《禮記正義》卷61《昏義》，北京：中華書局，1980年影印阮元《十三經注疏》本，第1681頁中。
⑧ 周曉薇、王其禕：《柔順之象：隋代女性與社會》，北京：中國社會科學出版社，2012年，第41—42、63—66頁。

婦功，而且"才調高奇，志局淹遠"，漂亮聰慧，舉止優雅，"亭亭似月，嗤櫨藥之非工；婉婉如神，咲投壺之未巧"。她在婆家的表現更是乖巧可人，能够"思媚諸姑，實貽嬪則，外姻畢穆，内政聿修，國友彝章，宜從訓典"。因而"齊天統五年，授幽州范陽郡君。武平七年，又授宜民王妃"，後者應是乞伏令和任南鄭州宜民王時所授。開皇元年（581），"授柱國西河國夫人"，亦與乞伏令和在北周"進位柱國，賜爵西河郡公"有關。誌文將募滿幾次授郡君、妃、夫人的原因歸功於"令旨主饋作儷，儀刑閨閫，從爵有章，用光柔範"，集中彰顯其柔順相夫，興隆家業的事迹。而值得注意的是誌文不僅僅單方面描寫募滿的"作合於君"，還説西河公夫妻對待婚姻與家庭能够"恒以伉儷之重，相敬如賓。家室好仇，非禮不動。庶雞鳴有作，卷耳聿製，甘与同夢，志期偕老"，可謂夫妻琴瑟相鳴，情深意重。誌文所述募滿的一生，真可謂集婦道諸好於一身，當然存在溢美而不可盡信。"墓誌資料中的溢美傾向，當然無庸贅言，而有些時候，與其簡單地歸結爲'溢美'，不如説是士大夫教化導向意識的流露。一方面是女性在現實生活中的影響及位置；另一方面是對於'使後世爲婦者有所矜式'的期望，决定著撰著者對於寫作内容及表述方式的斟酌與選擇"①。或許，教化的導向性和社會性，正有助於我們理解隋代社會對女性品德及行爲規範的社會期許。

郁久閭氏，前人研究已多。柔然源於東胡鮮卑，郁久閭氏則是柔然本族中最稱正統的王族，也是柔然本族中最初始的姓氏，其源出自東胡之拓跋鮮卑，故與拓跋魏是同源異流關係。"柔然"是最早的柔然人"自號"，北魏後期以降柔然人自擇之名號多作"茹茹"，以替代北魏統治者原本帶有污辱性的"蠕蠕"稱呼。郁久閭氏後裔支分大多著籍在河南洛陽、山西雁門、河北代郡等地區。

檢索墓誌文獻，隋代郁久閭氏墓誌尚有開皇六年（586）《郁久閭伏仁墓誌》和開皇十二年（592）《郁久閭可婆頭墓誌》②。隋代以前與隋代以後的郁久閭氏墓誌則有北魏天興七年（404）《閭麟墓誌》③、東魏興和二年（540）《閭伯昇墓誌》（趙萬里《漢魏南北朝墓誌集釋》卷11、圖版591）④、東魏興和三年（541）《郁久閭肱墓誌》⑤、東魏興和三年（541）《閭瓊墓誌》、東魏武定二年（544）《閭詳墓誌》⑥、東魏武定六年（548）《茹茹公主閭氏墓誌》⑦、東魏武定八年（550）《高湛妻茹茹國公主閭叱地連墓誌》⑧、北齊

---

① 鄧小南：《"内外"之際與"秩序"格局：兼談宋代士大夫對於〈周易·家人〉的闡發》，《唐宋婦女與社會》上册，上海：上海辭書出版社，2003年，第117頁。
② 兩方墓誌分别載王其禕、周曉薇：《隋代墓誌銘彙考》第1册，北京：綫裝書局，2007年，第191頁；王其禕、周曉薇：《隋代墓誌銘彙考》第2册，北京：綫裝書局，2007年，第63頁。
③ 河南安陽縣安豐鄉出土，詳載賈振林：《文化安豐》，鄭州：大象出版社，2011年，第137頁。或以爲此墓誌有僞造之嫌。
④ 張乃翥：《閭伯昇墓誌所見的北魏柔然》，《河南科技大學學報》2006年第3期。
⑤ 王連龍：《新見北朝墓誌集釋》，北京：中國書籍出版社，2013年，第16—18頁。
⑥ 上舉兩方墓誌皆近年出土，詳載趙文成、趙君平：《秦晉豫新出墓誌蒐佚續編》第1册，北京：國家圖書館出版社，2015年，第93、100頁。
⑦ 河北磁縣出土，參詳羅新：《茹茹公主》，《文景》2011年4月號，第40—51頁。
⑧ 磁縣文化館：《河北磁縣東魏茹茹公主墓發掘簡報》，《文物》1984年第4期；趙超：《漢魏南北朝墓誌彙編》，天津：天津古籍出版社，2008年，第382—383頁。

天保三年（552）《閭子璨墓誌》①、北齊河清三年（564）《赫連子悦妻閭炫墓誌》②，以及唐開元十六年（728）《郁久閭浩墓誌》③等。其中多有爲《柔然資料輯録》與姚薇元《北朝胡姓考》、周偉洲《敕勒與柔然》所未見到的新史料。自北魏孝文帝改胡姓爲漢姓，"郁久閭"亦改爲單字姓"閭"，據墓誌材料看，從東魏興和年間開始已有恢復本姓者，至隋唐復姓"郁久閭"者則更爲普遍。又，周偉洲所撰《新出土柔然王族墓誌彙釋》④，對前述《郁久閭肱墓誌》《閭詳墓誌》《茹茹公主閭氏墓誌》《高湛妻茹茹國公主閭叱地連墓誌》《郁久閭募滿（思盈）墓誌》《郁久閭可婆頭墓誌》《郁久閭浩墓誌》皆有論及，可資參詳。

---

① 葉煒、劉秀峰：《墨香閣藏北朝墓誌》，上海：上海古籍出版社，2016 年，第 96—97 頁。
② 趙萬里：《漢魏南北朝墓誌集釋》第 4 册，北京：科學出版社，1956 年，第 222 頁下。
③ 李翠綱：《西安新見柔然王族郁久閭氏後裔墓誌》，《中國文物報》2007 年 8 月 24 日，第 7 版；趙力光：《西安碑林博物館新藏墓誌續編》上册，西安：陝西師範大學出版社總有限公司，2014 年，第 272—274 頁。
④ 周偉洲：《新出土中古有關胡族文物研究》，北京：社會科學文獻出版社，2016 年，第 72—100 頁。

○三三　趙文鏡墓誌

【基本信息】
　　趙文鏡墓誌，2015 年出土於西安南郊，誌石今存民間。誌文 27 行，滿行 27 字。正書，有方界格。蓋題 16 字，4 行，每行 4 字，陽文篆書，有方界格。誌石拓本長寬均 56 釐米，誌蓋覆斗形，盝頂拓本長寬均 46 釐米。

【誌蓋】
大隋使持節儀同安德侯趙使君之墓誌

【誌文】
大隋使持節大將軍儀同三司弘農太守安德縣開國侯趙府君墓誌

公諱文鏡，字賢軌，天水西人也。若乃族傳宣孟，代北稱雄；枝泒營平，山西有將。五公十卿之祖宗，吳馬蜀龍之昆弟，冠冕蟬聯，寧可詳究。祖，岐州使君超宗，風儀峻舉，器識淹正，執節南轅，見機東徙。佩刀莫府，掌壺禁侍，譽光五省，威振三邊。父，尋陽伯仲懿，孝性天發，義節礭然，早擅家聲，夙懷庭誥。握蘭雲閣，褰帷隴底，經文緯武，自國刑家。公挺質琨山，降靈隋水，岐嶷禮年，珪璋弱冠。枕仁席義，澡身浴德，操與白珪齊潤，氣共青松同聳。漁獦五典，饜飫九丘，弦彀六鈞，箭穿七札。起家周大冢宰內外府參軍事，繼季父粥，後襲爵安德縣開國伯。似溫嶠之綜府，類孫楚之參卿。四體無嗣，支子爲後，義焉；即膺茅社，便預山河，禮也。天和六年，遷大督加驃騎將軍，漢室戎章，去病摽絕漠之寵；吳朝繞帳，呂蒙騁滅羽之勳。兼而總萃，何其盛矣。建德二年，除洋川太守，私麦自俸，官燭不燃。外寬內察，民謠潁川之政；令行禁止，吏讋淮陽之威。既而藉甚風聲，具瞻邦國。大象二年，策授儀同三司，九章袞服，名亞仲山；三吏比儀，榮齊昭伯。非公聲實兼茂，疇能是膺。開皇元年，又遷弘農太守。頻佩銀章，再餝青綬，去思來暮，恩洽氓黎。擿伏理繩，聲聞京邑，無憖汲黯，頗類杜畿。祥瑞遂臻，玄狐入境，民吏嗟謠，表言臺闕。方當設斯瑚璉，翼贊昇平，與善無徵，奄從朝露，春秋六十有一，大隋開皇八年五月四日卒於京師之第，粵以九年十月辛酉朔十三日癸酉窆於大興縣洪源鄉。懼博羅之山飄然泛海，渤澥之浪化爲桑田，敢書玄石，式題盛美。余覽其閥狀，乃爲銘曰：

胤出夷吾，枝分蒲類。太傅守節，將軍顯貴。接葉光暉，家聲不墜。尋陽卓犖，龍驤經緯。夫君嗣德，曾生是畏。如金有銑，如竹有簀。遊藝麟閣，離經上庠。筆能題柳，箭解穿楊。排嘲曼蒨，咲語孫郎。爰登苻使，問馬知羊。魏朝愧纘，漢世慙黃。魚懸樹上，烏食路傍。方齊六轡，鳴轄康莊。末窮峻坂，遽掩申霜。蘭刈芳摧，桐彫珪落。迴橫丹旐，錐璨金鐸。祖道華堂，稅駕蒙薄。嫩櫬栽埏，新泉繞槨。墳孤思鳥，山空警鶴。令範遺聲，憑斯鎸鑿。

【疏證】

　　誌主趙文鏡不載於史，而趙文鏡的祖父母趙超宗與王氏二人墓誌皆已於 2002 年入藏西安碑林博物館，趙超宗墓誌刊葬於北魏永平元年（508），王氏墓誌刊葬於西魏大統二年（536）。①參稽趙超宗夫婦墓誌與《魏書》卷 52 本傳，可知趙超宗在任岐州刺史後，還任過西道大使、河東太守，封尋陽伯，贈征虜將軍、華州刺史，謚號成伯。又知趙超宗次子爲趙仲懿，嘗官尚書郎中行南秦州事、撫軍將軍、岐州刺史，襲爵尋陽伯，且娶河東柳僧習女。另外，趙仲懿弟季弼，娶河南元顯和女，趙仲懿還有五位姐妹則依次嫁給了河東柳僧習的弟弟濮陽太守柳師義、中書舍人隴西李獎、雍丘子河東裴英起、河東柳玄達子柳遠、安國相侯譙國夏侯，可見彼時世族門閥聯姻之密切與其政治地位和社會勢力之隆盛。據墓誌知趙文鏡乃是"繼季父弼，後襲爵安德縣開國伯"，亦即過繼給了叔父趙弼，襲承了叔父"安德縣伯"的爵位而非其父的"尋陽伯"爵位，則趙文鏡當非趙仲懿的長子。又據前述趙仲懿母王氏墓誌"合窆乎山北縣小陵原"云云，知趙超宗"葬於茲壤"之地正是後來與王氏合葬於一處的小陵原，而趙文鏡"窆於大興縣洪源鄉"之洪源鄉（亦作"洪原鄉"）也在小陵原（即唐代的少陵原）上，依趙超宗墓誌所言："乃祖因宦居於斯鄉，遂擇地形而措宅焉。近祖清河太守（趙遷），丕值秦姚數終，爰適梁漢，爵列宋朝，葬亦於彼[《魏書·趙遷傳》載姚萇以'（趙）遷爲尚書左僕射，卒於長安'】。君以始冠之年，出身州主薄、治中從事史、冠軍府中直兵參軍，拜建武將軍、越城戍事，轉龍驤將軍、白水漢中二郡太守、清水護軍。及歸魏闕，拜左中郎將、尋陽伯，除扶風太守。又授建威鎮南府長史，尋轉車騎大將軍，儀同三司府司馬，帶梁郡太守。又除使持節征虜將軍、岐州刺史。還京，爲西道大使；迴除河東太守，伯如故。薨于治，以永平元年十月葬於茲壤。謹詳前事，僕射居中，諸子東西分據，各逐地形，不相比次。敢遵成規，措於斯所，故以記焉。"②可知此天水趙氏一族乃自近祖緣姚秦滅亡而南遷，超宗亦初官南朝，後歸順北魏。此可與史互證，即《南齊書·魏虜傳》所云："僞安南將軍、梁州刺史、魏郡王元英十萬餘人通斜谷，寇南鄭。梁州刺史蕭懿遣軍主姜山安、趙超宗等數軍萬餘人，分據角弩、白馬、沮水拒戰，大敗。"③《魏書》卷 52《趙逸傳》亦曰："初，姚萇以逸伯父遷爲尚書左僕射，卒於長安。劉裕滅姚泓，徙遷子孫於建業。遷玄孫翼、翼從子超宗、令勝、遐、叔隆、穆等，太和、景明中，相尋歸降。"④又可知自趙遷以降至趙文鏡六代之天水趙氏一族在長安已然形成了龐大的族葬之地，而其族塋所在，正是隋代大興城東南方向的小陵原上，也就是隋代的洪源鄉之地。所惜趙超宗夫婦墓誌與趙文鏡的墓誌皆非科學發掘出土，故其葬地的具體位置以及墓葬瘞埋情況等信息已然喪失不詳矣。不過，依據隋唐墓誌之有確切出土地者相推證，大致可以知道今西安市南

---

①　墓誌圖版分別見載於趙力光：《西安碑林博物館新藏墓誌彙編》上冊，北京：綫裝書局，2007 年，第 7、24 頁。研究參詳孫久龍：《從南北朝趙超宗夫婦墓誌看其家族的婚姻網絡》，《史學月刊》2019 年第 5 期，第 130—132 頁。
②　趙力光：《西安碑林博物館新藏墓誌彙編》上冊，北京：綫裝書局，2007 年，第 7 頁。
③　《南齊書》卷 57《魏虜傳》，北京：中華書局，1972 年，第 995 頁。
④　《魏書》卷 52《趙逸傳》，北京：中華書局，1973 年，第 1146 頁。

郊長安區大兆鄉兆寨村、龐留村、司馬村一帶皆爲隋唐洪源鄉之地①。此外，唐開耀二年（682）趙超宗的五代孫《趙自慎墓誌》云："窆于明堂縣之少陵原"②，唐天寶九載（750）趙超宗的弟弟趙令勝的六代孫《趙有孚墓誌》亦云："葬於京兆少陵原從先塋。"③此"先塋"之謂，自然是指包括趙超宗在內的先祖族塋。而隋代的天水西縣趙氏大房還有一支與趙超宗同遠祖的左僕射、淮安公趙芬一門，其族塋也在當時的小陵原上。如隋薛道衡撰《趙芬碑》曰開皇"十五年厝於小陵原"④，武周聖曆二年（699）趙芬姪孫《趙本道墓誌》云："葬於京兆少陵原舊塋"⑤，唐開元二年（714）趙芬曾孫《趙勣墓誌》亦云："葬於少陵原先塋"⑥，此"舊塋"與"先塋"之謂，當然是指包括趙芬在內的先祖們的家族塋域。

又據《隋書》卷46《趙煚傳》知煚爲文鏡弟，字賢通，開皇十九年（599）卒，年六十八，小文鏡四歲，歷官周隋兩朝，在隋任大將軍、相州刺史、尚書右僕射、陝州刺史、冀州刺史、金城郡公。子義臣襲爵，官至太子洗馬，後參與楊諒謀反而被殺。《隋書》卷46《趙煚傳》云："煚少孤，養母至孝。年十四，有人盜伐其父墓中樹者，煚對之號慟，因執送官"⑦，此與趙超宗妻王氏墓誌所言"仲懿早亡，兒女肩次，撫養孤鼇，哀慈斷絕"恰相應和，以王氏卒在大統元年（535），則仲懿之"早亡"自在大統以前，又以趙煚開皇十九年（599）卒年六十八推之，大統元年（535）趙煚四歲，而其父仲懿去世時，其年齒當尚在幼兒，既文鏡彼時亦超不過韶齔之齡。

《趙超宗墓誌》云"天水新縣人"，《趙文鏡墓誌》與《隋書·趙煚傳》皆云"天水西人"，檢《魏書·地形志》及漢魏北朝諸史之天水郡屬縣皆未有"新縣"之設，有冀縣，又有顯親縣，史籍嘗有將"顯親"誤作"顯新"者，不知"新縣"是否爲"顯新"之省？抑或是"西縣"之別？西縣確是天水郡屬縣，始設於漢代。據《漢書·地理志下》知西漢時西縣屬隴西郡，冀縣屬天水郡。據《後漢書·郡國志五》知東漢時西縣歸天水郡，永平十七年（74）更名漢陽郡。《後漢書》卷80下《趙壹傳》記："趙壹字元叔，漢陽西縣人也。"⑧《三國志·魏書》卷18《閻溫傳》曰："閻溫，字伯儉，天水西城人也。"⑨西城當即西縣。又《周書》卷33《趙文表傳》、《隋書》卷46《趙芬傳》、《梁書》卷10《楊公則傳》亦皆言"天水西人"。《元和姓纂》卷7"趙氏"天

---

① 周曉薇、王其禕：《片石千秋：隋代墓誌銘與隋代歷史文化》第六章，北京：科學出版社，2014年，第199—200頁。
② 趙力光：《西安碑林博物館新藏墓誌續編》上冊，西安：陝西師範大學出版總社有限公司，2014年，房第176頁。
③ 胡戟：《珍稀墓誌百品》，西安：陝西師範大學出版總社，2016年，第142頁。
④ 《趙芬殘碑》今存西安碑林博物館。[唐]許敬宗編、羅國威整理：《日藏弘仁本文館詞林校證》卷452《大將軍趙芬碑銘一首》，北京：中華書局，2001年，第150頁。
⑤ 胡戟：《珍稀墓誌百品》，西安：陝西師範大學出版總社，2016年，第106頁。參詳潘萍、王菁：《西安新出武周聖曆二年〈趙本道墓誌〉釋讀——兼說北周聘陳使主趙士亮》，西安碑林博物館：《碑林集刊》第20輯，西安：三秦出版社，2014年，第41—46頁。
⑥ 趙力光：《西安碑林博物館新藏墓誌續編》上冊，西安：陝西師範大學出版總社有限公司，2014年，第235頁。
⑦ 《隋書》卷46《趙煚傳》，北京：中華書局，1973年，第1249頁。
⑧ 《後漢書》卷80下《趙壹傳》，北京：中華書局，1965年，第2628頁。
⑨ 《三國志·魏書》卷18《閻溫傳》，北京：中華書局，1959年，第550頁。

水西縣房亦有趙超宗、趙仲懿、趙㬢一支。①《新唐書》卷 73 下《宰相世系表》"趙氏"曰："世居隴西天水西縣。"②出土文獻則有南朝梁《楊公則墓誌》云："君諱公則，字君翼。天水西縣人，宋故豫州刺史之冢子也"③。唐天寶九載（750）趙超宗的六代侄孫《趙有孚墓誌》云："天水西縣人也"④。以此推之，則"新縣"或即"西縣"之音近而別焉。

---

① [唐] 林寶撰、岑仲勉校記：《元和姓纂（附四校記）》卷 7，北京：中華書局，1994 年，第 1002 頁。
② 《新唐書》卷 73 下《宰相世系表》，北京：中華書局，1975 年，第 2980 頁。
③ 北京圖書館金石組：《北京圖書館藏中國歷代石刻拓本滙編》第 2 冊，鄭州：中州古籍出版社，1989 年，第 166 頁。
④ 胡戟：《珍稀墓誌百品》，西安：陝西師範大學出版總社，2016 年，第 142 頁。

○三四　安備墓誌

【基本信息】

安備墓誌，出土於河南洛陽白馬寺鎮，2009 年入藏大唐西市博物館。誌文 18 行，滿行 18 字，正書，有方界格。誌石長寬均 38 釐米、厚 10 釐米。著錄與研究有王綉主編《2009 第二屆洛陽民間收藏精品展·古都洛陽與絲綢之路——洛陽民間收藏精品集》[①]，葛承雍《祆教聖火藝術的新發現——隋代安備墓文物初探》[②]，毛陽光《洛陽新出土隋〈安備墓誌〉考釋》[③]，胡戟、榮新江《大唐西市博物館藏墓誌》[④]，高美林《近出兩方隋唐墓誌札記》[⑤]。

【誌文】

故開府長兼行參軍安君墓誌銘

君名備，字五相，陽城縣龍口鄉曹劉里人。其先出於安居耶尼國，上世慕中夏之風，大魏入朝，名沾典客。父知識，齊車騎大將軍、直盪都督、千乘縣散男。君種類雖胡，入夏世久，與漢不殊。此即蓬生麻中，不扶自直者也。善於白圭之術，蘊而不爲；玄高之業，弃而不慕。訥言慜行，唯事安親。室名龍駒，鄉號指南。孝悌之響，聞於邦國。武平之末，齊許昌王莫府初開，牒爲長兼行參軍。一參府寮，備經驅使，雖未執斷，小心恭奉。時輩之中，謙直遜順，屢展勤誠，漸望升進。但事与願遠，遇周統齊，許昌失寵，歸於廉之第，君便義絕，遂還舊廬，斂志東皋，歸田二頃。忽縈［口］疾，醫僚無工，大命運窮，奄從朝露，時年卅有四，以大隋開皇九年歲次己酉十月辛酉朔廿四日甲申葬於瀍水之南、張分橋側，恐山壑時移，乃爲銘曰：

門標貴胄，世代高良。比蘭斯馨，譬藥能芳。弱冠釋褐，奉事君王。年始過立，奄歸元常。

【疏證】

安備字五相，其生平及其父安知識史書均無載。誌云"其先出於安居耶尼國"，即中亞安國，北魏時進入中國，以國爲姓。他們"名沾典客"，典客，爲鴻臚寺典客署，北齊時"鴻臚寺，掌蕃客朝會，吉凶弔祭。統典客、典寺、司儀等署令、丞。典客署，又有

---

① 王綉主編：《2009 第二屆洛陽民間收藏精品展·古都洛陽與絲綢之路——洛陽民間收藏精品集》，洛陽：解放軍外語音像出版社，2009 年，第 126 頁。
② 葛承雍：《祆教聖火藝術的新發現——隋代安備墓文物初探》，《美術研究》2009 年第 3 期，第 14—18 頁。
③ 毛陽光：《洛陽新出土隋〈安備墓誌〉考釋》，《考古與文物》2011 年第 5 期，第 84—88 頁。
④ 胡戟、榮新江：《大唐西市博物館藏墓誌》上册，北京：北京大學出版社，2012 年，第 24 頁。
⑤ 高美林：《近出兩方隋唐墓誌札記》，《欽州學院學報》2013 年第 3 期，第 66—68 頁。

京邑薩甫二人，諸州薩甫一人"①。隋文帝時，"鴻臚寺統典客、司儀、崇玄三署。各置令。二人。崇玄則惟置一人。典客署又有掌客，十人。"②爲管理入華蕃胡機構。其父名知識，在齊任"車騎大將軍、直蕩都督、千乘縣散男"。安備在"武平之末，齊許昌王莫府初開，牒爲長兼行參軍"，他"謙直遜順，屢展勤誠，漸望升進"時，却"遇周統齊，許昌失寵，歸於廉之第，君便義絕，遂還舊廬"。入隋後因病而卒，"時年卌有四"。以"大隋開皇九年歲次己酉十月辛酉朔廿四日甲申葬于瀍水之南、張分橋側"。"張分橋"即"張方橋"，參詳開皇八年（588）《侯紹墓誌》。

葛承雍對安備墓誌的考證，論述了安備的先祖及其家族、安備父親及安備的事跡，同時也分析了隋代交龍柱式火壇祭祀造型和祆教聖火崇拜圖像藝術，對祆教文化進入中國的流傳進行了闡述，指出祆教藝術逐步走向中國化的時代特徵，進一步開闊了祆教研究的視野。③毛陽光則結合洛陽以往出土的石刻史料，對於安備家族、宦仕經歷、晚年生活、安葬地點等又予以進一步考釋和補充。他認爲，《安備墓誌》是目前洛陽僅見的生活在北朝時期的粟特人墓誌。安備一生經歷北齊、北周和隋三代，其墓誌雖然內容簡略，却蘊含了豐富的中古時期社會歷史文化信息，揭示了北朝時期外國移民進入中原地區的生活狀態。作爲一名有商胡背景的粟特人，安備是入華粟特移民的第三代，儘管在宗教信仰上還保持著祆教的信仰，但他已經遵從儒家的孝悌之道，而且不願意從事本民族所擅長的傳統商業經營，反映出入華粟特人後裔身上多元文化的影響。《安備墓誌》給我們提供了當時普通胡商的生存狀態以及面對漢文化的心態，尤其是"蓬生麻中，不扶自直"的表述，揭示了此時漢地粟特人後裔的自我認知。而絕大多數北朝粟特人後裔就是在這種狀態下最終融入了漢地社會。④

北周有大象元年（579）《安伽墓誌》云其爲"姑藏昌松人，厝於長安之東"⑤。隋代墓誌有李陁暨妻安氏，葬在洛陽⑥。大業三年（607）《康寶足暨妻翟氏墓誌》云葬在河南洛陽"積善鄉積善里"。新近又見唐貞觀十一年（637）《安道墓誌》云："君諱道，名僧，本西域安車國人。有功於國，遂爲命氏。自有魏握圖，定鼎伊洛，四方職供，萬里來王。或省俗賓夷，或左祍請職，望紫闕而觀風，入玉關而不返。世歷中夏，胤續遐綿，今爲魏郡滏陽人也。"⑦安道大業九年（613）卒於私第，唐貞觀十一年（637）葬於滏陽城西南漳水之北原信義里。可知昭武九姓中又有一支安氏自北魏以後進入中原並著籍於滏陽，即今河北磁縣。

---

① 《隋書》卷27《百官志中》，北京：中華書局，1973年，第756頁。
② 《隋書》卷28《百官志下》，北京：中華書局，1973年，第777頁。
③ 葛承雍：《祆教聖火藝術的新發現——隋代安備墓文物初探》，《美術研究》2009年第3期，第14頁。
④ 毛陽光：《洛陽新出土隋〈安備墓誌〉考釋》，《考古與文物》2011年第5期，第88頁。
⑤ 毛遠明：《漢魏六朝碑刻校注》第10冊，北京：綫裝書局，2008年，第324頁。
⑥ 開皇九年（589）《李陁暨妻安氏墓誌》，王其禕、周曉薇：《隋代墓誌銘彙考》第5冊，北京：綫裝書局，2007年，第307頁。
⑦ 石存大同北朝藝術研究院。

○三五　成罕墓誌

【基本信息】

成罕墓誌，出土於西安南郊杜陵附近，誌石今存民間。誌文 30 行，滿行 30 字，正書，有方界格。誌石拓本長 46 釐米、寬 46 釐米。墓誌披露於王其禕、周曉薇《長安地區新出隋代墓誌銘十種集釋》①，關於成罕家族興衰的研究，可參蒙海亮《成備墓誌所見周隋地方經營——兼對北朝後期軍功家族興衰的思考》。圖版與錄文又載於劉文《陝西新見隋朝墓誌》②。

【誌文】

大隋使持節車騎大將軍儀同三司平州諸軍事平州刺史陽洛縣開國伯史君墓誌銘

公諱罕，字子希，遼西陽洛人也。昔狄山斷齒之君，隘巷岐頤之后，應玄鳥而郊巨迹，仰神馬而候農祥。析官派族，流馨踵武，公之始也。郮叔之胤，業隆曩代，德茂前修，播諸典策，故略言也。祖亮，器宇優隆，風儀弘雅，散懷洙泗，託志煙雲。父度，弱冠厲翼，清風載舉，夙播英奇，徽猷允著。州舉秀才，袟二千石，弃官遊放，遂終于家。公禀德辰象，憑靈昂宿，潤資玉海，氣擬削成。釋褐給事中，洎天厭玄精，祥符青運，周文以將聖之資，建桓文之業。欲登赤木，先狎卧龍，申其三顧，數從遊處，辟大丞相府屬。公知盛業方興，翩然毗讚，好同魚水，筭若轉規。茂績頻仍，遂啓茅杜，封陽洛縣開國伯，食邑五百戶。張侯以文謀而青土，班氏用武德而朱門，兼此疇庸，頗爲連類。俄遷高平郡太守，猛獸浮河，慈禽櫟室，六條畢舉，五教在寬，接境懷仁，鄰城荷潤。又以同州蕃屏，作鎮京畿，近帶華陽，遠通伊洛，左鄰寇難，右承京輦，方諸代底，用擬許都，既在要衝，寔寄英俊。大統五年，遷任同州別駕。公於是弘義讓以讚蕃主，施平惠以字下民。外示威懷，內申敦穆，閒田息憤，遞獷還箭，四門弛柝，三方式静。七年，加撫軍將軍，方當騁兹驥足，馳於千里，扇斯鵬翮，搏扶九萬，天不憖遺，奄致徂落。以大統八年十月九日薨於官，春秋五十有二。嗚呼哀哉，惟公少而聰穎，譽聞邦邑，夙著英奇，聲高縣鄙。朝廷稱爲領袖，宗室号曰白眉。武則保大定功，七德兼美；文則廉平簡惠，六府孔脩。加以疾惡如探湯，見善如不及，直道事上，信心結友，卜齡不永，峻岳云頹。主上哀惜，群辟感悼，贈使持節、車騎大將軍、儀同三司、平州諸軍事平州刺史。維帝念功，没猶寵贈，光生哀死，盖以德招。但時囑艱虞，宅兆未卜，權殯渭南

---

① 蒙海亮：《成備墓誌所見周隋地方經營——兼對北朝後期軍功家族興衰的思考》，西安碑林博物館：《碑林集刊》第 19 輯，西安：三秦出版社，2013 年，第 10—12 頁。拙撰嘗誤誌姓名爲"史岡"，今據蒙海亮《成備墓誌所見周隋地方經營——兼對北朝後期軍功家族興衰的思考》一文考證而更正爲"成"姓，而蒙文則誤"成罕"爲"成岡"。又《陝西新見隋朝墓誌》著錄此誌又誤作"成岡"。

② 劉文：《陝西新見隋朝墓誌》，西安：三秦出版社，2018 年，第 24 頁。

縣之廣鄉原新豐里。孝子道綱，孝同曾閔，才逾曹鄭，凍水躍鱗，寒林抽笋，龜謀厥考之宅，仍遵尊慕之義。以開皇九年十月廿四日窆于雍州大興縣之小陵原。將恐汩水遊魚，高陵成谷，過隙易馳，丘泉難記，式鐫玄石，用闡嘉名。其詞曰：

浩浩洪流，長瀾万里。巖巖峻岳，高蓬莽起。河出魚圖，山呈鳳紀。聖齊發旦，道隆妊姒。析珪受瑞，踵武前王。降靈上德，誕此民良。和如琴瑟，扣角傳商。貞同竹柏，負雪陵霜。天厭水德，龍戰未分。烏能依木，臣皆擇君。唯彼俊乂，方事之殷。文參帷幄，武禪元勳。梁木既壞，棟幹雲摧。臨春綴相，罷織銜哀。寵光岳牧，位列星台。墳移舊隴，松檟新栽。日沉月見，暑退寒來。悲風悽切，思鳥徘徊。如何荊璧，長埋夜臺。

【疏證】

成罕子成備、孫成晉亦皆有墓誌同地出土，可參詳。成氏一門皆不載於史。成罕父成度、祖成亮，皆不喜入仕。成罕在北魏年間以給事中入仕，後爲大丞相宇文泰府屬，受封陽洛縣伯、遷高平郡守、同州別駕，又加撫軍將軍，卒"贈使持節、車騎大將軍、儀同三司、平州諸軍事平州刺史"，蓋逢戰事而於大統八年（542）"權殯渭南縣之廣鄉原新豐里"，時隔四十八年之後的開皇九年（589），其子成道綱始將其遷"窆于雍州大興縣之小陵原"。總之，成罕在生前與死後，還是得到了重用和榮寵的。推測成罕能夠遷葬於長安，可能是緣其子成備在周隋間因軍功顯赫而先已著籍於京兆長安之故。

成罕爲"遼西陽洛人"，且在西魏受封"陽洛縣開國伯"，檢《魏書》卷88《竇瑗傳》云爲遼西遼陽人，以軍功賜爵陽洛男，而《北史》卷86《竇瑗傳》則曰遼西陽洛人。又，《後漢書》卷23《郡國志》"遼西郡"領有五城，一曰陽樂城。《晋書》卷14《地理上》"遼西郡"統縣三，一曰陽樂。東漢永壽二年（156）《禮器碑》碑陰題名有"遼西陽樂張普仲堅"。《魏書》卷106上《地形志》"遼西郡"領縣三，一曰陽樂。《隋書》卷30《地理志中》"遼西郡"僅領一縣曰柳城，知齊隋之間已無陽樂縣。以《成罕墓誌》可證陽樂當即陽洛，音同而形轉，且形轉之時蓋始自北齊。音同形轉者還可舉出一例，即1977年遼寧朝陽出土的大業八年（612）《大都督韓曁墓誌》載："開皇四年，總管陽洛公以東北一隅，九夷八狄，綏懷撫慰，不易其人，自非雄略英謀，罕當斯冀。遂上表特奏君與北平總管府參軍事劉季略往契丹國獎導諸部。"[①]此"總管陽洛公"者，正是襲成罕之爵位的長子成備。

[①] 王其禕、周曉薇：《隋代墓誌銘彙考》第4冊，北京：綫裝書局，2007年，第258頁。

○三六　成備墓誌

【基本信息】

　　成備墓誌，出土於西安市長安區引鎮，2010 年入藏大唐西市博物館。誌文 37 行，滿行 37 字，正書，有方界格。蓋題 25 字，5 行，每行 5 字，陽文篆書，有方界格。誌石長 57.5 釐米、寬 58.5 釐米、厚 9 釐米。誌蓋覆斗形，長寬均 58.5 釐米、厚 8 釐米。誌石四側與誌蓋四殺皆爲素面。墓誌圖文載在胡戟、榮新江《大唐西市博物館藏墓誌》①，研究參詳蒙海亮《成備墓誌所見周隋地方經營——兼對北朝後期軍功家族興衰的思考》②。

【誌蓋】

大隋開府儀同三司營州總管陽洛縣開國公成史君墓誌之銘

【誌文】

大隋使持節開府儀同三司營州總管陽洛縣開國公成史君墓誌銘

　　公諱備，字道昂，遼西陽洛人也。昔玄精失御，青運將始，白魚示兵興之兆，赤雀爲受命之符。二聖握圖，五賢建國，析官分族，乃曰成氏。洪流盛烈，可略而言。祖度，夙播英奇，徽猷允洽。袟二千石，弃官從志。父子希，弱冠厲翼，清風載舉，歷任大丞相府屬、同州別駕、高平郡太守，封陽洛縣開國伯，薨于官，贈撫軍將軍、儀同三司、平州諸軍事平州刺史。公禀河岳之秀氣，資海瀆之英靈，德貫前脩，譽隆後進。大統八年，陽洛公薨没，公茹滅肌膚，沉痛苦塊，鄰人感而哀慟，翔鳥度而悲鳴。毁瘠已形，觀危憂疾。服闋，襲爵陽洛縣開國伯。魏前二年，辟開府參軍事兼樂曹，遷外兵參軍，於是，鳴金擊石，朱鳳率舞，調商弘角，玄鵠來庭。務總三戎，謀兼六職，又以秦川雄狡，俗獷兵强，寄以懿德，盛選毗贊，轉授公隴右府參軍事，進位都督、前將軍、左銀青光禄大夫，加平東將軍。及木德受符，宰臣專命，爪牙旗鼓，委以勳賢，乃召公爲相府參軍事，遷帥都督，謀參帷幄，任兼論道。天和三年，除使持節、車騎大將軍、儀同三司，始曜采於玉衡之前，即均明於文昌之府。五年，除御正大夫，獻納樞機，絲綸允緝。於是，建節西巡，宣揚朝化，沉黎據險，抗拒王師，陣若雲屯，衆如霧積，彌山截嶺，隘水沸川。公受律先驅，潛師夜襲，旌麾一舉，四面奔潰，黑水西河，神州尹牧，編户殷負，氓俗孳繁。乃徵公還爲長安令，公外馳簡惠，內樹寬明，奪金恥訟，閒田息憤，荷蕢不作，囹圄寂寥，建德三年，授和州長史，仍爲防主。於是，敷道藝以接君子，振平惠以字小人，龍丘狹其東罜，耶叟忘其西夏。雁門之北，獫狁憑陵，戍鼓夕聞，烽烟曉

---

① 胡戟、榮新江：《大唐西市博物館藏墓誌》上册，北京：北京大學出版社，2012 年，第 26 頁。
② 蒙海亮：《成備墓誌所見周隋地方經營——兼對北朝後期軍功家族興衰的思考》，西安碑林博物館：《碑林集刊》第 22 輯，西安：三秦出版社，2016 年，第 96—102 頁。

矚，非憑英俊，莫能捍禦。乃策公爲雁門郡太守，穿匈擔耳之長，都正風而化俗；被髮文身之酋，感義讓而失岭。東夏初平，邊夷疑懼，賊帥寶寧，搆怨連禍。公乃潛兵九地，分陣三奇，乘大剛之風，掃壞山之氣，范陽既破，獨舉元勳，乃授公平州諸軍事平州刺史，朔野絶烟，驚塵畫合。公星言影赴，遂拯邊危，旌旆所加，鶉奔狼駭。開皇元年，除硤州諸軍事硤州刺史，進爵陽洛縣開國公，食邑一千二百户。荆蠻猾夏，摇蕩南垂，授公行軍元帥府司馬，既贊戎麾，廓清寇難。寶寧黨類，屢擾邊鄙，重策公爲使持節、平州諸軍事平州刺史，復率所部，往討黄龍，賊衆懼威，望麾瓦散。仍除營州諸軍事營州刺史、開府儀同三司。寶寧連兵北狄，搆合西戎，飛焰浮天，流鏑雨散，夜掩不備，鼓噪城下。公精貫白日，猛烈秋霜。寒士挾纊，懦夫奮武。一鼓作氣，百道迸逃。狄故貪婪，數爲民害。公示以威惠，弘之信賞，感恩從化，求爲子民。北維清肅，翳公是賴。四年，除營州總管、大澗汭貢逄龍三鎮諸軍事，鳥夷卉服，並仰清塵，穴處野居，咸慕慈施，驚烟無復北起，胡馬不敢南牧，會盈庾憶，財足兵强。然公素有痾疢，彌留增甚，敕行臺晉王供給醫藥，王遣東閤祭酒並送侍醫，若藥□抽，秦和拱手。開皇七年四月三日薨於營州正寢，春秋五十有四。嗚呼哀哉，惟公少本英奇，長彌才眼，含道據德，出誠入孝，舒威若震，灑翰如飛，陶侃愧牧伯之才，劉胤慙督府之美，故按部出西河之境，褰帷向北朔之交郊，莫不飲德懼威，懷仁抱澤。方陪岱岳之封，朝聞萬歲；從汾陰之禮，夜覯神光。天不愁遺，兩楹增歎，哀纏闇底，悲感庶僚，弔賻隆厚，恩逾恒制。以開皇九年歲次己酉十月辛卯朔廿四日丁亥窆于雍州大興縣小陵之原。嗚呼哀哉，乃爲銘曰：圓精上昇，金鉤玉繩。方輿下滯，霧鬱雲蒸。二氣弘洽，八百斯興。宏哉顯祖，上哲是膺。誕茲淑德，唯叡作聖。宛若珪璋，明如水鏡。位參戎右，職漸邦政。九黎仰德，三危慎命。凶渠叛换，搆我邊亭。憑巘守隘，負河縈城。金柝夜擊，私門晝扃。擁旄按部，吹律專征。疊穿伏穴，車偃玄旌。如風折朽，似海灌熒。索發兩星，醫占二竪。隋珠碎秦，荆玉破楚。綴耕釋耒，下機投抒。悲感群辟，哀纏聖主。風摇素蓋，日映珠輪。北首泉路，南背城垣。塵飛去柳，淚咽歸賓。呫嗟松價，空對楊春。

【疏證】

成備其人，見載於《隋書》與《北史》的《陰壽傳》。其祖成度、父成子希，史傳均無載。據誌文知其父"歷任大丞相府属、同州别駕、高平郡太守，封陽洛縣開國公，薨于官，贈撫軍將軍、儀同三司、平州諸軍事平州刺史"，以此可證長安新出開皇九年（589）《陽洛縣開國伯史君墓誌》云："公諱罕，字子希，遼西陽洛人也"，"祖亮""父度""窆於雍州大興縣之小陵原"者，正是成備之父成子希[①]。成罕與成備父子於同年月日葬在同地，而據《成罕墓誌》又知葬事是由成罕子成道綱操辦，而成備當以長子襲父爵，則成備應爲成道綱長兄。另有開皇九年（589）《成晉墓誌》誌主乃爲成備之子，亦可參詳。

---

① 蒙海亮：《成備墓誌所見周隋地方經營——兼對北朝後期軍功家族興衰的思考》，西安碑林博物館：《碑林集刊》第22輯，西安：三秦出版社，2016年，第96—103頁。

成氏當爲北朝胡姓，姚薇元《北朝胡姓考》云："姑臧成氏，出自匈奴介和王成娩之後，以名爲氏，屠各族也。……又盧水胡亦有成氏，見常璩《華陽國志》。劉宋世宗時有酉陽蠻成邪財等起義攻郢州。是南蠻亦有成氏。"①《漢書》有開陵侯成娩；《晉書》有屠各胡成七兒，又有成粲；《魏書》有成軌、成淹、成霄、成仲慶，則屬上谷居庸一支。又，隋誌所見成姓者還有開皇十八年（598）《成肆虎墓誌》，屬洛陽一支；大業三年（607）《成惡仁墓誌》，屬幽州涿縣一支；大業三年（607）《成洪顯墓誌》，屬上谷一支。據成備與其父成罕的墓誌，又知成氏有遼西陽洛一支。至於唐代，成氏更有著籍於京兆與弘農的分支。

　　誌云成備"魏前二年，辟開府參軍事兼樂曹，遷外兵參軍事"，"魏前"是紀年之謂，指代西魏末年廢帝元欽的在位時間，並無年號。"魏前二年"爲公元553年，則成備任開府參軍事兼樂曹及遷外兵參軍事之職即在此時。之後乃"轉授公隴右府參軍事，進位都督、前將軍、左銀青光祿大夫，加平東將軍"。誌文曰："及木德受符，宰臣專命，爪牙旗鼓，委以勳賢，乃召公爲相府參軍事，遷帥都督，謀參帷幄，任兼論道"，史載北周文帝宇文泰接受天之符命，運屬木德，故"木德受符"代指北周建立。安備在北周初任宇文泰相府參軍事，遷帥都督。到北周武帝宇文邕天和二年（567），又任"使持節、車騎大將軍、儀同三司"。天和五年（570），"除御正大夫""還爲長安令"。北周武帝建德三年（574），又"授和州長史""雁門郡太守"。誌又云："東夏初平，邊夷疑懼，賊帥寶寧，搆怨連禍。"由"東夏初平"句可知時值建德六年（577）北周平定北齊②，東夏代指北齊。是時，逢高寶寧構亂，"公乃潛兵九地，分陣三奇，乘大剛之風，掃壞山之氣，范陽既破，獨舉元勳"。范陽指北齊范陽王高紹義。平定范陽城後，成備被授任"平州諸軍事平州刺史"，遂"星言影赴，遂拯邊危，旌旆所加，鵰奔狼駭"，傾力攻打高寶寧的軍隊。未幾又於"開皇元年，除硤州諸軍事硤州刺史，進爵陽洛縣開國公"。

　　高寶寧，《北齊書》卷41和《北史》卷53皆有傳。兩史本傳皆云他在北齊"武平末，爲營州刺史，鎮黄龍"，還說"周帝遣使招慰，不受敕書"，其時大約是在公元576年前後，北齊已近亡國。而《隋書·陰壽傳》又載："（高寶寧）及齊滅，周武帝拜爲營州刺史，甚得華夷之心。"當是北周亦欲收買任用，可是高寶寧"竟不臣周"。高寶寧據營州，鎮黄龍，爲一方之霸，還聯突厥以拒北周，擁立范陽王高紹義即齊皇帝位，續武平年號③，竟苟延殘喘至楊隋代周。北齊營州治所黄龍，在今遼寧省朝陽市，高寶寧所據之地屬於北齊乃至周隋的北方邊遠地區，在中原人看來，差不多近乎化外。周武帝時曾想北伐，不料遇疾暴崩而罷，隋高祖楊堅做北周丞相時，亦有心治理，然"以中原多故，

---

① 姚薇元：《北朝胡姓考》修訂本，北京：中華書局，2007年，第307—308頁。
② 《北史》卷96《稽胡傳》，北京：中華書局，1974年，第3196頁載："（建德）六年，武帝定東夏"；《周書》卷6《武帝紀下》，北京：中華書局，1971年，第102頁載，建德六年（577）四月詔："東夏既平，王道初被，齊氏弊政，餘風未殄。"
③ 《北齊書》卷11《范陽王紹義傳》，北京：中華書局，1972年，第157頁云："紹義遂即皇帝位，稱武平元年。"《北史》卷52《齊宗室諸王傳下》，北京：中華書局，1974年，第1885頁略同。其中"元年"乃"九年"之訛，錢大昕已予指正，《資治通鑑》卷173、《冊府元龜》卷284、《通志》皆誤作"元年"。

未遑進討,以書喻之而不得",事見《北齊書·范陽王紹義傳》及《隋書·陰壽傳》。儘管《北齊書》高寶寧本傳和《隋書·陰壽傳》都沒有把他算作高齊的直系,不過他既反周,又反隋,故諸史多有記載。

高寶寧嘗作亂三次,第一次見於《周書》卷6《武帝紀下》,時在建德六年(577)十二月,"是月,北營州刺史高寶寧據州反"①。第二次作亂應當是配合尉遲迥的起兵。據《周書》卷21《尉遲迥傳》記載,當北周宣帝崩後,楊堅輔政,欲翦除相州總管尉遲迥的勢力,以代周當權,爲尉遲迥所察。尉遲迥乃結衆數十萬,自稱大總管,與楊堅對峙,"又北結高寶寧以通突厥,南連陳人,許割江淮之地"。然尉遲迥自起兵後僅六十八天,就被韋孝寬挫敗而自殺。②雖未言高寶寧出兵,也算得上是參與了其事,這應該是北周大象二年即公元580年的事,亦即《隋書》卷39《陰壽傳》中所說的"時有高寶寧者,齊氏之疏屬也……及齊滅,周武帝拜爲營州刺史……(隋)高祖爲丞相,遂連結契丹、靺鞨舉兵反"③,當時任丞相的楊堅"以中原多故,未遑進討",遂使高寶寧保存了實力。至於第三次作亂,史書記載頗詳。如《北史》和《隋書》的《突厥傳》《陰壽傳》《長孫晟傳》及《北史·隋本紀上》《隋書·高祖紀》等均有記載。《隋書》卷1《高祖紀上》云開皇二年(582)五月己未,"高寶寧寇平州。突厥入長城"。開皇三年(583)四月"己卯,衛王爽破突厥於白道,庚辰,行軍總管陰壽破高寶寧於黃龍"④。隋平州(北平郡)治所在今河北省盧龍縣,西距幽州(涿郡)治所(今北京市)五百餘里。白道,在今內蒙古呼和浩特市西北,爲陰山的一條南北通道。黃龍則是高寶寧的大本營營州的治所。這次高寶寧的作亂,儘管有突厥人的入夥,但還是遭到失敗,甚至連大本營都丟掉了,突厥人也被驅趕到陰山以北。《北史》及《隋書》的《突厥傳》也提到了這件事。說是突厥的"沙鉢略(攝圖)勇而得衆,北夷皆歸附之。及(隋)高祖受禪,待之甚薄,北夷大怒,會營州刺史高寶寧作亂,沙鉢略與之合軍,攻陷臨渝鎮"⑤。沙鉢略的對隋不滿,《隋書》卷51《長孫晟傳》道出原由,是因爲"(北周)宣帝時,突厥攝圖請婚于周,以趙王招女妻之。……至開皇元年,攝圖曰:'我周家親也,今隋公自立而不能制,復何面目見可賀敦乎?'因與高寶寧攻陷臨渝鎮,約諸面部族謀共南侵"⑥。臨渝鎮即臨渝關,又稱渝關,故址當今河北秦皇島市東的山海關,也有說是今河北撫寧縣的渝關鎮,大略都是在今河北東北部與遼寧接壤的一帶。據說開皇三年(583)築,當是這年破突厥後建的。關於高寶寧的作亂覆滅,《北齊書》和《北史》本傳都沒有提及,《北齊書》撰者李百藥在傳後的評說中稱與高寶寧同傳的一類人是:"爰自霸基,策名戎府,間關夷險,迄於末運。位高任重,咸遂本誠,亦各遇其時也。傅伏之徒,俱表忠節,不然則丹青簡冊安可貴乎?"更有贊曰:"唯此諸將,榮名是保。不忿不忘,

---

① 《周書》卷6《武帝紀下》,北京:中華書局,1971年,第105頁;《北史》卷10《周本紀下》同。
② 《周書》卷21《尉遲迥傳》,北京:中華書局,1971年,第351頁;《北史》卷62《尉遲迥傳》所載同。
③ 《隋書》卷39《陰壽傳》,北京:中華書局,1973年,第1148頁
④ 《隋書》卷1《高祖紀上》,北京:中華書局,1973年,第17、19頁;《北史》卷11《隋本紀上》同。
⑤ 《隋書》卷84《突厥傳》,北京:中華書局,1973年,第1865頁。
⑥ 《隋書》卷51《長孫晟傳》,北京:中華書局,1973年,第1329—1330頁;《北史》卷22《長孫晟傳》略同。

以斯終老。傅子之輩,逢茲不造。未遇烈風,誰知勁草?"①《北史》撰者李延壽的評議亦相類同。至於高寶寧的覆滅過程,在《隋書》和《北史》的《陰壽傳》中有著較爲詳細的描述。②

今據史書的相關記載,又比對《成備墓誌》記述,可知成備參與了平定高寶寧第一、三次作亂的戰事。第三次即如誌文所記成備在開皇元年(581)除硤州諸軍事硤州刺史並進爵陽洛縣開國公後,在南方建立了"荊蠻猾夏,搖蕩南垂,授公行軍元帥府司馬,既贊戎麾,廓清寇難"的打擊陳朝的軍功。然而再值"寶寧黨類,屢擾邊鄙,重策公爲使持節、平州諸軍事平州刺史,復率所部,往討黃龍,賊衆懼威,望塵瓦散。仍除營州諸軍事營州刺史、開府儀同三司"。可知這時成備乃是跟從陰壽去討伐高寶寧,將高寶寧打得弃城逃往磧北。而陰壽班師後,即留下成備鎮守營州。不久,"寶寧連兵北狄,構合西戎,飛焰浮天,流鏑雨散,夜掩不備,鼓噪城下。公精貫白日,猛烈秋霜。寒士挾纊,懦夫奮武。一鼓作氣,百道進逃。狄故貪婪,數爲民害。公示以威惠,弘之信賞,感恩從化,求爲子民。北維清肅,繄公是賴"。這段誌文恰與史載高寶寧尋引契丹、靺鞨之衆來攻城,成備率兵苦戰連日方擊退高寶寧的記述相合。至於"北維清肅,繄公是賴"之說則不免有些過份夸大其軍功之嫌,因爲據揆諸史書相關記載,打敗高寶寧委實動用了許多計策,征調了很多兵馬人力,最後還由於趙世摸的叛降,方使得高寶寧無可依恃,北走契丹,最後連性命也丢掉了。至此,北方邊地始得大體安定。

誌云開皇四年(584),成備"除營州總管、大澗汭貢逢龍三鎮諸軍事,烏夷卉服,並仰清塵,穴處野居,咸慕茲施,驚烟無復北起,胡馬不敢南牧,會盈庾憶,財足兵强。然公素有痼疢,弥留增甚,敕行臺晉王供給醫藥,王遣東閣祭酒並送侍醫,若藥口抽,秦和拱手。"則成備在開皇四年(584)任營州總管、大澗汭貢逢龍三鎮諸軍事時,因舊疾復發而病倒,皇帝敕令晉王楊廣供給醫藥,享有很高的待遇,此亦可說明成備的確是爲隋初得以安定並經營東北地區建立了大功,因而能够得到隋文帝親命晉王派醫送藥的榮寵。

誌文"會盈庾憶"之"會"當爲"倉"字之訛,"憶"當爲"億"字之訛;"綴耕"當爲"輟耕"之訛;"松價"當爲"松檟"之訛。

---

① 《北齊書》卷41《高寶寧傳》,北京:中華書局,1972年,第548頁。
② 《隋書》卷39《陰壽傳》,北京:中華書局,1973年,第1148頁。

○三七　成晉墓誌

【基本信息】

成晉墓誌，出土於西安南郊長安區少陵原，誌石今存民間。誌文28行，滿行27字，正書，有方界格。誌石方形，邊長42厘米。未見墓誌蓋。墓誌圖文載在劉文《陝西新見隋朝墓誌》①。

【誌文】

大隋東宮勳衛右衛率倉曹參軍事成府君墓誌
君諱晉，字師衍，遼西陽洛人也。昔五曜入房，仍搆洪流之本；三辰襲建，即肇峻極之基。始受命於鶉火，啓農祥於震木。於是派源玉樹，分影若枝。鍾茲下武，因官命族。祖子希，清風遠振，神用英舉，歷任給事中、大丞相府属、同州別駕、高平郡太守，封陽洛縣開國伯，食邑五伯戶，薨贈撫軍將軍、儀同三司、平州諸軍事、平州刺史。父備，器量宏遠，幹藝優長。聲振華戎，德兼文武。屢辟樂曹及隴右府大丞相府參軍事，歷位都督、前將軍、左銀青光禄大夫、使持節、車騎大將軍、儀同三司、御正大夫、長安令、雁門郡太守、平營狹三州三鎮諸軍事、三州刺史、營州總管、開府儀同三司。出總六戎，入參八柄。上曜星台，下連岳牧。威棱海外，治舉京華。薨於官。公氣資玄象，量擬河山。智啓幼靈，業隆弱冠。有周建德，帝度乃弘。股肱唯賢，爪牙俊乂。公則飛纓武帳，躝步文昌。建德四年，入英果宿衛。宣政元年，任司衛都下士。既掌禁戎，司管閽闥。大象元年，遷右司衛旅佐。二年，任前侍都中士。昇降丹陛，參聞神密之筭；出入龍樓，仰贊如絲之旨。大隋皇帝，龍飛在天，預簡英俊，親奉鸞畢。洎重離出震，又侍春宮。開皇三年，策授右勳衛、陽洛國世子。承家奉國，出誠入孝。又以穀日民天，禮儀伊始。六年，授右衛率倉曹參軍事。九扈惟司，弃稷是務。三農弗惰，倉流腐粟。方騁逸足之才，用盡搏扶之勢。而顔子庶幾，歎楹奄及。以開皇六年十二月十三日搆疾卒于京第，春秋卅。嗚呼哀哉，惟公幼而岐嶷，夙播英奇；長逾爽異，聲聞朝野。武兼七德，文該四義。妙於絲竹，能致風雲之感；善奏宮商，懸知水旱之調。俟金待價，似玉傳聲。彼蒼者天，如何不淑。以九年十月廿四日窆于雍州大興縣小陵之原。歎高岸之爲谷，懼海水而生桑。故勒嘉名，寄之玄石。銘曰：
脩幹峩峩，長瀾浩浩。降靈維岳，神哉顯考。秀此民良，挺茲國寶。緯武經文，秉德含道。搏扶未遠，高天已冲。既倍紫闥，又奉春宮。謀參甲帳，織履禁戎。會盈庾億，國富儲豐。含芳委耀，璧毀松傾。奄斯至德，墜此嘉名。人希地泠，野曠煙生。風摇去柳，務合佳城。流啼深竹，灑淚沾纓。獨鐫玄石，播此餘馨。

---

① 劉文：《陝西新見隋朝墓誌》，西安：三秦出版社，2018年，第22頁。

【疏證】

　　成晉祖成罕、父成備，父祖三人墓誌之下葬時間皆爲開皇九年（589）十月廿四日，下葬地亦皆爲大興縣小陵原。唯成罕卒在西魏大統八年（542），權殯渭南縣之廣鄉原新豐里；成備於開皇七年（587）薨於營州，還晚其子成晉去世一年，則三人於開皇九年（589）同時安葬當爲二次遷葬時合祔，遷葬人當即《成罕墓誌》所記成備的弟弟成道綱。《成晉墓誌》亦略可補備成罕與成備二人職官之闕略。成晉於北周入仕，入隋又嘗仕於太子春宮，官至右衛率倉曹參軍事，其"陽洛國世子"之封爵，當緣其父祖皆封陽洛縣開國公。參詳《成罕墓誌》與《成備墓誌》。

○三八　楊渙墓誌

【基本信息】

楊渙墓誌，出土於西安南郊長安區，誌石今存民間。誌文30行，滿行30字，正書，有方界格。蓋題9字，3行，每行3字，陽文篆書，有方界格。誌石拓本長寬均48釐米。誌蓋覆斗形，盝頂長寬均35釐米。墓誌圖版載在趙文成、趙君平《秦晉豫新出墓誌蒐佚續編》①，研究參詳王其禕、周曉薇《長安地區新出隋代墓誌銘十種集釋》②。

【誌蓋】

大隋內侍中楊君墓誌

【誌文】

大隋大都督內侍中尹楊府君墓誌

公諱渙，字大通，弘農華陰人也。庭飛赤雀，文德被于八荒；舟躍白魚，武功加于四海。葉分枝布，命氏異稱，禮樂之子孫焉，仁義之苗裔焉。公即魏北徐州刺史、華陰侯延貴之孫，驃騎大將軍、司空公騰之元子也。挺生岐嶷，便異恒童，鸞侶鴻儀，雞羣鶴貌。昔者高歡自擅，政在臣門，都許之意可知，保鄔之心已顯。司空府君秉誠執義，率武勸文，翼主匡危，不顧妻息。公幼羅非所，冥以幽官，引罪自聘，稱德君父。塗遙白日，望飛雁而長悲；地阻黃河，覩遊魚而涕咽。常以秦鄴未一，生死難期，惡利潛名，永深悲恨，方十口矣，元直有葉命之辞；存亡莫測，倉舒有讓官之請。有齊肇運，內軸推人，抑授中黃門，仍遷冗從僕射。公每自噫歎，吾豈不知挂冠避地，親老懸車，難以從也。恂恂接士，諤諤公平，門無豪勢之賓，巷有長者之轍。齊武平三年，大夫人薨于晉陽宅，公隱齒見骨，歐血枯骸，如慕如疑，死矣亡矣。會稽墳側，晝夜煩冤；汝南墓前，哀號不絕。齊曆云季，周有其邦，宣政元年，授大都督、巷伯上士，尋轉中尹、都上士，表願私停，抑而不允。大隋布彼堯心，循斯禹迹，野有送民，朝無干仕，遂得琴低舞鶴，窗對言雞，院垂五柳，庭荒三徑。條枯葉墜，終身之兆將臻；梁壞山頹，啓足之徵已及。開皇七年七月，舊疾暴增，卒於京第，時年五十八。公曾游龍首山陽，徘徊臨眺，乃歎曰死而得地，斯之是乎？先墳雖在本鄉，棄骨魂歸，何勞過煩生者，即以九年十月廿五日卜葬其所。丹魚細動，素鶴徐飛，蔣詡之哭流哀，田橫之歌可痛。玄門一掩，魂去無歸，白楸易塵，形從物往。霄寒露泣，風勁松悲，月滿空瑩，雲昏壟樹，螢飛隧木，照書之用無由；菊散堂封，汎酒之期何日。嗚呼哀哉，鐫碑漢水，見者思人；鏤石荊山，悲深行路。銘曰：

---

① 趙文成、趙君平：《秦晉豫新出墓誌蒐佚續編》第1冊，北京：國家圖書館出版社，2015年，第167頁。
② 王其禕、周曉薇：《長安地區新出隋代墓誌銘十種集釋》，西安碑林博物館：《碑林集刊》第19輯，西安：三秦出版社，2013年，第13—15頁。

我氏之本，周有其先。九方撫地，七百承天。握圖而肇，膺聖□遷。□□秉鉞，功成化宣。西伯之續，東京盛族。野次名儒，朝連華轂。枝分派水，出幽登木。位逐三魚，公隨四玉。乃祖乃父，方伯司空。攀雲莅職，割地居封。風□□□，氣岸雍雍。盖飛移鶴，旌懸徙虹。嗟我生年，奸雄競主。劬勞莫報，山川異所。哀哀父母，煢煢誰撫。彼倉者天，死生長阻。關路激流，自鄴邊周。先公之塚，樹拱雲浮。尊顏何處，空悲一丘。預布泉下，温清其修。天長地久，人移其壽。菟轉過庭，烏飛度牖。已迫桑榆，先秘蒲柳。一旦名前，翻成身後。永辞人世，仍歇芳蘭。花彫夏菀，葉落秋園。郊中霧合，塿外風寒。墳孤松檟，住没荆欒。往古來今，誰其不逝。冥漠無歸，千秋万歲。記德銘石，樹人鑿礪。滄海可田，傳馨無替。

【疏證】

楊渙祖延貴、父騰皆可考。《北史》卷80《外戚·楊騰傳》載："楊騰，弘農人，文帝之舅也。父貴，琅邪郡守，封華陰男。騰妹爲京兆王愉妃，故騰得處貴遊。景明初，襲爵。後爲襄城太守，甚有聲稱。文帝即位，位開府儀同三司，出鎮河東。薨，贈司空、雍州刺史，謚曰貞襄。子盛。"①據墓誌可知楊渙父諱貴字延貴，封爵華陰侯，亦可知楊騰嘗任驃騎大將軍。然墓誌記楊渙爲楊騰元子，而史傳則僅記楊騰一子名盛，可補史闕。又，墓誌云："昔者高歡自擅，政在臣門，都許之意可知，保鄘之心已顯。司空府君秉誠執義，率武勸文，翼主匡危，不顧妻息。公幼羅非所，冥以幽官，引罪自聘，稱德君父。"由知楊騰或在西魏文帝時以河東太守身份勸喻高歡而亡，則所謂"冥以幽官"者，蓋指"贈司空、雍州刺史，謚曰貞襄"。又知楊騰夫人於北齊武平三年（572）薨於晋陽（今太原）宅。

誌云："公曾游龍首山陽，徘徊臨眺，乃歎曰死而得地，斯之是乎？先墳雖在本鄉，棄骨魂歸，何勞過煩生者，即以九年十月廿五日卜葬其所"，由知其葬地乃在長安龍首山，亦即龍首原，當長安城東濱於滻灞二水西畔的原地。楊渙舊籍爲弘農華陰，而中古大族弘農楊氏最重視於卒葬祖塋，唯楊渙不附大塋者，乃是緣其生前有此卒葬長安龍首山之夙願，遂無可厚責。開皇二年（582）六月，隋文帝有詔略云："龍首山川原秀麗，卉物滋阜，卜食相土，宜建都邑，定鼎之基永固，無窮之業在斯。"②遂建新都大興城於龍首山原。唐開元二十四年（736）《公主李倕（字淑嫻）墓誌》曰："遷厝于龍首原"，其銘文云："翠蕚之北，皇城之東，傷彼白玉，沉於此中。"③凡此，可知長安城東龍首山原之地，在隋唐時期乃是安魂葬骨的風水寶地，隋唐墓誌出於此地者甚夥，以隋代爲例，著名的開皇十七年（597）《董美人墓誌》、大業十一年（615）《尉富娘墓誌》、大業十二年（616）《宋永貴墓誌》等都卜葬在龍首鄉原④。

---

① 《北史》卷80《外戚·楊騰傳》，北京：中華書局，1974年，第2692—2693頁。
② 《隋書》卷1《高祖上》，北京：中華書局，1973年，第17—18頁。
③ 2001年於西安城東西安理工大學新校區基建工地出土，石存陝西省考古研究院。
④ 上舉三方墓誌載王其禕、周曉薇：《隋代墓誌銘彙考》第2冊，北京：綫裝書局，2007年，第257頁；王其禕、周曉薇：《隋代墓誌銘彙考》第5冊，北京：綫裝書局，2007年，第179、384頁。

○三九　元叡墓誌

【基本信息】

元叡墓誌，2006 年出土於洛陽孟津縣，誌石今存洛陽民間。誌文 26 行，滿行 27 字，正書，有方界格。蓋題 8 字，3 行，中行 2 字，正書，無界格。誌石長 51 釐米、寬 50 釐米。誌蓋覆斗形，盝頂長 38 釐米、寬 37.5 釐米。墓誌圖版與録文分別載在趙君平、趙文成《秦晋豫新出墓誌蒐佚》[①]，郭茂育、趙水森《洛陽出土鴛鴦誌輯録》[②]。

【誌蓋】

大隋故元公墓誌銘

【誌文】

公諱叡，字伯達，河南洛陽人也。昔登封者七十帝，大聖於軒丘；得姓者十四人，惟賢於弱水。自祥飛白雀，妖見鶬鵝，征伐与禮樂同時，治定与功成共日。裁成品物，陶鑄羣生，紐地承天，光圖照諜。祖興，魏景穆皇帝之孫，汝陰王之子。少除宗正卿、侍中、開府儀同三司、安定二州刺史。上公九命，黼黻曜華虫之文；高輅八鑾，纓冕暎飛蟬之飾。父仲，使持節、驃騎大將軍、侍中、冀州刺史、新平懿王。東海明皇之兄，禮登茅社；東阿文帝之弟，位踐山河。宗子維城，其斯之謂。俄然時鍾屯否，天步孔艱，董卓狼噬王畿，袁術鴟張淮甸。永熙之歲，公乃生焉。既而豐邑鎬京，卜食其始，左崤右隴，鼎命惟新。先王明略經綸，股肱俠輔。公屬茲板蕩，年在嬰孩，生死則隔絶關河，父子則分張項漢。心輕禄仕，性重山泉。齊領軍新蔡王辟爲開府參軍事，桓若山之職位六安郡丞，馬相如之班袟武騎常侍，不得已焉，非其好也久之。郊名牧野，甲子有周右之兵；地曰南巢，乙卯有夏王之伐。至於比干封墓，商客櫥間，以公卿相之門，拔授兼岳安郡守，復轉兼齊安郡守。衡山霍岳，東接江湖；息國申壇，西連荆鄂。公斟灼治理，敦勸風俗，耒犁共墾闢同興，桑柘与雞肫並教。莫不歌吟五袴，謠詠兩奇，分竹惟良，一時之㝡。若乃韶音夏樂，沿革不同。罷侯置守，皇王異術。大隋納麓，郡始廢焉。即除龍海縣令，遷沂州費縣令。黃星真人，生於沛邑，素王聖德，家在平鄉。公以洞悟宏才，故登此選，爲之父母，民不忍欺。寢疾彌留，迄於大漸，春秋五十有三，終于縣㢓。便以大隋開皇九年歲次己酉十月辛酉朔廿五日乙酉窆於邙山之陽。嗚呼哀哉，金丹神竈，樂通侯之術不成；玉瀝蓬萊，淮南王之方無驗。嗚呼哀哉，乃爲銘曰：

垂衣南面，鳳曆斯來。受封北裔，龍圖載開。大建蕃屏，重造雲雷。叔虞有夢，公旦多才。其一　王室之難，生民荼炭。晋文導周，霍光寧漢。微子機策，陳平謀筭。死生契闊，

[①] 趙君平、趙文成：《秦晋豫新出墓誌蒐佚》第 1 冊，北京：國家圖書館出版社，2011 年，第 87 頁。
[②] 郭茂育、趙水森：《洛陽出土鴛鴦誌輯録》，北京：國家圖書館出版社，2012 年，第 11 頁。

別離喪乱。其二 日月重光，功名獎握。連城作守，一同調俗。導之德義，示之禮樂。身世不永，年齡奄促。其三 山門槃屈，澗口低平。新墳弥望，深夜淒清。寒雲愁色，秋樹悲聲。長松直闇，孤月空明。

【疏證】

元叡妻仁壽元年（601）《張摩子墓誌》亦同時地出土。魏景穆皇帝即拓跋晃，拓跋晃第五子爲汝陰王元天賜，《魏書》《北史》皆有傳。元天賜子興、孫仲、曾孫叡，皆不載於史。史誌所載僅有元天賜子元修義一支，今據《元叡墓誌》，可補元天賜另一子元興以下三代。又據元叡妻《張摩子墓誌》可補元叡子元德茂一代①。

誌云："齊領軍新蔡王辟爲開府參軍事"，"新蔡王"，《北齊書》卷 19《張保洛傳》云："以帳內從高祖出山東，有麴珍、段琛、牒舍樂、尉摽、乞伏貴和及弟令和、王康德，並以軍功至大官。……康德，代人也。歷數州刺史、並省尚書，封新蔡郡王。"②

元叡在北齊曾任"兼岳安郡守"與"兼齊安郡守"，又曰："衡山霍嶽，東接江湖；息國申壇，西連荊郢。"岳安郡，據《隋書》卷 31《地理志下》廬江郡霍山縣小注："梁置霍州及岳安郡、岳安縣。後齊州廢。開皇初郡廢，縣改名焉。"③齊安郡，據《隋書》卷 31《地理志下》高凉郡海安縣小注："舊曰齊安，置齊安郡。平陳，郡廢。開皇十八年改縣名焉。"④墓誌又記："大隋納麓，郡始廢焉。即除龍海縣令，遷沂州費縣令。"費縣屬瑯邪郡，《隋書》卷 31《地理志下》琅邪郡小注："舊置北徐州，後周改曰沂州。"⑤龍海縣，不可考。據《隋書》卷 31《地理志下》建安郡龍溪縣小注："梁置，開皇十二年并蘭水、綏安二縣入焉。"⑥或疑"龍海縣"即"龍溪縣"。

墓誌記元叡葬於"大隋開皇九年"，然未記其卒年，以"永熙之歲，公乃生焉"，且"春秋五十有三"推之，元叡或當卒於開皇五年（585）或開皇六年（586）。

---

① 趙君平、趙文成：《秦晉豫新出墓誌蒐佚》第 1 冊，北京：國家圖書館出版社，2012 年，第 95 頁；郭茂育、趙水森：《洛陽出土鴛鴦墓誌輯錄》，北京：國家圖書館出版社，2012 年，第 13 頁。
② 《北齊書》卷 19《張保洛傳》，北京：中華書局，1972 年，第 258、259 頁。《北史》卷 53《張保洛傳》略同。康得，《北齊書》《北史》《周書》又作王康得，究爲王姓抑或康姓，尚聚訟未休。詳參《北史》卷 53 校勘記 [一五]。
③ 《隋書》卷 31《地理志下》，北京：中華書局，1973 年，第 876 頁。
④ 《隋書》卷 31《地理志下》，北京：中華書局，1973 年，第 882 頁。
⑤ 《隋書》卷 31《地理志下》，北京：中華書局，1973 年，第 871 頁。
⑥ 《隋書》卷 31《地理志下》，北京：中華書局，1973 年，第 879 頁。

○四○　索叡墓誌

【基本信息】

　　索叡墓誌，出土於河南安陽，誌石今存民間。誌文 24 行，滿行 24 字。正書，有方界格。誌石長寬均 45 釐米。墓誌圖版載在趙文成、趙君平《秦晉豫新出墓誌蒐佚續編》①，研究參詳王其禕、周曉薇《安陽出土隋代索氏五兄弟墓誌集釋》②。

【誌文】

大隋故驃騎大將軍襄城郡守肥陽縣開國伯索府君墓誌銘

公諱叡，字子哲，燉煌效穀人也。世載纓冕之華，家承將相之種。迹存實史，事炳良書。祖廻，使持節、鄆州刺史、第三酋長。父寧，使持節、恒州諸軍事恒州刺史、盧鄉縣開國男。並朱紫相承，銀青弈業。在魏似由余相秦，居齊如日磾輔漢。公乃珠閏隋水，玉秀昆山，蓁桂芳于素月，脩松鬱于幽澗。墻崇數刃，陂踰万頃。起家驃大府參軍事，轉司空府城居參軍事。雖復曳裾莫府，非其所好，以鯨鯢醜亂，用熊虎師臨。公前作鎮城，後爲營主，亦自不勞神略，指麾可定。遂使烽候不警，疆場無虞，此即公之力也。尋除偉大將軍、襄州別駕從事史，賜爵肥陽縣開國伯，食邑八百户。即分茅土，還讚盛蕃。吏民蕭其威懷，縉紳仰其榮觀。又遷驃騎大將軍、廣州襄城郡太守，既著儀鳳之感，還聞化雉之馴。德乃不孤，我無慙色。自周統後，解印罷朝。不受太尉，楊君之情可重；固辭少傅，二疎之心知足。而録懸天府，命隨川逝，始悲坐隅之服，終同過目之鳥。春秋五十有八，開皇六年歲次丁未八月乙亥朔廿九日癸卯遘疾薨于相州洹水縣大通里舍，即卜以九年歲次己酉十一月庚寅朔十九日戊申窆于零芝縣東北柴陌橋北四里。恐北山或徙，東海爲田；勒銘泉扉，式旌徽烈。其詞曰：

伯禽封魯，七族遷殷。功多表績，名必冊勳。武寶天旌，文乃貫群。衣冠弈業，青紫紛紜。遊義爲孝，[□□]爲忠。艸隸偏善，詩賦最工。堂客恒滿，杯酒不空。赫如夏日，穆若春風。金龜且佩，銅虎亦除。不貪留犢，謐眘懸魚。褰帷布政，閇户滔書。威恩無乏，清閒有餘。天道芒昧，世事沈淪。所以鐫石，記我良人。蘭燈空昭，桂月徒新。一朝風燭，万古埃塵。

【疏證】

　　2011 年，大象出版社出版的《文化安豐》一書披露了在安陽出土的祖籍爲敦煌效穀人的索氏四兄弟即索誕、索雄、索欣、索盻的墓誌，其中除索誕卒葬在北齊武平二年（571），

---

① 趙文成、趙君平：《秦晉豫新出墓誌蒐佚續編》第 1 冊，北京：國家圖書館出版社，2015 年，第 169 頁。
② 王其禕、周曉薇：《安陽出土隋代索氏五兄弟墓誌集釋》，杜文玉：《唐史論叢》第 23 輯，西安：三秦出版社，2016 年，第 204—220 頁。

其餘三兄弟皆葬在隋開皇九年（589），從而成爲文獻中所僅見的隋代索姓一族。無獨有偶，近年在安陽鄴城故地又出土了祖籍亦爲敦煌效穀人的隋代索叡的墓誌，巧合的是與此前發現的四位齊隋間索氏兄弟竟爲同胞手足，並且這五位兄弟中除索誕之外的四位還是同年同月同日同地下葬，更有甚者包括葬於隋代的四兄弟墓誌録文的一些語辭文法也近乎如出一轍，亦即此索氏四兄弟誌文似出自同一撰者之手，加之《文化安豐》僅披露了墓誌圖版而未有考證研究，故有必要將此索氏五兄弟墓誌集合起來予以釋讀，則庶幾有助於對中古索氏人物家族的瞭解以及釐清索氏從舊籍到新貫的遷變。

《索誕墓誌》出土於河南安陽，圖版見載於《文化安豐》第332—333頁。墓誌拓本長寬均54釐米。誌文26行，滿行26字，隸書，有方界格。未見墓誌蓋。索誕卒於北齊武平二年（571）五月二十四日，葬於同年十月十日。《文化安豐》雖有録文，然無標點，且有釋字錯誤，故將誌文重新迻録如下：

齊故使持節都督義州諸軍事驃騎大將軍義州刺史索君墓銘

　　君諱誕，字子植，燉煌效穀人也。源流浚遠，枝葉繁華，故能冠蓋連陰，專門相龍，邁則羽儀當世，名播惇史，靖則英才迥秀，業著旌常。祖，冠軍將軍、中散大夫；父，車騎大將軍、太中大夫，賜封盧鄉縣男。並當年擅箄，殁有餘光，望重人倫，聲高雅俗。君，毛骨符彩，幼而不羣，有異紈袴之年，見奇青領之歲，慷慨成志，傲儻爲心，托想置情，不拘俗士之節；雄心傑量，本出常人之表。時談世論，灼然自歸。釋褐鄴州行參軍，追幼宰之殷勤，同元直之十反。尋除兗州外兵。但百里務繁，四民任重，眷言善政，終屈牛刀，除東武縣令。君道兼儒吏，佩雜韋弦，季重之在元城，方斯未算；安仁之居懷令，匹此多慚。俄爲樂平將，然共治非易，良守爲難，自非清白若張堪，廉平類朱邑，無以屬此剖符，允膺嘉選。又除衛將軍樂良郡，在職清静，吏民安之，復徒營北太守。君察俗施風，聽音改調，威惠兼舉，朞月化成。然狡醜虐劉，侵我邊鄙，摧烽屢照，羽檄交馳，鎮□之重，事資人傑。乃除本將軍、黃牛鎮將。君外禦寇劉，內拯民物，奇策並設，變化無窮，不異春景銷冰，還似秋飆解帶。又除驃騎大將軍、河陽鎮將，襲封盧鄉縣開國男。既秉瑞珪，用啓芧賦，但夜舟俄從，朝露已晞。武平二年歲次辛卯五月廿四日卒於。惟君業尚夷簡，器宇凝深，方當弼諧帝緒，棟樑家國，人世不留，奄隨化往。悲纏行路，痛結衣簪，詔贈使持節都督義州諸軍事本將軍義州刺史，即以其年十月十日安厝鄴城紫陌河北五里所。恐川原難固，陵谷易移，勒石泉門，用彰不朽。乃爲銘曰：

長源不已，洪緒無窮。白璧相潤，丹桂爲叢。篤生才子，無忝家風。兵書且洞，劍術能通。曳組登朝，飛纓入仕。譽流先達，名高稚齒。已跨連城，復蹢兼市。匹彼淵澹，同夫嶽峙。馭馬調俗，享鮮從政。道邁三欺，明過五聽。性理芒昧，有或前聖。遠志未申，長途已罄。一捐華館，永閟泉門。蕭悲曠野，鐸響平原。寒月空照，秋蓬自飜。勒銘幽石，傳芳後昆。

除《索誕墓誌》以外，《索雄墓誌》《索欣墓誌》《索昐墓誌》皆出土於河南安陽，圖版見載於《文化安豐》第398、397、387頁。又，索雄、索叡、索欣、索盼四人皆葬於開皇九年（589）十一月十九日，故可參互比對。

比較索氏五兄弟墓誌錄文，除葬在北齊的《索誕墓誌》外，葬於隋代的四兄弟墓誌錄文可以顯見其雷同文辭甚多。如"世載纓冕之華，家承將相之種。迹存實史，事炳良書""並朱紫相承，銀青弈葉。在魏似由余相秦，居齊如日磾輔漢""恐高岸爲谷，深谷爲陵，徙海遷河，物無恒矣""家承將相，世襲公卿。衣冠不絶，累葉簪纓"等，而《索雄墓誌》與《索盼墓誌》的銘文更幾乎一字不差。如此分析，這四篇撰寫於同時的墓誌銘文，很可能是出自一人之手，而凡屬虛飾的文詞，撰者只管省事套用便是。其實索雄與索盼的生平履歷並不一樣，索雄偏於文職，卒在隋朝；索盼偏於武職，亡於北周，則他們兩人的墓誌銘文寫得完全一樣顯然不盡合宜，且考慮銘文的内涵，倒是用在索盼身上較爲般配。不過，從書法上作比較，四方墓誌的書寫倒不是一人所爲。索雄與索盼的墓誌皆爲楷書，但前者羸弱而軟散，後者纖細而有力，風格顯然不一樣。索叡與索欣的墓誌都是楷書中兼雜隸、篆筆意，筆法皆有方嚴勁峭之勢，其中"月""日"的寫法尤顯古奧，只是可能因爲刻手不同而呈現出的面貌自然也不盡一樣。

一、索氏五兄弟家族世系與其卒葬地

因爲《隋書》與其他傳世文獻均未載有隋代索姓人物，故索誕、索雄、索叡、索欣、索盼五兄弟皆於史無徵，包括他們的祖索廻、父索寧，亦不見於北朝文獻中。以五兄弟卒享年推之，雖索誕的墓誌不記享齡，只知卒年，然以其在五兄弟中逝世最早、且已貴爲義州刺史並襲封盧鄉縣開國男而推之，索誕當爲長兄。其餘四兄弟中，依次爲索雄卒於隋開皇八年（588），享年七十四；索叡卒於隋開皇六年（586），享年五十八；索欣卒於北齊武平六年（575），享年三十三；索盼卒於北周宣政二年（579），享年三十六，可推知索雄長索叡十四歲，長索欣二十九歲，長索盼三十四歲，以其年齡相差稍大，懷疑四兄弟與卒在北齊的索誕或有非同母所生者。《索雄墓誌》曰："齊德行謝，周命惟新，瘠祭不朝，亦數年矣"，知索雄不僅入隋後未有任官，更在北周滅北齊後即已因病不朝矣。《索叡墓誌》亦曰："自周統後，解印罷朝。不受太尉，楊君之情可重；固辭少傅，二疎之心知足。而錄懸天府，命隨川逝"，可知索叡與其兄索雄一樣，雖皆逝在隋朝，然自周平北齊以後便不再入仕矣。索欣則仕於北齊而卒於北齊，唯索盼入北周後仍有任官。

據索氏五兄弟墓誌可知其祖索廻嘗任冠軍將軍、中散大夫、使持節、鄆州諸軍事、鄆州刺史、第三酋長，其父索寧嘗任使持節、車騎將軍、車騎大將軍、太中大夫、恒州刺史、盧鄉縣開國男。又據安陽新出土北齊皇建二年（561）《索泰墓誌》曰："君諱泰，字洪安，燉煌效穀人……曾祖曷，涼沮渠屋蘭護軍，魏贈使持節、安西將軍、涼州刺史、效穀侯，謚曰忠。祖元興，襲爵安遠將軍、效穀子、假節、冠軍將軍、撫冥鎮將。父虎，魏世東光令、平漠將軍、北征別將。長兄寧，門下錄事、前將軍、盧鄉縣開國男"①，可

---

① 趙耀輝：《北齊〈索泰墓誌〉述說》，《青少年書法》2014年第2期，第45頁；趙文成、趙君平：《秦晉豫新出墓誌蒐佚續編》第1冊，北京：國家圖書館出版社，2015年，第131頁。

知索寧在北齊皇建二年（561）以前所任官職。但索寧父名虎與索氏五兄弟祖名廻乃至官職皆不相同，需懸疑待考。所謂"第三酋長"，當即"第三不領民酋長"之省。墓誌所見"酋長""第一品大酋長""領民酋長""第一酋長""第一領民酋長"等職銜與稱謂甚多，如北魏景明四年（503）《元弘嬪侯氏墓誌》"祖俟萬斤，第一品大酋長"，東魏興和二年（540）《劉懿墓誌》"起家拜大將軍府騎兵參軍第一酋長"，東魏興和三年（541）《元鷙墓誌》"奉敕使詣六州一鎮，慰勞酋長而還"，北齊河清元年（562）《庫狄回洛妻斛律氏墓誌銘》云斛律氏為"第一領民酋長、左光祿大夫、廣漢公可知陵之女"，北齊河清三年（564）《叱列延慶妻尒朱元靜墓誌》云魏"第一領民酋長、永寧縣開國侯、北海郡開國公、合食邑三千户叱列延慶"，北齊武平元年（570）《劉悦墓誌》云"祖折，領民酋長"①，隋開皇十一年（591）《張景略墓誌》曰："祖，驃騎大將軍、第一領民酋長、文城公"，隋開皇十二年（592）《虞弘墓誌》曰："魚國尉紇驎城人也。祖□奴棲，魚國領民酋長"，隋開皇十三年（593）《蘇巘墓誌》曰："考，衛將軍、左光祿大夫、第一領民酋長"，隋大業元年（605）《王善來墓誌》曰："父盖仁……齊獻武皇帝補任前鋒直蕩、第一領民酋長"，隋大業六年（610）《□墮墓誌》曰："曾祖，魏征東將軍、領民酋長、文城侯"②。《魏書·官氏志》云："其諸方雜人來附者，總謂之烏丸，各以多少稱酋、庶長，分爲南北部。"③又《魏書·尒朱榮傳》云："高祖羽健，登國初爲領民酋長……以居秀容川，詔割方三百里封之，長爲世業……曾祖郁德，祖代勤，繼爲領民酋長。"④可知此官職蓋設於北魏之初，是行於漢族地區以外的元魏本族或早期降附的其他少數民族之間的地方官制，具有世襲性。《隋書·百官志》亦云北齊官職："流内比視官十三等，第一領人酋長，視從第三品。第一不領人酋長視第四品。第二領人酋長，第一領人庶長，視從第四品。諸州大中正，第二不領人酋長，第一不領人庶長，視第五品。諸州中正，畿郡邑中正，第三領人酋長，第二領人庶長，視從第五品。第三不領人酋長，第二不領人庶長，視第六品。第三領人庶長，視從第六品。第三不領人庶長，視第七品。"⑤而北齊官制則多循北魏之舊。清鄭業斅《獨笑齋金石考略》卷4《張景略墓誌》又曰："領民酋長，元魏時所置，有弟一弟二弟三三等。（又有不領民酋長及領民庶長、不領民庶長，俱有三等。）高齊時亦有之，其子弟可承襲。《北齊·斛律金傳》'以平襲父爵弟一領民酋長'，《叱列平傳》'世爲酋帥襲弟一領民酋長'，皆是其證。周隋以來，遂無此職。"⑥又據北齊河清元年（562）《庫狄

---

① 上舉六種墓誌載趙超：《漢魏南北朝墓誌彙編》，天津：天津古籍出版社，2008年，第42、335、342、414、417、445頁。
② 上舉五種墓誌載王其禕、周曉薇：《隋代墓誌銘彙考》第1册，北京：綫裝書局，2007年，第380頁；王其禕、周曉薇：《隋代墓誌銘彙考》第2册，北京：綫裝書局，2007年，第95、110頁；王其禕、周曉薇：《隋代墓誌銘彙考》第3册，北京：綫裝書局，2007年，第154頁；王其禕、周曉薇：《隋代墓誌銘彙考》第4册，北京：綫裝書局，2007年，第95頁。
③《魏書》卷113《官氏志》，北京：中華書局，1974年，第2971頁。
④《魏書》卷74《尒朱榮傳》，北京：中華書局，1974年，第1643頁。
⑤《隋書》卷27《百官志中》，北京：中華書局，1973年，第770頁。
⑥《續修四庫全書》編纂委員會：《續修四庫全書·史部·金石類》第901册，上海：上海古籍出版社，2002年，第412—413頁。

回洛墓誌》云爲"朔州部落人也。大□長公之孫，小酋長公之子"①，可知酋長還有大小之分。由此可以推證"領民酋長"既行於北魏、北齊，則當多爲鮮卑或附屬於鮮卑之敕勒、匈奴、契等胡族人擔任，但亦恐不排除有鮮卑化之漢人。索廻之任"第三酋長"，疑即鮮卑化之漢人。《中央研究院歷史語言研究所集刊》第 20 本第 1 分有周一良《領民酋長與六州都督》一文嘗予專門考證，可資參讀。

索誕任職經歷爲"釋褐鄆州行參軍，尋除兖州外兵。除東武縣令。俄爲樂平將，又除衛將軍樂良郡，復徙營北太守。乃除本將軍、黃牛鎮將。又除驃騎大將軍、河陽鎮將，襲封盧鄉縣開國男"。鄆州治所在今河南信陽，兖州治所在今山東兖州，東武縣當今山東諸城，盧鄉縣當今山東平度。樂平將當即樂平郡將，下文從省之樂良郡亦當爲樂良郡將，此"郡將"之謂，或當作"太守"解。《後漢書·皇甫規傳》載："臣窮居孤危之中，坐觀郡將，已數十年矣。"唐李賢注："郡將，郡守也。"②《漢書·酷吏傳·嚴延年》"綉見延年新將"，唐顏師古注"新爲郡將也，謂郡守爲郡將者，以其兼領武事也。"③樂平郡治所在今山西昔陽，樂良郡治所在今遼寧義縣。今存河南省沁陽縣的北齊天保三年（552）《宋顯伯等造像龕記》碑陰附刻"邑社曹思等石像之碑"像主題名有"邑子河陽鎮司馬樂勤，字長恭，河陽田曹叅軍樂修禮"④。河陽縣（河南孟州）屬懷州河內郡（河南沁陽），河陽鎮軍戍當設在河陽縣。黃牛鎮軍戍不詳設在何地。史不載"營北"，亦無營北郡，北齊有營州（遼寧朝陽）與南營州。

索雄"起家奉朝請，非所好也。又除平州外兵參軍事，行平州北平縣令"，平州治所在今河北盧龍，然北齊平州屬縣無北平縣，有北平郡，治所亦在今河北盧龍。又，定州北平郡所轄有北平縣（今河北完縣）。索雄"遷翊軍將軍、范陽王開府主簿"。范陽王即高紹義，北齊文宣帝第三子。天保十年（559）十二月戊戌，改封"廣陽王紹義爲范陽王。……是歲，周武成元年"⑤。則索雄任翊軍將軍、范陽王開府主簿即在此時。

索叡"起家驃大府參軍事，轉司空府城居參軍事"，以索叡在加冠之年起家任職推之，此時約在東魏武定年間。索叡又"賜爵肥陽縣開國伯"，《魏書·地形志》譙州下蔡郡領縣有肥陽，小注曰："蕭衍寧陵縣，武定六年改。"⑥可知索叡受爵或已在北齊之初。索叡嘗任"偉大將軍"，"偉"爲"衛"之訛，"衛大將軍"乃北魏將軍名號之一，屬高級武官，品階爲第一品下，《魏書》與北朝墓誌中多見之。新出隋開皇十四年（594）《李平墓誌》云其祖李禮在魏高祖孝文帝太和十一年（487）"又加衛大將軍、秦梁二州刺史"，適可爲證。

索欣"起家奉朝請，又除踰瑉將軍"，《隋書·百官志中》記後齊制官有散號將軍"踰岷"⑦，唐大曆十四年（779）《顏勤禮碑》亦云："《齊書·黃門傳》云：《集序》君自作。

---

① 趙超：《漢魏南北朝墓誌彙編》，天津：天津古籍出版社，2008 年，第 414 頁。
② 《後漢書》卷 65《皇甫規傳》，北京：中華書局，1965 年，第 3132—3133 頁。
③ 《漢書》卷 90《酷吏傳·嚴延年傳》，北京：中華書局，1962 年，第 3668 頁。
④ 毛遠明：《漢魏六朝碑刻校注》第 8 冊，北京：綫裝書局，2008 年，第 278 頁。
⑤ 《北齊書》卷 5《廢帝紀》，北京：中華書局，1972 年，第 74 頁。
⑥ 《魏書》卷 106 中《地形志中》，北京：中華書局，1974 年，第 2565 頁。
⑦ 《隋書》卷 27《百官志中》，北京：中華書局，1973 年，第 752 頁。

後加蹄岷將軍。"①則墓誌作"瑠"字當爲形近而別寫。

索昐"起家東宮庫真，轉前峰第二副都督，又加鎮南將軍。……尋除直蕩第一副都督、安平縣開國子，食邑六百戶"。庫真與前鋒官，參見隋開皇八年（588）《□子建墓誌》。直蕩第一副都督爲直蕩府官職，直蕩都督大多設在魏齊之間，爲武職，屬左右衛府，有正副之别，但言"第一"序號者僅《索昐墓誌》一例，而言"副都督"者亦僅此一例。關於直蕩官的考察，參詳大業十年（614）《陸平墓誌》。《索昐墓誌》云："初平東夏，代遷官改，任左司衛府軍曹"，是指周武帝建德六年（577）平定東夏，北周代齊，索昐由北齊入北周後又擔任過左司衛府軍曹。據《隋書·楊勇傳》載："房陵王勇字睍地伐，高祖長子也。周世，以太祖軍功，封博平侯。及高祖輔政，立爲世子，拜大將軍、左司衛，封長寧郡公。"②可知索昐彼時乃在楊勇左司衛府任軍曹。墓誌記索昐"宣政二年九月廿三日卒"，然北周宣政僅一年，即 578 年，次一年 579 年即爲大象元年。而在宣政與大象之間還有一個年號叫大成，也是北周宣帝的年號，只是僅用了一個月就因爲靜帝即位而改年號爲大象了。《周書·宣帝紀》載："大象元年春正月癸巳，受朝於露門，帝服通天冠、絳紗袍，群臣皆服漢魏衣冠。大赦，改元大成"。二月辛巳，下詔"改大成元年爲大象元年"③。索昐卒於"宣政二年九月廿三日"，實際應爲大象元年（579）九月廿三日。

北齊武平二年（571）索誕的卒所，墓誌空缺未填，而其葬地則曰："其年十月十日安厝鄴城紫陌河北五里所"。隋開皇八年（588）索雄"遘疾卒于齊州武強縣芳德里舍，卜以九年歲次己酉十一月庚寅十九日戊申歸葬于相州零芝縣紫陌橋北四里"，隋開皇六年（586）索叡"遘疾薨于相州洹水縣大通里舍，即卜以九年歲次己酉十一月庚寅朔十九日戊申窆于零芝縣東北柴陌橋北四里"，北齊武平六年（575）索欣"遘疾卒于鄴城弘仁里舍……卜以開皇九年歲次己酉十一月庚寅十九日戊申窆于零芝縣東北紫陌橋北四里"，北周宣政二年（579）索昐"卒鄴城弘仁里舍，卜開皇九年十一月十九日窆于紫陌橋北"。又，安陽新出土北齊皇建二年（561）索氏五兄弟叔父《索泰墓誌》曰："長兄寧，門下録事、前將軍、盧鄉縣開國男""乾明元年正月十九日纏患卒於所戍，粤皇建二年春二月丁丑朔八日甲申遷葬於鄴京祭陌河西北五里長兄塋之幹隅。"④則北齊之鄴城之"紫陌河"，在隋又稱"紫陌橋"，《索泰墓誌》作"祭陌河"者，當是"紫陌河"之訛。《索叡墓誌》作"柴陌橋"者，當是"紫陌橋"之形近而訛。《北齊書》與《北史》等皆作"紫陌橋"，亦足資爲證。又，自北齊至隋代，索氏五兄弟與其父索寧、叔父索泰葬地皆在一處，亦即鄴城紫陌河就是索氏徙籍安陽的家族塋域。而鄴城弘仁里，當即索氏家族私第所在。《隋書·地理志》"齊郡"小注"舊曰齊州"，統縣有長山，小注曰："舊曰武強，置廣川郡，並東清河、平原二郡入，改曰東平原郡。開皇初郡廢。又十六年置濟南縣，十八年改武強曰長山。大業初省濟南縣

---

① 石存西安碑林博物館。李炳武：《長安金石》，香港：香港人民美術出版社，2007 年，第 43 頁。
② 《隋書》卷 45《楊勇傳》，北京：中華書局，1973 年，第 1229 頁。
③ 《周書》卷 7《宣帝紀》，北京：中華書局，1971 年，第 117—119 頁。
④ 趙耀輝：《北齊〈索泰墓誌〉述說》，《青少年書法》2014 年第 2 期，第 45 頁。

入焉。"①索雄葬在開皇九年（589），彼時適稱齊州武強縣。《隋書·地理志》"魏郡"小注"後魏置相州，東魏改曰司州牧。後周又改曰相州"。統縣有"鄴"，小注曰："東魏都。後周平齊，置相州。大象初縣隨州徙安陽，此改爲靈芝縣。開皇十年又改焉"。又有統縣"洹水"，小注曰"後周置"②。又是可知"零芝縣"當是"靈芝縣"之別寫。隋之"相州洹水縣大通里"或有可能與齊周之"鄴城弘仁里"爲一地。

二、中古索氏淵源及其舊望與新貫之遷變

《元和姓纂》卷 10 "索"姓曰："殷人七族索氏之後。"③然檢《左傳》所言"殷民七族，陶氏、施氏、繁氏、錡氏、樊氏、饑氏、終葵氏"④，並無索氏，而《左傳》另有一則曰："殷民六族，條氏、徐氏、蕭氏、索氏、長勺氏、尾勺氏，使帥其宗氏，輯其分族，將其類醜，以法則周公。用即命于周，是使之職事于魯，以昭周公之明德。"⑤是知《元和姓纂》所記索氏姓源稍誤，乃應出"殷民六族"索氏之後焉。然則索氏姓源固可以追溯到殷商之遠，而揆諸文獻，索氏在華夏姓氏中的發迹史實則並不甚早，大約到漢魏北朝時期方才繁衍於河西走廊西端的邊鄙之地，並著籍於敦煌效穀（今甘肅安西縣）而繁衍開來，故《元和姓纂》所記索氏僅有"敦煌"一房，且僅載晉索湛、索靖、索綝祖孫三人。至於傳世與出土文獻中所見索氏人物亦僅從漢代以後始見踪迹，如《後漢書》有漢和帝永元八年（96）戊己校尉索頵與漢安帝元初六年（119）敦煌行長史索班；《晉書》有書法家索靖及索綝父子傳，又有玄居先生索襲、術數家索紞、武威太守索泮傳；《魏書》有中書博士、扶風太守索敞及子京兆太守索僧養、僧養子演貴、演貴子懷真傳。《北史》卷 100《序傳》有西涼武昭王李嵩任效穀令時"沙洲中從事敦煌索仙"及"右衛將軍索嗣"⑥，《北史》卷 30《盧潛傳》又有北齊武平四年（573）隨盧潛陷沒於壽陽的五十八名督將之一的"儀同索景和"⑦；《梁書》卷 56《侯景傳》有大寶二年（551）侯景任索超世爲尚書右僕射⑧，《隋書》卷 13《音樂志上》亦載梁簡文帝時"（侯）景儀同索超世"，且知索超世當爲北人而隨侯景入南者。此外，晚清吐魯番出土北涼承平三年（445）《沮渠安周造像記》有"典作御史索寧"⑨。2002 年，洛陽出土北魏熙平二年（517）《平西府趙

---

① 《隋書》卷 30《地理志中》，北京：中華書局，1973 年，第 861 頁。
② 《隋書》卷 30《地理志中》，北京：中華書局，1973 年，第 847 頁。
③ [唐] 林寶撰、岑仲勉校記：《元和姓纂（附四校記）》卷 10，北京：中華書局，1994 年，第 1569 頁。
④ [晉] 杜預注、[唐] 孔穎達正義：《春秋左傳正義》卷 54《定公四年》，北京：中華書局，1980 年影印阮元《十三經注疏》本，第 2135 頁上。
⑤ [晉] 杜預注、[唐] 孔穎達正義：《春秋左傳正義》卷 54《定公四年》，北京：中華書局，1980 年影印阮元《十三經注疏》本，第 2134 頁中。
⑥ 《北史》卷 100《序傳》，北京：中華書局，1974 年，第 3315 頁。
⑦ 《北史》卷 30《盧潛傳》，北京：中華書局，1974 年，第 1085 頁。
⑧ 《梁書》卷 56《侯景傳》，北京：中華書局，1973 年，第 856 頁。
⑨ 清末於新疆吐魯番東四十里明火州故城出土，後爲德國人所有，原石現藏德國柏林博物館。圖版參詳北京圖書館金石組：《北京圖書館藏中國歷代石刻拓本滙編》第 2 冊，鄭州：中州古籍出版社，1989 年，第 125 頁。

司馬趙盛暨妻索氏墓誌》曰："夫人索氏，字始姜，燉煌人也。晉昌太守育之女。"①前舉北齊皇建二年（561）《索泰墓誌》曰："君諱泰，字洪安，燉煌效穀人"，"曾祖曷，涼沮渠屋蘭護軍，魏贈使持節、安西將軍、涼州刺史、效穀侯，諡曰忠。祖元興，襲爵安遠將軍、效穀子、假節、冠軍將軍、撫冥鎮將。父虎，魏世東光令、平漠將軍、北征別將。長兄寧，門下錄事、前將軍、盧鄉縣開國男"②。《高昌磚集》中亦多見索氏，如延昌十二年（572）《索守豬墓表》曰："兵曹參軍索守豬，敦煌北府人也"③，又有張歸宗夫人索氏、客曹參令兵將索演孫、虎牙將軍索顯忠等人。

總合上舉文獻所載隋代以前索氏人物家族有三個特點：一是皆著籍敦煌，世爲冠族。二是索氏一族在晉魏北朝間的西北地區最見興盛。三是北朝後期索氏家族已多有進入中原並定著到魏之洛陽與齊之鄴城者，然其署籍則猶稱舊望"敦煌"。

今索氏五兄弟墓誌的發現，適爲隋代索氏家族自北齊以後著籍鄴城提供了可信依據。索氏五兄弟雖然皆葬於鄴城，但其墓誌則依然稱"燉煌效穀人也"。"效穀"即"效穀"。效穀設縣始於漢代。《漢書·地理志》載敦煌郡有縣六，其一爲效穀。唐顔師古注："本漁澤障也。桑欽説孝武元封六年濟南崔不意爲魚澤尉，教力田，以勤效得穀，因立爲縣名。"④《隋書·地理志》曰："舊置敦煌郡，後周並效谷、壽皇二郡入焉。又並敦煌、鳴沙、平康、效穀、東鄉、龍勒六縣爲鳴沙縣。"⑤可知隋代效穀縣已經並省。故索氏五兄弟墓誌所云"燉煌效穀"乃是稱其舊望焉，從索泰與索氏五兄弟墓可推其家族著籍與卒葬安陽蓋已逾三代矣。

降至中古後期的唐代，正史僅有酷吏索元禮一人，本傳不言其籍貫而只云"胡人也"，然從中古索氏舊望推之似亦爲敦煌人，而由此亦可推側敦煌索氏之遠系或即後來漢化之匈奴鮮卑人。索氏據唐代墓誌所見更有徙籍洛陽與長安者。徙籍洛陽者如洛陽出土永徽三年（652）《斛斯府君夫人索氏墓誌》曰："夫人諱相兒，河南洛陽縣人也。曾高周魏，代有冠冕。"洛陽出土永徽六年（655）《處士索君墓誌》曰："□諱仁，字孝德，河南洛陽人□。"洛陽出土龍朔二年（662）《開府索君墓誌》曰："君諱玄，字德偉，燉煌人也，今寓居洛陽縣焉。"洛陽出土麟德二年（665）《索君墓誌》曰："君諱達，字君通，燉煌龍勒人也。"洛陽出土咸亨元年（670）《處士索君墓誌》曰："君諱行，字威，洛陽人也。夐鑒泉源，騰清流於壟西；遐觀枚幹，振華蕊於洛川。"⑥洛陽出土天授二年（691）《燉煌縣開國男索公墓誌》曰："公諱禮，燉煌人也。祖顯，燉煌郡王。"⑦洛陽出土開元十三年（725）《索君墓誌》曰："公諱崇，字敬。洛陽人也。惟考厥祖，出自燉煌，任易時遷，

---

① 趙君平、趙文成：《秦晉豫新出墓誌蒐佚》第1冊，北京：國家圖書館出版社，2012年，第18頁。
② 趙耀輝：《北齊〈索泰墓誌〉述説》，《青少年書法》2014年第2期，第45—53頁。
③ 趙超：《漢魏南北朝墓誌彙編》，天津：天津古籍出版社，2008年，第498頁。
④ 《漢書》卷28下《地理志下》，北京：中華書局，1962年，第1614—1615頁。
⑤ 《隋書》卷29《地理志上》，北京：中華書局，1973年，第816頁。
⑥ 上舉五種墓誌載周紹良：《唐代墓誌彙編》上冊，上海：上海古籍出版社，1992年，第172、75—76、362、431、516頁。
⑦ 周紹良、趙超：《唐代墓誌彙編續集》，上海：上海古籍出版社，2001年，第313頁。

是宅斯土。曾祖業，隨任洛陽令。"①洛陽出土建中二年（781）《羽林騎尉索府君墓誌》曰："公諱超，其先燉煌人也，移家中原，數代貫壽安"②，壽安即今洛陽市宜陽縣。洛陽出土建中二年（781）《河南縣錄事索府君墓誌》曰："公諱森，字森，燉煌人也。"③徙籍長安者如長安出土永徽六年（655）《索處士墓誌》曰："君諱謙，字文綱，燉煌人也。"長安出土調露元年（679）《索君並夫人馬氏墓誌》曰："公諱□，京兆人。"④長安出土天寶三載（744）《敦煌索公墓誌》曰："公諱思禮，其先敦煌人也。以地爲一方之性，當晋有五龍之號，盤礴萬里，長河一曲，子孫相繼，誠復於兹。"⑤"五龍"即指晋代索靖一族。長安出土貞元廿一年（805）《蜀王府長史索府君墓紀銘》曰："府君諱玄愛，其初出自殷之族也。封疆先命，氏因謂索，此虞裔焉。厥後陵夷，迸居方國。今爲京兆咸陽人也。"⑥可見入唐以後，索氏一族雖猶有徑稱"敦煌"舊望者，但也有開始認同並改稱新貫者，或者將新貫與舊望一并作強調說明。可見，唐代以後索氏分支又從舊望敦煌和新貫鄴城而徙籍到了洛陽與長安，索氏雖爲小姓微族，但這一現象應該也能從旁見證自北朝後期到隋唐之間，武將世家的文質化與邊地官員及其家族的中央化趨向正是隨著政治中心的轉移而遷變的。

---

① 周紹良：《唐代墓誌彙編》下册，上海：上海古籍出版社，1992年，第1311頁。
② 趙文成、趙君平：《秦晋豫新出墓誌蒐佚續編》第4册，北京：國家圖書館出版社，2015年，第908頁。
③ 齊運通：《洛陽新獲七朝墓誌》，北京：中華書局，2012年，第285頁。
④ 上舉兩方墓誌載周紹良、趙超：《唐代墓誌彙編續集》，上海：上海古籍出版社，2001年，第76、241頁。
⑤ 周紹良：《唐代墓誌彙編》下册，上海：上海古籍出版社，1992年，第1564頁。
⑥ 周紹良、趙超：《唐代墓誌彙編續集》，上海：上海古籍出版社，2001年，第793頁。

〇四一　索雄墓誌

【基本信息】

　　索雄墓誌，出土於河南安陽，誌石今存民間。誌文20行，滿行20字，正書，有方界格。誌石拓本長45釐米、寬44釐米。墓誌圖文載在賈振林《文化安豐》[1]，葉煒、劉秀峰《墨香閣藏北朝墓誌》[2]。研究參詳王其禕、周曉薇《安陽出土隋代索氏五兄弟墓誌集釋》[3]。

【誌文】

大隋故翊軍將軍開府主簿索府君墓誌銘

君諱雄，字子勇，燉煌效穀人也。世載纓冕之華，家承將相之種。迹存實史，事炳良書。祖迴，冠軍將軍、鄧州刺史、第三酋長。父寧，太中大夫、恒州刺史、盧鄉縣開國男。並朱紫相承，銀青弈葉。在魏似由余相秦，居齊如日磾輔漢。君稟精辰宿，育彩荆隋。志氣高酋，風□峻舉。非加括羽，本有竹箭之資；不待琢磨，自表珪瑛之質。起家奉朝請，非所好也。又除平州外兵參軍事，行平州北平縣令。嘗贊盛蕃，亦專大邑。靜民爲業，實師標譽。遷翊軍將軍、范陽王開府主簿，清勤莫府，廉慎同僚，所在見稱，持爲口實。齊德行謝，周命惟新，齎祭不朝，亦數年矣。開皇八年十二月廿九日，春秋七十有四，遘疾卒于齊州武強縣芳德里舍，卜以九年歲次己酉十一月庚寅十九日戊申歸葬于相州靈芝縣紫陌橋北四里。恐高岸爲谷，深谷爲陵，徙海遷河，物無恒矣。嗚呼哀哉，乃爲詞曰：

家承將相，世載公卿。衣冠不絶，累葉簪纓。宮臣入侍，實獲嘉聲。偏師出襲，真得令名。論兵上蔡，獻計春申。矢通七札，弓彎六鈞。廣陵弦斷，海嶋哥新。飄飄隴樹，蕭蕭思人。

【疏證】

　　參詳開皇九年（589）《索叡墓誌》。

---

[1] 賈振林：《文化安豐》，鄭州：大象出版社，2011年，第398頁。
[2] 葉煒、劉秀峰：《墨香閣藏北朝墓誌》，上海：上海古籍出版社，2017年，第210—211頁。
[3] 王其禕、周曉薇：《安陽出土隋代索氏五兄弟墓誌集釋》，杜文玉：《唐史論叢》第23輯，西安：三秦出版社，2016年，第204—220頁。

○四二　索欣墓誌

【基本信息】

索欣墓誌，出土於河南安阳，誌石今存民间。誌文20行，满行21字，正书兼隶、篆笔意，有方界格。墓誌拓片長寬均45釐米。墓誌圖文載在賈振林《文化安豐》[1]，葉煒、劉秀峰《墨香閣藏北朝墓誌》[2]。研究參詳王其禕、周曉薇《安陽出土隋代索氏五兄弟墓誌集釋》[3]。

【誌文】

大隋故踰岷將军奉朝請索府君墓誌銘

君諱欣，字子悦，燉煌效穀人也。世載纓冕之華，家承將相之種。迹存實史，事炳良書。祖迴，使持節、鄆州諸軍事、冠軍將軍、鄆州刺史、第三酋長。父寧，使持節、車騎將軍、太中大夫、恒州刺史、盧鄉縣開國男。並朱紫相承，銀青弈葉。在魏似由余相秦，居齊如日磾輔漢。君天生文札，並楊雄之才；自然疏朗，等潘安之兒。起家奉朝請，又除踰珉將軍，即論功華闐，實爲王佐，不名省樹，真成容密。田過四百，室累万鍾。達即兼人，積而能散。慕朱家之周給，追大丘之廣道。不空文舉之罇，恒置當時之驛。春秋卅有三，武平六年八月十三日遘疾卒於鄴城弘仁里舍，可謂日不中而影滅，月未盈而輪盡。卜以開皇九年歲次己酉十一月庚寅十九日戊申窆于零芝縣東北紫陌橋北四里。恐高岸爲谷，深谷爲陵，徙海遷河，物無恒矣。嗚呼哀哉，乃爲詞曰：

家承將相，世襲公卿。衣冠不絶，累葉簪纓。春朝秋請，真得令名。出忠入孝，實獲嘉聲。潘生工賦，孫子揮琴。樑哥緩節，脂酒徐斟。性好山水，志愛丘林。雖從物化，尚有徽音。天道何昧，報應不明。徒追昔日，無復平生。一朝迁運，万古留銘。秋風蕭瑟，隴樹悲鳴。

【疏證】

參詳開皇九年（589）《索叡墓誌》。

---

[1] 賈振林：《文化安豐》，鄭州：大象出版社，2011年，第397頁。
[2] 葉煒、劉秀峰：《墨香閣藏北朝墓誌》，上海：上海古籍出版社，2017年，第206—207頁。
[3] 王其禕、周曉薇：《安陽出土隋代索氏五兄弟墓誌集釋》，杜文玉：《唐史論叢》第23輯，西安：三秦出版社，2016年，第204—220頁。

○四三　索盼墓誌

【基本信息】

　　索盼墓誌，出土於河南安陽，誌石今存民間。誌文 18 行，滿行 18 字，正書，有方界格。蓋題 6 字，2 行，每行 3 字，陰文正書，有方界格。誌石長 40 釐米、寬 40 釐米。誌蓋覆斗形，長寬均 41 釐米、厚 7 釐米。誌蓋盝頂正中綫刻三簇團花，四殺素面。墓誌圖文載在賈振林《文化安豐》[①]，葉煒、劉秀峰《墨香閣藏北朝墓誌》[②]。研究參詳王其褘、周曉薇《安陽出土隋代索氏五兄弟墓誌集釋》[③]。

【誌蓋】

索府君墓誌銘

【誌文】

大隋故大都督索府君墓誌銘

君諱盼，字子昭，敦煌校轂人也。世載纓冕之華，家承將相之種。迹存實史，事炳良書。祖迴，使持節、鄀州刺史、第三酋長。父寧，使持節、恒州刺史、盧鄉縣開國男。並朱紫相承，銀青弈葉。在魏似由余相秦，居齊如日磾輔漢。君乃志氣高酋，風情迥拔，故得勇鬱登朝，材官入選，起家東宮庫真，轉前峰第二副都督，又加鎮南將軍。以□城挑戰，河橋短兵，開王壁之圍，解芷山之陣，壯矣哉，壯矣哉。尋除直盪第一副都督、安平縣開國子，食邑六百戶。初平東夏，代遷官改，任左司衛府軍曹。翁歸文武，安仁賦詩，以古方今，何嘗等級。春秋卅有六，宣政二年九月廿三日卒鄴城弘仁里舍，卜開皇九年十一月十九日窆于紫陌橋北。其詞曰：

家承將相，世載公卿。衣冠不絕，累葉簪纓。宮臣入侍，實獲嘉聲。偏師出襲，真得令名。論兵上蔡，獻計春申。矢通七札，弓彎六鈞。廣陵弦斷，海嶋哥新。飄飄隴樹，蕭蕭思人。

【疏證】

　　參詳開皇九年（589）《索叡墓誌》。又，《西安新獲墓誌集萃》載"索府君墓誌誌蓋"一種，圖版說明曰："推測爲隋代（581—618），葬年不詳。誌蓋呈盝頂形，邊長 41 釐米、厚 7 釐米。蓋文楷書'索府君墓誌銘'，2 行，每行 3 字。兩行字間三格內各飾一花紋，上

[①] 賈振林：《文化安豐》，鄭州：大象出版社，2011 年，第 387 頁。
[②] 葉煒、劉秀峰：《墨香閣藏北朝墓誌》，上海：上海古籍出版社，2017 年，第 208—209 頁。
[③] 王其褘、周曉薇：《安陽出土隋代索氏五兄弟墓誌集釋》，杜文玉：《唐史論叢》第 23 輯，西安：三秦出版社，2016 年，第 204—220 頁。

下對稱。四殺素面。誌石軼。"①因爲此書所收亦包含一批追繳墓誌，來源有山西東南的長治地區和河北河南交界的鄴城故地等，故以誌蓋紋樣特點推之，其"索府君墓誌誌蓋"當出自鄴城故地。以之比對《文化安豐》所載誌蓋亡佚的《索盺墓誌》，尺寸相近，且書法字樣與楷法風格亦與索盺包括前舉索氏諸兄弟墓誌皆差相一致，故可斷定此即從安陽流散的《索盺墓誌》誌蓋。

---

① 西安市文物稽查隊編：《西安新獲墓誌集萃》，北京：文物出版社，2016年，第31頁。

○四四　王孝深墓誌

【基本信息】

　　王孝深墓誌，出土於河北磁縣，誌石今存洛陽民間。誌文26行，滿行24字，正書，有方界格。誌石長43.5釐米、寬47.5釐米。墓誌圖文載在趙君平、趙文成《秦晉豫新出墓誌蒐佚》[①]，齊運通《洛陽新獲七朝墓誌》[②]。

【誌文】

故齊開府儀同三司武衛將軍王公墓誌銘

君諱孝深，尚書雋之冢孫，僕射譽之門子也。基崇磐石，与恒岱連峯，泒引波瀾，共滄溟並注。故得齊聖上品，資神傑立，珠玉爲質，未可方琛；石席其心，更難動轉。鄉黨敬其都雅，州里重其信節。九能早習，六藝俱成，乃起家參東安王府軍事。魏舒以人之領袖見重於晉王，程昱以軍計賢明取悦於魏帝。王子［□］之爽氣，董幼宰之殷勤。君德盛一時，道高四子。俄轉通直散騎侍郎，封霸城縣子，仍加輔國將軍、直蘯正都督，秩當一千石，爵班五等。元帝置其四韻，伏完以爲首号。折衝禦侮，直指當宮，退無餘謗，進唯是德。復除征儀同三司，尋加開府武衛將軍。鄧賀三司之初，許褚武衛出始，俱以聲傳美譽，勳高厚禄。公置二子於度外，爲百辟之羽儀，凤駕爲心，晨興在念。既而齊德不竟，運當百六，周氏并兼，位合三五，遂降授大都督、秋官蕃部上士，攝少蕃部事，仍爲齊王憲行軍長史、東京營搆使。公由玉潤已，以鏡監形，洞解孔明之室，更持買臣之譽。我大隋織成天地，囊括四海，乃令公檢相衛二州商胡事。輀車既駕，源隰皇皇，棄埋倫之威，得延譽之美，方与六椿俱壽，共寒松比翼，豈其天德，不叶人謀。以開皇九年歲次己酉二月廿七日搆疾終於鄴城之第，以其年十一月二十日葬於滏陽縣堺先墓田所，恐頹山谷從，滄海塵飛，托銘鐫勒，冀存万祀，其詞曰：

盛德之後，貽厥克昌。世爲冠盖，迭作舟梁。既爲時哲，寔曰人良。雖名比鳳，玉号乘羊。出身入仕，承家開國。恒畏四知，詎關三惑。寬猛相清，恩雅正直。允文元武，莫匪尒極。懷德佐時，和味助鼎。道加威惠，肅然清靖。朝廷楷模，縉紳袖領。如何一旦，降年不永。梁木既壞，太山斯頹。罷市驚軫，輟相興哀。終無曉月，唯有夜臺。悲哉莊士，忽類沉灰。

【疏證】

　　誌主王孝深及其祖雋之、父譽之，史皆無載。誌云孝深"起家參東安王府軍事"，

[①] 趙君平、趙文成：《秦晉豫新出墓誌蒐佚》第1冊，北京：國家圖書館出版社，2011年，第89頁。
[②] 齊運通：《洛陽新獲七朝墓誌》，北京：中華書局，2012年，第46頁。

東安王即婁睿,爲齊武明皇后兄子。"皇建初,封東安王"①。又據史載:河清四年(565)"夏四月戊午,大將軍、東安王婁睿坐事免。……武平元年春正月乙酉朔,改元。太師、并州刺史、東安王婁睿薨"②,則王孝深任東安王府軍事,時爲北齊皇建初至武平元年間。

誌云"魏舒以人之領袖見重於晋王,程昱以軍計賢明取悦於魏帝。王子[□]之爽氣,董幼宰之殷勤。君德盛一時,道高四子"。這裏連用四則典故:魏舒句典出《晋書》卷41《魏舒傳》:"魏舒字陽元,任城樊人也。……文帝深器重之,每朝會坐罷,目送之曰:'魏舒堂堂,人之領袖也'。"③程昱句典出《三國志》卷14《魏書·程昱傳》:程昱字仲德,東郡東阿人也。"太祖征荆州,劉備奔吴。論者以爲孫權必殺備,昱料之曰:'孫權新在位,未爲海内所憚。曹公無敵於天下,初舉荆州,威震江表,權雖有謀,不能獨當也。劉備有英名,關羽、張飛皆萬人敵也,權必資之以禦我。難解勢分,備資以成,又不可得而殺也。'權果多與備兵,以禦太祖。是後中夏漸平,太祖拊昱背曰:'兗州之敗,不用君言,吾何以至此?'"④"王子[□]之爽氣"句,"王子"後脱一字,當爲"王子猷之爽氣",典出《晋書》卷80《王徽之傳》:"徽之字子猷。性卓犖不羈,爲大司馬桓温參軍,蓬首散帶,不綜府事。又爲車騎桓冲騎兵參軍,冲問:'卿署何曹?'對曰:'似是馬曹。'又問:'管幾馬?'曰:'不知馬,何由知數?'又問:'馬比死多少?'曰:'未知生,焉知死?'嘗從冲行,值暴雨,徽之因下馬排入車中,謂曰:'公豈得獨擅一車?'冲嘗謂徽之曰:'卿在府日久,比當相料理。'徽之初不酬答,直高視,以手版柱頰云:'西山朝來致有爽氣耳。'"⑤董幼宰句典出《三國志》卷39《蜀書·董和傳》:董和字幼宰,南郡枝江人也。"先主定蜀,徵和爲掌軍中郎將,與軍師將軍諸葛亮並署左將軍大司馬府事,獻可替否,共爲歡交。自和居官食禄,外牧殊域,内幹機衡,二十餘年,死之日家無儋石之財。亮後爲丞相,教與群下曰:'夫參署者,集衆思廣忠益也。若遠小嫌,難相違覆,曠闕損矣。違覆而得中,猶棄弊蹻而獲珠玉。然人心苦不能盡,惟徐元直處兹不惑,又董幼宰參署七年,事有不至,至于十反,來相啓告。苟能慕元直之十一,幼宰之殷勤,有忠於國,則亮可少過矣。'"⑥此四人皆爲高士名流,而誌云孝深"君德盛一時,道高四子",乃浮誇之甚矣。其後孝深又轉任通直散騎侍郎,封霸城縣子,仍加輔國將軍、直蕩正都督,秩當一千石,爵班五等。"直蕩正都督",設於北魏、北齊之間,屬左右衛府,有正副之别,可參開皇九年(589)《索叡墓誌》。

誌云"元帝置其四韻,伏完以爲首号",則又引據兩則典故。"四韻"句典出《南史》卷59《王僧孺傳附傳》:"竟陵王子良嘗夜集學士,刻燭爲詩,四韻者則刻一寸,以此爲率。文琰曰:'頓燒一寸燭,而成四韻詩,何難之有。'乃與令楷、江洪等共打銅鉢立韻,

---

① 《北齊書》卷48《外戚·婁睿傳》,北京:中華書局,1972年,第666頁。
② 《北史》卷8《齊世祖武成皇帝紀下》,北京:中華書局,1974年,第286、291頁。
③ 《晋書》卷41《魏舒傳》,北京:中華書局,1974年,第1185—1186頁。
④ 《三國志》卷14《魏書·程昱傳》,北京:中華書局,1959年,第428—429頁。
⑤ 《晋書》卷80《王徽之傳》,北京:中華書局,1974年,第2103頁。
⑥ 《三國志》卷39《蜀書·董和傳》,北京:中華書局,1959年,第979頁。

響滅則詩成，皆可觀覽。"①又《梁書》卷1《武帝紀上》："竟陵王子良開西邸，招文學，高祖與沈約、謝朓、王融、蕭琛、范雲、任昉、陸倕等並遊焉，號曰八友。"②則疑誌文"元帝"爲"武帝"之訛。"伏完"句典出《後漢書》卷9《孝獻帝紀》："建安元年春正月癸酉，郊祀上帝於安邑，大赦天下，改元建安。辛亥……封衛將軍董承爲輔國將軍、伏完等十三人爲列侯。"③蓋因伏完在十三列侯之首，因曰首號。

誌云孝深"折衝禦侮，直指當宮，退無餘謗，進唯是德"。云其能夠當宮直言諫諍，背後決無誹謗之辭，因德行端正，"復除征儀同三司，尋加開府武衛將軍。鄧騭三司之初，許褚武衛出始，俱以聲傳美譽，勳高厚祿。公置二子於度外，爲百辟之羽儀，夙駕爲心，晨興在念"。此處再引兩典來抬高孝深爲官的品行聲望。"鄧騭三司之初"句，"鄧騭"爲"鄧騭"之誤，典出《後漢書》卷16《鄧騭傳》："騭字昭伯，少辟大將軍竇憲府。及女弟爲貴人，騭兄弟皆除郎中。及貴人立，是爲和熹皇后。騭三遷虎賁中郎將……延平元年，拜騭車騎將軍、儀同三司。[儀同三司]始自騭也。"④"許褚武衛出始"句，典出《三國志》卷18《魏書·許褚傳》。

> 許褚字仲康，譙國譙人也。長八尺餘，腰大十圍，容貌雄毅，勇力絕人。漢末，聚少年及宗族數千家，共堅壁以禦寇。……太祖徇淮、汝，褚以眾歸太祖。太祖見而壯之曰："此吾樊噲也。"即日拜都尉，引入宿衛。諸從褚俠客，皆以爲虎士。從征張繡，先登，斬首萬計，遷校尉。從討袁紹於官渡。時常從士徐他等謀爲逆，以褚常侍左右，憚之不敢發。伺褚休下日，他等懷刀入。褚至下舍心動，即還侍。他等不知，入帳見褚，大驚愕。他色變，褚覺之，即擊殺他等。太祖益親信之，出入同行，不離左右。從圍鄴，力戰有功，賜爵關內侯。從討韓遂、馬超於潼關。太祖將北渡，臨濟河，先渡兵，獨與褚及虎士百餘人留南岸斷後。超將步騎萬餘人，來奔太祖軍，矢下如雨。褚白太祖，賊來多，今兵渡已盡，宜去，乃扶太祖上船。賊戰急，軍爭濟，船重欲沒。褚斬攀船者，左手舉馬鞍蔽太祖。船工爲流矢所中死，褚右手並泝船，僅乃得渡。是日，微褚幾危。其後太祖與遂、超等單馬會語，左右皆不得從，唯將褚。超負其力，陰欲前突太祖，素聞褚勇，疑從騎是褚。乃問太祖曰："公有虎侯者安在？"太祖顧指褚，褚瞋目盼之。超不敢動，乃各罷。後數日會戰，大破超等，褚身斬首級，遷武衛中郎將。武衛之號，自此始也。⑤

誌又云"既而齊德不竟，運當百六"，是說北齊滅亡，"周氏并兼，位合三五"，進入北周之後，王孝深"遂降授大都督、秋官蕃部上士，攝少蕃部事，仍爲齊王憲行軍長史、東京營構使"。齊王憲即齊煬王宇文憲。⑥關於營造東京之事，見載於《周書》卷30《竇

---

①《南史》卷59《王僧孺傳附傳》，北京：中華書局，1975年，第1463頁。
②《梁書》卷1《武帝紀上》，北京：中華書局，1973年，第2頁。
③《後漢書》卷9《孝獻帝紀》，北京：中華書局，1965年，第379—380頁。
④《後漢書》卷16《鄧騭傳》，北京：中華書局，1965年，第612頁。
⑤《三國志》卷18《魏書·許褚傳》，北京：中華書局，1959年，第542—543頁。
⑥《周書》卷12《齊煬王傳》，北京：中華書局，1971年，第187—189頁云："齊煬王憲字毗賀突，太祖第五子也。……（武成初），進封齊國公，邑戶萬戶。……尋進位柱國……爲大塚宰。"

熾傳》，其云北周"宣帝營建東京，以熾爲京洛營作大監。宮苑制度，皆取決焉"。①《北史》卷61本傳同。則周宣帝將營建東京洛陽的事務，交由營作大監竇熾負責。與竇熾合作的還有樊叔略，《隋書》卷73《樊叔略傳》曰："樊叔略，陳留人也。……建德五年，從武帝伐齊，叔略部率精銳，每戰身先士卒。以功加上開府，進封清鄉縣公，邑千四百戶。拜汴州刺史，號爲明決。宣帝時，於洛陽營建東京，以叔略有巧思，拜營構監，宮室制度皆叔略所定。功未就而帝崩。"②東京營構使，蓋爲營建東京時派去考察營造情況的使官。史書關於營構使的記述，又有東魏"孝靜時，鄴宮創制，以（元）軌爲營構使"③，元軌所任營構使亦當爲派去考察鄴宮營造情況的使官，具體負責遷鄴營造宮殿的是高隆之、李旋仲、張耀、辛術等人。《北史》卷81《李業興傳》載：

> 遷鄴之始，起部郎中辛術奏："今皇居徙御，百度創始，營構一興，必宜中制。李業興碩學通儒，博聞多識，萬門千戶，所宜詢訪。今求就之披圖案記，考定是非，參古雜今，折中爲制。"詔從之。於時尚書右僕射、營構大匠高隆之被詔繕修三署樂器、衣服及百戲之屬，乃奏請業興共事。④

又有《北史》卷54《高隆之傳》亦云："高隆之字延興，洛陽人也。……又領營構大將，以十萬夫徹洛陽宮殿，運於鄴，構營之制，皆委隆之。"⑤《魏書》卷36《李仲琁傳》載："天平初，遷都於鄴，以仲琁爲營構將作，進號衛大將軍。"⑥《北齊書》卷38《辛術傳》載："辛術，字懷哲，少明敏，有識度。解褐司空冑曹參軍，與僕射高隆之共典營構鄴都宮室，術有思理，百工克濟。再遷尚書右丞。"⑦《北史》卷46《張耀傳》曰："天平初，遷鄴草創……耀勤於其事，尋轉營構左都將。興和初，加衛大將軍。宮殿成，除東徐州刺史。"⑧又據《隋书》卷27《百官志中》載："後齊制官，多循後魏。"有"將作寺，掌諸營建。大匠一人，丞四人。亦有功曹，主簿，錄事員。若有營作，則立將、副將、長史、司馬、主簿、錄事各一人。又領軍主、副，幢主、副等。"⑨無營構使稱謂，史載營構方面官職還有營構將，如《魏書》卷49《李遵傳》曰："字良軌，有業尚。初拜奉朝請、尚書度支郎。遷洛，爲營構將。"⑩營構明堂大都督，如《北齊書》卷22《李元忠傳》載："魏清河王懌爲司空，辟爲士曹參軍；遷太尉，復啓爲長流參軍。懌後爲太傅，尋被詔爲營構明堂大都督，又引爲主簿。"⑪營作副監，如《周書》卷11《叱羅協傳》載："遷少保，轉少傅，進位大將軍，爵南陽郡公，兼營作副監。宮室既成，以功賜爵洛邑縣

---

① 《周書》卷30《竇熾傳》，北京：中華書局，1971年，第520頁。
② 《隋書》卷73《樊叔略傳》，北京：中華書局，1973年，第1676—1677頁。
③ 《魏書》卷14《神元平文諸帝子孫列傳第二》，北京：中華書局，1974年，第346頁。
④ 《北史》卷81《李業興傳》，北京：中華書局，1974年，第2722—2723頁。
⑤ 《北史》卷54《高隆之傳》，北京：中華書局，1974年，第1945頁；《北齊書》本傳略同。
⑥ 《魏書》卷36《李仲琁傳》，北京：中華書局，1974年，第845頁。
⑦ 《北齊書》卷38《辛術傳》，北京：中華書局，1972年，第501頁；《北史》卷50本傳略同。
⑧ 《北史》卷46《張耀傳》，北京：中華書局，1974年，第1705頁。
⑨ 《隋書》卷27《百官志中》，北京：中華書局，1973年，第751、758頁。
⑩ 《魏書》卷49《李遵傳》，北京：中華書局，1974年，第1099頁。
⑪ 《北齊書》卷22《李元忠傳》，北京：中華書局，1972年，第313頁。

公,回授一子。"①從上述還可見因營構有功而得以遷官或賜爵者,這在東魏、北齊、北周皆有事例。《北史》卷5《魏本紀第五·敬宗孝莊帝》亦記東魏興和"二年春正月丁丑,徙御新宮,大赦。內外百官普進一階,營構主將別優一階"②。

誌云"大隋織成天地,囊括四海",入隋後,"乃令公檢相衛二州商胡事","商胡事",蓋爲諸商胡互市之事。《隋書》卷24《食貨志》載:"又以西域多諸寶物,令裴矩往張掖,監諸商胡互市。啖之以利,勸令入朝。自是西域諸蕃,往來相繼,所經州郡,疲於送迎,糜費以萬萬計。"③則王孝深可能在相衛二州任職期間負責過送迎商胡互市之事。王孝深"開皇九年歲次己酉二月廿七日攝疾終於鄴城之第,以其年十一月二十日葬於滏陽縣塋先墓田所"。滏陽縣,《隋書》卷30《地理志中》魏郡統縣十一,有滏陽縣,其小注云"後周置。開皇十年置慈州,大業初州廢"④,而王孝深葬在開皇九年(589),此時適爲滏陽縣。

---

① 《周書》卷11《叱羅協傳》,北京:中華書局,1971年,第180頁。
② 《北史》卷5《魏本紀第五·敬宗孝莊帝》,北京:中華書局,1974年,第189頁。
③ 《隋書》卷24《食貨志》,北京:中華書局,1973年,第687頁。
④ 《隋書》卷30《地理志中》,北京:中華書局,1973年,第847頁。

○四五　楊陁羅墓誌

【基本信息】

楊陁羅墓誌，2008年出土於陝西華陰縣，誌石今存洛陽民間。誌文20行，滿行25字，正書，有方界格。墓誌拓片長49.5釐米、寬50釐米。墓誌圖文載在趙君平、趙文成《秦晉豫新出墓誌蒐佚》[①]，王連龍《新見隋唐墓誌集釋》[②]，葉煒、劉秀峰《墨香閣藏北朝墓誌》[③]。

【誌文】

齊故司空內郎驃騎大將軍楊君之墓誌

君諱陁羅，字　　，弘農華陰人也。昔討項殊勳，赤泉啓封，明經馳譽，銜鱣效祥。司空侍講，榮哲人之簹；太尉鹿巾，降延年之杖。斯乃傳之緗素，可得略言。祖播，後魏侍內、并華定雍四州刺史，高才至德，迥映縉紳。父侃，尚書右僕射、開府儀同三司，勁節淳風，獨出今古。君器宇淹曠，風標皎澈。陽秋出明，悔吝潛遣。磨脣高論，亹亹不窮；搦管成章，翩翩閒發。先達通人，故以遠大許之矣。釋褐開府參軍事，稍遷安西將軍、瀛洲別駕，轉司空從事內郎、驃騎大將軍，邦國不空，盛歌海曲，清識見知，寔華公府。而蒼蒼玄遠，輔善之說爲虛；冉冉不停，閱人之理何速。大隋開皇三年三月廿五日卒於定州宅，權瘞於毋極縣界。及天下一統，函谷無泥，宿志不忘，佳城改卜，而呂望餘骸，反葬營丘之地；溫序託夢，無復思歸之苦。大隋開皇九年十一月廿日改葬於華陰縣之舊塋。其爲銘曰：

五公餘祉，四知挺慶。漢殿畐形，魏朝寶敬。衮衣曜采，德音讚詠。重葉克昌，泉流弥盛。含章迥秀，逸氣陵雲。觥觥少匹，帛帛絕群。冰情皎鏡，桂質芳芬。聚螢就學，吞鳥成文。光家光國，令問不已。惟吏惟儒，實兼之矣。星車晨騖，槐庭夕止。日未桑榆，忽夢辰巳。太真歸葬，叔珣移魂。風流可想，盛德如存。簫吟崤路，挽響關門。陵厲山坂，超忽平原。石鳥舊塋，宰木逾拱。祠堂寥寂，翠碑森竦。地迥風悲，松寒霜重。空鐫金石，永安丘隴。

【疏證】

楊陁羅祖楊播、父楊侃，《魏書》卷58、《北史》卷41皆有傳。楊播，《魏書》本傳云：

> 字延慶，自云恒農華陰人也。高祖結，仕慕容氏，卒於中山相。曾祖珍，太祖

[①] 趙君平、趙文成：《秦晉豫新出墓誌蒐佚》第1冊，北京：國家圖書館出版社，2011年，第90頁。
[②] 王連龍：《新見隋唐墓誌集釋》，北京：中國書籍出版社，2013年，第4頁。
[③] 葉煒、劉秀峰：《墨香閣藏北朝墓誌》，上海：上海古籍出版社，2016年，第212—213頁。

時歸國，卒於上谷太守。祖真，河內、清河二郡太守。父懿，延興末爲廣平太守，有稱績。高祖南巡，吏人頌之，加寧遠將軍，賜帛三百匹。徵爲選部給事中，有公平之譽。除安南將軍、洛州刺史，未之任而卒。贈以本官，加弘農公，謚曰簡。……景明初，兼侍中，使恒州，賑恤寒乏。轉左衛將軍。出除安北將軍、并州刺史，固辭，乃授安西將軍、華州刺史。至州借民田，爲御史王基所劾，削除官爵。延昌二年，卒于家。子侃等停柩不葬，披訴積年，至熙平中乃贈鎮西將軍、雍州刺史，并復其爵，謚曰壯。①

誌云播"後魏侍內、并華定雍四州刺史，高才至德，迥映縉紳"。侍內即侍中，避楊忠諱改爲侍內。定州刺史未見於史傳，雍州刺史爲贈官，餘與傳合。

誌云"父侃，尚書右僕射、開府儀同三司"。《魏書》本傳事迹頗詳。略云：

建義初，除冠軍將軍、東雍州刺史。其年州罷，除中散大夫，爲都督，鎮潼關。還朝，除右將軍、岐州刺史。屬元顥內逼，詔以本官假撫軍將軍爲都督，率衆鎮大梁，未發，詔行北中郎將。……至建州，敘行從功臣，自城陽王徽已下凡十人，並增三階。以侃河梁之誠，特加四階。侃固辭，乞同諸人，久乃見許。於是除鎮軍將軍、度支尚書、兼給事黃門侍郎，敷西縣開國公，食邑一千户。……車駕入都，侃解尚書，正黃門，加征東將軍、金紫光祿大夫。以濟河之功，進爵濟北郡開國公，增邑五百户，復除其長子師沖爲秘書郎。……大都督尒朱天光率衆西伐，詔侃以本官使持節、兼尚書僕射，爲關右慰勞大使。還朝，除侍中，加衛將軍、右光祿大夫。……太昌初，贈車騎將軍、儀同三司、幽州刺史。子純陀襲。②

則侃任尚書僕射應在永安三年（530）尒朱天光西伐時③。據誌知侃爲"尚書右僕射"。誌云其爲"開府儀同三司"，由本傳可知是其太昌初之贈官。

誌云陁羅"釋褐開府參軍事，稍遷安西將軍、瀛洲別駕，轉司空從事內郎、驃騎大將軍"，其傳可補以往對弘農楊氏之楊播房世系研究之所闕。④"內郎"即中郎，亦避楊忠諱改中爲內。

誌云"大隋開皇三年三月廿五日卒於定州宅，權瘞於毋極縣界"，《隋書》卷 30《地理志中》博陵郡小注云："舊置定州。後周置總管府，尋罷。"統縣十，有毋極縣。又有鮮虞縣，小注云"大業初置博陵郡"⑤。《隋書》卷 4《煬帝紀》載，大業九年（613）冬十月乙酉，詔曰："博陵昔爲定州，地居衝要，先皇歷試所基，王化斯遠，故以道冠幽風，義高姚邑。朕巡撫氓庶，爰屆兹邦，瞻望郊廛，緬懷敬止，思所以宣播德

---

① 《魏書》卷 58《楊播傳》，北京：中華書局，1974 年，第 1279—1280 頁；《北史》本傳略同。
② 《魏書》卷 58《楊播傳附楊侃傳》，北京：中華書局，1974 年，第 1283—1284 頁；《北史》本傳略同。
③ 《魏書》卷 10《孝莊紀第十》，北京：中華書局，1974 年，第 264 頁載："（夏四月）丁卯，雍州刺史尒朱天光討醜奴、蕭寶夤于安定，破擒之，囚送京師。甲戌，以關中平，大赦天下。醜奴斬於都市，寶夤賜死於駝牛署。"
④ 王慶衛、王煊：《隋代華陰楊氏考述——以墓誌銘爲中心》，西安碑林博物館：《碑林集刊》第 11 輯，西安：陝西人民美術出版社，2005 年，第 243—270 頁；王慶衛、王煊：《隋代弘農楊氏續考——以墓誌銘爲中心》，西安碑林博物館：《碑林集刊》第 12 輯，西安：陝西人民美術出版社，2007 年，第 199—222 頁。
⑤ 《隋書》卷 30《地理志中》，北京：中華書局，1973 年，第 856 頁。

澤，覃被下人，崇紀顯號，式光令緒。可改博陵爲高陽郡。赦境內死罪已下。給復一年。"①則知隋大業初改定州爲博陵郡，大業九年（613）又改博陵郡爲高陽郡。墓誌又云"大隋開皇九年十一月廿日改葬於華陰縣之舊塋"，可知陁羅骸骨最終遷葬於祖塋。

誌云："司空侍講，榮哲人之簀；太尉鹿巾，降延年之杖。"哲人之簀，典出楊震傳。《後漢書》卷54《楊震傳》載中平元年（184）震"與太尉劉寬、司空張濟並入侍講"。"二年九月，復代張溫爲司空。其月薨。天子素服，三日不臨朝，贈東園梓器襚服，賜錢三百萬，布五百匹。策曰：'故司空臨晉侯賜，華嶽所挺，九德純備，三葉宰相，輔國以忠。朕昔初載，授道帷幄，遂階成勳，以陟大猷。師範之功，昭于內外，庶官之務，勞亦勤止。七在卿校，殊位特進，五登袞職，弭難乂寧。雖受茅土，未答厥勳，哲人其萎，將誰咨度？朕甚懼焉。'"李賢注曰："《禮記》曰：'孔子負手曳杖，消搖於門，歌曰：太山其頹乎，梁木其壞乎，哲人其萎乎？'"②延年之杖，典出《楊彪傳》。《後漢書》卷54《楊彪傳》載："及魏文帝受禪，欲以彪爲太尉，先遣使示旨。彪辭曰：'彪備漢三公，遭世傾亂，不能有所補益。耄年被病，豈可贊惟新之朝？'遂固辭。乃授光祿大夫，賜几杖衣袍，因朝會引見，令彪著布單衣、鹿皮冠，杖而入，待以賓客之禮。年八十四，黃初六年卒於家。自震至彪，四世太尉，德業相繼，與袁氏俱爲東京名族云。"李賢注曰："《續漢書》曰'魏文帝詔曰："先王制几杖之賜，所以賓禮黃耇。太尉楊彪，乃祖以來世著名績，其賜公延年杖。延請之日便使杖入"'也。"③

誌文未記誌主享年，以其終官司空從事內郎推之，當不過中年。從事中郎爲南北朝諸公開府之屬官，品秩在梁爲九班，在陳爲第五第六品，在北齊品秩爲第五，北周沿襲。楊陁羅開皇三年（583）卒在定州，所任或當屬北周官職。又，銘文有"日未桑榆，忽夢辰巳。太真歸葬，叔玞移魂"云云，叔玞即衛玠字叔寶，魏晉清談名士，風神秀逸，身體羸弱，舉止儒雅，語驚四座，時人呼爲"玉人"，惜二十七歲即病逝。由此可證，楊陁羅享年或當在三十歲前後。

---

① 《隋書》卷4《煬帝紀》，北京：中華書局，1973年，第85頁。
② 《後漢書》卷54《楊彪傳》，北京：中華書局，1965年，第1784—1785頁。
③ 《後漢書》卷54《楊彪傳》，北京：中華書局，1965年，第1790頁。

○四六　韋秋母婁氏墓誌

【基本信息】

韋秋母婁氏墓誌，2012年5月出土於西安南郊，誌石今藏民間。誌文27行，滿行27字，正書，有方界格。蓋題16字，4行，每行4字，陽文篆書，有方界格。誌石拓本長51釐米、寬49.5釐米。誌蓋長54釐米、寬51釐米，盝頂長41釐米、寬38釐米，誌蓋四殺無紋飾。

【誌蓋】

大隋使持節儀同大將軍韋秋母之墓誌

【誌文】

大隋使持節儀同大將軍韋秋母大夫人婁氏之銘

夫人婁氏，河南洛陽人也。本基崇峭，斜華巘而仰崧巔；遠泳淹淪，引□湄而吞河澖。祖永，早擅橫海之名，終播排天之勢。提鳳翹而入仕，騁龍股而登朝。任魏直閣將軍、奉車都尉。父顗，稟質和庭，方太丘之子；唅光隋室，同荀令之昆。任魏南陽太守。夫人受叡哲之性，四德早聞，櫛令淑之容；千金莫擬。有毛嬙之貌，未解以色嬌人；兼子穀之才，偏惡以能我物。但惟德會歸有德，惟賢果適有賢。既埒齊女之風，乃嬪韋氏之室。我韋重槐疊蔯，繼踵傳車，親重百王，婚輕九牧。夫人朝主代嗣，剩作範於高門；暝率承顏，誠稱師於貴族。折旋以禮，簡在舅姑之心；俯仰唯恭，革於仁風之則。鄉閭爭求婦誡，探無擇之言；邦國俱訪女矗，銘盡善之告。秋父魏任散騎常侍、隴州刺史、上洛公，受遺內相，飛駕揚鑣，危閣重甍，曲房連棟，秦箏驟響，曳燕趙之裾；齊瑟暫鳴，開楚越之吻。然則奉巾不少，怳妾無皆；薦枕既多，妖姬叵笄。夫人不好專貴，幸共賞而怡情；莫恃偏榮，樂同欣而悅抱。加以憙怒不形於色，魏武屬以懷慼；請致莫失於機，楚莊聞而荷德。誕育也有莢，獎誨也有籌，川載也內成，陰德也外著。良謂丹青易歇，而柔懿難詳，不吊上天，奄鍾積善。以開皇八年十二月十三日搆疾薨於第，春秋七十有七，嬪后念其風軌，橫万刃於心田；妃主惜此威柔，灑千行於痕道。五侯之母，既哽絶而無言；七貴之妻，亦嗟傷而莫導。孝子秋，任儀同大將軍；次子綱，任東宮親衛，並至孝絶倫，嬰戀難忍，餐荼啖蓼，刻骨□肌。粵以開皇九年歲次己酉十一月庚寅朔廿日己酉窆於大興縣萬春鄉。苞山枕澤，採樵之路猶通；帶野憑郊，飛軒之逵漸減。但恐山成深谷，海作平田，爰命勒銘，乃爲詞曰：

夫榮妻貴，台族鼎家，桂枝蘭葉，金銑玉華。枕席仁德，浣濯綺紗。披雲夜璧，映日朝霞。柔懿既允，母德亦彰。才均班婕，質稟齊姜。不貪偏愛，巧□明璫。前迷漢主，後惑曹王。年衰德盛，道富人窮。逞天逸駕，拂脯驚風。華堂夕敞，蘭帳朝空。黃泉永閟，白日難同。龍輴擁霧,畫旒逗天。狐狸大□,荆棘荒田。徒施琀饌,空羅綺錢。潛神有日,曳履無年。

【疏證】

　　婁氏父顥、祖永及其二子韋秋、韋綱,皆不載於史。北朝婁氏著籍洛陽者皆爲代人。北魏孝文帝改"賀樓氏"(《官氏志》作"賀樓",《隋書》作"賀婁",樓、婁同音通用)與"匹婁氏"皆爲"婁(樓)氏",河南洛陽亦隨之成爲婁氏著房。唯《元和姓纂》卷5"婁"氏河南房亦僅載北齊婁太后弟婁昭及昭子仲達、定遠、昭兄子廣安王叡一支,卷9"賀樓"氏河南房亦僅載伏連、大拔、泉、寶、叡、子幹一支,皆無此墓誌所記奉車都尉婁永與南陽太守婁顥父子,蓋非同一宗支耳。緣見載於正史的北朝婁氏人物甚少,故墓誌差可補苴一二。又,出土文獻可考之婁氏人物多爲匹婁氏一族,如北齊天保六年(555)《寶泰妻婁黑女墓誌》云爲代郡平城人,本匹婁氏,黑女祖婁提,父婁內干,皆見載於《北齊書》。北齊武平元年(570)《婁叡墓誌》,叡爲高歡妻神武皇后兄婁壯之子,《北齊書》有傳。北齊武平四年(573)《臨淮王像碑》,臨淮王即婁定遠。而北周建德元年(572)《匹婁歡墓誌》乃爲賜姓匹婁。①唐墓誌亦有見匹婁氏人物,如婁敬、匹婁德臣、匹婁淨德、匹婁思等,多系北齊廣安王婁叡一房。屬於賀婁氏族姓人物者,唯有長安新出西魏大統十年(544)《婁叡墓誌》,略云:"君諱叡,字□□,河南洛陽人也。天□大將軍廣陵恭王□之孫,侍□車騎□□□司空、敬僖公之子。"②此"廣陵恭王"即樓伏連,"敬僖公"疑即婁真,《魏書》《北史》皆有傳。

　　墓誌云"秋父魏任散騎常侍、隴州刺史、上洛公,受遺內相,飛駕揚鑣",此"上洛公"韋君,史亦無載。然則檢讀《隋書》卷47《韋世康傳》,知此人系"京兆杜陵人""父敻""隱居不仕,魏周二代,十徵不出,號爲'逍遙公'""世爲關右著姓",隋初"進爵上庸郡公"③。推此韋秋父"受遺內相",弟綱"任東宮親衛",婁氏亦"薨於第",則彼時韋秋家族必亦著籍長安,或亦系屬逍遙公房耳。

　　婁氏葬地"大興縣萬春鄉",當在今西安南郊轄於長安區之地。檢出土文獻與傳世文獻,"萬春鄉"名又見開皇十七年(597)《劉昶妻宇文氏墓誌》,適可補傳世文獻隋大興縣所轄鄉名之闕。又,唐代墓誌所見有神功元年(697)《太中大夫行神都總監王緒太夫人郭氏墓誌》曰"以神功元年拾月貳拾貳日遷葬於乾封縣萬春鄉杜永村東李果地所禮也",開元二十九年(741)《裴積墓誌》云"即以辛巳歲二月癸丑廿日壬申旋窆于長安萬春鄉神和原禮也"④,以此推之,"萬春鄉"之設,當爲唐承隋舊,若果如此,則可知隋代大

---

① 上舉四種墓誌載毛遠明:《漢魏六朝碑刻校注》第8冊,北京:綫裝書局,2008年,第354頁;毛遠明:《漢魏六朝碑刻校注》第9冊,北京:綫裝書局,2008年,第326頁;毛遠明:《漢魏六朝碑刻校注》第10冊,北京:綫裝書局,2008年,第15、262頁。
② 參詳開皇十五年(595)《婁叡妻乞伏氏墓誌》。
③ 《隋書》卷47《韋世康傳》,北京:中華書局,1973年,第1256—1257頁。
④ 上舉兩方墓誌分別載周紹良:《唐代墓誌彙編》上冊,上海:上海古籍出版社,1992年,第919頁;周紹良:《唐代墓誌彙編》下冊,上海:上海古籍出版社,1992年,第1516頁。

興縣所轄萬春鄉之大略方位，以及此婁氏墓誌的出土地應該就在唐代的神禾原一帶，亦即今西安市韋曲以南的申店鄉至郭杜鎮區域。

墓誌文辭極盡堆砌之能事，於誌主之貌德大肆鋪排誇飾，雖然如此，倒也可以從中充分見證彼時社會主流意識形態對於女性的理想化期許。

○四七　華政墓誌

【基本信息】

　　華政墓誌，出土於西安南郊少陵原，誌石今存民間。誌文32行，滿行33字，正書，有方界格。蓋題16字，4行，每行4字，篆書，有方界格。誌蓋呈盝頂，誌蓋四殺無紋飾。誌石拓本長44釐米、寬44.5釐米；誌蓋覆斗形，盝頂拓本長38釐米、寬38釐米。墓誌圖文載在劉文《陝西新見隋朝墓誌》①。

【誌蓋】

大隋斌強縣令高唐侯華使君之墓誌銘

【誌文】

大隋都督斌強縣令高唐縣開國侯華君墓誌

君諱政，字世直，大甯武城人也。昔玄丘浴水，誕玉筐之聖；白氣貫月，降金鉤之神。感彼空桑，夢茲胥靡，傳業三古，載祀六百。公之始祖，微子之裔，故能播美往榮，踵武前脩。歷周漢而弥隆，涉晉魏而逾盛。桓珪錫土，赤紱以朝，布在簡書，故略言也。祖爽，器業弘遠，幹藝優深。魏景明之世，以郡功曹貢為本邦太守。父紹，履端居正，名蓋當時。資度宏遠，清徽宿著。孝昌之始，解褐奉朝請，歷任大行臺右丞、中書舍人、黃門侍郎、使持節、驃騎大將軍、開府儀同三司、文州刺史，封高唐縣開國侯，邑一千五百戶。天和二年七月薨于京第，詔贈燕幽二州刺史。公氣禀丹霄，潤資玉海，智啓勞楚之年，業茂羊車之歲，風儀疎朗，志性豪雄。保定之初，盛設庠序，廣洙泗之風，弘昇堂之數。公侯子弟，俊乂有聞，乃豫青衿，入為經學。公西園獨步，東觀稱首。六翮未舉，九翚便徹。周之懿弟，出總蕃維，妙選國華，以為毗讚。辟公為譙王府記室參軍事，仍府典籤。既侍帷幄之謀，實允儀形之寄。仍遷外兵參軍，智兼九伐，務總三戎。天和五年，進位都督，轉水曹參軍，俄授閬中縣令。灑春雨之澤，振秋霜之威。既理亂繩，弥制美錦。建德元年，襲爵高唐縣開國侯，承家盡孝，必見無改之容；奉國竭誠，先聞有犯之色。宣政元年，授陰城縣令。有周之季，四海橫流，夷敵乘間，諸侯問鼎。烽照甘泉，塵飛河朔，南蠻滑猾夏，邊鄙叛亡，路有驚符，野無宿草。公內施惠化，保境寧民；外示威略，連城荷潤。於是徵公南討，星言赴接，彼衆我寡，遂被重圍。箭盡晉陽之城，泉窮疎勒之井。刁斗不擊，偃皷卧旗，按劍勵士，勢如奔電。遊雰百重，迸散千里。論功幕府，受策司勳。洎皇業光啓，疇庸叙德，州舉省貢，表薦頻繁。開皇三年，除斌強縣令，職員將滿，仍遷經城縣。九功咸事，五教在寬。毒獸浮河，蝗飛他境。導德齊禮，有恥且格。化未踰稔，仍遭母憂，毀瘠以形，水漿不入。號躃思歸，解職言邁。攀轅卧轍，留詠甘棠。遂不勝哀，乃薨于路。

---

① 劉文：《陝西新見隋朝墓誌》，西安：三秦出版社，2018年，第61頁。

嗚呼哀哉，惟公寬仁博愛，履道孝慈，信結友朋，直心奉上。見善如不及，疾惡如去草。武兼七德，文表四義。灑翰若飛，笔不旋踵。志高河岳，氣逸風雲。臨難既無苟免，臨財義無苟得。方當調斯鼎實，疇茲問道，昊天弗弔，掩及歡檻。聖后悼傷，群辟哀戀。豈直春婦綴相、郊厘癆市者哉。龜謀允龔，禮期非遠，粤以大梁之歲析木之月日御玄黑時維闋逢，還窆于雍州大興縣之小陵原。風引薤歌，響入松門之路；塵飛素盖，迴趣黃泉之道。驪馬徘徊，送賓嗚咽。將恐南湖淹縣，東海生桑，勒此徽猷，乃爲銘曰：

天命玄鳥，降而生商。運傳金氣，祚始玉筐。神哉厥緒，裔彼殷王。洪源宏遠，盛業遐長。顯考上德，惟後剋昌。家傳長戟，禄重高箱。伊君令哲，命世維良。才逾元顗，謀深子房。澄波万頃，秀立千刃。矢直篤貞，金聲玉振。錦繢增暉，隋和流潤。名溢前脩，德隆後進。昊天弗弔，梁木云摧。綴春巷哭，趁車赴哀。玄堂北掩，白日西迴。墳低舊壠，松列新栽。人踈鳥集，野曠寒來。嗚呼名寶，長埋夜臺。

【疏證】

華政與其父、祖皆不載於史。以其父紹、祖爽推之，可知誌主華政與開皇元年（581）《華端墓誌》誌主爲親兄弟。然《華端墓誌》並未載華端卒葬年份，遂姑且置於開皇元年（581）。①而《華政墓誌》又不載其享齡，只云"粤以大梁之歲析木之月日御玄黑時維闋逢還窆于雍州大興縣之小陵原"，對照《二十史朔閏表》，大梁值酉，故應爲開皇九年（589）己酉歲；析木值寅，故應爲十一月庚寅朔；玄黑當即玄默，值壬，然十一月三日值壬辰、十三日值壬寅、二十三日值壬子，則不能確定具體日期。雖然下葬年月可以推定，但華政與華端究竟孰爲兄長仍不能判別。不過，從華政"建德元年，襲爵高唐縣開國侯"一語，似當以華政爲兄、華端爲弟。華氏郡望與華爽、華紹之職任，可參詳《華端墓誌》。唯據《華政墓誌》載華紹"天和二年七月薨于京第"，可知華氏一門定著雍州或即始自華紹焉。

華政歷北周與隋兩朝，先是於北周保定初年以公侯子弟"入爲經學"，後被辟爲"譙王府記室參軍事，仍府典籤"，再"遷外兵參軍""天和五年，進位都督，轉水曹參軍，俄授閬中縣令""建德元年，襲爵高唐縣開國侯""宣政元年，授陰城縣令"，入隋後受到州舉省貢的表薦，遂在"開皇三年，除斌強縣令，職員將滿，仍遷經城縣"。觀其宦歷，在周兩任縣令，在隋亦兩任縣令，則知華政乃是一位頗有地方治理經驗與行政能力的縣令，故墓誌有"既理亂繩，弥制美錦""攀轅臥轍，留詠甘棠"之譽，死後甚至得到"聖后悼傷，群辟哀戀"的尊榮。

---

① 王其禕、周曉薇：《長安地區新出隋代墓誌銘十種集釋》，西安碑林博物館：《碑林集刊》第19輯，西安：三秦出版社，2013年，第5頁。

○四八　于儀暨妻廣寧公主元氏墓誌

【基本信息】

　　于儀暨妻廣寧公主元氏墓誌，出土於陝西三原縣，誌石今存民間。誌文44行，滿行44字，隸書，有方界格。誌石長82釐米、寬82釐米。墓誌圖文載在胡戟《珍稀墓誌百品》①。

【誌文】

大隋使持節大將軍趙州諸軍事趙州刺史安平郡開國謚曰平公并夫人廣寧公主元氏合葬墓誌銘

公諱儀，字子禮，恒州桑乾人也。魏世將軍，以威名而見重；漢時廷尉，爲德器而高門。盛烈徽猷，遐哉邈矣。祖簡公，在魏步兵校尉、隴西鎮將，於周太保、柱國、建平郡公。不以官能隔仕，乃阮嗣宗之令德；不以弼諧爲貴，實呂尚甫之清高。考文公，歷位宰輔，則三槐九棘；尊崇德行，則元老三師。總戎秉鉞，四部將軍。理務治繁，再經司隸。刺舉者十餘州，諸軍事者廿所。胙土漁陽之前，錫珪常山之後。北說敕勤，則功高賜樂；南征鄢郢，則績滿雲臺。呼韓內附，匈奴盡拜受降之城。孫晧既擒，江東自然蘇息。於是功成而請退，懸車而告老。天子慈旨慇懃，優詔重疊。誕割盡於事親，執饋形於孝敬。雖歷代光華，曠世無擬。而文公志在清虛，非所願也。豈直楊伯起之歷葉三公，韋玄成之累世丞相而已哉。惟公體純和之氣，則辰宿麗天；挺沖粹之精，則山嶽鎮地。湯谷之波莫測，扶桑之榦難尋。映五星之聯珠，聚藍田之寶玉。岐嶷出自生知，淹潤由乎天性。故知豐城寶劍之氣，其本維深；汾睢神鼎之光，其源實遠。高陽之里，爲令譽而移名；日蝕之疑，藉幼童而始悟。魏文皇帝見而奇之，遂尚以廣寧公主。主即帝第三女也。魯元之適張敖，榮華族里；平邑之歸馬防，滿室生光。時以公勳賢貴胄，分裂山河，封相州平恩縣公，邑千戶。尋授直閣將軍、散騎常侍，增邑二百戶。縱容青璅，爲戚里而逢恩；出入丹墀，以貴遊而被進。又除車騎大將軍、儀同三司。馬江平之鼓吹，建節威邊；鄧昭伯之鳴笳，羌胡服馭。以公方之，其能劣矣。既而獄訟遷移，謳歌變革。國雖異政，人實同榮。伯益之子，還仕虞朝；梁道之兒，功梟晉爵。改封安平郡公，主亦隨例而授夫人。除司門大夫。下楊濮移關之書，統終軍裂帛之所。又除左武伯。羽林之士，上應天官。鉤陳之位，還奠戎職。華蓋正對紫薇之宮，武曲纔臨北斗之柄。時以東寇未平，華夷尚隔。六條刺舉，本藉賢能。御侮邊亭，唯資英傑。除公爲建州諸軍事、建州刺史，俄遷晉州諸軍事、晉州刺史。攀轅抱轂，民懷戀故之心；詠歌來暮，百姓誦新人之德。匪直都水使者，勒石記其當官；遂使尺壹詔書，頒下傳爲永式。就拜使持

---

① 胡戟：《珍稀墓誌百品》，西安：陝西師範大學出版總社有限公司，2016年，第26頁。

節、驃騎大將軍、開府。張幕祁連之下，月氏亡魂；出據烟支之山，匈奴歎息。周高祖武皇帝有苞括宇宙之心，有平壹海內之志。軍謀祭酒，每訪陳琳；畫策論奇，多咨荀彧。漢祖以陳平爲監察，魏主用辛毗爲軍司。膺時之選，進公爲大候正。營軍細柳之前，置陳常山之側。以公觀古，彼何人哉？荀攸之計，孟德官渡遂平；張良之謀，劉季烏江即定。策從事，則仲華爲司徒；不論勳，則公孫居大樹。自退奇拔之功，直受依常之賞。除大將軍，封壹子爲壽安縣公，候正如故。漢王齋戒，獨拜才高。幕府論功，榮兼孺子。俄而武帝登遐，宣皇嗣位。送往事，居無踊禮。則以公先朝貴齒，不可久居劇任。除趙州諸軍事、趙州刺史。蒙臺之下，舉袂成幃。邯鄲之鄉，無非英俊。朝廷既讚賢能，而公實膺斯舉。公夙經軍旅，早涉戎行，有賈膠東之瘡痏，積而彌篤；居汲淮陽之疢疾，卧職治官。屬世道屯危，王猷有故，以大象二年還屆京師，自此宿疾弥留，迄于大漸。馬相如之痟渴多年，張子房之纏痾累歲。緩和之妙不治，桑田之期奄及。以開皇九年八月廿二日薨于京師之正寢，春秋五十有七。齊侯以晏嬰而罷朝，漢主爲祭遵而行哭。鄰人致匍匐之哀，知己有主蒭之祭，謚曰平公。賻絹布等物壹千段、粟壹千石，禮也。供喪之具，壹以官辦。公體道淵凝，風神爽儁。誠奉六尺之孤，孝感能啼之馬。言論縱橫，類懸河之霤水；應對如流，似商人之玉環。皎皎與秋月齊名，懍懍共寒霜俱肅。高峰百刃，巖谷千重。冠帶仰其風猷，縉紳挹其氣岸。若乃汲郡破冢之書，恭王壞宅之典。讀誦則五行俱下，歷覽則寓目皆知。神情朗徹，懸識碑文。學藝明通，諳知華表。借箸而論封建之謀，聚米而定山川之勢。魚麗鶴迴，背亭亭而向白𤣗；曲月橫雲，據正正而臨黃鳥。六甲之符，聞於玄女；三略之說，受自黃公。長楊柳葉，以百發而全枯；巫峽猨吟，爲彎弧而聲切。良辰麗景，不廢琴書。青竹流泉，無停雅韻。仁可依焉，藝可游焉。世祖登封，鄧禹倍云亭之禮；秦皇致敬，李斯奉玉檢之書。有志不遂，何爽如之？夫人霜露先侵，恒娥掩色。亦以此年四月廿五日薨於私第，春秋卌有八。柔性外融，貞心內敏。輔佐君子，思任賢才。曹大家之針縷，不以荷禮爲貴；蔡文姬之筆硯，豈直及世稱奇。積善餘慶，何期謬哉。馬援之愛兄子，恩情不懸；王沈之憶叔父，舉目潸然。孝武等有何曾之毀，見者不覺傷心；慟吳隱之悲，聞之莫不流涕。痛先王之盛則，嗟卜遠之難移。以令歲次庚戌四月戊午朔廿七日甲申合葬於華池之陽渠里。廬山壹閉，無復再見之期；秦璧沉河，寧希更還之日？仲文以猶子之情，何能已已。嗚呼哀哉，乃爲銘曰：

巖巖山嶽，滔滔江漢。申甫降生，維周之翰。冠冕蟬聯，高門粲爛。萬里洪波，千尋聳幹。其一 乃祖乃父，爲龍爲光。功糸佐帝，業盛匡王。仁踰春雨，節邁秋霜。終登老席，身退名敭。其二 挺生君子，唯德之禎。誠能奉上，孝感天經。漁獵典藉，談論縱橫。如玄之嘿，如照之明。其三 稟質自天，豈關雕琢。無假絃韋，非因舉燭。居滿懷沖，處饒抱朴。澄之不清，撓之不濁。其四 猗歟明哲，風神卓絕。行美溫恭，志陵霜雪。無愧四科，不慙三傑。在漢則强，居殷豈滅。[其五] 世路紛紜，王猷遂寬。衛尉輸兵，將軍墜馬。趙璧秦求，虞途晉假。函谷湮封，聊城箭下。其六 積歲沉痾，頻年滯疾。秦緩不治，華佗無術。陽信亡夫，宣平喪室。雖振金聲，長埋玉質。其七 黃帝論墳，青鳥占墓。馬礙滕公，車藏季布。朧月昏雲，悲風慘樹。嘆歲叙之遄流，嗟人生之無往。

【疏證】

誌主于儀在《周書》卷 15《于謹傳》有附傳。墓誌所記"祖簡公"即于提，"父文公"即于謹。據本傳知于儀爲于謹第四子，本傳作單字名"禮"，而據誌文知其名諱"儀，字子禮"。本傳僅記其職爵亦"上大將軍、趙州刺史、安平郡公"，今據墓誌則可詳其生平履歷。誌云于儀"岐嶷出自生知，淹潤由乎天性"，於是"魏文皇帝見而奇之，遂尚以廣寧公主。主即帝第三女也"。廣寧公主爲西魏文帝元寶炬第三女，史傳無載。而正因爲于儀做了皇家駙馬，封爵賜邑便相繼而來，先"封相州平恩縣公，邑千戶。尋授直閣將軍、散騎常侍，增邑二百戶"。確如誌所云是"爲戚里而逢恩""以貴游而被進"。接著"又除車騎大將軍、儀同三司""改封安平郡公，主亦隨例而授夫人"，"夫人"蓋爲公夫人等級之命婦。又"除司門大夫""左武伯"。左右武伯，掌内外衛之禁令，兼六率之士。在皇帝臨軒、出行時列兵於帝左右。誌文"時以東寇未平，華夷尚隔"云云，東寇指東魏政權。"除公爲建州諸軍事、建州刺史，俄遷晉州諸軍事、晉州刺史"。建州當今山西晉城，晉州當今山西臨汾，彼時皆爲東魏領地，且與西魏接壤。于儀得任二州刺史，蓋二州此時已爲西魏奪取，正如誌文所云"御侮邊亭，唯資英傑"。又因其治理有方，"就拜使持節、驃騎大將軍、開府"。誌云"周高祖武皇帝有苞括宇宙之心，有平壹海内之志。……膺時之選，進公爲大候正"。檢正史所載，候正皆設於北周，且均爲候正而無大候正之謂。如《北史》卷 66《劉雄傳》云："周孝閔帝踐阼，加大都督。……歷位納言、内史中大夫、候正。"①《隋書》卷 39《元景山傳》曰："景山發譙、潁兵援之，蠻奴引軍而退。徵爲候正。"②《周書》卷 7《宣帝紀》載："（大象二年三月）辛卯，以永昌公椿爲杞國公，紹簡公連後。行幸同州。增候正，前驅戒道，爲三百六十重，自應門至於赤岸澤，數十里間，幡旗相蔽，鼓樂俱作。"③《隋書》卷 40《元諧傳》載："及上大宴百僚，諧進曰：'陛下威德遠被，臣請突厥可汗爲候正，陳叔寶爲令史。'上曰：'朕平陳國，以伐罪弔人，非欲誇誕取威天下。公之所奏，殊非朕心。突厥不知山川，何能警候？叔寶昏醉，寧堪驅使？'諧默然而退。"④由此可推知，候正始設於北周武帝時期，蓋爲帶有警備性質的職任。于儀北周宣帝時任趙州諸軍事、趙州刺史，靜帝大象二年（580）"還屆京師，自此宿疾彌留，迄于大漸"，直至"開皇九年八月廿二日薨于京師之正寢，春秋五十有七""諡曰平公"。

于儀開皇九年（589）八月廿二日去世，廣寧公主開皇十年（590）四月廿五日去世，同月廿七日合葬於馮翊華池之陽渠里。檢《隋書·地理志上》馮翊郡統縣無華池縣，而

---

① 《北史》卷 66《劉雄傳》，北京：中華書局，1974 年，第 2326 頁。
② 《隋書》卷 39《元景山傳》，北京：中華書局，1973 年，第 1152 頁。
③ 《周書》卷 7《宣帝紀》，北京：中華書局，1971 年，第 123 頁。
④ 《隋書》卷 40《元諧傳》，北京：中華書局，1973 年，第 1171—1172 頁。

弘化郡統縣則有華池縣，而小注云"仁壽初置"①，是知與開皇間之馮翊華池不相及也。然則隋初開皇間之馮翊郡確有華池縣之設。如1964年出土於陝西三原縣的開皇二年（582）《李和墓誌》云"葬于馮翊郡華池縣萬壽原"②，近年西安出土的大業二年（606）《于斌暨妻李氏墓誌》亦云"馮翊華池人"。王仲犖《北周地理志》卷1關中馮翊郡統縣有華池縣（今陝西三原縣東北），云爲"北周置"，小注又據《李和墓誌》認證"是周有華池縣至確。且此縣之隸馮翊郡，亦至明"③。《元和郡縣圖志》卷1《關內道一》京兆府三原縣條略云：本漢池陽縣。苻秦於此置三原護軍，後魏太武七年改置三原縣，屬北地郡。永安元年於此置北雍州。又割北地郡之三原縣於此置建忠郡。隋開皇三年，罷郡，以縣屬雍州。又曰"于謹墓，在縣北十八里"④。《舊唐書》卷38《地理志一》京兆府三原縣條云："隋縣。武德四年，移治清谷南故任城，改爲池陽縣。六年，又移故所，改爲華池縣，仍分置三原縣，屬北泉州。貞觀元年，廢三原縣，仍改華池縣爲三原縣，屬雍州。"⑤依上舉材料可以推斷兩點：其一，華池縣始設於北周，屬馮翊郡，又嘗於三原縣置建忠郡。華池縣至隋初猶沿用未廢，當開皇三年（583）罷郡時始一并廢華池縣，而三原縣猶存焉。然廢華池縣事蓋爲《隋書·地理志》所闕載。至唐武德六年（623）又復周隋之舊而析三原縣設華池縣，且同爲京兆府屬縣，再至貞觀元年（627）廢三原縣而改華池縣爲三原縣。其二，以于謹墓在華池縣亦即三原縣，于謹第六子《于紹墓誌蓋》（今存高陵縣博物館）與長子《于寔墓誌蓋》（今存三原縣博物館）亦皆出土於三原縣一帶⑥，而今于謹第四子《于儀暨妻廣寧公主元氏墓誌》同樣"合葬於馮翊華池之陽渠里"，更有唐咸亨三年（672）于謹曾孫《于永寧墓誌》又云"遷葬於雍州三原縣萬壽鄉之原"⑦，可知于謹一支的族塋正在隋之馮翊郡華池縣陽渠里亦即唐之京兆府三原縣萬壽鄉。

誌文云北周武帝時嘗"封壹子爲壽安縣公"，然不知此于儀之子爲誰？又誌文曰"仲文以猶子之情，何能已已"，則于儀喪事蓋由其侄于仲文所操辦。于仲文爲于儀長兄于寔第二子，《北史》有傳。

又，近年出土的隋代于氏家族墓誌還有于謹之兄于虎一支人物：如西安出土開皇六年（586）《于寬墓誌》誌主爲于提之孫、于虎之子，寬之叔父即于謹⑧，西安出土的大業二年（606）《于懿墓誌》誌主爲于虎之孫、于寬之子⑨，西安出土大業十二年

---

① 《隋書》卷29《地理志上》，北京：中華書局，1973年，第812頁。
② 王其禕、周曉薇：《隋代墓誌銘彙考》第1冊，北京：綫裝書局，2007年，第25頁。
③ 王仲犖：《北周地理志》上冊，北京：中華書局，1980年，28—29頁。
④ [唐]李吉甫撰、賀次君點校：《元和郡縣圖志》卷1《關內道一》，北京：中華書局，1983年，第7—8頁。
⑤ 《舊唐書》卷38《地理志一》，北京：中華書局，1975年，第1396—1397頁。
⑥ 王其禕、周曉薇：《隋代墓誌銘彙考》第6冊，北京：綫裝書局，2007年，第50、52頁。
⑦ 《于永寧墓誌》，http://blog.sina.com.cn/s/blog_14c9b6ed70102wu4m.html（2017-03-07）。
⑧ 胡戟、榮新江：《大唐西市博物館墓誌》上冊，北京：北京大學出版社，2012年，第20頁。
⑨ 趙君平、趙文成：《秦晉豫新出墓誌蒐佚》第1冊，北京：國家圖書館出版社，2011年，第125頁；齊運通：《洛陽新獲七朝墓誌》，北京：中華書局，2012年，第63頁。

（616）《于緯墓誌》誌主爲于提（當爲虎之訛）之孫、于寬之子。① 又有于謹第三子建平郡公于義一支人物：如前舉"遷窆於雍州三原縣萬壽鄉之原"的唐咸亨三年（672）于義孫、于宣道子《于永寧墓誌》，再如"合葬於鼎州三原縣萬壽鄉原旁祔先塋"的唐聖曆二年（699）于永寧子《于遂古墓誌》②，以及"權祔於京兆神和原"的開元十五年（727）于永寧孫、于元祚子《于士恭墓誌》③，亦皆可資研討隋唐間于氏家族之政治關係與社會地位。

---

① 王其禕、周曉薇：《隋代墓誌銘彙考》第 5 冊，北京：綫裝書局，2007 年，第 277 頁；胡戟、榮新江：《大唐西市博物館藏墓誌》上冊，北京：北京大學出版社，2012 年，第 54 頁。
② 周紹良、趙超：《唐代墓誌彙編續集》，上海：上海古籍出版社，2001 年，第 374—375 頁。
③ 周紹良：《唐代墓誌彙編》下冊，上海：上海古籍出版社，1992 年，第 1343 頁。

○四九　耿雄墓誌

【基本信息】

耿雄墓誌，出土於西安市長安區韋區北焦村，2010 年入藏大唐西市博物館。誌文 38 行，滿行 41 字，正書，有方界格。蓋題 5 行，每行 5 字，陽文篆書，有方界格。誌石長寬均 73 釐米、厚 12 釐米。誌蓋覆斗形，長 73 釐米、寬 72 釐米、厚 11 釐米。誌石四側綫刻壸門十二生肖圖案，誌蓋四殺綫刻捲雲紋。墓誌圖文載在胡戟、榮新江《大唐西市博物館藏墓誌》①，劉文《陝西新見隋朝墓誌》②。研究參詳王其禕、傅清音《大唐西市博物館藏隋開皇十年〈耿雄墓誌〉釋讀》③。

【誌蓋】

大隋使持節上大將軍肆州捌鎮諸軍事蘭州刺史海安公誌銘

【誌文】

大隋使持節上大將軍四州八鎮諸軍蘭州刺史海安　公之墓誌

公諱雄，字孝昌，神武尖山人也。姬水兆其清源，軒丘表乎曾摶，盤根累德，疊世重光。周之宗盟，列國於耿，雖爲晉滅，因而氏焉。楚之大夫不比先旆，漢大將軍伯昭運策，純則勸進於光武，秉則克定於車師，並蟬聯乎典籍，實可披於緗素矣。祖鳳，六郡馳名，五都稱譽。父豪，才兼文武，智苞經緯，迎車駕於伊洛，建社稷於神睪。効績魏庭，立功周室，使持節、驃騎大將軍、開府儀同三司、大都督、原平縣開國公，賜姓和稽氏。公即世子也。星辰下降，更稟精靈；山岳上昇，特承秀氣。幼歷書計，以好禮經；長事服戎，便能騎射。動靜必齊仁智，俯仰自合規模。百行爲基，千里同照。魏前三年，襲爵原平縣開國公，邑一千八百戶。魏後二年，公有世功之貴，兼爲一姓之重，授車騎大將軍、儀同三司。位齊台鼎，無出王澄；方伯少年，多推荀羨。周二年，改封豐州信義縣開國公，增邑六百戶。武成二年，從武元皇帝征魯山，江漢未寧，志存經略，吳楚慴膽，鄢郢忘魂。保定二年，加使持節、大都督。三年，隸柱國、鄭國公破大平關，公推鋒直上，建義先登，未見牢城，本無全陣。天和二年，隸大將軍延壽公向丹州破小蒲川，公志厲冰霜，身先士卒。其年又隸大將軍、襄樂公征庫人川，破拔干堡，公在行陣，每必先鋒，勳恒第一，功無與二。三年轉開府，文昌左星，初開上將，凌雲復道，始裂功臣。四年授同軌防主。六年授九曲防主，治中州事。公恩同挾纊，志等投醪，扞御多方，嚴威整肅。建德之初，公有賈勇之才，拔拒之力，召入宿衛，授爲虎旅，領左衛。二年，

---

① 胡戟、榮新江：《大唐西市博物館藏墓誌》上册，北京：北京大學出版社，2012 年，第 28 頁。
② 劉文：《陝西新見隋朝墓誌》，西安：三秦出版社，2018 年，第 28 頁。
③ 王其禕、傅清音：《大唐西市博物館藏隋開皇十年〈耿雄墓誌〉釋讀》。陝西省歷史博物館：《陝西歷史博物館論叢》第 25 輯，西安：三秦出版社，2018 年，第 228—235 頁。

又授虎賁。既有英略之才，方深爪牙之寄。其年授綏州諸軍事綏州刺史。公褰帷求瘼，推轂字民，無文而治，不嚴而肅，夜無吠犬，道不拾遺。四年，隸延州總管、大將軍、始安公渡河破齊薛王，公併轡援桴，飛雞燧象，既以決勝爲先，且用全軍爲上。五年，從周武皇帝平晉州，公有三略之才，運六韜之術，摐金震地，征皷聒天，螯狐暫麇，土崩瓦解。六年歲初，追奔遂北，悉克鄴都。轉授上開府、儀同大將軍。其年十一月，隸柱國、郯國公征呂梁吳明徹，陳之老將，甚多經略，兵戈曜日，艫艦塞江，侵犯邊垂，搖蕩壇場。公英謀一奮，水陸交兵，明徹面縛，軍門大小，並爲俘馘，振旅凱歸，公勳爲上。宣政元年，授左折衝、中大夫。周禮掌國治之官，漢儀典國事之職。公之膺此，綽有餘裕。其年授大將軍，韓信東歸，先登此選，王接西反，始及斯階。大象三年，授燕州諸軍事燕州刺史，其年轉授相州諸軍事相州刺史。公下車布政，威風甚肅，猾吏丟官，貪賊解印。大隋受禪，開皇啟基，授上大將軍。既踰霍光之貴，更超鄧騭之寵。二年，改封海安郡開國公，食邑合二千四百戶。三年，敕使北道行軍，公揚旌入塞，桴鼓警邊，索虜喪精，羯胡鳥散。四年，授始州諸軍事始州刺史。公化流玉壘，惠被銅梁，五嶺氓黎，二江老幼，咸嗟其晚，並荷來蘇。大夫人薨，哀毀過禮。八年，詔曰：公宿表勳誠，舊經委任，自丁艱罰，已歷歲時，宜奪情禮，可使持節、總管蘭河廓鄯四州會寧石城金水米川宣威廣武洪濟達化八鎮諸軍事蘭州刺史，公威恩兼及，招攜唯禮，寬猛相濟，小大以情。於州感疾，降敕還京治療，降年不永，薨于長安，春秋五十一，以十年歲次庚戌十月乙卯朔卅日甲申窆于大興縣南小陵原高平鄉通明里，諡曰　公，禮也。公性方雅，儀表端嚴，孝著神明，仁兼鳥獸，意氣疎朗，舉趾風流，三將五門，多所諳練，瞻雲望氣，無不詳悉。斯實一代之名賢，万古之英傑也。夫人劉氏，上柱國、梁國公之第三妹，有子五人，並皆聰敏，扳號毀瘠，悲感行路，已切崩城，兼傷負土，寒郊寂漠，周曲徒吹，荒野蕭條，田歌空唱。恐山飛海涸，莁短龜長，嗚呼哀哉，以爲銘曰：

軒苗邈遠，姬裔悠長。扶風德懋，鉅鹿名彰。決策河北，定計南陽。累葉斯美，弈世其昌。酒祖酒父，允文允武。金楨玉幹，重規疊矩。股肱周室，鹽梅魏主。　四教無違，三命弥俯。翩翩公子，生此降神。稱象未匹，辯日非倫。家稱孝友，國謂賢臣。劍橫七尺，弧彎六鈞。少襲圭璧，早登台鉉。紫蓋風廻，朱旗日轉。楚城已滅，胡兵復剪。上將有威，高軒方顯。衛青幕府，竇憲將軍。燕齊累績，江漢多勳。甲含犀氣，馬策龍群。雖云一武，終是三文。建旗推轂，專城屢牧。化洽連甍，恩流比屋。田多秉穗，民豐杼軸。生也有涯，奄然無祿。朝歌未絕，夕哭仍纏。青松即樹，黃壤新穿。素輨獨引，丹旐空懸。霜郊孤月，寒野荒塋。悲含泉壙，泣灑桓楹。魚燈燼滅，馬鬣墳成。千秋万歲，直有餘名。

【疏證】

誌文在行文義例上於家諱與國諱前皆做空一格避諱形式。另外墓誌首題與誌文中則各有一處在"公"前空一格以待填諡號，然在下葬前猶未能得到諡號焉。

耿氏多以鉅鹿爲本貫。而墓誌云耿雄爲神武尖山人。其祖耿鳳，史傳無載。耿雄與其父耿豪，《周書》《北史》皆有傳。據《周書》卷29《耿豪傳》知其"鉅鹿人也。本名令貴。其先避劉、石之亂，居遼東，因仕於燕。曾祖超，率衆歸魏，遂家於神武川"。①《北史》卷66《耿豪傳》又云："其先家于武川。"②"神武""神武川"與"武川"，何者爲是？據《魏書》卷106上《地形志》神武郡領縣有尖山，可知耿豪曾祖耿超進入北魏時的著籍地當以"神武"（今山西朔州）爲確，"神武川"蓋"神武"之別稱，而"武川"（今內蒙呼和浩特北部的武川縣）則屬代郡焉。這裏的"武川"自是沿襲北魏以來的舊稱，即六鎮之一的武川鎮。故耿雄先祖應是祖籍"神武"而後徙居"武川"，即如"賀拔勝，字破胡，神武尖山人。祖爾逗，選充北防，家於武川"者焉③。誌云："父豪，才兼文武，智苞經緯，迎車駕於伊洛，建社稷於神罜。效績魏庭，立功周室，使持節、驃騎大將軍、開府儀同三司、大都督、原平縣開國公，賜姓和稽氏。"

史誌相較，史詳而誌略。《周書》本傳載耿豪爲"以武勇見知"的"粗獷"武夫，憑借武藝高强、驍勇善戰的功勳而深受太祖優待，給予升官、加爵、封邑、賜姓等多所褒獎。④而誌云其"才兼文武，智苞經緯"，實屬浮誇之辭。又據史載其在西魏跟隨宇文泰屢立戰功的記述，則誌言其"效績魏庭，立功周室"之說實不爲虚。又本傳載"封平原縣子"，據誌可知"平原"（屬魯郡）當爲"原平"（屬雁門郡）之訛。"賜姓和稽氏"一事，史誌可以互證。據史傳可知耿豪賜姓和稽氏在西魏大統十五年（549）⑤。耿雄賜姓和稽氏還有一條史料，即法琳《辯正論·十代奉佛篇下》所載"周大將軍和雞雄造和雞寺"⑥，此"和雞"即"和稽"之異譯，"和雞雄"即耿雄。

墓誌又記耿氏遠祖有楚國大夫耿之不比、漢大將軍耿伯昭、勸進光武帝的耿純、克定車師的耿秉四人。《左傳》有"耿之不比爲旃"⑦，知不比爲春秋名臣。《後漢書》卷19《耿弇傳》曰："耿弇字伯昭，扶風茂陵人也。其先武帝時，以吏二千石自鉅鹿徙焉。"又，"論曰：弇決策河北，定計南陽，亦見光武之業成矣"。⑧本傳復云耿弇一族"後曹操誅耿氏，唯援孫弘存焉"⑨。耿秉爲耿弇侄，附載於《耿弇傳》，"克定於車師"之功即載在本傳。耿秉曾孫耿紀因參與"起兵誅曹，不克，夷三族。于時衣冠盛門坐紀罹禍滅者衆矣"。⑩耿純字伯山，鉅鹿宋子人，有傳見《後漢書》卷21，"勸進於光武"之事

---

① 《周書》卷29《耿豪傳》，北京：中華書局，1971年，第494頁。
② 《北史》卷66《耿豪傳》，北京：中華書局，1974年，第2321頁。
③ 《魏書》卷80《賀拔勝傳》，北京：中華書局，1974年，第1779頁。
④ 《周書》卷29《耿豪傳》，北京：中華書局，1971年，第494—495頁。
⑤ 《北史》卷5《西魏文帝紀》，北京：中華書局，1974年，第180頁載：大統十五年（549）五月，"初詔諸代人太和中改姓者，並令復舊"。《周書》卷2《文帝紀下》，北京：中華書局，1971年，第36頁"魏恭帝元年"條載："魏氏之初，統國三十六，大姓九十九，後多絶滅。至是，以諸將功高者爲三十六國後，次功者爲九十九後，所統軍人，亦改從其姓。"
⑥ [唐]法琳撰《辯正論》卷4《十代奉佛篇下》，《大正新修大藏經》第52冊，臺北：新文豐出版公司，1983—1987年，第518頁下。
⑦ [晉]杜預注、[唐]孔穎達正義：《春秋左傳正義》卷10《莊公二十八年》，北京：中華書局，1980年影印阮元《十三經注疏》本，第1781頁下。
⑧ 《後漢書》卷19《耿弇傳》，北京：中華書局，1965年，第703、714頁。
⑨ 《後漢書》卷19《耿弇傳》，北京：中華書局，1965年，第714頁。
⑩ 《後漢書》卷19《耿弇傳附耿紀傳》，北京：中華書局，1965年，第718頁。

即載在本傳。鉅鹿耿氏在當時是著名的軍事世家豪族，甚至所有的族人，包括老人和婦女，都被動員從軍，"而宗族裏面所有的成年男性和賓客則組成了一支武裝，由耿純率領。這類龐大的武裝力量，有時人數會超過千人，對於急需擴充力量的軍閥們來說，他們的加入是有巨大意義的"①。也許正是這種情形，耿氏在三國以後爲曹操誅滅，從而失去了衣冠盛門地位。然而，以籍貫"神武尖山"與"其先家于武川"，耿鳳"六郡馳名，五都稱譽"，以耿豪"少麁獷，有武藝"，"以武勇見知"，"性凶悍"及"賜姓和稽氏"推之，疑此耿氏一族其祖先若非朔州胡族而冒姓於漢代鉅鹿耿氏者，即是較早鮮卑化之漢人鉅鹿耿氏之遠裔焉。以其不言"復舊"而言"賜姓"，耿氏或更可能是鮮卑化的漢人世族後裔。

耿雄附載於《耿豪傳》，僅云："子雄嗣。位至大將军。"②墓誌可補其生平事跡，且能與相關史籍互證。誌云"幼歷書計，喜好禮經；長事服戎，便能騎射"，知其幼年即學習識字、籌算等知識，喜歡讀講禮儀經典。成年後長期參與戰事，擅長騎馬射箭。誌云"魏前三年，襲爵原平縣開國公，邑一千八百戶。魏後二年，公有世功之貴，兼爲一姓之重，授車騎大將軍、儀同三司"。"魏前三年"爲西魏廢帝元欽在位第三年，即554年。"魏後二年"指西魏恭帝元廓在位第二年，即555年。耿雄是因爲父功及賜姓而在此期間得到襲爵、封邑、任職車騎大將軍、儀同三司。北周明帝二年（558），又改封豐州信義縣開國公，增邑六百戶。"武成二年，從武元皇帝征魯山"，"武元皇帝"即隋國公楊忠。而史籍僅有天嘉元年（560）三月北齊與南陳爭奪魯山，後北齊棄魯山城而走之事。③又據《周書》卷39《杜杲傳》云：

> 初，陳文帝弟安成王頊爲質於梁，及江陵平，頊隨例遷長安。陳人請之，太祖許而未遣。至是帝欲歸之，命杲使焉。陳文帝大悅，即遣使報聘，並賂黔中數州之地。仍請畫野分疆，永敦鄰好。以杲奉使稱旨，進授都督，治小御伯，更往分界焉。陳人於是以魯山歸我。帝乃拜頊柱國大將軍，詔杲送之還國。陳文帝謂杲曰："家弟今蒙禮遇，實是周朝之惠。然不還彼魯山，亦恐未能及此。"杲答曰："安成之在關中，乃咸陽一布衣耳。然是陳之介弟，其價豈止一城。本朝親睦九族，恕己及物，上遵太祖遺旨，下思繼好之義。所以發德音者，蓋爲此也。若知止俟魯山，固當不貪一鎮。況魯山梁之舊地，梁即本朝蕃臣，若以始末言之，魯山自合歸國。云以尋常之土，易己骨肉之親，使臣猶謂不可，何以聞諸朝廷。"陳文帝慚恧久之，乃曰："前言戲之耳。"自是接遇有加常禮。④

始知魯山最終是以交聘的結果歸於北周。另外，《周書》《北史》紀傳亦皆未載楊忠有征魯山之役，蓋爲誌文虛誇之詞。

誌云"保定二年，加使持節、大都督。三年，隸柱國鄭國公破大平關，公推鋒直上，

---

① 瞿同祖著、邱立波譯：《漢代社會結構》第一章，上海：上海人民出版社，2007年，第39頁。
② 《周書》卷29《耿豪傳附耿雄傳》，北京：中華書局，1971年，第495頁。
③ 《南史》卷9《陳本紀上·世祖文皇帝紀》，北京：中華書局，1975年，第277頁。
④ 《周書》卷39《杜杲傳》，北京：中華書局，1971年，第702頁。

建義先登，未見窐城，本無全陣"。鄭國公即達奚武①，而破大平關戰事亦未見於史載。"天和二年，隸大將軍延壽公向丹州破小蒲川，公志厲冰霜，身先士卒"。大將軍延壽公即于寔，此次戰事載在《周書》卷15《于寔傳》，其云："孝閔帝踐祚，授民部中大夫，進爵延壽郡公，邑二千戶。又進位大將軍，除勳州刺史，入爲小司寇。天和二年，延州蒲川賊郝三郎等反，攻逼丹州。遣寔率衆討平之，斬三郎首，獲雜畜萬餘頭。"②則耿雄跟隨于寔參加了此次平叛郝三郎的戰役。"其年又隸大將軍襄樂公征庫人川，破拔干堡，公在行陣，每必先鋒，勳恒第一，功無與二"。大將軍襄樂公即賀蘭隆③，然其征庫人川與破拔干堡事未載於史。三年轉開府，"四年授同軌防主。六年授九曲防主，治中州事"。防主，始設於西魏，爲軍鎮長官。九曲當即大統十年"侯景築九曲城"④。《周書》卷34《韓盛傳》云盛兄德興"歷官持節、車騎大將軍、儀同三司、通洛慈澗防主、邵州刺史、任城縣男"⑤。《周書》卷34《裴寬傳》曰："大統五年，授都督、同軌防長史，加征虜將軍。"⑥《周書》卷48《蕭詧傳》載："太祖乃置江陵防主，統兵居於西城，名曰助防。外示助詧備禦，內實兼防詧也。"⑦《隋書》卷28《百官志下》曰："又置諸防主、副官，掌同諸鎮。"⑧知北周與隋皆沿襲焉。誌云建德"四年，隸延州總管、大將軍始安公渡河破齊薛王，公併轡援桴，飛鷄熾象，既以決勝爲先，且用全軍爲上"。"薛王"不載於史，然據《周書》卷33《王慶傳》略云："王慶字興慶，太原祁人也。……武成元年，以前後功，賜爵始安縣男。……大象元年，授小司徒，加上大將軍、總管汾石二州五鎮諸軍事、汾州刺史。又除延州總管，進位柱國。"⑨《周書》卷6《武帝紀下》又記："（建德四年）閏（十）月，齊將尉相貴寇大寧，延州總管王慶擊走之。"⑩可知是年延州總管、始安公爲王慶，所"破齊薛王"者疑即尉相貴，而正史所記尉相貴當時封爵爲海昌王。"五年，從周武皇帝平晉州"，指建德五年（576）十二月，齊攻晉州，周武帝帥諸軍追齊主事。⑪誌稱耿雄在此次戰役中"有三略之才，運六韜之術，摐金震地，征鼕聒天，蜃狐暫麾，土崩瓦解"。"六年歲初，追奔遂北，悉克鄴都"，事見《周書》卷6《武帝紀下》："六年春正月乙亥，齊主傳位於其太子恆，改年承光，自號爲太上皇。壬辰，帝至鄴。齊主先於城外掘塹豎柵。癸巳，帝率諸軍圍之，齊人拒守，諸軍奮擊，大破之，遂平鄴。"⑫耿雄亦因參與此次戰事而"轉授上開府、儀同大將軍"。"其年十一月，隸柱國、鄴國公征

---

① 《周書》卷19《達奚武傳》，北京：中華書局，1971年，第305頁云："武成初，轉大宗伯，進封鄭國公，邑萬戶。"
② 《周書》卷15《于寔傳》，北京：中華書局，1971年，第251頁。
③ 《周書》卷47《姚僧垣傳》，北京：中華書局，1971年，第841頁載："大將軍襄樂公賀蘭隆。"
④ 《周書》卷43《陳忻傳》，北京：中華書局，1971年，第778頁。
⑤ 《周書》卷34《韓盛傳》，北京：中華書局，1971年，第594頁。
⑥ 《周書》卷34《裴寬傳》，北京：中華書局，1971年，第595頁。
⑦ 《周書》卷48《蕭詧傳》，北京：中華書局，1971年，第859頁。
⑧ 《隋書》卷28《百官志下》，北京：中華書局，1973年，第802頁。
⑨ 《周書》卷33《王慶傳》，北京：中華書局，1971年，第575—576頁。
⑩ 《周書》卷6《武帝紀下》，北京：中華書局，1971年，第93頁。
⑪ 《周書》卷6《武帝紀下》，北京：中華書局，1971年，第96—97頁。
⑫ 《周書》卷6《武帝紀下》，北京：中華書局，1971年，第100頁。

呂梁吴明徹",鄭國公即王軌。《周書》卷6《武帝紀下》載:"(建德六年十一月)癸酉,陳將吴明徹侵呂梁,徐州總管梁士彦出軍與戰,不利,退守徐州。遣上大將軍、鄭國公王軌率師討之。"①則反擊吴明徹的戰爭打了兩次。而第一次徐州總管梁士彦出師"不利",其原因耿雄誌文恰有說明:"陳之老將,甚多經略,兵戈曜日,艫艦塞江,侵犯邊垂,摇蕩壇場。"可見由於陳國老將吴明徹作戰很有經驗,運籌謀劃周密,因此能够兵戈曜日,艫艦塞江,久戰不敗。耿雄在王軌的麾下,"英謀一奮,水陸交兵",終使得"明徹面縛,軍門大小,並爲俘馘"。蓋因耿雄出力不少,誌稱"振旅凱歸,公勳爲上"。宣政元年(578),授任"左折衝、中大夫""大將軍"。大象三年(581),"授燕州諸軍事燕州刺史,其年轉授相州諸軍事相州刺史"。

進入隋朝,開皇初年,耿雄授上大將軍。二年(582),改封海安郡開國公,食邑合二千四百戶。三年(583),敕使北道行軍。四年(584),授始州諸軍事始州刺史。母薨,哀毀過禮。八年(588),皇帝下詔奪情任"使持節總管蘭河廓鄯四州會寧石城金水米川宣威廣武洪濟達化八鎮諸軍事蘭州刺史"。不幸"於州感疾,降敕還京治療。降年不永,薨于長安,春秋五十一,以十年歲次庚戌十月乙卯朔卅日甲申窆于大興縣南小陵原高平鄉通明里"。關於高平鄉的地理位置,有1952年出土於西安市長安縣韋曲鎮附近的大業九年(613)《尼鄔提墓誌》"歸窆於京兆郡大興縣高平鄉之杜原"②,則隋代"高平鄉"似當在小陵原西畔而近於長安縣界。唐代亦有高平鄉,元和三年(808)吕温撰《故太子少保贈尚書左僕射京兆韋府君神道碑》云"合葬於萬年縣高平鄉少陵原"③,1987年西安南郊出土唐貞元十四年(798)《馬浩墓誌》曰"遷窆于萬年縣高平鄉鳳棲原"④,又唐大和八年(834)《楊迥墓誌》亦云"安厝于萬年縣高平鄉高望里"⑤。武伯綸認爲:"唐高平鄉位置當在洪固鄉北而與之接近。鄉名高平,蓋因在原上。"⑥倘若唐承隋制,則隋代高平鄉位置亦應在此。又檢大興城外鄉里名亦無"通明里"。

誌云"夫人劉氏,上柱國、梁國公之第三妹",揆諸史傳,爵號梁國公者唯有北周之侯莫陳氏,如北周孝閔帝封侯莫陳崇爲梁國公,保定三年(563)崇死而子芮襲爵。又檢《周書》卷17《劉亮傳》,知亮本名道德,後於西魏大統中被"賜名亮,並賜姓侯莫陳氏"⑦。庾信撰《侯莫陳道生墓誌銘》亦云"君諱道生,字某,朔州武川人也。本系陰山,出自國族。降及於魏,在秦作劉。大統九年,更姓侯莫陳氏"⑧。倪璠注以爲"道生疑即侯莫陳順"。而姚薇元《北朝胡姓考》"陳氏"則認爲《侯莫陳道生墓誌》"謂'本系陰山,出自國族'者,其人蓋本獨孤氏,入魏改姓劉氏。獨孤本匈奴,實北周之國族也"。並斷定

---

① 《周書》卷6《武帝紀下》,北京:中華書局,1971年,第104頁。
② 王其禕、周曉薇:《隋代墓誌銘彙考》第3冊,北京:綫裝書局,2007年,第360頁。
③ [宋]李昉等:《文苑英華》,北京:中華書局,1982年,第4746頁。
④ 趙力光:《西安碑林博物館新藏墓誌彙編》中冊,北京:綫裝書局,2007年,第577頁。
⑤ [清]陸增祥:《八瓊室金石補正》卷72,北京:文物出版社,1985年,第499頁。
⑥ 武伯綸:《唐萬年、長安縣鄉里考》,《考古學報》1983年第2期,第91頁。
⑦ 《周書》卷17《劉亮傳》,北京:中華書局,1971年,第285頁。
⑧ [北周]庾信撰、[清]倪璠注、許逸民校點:《庾子山集注》下冊,北京:中華書局,1980年,第946頁。

劉亮當即侯莫陳道生，"道德"應從墓誌作"道生"①。以此推之，梁國公侯莫陳氏當即西魏賜姓之劉氏，而耿雄妻劉氏或即梁國公侯莫陳芮之第三妹焉。懷疑北朝劉氏賜姓侯莫陳氏之一族蓋"本出夷虜"者，還可舉說一例，即趙明誠《金石錄》跋"唐相州刺史侯莫陳肅碑"云：

> 肅，桂州總管穎之子也。《元和姓纂》所載侯莫陳氏云："其先後魏別部，居庫斛真水。"《周書》云："代郡武川人，世爲渠帥，隨魏南遷，爲侯莫陳氏。"余嘗得穎及穎之孫涉墓誌，皆云本姓劉，系出漢楚元王交。《穎墓誌》則以爲父崇，後周時賜姓；《涉墓誌》則以爲崇王父豐，後魏時賜姓。二說已是不同，而《肅碑》乃云："漢中山靖王勝之後。勝曾孫劭，謀誅王莽，不密，避難於代，因左言而命氏，改姓侯莫陳焉。"自古史傳所載，容有異同，今穎、肅、涉三世歲月相接，而碑誌所書自相乖戾如此，皆莫知其孰是。豈其姓氏本出夷虜，而唐初以族望相高，故妄言出於名冑，以欺眩世俗，初無所據乎？不然，殆不可考也已。②

又《隋書》卷79《蕭琮傳》亦載蕭琮指說楊素嫁妹於夷虜侯莫陳氏而令楊素羞慚之事③。可知隋代猶以與胡族聯姻爲"望高戚美"的當世中原高門大族所不齒也。那麼，從賜胡姓與著籍地分析，前文已推論耿雄一族其祖先若非朔州胡族而冒姓於漢代鉅鹿耿氏者，即是較早鮮卑化之漢人鉅鹿耿氏遠裔，故彼時耿雄與劉氏的婚媾也無疑是兩門胡族或鮮卑化之漢族世家之間對等的聯姻。當然，這種對等婚姻，還有一個重要的因素就是耿雄的父親耿豪與其妻劉氏的父親侯莫陳崇乃至其族人劉亮即侯莫陳道生，皆爲賀拔岳領導的武川軍事集團之關西大行臺中的主要幹將④，即耿豪嘗任帳內，侯莫陳崇嘗任都督，劉亮嘗任大都督，這或許是不宜忽視的耿雄與劉氏結親的重要政治姻緣。

---

① 姚薇元：《北朝胡姓考》修訂本，北京：中華書局，2007年，第199—200頁。
② [宋]趙明誠撰、金文明校證：《金石錄校證》卷23，上海：上海書畫出版社，1985年，第427—428頁。
③ 《隋書》卷79《蕭琮傳》，北京：中華書局，1973年，第1794頁。
④ 谷川道雄：《武川鎮軍閥的形成》，《名古屋大學東洋史研究報告》1982年第8號。

○五○　成君妻士孫氏墓誌

【基本信息】

　　成君妻士孫氏墓誌，出土於河南安陽，誌石今存民間。誌文15行，滿行13字，正書，有方界格。誌石拓本長32釐米、寬34.5釐米。研究參詳周曉薇、周瓎《安陽新出隋〈成氏故士孫夫人墓誌〉研讀》①。

【誌文】

大隋成氏故士孫夫人墓誌之銘

夫人士孫，涇州安定人。父緬，解巾襲爵莫西縣開國男、岐州録事參軍，又遷龍驤將軍、員外諫議大夫，尋加平東將軍、南營州衛大府中兵參軍，仍護新昌縣令，又加食邑二百户，復轉鎮東將軍。夫人乃容調端審，操履芳明，宜其長久，母儀家國，何圖命也無時，奄從運往，去年八月廿四日終於家弟，春秋年六十四，即以開皇十一年歲次辛亥二月廿日遷窆白素之陽。乃爲銘曰：

小年易殁，大運難留。忽辭神宇，奄□靈輴。悲風不息，隴樹垣秋。嗚呼永矣，長夜倏倏。

【疏證】

　　河南安陽鄴城故地近年所出北朝墓誌甚夥，其中以東魏北齊與隋代墓誌爲多，此隋開皇十一年（591）《成氏故士孫夫人墓誌》即是最新所出且尚未見於刊布之一種。此墓誌最值得關注和探討者，乃爲誌主之姓氏，即頗爲少見且在唐代以降幾乎銷聲匿迹之"士孫氏"，因此對於"士孫氏"包括誌主丈夫"成氏"二姓在中古時期的繁衍遷變的梳理，略可見證彼時胡漢民族的融合程度與稀見姓氏的消沉趨勢。

　　孫星衍《校補元和姓纂輯本序》云："姓氏與郡望相屬，乃知宗派所出。"又云："自漢時徙豪右入關，而郡望非其土著。晉室板蕩，中原大族半皆南渡，譜牒亡失。北朝以三字、二字複姓改爲一字，或與古姓相亂，僅賴魏收《官氏志》以別之。"②鄭樵《氏族略·氏族序》云："凡復姓者，所以明族也，一字足以明此，不足以明彼，故益一字，然後見分族之義。"並言及以名氏爲氏者有"士季者字也，有士氏，又別出爲士季氏"③。又以士丐氏、士季氏、士吉氏、士蔿氏、士貞氏等皆出自春秋晉國士氏之子始以名氏爲復姓而推④，士孫氏或亦當出自士氏，則士孫氏自隋唐已降漸趨消失之緣由，抑或有可能多回省爲士氏矣。

---

①　周曉薇、周瓎：《安陽新出隋〈成氏故士孫夫人墓誌〉研讀》，《華夏考古》2020年第2期，第109—113頁。
②　[唐]林寶撰、岑仲勉校記：《元和姓纂（附四校記）》，北京：中華書局，1994年，第4頁。
③　[宋]鄭樵撰、王樹民點校：《通志二十略》上册，北京：中華書局，1995年，第7頁。
④　[唐]林寶撰、岑仲勉校記：《元和姓纂（附四校記）》，北京：中華書局，1994年，第845—846頁；[宋]鄭樵撰、王樹民點校：《通志二十略》上册，北京：中華書局，1995年，第169頁。

誌文於誌主姓氏"士孫"之"士"字皆寫作"土",中古碑體字中的"土"與"士"多因形近而互爲混用,又古代姓氏有"士孫"而無"土孫",故誌文中的"土孫"皆當作"士孫"。《古今姓氏書辯證》卷22"士孫"曰:"春秋時齊大夫有士孫氏,因所居名其里。魯襄公二十五年,崔杼葬莊公於士孫之里是也。"①史籍所見漢唐時期之士孫氏人物不多,《漢書》卷88《梁丘賀傳》言及"平陵士孫張仲方""張爲博士,至揚州牧,光禄大夫給事中,家世傳業",顏師古注曰:"姓士孫,名張,字仲方。"②平陵即漢之平陵縣,因漢昭帝平陵所在而設置,其地當今咸陽城西平陵鄉。《漢書》卷99下《王莽傳下》又有"太傅犧叔士孫喜清潔江湖之盜賊"云云③。《後漢書》卷66《王允傳》附載:"士孫瑞字君策,扶風人,頗有才謀。瑞以允自專討董卓之勞,故歸功不侯,所以獲免於難。後爲國三老、光禄大夫。每三公缺,楊彪、皇甫嵩皆讓位於瑞。興平二年,從駕東歸,爲亂兵所殺。"④《後漢書》卷9《孝獻帝紀》亦云興平二年(195)十一月庚午,王師敗績,"衛尉士孫瑞"等戰死於東澗。⑤《後漢書》卷34《梁冀傳》云:"扶風人士孫奮居富而性吝,冀因以馬乘遺之,從貸錢五千萬,奮以三千萬與之,冀大怒,乃告郡縣,認奮母爲其守臧婢,云盜白珠十斛、紫金千斤以叛,遂收考奮兄弟,死於獄中,悉没貲財億七千餘萬。"李賢注曰:"摯虞《三輔决録注》曰'士孫奮字景卿,少爲郡五官掾起家,得錢貨至一億七千萬,富聞京師'也。"⑥《魏書》卷71《江悦之傳》附載:"士孫天與,扶風人。以勳封莫西縣開國男,食邑二百戶。拜武功太守。"⑦《南齊書》卷23《褚淵傳》復有"中朝士孫德祖從樂陵遷爲陳留"云云⑧。《水經注》卷37"澧水"條有"王仲宣《贈士孫文始詩》曰悠悠澹澧者也"云云⑨,王仲宣即"建安七子"之一的王粲,士孫文始即士孫瑞之子士孫萌,贈詩見載於《文選》。石刻文獻有三國魏《曹真碑》碑陰題名有"民臨濟令扶風士孫秋鄉伯"與"民中郎扶風士孫□□"⑩,或即東漢士孫瑞之族裔。另有1954年洛陽

---

① [宋]鄧名世撰、王力平點校:《古今姓氏書辯證》卷22,南昌:江西人民出版社,2006年,第330頁。
② 《漢書》卷88《梁丘賀傳》,北京:中華書局,1962年,第3601頁。
③ 《漢書》卷99下《王莽傳下》,北京:中華書局,1962年,第4155頁。
④ 《後漢書》卷66《王允傳附士孫瑞傳》,北京:中華書局,1965年,第2178頁。《舊唐書》卷47《經籍志下》與《新唐書》卷60《藝文志》皆著録有"《士孫瑞集》二卷"。
⑤ 《後漢書》卷9《孝獻帝紀》,北京:中華書局,1965年,第378頁。《三國志》卷6《董二袁劉傳》,北京:中華書局,1965年,第186頁裴松之注云:"《獻帝紀》曰:時尚書令士孫瑞爲亂兵所害。《三輔决録注》曰:瑞字君榮,扶風人,世爲學門。瑞少傳家業,博達無所不通,仕歷顯位。卓既誅,遷大司農,爲國三老。每三公缺,瑞常在選中。太尉周忠、皇甫嵩,司徒淳于嘉、趙温,司空楊彪、張喜等爲公,皆辭拜讓瑞。天子都許,追論瑞功,封子萌澹津亭侯。萌字文始,亦有才學,與王粲善。臨當就國,粲作詩以贈萌,萌有答,在《粲集》中。"[梁]蕭統撰、[唐]李善注:《文選》中册,北京:中華書局,1977年,第334頁王粲《贈士孫文始》李善注云:"《三輔决録》趙岐曰:士孫孺子名萌,字文始,少有才學,年十五,能屬文。初,董卓之誅也,父瑞,知王允必敗,京師不可居,乃命萌將家屬至荊州依劉表。去無幾,果爲李傕等所殺。及天子都許昌,追論誅董卓之功,封萌爲澹津亭侯。與山陽王粲善,萌當就國,粲等各作詩以贈萌,於今詩猶存也。"
⑥ 《後漢書》卷34《梁冀傳》,北京:中華書局,1965年,第1181頁。
⑦ 《魏書》卷71《江悦之傳》,北京:中華書局,1974年,第1591頁。
⑧ 《南齊書》卷23《褚淵傳》,北京:中華書局,1972年,第431頁。
⑨ [北魏]酈道元著、陳橋驛校證:《水經注校證》卷37《澧水》,北京:中華書局,2013年,第829頁。
⑩ [清]陸增祥:《八瓊室金石補正》卷8,北京:文物出版社,1985年,第41頁。

出土晋永寧二年（302）《士孫松女墓誌》云"晋前尚書郎北地傅宣故命婦、秦國士孫松字世蘭翊軍府君之女"①，傅宣見載於《晋書》卷47《傅玄傳》，傅宣乃傅玄侄孫，北地人，字世弘，尚弘農公主。"趙王倫以爲相國掾、尚書郎、太子中舍人"，惠帝時遷黃門郎，懷帝時官至御史中丞。卒年四十九，無嗣。②據《士孫松女墓誌》知傅宣又嘗娶士孫氏爲妻，而士孫氏"前産二子""皆年二歲不育"，故喪葬亦"祔于其母焉"。又"秦國"即晋惠帝時對"扶風國"的改稱③，則"秦國士孫松"即扶風士孫松。《元和姓纂》卷6"士孫氏"云："《漢書》，平陵士孫張爲博士、揚州牧，明《梁邱易》；生仲徹，長安令、左馮翊，生苞。苞生充。曾孫奮，爲郡五官掾。六代孫睚，後漢弘農太守；生瑞，尚書令。瑞生萌，字文始，儀郎、觀津侯，生賢、穎。"④降至隋唐，士孫氏幾湮没無聞，而士氏則漸趨多見矣，莫非士孫氏在隋唐以後始多回省作士氏，則未可知。

今《士孫夫人墓誌》所記士孫夫人父士孫緬"解巾襲爵莫西縣開國男、岐州録事參軍"，莫西縣（即《魏書·地形志》之漠西縣）在魏屬武功郡，在北周屬扶風郡，在隋屬京兆郡，隋開皇十八年（598）始改莫西爲好時，大業三年（607）廢入開皇十七年（597）設置之上宜縣，其地當今陝西乾縣西北。以此推之，士孫緬疑即"以勳封莫西縣開國男"之士孫天與的後裔。唯士孫氏郡望爲扶風，而此士孫氏則爲"涇州安定人"，其地當今甘肅涇川縣北，或爲魏晋以後避亂西徙之士孫氏支脈。"南營州"，《魏書》卷106上《地形志》"南營州"條小注曰："孝昌中營州陷，永熙二年置。寄治英雄城。"⑤南營州廢於隋初，治所英雄城當今河北徐水縣西遂城。"衛大府"當指衛大將軍府，然此衛大將軍者難詳其人。"中兵參軍"爲將軍府的僚屬，品階隨府主地位高低而不等，北魏、北齊皆有設置，北周後廢。"新昌縣"爲南營州遼東郡屬縣，北魏永熙中置，其地當今河北徐水縣。

誌云"遷窆白素之陽"，隋代墓誌所見"白素"地名又有開皇十年（590）《王曜墓誌》"葬於安陽西北白素曲"，開皇十一年（591）《張景略墓誌》"遷窆於相州安陽河北白素曲"，開皇十三年（593）《蘇巋墓誌》"遷於相州北十里鄴縣白素鄉"，開皇十五年（595）《張盛暨妻王氏墓誌》"與先君同窆於相州安陽城北五里白素鄉"⑥，大業二年（606）《張秩

---

① 河南省文化局文物工作隊第二隊：《洛陽晋墓的發掘》，《考古學報》1957年第1期，第169—185頁。此報告對墓誌命名誤作"永寧二年晋尚書郎北地傅宣故命婦傅世蘭女墓誌"，陳直《對"洛陽晋墓的發掘"與"南京近郊六朝墓的清理"兩文的意見》（《考古通訊》1958年第2期，第59—61頁）一文已給予糾正，認爲應標爲"晋士孫松之女墓誌"。又，洛陽市文物工作隊：《洛陽出土歷代墓誌輯繩》，北京：中國社會科學出版社，1991年，第6頁題作"晋前尚書郎命婦（世蘭）墓誌"與毛遠明：《漢魏六朝碑刻校注》第2册，北京：綫裝書局，2008年，第336頁題作"孫松女墓誌"，亦皆誤。
② 《晋書》卷47《傅玄傳》，北京：中華書局，1974年，第1333頁。
③ 《晋書》卷14《地理志上》，北京：中華書局，1974年，第431頁載："惠帝即位，改扶風國爲秦國。"
④ 〔唐〕林寶撰、岑仲勉校記《元和姓纂（附四校記）》卷6，北京：中華書局，1994年，第845頁；〔宋〕鄭樵：《通志二十略》上册，北京：中華書局，1995年，第167頁；〔宋〕鄧名世撰、王力平點校：《古今姓氏書辯證》卷22，南昌：江西人民出版社，2006年，第330頁。
⑤ 《魏書》卷106上《地形志》，北京：中華書局，1974年，第2491頁曰："漢博士平陵侯士孫張，至其孫灌津侯萌之子賢穎，凡十世，有譜系。唐有《士孫瑞集》十卷。"
⑥ 上舉四種墓誌載王其禕、周曉薇：《隋代墓誌銘彙考》第1册，北京：綫裝書局，2007年，第370、380頁；王其禕、周曉薇：《隋代墓誌銘彙考》第2册，北京：綫裝書局，2007年，第110、206頁。

暨妻李氏合葬墓誌》"合葬安陽城西北五里白素鄉"①，則白素曲與白素鄉當爲一地，皆在安陽城北，而"白素之陽"，則應指白素曲所在的安陽城北時屬鄴縣轄地的洹河北岸。另外，"白素"之名在隋代以前似未見出現，故可能是自隋代開始在鄴城出現的新地名，並且當是因緣洹河的一段水流平緩而彎曲的地貌而得名，同時也就有了鄴縣"白素鄉"之設。

又，誌主士孫夫人丈夫姓成氏，唯不詳其郡望。北朝成氏多系胡姓，姚薇元《北朝胡姓考》云："姑臧成氏，出自匈奴介和王成娩之後，以名爲氏，屠各族也。……又盧水胡亦有成氏，見常璩《華陽國志》。劉宋世宗時有酉陽蠻成邪財等起義攻郢州。是南蠻亦有成氏。"②《漢書》有開陵侯成娩，《晋書》有屠各胡成七兒，《魏書》有成粲、成軌、成淹、成霄、成仲慶，皆屬上谷居庸一支。梳理石刻文獻，所見成姓者約有洛陽出土西晋元康元年（291）《成晃墓碑》云"陽平人也"③，此是成氏陽平（今河北大名）一支；洛陽出土北魏延昌四年（515）《顯祖嬪成氏墓誌》云"大魏顯祖成嬪者，代郡平城人也"④，此是成氏平城（今山西大同）一支；北齊天保十年（559）《成犢生造像》云"滕州高密郡瑯琊縣人成都犢生"⑤，此是成氏高密（今山東高密）一支；1990年春於山東省博興縣張官村北出土的北齊天統元年（565）《成天順造像》云"樂陵縣人成天順"⑥，此是成氏樂陵（今山東樂陵）一支；西安出土隋開皇九年（589）《成罕墓誌》與《成備墓誌》皆云"遼西陽洛人"⑦，此是成氏遼西陽洛（今河北盧龍）一支；1979年山東安丘出土大業三年（607）《成惡仁墓誌》"元出幽州涿縣，去大魏建安元年，因官膠州，寄居郚城縣甘露鄉吴音里"⑧，此是成氏由幽州涿縣徙居高密郚城一支；2005年河北邯鄲出土大業三年（607）《成洪顯墓誌》"燕州上谷郡上谷縣安平鄉人，東海公成普定玄孫"⑨，此是成氏上谷（今河北懷來）一支；近日又見晉中地區新出開皇八年（588）《成君墓誌》，署葬地爲"子夏山南七里隱泉谷"⑩，可知是成氏山西汾陽一支。降於唐代，成氏更有著籍於京兆與弘農的分支。此成氏士孫夫人居於安陽，則成氏或亦有安陽一支。而從成氏的分支與移徙來看成氏族群的播遷軌跡，大體是由河北與山西北部向南漸次進入山東與河南，再向西流動到隋唐兩京地區。

士孫本爲小姓，唐代以降更趨於泯滅；成氏亦非大姓，北朝時期特以胡族爲多。

---

① 安陽市文物考古研究所、安陽博物館：《安陽墓誌選編》，北京：科學出版社，2016年，第17頁。
② 姚薇元：《北朝胡姓考》修訂本，北京：中華書局，2007年，第307頁。
③ 趙萬里：《漢魏南北朝墓誌集釋》第3冊，北京：科學出版社，1956年，第3頁下。
④ 趙萬里：《漢魏南北朝墓誌集釋》第3冊，北京：科學出版社，1956年，第16頁上。
⑤ 毛遠明：《漢魏六朝碑刻校注》第9冊，北京：綫裝書局，2008年，第40頁。
⑥ 博興縣文物管理所：《山東博興縣出土北朝造像等佛教遺物》，《考古》1997年第7期，第27—33頁。
⑦ 劉文：《陝西新見隋朝墓誌》，西安：三秦出版社，2018年，第24頁。胡戟、榮新江：《大唐西市博物館藏墓誌》上冊，北京：北京大學出版社，2012年，第26頁。《陝西新見隋朝墓誌》誤"成罕"爲"成罔"。
⑧ 安丘縣博物館：《山東安丘發現隋代墓銘》，《文物》1992年第4期，第96頁；王其禕、周曉薇：《隋代墓誌銘彙考》第3冊，北京：綫裝書局，2007年，233頁。
⑨ 王其禕、周曉薇《隋代墓誌銘彙考》第3冊，北京：綫裝書局，2007年，297頁。
⑩ 據筆者自藏拓本著錄。

《成氏士孫夫人墓誌》不僅記録了隋代定居安陽的成氏一支，而且爲士孫氏亦留存了一例走向消亡前的隋代家族見證，並爲研討成氏與士孫氏兩姓的譜牒與演化提供了珍貴史料。

又，墓誌所見"神穻"的"穻"字同"宇"，"長夜佟佟"的"佟"字應是"攸"的俗別字。

○五一　梁衍暨妻韓氏墓誌（附枕銘）

【基本信息】

梁衍暨妻韓氏墓誌，出土於西安南郊航天城，誌石今存洛陽九朝刻石文字博物館。誌文32行，滿行31字，正書，有方界格。蓋題16字，4行，每行4字，陽文篆書，有方界格。誌石拓本長57釐米、寬57釐米。誌蓋覆斗形，盝頂長45釐米、寬44.5釐米。同時同地所出還有《梁衍枕銘》一石，刊葬時間亦爲開皇十一年（591）十月廿五日，銘文25行，滿行14字，正書，有方界格。拓本長23釐米、寬38.5釐米。墓誌與枕銘圖版載在《書法叢刊》2017年第2期第46—49頁，圖文又見載於齊運通、楊建鋒《洛陽新獲墓誌二〇一五》[1]，劉文《陝西新見隋朝墓誌》[2]，胡海帆、湯燕《1996—2017北京大學圖書館新藏金石拓本菁華（續編）》[3]。研究參詳周曉薇、王其禕《枕上浮生：長安新出隋代〈梁衍墓誌銘〉與枕銘疏證》[4]。

【誌蓋】

大隋故上開府宜陽郡公梁使君之墓誌

【誌文】

大隋故上開府儀同三司宜陽郡公梁君墓誌銘

公諱衍，字慶衍，安定朝那人也。自軒丘膺籙，嘉瑞肇於遊麟；華渚降祥，設官分於命鴈。其有知名曲阜，功預八師；避世箕峯，遺榮万垂。大夫定筭，佐王業於東京；校尉臨戎，建殊勳於西域。基搆連華，欝乎史載。祖允，涇州刺史，譽動縉紳，聲冠蕃牧。父照，任安定本郡太守、東宫左衛率、岐州刺史，振羽承華，芳猷載遠，宣條畿服，遺愛在民。莫不豹蔚當年，鷹揚前代。公降靈純粹，授精房昴，輝含珠澤，三樹照其英華；潤挺鍾山，十德擅其符采。懷鋒穎而夙成，蘊風颷於弱歲。豈直狙丘慭對，龍門揖辯而已。魏大統十四年襲封槐里縣公。周大祖二分定業，三顧求賢，升大階而秉六符，履乘石而隆九命。德舉之選，未易其人。乃召公爲親信都督，既而金石遷響，鼎業惟新，凡厥勤王，皆蒙賞冊。轉帥都督、大都督，六軍之任，絶席尤高；三事之尊，弼諧爲重。詔授車騎大將軍、儀同三司，改封武威公。周武皇帝，志苞宇宙，將壹文軌，席卷東鄰，事符西怨。以公素曉軍謀，引糸帷幄。於是屈指陳筭，拔距訓兵，獻奇正之雄圖，佐經綸之大業。雖復南巢將竄，而軹道未降，漂杵之陣徒嚴，流湯之勢猶阻。公乃率其貔虎，執銳前

---

[1] 齊運通、楊建鋒：《洛陽新獲墓誌二〇一五》，北京：中華書局，2017年，第50頁。
[2] 劉文：《陝西新見隋朝墓誌》，西安：三秦出版社，2018年，第31、34頁。
[3] 胡海帆、湯燕：《1996—2017北京大學圖書館新藏金石拓本菁華（續編）》，北京：北京大學出版社，2018年，第164頁。
[4] 周曉薇、王其禕：《枕上浮生：長安新出隋代〈梁衍墓誌銘〉與枕銘疏證》，杜文玉：《唐史論叢》第21輯，西安：三秦出版社，2015年，第196—211頁。

驅，七步以齊，一戎便定。疇咨懋賞，允答勳庸。大啓旌麾，戎崇僚采。乃授上開府儀同大將軍、司次中大夫、勇猛大夫，公累陟榮塗，智效斯顯。楢薪傳其雅詠，袞黼稱其得人。拜洵州刺史，下車敷政，停軒求瘼。四民悅仁明之化，百姓吟來晚之歌。威被屬城，譽宣蕃牧。皇隋登庸，太室受命，神宗佇夢賢能，咸熙庶政，推轂之選，允歸明德。進爵宜陽郡公，拜蔚州刺史。此州地連亭部，俗迩獯夷，封豕屢侵，射鵰彌勁。公統率輕兵，伐其匈醜，榆溪既靜，柳室咸奔。旬月之間，廓清戎塞。乃授上開府儀同三司，遷澤州刺史。寬猛相濟，績譽兼宣。秋蝗弭飛，春鼉布野。或有未明亢旱，玄稷未登。公靡愛斯牲，親禱羣望，行輪纔動，有弇載興。臨淮愧其懚澤，徐部慙其善化。箱庾增詠，禮節以隆。既石墜武山，流奔逝水，過隟不追，解懸斯促。以開皇十一年六月三日薨于官舍，春秋五十三。皇情軫悼，贈賻有加。夫人韓氏諱□，昌黎人。大將軍普安公歡之女也。世承載德，家有庭訓。質秀夭桃，譽芬流荇。沃盥之儀已肅，闈門之礼弗踰，穆是瑟琴，恭惟朝夕。克廣柔明之範，用享衆多之祚。奉案如賓，冀獲偕老。以大象二年四月廿八日没于京第。塗車在篏，邐此同歸。以開皇十一年歲次辛亥十月廿五日癸酉遷窆于雍州大興縣高望原。乃爲銘曰：

長虹啓瑞，玄鳥吉祥。在虞立德，佐漢傳芳。門承積善，世載賢良。誕兹人傑，英華早秀。譽發紈綺，名峴領袖。氣軼耿賈，志逾馮寇。百金膺選，六郡登朝。時逢版蕩，世屬道消。頻從戎旆，屢被嘉招。聲高絕漠，威橫渡遼。帝業初基，光升後命。龍袞裁篏，熊軒增映。恤隱求民，勝殘爲政。遺愛斯在，去思流詠。百齡遽促，九泉云啓。毁竈戒期，虞筐備礼。頹山已痛，絶絃揮涕。猗猗邦媛，懋是聽從。承親以睦，逮下唯恭。雙鸞掩鏡，兩劍埋鋒。逶遲廣柳，蕭瑟寒松。式刊沉石，永播高蹤。

【枕銘】

大隋故使持節上開府儀同三司澤州諸軍事澤州刺史宜陽郡開國公梁君枕銘

公諱衍，字慶衍，安定朝那人，漢大將軍商之後也。曾祖恒，河州刺史。祖允，涇州刺史、安定縣公。父照，試守本郡，復除使持節、岐州刺史、槐里縣公。公幼号神童，長稱俊士。襟情朗秀，風格□凝。累遷使持節、上開府儀同三司、蔚州刺史、宜陽郡公。奮平東夏，獨擅高勳；近莅北蕃，孤挺清白。胡床掛柱，今去尚存；小駒留廄，昔来猶在。又拜使持節、澤州刺史，餘官爵如故。民迎竹馬，非唯郭汲；詔賜公闕，豈比喬卿。俄而搆疹，至乎大漸。開皇十一年六月己亥奄薨於官，時年五十有三。即以十月廿五日葬於大興縣南高望原。昔馬援之亡交阯，生平已焉；廉頗之喪壽春，悲夫何逮。是知峴山僚吏，終立墜淚之碑；陝外民黎，必有甘棠之頌。嗚呼哀矣，敬爲銘曰：

來晚之歌，仁明之曲。綽餘此詠，盛膺兹録。方弘榮緒，奄隨風燭。仲宣可痛，子吾何酷。空樹悲松，長辭生穀。以期鑴紀，庶流溫玉。

【疏證】

《梁衍墓誌銘》及《梁衍枕銘》出土於西安南郊而流散在民間，至 2017 年入藏洛陽九朝刻石文字博物館。梁衍曾在周隋兩朝任職，史傳與誌文或有可以互證之處。而依據墓誌及枕銘，不僅可以梳理梁衍家族世系與籍貫等情況，亦可發現其葬地"雍州大興縣高望原"之高望原名稱在隋唐以前文獻中迄爲僅見。另外，在墓葬中發現的石刻枕銘，其文字內容幾乎是墓誌銘文字的縮寫，這種功用在中古墓誌史料與墓葬隨葬品中亦似十分罕見，故令人頗饒興趣。謹將梁衍墓誌銘與其枕銘分別予以探討疏證。

根據墓誌內容大約可以梳理出如下需要解讀的問題：

一、梁衍家族世系

《梁衍墓誌》未記其遠祖，僅云其"祖允，涇州刺史""父照，任安定本郡太守、東宫左衛率、岐州刺史"，其父祖二人，史傳皆無載。《梁衍枕銘》則有所補充，云"漢大將軍商之後也。曾祖恆，河州刺史"。曾祖梁恆，史傳亦未見載，而大將軍梁商在東漢則赫赫有名，是武威太守梁統的曾孫，事載《後漢書》卷34《梁統傳》附傳，略云："商字伯夏，雍之子也。少以外戚拜郎中，遷黄門侍郎。永建元年，襲父封乘氏侯。三年，順帝選商女及妹入掖庭，遷侍中、屯騎校尉。陽嘉元年，女立爲皇后，妹爲貴人，加商位特進，更增國土，賜安車駟馬，其歲拜執金吾。二年，封子冀爲襄邑侯，商讓不受。三年，以商爲大將軍，固稱疾不起。四年，使太常桓焉奉策就第即拜，商乃詣闕受命。商自以戚屬居大位，每存謙柔，虚己進賢，辟漢陽巨覽、上黨陳龜爲掾屬，李固、周舉爲從事中郎，於是京師翕然，稱爲良輔，帝委重焉。"①梁商女兒梁妠做了順帝劉保的皇后，梁商的妹妹封爲貴人，梁商以外戚起家，"屬居大位"，且"每存謙柔，虚己進賢""稱爲良輔，帝委重焉"②。若《梁衍枕銘》所記不虚，則梁衍一支乃系出史傳有載的東漢顯赫外戚安定烏氏人梁統、梁松、梁雍、梁商、梁冀一族。又，梁衍子梁玄敏亦有墓誌出土於洛陽，墓誌云"祖昭，魏東宫左衛率、右衛大將軍、岐州刺史、槐里郡開國公……父衍，隨使持節洵蔚澤三州刺史、宜陽郡開國公"，玄敏卒於唐貞觀十八年（644），春秋五十九。武周長壽二年（693）與夫人朱氏合葬於洛州合宫縣平樂鄉。③

二、安定梁氏的舊望與新貫

中古梁氏多以晉大夫梁益耳爲先祖，亦多有稱漢武威太守統或將軍梁冀之後者。梁氏郡望在隋前則概稱安定，即今甘肅涇川縣一帶。《後漢書·梁統傳》云其"安定烏氏人，晉大夫梁益耳，即其先也。統高祖父子都，自河東遷居北地，子都子橋，以貲千萬徙茂陵，至哀、平之末，歸安定"④。《元和姓纂》卷5"梁氏"曰："嬴姓，伯益之後。秦仲有功，周平王封其少子康於夏陽，是爲梁伯。後爲秦所滅，子孫以國爲氏。晉有梁益耳、梁弘、梁由靡，並其後也。"且記梁氏郡望唯安定烏氏一房，曰"漢初以豪族自河東徙烏氏"⑤。又據《魏書》卷113《官氏志》"餘部諸姓內入者"有"拔列氏，後改

---

① 《後漢書》卷34《梁統傳附梁商傳》，北京：中華書局，1965年，第1175頁。
② 《後漢書》卷89《南匈奴列傳》，北京：中華書局，1965年，第2960頁還記述"大將軍梁商以羌胡新反，黨衆初合，難以兵服，宜用招降"的表奏被皇帝採納。
③ 北京圖書館金石組：《北京圖書館藏中國歷代石刻拓本滙編》第18册，鄭州：中州古籍出版社，1989年，第13頁。
④ 《後漢書》卷34《梁統傳》，北京：中華書局，1965年，第1165頁。
⑤ [唐] 林寶撰、岑仲勉校記：《元和姓纂（附四校記）》卷5，北京：中華書局，1994年，第582—583頁。

爲梁氏"①,知梁氏又有本爲涼州西胡一族,即匈奴休屠種之拔列蘭氏。石刻文獻所見隋前安定梁氏甚多,且稱郡望矣多爲安定或安定烏氏,個別有稱安定天水者,蓋將安定郡與天水郡混爲一談矣,詳參《枕上浮生:長安新出隋代〈梁衍墓誌銘〉與枕銘疏證》②。

梁衍墓誌與枕銘皆稱"安定朝那人"。朝那在今寧夏固原東南,烏氏在今甘肅平涼西北,均爲漢代所設安定郡的屬縣,兩縣南北相鄰,皆位於涇水與烏水上游地區。隋代朝那縣猶存,亦屬安定郡,而烏氏縣已於西魏時期廢止。故隋代梁姓稱烏氏人者,皆爲郡望舊稱。如《隋書》梁姓著族,皆爲安定烏氏人,有梁禦、梁睿、梁洋祖孫三代,有梁士彥、梁剛父子,有梁越、梁茂、梁毗、梁敬真四世,有梁茂、梁顯、梁彥光、梁文謙四世。檢隋唐墓誌,案例亦多。③而結合開皇二年(582)《梁暄墓誌》已署新貫洛陽,可以確知安定梁氏之一支在隋唐間已著籍於洛陽。

再以開皇十四年(594)《梁龕墓誌》葬於長安推之,梁氏應有著籍於京兆者,如唐貞觀二十年(646)《隋處士傅叔墓誌》云"夫人京兆梁氏"④。又據《周書·梁昕傳》云:"梁昕字元明,安定烏氏人。世爲關中著姓。其先因官,徙居京兆之盩屋焉。祖重耳,漳縣令。父勸儒,州主簿、冠軍將軍、中散大夫,贈涇州刺史。"⑤據本傳知梁昕一支乃是早在北魏隨著尒朱天光入關,並成爲三輔望族的。以此,則可以推斷,安定梁氏一族先是著籍於長安,再次大概於隋唐之間始有徙籍於洛陽的分支。

關於安定郡與安定縣、烏氏縣、朝那縣的沿革,大致是西漢元鼎三年(前114)析北地郡置安定郡,治高平縣(今寧夏固原縣),領縣十二,有烏氏(今平涼市西北)、安定(今涇川縣北)二縣。東漢三國安定郡改治臨涇縣(今鎮原縣東南),領縣六,有烏氏(烏支)、朝那(今靈臺縣西北)二縣。西晉安定郡改治安定縣,領縣七,有安定、烏氏、朝那三縣。北魏改治臨涇縣,領縣五,有安定、朝那、烏氏(徙置今涇川縣東北)三縣。北周安定郡改治安定縣,領縣三,安定、烏氏、臨涇。朝那縣則改爲西魏新置的安武郡治所。隋代亦治安定縣,領縣七,有安定、朝那二縣,並廢安武郡縣。烏氏縣自隋代始廢。唐代安定郡屬縣有安定縣,而朝那縣亦廢矣。

三、梁衍事略與相關史料

梁衍,史傳未載。誌云"魏大統十四年襲封槐里縣公",西魏時槐里縣爲始平郡治所,當今興平市西,廢於北周。梁衍在西魏襲爵槐里縣,適與其枕銘所記"父照,試守本郡,復除使持節岐州刺史、槐里縣公"相合。誌云周大祖召爲"親信都督""轉帥都督、大都督"。"詔授車騎大將軍、儀同三司,改封武威公"。武威公爲郡公,隋開皇三

---

① 《魏書》卷113《官氏志》,北京:中華書局,1974年,第3007頁。
② 周曉薇、王其褘:《枕上浮生:長安新出隋代〈梁衍墓誌銘〉與枕銘疏證》,杜文玉:《唐史論叢》第21輯,西安:三秦出版社,2015年,第201頁。
③ 周曉薇、王其褘:《枕上浮生:長安新出隋代〈梁衍墓誌銘〉與枕銘疏證》,杜文玉:《唐史論叢》第21輯,西安:三秦出版社,2015年,第202—203頁。
④ 周紹良:《唐代墓誌彙編》上冊,上海:上海古籍出版社,1992年,第88頁。
⑤ 《周書》卷39《梁昕傳》,北京:中華書局,1971年,第695頁。

年（583）廢郡，所屬各縣直隸涼州。大業三年（607）復改州爲郡。周武皇帝"以公素曉軍謀，引參帷幄""公乃率其貔虎，執銳前驅，七步以齊，一戎便定"，不知是指保定四年（564）的東伐北齊戰爭，抑或是建德年間的東伐北齊之戰。"乃授上開府儀同大將軍、司次中大夫、勇猛大夫"，又"拜洵州刺史""威被屬城，譽宣蕃牧"。其對梁衍身歷北周的描述較籠統而空泛，僅載仕履職任而已。入隋之後，梁衍"進爵宜陽郡公，拜蔚州刺史"。宜陽郡初置於北魏孝昌初，廢於隋開皇三年（583），治所在宜陽縣，當今河南宜陽縣西。蔚州，《隋書》卷30《地理志中》雁門郡統縣五，有靈丘縣，小注云："後周置蔚州，又立大昌縣。開皇初郡廢，縣併入焉。大業初州廢。"①誌又云當時蔚州情狀爲"此州地連亭鄣，俗邇獯夷，封豕屢侵，射鵰彌勁"。檢《隋書》卷52《韓僧壽傳》，有如下記述適可佐證："開皇初，拜安州刺史。時擒（韓擒虎）爲廬州總管，朝廷不欲同在淮南，轉爲熊州刺史。後轉蔚州刺史，進爵廣陵郡公。尋以行軍總管擊突厥於雞頭山，破之。後坐事免。數歲，復拜蔚州刺史。突厥甚憚之。"②又有《隋書》卷52《韓洪傳》載："時突厥屢爲邊患，朝廷以洪驍勇，檢校朔州總管事。尋拜代州總管。仁壽元年，突厥達頭可汗犯塞，洪率蔚州刺史劉隆、大將軍李藥王拒之。"③由此可知在隋代開皇至仁壽時期，蔚州的確是"地連亭鄣"，正爲"封豕"與"射鵰"者屢侵之地。梁衍能在"旬月之間，廓清戎塞"，成績顯著，"乃授上開府儀同三司""遷澤州刺史"。梁衍在此任上猶能"寬猛相濟，績譽兼宣"，滅秋蝗，養春蠶，抗旱減災，親自爲百姓祈福。雖然墓誌文詞或有諛墓之嫌，然或抑確有值得稱頌的功績。

四、葬地雍州大興縣高望原

誌云梁衍以開皇十一年（591）六月三日薨於官舍，春秋五十三。"以開皇十一年歲次辛亥十月廿五日癸酉遷窆于雍州大興縣高望原"，枕銘亦曰"以十月廿五日葬於大興縣南高望原"。因墓誌與枕銘的出土地不詳，又遍檢周、隋時期碑誌及傳世文獻，"高望原"之名在唐宋以前略無二例，故"大興縣高望原"之地理位域需要特別討論。首先，高望原屬大興縣，當位於長安城之東南，適與位於長安城西南的轄於長安縣的高陽原遙遙相對。其次，北周天和三年（568）《宇文正母拓跋氏墓誌》曰"窆于雍州京兆郡萬年縣高望里之山"④，唐貞觀十九年（645）《謝統師暨妻姬氏墓誌》曰"同窆於雍州萬年縣高望里"⑤，唐總章元年（668）《王德表妻辛媛墓誌》曰"權厝於雍州明堂縣義善鄉高望里"⑥，唐長壽三年（694）《鄒鸎昉墓誌》曰"葬於城南高望之

---

① 《隋書》卷30《地理志中》，北京：中華書局，1973年，第853頁。
② 《隋書》卷52《韓僧壽傳》，北京：中華書局，1973年，第1342頁。
③ 《隋書》卷52《韓洪傳》，北京：中華書局，1973年，第1342—1343頁。
④ 吳振鋒：《字里千秋：新見碑誌拓片集粹》，西安：陝西師範大學出版社，2017年，第9頁。
⑤ 趙力光：《西安碑林博物館新藏墓誌續編》上冊，西安：陝西師範大學出版總社有限公司，2014年，第61頁。
⑥ 齊運通、楊建鋒：《洛陽新獲墓誌二〇一五》，北京：中華書局，2017年，第92頁。誌文在葬地一行右側加注小字云"萬年縣王府君之舊塋禮也"。顯慶六年（661）辛媛夫《王德表墓誌》載在《洛陽新獲墓誌二〇一五》第85頁，所記葬地爲"雍州萬年縣少陵原之舊塋"。

平原"①，唐大和八年（834）《太府寺主簿弘農楊逈墓誌》曰"合安厝於萬年縣高平鄉高望里附先塋"②，是知北周時萬年縣所轄已有"高望里"，唐代亦多見萬年縣"高望里"名，且知所屬有高平鄉。高平鄉在唐代位於鳳棲原與少陵原之間。因爲同在大興縣（唐改萬年縣）域，故隋之高望原與北周之高望里及唐之高望里是否有直接的遞嬗關聯，值得措意。從地域的一致性推斷，北周之高望里與唐之高望里也應該就在隋代的高望原之地，故前舉唐代墓誌所謂"葬於城南高望之平原"，也應該是指葬於城南高望里所在之平原，亦即周隋之小陵原及唐代之少陵原（亦稱鳳棲原），曰高望里之山，或曰高望之平原，都是指高望原，相對於東西兩側滻河、樊川而言，可以稱山稱原，而就原上而言，則是一望平地。再次，追溯以"堆"爲稱謂的"高望堆"一名的出現，大約最早可見《文選》卷10《紀行下·潘安仁西征賦一首》云"憑高望之陽隈，體川陸之汙隆"，李善注云："《長安圖》曰：高望堆，延興門南八里。"③以此可知《長安圖》的時代當不晚於初唐。不過在整個唐代，"高望堆"的稱謂依然絕少見到，直到宋代才在以地理爲主的文獻中較多出現"高望堆"的地名。《太平御覽》卷56《地部二十一·堆》云："《長安圖》曰：高望堆，在延興門南八里。"④《太平寰宇記》卷25《關西道·雍州》"萬年縣"記："高望堆。潘岳《西征賦》云'憑高望之陽隈'是也。"⑤宋敏求《長安志》卷11"萬年"又曰："高望堆。《長安圖》曰在延興門南八里。潘岳《西征賦》曰'馮高望之陽隈'。"⑥張禮《遊城南記》則説："出啓夏門，覽南郊百神、靈星三壇。次杜光村。東南歷仇家莊。過高望，西南行，至蕭灌墓，讀碑。"⑦據張禮注知三壇的方位大約在啓夏門外西南二里。杜光村即今之南窯村，大體方位在今少陵原西畔、北坡村北的華嚴寺附近。仇家莊即唐代宦官仇士良別業及墓塋所在，其南爲郭子儀墓，西南是長孫無忌墓，郭子儀父郭敬之與其所尚昇平公主墓碑亦皆在附近。高望即高望堆，蕭灌墓在高望堆西南坡下，即今焦村所在，亦即高望堆在今焦村東北。元代駱天驤《類編長安志》卷10"石刻"述及《唐贈太保郭敬之碑》亦云："在鳳棲原高望堆墳前，見存。"⑧至明清已降，"高望堆"之名於地志文獻中恒見矣。然"高望原"名稱的出現，據筆者所見，隋唐以後最早的傳世文獻當是元代李好文的《長安志圖》，其卷上"城南名勝古迹圖"中赫然標示出"高望原"的字樣⑨，其地理方位約在曲江的東南、長孫無忌墓與郭子儀墓的西北。此地與《長安志》謂高望堆"在延興門南八里"之説差相符合。由此可知高望堆即高望原，其地在唐又適與鳳棲原與少陵原之間的地理方位相契合。今之高望堆村猶存，方位正在曲江直

---

① 西安市文物稽查隊：《西安新獲墓誌集萃》，北京：文物出版社，2016年，第102頁。
② 周紹良：《唐代墓誌彙編》下冊，上海：上海古籍出版社，1992年，第2151頁。
③ [梁]蕭統編、[唐]李善注：《文選》上冊，北京：中華書局，1977年，第160頁。
④ [宋]李昉等：《太平御覽》，北京：中華書局，1960年，第273頁。
⑤ [宋]樂史撰、王文楚等點校：《太平寰宇記》，北京：中華書局，2007年，第523頁。
⑥ [宋]宋敏求撰，辛德勇、郎潔點校：《長安志》，西安：三秦出版社，2013年，第362頁。
⑦ [宋]張禮撰，史念海、曹爾琴校注：《遊城南記校注》，西安：三秦出版社，2006年，第87—96頁。
⑧ [元]駱天驤撰、黃永年點校：《類編長安志》，北京：中華書局，1990年，第310頁。
⑨ [元]李好文撰，辛德勇、郎潔點校：《長安志圖》，西安：三秦出版社，2013年，第24頁。

南約 3.5 公里、華嚴寺直北約 3.5 公里及杜陵西南亦約 3.5 公里的交匯處，推其村名由來，當即源自地處古之高望堆或高望原之故。由此推之，長安城南有高望之名蓋緣起於晉代"馮高望之陽隄"，至北周則出現高望里之鄉里名稱，隋代始出現高望原之自然地理名稱，唐代皆予承襲，宋元以後又出現高望堆名，而其大致地理區域應該就在今高望堆村一帶。

五、梁衍妻韓氏爲韓歡之女

誌云："夫人韓氏，昌黎人。大將軍普安公歡之女也。"韓歡，正史無傳，唯《周書》卷 12《齊煬王憲傳》與卷 29《劉雄傳》皆載天和六年（571）"大將軍韓歡"與齊將段孝先交戰不利一事。韓歡即匹婁歡，其墓誌刊葬於北周建德元年（572），所記生平頗詳，史事亦可與上引《周書》互證。①

有關枕銘文字的補充考訂。據悉《梁衍枕銘》正面一如其背面，無有凹陷且十分光潔，質地似爲青磚。顯而易見，這方枕銘既是《梁衍墓誌》的簡寫，又對墓誌有所補充。如《梁衍墓誌》僅叙述了梁衍的祖、父輩，而《枕銘》則補充了遠祖、曾祖，從而使其家族世系脈絡有了縱向延伸。再從出土《梁衍枕銘》這一特殊情形來考察，核檢南北朝隋唐出土墓誌資料，在墓葬中發現供死者使用的石枕且鐫刻有"枕銘"者，似僅此一例，因而應予特別關注。《梁衍枕銘》的內容猶如墓誌銘文，字數較長，兼具誌墓性質，而傳世文獻所見的枕銘文字則大多片言隻語，內含豐富，如同座右銘一般，旨在砥礪主人在日常生活中的正己修身和爲人處事，故這些枕銘是不作爲葬具出現的。

如果要在性質、功用、內容上尋找可以與《梁衍枕銘》直接相較者，或許 2009 年河南省安陽縣安豐鄉西高穴村曹操高陵所出的長方形石枕最有典型意義，其背面題刻"魏武王常所用慰項石"，慰者，安也，適也，即使頸項得以安適。安陽高陵的主人已經國家文物局證實，可知此石枕確是曹操棺床上的葬具，只是在形狀上梁衍的枕銘不是正面有放置脖項凹槽的枕形條石，而是如同漢磚一樣的六面平直的長方體條石。另外，從曹操的慰項石到梁衍的枕銘，在文字內容上有了很大不同，即曹操的慰項石僅僅點明了它的功用和所有者，而梁衍的枕銘石除却點明其功用，竟還將墓誌文簡約地記錄在上面，這是最大的功用性質上的變化，值得重視，畢竟明確以"枕銘"爲首題的墓誌文字僅此一見。另外，還有一條史料不妨在此一提，即西晉葛洪《西京雜記》卷 6 "哀王冢"條云：

---

① 誌云："公諱歡，字婁歡，雲州盛樂人也。……大統三年中，征沙苑有功，加封八百，進爵爲公，授衛大將軍帥都督，除恒農郡守……俄轉大都督，尋加車騎大將軍、儀同三司，賜姓匹婁氏。……皇周應曆，大弘褒賞。授使持節、驃騎大將軍、開府儀同三司，改封普安縣開國公。"又云："天和五年，授大將軍。屬東齊背約，竞我汾方。公受委臨戎，志在清復。於姚襄交戰，爲流矢所中。還京增疾，翻成大漸。春秋六十有三，以天和七年正月廿五日薨於京師之第。"參詳北京圖書館金石組：《北京圖書館藏中國歷代石刻拓本滙編》第 8 冊，鄭州：中州古籍出版社，1989 年，第 160 頁。《周書》卷 12《齊煬王憲傳》，北京：中華書局，1971 年，第 189 頁云："（天和）六年，乃遣憲率衆二萬，出自龍門。……憲自入兩乳穀，襲克齊柏社城，進軍姚襄。齊人嬰城固守。憲使柱國、譚公會築石殿城，以爲汾州之援。齊平原王段孝先、蘭陵王高長恭引兵大至，憲命將士陣而待之。大將軍韓歡爲齊人所乘，遂以奔退，憲身自督戰，齊衆稍却。"

哀王冢，以鐵灌其上，穿鑿三日乃開。有黃氣如霧，觸人鼻目，皆辛苦不可入。以兵守之，七日乃歇。初至一戶，無扃鑰。石牀方四尺，牀上有石几，左右各三石人立侍，皆武冠帶劍。復入一戶，石扉有關鑰，叩開，見棺柩，黑光照人。刀斫不入，燒鋸截之，乃漆雜兕革爲棺，厚數寸，累積十餘重，力不能開，乃止。復入一戶，以石扉，開鑰得石牀，方七尺。石屏風、銅帳鑄一具，或在牀上，或在地下，似是帳麋朽，而銅鑄墮落。牀上石枕一枚，塵埃朏朏，甚高，似是衣服。牀左右石婦人各二十，悉皆立侍，或有執巾櫛鏡鑷之象，或有執盤奉食之形。無餘異物，但有鐵鏡數百枚。①

作爲逸聞雜鈔，葛洪充滿神秘的記述雖然不一定就是先秦時期魏哀王冢內的葬制寫照，但以之推勘漢晋間葬俗，其有以石枕爲葬具者，應該是可信的，儘管在考古中尚少見到中古時期的墓葬中出土石枕。因此，曹操高陵所出石枕的情況也應該是淵源有自而不會是孤例。

與《梁衍墓誌銘》相比較，《梁衍枕銘》在文辭上基本上是墓誌銘內容的凝煉。譬如"奮平東夏，獨擅高勳；近莅北蕃，孤挺清白。胡床掛柱，今去尚存；小駒留廄，昔來猶在"的敘述，恰當的利用幾則典故，總結梁衍在"累遷使持節、上開府儀同三司、蔚州刺史、宜陽郡公"職任上的功績。"胡床掛柱"，講得是三國時期魏國"爲人材博，有雅（要）容"的裴潛，在離開兗州職任時，將自製胡床"留以掛柱"②，以此契合梁衍在任蔚州刺史的艱苦環境中，留下了以身作則、廉政清白的好名聲。北周庾信撰《宇文顯墓誌》亦曰："在州遘疾，解任還朝。小馬留廄，餘床掛柱。吏民扳戀，刊石陘山。"③則又知以掛柱與留廄爲用典對句大概始於庾信，而《梁衍枕銘》的對句似乎也是受到了庾信的影響。枕銘又云"又拜使持節澤州刺史，餘官爵如故。民迎竹馬，非唯郭伋；詔賜公闈，豈比喬卿"，則用了東漢郭伋（汲）與郭喬卿的事迹來比附梁衍的執政是如何地受到民衆擁戴④。凡此種種，都説明梁衍枕銘的作用不但是對其墓誌銘的補充，且在文辭上更趨生動華麗，使人讀起來更饒文學趣味。至於此種或可視之爲"枕上浮生"性質與內涵的枕銘，何以所見稀缺？則還需再做審慎追究。

最後還須指出枕銘中的一處謬誤，即"開皇十一年六月己亥奄薨於官"，墓誌作"以開皇十一年六月三日薨于官舍"，檢《二十史朔閏表》，開皇十一年（591）六月爲辛亥朔，三日值癸丑，且六月無"己亥"日，當以墓誌作"六月三日"爲準。

---

① ［晋］葛洪撰、周天遊校注：《西京雜記》，西安：三秦出版社，2006年，第259—260頁。
② 《三國志》卷23《魏書·裴潛傳》小注［一］，北京：中華書局，1959年，第673頁載："《魏略》曰：（裴）潛爲兗州時，嘗作一胡床，及其去也，留以掛柱。又以父在京師，出入薄輂車；群弟之田廬，常步行；家人小大或並日而食；其家教上下相奉，事有似于石奮。其履檢校度，自魏興少能及者。潛爲人材博，有雅（要）容，然但如此而已，終無所推進，故世歸其實而不宗其餘。"
③ 王其禕、李舉綱：《新出土北周建德二年庾信撰〈宇文顯墓誌銘〉勘證》，西安碑林博物館：《紀念西安碑林九百二十週年華誕國際學術研討會論文集》，北京：文物出版社，2008年，第491頁。該墓誌亦載在《庾子山集》卷15與《文苑英華》卷947。
④ 郭伋，見《後漢書》卷31《郭伋傳》，北京：中華書局，1965年，第1092—1093頁。郭喬卿，見《後漢書》卷26《郭喬卿傳》，北京：中華書局，1965年，第908—909頁。

○五二　裴遺業墓誌

【基本信息】

裴遺業墓誌，出土於山西襄汾縣，2012年12月入藏西安碑林博物館。誌石兩面刻字，誌文總計37行，滿行19字，正書，有方界格。誌石拓本長43.5釐米、寬45.5釐米。誌蓋陰面拓本長43.5釐米、寬45釐米。或云誌文後半部分文字轉刻於墓誌蓋陰面，而墓誌蓋陽面拓本未見，據説無蓋題，誌蓋呈覆斗形，唯四周有簡約幾何形綫刻紋飾。墓誌圖版載在趙文成、趙君平《秦晉豫新出墓誌蒐佚續編》[①]。研究參詳王其褘、周曉薇《新出北齊聘高麗使主〈裴遺業墓誌〉疏證》[②]。

【誌文】

齊故員外散騎常侍裴君墓誌銘
君諱遺業，字遺業，河東聞喜人也。玄鳥降瑞，黃虵分祖，清風邁于八王，藻績志於三國，冠冕海内，可得略言。曾祖保歡，秀才早喪，褒然舉首，擅美甲科。祖良，散騎常侍、汾州刺史、太府卿，贈雍州刺史、吏部尚書、尚書右僕射，樹德立功，儀形百辟，弘風導俗，宣舉六條。父子昇，奉朝請、荆州外兵參軍，年廿徂逝，方騁鵬翻，忽窮鴻漸，才明年壽，惜在不俱。君弱歲早孤，孝聞鄉里，神彩秀發，氣調高奇，聽樂知音，妙合於銅尺；傳家篤學，不媿于金籯。聲價競馳，風流自遠，公府交辟，玉帛迭來。齊河清元年，乃就征爲開府元岔參軍事，尋加明威將軍。江左雜號，自有銀章；晉世參軍，不拜都督。廼瞻遼浿，窮地之險，俗攝扶餘，境苞肅慎，懷來殊域，良資使乎。武平元年，兼員外散騎常侍，聘高麗使主。昔南越喻旨，遂受金裝；西域鑿空，止傳邛杖。豈如申威萬里，克服九夷，既有玄菟之功，不賣盧龍之賞。四年，加建節將軍。俄而長平垂翅，函谷無涇，運革鼎移，隨時告老。孤竹君之讓子，值殷王而永遁；商洛山之隱客，經漢興而未歸。開皇三年，刺史龍門公建旟求莫，妙選賢明，以州都右望，早辭相待。君顧此徒勞，稱疾解退，優遊名教，服膺典禮，温恭昆弟，貽訓子孫。追石慶之家風，躡陳寔之門法。爰降詔使，表義旌閭，宗族稱榮，耆舊長歎。樂天知命，澹乎淵靜，桐君之録何言，鴻珤之篇無驗。開皇十年八月廿七日遘疾卒于豐義里，春秋六十三，言尋遺事，但得玄經，還望荒庭，唯餘衰竹。粵以十一年十一月七日葬於舊塋。高陽題里，逸民封墓，陵谷或遷，縑緗有蠹。乃爲銘曰：
昆田琛物，后土神光。山川靈異，英彥連芳。我承餘祉，不忝珪璋。西河成學，北冀賓王。幕府曳裾，海隅銜命。楛矢無闕，貊弓唯令。不煩明友，何勞去病。秦征和璧，齊

---

① 趙文成、趙君平：《秦晉豫新出墓誌蒐佚續編》第1册，北京：國家圖書館出版社，2015年，第170頁。
② 王其褘、周曉薇：《新出北齊聘高麗使主〈裴遺業墓誌〉疏證》，《北方文物》2012年第2期，第66—69頁。

亡玉鏡。於此告歸，自斯知止。州后致辟，固辭乃已。義櫛明世，名垂惇史。文德先生，宣明君子。時同電奔，天道寧論。玄扃永閟，白日恒昏。煙凝石闕，風慘山門。唯當孤鳥，啼對幽魂。

一子君洽

【疏證】

裴遺業字遺業，河東聞喜人，曾祖保歡，祖良，父子升，子君洽。裴遺業出仕於北齊河清元年（562），初在元盆幕府任參軍事，復加雜號明威將軍，嘗出使東北遼浿地區的扶餘、肅慎舊地，於武平元年（570）兼員外散騎常侍，並擔任聘高麗使主，遂建"懷來殊域""申威萬里，克服九夷"之功。武平四年（573）加建節將軍，直至北齊滅亡。隋開皇三年（583），爲刺史龍門公所器重，然稱疾解退，受到朝廷旌表，後優游終老。開皇十年（590）卒於豐義里，享年六十三，開皇十一年（591）葬在舊塋。從墓誌文中揭示的信息，可資探討裴遺業一支世系與人物，可考知其族望與舊塋，亦可追蹤其出使高麗之史實等。

先將裴遺業家族世系予以梳理。聞喜裴氏是河東聲名顯赫的世家大族，歷魏晉六朝，裴氏終於完成了奠定望族、房分五派的號稱"三祖八王"的世族家系。檢《新唐書》卷71上《宰相世系表一上》"裴氏"，可知裴遺業的曾祖裴保歡一系乃出自裴氏中眷房的裴萬虎一支，而《元和姓纂》則失載焉。保歡爲萬虎長子，良爲保歡長子，字元賓，後魏太府卿，諡貞①。唯《新唐書》卷71上《宰相世系表一上》僅記裴良二子裴子通與裴叔祉，而不載子升及其子遺業、孫君洽一脈，適可據《裴遺業墓誌》以補備。裴遺業祖裴良在《魏書》《北史》有傳附裴延儁，而《裴良墓誌》亦於1986年出土，復可多所補備史傳之不足②。如墓誌所記裴良八子情況，適可補《新唐書》卷71上《宰相世系表一上》中眷裴氏萬虎支之闕略與竄亂③。又裴良本傳與墓誌所記官職皆合，唯本傳與墓誌中所記贈官皆作"尚書僕射"，而《裴遺業墓誌》則作"尚書右僕射"，稍異。另外，《新唐書》卷71上《宰相世系表一上》未記萬虎與保歡官職，據墓誌知保歡未仕蓋緣"秀才早喪"焉，《裴良墓誌》亦云："祖諱虎，河北太守。父諱保歡，少舉秀才，早喪。"遺業父子升亦華年夭亡，卒官奉朝請、荆州外兵參軍。據《裴良墓誌》云："第三子子升，字仲仙，

---

① 《新唐書》卷71上《宰相世系表一上》，北京：中華書局，1975年，第2209頁。
② 《裴良墓誌》1986年出土於山西省襄汾縣永固村，研究文字見李學文：《山西襄汾出土東魏天平二年裴良墓誌》，《文物》1990年第12期，第86—90頁；周錚：《裴良墓誌考》，《北朝研究》1994年第1期；羅新、葉煒：《新出魏晋南北朝墓誌疏證》修訂本，北京：中華書局，2016年，第190—197頁；毛遠明：《漢魏六朝碑刻校注》第9冊，北京：綫裝書局，2008年，第362—368頁。又有裴良第二子子誕、第四子子通、第六子子休三人墓誌亦在同地出土，參詳運城地區河東博物館：《晋南發現北齊裴子誕兄弟墓誌》，《考古》1994年第4期，第338—342頁；楊明珠、楊高雲：《北齊裴子誕兄弟三人墓誌略探》，《北朝研究》1993年第3期等。
③ 據《裴良墓誌》知良八子依次爲：長子懇字建扶，第二子誕字仲睿，第三子子升字仲仙，第四子子通字叔靈，第五子子祥字叔祉，第六子子休字季祥，第七子子闡字季猷，第八子輔冀。又據《裴子誕墓誌》知其無子而收養輔冀子思道。據《裴子通墓誌》知其有子六人，長子棱字神通，次子倣字虔道，外嗣第二兄誕後，次子深字玄道，次子侃字政道，次子戎字浚道，次子寬字弘道。

奉朝請、荆州衛軍府外兵參軍，以去永安三年在州亡，年廿四。妻隴西李氏"，可知裴子升字仲仙，卒在永安三年（530），享齡二十四歲，娶妻隴西李氏，復知《裴遺業墓誌》所言子升"年廿徂逝"乃爲約數。又推其生年，當與其兄子誕爲孿生。①再據裴延儁本傳"延儁從祖弟良，字元賓"②云云，可知延儁系出裴雙虎支，爲雙虎孫，故與裴良爲從祖兄弟。

其次是裴遺業一系族望所出與舊塋所在。《裴遺業墓誌》云"河東聞喜人"，裴子誕與裴子通墓誌以及《魏書》裴延儁本傳皆同，而《裴子休墓誌》則作"正平聞喜人"。"正平"之說，見《魏書》卷106上《地形志上》"正平郡"小注云："故南太平，神䴥元年改爲征平，太和十八年復。"領聞喜、曲沃二縣，"聞喜"下小注云："二漢、晉屬河東，後屬。"③後"因東、西魏分裂，正平郡被分隔，一個有郡無縣，一個有縣無郡，於是北周新置絳郡及正平郡，以領聞喜、曲沃二縣；北齊則移原屬平陽郡之臨汾縣至正平郡城新置臨汾縣以隸正平郡。然則此北齊正平郡只領一臨汾縣也"④。又《隋書》卷30《地理志中》"絳郡"屬縣有正平、曲沃、聞喜，其正平縣小注云："舊曰臨汾，屬正平郡。開皇初郡廢，十八年縣改名焉。大業初置絳郡。"⑤開皇十一年（591）《裴子通墓誌》亦云子通北齊時"敕除右將軍、正平太守、當郡都督。正平，魏初分置，即君之本郡也"。合此，可知"正平"乃隋代以前舊稱，而《裴子休墓誌》撰於開皇五年（585），不當更稱"正平"焉。再據武平二年（571）《裴良墓誌》"河東聞喜桐鄉高陽里人也"，復可詳雙虎支籍貫地之鄉里所在，且與《裴遺業墓誌》所謂"高陽題里，逸民封墓"之說正相契合。

至於舊塋之所在，《裴遺業墓誌》只言"葬於舊塋"，開皇十一年（591）《裴子通墓誌》則云"合葬於汾亘舊塋"，開皇五年（585）《裴子休墓誌》亦云"厝于汾絙原"，而北齊武平二年（571）《裴良墓誌》與《裴子誕墓誌》則皆云葬於"臨汾城東北五里汾絙堆之陽"，亦即墓誌的出土地今山西省襄汾縣永固村。由此亦可證得《裴遺業墓誌》亦當於此地出土，而其所謂"舊塋"，當就裴良葬地所在臨汾城而言，並非是指的雙虎支家族墓地所在的絳州正平郡。⑥另外，《裴遺業墓誌》所言"卒于豐義里"，《裴子休墓誌》所言"罹患終於家"，《裴子通墓誌》所言"薨于陽城鄉之豐義里"，當同屬一地，蓋即裴良夫婦卒世之鄴城。

尤需說明的是裴遺業出使高麗的史事。誌文渲染鋪叙最多的是裴遺業出使高麗、建功遼浿的事迹。誌云："齊河清元年，乃就征爲開府元岔參軍事，尋加明威將軍。江左雜號，自有銀章；晉世參軍，不拜都督。乃瞻遼浿，窮地之險，俗攝扶餘，境苞肅慎，懷來殊域，良資使乎。武平元年，兼員外散騎常侍，聘高麗使主。昔南越喻旨，遂受金裝；

---

① 羅新、葉煒：《新出魏晉南北朝墓誌疏證》修訂本，北京：中華書局，2016年，第190、198頁。
② 《魏書》卷69《裴延儁傳》，北京：中華書局，1974年，第1531頁。
③ 《魏書》卷106上《地形志上》，北京：中華書局，1974年，第2485頁。
④ 施和金：《北齊地理志》上册，北京：中華書局，2008年，第228頁；參詳王仲犖《北周地理志》。
⑤ 《隋書》卷30《地理志中》，北京：中華書局，1973年，第850頁。
⑥ 羅新、葉煒：《新出魏晉南北朝墓誌疏證》修訂本，北京：中華書局，2016年，第196—197頁。

西域鑿空，止傳邛杖。豈如申威萬里，克服九夷，既有玄菟之功，不賣盧龍之賞。四年，加建節將軍。"銘文亦云："幕府曳裾，海隅銜命。楛矢無闕，貊弓唯令。不煩明友，何勞去病。"裴遺業於北齊武平元年（570）以兼員外散騎常侍身份銜命海隅、聘使高麗而懷來東夷之舉，爲史籍所闕載，亦爲金富軾撰寫的三韓古史《三國史記》所不記。又且史籍中更未見有一例稱名爲"聘高麗使主"或使副者，倒是聘梁、聘陳、聘齊、聘周的使主或使副較多見，聘使主蓋即受到某國邀請而被任命出訪或訪問某國的大使或使臣，使副即副使。

　　東夷諸國，在漢魏晉宋尤其是北魏統一以後以迄於齊周隋唐時期，往來中夏，常通使驛，朝貢不絶，亦自不免時有互遣聘使之役。其中與高麗的和平相處和聘使友好往來尤見顯著，亦可以見證彼時高麗的强盛和中原王朝對它的重視。以裴遺業所處的北齊爲統計，《北齊書》所見高麗國遣使朝貢凡六次，依序爲天保元年（550）六月己卯、天保二年（551）五月丁亥、天保六年（555）十一月丙戌、河清三年（564）、天統元年（565）、武平四年（573）①。而外，又有三韓舊地中的百濟、新羅以及東北夷的肅慎、靺羯、靺鞨、契丹等國，亦連年遣使來獻方物。北齊時期還分別册拜高麗王成、湯父子二人爲東夷校尉，即天保元年（550）"九月癸丑，以散騎常侍、車騎將軍、領東夷校尉、遼東郡開國公、高麗王成爲使持節、侍中、驃騎大將軍、領護東夷校尉，王、公如故"②，乾明元年（560）二月"又以高麗王世子湯爲使持節、領東夷校尉、遼東郡公、高麗王"③。降及北周，武帝又於建德六年（577）"拜湯爲上開府儀同大將軍、遼東郡開國公、遼東王"④，隋代建立，高麗依舊"歲遣使朝貢不絶"，僅開皇前三年就嘗六度遣使來朝及貢獻方物，隋文帝更在開皇元年（581）十二月"壬寅，高麗王高陽遣使朝貢，授陽大將軍、遼東郡公"時，復"改封高麗王"⑤。凡此，皆可以見證彼時北齊王朝到隋代前期與高麗等東夷諸國之密切而良好之關係。今知裴遺業在武平元年（570）亦嘗任"聘高麗使主"，正可爲研討彼時之國家關係史添一新事迹與新人物。又推測是年高麗國或有來聘以求修

---

　①　金富軾《三國史記》所記遣使朝貢北齊亦爲六次，即陽原王六年、七年、十一年和平原王六年、七年、十五年，時間與《北齊書》全同，故史料蓋從《北齊書》來。

　②　《北齊書》卷4《文宣帝紀》，北京：中華書局，1972年，第53—54頁。《北史》卷94《高麗傳》，北京：中華書局，1974年，第3114—3115頁云："延死，子成立。訖于武定已來，其貢使無歲不至。大統十二年，遣使至西魏朝貢。及齊受東魏禪之歲，遣使朝貢於齊。齊文宣加成使持節、侍中、驃騎大將軍、領東夷校尉、遼東郡公、高麗王如故。"

　③　《北齊書》卷5《廢帝紀》，北京：中華書局，1972年，第75頁。《北史》卷94《高麗傳》，北京：中華書局，1974年，第3115頁云："成死，子湯立。乾明元年，齊廢帝以湯爲使持節、領東夷校尉、遼東郡公、高麗王。"

　④　《周書》卷49《異域上·高麗》，北京：中華書局，1971年，第885頁。《隋書》卷81《東夷·高麗》，北京：中華書局，1974年，第1814頁云："璉六世孫湯，在周遣使朝貢，武帝拜湯上開府、遼東郡公、遼東王。"《北史》卷94《高麗傳》，北京：中華書局，1974年，第3115頁云："周建德六年，湯遣使至周，武帝以湯爲上開府儀同大將軍、遼東郡開國公、遼東王。"

　⑤　《隋書》卷1《高祖上》，北京：中華書局，1974年，第16頁。《隋書》卷81《東夷·高麗》，北京：中華書局，1974年，第1814—1815頁云："高祖受禪，湯復遣使詣闕，進授大將軍，改封高麗王。歲遣使朝貢不絶。……開皇初，頻有使入朝。及平陳之後，湯大懼，治兵積穀，爲守拒之策。"《北史》卷94《高麗傳》，北京：中華書局，1974年，第3115頁云："隋文帝受禪，湯遣使詣闕，進授大將軍，改封高麗王。自是，歲遣使朝貢不絶。"

睦鄰友好之請，北齊朝遂選裴遺業爲使主而報聘於高麗①。又或"在北魏末年，干戈擾攘，有很多中原人民流離失所，逃往到高句麗"②，至有當時遣使高麗者，乃負有"求魏末流人"之使命。無獨有偶，史載北齊竟也有一位出使高麗者，他叫崔柳。《北史》卷94《高麗傳》云："天保三年，文宣至營州，使博陵崔柳使於高麗，求魏末流人。敕柳曰：'若不從者，以便宜從事。'及至，不見許。柳張目叱之，拳擊（高麗王）成墜於床下，成左右雀息不敢動，乃謝服，柳以五千戶反命。"③以是推之，十八年後的裴遺業聘使高麗，是否也擔負著"求魏末流人"的使命也説不定。

至於誌文中所見"遼浿""扶餘""肅慎""玄菟""楛矢""貊弓""孤竹""桐君"等詞語，亦皆可資尋繹其詞源、詞義、語境及其史事背景等。譬如"遼浿"一詞，乃多見用於唐人文字，唐太宗貞觀十九年（645）《降高麗頒示天下詔》："積甲齊於熊耳，獲庚方於海陵。建十州之旗，各復於桑梓；反三韓之士，不易於農肆。焚櫬錫爵，驅馳遼浿之間；鑿井耕田，編列弁辰之野。"④唐調露元年（679）《泉男生墓誌》："以順圖逆，克清遼浿之濱。"⑤唐垂拱元年（685）《李謹行墓誌》："揚旌遼浿，殲妖寇以橫行。"⑥唐開元六年（718）《馬懷素墓誌》："貞觀中，以有事遼浿，策名勳府。"⑦今據《裴遺業墓誌》，可將其詞源上溯到隋代。另外，還有一個人物可予考察，即誌文"開皇三年，刺史龍門公建旗求莫，妙選賢明"中的龍門公，揆諸文獻，此開皇三年（583）之龍門公疑即王長述，據《隋書》本傳知王長述封龍門郡公當在西魏，歷周隋而猶未改封。開皇初爲益州行軍總管，卒贈冀州刺史，諡曰莊公。⑧

---

① 史籍所見奉使高麗者，在北魏與隋唐多有之，而北齊、北周與南朝的梁、陳則少見。唐貞觀十五年（641）有陳大德出使高麗並撰寫《奉使高麗記》1卷，見《舊唐書》卷46《經籍志》與《新唐書》卷58《藝文志》。其所記皆高麗國之山川地理形勢，今已失傳，未詳其中有否對於前朝出使高麗人事的提示。
② 王仲犖：《魏晉南北朝時期的東北亞洲》，《蠟華山館叢稿續編》，北京：中華書局，2007年，第509頁。
③ 《北史》卷94《高麗傳》，北京：中華書局，1974年，第3115頁。
④ ［宋］宋敏求：《唐大詔令集》卷130，北京：中華書局，2008年，第708頁。
⑤ 周紹良：《唐代墓誌彙編》上冊，上海：上海古籍出版社，1992年，第668頁。
⑥ 周紹良、趙超：《唐代墓誌彙編續集》，上海：上海古籍出版社，2001年，第282頁。
⑦ 周紹良：《唐代墓誌彙編》上冊，上海：上海古籍出版社，1992年，第1205頁。
⑧ 《隋書》卷54《王長述傳》，北京：中華書局，1974年，第1361—1362頁。

〇五三　劉玄墓誌

【基本信息】

　　劉玄墓誌，2006 年 3 月出土於西安市長安區陝西師範大學長安校區後勤基地工地，誌石今存陝西省考古研究院。誌文 23 行，滿行 23 字，最後一行 4 字未入格，隸書，有方界格。蓋題 9 字，3 行，每行 3 字，陽文篆書，有方界格。誌石長寬均 66 釐米，厚 16 釐米，誌蓋長寬均 66 釐米，厚 15 釐米。誌蓋覆斗形，誌石四側與誌蓋四殺及四側皆爲素面。墓誌圖文載在李明、劉呆運、李舉綱《長安高陽原新出土隋唐墓誌》[①]。

【誌蓋】

大隋開府劉君墓誌銘

【誌文】

君諱玄，字世清，河間鄚人。自河浮赤玉，題注野而叶五精；□化黃金，起豐沛而平三猾。開國承家，莫斯之盛。祖代郡康公、燕州刺史，策鄙孫吳，武淩衛霍。父車騎大將軍、銀青光禄大夫、儀同三司、祠部尚書、蔚州刺史。風操凝遠，器宇淵邃。君志性溫恭，言行沉敏。晦質守道，鳴謙寡欲。承相器甘戊之孫，太尉欣荀令之子。名揚德舉，僉動羣議。齊皇建初，除蕩逆將軍，入授儲宮，補太子齋帥。遷中書舍人，襲爵開國伯。進直閣、射聲校尉、益州刺史，加儀同三司，尋開府蔚州大中正。遷侍中、武衛將軍。遷右衛大將軍，別封高邑縣開國公，廣陵王。周建德元年，授使持節、上儀同大將軍，俄拜司武驍騎、右旅下大夫，封平恩縣開國男，加開府，敕授道會苑監，進爵爲子，領右親衛儀同，又陟驃騎將軍，領左翊衛開府。公持此一心，歷事三代。畢人臣之義，乃朝廷之賢。深仁茂德，未弘於論道；過隙逝川，忽盡於風燭。春秋五十有八，大隋開皇十一年十二月十三日薨於第，歲次辛亥閏十二月戊寅朔七日甲申葬于大興縣高陽原。其銘曰：

漳流東輸，筓山北峙，燕趙之域，固多奇士。懍懍康公，杖威而起，明明車騎，惟德之紀。業稱蟬聯，載誕英賢，九苞食練，五色行天。春坊散馥，渠閣懷鉛，秦鏡不守，周鼎俄遷。始憖聞往，終欣治定，義悦黄權，恩加文聘。垂旒佩組，攝官從政。五日休歸，一枝愉性。皇德昭被，博簡羣能，我銜天旨，遠暢威棱。雲除紫塞，霧卷白登，方和鼎實，奄類松崩。迢迢郭外，悠悠去者，繐動靈輴，塵飛服馬。暮林風急，佳城日下，唯有孤墳，蕭條荒野。

[①] 李明、劉呆運、李舉綱：《長安高陽原新出土隋唐墓誌》，北京：文物出版社，2016 年，第 24—27 頁。

【疏證】

劉玄，《北齊書》卷20有傳附斛律羨舉。傳云："代人劉世清，祖拔，魏燕州刺史；父巍，金紫光禄大夫。"①據誌可補其名諱"玄"。劉玄籍貫，本傳云代人，誌云河間鄚人，蓋代郡是其地望，後世徙籍至河間鄚縣（今河北任丘）。本傳云其祖名拔，曾任燕州刺史，據誌則又知爵爲代郡公，謚號康。本傳云其父名巍，誌載其父"車騎大將軍、銀青光禄大夫、儀同三司、祠部尚書、蔚州刺史"。與本傳互異，據誌可知劉玄父官職，據傳可知玄父名巍。又據新出唐永徽五年（654）《劉禎墓誌》曰："公諱禎，字善因，河間鄚人也。……曾祖拔，魏征西大將軍、代郡太守、撫軍將軍，位至驃騎大將軍、開府儀同三司、益州都督、尚書令、彭城郡公，謚曰康。……祖喬，魏上開府儀同三司，祠部尚書、蔚州諸軍事、蔚州刺史、右衛大將軍、彭城郡公、食邑一千戶。……父清，齊起居郎、中書舍人、冠軍將軍，進封驃騎大將軍、開府儀同三司、知內省事，尋授侍中、監知國史，轉左衛大將軍，封廣陵王、食邑二千戶，隨右武衛大將軍，改封平恩郡公。"②可知劉玄父名復有"巍""喬"之異，而劉玄亦可稱單字"清"，劉禎則官至鴻臚卿、同州刺史，謚曰憨。

誌云"君志性溫恭，言行沉敏。晦質守道，鳴謙寡欲"，與劉玄本傳言其"情性甚整，周慎謹密"相合。關於劉玄在北齊所任職官，傳僅言其在武平末任侍中，開府儀同三司。誌較爲詳備，言其"齊皇建初，除蕩逆將軍，入授儲宮，補太子齋帥。遷中書舍人，襲爵開國伯。進直閣、射聲校尉、益州刺史，加儀同三司，尋開府蔚州大中正。遷侍中、武衛將軍。遷右衛大將軍，別封高邑縣開國公，廣陵王"。其中"齊皇建初"年之在位皇帝爲孝昭，在皇建元年（560）冬十一月辛亥，"立世子百年爲皇太子"③，然孝昭帝於皇建二年（561）十一月駕崩，則劉玄"入授儲宮，補太子齋帥"即在此期間。

本傳記劉玄："能通四夷語，爲當時第一。後主命世清作突厥語翻《涅槃經》，以遺突厥可汗，敕中書侍郎李德林爲其序。"④此頗能反映劉玄學養一事，竟被墓誌忽略。有關後主命世清將《涅槃經》翻作突厥語的時代背景，不妨取顧炎武相關札記予解釋："後魏初定中原，軍容號令，皆以夷語。後染華俗，多不能通，故錄其本言，相傳教習，謂之'國語'。孝文帝命侯伏侯可悉以夷言譯《孝經》之旨，教於國人，謂之《國語孝經》（原注：並《隋書·經籍志》）。而歷考後魏、北齊二《書》，若孟威以明解北人語，敕在著作，以備推訪；孫搴以通鮮卑語，宣傳號令；祖珽以解釋鮮卑語免罪，復參相府；劉世清以能通四夷語，爲當時第一。後主命作突厥語，翻《涅槃經》，以遺突厥可汗，並見遇時主，寵絶群僚。然其官名制度無一不用漢語。"⑤

誌載劉玄"周建德元年，授使持節，上儀同大將軍，俄拜司武驃騎，右囗下大夫，封平恩縣開國男，加開府，敕授道會苑監，進爵爲子，領右親衛儀同，又陟驃騎將軍，領左

---

① 《北齊書》卷20《斛律羨舉傳附劉玄傳》，北京：中華書局，1972年，第267頁。
② 《劉禎墓誌》，http://blog.sina.com.cn/s/blog_14c9b6ed70102yae4.html（2018-11-10）。
③ 《北齊書》卷6《孝昭紀》，北京：中華書局，1972年，第82頁。
④ 《北齊書》卷20《斛律羨舉傳附劉玄傳》，北京：中華書局，1972年，第267頁。
⑤ ［清］顧炎武著，黃汝成集釋，欒保群、呂宗力校點：《日知錄集釋》，上海：上海古籍出版社，2014年，第651頁。

翊衛開府"。道會苑，《周書》卷5《武帝紀上》載："（天和二年）三月癸酉，改武游園爲道會苑。"① 劉玄所任即道會苑長官。又據同書同卷知建德元年（572）十二月"庚寅，幸道會苑，以上善殿壯麗，遂焚之"②。本傳云劉玄"隋開皇中，卒於開府、親衛驃騎將軍"③，而據墓誌知劉玄任開府和親衛驃騎將軍均在北周，非是隋代任官。本傳蓋舉說其終官，而非實指其入隋後所任職事。因此，誌文"公持此一心，歷事三代。畢人臣之義，乃朝廷之賢"之說實是泛指，劉玄雖卒於隋，但入隋恐並未擔任過官職。

又，墓誌所言"葬于大興縣高陽原"之說當予辨析。案"高陽原"是隋代大興城外西南郊的一大片原地，爲東南朝西北走向，大致界於今天的韋曲以西、神禾原以北，以及定昆池遺址以東，西望細柳原，東瞻少陵原，北接沈家橋、丈八溝，南抵香積寺南畔的交水。隋代大興縣與長安縣南北劃界是以大興城的朱雀門街爲南北延展軸綫的，也就是說以城南出明德門直抵韋曲爲界，迤東屬大興縣，迤西屬長安縣。故《長安志》言"高陽原在縣西南二十里"④，這個距離大概是就從大興城西隅的縣治到高陽原主幹部分而言的。⑤但是劉玄墓誌出土地所謂的"高陽原"乃在韋曲西南的香積寺北側，按理應屬長安縣管轄，却何以言其轄於"大興縣"？而且這樣的說法還不是孤例，如2005年出土於長安縣郭杜鎮楊村的開皇十一年（591）《王猛墓誌》與出土於長安縣豆引鄉的開皇十七年（597）《劉紹墓誌》即皆曰葬於"大興縣高陽原"⑥，而1992年出土於長安縣韋曲的大業三年（607）《陳叔興墓誌》亦曰"葬於大興縣義陽鄉貴安里高陽之原"⑦。當然，除上述四例而外的隋唐墓誌大多是將高陽原係在長安縣下的，特別是與《劉玄墓誌》同出於一地的開皇三年（583）《皇甫光墓誌》云"窆乎京兆郡杜縣高陽原胄貴里"，開皇五年（585）《皇甫道愛墓誌》與《皇甫謙墓誌》皆云"葬於長安縣之洪固鄉思臺里"，開皇六年（586）《田悅墓誌》云"葬於大興城西南十有餘里高陽原之所"，唐永徽五年（654）劉玄子《劉禎墓誌》云"窆乎雍州長安縣義陽鄉平原里高陽原"⑧，唐總章元年（668）《牛度墓誌》云"歸窆於長安縣京城南高陽原"，唐儀鳳二年（677）《席處節墓誌》云"葬於雍州長安縣高陽原"⑨，可知這些墓誌的出土地在當時皆爲長安縣所轄。然而，如果推測前舉劉玄、王猛、劉紹、陳叔興四例不同時期下葬的墓誌皆是將長安縣誤作了大興縣，又似乎還沒有更加充分的理據。又或者是義陽鄉在隋代屬大興縣而入唐以後則劃歸了長安縣，也未可知，姑且存疑待考。

---

① 《周書》卷5《武帝紀上》，北京：中華書局，1971年，第74頁。
② 《周書》卷5《武帝紀上》，北京：中華書局，1971年，第81頁。
③ 《北齊書》卷20《斛律羌舉傳附劉玄傳》，北京：中華書局，1972年，第267頁。
④ [宋] 宋敏求撰，辛德勇、郎潔點校：《長安志》卷12《長安》，西安：三秦出版社，2013年，第384頁。
⑤ 周曉薇、王其禕：《片石千秋：隋代墓誌銘與隋代歷史文化》第六章，北京：科學出版社，2014年，第233—235頁。
⑥ 上舉兩方墓誌載王其禕、周曉薇：《隋代墓誌銘彙考》第2冊，北京：綫裝書局，2007年，第46、251頁。
⑦ 王其禕、周曉薇：《隋代墓誌銘彙考》第3冊，北京：綫裝書局，2007年，第238頁。
⑧ 《劉禎墓誌》，http://blog.sina.com.cn/s/blog_14c9b6ed70102yae4.html（2018-11-10）。
⑨ 所舉《皇甫光墓誌》《皇甫九會墓誌》《皇甫謙墓誌》《田悅墓誌》《牛度墓誌》《席處節墓誌》，皆見李明、劉呆運、李舉綱：《長安高陽原新出土隋唐墓誌》，北京：文物出版社，2016年。

○五四　邊萇墓誌

【基本信息】
邊萇墓誌，出土於西安市臨潼區，誌石今存民間。誌文27行，滿行28字，正書，有方界格。蓋題12字，4行，每行3字，陽文篆書，有方界格。誌石長50.5釐米、寬52釐米。誌蓋覆斗形，盝頂長41.5釐米、寬42釐米。誌蓋四殺素面無紋飾。

【誌蓋】
隋上開府清水公故邊君墓誌

【誌文】
大随上開府清水公故邊君墓誌

公諱萇，字伏連，涼州金城人也，改姓紇單。若乃星躔輿井，山帶隴關。世誕英奇，俗傳慷慨。況復賦是章華，尹茲京兆。信爲洪族，寔挺雄才。祖阿仁，早尚孫吳，亟從辛趙。美志不遂，好爵未臻。父建，驃騎大將軍、上開府、西曲縣開國公。衿懷倜儻，勳業縱橫。覽譽已昭，據鞏弥烈。公禀靈川岳，立操風雲。廣陌企於幡旗，高門待其軒蓋。見推六郡，應選五營。保定三年，授前侍中士。天和六年，遷都督、領前侍。七年，轉任大都督。建德二年，任胥附，領上士。久參宿衛，屢升品袟。闌錡所司，旂旗斯寄。其年從周武帝東征，蒙授使持節、儀同大將軍，封秦州清水縣開國侯，食邑八百戶。李牧則將軍始崇，鄧騭乃儀同初置。兼茲徽望，實爲優重。宣政元年，授左侍伯、左旅下大夫。於時日月光華，已彰革命；山河帶礪，且見啓封。開皇元年，進爵爲公。五年，詔授車騎將軍。朝廷以獄訟謳歌，雖歸關輔，禮樂征伐，[□]在東南。乃披輿圖而致攢，聽鼗鞞而興念。爰脩兵甲，遂混車書。而公預展元勳，仍登上秩。九年，詔授上開府儀同三司，又封一子爲揚州海陵縣開國伯，食邑七百戶。既而人爵始隆，干戈甫戢。天厲奄至，館舍俄捐。開皇十有一年八月薨于并州，春秋五十有六。粵以十二年歲次壬子正月丁未朔十五日辛酉永卜于雍州之新豐縣沃野鄉，禮也。惟公居家純篤，鄉黨所稱。立朝謹慎，友朋歸美。子武等，無改於道，有禮於喪。心纏霜露，手植松柏。但以立功立事，乃載丹旐；爲谷爲陵，須刊玄板。嗚呼哀哉，乃爲銘曰：

王離纂貢，李陵嗣廣。將門乃隆，軍功遂爽。豈如梗烈，言傳倜儻。樹此嘉庸，膺斯茂賞。爰初妙齒，及在壯年。留連風月，慷慨山川。從戎羽騎，習戰樓舩。斬蛟揮刃，落鴈鳴弦。徇義投軀，懷恩效命。司馬之法，將軍之令。濟河志騁，淩江勳盛。儁庸鳴玉，獻凱捫金。干戈既戢，車服且歇。已申捐硯，方遂抽簪。日月何遽，霜露仍侵。背此東都，言[□]北郭。槐霧濕旐，松風搖鐸。玄甲增貴，素楸遵約。所寄英徽，唯當麟閣。

大随開皇十一年歲次壬子正月丁未朔十五日辛酉

【疏證】

邊袞及其祖阿仁、父建、子武，皆不載於史。邊姓人物，春秋宋平公子戍字子邊，其孫卬以王父字爲氏，是爲邊卬（宋代鄧名世《春秋公子譜》）。西漢桓帝時有尚書令邊韶[①]，唐代有畫家邊鸞[②]。誌云"涼州金城人也，改姓紇單"，案《官氏志》無紇單氏，或以爲即渴（可）單氏。《北朝胡姓考》"單氏"條認爲："又《姓纂》'十一没'有'紇單氏改紇氏'，《氏族略》五作'改單氏'。按'紇'當即'鶻'，唐回紇亦譯回鶻。《辯證》三十七引《志》，紇單氏，'紇'音'鶻'。今《官氏志》無紇單氏，紇單亦即可單。魏有紇單步胡提，隋有紇單貴，唐有紇單珎，皆此族人。"[③]那麼，邊袞祖上"改姓紇單"當在北魏紇單氏改紇氏或單氏之前，又或者以其爲關隴地區的"涼州金城人"且"字伏連"推之，也可能本就是胡族紇單氏。

誌云："（開皇）五年，詔授車騎將軍。朝廷以獄訟謳歌，雖歸關輔，禮樂征伐，□在東南。乃披輿圖而致攢，聽鼖鞞而興念。爰脩兵甲，遂混車書。而公預展元勳，仍登上秩。九年，詔授上開府儀同三司，又封一子爲揚州海陵縣開國伯，食邑七百戶。既而人爵始隆，干戈甫戢。"可知邊袞當以車騎將軍身份參與過平陳戰事，遂得展元勳而登上秩，且封一子爲海陵縣伯。至於何以開皇十一年（591）八月卒在并州而又在開皇十二年（592）正月葬在雍州，則無從詳確。或邊袞在北周即已定著雍州新豐縣矣。

"西曲縣開國公"之"西曲縣"，蓋即《魏書》卷106中《地形志中》東萊郡所領之西曲城縣。"秦州清水縣開國侯"，據《隋書》卷29《地理志上》知秦州爲隋代之天水郡舊稱，清水縣即隋代天水郡屬縣。而邊袞封清水侯在北周，北周之清水縣屬秦州清水郡，隋開皇初郡廢。"揚州海陵縣開國伯"，據《隋書》卷31《地理志下》知揚州即江都郡，海陵即其屬縣。開皇九年平陳後改江都郡爲揚州，邊袞一子受封即在開皇九年（589），且墓誌更撰在開皇十一年（591），故有"揚州海陵縣"之稱。

墓誌云"永卜于雍州之新豐縣沃野鄉"，案隋開皇九年（589）《趙慎墓誌》"薨於零坡里""窆於沃野鄉"，然一直未有地理位置的確認[④]。今以《邊袞墓誌》爲據，又以趙慎當任"新豐縣令"且墓誌楷法亦方嚴整飭近於隋初長安新體諸因素推之，趙慎墓誌之出土地當即雍州新豐縣之沃野鄉。

墓誌首尾兩書"隋"字皆作"隨"，然蓋題則猶寫作"隋"。文末署款"開皇十一年"爲"開皇十二年"之誤。誌文稱墓誌石爲"玄板"，少見。"捐硯""抽簪"，皆棄官引退之喻。

[①]《後漢書》卷80《邊韶傳》，北京：中華書局，1965年，第2623—2624頁。
[②][唐]張彥遠撰、周曉薇校點：《歷代名畫記》卷10《唐朝下》，瀋陽：遼寧教育出版社，2001年，第91頁。
[③]姚薇元：《北朝胡姓考》修訂本，北京：中華書局，2007年，第117—118頁。
[④]王其禕、周曉薇：《隋代墓誌銘彙考》第1冊，北京：綫裝書局，2007年，第353—356頁。

〇五五　薛貴珎暨妻紇骨氏墓誌

【基本信息】

薛貴珎暨妻紇骨氏墓誌，2013 年 4 月出土於西安市長安區高陽原，誌石今存西安博物院。誌文 26 行，滿行 27 字，正書，有方界格。蓋題 16 字，4 行，每行 4 字，陽文篆書，有方界格。誌石長寬均 50 釐米、厚 10 釐米，誌蓋覆斗形，長寬均 50 釐米、厚 9 釐米。墓誌圖文載在《西安新獲墓誌集萃》①。

【誌蓋】

大隋使持節大將軍建興公薛使君墓誌

【誌文】

大隋使持節大將軍建興公薛使君墓誌銘
公諱貴珎，司州河東汾陰人。昔鳳巢阿閣，便啓洪流。驎遊靈囿，仍開土宇，朱組盛殷，青軒茂漢，積葉重光，可略言也。祖寧，器業弘遠，儀容偉特。累遷尚書郎、游擊將軍、別部都將、燉煌太守，因以家焉。父回，資度宏廣，幹藝優長，總此書劍，兼斯文武。年未弱冠，案劍奮發，西清隴底，南肅荊巫。分封賜姓，累就遷陟。歷任使持節、儀同、直後、司水大夫、驃騎、開府、扶州刺史、涇州總管，頻總元戎，肅清壇場。每董連帥，威稜夷夏。授大將軍，封舞陰郡開國公。養德怡神，懸車靜志。公即舞陰公之第四子也。潤資碧海，慶誕丹霄。天和之初，妙簡門冑，以公俊乂，入奉承華。爲左前侍中士。累遷英果、胥附左承御、侍伯上士。德簡帝心，方憑外略，爲北道監行軍事。轉左衛前侍上士。從駕東討，陵城斬馘，進号帥都督。又監行軍南討，俘獲呂梁，授使持節、儀同大將軍、門正、右旅大夫。開皇二年，偏師北伐，復建殊功，封盧氏縣開國伯。遂委禁戎，賞寄弥重，授車騎將軍。總師南討，蘄州遇賊，旌麾翳日，艦舳塞川，公將輕舸，中流跳戰，反棹倒戈，應時瓦解。誰謂河廣，曾不崇朝？乘勢平蕩，靡移旬朔，遷上開府，封建興縣開國公，邑七百戶，別封一子，粟帛資貨，賞盈秉億。所部麾下，莫不台司。俄而江南餘燼，復梗荒服，公受賑南邁，討叛宣州，賊黨塞川，恃嶮作固。公刀斗不擊，燧鳥夜燃。所向必摧，累獻愷捷。吳越再清，公爲稱首。還屆晉陽，乃搆痾疾。二竪既逼，膏肓兩盈。忽焉增感，嗚呼哀哉。惟公智啓幼齡，鄰隆弱冠。仁篤慈惠，英奇秀拔。行貞松竹，器曰瑚璉。天道不仁，逝川奄及。以開皇十二年七月十七日，與夫人紇骨氏合窆于雍州長安縣之高陽原，乃爲銘曰：
清盖上昇，方輿下凝。惟聖造物，育此黎蒸。仁風遠扇，鍾兹下武。七雄三竭，重規疊矩。業隆伊霍，才兼邵虎。赤紱桓珪，青璋朱組。吳越負嶮，蟻聚如雲。長戰萬隊，強

---

① 西安市文物稽查隊：《西安新獲墓誌集萃》，北京：文物出版社，2016 年，第 23 頁。

弩千羣。霜戈電耀，沓鼓雷聞。輕舸奮擊，獨建元勳。太傅不歸，將軍遠別。昔去朱輪，今來素轍。隴霧晝昏，山雲朝結。玉虎雖存，魚燈永滅。贈大將軍

【疏證】

薛貴珎及其祖薛寧，史傳皆無載。其父薛回事迹分別載於《隋書》卷65、《北史》卷76《薛世雄傳》，二傳所記略同。《隋書》傳云："薛世雄字世英，本河東汾陰人也，其先寓居關中。父回，字道弘，仕周，官至涇州刺史。開皇初，封舞陰郡公，領漕渠監，以年老致事，終於家。"①則知薛世雄與薛貴珎爲同胞兄弟。誌稱薛貴珎爲薛回第四子。並在"天和之初，妙簡門冑，以公俊乂，入奉承華。爲左前侍中士"。傳云薛世雄"年十七，從周武帝平齊，以功拜帥都督"②。周武平齊在建德五年（576），晚於天和初（566）十年，則薛貴珎似當年長於薛世雄。

史傳未載薛貴珎祖薛寧事迹，誌云"累遷尚書郎、游擊將軍、別部都將、燉煌太守"，並在燉煌任太守時，"因以家焉"。薛貴珎父薛回，史傳載其職任與履歷甚簡，僅載薛回在北周任涇州刺史、在隋封舞陰郡公，領漕渠監。據誌知其"資度宏廣""兼斯文武""年未弱冠，案劍奮發，西清隴底，南肅荊巫"，不到二十歲，就參加過重要戰役，從而得到"分封賜姓，累就遷陟"的機會，"歷任使持節、儀同、直後、司水大夫、驃騎、開府、扶州刺史、涇州總管，頻總元戎，肅清壇場。每董連帥，威棱夷夏。授大將軍，封舞陰郡開國公"。據誌不但可補傳之闕略，又可理清其分封遷陟情狀。另，傳誌所載又有"涇州刺史"與"涇州總管"之異。另據《周書》卷6《武帝紀下》，建德四年（575）秋七月，武帝下令攻齊，直指河陰："以柱國陳王純爲前一軍總管……隨國公楊堅、廣寧侯薛回舟師三萬自渭入河。"③則薛回還曾爲廣寧侯，參加過滅齊戰爭，誌傳均無載。

誌載薛貴珎"天和之初，妙簡門冑，以公俊乂，入奉承華。爲左前侍中士"。是謂北周天和初年，薛貴珎因出身名門、才德出衆，入奉皇宮，做了左前侍中士。"左前侍中士"，《隋書》卷12《禮儀志七》載："後周警衛之制，置左右宮伯，掌侍衛之禁，各更直於內。小宮伯貳之。臨朝則分在前侍之首，並金甲，各執龍環金飾長刀。行則夾路車左右。……次左右前侍，掌御寢南門之左右，並銀甲，左執師子環，右執象環長刀。"④左右前侍又分上士、中士、下士。北周王軌就曾"授前侍下士。俄轉左侍上士"⑤。薛貴珎"累遷英果，胥附左承御、侍伯上士。德簡帝心，方憑外略，爲北道監行軍事。轉左衛前侍上"。"英果"，《隋書》卷26《百官志上》記陳朝官制有戎號將軍："又有戎號擬官，自一品至于九品，凡二百三十七。……龍驤、武視、雲旗、風烈、電威、雷音、馳銳、追銳、羽騎、突騎、折衝、冠武、和戎、安壘、超猛、英果、掃虜、掃狄、

---

① 《隋書》卷65《薛世雄傳》，北京：中華書局，1973年，第1533頁。
② 《隋書》卷65《薛世雄傳》，北京：中華書局，1973年，第1533頁。
③ 《周書》卷6《武帝紀下》，北京：中華書局，1971年，第93頁。
④ 《隋書》卷12《禮儀志七》，北京：中華書局，1973年，第281頁。
⑤ 《周書》卷40《王軌傳》，北京：中華書局，1971年，第711頁。

武銳、摧鋒、開遠、略遠、貞威、決勝、清野、堅銳、輕車、拔山、雲勇、振旅等將軍，擬官三十號，品第七。"①蓋北周亦設此散官。薛貴珎"從駕東討，陵城斬馘，進号帥都督"。"陵城斬馘"，據《周書》卷28《陸騰傳》載："（天和）四年，遷江陵總管。陳遣其將章昭達率衆五萬、船艦二千圍江陵。衛王直聞有陳寇，遣大將軍趙誾、李遷哲等率步騎赴之，並受騰節度。時遷哲等守外城，陳將程文季、雷道勤夜來掩襲，遷哲等驚亂，不能抗禦。騰夜遣開門，出甲士奮擊，大破之。陳人奔潰，道勤中流矢而斃，虜獲二百餘人。陳人又決龍川寧邦堤，引水灌江陵城。騰親率將士戰於西堤，破之，斬首數千級，陳人乃遁。"②則薛貴珎在此次與陳決戰中立功進号帥都督。"俘獲吕梁"，事載《周書》卷6《武帝紀下》："（建德六年十一月）癸酉，陳將吳明徹侵吕梁，徐州總管梁士彥出軍與戰，不利，退守徐州。遣上大將軍、郯國公王軌率師討之。"③則薛貴珎參與平陳將吳明徹的戰事，並因此而"授使持節、儀同大將軍、門正、右旅大夫"。進入隋朝，"開皇二年，偏師北伐，復建殊功，封盧氏縣開國伯。遂委禁戎，賞寄彌重，授車騎將軍。總師南討，蘄州遇賊，旌麾翳日，艫舳塞川，公將輕舸，中流跳戰，反棹倒戈，應時瓦解。誰謂河廣，曾不崇朝？乘勢平蕩，靡移旬朔"。"總師南討，蘄州遇賊"事載《隋書》卷2《高祖紀下》，開皇八年（588）冬十月"甲子，將伐陳，有事於太廟。命晉王廣、秦王俊、清河公楊素並為行軍元帥，以伐陳。於是晉王廣出六合，秦王俊出襄陽，清河公楊素出信州，荆州刺史劉仁恩出江陵，宜陽公王世積出蘄春，新義公韓擒虎出廬江，襄邑公賀若弼出吳州，落叢公燕榮出東海，合總管九十，兵五十一萬八千，皆受晉王節度。東接滄海，西拒巴、蜀，旌旗舟楫，横亘數千里"④。在這次平陳的戰爭中，王世積的舟師，"自蘄水趣九江，與陳將紀瑱戰於蘄口，大破之"⑤。薛貴珎也因蘄春之戰功，"遷上開府，封建興縣開國公，邑七百戶，別封一子，粟帛資貨，賞盈秉億。所部麾下，莫不台司"。此時國內局勢面臨動蕩，"俄而江南餘盡，復梗荒服，公受賑南邁，討叛宣州"。事載《隋書》卷2《高祖紀下》，開皇十年（590）春十一月辛丑，"是月，婺州人汪文進、會稽人高智慧、蘇州人沈玄憎皆舉兵反，自稱天子，署置百官。樂安蔡道人、蔣山李稜、饒州吳代華、永嘉沈孝澈、泉州王國慶、余杭楊寶英、交趾李春等皆自稱大都督，攻陷州縣。詔上柱國、內史令、越國公楊素討平之"⑥。而"討叛宣州"，指在宣州攻打汪文進等人⑦，當時的情況是"賊黨塞川，恃嶮作固。公刃斗不撃，燧雁夜燃。所向必摧，累獻愷捷。吳越再清，公為稱首"。再次立下戰功。然而"還屆晉陽，乃搆痼疾"因病不治去世。誌未載其卒歲卒日，"以開皇十二年七月十七日，與夫人紇骨氏合窆于雍州長安縣之高陽原"。

---

① 《隋書》卷26《百官志上》，北京：中華書局，1973年，第746—747頁。
② 《周書》卷28《陸騰傳》，北京：中華書局，1971年，第472—473頁。
③ 《周書》卷6《武帝紀下》，北京：中華書局，1971年，第104頁。
④ 《隋書》卷2《高祖紀下》，北京：中華書局，1973年，第31頁。
⑤ 《隋書》卷40《王世積傳》，北京：中華書局，1973年，第1172頁。
⑥ 《隋書》卷2《高祖紀下》，北京：中華書局，1973年，第35頁。
⑦ 《隋書》卷85《段達傳》，北京：中華書局，1973年，第1899頁云："又破汪文進等於宣州。"

其夫人姓紇骨氏，檢《魏書》卷113《官氏志九》有"獻帝以兄爲紇骨氏，後改爲胡氏。次兄爲普氏，後改爲周氏"云云①，知紇骨氏爲胡姓，在北魏改爲漢姓胡氏。

河東汾陰薛氏，爲薛氏郡望。晉河東太守薛懿生三子，始分北、南、西三祖，又至後魏涪陵侯薛謹生五子，再號爲五房。署爲司州河東汾陰人的隋代薛貴珎一支未詳屬於何祖何房。近年復有隋大業五年（609）薛世雄子《薛萬壽墓誌》、唐貞觀二十年（646）薛世雄子《薛萬述墓誌》、唐龍朔二年（662）薛世雄子《薛萬備墓誌》及唐永隆二年（681）薛萬述子《薛玄育墓誌》等相繼出土②，皆可資梳理此一支汾陰薛氏自周隋及前唐由敦煌而寓居關中之家族世系與人事浮沉。

誌文末尾補刻"贈大將軍"四字，應是誌文書刻完成後遺漏了薛貴珎的贈官，遂補刻在文末。

---

① 《魏書》卷113《官氏志》，北京：中華書局，1974年，第3006頁。
② 《薛萬壽墓誌》、《薛萬述墓誌》與《薛玄育墓誌》皆流散於民間而尚未刊佈，唯《薛萬備墓誌》載在胡戟：《珍稀墓誌百品》，西安：陝西師範大學出版總社，2016年，第68頁。拜根與又有《新見初唐名將薛萬備墓誌考釋》一文，載杜文玉主編：《唐史論叢》第27輯，西安：三秦出版社，2018年，第275—294頁。《薛萬述墓誌》，http://blog.sina.com.cn/u/5580222167（2018-12-19）；《薛玄育墓誌》，http://blog.sina.com.cn/u/2397580283（2017-11-25）。

○五六　長孫懿墓誌

【基本信息】

長孫懿墓誌，出土於西安東郊，誌石今存民間。誌文32行，滿行33字，正書，有方界格。唐怡撰序、沈警撰銘。蓋題25字，5行，每行5字，陽文篆書，有方界格。誌石拓本長寬均64釐米。誌蓋覆斗形，拓本長64.5釐米、寬65釐米、盝頂長51.5釐米、寬53釐米。誌蓋四殺綫刻四神及雲紋圖案。墓誌圖文載在趙文成、趙君平《秦晋豫新出墓誌蒐佚續編》[①]，齊運通、楊建鋒《洛陽新獲墓誌二〇一五》[②]，劉文《陝西新見隋朝墓誌》[③]，胡海帆、湯燕《1996—2017北京大學圖書館新藏金石拓本菁華（續編）》[④]。研究參詳傅清音、王其禕《從三方墓誌看北周尚主劉昶家庭在隋的境遇沉浮》[⑤]。

【誌蓋】

大隋使持節儀同三司鄧國公蔡羅二州刺史長孫使君墓誌銘

【誌文】

大隋儀同三司蔡羅二州刺史鄧國公長孫使君墓誌

公諱懿，字孝良，恒州高柳人也。其先顓頊之苗裔，拓拔氏之宗支。昔珪鼎將遷，金行版蕩。晉朝五馬，皷棹浮江；魏室十王，鳴弦入塞。於是分守蕃岳，各号一宗。或因季孟而爲氏，或據山川而立姓。公之先也，即十族之一王，諸孫之嫡長，故以長孫爲氏焉。百世本枝，可略而言者矣。七世祖嵩，魏太尉，北平宣惠王，樹德立功，傳諸史冊。祖儉，盖一時之佐命也。周大祖創啓洪基，仍充輔贊。縉紳遵爲摸揩，社稷憑爲棟梁。入輔出蕃，頻經委託。斯實隱如敵國，固若長城者矣。歷任尚書左右僕射、少冢宰、東南道五十三州行臺，頻遷荆、襄、蒲、陝四總管、柱國大將軍、昌寧公。薨，贈太保、鄧國公，謚文公。父隆，即鄧文公之世子。生而秀異，長稱雄傑。弱冠爲開府儀同三司、武伯司金二大夫、興州刺史，尚周室建城公主。公即鄧文公之世孫、興州使君之嫡子、周皇家之甥也。挺生知之性，以孝敬爲心；受天然之才，以廉平爲行。加以容儀雅麗，風調閑華，儕輩許其逸群，宗族推爲千里。年十有六，周武召爲右侍上士，詔授都督。尋遷領士帥都督，又轉大都督。以文公先朝重臣，茅社未嗣，爰發明詔，襲封鄧國公，仍授儀同三司。属大隋膺運，盛選英賢，詔授車騎將軍，領兵禁衛，并除尚書駕部侍郎。

[①] 趙文成、趙君平：《秦晋豫新出墓誌蒐佚續編》第1冊，北京：國家圖書館出版社，2015年，第173頁。

[②] 齊運通、楊建鋒：《洛陽新獲墓誌二〇一五》，北京：中華書局，2017年，第51頁。

[③] 劉文：《陝西新見隋朝墓誌》，西安：三秦出版社，2018年，第36頁。

[④] 胡海帆、湯燕：《1996—2017北京大學圖書館新藏金石拓本菁華（續編）》，北京：北京大學出版社，2018年，第167頁。

[⑤] 傅清音、王其禕：《從三方墓誌看北周尚主劉昶家庭在隋的境遇沉浮》，西安碑林博物館：《碑林論叢》第23輯，西安：三秦出版社，2018年，第38—49頁。

握蘭階陛，佩劍宮闈，文武克濟，出內兼舉。俄除蔡州諸軍事蔡州刺史。公褰帷入境，擁節臨民，扇之以仁風，化之以和政。未踰朞歲，風俗頓改。大使巡檢，特異鄰邦。敕加褒賞，賜以粟帛。在州感疾，表乞還朝。公聲績顯著，藉以卧治，又除羅州刺史。開皇八年，解職還京。以十二年三月十八日終於家，春秋卅。其年歲次壬子十月癸酉朔十二日甲申葬於大興縣崇義鄉之㴲源里。孝子穎，哀號毀瘠，踊伂居喪之儀；卜宅安厝，終其至孝之禮。孀妻甚崩城之慟，愛女極悲慕之情。非直酸感親知，亦乃悽傷行路。嗚呼哀哉，公自少及長，播令望於京華；作牧臨蕃，布遺風於民俗。居家盡其孝友，奉上竭其勤誠。親族慕其仁慈，交遊欽其信義。豈謂嘉苗始秀，遇霜露而摧殘；逸翮方騰，失風雲而殞墜。嗟乎，積善餘慶，徒虛言耳。友人北海唐怡，與公少結朋遊，早申姻媾，痛哲人之云逝，傷玉樹之長埋。雖有意於揄揚，愧無情於豪翰。吳興沈警，當世詞人，契闊追隨，淹留歲序。願芳猷之不朽，慮山谷之應移，誌彼窮埏，旌斯盛德。其辭曰：

姬川濫觴，景曜垂芒。卜世惟永，樹德靈長。神與右水，功成朔方。宣惠果決，鳳矯龍驤。文公英介，豹變鷹揚。安平秀出，唯周之良。三鋒皎皎，千里昂昂。令問不已，誕茲奇士。嶺岫孤摽，風雲鬱起。志潔冰霜，心貞弦矢。江涌慈洲，泉飛孝里。當璧兆徵，公侯更始。懷香侍幕，秉瑞褰帷。往傳來暮，歸聞去思。方言九萬，搏搖可期。如何百六，有志無時。仁而不慭，天實爲之。望弦遄速，居諸誰與。卜遠及期，親賓悽楚。祖筵霄奠，行旐旦舉。身爲去客，家成逆旅。黃埃稍上，白日將低。車迴迥轍，馬送寒嘶。沙風起帳，霜月浮珪。精華已矣，寂寞魂兮。

【疏證】

誌云"公諱懿，字孝良，恒州高柳人也"。檢長孫懿"七世祖嵩"《魏書》本傳，云其爲代人也。祖長孫儉，庾信撰《周柱國大將軍長孫儉神道碑》略云："公諱儉，初名慶明，恒州高陸人也。"① 高陸，《魏書》卷106下《地形志二》屬馮翊郡統縣。《隋書》卷29《地理志上》京兆郡下有高陵縣，小注云："後魏曰高陸，大業初改焉。"② 可知高陸不屬恒州，而《長孫儉碑》作"高陸"者蓋爲"高柳"之誤。高柳，《魏書》卷106上《地形志二》恒州高柳郡領縣有高柳，小注云："二漢屬代郡，晉罷，後復屬。"③ 又檢《魏書》卷2《太祖紀》載："（登國元年）冬十月，賀驎軍未至而寇已前逼，於是北部大人叔孫普洛等十三人及諸烏丸亡奔衛辰。帝自弩山遷幸牛川，屯于延水南，出代谷，會賀驎於高柳，大破窟咄。"④ 從此段記載推斷，高柳與延水、代谷的位置相距不遠，皆屬代北地區。又《周書》卷26《長孫儉傳》略云："河南洛陽人也。本名慶明。其先，魏之枝族，姓托拔氏。孝文遷洛，改爲長孫。"⑤ 則長孫懿先祖本爲代人，曾定居在恒州高柳，後隨魏孝

---

① ［北周］庾信撰、［清］倪璠注、許逸民校點：《庾子山集注》下冊，北京：中華書局，1980年，第812頁。
② 《隋書》卷29《地理志上》，北京：中華書局，1973年，第809頁。
③ 《魏書》卷106上《地形志二》，北京：中華書局，1974年，第2498頁。
④ 《魏書》卷2《太祖紀》，北京：中華書局，1974年，第21頁。
⑤ 《周書》卷26《長孫儉傳》，北京：中華書局，1971年，第427頁。

文帝遷都而徙籍洛陽。而《長孫懿墓誌》猶稱"恒州高柳人"者，則是稱其舊貫耳。

前引《周書》卷 26《長孫儉傳》述長孫氏姓源姓字曰："其先，魏之枝族，姓托拔氏。孝文遷洛，改爲長孫。"校勘記云：

> 姓托拔氏。汲本、局本"托"作"託"。按《魏書》卷113《官氏志》："次兄爲拓跋氏，後改爲長孫氏。"《通鑑》卷一四○四三九三頁云："於是始改拔拔氏爲長孫氏。"卷一一九三七四六頁還説長孫嵩姓拔拔。姚氏《北朝胡姓考》一二頁長孫氏條歷引《通鑑》、《古今姓氏書辯證》卷37、《孝文帝吊比干文》證明長孫氏"原姓拔拔，而非拓跋"。據此，這裏"托拔"當爲"拔拔"之訛。但《文苑英華》905庾信《拓跋儉碑》已作"拓"。若非後人所改，可能原姓拔拔，孝文帝時改長孫，西魏復姓時没有恢復原姓，由於本是皇室宗支而改姓拓跋。唐代已不再辨別其先後不同，修《周書》時就逕稱"托拔"。今不改。①

首先，今據《長孫懿墓誌》所述宗支姓氏又云其族爲"先顓頊之苗裔，拓拔之宗支"，明確説明是"拓拔"而非"拔拔"，適與《魏書·官氏志》"次兄爲拓跋氏"、庾信《長孫儉碑》一作"拓拔"相合。其次，墓誌亦未蹈襲《魏書》拓拔氏在孝文遷洛後改爲長孫氏之説，而叙述爲"魏室十王，鳴弦入塞。於是分守蕃岳，各号一宗。或因季孟而爲氏，或據山川而立姓。公之先也，即十族之一王，諸孫之嫡長，故以長孫爲氏焉"，此説尚無其他更多資料佐證，或是刻意遠離正統的立異之説。

誌云長孫懿"七世祖嵩，魏太尉、北平宣惠王，樹德立功，傳諸史册"。長孫嵩，《魏書》《北史》均有傳。《魏書》卷 25《長孫嵩傳》云："世祖即位，進爵北平王，司州中正。尋遷太尉。久之，加柱國大將軍。自是，與駕征伐，嵩以元老多留鎮京師，坐朝堂，平斷刑獄。薨，年八十。諡曰宣王。後高祖追錄先朝功臣，以嵩配享廟庭。"②傳誌所記基本吻合。唯墓誌於諡號作"宣惠"，小異。

誌云長孫懿"祖儉，盖一時之佐命也。周大祖創啓洪基，仍充輔贊。歷任尚書左右僕射、少冢宰、東南道五十三州行臺、頻遷荆、襄、蒲、陝四總管、柱國大將軍、昌寧公。薨，贈太保、鄶國公，諡文公"。《周書》卷 26《長孫儉傳》云："時荆襄初附，太祖表儉功績尤美，宜委東南之任，授荆州刺史、東南道行臺僕射。征授大行臺尚書，兼相府司馬。又除行臺僕射、荆州刺史。遂令儉鎮江陵。進爵昌寧公，遷大將軍，移鎮荆州，總管五十二州。三年，以疾還京。爲夏州總管，薨，遺啓世宗，請葬於太祖陵側，並以官所賜之宅還官。詔皆從之。追封鄶公。"③史詳而誌略，且在職任記載上有較大出入，與庾信《長孫儉碑》亦多出入，不一一舉説④。

誌云長孫懿"父隆，即鄶文公之世子。生而秀異，長稱雄傑。弱冠爲開府儀同三司、

---

① 《周書》卷 26《長孫儉傳》校勘記〔二〕，北京：中華書局，1971 年，第 433—434 頁。
② 《魏書》卷 25《長孫嵩傳》，北京：中華書局，1974 年，第 644—645 頁。
③ 《周書》卷 26《長孫儉傳》，北京：中華書局，1971 年，第 427—429 頁。
④ [北周]庾信撰、[清]倪璠注、許逸民校點：《庾子山集注》下册，北京：中華書局，1980 年，第 812—827 頁。

武伯司金二大夫、興州刺史，尚周室建城公主"。《北史》則載其曾任周明帝時大將軍元定長史。①而長孫隆娶周室建城公主，則史無記載。

長孫懿，史傳無載。誌云"年十有六，周武召爲右侍上士，詔授都督。尋遷領士帥都督，又轉大都督。以文公先朝重臣，茅社未嗣，爰發明詔，襲封鄘國公，仍授儀同三司"。入隋後，"詔授車騎將軍，領兵禁衛，并除尚書駕部侍郎。……俄除蔡州諸軍事蔡州刺史。……又除羅州刺史"，可據知長孫懿在周隋的職任情況，並因其祖長孫儉爲"先朝重臣"，北周皇帝"爰發明詔"，使得長孫懿"襲封鄘國公"，説明北周對先朝名臣後代政策的傾斜與看重。而長孫懿入隋後連任蔡、羅兩州刺史，應也表明隋代在選拔官員時考慮到對前朝名臣後人的重用。

墓誌云長孫懿"開皇八年，解職還京。以十二年三月十八日終於家，春秋卅""葬於大興縣崇義鄉之滻源里"。大興縣"崇義鄉"及其"滻源里"，是隋代墓誌銘中迄今所見的新鄉名與新里名，今據此誌適可補闕。②又據唐代墓誌如顯慶元年（656）《許王府參軍元氏墓誌》"殯於雍州萬年縣崇義鄉滻水東原之里"③，大中二年（848）《魚君故夫人鄭懷柔墓誌》"葬京兆府萬年縣崇義鄉白鹿原"，咸通九年（868）《劉遵禮墓誌》"窆於萬年縣崇義鄉滻川西原禮"④，可知崇義鄉乃唐承隋舊，而其地理位置大約在今西安東郊滻水東西岸的韓森寨到白鹿原之間。據《長孫儉碑》"遺令山陵，一無所用，公私贈禭，並不得授，止依太祖陵側，無忘事君"⑤，《周書》卷26《長孫儉傳》亦云天和三年（568），"以疾還京。爲夏州總管，薨，遺啓世宗，請葬於太祖陵側，并以官所賜之宅還官。詔皆從之。追封鄘公"⑥。知長孫儉陪葬於北周太祖成陵之側，其墓所於今尚存封土，位於今陝西富平縣宮里鎮宮里小學院內。據唐顯慶三年（658）《故蔣縣公夫人魏郡君長孫氏墓誌》："夫人諱弄珪，字和兒，河南洛陽人也。高祖儉，魏開府儀同三司、侍中、尚書右僕射，周柱國、少冢宰、太保、鄘文公。曾祖隆，周駙馬都尉、驃騎大將軍、荆州總管、安平伯。祖懿，大將軍、駕部侍郎、蔡州刺史，襲鄘國公。父穎，道優運短，時命不俱。"又云"遷祔於先君之舊塋"⑦。可知長孫弄珪是祔葬於其父長孫穎墓塋，而此墓誌則出土於長安縣界。以此推斷，長孫氏一系或自長孫隆之後即在長安形成了族塋地，而其族塋所在應該就是"大興縣崇義鄉之滻源里"。

墓誌云"友人北海唐怡，與公少結朋遊，早申姻媾，痛哲人之云逝，傷玉樹之長埋。雖有意於揄揚，愧無情於豪翰。吳興沈警，當世詞人，契闊追隨，淹留歲序"，從此叙述中得知這篇墓誌係由兩人合作完成，即唐怡撰寫序文，沈警撰寫銘文。這是目前所見隋

---

① 《北史》卷69《元定傳》，北京：中華書局，1974年，第2407頁載："天和二年……而定長史長孫隆及諸將等多勸定和，定乃許之。"
② 周曉薇、王其禕：《片石千秋：隋代墓誌銘與隋代歷史文化》，北京：科學出版社，2014年，第196—208頁。
③ 周紹良、趙超：《唐代墓誌彙編續集》，上海：上海古籍出版社，2001年，第104頁。
④ 上舉兩方墓誌載周紹良：《唐代墓誌彙編》下冊，上海：上海古籍出版社，1992年，第2267、2435—2436頁。
⑤ ［北周］庾信撰，［清］倪璠注，許逸民校點：《庾子山集注》下冊，北京：中華書局，1980年，第826頁。
⑥ 《周書》卷26《長孫儉傳》，北京：中華書局，1971年，第429頁。
⑦ 吳鋼：《隋唐五代墓誌滙編·陝西卷》第3冊，天津：天津古籍出版社，1991年，第46頁。

代墓誌銘中一人撰序一人撰銘的第四例。與開皇八年（588）《朱幹墓誌》明克讓撰序、庾信撰銘相比較，有趣的是，兩例的人物關係與身份及文化背景等有極爲相似或巧合處：如爲《朱幹墓誌》撰寫序文者明克讓，與朱幹兩家乃爲儒學世交，且互有提攜之誼。特別是明克讓與朱幹還一同在麟趾殿參與了北周孝明帝組織的八十餘位文學者參與的"刊校經史"的工作，則兩人的世誼與友情當非同一般。而且朱明兩家"世親義重，姻屬情深"，還有一層聯姻關係。於是，明克讓方"悉其行事，録而序焉"，爲朱幹寫了這篇序文；爲長孫懿墓誌寫序者是其"友人北海唐怡"，關係是"與公少結朋遊"，而且同樣有"早申姻媾"的結親關係。唐怡爲文人，並與當時名噪一時的文人什彦琮、王劭、辛德源、陸開明等"情同琴瑟"，結爲"文外玄友"①。爲朱幹寫銘的庾信，是南北朝著名文學大家，且與朱幹有著"文林辭苑，詩弈相交"的情誼；而爲長孫懿寫銘的沈警，亦爲"當世詞人"，且頗具傳奇："沈警，字玄機，吳興武康人也。美風調，善吟詠，爲梁東宮常侍，名著當時。每公卿宴集，必致騎邀之，語曰：'玄機在席，顛倒賓客。'其推重如此。後荆楚陷没，入周爲上柱國。"②可知他的確爲"名著當時"的大文學家。《北齊書》亦記有他的一些事迹。③唐怡與沈警傳世作品不多，墓誌文適可彌補缺憾。

長孫懿妻爲《隋書》有傳的劉昶之女，開皇十七年（597）《劉昶妻宇文氏墓誌》與大業二年（606）《長孫懿妻劉氏墓誌》皆可參詳。

---

① ［明］陳耀文：《天中記》卷35"文外玄友"條，《景印文淵閣四庫全書》第966冊，臺北：商務印書館，1986年，第634頁。
② ［宋］李昉等：《太平廣記》卷326注出《異聞録》"沈警"條，北京：中華書局，1961年，第2589頁。
③ 《北齊書》卷43《封述傳》，北京：中華書局，1972年，第573頁載："天平中，增損舊事爲麟趾新格，其名法科條，皆述刪定。梁散騎常侍陸晏子、沈警來聘，以述兼通直郎使梁。"

○五七　林乾阤暨妻石氏墓誌

【基本信息】

　　林乾阤暨妻石氏墓誌，2014 年出土於河南安陽，誌石今存民間。誌文 18 行，滿行 17 字，隸書，有方界格。誌石長 40 釐米、寬 42.2 釐米。未見墓誌蓋。誌石中部漫漶嚴重。

【誌文】

故魏征虜將軍林君墓誌銘
君諱乾阤，司州昌樂縣人也。祖誕，驪驤將軍。父興，平東將軍。君神情爽悟，蕭然遠致，不雜風塵，同巨卿之存信，等仲由之言諾。起家征虜將軍、貟義大夫，下車布政，導德齊禮。惟恩慈流，朝野同遵。使哥謠千城，響隆百代；瑞感枯樹，重花更萼。德心如玉，不自薦而爲寶；明器猶珠，豈待價而方貴。盖惟恒善，冀保遐齡。不謂昊天忿焉不吊，以大齊天統四年四月十八日遘卒於弟，春秋五十有七。夫人石氏女，大隋開皇十二年七月囗日卒於安終鄉。即以其年歲次壬子十二月壬申朔一日壬申，合窆於相州西南七里零泉鄉。川源有改，陵谷無恒，鐫彼他山，述其徽迹，其詞曰：
猗歟右族，世載其美。家傳鍾鼎，代有髦士。玉潤金聲，德音繼軌。系绪紛綸，備彰前史。清流帶地，白日經天。未申至道，已促生年。形歸泉懷，氣逐風煙。追悼何及，身沒名傳。

【疏證】

　　林姓誌主迄爲隋墓誌中所僅見。林乾阤與其父林興、祖林誕，皆未載於史。"司州昌樂縣"，《魏書》卷 106 上《地形志上》"司州"小注曰："治鄴城，魏武帝國於此。太祖天興四年置相州。天平元年遷都改。"又載，司州魏尹領縣有"昌樂"，小注曰："太和二十一年分魏置，永安元年置郡。天平中罷郡，復。有昌城。"①林氏魏郡房出自仲尼弟子林放之後，《元和姓纂》卷 5 "林氏"魏郡房云："狀稱本居廣平任縣，隋末徙魏州。"②果如此，則林乾阤當爲從廣平任縣（今河北邢臺）南下徙居司州昌樂安陽的第一代林姓族人，且其徙居時代至少早於隋末，或可能在齊周之間。"征虜將軍"，爲魏齊時雜號將軍，從三品。"貟義大夫"，史籍無此官職。北齊制官有文職官諫議大夫，從四品。隋代又有朝議大夫、正議大夫、通議大夫。

　　"卒於安終鄉""合窆於相州西南七里零泉鄉"，以葬地在相州推之，卒所"安終鄉"

---

①《魏書》卷 106 上《地形志上》，北京：中華書局，1974 年，第 2456 頁。
②［唐］林寶撰、岑仲勉校記：《元和姓纂（附四校記）》卷 5，北京：中華書局，1994 年，第 740 頁。

當亦爲相州所轄。相州即今安陽所在地，今見隋代墓誌多有出土地作"相州零（靈）泉縣"者，唯此作"零泉鄉"，蓋亦爲零泉縣所轄，其地當今河南省安陽市龍安區龍泉鎮。隋代墓誌中有 1975 年安陽市活水村出土開皇七年（587）《韓邕墓誌》曰"卒於相州零泉縣界"，清代宣統元年（1909）安陽出土開皇九年（589）《趙洪墓誌》曰"相州零泉縣陽邑鄉故儀同趙洪"[1]，開皇十四年（594）《李平墓誌》曰"葬於零泉縣東南葛嶼村西三里"[2]，開皇十八年（598）《萬寶暨妻王氏墓誌》曰"合葬於相州城西十里零泉縣萬善鄉平原里孫平村東北一百步"[3]，蓋皆爲同一地域出土者。參詳開皇十八年（598）《萬寶暨妻王氏墓誌》。

銘文"形歸泉懷"之"懷"，當爲"壤"之訛。齊隋之間鄴城地區的主流書體爲隸書，且兼有篆書筆法，此墓誌書法正體現出這樣一種風尚。

---

[1] 上舉兩方墓誌載王其禕、周曉薇：《隋代墓誌銘彙考》第 1 冊，北京：綫裝書局，2007 年，第 226、335 頁。
[2] 齊運通、楊建鋒：《洛陽新獲墓誌二〇一五》，北京：中華書局，2017 年，第 54 頁。
[3] 趙文成、趙君平：《秦晉豫新出墓誌蒐佚續編》第 1 冊，北京：國家圖書館出版社，2015 年，第 180 頁。

○五八　曹瑾墓誌

【基本信息】

曹瑾墓誌，出土於西安東郊雁塔區等駕坡鄉馬騰空村北滻河西岸，誌石今存民間。誌文18行，滿行19字，正書，有方界格。誌石拓本長寬均43釐米。

【誌文】

大隋車騎將軍曹公墓銘

公諱瑾，字洪興，恒州人也。聰性幼朗，能辯日蝕之餘。天和二年閏月六日，授都督、夏官府府。父說，恒州十二州開府儀同、大都督、開國、寧陽縣開國侯、單州刺史。

一去建德四年四月廿一日授帥都督、春官府府。

一去開皇元年五月十七日授直齋。

一去開皇元年五月十八日授大都督。右二官尚書吏部曹下。

一去開皇四年五月十五日授車騎將軍、領左衛左一開府右儀同兵。

一去開皇十二年九月廿三日告大都督左衛府左八驃騎、右車騎將軍、城安縣開國伯，授儀同三司、左衛府左勳衛驃騎、右車騎將軍。內史宣。開皇十三年九月十三日薨，十月十七日葬於大興縣大城東七里土名馬頭空北一里藺村南八十步。

【疏證】

誌文格式奇特，於誌主五次授官皆抬頭另起一行並且均以類似於"一"字的橫畫爲起首標誌，殊爲罕見。

誌主曹瑾、父曹說，史傳無載。據誌載，曹說在北周任恒州十二州開府、儀同、大都督、開國、寧陽縣開國侯、單州刺史。"周制：封郡縣五等爵者，皆加開國；授柱國大將軍、開府、儀同者，並加使持節、大都督"。①曹瑾在北周天和二年閏月六日任都督、夏官府府。建德四年四月廿一日任帥都督、春官府府。"初，太祖欲行《周官》，命蘇綽專掌其事。未幾而綽卒，乃令辯成之。於是依《周禮》建六官，置公、卿、大夫、士，並撰次朝儀，車服器用，多依古禮，革漢、魏之法。事並施行。今錄辯所述六官著之於篇。天官府管冢宰等衆職，地官府領司徒等衆職，春官府領宗伯等衆職，夏官府領司馬等衆職，秋官府領司寇等衆職，冬官府領司空等衆職。史雖具載，文多不錄"。②則曹瑾分別在夏官府、春官府任職，從事與軍事、祭祀相關的工作。誌云："隋開皇元年五月十七日任直齋、五月十八日任大都督。""直齋"官通行於南北朝，掌值殿內齋閣。北魏直齋地位要高於北

---

① 《周書》卷24《盧辯傳》，北京：中華書局，1971年，第407頁。
② 《周書》卷24《盧辯傳》，北京：中華書局，1971年，第404頁。

齊與南朝，《魏書》卷75《尒朱世隆傳》曰："肅宗末，爲直齋。轉直寢，後兼直閣，加前將軍。"①《隋書》卷27《百官志中》記北齊制官中左右衛府在朱華閣外的禁衛屬官之一爲"直閣屬官，有朱衣直閣、直閣將軍、直寢、直齋、直後之屬。"②《隋書》卷28《百官志下》記隋代制官："左右衛，掌宮掖禁禦，督攝仗衛。又各有直閣將軍、六人。直寢、十二人。直齋、直後，各十五人。並掌宿衛侍從。"③大都督，《隋書》卷28《百官志下》載："高祖又採後周之制，置上柱國、柱國、上大將軍、大將軍、上開府儀同三司、開府儀同三司、上儀同三司、儀同三司、大都督、帥都督、都督，總十一等，以酬勤勞。"④誌云"開皇四年五月十五日任車騎將軍、領左衛。左一開府右儀同兵"。《隋書》卷28《百官志下》云："車騎將軍，儀同三司，內常侍，秘書丞，國子博士，散騎侍郎，太子內舍人，太子左右監門副率，員外散騎常侍，上州長史，親王府諮議參軍事，開國男，已前上階。尚食、尚藥典御，上州司馬，爲正五品。"⑤誌云"開皇十二年九月廿三日告大都督、左衛府左八驃騎、右車騎將軍、城安縣開國伯，授儀同三司、左衛府左勳衛驃騎、右車騎將軍。內史宣"。左衛府左勳衛驃騎，當是指隸屬於左衛府下的左勳衛驃騎將軍。"內史"即"中書"之諱改，"宣"即頒布，蓋指所舉五項授官時日銜名，皆爲中書省頒佈的任職令內容。墓誌文中記載誌主職任竟一一具體到年月日者殊爲少見，故爲了解周隋時期職官制度與升等步驟皆有重要參考價值。

誌云"葬於大興縣大城東七里土名馬頭空北一里藺村南八十步"，"馬頭空"又稱"馬頭崆"，清代以後方始音轉爲"馬登空""馬騰空"，此名目在隋代僅此一例。案唐開元十一年（723）《阿史那自政墓誌》"葬於京延興門外五里龍首之原"⑥，出土於西安雁塔區馬騰空鄉的唐開元廿七年（739）《裴聞一墓誌》"遷窆於京兆延興門東馬頭空之原"⑦，唐天寶十四載（755）《宋應墓誌》"權瘞於咸寧縣延興門外龍首鄉之原"。"延興門"爲長安外廓城東城三門之南門，則馬騰空地理方位在延興門外東南之龍首原，龍首渠流經此地，大致在今西安韓森寨等駕坡以南的高橋鎮與繆家寨之間的滻河西岸，今猶有馬騰空村。復有唐顯慶六年（661）《大唐故董夫人墓誌銘》云"葬於京兆長安之城南馬頭空"⑧，唐開元十七年（729）彭王李志暕撰《大唐故興聖寺主尼法澄塔銘》又云："今上在春宮，幸興聖寺，施錢一千貫，充修理寺。以法師德望崇高，敕補爲興聖寺主。法師修緝畢功，不逾旬月。又於寺內畫花嚴海藏變，造八角浮圖，馬頭空起舍利塔，皆法師指受規模及造。……卧訖遷神，春秋九十，開元十七年十一月三日也。以其月廿三日安神於龍首山馬頭空塔

---

① 《魏書》卷75《尒朱世隆傳》，北京：中華書局，1974年，第1668頁。
② 《隋書》卷27《百官志中》，北京：中華書局，1973年，第758頁。
③ 《隋書》卷28《百官志下》，北京：中華書局，1973年，第778頁。
④ 《隋書》卷28《百官志下》，北京：中華書局，1973年，第781頁。
⑤ 《隋書》卷28《百官志下》，北京：中華書局，1973年，第786頁。
⑥ 周紹良、趙超：《唐代墓誌彙編續集》，上海：上海古籍出版社，2001年，第494頁。
⑦ 趙力光：《西安碑林博物館新藏墓誌彙編》中冊，北京：綫裝書局，2007年，第425頁；楊娟《新見唐〈裴聞一墓誌銘〉釋證》，《考古與文物》2007年第4期，第85頁。
⑧ 上舉兩方墓誌載周紹良、趙超：《唐代墓誌彙編續集》，上海：上海古籍出版社，2001年，第658、114—115頁。

所。"①此所謂"龍首山馬頭空"者亦是今馬騰空村所在地。再證之文獻，《晋書》卷115《苻登載記》"登去曲牢繁川，次於馬頭原"②，《晋書》卷116《姚萇載記》"萇與（苻）登戰，敗於馬頭原"者正是此地。③

---

① 周紹良：《唐代墓誌彙編》下册，上海：上海古籍出版社，1991年，第1362頁。
② 《晋書》卷115《苻登載記》，北京：中華書局，1974年，第2952頁。
③ 《晋書》卷116《姚萇載記》，北京：中華書局，1974年，第2970頁。

〇五九　梁脩芝墓誌

【基本信息】

　　梁脩芝墓誌，出土於西安南郊少陵原，誌石今存民間。誌文36行，滿行35字，正書，有方界格。誌石長57釐米、寬60釐米。墓誌圖文載在胡戟《珍稀墓誌百品》[①]、劉文《陝西新見隋朝墓誌》[②]，研究參詳周曉薇《新發現的隋代〈梁脩芝墓誌〉與中古安定梁氏》[③]。

【誌文】

隋故使持節柱國相州刺史華陽襄公梁史君墓誌銘

公諱脩芝，字彦光，安定烏氏人。發系金天，流慶玉女，本枝同於嬴氏，胙土別於梁國。三后六貴之光榮，七序五噫之詞氣，固以昭彰圖史，射越不窮。曾祖茂，魏鎮西大將軍、秦州刺史、臨涇郡開國公。祖育，平西將軍、華州刺史。父顯，東雍州刺史、大鴻臚卿，贈開府儀同三司、涇荆二州刺史。女牀丹穴，驚鳳連飛。懸圃曾城，瓊瑤秀出。門容駟馬，豈止于公；里号乘軒，更同蘇相。公載營抱魄，陽舒陰慘。同人者形有，異人者精靈。幼著仁心，夙櫬智骨。言同帛曘，捻等松寒。性理虛沖，襟神條暢。綠綺清英之妙，絃驚鶴儷；懸帳臨池之巧，筆轉鴽飛。初補大學生，尋除祕書郎。冊府書淵，肆意研覽。芳潤咸盡，糟粕無遺。周元年，除舍人中士，轉上士。周高祖爰始封唐，妙簡僚佐，除魯公府屬。保定三年，稍遷小縣伯下大夫。四年，除大都督，戎右下大夫。天和二年，轉小馭下大夫，丁艱去職。公天經地義，至性過人。集蓼茹荼，哀瘵越禮。尋起復本官，仍授小内史下大夫，封埴握素，任典絲綸。燥吻濡翰，詞同綺縠。除使持節、車騎大將軍、儀同三司、樂部中大夫。發揚蹈厲，賓牟未知其理；硎槍鼓儷，制氏不達其義。公性曉八音，洞明六律。若季子之聽曲，風俗咸辯；同周郎之瞥顧，舛誤必知。雅鄭遂分，金石有序。建德三年，除御正下大夫。六年，從平東夏。以功授使持節、開府儀同大將軍、御正中大夫，封并州陽城縣開國公，食邑一千戶。又授上開府。周武粤自蕃邸，肅纘皇極。公義則代臣，情同宛故，綢繆丹陛，出入青蒲。或昌言政治，或揚搉今古。抵掌盱衡，分霄達曙。賈誼之説神道，太宗前席；馬援之論兵法，光武意同。而秉心淑慎，樞機謹密，問樹不言，數馬方對。每以謙撝下物，不持爵位驕人。故終高祖之世，克全榮寵。宣帝踐祚，除華州刺史，改封梁州華陽郡開國公，邑一千戶。百戶舊封，聽迴授一子。大象初，治御伯中大夫。二年，授上大將軍、御正上大夫，又進位柱國，除青州刺史，不之任。大隋受禪，除岐州刺史，增邑五百戶，并前二千戶。公務農勸學，恤老矜孤，舉大綱而略細網，先德教而後刑罰。誠感徵祥，化致清静，乃有瑞木連理，嘉禾

[①] 胡戟：《珍稀墓誌百品》，西安：陝西師範大學出版總社，2016年，第32頁。
[②] 劉文：《陝西新見隋朝墓誌》，西安：三秦出版社，2018年，第38頁。
[③] 周曉薇：《新發現的隋代〈梁脩芝墓誌〉與中古安定梁氏》，《隴東學院學報》2018年第2期，第1—5頁。

合穗，巢鵲俯而可窺，馴鳩乳於寢室。事聞宸扆，發詔褒揚，賞以粟帛，用明勸獎。開皇五年，冊拜趙州刺史，尋改授使持節相州諸軍事相州刺史。十年，又除趙州刺史，還任相州。河朔漳濱，前衛後趙，遠則袁曹遞據，近則燕齊舊都。俠窟餘民，奸豪不息。商淵大賈，狡猾難治。公勵之以仁義，糺之以明察，威德兼宣，寬猛相濟。苻任九載，風化大行。既而魏世兩童，空聞遺藥之語；堯年五老，終有入昴之期。以十三年六月九日寢疾薨於位，春秋六十。相杵之聲，寂寥於里巷；墠粥之旅，罷散於旗亭。皇上追悼名臣，有加恒感，遣使弔祭，賜謚曰襄公，禮也。仍以其年歲次癸丑十一月丁酉朔廿四日庚申，厝於小陵原零泉鄉黃渠里。五百歲有達者，已驗今辰；三千年見白日，勒銘來世。其詞曰：

《易》曰賢人，《書》稱畯德。惟公誕降，高明柔克。保姓受氏，承家開國。世有民英，咸爲士則。爰初蒙幼，山下出泉。既升庠序，秉志精專。人同玉潤，水類璧圓。離經鼓篋，捴縵安絃。道藝內融，英華外發。劍氣侵斗，珠精連月。志在崇讓，心存去伐。談足擘肌，文非次骨。一從宦伍，屢變朝衣。淵龍值躍，代馬逢飛。宮臺贊務，帷幄參幾。鳴鑾申綏，若若騑騑。五運移序，千齡啓聖。事夏遷虞，加榮錫命。禮數逾重，聲明日盛。八翅飛州，六條斑政。前臨柏柱，却走蘂臺。丹帷再闢，朱駬往來。惠風春動，愛日冬開。命殊金石，夢有瓊瑰。反葬西京，遊魂北帝。百年人盡，千秋泉閟。野曠風酸，松寒日翳。香名不朽，永垂來裔。

【疏證】

梁脩芝即梁彥光，載入《隋書》與《北史》的《循吏傳》，兩傳記述略同。唯墓誌作"諱脩芝，字彥光"，而本傳皆云"梁彥光字脩芝"，故史傳皆作《梁彥光傳》。

墓誌與本傳皆云梁彥光"安定烏氏人"。中古梁氏大多以晉大夫梁益耳爲先祖，亦多有稱漢武威太守梁統或將軍梁冀之後者。梁氏郡望在隋代以前則概稱安定，即今甘肅涇川縣一帶。墓誌云"曾祖茂，魏鎮西大將軍、秦州刺史、臨涇郡開國公。祖育，平西將軍、華州刺史。父顯，東雍州刺史、大鴻臚卿，贈開府儀同三司、涇荆二州刺史"。其世系與《隋書》本傳比對，墓誌詳而本傳略，且有可糾補本傳之誤闕者：一是本傳將曾祖梁茂誤系爲祖，並將祖梁育所任華州刺史一職又誤系於梁茂。二是本傳闕載祖梁育之事迹。三是本傳載父梁顯任"周荊州刺史"，而據誌知爲贈官而非實職。[1]

關於梁彥光的生平，誌傳相較，繁簡各異，可互爲補充。如墓誌云其"幼著仁心，夙棲智骨"云云，似虛浮套語，然觀其本傳，亦確有事迹可循。本傳云："彥光少岐嶷，有至性，其父每謂所親曰：'此兒有風骨，當興吾宗。'七歲時，父遇篤疾，醫云餌五石可愈。時求紫石英不得。彥光憂瘁不知所爲，忽於園中見一物，彥光所不識，怪而持歸，即紫石英也。親屬咸異之，以爲至孝所感。"[2]梁彥光爲治父病偶撿紫石英的故事，應能說明其"至孝"而有"仁心"。本傳云："魏大統末，入太學，略涉經史，有規檢，造次

---

[1]《隋書》卷73《梁彥光傳》，北京：中華書局，1973年，第1674頁云："梁彥光字修芝，安定烏氏人也。祖茂，魏秦、華二州刺史。父顯，周荊州刺史。"

[2]《隋書》卷73《梁彥光傳》，北京：中華書局，1973年，第1674頁。

必以禮。"①墓誌則講梁彥光"性理虚沖,襟神條暢。緑綺清英之妙,絃驚鶴儷;懸帳臨池之巧,筆轉鸞飛。初補大學生,尋除祕書郎。册府書淵,肆意研覽。芳潤咸盡,糟粕無遺"。可知梁彥光乃是雅擅樂聲且書法妙絶,故得選入太學而補大學生。又據本傳知梁彥光補大學生"時年十七",由此可知魏朝擔任太學生的基本年齡及其學業藝技方面的内涵。梁彥光以秘書郎一職爲起家官,而後"周元年,除舍人中士,轉上士。周高祖爱始封唐,妙簡僚佐,除魯公府屬。保定三年,稍遷小縣伯下大夫。四年,除大都督,戎右下大夫。天和二年,轉小馭下大夫,丁艱去職"。本傳略同而稍簡約,未載其任舍人中士以及周高祖時魯公府屬、武帝時小縣伯下大夫、大都督、戎右下大夫等職任。小縣伯下大夫,爲地官所屬。《周書》卷5《武帝紀上》載,建德二年(573)三月"癸巳,省六府諸司中大夫以下官,府置四司,以下大夫爲之官長,上士貳之"②,則下大夫爲小縣伯官長。誌云"公天經地義,至性過人。集蓼茹荼,哀瘠越禮。尋起復本官,仍授小内史下大夫",本傳所記略同。墓誌又增載梁彥光"除使持節、車騎大將軍、儀同三司、樂部中大夫"。樂部,據《周書》卷5《武帝紀上》載保定四年(564)五月"丁亥,改禮部爲司宗,大司禮爲禮部,大司樂爲樂部"③。爲了説明梁彥光的稱職,誌云"公性曉八音,洞明六律。若季子之聽曲,風俗咸辯;同周郎之瞀顧,舛誤必知。雅鄭遂分,金石有序",强調其通曉八音六律,因此能辨正舛誤,序分雅鄭。誌云"建德三年,除御正下大夫。六年,從平東夏。以功授使持節、開府儀同大將軍、御正中大夫,封并州陽城縣開國公,食邑一千户。又授上開府。……宣帝踐阼,除華州刺史,改封梁州華陽郡開國公,邑一千户。百户舊封,聽迴授一子。大象初,治御伯中大夫。二年,授上大將軍、御正上大夫,又進位柱國,除青州刺史,不之任"。本傳所記略同,且交代了梁彥光"不之任"青州刺史的緣由是"屬帝崩"。誌云"大隋受禪,除岐州刺史,增邑五百户,并前二千户。公務農勸學,恤老矜孤,舉大綱而略細網,先德教而後刑罰。誠感徵祥,化致清静,乃有瑞木連理,嘉禾合穗,巢鵲俯而可窺,馴鳩乳於寢室。事聞宸展,發詔褒揚,賞以粟帛,用明勸獎"。所記與本傳基本相合,所不同的是誌云梁彥光在岐州的善政"事聞宸展,發詔褒揚",而本傳則是隋高祖幸臨岐州,下詔褒獎,且有詔書文字爲證:

> 開皇二年,上幸岐州,悦其能,乃下詔曰:"賞以勸善,義兼訓物。彥光操履平直,識用凝遠,布政岐下,威惠在人,廉慎之譽,聞於天下。三載之後,自當遷陟,恐其匱乏,且宜旌善。可賜粟五百斛,物三百段,御傘一枚,庶使有感朕心,日增其美。四海之内,凡曰官人,慕高山而仰止,聞清風而自勵。"④

誌傳相較,自以史官的記叙更爲精當允實。誌云"開皇五年,册拜趙州刺史,尋改授使持節相州諸軍事相州刺史。十年,又除趙州刺史,還任相州"。可以看出,在開皇五年(585)至開皇十年(590),梁彥光的職任徘徊在趙州刺史與相州刺史之間,尤其是在相州經歷了

---

① 《隋書》卷73《梁彥光傳》,北京:中華書局,1973年,第1674頁。
② 《周書》卷5《武帝紀上》,北京:中華書局,1971年,第82頁。
③ 《周書》卷5《武帝紀上》,北京:中華書局,1971年,第70頁。
④ 《隋書》卷73《梁彥光傳》,北京:中華書局,1973年,第1675頁。

從"改授"到"還任"兩次任職。墓誌亦專此説明相州爲"河朔漳濱,前衛後趙,遠則袁曹遞據,近則燕齊舊都",此地"俠窟餘民,奸豪不息。商淵大賈,狡猾難治",而梁彦光"勵之以仁義,糺之以明察,威德兼宣,寬猛相濟。苞任九載,風化大行"。雖然其描叙亦差合史實,然比較本傳方能更清楚梁彦光何以兩任相州刺史的事由情狀。本傳云:

> 後數歲,轉相州刺史。彦光前在岐州,其俗頗質,以靜鎮之,合境大化,奏課連最,爲天下第一。及居相部,如岐州法。鄴都雜俗,人多變詐,爲之作歌,稱其不能理化。上聞而譴之,竟坐免。歲餘,拜趙州刺史,彦光言於上曰:"臣前待罪相州,百姓呼爲戴帽餳。臣自分廢黜,無復衣冠之望,不謂天恩復垂收採。請復爲相州,改絃易調,庶有以變其風俗,上答隆恩。"上從之,復爲相州刺史。豪猾者聞彦光自請而來,莫不嗤笑。彦光下車,發摘奸隱,有若神明,於是狡猾之徒莫不潛竄,合境大駭。①

本傳隨之又例舉了梁彦光治理相州的具體措施,亦均爲誌文所不載。

誌云"以十三年六月九日寢疾薨於位,春秋六十"②,"皇上追悼名臣,有加恆感,遣使弔祭,賜謚曰襄公,禮也。仍以其年歲次癸丑十一月丁酉朔廿四日庚申,厝於小陵原零泉鄉黄渠里"。本傳復載其贈官"冀、定、青、瀛四州刺史",並記其長子梁文謙、少子梁文讓。長子梁文謙在隋代任上州刺史、饒州刺史、鄱陽太守。又徵拜户部侍郎。遼東之役,領武賁郎將,尋以本官兼檢校太府、衛尉二少卿。明年,又領武賁郎將,爲盧龍道軍副。年五十六卒。少子梁文讓,初封陽城縣公,後爲鷹揚郎將。從衛玄擊楊玄感於東都,力戰而死,贈通議大夫。③據墓誌銘文"反葬西京"及葬地"小陵原零泉鄉黄渠里",可知梁彦光葬地屬隋代大興縣界。零泉鄉黄渠里爲隋代墓誌銘中所見新的鄉里名稱,新出仁壽三年(603)《皇甫絃墓誌》亦云葬於"雍州大興縣零泉鄉"。黄渠里位於小陵原,還可以找到唐代的佐證資料,如龍朔三年(663)《楊守澹暨妻獨孤法王墓誌》曰"合葬于雍州萬年縣洪原鄉黄渠里夫人舊塋"④。又如權德輿撰《姚南仲碑》云"奉公之喪與夫人之殯,合祔之(《集》作于)少陵原黄渠里"⑤。以其皆位於少陵原(初唐以前皆謂小陵原),則唐代黄渠里應是隋代黄渠里的延續,只是黄渠里的具體地理位置尚不能確知。黄渠是隋唐長安城東南隅曲江的主要水源,北出秦嶺大峪口,全長二十多公里,注入曲江的一脈分支自南向北沿少陵原畔依次流經引鎮、留村、戎店、大兆、曹村、鮑陂、杜陵、繆家寨而入曲江。《長

---

① 《隋書》卷73《梁彦光傳》,北京:中華書局,1973年,第1675頁。
② 《隋書》卷2《高祖紀下》,北京:中華書局,1973年,第38頁載,開皇十三年"冬十月乙卯,上柱國、華陽公梁彦光卒","冬十月乙卯"則誤,應以誌爲準。
③ 《隋書》卷73《梁彦光傳》,北京:中華書局,1973年,第1676頁;《北史》卷86《梁彦光傳》略同。有關梁彦光子嗣,唐大曆十年(775)梁肅撰《德州安得縣丞李君夫人梁氏墓誌》曰:"夫人安定梁氏,族高祖華陽襄公諱彦先(集作光),生周隋際歷上大將軍、開府儀同三司、使持節青冀華相等九州刺史、貞惠文敏,爲兩朝名臣,生曾祖永安成公文讓,在隋爲司隸刺史,司隸生皇朝龍興令、冀州長史晏,晏生朝散大夫、堯山令澄,夫人堯山之第二女。"[宋]李昉等:《文苑英華》卷966,北京:中華書局,1966年,第5079頁。
④ 趙力光:《西安碑林博物館藏墓誌續編》,西安:陝西師範大學出版總社有限公司,2014年,第129頁。
⑤ [宋]李昉等:《文苑英華》卷895,北京:中華書局,1966年,第4711頁。

安志》卷 11 萬年縣"黃渠"條云:"自義谷口澗分水入此渠。北流一十里,分兩渠,一東北流入庫谷,一西流入樊川,灌溉稻田,西流入坑河。"①《遊城南記》張禮自注曰:"黃渠水,出義谷,北上少陵原,西北流經三像寺。鮑陂之東北,今有亭子頭,故巡渠亭子也。北流入鮑陂。鮑陂,隋改曰杜陂,以其近杜陵也。自鮑陂西北流,穿蓬萊山,注曲江。"②《類編長安志》卷 6 "黃渠"條云:"自南山東義谷堰水,上少陵原,至杜陵南,分爲二渠,一灌鮑陂,一北流曲江。新説曰:'唐文宗時,黃渠已涸。帝讀杜詩,有意復興,大和九年,發神策軍掘黃渠,淘曲江。今黃渠水上少陵原,東流入滻川。'"③自唐以後,少陵原上以黃渠命名的地名又有城東南約十五里的黃渠倉,也稱黃渠頭村或黃渠社,位於今長安區繆家寨北。④以此推之,黃渠里的大致地理位置,有可能在鮑陂與杜陵之間的黃渠側旁。

《隋書》卷 73《循吏傳》將梁彥光排在首位,並在序言中云:"彥光等立嚴察之朝,屬昏狂之主,執心平允,終行仁恕,餘風遺愛,没而不忘,寬惠之音,足以傳於來葉。"⑤可見史官對循吏善政的刻意張揚,尤其是將梁彥光做爲循吏第一表率,撰述其傳記自然十分用心。以墓誌與本傳對讀,最顯而易見的是兩者所載梁彥光事迹,因書寫目的不一,對資料的取捨,各有偏重。墓誌主要叙述其任官履歷,可謂面面俱到,因而幾乎未遺漏梁彥光每個職任,且重視對其仕途上道德品質、文化修養的重墨渲染。較史傳而言,墓誌撰寫文筆流暢、叙事簡明,然終因過份注重任官履歷的記叙而略去許多歷史事件的真實環節,更失去了故實舊事原境的精彩。本傳的叙述,史官更注重選取梁彥光在不同時期的重要事迹來彰顯他的人品和惠政,且對其生平史事能夠清晰交待來龍去脈,文筆平實而生動,資料取捨詳略分明。正由於二者存在資料與描叙上的差異,因而也就有著不可或缺的互證互補的文獻價值。

---

① [宋]宋敏求撰,辛德勇、郎潔點校:《長安志》,西安:三秦出版社,2013 年,第 367 頁。
② [宋]張禮撰,史念海、曹爾琴校注:《遊城南記》,西安:三秦出版社,2006 年,第 42 頁。書中史、曹二氏關於黃渠的校注甚詳,可資參讀。
③ [元]駱天驤撰、黃永年點校:《類編長安志》卷 6,北京:中華書局,1990 年,第 191 頁。
④ 關於黃渠的沿革史,可參詳曹爾琴:《長安黃渠考》,《中國歷史地理論叢》1990 年第 1 輯,第 53—66 頁。
⑤《隋書》卷 73《循吏傳》,北京:中華書局,1973 年,第 1647 頁。

○六○　薛寶墓誌

【基本信息】
薛寶墓誌，出土於西安南郊，誌石今存民間。誌文20行，滿行20字，正書，有方界格。蓋題9字，3行，每行3字，陰文正書，無界格。誌石長寬均42釐米，誌蓋覆斗形，長44釐米、寬43釐米，誌蓋四殺無紋飾。墓誌圖文載在胡戟《珍稀墓誌百品》[1]。

【誌蓋】
大隋大都督薛府君銘

【誌文】
君諱寶，字僧陁，夏州義豐人也。其先周諸侯任姓之後，自樂安歸命，枝族派流，遂得藉地金明，世居河朔。夙興温清，恒聯孝已之心；履行謙恭，每篤循墙之節。周天和六年，襲爵房陽公，邑二千戶。彎弓馬上，即曰大樹將軍；儛劍長楊，或謂曹公刺客。加授右親衛大都督。祖萇生，夏州主簿、第一領民酋長、雲州刺史。父岳，使持節、儀同三司、定州刺史、房陽公。自爲陳内化，餘燼未寶。開皇九年，募從柱國、襄陽公，押伏江左。蘿蒲之盜，自此歸仁。郊阯日南，道路無擁。其年十月，奉使送廣州首領入京，又奉敕令陁還送桑梓，達至嶺南，即充九州慰勞大使，到安州遇疾，薨於治下。心隨兩雁，翩同贏愽之魂；氣逐秋霜，無復三春之日。十三年十月，屍柩至家。荆山朗玉，定絶彫採之工；漢水明珠，豈雜和鸞之響。嗚呼哀哉，惟大隋十四年歲次甲寅正月丙申朔十四日己酉葬於長安縣豐浩鄉浩碑里。右瞻鄜部，對淥水之揚波；左眺星橋，見酈山之斷絶。嗚呼哀哉，乃爲銘曰：

脩脩隴樹，永謝春光。寂寂蘭燈，長辭風月。寒松曉凍，落影催年。一分白日，徘徊九泉。千載一名，刊之金石。歲往月來，空留古跡。

【疏證】
誌云薛寶爲"夏州義豐人"，《魏書》卷106《地形志下》夏州小注云："赫連屈子所都，始光四年平，爲統萬鎮，太和十一年改置。治大夏。"領郡四，縣九。金明郡有永豐縣，小注云"真君十三年置"[2]。薛寶及其祖、父，史傳皆無載。據誌知其祖薛萇生，爲"夏州主簿、第一領民酋長、雲州刺史"。父薛岳，爲"使持節、儀同三司、定州刺史、房陽公"。薛寶在周天和六年（571），襲爵房陽公，邑二千戶。又加授右親衛大都督。誌云："自爲陳内化，餘燼未寶。開皇九年，募從柱國、襄陽公，押伏江左。蘿蒲之盜，自

---
[1] 胡戟：《珍稀墓誌百品》，西安：陝西師範大學出版總社，2016年，第36頁。
[2] 《魏書》卷106《地形志下》，北京：中華書局，1974年，第2628—2629頁。

此歸仁。郊阯日南,道路無擁。"蓋言隋開皇九年(589)滅陳後,又有陳的殘餘勢力挑起事端。開皇九年(589),薛寶跟隨柱國、襄陽公韋洸前往"押伏江左"。誌云"其年十月,奉使送廣州首領入京,又奉敕令陪還送桑梓,達至嶺南,即充九州慰勞大使,到安州遇疾,薨於治下"。此事可參《隋書》卷65《慕容三藏傳》,其云慕容三藏在開皇"九年,奉詔持節涼州道黜陟大使。其年,嶺南酋長王仲宣反,圍廣州,詔令柱國、襄陽公韋洸爲行軍總管,三藏爲副。至廣州,與賊交戰,洸爲流矢所中,卒,詔令三藏檢校廣州道行軍事"[1]。由此可知,薛寶是跟隨韋洸與慕容三藏南下廣州與嶺南酋長王仲宣交戰,此時薛寶奉使送廣州首領入京後,接著又護送其回廣州,却在安州患病疾去世。誌云"惟大隋十四年歲次甲寅正月丙申朔十四日己酉葬於長安縣豐浩鄉浩碑里",長安縣豐浩鄉浩碑里,爲迄今所見隋代長安縣的新鄉名與里名。又據誌文"右瞻鄠鄗,對潞水之揚波;左眺星橋,見酈山之斷絕",推其葬地當在大興城西南、豐滈東畔的高陽原一帶。

---

[1]《隋書》卷65《慕容三藏傳》,北京:中華書局,1973年,第1532頁。

○六一　辛瑾墓誌

【基本信息】

辛瑾墓誌，出土西安市長安區，誌石今存民間。誌文29行，滿行29字，正書，有方界格。誌石拓片長57釐米、寬57.5釐米。墓誌圖文載在胡海帆、湯燕《1996—2012北京大學圖書館新藏金石拓本菁華》①，趙文成、趙君平《秦晉豫新出墓誌蒐佚續編》②，葉煒、劉秀峰《墨香閣藏北朝墓誌》③，劉文《陝西新見隋朝墓誌》④。研究參詳李宗俊《隋大將軍辛瑾墓誌考釋》⑤。

【誌文】

大隋大將軍弘農辛公之墓誌銘

公諱瑾，字明瑾，隴西狄道人也。昔金吾出守，王鳳於焉抗表；軍師杖節，馬懿所以全兵。自茲已降，人物弥重。祖靈安，散騎常侍，贈秦州刺史；父景亮，使持節、車騎大將軍、儀同三司、散騎常侍、雲陽縣開國子。並昇文省，俱立武功，威振邊夷，譽勳簪紱。公稟靈川嶽，挺秀芝蘭，英風雅瞻，逸氣遒舉。讓梨蒙賞，溫杖見奇。漁獵百家之書，尤重万人之敵。加以巧踰楊葉，妙甚戟支，落朱鴈於雲間，下玄猨於木末。起家周孝閔帝直寢，轉授齊王府樂曹參軍、馮翊郡功曹。鄧禹生平，靡希斯任；寇恂功業，階此成名。後頻從齊王，東討克捷，轉大都督、使持節、儀同三司、齊王府属。建德七年，平齊功授開府儀同三司，封博陵縣開國侯。羊叔子之勤王，方開莫府；鄧昭伯之勳戚，始［□］儀同。兼而兩之，綽有餘裕。大象二年，以平尉迴功，授大將軍，封崇政縣開國公，食邑一千戶，轉封弘農郡開國公。李貳師（之）縱橫於塞表，爵止海西；霍將軍社稷之功臣，封唯博陸。我居其地，良無愧焉。開皇二年，從衛王征突厥有功，特蒙殊錫，陳主銜壁，餘妖未殄。乃命公率樓舡之陣，徑指日南；勵次飛之士，直往林邑。文身剪髮，蟻聚蜂飛。帶甲持矛，抗輪舉尾。公揮戈迴進，陷入賊營，叱吒則人馬俱驚，鼓噪則幡旗亂靡。冰離雪散，滿谷填江。血灑塵飛，蔽日丹地。開皇十一年十月十七日薨於戰場，公春秋五十九，十二月二日靈柩泊於京師。皇帝罷朝，公卿臨吊，詔賜物二百段、米二百斛，禮也。十四年正月廿六日葬於雍州長安縣合交鄉高陽原。惟公有孝於家，有勳於國，善音律，美談咲。轉環奇正之術，暗合孫吳；九拒三略之方，懸同黃墨。棄班超之筆，遠度玉門；據馬援辇，遂臨銅柱。世子公度，孝感幽明，痛切瘝巨，顯親

---

① 胡海帆、湯燕：《1996—2012北京大學圖書館新藏金石拓本菁華》，北京：北京大學出版社，2013年，第127頁。
② 趙文成、趙君平：《秦晉豫新出墓誌蒐佚續編》第1冊，北京：國家圖書館出版社，2015年，第175頁。
③ 葉煒、劉秀峰：《墨香閣藏北朝墓誌》，上海：上海古籍出版社，2016年，第216—217頁。
④ 劉文：《陝西新見隋朝墓誌》，西安：三秦出版社，2018年，第41頁。
⑤ 李宗俊：《隋大將軍辛瑾墓誌考釋》，杜文玉《唐史論叢》第18輯，西安：陝西師範大學出版總社有限公司，2014年，第206—213頁。

来葉，乃述斯銘。銘曰：

忌處漢朝，毗居魏室。志略紛糾，詞鋒秀逸。秦州偉器，雲陽令質。德邁一時，榮過往袟。誕茲髦士，奇才偉量。玉樹凝階，珠庭起狀。少陪彫輦，長參戎帳。月壘分營，星文合將。初開莫府，獨拜昇壇。蓮花入劍，電影承韜。吞齊併楚，馘趙俘韓。威加莫北，聲振樓蘭。閩越未靜，樓舡爰整。電掃桂林，風馳梅嶺。奇謀迴發，銳氣先挺。珠名舊郡，銅標漢境。誠臣報主，輕生重義。路有飛蒭，師無垂翅。國難斯殄，功名已被。馬革空歸，人生如寄。哥淒壯士，詔葬將軍。朱旗擁路，玄甲臨墳。夜臺無日，空山足雲。詎知楊子，頌此高勳。

【疏證】

　　李宗俊《隋大將軍辛瑾墓誌考釋》對辛瑾家族及其重要人物、辛瑾本人以及墓誌所涉及的北周、隋朝的相關史事進行了梳理與考證。因此這裏僅對該文疏忽之處加以糾正並就沒有涉及的葬地問題加以說明。

　　李宗俊在考證伊始即云"隋大將軍辛瑾不見於史書"，事實上，《隋書》《北史》雖然未給辛瑾立傳，但還是有記載的，並且與墓誌所述辛瑾的事迹相合。誌云"公諱瑾，字明瑾"，史書正是用他的字辛明瑾來記載的。《隋書》卷60《于仲文傳》載："未幾，詔仲文率兵白狼塞以備胡。明年，拜行軍元帥，統十二總管以擊胡。……於是從金河出白道，遣總管辛明瑾、元滂、賀蘭志、呂楚、段諧等二萬人出盛樂道，趨那頡山。至護軍川北，與虜相遇，可汗見仲文軍容齊肅，不戰而退。"[1]關於辛瑾參加討擊突厥的戰事，辛瑾墓誌恰好亦有記載，其云"開皇二年，從衛王爽征突厥有功，特蒙殊錫"，可知其時是派遣任總管的辛明瑾跟從衛王楊爽去征戰的。再檢《隋書》卷1《高祖紀上》云：開皇三年（583）春四月"己卯，衛王爽破突厥於白道。"[2]所載正與《于仲文傳》所記相關事狀相符，亦與《隋書·衛昭王爽傳》記載情況相合[3]，唯墓誌記作開皇二年（582）有誤，應以史載開皇三年（583）四月爲確。

　　誌云"葬于雍州長安縣合交鄉高陽原"，"合交鄉"當即"合郊鄉"，開皇十四年（594）《扈志墓誌》云"安厝於大興城西南一十五里"[4]，正是《扈志碑》所云"大興城西南合郊鄉修福里"之地，而大興城西南正屬長安縣。又，大業六年（610）《解方保墓誌》云"葬於京兆郡長安縣福陽鄉修福里之原"，則"合郊鄉"與"福陽鄉"或有前後更名關係。唐代迄未見有合交鄉。[5]

---

[1]《隋書》卷60《于仲文傳》，北京：中華書局，1973年，第1454頁；《北史》卷23《于仲文傳》所記略同。
[2]《隋書》卷1《高祖紀上》，北京：中華書局，1973年，第19頁。
[3]《隋書》卷44《衛昭王爽傳》，北京：中華書局，1973年，第1224頁云："其年，以爽爲行軍元帥，步騎七萬以備胡。……遇沙鉢略可汗於白道，接戰，大破之，虜獲千餘人，驅馬牛羊鉅萬。沙鉢略可汗中重創而遁。"
[4] 胡戟、榮新江：《大唐西市博物館藏墓誌》上冊，北京：北京大學出版社，2012年，第34頁。
[5] 周曉薇、王其禕：《片石千秋：隋代墓誌銘與隋代歷史文化》，北京：科學出版社，2014年，第224頁。

〇六二　吳寶墓誌

【基本信息】

吳寶墓誌，出土於西安市長安區，誌石今存民間。誌文21行，滿行22字。正書，有方界格。誌石拓本長56釐米、寬57釐米。墓誌圖文載在齊運通、楊建鋒《洛陽新獲墓誌二〇一五》①。

【誌文】

大隋開府儀同三司和城縣開國公吳公墓

公諱寶，字真貴，勃海東光人。長沙王芮之苗裔，大司馬漢之後也。名旌麟閣，功著雲臺。簪紱相傳，衣纓遞襲。祖迴，宇域清閑；父慶，宮墙淵靜。並生逢世季，匱玉俟時，浴德澡身，處嘿而已。公雄才秀遠，逸志弘高，釋褐爲周大冢宰帳內仕力。武成元年，加殄寇將軍、強弩司馬。天和二年，授都督，尋轉虎賁，領二命士。俄遷帥都督。但以周齊兩立，壇場多虞，征夫不暇釋戈，謀士不遑高枕。公內稱心腹，外號爪牙，功冠六軍，身當一隊。大象元年，拜儀同大將軍。又屬匈奴逆命，犯害邊民，公預行誅，凶徒屏跡。開皇三年，授開府儀同三司、和城縣開國公。又除嵐州、臨川鎮將。忽以幽靈爽節，報施乖宜，不弔自天，云亡奄至。春秋六十有三，薨於鎮所。雖德在耳，而玉質長埋，縱神氣猶存，迺金箱永化。嗚呼哀哉，以開皇十四年歲次甲寅二月丙寅朔七日壬申葬於合郊鄉。世子孝德，居喪過禮，孝感神明，淚人松枯，聲哀鳥集。銘曰：

明珠出漢，美玉生崐。英才布葉，至德盤根。茂斯杞梓，鬱彼蘭蓀。公侯無種，將相有門。哲人載誕，溫良允克。赳赳干城，振振匡國。聲震漢南，威加漠[囗]。淑人君子，其儀不忒。黃鶴呼字，忽焉迥牖。良將云亡，王官無守。冥冥泉路，厭厭夜久。聊鐫玄石，用旌不朽。

【疏證】

誌云"公諱寶，字真貴，勃海東光人"，《隋書》卷30《地理志中》平原郡東光縣小注云："舊置渤海郡，開皇初郡廢。"②吳寶墓誌撰在開皇十四年（594），時東光隸屬冀州，則猶謂"勃海東光"者，蓋沿用舊稱也，其地屬今河北滄州東光縣。誌云吳寶爲"長沙王芮之苗裔，大司馬漢之後也"，長沙王芮，秦末漢初人，《漢書》卷34本傳云項羽相王時立爲衡山王，後徙爲長沙王。③爲漢異姓國八王之一。吳漢，《後漢書》卷18有傳云：

---

① 齊運通、楊建鋒：《洛陽新獲墓誌二〇一五》，北京：中華書局，2017年，第53頁。
② 《隋書》卷30《地理志中》，北京：中華書局，1973年，第845頁。
③ 《漢書》卷34《王芮傳》，北京：中華書局，1962年，第1894頁。

"吴漢字子顔,南陽宛人也。……光武即位,拜爲大司馬。"①吴芮、吴漢誠如墓誌所稱,皆爲當時"名旌麟閣,功著雲臺"的著名人物,吴寶墓誌以此表明自家是"簪紱相傳,衣纓遞襲"的望族。《元和姓纂》記吴氏郡望有"濮陽鄄城""渤海""陳留"三房,濮陽房云:"漢有長沙吴王芮。後漢有廣平侯吴漢,南陽宛人也。"渤海房云:"芮後。齊道州別駕安誕,居鄃縣。"陳留房云:"狀稱後漢河間相吴祐後。隋有吴響,生子臧,見《劉氏行年紀》。臧曾孫兢,左庶子、恆王傅。"②吴寶一支正爲渤海房。吴寶祖迴、父慶、世子孝德,史傳皆無載。誌云吴寶"釋褐爲周大冢宰帳内仕力。武成元年,加弥寇將軍、強弩司馬"。周大冢宰指宇文護,北周孝閔帝踐祚,拜宇文護爲大冢宰。則吴寶在武成元年(559)前所任"周大冢宰帳内仕力",應是宇文護幕府的帳内親信官。"仕力"即"士力",當爲西魏北齊時期職官,而爲正史職官志所未載。檢《通志·職官略》"北齊官秩"有"自一品以下至流外勳品,各給士力,一品至三十人,以下至於流外勳品,或以五人爲等,或以四人、三人、二人、一人爲等,繁者加一等,平者守本力,閑者降一等。諸州刺史、守、令以下,幹及力皆聽敕乃給,其幹出所部之人,一幹輸絹十八疋,幹身放之,力則以其州郡縣白直充"。又記唐開元十年(722)"凡諸親王府屬並給士力,數如白直。其防閤、庶僕、白直、士力納課者,每年不過二千五百"云云③。由是可知,力士在北朝乃由白直充任,唐代則諸親王府皆有,都屬於非執事之小吏,亦不給禄,且可以憑此納課避役。吴寶爲宇文護任大冢宰時的帳内差役小吏,則或即西魏時職任。"弥寇將軍"當爲"殄寇將軍"之誤。強弩司馬,《北史》卷30《盧辯傳》記有部分周代官職,其載:"殄寇將軍、強弩司馬,殄難將軍、積弩司馬,四征中鎮撫將軍府、正七命州列曹參軍,正五命郡丞:正二命。"④誌云"天和二年,授都督,尋轉虎賁,領二命士。俄遷帥都督"。虎賁,漢代官制已設,後世因之。如北魏高祖孝文帝太和十九年(495)八月乙巳,"詔選天下武勇之士十五萬人爲羽林、虎賁,以充宿衛"⑤。如遇"邊方有事",也"暫可赴戰"⑥。後周警衛之制有"左右武賁,率掌武賁之士,其隊器服皆玄,以四色飾之,各總左右持鈒之隊。皇帝臨露寢,則立於左右三仗第一行之南北。出則分在隊之先後。其副率貳之"⑦,爲正四命⑧。武賁即虎賁,唐人避諱所改。誌云"大象元年,拜儀同大將軍",

---

① 《後漢書》卷18《吴漢傳》,北京:中華書局,1965年,第675、678頁。
② [唐]林寶撰、岑仲勉校記:《元和姓纂(附四校記)》卷3,北京:中華書局,1994年,第283—286頁。
③ [宋]鄭樵撰、王樹民點校:《通志二十略》下冊,北京:中華書局,1995年,第1230、1233頁。
④ 《北史》卷30《盧辯傳》,北京:中華書局,1974年,第1104頁;《周書》卷24《盧辯傳》略同;[唐]杜佑著,[日]長澤規矩也、尾崎康校訂,韓昇譯訂:《北宋版通典》第8冊卷39《職官二十一》,上海:上海人民出版社,2008年,第379頁載:后周官品,正二命有"殄寇將軍、強弩司馬、殄難將軍、積弩司馬,四征中鎮撫將軍府正七命州列曹參軍、正五命郡丞"。
⑤ 《魏書》卷7下《高祖紀第七下》,北京:中華書局,1974年,第178頁。
⑥ 《魏書》卷19中《任城王傳附長子澄傳》,北京:中華書局,1974年,第475頁載任城王雲長子澄上表皇太后云:"十曰羽林虎賁,邊方有事,暫可赴戰,常戍宜遣蕃兵代之。"
⑦ 《隋書》卷12《禮儀志七》,北京:中華書局,1973年,第282頁。
⑧ 《周書》卷24《盧辯傳》,北京:中華書局,1971年,第406頁載:"宣威、明威等將軍;武賁、冗從等給事;儀同府中郎掾屬;柱國大將軍府列曹參軍;四平前後左右將軍府、七命州長史,司馬,司録;正八命州別駕;户四千縣令;八命州呼藥。右正四命。"《北史》30《盧辯傳》略同。

曾出征滅匈奴的戰役。"開皇三年，授開府儀同三司、和城縣開國公。又除嵐州、臨川鎮將"，嵐州，《魏書·地形志》與《隋書·地理志》皆未載嵐州建置及其沿革。《太平寰宇記》卷41《河東道二》"嵐州"載："後魏道武帝克并州，圍中山，遂有其地。後魏末于此置嵐州，因界內岢嵐山以立名。隋大業中于靜樂縣界置樓煩郡。"①《隋書》卷63《衛玄傳》曰："及高祖受禪，遷淮州總管，進封同軌郡公，坐事免。未幾，拜嵐州刺史。"②《隋書》卷65《李景傳》云："仁壽中，檢校代州總管。漢王諒作亂并州，景發兵拒之。……諒復遣嵐州刺史喬鍾葵率勁勇三萬攻之。"③《隋書》卷71《皇甫誕傳》載："初，漢王諒之反也，州縣莫不響應。有嵐州司馬陶模、繁時令敬釗，並抗節不從。"④可知隋代確有嵐州之設。臨川，《隋書》卷31《地理志下》臨川郡有臨川縣，小注云："舊置臨川郡。平陳，郡廢，大業三年復置郡。有銅山、黃山。有夢水。"⑤誌云"以開皇十四年歲次甲寅二月丙寅朔七日壬申葬於合郊鄉"，"合郊鄉"即"合交鄉"。開皇十四年（594）《辛瑾墓誌》曰"葬于雍州長安縣合交鄉高陽原"，開皇十四年（594）《扈志碑》曰"安厝於大興城西南合郊鄉修福里"⑥，開皇十四年（594）《扈志墓誌》亦曰"安厝於大興城西南一十五里"，案大興城西南正屬於長安縣管轄。則吳寶葬地合交鄉亦自在大興城西南的長安縣高陽原地界，亦即今西安市南郊長安區郭杜鎮一帶。

---

① ［宋］樂史撰、王文楚等校點：《太平寰宇記》卷41《河東道二·嵐州》，北京：中華書局，2007年，第782頁。
② 《隋書》卷63《衛玄傳》，北京：中華書局，1973年，第1501頁。
③ 《隋書》卷65《李景傳》，北京：中華書局，1973年，第1530頁。
④ 《隋書》卷71《皇甫誕傳》，北京：中華書局，1973年，第1641頁。
⑤ 《隋書》卷31《地理志下》，北京：中華書局，1973年，第879頁。
⑥ 上海書畫出版社：《隋扈志碑》，上海：上海書畫出版社，2003年。

○六三　庫狄士文墓誌

【基本信息】

庫狄士文墓誌，出土於西安市長安區引鎮，2009 年入藏大唐西市博物館。誌文 28 行，行 28 字，正書，有方界格。誌石長寬均 53.5 釐米、厚 9.5 釐米。四側素面無紋飾。墓誌圖文載在胡戟、榮新江《大唐西市博物館藏墓誌》[1]，研究參詳杜鎮《從燕代到兩京：北朝隋唐時期的庫狄氏——以隋開皇十四年〈庫狄士文墓誌〉爲切入點》[2]。

【誌文】

大隋上開府三州刺史雍州長史湖陂公庫狄士文墓誌

君諱士文，今爲雍州大興縣人也。自鳳巢阿閣，締層搆於軒皇；龍導河源，泒長瀾於夏后。於是分封胙土，世雄燕代。降靈積慶，剋昌英傑。祖干，太宰、假黃鉞；父伏敬，十州刺史、章武王。或奔走雲雷，與平勃而等駕；或經綸王霸，顧方邵以連衡。公天質爽儁，神彩亮拔，既見奇於骨法，亦取異於眸子。暨齊文宣御寓，爰建少陽，妙選貴遊，以爲侍講，尋除通直散騎常侍，襲爵章武王，又除開府儀同、武衛大將軍、內領軍、樂陵縣開國公，判并省右僕射事。武平之季，齊運告終，牧野莫不倒戈，舟內盡爲敵國。公礭然鐵石，不避湯火，苦戰效死，勢屈道窮。周武于時，深嘉誠節，即授開府儀同、隋州刺史。大象之始，弓車晏駕，司馬消難跋扈安陸，影響姦逆，晝夜攻圍，公雖異叔敖秉羽甘寢，不殊墨子縈帶全城。有詔特徵賜金帶馬物，除上開府、邠州總管、安州刺史、湖陂縣開國子。開皇二年除使持節、貝州刺史，兩河風土，聞之舊令；二境滯訟，會待披圖。公乃儉己約躬，正繩直笔，不踰七日，望司寇以行威；徒悅兩天，踵冀州而按事。於是，夜無犬吠，朝設雀羅。又授平陳行軍總管，國家龔行天討，有征無戰，亦既凱旆，還任貝州刺史。又授雍州長史，翼宣神牧，不止實賴王烋徵；敷謁天庭，故乃遥許汲長孺。豈徒福善無驗，奄從化往。以開皇十四年正月卅日薨於京師之第，皇情軫悼，禮備哀榮，謚曰纘公，特給墓田，祭贈追厚。其年三月十二日葬於杜陵之南三里。惟公識悟機警，器韻清高，雖世有絲繻，門傳將相，駟馬高盖，唯憂物極則反；懷黃佩紫，常懼福過生灾。假使野出璧田，未方天乙歸妹；庭生玉樹，莫匪世族公孫。然則得免躬薪，纔異王良之婦；不容食菓，更等張磐之胤。不期摶風始運，竟未果於南溟；駐日不留，遂飜歸於北郭。乃爲銘曰：

燕山降氣，瀚海流精。資神鍾美，挺秀民英。草昧帷幄，野戰攻城。玄武應讖，白馬刑牲。累將重侯，錫社開國。良弓躔武，承家載德。夙興夜寐，清平強直。憂國忘家，畏知去惑。頻司禁闥，亟歷名蕃。貂珥蘭錡，駟壯朱軒。萬鍾盡散，四壁空存。唯將清白，

---

[1] 胡戟、榮新江：《大唐西市博物館藏墓誌》上冊，北京：北京大學出版社，2012 年，第 32 頁。
[2] 杜鎮：《從燕代到兩京：北朝隋唐時期的庫狄氏——以隋開皇十四年〈庫狄士文墓誌〉爲切入點》，杜文玉：《唐史論叢》第 20 輯，西安：三秦出版社，2015 年，第 103—117 頁。

留遺子孫。駕言九京，車過三步。大夫之壟，將軍之墓。桂月霄懸，松風曉度。方吟牧竪，徒傷親故。

【疏證】

"庫狄"亦作"厙狄"。墓誌寫作"庫狄"。姚薇元《北朝胡姓考》云："《官氏志》：'次南庫狄氏後改爲狄氏。'《姓解》三，庫作'厙'，列厂部下，注云音'舍'。按《説文》厂部無'厙'字。《釋名》：齊魯謂庫曰'舍'，《唐韻》：庫音始夜切。李善注《後漢書》云：'今羌中有姓厙，音舍。'可知庫本亦音'舍'，後人因除一點，以識音別。《北齊書》有厙狄干、厙狄迴洛、厙狄盛等傳，《周書》有厙狄昌、厙狄峙等傳，《隋書》有厙狄欽傳，字皆作'厙'。"①可知正史所見"庫狄"多作"厙狄"，而石刻文獻所見則多作"庫狄"。如北齊天保十年（559）《庫狄廻洛妾尉氏墓誌銘》、河清元年（562）《庫狄廻洛妻斛律氏墓誌銘》、河清元年（562）《庫狄廻洛墓誌銘》②、天統三年（567）《庫狄業墓誌》③、北周保定二年（562）《賀蘭祥墓誌》④，皆作"庫狄"。由此似可推測寫作"厙狄"者當在隋唐以後。

誌曰："祖干，太宰、假黃鉞；父伏敬，十州刺史、章武王。"庫狄干與庫狄伏敬（史又作"敬伏""敬"）在《北齊書》與《北史》有傳，士文在《北齊書》《北史》《隋書》皆有傳。

誌云"君諱士文，今爲雍州大興縣人也"，説明士文家族自士文任雍州長史始入北周京師，並落籍爲大興縣人氏。對於其族脈淵源，誌文稱："自鳳巢阿閣，締層搆於軒皇；龍導河源，泒長瀾於夏后。於是分封胙土，世雄燕代。降靈積慶，剋昌英傑。"透露出其族源乃緣"分封胙土，世雄燕代"的信息。再據庫狄士文祖《北齊書》卷15《厙狄干傳》云："曾祖越豆眷，魏道武時以功割善無之西臘汙山地方百里以處之，後率部落北遷，因家朔方。"⑤則庫狄氏一族在北魏道武帝拓跋珪時曾徙居在善無之西臘汙山（臨近山西大同），其後又北遷定居朔方。此正與墓誌銘文"燕山降氣，瀚海流精"之説相合。又誌文有"特給墓田，祭贈追厚"一句，也説明庫狄氏應在入隋後始著籍長安，此前自然没有族塋之地。士文"謚曰續公"，亦不爲史傳所載。

關於庫狄氏一族姓氏與族源的相關研究，除姚薇元《北朝胡姓考》內篇第四"四方諸姓·七 狄姓"與《元和姓纂》卷八"庫狄氏"河南房以外，還可參詳孫鋼《河北唐縣"賽思顛窟"》⑥、宋燕鵬《由一通摩崖造窟碑記看北朝厙狄氏的起源及其早期活動》⑦、劉丹《徐顯秀墓誌、庫狄迴洛夫婦墓誌校釋》⑧。

---

① 姚薇元：《北朝胡姓考》修訂本，北京：中華書局，2007年，第200頁。
② 王克林：《北齊庫狄廻洛墓》，《考古學報》1979年第3期，第377—401頁。
③ 太原市文物考古研究所：《太原北齊庫狄業墓》，《文物》2003年第3期，第26—36頁。
④ 中國文物研究所、陝西省古籍整理辦公室：《新中國出土墓誌·陝西[壹]》上冊，北京：文物出版社，2000年。
⑤ 《北齊書》卷15《厙狄干傳》，北京：中華書局，1972年，第197頁。
⑥ 孫鋼：《河北唐縣"賽思顛窟"》，《文物春秋》1998年第1期，第30—33頁。
⑦ 宋燕鵬：《由一通摩崖造窟碑記看北朝厙狄氏的起源及其早期活動》，《文物春秋》2003年第3期，第18—20頁。
⑧ 劉丹：《徐顯秀墓誌、庫狄迴洛夫婦墓誌校釋》，南京大學碩士學位論文，2011年。

○六四　扈志墓誌

【基本信息】

扈志墓誌，出土於西安市長安區郭杜鎮，2009 年入藏大唐西市博物館。開皇十四年（594）二月十九日卒，同年十一月十三日葬。誌文 31 行，滿行 31 字，正書，有方界格。蓋題 9 字，3 行，每行 3 字，陽文篆書，有方界格。誌石長寬均 59 釐米、厚 10 釐米，誌蓋覆斗形，長 58 釐米、寬 60 釐米、厚 10 釐米。誌石四側與誌蓋四殺皆爲素面。墓誌圖文載在胡戟、榮新江《大唐西市博物館藏墓誌》[1]，劉文《陝西新見隋朝墓誌》[2]，研究參詳傅清音、周曉薇《西安出土隋〈扈志墓誌〉考釋》。[3]

【誌蓋】

大隋上開府扈君墓誌

【誌文】

隋故上開府鄭商二州刺史城罜郡開國公扈使君墓誌銘

公諱志，字須提，魏郡內黃人也。蓋夏后氏之苗裔。疏源締構之始，啓國承家之初。盛業英猷，重金累紱。故知芳蕙叢蘭，不滋一壤；搏風擊水，心在四方。因宦雲川，終焉築室。祖興，蘊價藍田，韜光赤野。道長世短，有意無時。贈安定太守。父敬，以竹箭之材，處良弓之地。立功當世，式鏡後人。官至儀同三司、幽寧二州刺史。公風鑒俊朗，器宇非常。竦獨立之才，懷不羈之操。漁獵文史，優柔兵略。不事章句之間，自含孫吳之道。弦驚鴈落，魏臣未足爲工；劍動猨飛，越女更慙其妙。所以驥首撫翼，思託青雲；彈冠濯纓，來遊魏闕。初以勳賢之冑，爲周大祖內親信。往來禦侮，左右光暉。宮觀惟穆，於斯爲美。爲魏武挽郎，殿內將軍，加盪寇之号。魏文帝時，入監御食[4]，水火兼調，鹽梅相濟。自得易牙之術，不失伊相之和。周元年，授都督、左侍上士、帥都督，襲爵鄀陰縣開國男，邑二百戶。遷大都督、左宮伯都上士，加儀同三司、車騎大將軍。輕軒駟馬，赫弈通德之門；結組垂纓，出入高陽之里。親朋改觀，朝野榮之。從齊王憲襲宜陽，又於鹿盧交与賊對陣，督屬所部，一人當百。賊乃焚旗脫鞎，我則後殿先鳴。轉驃騎大將軍，進位開府。又從擊河陰城，初未浹辰，功踰三捷，賞帛一百段，授開府大將軍。從破晉州，仍攻并部。賊帥高延宗覆巢餘燼，將熖死灰，未及交綏，俄同溪組。加上開府，封脩武縣開國公，邑一千四百戶。又從平鄴，討高湝於冀州。散彼連雞，非勞汗馬；垂白戴黑，若奉慈親。除鄭州刺史，尋加雄俊中大夫，刺史如故。暄以冬日，扇

---

[1] 胡戟、榮新江：《大唐西市博物館藏墓誌》上冊，北京：北京大學出版社，2012 年，第 34 頁。
[2] 劉文：《陝西新見隋朝墓誌》，西安：三秦出版社，2018 年，第 46 頁。
[3] 傅清音、周曉薇：《西安出土隋〈扈志墓誌〉考釋》，《考古與文物》2019 年第 5 期，第 107—113 頁。
[4] 據《扈志碑》，當作"食"。上海書畫出版社：《隋扈志碑》，上海：上海書畫出版社，2003 年。

以春風。曉義知方，式歌且儛。值尉迥搆逆，寔繫有徒。擊柝爭喧，舉烽連燧。潁川輕薄，懷音變蓳，百姓安堵，公有力焉。又破邢流水於康城，霜戈所指，絶其噍類。（下空二十四格）大隋受命，入爲太子右宗衛率，進爵城罤郡公。出除商州刺史，方謂享兹三壽，正是三台。爲舟楫於海内，作棟甍於王室。但草塵易落，薤露不追。溘矣何言，嗚呼命也。春秋六十六，以開皇十四年二月十九日，薨於京師。朝旨考其名行，謚曰容公，禮也。即以其年十一月十三日，安厝于大興城西南一十五里。恐南山有隤，東海揚塵，式鐫景行，寄之金石，其銘曰：

結構何長，源流日盛。立功立德，或賢或聖。蕙桂自辛，珠玉交映。若人特秀，寔憑餘慶。峻宇山峙，雅量淵迴。孔惄偉器，王推異才。賔實俱遠，文武俱該。乘風理翰，結綬歸來。世塗孔棘，將開霸府。躍馬橫行，聽雞夜儛。儀台命爵，從容而取。建節班條，東遊西撫。曰仁者壽，方昇景福。身生八翅，車扶兩鹿。憂喜聚門，波瀾飜覆。哲人其萎，春光何速。昔年乘興，秉燭經過。今來對酒，無復當歌。雲愁暝噎，鳥思晨和。泉扉不曙，此夜如何。

【疏證】

據金石文獻可知與《扈志墓誌》同年刊立的開皇十四年（594）《扈志碑》嘗於清道光年間在西安城南出土，今碑石已佚，有拓本存世，上海圖書館與朵雲軒等皆有收藏。毛鳳枝《關中石刻文字新編》亦有此碑錄文，經與墓誌相比勘，其中重要史料信息略同，碑文更多詳其歷官年份。

扈志家族主要活躍於隴西，其父扈敬爲宇文泰所親任。扈志起家爲宇文泰內親信，入爲西魏文帝監御食。誌文以助商代夏的伊尹譽之，此職雖微，在宇文泰深布心腹於帝室的政治環境中頗具意味。扈志入周後曾在天官府任左宮伯，負責宮中禁衛，其爲宇文政權信任毋庸置疑。其後，扈志又參與了周齊宜陽之爭、鹿盧交之戰，從擊河陰城、破晉州、攻并州、平鄴城等重要戰役，因爲在尉遲迥事件中站在了楊堅一方，故入隋後得以延續他的政治生命。扈志年輕時就追隨宇文泰，繼而爲宇文政權盡心竭力，爲周平東夏立下汗馬功勞。因此，分析扈志從北魏末年歷經東西魏、周齊分裂直至隋代一統時期的政治生涯，對於瞭解宇文政權在任用關隴貴族發揮重要作用的同時，尚可考察此一特殊歷史時期的用人政策、職能制度、政治發展等問題。

一、扈志的籍貫與歷官

誌云扈志爲"魏郡内黄人"，《魏書》卷106《地形志二上》"魏尹"下小注曰："故魏郡，漢高祖置，二漢屬冀州，晉屬司州，天興中屬相州。天平初改爲尹。"魏尹領縣有臨漳，小注曰："天平初分鄴並内黄、斥丘、肥鄉置。"[①]《魏書》卷112《靈徵志八下》載，太祖天興四年（401）八月，"魏郡上言内黄縣木連理"[②]。《隋書》卷30《地理志中》汲郡統

[①]《魏書》卷106《地形志二上》，北京：中華書局，1974年，第2456頁。
[②]《魏書》卷112《靈徵志八下》，北京：中華書局，1974年，第2958頁。

縣有"內黃"，小注曰："舊廢，開皇六年置。十六年分置繁陽縣，大業初廢入。"①可知，內黃縣在魏屬魏郡，在隋屬汲郡，其地當今河南省安陽市內黃縣。

扈志及其祖扈興、父扈敬，史傳皆無載。據墓誌載其祖扈興贈安定太守，其父扈敬官至儀同三司、幽寧二州刺史。據《扈志碑》又知其"曾祖周，魏隴□太守"。扈敬爲幽寧二州刺史，幽寧地區少數民族密集，且常爲外族侵擾，屬於西魏重點防護區域。扈敬之職，可謂股肱之任。北周元年（557），扈志襲爵鶉陰縣開國男，則扈敬或應卒於此前不久。其後武成元年（559），則由宇文泰族子宇文深擔任幽州刺史②。鶉陰縣在魏爲涇州平涼郡治所，有平涼城③。

誌文雖稱扈志乃以勳賢之冑，得爲北周太祖內親信，然其"風鑒俊朗，器宇非常"當非虛言。試舉《周書》所載任親信者事迹爲證：伊婁穆弱冠爲北周太祖內親信，以機辯見知④；劉雄少機辯，起家爲北周太祖親信，天和五年（570），周齊爭宜陽，宇文憲令劉雄出使齊將斛律明月，劉雄辭義辯直，齊人忌憚⑤；陸逞少謹密，早有名譽，起家文帝內親信，獨兼文雅。⑥其後，扈志"爲魏武挽郎，殿內將軍，加蕩寇之號"。"挽郎"，指引靈柩、唱挽歌的少年。史書關於挽郎的記載，如《宋書》卷15《禮志二》云東晉成帝杜后死後，"有司又奏依舊選公卿以下六品子弟六十人爲挽郎"⑦。"其後南北朝皆有設置，其中《魏書》卷44《崔辯傳》記其子爲世宗挽郎，之後授官冀州鎮北府墨曹參軍。由是可知，唐以前所置挽郎都是選高級官員子弟充任，事畢皆授官"⑧。墓誌云扈志在西魏文帝時"入監御食"⑨，《隋書》卷28《百官志下》載光祿寺統太官、肴藏、良醞、掌醢等署。各置令、丞。太官又有監膳，十二人。良醞有掌醞，掌醢有掌醢等員。又載太官監膳爲從九品。⑩監理皇帝的飲食事務舉足輕重，以北周世宗爲例，其膳部下大夫爲宇文護心腹李安，受命於食中進毒，世宗遂崩。而李安繼續負責北周武帝的御食，武帝誅殺宇文護時處死李安，宇文憲不解，武帝才將李安毒殺世宗的實情相告，可見武帝早就了然於胸，却能隱忍不發。西魏一朝，實際掌權的是宇文泰，西魏文帝與之和平共處，當與魏文帝自身的自我克制力有關。宇文泰的親信深布西魏文帝周遭，這些心腹的作用不容小覷。西魏廢帝時，帝室和權臣之間的相對平衡因廢帝的謀劃而被打破，此時職典禁旅的宇文泰外甥尉遲綱、女婿李輝等人對廢除元欽起了關鍵作用。⑪直至西魏恭帝即位，宇文泰掌控帝室的策略不變，

---

① 《隋書》卷30《地理志中》，北京：中華書局，1973年，第848頁。
② 《周書》卷27《宇文測附宇文深傳》，北京：中華書局，1971年，第457頁。
③ 《魏書》卷106上《地形志二上》，北京：中華書局，1974年，第2619頁。
④ 《周書》卷29《伊婁穆傳》，北京：中華書局，1971年，第499頁。
⑤ 《周書》卷29《劉雄傳》，北京：中華書局，1971年，第504頁。
⑥ 《周書》卷32《陸通附陸逞傳》，北京：中華書局，1971年，第559頁。
⑦ 《宋書》卷15《禮志二》，北京：中華書局，1971年，第406頁。
⑧ 黃正建：《唐代的齋郎與挽郎》，《史學月刊》1989年第1期，第30頁。
⑨ "監御食"，《魏書》職官未載，然《魏書》卷44《羅結傳》，北京：中華書局，1974年，第988頁記："子伊利……以沉密小心、恭勤不怠領御食、羽獵諸曹事"，則知確有"御食"一職。
⑩ 《隋書》卷28《百官志下》，北京：中華書局，1973年，第776—789頁。
⑪ 《周書》卷15《李弼附李輝傳》，北京：中華書局，1971年，第241頁；《周書》卷20《尉遲綱傳》，北京：中華書局，1971年，第340頁。

仍以尉遲綱爲中領軍，總領宿衛。扈志雖僅是領御食，應該也是宇文泰的安排，誌文稱其"自得易牙之術，不失伊相之和"，以伊尹精於廚藝而助商替夏爲喻，或可窺見扈志對宇文政權忠心之一斑。誌云："周元年，授都督、左侍上士、帥都督，襲爵鶉陰縣開國男，邑二百戶。遷大都督、左宮伯都上士，加儀同三司、車騎大將軍。"《通典》卷39《職官二十一秩品四·後周官品》"正五命"天官有"司會、宗師、左宮伯、御正、御伯、主膳、太府、計部等中大夫"①，則扈志入周後曾在天官府任左宮伯都上士。據《周書》卷30《于翼傳》："翼年十一，尚太祖女平原公主，大統十六年，領太祖帳下左右，禁中宿衛。六官建，除左宮伯。"②又《周書》卷17《若干惠附若干鳳傳》，若干惠早年就翊戴太祖，其子若干鳳在大統末娶太祖女，魏恭帝三年，除左宮伯。③據《隋書》卷12《禮儀志七》："後周警衛之制，置左右宮伯，掌侍衛之禁，各更直於内。"④左宮伯負責宮中禁衛，所任當親信。扈志從太祖内親信起家，其後任北魏孝武帝挽郎，爲西魏文帝監膳，至受領宮禁，其爲宇文政權信任毋庸置疑。

二、扈志嘗參與周齊宜陽等重要戰役

墓誌云"從齊王憲襲宜陽"，事載《周書》卷43《齊煬王憲傳》："（天和）四年，齊將獨孤永業來寇，盜殺孔城防主能奔達，以城應之。詔憲與柱國李穆將兵出宜陽，築崇德等五城，絕其糧道。齊將斛律明月率衆四萬，築壘洛南。五年，憲涉洛邀之，明月遁走。憲追之，及於安業，屢戰而還。"⑤此所謂"屢戰而還"，實指周軍遭遇潰敗。墓誌云"又於鹿盧交與賊對陣"⑥，講得是齊煬王與斛律光在鹿盧對陣事，據《北齊書》卷17《斛律光傳》記載：

> （天統三年十二月）周遣將圍洛陽，壅絕糧道。武平元年正月，詔光率步騎三萬討之。軍次定隴，周將張掖公宇文桀、中州刺史梁士彥、開府司水大夫梁景興等又屯鹿盧交道，光擐甲執銳，身先士卒，鋒刃纔交，桀衆大潰，斬首二千餘級。直到宜陽，與周齊國公宇文憲、申國公擔跋顯敬相對十旬。光置築統關、豐化二城，以通宜陽之路。軍還，行次安鄴，憲等衆號五萬，仍躡軍後。光縱騎擊之，憲衆大潰，虜其開府宇文英、都督越勤世良、韓延等，又斬首三百餘級。憲仍令桀及其大將軍中部公梁洛都與景興、士彥等步騎三萬於鹿盧交塞斷要路。光與韓貴孫、呼延族、王顯等合擊，大破之，斬景興，獲馬千匹。詔加右丞相，并州刺史。⑦

---

① [唐]杜佑撰，[日]長澤規矩也、尾崎康校訂，韓昇譯訂：《北宋版通典》第8冊卷39《職官二十一》，上海：上海人民出版社，2008年，第372—373頁。
② 《周書》卷30《于翼傳》，北京：中華書局，1971年，第523頁。
③ 《周書》卷17《若干惠附若干鳳傳》，北京：中華書局，1971年，第282頁。
④ 《隋書》卷12《禮儀志七》，北京：中華書局，1973年，第281頁。
⑤ 《周書》卷43《齊煬王憲傳》，北京：中華書局，1971年，第188頁；《北史·齊煬王憲傳》略同。
⑥ 誌文稱"又於鹿盧交與賊對陣"，則因在此前的"天和元年，周齊之間在鹿盧交已發生過一次交戰，"陝州總管尉遲綱遣玄率儀同宇文愷、趙幹等步騎五百於鹿盧交兩，邀擊東魏洛州刺史獨孤永業，永業敗退"。事載《周書》卷43《魏玄傳》，北京：中華書局，1971年，第780頁。
⑦ 《北齊書》卷17《斛律光傳》，北京：中華書局，1972年，第224頁。

可知安鄴一戰，宇文憲被斛律光"大破之"，宇文英、越勤世良、韓延等亦被北齊俘虜。誌文所云"督厲所部，一人當百。賊乃焚旗脫鞍，我則後殿先鳴"，或許有些虛飾，然兩次周齊鹿盧交之戰，周軍亦確有一些勝事。扈志在此次戰役後，"轉驃騎大將軍，進位開府"。墓誌云"又從擊河陰城"，講得是北周建德四年（575）八月，武帝親率六軍入齊境進攻河陰大城，拔之，進攻子城，未克。九月，宇文憲與李穆、于翼等降拔的三十餘城，皆棄而不守，留守王藥城的韓正隨後降齊。①據《資治通鑑·陳紀六》，河陰戰役過程各有勝負，宇文憲拔武濟；進圍洛口，拔東、西二城，然却受到北齊永橋大都督傅伏和洛州刺史獨孤永業的頑強抵抗，卒不能攻克。九月，北齊派高阿那肱自晉陽將兵拒周師，適逢北周武帝有疾，周軍遂還。②《周書》于翼本傳詳及在河陰戰役的作戰情勢，其率兵自宛、葉趣襄城，旬日、攻下北齊一十九城，屬武帝班師，翼亦旋鎮。③

墓誌云"從破晉州，仍攻并部"，事系北周建德五年（576）十月，周武帝總戎東伐，軍圍晉州。宇文憲攻拔洪洞、永安二城。北齊侯子欽降，擒齊海昌王尉相貴。十一月，齊主自并州來援，武帝避之，宇文憲引軍度汾。齊主圍晉州，晝夜攻戰，宇文憲屯於涑水，為晉州聲援。④攻下晉州後的戰事實際上很艱難，《資治通鑑》卷172《陳紀六》"宣帝太建八年"條有詳細記述："周齊王憲攻拔洪洞、永安二城，更圖進取。齊人焚橋守險，軍不得進，乃屯永安。使永昌公椿屯雞棲原，伐柏為庵以立營。……癸酉，齊主分軍萬人向千里徑，又分軍出汾水關，自帥大軍上雞棲原。宇文盛遣人告急，齊王憲自救之。齊師退，盛追擊，破之。俄而椿告齊師稍逼，憲復還救之。與齊對陳，至夜不戰。會周主召憲還，憲引兵夜去。"⑤《周書》卷12《齊煬王憲傳》記周武帝避鋒先還，"齊主自率衆來追，至於高梁橋。憲以精騎二千，阻水為陣。齊領軍段暢直進至橋。……憲即命旋軍，而齊人遽追之，戈甲甚銳。憲與開府宇文忻各統精卒百騎為殿以拒之，斬其驍將賀蘭豹子、山褥瑰等百餘人，齊衆乃退。憲渡汾而及高祖於玉壁"⑥。當時晉州刺史梁士彦見齊主急攻，其勢甚危，率將士頑強抵抗："齊師遂圍平陽，晝夜攻之。城中危急，樓堞皆盡，所存之城，尋仞而已。或短兵相接，或交馬出入。外援不至，衆皆震懼。梁士彦忼慨自若……於是勇烈齊奮，呼聲動地，無不一當百。齊師少却，乃令妻妾、軍民、婦女，晝夜修城，三日而就。"⑦於是"高祖又令憲率兵六萬，還援晉州。憲遂進軍，營於涑水。齊主攻圍晉州，晝夜不息。間諜還者，或云已陷。憲乃遣柱國越王盛、大將軍尉遲迴、開府宇文神舉等輕騎一萬夜至晉州。憲進軍據蒙坑，為其後援，知城未陷，乃歸涑川。"⑧十一月丁酉，北周武帝發兵京師，度河復與軍合。諸軍並進，齊軍大潰，齊主遁走。丁巳，大軍次并州。齊主留安德王高延宗守并州，自走鄴城。誌文稱"賊帥高

---

① 《周書》卷6《武帝紀下》，北京：中華書局，1971年，第93頁。
② 《資治通鑑》卷172《陳紀六》"宣帝太建七年"條，北京：中華書局，1956年，第5346頁。
③ 《周書》卷30《于翼傳》，北京：中華書局，1971年，第525頁。
④ 《周書》卷6《武帝紀下》，北京：中華書局，1971年，第96頁。
⑤ 《資治通鑑》卷172《陳紀六》"宣帝太建八年"條，北京：中華書局，1956年，第5355—5356頁。
⑥ 《周書》卷12《齊煬王憲傳》，北京：中華書局，1956年，第192頁。
⑦ 《資治通鑑》卷172《陳紀六》"宣帝太建八年"條，北京：中華書局，1956年，第5356—5357頁。
⑧ 《周書》卷12《齊煬王憲傳》，北京：中華書局，1971年，第192頁。

延宗覆巢餘燼，將熖死灰，未及交綏，俄同徯組"，其事詳載《周書》卷6《武帝紀下》：武帝"率諸軍合戰"，攻打高延宗四萬之衆。交戰當天，曾出現過"帝乘勝逐北，率千餘騎入東門，詔諸軍繞城置陣"的優勢，至夜，又經歷"城中軍却，人相蹂踐，大爲延宗所敗，死傷略盡""帝從數騎""僅得出門"的"崎嶇危險"，直到第二天清晨，周武帝方"率諸軍更戰，大破之"①。誌文曲隱了武帝在這場戰事中所經歷的曲折和不利實況，决不是"未及交綏"就將高延宗逼入死路。《資治通鑑》卷172《陳紀六》"宣帝太建八年"條亦有詳細描叙："安德王延宗命莫多婁敬顯、韓骨胡拒城南，和阿幹子、段暢拒城東，自帥衆拒齊王憲於城北。延宗……奮大稍往來督戰，勁捷若飛，所向無前。和阿幹子、段暢以千騎奔周軍。周主攻東門，際昏，遂入之，進焚佛寺。延宗、敬顯自門入，夾擊之。周師大亂，爭門，相填壓，塞路不得進。齊人從後斫刺，死者二千餘人。周主左右略盡，自拔無路。承御上士張壽牽馬首，賀拔伏恩以鞭拂其後，崎嶇得出。齊人奮擊，幾中之。城東道陀曲，伏恩及降者皮子信導之，僅得免，時已四更。"②直到次日，周武帝亦重整旗鼓還攻東門，戰役方轉敗爲勝。正因爲這場戰役的艱苦卓絶，參與其中的扈志方因功"加上開府，封修武縣開國公，邑一千四百戶"。

墓誌云"又從平鄴，討高湝於冀州"，事見《周書》卷6《武帝紀下》，建德六年（577）二月，"高湝在冀州擁兵未下，遣上柱國、齊王憲與柱國、隨公楊堅率軍討平之"③。《資治通鑑》卷173《陳紀七》"宣帝太建九年"條亦載：二月，北齊廣寧王孝珩與高湝會於信都共謀匡復。北周宇文憲至信都，高湝領軍尉相願投降，宇文憲擒高湝及孝珩。④齊王憲在冀州平高湝之後，扈志"除鄭州刺史，尋加雄俊中大夫，刺史如故"。墓誌云："值尉迥構逆，寔系有徒。擊柝爭喧，舉烽連燧。"此"尉迥構逆"事件起於北周大象二年（580）五月壬子，"以上柱國、勳國公韋孝寬代尉遲迥爲相州總管，六月甲子，尉遲迥舉兵不受代。於是以韋孝寬爲行軍元帥，率軍討之"⑤。尉遲迥舉兵，頗有應者，除其所管相、衛、黎、毛、洺、貝、趙、冀、瀛、滄等地之外，青州總管尉遲勤所統青、膠、光、莒諸州，滎州刺史邵公宇文胄、申州刺史李惠、東楚州刺史費也利進、東潼州刺史曹孝達，各據州以應迥。⑥扈志時爲鄭州刺史，管轄區域爲潁川、許昌、陽翟三郡⑦，故誌文稱："潁川輕薄，懷音變莒，百姓安堵，公有力焉。"儘管周邊因爲尉遲迥謀逆而干戈擾攘，但扈志不從迥叛且安撫得當，接著"又破邢流水於康城，霜戈所指，絶其噍類"，事見《隋書》卷54《元亨傳》："高祖爲丞相，遇尉遲迥作亂，洛陽人梁康、邢流水等舉兵應迥，旬日之間，衆至萬餘。州治中王文舒潛與梁康相結，將圖亨。亨陰知其謀，乃選關中兵，得

---

① 《周書》卷6《武帝紀下》，北京：中華書局，1971年，第98頁。
② 《資治通鑑》卷172《陳紀六》"宣帝太建八年"條，北京：中華書局，1956年，第5363—5364頁。
③ 《周書》卷6《武帝紀下》，北京：中華書局，1971年，第101頁。
④ 《資治通鑑》卷173《陳紀七》"宣帝太建九年"條，北京：中華書局，1956年，第5370—5373頁。
⑤ 《周書》卷6《靜帝紀》，北京：中華書局，1971年，第131—132頁。
⑥ 《周書》卷21《尉遲迥傳》，北京：中華書局，1971年，第351頁。
⑦ 據《隋書·地理志中》云："潁川郡 舊置潁州，東魏改曰鄭州，後周改曰許州。"（《隋書》卷30《地理志中》，北京：中華書局，1973年，第838頁）北周將鄭州改爲許州，乃在大定元年，據《太平寰宇記》卷7《河南道七·許州》載："周大定元年改爲許州，治長社焉。隋初不改，大業初州廢，又爲潁川郡。"（[宋]樂史撰、王文楚校點：《太平寰宇記》卷7《河南道七》，北京：中華書局，2007年，第125頁。）

二千人爲左右，執文舒斬之，以兵襲擊梁康、邢流水，皆破之。"①誌載則與史傳相合，據誌可知扈志參與了此次平叛。康城設縣於北魏，屬陽城郡，隋仁壽四年（604）廢陽城郡及康城縣，以入河南郡陽城縣。②入隋後，扈志歷任"太子右宗衛率，進爵城罘郡公"，又於"開皇七年"（《扈志碑》）"出除商州刺史"。

三、葬地及其他

墓誌僅言"開皇十四年二月十九日，薨於京師"，又言"以其年十一月十三日，安厝於大興城西南一十五里"，而據《扈志碑》則可確知扈志薨於京師"弘政鄉敬仁里"，具體安葬地爲大興城西南一十五里的"合郊鄉修福里"，唯有葬日碑文作"十二日"，而墓誌作"十三日"，小異。另外，誌文所載扈志謚號"容公"，也不見於碑文。扈志在大興城內的宅邸在"弘政鄉敬仁里"，而弘政鄉名不見於記載，檢唐神功二年（698）《大周雍州長安縣弘政鄉遊擊將軍王伏生銘》③，推測唐代的弘政鄉或許是沿承隋代的舊稱。而大興城坊里中又未有"敬仁里"之名，故隋代的京師弘政鄉敬仁里究竟是否轄於長安縣？其在大興城內的具體位置又在哪里？目前尚不能考實，姑付闕疑。至於葬地所在的"合郊鄉修福里"，因爲位於"大興城西南一十五里"，則其所在或當轄於當時的長安縣地界。又據開皇十四年（594）《辛瑾墓誌》"葬於雍州長安縣合郊鄉高陽原"，適可確認扈志葬地確屬長安縣所轄。再據大業六年（610）《解方保墓誌》"葬於京兆郡長安縣福陽鄉修福里之原"④，以及唐貞觀十六年（642）《遂安王李安墓誌》"葬於長安縣福陽鄉修福里高陽之原"⑤，復可推證合郊鄉在大業年間已改名福陽鄉，並在入唐以後依舊被沿承下來。關於扈志的子嗣，墓誌未有記載，而據碑文則可知扈志有"世子車騎將軍、儀同三司世宗等"。

《扈志墓誌》與《扈志碑》雖刊葬於同時，但比較其書法，則似非出自同一位書家之手。《扈志碑》楷書整飭端方，近於開皇五年（585）《趙芬碑》而更加峻利方嚴，又近於開皇二十年（600）《孟顯達碑》而略嫌侷促內斂，然已不失爲隋代長安新體楷法之一例典範。而《扈志墓誌》楷法則稍遜於碑版，以其尚多遺留北碑筆法之遺響，又略顯軟散之故。

---

① 《隋書》卷 54《元亨傳》，北京：中華書局，1973 年，第 1366 頁。
② 《隋書》卷 30《地理志中》，北京：中華書局，1973 年，第 835 頁。
③ 周紹良：《唐代墓誌彙編》上冊，上海：上海古籍出版社，1992 年，第 920 頁。
④ 王其褘、周曉薇：《隋代墓誌銘彙考》第 4 冊，北京：綫裝書局，2007 年，第 101 頁。
⑤ 吳鋼：《全唐文補遺》第 7 輯，西安：三秦出版社，2000 年，第 244 頁。

○六五　元世壽墓誌

【基本信息】

元世壽墓誌，出土於西安市長安區，誌石今存民間。誌文21行，滿行20字，正書，有方界格。蓋題9字，3行，每行3字，陽文篆書，有方界格。誌石長33.5釐米、寬34.5釐米。誌蓋覆斗形，長35釐米、寬32.5釐米，盝頂長27.5釐米、寬26釐米，四殺無紋飾。墓誌圖文載在齊運通《洛陽新獲七朝墓誌》[①]，趙文成、趙君平《秦晉豫新出墓誌蒐佚續編》[②]。

【誌蓋】

隋廣平公世子之墓誌

【誌文】

大隋廣平公世子元公子之墓誌

公子諱世壽，河南洛陽人也。祖贊魏宣武皇帝之母弟，使持節、大將軍、侍中、小司徒、廣平王。父廣平公。即公之冢子也。生而岐嶷，幼挺聰明。懷橘之年，早稱特達；推梨之歲，夙著徽猷。出就外傅，聞詩聞禮；入奉溫清，以孝以恭。遐邇重其然諾，親友愛其馳射。垂帷不倦，臨池無輟；風神機警，敦德仁慈。後進夙成，未之有也。忽以大隋十四年歲次甲寅十一月辛酉朔廿二日壬午，感疾卒于大興縣之私第，春秋十有七。仍以其月廿八日戊子窆于縣之厶鄉永壽里。公子令問夙彰，聲譽久著。愛敬聞乎鄉黨，信義達乎州閭。□行漸該，六藝兼美，海內明珠，一朝沉没，天下尺璧，□然已碎。父切喪明之痛，母抱腸斷之哀。親賓傷惜，宗室感慟。雖復天長地久、海涸山飛，嗚呼哀哉，乃爲銘曰：

堂堂大魏，振振公子。餘烈維馨，遺風信美。小工馳射，幼通經史。信著鄉邦，孝聞州里。年未弱冠，早著英聲。玉潤兼德，銀鉤繕名。詩書璀粲，文翰縱橫。人無齡齒，天與聰明。玉碎崐山，珠沉合浦。去兹白日，奄歸玄戶。儵忽九泉，□須万古。草划初墳，松竹新土。哀哀父母，悠悠□□。□兹哲子，埋斯令器。慟切反車，悲銜旋轡。千□□□，餘芳無棄。

【疏證】

元世壽與其父"廣平公"，史傳皆不載。元世壽祖元贊爲"魏宣武皇帝之母弟，使持節、大將軍、侍中、小司徒、廣平王"。《周書》卷16"史臣曰"："初，魏孝莊帝以尒朱

---

① 齊運通：《洛陽新獲七朝墓誌》，北京：中華書局，2012年，第49頁
② 趙文成、趙君平：《秦晉豫新出墓誌蒐佚續編》第1冊，北京：國家圖書館出版社，2015年，第176頁。

榮有翊戴之功，拜榮柱國大將軍，位在丞相上。榮敗後，此官遂廢。大統三年，魏文帝復以太祖建中興之業，始命爲之。其後功參佐命，望實俱重者，亦居此職。自大統十六年以前，任者凡有八人。太祖位總百揆，督中外軍。魏廣陵王欣，元氏懿戚，從容禁闥而已。此外六人，各督二大將軍，分掌禁旅，當爪牙禦侮之寄。當時榮盛，莫與爲比。故今之稱門閥者，咸推八柱國家云。今并十二大將軍錄之於左。"①在所錄十二大將軍中第一位就是"使持節、大將軍、大都督、少保、廣平王元贊"②。《周書》卷38《元偉傳》曰："雖天厭魏德，鼎命已遷，枝葉榮茂，足以逾於前代矣。然簡牘散亡，事多湮沒。今錄其名位可知者，附於此云。"③所錄亦有"大將軍、尚書令、少保、小司徒、廣平郡西元贊"。④元贊爲北魏宣武帝元恪的同母弟，可補史闕。《魏書》卷85《裴伯茂傳》及卷104《序傳》皆言"出帝兄子廣平王贊"⑤。《北史》卷19《孝文六王列傳》載："孝文七男：林廢後生廢太子恂。文昭皇后生宣武皇帝、廣平文穆王懷。袁貴人生京兆王愉。羅夫人生清河文獻王懌、汝南王悦。鄭充華生皇子恌，未封，早夭。"⑥孝文帝生七子，其中文昭皇后高氏生宣武帝元恪，廣平王元懷。元懷本在《北史》卷19有傳，但後來佚失，只能在史書中找到零散記載。所幸其墓誌出土，適可彌補史傳之闕。北魏熙平二年（517）《元懷墓誌》載："魏故侍中太保領司徒公廣平王姓元，諱懷，字宣義，河南洛陽乘軒里人。顯祖獻文皇帝之孫，高祖孝文皇帝之第四子，世宗宣武皇帝之母弟，皇上之叔父也。……追崇使持節假黄鉞都督中外諸軍事太師領太尉公侍中，王如故。"元懷子悌，亦有墓誌。北魏武泰元年（528）《元悌墓誌》載："魏故侍中使持節驃騎大將軍太尉公尚書令冀州刺史廣平文懿王銘祖高祖孝文皇帝。考諱懷，字宣義，侍中、使持節、都督中外諸軍事、司州牧、太尉公、黃鉞大將軍、廣平武穆王。王諱悌，字孝睦，河南洛陽人也。……年十四，襲王爵，除散騎常侍。……尋加平南將軍，從班列也。復增安南將軍，怙河南尹。……俄遷中軍將軍。……轉大鴻臚卿。……換護軍將軍。……春秋廿有三，以武泰元年四月十四日薨于河梁之西。"⑦誌文對元悌職任轉遷記載頗詳，然對元悌年僅二十三歲"薨于河梁之西"之事，則語焉不詳。據《魏書》卷10《孝莊紀》可知："（尒朱）榮以兵權在己，遂有異志，乃害靈太后及幼主，次害無上王劭、始平王子正，又害丞相高陽王雍、司空西元欽、儀同三司元恆芝、儀同三司東平王略、廣平王悌、常山王邵、北平王超、任城王彝、趙郡王敏、中山王叔仁、齊郡王溫，公卿已下二千餘人。"⑧可知元悌死於河陰之變。悌子則不見於史。元懷有第三子脩，則見於

---

① 《周書》卷16"史臣曰"，北京：中華書局，1971年，第271—272頁。
② 《周書》卷16"史臣曰"，北京：中華書局，1971年，第272頁。
③ 《周書》卷38《元偉傳》，北京：中華書局，1971年，第689頁。
④ 《周書》卷38《元偉傳》，北京：中華書局，1971年，第689頁。
⑤ 《魏書》卷85《裴伯茂傳》，北京：中華書局，1974年，第1972頁；《魏書》卷104《序傳》，北京：中華書局，1974年，第2324頁。
⑥ 《北史》卷19《孝文六王列傳》，北京：中華書局，1974年，第713頁。
⑦ 上舉兩方墓誌載趙超：《漢魏南北朝墓誌彙編》，天津：天津古籍出版社，1992年，第92、219頁。
⑧ 《魏書》卷10《孝莊紀》，北京：中華書局，1974年，第256頁。

《魏書》卷11《出帝平陽王紀》:"出帝,諱脩,字孝則,廣平武穆王懷之第三子也。"①又《魏書》卷85《裴伯茂傳》及卷104《序傳》皆言"出帝兄子廣平王贊"②。可知元贊爲元脩兄子,爵爲廣平王,或即元悌之子。《隋書》卷45《文四子傳》載楊堅語:"元贊亦知其陰德,勸我於左藏之東,加置兩隊。"③如爲同一人,則其入隋仍以耆舊備受禮遇,得以與楊堅談論家事。

誌曰"卒于大興縣之私第""窆于縣之厶鄉永壽里",檢開皇十年(590)《元仁宗墓誌》"殯於大興縣洪固鄉永壽里李村東權葬"④,《元仁宗墓誌》出土於今西安市長安區,以永壽里屬洪固鄉推之,永壽里應位於今長安縣韋曲與大兆兩鎮之間的洪固原(少陵原)一帶。又以此推之,《元世壽墓誌》所云"窆於(大興)縣之厶鄉永壽里"當即洪固鄉永壽里。

---

① 《魏書》卷11《出帝平陽王紀》,北京:中華書局,1974年,第281頁。
② 《魏書》卷85《裴伯茂傳》,北京:中華書局,1974年,第1972頁;《魏書》卷104《序傳》,北京:中華書局,1974年,第2324頁。
③ 《隋書》卷45《文四子傳》,北京:中華書局,1973年,第1235頁。
④ 王其禕、周曉薇:《隋代墓誌銘彙考》第1冊,北京:綫裝書局,2007年,第375頁。

○六六 劉仁恩墓誌

【基本信息】

劉仁恩墓誌，出土於西安市長安區郭杜鎮，2009年入藏大唐西市博物館。誌文27行，滿行29字，隸書，有方界格。蓋題9字，3行，每行3字，陽文篆書，有方界格。誌石長寬均50釐米、厚10釐米，誌蓋覆斗形，長50釐米、寬50.5釐米、厚9釐米。誌石四側與誌蓋四殺皆爲素面。墓誌圖文載在胡戟、榮新江《大唐西市博物館藏墓誌》[①]，研究參詳周曉薇《史傳"事行闕落"與墓銘"徽音永播"——隋代〈劉仁恩墓誌〉與〈郭均墓誌〉疏證》[②]。

【誌蓋】

大隋大將軍劉君墓誌

【誌文】

隋前大將軍信州總管梁郡公劉使君墓誌

公諱仁恩，字慶仁，陝州弘農人也。昔者纂堯之緒，發迹定於斷虵；系漢之功，盛德基於来鳳。重光載世之美，本枝別幹之華，珪瑞鬱而爭輝，龜組紛而交映。流諸史冊，播在笙鏞，詳略而言，無俟該備。祖肱，始御脩途，遽辭千里。父納，魏侍中、開府、嘉山桓公，傑出偉才，累登三事。公託潤瓊田，資芬蕙苑，青襟早悟，綺歲有聲。起家侍衛上士，仍遷少承御，周武帝跡高雄猛，心尚沖虛，欲使寓内縉紳，人聞道德，玄都肆業，傍引貴遊。公以清明，先光學市，既而衆妙無擁，象繫畢通，見重四科，用兼五美。俄授大御正、儀同三司，仍轉内史中大夫，加授開府，又遷内史上大夫，任在王言，職光綸綍。出爲使持節、徐州刺史，淮沂殷曠，事參荒服，尉迥竊據楚齊，將同問鼎。公時臨所鎮，抗禦妖徒，大憝既平，嘉庸簡在。仍轉兗州刺史，加授大將軍，遷天官都府司會。皇明御曆，進爵梁郡開國公，轉毛州刺史，寬猛流譽，威惠有聞。徵爲刑部尚書，龍作納言，是稱顯貴，皋繇司士，時寄兼隆。俄而鄢郢上游，思覃善政，沮漳南服，後俟綏懷。出授荊州總管六州諸軍事荊州刺史，朝旨將興大舉，掃定江東，元帥須才，暨虛蕃任。授公行軍總管，別道長驅，淮海克清，寔惟宣力。江山控帶，朝寄不輕，綏導蠻夷，事歸良牧。轉公信州總管十二州諸軍事信州刺史，未遑之任，詔徵入關，但貴隅遠戎，馬嘆空留；駱越遐方，彭亡遂及。開皇十四年九月廿九日薨於領表，春秋五十二，以其年十二月十九日還葬長安縣高陽原，禮也。公履孝基仁，懷奇蘊異，造次不忘於詩禮，動靜皆會於莊恭。加以玄賾妙該，儒宗精集，處滿思懼，居安慮危，可謂名將名臣，

[①] 胡戟、榮新江：《大唐西市博物館藏墓誌》上冊，北京：北京大學出版社，2012年，第36頁。

[②] 周曉薇：《史傳"事行闕落"與墓銘"徽音永播"——隋代〈劉仁恩墓誌〉與〈郭均墓誌〉疏證》，杜文玉：《唐史論叢》第24輯，西安：三秦出版社，2017年，第239—251頁。

望古難儔者也。今筮兆斯吉，玄板宜鐫，敬勒芳猷，寄諸沉石。其詞曰：

白水遺緒，丹陵遠裔。軒冕從容，羽儀載世。珪社相屬，鼎鐘無替。惟公秀出，早擅英圖。七年奇幹，千里名駒。學窮齊魯，武備孫吳。廟堂勝略，帷帳奇謨。丹襜亟卷，朱傳恒驅。是曰公才，寔爲王佐。變理攸屬，股肱斯和。氛祲皆殲，妖徒立挫。舍爵冊勳，諒資恒典。照曜朱紱，優遊玉鉉。升降有章，進退無腆。飄飄遠戎，零落遐年。他鄉風日，何處山川。悠悠九地，杳杳三泉。故都已屆，龜謀且吉。雪照寒田，雲埋冬日。萬古無朽，千秋茂實。

【疏證】

劉仁恩，《隋書》卷46有傳。其云："開皇時有劉仁恩者，不知何許人也。侗儻，有文武幹用。初爲毛州刺史，治績號天下第一，擢拜刑部尚書。又以行軍總管從楊素伐陳，與素破陳將呂仲肅於荊門，仁恩之計居多，授上大將軍，甚有當時之譽。……顯名於當世，然事行闕落，史莫能詳。"[①]今據《劉仁恩墓誌》，正可補史載"不知何許人也""事行闕落，史莫能詳"之憾。將《劉仁恩墓誌》的記載與史籍相關文字互證，大約可以研討這樣幾個問題：

一、劉仁恩墓誌所記事行可補史闕或可與史籍互證者

誌云劉仁恩，字慶仁，陝州弘農人。據此正可補史傳"不知何許人也"之缺憾。陝州弘農郡治所在今河南西部的陝縣，設於後魏。劉仁恩祖劉肱，父劉納，在魏任侍中、開府、嘉山桓公，皆史傳所未載，亦可據誌補史。

誌云"皇明御曆"，即隋朝建立後，仁恩"進爵梁郡開國公，轉毛州刺史。寬猛流譽，威惠有聞，征爲刑部尚書"[②]，此與《隋書》卷46《劉仁恩傳》云其"初爲毛州刺史，治績號天下第一，擢拜刑部尚書"正相一致。而墓誌可補其"進爵梁郡開國公"，且其所謂"治績號天下第一"正可以用"寬猛"與"威惠"而具體闡明。

誌云"俄而鄢郢上游，思覃善政，沮漳南服，復俟綏懷。出授荊州總管六州諸軍事荊州刺史"，檢《隋書》卷2《高祖紀下》記開皇八年（588）冬十月己亥，"荊州刺史劉仁恩出江陵"[③]，則知仁恩任荊州刺史即在開皇八年（588）前後。

二、關於劉仁恩所任官職的疏證

1. 少承御

誌云劉仁恩"起家侍衛上士，仍遷少承御"。少承御一職，史書職官志未載。《隋書》卷37《李崇傳》云："建德初，（李崇）遷少侍伯大夫，轉少承御大夫，攝太子宮正"，則可證北周確有此職，且劉仁恩任少承御自當在北周。少承御大夫的品階或當比於北周官

[①]《隋書》卷46《劉仁恩傳》，北京：中華書局，1973年，第1262—1263頁；《北史》卷75《張奫傳》附傳所記略同。
[②] 關於劉仁恩任刑部尚書的時間，《隋書》卷1《高祖紀上》，北京：中華書局，1973年，第21頁載：開皇四年（584）夏四月己亥，"毛州刺史劉仁恩爲刑部尚書"。
[③]《隋書》卷2《高祖紀下》，北京：中華書局，1973年，第31頁。

制的外命"公之大夫三命",而其起家官"侍衛上士"品階亦爲三命。

2. 大御正

誌云劉仁恩"俄授大御正、儀同三司,仍轉內史中大夫,加授開府,又遷內史上大夫"。大御正,檢《通典》卷39《職官二十一·秩品四·後周官品》"正五命"天官府有"天官司會、宗師、左宮伯、御正、御伯、主膳、太府、計部等中大夫"①。則天官府下設有御正一職。《周書》卷4《明帝紀》載:武成元年(559)秋八月"癸丑,增御正四人,位上大夫。"②而御正名曰大御正,在正史也有記敘,《周書》卷32《申徽傳》云:"明帝以御正任總絲綸,更崇其秩爲上大夫,員四人,號大御正,又以徽爲之。"③則知大御正爲周明帝時對御正一職"更崇其秩"後的稱謂,共四員,申徽即在此時擔任過大御正。需要説明的是,天官府等六府的設置很早,周太祖時,"欲行周官","於是依《周禮》建六官,置公、卿、大夫、士,並撰次朝儀,車服器用,多依古禮,革漢、魏之法。事並施行"。自兹以後,多有損益,明帝、宣帝都對六官部分品秩、名稱進行過調整,因此也頗招非議,認爲"事不師古,官員班品,隨意變革"④。

3. 天官都府司會

誌云劉仁恩"仍轉兗州刺史,加授大將軍,遷天官都府司會",天官都府司會,據《通典·職官》記載,應是天官府下設的都府司會一職,亦即司會中大夫。《隋書》卷38《鄭譯傳》云:"及高祖爲大塚宰,總百揆,以譯兼領天官都府司會,總六府事。"⑤2015年,西安南郊少陵原新出土唐武德五年(622)《鄭譯墓誌》亦曰:"高祖作相,冊公爲柱國、相府長史、內史上大夫。八月,丞相總百揆,授公天官都府司會,總六府事。"⑥可知鄭譯亦曾任"天官都府司會"一職,其職責是"總六府事",品階爲五命。

三、劉仁恩參與的戰事與史書互證

1. 平定尉遲迥戰事

誌云劉仁恩"出爲使持節、徐州刺史",就在劉仁恩任徐州刺史時,他帶兵指揮了平定尉遲迥將領畢義緒的戰事。《隋書》卷39《源雄傳》云:"及高祖爲丞相,尉迥作亂。……迥遣其將畢義緒據蘭陵,席毗陷昌慮、下邑。雄遣徐州刺史劉仁恩擊義緒,儀同劉弘、李琰討席毗,悉平之。"⑦《劉仁恩墓誌》的相關記敘爲:"淮沂殷曠,事參荒服,尉迥竊據楚齊,將同問鼎。公時臨所鎮,抗禦妖徒,大憝既平,嘉庸簡在。"適可互證。

---

① [唐]杜佑著,(日)長澤規矩也、尾崎康校訂,韓昇譯訂:《北宋版通典》第8冊卷39《職官二十一·秩品四·後周官品》,上海:上海人民出版社,2008年,第372—373頁。
② 《周書》卷4《明帝紀》,北京:中華書局,1971年,第58頁。
③ 《周書》卷32《申徽傳》,北京:中華書局,1971年,第557頁。
④ 《周書》卷24《盧辯傳》,北京:中華書局,1971年,第404頁。
⑤ 《隋書》卷38《鄭譯傳》,北京:中華書局,1973年,第1137頁。
⑥ 王慶衛:《新出鄭譯墓誌所見隋初的樂制與國家》,劉中玉:《形象史學》總第9輯,北京:社會科學文獻出版社,2017年,第114—135頁。又,毛遠明《漢魏六朝碑刻校注》第10冊,北京:綫裝書局,2008年,第282頁北周建德六年(577)《叱羅協墓誌》曰:"大周元年,除軍司馬,治御正、司會,總六府。"此"司會"當亦天官都府司會。
⑦ 《隋書》卷39《源雄傳》,北京:中華書局,1973年,第1154頁。

2. 伐陳戰役

誌云："朝旨將興大舉，掃定江東，元帥須才，蟄虛蕃任。授公行軍總管，別道長驅。淮海克清，寔惟宣力。""朝旨將興大舉，掃定江東"，指隋文帝將要進行的伐陳之舉。《隋書》卷2《高祖紀下》曰：開皇八年（588）冬十月"甲子，將伐陳，有事於太廟。命晉王廣、秦王俊、清河公楊素並爲行軍元帥，以伐陳。於是晉王廣出六合，秦王俊出襄陽，清河公楊素出信州，荆州刺史劉仁恩出江陵，宜陽公王世積出蘄春，新義公韓擒虎出廬江，襄邑公賀若弼出吳州，落叢公燕榮出東海，合總管九十，兵五十一萬八千，皆受晉王節度。東接滄海，西拒巴、蜀，旌旗舟楫，橫亘數千里。曲赦陳國。"①《隋書》卷48《楊素傳》亦載："上方圖江表，先是，素數進取陳之計……及大舉伐陳，以素爲行軍元帥，引舟師趣三硤。……素親率黃龍數千艘，銜枚而下，遣開府王長襲引步卒從南岸擊（戚）欣別柵，令大將軍劉仁恩率甲騎趣白沙北岸，遲明而至，擊之，欣敗走。悉虜其衆，勞而遣之，秋毫不犯，陳人大悦。"②以墓誌相較《隋書》卷48《楊素傳》，於伐陳中劉仁恩的官職記載稍有出入，《隋書》卷48《楊素傳》記其爲大將軍，《劉仁恩墓誌》記其爲行軍總管。而據《高祖紀》則知仁恩確實爲伐陳時的"總管九十"之一。再據前引《隋書》卷46《劉仁恩傳》云"又以行軍總管從楊素伐陳，與素破陳將呂仲肅於荆門，仁恩之計居多，授上大將軍，甚有當時之譽"③，則劉仁恩授上大將軍乃在破呂仲肅之後。而破陳將呂仲肅事，亦見於《隋書》卷48《楊素傳》，且發生在劉仁恩率軍趨白沙北岸擊走戚欣之後。"陳南康內史呂仲肅屯岐亭，正據江峽，於北岸鑿岩，綴鐵鎖三條，橫截上流，以遏戰船。素與仁恩登陸俱發，先攻其柵。仲肅軍夜潰，素徐去其鎖。仲肅復據荆門之延洲。素遣巴蜑卒千人，乘五牙四艘，以柏檣碎賊十餘艦，遂大破之，俘甲士二千余人，仲肅僅以身免"④。這段記載，在述及楊素與劉仁恩時均未提到他們的官職而只稱爲"素與仁恩"，原因是前面已交代過楊素爲行軍元帥、劉仁恩爲大將軍了。合上述史料，可以推知劉仁恩在伐陳中確實爲行軍總管，同時還可能授任了大將軍一職，然後再因"破陳將呂仲肅"之功而得授上大將軍。

再後，劉仁恩又轉任"信州總管十二州諸軍事信州刺史"，然"未遑之任，詔征入關"，並遽以"開皇十四年九月廿九日薨於領表，春秋五十二，以其年十二月十九日還葬長安縣高陽原"。"領表"，此泛指秦巴以南地區，亦即彼時劉仁恩在伐陳前嘗任荆州刺史的湖北荆門地區。

誌文"皇""朝""詔"三字前皆作空一格避諱。

---

① 《隋書》卷2《高祖紀下》，北京：中華書局，1973年，第31頁；《北史》卷11《隋本紀上》所記略同。
② 《隋書》卷48《楊素傳》，北京：中華書局，1973年，第1283頁；《北史》卷41《楊素傳》略同。
③ 《隋書》卷56《宇文㢸傳》，北京：中華書局，1973年，第1390頁則曰："平陳之役，楊素出信州道，令㢸持節爲諸軍節度，仍領行軍總管。劉仁恩之破陳將呂仲肅也，㢸有謀焉。"
④ 《隋書》卷48《楊素傳》，北京：中華書局，1973年，第1283頁；《北史》卷41《楊素傳》略同。

〇六七　李平墓誌

【基本信息】

李平墓誌，出土於河南安陽，誌石今存洛陽九朝刻石文字博物館。誌文 25 行，滿行 25 字，隸書，有方界格。蓋題 4 字，2 行，每行 2 字，陽文篆書，有方界格。誌石拓本長 42、寬 42 釐米。誌蓋覆斗形，尺寸不詳，盝頂蓋題左右各嵌一鐵環。墓誌圖文載在齊運通、楊建鋒《洛陽新獲墓誌二〇一五》[1]，《書法叢刊》2017 年第 2 期第 50 頁。研究參詳王其禕、傅清音《讀洛陽九朝刻石文字博物館藏隋墓誌三種》[2]。

【誌蓋】

李君墓銘

【誌文】

隋故翊軍將軍益州温江縣令李君墓誌

君諱平，字季和，隴西燉煌人也。其先軒轅之苗裔，牧則起績趙年，膺□馳芳漢日，英聲令問，備諸緗簡，無待楊櫨，可得詳焉。祖禮，魏太和二年，州將宇文公以君器宇淹凝，辟爲主簿，衿期相得，恩顧殊隆。十一年，孝文皇帝除安西將軍、武階文成兩郡太守，下車布政，化等寇恂。又加衛大將軍、秦梁二州刺史，輟驂重期，誠同郭伋。父奉，釋褐祕書郎，又除寧遠將軍、奉車都尉，縉紳仰其櫺格，朝野挹其風猷。和馳響早年，顒奇童歲，獨悟師心，專勤屬己。上黨王望重器隆，虛心待物。以和才地優華，引爲管記，下筆擒雕龍之文，發言栜談天之藻，遂使聲馳許下，價重洛中。齊天保五年，除徐州別駕，毗贊萬里，俠撫一方。寔曰良才，是稱驥足。至大隋開皇二年，皇上受詔所司，搜楊庂隱，惟賢是任，妙盡時英，遂除益州温江縣令。筰筅之民，心惟彼此，久居邊服，昔号難治。君扇以仁風，敷以惠澤。故使咸知禮教，共識廉恥。洎乎秩滿言歸，還車動軔，卧轍亘塗，攀輪滿道。君歸來重素，養老輕榮，奏瑟臨風，顧鏄待月。方欲極懽金谷，窮賞竹林，何期与善徒言，福謙少驗。春秋七十有九，以開皇十四年八月廿三日氣疾暴加，終於靜嶠里。便以其年十二月辛卯朔十九日己酉葬於零泉縣東南葛嶼村西三里。終恐市朝遷革，陵谷飜移，金石斯鎸，用旌不朽。其詞曰：

發源帝籍，分緒皇枝。時樹令望，世挺英奇。高冠峐岌，長劍陸離。聲明相照，天秩恒縻。降生我君，汧隴斯宅。庭縣鍾磬，門羅榮戟。作世摸範，爲時准的。識士解驂，迎賓置驛。專城受委，茂績弥隆。恩俾時澤，化洽昆蟲。韋弦罷佩，書劍俱工。灌壇避雨，江陵及風。解印伺閑，縣車致仕。異鳥俄来，妖風忽起。一辭人世，永歸蒿里。獨有仙

---

[1] 齊運通、楊建鋒：《洛陽新獲墓誌二〇一五》，北京：中華書局，2017 年，第 54 頁。
[2] 王其禕、傅清音：《讀洛陽九朝刻石文字博物館藏隋墓誌三種》，《文博》2018 年第 3 期，第 67—73 頁。

禽，長吟松梓。

【疏證】

誌主李平及其祖李禮、父李奉，史傳皆無載。據墓誌知其家族爲隴西燉煌人。案隴西與燉煌並無行政隸屬關係，這裏的隴西或是泛指隴西地區，亦或是郡望爲隴西而定著在燉煌。又見開皇十三年（593）《李椿墓誌》亦稱"隴西敦煌人也"①，説明彼時確實有如此稱謂，而燉煌其實也是李氏的一大房分，見《新唐書·宰相世系表》。

李平祖李禮，魏高祖孝文帝太和十一年（487）任安西將軍、武階文成兩郡太守，又加衛大將軍、秦梁二州刺史。"武階郡"，《魏書》卷106《地形志下》載：領縣三：北部、南五部、赤萬。②《隋書》武都郡有覆津縣，小注云："後魏初曰玩當，置武階郡。西魏又置覆津縣，及置萬郡，統赤萬、接難、五部三縣。後周一郡三縣并瓬當，並廢入焉。開皇初武階郡又廢。"③"文成郡"即文城郡，《隋書》卷30《地理志中》文城郡小注云："東魏置南汾州，後周改爲汾州，後齊爲西汾州。後周平齊，置總管府。開皇四年府廢，十六年改爲耿州，後復爲汾州。"④李平父奉，"釋褐祕書郎，又除寧遠將軍、奉車都尉"。誌云李平"上黨王望重器隆，虚心待物。以和才地優華，引爲管記"，上黨王即高涣，《北齊書》有傳，傳云："上黨剛肅王涣，字敬壽，神武第七子也。……天保初，封上黨王，歷中書令、尚書左僕射。"⑤則李平當在天保初至天保五年（554）之間爲高涣王府管記，後於"天保五年，除徐州別駕"。再後，李平"至大隋開皇二年，皇上受詔所司，搜揚仄隱，惟賢是任，妙盡時英，遂除益州温江縣令"，是指隋文帝下詔有關部門，廣搜天下隱逸人才，唯賢是任，於是李平得以擔當益州温江縣令。以李平開皇十四年（594）卒而享年七十九推之，其受任縣令時已六十七歲。如此高齡，又是北齊舊臣，猶能爲隋代所用，可知其真如墓誌所讚譽的是良才驥足般的"時英"了。檢《隋書》卷1《高祖紀上》，確有高祖"發使巡省風俗"的詔令，曰："如有文武才用，未爲時知，宜以禮發遣，朕將銓擢。"⑥而此令發佈在開皇三年（583）十一月十四日，則李平任温江縣令或當在開皇三年（583）。史書所記與墓誌印證，可知此詔令的頒行是行之有效的。"益州温江縣"，《隋書》卷29《地理志上》蜀郡小注云："舊置益州，開皇初廢。後周置總管府。開皇二年，置西南道行臺省，三年，復置總管府，大業元年府廢。"其統縣有郫縣，小注云："西魏分置温江縣，開皇初省入。"⑦再據《隋書》卷29《地理志上》所記："高祖受終，惟新朝政，開皇三年，遂廢諸郡。洎於九載，廓定江表，尋以户口滋多，析置州縣。煬帝嗣位，又

---

① 王其褘、周曉薇：《隋代墓誌銘彙考》第1册，北京：綫裝書局，2007年，第117頁。
② 《魏書》卷106《地形志下》，北京：中華書局，1974年，第2612頁。
③ 《隋書》卷29《地理志上》，北京：中華書局，1973年，第821頁。
④ 《隋書》卷30《地理志中》，北京：中華書局，1973年，第850—851頁。
⑤ 《北齊書》卷10《高祖十一王·上黨剛肅王涣傳》，北京：中華書局，1972年，第135—136頁。
⑥ 《隋書》卷1《高祖紀上》，北京：中華書局，1973年，第20頁。
⑦ 《隋書》卷29《地理志上》，北京：中華書局，1973年，第826頁。

平林邑,更置三州。既而並省諸州,尋即改州爲郡。"①則亦可佐證李平任益州溫江縣令確在開皇三年(583),而墓誌撰在開皇十四年(594),正是廢郡改州期間,因稱益州溫江縣。又以李平開皇三年(583)任溫江縣令推之,可證《隋書》卷29《地理志上》小注"西魏分置溫江縣,開皇初省入"之"開皇初"或應在開皇三年(583)。

誌云"葬於零泉縣東南葛嶠村西三里",零泉縣即靈泉縣,彼時多寫作零泉,在隋屬魏郡相州,始置於北周,位於相州城西南,其地當今河南省安陽市龍安區龍泉鎮。又,開皇十八年(598)《萬寶暨妻王氏墓誌》曰"合葬於相州城西十里零泉縣萬善鄉平原里孫平村東北一百步",1975年安陽市活水村出土開皇七年(587)《韓邕墓誌》曰"卒於相州零泉縣界",清宣統元年(1909)安陽出土開皇九年(589)《趙洪墓誌》曰"相州零泉縣陽邑鄉故儀同趙洪"②,皆是同一地域出土者。

誌主雖非顯宦,然誌文當是高手所爲,堪稱隋誌中的四六駢文佳作,對句工穩,聲律和諧,語言優雅,典喻生輝,頗有"錦心綉口"之巧而曲盡誄墓之能事,其銘文對研討隋代音韻亦足資參考。

---

① 《隋書》卷29《地理志上》,北京:中華書局,1973年,第807頁。
② 上舉兩墓誌載王其禕、周曉薇:《隋代墓誌銘彙考》第1冊,北京:綫裝書局,2007年,第226、335頁。

○六八 郭均墓誌

【基本信息】

郭均墓誌，出土於西安市長安區郭杜鎮，2009年入藏大唐西市博物館。誌文35行，滿行35字，正隸相間，有方界格。蓋題25字，5行，每行5字，陽文篆書，有方界格。誌石長寬均74釐米、厚16釐米，誌蓋覆斗形，長73.5釐米、寬73釐米、厚13.5釐米。誌石四側綫刻壼門十二生肖圖案，誌蓋四殺綫刻四神與雲紋圖案，盝頂四周刻雙排連珠紋夾捲草紋。墓誌圖文載在胡戟、榮新江《大唐西市博物館藏墓誌》[1]，研究參詳周曉薇《史傳"事行闕落"與墓銘"徽音永播"——隋代〈劉仁恩墓誌〉與〈郭均墓誌〉疏證》[2]。

【誌蓋】

大隋故使持節上儀同三司淅州刺史固安公郭使君之墓誌銘

【誌文】

大隋故上儀同兵部尚書淅州刺史固安公郭使君墓誌銘

公諱均，字伯平，太原祁人也。褰帷作牧，著信童兒；祚土開家，推財兄弟。豈止大夫扣馬，陰識晉軍之謀；車騎乘城，遥探蜀相之策。祖琛，儀同三司、東萊太守。父法祖，少仕魏朝，仍爲都督。属天厭魏德，權臣用命，公早鑒興廢，懼染亂階，因河橋之戰，歸身魏國。太祖以公勳勇昭著，賞誓山河，乃封固安縣開國男，食邑二百户。尋爲酒泉太守，威恩普洽，憺政傍宣。方當播此徽猷，剋昌茂績，樹年不永，奄尒薨徂。公即酒泉府君之世子也。始在韶年，便摽令譽，太祖建學東觀，妙簡生徒，以公勳賢之胤，當時秀穎，年甫十三，即膺兹選。乃研精史籍，鋭思典墳，同仲舒之下帷，嗟宰予之晝寢。遂能聞一知十，無愧往賢；五行俱下，實超時輩。既以學優，仍補宫門中士。昔孫弘高第，止得爲郎，黿錯文學，纔沾掌故。以今方古，余無愧焉。武成元年，襲爵固安縣男，食邑二百户。保定四年，授帥都督，尋遷大都督。天和四年，增封四百户，合前六百户。五年，詔以公稟性温雅，幹用明濟，宜加九命，允兹器實。授使持節、車騎大將軍、儀同三司，袞服既加，戎章是飾，在官逾重，於心日卑。建德三年，仍轉駕部。六年，授軍正中大夫，撫下以恩，御衆唯整。子文治兵在楚，終朝不戮一人；亞夫細柳屯營，但識將軍之令。宣政元年，授幽州總管府長史，既属時遷鍾鼎，世變謳哥，在我大隋，實膺寶曆。而尉迥不識天命，搆此亂階，驅扇市人，稱兵東服。公早知逆順，深鑒安危。乃與總管、任國公隨機抗禦，南征孽寇，北捍匈奴，邊境緝寧，妖氛剋殄。尋進使持節、上儀同大將軍。開皇元年，仍轉太僕，其年，進爵爲公，增邑合前七百户。既職居掌轡，

---

[1] 胡戟、榮新江：《大唐西市博物館藏墓誌》上册，北京：北京大學出版社，2012年，第38頁。
[2] 周曉薇：《史傳"事行闕落"與墓銘"徽音永播"——隋代〈劉仁恩墓誌〉與〈郭均墓誌〉疏證》，杜文玉：《唐史論叢》第24輯，西安：三秦出版社，2017年，第239—251頁。

滕公豈得獨榮；瑞執桓珪，昭陽寧專其寵。尋轉上柱國、行軍元帥、宋安公府長史，南鎮魯山，境外無虞，邊民式靜，爭桑息訟，贈藥興仁。二年，授上柱國、行軍總管、河間王府長史，鎮合川。其年，又授河間王司馬，度賀蘭山，虜衆畏威，一皆奔散。龐雄之佐車騎，匈奴氣降；王郁之副中郎，單于望拜。其年，授左武衛、驃騎大將軍。四年，領開漕渠總監。同當時之發卒，三月即成；異伯表之興功，三年始就。何必史起鄴令，能傳瀉鹵之謠；兒寬內史，方著黍禾之詠。六年，兼鴻臚卿。七年，轉兵部尚書。九年，授使持節淅州諸軍事淅州刺史。入參八柄，出總六條。既曰股肱，良稱喉舌。在職清儉，民吏懷思。州府所營，纖豪不犯。豈直裴潛作牧，獨挂胡牀；李珣刺舉，纔留小麥。十二年，又徵爲兵部尚書。十四年，出鎮會稽。其年染疾，薨於公館，春秋五十有五。十五年正月十四日歸葬于長安之高陽原。公早識龍顏，成兹鴻漸，似彭祖之共硯，類盧綰之同鄉。位實隆私，侯非恩澤，當官正色，在位直言。辭韻清遠，機神賞要，博聞強記，容止有儀。在公夙著，恪勤識用，咸稱明敏，與善無驗。嗚呼哀哉，世子文舉，弟兄友睦。庭訓早奉，聞禮聞詩；令望夙彰，如珪如璧。居喪頓毀，幾於滅性。吳隱之哭，實感鄰人；王裒之涕，全枯壟樹。乃爲銘曰：

后稷之胄，公劉之裔。瀾瀾河源，綿綿瓜瓞。汎彼仙舟，享兹金穴。棄子稱孝，捐甥顯節。誕兹英秀，嗣彼嘉聲。如珪無玷，若水能平。宮商有調，喜慍無情。閉戶興目，臨池著名。爰自庠序，式登廊廟。裴楷清通，王戎簡要。珪組陸離，軒旗照耀。變彼陰陽，和兹鼎調。既曰舟檝，實稱文武。乍參禁衛，時膺刺舉。度堺飛蝗，隨車甘雨。顯允君子，冀永嘉祥。唯德不嗣，遘此膏盲。嗚呼已矣，識我貞良。堦庭寂漠，賓從蒼茫。輀車啓翻，龍輴轉轂。路曲昆池，□斜御宿。鐸韻哥哀，松深響哭。塵起素車，風生丹旐。樹密煙濃，山幽人少。徽音永播，佳城□曉。

【疏證】

郭均，《隋書》卷46《張熲傳》云：“馮翊郭均、上党馮世基，並明悟有幹略，相繼爲兵部尚書。……顯名於當世，然事行闕落，史莫能詳。”① 則此誌正可補史載之“闕落”。將《郭均墓誌》的記載與史籍相關文字互證，大約可以研討這樣幾個問題：

一、郭均的籍貫

《隋書》本傳稱郭均爲“馮翊”人，《郭均墓誌》則署爲“太原祁人”，以其葬地在長安之高陽原可以推證其家族當是後來緣遷居而定著於馮翊。檢《元和姓纂》卷10“郭氏”，“太原陽曲”爲大房，其次即“馮翊”房，其曰：“魏雍州刺史淮；孫正，因官馮翊，居焉。裔孫彥，周兵部尚書。”② 可知太原祁人，必是言其郡望耳。郭均祖郭琛、父郭法言，史籍皆無載。

---

① 《隋書》卷46《張熲傳》，北京：中華書局，1973年，第1263頁；《北史》卷75《張熲傳》附傳略同。
② [唐] 林寶撰、岑仲勉校記：《元和姓纂（附四校記）》卷10，北京：中華書局，1994年，第1548頁。

二、郭均在北周主要行事

1. 十三歲膺選東觀（館）

誌云北周"太祖建學東觀，妙簡生徒，以公勳賢之胤，當時秀穎，年甫十三，即膺茲選"。檢《周書》卷45《樊深傳》："太祖置學東館，教諸將子弟，以深爲博士。"①則知郭均因爲其父"勳勇昭著"，作爲"勳賢之胤"，正符合周太祖置學"教授諸將子弟"的條件，再加上郭均穎慧出衆，"始在韶年，便摽令譽"，因此被選中去東觀（館）讀書，而郭均或許也曾是在樊深的教授下受業，即與當世的"圓冠方領執經負笈之生"一樣②，在京邑濟濟一堂，"研精史籍，銳思典墳，同仲舒之下帷，嗟宰予之晝寢"，其主要研習的典籍爲經史之書。建學東觀（館）當與周太祖重視儒學文化有密切關係。《周書》卷45《儒林傳·序》載："及太祖受命，雅好經術。求闕文於三古，得至理於千載，黜魏、晉之制度，復姬旦之茂典。……由是朝章漸備，學者向風。"③東觀在漢洛陽南宫，漢明帝嘗詔班固等在此纂修《漢記》，漢章帝、和帝時爲皇家藏書閣。《後漢書》卷84《列女傳》載扶風曹世叔妻班昭"兄固著《漢書》，其八表及《天文志》未及竟而卒，和帝詔昭就東觀藏書閣踵而成之。"④《後漢書》卷59《張衡傳》載：漢安帝"永初中，謁者僕射劉珍、校書郎劉騊駼等著作東觀，撰集《漢記》，因定漢家禮儀，上言請衡參論其事，會並卒，而衡常歎息，欲終成之。及爲侍中，上疏請得專事東觀，收撿遺文，畢力補綴。"⑤後世因以稱皇家修史之所爲東觀。《郭均墓誌》所謂的東觀，當代指周太祖所建學館。

2. 從宫門中士到幽州總管府長史

誌云郭均"既以學優，仍補宫門中士"。宫門中士，《唐六典》卷8《門下省》載："城門郎四人，從六品上。"小注云："《周禮》地官有司門下大夫二人、上士四人，蓋城門郎之任也。……後周地官府置宫門中士一人、下士一人，掌皇城五門之禁令；又置城門中士一人、下士一人，掌皇城十二門之禁令，蓋並其任也。"⑥後郭均襲爵固安縣男，並從北周武成元年（559）到宣政元年（578）的二十年間，歷任帥都督、大都督、使持節、車騎大將軍、儀同三司、軍正中大夫、幽州總管府長史。

三、郭均在隋主要行事

1. 隨于翼抗禦尉遲迥

誌云"在我大隋，實膺寶曆。尉迥不識天命，構此亂階，驅扇市人，稱兵東服。公早知逆順，深鑒安危。乃與總管、任國公隨機抗禦，南征孽寇，北捍匈奴，邊境緝寧，

---

① 《周書》卷45《樊深傳》，北京：中華書局，1971年，第811頁。
② 《周書》卷45《儒林傳·序》，北京：中華書局，1971年，第806頁。
③ 《周書》卷45《儒林傳·序》，北京：中華書局，1971年，第806頁。
④ 《後漢書》卷84《列女傳》，北京：中華書局，1965年，第2785—2786頁。
⑤ 《後漢書》卷59《張衡傳》，北京：中華書局，1965年，第1940頁。
⑥ ［唐］李林甫撰、陳仲夫點校：《唐六典》卷8《門下省》，北京：中華書局，1992年，第249頁；［唐］杜佑著，［日］長澤規矩也、尾崎康校訂，韓昇譯訂：《北宋版通典》第5册卷21《職官三》，上海：上海人民出版社，2008年，第25頁。

妖氛克殄。尋進使持節、上儀同大將軍"。總管、任國公者即于翼，《周書》卷30《于翼傳》云："大象初……仍除幽定七州六鎮諸軍事、幽州總管。先是，突厥屢爲寇掠，居民失業。翼素有威武，兼明斥候，自是不敢犯塞，百姓安之。及尉遲迥據相州舉兵，以書招翼。翼執其使，並書送之。于時隋文帝執政，賜翼雜繒一千五百段、粟麥一千五百石，並珍寶服玩等，進位上柱國，封任國公，增邑通前五千戶，別食任城縣一千戶，收其租賦。"①則郭均隨于翼抗禦尉遲迥之事，其實正是《周書》卷30《于翼傳》中所記叙的情形，即于翼没有接受尉遲迥派使者送來的招降書，並將其使者與書信押送到朝廷。當然，于翼對尉遲迥使者的處置，也許正與郭均"早知逆順，深鑒安危"的向背存亡意識相一致。

2. 隨元景山伐陳

誌云郭均"開皇元年，仍轉太僕，其年，進爵爲公，增邑合前七百戶"，"尋轉上柱國、行軍元帥、宋安公府長史，南鎮魯山，境外無虞，邊民式静，争桑息訟，贈藥興仁"。宋安公即元景山，《隋書》卷1《高祖紀上》載開皇元年（581）九月"壬申，以上柱國、薛國公長孫覽，上柱國、宋安西元景山，並爲行軍元帥，以伐陳，仍命尚書左僕射高熲節度諸軍"②。"南鎮魯山"似指郭均隨元景山伐陳後出爲魯山鎮將或魯山防主，魯山鎮或魯山防皆當在北周南襄城郡魯山縣，此地北周又置有三鴉鎮，其地當今河南平頂山一帶。

3. 隨河間王楊弘大破突厥

誌云："（開皇）二年，授上柱國、行軍總管、河間王府長史，鎮合川。其年，又授河間王司馬，度賀蘭山，虜衆畏威，一皆奔散。"河間王爲楊弘，《隋書》卷43《河間王弘傳》云："河間王弘字辟惡，高祖從祖弟也。……及上受禪，拜大將軍，進爵郡公。……其年立弘爲河間王，拜右衛大將軍。歲餘，進授柱國。時突厥屢爲邊患，以行軍元帥，率衆數萬，出靈州道，與虜相遇，戰，大破之，斬數千級。"③合川縣屬臨洮郡，爲抵禦突厥的軍事要地，如《隋書》卷44《衛昭王爽傳》曰："（開皇）六年，復爲元帥，步騎十五萬，出合川。突厥遁逃，而返。"④又《隋書》卷54《杜整傳》亦曰："開皇六年，突厥犯塞，詔遣衛王爽總戎北伐，以整爲行軍總管兼元帥長史。至合川，無虜而還。"⑤

4. 任開漕渠總監

誌云"其年，授左武衛、驃騎大將軍。四年，領開漕渠總監。同當時之發卒，三月即成；異伯表之興功，三年始就"。隋初修漕渠之事，《隋書》卷24《食貨志》記有一則開皇四年（584）詔令，講了動工原委，以及漕渠的起始、長度等事宜，"於是命宇文愷率水工鑿渠，引渭水，自大興城東至潼關，三百餘里，名曰廣通渠。轉運通利，關内賴之"⑥。宇文愷"率水工鑿渠"的職任，據《隋書》卷68《宇文愷傳》："決渭水達河，以

---

① 《周書》卷30《于翼傳》，北京：中華書局，1971年，第526頁。
② 《隋書》卷1《高祖紀上》，北京：中華書局，1973年，第15頁。
③ 《隋書》卷43《河間王弘傳》，北京：中華書局，1973年，第1211頁；《隋書》卷49《突厥傳》略同。
④ 《隋書》卷44《衛昭王爽傳》，北京：中華書局，1973年，第1224頁；《北史》卷71《衛昭王爽傳》所記略同。
⑤ 《隋書》卷54《杜整傳》，北京：中華書局，1973年，第1366頁；《北史》卷77《杜整傳》所記略同。
⑥ 《隋書》卷24《食貨志》，北京：中華書局，1973年，第683—684頁。

通運漕，詔愷總督其事"①，則宇文愷爲通漕運總督。另有蘇孝慈，"高祖受禪，進爵安平郡公，拜太府卿。于時王業初基，百度伊始，征天下工匠，纖微之巧，無不畢集。孝慈總其事，世以爲能。俄遷大司農，歲餘，拜兵部尚書……明年，上於陝州置常平倉，轉輸京下。以渭水多沙，流乍深乍淺，漕運者苦之，於是決渭水爲渠以屬河，令孝慈督其役。渠成，上善之"②。可知蘇孝慈在開決渭水漕運時，也曾受高祖之令"督其役"，只是依據蘇慈本傳推斷開漕運的時間應在開皇三年（583），比《食貨志》所記開皇四年（584）詔令早了一年。又，曾經擔任過漕運"監"者，《隋書》記有四人。一爲元暉，"開皇初，拜都官尚書，兼領太僕。……明年，轉左武候將軍，太僕卿如故。尋轉兵部尚書，監漕渠之役"③。則開漕渠時間似亦早於開皇四年（584）。二爲和洪，"高祖以洪有威名，令領冀州事，甚得人和。數歲，征入朝，爲漕渠總管監，轉拜泗州刺史"④。三爲郭衍，"征爲開漕渠大監。部率水工，鑿渠引渭水，經大興城北，東至於潼關，漕運四百餘里。關內賴之，名之曰富民渠"⑤。四爲薛世雄父薛回，"開皇初，封舞陰郡公，領漕渠監，以年老致事，終於家"⑥。另有新出唐貞觀十四年（640）《隋柳禮盛墓誌》記其嘗在隋初"領漕渠監"⑦。以上官職分別爲"監漕渠之役""漕渠總管監""開漕渠大監""領漕渠監"，《郭均墓誌》又稱"領開漕渠總監"，稱謂不盡相同，或在職任高低上亦當有所區別。

四、"在職清儉"與"明悟有幹略"

誌云"（開皇）六年，兼鴻臚卿。七年，轉兵部尚書"，前引《隋書》本傳亦云郭均任過兵部尚書。至於開皇"九年，授使持節、淅州諸軍事淅州刺史""十二年，又征爲兵部尚書。十四年，出鎮會稽"，皆可補史傳之闕。而誌文"入參八柄，出總六條"，猶能"在職清儉，民吏懷思。州府所營，纖豪不犯"，亦可與本傳吏"明悟有幹略"之譽互證。

又，郭均於開皇十四年（594）"染疾薨於公館，春秋五十有五。十五年正月十四日歸葬于長安之高陽原"及其有"世子文舉"等信息，皆可使郭均生平得到完整記錄。

---

① 《隋書》卷68《宇文愷傳》，北京：中華書局，1973年，第1587頁。
② 《隋書》卷46《蘇孝慈傳》，北京：中華書局，1973年，第1259頁。
③ 《隋書》卷46《元暉傳》，北京：中華書局，1973年，第1256頁。
④ 《隋書》卷55《和洪傳》，北京：中華書局，1973年，第1380頁。
⑤ 《隋書》卷61《郭衍傳》，北京：中華書局，1973年，第1469頁。
⑥ 《隋書》卷65《薛世雄傳》，北京：中華書局，1973年，第1533頁。
⑦ 馬國良：《隋〈柳禮盛墓誌銘〉考》，《華夏文化》2018年第2期，第25—28頁。

○六九　王節暨妻趙氏墓誌

【基本信息】

王節暨妻趙氏墓誌，出土於洛陽北邙山，誌石今存民間。誌文 20 行，滿行 20 字，隸書，有方界格。蓋題 9 字，3 行，每行 3 字，陽文篆書，有方界格。誌石與誌蓋尺寸均不詳，誌蓋覆斗形。誌蓋殺面縱刻八卦符號與"(謙卦卦象)。一千八百年，吴奴子所發。誡之：厚葬得福累世"一行隸書。研究參詳王其禕、周曉薇《洛陽新見隋代墓誌銘輯釋三種》[①]。

【誌蓋】

齊梁州別駕王君墓銘

【誌文】

齊梁州故別駕王君墓誌銘

君諱節，字仲禮，太原人也。自周王受命，光配彼天，副君羽化，泠然輕舉。珪璋世載，冠冕相承，自北而南，金聲玉振。漢司空公卓，君之十五世祖也。因封猗氏，自爾家焉。祖安明，秦州刺史；考儁，殷州刺史。君秉靈岳瀆，降德星辰，幼志夙成，童年早慧。加以廊廟相傳，鍾鼎世襲，釋褐奉朝請，又轉散騎常侍、梁州別駕，毗贊有功，民歌來晚。春秋卅有九，薨於鄴城。太夫人張氏，五陵盛族，四德在躬，母傅女師，終於鄴第。君夫人南陽趙氏，早失覆蔭，攜稚孀居，三徙成功，一心万善。年將六十有七，壽終於河南縣儒林鄉，粵以大隋開皇十五年歲次乙卯二月庚寅朔廿日己酉合葬於洛城之西張方橋北清風鄉。若夫銜珠兩鶴，並歸紫蓋之松；玉匣雙龍，共没延平之水。嗚呼哀哉，乃爲銘曰：

綿綿瓜瓞，濟濟周京。祥昭魚躍，慶應鳳鳴。遠樸以茂，長瀾載清。藉此蟬聯，誕兹才令。家稱孝友，國稱水鏡。入侍朝宗，出蕃輔政。與善無實，不終天命。張姑之德，趙母之儀。各明內訓，並号女師。不俱偕老，榮養早辭。昊天不弔，何爽如之。日月忽矣，丘隴芒然。衰林下葉，寒野生煙。歸於久地，終彼長天。青燈空照，香火徒燃。

【疏證】

2008 年，筆者從孔夫子舊書網上得見隋代《王節墓誌》拓片一幀，而前此先在趙振華、王學春《談隋唐時期喪葬文化中的墓誌讖言》一文中讀到："近年，洛陽邙山出土的隋《王節墓誌》夫婦合葬於開皇十五年（595）二月廿日。墓誌蓋爲盝頂，陽文篆書'齊梁州別駕王君墓銘'，3 行，行 3 字，蓋側坡面上縱刻八卦符號與隸書一行：'(謙卦卦

---

① 王其禕、周曉薇：《洛陽新見隋代墓誌銘輯釋三種》，《華夏考古》2011 年第 4 期，第 109—115 頁。

象)。一千八百年,吳奴子所發。誡之:厚葬得福累世。'"又云:"讖言年代以《王節墓誌》爲早,前有八卦符號,爲大吉之卦象,這與發墓者見到死亡咒語、見到必殪開發者讖言的心緒,截然不同。但讖言讓發墓者重葬墓主之本意相同。"①惜網上未披露誌蓋拓片,遂無由確認蓋題及讖語等信息,但可以確知此墓誌在2004年前即已出土,並且迄今尚未見有考釋文字。

按誌主王節及其祖秦州刺史王安明、父殷州刺史王儁,皆不載於史傳,而其十五世祖司空公王卓見載於《後漢書》卷6《孝順帝紀》,知陽嘉三年(134)十一月乙巳"光禄勳河東王卓爲司空",而永和二年三月"乙卯,司空王卓薨"②。誌云:"漢司空公卓,君之十五世祖也。因封猗氏,自爾家焉。"《後漢書》卷6《孝順帝紀》校勘記又云:"王卓字仲遼,河東解人也。"③由是知王卓嘗封邑猗氏並著籍於斯。猗氏與解縣皆置於漢,又皆屬河東郡,故址也都在今山西臨猗縣界。而誌文云王節"太原人也",應是王卓後代遷於太原之一支。

王節仕於北齊,先後任"奉朝請,又轉散騎常侍、梁州別駕",開皇十五年(595)是其與夫人趙氏合葬年份,以其卒年三十九歲而其夫人開皇十五年(595)卒時六十七歲推之,王節卒時大約應在北齊河清年間(562—565)。而其薨在鄴城,後又緣夫人"早失覆蔭,攜稚孀居,三徙成功,一心萬善"而合葬於洛陽,不詳其緣故,或因其子時在洛陽莅職家居之故?然墓誌未有交代。

王節夫人趙氏卒於"河南縣儒林鄉",葬於"洛城之西張方橋北清風鄉"。考隋代墓誌有開皇十五年(595)《韻智孫墓誌》"薨于儒林鄉"而"窆於洛城西北青風鄉",有開皇二十年(600)《劉多墓誌》"終於河南縣儒林鄉崇訓里",有仁壽元年(601)《高虬墓誌》"葬於洛陽城之西北河南縣清風鄉",有仁壽四年(604)《王夏墓誌》"窆于清風鄉張方橋馮村之北一里"④。按清風鄉在洛陽城之西北,而文帝時隋東都尚未建成,故上述誌文中所謂"洛城""洛陽城"當指隋代以前之洛陽舊城。所云"洛城之西""洛城西北""洛陽城之西北"亦即舊城之西北,位於後來隋大業年間所建洛陽城之東北。且《高虬墓誌》出土於今洛陽東北大馬村西,適可説明隋代大業以後清風鄉隸屬於洛陽縣,而不再屬河南縣。⑤張方橋,多見於隋文帝時期墓誌,其地理位置在隋代洛陽城東,考證見開皇八年(588)《侯紹墓誌》。

除上述考釋之外,還需要專門説明的是此《王節墓誌》竟有被僞刻成北魏墓誌出現於洛陽者,目前見到有兩種:

第一種僞刻拓本見諸中國碑帖拓片網《碑帖論壇》(2008年12月24日發帖)。造假者在格式上按照原刻的行字數翻刻,僅將誌題"齊"字改"魏故"二字,誌文"大隋開

---

① 趙振華、王學春:《談隋唐時期喪葬文化中的墓誌讖言》,西安碑林博物館:《碑林集刊》第10輯,西安:陝西人民美術出版社,2004年,第196—197頁。
② 《後漢書》卷6《孝順帝紀》,北京:中華書局,1965年,第264、266頁。
③ 《後漢書》卷6《孝順帝紀》校勘記[一],北京:中華書局,1965年,第264頁。
④ 上舉四種墓誌分別載王其禕、周曉薇:《隋代墓誌銘彙考》第2冊,北京:綫裝書局,2007年,第158、336、363頁;王其禕、周曉薇:《隋代墓誌銘彙考》第3冊,北京:綫裝書局,2007年,第138頁。
⑤ 周曉薇、王其禕、王靈:《隋代東都洛陽城四郊地名考補》,《中國歷史地理論叢》2009年第3輯,第83頁。

皇"四字改"大魏太和",遂僞冒北魏墓誌以射利。殊不知末行銘文中的"香火徒燃"一句前脱落"青燈空照"四字對文,並置年月日干支失和於不顧,皆頗漏馬脚處,更不要説書法之生硬局促全不似北魏隸法之氣象。原刻"大隋開皇十五年歲次乙卯二月庚寅朔廿日己酉"於干支相合,而改爲"大魏太和",則十五年干支值辛未而非乙卯,且二月值甲子朔而非庚寅朔,廿日值癸未而非己酉。造假者之無知,於斯可見。

第二種僞刻拓本見諸圈網你我他"聲聞過情"(2008年5月4日發帖)。造假者雖然按照原刻的行字數排列,但因序文第二行"太原人"下落"也"字,第四行"十五世祖"下再落"也"字,致使格式與原刻顯然不同,即第十五行"銘曰"下空出兩格。又,第十五行"嗚呼哀哉"的"哀"字妄加竪心旁,末行"於久地"前落一"歸"字,末行"香火徒燃"的"徒"下復妄增一"歸"字。更鮮明的是造假者不以摹刻而用仿寫,雖然仍是隸書,却俗拙板滯,不堪寓目,與原刻大相逕庭,一望即是當世粗劣油滑之鄉野筆法。此外,還有改字上的馬脚,即在首行題上加"魏故"二字,却又未去掉"齊"字,致使墓主人死在北魏太和年間(477—499),竟又能在後來的北齊(550—577)任官,徒留笑柄。即便是墓主任官於南朝的蕭齊(479—502),也絶無冠以北朝的"魏故"之理。其次,也是改"大隋開皇"四字爲"大魏太和",依然置年月日干支失合於不顧焉。此造假者之無知,更有甚於前者。

當然細審文字,還有兩點也可以用來旁推,即誌文云"漢司空公卓,君之十五世祖也",按王卓爲東漢順帝(126—144)時人,薨於永和二年(137),以一世30年算,十五世應爲450年,以此相加爲587年,與開皇十五年(595)頗相契合,而若以僞改後的北魏太和十五年(491)來推算,顯然相差百年了。又葬地"洛城之西張方橋北清風鄉"是隋代墓誌銘中常見地名,而在隋代以前墓誌中則幾乎未見有云"張方橋"和"清風鄉"者。是知此地名乃盛行於隋代,唐代亦多沿用,而非北魏時所特有。雖然《魏書》兩見"張方橋"之名,恐怕也是以北齊時名稱言北魏之地罷了。

百年以來,多見將唐代墓誌僞刻成北魏或隋代墓誌以謀厚利者[①],而今竟有將隋代墓誌僞刻成北魏墓誌者,殊不知若論文物和史料乃至藝術價值,數量較少的隋代墓誌並不輸於北魏墓誌,一歎。

---

① 有關隋誌之僞刻,可參詳王其禕、周曉薇:《隋代墓誌銘祛僞三例》,杜文玉:《唐史論叢》第10輯,西安:三秦出版社,2008年;王其禕、周曉薇:《隋代墓誌銘彙考》第6册,北京:綫裝書局,2007年。

○七○　尉永墓誌

【基本信息】

尉永墓誌，2010年出土於陝西咸陽，誌石今存民間。誌文24行，滿行24字，正書，有方界格。誌石拓片長寬均49釐米。墓誌圖文載在胡海帆、湯燕《1996—2012北京大學圖書館新藏金石拓本菁華》[①]，趙文成、趙君平《秦晉豫新出墓誌蒐佚續編》[②]。研究參詳周曉薇、王其禕《咸陽新出隋開皇十五年〈尉永墓誌〉釋證》[③]。

【誌文】

隋故開府儀同三司淮州刺史安寧尉公墓誌銘并序

公諱永，字佛護，河南洛陽人也，其先自代都徙焉。昔天降玄女，軒轅殄召雨之妖；舟負黃龍，夏后著導川之績。雖復精靈緬邈，而枝葉扶疎，世德家聲，無墜終古。大父□，千人別將，挺磊落棟幹之材，蘊雄稜骨梗之氣。三世未遇，空論將於孝文；万戶莫封，不逢時於高祖。父□，朔州諸軍事朔州刺史，器局魁整，襟神爽亮，一時龜鏡，當世摸揩。公鍾慶挺生，象賢載德。螾埋楚地，早著仁心；梟避魯城，夙彰孝道。照螢映雪，思極丘墳；落鴈飛猨，伎彈弓釖。起家治右廄中士，俄授都督，轉大都督，封安寧縣開國子，遷使持節、車騎將軍、儀同三司，歷右旅下大夫，轉右武伯，職陪武帳，袟比台階，位任既隆，誠績兼舉。授宮伯大夫，遷使持節、開府儀同三司，除淮州諸軍事淮州刺史，隨車注雨，既比德於景山；入境酌泉，更方清於處默。大隋啓運，進爵爲侯，增邑一千戶賦，而草塵遽落，薤露易晞，去金門而託星，蘊佳城而見日。嗚呼，以開皇十五年九月十五日寢疾，薨於豐邑里，春秋五十七。奧以十五年十月廿一日遷厝於涇陽縣。照狸華表，空樹燕后之墳；捫鶴長松，徒翳陵陽之隴。乃爲銘曰：

兆基恒代，從王鞏洛。家類徙豐，國同遷亳。世爲豪右，門傳將略。朔州嗣美，名傳觀閣。惟公載德，含章挺生。牆宇凝峻，膽核縱橫。不扶而直，無故而清。書林歷覽，兵決研精。爰初登仕，夙膺爵錄。職參武帳，袟儀鼎足。擁節班條，宣風導俗。火德開運，國命惟新。式酬庸績，班瑞群臣。凌雲矯幹，縱海躍鱗。分茅錫社，曳組垂紳。渾渾生民，蒼蒼天道。雄圖未克，壯心遽夭。金竈無丹，瓊田乏草。搖落原野，荒□兆域。車引龍幰，簫鳴鳳翼。容衛空在，風雲寡色。刊石雕金，紀功昭德。

---

① 胡海帆、湯燕：《1996—2012北京大學圖書館新藏金石拓本菁華》，北京：北京大學出版社，2013年，第128頁。
② 趙文成、趙君平：《秦晉豫新出墓誌蒐佚續編》第1冊，北京：國家圖書館出版社，2015年，第177頁。
③ 周曉薇、王其禕：《咸陽新出隋開皇十五年〈尉永墓誌〉釋證》，樊英峰：《乾陵文化研究》第8輯，西安：三秦出版社，2014年，第388—393頁。

【疏證】

尉氏一族出自北方尉遲部，如中華諸侯也①。北魏孝文帝改革姓氏，多用單姓，故改尉遲爲尉氏，舊望洛陽，附會爲尉繚之後，魏末以降，多復姓尉遲。其中古尉氏著者約有北魏尉古真、尉元（即尉遲苟人），北齊長樂王尉景、長樂公尉甕命（即尉遲長命），北周尉迴（即尉遲迴）、尉綱兄弟，唐尉遲敬德。關於尉氏肇姓之説，除本自部落之號外，《北齊書》卷15《尉景傳》又云："秦漢置尉候官，其先有居此職者，因以氏焉。"②可補《魏書·官氏志》《元和姓纂》《通志·氏族略》乃至今人姚薇元《北朝胡姓考》之未備③。又見2001年河北曲陽縣産德鄉鋪上村新出土北魏永熙三年（534）《尉陵墓誌》與其妻《賀示迴墓誌》④，所記"子儀同、冀州刺史景"者，正是《北齊書》有傳的冀州刺史、長樂王尉景。兩墓誌皆題單字姓"尉"氏，適與此前數十年孝文帝改胡姓爲漢姓相合⑤。而誌云"善無善無人"亦與尉景本傳"善無人"相合。據墓誌還可獲悉尉陵字可悉陵，"先蹤蓋夏後之世，遠胄則部落大人。祖烏地延，以驍雄居守。父初崙，用勳賢襲職。並播美代蕃，揚聲朔野"⑥，此又可補尉景本傳世系之闕，且可知"善無"確爲尉景一系在北魏胡族内遷以前之舊望。而"善無"彼時屬恒州，當今山西朔州市右玉縣。

今見自署"河南洛陽人"的尉永一系未詳支脈所出⑦，墓誌亦未記其父、祖名諱，故不知與前舉各尉氏大族有無瓜葛關係。尉氏源出代北，亦與墓誌文所言"其先自代都徙焉"及銘文所言"兆基恒代，從王鞏洛。家類徙豐，國同遷亳"相合。尉永父嘗任朔州刺史，而朔州乃是魏末尉遲真檀、北齊尉景、唐尉遲敬德一族的舊望之地，尉遲敬德碑則稱爲河南洛陽人，是故尉永或許更近於尉遲敬德家族一系。近年西安新出尉氏墓誌還有隋仁壽三年（603）《司馬君妻尉瓊仁墓誌》云"夫人字瓊仁，河南洛陽人也。太保、

---

① [宋]贊寧：《宋高僧傳》卷4《唐京兆大慈恩寺窺基傳》，北京：中華書局，1987年，第63頁云："尉遲之先，與後魏同起，號尉遲部，如中華之諸侯國，入華，則以部爲姓也。"《元和姓纂》卷8亦曰："《官氏志》，北方尉遲部，如中華諸侯也，魏孝文改爲尉氏"，而岑仲勉《四校記》則云："今志作'西方尉遲氏'。按于闐王姓尉遲，見《新書》221上。其在西方，似有更久遠之歷史，余以爲應從志作'西'。"詳見[唐]林寶撰、岑仲勉校記：《元和姓纂（附四校記）》卷10，北京：中華書局，1994年，第1202—1203頁。周一良《魏書》札記"尉遲氏"條肯定岑仲勉認爲尉遲部來自西方而非北方之觀點，並考證西方尉遲部歸附拓跋之時期，大約是三四世紀之交自并州北徙於雲中朔方一帶，歸附拓跋，遂爲代人（《周書》卷21《尉遲迴傳》"代人也。其先魏之別種，號尉遲部，因而姓焉"），因而林寶稱"北方尉遲部"。實則尉遲氏之入北魏，固不待五世紀初太祖天興時始從西來。天興時之移動，史只言其在拓跋氏勢力範圍之内自朔方東至雲中也。參詳周一良：《魏晉南北朝史札記》補訂本，北京：中華書局，2015年，第409頁。
② 《北齊書》卷15《尉景傳》，北京：中華書局，1972年，第194頁。
③ [清]陸增祥：《八瓊室金石補正》卷27《左武衛大將軍尉吳公女李氏墓誌》，北京：文物出版社，1985年，第177頁云：尉景一支"則不與尉遲同系，《姓纂》失探。"
④ 《尉陵墓誌》與《賀示迴墓誌》圖文皆載於侯璐：《保定出土墓誌選注》，石家莊：河北美術出版社，2003年，第4—10、11—16頁。
⑤ 墓誌所見契合於孝文帝改尉遲氏爲尉氏之時間更近者，還有北魏神龜三年（520）《穆亮妻尉太妃墓誌》徑題"尉"氏單字姓。趙力光：《鴛鴦七誌齋藏石》，西安：三秦出版社，1995年，第47頁。北齊天保十年（559）《庫狄迴洛妾尉嬢嬢墓誌》，蓋題稱"齊故郡君尉氏墓誌銘"，首行題稱"庫狄氏尉郡君墓誌"，誌文又略云"郡君字嬢嬢，恒州代郡平城人安西將軍、東徐州刺史尉天生之女也"，時亦單姓尉氏。參詳王克林：《北齊庫狄迴洛墓》，《考古學報》1979年第3期，第377—401頁。
⑥ 《尉陵墓誌》，侯璐：《保定出土墓誌選注》，石家莊：河北美術出版社，2003年，第4頁。
⑦ 今見北魏以後尉氏或尉遲氏碑誌多稱郡望爲河南洛陽，蓋北魏太和十九年（495）"詔遷洛人，死葬河南，不得還北。於是代人南遷者，悉爲河南洛陽人"。參詳《北史》卷3《魏本紀第三》，北京：中華書局，1974年，第114頁。

吳武公之孫，上柱國、盧忠公之女"，可證彼時尚有尉瓊仁父祖一支猶然單姓尉氏。而瓊仁父祖皆不言名字，僅知官爵，檢諸文獻，乃知"太保、吳武公"者即《周書》有傳的尉遲綱，封吳國公、贈太保、謚號武。"上柱國、盧忠公"者，即《周書》有傳的尉遲綱長子尉遲運，封盧國公、謚號忠。關於尉遲運的謚號，在仁壽三年（603）的墓誌文中竟得直書"忠"字謚號而不予避諱，是頗有意思的。《周書》本傳校勘記云："諸本'忠'都作'中'。殿本當依《北史》改。按尉遲運爲周宣帝所憾，幸免於禍，不會給予'忠'字之謚。今回改。"①尉遲運得贈謚號乃在大象元年（579）後［《尉遲運墓誌》葬時爲大成元年（579）十月亦即大象元年（579）二月，誌文中尚未記其謚號，知其謚號議定在葬事之後］②，故"忠"字自不與隋諱衝突，因爲"數進諫"而爲宣帝疏忌銜之，依理推之或許不當議以"忠"字謚號，然今見仁壽三年（603）《司馬君妻尉瓊仁墓誌》確鑿書爲"忠"字，則尉遲運的謚號似依然當以"忠"字爲定。其實。檢讀隋代墓誌，可以找到數十例之多的以"忠"字爲爵號或謚號者，是知隋諱實無定規，"寬嚴隨人意而異"③。另外，尉氏在隋唐石刻文獻中未回改爲復姓尉遲者尚多，除前舉尉永、尉瓊仁兩方墓誌外，還有西安地區新近出土的開皇三年（583）《尉相願碑》額題"齊浮陽王隋上開府太府卿故尉公之碑"④，相願父即北周司空尉樹，父子在《北齊書》與《北史》皆有傳，且史傳亦皆作單字姓"尉"。山西大同出土的開皇十四年（594）《尉粲妃叱列毗沙墓誌》稱尉粲爲"太傅長樂尉王"⑤，皆可資參詳。尉粲爲尉景之子，《北齊書》與《北史》有傳，亦皆作單字姓尉。又陝西咸陽出土的仁壽元年（601）《尉遲運妻賀拔毗沙墓誌》只稱尉氏而不稱尉遲氏。河北曲陽縣出土大業八年（612）《尉仁弘墓誌》，尉仁弘爲尉璨孫、尉世辯第三子，尉燦父即尉景，與尉璨、尉世辯祖孫三代皆有傳載《北齊書》與《北史》。西安出土的大業十一年（615）《尉富娘墓誌》云："女郎姓尉，字富娘，河南洛陽人，吳公之第三女也。曾祖兜，周柱國、太保公。祖綱，周柱國、少傅、大司空、吳國公。父安，皇朝左光祿大夫、左武衛大將軍。"⑥唐前石刻文獻所見回改爲尉遲氏者有陝西咸陽出土北周保定四年（564）《拓跋虎墓誌》與天和四年（569）《拓跋虎妻尉遲將男墓誌》，前者誌文稱其"夫人尉遲氏，年卅二……尉遲伐之女"，後者誌題即言"拓跋虎妻鄧城郡君尉遲氏"。⑦又，《尉遲將男墓誌》云爲"京兆長安人"，是知魏末北周已有一系著籍京

---

① 《周書》卷40《尉遲運傳》校勘記［二］，北京：中華書局，1971年，第726頁；《北史》卷62《尉遲運傳》亦作"忠"。

② 《尉遲運墓誌》署下葬年月爲大成元年（579）十月，實則爲大象元年（579）二月。毛遠明：《漢魏六朝碑刻校注》第10冊，北京：綫裝書局，2008年，第327頁。

③ 王其禕、周曉薇：《隋代避諱釋例——以隋代墓誌銘爲主體材料》，全國高等院校古籍整理研究工作委員會、《中國典籍與文化》編輯部：《中國典籍與文化論叢》第13輯，南京：鳳凰出版社，2011年，第28—46頁。

④ 筆者自藏拓本，碑石今存不詳。

⑤ 大同北朝藝術研究院：《北朝藝術研究院藏品圖録·墓誌》，北京：文物出版社，2016年，第202頁。

⑥ 上舉三墓誌分別載王其禕、周曉薇：《隋代墓誌銘彙考》第3冊，北京：綫裝書局，2007年，第5頁；王其禕、周曉薇：《隋代墓誌銘彙考》第4冊，北京：綫裝書局，2007年，第210頁；王其禕、周曉薇：《隋代墓誌銘彙考》第5冊，北京：綫裝書局，2007年，第179頁。

⑦ 毛遠明：《漢魏六朝碑刻校注》第10冊，北京：綫裝書局，第171、232頁。

兆長安的尉氏家族。降至唐代，石刻文獻中的尉氏與尉遲氏依然互見。未回改爲復姓者有偃師出土的唐永淳二年（683）《張潛墓誌》云"夫人尉氏"①，長安三年（703）《尉亮墓誌》首行題稱"大周故曹州刺史尉府君墓誌銘"，曾祖寧，魏離石公、白水太守，死周太祖王事，贈車騎將軍、恒州刺史；祖猛、周開府儀同三司大將軍、隨檢校幽州總管、抱罕公；父義誠，隨獻皇后挽郎、唐博州聊城忠州臨江二縣令。②西安出土的景龍三年（709）《法琬法師碑》云"法師即隨故吳國公尉綱之外孫，其寺吳公之本置也"③。開元三年（715）《尉亮妻慕容氏墓誌》曹州刺史尉公夫人慕容氏，或以爲曹刺尉公者即尉亮④。開元十四年（726）《尉元賓墓誌》首行題稱"征事郎前行形州任縣尉尉府君墓誌銘"，祖覽，皇任朗將；王考符，皇任果州司戶參卿軍事。⑤回改爲尉遲氏者以陪葬昭陵的顯慶四年（659）《尉遲敬德墓誌》爲代表，其首行題稱"大唐故開府儀同三司鄂國公尉遲君墓誌"，誌文略云："公諱融，字敬德，河南洛陽人也。自幽都北徙，弱水西浮，派別枝分，承家啓祚。曾祖本真，後魏西中郎將、冠軍將軍、漁陽懋公，贈六州諸軍事幽州刺史；祖孟都，齊左兵郎中、金紫光禄大夫、周濟州刺史；父伽，隋儀同、皇朝贈汾州刺史、幽州都督、幽州刺史、常寧安公。"⑥而外又有洛陽出土景龍三年（709）《秦利見墓誌》云"外祖尉遲琳"⑦。西安出土天寶九載（750）《尉遲阿道墓誌》首行題稱"大唐故四品子尉遲府君墓誌之銘"，誌文亦云"河南尉遲阿道"⑧。至於正史等傳世文獻則亦多尉氏與尉遲氏互見。由是可知不得據單姓以疑復姓，亦不得據復姓以疑單姓；同理不得據史傳以疑碑誌，亦不得據碑誌以疑史傳。

尉永以佛護爲表字，則其父母家族蓋有向佛之心。尉永供職於周隋，在周"起家治右廄中士（正二命），俄授都督（七命），轉大都督（八命），封安寧縣開國子（正六命），遷使持節、車騎將軍（正五命）、儀同三司（九命），歷右旅下大夫（正四命），轉右武伯（正五命）……授宮伯大夫（正六命），遷使持節、開府儀同三司（九命），除淮州諸軍事淮州刺史（八命）""大隋啓運，進爵爲侯（正二品），增邑一千戶賦"，然已不再擔任實職，直至開皇十五年（595）去世。檢正史，北魏以迄於隋唐皆無封爵安寧縣者，唯西魏廢帝二年（553）王懋嘗"進爵安寧郡公，增邑并前二千戶"，見《周書》本傳。尉永嘗任右武伯，是"掌內外衛之禁令，兼六率之士"的近衛軍長官，故墓誌云其"職陪武帳，袟比台階"，銘文云其"世爲豪右，門傳將略"，後轉爲侍從府長官宮伯大夫，亦是負責警衛之職。⑨

---

① 周紹良、趙超：《唐代墓誌彙編續集》，上海：上海古籍出版社，2001年，第263頁。
② 趙君平、趙文成：《秦晉豫新出墓誌蒐佚》第2冊，北京：國家圖書館出版社，2011年，第368頁。
③ 碑文見［清］王昶：《金石萃編》卷68，新文豐出版公司編輯部：《石刻史料新編》第1輯第2冊，臺北：新文豐出版公司，1977年，第1163頁。
④ 趙君平、趙文成：《秦晉豫新出墓誌蒐佚》第2冊，北京：國家圖書館出版社，2011年，第437頁。
⑤ 胡戟、榮新江：《大唐西市博物館藏墓誌》中冊，北京：北京大學出版社，2012年，第438頁。
⑥ 張沛：《昭陵碑石》，西安：三秦出版社，1993年，第36頁。
⑦ 周紹良：《唐代墓誌彙編》上冊，上海：上海古籍出版社，1992年，第1077頁。
⑧ 周紹良、趙超：《唐代墓誌彙編續集》，上海：上海古籍出版社，2001年，第627頁。
⑨ 《隋書》卷12《禮儀志七》，北京：中華書局，1973年，第281—282頁云："後周警衛之制，置左右宮伯，掌侍衛之禁，各更直於內。小宮伯貳之。……左右武伯，掌內外衛之禁令，兼六率之士。"

誌云"薨於豐邑里",隋代大興城之豐邑里,位於西城延平門內街北第一坊,亦即朱雀門街西第五街之街西從北第八坊,此坊多假賃方相、轜車、送喪之具,故唐代目爲凶肆中的西肆,詳參唐代傳奇《李娃傳》①。此坊有隋開皇七年(587)所立清虛觀,唐代爲中書令李晟林園,亦有旅舍。文獻所見居於此坊之居民頗少,而隋代此坊恐尚多人居,今見尉永一族或可爲證。

誌云"遷厝於涇陽縣"(今咸陽市北原),當即彼時著籍於長安的尉氏家族大塋所在。

又,墓誌文中"照狸華表,空樹燕后之墳"一句,典出《搜神記》。講晉惠帝時司空張華,與來訪年輕書生相談甚歡,書生"商略三史,探賾百家,談老莊之奧區,披風雅之絕旨,包十聖,貫三才,箴八儒,摘五禮,華無不應聲屈滯,乃歎曰:天下豈有此年少。若非鬼魅,則是狐狸"。張華遂用獵犬試之不能顯形,再遣人砍伐已逾千年的"燕昭王墓前華表木""燃之以照書生,乃一斑狐"②。案《爾雅》曰:"林、烝、天、帝、皇、王、后、辟、公、侯,君也。"③以此推之,《尉永墓誌》所言"燕后之墳"亦當與"燕昭王墓"同義。

---

① [宋]李昉等:《太平廣記》卷484注出《異聞集》"李娃傳"條,北京:中華書局,1961年,第3988頁。
② [晉]干寶:《搜神記》卷18,北京:中華書局,1979年,第219—220頁。又,"斑狐",[南朝·梁]吳均《續齊諧記》與《太平廣記》卷442注出《集異記》"張華"條所載皆作"斑狸"。
③ [晉]郭璞注、[宋]邢昺疏:《爾雅注疏》卷1《釋詁》,北京:中華書局,1980年影印阮元《十三經注疏》本,第2568頁中。

○七一　鹿善暨妻劉氏墓誌

【基本信息】

鹿善暨妻劉氏墓誌，2009 年出土於咸陽渭城底張鎮咸陽國際機場二期擴建工程征地區域，誌石今存陝西省考古研究院。誌文 31 行，滿行 30 字，正書，有方界格。蓋題 16 字，4 行，每行 4 字，陽文篆書，有方界格。誌石長 66 釐米、寬 69 釐米、厚 8.5 釐米。誌蓋覆斗形，長 67 釐米、寬 70 釐米、厚 8.5 釐米。誌石四側與誌蓋四殺均爲素面。墓誌披露於陝西省考古研究院、咸陽市文物考古研究所《陝西咸陽隋鹿善夫婦墓發掘簡報》[①]。

【誌蓋】

周故上大將軍河內國鹿壯公之墓誌銘

【誌文】

周故上大將軍河內鹿壯公墓誌銘

公諱善，字基誕，濟陰乘氏人，漢巴郡太守旗之後也。自白虎戲朝，黑黿出地，導靈源而不絶，延慶緒而無窮。十世祖敷，作牧涼土，名高河外；祖悆，字永吉，魏給事黃門侍郎、梁州刺史、定陶侯，枕仁席義，秉德蹈道，入拜青瑣，出辟丹帷，振風彩於當年，垂聲猷於没世；父僧曉，大丞相府内郎、開府儀同三司、定陶侯。志氣宏遠，襟神爽亮，内贊霸朝，外開幕府，英規重譽，籍甚一時。公禀氣川岳，降精亢昂，鴻鵠同遠大之心，龜虎表公侯之相。擊羊頭之劍，傳法竹林；彎象弭之弓，擅名揚葉。至如黃石玄女，軍決兵韜，鶴迥鵝化之形，龍縢虵首之勢，莫不深研機數，妙體權奇，理翩而待風飆，潛鱗而須雲雨。周武成二年，補都督，後爲左侍上士。保定元年，授帥都督。天和三年，轉大都督。五年，除使持節、車騎大將軍、儀同三司。黑首亞公，黃扉早闢，禮袟增峻，任寄逾重。授小司金大夫。六年，進位驃騎大將軍、開府儀同三司。七年，轉司金大夫，又爲同州總監。于時九州未壹，三方鼎峙，軍國所須，器械弥切。公規度指授，夙夜經始。函人桃氏之工，效其技業；武庫雲臺之仗，積若丘山。周武資此五戎，親行九伐，公亦率兹介士，陪隨革輅。而義心感激，雄志從橫，既陷敵而摧鋒，遂捐生而殉節。春秋卅有五，薨於并州之陣。武皇言念虎臣，哀深輟食，飾終之典，有加恒數，贈上大將軍、金安齊平廣滄六州諸軍事六州刺史，追封河內郡開國公，邑二千戶，謚曰壯公。夫人劉氏，弘農人。父猛，開府儀同三司、白馬公。世擅羽儀，門傳禮教。夫人禀潤珠藪，資芳蘭薄，風神秀澈，性質閑婉。作儷君子，緝諧內政，始欣舉案，終泣崩城。以桃李

[①] 陝西省考古研究院、咸陽市文物考古研究所：《陝西咸陽隋鹿善夫婦墓發掘簡報》，《考古與文物》2013 年第 4 期，第 35—44 頁。

之年，守松筠之節，徙居引綜，垂訓諸子，象賢載德，克廣前基。以大隋開皇二年拜河內國大夫人。而草塵易落，風樹難止，以開皇十三年十月十五日寢疾，薨於大興縣廣福里第，時年五十三。世子上大將軍、信州總管、河內公愿兄弟等，仰惟陟岵，感纏霜露，永念倚閭，哀集茶蓼。乃以十五年歲次乙卯十月丙戌朔廿一日丙午合葬於洪瀆原。恐石路松摧，空傳兩鶴之地；豐城氣滅，莫知雙劍之所。乃爲銘曰：

玉筐鷹祉，金符效靈。根深葉茂，源潔流清。涼州秉德，樹以風聲。曰祖曰禰，咸擅民英。惟公秀出，早標器望。風表璀奇，心神雄王。聞義斯踐，當仁不讓。提劍曲城，橫弓蘷相。籋雲足遠，搏空羽逸。一就嘉招，頻升顯袟。高闡盛府，儀形鼎實。笳管咽風，幡旃炫日。誓衆汾浦，陳師晉陽。虵分帝白，龍戰血黃。威行敵敗，功立身亡。哀纏齊婦，悲深杞梁。青烏定兆，玄宮永扃。夫人之城，將軍之樹。寒原曠野，含煙籠露。勒此泉門，騰芳垂袞。

【疏證】

誌云"公諱善，字基誕，濟陰乘氏人，漢巴郡太守旗之後也"。據《元和姓纂》卷10"鹿"氏云："趙大夫食采五鹿，因氏焉。漢有巴郡太守鹿旗。"鹿氏有巴郡、濟陰、河南三房。濟陰房云："後梁有樂郡太守鹿蘊，見《十六國春秋》。元孫悆，西魏光祿大夫、河內公，自西平徙濟陰；孫善，隋長春宮監、河內公，生願、裕、注。願，唐司農少卿、定陶公。注，巂州司功。"岑仲勉校記指出"後梁"爲"後涼"之訛，"樂郡"爲"樂都郡"之奪。又指出"願"誤，應作"愿"。且任唐司農少卿定陶公者應爲愿弟裕，因"愿卒隋末，未迨事唐也"。①今據墓誌，多可佐證岑氏之説。又，《魏書》卷113《官氏志九》載餘部諸姓內入者有"阿鹿桓氏後改爲鹿氏"②，《通志二十略·氏族略》亦云："趙大夫食采五鹿，因氏焉。漢有巴郡太守鹿旗，子孫因家焉。又阿鹿元氏，改爲鹿氏。後魏黃門侍郎鹿悆。"③可知北朝鹿氏又有鮮卑胡族一係④，而鹿善一支當即鮮卑族屬。

誌云"十世祖敷，作牧涼土，名高河外"，鹿敷，史傳與《元和姓纂》皆不載，而"涼土""河外"之説，正道出其鮮卑民族屬性。誌云"祖悆，字永吉，魏給事黃門侍郎、梁州刺史、定陶侯"。《魏書》《北史》皆爲鹿悆立傳。《魏書》卷79本傳略云："鹿悆，字永吉，濟陰人。父生，在《良吏傳》。莊帝爲御史中尉，悆兼殿中侍御史，監臨淮王彧軍"，詔封"定陶縣開國子，食邑三百戶"。"永安中，入爲左將軍、給事黃門侍郎，又以前賞悆入徐之功未盡，增邑二百戶，進爵爲侯。及東徐城民呂文欣殺刺史元大賓，南引賊衆，屯柵曲術，詔悆使持節、散騎常侍、安東將軍，爲六州大使，與行臺樊子鵠討破之。還，拜鎮東將軍、金紫光祿大夫。尋詔爲使持節、兼尚書左僕射、東南道三徐行臺。普泰中，加征東將軍，轉衛將軍、右光祿大夫、兼度支尚書、河北五州和糴大使。天平中，除梁

---

① [唐]林寶撰、岑仲勉校記：《元和姓纂（附四校記）》卷10，北京：中華書局，1994年，第1440—1441頁。
② 《魏書》卷113《官氏志九》，北京：中華書局，1974年，第3008頁。
③ [宋]鄭樵撰、王樹民點校：《通志二十略》上冊，北京：中華書局，1995年，第93頁。
④ 姚薇元：《北朝胡姓考》修訂本，北京：中華書局，2007年，第80—81頁。

州刺史。时滎陽民鄭榮業等聚衆反，圍逼州城。愈不能固守，遂以城降。榮業送愈於關西。"①本傳與墓誌所載差相符合，且本傳多詳於墓誌，如鹿愈入關西之因由，乃是因爲在天平年間被俘虜，遂從東魏進入長安。鹿愈本傳與鹿善的墓誌均未載鹿愈封"河內公"爵，鹿善的墓誌則僅云鹿善殉國後被"追封河內郡開國公"，故《元和姓纂》記鹿愈爲"河內公"，未詳是否可信。且鹿善卒在北周建德五年（576），則《元和姓纂》記鹿善嘗任"隋長春宮監、河內公"者，自亦有誤。誌云鹿善"父僧曉"，史傳與《元和姓纂》皆無載，據誌又知其曾任"大丞相府內郎、開府儀同三司、定陶侯"，"內郎"即"中郎"，隋代避諱文帝父楊忠嫌名改"中"爲"內"。

鹿善，史傳無載。據墓誌知其"周武成二年，補都督，後爲左侍上士。保定元年，授帥都督。天和三年，轉大都督。五年，除使持節、車騎大將軍、儀同三司。""六年，進位驃騎大將軍、開府儀同三司。七年，轉司金大夫，又爲同州總監。……于時九州未壹，三方鼎峙，軍國所須，器械彌切。公規度指授，夙夜經始。函人桃氏之工，效其技業；武庫雲臺之仗，積若丘山。周武資此五戎，親行九伐，公亦率茲介士，陪隨革輅。而義心感激，雄志從橫，既陷敵而摧鋒，遂捐生而殉節。春秋卅有五，薨於并州之陣"。可知鹿善是在跟隨周武帝攻伐北齊的戰役中捐軀於并州的。據《周書》卷6《武帝紀下》載建德五年（576）十二月，在并州進行的伐齊戰役打得非常艱苦："戊午，高延宗僭即僞位，改年德昌。己未，軍次并州。庚申，延宗擁兵四萬出城抗拒，帝率諸軍合戰，齊人退，帝乘勝逐北，率千餘騎入東門，詔諸軍繞城置陣。至夜，延宗率其衆排陣而前，城中軍却，人相蹂踐，大爲延宗所敗，死傷畧盡。齊人欲閉門，以閣下積尸，扉不得闔。帝從數騎，崎嶇危險，僅得出門。至明，率諸軍更戰，大破之，擒延宗，并州平。"②北周軍隊"死傷畧盡"，周武帝由數騎護擁而冒險突圍，第二天早晨再次進攻方拿下并州，取得滅齊的決定性勝利。鹿善正是在此次浴血奮戰中捐軀殉國，後被周武帝追"贈上大將軍、金安齊平廣滄六州諸軍事六州刺史，追封河內郡開國公，邑二千戶，謐曰壯公"。又見新出土唐貞觀元年（627）鹿善子鹿裕的墓誌，所記"曾祖永吉，東魏尚書左僕射、徐州大行臺、定陶侯……祖曉，周上柱國、兗州刺史、河內郡公，父善，使持節、上柱國、金安齊平兗五州刺史十州諸軍事、河內郡開國公"，鹿裕在隋初又嘗隨蜀王入蜀，領左庫真、大都督，又任鄧州司馬、濮陽令，更娶唐景皇帝之孫、太上皇之妹，入唐又任司農少卿、西韓州刺史③，可見鹿氏一支入唐後之政治地位猶高。另外，據《鹿裕墓誌》又可佐證前文所說岑仲勉糾正《元和姓纂》之"任唐司農少卿定陶公者應爲愿弟裕"一語不誤，只是鹿裕並未見襲爵"定陶公"，故襲定陶公者可能還是鹿善的長子鹿愿。

鹿善夫人劉氏，爲弘農人。其父白馬公劉猛，史籍無載。誌云劉氏家傳禮教，"風神

---

① 《魏書》卷79《鹿愈傳》，北京：中華書局，1974年，第1762、1764、1765頁。《北史》卷46本傳略同。鹿愈父鹿生載入《魏書》卷88《良吏傳》，《南齊書》卷57《魏虜傳》又作"鹿樹生"，姚薇元《北朝胡姓考》修訂本，北京：中華書局，2007年，第81頁載："樹生蓋其原名，而收書省作單名耳。"姚薇元又舉說："龍門石刻有魏孝昌二年《鹿登等三十三人造像記》，題名有鹿姓者十七人，疑亦鮮卑族人。"

② 《周書》卷6《武帝紀下》，北京：中華書局，1971年，第98頁。

③ 近年出土於西安南郊少陵原，據筆者自藏拓本著錄。孔夫子舊書網寶玥齋書屋與集古樓皆有拓本披露。

秀澈，性質閑婉。作儷君子，緝諧内政"。這位相貌秀麗、品性婉柔的婦女，"始欣舉案，終泣崩城"，且"以桃李之年，守松筠之節"。寡婦守節，還要承擔養孤的重任，劉氏"徙居引綜，垂訓諸子，象賢載德，克廣前基"，如此叙述，亦正合乎隋代社會對女性貞節道德觀念的主流引導，更因此得以在"大隋開皇二年拜河内國太夫人"。誌云"世子上大將軍、信州總管、河内公愿"，可知長子鹿愿爵"河内公"乃襲承其父焉。鹿愿，事迹見《隋書》卷67《裴矩傳》：

> 明年，奉詔巡撫嶺南，未行而高智慧、汪文進等相聚作亂，吴、越道閉，上難遣矩行。矩請速進，上許之。行至南康，得兵數千人。時俚帥王仲宣逼廣州，遣其所部將周師舉圍東衡州。矩與大將軍鹿愿赴之，賊立九栅，屯大庾嶺，共爲聲援。①

關於鹿愿參與平叛王仲宣事，又見於《隋書》卷80《譙國夫人傳》：

> 未幾，番禺人王仲宣反，首領皆應之，圍洗於州城，進兵屯衡嶺。夫人遣孫暄帥師救洗。暄與逆党陳佛智素相友善，故遲留不進。夫人知之，大怒，遣使執暄，繋於州獄。又遣孫盎出討佛智，戰克，斬之。進兵至南海，與鹿愿軍會，共敗仲宣。②

關於鹿愿之死，《隋書》卷65《周法尚傳》云："煬帝嗣位，轉雲州刺史。後三歲，轉定襄太守，進位金紫光禄大夫。時帝幸榆林，法尚朝於行宫。……明年，黔安夷向思多反，殺將軍鹿愿，圍太守蕭造，法尚與將軍李景分路討之。"③所謂"時帝幸榆林"之史實，可證之《隋書》卷3《煬帝紀》載大業三年（607）六月"戊子，次榆林郡""八月壬午，車駕發榆林"④。由是知鹿愿卒年當爲隋煬帝大業四年（608）。蓋緣史料闕遺不足，故《隋書》有云："時有將軍鹿愿、范貴、馮孝慈，俱爲將帥，數從征討，並有名於世。然事皆亡失，故史官無所述焉。"⑤今據《鹿善墓誌》，則不僅可知鹿愿的祖籍、世系，亦可知其父鹿善一生行事及其母親劉氏家族概況，以及可以補鹿愿開皇十五年（595）所任"上大將軍、信州總管、河内公"之職官與爵位。

誌云劉氏"以開皇十三年十月十五日寢疾薨於大興縣廣福里第，時年五十三""乃以十五年歲次乙卯十月丙戌朔廿一日丙午合葬于洪瀆原"。鹿善卒於建德五年（576），享年三十五歲，劉氏卒於開皇十三年（593），享年五十三歲，則鹿善生年竟比劉氏小一歲。廣福里，隋大興城無此轄於大興縣之坊里名，推測墓誌葬在開皇年間，大業以後或因避隋煬帝名諱而改名且爲史籍所闕載焉⑥，姑且視爲待考之大興城新見里名⑦。葬地洪瀆原，亦多作洪瀆川。傳世文獻所見有北周庾信《庾子山集注》卷11《周使持節

---

① 《隋書》卷67《裴矩傳》，北京：中華書局，1973年，第1577頁；《北史》卷38《裴矩傳》略同。
② 《隋書》卷80《譙國夫人傳》，北京：中華書局，1973年，第1802頁；《北史》卷91《譙國夫人傳》略同。
③ 《隋書》卷65《周法尚傳》，北京：中華書局，1973年，第1528—1529頁；《北史》卷76《周法尚傳》略同。
④ 《隋書》卷3《煬帝紀》，北京：中華書局，1973年，第70頁。
⑤ 《隋書》卷64《王辯傳》，北京：中華書局，1973年，第1521頁；《北史》卷78《王辯傳》之後一段文字同。
⑥ 文獻記載隋大興城有一轄於長安縣之廣恩坊，位於朱雀街西第四街街西從北第五坊。[宋]宋敏求撰，辛德勇、郎潔點校：《長安志》卷10《唐京城四》"長壽坊"條，西安：三秦出版社，2013年，第338頁曰："隋曰廣恩坊，避煬帝諱改。"
⑦ 周曉薇、王其禕：《片石千秋：隋代墓誌銘與隋代歷史文化》，北京：科學出版社，2014年，第204—210頁。

大將軍廣化郡開國公丘乃敦崇傳》"以天和六年某月日葬於長安之洪瀆原"①。《隋書》卷80《蘭陵公主傳》云："主憂憤而卒，時年三十二。……乃葬主於洪瀆川，資送甚薄。朝野傷之。"②《北齊書》卷8《幼主紀》載："至大象末，陽休之、陳德信等啟大丞相隋公，請收葬，聽之，葬長安北原洪瀆川。"③出土碑誌文獻所見有庾信撰北周建德二年（573）《宇文顯墓誌》"以今建德二年二月廿五日遷葬於咸陽石安縣之洪瀆原"④，庾信撰北周天和元年（566）《豆盧恩碑》"天和元年二月六日葬於咸陽之洪瀆川"⑤，1998年出土於咸陽市底張灣飛機場候機樓基址的北周宣政元年（578）《若干雲墓誌》"窆于涇陽洪瀆川趙村東北"，1988年前後出土於咸陽市底張灣的北周大成元年（579）《尉遲運墓誌》"反葬於咸陽郡涇陽洪瀆鄉永貴里"⑥，隋開皇三年（583）《王士良墓誌》"粵其年歲次癸卯十一月丙申朔十四日己酉遷葬涇陽縣洪瀆川"，隋開皇十五年（595）《段威暨妻劉妙容墓誌》"以十五年歲次乙卯十月丙戌朔廿四日己酉合厝於洪瀆川奉賢鄉大和里"，隋開皇廿年（600）《獨孤羅墓誌》"粵廿年歲次庚申二月庚申朔十四日癸酉厝於雍州涇陽縣洪瀆原奉賢鄉靜民里"⑦，隋仁壽元年（601）《元威妻于宜容墓誌》"以仁壽元年五月十九日氣疾而終，時年五十有八。即以其年十月廿二日合葬于咸陽洪瀆川"⑧，賀知章撰唐開元十五年（727）《楊執一墓誌》"與故夫人獨孤氏同祔於京兆府咸陽縣洪瀆原"⑨，等等。可知從北周到隋唐時期，洪瀆原與洪瀆川的名稱一直沿用。在行政區劃上，洪瀆原在隋代隸屬京兆郡雍州涇陽縣（咸陽縣），而不屬長安縣。其地理位置大約在今渭河北岸從咸陽市到窯店鎮以北呈東西走向的原地，亦即文獻中所稱的長安北原或咸陽北原。北朝舊臣與北胡豪貴的家族塋域，在西魏、北周與隋代多集中在咸陽北原之地，鮮卑族河內郡公鹿善得以葬在今咸陽以北的洪瀆原上，自然也是屬於這一類族群範疇。

新出唐貞觀元年（627）鹿善之子《鹿裕墓誌》略云："君諱裕，字法藏，兖州定陶縣人。漢五鹿充宗之後也。曾祖永吉，東魏尚書左僕射、徐州大行臺、定陶侯。祖曉，周上柱國、兖州刺史、河內郡公。父善，使持節、上柱國、金安齊平兖五州刺史、十州諸軍事、河內郡開國公。"鹿裕"周建德三年，釋褐任東宮司射上士。隋開皇二年從蜀王入蜀，領左庫真、大都督。仁壽二年，任鄜州司馬。四年，尋轉東郡濮陽縣令。武德二年，詔授司農少卿。四年，任龍門鎮將。六年，任西韓州刺史。以貞觀元年八月十七日

---

① [北周]庾信撰、[清]倪璠注、許逸民校點：《庾子山集注》中冊，北京：中華書局，1980年，第666頁。
② 《隋書》卷80《蘭陵公主傳》，北京：中華書局，1973年，第1798頁。
③ 《北齊書》卷8《幼主紀》，北京：中華書局，1972年，第111—112頁。
④ 王其禕、李舉綱：《新出土北周建德二年庾信撰〈宇文顯墓誌銘〉勘證》，西安碑林博物館：《紀念西安碑林九百二十週年華誕國際學術研討會論文集》，北京：文物出版社，2008年，第491頁。
⑤ 毛遠明：《漢魏六朝碑刻校注》第10冊，北京：綫裝書局，2008年，第196頁。
⑥ 上舉兩方墓誌毛遠明：《漢魏六朝碑刻校注》第10冊，北京：綫裝書局，2008年，第304、327頁。
⑦ 上舉三方墓誌分別載王其禕、周曉薇：《隋代墓誌銘彙考》第1冊，北京：綫裝書局，2007年，第93頁；王其禕、周曉薇：《隋代墓誌銘彙考》第2冊，北京：綫裝書局，2007年，第196、312頁。
⑧ 陝西省考古研究院、咸陽市文物考古研究所：《隋元威夫婦墓發掘簡報》，《考古與文物》2012年第1期，第24—34頁。
⑨ 周紹良：《唐代墓誌彙編》下冊，上海：上海古籍出版社，1992年，第1336—1338頁。

薨於京城崇仁里私第，春秋六十有八。妻李氏，唐景皇帝之孫、太上皇之妹。即以其年歲次丁亥十二月己卯朔十七日乙酉合葬於雍州萬年縣少陵鄉之原小陵原禮也。"①由是可知"鹿氏"與"五鹿氏"確爲同源姓氏，漢以後皆稱鹿氏焉。五鹿充宗即漢元帝時少府，著有《易略説》三篇，見載於《漢書·百官表》及《漢書·藝文志》。《鹿善墓誌》云"濟陰乘氏人"，《鹿裕墓誌》則云"兗州定陶縣人"，蓋鹿氏先從"西平徙濟陰"，復緣鹿愈與鹿曉皆封定陶侯且鹿曉又任兗州刺史遂再徙籍於斯焉。至於鹿善被"追封河内郡開國公"，或許與鹿曉嘗封河内郡開國公有關。鹿裕妻李氏爲唐代景皇帝李虎之孫、太上皇李淵之妹，這應該是鹿裕在入唐後能夠升任西韓州刺史的重要資本。唯《新唐書》卷83《諸帝公主傳》僅載世祖一女，即高祖同母妹下嫁隋州刺史王裕的同安公主②，故此鹿裕妻李氏當爲史傳所闕載焉。鹿善在大興城所居"廣福里"之位置雖無著落，但鹿裕在長安城中所居之"崇仁里"則可知位於朱雀街東第三街街東從北第四坊。由葬地"少陵鄉之原小陵原"之謂，又可知唐貞觀元年（627）已有"少陵鄉"之謂，而"小陵原"之名亦並未消失，此誌即猶稱"小陵原"焉，這説明"小陵"與"少陵"名稱的並用，且"少陵"名稱的出現至少始於貞觀元年（627），直到貞觀末年至永徽初年，"小陵原"的稱謂方始絶迹。③從鹿善葬於咸陽洪瀆原到鹿裕葬於京城長安少陵原，葬地的變遷應能見證鹿氏雖非世家大族，却因緣與李唐皇族結親而獲得的政治地位與社會地位的榮升。

---

① 據筆者自藏拓本著録，孔夫子舊書網寶玥齋書屋與集古樓皆有拓本披露。
②《新唐書》卷83《諸帝公主傳》，北京：中華書局。1975年，第3642頁。
③ 周曉薇、王其禕：《新見隋代〈尚衣奉御尹彦卿墓誌〉研讀—兼説"小陵原"與"少陵原"的名稱沿革》，《考古與文物》2011年第4期，第95—98頁。

〇七二　叟叡妻乞伏氏墓誌

【基本信息】

叟叡妻乞伏氏墓誌，2013年春出土於西安南郊少陵原，誌石今存民間。誌文34行，滿行35字，正書，有方界格。蓋題16字，4行，每行4字，陽文篆書，有方界格。墓誌蓋右上角斷裂。誌石拓本長57釐米、寬57.5釐米。誌蓋拓本盝頂長48釐米、寬47釐米。研究參詳周曉薇、李皓《隋代鮮卑族乞伏氏與賀叟氏之新史料——長安新見隋開皇十五年〈叟叡妻乞伏氏墓誌〉》①。

【誌蓋】

大隋恒州刺史武川國大夫人乞伏墓誌

【誌文】

大隋武川國大夫人乞伏之墓誌

悠哉复古，邈矣生民。或帝或王，且文且質。至於德稱文武，功号禹湯，莫不藉英俊以拯蒼生，舉賢才而化黔首。遂使遐迩賓服，海内晏如，功擅一時，聲馳萬古。我大隋之有天下也，受圖馭寓，握鏡君臨。垂衣以被八荒，無爲以治四海。至而偏師命將，俱有韓白之能；府校卿寮，人懷姬呂之藝。今古通變，世有才焉。武川國大夫人姓乞伏氏，其先乞伏乾歸之後也。苗基皇帝，侯服夏殷，綿歷周秦，爰逮曹馬。纓金拖紫，尒公且侯，執玉乘軒，出將入相。祖懃，魏駙馬都尉、青豫潁濟四州刺史、侍中、司徒公、潁川王，入居三獨，出總六條，既神且明，光前暎後。父賢，魏太子庶子、驃騎大將軍、左光禄大夫、太子太保、平曹二州刺史、高陽公。於是榮寵相繫，冠冕盈庭，民具尒瞻，功無与二。昔鄭君父子，謝此相承；袁氏祖孫，慙斯世德。夫人外藉父兄，内資傅保，礼教未及九旬，志行閑於四德。嫜寳，魏侍中、國子祭酒、驃騎大將軍、左光禄大夫、光朔幽涇四州刺史、太子詹事、太傅、司空公。夫，魏内散大夫、散騎常侍、衛將軍、恒州諸軍事恒州刺史、陽平公叡。家傳將相，世位台司，稟性天然，含章自遠。及見夫人，雅承名譽，既重嬀姜之姻，亮由秦晉之匹也。百乘六礼，俄及渭陽。夫人出自蘭閨，復登榮任，每辭綺麗，不好浮華，外内相成，貴賤攸序。然命同駒陳，無復舉案之風；世似露桐，詎盡伊緡之義。陽平年未強仕，俄從即世。夫人偏居孀室，猶在弱齡。便致喪三年，哀慟以礼。撫養幼童，情無改變。昔恭伯之妻，衛詩稱美；曹氏之婦，魏録嘉焉。將此况彼，未爲慙德。長子樹，襲爵陽平公。未及頒條，早辭榮世。第二子詮，驃騎將軍、使持節上開府儀同三司、東安郡開國公，才苞文武，德兼仁義，既侍皇宮，又

---

① 周曉薇、李皓：《隋代鮮卑族乞伏氏與賀叟氏之新史料——長安新見隋開皇十五年〈叟叡妻乞伏氏墓誌〉》，杜文玉：《唐史論叢》第28輯，西安：三秦出版社，2019年，第288—298頁。

參儀範，命議通敏，聲譽遠大。周武帝以大夫人德行純至，體固精誠，年纔六十，爰降詔旨，特令東安辭王侍養。大隋開皇二年，上以東南未一，問罪江陰，敕遣東安特領徐豫亳數州精騎，會元帥於江淮，棄親爲國，委寄非輕，但孝在寸心，仍希侍養。未幾之間，敕還聽許。出則誠臣，入爲純孝。至於錫賚安存，不離旬日，几杖醫藥，不虧朔望。旌善標賢，亦一時所未有也。第三子幹，上大將軍、工部尚書、雲州總管諸軍事雲州刺史、鉅鹿郡開國公。金玉遞潤，花萼相輝，三虎八龍，難兄難弟。坐應台輔，行爲連率，內則班名麟閣，外則馳響戎夷。雲州左帶山河，北隣蕃服，安撫沙塞，年將一紀。邊方無事，公有力焉。至若寵祿頻繁，絲綸重疊，委寄高遠，時止一人。方驗王陵之母，雖擅美於當時；裴楷之親，可讓名於今日。夫人年踰八十，機神未移，但西影難留，東川易逝，降年不示，俄同風燭。以大隋開皇十三年九月十日遘疾而薨。二兒各解印去官，哀毀過制。鉅鹿儼居衰絰，綣歷數旬，特詔奪情，仍令赴任，旦夕悲慕，有異常倫。時未云祥，薨於雲部。二子悲感，幾於滅性。粵以開皇十五年十月廿四日，竭力恣心，開通塋兆，備盡金玉，彈極珠璣。鐫石勒銘，傳茲不朽。乃爲銘曰：

帝開基緒，弈世蟬聯。衣纓遞襲，爵土屢遷。內暎外朗，軼後陵前。憑雲特秀，重席稱賢。爰授□令，稟質蘭芳。三姓九侄，爛室盈堂。天不報施，人之云亡。千秋焉在，百祿豈長。往哉東注，去矣西光。南山既壽，西烏難復。空持簪珥，無期雲屋。龍帳徒悲，輴輴逈哭。雲愁諸娣，風悽煢獨。淚鄩泉室，啼迴晚軸。春非我春，徒芳蘭菊。

【疏證】

誌云："武川國大夫人姓乞伏氏，其先乞伏乾歸之後也。苗基皇帝，侯服夏殷，綿歷周秦，爰逮曹馬。纓金拖紫，尒公且侯，執王乘軒，出將入相。"乞伏乾歸，即十六國之一的西秦君主，其事附載《魏書》卷99《鮮卑乞伏國仁傳》、《北史》卷93《西秦乞伏國仁傳》、《晉書》125《乞伏乾歸傳》。乞伏乾歸爲乞伏國仁弟，《魏書》卷99《鮮卑乞伏國仁傳》對鮮卑乞伏國仁的族源、聚集、建立官屬的情況，以及乞伏國仁死後，乞伏乾歸統事，改年號、署百官、遷徙流轉、降歸姚興、私稱秦王的過程均有概要叙述。[1]岑仲勉據此記載補《元和姓纂》"乞伏"曰："乞伏國仁，本鮮卑乞伏部首帥也。晉孝武帝時僭號西秦王、大單于。"[2]又據誌云"其先乞伏乾歸之後也"，則誌主乞伏氏出自乞伏乾歸一支。

隋代墓誌中所見乞伏氏還有開皇九年（589）《大隋柱國齊州刺史西河公乞扶令和夫人郁久閭氏墓誌》[3]，郁久閭氏夫乞扶（伏）令和亦爲乞伏氏，然與婁叡妻乞伏氏家族非是同一支系。又，2015年初在西安市南郊少陵原上的長安區大兆鄉郭新莊村發現一座北

---

[1]《魏書》卷99《鮮卑乞伏國仁傳》，北京：中華書局，1974年，第2198—2199頁；《北史》與《晉書》本傳略同。
[2]〔唐〕林寶撰、岑仲勉校記：《元和姓纂（附四校記）》卷10，北京：中華書局，1994年，第1522頁。
[3] 2006年河南衛輝市在進行南水北調中線工程時，發現唐乞伏令和夫婦合葬墓一座，四川大學考古系遂進行了考古挖掘，出土墓誌兩方：一方即爲郁久閭募滿誌；另一方爲其夫乞扶令和誌。誌題"隋故使持節柱國西河郡開國公乞扶令和墓誌"。

周墓葬，墓主姓乞伏，名孝達，墓誌用硃砂書寫，脱落嚴重，故墓誌文内容幾無法識讀。不過從與其合葬的卒於西魏大統七年（541）的夫人吐谷渾暉華公主的墓誌中可知，暉華公主名庫羅伏，字尉芮文，爲吐谷渾主明元第四女，柔然敕連頭兵豆伐可汗郁久閭阿那瑰皇后茹茹可敦之妹，西魏開國皇帝元寶炬悼皇后郁久閭氏之姨，則乞伏孝達亦當出鮮卑大族，且官品不低。據墓誌首題知乞伏孝達官職爲"茹茹驃騎大將軍俟利莫何度支尚書金城王"，誌文復云："公主之稱，始自本國。金城初仕於吐谷渾，爲車騎大將軍、中書監，渾主重其器望，遂以妻之。又從夫至於茹茹，悼皇后來歸也，金城以姨壻之重，作上賓於魏。時主即三子亦從此行。"①由知乞伏孝達的履歷及其與吐谷渾暉華公主之聯姻及子嗣等情况，惜史籍未載乞伏孝達，故不得知詳其宗室族系。封金城王者，《魏書》僅見一位，即卷59《蕭寶寅傳》所記正光五年（524）秦州軍將"金城王莫折普賢"。此莫折普賢疑即嘗自稱秦王的秦州人莫折大提之孫、"竊號天子，改年曰天建，置立官僚"的莫折念生之子。那麽，乞伏孝達受封金城王的時間，應當在莫折普賢之後，或即在西魏大統初年。又以金城乃西秦國都，前秦太初四年（389）苻登亦嘗封乞伏乾歸爲金城王推之，乞伏孝達之得授金城王爵，或與其對先祖爵位與事功之襲傳承繼有關。當然，從金城王爵號亦可推知乞伏孝達自當系出乞伏乾歸後裔，亦即與此婁叡妻乞伏氏一族同宗。

乞伏氏祖乞伏慤、父乞伏賢，史傳皆無載。據誌知其"祖慤，魏駙馬都尉、青豫穎濟四州刺史、侍中、司徒公、穎川王"。父賢，"魏太子庶子、驃騎大將軍、左光禄大夫、太子太保、平曹二州刺史、高陽公"。

誌云"夫人外藉父兄，内資傅保，礼教未及九旬，志行閑於四德"，可見乞伏氏受教育的途徑是通過"外藉父兄"和"内資傅保"來完成的。《禮記·内則》云："女子十年不出，姆教婉娩聽從，執麻枲，治絲蠒，織紝組紃，學女事，以共衣服。觀於祭祀，納酒漿籩豆菹醢，禮相助奠。"②乞伏氏出身鮮卑貴族，受到漢化影響，亦会通過家長和女師，对其进行妇德妇礼教育及助祭織紝等女事技能培养。正因如此，乞伏氏婚後"每辭綺麗，不好浮華，外内相成，貴賤攸序"。婁叡去世時，"夫人偏居孀室，猶在弱齡"。她不但"致喪三年，哀慟以礼"，且能"撫養幼童，情無改變"，自然得到了撰誌者的大加頌揚。《隋書》卷80《列女傳·序》云："婦人之德，雖在於温柔，立節垂名，咸資於貞烈。温柔，仁之本也；貞烈，義之資也。非温柔無以成其仁，非貞烈無以顯其義。"③將女子堅守貞節上升到仁本義資的高度，故進入《列女傳》的女性，大多爲樹立矢志守節的典型。

---

① 據筆者自藏拓本著録。乞伏孝達與吐谷渾暉華公主合葬墓是在唐韓休與妻柳氏合葬墓被發現後不久，而在毗鄰韓休墓北側被發現，乞伏孝達夫婦墓誌石已與韓休夫婦墓誌石均藏陝西省考古研究院。
② [漢]鄭玄注、[唐]孔穎達正義：《禮記正義》卷28《内則》，北京：中華書局，1980年影印阮元《十三經注疏》本，第1471頁中。
③《隋書》卷80《列女傳·序》，北京：中華書局，1973年，第1797頁。

誌云："嬻竇，魏侍中、國子祭酒、驃騎大將軍、左光禄大夫、光朔幽涇四州刺史、太子詹事、太傅、司空公。夫，魏內散大夫（避隋諱改'中散'爲'內散'）、散騎常侍、衛將軍、恒州諸軍事恒州刺史、陽平公叡。""嬻竇"，即乞伏氏的公公婁竇，乞伏氏夫叡即婁叡，而此婁叡與《北齊書》有傳的外戚東安王婁睿（叡）並非同一人①，北齊東安王婁睿本姓匹婁氏，而此乞伏氏夫婁叡則本姓賀婁氏，史籍亦作樓氏。《婁叡墓誌》與其妻《乞伏氏墓誌》同時出土，誌題"魏故使持節都督恒州諸軍事衛將軍恒州刺史陽平縣開國子婁使君之墓誌"，誌文云："君諱叡，字□□，河南洛陽人也。天□大將軍廣陵恭王□之孫，侍□車騎□□□司空、敬僖公之子……起家爲員外散騎侍郎……遷冠軍將軍、中散大夫……永熙之季，高歡扈亂，時以長孫子彦爲行臺僕射大都督，鎮護崤陝，君爲行臺郎中，領子都督……武帝西幸，倍從入關，封陽平縣開國子，邑四百戶，除尚書直事郎中……及剋竇復陝，沙埦之功，君並預焉，進号平東將軍，尋遷衛將軍……春秋卅有七，以大統八年六月一日寝疾卒於長安之永固里。朝廷袞傷，追贈使持節都督恒州諸軍事本將軍恒州刺史……粤大統十年歲次甲子十一月辛巳朔廿九日己酉窆於小陵原之北鄉。"②因爲《乞伏氏墓誌》未記葬於何處，僅有"開通塋兆"云云，故以《乞伏氏墓誌》與《婁叡墓誌》同時同地出土的信息推之，《乞伏氏墓誌》亦當出土於小陵原。又以前述北周《乞伏孝達墓誌》與西魏大統七年（541）乞伏孝達妻《吐谷渾暉華公主墓誌》出土地在今西安市南郊少陵原上的長安區大兆鄉郭新莊村推之，乞伏氏與其夫婁叡的葬地或亦在大兆鄉一帶。由是可推"開通塋兆"一語，當指將乞伏氏葬入其夫婁叡的塋兆之內。

婁氏爲代人，本居漠北，以國爲氏，史亦作樓氏，北魏孝文帝改"賀樓氏"（《官氏志》作"賀樓"，《隋書》作"賀婁"，樓、婁同音通用）爲"樓氏"。《元和姓纂》卷9"賀樓"氏"河南"支云："後魏鎮西大將軍、廣陵王賀婁伏連，生大拔、蒙。曾孫行本，唐鳳州刺史、梁公。泉，武安公。寶，後魏太子太傅、廣平伯；生景賢，陽平公。景賢生詮、詮、子幹，隋鉅鹿公；生積，唐太子舍人。"岑仲勉校記曰："《北史》二〇《伏連傳》：'大拔孫寶，字道成。……天子感其壯志，召寶第二子景賢……後從入關，封廣寧縣伯。……後授國子祭酒、侍中，進儀同三司、兼太子太傅。'是寶爲大拔之孫，中間尚缺一代，意者泉即大拔之子、寶之父歟。若然，則'泉'上最少奪'大拔子'三字，'寶'上最少奪'生'字矣。史作'廣寧'此作'廣平'，未詳孰是。"③岑仲勉指出《元和姓纂》此段記叙之無序及"誤復詮字"，並據史誌記載推論了大拔子泉及泉子寶的世次。今可再據此新出《乞伏氏墓誌》與《婁叡墓誌》，將河南房婁叡一支自後魏至隋代之世系做示意圖如圖3所示。

---

① 北齊東安王婁叡墓，1980年由山西省考古所發掘整理，詳見山西省考古研究所、太原市文物考古研究所：《北齊東安王婁睿墓》，北京：文物出版社，2006年。
② 依據筆者自藏拓本著録。
③ [唐]林寶撰、岑仲勉校記：《元和姓纂（附四校記）》卷9，北京：中華書局，1994年，第1319—1320頁。

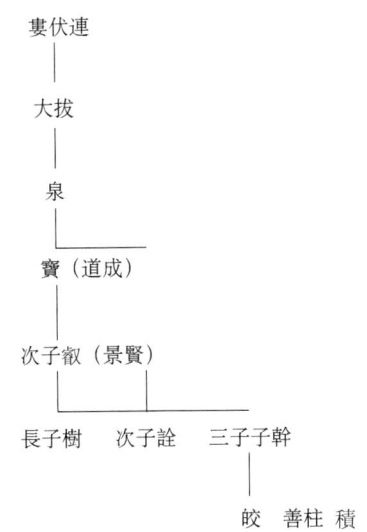

圖 3　後魏至隋代河南房婁叡世系示意圖

婁伏連，《魏書》卷 30 下、《北史》卷 20 皆有傳，並皆作"樓伏連"。其子大拔，皆附在樓伏連傳，而伏連曾孫樓寶則僅附入《北史》樓伏連傳，其傳略云："大拔孫寶，字道成，性淳樸，好讀書。明帝時，仕至朔州刺史。永安中，除假員外散騎常侍。孝武帝立，敕寶與行臺長孫子彥鎮恒農。後從入關，封廣寧縣伯。大統元年，詔領著作郎，監修國史事，別封平城縣子。後授國子祭酒、侍中，進儀同三司，兼太子太傅，攝東宮詹事。後行涇州事，卒於州。"[①]此與婁叡妻《乞伏氏墓誌》記婁寶任"魏侍中、國子祭酒、驃騎大將軍、左光祿大夫、光朔幽涇四州刺史、太子詹事、太傅、司空公"略有出入，適可互補。而《婁叡墓誌》又載叡爲"侍中、車騎□□□司空、敬僖公之子也"，則知婁寶諡號"敬僖公"爲史傳所闕。樓寶本傳又云"後隨大都督源子邕討擊葛榮。王師敗績，寶因于榮軍，變姓名，匿於戎伍，以免害。……寶遇逃者，密啟賊形勢，規爲內應。天子感其壯志，召寶第二子景賢，授員外散騎常侍郎。葛榮滅，寶始得還"[②]，此則與《婁叡墓誌》"起家爲員外散騎侍郎"官職相合，並可據墓誌印證本傳校勘記謂"授員外散騎常侍郎"一職所衍應爲"常"字，而非"郎"字。又，《隋書》卷 53《賀婁子幹傳》曰："賀婁子幹字萬壽，本代人也。隨魏氏南遷，世居關右。祖道成，魏侍中、太子太傅。父景賢，右衛大將軍。"[③]則知婁叡又嘗任過右衛大將軍一職，至於墓誌可資裨補史傳者則尤多。

乞伏氏三子，"長子樹，襲爵陽平公"，因"未及頒條，早辭榮世"，史誌無載，今據乞伏氏誌可知其長子名及襲爵。"第二子詮，驃騎將軍、使持節上開府儀同三司、東安郡開國公"，檢《隋書》卷 53《賀婁子幹傳》載："子幹兄詮，亦有才器，位至銀青光祿大夫、鄜純深三州刺史、北地太守、東安郡公。"[④]除爵號相合外，任職多不相同。又史載賀樓詮事迹極簡，誌則記叙"周武帝以大夫人德行純至，體固精誠，年纔六十，爰降詔旨，特令東安辭王侍養"。據此知周武帝時，婁詮已辭職侍養六十歲的老母。而在入隋以後，"上以東南未一，問罪江陰"，亦即開皇初年準備發動伐陳之戰，遂"敕遣東安特領徐豫亳數州精騎，會元帥於江淮"，而此時任行軍元帥者爲長孫覽和元景山[⑤]。誌又云其伐陳不久，"但孝在寸心，仍希侍養。未幾之間，敕還聽許"。因而撰誌者稱其"出則誠臣，入爲純孝"，是"旌善標賢"的典範，透露出隋代倡孝盡忠的主流社會觀念。第三子

---

① 《北史》卷 20《樓伏連傳》，北京：中華書局，1974 年，第 756—757 頁。
② 《北史》卷 20《樓伏連傳附樓寶傳》北京：中華書局，1974 年，第 756—757 頁。
③ 《隋書》卷 53《賀婁子幹傳》，北京：中華書局，1973 年，第 1351 頁；《北史》本傳略同。
④ 《隋書》卷 53《賀婁子幹傳》，北京：中華書局，1973 年，第 1353 頁。
⑤ 《隋書》卷 1《高祖紀上》，北京：中華書局，1973 年，第 15 頁載：開皇元年（581）九月"壬申，柱國、薛國公長孫覽；上柱國、宋安公元景山，並爲行軍元帥，以伐陳。"

幹，"上大將軍、工部尚書、雲州總管諸軍事雲州刺史、鉅鹿郡開國公"，賀婁子幹，有傳載《隋書》《北史》，史傳作"賀婁子幹"，今墓誌單名"幹"，稍異。《隋書》卷53本傳云：

> 開皇元年，進爵鉅鹿郡公。其年，吐谷渾寇涼州，子幹以行軍總管從上柱國元諧擊之，功最優，詔褒美。高祖慮邊塞未安，即令子幹鎮涼州。明年，突厥寇蘭州，子幹率衆拒之，至可洛峐山，與賊相遇。賊衆甚盛，子幹阻川爲營，賊軍不得水數日，人馬甚敝，縱擊，大破之。於是冊授子幹爲上大將軍。……徵授營新都副監，尋拜工部尚書。……高祖以子幹曉習邊事，授榆關總管十鎮諸軍事。歲餘，拜雲州刺史，甚爲虜所憚。後數年，突厥雍虞閭遣使請降，並獻羊馬。詔以子幹爲行軍總管，出西北道應接之。還拜雲州總管，以突厥所獻馬百匹、羊千口以賜之。……母憂去職。朝廷以榆關重鎮，非子幹不可，尋起視事。十四年，以病卒官，時年六十。高祖傷惜者久之，贈縑千匹，米麥千斛，贈懷、魏等四州刺史，諡曰懷。子善柱嗣，官至黔安太守。①

本傳記其所任官職與奪情起復、猝死雲州史事與《乞伏氏墓誌》頗多吻合，而墓誌所謂"坐應台輔，行爲連率，內則班名麟閣，外則馳響戎夷"，則可謂扼要總結了賀婁幹馳騁征戰的一生，另外，"雲州左帶山河，北鄰蕃服，安撫沙塞，年將一紀。邊方無事，公有力焉"云云，亦與史傳詳載子幹在雲州刺史及雲州總管任上的功績相合，誌傳相較，誌文且或有補充史傳者。又，唐貞觀十七年（643）賀婁子幹妻《源伯儀墓誌》亦已出土，誌題曰"隨故雲州總管工部尚書鉅鹿郡開國公賀婁子幹妻鉅鹿國夫人源氏墓誌銘"。源氏高祖賀，魏太尉公、隴西宣王；曾祖懷，尚書令、司徒公、隴西惠王；祖纂，太府卿、定瀛二州刺史、贈司空公；父文雄，隋徐幽朔三州總管、朔方郡開國公。源氏武德八年（625）卒於隆慶里，貞觀十七年（643）合葬於小陵原。墓誌又記："賀婁鉅鹿公，隨歷雲懷魏黎瀛五州刺史、雲州總管、工部尚書、上大將軍，諡曰懷公。夫人所生長子善柱嗣，官至黔安郡太守；次子善安，開國伯；第三子善積，銀青光祿大夫。夫人伯祖慶，隴西文王；伯祖子邕，司空莊穆公；伯祖子恭，司空文獻公；堂伯文宗，淮陽公。"②

通過誌文與史傳之比勘疏證，可得如下結論：一是新出婁叡與乞伏氏夫婦墓誌爲梳理乞伏氏與賀婁氏在北朝時期的家族世系提供了新史料，即可資見證婁叡妻乞伏氏一族作爲系出十六國之一的西秦君主乞伏乾歸一房在北朝後期的社會政治地位及其與中央王朝之關係，亦即一直是頗爲北朝倚重的鮮卑貴族世家。另外也可資認識此西魏之婁叡與《北齊書》有傳的外戚東安王婁睿（叡）並非同一人，北齊東安王婁睿本姓匹婁氏，而此乞伏氏夫婁叡則本姓賀婁氏。二是通過分析乞伏氏的婦教婦節，可資認識當時社會主流

---

① 《隋書》卷53《賀婁子幹傳》，北京：中華書局，1993年，第1351—1353頁。
② 劉文：《陝西新見隋朝墓誌》，西安：三秦出版社，2018年，第125頁。誌文述及源賀、源懷、源纂、源慶（即源懷第二子源紹）、源子邕（即子雍）、源子恭、元文宗（即源彪），《魏書》《北史》皆有傳。所言"父文雄，隋徐幽朔三州總管、朔方郡開國公"者，即《隋書》卷39有傳之源雄，而源伯儀叔父即源剛，參見王其禕、周曉薇：《隋代墓誌銘彙考》第1冊，北京：綫裝書局，2007年，第101頁。

觀念對女性的期許標準，即將堅守貞節上升到仁本義資的高度。三是推論出婁叡與乞伏氏夫婦墓誌出土地當在西安南郊少陵原北端的大兆鄉一帶。四是結合墓誌對賀婁子幹與賀婁詮二人的本傳有以補正，尤其是豐滿了這一對兄弟在當時被譽爲"出則誠臣，入爲純孝"的精神榜樣形象。

〇七三　劉昶妻宇文氏墓誌

【基本信息】

劉昶妻宇文氏墓誌，出土於西安南郊長安區，誌石今存民間。誌文35行，滿行36字，正書，有方界格。蓋題16字，4行，每行4字，陽文篆書，有方界格。誌石長寬均65釐米，誌蓋尺寸不詳。誌石四側綫刻壺門十二生肖與山石樹木圖案，誌蓋蓋題四周環刻連珠紋與蔓草紋，誌蓋四殺刻四神圖案與靈芝雲紋，誌蓋四側刻飾祥雲卷草紋。研究參詳傅清音、王其禕《從三方墓誌看北周尚主劉昶家庭在隋的境遇沉浮》[1]。

【誌蓋】

大隋上柱國彭國公夫人宇文氏墓誌銘

【誌文】

大隋上柱國彭國公夫人宇文氏墓誌

夫人宇文氏，周德皇帝之孫、太祖皇帝之第十四女也。自金行版蕩，寶曆屢遷。魏德方衰，天祚有止。大祖開基阽隴，建節崝嶸。電照風行，龍驤鳳舉。膺録握符，勃興大業。孝愍纂承洪緒，睿爽自天。世宗穆穆君臨，南風遠被。高祖聰明神武，菲食卑宫。尅定幽、并，再清伊、洛。宣皇、靖帝，繼世時乘。即位者六君，封王者數十。斯乃詳諸紀策，可略言焉。夫人感日月之重光，分天山之秀嶺，挺生知之令德，擅絶世之才華。淑慎播於宫闈，婉娩彰於禁掖。奉仁明之内則，非法不言；敬閑雅之威儀，非禮不動。豈直詩稱綏子，宋号女宗而已哉。年十有二，封西河公主，出降於上柱國、彭國公。公遠繼擾龍，上承大漢。父，使持節、驃騎大將軍、開府儀同三司、侍中、太尉、長廣郡開國公。周大祖草創八川，任當三傑。圖形麟閣，配食廟堂。建初立功，匡時佐命。公即長廣公之世子也。昔趙王之尚魯元，全由功業；于氏之納館陶，唯關選舉。兼而兩之者，彭國公之謂歟。夫人降帝子之尊，備常人之禮。事姑竭箕箒之勞，承夫盡聽從之義。敬如賓客，和等瑟琴。譽動六親，恩流九族。豈唯晉文賢女，獨有謙讓之名；楚國貞姬，自受温恭之稱。加以風神穎秀，鑒略淵遠，心鏡内明，辭鋒外發。昔籧車度闕，衛婦知賢；晉客過門，曹妻識士。望古儔今，實無愧德。周武登極，加授長公主。周宣即位，又加大長公主。大隋膺運，詔授彭國夫人。每元日參朝，命婦皆集。夫人嚴服縱容，必爲行首。或升階致賀，或上壽興辭。内外婦人，遵爲准的。雖有從夫之頒，位在夫人之上。皇后便即降令，超以夫人爲首，美其容止，欲以觀之。至若居家治理，閨門緝睦，教養子孫，義方斯在。非關近學，家傳俎豆之儀；詎待從師，世稟策名之重。長子上開

---

[1] 傅清音、王其禕：《從三方墓誌看北周尚主劉昶家庭在隋的境遇沉浮》，西安碑林博物館：《碑林論叢》第23輯，西安：三秦出版社，2018年，第38—49頁。

府、遷州使君豐，竭誠盡節，捐生殉義。受命番禺，投軀嶺表。遊魂蒙加等之贈，稚子荷承家之錫。次子直閤將軍、長廣公順，第四子居士等，並淳孝事親，虔誠奉國。允文允武，令問令望。長女鄶國夫人，聰令優閑，言爲婦則，皆資聖善，實賴嚴規。雖齊傅母儀，敬姜明訓，何以過也。家陳五鼎，門稱萬石。男則垂纓曳組，女則珮玉鳴環。自有南越之資，舊重東平之樂。方當保斯榮貴，享彼期頤；豈謂餘慶無徵，奄從朝露。以開皇十六年正月十日遘疾，薨於群英里之第，春秋五十六。以開皇十七年歲次丁巳六月丙午朔廿八日癸酉安厝於雍州萬春鄉金舁之里。嗚呼哀哉，夫人自少及長，降貴從卑。祗承叔妹，撫接娣姒。盡肅雍之美，竭柔順之懷。宗族感其仁慈，內外銜其厚德。至於苤葛親表，姻婭通家，莫不恤患分憂、施恩布惠。上天不吊，殲此良人。凡厥親知，誰不慟惜。龍輤曙發，素盖成陰。薤露晨哥，朱輪接軫。彭國公撫存悼亡，傷神斷慮。嗟斯松路，遊竪牧於荒墳；痛此玄門，掩孤魂於長夜。將恐千年丘墓，共桑海而俱平；百代泉宮，與山川而並變。爰命賓僚，銘斯美德，其詞云：

碧海龍驤，丹山鳳翔。月宮流照，嫠野分光。蘭葳皎潔，彤管芬芳。有慶一人，功資三傑。帝鄉帝親，時英時喆。降自天閨，來崇婦節。南陽盛禮，北渚光華。明珠照夜，流水隨車。衣垂九翟，髻莊六珈。瑟琴和聽，桃李榮家。女則內弘，陰規外漸。性唯柔弱，身唯勤儉。澣衣難棄，疎繒易染。義比松椿，心同琬琰。如筠有節，如珪無玷。惠滿五宗，恩流九族。散茲歸從，分周湯沐。其琱不貪，其言不宿。周至義方，慇懃慈撫。孝泉晨潔，德星霄聚。翠筍依仁，黃金賜巨。祝蛟興越，埋蛇相楚。明明玄覽，唯與無私。悠悠不吊，天實爲之。德鄰安在，報施虛期。蕙性蘭心，金相玉質。道脩世短，其悲非一。九原玄壤，三千白日。隴隅悽愴，松門蕭瑟。寂寂遊魂，冥冥長畢。

【疏證】

宇文氏爲周德皇帝之孫、太祖皇帝宇文泰之第十四女。誌云"年十有二，封西河公主，出降於上柱國、彭國公"，則可推知宇文氏西魏廢帝元年（552）封西河公主①，並出嫁上柱國、彭國公劉昶。劉昶，《周書》《北史》皆有傳。云其"尚太祖女西河長公主。大象中，位至柱國、秦靈二州總管。以亮功，封彭國公，邑五千戶"②。入隋後，劉昶"與高祖有舊。及受禪，甚親任，歷左武衛大將軍、慶州總管"③。誌云劉昶"父，使持節、驃騎大將軍、開府儀同三司、侍中、太尉、長廣郡開國公。周大祖草創八川，任當三傑。圖形麟閣，配食廟堂。建初立功，匡時佐命"。劉昶父即劉亮，《周書》《北史》皆有傳。據《周書》卷17本傳知劉亮"本名道德""普泰初以功拜大都督，封廣興縣子。北周太祖置十二軍，亮領一軍。大統元年，以復潼關功，封饒陽縣伯。擒竇泰，復弘農及沙苑之役，亮並力戰有功。遷開府儀同三司、大都督，進爵長廣郡公。周太祖謂曰'卿文武兼資，即孤之孔明也'，乃賜名亮，並賜姓侯莫陳氏。是年，出爲東雍州刺史，卒於州，時年四十""追贈太尉，諡

---

① 以其開皇十六年（596）正月十日卒，終年五十六推之。
②《周書》卷17《劉昶傳》，北京：中華書局，1974年，第285頁；《北史》卷65《劉昶傳》略同。
③《隋書》卷80《劉昶女傳》，北京：中華書局，1973年，第1808頁云昶在隋。

曰襄，配享太祖廟庭"①。傳誌所載劉亮事蹟與職任，適可互補。

墓誌稱贊劉昶與宇文氏的結姻爲"昔趙王之尚魯元，全由功業；于氏之納館陶，唯關選舉。兼而兩之者，彭國公之謂歟"。典出《漢書》，一是趙王張敖尚魯元公主，得封宣平侯②；一是丞相于定國之子、御史大夫于永尚宣帝長女館陶公主施，欲被詔任丞相③。暗喻劉昶也因與宇文氏的聯姻官運亨通。誌文強調宇文氏"降帝子之尊"，貴爲皇帝之女，猶能"備常人之禮"，如普通女子一樣恪守婦禮，"事姑竭箕箒之勞""承夫盡聽從之義"，夫妻間"敬如賓客，和等瑟琴"。此與隋代社會對女性的理想要求十分相符，比如隋高祖第五女蘭陵公主，"美姿儀，性婉順，好讀書"，在諸姐妹中最受隋高祖鍾愛。出嫁後，"諸姊並驕貴，主獨折節遵於婦道，事舅姑甚謹，遇有疾病，必親奉湯藥"④。又有南陽公主，爲隋煬帝長女，"美風儀，有志節，造次必以禮"，嫁給宇文述子宇文士及，"以謹肅聞。及述病且卒，主親調飲食，手自奉上，世以此稱之"⑤。身爲皇帝女兒的兩位公主，並不因爲出身高貴而驕縱，無論是在室時的"性婉順"，還是出嫁後的"折節遵於婦道"，無疑成爲隋代女性的楷模，因而被載入《隋書·列女傳》。墓誌對於宇文氏品行婦德的描述，與史書對兩位公主相關事蹟的書寫理念，亦如出一轍。之後，宇文氏在"周武登極"的保定元年（561），加授長公主；又在"周宣即位"的宣政元年（578），加授大長公主，最後在"大隋膺運"的開皇元年（581），再隨丈夫劉昶的彭城公爵位而"詔授彭國夫人"。

值得關注的是，宇文氏墓誌較詳細地描寫了她所參與的中宮事宜。誌云："每元日參朝，命婦皆集。夫人嚴服縱容，必爲行首。或升階致賀，或上壽興辭。內外婦人，遵爲准的。"《隋書》卷9《禮儀志四》記述隋代的元日參朝活動爲"隋儀如後齊制"，並引後齊禮儀云：

> 後齊元日，中宮朝會，陳樂，皇后褘衣乘輿，以出於昭陽殿。坐定，內外命婦拜。皇后興，妃主皆跪。皇后坐，妃主皆起，長公主一人，前跪拜賀。……公主一人上壽訖，就坐。御酒食，賜爵，並如外朝會。⑥

可知這"命婦皆集"的"元日參朝"，屬於"中宮朝會"的"外朝會"。參加者包括三夫人、妃主、公主、長公主在內的"內外命婦"，主要儀式是參拜皇后，祝賀新年，爲皇后祈壽。儀禮中確有"長公主一人，前跪拜賀"，還有"公主一人上壽"。宇文氏封爵長公主在北周，入隋後還能以長公主的身份"升階致賀"，甚或替代公主"上壽興辭"嗎？墓誌的描叙顯然做了解釋：即宇文氏"雖有從夫之頒，位在夫人之上"，宇文氏"從夫之頒"爲彭國夫人，屬於公夫人，二品命婦。而隋代后妃制度中有三公夫人爲一品命婦，説她"位在夫人之上"，即指其雖爲公夫人，但實際地位比三公夫人還高。這是因爲她得到了

---

① 《周書》卷17《劉亮傳》，北京：中華書局，1974年，第284—285頁；《北史》卷65《劉亮傳》略同。
② 《漢書》卷31《張耳陳餘傳》，北京：中華書局，1962年，第1842頁。
③ 《漢書》卷71《于定國傳》，北京：中華書局，1962年，第3046頁載：于永選尚館陶公主，"上方欲相之，會永薨"。
④ 《隋書》卷80《蘭陵公主傳》，北京：中華書局，1973年，第1798頁。
⑤ 《隋書》卷80《南陽公主傳》，北京：中華書局，1973年，第1798—1799頁。
⑥ 《隋書》卷9《禮儀志四》，北京：中華書局，1973年，第185頁。

獨孤皇后的喜愛，"皇后便即降令，超以夫人爲首，美其容止，欲以觀之"，於是在元日參朝的儀禮中，將宇文氏的出場排在最前邊（超越夫人的位次），並令她致辭賀壽。皇后在儀式中，不但可以觀賞她的禮行舉止，也爲中外命婦起到示範作用。獨孤皇后之所以偏愛並抬舉西河長公主，很可能是宇文氏尊爲皇家女，且能"盡肅雍之美，竭柔順之懷"，品行堪爲命婦之楷模，所謂"淑慎播於宮閨，婉娩彰於禁掖"。其夫劉昶"數爲將帥，位望隆顯，與高祖有舊""及受禪，甚親任"①。劉昶爲文帝所親近，則宇文氏自然也更能受到獨孤皇后的賞識。這段與史載相照應的元日中宮參朝禮儀，在墓誌中實屬少見。

墓誌稱宇文氏"至若居家治理，閨門緝睦，教養子孫，義方斯在"。並記叙其"長子上開府、遷州使君豐，竭誠盡節，捐生殉義。受命番禺，投軀嶺表。遊魂蒙加等之贈，稚子荷承家之錫。次子直閤將軍、長廣公順，第四子居士等，並淳孝事親，虔誠奉國。允文允武，令問令望"。檢諸史書，其長子劉豐與次子劉順，史傳無載，據墓誌知劉豐、劉順的職任與封爵，墓誌稱揚他們"淳孝事親，虔誠奉國"，或者屬實。然第四子劉居士，無法與他兩位兄長的品行事迹並列。劉居士的行徑見載於《隋書》卷80《劉昶女傳》，劉昶女即劉居士的姐姐。傳云居士"爲太子千牛備身，聚徒任俠，不遵法度，數得罪"。皇上因爲與劉昶深交，每每原諒他。居士却因此更加放縱，集黨與三百人，爲非作歹，"長安市裏無貴賤，見之者皆辟易，至於公卿妃主，莫敢與校者"。於是有人告他"遣使引突厥令南寇，當於京師應之"，以致皇上詢問劉昶該如何處置？"昶猶恃舊恩，不自引咎""上大怒，下昶獄，捕居士黨與，治之甚急"，最終"居士坐斬，昶竟賜死於家"②。墓誌試圖掩蓋劉居士的惡行，在列舉了劉豐、劉順的事迹後，僅以"第四子居士等，並淳孝事親"一筆帶過，未曾想史官的實錄却不曾隱惡，由此亦見出諛墓之詞往往需要留意。

誌云："長女鄶國夫人，聰令優閑，言爲婦則，皆資聖善，實賴嚴規。雖齊傅母儀，敬姜明訓，何以過也。"這些贊美之辭或不全爲虛言，劉昶的長女因爲勸阻弟弟劉居士改過、歸寧孝養父親，當父親"坐子以及於禍"時，她"詞情哀切"，爲父親無罪申辯等事迹，被寫入《隋書》的《列女傳》。③墓誌稱其爲"鄶國夫人"，是因爲其夫長孫懿曾任隋儀同三司、蔡羅二州刺史，襲封鄶國公，參詳開皇十二年（592）《長孫懿墓誌》。另有大業二年（606）《長孫懿妻劉氏墓誌》，誌主即爲此劉昶女，然極爲簡略，對她本人的生平事迹幾乎沒有涉及，而僅得其"大業元年六月廿七日薨於私第，春秋四十九歲"，蓋因其夫長孫懿早在開皇十二年（592）已卒，父親與弟弟皆伏法被殺，家族衰落之緣故，亦可參詳。

誌云宇文氏"以開皇十六年正月十日遘疾，薨於群英里之第，春秋五十六。以開皇十七年歲次丁巳六月丙午朔廿八日癸酉安厝於雍州萬春鄉金萁之里"。"萁"當與"萁"同。大興城里坊無"群英里"名，存疑。開皇九年（589）《韋秋母婁氏墓誌》亦云"窆於大興縣萬春鄉"，"金萁里"則僅此一見，由此亦可知墓誌出土地當在今西安市南郊長安區神禾原一帶。

---
① 《隋書》卷80《劉昶女傳》，北京：中華書局，1973年，第1808頁。
② 《隋書》卷80《劉昶女傳》，北京：中華書局，1973年，第1808頁。
③ 《隋書》卷80《劉昶女傳》，北京：中華書局，1973年，第1808—1809頁。

〇七四　楊雄母蘭勝蠻墓誌

【基本信息】

楊雄母蘭勝蠻墓誌，出土於陝西咸陽市渭城區，誌石今存民間。誌文 36 行，滿行 35 字。正書，有方界格。誌石長寬均 57.5 釐米。墓誌圖版載在趙文成、趙君平《秦晋豫新出墓誌蒐佚續編》①。

【誌文】

隋上柱國司空公廣平王國太妃蘭氏墓誌銘并序
太妃諱勝蠻，河南洛陽人也。昔軒皇靜亂，非有定都。姬后愛民，所居成邑。魏氏大去幽恒，聿来渥澗。等遷亳於河南，若徙鄲於關右。刊鍾勒鼎，莫匪丹陵之舊；攀鱗附翼，咸自白雲之鄉。爰定爾居，因爲著姓。祖彪，魏直閣將軍、閣内都督，瑰姿傑出，氣盖五都；逸翩高騫，心橫四海。雖復恩深繞帳，任切期門。未盡屠龍之術，空軫割雞之歎。父潤，魏安城太守、武衛將軍，器宇凝邈，兼姿書劍。嶧陽脩幹，孤生地險。渥洼駿骨，動合天機。絏綬名邦，惠沾雲雨。腰戟之陛，實賴爪牙。令問令望，有足而言也。太妃秀氣降神，柔靈挺質。白虹十德之采，無待琢磨；丹鳳五色之章，夙懷仁義。婉順居體，言容成則。儀範端華，出綠波而吐照；襟情朗澈，影素魄而揚暉。佩服箴規，折旋圖史。天經地義之德，感達幽明；貞柏寒松之操，凌負霜雪。固以馨芬帷薄，道映閨房者矣。至於良袂言歸，結褵終遠，敬恭婦德，淑慎嬪風。六飲八珍，畢窮品齊之美；輕綃重錦，曲盡裁縫之妙。先公國華民譽，樹德立功。懋賞疇庸，允章車服。榮貴交映，紱珮相暉。式備典礼，爰如湯沐。保定二年十二月二日，詔授洛州上洛郡君，翟褕在容，魚軒照路。笄珈之儀有序，沼沚之詠已流。及大啟儻城，光膺進等，改玉闢土，興事增華。天和六年，詔授儻城國夫人，綸綍昭章，輻輞顯赫。寵貫戶庭，榮鏡間里。雖復一齊有志，而偕老無徵；恤緯哀悼，帷堂浸遠。藐是諸孤，象賢斯託。劬勞撫養，訓以義方。貽厥子孫，咸歸礼讓。庭生玉樹，鬱爲棟幹之才；掌耀明珠，皆成天下之寶。豈直徙里從學，止聞存信，若斯而已哉。長子上柱國、司空公、廣平王，道亞三傑，功參十亂。經綸惟始，親賢斯属。奄有邦家，礼優恒典。大象元年十一月七日，詔授邢國大夫人。及乎神器有歸，帝圖光啓，運逢革鼎，地實維城。錫以山川，作爲蕃屏。爵隆上等，位變中台。邁荊賈之本枝，高桓友之懿德。侯服是儀，緇衣無改。出誠入孝，自家形國。千鍾万石，顯世榮親。子貴之道，於斯爲盛。開皇元年六月廿一日，詔授廣平國太妃，飾華象服，礼崇金璽。謙虛自牧，莊敬弗渝。文伯國相之尊，子發將軍之寵。恒以恭儉爲誠，未嘗富貴驕人，故能保全禄位，光映朝野。至於厭離形有，照達若空。攝意三明，綴戒珠於

---

① 趙文成、趙君平：《秦晋豫新出墓誌蒐佚續編》第 1 册，北京：國家圖書館出版社，2015 年，第 178 頁。

晨珮；遊心八正，秉慧炬於宵燭。總持法藏，鎔範應身。信施相資，翹勤無怠。方當享茲景福，用保期頤。而化窮促晷，生浮危露。人世易往，積善徒虛。天道難知，何其甚遠。以開皇十七年十月十八日遘疾薨于第舍，春秋八十。粵以其年十一月十一日遷窆于涇陽縣龍栖鄉。司空廣平王痛結匪莪，悲纏風樹。仰高堂而興感，對迥鼎以長號。孝敬自天，哀榮備礼。方使祕牖泉扃，同金石而永固；芳徽懿範，與日月而長存。乃爲銘曰：

豐邑宗臣，姚墟冠族。業佐遷夏，功參誓牧。鵬起垂天，鴻飛漸陸。比蹤相印，聯輝侯服。世德爰被，家聲克昌。幾望流祉，濂夷降祥。摯芬蘭迳，挺秀芝房。岫發朝采，川浮夜光。宋子高門，燕餘令質。學殫箴史，工逾罄紩。環璵承親，紛蜍在室。皎潔清漢，禮華朝日。三從有託，百兩言歸。閨儀允備，賓敬無違。聞車辯德，奉璧知微。朱幡式駕，褖服增輝。克誕人英，聿脩前德。珮金禀訓，斷經垂則。撫翼佐時，飛纓觀國。瀚流載靜，燕峯已勒。世屬河清，時逢緯聚。勤王簡帝，秉文經武。紀德聲明，崇親土宇。兕甲方晉，龜田邁魯。山河進等，礼袟增隆。祿祥有節，蘋藻宣風。訪道三慧，凝神四空。居高處挹，降貴思沖。菟輪已缺，龍驂邊晚。驚電不留，閱川無反。華屋徒奠，容車遂遠。采滅連城，芳銷九畹。寂寂平野，凄凄暮節。霧隱鶴墳，泉侵蟻結。隴雲夕起，山烟盡滅。盛德清徽，流芬無絕。

【疏證】

蘭勝蠻即楊紹妻、楊雄生母，爲史傳闕載。楊紹，《北史》《周書》有傳。楊雄爲隋文帝族子，事載《北史·楊紹傳附傳》、《周書·楊紹傳附傳》、《隋書》本傳。誌云："長子上柱國、司空公、廣平王"，即觀德王楊雄，參詳大業九年（613）《楊雄墓誌》。

誌云蘭勝蠻，爲"河南洛陽人也"。其姓蘭氏，是從烏洛蘭氏改姓蘭氏而來，詳見《魏書》卷113《官氏志九》①，由《官氏志》可知烏洛蘭氏，爲內入九十九大姓所不及的其餘十姓部氏之第八姓，按論功定姓及其所處姓族排列之首末位置來看，顯然烏洛蘭氏屬於並皆衰微的勳功世官姓族。因而誌云蘭氏家族"遷亳於河南"，是"因爲著姓"的表述，顯然是要"攀鱗附翼"，抬高家族地位。誌載蘭勝蠻祖彪，"魏直閤將軍、閤內都督"。"直閤將軍、直寢、直齋、直後之屬"②。因爲"後齊制官，多循後魏"③，則蘭彪在魏所任亦應爲禁衛屬官。父潤，"魏安城太守，武衛將軍"。蘭彪與蘭潤，史傳皆無載。

近幾年來，研究者認爲楊紹、楊雄一系與楊忠、楊堅一系，皆爲非傳統意義上的弘農楊氏④。實際上根據隋代薛道衡撰《後周大將軍楊紹碑銘一首》的記述，"賀拔岳一時雄武，出制天泉，公別統支軍，任當群帥"，則明確楊紹曾爲賀拔岳部屬中的一

---

① 《魏書》卷113《官氏志九》，北京：中華書局，1974年，第3014頁。
② 《隋書》卷27《百官志中》，北京：中華書局，1973年，第758頁。
③ 《隋書》卷27《百官志中》，北京：中華書局，1973年，第751頁。
④ 楊奇霖：《楊雄墓誌疏證——兼論楊氏觀王房的譜系建構》，杜文玉：《唐史論叢》第26輯，西安：三秦出版社，2018年；蒙海亮：《唐初修史的文獻取舍——以《周書》列傳的形成爲例》，杜文玉：《唐史論叢》第26輯，西安：三秦出版社，2018年；張應橋：《隋觀德王楊雄及夫人王妃墓誌》，《中國國家博物館刊》2016年第12期。

支。①又據《周書》卷29《楊紹傳》，楊紹還曾隨莫侯陳崇討伐稽胡，又隨于謹等圍江陵②，因此楊紹一族當屬武川鎮軍閥出身。而今據蘭勝蠻墓誌，亦知蘭氏家族並非顯族，楊紹與並不顯赫的蘭氏家族聯姻，則更能證實楊紹、楊雄一支確非有名望的弘農楊氏。再據《楊紹墓誌》，其葬地在"咸陽郡石安縣洪瀆鄉孝義里"③，蘭勝蠻則葬在"涇陽縣龍栖鄉"，《隋書》卷29《地理志上》涇陽縣屬京兆郡，"舊置咸陽縣，開皇初廢"④，其地約當今咸陽市渭水以北。則又可見楊紹不屬於弘農楊氏一支，只能算作是北周上層貴族而葬在咸陽北原上⑤。

蘭勝蠻一生事跡，極盡標榜隋代對女性理想化之觀念。未嫁之時，"婉順居體，言容成則""儀範端華""襟情朗澈""佩服箴規，折旋圖史""固以譽芬帷薄，道映閨房者矣"。出嫁後，"敬恭婦德，淑慎嬪風"。會釀酒烹食，"六飲八珍，畢窮品齊之美"，能巧製衣裳，"輕綃重錦，曲盡裁縫之妙"。又因"先公國華民譽，樹德立功。懋賞疇庸，允章車服""榮貴交映，綬珮相暉。式備典禮，爰如湯沐"。由此一連四次詔授外命婦。據《北史》卷68《楊紹傳》知楊紹在"普泰初，封平鄉縣男。大統元年，進爵冠軍縣公"⑥。又據誌載勝蠻"保定二年十二月二日，詔授洛州上洛郡君""天和六年，詔授儻城國夫人"，由此可推斷楊紹本傳"周孝閔帝踐祚（周元年），進爵儻城郡公，位大將軍"⑦，所記封爵時間恐不確，應該是楊紹在進爵儻城郡公之前先授爵上洛郡公。至於誌云勝蠻"大象元年十一月七日，詔授邘國大夫人"與"開皇元年六月廿一日，詔授廣平國太妃"，則與《周書》卷7《宣帝紀》載大象元年（579）八月甲戌"開府楊雄爲邘國公"⑧及《隋書》卷1《高祖紀上》載開皇元年（581）"五月戊子，封邘國公楊雄爲廣平王"⑨相合，而蘭勝蠻封邘國大夫人、廣平國太妃，誠如誌文所云"子貴之道，於斯爲盛"。誌文"至於厭離形有，照達若空。攝意三明，綴戒珠於晨珮；遊心八正，秉慧炬於宵燭。總持法藏，鎔範應身。信施相資，翹勤無怠"云云，又可揭示蘭勝蠻素有崇奉佛教之信仰。

誌云"遷窆于涇陽縣龍栖鄉"，《隋書》卷29《地理志上》涇陽縣屬京兆郡，"舊置咸陽縣，開皇初廢"⑩，其地約當今咸陽市渭水以北。

---

① [唐] 許敬宗編、羅國成整理：《日藏弘仁本文館詞林校證》，北京：中華書局，2001年，第148頁。
② 《周書》卷29《楊紹傳》，北京：中華書局，1971年，第500—501頁。
③ 趙文成、趙君平：《秦晉豫新出墓誌蒐佚續編》第1冊，北京：國家圖書館出版社，2015年，第150頁。
④ 《隋書》卷29《地理志上》，北京：中華書局，1973年，第809頁。
⑤ 周偉洲：《陝西北周墓葬主死葬地考》，《中國歷史地理論叢》1995年第1輯，第209—222頁。
⑥ 《北史》卷68《楊紹傳》，北京：中華書局，1974年，第2369頁。
⑦ 《北史》卷68《楊紹傳》，北京：中華書局，1974年，第2369頁。
⑧ 《周書》卷7《宣帝紀》，北京：中華書局，1971年，第120頁。
⑨ 《隋書》卷1《高祖紀上》，北京：中華書局，1973年，第15頁。校勘記[十五]云："《北史·隋本紀》上作'戊午'。此月己酉朔，有戊午，無戊子。"
⑩ 《隋書》卷29《地理志上》，北京：中華書局，1973年，第809頁。

○七五　平梁公妻王氏墓誌

【基本信息】

平梁公妻王氏墓誌，出土於西安市長安區，誌石今存民間。誌文26行，滿行26字。正書，有方界格。誌石長寬均39.5釐米。墓誌圖版載在趙文成、趙君平《秦晋豫新出墓誌蒐佚續編》①。研究參詳王其禕《長安新出隋〈平梁公夫人王氏墓誌〉疏證》②。

【誌文】

大隋大將軍平梁公夫人墓誌

夫人王氏，太原祁人也。苗裔聯璉，基胄隆赫。七葉貂冕，九族丹扉。流芳弈世，傳威自遠。分命斯掌，啓族地隆。鬱矣枝宗，詮諸史籍。有聞當世，無俟詳言。曾祖羆，使持節、大將軍、大司徒、青齊光莒幽五州諸軍事青州刺史，封朔州安遠郡開國公，邑壹千五百戶。文武兼資，聲華遠播。既閑八陣，又善六奇。運籌策於闈闥之間，制雄豪於郊坰之外。祖忤明，柱國、太尉公，即周太祖文皇帝之舅氏，外戚任隆，情寄内重。立事立功，有禮有則。位及台階，名高上將。爇麾白羽，屢舉朱旗。考興，開府儀同三司、咸陽郡公。五府之職，進聞漢世；公司六官，遠依周法。夫人即開府之長女也，幼摽婉約，夙懷韶敏。玉潤蘭馨，淵淳月淨。德誠天挺，非資庭教之儀；禮實性成，冥符女師之訓。蔡姬真草，方可齊驪；曹家經學，頗爲連類。淑問外宣，溫恭内湛。八年備禮，九歲而行。履迪元門，位尸妃適。執侍巾盥，嬪於明哲。輔佐君子，肅等齊眉。孝養君姑，敬寔無怠。竭誠致力，靡替晨昏。翼翼小心，曉夕無勌。迹著二門，譽流九族。婦道母儀，式彰閨閫。到十七年九月遘疾，以十一月十五日大漸，春秋六十有一。子姪號擗，朝野嗟傷。豈直痛結密親，信乃哀感行路。以其年十一月廿九日葬于小陵原。陵谷易遷，田海方貿。不因鐫勒，孰寄風猷。夫人令儀德範，並陳實錄。含豪撰迹，寧缺好辭。執簡圖芳，庶同無愧。乃爲銘曰：

土傳遊俠，地帶山河。世被雪甲，胄負霜戈。其道有隆，其芳不訛。雄豪係踵，英威弈葉。代有徽音，嘉聲相接。珠生隋水，玉産崑峰。誕兹淑令，婉嫕柔從。凝斯範則，慎此言容。六行寔表，七德難縱。爰自有行，始嬪華族。在閨能敬，承姑盡肅。昧晨箕總，清幹具沐。闈言匪踰，歸寧以告。降乃嬬居，劬勞撫嗣。移鄰誡習，斷織明志。必稟規摸，俱成璉器。三虎斯惡，八龍名愧。疇昔初醮，合巹華堂。何期獲漸，俱趣崇芒。郊雲電靄，松逕荒涼。幽明永隔，地久天長。不鐫玄版，徽響奚彰？

---

① 趙文成、趙君平：《秦晋豫新出墓誌蒐佚續編》第1册，北京：國家圖書館出版社，2015年，第179頁。
② 王其禕：《長安新出隋〈平梁公夫人王氏墓誌〉疏證》，樊英峰：《乾陵文化研究》第11輯，西安：三秦出版社，2017年，第208—212頁。

【疏證】

誌文不書年號,僅言王氏"十七年九月遘疾,以十一月十五日大漸"及"以其年十一月廿九日葬于小陵原",隋代年號中僅開皇有逾十七年者,故依誌題"大隋"二字而定其刊葬年份爲開皇十七年(597)。

誌文未記王氏名諱,然亦不言其夫君姓字,僅見誌題署"大將軍平梁公"官爵。檢核史籍,竟無封平梁公者,故不能知曉與王氏聯姻者之爲北朝抑或南朝望族?考《隋書》卷31《地理志下》廬江郡慎縣小注曰:"東魏置平梁郡,陳曰梁郡,開皇初郡廢。"①可知王氏夫君所封爲平梁郡開國公,又知平梁郡僅在東魏設置,故王氏夫君之爵位蓋爲東魏所封。又若以地望與爵號關係推之,東魏平梁郡即陳朝的梁郡,其地當今安徽淮南與合肥之間,則王氏夫君的家族亦可能爲山東或江左豪族。

誌主王氏父王興、祖王盟、曾祖王羆,皆在史籍有傳。王氏祖王盟,《周書》《北史》有傳。《周書》卷20《王盟傳》云:"王盟字子仵,明德皇后之兄也。"②王盟字"子仵"與誌云"仵明"互異,而《北史》卷61《王盟傳》云:"王盟字仵"③,又不同,則姑以誌載爲是。其爲"明德皇后之兄"則與誌"即周太祖文皇帝之舅氏"相合。《周書》本傳云:"其先樂浪人。六世祖波,前燕太宰。祖珍,魏黄門侍郎,贈并州刺史、樂浪公。父羆,伏波將軍,以良家子鎮武川,因家焉。"④墓誌僅記到曾祖王羆,據王盟本傳可溯知王盟之六世祖王波及祖王珍兩代名諱與職任。墓誌所記"曾祖羆"之任職頗詳於傳,故可補史書闕載之"使持節、大將軍、大司徒、青齊光莒幽五州諸軍事青州刺史,封朔州安遠郡開國公,邑壹千五百户"等職官與封邑。且可知王羆"文武兼資,聲華遠播。既閑八陣,又善六奇。運籌策於闈闥之間,制雄豪於郊坰之外"。至於王氏祖王盟事迹,誌載其任"柱國、太尉公","即周太祖文皇帝之舅氏,外戚任隆,情寄内重。立事立功,有禮有則。位及台階,名高上將。烝麾白羽,屢舉朱旗",與王盟本傳相比則簡略虚浮,且職任有所出入。《周書》本傳所記王盟主要事功官職約略如下:

> 及尒朱天光入關,盟出從之。隨賀拔岳爲前鋒,擒萬俟醜奴,平秦隴,常先登力戰。拜征西將軍、平秦郡守。太祖將討侯莫陳悦,徵盟赴原州以爲留後大都督,鎮高平。悦平,除原州刺史。魏孝武至長安,封魏昌縣公,邑一千户。大統初,復加車騎大將軍、儀同三司。三年,徵拜司空,尋轉司徒。迎魏文帝悼後於茹茹。加侍中,遷太尉。魏文帝東征,以留後大都督行雍州事,節度關中諸軍。……東魏侵汾川,圍玉壁,盟以左軍大都督守蒲阪。軍還,遷太保。九年,進位太傅,加開府儀同三司。大統十一年,薨,贈本官,謚曰孝定。⑤

王氏墓誌云:"考興,開府儀同三司、咸陽郡公。"王興有傳附其父王盟,《周書》本傳云:

---

① 《隋書》卷31《地理志下》,北京:中華書局,1973年,第876頁。
② 《周書》卷20《王盟傳》,北京:中華書局,1971年,第333頁。
③ 《北史》卷61《王盟傳》,北京:中華書局,1974年,第2163頁。
④ 《周書》卷20《王盟傳》,北京:中華書局,1971年,第333頁。
⑤ 《周書》卷20《王盟傳》,北京:中華書局,1971年,第333—334頁。

"(盟)子勵，字醜興，性忠果，有才幹。年十七，從太祖入關，及太祖平秦隴，定關中，勵常侍從。尋拜平東將軍、散騎常侍，賜爵梁甫縣公。大統初，爲千牛備身直長、領左右，出入卧内，小心謹肅。沙苑之役，勵以都督領禁兵從太祖。勵居左翼，與帳下數十人用短兵接戰，當其前者，死傷甚衆。勵亦被傷重，遂卒於行間，時年二十六。太祖深悼焉。贈使持節、太尉、領尚書令、十州諸軍事、雍州刺史，追封咸陽郡公，謚曰忠武。"①則知王氏父本名勵，字醜興，墓誌則單稱"興"字耳。據本傳又知"咸陽郡公"乃爲贈官。而誌云"開府儀同三司"一職，則爲史傳未載。

《元和姓纂》卷10"拓王"氏條載："狀云，本姓王，樂浪人。祖羆，後魏伏波將軍，鎮武川，賜姓拓王氏焉。"②然《周書》王盟本傳却記西魏大統間"魏文帝東征，以留後大都督行雍州事，節度關中諸軍。趙青雀之亂，盟與開府李虎輔魏太子出頓渭北。事平，進爵長樂郡公，增邑並前二千户，賜姓拓（拔）[王]氏"③。則一爲王羆"鎮武川，賜姓拓王氏"，一爲王盟歷趙青雀之亂，輔魏太子出頓渭北，事平，始賜姓拓王氏，其互異處，當以本傳賜姓於王盟爲準。唯《平梁公夫人王氏墓誌》則未記其先祖得賜姓拓王氏之事。又，《元和姓纂》卷10"拓王氏"武川房記："羆生懋，後魏少司寇、安寧公；孫伯益，隋大府卿、略陽卿；孫奉，巂州都督、永寧公。"④《舊唐書》卷196《吐蕃上》曰：儀鳳三年（678），"又令益州長史李孝逸、巂州都督拓王奉等發劍南、山南兵募以防禦之"⑤。則直到唐代，拓王氏猶有南徙中原後亦未回改原姓王氏者，或以爲大統中賜姓乃循例復舊耳。檢《元和姓纂》卷5"王氏"諸房並無樂浪，而樂浪乃爲高麗族也。王盟一支即本樂浪人，後徙居武川，是此族原出高麗可知。⑥隋有大司徒王誼，爲王盟姪孫，稱"河南洛陽人"⑦，則明證其爲代人之從武川南徙者。以此再分析《平梁公夫人王氏墓誌》所記王氏爲"太原祁人"者，蓋爲掩飾其家族在北魏嘗得賜胡姓之歷史，更特别强調其脈系出於太原王氏之正統大房，因疑"太原祁人"之詞實有攀附之嫌。另外，唐代還有王毛仲、王思禮，皆云"高麗人"⑧，蓋亦與此平梁公夫人王氏一支爲同族。

誌云夫人"德誠天挺，非資庭教之儀；禮實性成，冥符女師之訓"，贊譽王氏不經過"庭教"，也能"德誠天挺"，而其"禮實性成"的表現，也暗合了"女師之訓"。其實正道出當時官宦女子在出嫁前是要經過由女師所進行的"庭教"，亦即家庭教育。事實上，隋代對於女子的教育，主要是通過家庭教育的途徑完成的。如果取十五歲作爲隋代女子適中的結婚年齡來分析，又以六歲上下作爲女子可受教育之起點，則女子在室受教育的時間應爲六七歲蒙學開始至十五六歲結褵之前，大約有九至十年的時間。因而在室女子

---

① 《周書》卷20《王盟傳》，北京：中華書局，1971年，第334頁。
② [唐]林寶撰、岑仲勉校記：《元和姓纂（附四校記）》卷10，北京：中華書局，1994年，第1575頁。
③ 《周書》卷20《王盟傳》，北京：中華書局，1971年，第334頁。
④ [唐]林寶撰、岑仲勉校記：《元和姓纂（附四校記）》卷10，北京：中華書局，1994年，第1576頁。
⑤ 《舊唐書》卷196《吐蕃上》，北京：中華書局，1975年，第5223頁。
⑥ 姚薇元：《北朝胡姓考》修訂本，北京：中華書局，2007年，第296—297頁；羅新：《十六國北朝時期的樂浪王氏》，北京大學韓國學研究中心：《韓國學論文集》第6輯，北京：新華出版社，1997年，第15—19頁。
⑦ 《隋書》卷40《王誼傳》，北京：中華書局，1973年，第1168頁。
⑧ 王毛仲，《新唐書》卷121有傳；王思禮，《新唐書》卷147有傳。

在娘家接受教育就顯得特別重要，雖然她們出嫁後在夫家仍有可塑性教育的空間，但最基本的文化素質和道德觀念則已初步形成。因爲"家庭作爲一種社會組織形式""爲最有效地拓展人生道路提供了模式，即在人生體驗中最大限度地給予和獲取"。女子在室期間所受到的家庭教育無疑爲她今後的成長模式產生了極大的影響。這種影響不僅包括生活習性、生活方式等外在表質，也包含著思想品質、道德修養、爲人處事等內質，因而"家庭力量的作用是作爲輻射中心促進人的成長"[①]。隋代在室女子正是通過家庭教育長大成人，並溫順地從一個家庭走向另一個家庭，更進而對於將來的子女施之以同樣模式與內涵的教育。

根據隋代墓誌銘的記載，隋代用於教育在室女子的教材大約有兩種類型：一是古代經學著作中的篇章；二是古代專爲婦女編寫的書籍。王氏誌云"蔡姬真草，方可齊驥；曹家經學，頗爲連類"，則説明她在"庭教"時所用的教材不但有班昭提倡女子教育的"經學"內容，而且注重習字書法，因此方能夠與才女蔡文姬的真草"齊驥"。通過教育，王氏具有"淑問外宣，溫恭內湛"的品質，並經過"八年備禮，九歲而行"的婦德女功研修，她在結縭後方能"輔佐君子，肅等齊眉"，對待長輩則"孝養君姑，敬寔無怠"，充分體現了"婦道母儀"，成爲"式彰閨閫"的典範。雖然誌文對王氏贊美有加，是否如此固不可盡信，然亦充分顯示出隋代社會對女子的種種婦道準則與期許。

由於王氏墓誌今存不詳，則其出土信息亦不能悉知，故葬地問題只能依據誌文"葬于小陵原"來推測其大致地域乃在今西安南郊長安區少陵原上[②]。

[①]〔美〕安樂哲著、温海明等譯：《和而不同：中西哲學的會通》，北京：北京大學出版社，2009年，第179頁。
[②] 周曉薇、王其禕：《新見隋代〈尚衣奉御尹彦卿墓誌〉研讀—兼説"小陵原"與"少陵原"的名稱沿革》，《考古與文物》2011年第4期，第95—98頁。

〇七六　萬寶暨妻王氏墓誌

【基本信息】

萬寶暨妻王氏墓誌，河南安陽出土，誌石今存民間。誌文 24 行，滿行 25 字，隸書，有方界格。誌石拓本長寬均 46.5 釐米。墓誌圖版載在趙文成、趙君平《秦晉豫新出墓誌蒐佚續編》①，研究參詳王其禕《讀新出隋〈萬寶暨妻王氏墓誌〉札記》②。

【誌文】

故齊前軍將軍南襄州刺史萬君墓誌銘

君諱寶，字顯珍，兗州東平人。先盖帝嚳司徒公之後也。祖箕，車騎大將軍、恒州刺史。父檀，沛郡太守、朔州刺史。君有武文奇，風流勿望，爲人師表。武定六年，釋褐奉朝請。七年，從行臺侯景南討有勳，即除左衛大將軍。至天保三年，与爲太尉郭元建立義，送東廣州城歸闕，至盱眙，蒙敕尉勞，并賷金帶。至四年八月，敕爲營主，配東南道行臺步大汗薩至合州，仍与郭元建征東關，至十二月在跙躓山与爲賊侯瑱交戰，臣時充水軍，頻戰剋勝，賊徒因此退縮。臣力不獨存，遂拔難至步大汗行臺軍，于時將臣至譙州杅淂濫滁鎮，解涇、廣二州圍，至五年六月，解鉀還都。其年八月，敕除武烈將軍，宿預太守。六年正月，在郡奉敕爲營主，配上黨王平東關，至七月解。九年四月，除涇州鎮城，至皇建元年十二月除六合鎮城。二年六月領軍馬向涇州邊防。河清二年六月，除宣威將軍、濫滁鎮將，帶陽平郡守。九月，敕築六合城。天統囗年十月卅日除前軍將軍，天統三年六月廿一日薨於司州清都郡臨漳，春秋五十有五。夫人王氏，京兆人也，父林，龍驤將軍、建寧太守。夫人以開皇十八年正月廿五日薨於安陽淳風鄉敦禮里之別舍，春秋七十有七，以其年歲次戊午五月辛未朔十二日壬午合葬於相州城西十里零泉縣萬善鄉平原里孫平村東北一百步。恐高山如佃，大海成田，勒石泉門，刊爲銘記：

冑起靈源，基崇峻裔。環珮迭襲，公侯累世。天縱八才，神兼六藝。積美猶珠，傳芳若桂。泉庭不朗，幽室長昏。荒碑字滅，孤墓獨存。樹下枯骨，陌上遊魂。人生到此，運也何論。

【疏證】

萬氏，或云本吐萬氏，代人，世爲部落酋帥。《官氏志》未見記載，然《魏書》卷 34《萬安國傳》云爲"代人也。祖真，世爲酋帥"③，則北魏改漢姓或確曾改吐萬氏爲萬氏

---

① 趙文成、趙君平：《秦晉豫新出墓誌蒐佚續編》第 1 冊，北京：國家圖書館出版社，2015 年，第 180 頁。
② 王其禕：《讀新出隋〈萬寶暨妻王氏墓誌〉札記》，西安碑林博物館：《碑林集刊》第 22 輯，西安：三秦出版社，2016 年，第 30—34 頁。
③《魏書》卷 34《萬安國傳》，北京：中華書局，1974 年，第 804 頁。

焉。《元和姓纂》卷 6 "吐萬氏"河南房曰:"周鄜州刺史通;生緒,永壽公。"①隋之吐萬緒,代郡鮮卑人,封元壽縣公,非永壽公,《隋書》與《北史》皆有傳。《隋書》《北史》又有樂人萬寶常傳,云"不知何許人也"。以此推之,萬寶一族或亦爲北胡鮮卑人,而其定著"兗州東平",蓋可溯自其祖父一代,且可爲萬氏添一兗州房。

萬寶與其"祖箕,車騎大將軍、恒州刺史;父檀,沛郡太守、朔州刺史",史傳皆無載。誌云萬寶在東魏武定六年(548)"釋褐奉朝請","七年,從行臺侯景南討有勳,即除左衛大將軍"。侯景,《梁書》有傳,其初爲東魏將領,後投靠西魏。梁武帝爲收復中原,又招納侯景並封其爲河南王。太清二年(548)侯景反叛,率軍攻入京城建康,從而構成長達四年的"侯景之亂"。誌云萬寶武定"七年從行臺侯景南討",即言侯景攻梁都建康事。《北齊書》卷 33《蕭祇傳》亦載:"太清二年,侯景圍建鄴。祇聞臺城失守,遂來奔。以武定七年至鄴,文襄令魏收、邢卲與相接對。"②誌云萬寶"至天保三年,與爲太尉郭元建立義,送東廣州城歸闕,至盱眙,蒙敕尉勞,並資金帶"。郭元建者,北齊將領。"爲太尉"即僞太尉。此云"爲太尉郭元建",則因其曾被侯景亂時被景封爲太尉③。誌云萬寶與郭元建投誠北齊後,"至(天保)四年八月,敕爲營主,配東南道行臺步大汗薩至合州,仍與郭元建征東關"。"步大汗薩",史作"步大汗薩","汗"當爲"汗"之訛。郭元建與步大汗薩進兵合肥事見於史載,《南史》卷 8《梁本紀下》云:"(承聖二年)九月,齊遣郭元建及將邢杲遠、步大汗薩、東方老帥衆頓合肥。"④《資治通鑑》卷 165《梁紀二十一》"梁元帝承聖二年"條亦曰:九月,"齊主使郭元建治水軍二萬餘人於合肥,將襲建康,納湘潭侯退,又遣將軍邢景遠、步大汗薩帥衆繼之"⑤。梁承聖二年(553)即北齊天保四年(553),唯墓誌記於八月,《南史》與《資治通鑑》均記在九月,似應以史載爲是。步大汗薩,《北齊書》卷 20 本傳未言其任"東南道行臺"一職⑥,據誌可補。墓誌又記敘郭元建與步大汗薩在合州會合後,一同征伐東關,"至十二月在踟躕山與爲賊侯瑱交戰,臣時充水軍,頻戰剋勝,賊徒因此退縮"。其實,郭元建征東關之役並未取勝,誌文曲筆諱墓,刻意隱諱實情。誌中提到的侯瑱,《陳書》卷 9 有傳,其中有對相關史事的記載:"承聖二年,齊遣郭元建出自濡須,僧辯遣瑱領甲士三千,築壘於東關以扞之,大敗元建。"⑦又有《陳書》卷 12《胡穎傳》載:"齊遣郭元建出關,都督侯瑱率師禦之。高祖選府內驍勇三千人配穎,令隨瑱,於東關大破之(元建)。"⑧《陳書》卷 13《荀朗

---

① [唐] 林寶撰、岑仲勉校記:《元和姓纂(附四校記)》卷 6,北京:中華書局,1994 年,第 954 頁。
② 《北齊書》卷 33《蕭祇傳》,北京:中華書局,1972 年,第 443 頁。
③ 《南史》卷 80《侯景傳》,北京:中華書局,1975 年,第 2010 頁載:"(大寶)二年正月,景以王克爲太宰,宋子仙爲太保,元羅爲太傅,郭元建爲太尉,張化仁爲司徒,任約爲司空,于慶爲太師,紇奚斤爲太子太傅,時靈護爲太子太保,王偉爲尚書左僕射,索超世爲右僕射。"
④ 《南史》卷 8《梁本紀下》,北京:中華書局,1975 年,第 240 頁。
⑤ 《資治通鑑》卷 165《梁紀二十一》"梁元帝承聖二年"條,北京:中華書局,1956 年,第 5105 頁。
⑥ 《北齊書》卷 20《步大汗薩傳》,北京:中華書局,1972 年,第 279 頁。
⑦ 《陳書》卷 9《侯瑱傳》,北京:中華書局,1972 年,第 154 頁。
⑧ 《陳書》卷 12《胡穎傳》,北京:中華書局,1972 年,第 188 頁。

傳》曰："侯景平後，又別破齊將郭元建於跑蹄山。"①《資治通鑑》卷165《梁紀二十一》"梁元帝承聖二年"條云：十月"丁丑，南豫州刺史侯瑱與郭元建戰於東關，齊師大敗，溺死者萬計。"②則知郭元建及其水軍敗於東關跑蹄山在是年十月，而非十二月。東關，《資治通鑑》胡注："東關，即濡須口，亦謂之柵江口，有東、西關；東關之南岸，吳築城，西關之北岸，魏置柵。後諸葛恪於東關作大堤以遏巢湖，謂之東興堤，即其地也。"③濡須，李吉甫《元和郡縣圖志》闕卷逸文"淮南道和州含山縣濡須塢"條云："在縣西南一百十里。濡須水，源出巢縣西巢湖，亦謂之馬尾溝，東流經亞父山，又東南流注於江。建安十八年，曹公至濡須，與孫權相拒月餘。權乘輕舟，從濡須口入偃月塢。塢在巢縣東南二百八里濡須水口。初，呂蒙守濡須，聞曹公將來，夾水築塢，形如偃月，故以為名。"④東關在北齊屬南譙郡蘄縣，隋屬廬江郡襄安縣（今安徽巢縣）。誌云："臣力不獨存，遂拔難至步大汗行臺軍，于時將臣至譙州杖淂灛滁鎮，解涇、廣二州圍，至五年六月，解鉀還都。其年八月，敕除武烈將軍，宿預太守"。"譙州""灛滁"，《隋書》卷31《地理志下》"江都郡"小注云："梁置南兗州，後齊改為東廣州，陳復曰南兗，後周改為吳州。""統縣十六"，有"全椒"縣，小注云："梁曰北譙，置北譙郡。後齊改郡為臨滁，後周又曰北譙。開皇初郡廢，改縣為滁水。大業初改名焉。有銅官山、九鬪山"。又有"盱眙"縣，小注云："舊魏置盱眙郡。陳置北譙州，尋省。開皇初郡廢，又并考城、直瀆、陽城三縣入。有都梁山。"⑤誌云："（天保）六年正月，在郡奉敕為營主，配上黨王平東關，至七月解。"上黨王即高渙，《北齊書》卷10《上黨剛肅王渙傳》云："上黨剛肅王渙，字敬壽，神武第七子也。天保初，封上黨王，歷中書令、尚書左僕射。六年，率眾送梁王蕭明還江南，仍破東關，斬梁特進裴之橫等，威名甚盛。"⑥與誌載"配上黨王平東關"事合。誌云萬寶"天統三年六月廿一日薨於司州清都郡臨漳"，清都郡在北齊屬司州，為畿郡。《隋書》卷27《百官志中》北齊"清都郡"，統縣有"鄴、臨漳、成安三縣令"，且臨漳"又領左部、東部二尉，左部管九行經途尉。凡一百一十四里，里置正"⑦。臨漳、鄴、成安，在隋皆屬魏郡⑧。

萬寶夫人"王氏，京兆人也，父林，龍驤將軍、建寧太守"，史傳無載。王氏卒後，"合葬於相州城西十里零泉縣萬善鄉平原里孫平村東北一百步"，相州，《隋書》卷30

---

① 《陳書》卷13《荀朗傳》，北京：中華書局，1972年，第202頁；《南史》卷67《荀朗傳》，北京：中華書局，1975年，第1642頁亦載："侯景敗於巴陵，朗截破其後軍。景平後，又別破齊將郭元建於跑蹄山。"
② 《資治通鑑》卷165《梁紀二十一》"梁元帝承聖二年"條，北京：中華書局，1956年，第5106頁；又，《資治通鑑》卷164《梁紀二十》"元帝承聖元年"條，北京：中華書局，1956年，第5084—5085頁云："夏，四月，齊主使大都督潘樂與郭元建將兵五萬攻陽平，拔之。……謝答仁討劉神茂還，至富陽，聞侯景敗走，帥萬人欲北出俟之，趙伯超據錢塘拒之。侯景進至嘉興，聞伯超敗之，乃退據吳。己酉，侯瑱追及景於松江，景猶有船二百艘，眾數千人，瑱進擊，敗之，擒彭雋、田遷、房世貴、蔡壽樂、王伯醜。"
③ 《資治通鑑》卷71《魏紀三》"明帝太和二年"條"賈逵向東關"注，北京：中華書局，1956年，第2245頁。
④ ［唐］李吉甫撰、賀次君點校：《元和郡縣圖志》闕卷逸文，北京：中華書局，1983年，第1078頁。
⑤ 《隋書》卷31《地理志下》，北京：中華書局，1973年，第873頁。
⑥ 《北齊書》卷10《上黨剛肅王渙傳》，北京：中華書局，1972年，第135—136頁。
⑦ 《隋書》卷27《百官志中》，北京：中華書局，1973年，第761頁。
⑧ 《隋書》卷27《百官志中》，北京：中華書局，1973年，第847頁。

《地理志中》"魏郡"小注云："後魏置相州，東魏改曰司州牧。後周又改曰相州，置六府。宣政初府移洛，以置總管府，未幾，府廢。"其統縣"安陽"小注又曰："周大象初，置相州及魏郡，因改名鄴。開皇初郡廢，十年復，名安陽，分置相縣，鄴還復舊。大業初廢相入焉，置魏郡。"[1]萬寶夫人王氏恰卒於相州屬縣"安陽淳風鄉敦禮里"。萬寶墓誌葬在開皇十八年（598），適在"大業初廢相"之前，故猶稱相州，且"零（靈）泉"縣亦正置於後周而屬魏郡（相州）。靈泉在隋皆作零泉，安陽出土隋代墓誌中署"零（靈）泉縣"者，尚有開皇十四年（594）《李平墓誌》"葬於零泉縣東南葛嶼村西三里"，1975年安陽市活水村出土開皇七年（587）《韓邕墓誌》"卒於相州零泉縣界"，清宣統元年（1909）安陽出土開皇九年（589）《趙洪墓誌》"相州零泉縣陽邑鄉故儀同趙洪"[2]，零泉縣當今河南安陽市龍安區龍泉鎮。

---

[1]《隋書》卷30《地理志中》，北京：中華書局，1973年，第847頁。
[2] 上舉兩方墓誌載王其禕、周曉薇：《隋代墓誌銘彙考》第1冊，北京：綫裝書局，2007年，第226、335頁。

○七七　田集暨妻吳氏墓誌

【基本信息】

田集暨妻吳氏墓誌，出土於甘肅天水地區，誌石今存民間。誌文37行，滿行36字，隸書，有方界格。誌石長寬均55釐米。

【誌文】

隋使持節驃騎大將軍開府儀同三司河渭封交四州諸軍事四州刺史故縣開國公田君墓誌銘

君諱集，字士會，隴西狄道人也。平陽分其茂緒，溈水派其長源。或建國興齊，顯三都之貴；立荚遊漢，致百金之寵。服冕乘軒，無絕於世。刊鍾勒鼎，代有人焉。祖恩，散騎常侍、武始太守，奉鸞輿於宸極，播鴻澤於名蕃。父紹，隴西太守，懷章結駟，弥深庭謁之榮；建節分麾，有邁郊迎之寵。君稟靈純粹，降神惟岳，亭亭脩幹，負嚴霜而高聳；昂昂逸足，簫浮雲而遠迆。山川妙略，自有百勝之圖；書劍才雄，方成万人之敵。既而魏德將謝，歷數無歸，九國連從，三方鼎立，田儋請謁，召狄吏而爲王；劉濞辭朝，拒漢臣而稱帝。周大祖任隆推轂，職顯分帷，夾撫名邦，經綸帝業。請開壇而召將，親握髮而求賢。公名播山西，氣聞關右，仍參帷帳，寔預謀謨。寔泰妖凶，阻兵畿甸，噬虎之心方騁，脩虵之毒已彰。鞠旅陳師，龔行天罰。以公才超拔距，勇冠投車，便預戎行，躬先士卒，搴高旗而遠邁，視亂轍而長驅。偽儻皆禽，醜徒咸殄，冊勳頒賞，詔授都督。既而齊寇渝盟，窺兵關塞，驅引弓而成旅，導鳴鏑而爲羣。公運罇俎之奇謀，陳廟堂之遠略。揚麾直指，挺劍先登。龍翼纔舒，鯨徒盡殪。冊勳信賞，授帥都督。華陰之役，先啓戎行，執燧推鋒，傾其巢穴。楚哥皆滿，陰陵之道既迷；漢幟已陳，汜水之師無路。仍授輔國將軍、銀青光禄、大都督。及北邙棄甲，南轅不利，公收兵後殿，具舟先涉，一呼之勇，疲卒爭驅；七覆之師，上軍還定。既而嘔歌革響，歷數開基。茂績庸勳，光膺後命。改授使持節、車騎大將軍、儀同三司、顯親縣開國子，食邑六百戶，寵邁式車之礼，恩深賜帳之榮。名藏石室，誓山河而永固；功宣金板，傳世祀而無窮。屬關隴沸騰，幽并雲擾，太祖武元皇帝率五侯之衆，總七萃之師，聘貔虎於商郊，掃鯨鯢於朔野。公搴旗遠入，望轍深奔。親御左輪，躬摧右廣。既而撿衆憑淩，退縈高壘。新羈之銳，掩日浮雲，執鏡之徒，跨山憑谷。公焚舟偃幟，親執短兵。握節不移，溫序之情彌厲；裹尸而反，文淵之志已申。以保定三年正月一日薨於戎幕。春秋卅有八。詔贈使持節、驃騎大將軍、開府儀同三司、河渭封交四州諸軍事四州刺史、故縣開國公，食邑一千戶，礼也。夫人勃海吳氏，柔風宣於闈閾，婦礼被於閨閫。盼悅有儀，蘋藻靡替。斷髮之誠無感，帷堂之痛已深。徙里垂訓，倚門貽則，謀孫翼子，無墜家聲。以十七年十二月廿八日薨於家第，年七十六。粵以開皇十八年歲次戊午五月辛未朔十四日甲申合葬於秦州大叚原。惟君器宇淵深，風神朗澈，巖巖特聳，鬱奇峯於千刃；滔滔不測，激長波於万里。重以家傳鍾鼎，夙擅豪雄，關弓則碎葉中枝，擊劍則騰猨斷兕。既而王室多難，神器將墮，地震三川，塵飛五岳，邊亭屢擾，壃場多虞。烽燧恒警，干戈不息。公執銳扶傷，備經夷險。輕生殉義，視死如歸。可謂立節全名，歿而不朽者也。世子康，驃騎大將軍、上開府儀同三司、武山郡開國公；次子仲，車騎將軍、上儀同三司、儀隴縣開國男，並立功著績，簡帝勤王，各亭茅社，皆隆人爵。但深冤巨痛，泣血銜哀，祭劍之酷久纏，望石之悲恒感。所覬清徽懿範，與日月而長存；盛德芳猷，同金石而不朽。乃爲銘曰：

嶓嶺成形，頃山可仰。迢亭峻極，參差秀上。炳靈地鎮，蔽虧辰象。蘭桂垂芳，球琳含響。顯允夫子，夙擅羽儀。三珠潤采，万頃澄陂。昂昂滅没，婉婉長離。聲高拔距，氣習登陴。節槩不羣，功庸顯著。慎逾焚藁，謀深請箸。捧日高軒，搏風遠翥。志踰砂幕，方參玉署。蜂蠆不戢，鯨鯢猶梗。兵屯紫塞，眾繁青領。負劍雲梯，揚麾天井。潛師夜襲，嚴兵旦整。百戰無疲，六師無繼。中馭後伏，左驂前殪。植髮徒憤，銜鬚已斃。良馴寧贖，具舟誰濟。式奠兩楹，永遵蒿里。壯氣無絶，雄名方紀。地迥風悲，郊寒霧起。式傳遺迹，方流万祀。

【疏證】

田集及其祖田恩、父田紹、長子田康、次子田仲，史傳皆無載。據誌知其祖田恩曾任散騎常侍、武始太守，其父田紹，曾任隴西太守。田康，曾任驃騎大將軍、上開府儀同三司、武山郡開國公。田仲任車騎將軍、上儀同三司、儀隴縣開國男。誌云"君諱集，字士會，隴西狄道人也"。田姓郡望，據《元和姓纂》岑仲勉校補，約有六系：即平凉、京兆、雁門、大原、天水、信都。文獻所見隋代田姓人物則有平凉、馮翊、雍州、安定，田集所署隴西狄道當亦爲平凉郡望。

據墓誌知田集曾供職宇文泰的軍府，並任過都督。此時，"齊寇渝盟，窺兵關塞"，而田集"運籌俎之奇謀，陳廟堂之遠略，揚麾直指，挺劍先登"，因而在"冊勳信賞"中，又授任帥都督。誌云"華陰之役，先啓戎行，執燧推鋒，傾其巢穴"。據《周書》卷1《文帝紀》載："（魏永熙三年）八月，齊神武襲陷潼關，侵華陰。太祖率諸軍屯霸上以待之。齊神武留其將薛瑾守關而退。太祖乃進軍討瑾，虜其卒七千，還長安，進位丞相。"①則田集此時在潼關參與過與齊將薛瑾的戰事，其授任"輔國將軍、銀青光禄、大都督"的時間約在魏永熙三年之後。誌云"及北邙棄甲，南轅不利"，指武定元年（543）三月"戊申，勃海王高歡大敗西魏師于邙山"之事②，蓋因田集有"收兵後殿"之功，"改授使持節、車騎大將軍、儀同三司、顯親縣開國子，食邑六百戶"，得到了"寵邁式車之礼，恩深賜帳之榮"。誌云"太祖武元皇帝率五侯之衆"，太祖武元皇帝即楊忠，開

---

① 《周書》卷1《文帝紀》，北京：中華書局，1971年，第13頁。
② 《北史》卷5《魏敬宗孝莊帝紀》，北京：中華書局，1974年，第191頁。

皇元年（581）二月，追封爲武元皇帝。①則知田集後來跟隨楊忠在北周保定二年（562）始參與了聯合突厥伐齊的戰役②，並"以保定三年正月一日薨於戎幕""詔贈使持節、驃騎大將軍、開府儀同三司、河渭封交四州諸軍事四州刺史、故縣開國公，食邑一千戶"。誌云"夫人勃海吳氏"，知田集與有郡望的吳姓聯姻，惜未詳記吳氏家族長輩名字，無從考實。其長子田康封武山郡開國公，武山郡設置於北周。次子田仲封儀隴縣開國男，儀隴縣在隋代屬巴西郡。

---

① 《隋書》卷1《高祖紀》，北京：中華書局，1973年，第13頁。
② 《周書》卷19《楊忠傳》，北京：中華書局，1974年，第318—319頁。

○七八　宋叔彥暨妻可朱渾氏高氏墓誌

【基本信息】

宋叔彥暨妻可朱渾氏高氏墓誌，出土於西安市長安區斗門鎮，2009 年入藏大唐西市博物館。誌文 23 行，滿行 23 字，正書，有方界格。誌石長寬均 51 釐米、厚 7 釐米，四側素面。未見誌蓋。誌石中部有兩處泐損，缺字 30 餘。墓誌圖文載在胡戟、榮新江《大唐西市博物館藏墓誌》①。

【誌文】

大隋光州長史宋府君墓誌銘并序
府君諱叔彥，長安國人。其先出自湯帝之苗，武王伐殷，封微子於宋，其後胄胤因國為氏焉。川瀆源長，潤洽千里，本枝德厚，慶流百世。開國開家，即居武侯之始；命族［□□］，復在七雄之初。戴冕蟬聯，煥乎史冊，□［□］簪冠，備著典墳。將相王公，歷周奉而接踵；合僕牧守，涉漢□□□□。魏□司徒公、尚書令，府君即公第二子也。齊受□□□□□□門貴族，至武平年授以儀同三司，及周滅齊，□□□□□正道，可謂一心之誠臣，能事百代之時君者也。□□□□□授府君朔州總管府掾，雖稱貳佐，實統兵機，弼諧□□。大隋受禪，開皇十年遷授河州司馬，日廣官待職，寔曰得人，治績休聲，被之朝野。十七年改任光州長史，居僚未幾，遘疾而終，春秋六十有四。夫人可朱渾氏相繼而殞，以十八年歲次戊午七月庚子廿一日庚申合葬於長安縣昆明鄉。有子一人，為誌於壙，嗚呼哀哉，其銘云爾：
殷湯之胄，微子之苗。鴻猷敻遠，逸翩遐遙。國號名蕃，門稱貴族。在星則台，居鼎為足。周秦漢晉，不乏英賢。公侯將相，史籍相傳。合總尚書，司徒公□。□□令望，德藏德往。流芳後嗣，挺曜明時。武平注授，特此□□。□有廢興，人隨遷代。周吞鄴洛，官司位退。雖忝河任，及苾光蕃。景行方茂，將晝遽昏。壙歇素車，塋嘶白馬。皎日光收，泉門關下。誰知墳壠，長瘞玉形。唯應銘誌，永播金聲。
前妻高氏，公魏武衛將軍贈開府、尚書右僕射高子固長女，齊天統四年喪在并州，迎至此合葬。

【疏證】

宋叔彥及其父"魏□司徒公、尚書令"者，史傳皆無考。誌主前妻高氏父"尚書右僕射高子固"，史亦無載。《大唐西市博物館藏墓誌》載《宋叔彥墓誌》解題曰："或以為本誌首行的斷句為：'府君諱叔彥長，安國人。'且銘內有'國號名蕃，門稱貴族'。存疑待考。"

---

① 胡戟、榮新江：《大唐西市博物館藏墓誌》上冊，北京：北京大學出版社，2012 年，第 42 頁。

誌云"合葬於長安縣昆明鄉"，昆明鄉蓋因地近昆明池而得名。昆明池爲漢武帝敕令訓練水軍以征昆明國而鑿，所謂"穿昆明象滇河"，位於漢長安城南、隋大興城西南，出大興城西面三門之中門金光門可趨昆明池，隋代昆明池尚未壅廢，豐、鎬二水流注其中，開皇十二年（592）與十三年（593）隋文帝嘗兩幸昆明池游賞。隋代之前未見昆明鄉之設，則昆明鄉可補隋大興城郊長安縣所轄鄉名之闕。唐代亦有昆明鄉，如永徽五年（654）《劉皆墓誌》"葬于長安縣昆明、龍門二鄉界內阿城之東"①，元和七年（812）《江公儉墓誌》"於死之十一日窆于長安縣昆明鄉龍首原之嚴村"，銘文又曰"金光門出六里餘，北折一里江君墟，西三百無鄰漕渠"。②可證唐代昆明鄉乃沿隋代舊稱。

誌文"開國開家既居武侯之始，命族復在七雄之初"對句不諧，或衍"開家"二字，或"命族"前後闕落二字。"史冊"下"囗簪冠"闕落一字，應爲四字句。"歷周奉而接踵"之"奉"當爲"秦"之誤。"日廣官待職"當爲"曠官待職"，墓誌誤析"曠"爲二字。

---

① 周紹良：《唐代墓誌彙編》上冊，上海：上海古籍出版社，1992年，第195頁。
② 周紹良、趙超：《唐代墓誌彙編續集》，上海：上海古籍出版社，2001年，第828頁。

○七九　王賢暨妻張氏墓誌

【基本信息】

王賢暨妻張氏墓誌，2005 年 4 月出土於甘肅省武威市凉州區宋家園村河西成功學校，誌石今存甘肅省武威市文物考古研究所。誌文 17 行，滿行 17 字，正書。蓋題 6 字，3 行，每行 2 字，陰文正書。誌石爲砂石，長寬均 50 釐米；誌蓋覆斗形，長寬均 49.5 釐米，四殺綫刻卷草紋。録文載在《武威通志·藝文卷》①，録文、圖版與考釋參詳朱安《武威近年來出土四合隋唐墓誌》②。

【誌蓋】

王府君之墓誌

【誌文】

君諱賢，并州太原人也。仰承帝嚳之苗裔，后稷之後，王季之胤。祖樂，平東將軍、蒲州主簿，立性清德，蒙授安邑縣令。君起家出仕魏朝，蒙授統軍，少年武毅，尋加殄寇將軍、左銀青光禄。再轉河右，宅住姑臧。大隋光有天下，蒙版授巴西、張掖二郡守。鄉居敬其信，邑里稱其仁。歸心三寶，意存十善。未□歲年之願，春秋八十有九，卒於家。親，南陽白水張雍周女，上天不祐，年逾八十，奄從遷化。粤以大隋開皇十八年歲次戊午十月戊戌朔廿三日庚申合葬於建昌鄉甘泉里。孝子舉號，毀不滅性。親賓追慕，鄰里哀悼。懼陵谷無常，丘壠難定，鐫石泉門，乃爲銘曰：

藉冑關東，飜居河右。千人之統，詔保二守。議古知今，稱其英秀。歲持三長，六齋未閑。忽從風燭，火宅難越。二鼠侵年，終同落月。金雞未叫，玉犬難鳴。住經奄歲，去似流螢。泉門既閉，永就佳城。

【疏證】

王賢與其祖王樂，皆不載於史。其籍貫爲太原王氏，蓋緣魏朝出仕於河右，遂徙居姑臧。即如銘文所云"藉冑關東，翻居河右"。姑臧在隋代爲武威郡治所，即今武威市所在。"千人之統"，謂王賢所任統軍一職可管領千人，統軍蓋設於北魏末年，廢於隋煬帝時，所統軍卒或有三千之衆，如《魏書》卷 70《傅永傳》云："詔遣永爲統軍，領汝陰之兵三千人先援之。"③又，《北史》卷 49《賀拔允傳》云其"父度拔，性毅，襲爵，亦爲本鎮軍主。正光末，沃野人破六韓拔陵反，懷朔鎮將楊鈞聞度拔名，召補統軍，配以一

---

① 武威通志編委會：《武威通志·藝文卷》，蘭州：甘肅人民出版社，2007 年，第 68 頁。
② 朱安：《武威近年來出土四合隋唐墓誌》，《隴右文博》2017 年第 3 期，第 3—4 頁。
③ 《魏書》卷 70《傅永傳》，北京：中華書局，1974 年，第 1553 頁。

旅"①，則彼時一旅之軍，蓋亦三千人左右。而"詔保二守"，則指王賢入隋後得到"版授巴西、張掖二郡守"，且其得版授年齡在八九十歲之間。而隋制九十已上者，版授太守，八十者授縣令，故王賢所授郡守尚不足九十歲。而實際情形是隋代九十以下得到版授者並不少，參詳開皇十八年（598）《王善墓誌》。"蒲州"在北魏爲秦州，北周明帝二年（558）改秦州爲蒲州，則王樂任"蒲州主簿"與"安邑縣令"或在北周。蒲州在北周治於河東郡蒲坂縣，當今山西永濟縣蒲州鎮東南。北周之安邑縣屬虞州安邑郡，故治當今山西夏縣西北夏王城。"建昌鄉甘泉里"，可補隋代姑臧縣之鄉里名稱。

---

① 《北史》卷 49《賀拔允傳》，北京：中華書局，1974 年，第 1795 頁。

○八○　李和暨妻趙氏墓誌

【基本信息】

李和暨妻趙氏墓誌，出土於河南安陽安豐鄉，誌石今存民間。誌文 20 行，滿行 20 字，隸書，有方界格。誌石尺寸不詳。

【誌文】

齊故李君之誌銘

君諱和，字瀍順，隴西燉煌人也。漢太尉之苗裔，司隸之後焉。稱四龍以秉世，著摸楷於當時。降方岳而垂風，聞百城而憚氣。祖寧，威馳赫爛，道路生光。君以懷橘之年，清風自遠；憶環之歲，令問弥高。志含蹈海之心，乃無登朝之意。雖顧歡之逸雲霞，莊公之污榮禄，未之過也。年五十，有詔授君爲霸城令，不言而治，無德而稱，假去虎移蝗，未可同日而語。後私約子弟曰：“《易》云：‘遁世无悶’，吾欲閑居養性，靜慮丘園，閉戶自窺，淫書莫見，時不我與”。忽焉遘疾，年七十五，薨於鄴城之宣化鄉。夫人趙氏，易世公侯，時稱高行，家傳黼黻，世号母儀。霜露先侵，奄隨風燭，年八十卒於第。粵以開皇十八年歲次鶉火月歷應鍾廿四日庚申，與君合葬於相縣西南九里号曰安豐鄉。縱生魂於帷帳，終歸寂寞，秀英而爲誄，徒哀悼。銘曰：

盛德之胤，山岳之精。霆霆不絕，瑞應羅生。唯祖及父，乃公且卿。龍門褒德，喜御欽明。春花夕殞，露蕩朝輝。徒施空帳，未見魂歸。塵凝明鏡，弛馥虛衣。行雲暫斷，迴雪輕飛。搖落丘隴，塋域荒涼。寒雲無色，啼鳥成行。草新逾短，松柟猶長。傷心此地，風吟白楊。

【疏證】

誌主李和與其祖李寧，史皆無載。誌云“漢太尉之苗裔，司隸之後焉”，太尉蓋即東漢安帝時太尉李脩，司隸蓋即李脩孫李膺，桓帝時爲司隸校尉，有傳入《後漢書》卷 67《黨錮列傳》。李和五十歲始出仕霸城令，七十五歲薨於鄴城，以其妻開皇十八年（598）卒且享年八十歲推之，李和任霸城令或當在北周保定天和年間。《魏書》卷 106 下《地形志下》雍州京兆郡霸城縣云：“郡治。二漢曰霸陵，晋改屬。”①《隋書》卷 29《地理志上》京兆郡大興縣小注云：“有後魏杜城縣、西霸城縣、西魏山北縣，並後周廢。”②《太平寰宇記》卷 25《關西道一》雍州萬年縣云：“《周地圖記》云：‘後周明帝二年分長安、霸城及姚興所置山北三縣地，始於長安城中置萬年縣，理八角街已東，屬京兆尹，取漢舊縣名也。’天和三年廢山北縣，建德二年又省霸城、杜城二縣，以三縣地并

---

① 《魏書》卷 106 下《地形志下》，北京：中華書局，1974 年，第 2607 頁。
② 《隋書》卷 29《地理志上》，北京：中華書局，1973 年，第 808 頁。西霸城縣或當爲西魏霸城縣，參詳王仲犖：《北周地理志》上冊，北京：中華書局，1980 年，第 6—7 頁。

入萬年。"①由是可證李和任霸城縣令應不晚於北周建德二年（573）。

誌文"威馳赫爛"之"赫爛"，當即"賀蘭"之别。"懷橘之年"用東漢末年陸績六歲懷橘送母典故，"憶環之歲"典出未詳。顧歡爲南朝齊之逸士，莊公即莊周。誌文署下葬時間爲"開皇十八年歲次鶉火月歷應鍾廿四日庚申"，鶉火爲"午"，開皇十八年（598）適值戊午年，"應鍾"爲十月，然"廿四日庚申"有誤，廿四日應爲辛酉，庚申爲廿三日。誌文"黼黻"的"黻"字右旁寫作弗，少見，蓋彼時俗寫。"襃德"的"襃"字中間寫作"毛"，亦少見，揣其語意應是襃。"秀英而爲誅徒哀悼"一句不通，疑有脱漏。

誌文"薨於鄴城之宣化鄉"與"合葬於相縣西南九里号曰安豐鄉"，可爲研討隋代鄴城鄉里名稱提供兩個新的鄉名。北朝墓誌多見鄴城"宣化里"，蓋即宣化鄉所屬。今安陽市所轄猶有"安豐鄉"名，位於安陽縣西北，介於二省（河南省、河北省）三縣（安陽縣、磁縣、臨漳縣）交界處，北鄰漳河，與河北省磁縣隔河相望，西鄰岳城水庫，南部與安陽縣洪河屯鄉接壤，東與河北省臨漳縣爲鄰。《隋書》卷30《地理志中》魏郡安陽縣小注云："周大象初，置相州及魏郡，因改名鄴。開皇初郡廢，十年復，名安陽，分置相縣，鄴還復舊。大業初廢相入焉，置魏郡。"②由知相縣於隋開皇十年（590）從安陽分置，至大業三年（607）又廢相縣入安陽。墓誌撰在開皇十八年（598），適爲相縣設立之時。

又，《隋代墓誌銘彙考》另載有一位開皇二年（582）葬於長安且在《周書》《北史》有傳的同名者《李和墓誌》③，乃是河南王李儼之孫、隴西公李辯之子。

---

① [宋]樂史撰、王文楚等點校：《太平寰宇記》卷25《關西道一》，北京：中華書局，2007年，第521頁。
② 《隋書》卷30《地理志中》，北京：中華書局，1973年，第847頁。
③ 王其禕、周曉薇：《隋代墓誌銘彙考》第1册，北京：綫裝書局，2007年，第25頁。

○八一　韓恆貴墓誌

【基本信息】

韓恆貴墓誌，出土於西安市長安區少陵原，2012年12月入藏西安碑林博物館。誌文26行，滿行26字，正書，有方界格。誌石拓本長44釐米、寬44.5釐米。研究參詳王其禕、周曉薇《長安新出隋開皇十八年〈韓恆貴墓誌〉疏證》[①]。

【誌文】

大隋大都督三水公墓誌銘并序

公諱恆貴，字女女，燕州昌平郡若水縣人也。昔宣子立盟，与六卿而分政；昭侯受瑞，將七國而爭雄。何止漢號赤精，淮陰會垓下之戰；魏承黄運，鴻臚預繁水之壇。繼世立功，可得言也。祖演，以高蹈風雲，追蹤四皓。父褒，以脫落塵滓，比位二疎。公岐嶷早聞，清漳夙著，樂廣謂其清檢，裴楷稱其簡要。豈唯指劃山川，思安營陣，開除街陌，欲引幡旗而已哉。起家任晉蕩公親信，俄遷都督，領胥附二命士，又轉領英果二命士，襲封三水縣公。至如胥附之宿衛階墀，英果之折衝邊境，自非允治民譽，參贊軍謀，豈能俗位宮闈，參名戎伍。且韋玄開國，受拜扶陽；霍禹承家，爲侯博陸。不替先業，無媿昔人。又轉領司馭二命士，遷帥都督。從周武帝平晉州，隨齊王憲攻高壁，飲爵論勳，轉後侍上士，補大都督。又轉領右宮伯上士，蒙賞賜物三百段。夫功懋懋賞，德懋懋官，勞而後受，差無多讓。及大隋肇運，廣辟英賢，遂得倍位畫室，侍列馳道，蒙領□東宮左親衛。唯公同日磾之淳謹，若許藷之威雄，方侍台階，永綏眉壽，奄救沉疾，長捐里舍。開皇十八年五月廿三日薨，時年卌有八。即以其年十一月三日窆於大興縣之小陵原。雲臺畫影，久滅丹青；藏室書名，終亡簡策。式鐫遺範，以播清暉。嗚呼哀哉，迺爲銘曰：

發系承周，分支仕晉。角宿開軒，嵩山作鎮。功藏簡素，榮越龜印。波瀾万頃，崖岸千仞。鴻溝一裂，四海中分。登壇受策，上將從軍。營開偃月，陣斷橫雲。精稱地表，宿動天文。公之挺生，乃文乃武。骨訝喬玄，相驚唐舉。爲世鍾鼎，爲國樑柱。嚴若秋霜，恩如春雨。唯臣唯子，誠孝結心。風神曠遠，墻宇淵深。優遊典籍，翫賞詞林。彎弧雁落，儛劍猨吟。百齡詎幾，雄圖奄忽。文昌未裂，將軍倉卒。歌韻桓伊，簫鳴周勃。邦國殄萃，賢仁亡歿。延塗啓鐸，界道飛旌。一從蒿里，千載佳城。慘慘天色，愴愴人情。長埋盛德，不墜英聲。

【疏證】

韓恆貴，史籍無載。然其父韓褒、祖韓演，《周書》《北史》有傳。據《周書》卷37《韓褒傳》，知"褒字弘業，其先潁川潁陽人也。徙居昌黎。祖瓊，魏鎮西將軍、平涼郡守，

[①] 王其禕、周曉薇：《長安新出隋開皇十八年〈韓恆貴墓誌〉疏證》，《文博》2013年第4期，第55—57頁。

安定郡公。父演，征虜將軍、中散大夫、恆州刺史"①。據《新唐書》卷73上《宰相世系表三上》"韓氏"，知平涼太守、安定公韓瓌爲後魏魯陽侯韓延之孫；韓瓌生恆州刺史韓演；韓演生後周太保、三水貞伯韓褒字弘業；韓褒四子，長曰紹字繼伯，次曰仲良，任戶部尚書、潁川公，三曰遜，四曰滂；仲良次子瑗字伯玉，爲高宗朝宰相。②《元和姓纂》則系韓褒在南陽房③。又據新出土北周天和六年（571）《韓褒墓誌》，知"褒字洪顯，燕州昌平苦水人也。俟呂陵國姓出自漠北，匹也頭辱紇酋長之胄焉。魏并州刺史、北平公斤曾孫，魏涇州刺史、安定公瓌孫，魏大都督、河州金城郡守、長鄉子演仲子，魏靈涇東秦三州刺史、儀同三司、彭城伯惠公悦長弟"。④《韓恆貴墓誌》又云"燕州昌平郡若水縣人"。這裏有韓褒曾祖韓斤與其長兄韓悦以及東胡俟呂陵氏酋長匹也頭辱紇三人可補史之闕載，有韓褒字"弘業"（本傳）與"洪顯"（墓誌）互異存疑，更有韓褒的郡望與姓氏問題以及"苦水"與"若水"的互異問題需要澄清。本傳以其郡望系出潁陽而徙居昌黎，《元和姓纂》則系在南陽房，墓誌又云爲燕州昌平人，何者爲是？筆者以爲恐當以墓誌作燕州昌平郡爲韓褒當世之著籍地（韓褒卒贈燕州刺史）。墓誌所提及的俟呂陵氏，恰與韓褒本傳所言北魏末"太祖（宇文泰）爲丞相，引褒爲録事參軍，賜姓俟呂陵氏"⑤相合，而"俟呂陵"當爲"俟呂陵"之訛，已爲姚薇元《北朝胡姓考》引《孝文弔比干文碑》所辯證。其實在上距韓褒卒葬二十七年後的《韓恆貴墓誌》中，追述先祖已儼然聲明"昔宣子立盟，與六卿而分政；昭侯受瑞，將七國而爭雄。何止漢號赤精，淮陰會垓下之戰；魏承黃運，鴻臚預繁水之壇"。即顯然將其家族系作淮陰侯韓信與大鴻臚韓嵩的後裔，而不再提及其父嘗在魏末賜姓"俟呂陵"矣。至於韓褒父子墓誌中的地望一作"苦水"與另一作"若水"的互異問題，筆者以爲當以"若水"爲是。理由是史無"苦水"縣名，"苦水"乃指苦水河，即今甘肅清水河上游的一條支流，其地在甘肅固原縣附近的叢山中，也是俟呂陵氏部族的原住地。⑥而"若水"若解爲水名，則即洲江的別名，亦即今四川境内的雅礱江，參詳《水經注·若水》。然《韓恆貴墓誌》中的郡望確切是指"燕州昌平郡若水縣"，檢諸史籍，燕州昌平郡（當今北京昌平）所領並無若水縣。燕州昌平郡置於北魏，領萬言、昌平兩縣。周隋間州郡並廢而置涿郡，統縣九，有昌平。⑦亦無"若水"。如此，則"若水縣"之説終始難解。或者在魏末周隋之間昌平郡或涿郡曾經設過若水縣而爲史闕載，懸疑待考。

---

① 《周書》卷37《韓褒傳》，北京：中華書局，1971年，第660頁。
② 《新唐書》卷73上《宰相世系表三上》，北京：中華書局，1975年，第2854—2855頁。
③ ［唐］林寶撰、岑仲勉校記：《元和姓纂（附四校記）》卷4，北京：中華書局，1994年，第483頁。
④ 胡戟：《珍稀墓誌百品》，西安：陝西師範大學出版總社，2016年，第24頁。《韓褒墓誌》2011年出土於西安南郊，雖葬地"萬年縣府羊牧原"與《韓恆貴墓誌》葬地"大興縣之小陵原"名稱不同，但可能是在同一地下葬，韓褒父子墓誌亦可能同時出土。
⑤ 《周書》卷37《韓褒傳》，北京：中華書局，1971年，第660頁。
⑥ 參詳酈道元《水經注·河水注二》、楊守敬《水經注圖·河水篇》與姚薇元《北朝胡姓考》"吕氏"。
⑦ 《魏書》卷106上《地形志上》作"東燕州平昌郡"，《隋書》卷30《地理志中》"涿郡"屬縣昌平下小注亦云"舊置東燕州及平昌郡"，然平昌郡實屬青州，昌平郡乃屬燕州。檢諸史籍，《魏書》《北齊書》《周書》《北史》多見任"昌平郡守"及封"昌平郡公"者，又，永安二年（529）《元液墓誌》"昌平太守"，開皇三年（583）《寇熾妻姜敬親墓誌》誌題"昌平郡君姜氏"，今《韓褒墓誌》與《韓恆貴墓誌》亦作"燕州昌平郡"，可證彼時北朝所置燕州屬郡當是昌平而非平昌。

《周書》本傳云韓褒"（天和）五年，拜少保。七年，卒。贈涇岐燕三州刺史。謚曰貞，子繼伯嗣"①。《韓褒墓誌》云："（天和）五年九月授少保，其月搆疾，春秋七十三，十月廿四日薨於位，詔贈本官燕岐涇三州諸軍事燕州刺史，封如故，謚貞公。六年正月廿三日葬萬年縣堺羊牧原。"韓褒卒年當以墓誌作天和五年（570）爲準。又，《韓褒墓誌》云其天和二年（567）"進侯爲公"，而其本傳云爲魏廢帝二年（553）"進爵爲公"，則亦當以墓誌紀年爲準。《韓恆貴墓誌》"恆貴字女女""襲封三水縣公"，位終"東宮左親衛"，《韓褒墓誌》僅記其一子，即"世子恆貴"，則恆貴當爲長子，方得襲爵。然《周書》與《北史》的韓褒本傳皆"子繼伯嗣"，《新唐書》卷 73 上《宰相世系表三上》所記韓褒四子亦以"紹字繼伯"爲長，《北史》卷 70 本傳更云："子繼伯嗣。仕隋，位終衛尉少卿。"②以名字與終官推之，"恆貴字女女"與"紹字繼伯"相互抵牾，疑長子恆貴爲史所闕。韓恆貴憑藉乃父的位高爵顯亦能在北周穩步晉升，且亦多以武功得受重用。如其"起家任晉蕩公親信，俄遷都督，領胥附二命士，又轉領英果二命士，襲封三水縣公。……又轉領司馭二命士，遷帥都督。從周武帝平晉州，隨齊王憲攻高壁，飲爵論勛，轉後侍上士，補大都督。又領右宮伯上士，蒙賞賜物三百段"，皆可成爲研討北周職官與史事的重要素材。

　　《韓恆貴墓誌》還有一點亦值得留意，那就是其楷書風貌頗顯流美溫潤。彼時擺脫魏法而下啓唐風的楷書大致可以分爲兩類風格，一是方嚴峻厲者，如《蘇慈墓誌》即爲代表；一是溫潤流美者，以《董美人墓誌》爲其典範。《韓恆貴墓誌》正可以歸爲後者，且得與開皇九年（589）《楊景墓誌》、開皇二十年（600）《孟顯達碑》和仁壽元年（601）《楊异墓誌》等相互媲美，呈現出一派京師"新體"楷書的流美面目③。此種楷法極盡秀麗潤澤而又瘦硬通神，已基本擺脫了前朝舊體中的魏楷與隸書影像，甚至間以行書意味，堪爲隋楷"新體"之先鋒，亦較《董美人墓誌》之華美妖嬈而有過之。用梁啓超的話來形容就是"結體極平整而不板滯，行筆極韶秀而不靡弱，信乎隋書無體不備也"④。想來此種楷法充滿著南朝書法的氣韻與格致的是當時流行於京師上層社會的主流書風。今觀《韓恆貴墓誌》更信爲不虛，而此種端整妍美之書風，想亦足爲隋唐間官宦文人階層的干祿之資。

---

① 《周書》卷 37《韓褒傳》，北京：中華書局，1971 年，第 662 頁。
② 《北史》卷 70《韓褒傳》，北京：中華書局，1974 年，第 2417 頁。
③ 上舉三種碑誌，《孟顯達碑》今存西安碑林博物館，楊景與楊异墓誌分別載王其禕、周曉薇：《隋代墓誌銘彙考》第 1 冊，北京：綫裝書局，2007 年，第 320 頁；王其禕、周曉薇：《隋代墓誌銘彙考》第 3 冊，北京：綫裝書局，2007 年，第 8 頁。
④ 梁啓超《碑帖跋》"隋蜀王美人董氏墓誌"，詳見新文豐出版公司編輯部：《石刻史料新編》第 4 輯第 7 冊，臺北：新文豐出版公司，2006 年，第 68 頁。

○八二　馬君妻王善墓誌

【基本信息】

馬君妻王善墓誌，出土於河南洛陽，2005年入藏洛陽師範學院。誌文19行，滿行19字，隸書，有方界格。誌石長45釐米、寬45釐米、厚14釐米。

【誌文】

大隋板授士州刺史故馬公王夫人墓誌銘

夫人諱善，字要具，并州太原人也。漢司徒之苗裔，晉太尉之胤緒。至於作牧作守，爲卿爲士，略而言之，布在方冊。祖達世，魏鎮東將軍、澄城郡守；父俱，齊南青州城局參軍、廣州高陽縣令，可謂伯倫稱職，亦有風神之異；安期居位，實曰人倫之表。夫人識度貞明，體和成性，既閑婦德，尤達母儀。內訓子孫，揚名於外，鄉邑稱論，咸言節婦。比昔賢妃，巾冠錯偶。夫人自公喪以來，寢思悲念，泣涕盈衢，淹滯積年，遂從長夜。春秋九十有二，開皇十八年歲次戊午八月十一日終於家第，即以其年十一月戊辰朔五日壬申遷窆於洛城東北十里洪池鄉，却背邙嶺，南瞻伊洛，所安墳是立，實云勝地，殯在先陵，開君石戶之室，可謂廬山之下，更得同棺，襄水之陽，還同合葬者矣。遂勒石記年，乃爲銘曰：

松風若箭，曠野聲哀。聞焉悼懼，見者傷惟。玉壺不捉，銀鏡誰開。紅衫漸暍，縠袖成灰。一辭人世，長還夜臺。烏啼墳上，楊風屢催。方知隴首，明月徒來。何年何月，更起銜杯。

【疏證】

王善祖王達世、父王俱，史傳無考。誌云"夫人諱善，字要具"，又云"父俱"，則"具"與"俱"同音且形近，有犯諱之嫌。這種不加規避的現象，似説明隋代避諱制度之於家諱之約束還較爲寬松。

王善卒於開皇十八年（598），年九十二，則其生於北魏正始四年（507），可納入隋代高壽女性之列。此前所見隋代墓誌誌主享年九十歲以上者凡十六人，而女性僅有四人，即開皇十五年（595）比丘尼脩梵年九十一、開皇十八年（598）劉明妻梁氏年九十四、大業元年（605）魏昇妻牛氏年九十一、大業七年（611）張濤妻禮氏年九十七，參詳開皇十二年（592）《□遷墓誌》附考。[①]

誌文以"閑婦德"和"達母儀"褒揚王善的"識度貞朗"，尤其是"內訓子孫"而"揚名於外"，得到"鄉邑稱論，咸言節婦"的稱譽。誌文還特別提到，"夫人自公喪以來，寢思悲念，泣涕盈衢，淹滯積年，遂從長夜"，強調王善對亡夫的深切懷念。這些描寫既突顯了王善履行人婦與人母角色的優秀，且符合隋代主流觀念對女性德行的期許和要求。

---

① 王其禕、周曉薇：《隋代墓誌銘彙考》第2冊，北京：綫裝書局，2007年，第109頁。

誌云開皇十八年"十一月戊辰朔五日壬申遷窆於洛城東北十里洪池鄉",洪池鄉,蓋因地近洪池而得名。《魏書》卷 19 中《景穆十二王·任城王傳》載:"高祖至北邙,遂幸洪池,命澄侍昇龍舟,因賦詩以序懷。"①魏時洪池可泛龍舟,其地理位置正在洛陽城北邙山之下。洪池鄉名,僅此一見。隋代東都建於大業元年(605),故開皇十八年(598)所言之"洛城"乃是北魏洛陽城。隋代之前未見洪池鄉之設,則洪池鄉可補北魏洛陽城郊所轄鄉名之闕。

誌題"大隋板授士州刺史故馬公王夫人墓誌銘","士州"當爲"土州"之訛。《隋書》卷 31《地理志下》漢東郡土山縣小注云:"梁曰龍巢,置土州、東西二永寧、真陽三郡,及置石武縣。後周廢三郡爲齊郡,改龍巢曰左陽;又有阜陵縣,改爲漳川縣。開皇初郡廢。十八年改左陽爲真陽,石武爲宜人。大業初又改真陽爲土山,州及宜人、漳川並廢入焉。"②檢《宋書》卷 82《周朗傳》載其報書:"又寄土州郡,宜通廢罷,舊地民戶,應更置立。"③則土州之設在南朝宋時已有。《梁書》卷 39《羊鴉仁傳》:"侯景降,詔鴉仁督土州刺史桓和之、仁州刺史湛海珍等精兵三萬。"④至北周,仍有土州名稱,《隋書》卷 55《杜彥傳》:"杜彥,雲中人也。彥性勇果,善騎射。仕周,釋褐左侍上士,後從柱國陸通擊陳將吳明徹於土州,破之。"⑤《北史》卷 11《隋本紀上》載:"(大象二年)十二月甲子,周帝授帝相國,總百揆,去都督内外諸軍事、大冢宰之號,進爵爲王。以隋州之崇業……土州之永川……二十郡爲隋國。"⑥誌文僅云馬公喪後王善守寡"淹滯積年",故馬公"板授土州刺史"的時代尚不能確知,而隋代未見有土州之設,故馬公板授土州刺史或在北周末年。板授,又稱版授、板官、板職、板除,北魏時又有稱"板假"者⑦。有關周隋時期的版授制度,其實已經是晉魏時期版授制度的餘緒,或者說已經演化爲一種隨機性的不分男女的版授高年的國家養老政策與待遇,而非早期的任官制度了。⑧《周書》卷 4《明帝紀》載明帝二年(558)六月:"己巳,板授高年刺史、守、令,恤鰥寡孤獨各有差。"⑨這裏對版授對象沒有具體年齡規定,僅云"高年"。版授的官職有刺史、守、令。《周書》卷 5《武帝紀上》:保定元年(561)春正月"甲戌,詔先經兵戎官年六十已上,及民七十已上,

---

①《魏書》卷 19 中《景穆十二王·任城王傳》,北京:中華書局,1974 年,第 465 頁。《資治通鑑》卷 144《齊紀十》"和帝中興元年"條載:"禧不知事露,與姬妾及左右宿洪池別墅。"胡注:"洪池即漢之鴻池,在洛陽東二十里。田廬曰墅,今人謂之別業。晉人以來,往往治池館,觀游於其中。"(北京:中華書局,1956 年,第 4487—4488 頁)其云洪池在洛陽東二十里,而此洛陽東應指的是隋唐時的洛陽。

②《隋書》卷 31《地理志下》,北京:中華書局,1973 年,第 892 頁。

③《宋書》卷 82《周朗傳》,北京:中華書局,1977 年,第 2098 頁。

④《梁書》卷 39《羊鴉仁傳》,北京:中華書局,1973 年,第 563 頁。

⑤《隋書》卷 55《杜彥傳》,北京:中華書局,1973 年,第 1371 頁。

⑥《北史》卷 11《隋本紀上》,北京:中華書局,1974 年,第 401—402 頁。

⑦ 北魏孝昌三年(527)《龐雙造像記》云:"板假牽安太守龐延宗、板假京兆太守龐安宗",參見毛遠明:《漢魏六朝碑刻校注》第 6 冊,北京:綫裝書局,2008 年,第 100 頁。

⑧ 參詳毛陽光:《唐墓誌與唐代"版授高年"》,《文博》2002 年第 1 期,第 71—74 頁;孟憲實:《吐魯番出土張行倫墓誌考讀》,《新疆師範大學學報》(哲學社會科學版)1993 年第 2 期,第 67—73 頁;付曉惠:《魏晉南北朝板授制度探析》,鄭州大學歷史學院碩士學位論文,2012 年。

⑨《周書》卷 4《明帝紀》,北京:中華書局,1971 年,第 55 頁。

節級板授官。"①規定做過戎官年六十已上、庶民七十已上,按不同等級版授官職。隋煬帝大業元年(605)也有詔令:"高年之老,加其版授,並依別條,賜以粟帛。"②此時可以版授者亦唯稱"高年之老"。大業七年(611)又下詔:"武有七德,先之以安民;政有六本,興之以教義。……今往涿郡,巡撫民俗。其河北諸郡及山西、山東年九十已上者,版授太守;八十者,授縣令。"③版授的地區是河北、山西、山東諸郡,年齡在九十以上者版授太守,八十者,版授縣令。兹從《隋代墓誌銘彙考》及新見隋代墓誌中蒐得版授者十七人如表3所示:

表3 隋代墓誌所見版授者表

版授者	版授年份	版授官職	版授年齡	資料出處
韓貴和	隋開皇三年(583)	荆州刺史④	90	開皇四年(584)《韓貴和墓誌》,《隋代墓誌銘彙考》第1冊,第125頁
王安(慈祖)	東魏興和四年(542)	河南汝北郡守	不詳	開皇九年(589)《王慈墓誌》,殷憲《王慈墓誌考述》,《第九屆中國書法史論研討會論文集》,文物出版社,2013年
宋循	隋開皇四年(584)	遂州刺史⑤	85	開皇九年(589)《宋循墓誌》,《隋代墓誌銘彙考》第1冊,第298頁
王曜	隋開皇四年(584)	滄州浮陽郡守	82	開皇十年(590)《王曜墓誌》,《隋代墓誌銘彙考》第1冊,第370頁
李則	隋開皇四年(584)	蘄州刺史本郡太守	75	開皇十二年(592)《李則墓誌》,《隋代墓誌銘彙考》第2冊,第86頁
謝岳	北周宣政元年(578)	平安郡守⑥	88	開皇十五年(595)《謝岳暨妻關氏墓誌》,《隋代墓誌銘彙考》第2冊,第179頁
宋睦	隋開皇十八年(598)⑦	經(涇)州安定縣令	不詳	開皇十八年(598)《宋睦墓誌》,《隋代墓誌銘彙考》第2冊,第292頁
馬公	約北周末年或隋代初年	土州刺史	不詳	開皇十八年(598)《馬君妻王善墓誌》
王賢	隋開皇年間(581—600)	巴西、張掖二郡守	卒年89	開皇十八年(598)《王賢墓誌》,石藏武威市文物考古研究所

---

① 《周書》卷5《武帝紀上》,北京:中華書局,1971年,第64頁。
② 《隋書》卷3《煬帝紀上》,北京:中華書局,1973年,第6頁。
③ 《隋書》卷3《煬帝紀上》,北京:中華書局,1973年,第75—76頁。
④ 《韓貴和墓誌》曰:"年邁,蒙天元皇帝旨授和伊川、隆州儀同二郡守。後開皇三年,蒙時儀同三司、司農少卿、大使、南皮縣開國伯臣違瓚授荆州刺史。年九十一,以今開皇四年三月廿八日薨。"以此推之,韓貴和九十歲所授刺史應爲版授。
⑤ 《宋循墓誌》曰:"建德六年,蒙除順政郡守。至開皇四年,蒙授遂州刺史。君雖年迄期夷,神志開爽,而積善盧論,與德徒言,兩楹之夢遽應,濟洹之得奋及。以開皇九年歲次丁酉十月辛酉朔五日乙丑,薨於木場村第,春秋九十。"以宋循"開皇四年,蒙授遂州刺史"時已八十五歲推之,當爲版授。
⑥ 平安郡不見於史,誌蓋題"大隋故建州平安郡守謝府君墓誌之銘",《隋書·地理志》建州有安平郡,疑墓誌"平安"爲"安平"之誤。
⑦ 誌主開皇十八年(598)後任驛馬幢主,又卒於開皇十八年(598)十二月十二日,則墓誌所謂"旨敕版授經州安定縣令"當爲死後版贈。又以所贈爲縣令推之,其受贈年齡應在七十至八十之間。

续表

版授者	版授年份	版授官職	版授年齡	資料出處
吳通	隋開皇三年（583）	洺州廣年縣令	74	開皇二十年（600）《吳通暨妻謝氏墓誌》
劉寶	隋文帝時（581—604）	同州武鄉縣令	不詳	仁壽四年（604）《劉寶暨妻王氏墓誌》，《隋代墓誌銘彙考》第3冊，第119頁
符盛	隋文帝時（581—604）	晉州平陽縣令	不詳	仁壽四年（604）《符盛暨妻胡氏墓誌》，《隋代墓誌銘彙考》第3冊，第122頁①
魏昇	北周大象元年（579）	版授壽州臨江縣令	78	大業元年（605）《魏昇暨妻牛氏墓誌》，《隋代墓誌銘彙考》第3冊，第163頁
楊德	隋（581—617）	趙州鉅鹿縣令	不詳	大業四年（608）《楊德墓誌》，《隋代墓誌銘彙考》第3冊，第335頁②
□墮	隋開皇元年（581）	洺州曠（廣）年縣令	73	大業六年（610）《□墮暨妻趙氏墓誌》，《隋代墓誌銘彙考》第4冊，第95頁
禮氏	隋大業元年（605）	廉州廉平縣君	91	大業七年（611）《張濤暨妻禮氏墓誌》，《隋代墓誌銘彙考》第4冊，第172頁
陸希	隋大業元年（605）	韓州刺史	80以上	大業十年（614）《陸平墓誌》

表3所列十七位得版授者，男性十六人，女性一人。可以確知版授年齡與等級者十位，因爲版授時間都在大業七年（611）之前，故除了開皇三年（583）韓貴和以外，其餘皆不符合八十版授縣令、九十以上版授太守的詔令規定。又可知女性在隋代也有列入版授對象者，如禮氏在九十一歲高齡時版授縣君，則女性得到版授的等級似要比同年齡段的男性低③。

---

① 符盛卒於北周建德二年（573），享齡八十四歲。至隋代始版授縣令，則應爲卒後版贈。
② 以楊德大業四年（608）卒，年八十三推之，其版授縣令當在仁壽四年（604）不足八十歲以前。
③ 可以參照一個初唐的實例，即貞觀十九年（645）《楊華墓誌》曰："夫人焦氏，隴西人也。……耆年八十，版授鄉君，今乃八十有三，遂身縈重疾，醫療不瘳，大唐貞觀十九年歲次乙巳十一月乙丑朔十三日丁丑終於敦厚里私第，則以其年十二月乙未朔十二日景午合葬於邙山之阜。"可見焦氏八十歲時僅得到版授鄉君。詳見周紹良：《唐代墓誌彙編》上冊，上海：上海古籍出版社，1999年，第80頁。

○八三　韋壽墓誌

【基本信息】

韋壽墓誌，1989 年春出土於西安市長安縣韋曲北原，誌石今存陝西省考古研究院。墓誌序文 26 行，滿行 29 字，正書，有方界格。銘文 4 行，行字不等，正面銘文未完轉刻於側面。蓋題 16 字，4 行，每行 4 字，陽文篆書，有方界格。誌蓋四殺素面。誌石長 58.5 釐米、寬 58 釐米、厚 10 釐米。誌蓋覆斗形，尺寸未詳。墓誌披露於戴應新《隋韋諶墓和韋壽夫婦合葬墓的出土文物》[①]，圖文又見日本《金石書學》2002 年第 6 期與王其禕、周曉薇《隋代墓誌銘彙考》[②]。

【誌蓋】

大隋上開府毛州刺史滑國定公墓誌銘

【誌文】

大隋使持節上開府京兆尹毛州刺史滑國定公韋君墓誌銘

公諱壽，字世齡，京兆杜陵人也。盖司空文惠公之孫，太傅、大司空、酈國襄公之第三子也。五陵冠冕，俱推丞相之尊；三輔高名，共歎瀛金之誠。豈唯上相之府，條侯則繼世重光；中台之任，莊公則善於其職。是知陳完之後，八世唯京；畢萬之家，初封即大。公擅嶽瀆之精靈，感風雲之符瑞，神衿開爽，慧識清華。佰父逍遥公嘗撫而歎曰：此兒似父，當繼吾宗，恨不見其富貴耳。周二年，八歲，以公子王命封安邑縣開國佰。天和三年，年十七，詔授右侍上士，爰騰茂實，啟國光家，尅贊英聲，來參近衛。除都督，遷右宗衛上士。建德元年，轉司右上士。既而地望勳隆，才高德懋，千牛之重，允屬英賢，九重之禁，寔資髦彥，加帥都督。趙王以帝弟之親，牧茲赤縣，召公爲主簿，民之望也。又詔遷少御佰，職典兵符，兼司璽籥。博陸侯未能相屈，夷維子不敢開關，塞塞匪躬，公之謂矣。尋除大都督。暨乎問罪商郊，倍戎效勳。建德六年，詔授使持節、儀同大將軍，封永安縣開國侯，邑八百户。又轉少御佰下大夫。宣政元年，又遷少司右下大夫，其年轉司右大夫。既同台鉉之儀，方階變理之舉。然公問望俱遠，聲實優隆，輦轂之任，事資才幹。大象二年，除京兆尹，即公之本邑也。襄公昔牧雍州，八川申桑梓之敬；懷公前釐此任，陸海致神明之謡。豈獨星曜穎川，乃識元方父子；官稱萬石，始見内史尊卑而已乎。詔又以襄公戮三晉之鯨鯢，剪九江之封豕，其年七月，進封滑國公，邑五千户，仍拜上開府儀同大將軍、尹如故。安豐侯師期之請，平陽侯絕漠之功，施及子孫，斯之謂矣。皇上奮赤帝而驅馳雄傑，登紫極而光宅神州，側席求賢，以弘庶政，居喪奪禮，復起臨郡。其年八月，除

[①] 戴應新：《隋韋諶墓和韋壽夫婦合葬墓的出土文物》，（臺北）《故宫文物月刊》2000 年第 4 期。
[②] 王其禕、周曉薇：《隋代墓誌銘彙考》第 2 册，北京：綫裝書局，2007 年，第 295 頁。

吳州刺史，未及之任，轉恒州刺史。能更其礼，若曲阜之移風；因民所習，同營丘之返政。四年，遷毛州刺史，情同寇恂之請，帝不許。留化有臥治之能，方敦禮教。既而寢疾不悆，桑公之術無施，奄棄光陰，元里之方無效。以開皇十二年十一月廿九日薨於京第，春秋卌有二，以十八年十一月十七日歸葬於大（興）縣洪固鄉舊塋之內，詔諡定公，禮也。唯公理識，參才對日，早班朝命，無隔雲煙。慮佳城之再曉，庶播［□］於三千，其詞曰：
高陽啓胄，殷佰揚名。八凱匡翼，二相阿衡。西河鼎氣，東漢風清。蟬聯世載，誰之与京。襄公蔚起，英風獨振。豹變兩河，虎視三晉。帝曰功格，天唯留愍。綏結青絲，龜傳金巾。唯公挺秀，降茲明德。師範冠冕，人倫士則。贊務皇畿，參謀輦職。入輔出蕃，燕南趙北。推轂布政，郊躍命友。掛檻欽賢，虛罇禮酒。德流藁樹，仁同惠柳。奄忽飛魂，空延驪首。千尋高掌，萬里長城。中河落月，文昌墜星。朝辭帝闕，夜宿荒坰。留連隨□，□□□□。

【疏證】

雖然戴應新《隋韋諶墓和韋壽夫婦合葬墓的出土文物》、日本《金石書學》與《隋代墓誌銘彙考》對該墓誌皆有披露，却均未載錄墓誌完整文字。

戴文云：誌鐫銘文廿九行，每行滿格廿九字，其中最末三行字擠且小，每行達四十七字，另有十六字銘文轉刻在誌石左側下方。又，誌石左側中上方還散刻有"玄""堪""德"三字，當為刻工隨意奏刀而與誌文無涉。

"司空文惠公"即韋旭，"郿國襄公"即韋孝寬，《周書》《北史》皆有傳。韋壽，《隋書》《北史》有傳，《隋書》卷47本傳云："壽字世齡。父孝寬，周上柱國、郿國公。壽在周，以貴公子，早有令譽，為右侍上士。遷千牛備身。趙王為雍州牧，引為主簿。尋遷少御伯。武帝親征高氏，拜京兆尹，委以後事。以父軍功，賜爵永安縣侯，邑八百戶。高祖為丞相，以其父平尉迥，拜壽儀同三司，進封滑國公，邑五千戶。俄以父喪去職。高祖受禪，起令視事，尋遷恒、毛二州刺史，頗有治名。開皇十年，以疾徵還，卒于家，時年四十二。諡曰定。仁壽中，高祖為晉王廣納其女為妃。以其子保巒嗣。"①墓誌所記韋壽"周二年，八歲，以公子王命封安邑縣開國伯"為本傳所缺，又其在周隋兩朝所歷官職，墓誌亦多有可補本傳之省略者。

《韋壽墓誌》不載其子嗣，據業已出土的開皇六年（586）韋壽妻《史世貴墓誌》，可知韋壽有子四人、女五人，"長息寶鸑，滑國世子；第二息寶鶯，河陽縣男；第三子三岳；第四子寶安。長女寶質；第二女寶越；第三女寶殿；第四女桃符；第五女寶意。"②本傳所記"保巒"嗣爵，若以音近推之，當即第二息寶鶯，然墓誌則記"滑國世子"為長息寶鸑，未知孰是。而仁壽中為楊廣納為妃者，亦不知是韋壽第幾女。

---

① 《隋書》卷47《韋壽傳》，北京：中華書局，1973年，第1271頁。
② 戴應新：《隋韋諶墓和韋壽夫婦合葬墓的出土文物》，（臺北）《故宮文物月刊》2000年第4期。

○八四　韋總妻達奚氏墓誌

【基本信息】

韋總妻達奚氏墓誌，1989 年春出土於西安南郊長安區韋曲北原，誌石今存陝西省考古研究院。誌文 19 行，滿行 22 字。正書，有方界格。蓋題 16 字，4 行，每行 4 字，陽文篆書，有方界格。誌石長寬均 49.9 釐米，厚 9 釐米。誌蓋覆斗形。

【誌蓋】

大隋柱國河南懷公夫人達奚氏之墓誌

【誌文】

大隋柱國蒲陝熊中義五州刺史京兆尹河南懷公韋君夫人達奚氏墓誌

夫人達奚氏諱字　　，河南洛陽人也。昔天棄金德，龍興代邸。神元誕其靈貺，受命惟新；孝文刬服中原，光宅赤縣。及定鼎郟鄏，修貢三川，枝隆磐石，分爲十姓，達奚氏即其一也。地居近戚，冑美望華，冠盖連暉，鬱爲鼎族。祖武，周太傅、太保、柱國、鄭桓公，師範人倫，雄材冠世，位遇隆重，高步當時；考震，上柱國、鄭國公，器曰民英，德稱朝望，有光弈葉，無忝家風。夫人體質淳和，音儀閑婉，因心孝友，天情敏慧。時遊筆硯，不廢針縷之功；乍弄梳臺，無妨篆組之業。六行咸舉，四德允備。礼成鳴雁，聲諧黃鳥。閨闈展箕箒之勤，宗廟盡蘋蘩之敬。能和叔妹，善事諸姑。貞順稱於二門，謙恭著於九族。霜彫蕙葉，風敗蘭叢，非神仙之變化，同雲雨之消滅。以開皇十四年五月十八日薨於京第，春秋卅有八。以十八年十一月十七日合葬於懷公之墓。乃作銘曰：

元承天族，韋實鼎門。帝王分派，公侯子孫。秦晉本匹，潘楊舊婚。在名俱重，處位齊尊。彼美一人，才高罕對。匪伊令淑，誰能作配。風範妍華，心神静退。學究圖史，功殫藻繢。皎皎麗質，灼灼脩容。貞侔勁篠，操比寒松。接下惟惠，奉上斯恭。世推高潔，家稱肅雍。母儀婦道，嘉聲遠布。陰教嬪風，方流軌度。冀因積善，長蒙天祚。飜逐夜舟，俄隨朝露。黃壚寂漠，泉室幽深。霜對宿草，霧擁荒林。恒娥月落，織女星沉。唯餘彤管，永播徽音。

【疏證】

此爲達奚氏與懷公韋總合葬墓誌，達奚氏先有一方簡略的"權瘞"墓誌，見開皇十五年（595）《韋總妻達奚氏墓誌》。

韋總，《周書》《北史》有傳。韋總即鄖襄公韋孝寬次子，屬韋氏鄖公房。然《周書》卷 64 本傳云"追封河南郡公，諡曰貞"[1]，《新唐書》卷 74 上《宰相世系表四上》韋氏鄖

---

[1]《周書》卷 64《韋總傳》，北京：中華書局，1971 年，第 2268 頁。

公房亦云"緫字善會,後周京兆尹、河南貞公"①,與墓誌作"懷公"異。然開皇十四年(594)權瘗之韋緫妻達奚氏的墓誌與開皇十八年(598)韋緫子韋圓成的墓誌亦皆作"懷公",則可推墓誌作"懷公"者當爲初諡,"貞公"當爲追諡。又據韋緫本傳而知其戰歿於并州,享年二十九歲。韋緫次子韋匡伯的墓誌與三子韋圓照妻楊靜徽的墓誌,載在《隋代墓誌銘彙考》②,可參讀。另又韋緫兄韋諶的墓誌與其子韋圓成的墓誌③,以及其弟韋壽的墓誌,亦皆可參讀。

誌云"祖武,周太傅、太保、柱國、鄭桓公""考震,上柱國、鄭國公"。達奚武、達奚震父子,《周書》《北史》皆有傳。《周書》卷19《達奚武傳》略云:"達奚武字成興,代人也。祖眷,魏懷荒鎮將。父長,泒城鎮將。""魏孝武入關,授直寢,轉大丞相府中兵參軍。大統初,出爲東秦州刺史,加散騎常侍,進爵爲(須昌縣)公"。擊敗齊神武入侵,"除大都督,進爵高陽郡公,拜車騎大將軍、儀同三司"。又"遷侍中、驃騎大將軍、開府儀同三司。出爲北雍州刺史。""久之,進位大將軍"。北周"孝閔帝踐阼,拜柱國、大司寇。武成初,轉大宗伯,進封鄭國公,邑萬戶。保定三年,遷太保。天和三年,轉太傅。五年十月,薨,年六十七。贈太傅、十五州諸軍事、同州刺史。諡曰桓。子震嗣"④。《周書》卷19《達奚震傳》略云:

> 震字猛略。大統初,起家員外散騎常侍。十六年,封昌邑縣公,一千戶。累遷撫軍將軍、銀青光禄大夫、通直散騎常侍、車騎大將軍、儀同三司、散騎常侍。世宗初,拜儀同、[司]右中大夫,加驃騎大將軍、開府儀同三司,改封普寧縣公。武(平)[成]初,進爵廣平郡公,除華州刺史。天和元年,進位大將軍,率衆征稽胡,破之。六年,拜柱國。建德初,襲爵鄭國公,出爲金州總管、十一州九防諸軍事、金州刺史。四年,從高祖東伐,爲前三軍總管。五年,又從東伐,率步騎一萬守統軍川,攻克義寧、烏蘇二鎮,破并州。進位上柱國。拜大宗伯。宣政中,出爲原州總管、三州二鎮諸軍事、原州刺史。尋罷歸。隋開皇初,薨於家。震弟惎,車騎將軍、渭南縣子。大象末,爲益州刺史,與王謙據蜀起兵。尋敗,被誅。⑤

據達奚震本傳知達奚武又有一子達奚惎,北周末年反叛被誅。

誌云:"昔天棄金德,龍興代邸,神元誕其靈貺,受命惟新;孝文尅服中原,光宅赤縣。及定鼎郟鄏,修貢三川,枝隆磐石,分爲十姓,達奚氏即其一也。"關於達奚氏的姓氏源流,傳世文獻有《魏書》卷113《官氏志九》:"初,安帝統國,諸部有九十九姓。至獻帝時,七分國人,使諸兄弟各攝領之,乃分其氏。"獻帝以"弟爲達奚氏,後改爲奚氏。"⑥《元和姓纂》卷10"達奚"載:"後魏獻帝第五弟之後,爲十姓。遠祖

---

① 《新唐書》卷74上《宰相世系表四上》,北京:中華書局,1975年,第3086頁。
② 王其禕、周曉薇:《隋代墓誌銘彙考》第6冊,北京:綫裝書局,2007年,第28頁;王其禕、周曉薇:《隋代墓誌銘彙考》第4冊,北京:綫裝書局,2007年,第62頁。
③ 戴應新:《隋韋諶墓和韋壽夫婦合葬墓的出土文物》,(臺北)《故宮文物月刊》2000年第4期。
④ 《周書》卷19《達奚武傳》,北京:中華書局,1971年,第303—306頁;《北史》本傳略同。
⑤ 《周書》卷19《達奚震傳》,北京:中華書局,1971年,第306—307頁;《北史》本傳略同。
⑥ 《魏書》卷113《官氏志九》,北京:中華書局,1974年,第3005—3006頁。

長寧公革，生司空斤，亦單姓奚氏，與穆、于、陸、婁、賀、劉、尉爲北人八族。斤元孫武，後周太保、大冢宰、鄭公也。"①石刻文獻有北魏正始四年（507）《奚智墓誌》："故徵士奚君，諱智，字淵籌者，恒州樊氏壆山渾人也。始與大魏同先，僕儋可汗之後裔。中古遷移，分領部衆，遂因所居，改爲達奚氏焉。逮皇業徙嵩，更新道制，敕姓奚氏。"②唐景龍三年（709）員半千撰《達奚思敬碑》云："豫鄰之代，分爲諸國，兄弟七人，各統一部，天倫之盛，達奚居上。高祖遷洛，有志諸華，思變其風，多改舊族，故達奚於後使姓奚焉。周氏沿革，復姓達奚氏矣。"③由此可知達奚氏爲北魏宗族十姓之一，其分氏立姓始於北魏孝文帝遷洛，嗣後又嘗改爲奚氏，周隋以後復多回姓達奚。如北周有平陽公達奚寔，《周書》有傳；隋有蘄春公達奚長儒，《隋書》有傳；唐有達奚革（達奚珣侄孫），見唐咸通八年（867）《達奚革墓誌》④。姚薇元《北朝胡姓考》與王仲犖《鮮卑姓氏考》亦皆有論及，可資參詳。

根據史籍與碑誌材料，謹將韋總夫人達奚氏一支世系梳理如圖4所示。

銘曰"元承天族，韋寶鼎門。帝王分派，公侯子孫。秦晉本匹，潘楊舊婚。在名俱重，處位齊尊"，則強調元魏帝支達奚氏與關中郡姓韋氏聯姻，雖然其時達奚氏已不再有政治地位，然其擁有門第之貴，於是具有政治實力的韋氏仍會選擇與之結姻，反映出此時崇尚胡漢高門婚姻的社會現象。

《韋總妻達奚氏墓誌》曰"合葬於懷公之墓"，今韋總墓誌尚未見出土，但依據韋總子《韋圓成墓誌》"厝於大興縣洪固鄉舊塋之左"，韋總兄《韋諶墓誌》"厝於大興縣洪固鄉舊塋之內"，《韋壽墓誌》"歸葬於大（興）縣洪固鄉舊塋之內"，以及唐貞觀四年（630）韋孝寬第三子、韋總弟《韋津墓誌》"安厝於雍州萬年縣洪固之舊塋"⑤，可以推知韋總妻達奚氏與韋總合葬地亦當在大興縣洪固鄉舊塋，即今長安區韋曲北原。不過，據新發現的唐麟德二年（665）韋總孫、韋匡伯子《韋整墓誌》所記與妻杜氏"合葬於神和原之新城"⑥，其地在今西安南郊潏河南畔的神禾原香積寺一帶；又據新發現的唐貞觀二十二年（648）韋孝寬孫、韋靜子韋弘諒的墓誌記葬地在"故里杜城之南原"⑦，其地在今西安西南郊郭杜鎮南，則顯然皆與今長安韋曲北原的韋氏大塋並非一地，或可推知京兆韋氏東眷一房在長安的分支又當各有其塋域。

---

① [唐]林寶撰、岑仲勉校記：《元和姓纂（附四校記）》卷10，北京：中華書局，1994年，第1530—1531頁。
② 趙力光：《鴛鴦七誌齋藏誌》，西安：三秦出版社，1995年，第22頁。
③ [宋]李昉等：《文苑英華》卷930，北京：中華書局，1966年，第4891頁碑文記思敬家族世系曰："曾祖諱武，字文朝爲玉璧大將軍、東道大行臺十二將軍、同華二州刺史、雍州牧、太師、太傅、太保、鄭國公，諡曰桓。……大父叡，太子左千牛、尚輦直長。……考諱孝茂，皇朝滑州司兵參軍、易州易縣令。"可知達奚思敬與韋總妻達奚氏爲同一宗支，思敬爲韋總妻侄。
④ 周紹良：《唐代墓誌彙編》下冊，上海：上海古籍出版社，1992年，第2427—2428頁。
⑤ 戴應新：《唐〈韋津墓誌銘〉考》，石興邦、彭樹智：《古物文明》，西安：陝西人民出版社，2001年，第268—282頁。
⑥ 胡戟：《珍稀墓誌百品》，西安：陝西師範大學出版總社，2016年，第74頁。
⑦ 李明、劉呆運、李舉綱：《長安高陽原新出土隋唐墓誌》，北京：文物出版社，2016年，第58頁。

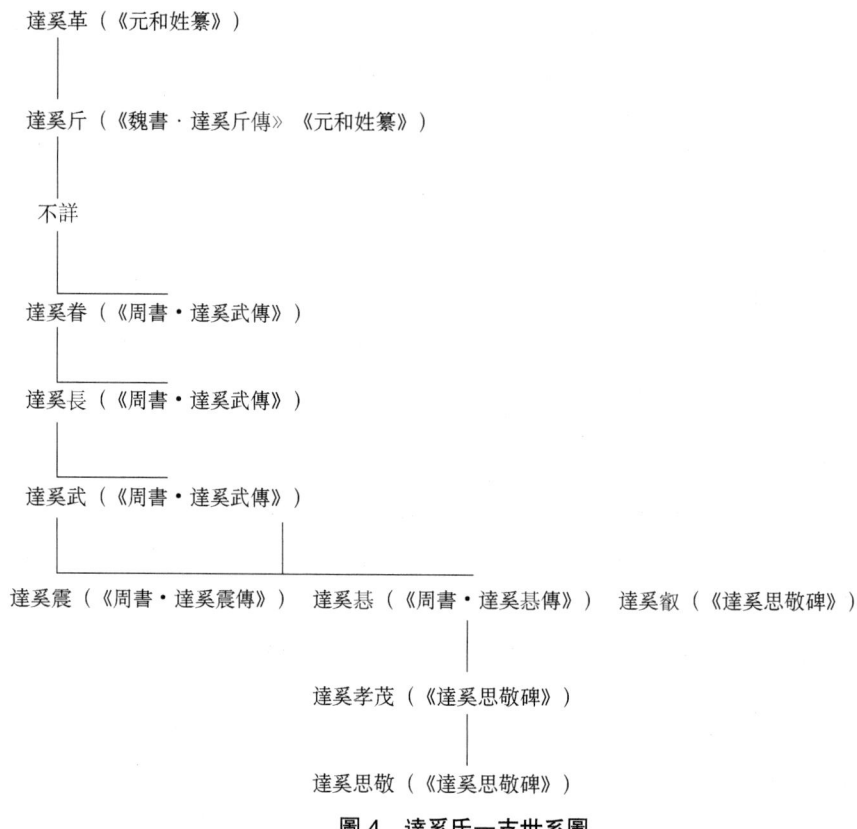

圖 4　達奚氏一支世系圖

○八五　崔顯墓誌

【基本信息】

崔顯墓誌，出土於山西屯留縣，誌石今存洛陽九朝刻石文字博物館。誌文15行、滿行15字，正書，有方界格。蓋題3行，共8字，雙鉤篆書，有九宮界格，中心一格無字。誌石長42.5釐米、寬43.5釐米、厚10釐米，誌蓋長寬均42釐米、厚10釐米，盝頂正中鑲嵌鐵質提環。墓誌圖版載在齊運通、楊建鋒《洛陽新獲墓誌二〇一五》[①]，研究參詳王其禕、傅清音《讀洛陽九朝刻石文字博物館藏隋墓誌三種》[②]。

【誌蓋】

隋故君崔顯墓誌記

【誌文】

君諱顯，字明朗，其先炎帝之苗，堯爲伯夷，夏殷申許，周封齊公子，九世祖崔琳，魏司空公、晉司徒公，伯祖崔黑，方思入臺，四門助教、國子博士、太極殿軍主、佐衛師帥、龍門將、頓丘襄城二縣令，祖伯生，寧遠將軍、博陵郡守，父崔顯，威遠將軍、太原郡守，因官就職，遂居此焉。食菜斯民，獨步上黨，可謂世濟羙風，氣列天皇，監眺玄遠，聲逸邦邑，冠冕朝賢，襟帶仁物，孟冬之月，奄綸玄夜，年卌卒。嗚呼哀哉，玉碎掌閒，珠潛壤裏，泣動行人，悲纏木石。今以大隋開皇十九年己未鶉首十月癸巳諏諅十四日丙午葬於屯留縣東五里善政鄉洛谷里（人也），此墓合有十五喪同葬幽室云迩。

【疏證】

墓誌曰"葬於屯留縣"，則知其出土於今山西屯留縣界。又曰"此墓合有十五喪同葬幽室云迩"，則知葬地爲崔顯家族叢葬墓塋。屯留縣今屬山西省長治市，位於山西省東南部、上黨盆地西隅，古有"三晋通衢"之譽。

墓誌言"君諱顯"，又稱"父崔顯"，則墓誌應爲崔顯子輩所撰寫。通篇墓誌文法不整，字句不工，當出鄉里粗通文墨者之手。墓誌不言郡望，以墓誌文"葬於屯留縣東五里善政鄉洛谷里人也"一語中"人也"似爲衍文推之，崔氏當即屯留縣善政鄉洛谷里人。此亦與誌文"父崔顯，威遠將軍、太原郡守，因官就職，遂居此焉。食菜斯民，獨步上黨"説法相合。

誌主崔顯與其伯父崔黑、父伯生，史皆無考。"九世祖崔琳"者，即史之崔林，《三國志》有傳，《晉書·盧諶傳》附記清河崔悅乃"魏司空林曾孫"，此崔林即崔琳。《新唐書》

[①] 齊運通、楊建鋒：《洛陽新獲墓誌二〇一五》，北京：中華書局，2017年，第55頁。
[②] 王其禕、傅清音：《讀洛陽九朝刻石文字博物館藏隋墓誌三種》，《文博》2018年第3期，第67—73頁。

卷 72 下《宰相世系表二下》"崔氏"云崔林"字德儒，魏司空、安陽孝侯。曾孫悅，前趙司徒、左長史、關内侯"①。崔悅，事迹見載《北史》卷 21《崔宏傳》："崔宏字玄伯，清河東武城人，魏司空林之六世孫也。祖悅，仕石季龍，位司徒右長史。父潛，仕慕容暐，爲黄門侍郎。"②宏子浩襲爵白馬公。浩弟簡、恬，浩母爲盧諶孫女。崔悅、崔潛、崔宏祖孫三代"世不替業"，以書法擅名，爲魏初所重。以輩份推之，崔宏當長崔顯三世。《新唐書》卷 72 下《宰相世系表二下》記崔氏十房，無山西上黨一支，疑崔顯一族緣後世衰敗而爲史籍所不載，而其血脈是否與南祖崔悅有房分關係亦尚無從考詳。

"伯祖崔黑"任"四門助教、國子博士、太極殿軍主、佐衛師帥、龍門將"，其中"佐衛師帥"與"龍門將"二職不可考。而太極殿是漢魏洛陽故城宮城的正殿，始建於曹魏明帝時期，西晉沿用，北魏時在魏晉太極殿的基礎上重建，後世宮城正殿多以"太極"爲名，即肇始於此。軍主本指一軍主將，北魏時期則多指武官衔名，與幢主、隊主、戍主等同類。然《隋書》卷 27《百官志中》記北齊有"將作寺，掌諸營建。大匠一人，丞四人。亦有功曹，主簿，録事員。若有營作，則立將、副將、長史、司馬、主簿、録事等各一人。又領軍主、副，幢主、副等"③，則"太極殿軍主"當爲將作寺屬下管理工程營造的職衔，則此類軍職又有軍地兩用性質。又以北齊天保九年（558）《銅雀臺石門銘》曰"大齊天保八年九年，造銅雀臺石壘之門。百代之後，見此銘者，當復知之。將陳驥軍副程顯，承妻睎，幢主孫悅，軍主董侯，幢主楊曇"云云可證④。北魏正始元年（504）《山公寺碑頌》，碑陰附刻隋開皇六年（586）題名中亦有軍主、軍副、幢主、幢副等⑤，可知此類軍職到隋代依然存在。周一良《魏晉南北朝史札記》之《北齊書》札記有"軍主、幢主、隊主"一條⑥，言其職司與品級及南北朝之差異皆甚詳，如北朝軍主、幢主之地位皆不如南朝高，統軍人數亦不如南朝多，隊主更不入九命之列等，可資參考。傳世文獻未見"太極殿軍主"一職，出土文獻所見僅此一例。

"晉初承魏制，置博士十九人。及咸寧四年，武帝初立國子學，定置國子祭酒、博士各一人，助教十五人，以教生徒"⑦。北魏孝文帝太和年間遷都洛陽，詔立國子、太學、四門小學。四門學之設蓋始於此。北齊承襲北魏官制設國子寺，領博士五人，助教十人。太學博士十人，助教二十人。四門學博士二十人，助教二十人。隋朝沿置，國子、太學、四門各置博士五人，助教五人。隋煬帝時國子學置博士一人，正五品，助教一人，從七品。太學博士、助教各二人。太學博士至隋煬帝時由從五品降爲從六品，參詳《隋書》卷 28《百官志下》。崔黑任四門助教與國子博士當在北魏或西魏。北朝任國子博士者，石刻史料

---

① 《新唐書》卷 72 下《宰相世系表二下》，北京：中華書局，1975 年，第 2730 頁。
② 《北史》卷 21《崔宏傳》，北京：中華書局，1974 年，第 769 頁。
③ 《隋書》卷 27《百官志中》，北京：中華書局，1973 年，第 758 頁。
④ 北京圖書館金石組：《北京圖書館藏中國歷代石刻拓本滙編》第 7 册，鄭州：中州古籍出版社，1989 年，第 79 頁。
⑤ 毛遠明：《漢魏六朝石刻校注》第 4 册，北京：綫裝書局，2008 年，第 26 頁。
⑥ 周一良：《魏晉南北朝史札記》補訂本，北京：中華書局，2015 年，第 417—419 頁；又，日本學者宮川尚志《南北朝之軍主隊主戍主等》一文亦有專門研討，詳見宮川尚志：《南北朝之軍主隊主戍主等》，《東洋史研究》1955 年第 6 號，第 436—464 頁。
⑦ 《晉書》卷 24《職官志》，北京：中華書局，1974 年，第 736 頁。

中尚有一人，即北魏正光六年（525）《徐淵墓誌》記徐淵父爲"孝文皇帝國子博士"①，惜不載其名諱。正史所見北朝之任國子博士者甚夥，而任四門博士者較少，任四門助教者則無一例。

墓誌言葬期爲"開皇十九年己未鶉首十月癸巳諏訾十四日丙午"，開皇十九年（599）干支確值己未，是年十月干支與是月十四日干支亦分別值癸巳、丙午。然墓誌又以"鶉首""諏訾"分別復指月份與日期，而"鶉首"爲黄道十二星次之一，以之對應月份，應是七月，而墓誌葬在十月，當對應於代表白露秋分節氣的"壽星"。"諏訾"又作"娵訾""陬訾"，亦是黄道十二星次之一，當對應於三月，代表立春驚蟄節氣。若以"鶉首""諏訾"分別指代年、月干支，則應爲巳與亥，亦與開皇十九年（599）己未和十月癸巳不合，故墓誌"鶉首""諏訾"之用意未詳。

---

① 毛遠明：《漢魏六朝碑刻校注》第 5 册，北京：綫裝書局，2008 年，第 314 頁。

○八六　乙弗明墓誌

【基本信息】

　　乙弗明墓誌，出土於西安南郊長安區少陵原，誌石今存民間。誌文27行，滿行28字，正書，有方界格。蓋題16字，4行，每行4字，陽文篆書，有方界格。誌石長寬均52釐米；誌蓋覆斗形，盝頂長寬均38釐米。墓誌圖文載在劉文《陝西新見隋朝墓誌》[1]，胡海帆、湯燕《1996—2017北京大學圖書館新藏金石拓本菁華（續編）》[2]。研究參詳黨斌《新見墓誌所涉鮮卑乙弗氏問題》[3]

【誌蓋】

隋前上儀同三司通州刺史昌樂公墓誌

【誌文】

隋前上儀同三司通州刺史昌樂公墓誌

公諱明，字孝哲，本姓趙氏，少昊苗裔。周封善御，始食趙城；晉賞能官，初開狄邑。五王継踵，七卿連政。且珪且璋，惟文惟武。其後喪亂弘多，樂土唯適。波瀾枝葉，流轉恒代。始改姓乙弗氏，爲大興神□人。曾祖虔，柱國、司徒公。祖元貴，柱國、楚國公。並經啓霸囿，協濟大業。戰勝攻取，舉無遺筭。周大祖臨崩，受遺作輔，与晉國公同被顧命。既而尾大不掉，震主身危。奸臣猜忌，濫從酷戮。考永國，武衛大將軍、散騎常侍、開府儀同三司、涇州刺史。覆巢之下，同時遇害。昔李陵方娠，天罰邊加；趙武未生，閔凶先及。公載育不辰，□當遺產。稟氣中和，降靈純粹。猶在繈褓，孝敬自然。未襲裘裳，風流天挺。不与小人遊，不入非類室。大夫人，周德廣公主，大祖文皇帝之女也，幼稟箴戒，早鑒囷史。公雖義方之訓，弗奉過庭。而聖善之風，夙成胎教。故得軌儀冠帶，風範鄉塾。建德元年，釋褐中衛上士，處之心膂，寄以股肱。百雉無虞，九重清晏。既戚屬地隆，勳賢望重，宜弘恩澤，封新浦縣公。宣政元年，拜使持節、儀同大將軍。尋除匠師中大夫。又加上儀同。大隋革命，章明勳德。以公世有衣纓，詔授司空、司馬。門著勤績，進封昌樂郡公。刺舉寄深，□帷務重。華陽東望，烹鮮攸屬。乃拜金州諸軍事金州刺史。理聽明察，宰□□平。吏畏其威，民懷其惠。戶績野蠶，家收旅粟。有陳道狼，屈王師□□臨軒，策公爲行軍總管，統此戎旃，總斯艫舳，禀承廟筭，廓清江表。□□通州刺史，便道之任。吏民感德，駐部留船；父老銘恩，攀轅卧轍。及于秩滿，□還私第。甫以微譴，未降恩赦。忽忽不樂，遂發背疽。以今開皇十九年十一月十一日薨于第，春秋卌有四。即以其年歲次

---

① 劉文：《陝西新見隋朝墓誌》，西安：三秦出版社，2018年，第53頁。
② 胡海帆、湯燕：《1996—2017北京大學圖書館新藏金石拓本菁華（續編）》，北京：北京大學出版社，2018年，第169頁。
③ 黨斌：《新見墓誌所涉鮮卑乙弗氏問題》，《石河子大學學報》（哲學社會科學版）2019年第2期，第78—83頁。

己未其月壬戌朔廿三日甲申權瘞於大興縣永壽鄉皇元里。嗚呼哀哉，乃爲銘曰：
常山□□，□水盟秦。派流馬服，枝分虎臣。有周草創，我祖經綸。山河並裂，鍾□□□。□□慶餘，克隆遺緒。仁義窟穴，詩書林府。或事張旃，時膺刺舉。□□□□，□□□雨。顏回不幸，孔嗟天喪。詎□明珠，長捐掌上。在昔承旨，□□□□。□□□□，倚門何望。蒼茫原隰，淒慘□畿。墳孤月迥，野曠風威。□□□□，□□□□。□知脩尌，幸克全歸。

【疏證】

乙弗明本姓趙，與其父乙弗永國皆未見載於史傳。乙弗明母爲北周太祖文皇帝宇文泰之女"德廣公主"，亦不見載於史。其祖元貴，即《周書》《北史》有傳之趙貴。《北史》卷59《趙貴傳》云："及高仲密以北豫州降，周文迎之，與東魏人戰於芒山。貴爲左軍，失律，坐免官。尋復官爵。後拜柱國大將軍，賜姓乙弗氏。六官建，爲太保、大宗伯，改封南陽郡公。周孝閔帝踐阼，遷大塚宰，進封楚國公，邑萬戶。"①《北史》卷17《景穆十二王上》載其"子敏，嗜酒多費，家爲之貧。其婿柱國乙弗貴、大將軍大利稽祐家貲皆千萬，每營給之。敏隨即散盡，而帝不之責。貴、祐後遂絕之。"②乙弗虔即趙虔，見載於《北史》與《周書》的《王謙傳》、《隋書》的《梁睿傳》與《豆盧勣傳》。《北史》卷70《趙肅傳》載："（大統）十七年，進位車騎大將軍、儀同三司、散騎常侍，賜姓乙弗氏。"③誌文"周大祖臨崩，受遺作輔，與晉國公同被顧命。既而尾大不掉，震主身危。奸臣猜忌，濫從酷戮"，即趙貴本傳所記："初，貴與獨孤信等皆與太祖等夷，及孝閔帝即位，晉公護攝政，貴自以元勳佐命，每懷怏怏，有不平之色，乃與信謀殺護。及期，貴欲發，信止之。尋爲開府宇文盛所告，被誅。"④又"覆巢之下，同時遇害"，應指乙弗永國受其父趙貴連坐被殺。因此誌文所謂"公載育不辰，□當遺產"，乃是說明乙弗明的遺腹子身份。乙弗明在北周做到"匠師中大夫"，主管宮室、宗廟、陵寢、城廓修繕等事，品階爲五命，相當於隋代從三品的將作大匠。入隋後歷任金州刺史、通州刺史，平陳時任行軍總管。其爵位在北周封新浦縣公，在隋封昌樂郡公。

墓誌言其家族爲賜姓乙弗氏之趙城（山西南部）趙氏，而趙貴本傳言其爲"天水南安人也。曾祖達，魏庫部尚書、臨晉子。祖仁，以良家子鎮武川，因家焉"，又云"魏孝昌中，天下兵起，貴率鄉里避難南遷"，可知其族屬確係《北朝胡姓考》內篇第三內入諸姓"乙氏"所歸屬之鮮卑吐谷渾之支族焉⑤。"大興神□人"之大興，當即北魏至北周之大興郡（當今陝西省定邊縣），而非隋之大興城或雍州之大興縣，然大興郡下未有"神□"之名，所轄僅有一縣爲大興縣，闕疑待考。北朝天水南安趙氏又有趙昶一族，《周書》《北史》皆有本傳。隋代天水趙氏大族則有趙芬、趙煚兩系，《隋書》皆爲立傳。

---

① 《北史》卷59《趙貴傳》，北京：中華書局，1974年，第2104頁；《周書》卷16《趙貴傳》略同。
② 《北史》卷17《景穆十二王上》，北京：中華書局，1974年，第630—631頁。
③ 《北史》卷70《趙肅傳》，北京：中華書局，1974年，第2418頁；《周書》卷37《趙肅傳》同。
④ 《周書》卷16《趙貴傳》，北京：中華書局，1971年，第263頁；《北史》卷59《趙貴傳》略同。
⑤ 姚薇元：《北朝胡姓考》修訂本，北京：中華書局，2007年，第175—180頁。

墓誌曰"權瘞於大興縣永壽鄉皇元里",檢仁壽元年(601)《吕瓊華墓誌》云"遷厝於永壽鄉黄原里"①,大業四年(608)《高翯墓誌》云"葬於大興縣永壽鄉黄原里小陵原",可知皇元里應即黄原里之别寫,則《乙弗明墓誌》之出土地亦當在小陵原上。又見陝西華陰出土唐貞觀十七年(643)《唐都水使者楊公故夫人乙弗氏墓誌》亦曰"天水南安人也,本姓趙氏",並曰"曾祖康,魏散騎常侍、使持節南豫州刺史;祖鍾馗,使持節鄜靈二州刺史、始平縣開國伯;父寔,隨光禄鴻臚二卿、使持節總管翼會汶覃扶五州諸軍事翼州刺史、戴國公"②,此戴國公,正是《隋書》所記開皇四年(584)六月"以鴻臚卿乙弗寔爲翼州總管"者③。

---

① 誌石今存長安區博物館,尚未刊佈。
② 趙文成、趙君平《秦晉豫新出墓誌蒐佚續編》第 1 册,北京:國家圖書館出版社,2015 年,第 235 頁。
③《隋書》卷 1《高祖紀上》,北京:中華書局,1973 年,第 21 頁。

○八七　宇文穆暨妻乙弗氏墓誌

【基本信息】

宇文穆暨妻乙弗氏墓誌，出土於陝西咸陽，誌石今存民間。誌文29行，滿行28字，正書，有方界格。誌石拓本長48.5釐米、寬49釐米。墓誌圖版載在趙文成、趙君平《秦晉豫新出墓誌蒐佚續編》①。研究參詳王其禕、周曉薇《長安地區新出隋代墓誌銘十種集釋》②。

【誌文】

大隋大都督宇文府君之墓誌銘

公諱穆，字胡兒，河南洛陽人也。得姓冠五帝之初，垂功承四岳之後。東西建号，揵瓴所以卒興；縱橫競雄，當塗是焉高讓。太祖文皇帝順天之義，知民之急，明以察微，聰以照遠，雖復武王孳孳，猶誓恭行之罰；豐原矙矙，實保受終之禪。所以據有關河，全百二之險；討論彝叙，會六三之術。木德再興，於斯爲盛。天津雖阻，猶接積石之源；羲御乃高，終拂扶桑之幹。公之瓊葉，支庶未遠。祖思顏，魏散騎常侍；父康，大統之初，鎮東將軍、金紫光禄大夫、太常卿、河州刺史，周元年，除大將軍，封祐川郡開國公，食邑一千戶，贈恒夏燕銀長五州總管，謚曰烈公，禮也。金章紫綬，加子孝之白衣；平冕垂旒，觀稺通之禮樂。褰襜入境，遥識賈琮之車；受拜軍門，實有衛青之位。公少穎脱，長敦仁，器量弘深，神機敏捷。年十有五，補太學生，詢訪微言，若對閔曾之侣；尋求故實，似參游夏之例。慕白首之坐忘，欺青衿之末學。射策甲科，擢補左侍上士，俄授宗衛宗英上士。建德三年，又授大都督、驍騎上士，董率三軍事。文武所寄，內外僉矚，實允宗英，仍頒士命。董率三軍，如晉之有林父；大統驍騎，若漢之用曹公。始侵知命之年，未合大夫之選，方受維城之託，奄同霜露之悲。開皇九年十一月十二日殞逝長安之宅，春秋卅五。夫人乙弗氏，字善貞，周太祖之外孫，柱國、大冢宰、楚國公之孫，武衛大將軍、開府儀同三司永仁之長女。爰逮笄年，作配君子，合柔從之婉嫕，稱桃李之穠華。禮義自持，無愧敬姜之德；風神沉邃，何獨楚武之妻。祚年不永，以開皇十九年二月十二日奄致零落，春秋卅八，粵以廿年歲次庚申二月庚申朔一日庚申合葬於咸陽縣城國鄉之山。生全伉儷，死歸同穴，大儀不虧，行年異矣。有子二人，長斌，次襲，早傾乾蔭，實賴母儀，孝乃率由，恭惟擎跽，內睦三荆，外延四益。體人理之非恒，驗奔義之難駐。一歸長夜，所寄玄碑。乃爲銘曰：

陶唐御宇，羲和叶贊。六府孔脩，三靈炳焕。鳴鳳移姜，流烏遷魏。德被鍾釜，勢強崤渭。

---

① 趙文成、趙君平：《秦晉豫新出墓誌蒐佚續編》第1冊，北京：國家圖書館出版社，2015年，第181頁。
② 王其禕、周曉薇：《長安地區新出隋代墓誌銘十種集釋》，西安碑林博物館：《碑林集刊》第19輯，西安：三秦出版社，2013年，第17—20頁。

金紫紆拖，禮樂鏗鎗。錫茅分瑞，夾道傳香。寔惟我考，當路騰芳。公之挺秀，馳譽璧雍。雌黃義菀，朱紫文鋒。寥寥虛韻，愕愕矜容。神標風骨，氣逸雲峰。哲夫盡禮，中饋承恭。何言黃鵠，俱沒青松。素盖停驂，悲歌恒化。雖承白日，已沉玄夜。嗚呼哀哉，明靈歸些。

【疏證】

宇文穆字胡兒，洛陽人，十五歲補太學生，又射策甲科而擢左侍上士、宗衛宗英上士，建德中官做到大都督、驍騎上士並董率三軍事，開皇九年（589）卒於長安，享年四十五。宇文穆族屬與北周太祖文皇帝宇文泰有著"支庶未遠"的關係。祖宇文思顏，任北魏散騎常侍。父宇文康，西魏大統初任鎮東將軍、金紫光禄大夫、太常卿、河州刺史，周元年除大將軍，封祐川郡開國公，食邑一千戶，贈恒、夏、燕、銀、長五州總管，謚烈公。宇文穆二子宇文斌、宇文襲。宇文穆上下四代皆不載於正史，而宇文穆父宇文康亦顯然與孝閔帝子紀厲王宇文康不是同一人。又《金石萃編》所載天和五年（570）《宇文達造像記》有"金紫光禄□□刺史都督烏□□開國子宇文康"者①，是否即此宇文穆之父，值得考實。穆妻乙弗善貞爲"周太祖之外孫，柱國、大冢宰、楚國公之孫，武衛大將軍、開府儀同三司永仁之長女"，謂"楚國公"者即趙貴，周太祖時賜姓乙弗氏，孝閔帝時官大冢宰、楚國公，後與獨孤信謀反被殺，《周書》《北史》皆有傳。乙弗永仁則爲史所闕。據《宇文穆墓誌》不僅可知乙弗永仁乃爲周太祖駙馬，而且對於研討北周政治史與家族史亦頗有價值。前舉開皇十九年（599）《乙弗明墓誌》誌主與此乙弗氏適爲叔伯兄妹，亦可資參詳。又，墓誌云葬地在"咸陽縣城國鄉之山"，當即宇文氏家族大塋所在的咸陽北原。唯周隋兩朝皆無咸陽縣之設，有咸陽郡，開皇初廢。"城國鄉"名稱亦爲僅見。

《宇文穆墓誌》書法殊佳，摹刻精良，雖在隋文帝時期，而初唐楷書筆法與間架已然於斯端倪，尤其對於後來"變古出新"與"承魏開唐"的歐陽率更一脈楷法的影響最見直接而顯著。若與同屬文帝朝書刻且出於京兆地區的碑誌名品如開皇十年（590）《趙芬碑》、開皇二十年（600）《孟顯達碑》、開皇十五年（595）《段威墓誌》、開皇十七年（597）《張通妻陶貴墓誌》、開皇十七年（597）《董美人墓誌》、仁壽元年（601）《蘇慈墓誌》等相比較②，書法風格盡皆平正方剛、峻峭疏朗，儼然一襲衣鉢而聚現出彼時楷法的"長安樣式"。當然，在承繼北朝與南朝的交彙點上，這種楷法還難能脫盡"北碑"的寒儉硬拙之氣，相反却是在自覺與不自覺中融入了些許"南帖"的麗澤韶秀之風。觀《宇文穆墓誌》，自會更加深信"法備而易見者莫如隋人""書至陳隋之間而工極"的見解之近乎合理。

誌文在行文格式上於"銘曰"二字前空十一格，不詳其用意。

---

① ［清］王昶《金石萃編》卷 37，新文豐出版公司編輯部：《石刻史料新編》第 1 輯第 1 冊，臺北：新文豐出版公司，1977 年，第 638 頁。

② 上舉碑誌六種中的前兩種隋碑，均藏西安碑林博物館，後四種隋代墓誌載王其禕、周曉薇：《隋代墓誌銘彙考》第 2 冊，北京：綫裝書局，2007 年，第 196、226、257 頁；王其禕、周曉薇：《隋代墓誌銘彙考》第 3 冊，北京：綫裝書局，2007 年，第 63 頁。

○八八 楊善籥墓誌

【基本信息】

楊善籥墓誌，出土於西安南郊少陵原，誌石今存民間。誌文14行，滿行14字，正書，有方界格。誌石長28釐米、寬29釐米。墓誌圖文載在劉文《陝西新見隋朝墓誌》[1]。

【誌文】

大隋使持節陳州諸軍事陳州刺史楊史君之墓誌銘

君諱善籥，滕穆王第九子也。君德性庠雅，志存恭孝。弱齡之歲，早識過庭；韶齔之年，已雕文彩。古人有言曰：天與其聰明，不與其年壽。此之謂也。以開皇廿年四月搆疾，其月三日薨於京第，春秋一十有六。上追猶子之愛，情深愍惻，蒙加禮袟，厚賜哀策。詔贈使持節陳州諸軍事陳州刺史。即以其年歲次戊申其月己未朔十四日壬申葬於大興縣寧安鄉靜福里小陵原。將恐桑田改變，陵谷易遷，故鐫燕石，以爲銘記。

【疏證】

滕穆王即楊瓚，字恆生，一名慧，高祖母弟，尚周武帝妹順陽公主，時人號楊三郎，開皇十一年（591）卒，享齡四十二歲，《隋書》有傳。楊瓚傳共記其六子，分別爲綸字斌籥、坦字文籥、猛字武籥、温字明籥、詵字弘籥、靜字賢籥。今據《楊善籥墓誌》，知楊瓚至少有九子。且知開皇五年（585）楊瓚三十六歲時楊善籥降生焉。楊瓚素與隋文帝不協，《隋書》卷44《滕穆王瓚傳》云"開皇十一年，從幸栗園，暴薨，時年四十二。人皆言其遇鴆以斃"[2]。瓚子綸"以穆王之故，當高祖之世，每不自安"[3]，是知彼時楊瓚之子皆不會爲隋文帝所憐愛，則誌文所謂"上追猶子之愛，情深愍惻"云云，不過是虛飾之詞。葬所"大興縣寧安鄉靜福里小陵原"，"寧安鄉"，開皇十二年（592）《呂武暨妻宇文氏墓誌》云"遂乃合葬于大興縣寧安鄉"[4]，此誌1957年出土於西安市東郊韓森寨，即隋代大興城東垣春明門外。又仁壽元年（601）《毛護墓誌》亦云"卜葬於雍州大興縣寧安鄉清福里之高陽原"，可知寧安鄉當地跨小陵原與高陽原之交界處，靜福里與清福里或亦東西相鄰。"靜福里"爲新見里名。唐代亦有寧安鄉，鄭熏撰《内侍省監楚國公仇士良神道碑》"以（會昌）四年正月二十三日歸葬于萬年縣寧安鄉鳳棲原社季村。"

---

[1] 劉文：《陝西新見隋朝墓誌》，西安：三秦出版社，2018年，第55頁。
[2] 《隋書》卷44《滕穆王瓚傳》，北京：中華書局，1973年，第1222頁。
[3] 《隋書》卷44《滕穆王瓚傳附嗣王綸傳》，北京：中華書局，1973年，第1222頁。
[4] 王其禕、周曉薇：《隋代墓誌銘彙考》第2冊，北京：綫裝書局，2007年，第99頁。

①據武伯綸考證，唐代寧安鄉是距離京城南壁啓夏門外最近之鄉。②再以唐墓誌爲例，1956年西安市東郊韓森寨出土武德八年（625）《蘇永安墓誌》"合葬於雍州萬年縣寧安鄉"③，貞觀六年（632）《大唐故太常寺卜正段府君墓誌》"君諱貴，京兆萬年人也。君夙著英才，早摽雅量，以武德八年三月五日遘疾有終，卒於私第。妻張氏，去貞觀二年七月二日掩從遷化，以貞觀六年九月廿九日合葬於雍州萬年縣寧安鄉杜陵之原，礼也"④。2001年，西安市南郊雁塔區曲江鄉三兆村出土長慶三年（823）《劉安平墓誌》"歸葬于萬年縣寧安鄉三趙村"⑤。知隋代寧安鄉地理位置南北跨度或與唐代相當，即大興城外東南角一帶。只是隋代寧安鄉的地界如果在大興城外東南方位，高陽原的東首就至少綿延到了曲江池的東南角一帶，而這一帶正是唐代的鳳棲原所在。隋代高陽原自東向西地跨大興和長安兩縣，在高陽原東首屬於大興縣的鄉還有義陽鄉，如大業三年（607）《陳叔興墓誌》即云"葬於大興縣義陽鄉貴安里高陽之原"⑥。誌文以"燕石"稱代墓誌石，較爲新鮮。"燕石"又稱"燕珉"，寓意珍貴，如唐代錢起《片玉篇》詩曰"世人所貴惟燕石，美玉對之成瓦礫"⑦。誌文"蒙加禮袟，厚賜哀策"的"策"字當爲"榮"字之誤，又所記開皇廿年（600）"歲次戊申"亦當爲"庚申"之誤。

---

① [宋]李昉等：《文苑英華》卷932，北京：中華書局，1982年，第4905頁。
② 武伯綸：《唐萬年、長安縣鄉里考》，《考古學報》1963年第2期，第90—91頁。
③ 高峽：《西安碑林全集》卷73，廣州、深圳：廣東經濟出版社、海天出版社，1999年，第1864頁。
④ 齊運通、楊建鋒：《洛陽新獲墓誌二〇一五》，北京：中華書局，2017年，第63頁。
⑤ 王育龍、程蕊萍：《西安南郊三兆村出土唐代墓誌舉說》，成建正：《陝西歷史博物館館刊》第12輯，西安：三秦出版社，2005年，第145頁。
⑥ 王其禕、周曉薇：《隋代墓誌銘彙考》第3冊，北京：綫裝書局，2007年，第238頁。
⑦ [唐]錢起著、王定璋校注：《錢起集校注》卷3，杭州：浙江古籍出版社，2015年，第74頁。

〇八九　閻顯暨妻劉氏墓誌

【基本信息】

閻顯暨妻劉氏墓誌，出土於寧夏固原，誌石二〇〇〇年徵集於原州區，今存固原博物館。誌文 15 行，滿行 15 字，正書，有方界格。未見誌蓋。誌石尺寸未詳。墓誌圖文載在《寧夏歷代碑刻集》[①]。

【誌文】

大隋平高縣令閻府君墓誌銘并序

君諱顯，字顯族，原州平高人也。丞相將軍，聲高秦漢。備乎史冊，可略而言。祖隆，父壽。君雄情早烈，武略有聞。故得勇盖山西，威加漠北。魏張公城鎮將、霸丘縣令、帶莨道鎮將都督，舉賢良，敕授平高本縣令。以開皇三年四月廿一日卒，春秋七十有七。以廿年歲次庚申五月己丑朔廿一日己酉，夫人劉氏合葬咸陽鄉具斤里費巔山南烏尼川內。銘曰：

猗歟我君，令望早聞。聲馳里闬，氣逸風雲。張城播策，霸邑開棼。頻頒上宰，亟沐殊勳。世數有窮，奔波豈息。年齡未永，崦嵫遽逼。日足無光，雲根斂色。獨望孤松，增悲親識。

【疏證】

閻顯與其祖閻壽、父閻隆，史皆無載。閻氏郡望有滎陽、天水、常山、廣平、河南五房，以滎陽、河南兩房爲盛族。《元和姓纂》卷 5"閻"河南房曰："代人。本居雲陽。魏有閻滿，孫善。善曾孫慶，周少司空、太安公，賜姓大野氏；生毗，隋將作少監、石保公。毗生立德、立行、立本。"又於天水房曰："西城侯、蜀巴郡太守閻竺，今無聞。"[②] 閻顯一族，未詳其所屬房分，以其爲"原州平高人"，疑出天水房。誌曰"丞相將軍，聲高秦漢"，蓋爲浮誇之詞。閻氏在秦漢實無丞相之人，所謂將軍，墓誌所攀附者，蓋爲河南滎陽房的後漢安思閻皇后姬一族，即姬祖章，永平中爲尚書，父暢，爲長水校尉，封北宜春侯，子顯，車騎將軍儀同三司，典禁兵。[③] 誌曰"君雄情早烈，武略有聞。故得勇盖山西，威加漠北。魏張公城鎮將、霸丘縣令、帶莨道鎮將都督，舉賢良，敕授平高本縣令。"可知閻顯雖出身行伍，亦能勝任縣令職事，誠如銘文所言"張城播策，霸邑開棼。頻頒上宰，亟沐殊勳"。墓誌撰在開皇二十年（600），故與開皇初改平高郡爲原州到大業初改原州爲平涼郡時間段正相符合，可參詳開皇三年（583）《李令穆墓誌磚》。

張公城與帶莨道，史皆無載。傳世與碑誌文獻所見北魏有平城鎮將、雍城鎮將、歷城

---

① 銀川美術館：《寧夏歷代碑刻集》，銀川：寧夏人民出版社，2007 年，第 15 頁。
② [唐] 林寶撰、岑仲勉校記：《元和姓纂（附四校記）》卷 5，北京：中華書局，1994 年，第 771、769 頁。
③ 《後漢書》卷 10 下《安思閻皇后紀》，北京：中華書局，1965 年，第 435 頁。

鎮將、洛城鎮將、彭城鎮將、瓦城鎮將、杏城鎮將、絳城鎮將、赤城鎮將、離城鎮將、郯城鎮將、蒲城鎮將、隆城鎮將、汧城鎮將、陝城鎮將、黑城鎮主、白道鎮將等。鎮將之設，約始於北魏在北方所設六鎮，以防柔然南下，鎮將即各鎮統轄軍民之長官。六鎮以外，又相繼在緣邊地區的城、道設立軍府性質的地方軍事機構鎮戍，長官即鎮將，或曰鎮主，次爲副將。

霸丘縣，史亦無載，疑即魏東清河郡所統貝丘縣之訛寫。如北齊武平四年（573）《赫連子悦墓誌》"改食貝丘縣幹"[①]，固原出土北周建德四年（575）《田弘墓誌》"次息大都督、貝丘縣開國侯備"[②]。

史載西魏末年亦有一位平高縣令，即李穆兄李遠之子李植，參詳開皇二年（582）《李令穆墓誌磚》。以開皇三年（583）卒年七十七歲推之，閻顯任平高縣令應在西魏、北周時期。

誌曰閻顯開皇三年（583）卒，開皇二十年（600）與夫人劉氏"合葬咸陽鄉具斤里費巔山南烏尼川內"。咸陽鄉，見1987年固原縣南郊鄉出土大業六年（610）《史射勿墓誌》"葬于平涼郡之咸陽鄉賢良里"[③]，大業六年（610），原州已改平涼郡。故《閻顯墓誌》之"咸陽鄉"與《史射勿墓誌》之"平涼郡之咸陽鄉"應爲一地。由是又可推定《閻顯墓誌》的出土地亦當在固原縣南郊一帶。至於"具斤里"、"費巔山"與"烏尼川"三地名，尚無從徵諸史籍而可補隋代固原地方山川鄉里名目。

---

① 趙力光：《鴛鴦七誌齋藏石》，西安：三秦出版社，1995年，第160頁。
② 毛遠明：《漢魏六朝碑刻校注》第10冊，北京：綫裝書局，2008年，第287頁。
③ 王其禕、周曉薇：《隋代墓誌銘彙考》第4冊，北京：綫裝書局，2007年，第188頁。

○九○　吴通暨妻謝氏墓誌

【基本信息】

吴通暨妻謝氏墓誌，出土於河南洛陽，誌石今存民間。誌文 14 行，滿行 15 字，首行題篆書，誌文正書，有方界格。蓋題 9 字，3 行，每行 3 字，陽文篆書，有方界格。誌石拓本長寬均 57 釐米。誌文四周環刻卦象符號，並四面穿插刻"甲乙丙丁庚辛壬癸"八個干支文字，而闕"戊己"二字。誌蓋覆斗形，盝頂長寬均 48 釐米。蓋題界格中陰刻兩行文字："萃，六月卦，大吉之。謙，九月卦。葬後壹遷捌百年，吴奴子所發掘。誡吴奴子：厚葬之，得大吉昌。"誌蓋盝頂左右各有一鐵質提環。墓誌圖文載在趙君平、趙文成《秦晉豫新出墓誌蒐佚》①，王連龍《新見隋唐墓誌集釋》②，齊運通、楊建鋒《洛陽新獲墓誌二○一五》③。研究參詳王連龍《隋吴通墓誌道教文化內涵考論》④。

【誌蓋】

大隋故吴明府墓誌銘

【誌文】

大隋洺州廣年縣令故吴明府墓誌銘

天帝告地下塚中王氣、五方諸神、趙子都等，大隋開皇廿年歲次庚申十月丁巳朔廿九日乙酉，君諱通，字僧伽，勃海安陵人也。祖宜，趙州司馬；父齋，幽州長史。君齊徐州散騎，開皇三年敕使郜陽公梁子恭版授洺州廣年縣令，至十七年九月邁疾，春秋八十有八，終於家第，與夫人謝氏葬於洛城西南十里營墳。恐谷徙山移，乃爲刊記：

生值清真之氣，死歸玄當瘞身，冥鄉潛寧，澄虛辟行，諸禁諸忌，不得妄爲，害氣當令於後，見世子孫昌熾，文詠九功，武備七德，生生富貴，興王無窮。壹如土下，九天律令。

【疏證】

此墓誌行文內容頗似告地冊、鎮墓文一類，故其道教色彩極爲濃厚。隋開皇二十年（600）《馬穉暨妻張氏墓誌》文字與此頗相近似。趙子都即趙公明，爲魏晉時期道教所崇奉的督鬼之神。王連龍嘗撰文《隋吴通墓誌道教文化內涵考論》，主要就墓誌所反映出的道教文化內涵進行了分析和溯源。又推測《吴通墓誌》所反映出的道教文化內涵的形成緣由有二："一，道教參與喪葬活動由來已久，墓誌與鎮墓文結合有其歷史淵源；二，隋初

---

① 趙君平、趙文成：《秦晉豫新出墓誌蒐佚》第 1 册，北京：國家圖書館出版社，2011 年，第 92 頁。
② 王連龍：《新見隋唐墓誌集釋》，瀋陽：遼海出版社，2015 年，第 12—19 頁。
③ 齊運通、楊建鋒：《洛陽新獲墓誌二○一五》，北京：中華書局，2017 年，第 56 頁。
④ 王連龍：《隋吴通墓誌道教文化內涵考論》，《世界宗教研究》2011 年第 4 期，第 65—68 頁。

道教興盛，茅山宗的上清法經北傳，並逐漸成爲北方道教主流，加之吳通本人信奉道教，故其墓誌刊刻取法道教經典"，反映了隋初洛陽地區民間信仰的原貌及道教文化因素對喪葬風氣的影響。

誌主吳通及其"祖宜，趙州司馬；父齋，幽州長史"，史傳無載。

誌題"大隋洺州廣年縣令故吳明府墓誌銘"，誌文亦曰"開皇三年敕使邰陽公梁子恭版授洺州廣年縣令"，據《周書》卷6《武帝紀下》載，宣政元年（578）春正月"壬午，行幸鄴宮。分相州广平郡置洺州"。《隋書》卷30《地理志中》武安郡小注曰"後周置洺州"，且隋代改州爲郡在大業三年（607），可證洺州之設始自北周末而沿用到隋大業初年。但洺州統縣無廣年，則以廣年屬洺州是否屬實，還需考證。又見隋大業六年（610）《□墮暨妻趙氏墓誌》曰"開皇元年，蒙詔版授洺州曠年縣令"①，或可證明入隋後洺州依然存在，且確有統縣在開皇年間曰"廣年"，而在大業年間則或許因爲避煬帝名諱而改做"曠年"焉。以邰陽公梁子恭爲版授使者，亦可與正史互證。《隋書》卷73《趙軌傳》載："高祖受禪，轉齊州別駕，有能名。……在州四年，考績連最。持節使者邰陽公梁子恭狀上，高祖嘉之，賜物三百段，米三百石，徵軌入朝。"②《舊唐書》卷188《張公藝傳》："鄆州壽張人張公藝，九代同居。北齊時，東安王高永樂詣宅慰撫旌表焉。隋開皇中，大使、邵陽公梁子恭亦親慰撫，重表其門。"③唐書之"邵陽公"當爲"邰陽公"之訛。史載梁子恭在隋開皇中作爲使者對孝友、循吏進行表狀、慰撫活動，《吳通墓誌》則又記述了梁子恭作爲使者版授縣令之事。墓誌所見版授大使還有北齊武平二年（571）《常文貴墓誌》曰"大齊天保七年，旨遣杜尚書板除兗州嬴縣令"④，隋開皇四年（584）《韓貴和墓誌》曰"開皇三年，蒙時儀同三司、司農少卿、大使、南皮縣開國伯臣違瓚授荊州刺史。年九十一，以今開皇四年三月廿八日薨"⑤。

誌云吳通"字僧伽，勃海安陵人也"。勃海即渤海。《元和姓纂》卷3"吳姓"有"渤海"一房："芮後。齊道州別駕安誕，居鄴縣。五世孫道師，唐吏部侍郎。孫納，安州刺史。又考功員外郎安慶，亦稱渤海人。"⑥從齊道州別駕安誕之後再無記敘便一直進入唐，今據此誌可補渤海安陵吳通。安陵，《晉書》卷14《地理志上》："冀州渤海郡有东安陵縣。"⑦《魏書》卷106《地形志上》渤海郡有安陵縣，小注云："晉置，屬。"⑧《隋書》卷30《地

---

① 王其禕、周曉薇：《隋代墓誌銘彙考》第4冊，北京：綫裝書局，2007年，第95頁。
② 《隋書》卷73《趙軌傳》，北京：中華書局，1973年，第1678頁。
③ 《舊唐書》卷188《張公藝傳》，北京：中華書局，1975年，第4920頁；《新唐書》卷195《張公藝傳》略同。
④ 王敏之：《黃驊縣北齊常文貴墓清理簡報》，《文物》1984年第9期，第39—42頁。
⑤ 王其禕、周曉薇：《隋代墓誌銘彙考》第1冊，北京：綫裝書局，2007年，第125頁；羅新、葉煒《新出魏晉南北朝墓誌疏證》修訂本，北京：中華書局，2016年，第333頁載："違瓚，不見於正史。但《隋書》卷24《食貨志》記隋開皇三年時有倉部侍郎，名韋瓚。韋瓚是唐韋湊之曾祖，在《新唐書》卷74上《宰相世系表四上》中記爲'隋倉部侍郎、尚書右丞、司農卿、南皮縣伯'，又獨孤及《韋繢神道碑》有'隨倉部侍郎南皮公瓚'。因此，墓誌之'違瓚'即'韋瓚'無疑。又因墓誌刻於開皇四年，我們由此可知韋瓚在開皇三或四年的確切結銜。"
⑥ ［唐］林寶撰、岑仲勉校記：《元和姓纂（附四校記）》卷3，北京：中華書局，1994年，第285頁。
⑦ 《晉書》卷14《地理志上》，北京：中華書局，1974年，第424頁。
⑧ 《魏書》卷106《地形志上》，北京：中華書局，1974年，第2464—2465頁。

理志中》平原郡東光縣小注云:"舊置渤海郡,開皇初郡廢。九年置觀州,大業初州廢,又並安陵入焉。"①則墓誌云渤海安陵,以晉、魏舊置稱焉。《元和姓纂》記吳氏房分還有濮陽、陳留兩房,而隋墓誌所見吳氏分支又有開皇七年(587)《吳素暨妻樊氏墓誌》"君諱素,字白兒,蒲州蒲坂人也",開皇九年(589)《楊君妻吳女英墓誌》"夫人諱女英,徐州彭城人,吳太伯之後",大業四年(608)《吳嚴暨妻眭氏墓誌》"君諱嚴,字長威,家本安陵。七世祖規,爲趙郡太守,封宋子侯。因封,遂爲宋子人也",大業十一年(615)《吳弘暨妻高氏墓誌》"君諱弘,字大女,京兆大興人也"②。可知吳氏在隋代除郡望"渤海安陵"以外的分支尚多。

---

① 《隋書》卷 30《地理志中》,北京:中華書局,1973 年,第 845 頁。
② 上舉四種墓誌分別載王其禕、周曉薇:《隋代墓誌銘彙考》第 1 冊,北京:綫裝書局,2007 年,第 221、281 頁;王其禕、周曉薇:《隋代墓誌銘彙考》第 3 冊,北京:綫裝書局,2007 年,第 339 頁;王其禕、周曉薇:《隋代墓誌銘彙考》第 5 冊,北京:綫裝書局,2007 年,第 33 頁。

〇九一　張蔭暨妻羊氏墓誌

【基本信息】

張蔭暨妻羊氏墓誌，出土於甘肅張掖市，誌石今存民間。誌文共 18 行，滿行 15 字，正書，有方界格。誌文末三行刻在墓誌蓋背面。誌石長寬均 42 釐米，呈几案形，有四足，每側形如壺門。誌蓋覆斗形，長寬均 42.5 釐米，盝頂長寬均 27 釐米，盝頂正中爲減底浮雕卷龍紋圖案。墓誌圖文並研究參詳張婷、張寧《新見一方隋代墓誌》[1]，王連龍《新見隋唐墓誌集釋》[2]。

【誌文】

君諱蔭，字士茂，南陽河北人也。自留侯受律，旌火德之奇；博望尋何，表金方之異。窮天極曆，盖後漢無傳；報信懷仁，即前凉有主。本枝百葉，軒冕相尋，世軌家風，於今猶屬。祖興，勳高望重，剖符本郡。父蔭，鄙於遠官，俯就州都。君勇劣一夫，不希擊劍，坐忻重席，每想帶經。數載下帷，未曾念禄。州頻徵辟，始爲主薄。然忝往否來，非物能易，哲人其逝，何革於今，身從王事，遠居張掖。去天和二年十月九日邁疾，薨於家寢，時年五十三。夫人羊氏，霜質先謝。息惠顏，自抑哀情，不至滅性。以開皇廿年十月廿九日合葬於禾平鄉什善里。僚友僉議，鐫石志之，其詞曰：
爰有俊傑，喜怒不形。文才學就，篤信天成。人生詎幾，天道虛盈。奄從玄夜，親賓涕零。

【疏證】

誌主張蔭與其父張興皆不載於史。墓誌記述先祖謂有"留侯""博望"者，"留侯"即西漢之張良，"博望"侯即西漢之張騫。又謂"前凉有主"，即指張氏建立的前凉王朝，定都姑臧（今甘肅武威）。前凉爲漢族政權，則南陽河北人張蔭家族或與前凉張氏同宗，即如墓誌所言"本枝百葉，軒冕相尋，世軌家風，於今猶屬"是也。

誌主爲張蔭，而誌文則稱"父蔭"，蓋墓誌是以蔭子身份撰寫，誌文又曰"僚友僉議，鐫石志之"，可知墓誌爲張蔭之子延請父親的僚友來幫助寫刻的。"南陽河北"當指南陽郡內的白河以北地區，而非是南陽郡河北縣，緣北朝未見有縣一級行政設置稱"河北"者。

誌云張蔭"鄙於遠官，俯就州都。君勇劣一夫，不希擊劍，坐忻重席，每想帶經。數載下帷，未曾念禄。州頻徵辟，始爲主薄"。是謂張蔭不願去邊遠地區任官，只願任本州州都。且不擅長習武，唯喜研讀經書。又多年以教書爲業，不追求做官。後爲州府徵辟，便做了主薄。意在褒揚張蔭淡泊名利、潛心學問的品質。

---

[1] 張婷、張寧：《新見一方隋代墓誌》，《中國文物報》2008 年 9 月 24 日，第 6 版。
[2] 王連龍：《新見隋唐墓誌集釋》，瀋陽：遼海出版社，2015 年，第 20 頁。

誌云"身從王事，遠居張掖"，北周天和二年（567）薨于家寢，至隋開皇廿年（600）與妻羊氏"合葬於禾平鄉什善里"，以此墓誌出土於今張掖市，亦即隋代張掖郡張掖縣所在地，可以推測"禾平鄉什善里"當即隋代張掖縣所轄鄉里。

　　《張蔭墓誌》誌石形制最有特徵，誌石四側各鏤空一個壺門，形狀如同一面有足的石几，誌蓋盝頂正中減底浮雕一條團龍，此種墓誌石造型與團龍紋樣爲隋代墓誌乃至中古時期墓誌中所僅見。隋代所見此類高浮雕动物圖案的墓誌蓋還有山西襄垣出土的大業三年（607）《浩喆墓誌》，墓誌石外形呈一圓雕烏龜形象，下爲龜身形石函，上爲龜甲形誌蓋，首尾通長一米，蓋頂正中浮雕一隻龍形小獸，刊刻誌文的長方形石塊則嵌在龜身形石函中。從造形效果和藝術結構上看，亦顯得新穎奇特、與衆不同。又有河南洛陽出土的開皇四年（584）《楊居墓誌》[①]，墓誌"蓋鐫一兔，首尾四足畢具，古誌中殊罕見"[②]。可知這種在墓誌蓋上浮雕動物圖案僅僅是一種吉祥的文化寓意。又，北朝時期的北方特別是河西與陝甘地區還時有所見小體量的碑形墓誌，有些碑首還雕刻有簡捷的螭首紋飾，那麼《張蔭墓誌》誌蓋盝頂的團龍刻飾，或許也是刻意將碑形螭首移於方形誌蓋的一種遺制。

　　近年又見此墓誌有翻刻本流於坊間，翻本的特徵是無誌蓋與誌蓋背面的三行誌文，值得注意。

[①] 上舉兩方墓誌載王其禕、周曉薇：《隋代墓誌銘彙考》第 3 冊，北京：綫裝書局，2007 年，第 223 頁；王其禕、周曉薇：《隋代墓誌銘彙考》第 1 冊，北京：綫裝書局，2007 年，第 120 頁。

[②] 趙萬里：《漢魏南北朝墓誌集釋》第 2 冊，北京：科學出版社，1956 年，第 80 頁上。

○九二　范宏暨妻李氏墓誌

【基本信息】

范宏暨妻李氏墓誌，出土於西安市南郊長安區，誌石今存民間。誌文 32 行，滿行 32 字，正書，有方界格。誌石長 57 釐米、寬 58 釐米。墓誌圖文載在劉文《陝西新見隋朝墓誌》①。

【誌文】

隋故開府儀同三司武衛大將軍臨洮縣開國侯范公墓誌
公諱宏，字元洪，順陽汝南人也。封唐啓胄，事夏開基，會反國而晉昌，增去朝而楚滅。亦有宗資作守，委以治民。王澄行部，歎之興族。或清源是導，乍茂葉彼分。史册葳蕤，可略言也。祖提，并州刺史。父遷，太原太守。竝闈庭樹行，廊庙立功。布政則流惠百城，□戎乃決勝千里。公克纂華緒，式標遠致。梁道弱歲，早懷將帥之規；元夏稚年，便聞□佐之目。齊神武皇帝肇合諸侯，已地符之是楎，且天綱之言抗。公亦凤韜龍韜，思逢鳳曆。既致招弓之舉，仍受分麾之寄。亟展嘉庸，累昇榮爵。起家奉朝請，遷虎賁中郎將，頻除安遠將軍、安東將軍、銀青光禄大夫，封千乘縣散伯、鎮東將軍、金紫光禄大夫、襄威將軍、武陽縣開國男。既而謳歌去魏，獄訟在齊，選賢與能，設官分職，授公使持節、都督南梁州諸軍事、車騎將軍、南梁州刺史、親信都督，進爵爲子。昔之監郡，止御史之所司；今則典州，逾大夫之奉使。兼崇嘉号，允酬英節。又領左右大都督。茹茹敢懷叛换，輕肆憑陵。公受詔出師，長驅深踐。摧其南下之略，息此北顧之憂。勳懋前登，賞延後命，授假儀同三司、食真定縣幹。皇建元年，授儀同三司、加豐陽縣男，增邑六百戶。其年，進位上儀同三司，□年出爲南汾州諸軍事南汾州刺史。旌麾言邁，條教乃陳。甘雨何止於徐蕃，惠風豈唯於交鎮。于時車書未混，兵甲方脩。秦將申九攻之奇，洛城致三板之急。公裁承羽檄，仍麾羽扇，勍[□]俄殄，徽册遽臻。詔授開府儀（同）三司、武衛大將軍、臨洮縣開國侯。爪牙之任已隆，股肱之情方竭。而世非有道，時方無妄。太□臨朝，淫刑以逞，黃門郎高伏護從幸并州，聊因輕譬，將貽重辟。公蹈兹水火，冒此雷霆。庶追慶忌，獲免朱游之戮；遂等左儒，翻同杜伯之命。杵臼輓相，桃李何言。時天統元年八月廿七日，春秋五十三。嗚呼，公地義之情，見稱鄉黨；天倫之至，歸美縉紳。深明玉帳之符，洞該金匱之略。書記之敏，十吏可占；弧矢之工，百發能中。兼資文武，其在斯歟？夫人李氏，隴西狄道人也。爰初在室，葳圖已鏡。亦既言歸，醴酗咸理。初拜政和縣君，又授樂平郡君。孟母之德，徒曰可遵；邢妻之壽，竟其難遂。自本朝傾覆，諸子播遷。霜露之痛乃深，日月之時未展。第七子伏陁，孝于惟孝。以爲崔瑗之墳，匪歸鄉里；杜預之隴，唯瞻宫闕。

---

① 劉文：《陝西新見隋朝墓誌》，西安：三秦出版社，2018 年，第 58 頁。

况復昔之故國，久自丘墟；今所徙家，即鄴城雉。於是奉遷靈柩，爰窆神京。粤以大隋開皇廿年歲次庚申十一月丙戌朔十一日丙申，永卜於雍州大興縣洪固鄉冑貴里，禮也。嗚呼哀哉，乃爲銘曰：

徐稱冠冕，班号羽儀。何宗佩印，蔡氏刊碑。雖言顯盛，未若靈奇。世禄攸纂，家風匪虧。
惟公繼美，淵渟岳峙。行著州閭，才雄邑里。結綬從官，濯纓來仕。譬羽鷯鴻，方材杞梓。
懷戎慷慨，臨戎慷慨。威震金墉，聲馳玉塞。五營十部，揚麾鳴珮。御下匪苛，治民唯□。
威儀濟濟，器宇堂堂。徒懷松質，竟折蘭芳。人遭世故，世逐人亡。舊京蕪沒，幽隴荒□。
□占宅兆，式遵礼制。黃壚重闚，丹旐且曳。山靜鳥喧，河遥草細。今來古往，佳城□□。

【疏證】

　　范宏及其祖范提、父范遷、第七子范伏阤，史傳皆無載。據誌載"齊神武皇帝肇合諸侯，已地符之是椐，且天綱之言抗"，又云"公亦夙韞龍韜，思逢鳳曆"，則知范宏起家任奉朝請，遷虎賁中郎將，頻除安遠將軍、安東將軍、銀青光禄大夫，封千乘縣散伯、鎮東將軍、金紫光禄大夫、襄威將軍、武陽縣開國男等職，均在東魏，後面幾任猶在武定末年。千乘縣，《魏書》卷 106 中《地形志二中》青州樂安郡領縣有千乘縣，小注曰："前漢屬千乘，後漢屬，晉罷，後復屬。"①《隋書》卷 30《地理志中》北海郡有千乘縣小注云："舊置樂安郡，開皇初郡廢。"②誌云："既而謳歌去魏，獄訟在齊，選賢與能，設官分職，授公使持節、都督南梁州諸軍事、車騎將軍、南梁州刺史，親信都督，進爵爲子。"則入北齊後在天保元年（550）至天保四年（553）之間，范宏因賢能而擔任如上職任。誌云："又領左右大都督。茹茹敢懷叛換，輕肆憑陵。公受詔出師，長驅深踐。摧其南下之略，息此北顧之憂。勳懋前登，賞延後命，授假儀同三司、食真定縣幹。"誌所云茹茹叛換與范宏受詔出師之事應頻頻出現在天保五年（554）至天保六年（555）之間。《北齊書》卷 4《文宣帝紀》載"（天保五年）三月，茹茹庵羅辰叛，帝親討，大破之，辰父子北遁"。"夏四月，茹茹寇肆州。丁巳，帝自晋陽討之，至恒州黃瓜堆，虜騎走。時大軍已還，帝率麾下千餘騎，遇茹茹別部數萬，四面圍逼。帝神色自若，指畫形勢，虜衆披靡，遂縱兵潰圍而出。虜乃退走，追擊之，伏尸二十里，獲庵羅辰妻子及生口三萬餘人"。到了五月"丁未，北討茹茹，大破之"。六月，"茹茹率部衆東徙，將南侵。帝率輕騎於金山下邀擊之，茹茹聞而遠遁"。天保六年（555）六月"丁卯，帝如晋陽。壬申，親討茹茹"。"秋七月己卯，帝頓白道，留輜重，親率輕騎五千追茹茹。壬午，及於懷朔鎮。帝躬當矢石，頻大破之，遂至沃野，獲其俟利薄焉力婁阿帝、吐頭發郁久閭狀延等，並口二萬餘，牛羊數十萬頭。茹茹俟利郁久閭李家提率部人數百降。壬辰，帝還晋陽"。③則范宏因參加了以上幾次或其中幾次討伐茹茹的戰役，而得到勳職食邑。誌云"黃門郎高伏護從幸并州，聊因輕疊，將貽重辟。公蹈兹水火，冒此雷霆。庶追慶忌，獲免朱游之戮；遂等左儒，翻同杜伯之命"。

---

① 《魏書》卷 106 中《地形志中》，北京：中華書局，1974 年，第 2523 頁。
② 《隋書》卷 30《地理志中》，北京：中華書局，1973 年，第 860 頁。
③ 《北齊書》卷 4《文宣帝紀》，北京：中華書局，1972 年，第 58、60 頁。

高伏護，《北齊書》《北史》皆有傳。《北齊書》卷 14《長樂太守靈山傳附嗣子伏護傳》云："長樂太守靈山，字景嵩，神武族弟也。……子懿，卒於武平鎮將，無子，文宣帝以靈山從父兄齊州刺史建國子伏護爲靈山後。伏護，字臣援，粗有刀筆。天統初，累遷黄門侍郎。伏護歷事數朝，恒參機要，而性嗜酒，每多醉失，末路逾劇，乃至連日不食，專事酣酒，神識恍惚，遂以卒。贈兗州刺史。"①其職任黄門侍郎與誌合，且傳云其"性嗜酒，每多醉失"，與誌載"聊因輕豐，將貽重辟"聯繫起來分析，或可知因高伏護的失言觸怒皇帝，范宏爲其辯護而受到牽連。誌云"自本朝傾覆，諸子播遷"，因而只有"第七子伏陁，孝于惟孝"。又"況復昔之故國，久自丘墟；今所徙家，即鄰城□。於是奉遷靈柩，爰窆神京。粤以大隋開皇廿年歲次庚申十一月丙戌朔十一日丙申，永卜於雍州大興縣洪固鄉胄貴里"。因爲故國家鄉已經荒蕪，於是遷徙到長安。又將靈柩運來，葬在大興縣洪固鄉胄貴里。胄貴里，參詳開皇六年（586）《韋壽妻史世貴墓誌》。所謂"永卜"，當是將范宏與妻李氏一並合葬焉。

---

① 《北齊書》卷 14《長樂太守靈山傳附嗣子伏護傳》，北京：中華書局，1972 年，第 189 頁。

○九三　陳暉暨妻劉氏墓誌

【基本信息】

陳暉暨妻劉氏墓誌，出土於河南洛陽，2007 年入藏大唐西市博物館。誌文 18 行，滿行 18 字，正書，有方界格。蓋題 9 字，3 行，每行 3 字，陽文隸書。誌石長 43 釐米、寬 43.5 釐米、厚 8 釐米，四側素面。誌蓋覆斗形，四殺素面，尺寸不詳。墓誌圖文載在胡戟、榮新江《大唐西市博物館藏墓誌》①。

【誌蓋】

齊殿內將軍陳君墓誌

【誌文】

君諱暉，字元朗，許昌人也。唐勛禪曆，聖德乃昌；媯滿啓祀，洪流遂遠。暨乎公子出或，八世擅𠫵；丞相宏謀，六奇佐漢。復有祝阿勇鋭，功配列星；校尉智能，誅加絕域。豈止太傅謇諤，太丘道義而已乎。祖安，騎都尉。父通，趙郡太守。君至性恭孝，禀懷正直，不言非法，不友非類，信義皎然，風神卓尒。有𠫵之始，徵授殿內將軍。𠫵亡，謝病告歸田里。開皇十年七月十三日卒於其第，時年七十七。夫人弘農劉氏，三河右族，百葉承芳。志操俱勝，風儀獨遠。事夫涕規，育子胎教。玉德內潤，金聲外發。爰配吉人，宣宜偕老。仁壽元年二月五日，謝生於世，春秋八十。其年三月廿六日合葬於洛城之右，乃俾懂哀孝子，空望屺岵之山；叡達書生，強記公卿之地。其詞曰：

黃虞胄緒，焱漢枝枚。珠光並耀，劍氣雙開。悕言樹靜，忽見山頹。魄復永去，魂招詎來。幽幽閽室，寂寂虛臺。荒凉日惜，瑟泪風哀。日駒徒繫，黃鳥空栽。嗚呼君子，何痛之哉。

【疏證】

"或"爲"國"之古文，"𠫵"爲"齊"之古文。

陳氏出自媯姓，周武王封舜後胡公滿於陳，以國爲氏，後爲楚所滅。公滿九世孫厲公他生公子完，《史記》卷 32《齊太公世家第二》云："（桓公）十四年，陳厲公子完，號敬仲，來奔齊。齊桓公欲以爲卿，讓；於是以爲工正。"②墓誌曰"公子出或，八世擅𠫵"，當是泛指，爲與下文"六奇"對句。"丞相""佐漢"，指西漢開國功臣曲逆侯陳平，嘗爲高祖獻六奇之策，文帝時爲丞相。誌云"復有祝阿勇鋭，功配列星；校尉智能，誅加絕域。豈止太傅謇諤，太丘道義而已乎"，通過後漢時期四位名人典故，説明先祖陳氏在東漢的舉足輕重。祝阿，指東漢陳俊，《後漢書》卷 18 有傳，記其在建武十三年（37）"定封祝

---

① 胡戟、榮新江：《大唐西市博物館藏墓誌》上册，北京：北京大學出版社，2012 年，第 44 頁。
② 《史記》卷 32《齊太公世家第二》，北京：中華書局，1959 年，第 1488 頁。

阿侯"。光武帝時陳俊任强弩將軍,作戰勇鋭,所向披靡。曾"擊銅馬於清陽",又"别擊金門、白馬賊於河内""轉徇汝陽及項,又拔南武陽",之後"爲琅邪太守,領將軍如故。齊地素聞俊名,入界,盗賊皆解散"①。"永平中,顯宗追感前世功臣,乃圖畫二十八將於南宫雲臺"②,其名单中有"琅邪太守祝阿侯陳俊"。這也正是《陳暉墓誌》云其"功配列星"的缘故。校尉指陳禪,順帝時遷任司隸校尉,《後漢書》卷51有傳:"時漢中蠻夷反畔,以禪爲漢中太守。夷賊素聞其聲,即時降服。……會北匈奴入遼東,追拜禪遼東太守。胡憚其威彊,退還數百里。禪不加兵,但使吏卒往曉慰之,單于隨使邊郡。禪於學行禮,爲説道義以感化之。單于懷服,遺以胡中珍貨而去。"③因此《陳暉墓誌》云其"智能""殊加絶域"。太傅指陳蕃,《後漢書》卷66有傳:"太傅陳蕃,輔弼先帝,出内累年。忠孝之美,德冠本朝;謇諤之操,華首彌固。"④這也正是《陳暉墓誌》云其"謇諤"的來由。太丘指陳寔,《後漢書》卷62有傳。其處事"可謂善則稱君,過則稱己者也"⑤,由是天下服其德,成爲表率人物,"文爲世範,行爲士則"。因此《陳暉墓誌》云其"道義"。

誌主陳暉及其祖陳安、父陳通,史傳皆無載。據誌知其祖曾任"騎都尉",其父曾任"趙郡太守"。陳暉在齊初曾"徵授殿内將軍",齊亡,"謝病告歸田里"。夫人弘農劉氏,誌稱"三河右族,百葉承芳",是謂聯姻弘農劉氏爲世家大族。

---

① 《後漢書》卷18《陳俊傳》,北京:中華書局,1965年,第689—691頁。
② 《後漢書》卷22《朱景王杜馬劉傅堅馬列傳》"論曰",北京:中華書局,1965年,第789—790頁。
③ 《後漢書》卷51《陳禪傳》,北京:中華書局,1965年,第1684—1685頁。
④ 《後漢書》卷66《陳蕃傳》,北京:中華書局,1965年,第2168頁。
⑤ 《後漢書》卷62《陳寔傳》,北京:中華書局,1965年,第2056頁。

〇九四　毛護墓誌

【基本信息】

　　毛護墓誌，出土於西安市長安區，誌石今存民間。誌文28行，滿行28字。正書，有方界格。誌石拓本長寬均51.5釐米。墓誌圖文載在劉文《陝西新見隋朝墓誌》①，研究參詳王其禕、周曉薇《長安新出隋仁壽元年〈毛護墓誌〉小考》②。

【誌文】

大隋韓州司功參軍事龍溪縣開國公故毛府君墓誌文
君諱護，字恭仁，滎陽陽武人也。河間博士，治詩漢朝；平原賓客，論從楚殿。清徽傳於遂古，茂緒盛於當今。祖稱，齊散騎常侍、尚書主客侍郎。考栖忠，梁寧遠河東王諮議、尚書比部侍郎。並思悟清遠，剛簡貞亮。冠冕縉紳，羽儀人物。君禀靈岳瀆，幼挺珪璋。松栢未高，已有凌雲之質；鴻鶴雖小，便懷江海之心。故能夙著風猷，早摽令望。陳孝宣皇帝龍德在田，出質荊陝，以君才望清敏，特使倍從，江陵淪覆，俱陷關西。君既審識帝真，深盡情分，及宣帝反國，嗣保洪基。疏爵冊勳，用旌厥善。以君有勞羇絏，遂啓溫原，乃除河東王國左常侍，封龍溪縣開國伯，食邑五百戶，錫茲青土，樹屏東藩，秉彼身珪，式趨左棘。俄遷海塩縣令，轉鄱陽王記室參軍，允製錦之能，膺榜道之選，韓稜之治，黿不傷禾；陳琳之才，文能愈疾。入爲尚書度支侍郎，握蘭香於丹墀，振長纓於禮閣。金陵帝城，人物殷阜，五方輻湊，寔曰難治。迺以君爲招遠將軍、秣陵縣令。君舉直厝枉，求馬問羊，吏畏其威，民懷其德。董宣聰察，桴鼓不鳴；祝良至誠，滂沱下雨。尋除散騎侍郎，轉鎮南岳陽王諮議參軍。悵望梁臺，優遊淄館，頡頏枚馬，趍步應徐。既屬海變桑田，楚材晉用。以開皇九年陳滅入京，仍補幽州摠管府參軍事。秩滿言歸，又補韓州司功參軍事。位倅四字，仍贊兩藩，有安期之表儀，無子荊之陵慠。既而逝水不停，飄風遂遠，空陳眄眩，無救膏肓，以廿年八月十日薨於任所。春秋六十有六。惟君識度弘雅，局幹開濟，強直以當官，莊敬以接物，弟兄邕穆，姜季江之共被；友朋信順，張元伯之無欺。加以孝性自然，率由天至，致養竭力，居喪過礼，可謂有始有卒，具儀不忒者乎。粵以仁壽元年歲次辛酉三月甲申朔廿九日壬子卜葬於雍州大興縣寧安鄉清福里之高陽原。人占兩從，龜筮雙吉，既無三百墮水，詎有三千見日，迺爲銘曰：
瓜瓞綿綿，文王孫子。本枝百世，慶隆万祀。仁感靈龜，恩隆素机。夫君穎拔，又鍾嘉祉。預執羈靮，非奉干戈。從巡天下，其功㝡多。祚茲茅土，著誓山河。文成莫改，來晚興哥。礼闈含香，西園愛客。寵深覆被，尊隆諷席。翼翼京畿，允茲治劇。無徵與善，遽悲過隙。

---

① 劉文：《陝西新見隋朝墓誌》，西安：三秦出版社，2018年，第66頁。
② 王其禕、周曉薇：《長安新出隋仁壽元年〈毛護墓誌〉小考》，西安碑林博物館：《碑林集刊》第21輯，西安：三秦出版社，2015年，第7—13頁。

風迴丹旐，路轉龍輴。送往如慕，既反如疑。樹高風急，山虛哭悲。有懷隨武，茲焉在茲。

【疏證】

首題稱"墓誌文"而不稱"墓誌銘"，特與衆不同。《元和姓纂》卷 5 "毛氏"："周文王第九子毛伯，受封毛國，因以爲氏。支孫爲周卿士。毛伯過、毛伯得，並毛公之後也。趙有毛遂。漢有毛公，治詩，趙人也，爲河間王博士。毛萇亦治詩，爲詁訓。"①《毛護墓誌》在叙其族源時追溯到戰國及漢，其曰"河間博士，治詩漢朝；平原賓客，論從楚殿。清徽傳於遂古，茂緒盛於當今"，"河間博士"即漢代毛萇，爲河間王劉德博士。"平原賓客"即戰國平原君賓客毛遂，嘗自薦出使楚國，使得趙楚合縱。《毛護墓誌》曰毛護爲"滎陽陽武人"，"滎陽"即滎陽之別，《元和姓纂》記毛氏郡望有滎陽、河陽、北地三房，毛護家族所屬即滎陽房。

一、史誌所載毛護祖、父職官及其三兄弟年資行第

誌云："祖稱，齊散騎常侍、尚書主客侍郎。考栖忠，梁寧遠河東王諮議、尚書比部侍郎。"毛稱、毛栖忠，見載於《陳書》《南史》之《毛喜傳》。《陳書》卷 29《毛喜傳》："毛喜字伯武，滎陽陽武人也。祖稱，梁散騎侍郎。父栖忠，梁尚書比部侍郎、中權司馬。"②可知毛喜與毛護爲同胞兄弟。據毛喜本傳載其禎明元年（587）卒，時年七十二，再據《毛護墓誌》"以廿年八月十日薨於任所，春秋六十有六"推之，毛喜長於毛護，則毛喜爲兄，毛護爲弟。又，《隋書》卷 16《律曆志》載："開皇九年平陳後，高祖遣毛爽及蔡子元、于普明等，以候節氣。……令爽等草定其法。爽因稽諸故實，以著于篇，名曰《律譜》。其略云：……臣先人栖誠，學算於祖暅，問律於何承天，沈研三紀，頗達其妙。後爲太常丞，典司樂職，乃取玉管及宋太史尺，並以聞奏。詔付大匠，依樣制管。自斯以後，律又飛灰。侯景之亂，臣兄喜於太樂得之。"③"栖誠"即"栖忠"之避隋諱而改。因知毛爽亦爲毛喜弟。再據同書同卷載："至開皇初，詔太常牛弘，議定律吕。於是博徵學者，序論其法，又未能決。遇平江右，得陳氏律管十有二枚，並以付弘。遣曉音律者陳山陽太守毛爽及太樂令蔡子元、于普明等，以候節氣，作《律譜》。時爽年老，以白衣見高祖，授淮州刺史，辭不赴官。因遣協律郎祖孝孫，就其受法。"④開皇初年"爽年老"，若以古代七十曰老推之，則毛爽又長於毛護。唯誌云其祖毛稱爲齊散騎常侍，傳云毛稱爲梁散騎侍郎，據誌又可補其嘗任尚書主客侍郎一職。傳、誌均載毛栖忠任梁尚書比部侍郎，據誌又可補其嘗任梁寧遠河東王諮議一職。又據《隋書·律曆志》知毛栖忠任過太常丞，而史傳僅記其任梁中權司馬一職。

---

① [唐] 林寶撰、岑仲勉校記：《元和姓纂（附四校記）》卷 5，北京：中華書局，1994 年，第 563 頁。
② 《陳書》卷 29《毛喜傳》，北京：中華書局，1972 年，第 288 頁；《南史》卷 68《毛喜傳》，北京：中華書局，1975 年，第 1669 頁云："祖稱，梁散騎侍郎。父栖忠，中權司馬。"
③ 《隋書》卷 16《律曆志》，北京：中華書局，1973 年，第 395—396 頁。
④ 《隋書》卷 16《律曆志》，北京：中華書局，1973 年，第 391 頁。

二、史誌所見毛護父抴忠之"忠"字在隋代避諱例

前引《隋書·律曆志》毛爽《律譜》表奏云"臣先人抴誠",乃避隋文帝父楊忠諱而改"抴忠"爲"抴誠"。《隋書》中尚有數條用爲人名謚號而避諱"忠"字例,蓋皆爲唐人所疏於回改者。《隋書》卷2《高祖紀下》:"韓擒虎進師入建鄴,獲其將任蠻奴,獲陳主叔寶。"校勘記曰:"任蠻奴,即任忠。隋人諱'忠',改稱他的小字。"①《隋書》卷52《賀若弼傳》:"進屯蔣山之白土岡,陳將魯達、周智安、任蠻奴、田瑞、樊毅、孔範、蕭摩訶等以勁兵拒戰。"校勘記曰:"魯達、任蠻奴,《廿二史考異》:'《陳書》作"魯廣達",此避諱去一字。蠻奴本名"忠",亦避諱稱其小字。'"②上兩條可參《陳書》與《南史》之《任忠傳》。《隋書》卷46《張奫傳》載"與素破陳將吕仲肅於荊門",校勘記曰:"吕仲肅,張森楷《隋書校勘記》:'《陳書·陳慧紀傳》作"吕忠肅",《南史》作"吕肅",蓋本是"忠肅",隋人諱改或省。'"③此是因隋人避諱而改陳人吕忠肅復名爲單名例,又知改"忠"爲"仲"而不避同音一例。《隋書》卷79《高祖外家吕氏傳》:"至開皇初,濟南郡上言,有男子吕永吉,自稱有姑字苦桃,爲楊忠妻。"校勘記曰:"楊忠妻,'忠'原爲空格,各本多作'諱',今補'忠'字。"④此亦隋人諱"忠"之一證。只是既然"原爲空格",則各本多作標"諱"的形式,也許爲唐以後人所標。又《北史》卷72《李德林傳》亦有"(文)帝以之付晉王諱"一例⑤,蓋與此同式。《周書》卷25《李遠傳》載遠卒於周武帝建德元年(572),"謚曰忠。隋開皇初……改謚曰懷"⑥。則《隋書·律曆志》所載毛爽父名避諱事,又是一典型諱例。而在《毛護墓誌》中,則直書"考抴忠"未見避諱,其實也不足爲怪,梳理隋代墓誌銘,"忠"字不諱者有不止數十例之多。同樣檢對正史,《隋書》與《陳書》中亦得三條引徵隋人文字不避"忠"字例,如《隋書》卷62《梁毗傳》、《隋書》卷70《楊玄感傳》和《陳書》卷31《魯廣達傳》,此三例皆用爲常語,而非引經據典,故不當是唐人回改若以"誠"代"忠"之類。

因知,隋代避諱"忠"字多以"誠"字代換⑦,或省却"忠"字。而"忠"字雖爲正諱,猶有避與不避之矛盾並見於一時,特以當時石刻中及不用爲人名者不避爲多,蓋其時本無定規,誠所謂"寬嚴隨人意而異"。⑧

三、毛護在陳隋事迹略考

誌云:"陳孝宣皇帝龍德在田,出質荆陝,以君才望清敏,特使倍從,江陵淪覆,俱陷關西。"陳孝宣皇帝即陳高宗陳頊,《陳書》卷5《宣帝紀》:"高祖平侯景,鎮京口,

---

① 《隋書》卷2《高祖紀下》,北京:中華書局,1973年,第32、56頁。
② 《隋書》卷52《賀若弼傳》,北京:中華書局,1973年,第1344、1347頁。
③ 《隋書》卷46《張奫傳》,北京:中華書局,1973年,第1262、1264頁。
④ 《隋書》卷79《高祖外家吕氏傳》,北京:中華書局,1973年,第1788、1795頁;《北史·外戚傳》同。
⑤ 《北史》卷72《李德林傳》,北京:中華書局,1974年,第2507頁。
⑥ 《周書》卷25《李遠傳》,北京:中華書局,1971年,第422頁。
⑦ 復有一特例,即北魏酈道元注、王先謙校訂《水經注》卷40《漸江水》(成都:巴蜀書社,1985年,第605頁上)載:"'昔子胥亮于吴,而浮屍于江。'全氏(祖望)云:'陳人避諱改忠爲亮。'"以亮代忠者僅此一例,未詳確屬避諱否?
⑧ 周曉薇、王其褘:《片石千秋:隋代墓誌銘與隋代歷史文化》,北京:科學出版社,2014年,第71—75頁。

梁元帝徵高祖子姪入侍，高祖遣高宗赴江陵，累官爲直合將軍、中書侍郎。……及江陵陷，高宗遷于關右。"①毛護作爲特使陪從梁高宗事，與史載相合。《陳書》卷29《毛喜傳》云："喜少好學，善草隸。起家梁中衛西昌侯行參軍，尋遷記室參軍。高祖素知於喜，及鎮京口，命喜與高宗俱往江陵，仍敕高宗曰：'汝至西朝，可咨稟毛喜。'喜與高宗同謁梁元帝，即以高宗爲領直，喜爲尚書功論侍郎。及江陵陷，喜及高宗俱遷關右。"②則知毛護、毛喜兄弟倆是一同陪侍陳高宗出質，並在江陵淪陷後與高宗遷到關西。"江陵陷"發生在承聖三年（554）。③誌云"及宣帝反國""乃除河東王國左常侍，封龍溪縣開國伯，食邑五百戶"。河東王即陳叔獻，爲陳高宗第九子，"太建五年，立爲河東王"④。誌云"俄遷海塩縣令，轉鄱陽王記室參軍"，鄱陽王即陳世祖第三子陳伯山，天嘉元年（560）秋七月景辰，"立皇子伯山为鄱陽王"⑤。之後，毛護又任尚書度支侍郎、招遠將軍、秣陵縣令，尋除散騎侍郎，轉鎮南岳陽王諮議參軍，南岳陽王即陳叔慎，陳高宗第十六子，"太建十四年，立爲岳陽王，時年十一"⑥。開皇九年（589）隋滅陳，毛護依例進入長安，補任幽州摠管府參軍事。誌云："秩滿言歸，又補韓州司功參軍事。"是云毛護任期滿，想返回家鄉，而未被隋廷獲準，又補任韓州司功參軍事。隋廷不準毛護回國的原因推之大約有兩點：一是毛護兄弟曾在江陵陪侍過陳高宗。尤其是毛護的兄長毛喜，在陳曾任給事黃門侍郎，兼中書舍人，典軍國機密。太建十二年（580），加侍中。太建十三年（581），授散騎常侍、丹陽尹。遷吏部尚書，常侍如故。至德元年（583），授信威將軍、永嘉內史，加秩中二千石。⑦可知毛喜在陳朝是舉足輕重且有影響的人物，將毛喜的弟弟毛護留在長安附近任職，對於陳朝歸附的官員可以起到安撫作用。二是毛護的另一位兄長毛爽此時正被隋高祖徵用草定音律，著作《律譜》，表明隋高祖正如任用其他有家學淵源的梁陳士人一樣，憑藉他們來修訂禮樂，並用以系統建設和構架隋朝的文化制度。朝廷繼續任用毛護，也正表明隋高祖對南朝士人的重視，希望能憑藉他們的知識和文化涵養，來接續梁陳以及北齊的禮儀制度。

四、毛護葬地

誌云"粵以仁壽元年歲次辛酉三月甲申朔廿九日壬子卜葬於雍州大興縣寧安鄉清福里之高陽原"，"寧安鄉"，又見開皇十二年（592）《吕武暨妻宇文氏墓誌》"遂乃合葬于大興縣寧安鄉"⑧，此誌1957年出土於西安市東郊韓森寨，即隋代大興城東垣春明門外。

---

① 《陳書》卷5《宣帝紀》，北京：中華書局，1972年，第75頁。
② 《陳書》卷29《毛喜傳》，北京：中華書局，1972年，第388頁。
③ 《陳書》卷6《後主紀》，北京：中華書局，1972年，第105頁載："後主諱叔寶，字元秀，小字黃奴，高宗嫡長子也。梁承聖二年十一月戊寅生于江陵。明年，江陵陷，高宗遷關右，留後主于穰城。"《陳書》卷7《高宗柳皇后傳》，北京：中華書局，1972年，第129頁云："承聖二年，后生後主於江陵。明年，江陵陷，高宗遷于關右，后與後主俱留穰城。"
④ 《陳書》卷28《高宗二十九王·河東王叔獻傳》，北京：中華書局，1972年，第368頁。
⑤ 《陳書》卷3《世祖本紀》，北京：中華書局，1972年，第51頁。
⑥ 《陳書》卷28《高宗二十九王·岳陽王叔慎傳》，北京：中華書局，1972年，第371頁。
⑦ 《陳書》卷29《毛喜傳》，北京：中華書局，1972年，第389—390頁。
⑧ 王其禕、周曉薇：《隋代墓誌銘彙考》第2冊，北京：綫裝書局，2007年，第99頁。

唐代亦有寧安鄉，鄭熏撰《内侍省監楚國公仇士良神道碑》"以（會昌）四年正月二十三日歸葬于萬年縣寧安鄉鳳棲原社季村"[1]。據前賢考證，唐代寧安鄉是距離京城南壁啓夏門外最近之鄉。[2]再以唐代墓誌爲例，1956年西安市東郊韓森寨出土武德八年（625）《蘇永安墓誌》"合葬於雍州萬年縣寧安鄉"[3]，2001年西安市南郊雁塔區曲江鄉三兆村出土唐長慶三年（823）《劉安平墓誌》"歸葬于萬年縣寧安鄉三趙村"[4]。知隋代寧安鄉地理位置南北跨度或與唐代相當，即大興城外東南角一帶。"清福里"，迄爲僅見，可爲隋代大興城安寧鄉所轄里名增添一個新稱謂。

---

[1] ［宋］李昉等：《文苑英華》卷932，北京：中華書局，1966年，第4905頁。
[2] 武伯綸：《唐萬年、長安縣鄉里考》，《考古學報》1963年第2期，第90—91頁。
[3] 高峽：《西安碑林全集》卷73，廣州、深圳：廣東經濟出版社、海天出版社，1999年，第1864頁。
[4] 王育龍、程蕊萍：《西安南郊三兆村出土唐代墓誌舉說》，成建正：《陝西歷史博物館館刊》第12輯，西安：三秦出版社，2005年，第145頁。

○九五　柳機墓誌

【基本信息】

柳機墓誌，出土於西安市長安區少陵原，誌石今存民間。誌文 24 行，滿行 26 字，正書，有方界格。蓋題 16 字，4 行，每行 4 字，陰文正書，有方界格。誌石拓本長 49.5 釐米、寬 49 釐米。誌蓋覆斗形，誌蓋拓本盝頂高 42 釐米、寬 43 釐米。研究參詳王其禕、周曉薇《新見隋仁壽元年柳機墓誌考釋——兼爲梳理西眷柳氏主支世系及其初入關中躋身"郡姓"之情形》[①]。

【誌蓋】

大隋大將軍青州刺史建安簡公之墓誌

【誌文】

大隋使持節大將軍青州刺史建安簡公柳使君墓誌

公諱機，字匡時，河東解人。六世祖恭，河東郡守，秦、趙之際，南遷汝、潁。祖僧習，以魏景明元年與豫州刺史裴叔業據城歸魏，任銀青光祿大夫、楊州大平正。父慶，開府儀同三司、尚書左右僕射，周司會、平齊景公，其閥閱之美，詳於史傳。公即景公之世子，年十九，起家魯國公治記室曹。周保定元年任舍人，四年轉宣納上士。天和四年遷小內史，五年襲爵平齊縣開國公，邑一千五百戶，六年除使持節、車騎大將軍、儀同三司。建德元年除小納言，二年授太子宮尹，三年除春官吏部，增邑九百戶，并前二千四百戶，五年授開府儀同大將軍，六年拜司宗。宣政元年進位上開府儀同大將軍、少宗伯。大成元年治御正次大夫，仍少宗伯。大象元年治御正上大夫，尋除使持節華州諸軍事華州刺史，二年轉衛州刺史。大隋創曆，增啓河山。開皇二年進封澮州建安郡開國公，邑戶依舊。四年入爲納言，六年授華州刺史，七年遭母憂解任，八年起復華州刺史，九年除使持節冀州諸軍事冀州刺史，十三年在州邁疾，十四年還京，其年夏五月廿六日己未薨於京第，春秋五十有六，其年七月殯於雍州長安縣高陽原。仁壽元年秋七月詔贈使持節、大將軍、青州刺史。冊曰："維仁壽元年七月壬午朔，皇帝使尚書民部侍郎、判內史侍郎事袁知禮持節冊命，曰：'於戲，惟尒故上開府儀同三司建安郡開國公柳機，志度恢遠，風神爽悟，久侍軒墀，頻撫蕃岳，績宣內外，聲著朝野。奄從運往，有悼於懷，方即玄宮，永沈蒿里。宜加禮命，用申追錫。是用贈尒使持節、大將軍、青州諸軍事青州刺史，封如故，諡曰簡公。'魂而有靈，歆茲榮寵。"嗚呼哀哉，仍以其月廿八日遷厝於雍州大興縣洪原鄉延信里。

[①] 王其禕、周曉薇：《新見隋仁壽元年柳機墓誌考釋——兼爲梳理西眷柳氏主支世系及其初入關中躋身"郡姓"之情形》，杜文玉：《唐史論叢》第 19 輯，西安：三秦出版社，2014 年，第 221—243 頁。

【疏證】

與《柳機墓誌》同時同地出土的還有刊葬於唐貞觀九年（635）的柳機妻《建安國夫人李氏墓誌》，謹將誌文節略附錄如下：

> 大唐故隨納言建安國夫人李氏墓誌銘并序
>
> 夫人諱某，隴西成紀人也。祖琰之，魏尚書右僕射、荆州行臺，贈司徒。父惠，周開府儀同三司、洋州刺史、昌平縣開國公。（夫人）年甫十二，備禮言歸。周天和七年，建安公拜小內史，乃從夫貴，授安壽縣君。宣政元年，遷少宗伯，授常山郡君。隨開皇四年，遷爲納言，授建安國夫人。及長子尚書釐降帝女，中外姻戚，無非鼎望；合門侄娣，咸禀箴規。以大唐貞觀四年十一月十五日薨於京第，春秋七十有六。粵以八年歲次甲午十一月己亥朔四日壬寅祔葬於雍州萬年縣之少陵原。第三子滑州治中逵，第四子都水監丞逞等。①

"關中郡姓"滋生於長安，並在中古後期成爲西魏、北周、隋、唐之間政治集團的核心家族，其人文特質與社會地位，略如柳芳《氏族論》所言"關中之人雄，固尚冠冕，其達可與也"及"略伉儷、慕榮華"的定性。②的確，"氏族之盛，實系於冠冕"③，故此一時期的關中氏族門閥地位之高低，全以政治地位之高下爲依歸，亦即以其冠冕之高下爲崇重。

士族的中央化趨勢，在南北朝末期已然開始，至隋代則愈爲明顯，而關中與關外郡姓的形成理應是一個重要表徵。河東柳氏正是"關中郡姓"中的首望六姓或謂四姓之一④，對於其族系及其南遷北歸乃至西入關中、"萃處京畿"而趨於中央化過程的研究，近年以來的成果，似乎較多重視東眷的情形而較少關注西眷的脈絡⑤，即使涉及西眷也是多限於隋唐以後，且在材料的取用上亦未能適時且充分地摭拾新出墓誌這一類重要的文獻作爲理

---

① 據筆者自藏拓本著錄。
② 《新唐書》卷199《儒學·柳沖傳》，北京：中華書局，1975年，第5679頁。
③ ［宋］王溥：《唐會要》卷83《嫁娶》貞觀十六年六月詔，北京：中華書局，1991年，第1810頁。唐太宗又有"我今特定族姓者，欲崇重今朝冠冕……不須論數世以前，止取今日官爵高下作等級"之論，詳見《舊唐書》卷65《高士廉傳》，北京：中華書局，1975年，第2444頁。
④ 唐代更有將裴韋柳薛並稱爲關中四姓者，唐貞元元年（785）《唐絳州聞喜縣令楊君故夫人裴氏墓誌銘》云："裴氏其先，自周漢命氏，爰及晉魏，衣冠煒盛，八裴之稱，爲冠族歟。至於隋唐，蘊而不竭，與韋、柳、薛，關中之四姓焉。"詳見周紹良：《唐代墓誌彙編》下册，上海：上海古籍出版社，1992年，第1839頁。唐長慶二年（822）蕭泳撰《裴君夫人柳内則墓誌》載："大凡族氏之大，婚媾之貴，關外則曰李曰盧曰鄭曰崔，關中則曰裴曰韋曰柳曰薛。國朝差敘則先後有別，品藻則輕重甚明。其有本仁義雍和之教，稟閥閱相承之重，深敬祖始，不忘舊耦，則必慕族類而婚，依族類而嫁，使男得其配，女適其歸。"參詳趙文成、趙君平：《新出唐墓誌百種》，杭州：西泠印社，2010年，第268頁。
⑤ 對中古河東柳氏西眷東眷諸房支的政治史與社會史層面的研究，首推毛漢光《中國中古政治史論》與《中國中古社會史論》中的相關篇章最爲透徹。其他文章則有王炎：《河東望族柳氏考》，《晉陽學刊》1995年第6期；張燦輝：《南朝河東柳氏家族研究》，《晉陽學刊》1995年第6期；韓樹峰：《河東柳氏在南朝的獨特發展歷程》，《中國史研究》2000年第1期；張琳：《南朝時期僑居雍州的河東柳氏與京兆韋氏發展比較》，《武漢大學學報》（人文社會科學版）2000年第2期；李文才：《襄陽柳氏與南朝政治——南渡士族個案研究之一》，《大同職業技術學院學報》2000年第4期；李紅：《隋唐河東柳氏及其源流》，《山西師大學報》（社會科學版）2005年第4期；李紅：《唐代河東柳氏家族文化述略》，《晉陽學刊》2006年第2期；梁靜：《中古河東柳氏家族文化述略》，《山西師大學報》（社會科學版）2008年第3期；王永平：《南朝時期河東柳氏"東眷"之家族文化風尚述論》，《江蘇大學學報》（社會科學版）2008年第5期。

論支持。"柳族之分,在北爲高"①,所謂"在北"者,當即指柳氏西眷而言。因此,有必要在對新發現的隋代《柳機墓誌》展開個案考證的同時,也盡可能將新見關涉西眷柳氏主支的西魏、北周與初唐間墓誌納入其世系梳理範疇②,並以此補備對於西眷柳氏初入關中、躋身"郡姓"研究之不足。至於西眷柳氏的從支柳懿、柳敏一支和柳敏"從祖弟道茂"一支,以及抑或有分支在隋唐間定著長安的東眷柳氏③,則暫且不予討論。

一

河東(山西西部、南部)解縣(今運城臨猗縣地)柳氏是中古時期枝繁葉茂的通家世族,據《新唐書》卷73上《宰相世系表三上》"柳氏":"柳氏出自姬姓。魯孝公子夷伯展孫無駭生禽,字季,爲魯士師,諡曰惠,食采於柳下,遂姓柳氏。楚滅魯,仕楚。秦並天下,柳氏遷於河東。秦末,柳下惠裔孫安,始居解縣。安孫隗,漢齊相。六世孫豐,後漢光祿卿。六世孫軌,晉吏部尚書。生景猷,晉侍中。二子耆、純。耆,太守,號'西眷'。耆二子:恭、璩。恭,後魏河東郡守,南徙汝、潁,遂仕江表。曾孫緝,宋州別駕、宋安郡守。生僧習,與豫州刺史裴叔業據州歸於後魏,爲揚州大中正、尚書右丞、方輿公。五子:鷟、慶、虯、檜、鷟。"④又據表中世次,知鷟生帶韋,帶韋生祚、續。慶生機、旦、肅。機生四子:述、逖、逵、逞。虯生鴻漸、蔡年、止戈、待價。檜生雄亮。《新唐書》卷73上《宰相世系表三上》又曰:"平陽太守純生卓,晉永嘉中自本郡遷於襄陽,官至汝南太守。四子:輔、恬、傑、奮,號東眷。"⑤《元和姓纂》卷7"柳氏"河東解縣房柳僧習以下支分曰:"僧習,後魏尚書右丞,生鷟、慶、虯、檜、鷟。"又曰"鷟生帶韋,周黃門侍郎。帶韋生祚、續。""慶,後魏右僕射、平齊景公,生機、弘、旦、肅、勃。機,隋納言、建安簡公,生述、逖、逵、逞。述,隋兵部尚書。逖,職方郎中,生允、莽。⋯⋯逵,考功郎中。逞,禮部郎中。""旦,隋黃門侍郎,生變、則、綽、楷、融、亨"。"虯,周中書侍郎,生鴻漸、蔡年、止戈、待價"⑥。除却柳僧習諸子所代表的主支以外,尚有隋代武德郡公柳敏與隋代文城公柳昂父子一支以及柳敏從祖弟道茂一支亦是西眷之從

---

① [唐]柳宗元:《柳河東集》上冊,上海:上海人民出版社,1974年,第169頁。
② 約略有西魏大統二年(536)《趙超宗妻王氏墓誌》、西魏廢帝二年(553)《柳檜墓誌》、西魏廢帝二年(553)《柳御天墓誌》、西魏恭帝二年(555)《柳虯墓誌》、北周天和二年(567)《宇文斌墓誌》、北周天和三年(568)《柳鷟妻王令媯墓誌》、北周建德元年(572)《宇文逢恩墓誌》、北周建德元年(572)《宇文鴻漸墓誌》、北周建德六年(577)《柳鷟墓誌》、北周建德六年(577)《柳帶韋墓誌》、唐貞觀九年(635)《柳機妻李氏墓誌》、唐貞觀十四年(640)《柳祚墓誌》、唐貞觀十四年(640)《柳禮盛墓誌》、唐顯慶三年(658)《柳雄亮墓誌》等。《柳機墓誌》爲迄今所見隋代墓誌中的唯一一方西眷柳氏族人墓誌,《寳刻叢編》與《金石錄》雖記載有大業六年(610)《柳旦墓誌》,然早已亡佚,僅得存目。
③ 柳懿、柳敏一支和柳敏"從祖弟道茂"一支以及東眷柳氏世系,可參詳毛漢光《中國中古政治史論》中的第四篇"北朝東西政權之河東爭奪戰"與《中國中古社會史論》中的第八篇"從士族籍貫遷移看唐代士族之中央化",兩書皆爲上海書店出版社2002年出版。西眷柳氏的柳敏一支又有長安新出柳敏孫、柳逵子《唐柳敬則墓誌》值得關注,詳見趙力光:《西安碑林博物館新藏墓誌續編》下冊,西安:陝西師範大學出版總社有限公司,2014年,第677頁。
④《新唐書》卷73上《宰相世系表三上》,北京:中華書局,1975年,第2835頁。
⑤《新唐書》卷73上《宰相世系表三上》,北京:中華書局,1975年,第2850頁。
⑥ [唐]林寳撰、岑仲勉校記:《元和姓纂(附四校記)》卷7,北京:中華書局,1994年,第1096、1097、1101、1102、1105頁。

支①，容另作研討。

墓誌材料中不乏與《新唐書》卷73上《宰相世系表三上》所載柳氏世系淵源可資印證者，比較有代表性的如唐延載元年（694）《柳府君墓誌》載："詳求本系，出自周公。周公既攝政明堂，其子伯禽乃就封魯國，誕毓公族，字曰展禽，錫土柳下，因官爲姓，及卒，諡之曰惠。故云柳下惠焉。戰國之時，楚人屠其曲阜；始皇之代，秦氏翦其荊臺。諸柳隨秦，徙居河東郡，至今爲河東人也。"②又，《新唐書》卷73上《宰相世系表三上》失載柳恭與柳緝之間兩代，今見西魏大統二年（536）《趙超宗妻王氏墓誌》載："長女適撫軍將軍、司空諮議參軍、濮陽太守河東柳師義。父緝，宋龍驤將軍、義陽內史。祖紹，宋員外散騎常侍、後將軍、鍾離太守、隋郡內史、益州刺史。"③又見西魏廢帝二年（553）《柳檜墓誌》載："曾祖紹，宋安太守。曾祖母徐氏。祖緝，隋郡太守。祖母崔氏。"④還有西魏恭帝二年（555）《柳虯墓誌》："曾祖紹，鍾離太守，假節隋郡太守，監隋郡諸軍事。祖輯，宋安太守，義陽內史。祖母清河崔氏。父僧習，撫軍將軍，楊州刺史。母天水趙氏。"⑤則可據補柳恭孫柳紹一代。再據前舉《趙超宗妻王氏墓誌》："次（女）適儀同開府叅軍事河東柳遠。父玄達，彭城王諮議叅軍、光州刺史、夏陽縣開國子。祖邕明，宋通直散騎常侍、南陽太守。"⑥可推柳玄達當與柳緝爲同宗兄弟，那麼柳邕明、柳玄達、柳遠一支亦當爲柳恭後裔。因爲在"僧習，與豫州刺史裴叔業據州歸於後魏"的同時，還有一位本官南朝的河東解人柳玄達亦隨裴叔業、裴植叔侄投歸北魏。《北史》卷45《裴叔業傳附柳玄達傳》："柳玄達，河東解人。頗涉經史。仕齊諸王參軍，與叔業姻婭周旋。叔業獻款，玄達贊成其計。入魏，除司徒諮議參軍，封南頓縣子。卒，改封夏陽縣。"⑦據本傳又知柳玄達有長子柳絳，襲爵；次子柳遠，字季雲；弟柳玄瑜，柳玄瑜子柳諧。

關於柳僧習諸子的年序，因爲柳鷟在《新唐書》與《元和姓纂》中皆無子嗣記錄，檢傳世文獻與出土文獻亦全無痕迹，故揣疑"鷟"字或是與"鷙"字形近而誤衍。據北周建德六年（577）《柳鷙墓誌》可知，柳鷙卒於北魏太昌元年（532），時年三十六，則柳鷙當生於北魏太和二十一年（497）⑧；據《周書》卷38《柳虯傳》可知，柳虯卒於西魏恭帝元年（554），時年五十四，則柳虯當生於北魏景明二年（501）⑨；據《柳檜墓誌》可知，柳

---

① 可資研討西眷柳氏柳懿、柳敏一支之唐代墓誌文獻約有延載元年（694）《柳懷素墓誌》、約葬于高宗朝《柳敬則墓誌》、貞元十八年（802）《柳均靈表》、貞元二十年（804）《柳昱墓誌》、大中四年（850）《丘公夫人河東柳氏墓誌》等。可資研討西眷柳氏道茂一支之唐代墓誌文獻約有開元廿二年（734）《柳正確墓誌》、會昌五年（845）柳仲郢撰《柳氏長殤女墓誌》、大中四年（850）《柳知微妻陳蘭英墓誌》等。
② 周紹良、趙超：《唐代墓誌彙編續集》，上海：上海古籍出版社，2001年，第331頁。
③ 趙力光：《西安碑林博物館新藏墓誌彙編》上冊，北京：綫裝書局，2007年，第24頁。
④ 王連龍：《新見北朝墓誌集釋》，北京：中國書籍出版社，2013年，第116頁。
⑤ 《柳虯墓誌》出土於西安南郊少陵原，今藏西安市文物考古所而尚未披露。據筆者自藏拓本，可知柳虯卒於西魏恭帝元年，即554年，享年54歲，葬於恭帝二年，即555年。《柳虯墓誌》拓本圖版亦見於浙江大學圖書館古籍碑帖研究與保護中心中國歷代墓誌數據庫。
⑥ 趙力光：《西安碑林博物館新藏墓誌彙編》上冊，北京：綫裝書局，2007年，第24頁。
⑦ 《北史》卷45《裴叔業傳附柳玄達傳》，北京：中華書局，1974年，第1652頁。
⑧ 趙文成、趙君平：《秦晉豫新出墓誌蒐佚續編》第1冊，北京：國家圖書館出版社，2015年，第157頁。
⑨ 《周書》卷38《柳虯傳》，北京：中華書局，1971年，第682頁。

檜卒於西魏廢帝元年（552），時年四十六，則柳檜當生於北魏正始四年（507）[①]；據《周書》卷22《柳慶傳》可知，柳慶卒於北周天和元年（566），時年五十，則柳慶當生於北魏熙平二年（517）[②]，則柳僧習諸子的年序當爲鷟、虬、檜、慶[③]。

二

柳機爲柳僧習孫、柳慶子，《周書》卷22、《北史》卷64、《隋書》卷47有傳。柳僧習，《魏書》卷71、《周書》卷22、《北史》卷64有傳。柳慶，《周書》卷22、《北史》卷64有傳。

《柳機墓誌》云："六世祖恭，河東郡守，秦、趙之際，南遷汝、潁。"《柳鷟墓誌》曰："八世祖軌，吏部尚書。五世祖恭，河東太守。逢晉永嘉之亂，避地汝潁之間，世仕宋齊，因家南土。"[④]柳鷟爲柳慶兄、柳機伯父，故稱柳恭爲六世祖。柳恭曾祖爲柳軌，亦與《新唐書》卷73上《宰相世系表三上》輩分相合。唯柳恭，一説"秦、趙之際，南遷汝、潁"；一説"逢晉永嘉之亂，避地汝潁之間，世仕宋齊，因家南土"，更有《新唐書》卷73上《宰相世系表三上》作"恭，後魏河東郡守，南徙汝、潁，遂仕江表"，互不相合。案永嘉之亂在西晉懷帝第五年，而前秦與後趙交替之際則在東晉穆帝永和七、八年間，若是後魏時南徙，則已屆公元四世紀末。檢勘正史，《周書》卷22《柳慶傳》曰："五世祖恭，仕後趙，爲河東郡守。後以秦趙喪亂，乃率民南徙，居於汝潁之間，故世仕江表。"[⑤]《晉書》卷117《載記·姚興上》曰："慕容永既爲慕容垂所滅，河東太守柳恭等各阻兵自守，興遣姚緒討之。恭等依河距守，緒不得濟。鎮東薛強先據楊氏壁，引緒從龍門濟河，遂入蒲阪。恭勢屈，請降。徙新平、安定新戶六千于蒲阪。"[⑥]據此，毛漢光《晉隋之際河東地區與河東大族》嘗分析道："柳恭于後魏時任河東太守，記載必然有誤，按世系推演，應在五胡亂華之時……所以柳恭南徙應該在後燕滅西燕之後；後秦姚興時，河東郡治蒲阪，柳恭乃西燕所署，其防區是北自龍門、南至蒲阪、黃河以東之地，南燕未能克之，姚秦得汾陰薛強之助，於是北部門戶大開，晉王姚緒遂自龍門渡河，長驅克服蒲阪……柳恭投降以後，姚秦遷入新平、安定新戶六千于蒲阪。按涑水下游乃柳氏勢力範圍，受此打擊而有此支南遷，其理甚合，薛氏勢力也可能因此向南擴大。"[⑦]可證柳恭任河東太守不在北魏而在西燕，南徙亦不在永嘉之亂或秦趙之際而在後秦姚興時，亦即公元四世紀末，此時也是後魏道武帝時期。

《柳機墓誌》云："祖僧習，以魏景明元年與豫州刺史裴叔業據城歸魏，任銀青光禄大夫、楊州大平正。"《魏書》卷71《裴叔業傳附柳僧習傳》云"衣冠之士，預叔業（仕於南齊之重臣，族望河東聞喜）勳者"，河東柳僧習即其一也。復云："僧習，善隸

[①] 王連龍：《新見北朝墓誌集釋》，北京：中國書籍出版社，2013年，第116頁。
[②] 《周書》卷22《柳慶傳》，北京：中華書局，1971年，第372頁。
[③] 由此推論，又可知《北史》卷64《柳檜傳》所言"檜弟鷟"之説當誤。
[④] 趙文成、趙君平：《秦晉豫新出墓誌蒐佚續編》第1冊，北京：國家圖書館出版社，2015年，第157頁。
[⑤] 《周書》卷22《柳慶傳》，北京：中華書局，1971年，第369頁。
[⑥] 《晉書》卷117《載記·姚興上》，北京：中華書局，1974年，第2977頁。
[⑦] 毛漢光：《中國中古政治史論》，上海：上海書店出版社，2002年，第119頁。

書，敏於當世。景明初，爲叔植（叔業兄叔寶子）征虜府司馬（叔植投魏後任征虜將軍）。稍遷北地太守，爲政寬平，氐羌悅愛。肅宗時，至太中大夫，加前將軍，出爲潁川太守。卒官。"①《周書》卷22《柳慶傳》云："父僧習，（南朝）齊奉朝請。魏景明中，與豫州刺史裴叔業據州（即揚州淮南郡治壽春縣）歸魏（實際是北魏大軍尚未渡淮叔業已卒，由叔植監州事而降魏，叔業遂得受贈豫州刺史）。歷北地、潁川二郡守、揚州大中正。"②《北史》卷64《柳虯傳附柳僧習傳》云："父僧習，善隸書，敏於當世。與豫州刺史裴叔業據州歸魏，歷北地潁川二郡守、揚州大中正。"③西魏大統二年（536）《趙超宗妻王氏墓誌》曰：次子仲懿，"娶河東柳氏，父僧習，侍中、平東將軍、銀青光禄大夫。"④西魏廢帝二年（553）《柳檜墓誌》曰："父僧習，潁川太守、金紫光禄、揚州大中正。母趙氏。"⑤北周建德元年（572）《宇文逢恩墓誌》云"魏潁川郡守僧習之孫。"⑥北周建德元年（572）《宇文鴻漸墓誌》云"祖僧習，魏潁川太守。"⑦北周建德六年（577）《柳鷟墓誌》曰："父僧習，北地潁川二郡太守、雍州司馬、方輿子。"⑧唐顯慶二年（657）《柳雄亮墓誌》曰："祖僧習，言表身文，行成士則，仕魏歷北地、潁川二郡太守。"⑨再結合《新唐書》卷73上《宰相世系表三上》與《元和姓纂》，可知西眷柳氏最早由南朝北歸的主支即柳僧習與其子嗣，當然還有前文提及的可能是柳僧習父親同宗兄弟的柳玄達一支。

《柳機墓誌》云："父慶，開府儀同三司、尚書左右僕射，周司會、平齊景公。"唐貞觀十年（636）柳慶孫、柳旦次子《柳則墓誌》云："祖慶，魏尚書左右僕射、平齊公。"⑩唐垂拱元年（685）柳慶孫、柳機子《柳偘墓誌》云："曾祖慶，後魏驃騎大將軍，開府儀同三司，兼司會尚書，左右僕射，後周萬、宜二州刺史，京兆尹，大冢宰，平齊公，諡曰景。"⑪《周書》卷22本傳云："柳慶字更興，解人也。……魏恭帝初（魏後元年），進位驃騎大將軍、開府儀同三司，尚書右僕射，轉左僕射，領著作。六官建，拜司會中大夫。孝閔帝踐阼，賜姓宇文氏，進爵平齊縣公，增邑同前一千五百户。……慶自爲郎，迄于司會，府庫倉儲，並其職也。……保定三年，又入爲司會。……天和元年十二月薨。時年五十，贈鄜綏丹三州刺史，諡曰景。子機嗣。"⑫《周書》本傳亦載有柳慶與晉公宇文護及宰相楊寬不和而受到貶官與迫害之事，還有撫養柳檜三子，及柳檜次子柳雄亮手刃殺父仇人黃寶於長安市中，而終不爲宇文護所屈，

---

① 《魏書》卷71《裴叔業傳附柳僧習傳》，北京：中華書局，1974年，第1580頁。
② 《周書》卷22《柳慶傳》，北京：中華書局，1971年，第368頁。
③ 《北史》卷64《柳虯傳附柳僧習傳》，北京：中華書局，1974年，第2278頁。
④ 趙力光：《西安碑林博物館新藏墓誌彙編》上册，北京：綫裝書局，2007年，第24頁。
⑤ 王連龍：《新見北朝墓誌集釋》，北京：中國書籍出版社，2013年，第116頁。
⑥ 趙力光：《西安碑林博物館新藏墓誌續編》上册，西安：陝西師範大學出版總社有限公司，2014年，第15頁。
⑦ 胡海帆、湯燕：《1996—2017北京大學圖書館新藏金石拓本菁華（續編）》北京：北京大學出版社，2018年，第159頁。
⑧ 趙文成、趙君平：《秦晉豫新出墓誌蒐佚續編》第1册，北京：國家圖書館出版社，2015年，第157頁。
⑨ 趙力光：《西安碑林博物館新藏墓誌續編》上册，西安：陝西師範大學出版總社有限公司，2014年，第112頁。
⑩ 趙文成、趙君平：《秦晉豫新出墓誌蒐佚續編》第1册，北京：國家圖書館出版社，2015年，第227頁。
⑪ 周紹良：《唐代墓誌彙編》上册，上海：上海古籍出版社，1992年，第733頁。
⑫ 《周書》卷22《柳慶傳》，北京：中華書局，1971年，第369—373頁；《北史》卷64《柳慶傳》略同。

竟以俱免諸事。

《周書》卷22《柳機傳》云："機字匡時，少有令譽，風儀辭令，爲當世所推。歷小納言、開府儀同三司、司宗中大夫。大象中，御正上大夫、華州刺史。"①《隋書》卷47本傳復云：

> 機偉儀容，有器局，頗涉經史。年十九，周武帝時爲魯公，引爲記室。及帝嗣位，自宣納上士累遷少納言、太子宮尹，封平齊縣公。從帝平齊，拜開府，轉司宗中大夫。宣帝時，遷御正上大夫。機見帝失德，屢諫不聽，恐禍及己，托於鄭譯，陰求出外，於是拜華州刺史。及高祖作相，徵還京師。時周代舊臣皆勸禪讓，機獨義形於色，無所陳請。俄拜衛州刺史。及踐阼，進爵建安郡公，邑二千四百戶，徵爲納言。機性寬簡，有雅望，然當近侍，無所損益，又好飲酒，不親細務，在職數年，復出爲華州刺史。奉詔每月朝見。尋轉冀州刺史。後徵入朝，以其子述尚蘭陵公主，禮遇益隆。……後數年，以疾徵還京師，卒於家，時年五十六。贈大將軍、青州刺史，謚曰簡。子述嗣。②

比對墓誌，則墓誌所記更多細准處，如卒葬時地以及歷官之年份皆可補史傳之闕，特別是贈官的詔敕與持節冊命之人等多具史料價值。當然史傳亦有較墓誌更爲清楚的交代，如墓誌諱言柳機在北周宣帝大象元年（579）"見帝失德，屢諫不聽，恐禍及己，托於鄭譯，陰求出外，於是拜華州刺史"之緣由，亦不言大象二年（580）"高祖作相，徵還京師。時周代舊臣皆勸禪讓，機獨義形於色，無所陳請。俄拜衛州刺史"之內情，皆借由正史而得以明瞭。墓誌較爲完整地保存了仁壽元年（601）詔冊一篇，由尚書民部侍郎判內史侍郎事袁知禮持節冊命，文辭整飭，十分珍貴。袁知禮爲北齊著名清官袁聿修之子，《北齊書》《北史》有傳附其父袁聿修。《北齊書》卷42本傳云知禮"武平末儀同開府參軍事"，齊亡入周，"隋開皇中，侍御史，歷尚書民部考功侍郎。大業初，卒於太子中舍人"③。由墓誌知袁知禮莅職民部侍郎在仁壽元年（601）。

《柳機墓誌》未記其子嗣，而據同時同地出土的唐貞觀八年（634）柳機妻《建安國夫人李氏墓誌》可知"長子尚書，厘降帝女"，又云"第三子滑州治中逿、第四子都水監丞逞"。《新唐書》卷73上《宰相世系表三上》與《元和姓纂》記柳機四子依序爲"述、遜、逿、逞"。可知"長子尚書，厘降帝女"者即柳述，尚隋文帝第五女"阿五"蘭陵公主，《北史》《隋書》有傳。據史傳知柳述字業隆，歷任吏部尚書、兵部尚書，又嘗掌樞密，與楊素、晉王結怨，在奪嫡事上擁護房陵王楊勇而爲楊素矯詔所陷，隋煬帝嗣位，竟坐除名，流死龍川（嶺南，今廣東河源），享年三十九。蘭陵公主亦不獲與述同徙且不聽煬帝改嫁而離絕傷亡，甚至未能獲許合葬在柳氏大塋而被敕葬於洪瀆川，年三十二。事具《隋書·列女傳》。其實，柳述與楊素結怨或亦可推到其父柳機之時，即"初，機在周，與族人文

---

① 《周書》卷22《柳機傳》，北京：中華書局，1971年，第373頁。
② 《隋書》卷47《柳機傳》，北京：中華書局，1973年，第1271—1272頁；《北史》本傳同。
③ 《北齊書》卷42《袁知禮傳》，北京：中華書局，1972年，第566頁。

城公昂俱歷顯要。及此，機、昂並爲外職，楊素時爲納言，方用事，因上賜宴，素戲機曰：'二柳俱摧，孤楊獨聳。'坐者歡笑，機竟無言"①。柳機妻李氏的墓誌不載柳機第二子柳遂，未詳何故。《元和姓纂》與《新唐書》卷 73 上《宰相世系表三上》記柳機四子依次爲隋兵部尚書柳述、唐職方郎中柳遂、唐考功郎中柳逵、唐禮部郎中柳逞。今據柳機妻李氏的墓誌可補唐貞觀八年（634）柳逵任滑州治中、柳逞任都水監丞之時職。又見垂拱元年（685）柳遂第三子柳侃的墓誌曰："父遂，皇朝屯田、職方二郎中，散騎常侍，泉州刺史，上柱國、樂平縣開□公。"垂拱元年（685）柳侃第三子柳永錫的墓誌曰："祖遂，皇朝屯田、職方二郎中，散騎常侍，泉州刺史，上柱國，樂平縣開國公。"②

三

《柳機墓誌》曰開皇十四年（594）七月"殯于雍州長安縣高陽原"，仁壽元年（601）七月"遷厝於雍州大興縣洪原鄉延信里"，柳機妻《李氏墓誌》曰"祔葬於雍州萬年縣之少陵原"，"大興縣"入唐後改"萬年縣"，故知《柳機墓誌》所言葬地"大興縣洪原鄉延信里"應位於少陵原上。又據隋開皇十五年（595）《元綸墓誌》云"葬於大興縣之小陵原洪原鄉延信里"③，適可證實。

墓葬地與居住地乃爲家族之"根"，故柳氏西眷房在中古時期的族塋遷轉與綿延四朝（西魏、北周、隋、唐）的長安大塋的形成，及其宅第所處長安之坊里等，均是需要梳理與探討的問題，也是佐證西眷柳氏中央化程度的重要理據。

西眷柳氏徙居南土以後，族塋以壽春八公山爲大。北歸後僅柳僧習一代葬在洛陽，僧習以降子嗣則定著並徙兆於長安。西魏廢帝二年（553）《柳檜墓誌》云："五世祖河東守恭，隨晉卜遷，因居南土。曾祖惟祖，墓于壽春八公山，父齊末歸魏，葬洛陽城南洛之南。"④唐貞元十九年（803）《柳鋌墓誌》云："十一代祖晉散騎常侍諱恭訖八代祖宋中兵參軍諱緝，四葉葬於八公山；七代祖隋楊州刺史諱僧習至曾祖王父皇徐州長史諱子夏，五世兆于少陵原；王父皇蘇州常熟縣丞諱從心卜適於茲，烈考皇荊府倉曹參軍諱固安宅於其右。"⑤案柳鋌終官同州司戶參軍，"違世于新安縣龍潤鄉之別業"，遂"權立封樹，介居二大塋之間"，亦即"克窆於邙山之平樂原"。至於中唐，始有柳鋌一支從其祖父開始徙居並安兆於洛陽。西眷柳氏的南遷與北歸，從其塋域由八公山至洛陽再至長安，後有分支再徙洛陽，正可以大致畫出一脈家族遷徙軌跡及其士族勢力隨政治態勢而轉移之動向。

河東柳氏西眷一族葬在長安大塋者頗多，而西眷柳氏在長安之大塋到隋唐間又分爲兩處：一在長安東南的轄於大興（萬年）縣的少陵原；一在長安西南的轄於長安縣的高陽原。

---

① 《隋書》卷 47《柳機傳》，北京：中華書局，1973 年，第 1272 頁。
② 上舉兩方墓誌載周紹良：《唐代墓誌彙編》上册，上海：上海古籍出版社，1992 年，第 733、734 頁。
③ 魏秋萍：《長安新出隋開皇十五年〈元綸墓誌〉釋讀》，《考古與文物》2012 年第 6 期。
④ 王連龍：《新見北朝墓誌集釋》，北京：中國書籍出版社，2013 年，第 116 頁。
⑤ 齊運通：《洛陽新獲七朝墓誌》，北京：中華書局，2012 年，第 311 頁。八公山在安徽淮南、壽縣一帶，即古之壽春。柳鋌父柳固娶博陵崔氏，柳鋌娶河東薛氏，可見西眷柳氏在彼時猶然堅守世族通婚之傳統，並以此可見其時柳氏作爲"關中郡姓"之社會地位猶然尊貴。

茲據新舊出土墓誌碑版文獻約略梳理舉要如下，時段大抵自西魏至中唐。

（1）葬於少陵原大塋者。西魏廢帝二年（553）柳僧習子、柳虬弟柳檜的墓誌云"權窆小陵原，去長安卅里。"①此所謂"去長安卅里"是指北周王城距小陵原之里數。與柳檜同時同地下葬的還有柳虬第六子柳御天的墓誌云"祔於第四叔東梁州刺史萬年縣開國子檜墓次"②。西魏恭帝二年（555）柳僧習子《柳虬墓誌》云"窆於小陵原大夫人壽昌君墓次"③。"壽昌君"當為"壽昌郡君"，即柳虬的母親。雖然柳僧習先已"葬洛陽城南洛之南"④，而僧習的妻子則隨兒輩們定著並葬於長安焉。

西魏以降，有北周天和二年（567）柳檜子《宇文斌墓誌》云："君諱斌，字伯達，舊姓柳，河東解人也。有周之興，賜族宇文氏。祖僧習，潁川太守，獨稱萬石，領袖一時。考檜，東梁州刺史。……襲爵萬年子，柱國府記室。……以天和元年六月廿八日薨於長安永貴里第。二年歲次丁亥二月十八日祔葬於小陵原東梁使君墓次。"⑤北周建德元年（572）柳虬子《宇文逢恩墓誌》云："公諱逢恩，字慶期，本姓柳，河東解人。魏潁川郡守僧習之孫，儀同三司、秘書監、美陽孝公之子。大周馭宇，賜姓宇文氏焉。……以建德元年四月十六日遘疾卒于長安第，春秋卅七。……仍以其年歲次壬辰十月庚午朔十五日甲申祔葬於長安小陵原美陽孝公墓次。"⑥北周建德元年（572）柳虬子《宇文鴻漸墓誌》云："公諱鴻漸，字功期，本姓柳，何東解人。……父虬，秘書監、儀同三司、美陽孝公。大周應籙，賜姓宇文氏。""美陽孝公"柳虬，西魏時封美陽縣男，官至"儀同三司秘書監"，諡曰孝，見《周書》《北史》本傳及新出柳虬與其妻席氏墓誌。⑦而據《宇文逢恩墓誌》與《宇文鴻漸墓誌》皆云"祔葬于長安小陵原美陽孝公墓次"，可知柳虬卒葬時間在北周建德元年（572）前，葬地在長安南郊小陵原西眷柳氏大塋。近年西安出土唐貞觀十四年（640）《隋故大興縣令許昌侯柳禮盛墓誌》略云："君諱德越，字禮盛，河東解人也。祖虬，周開府儀同三司、秘書監、美陽孝公；父蔡年，周上儀同三司、順州刺史、艾陵僖公。以大唐貞觀十四年歲次庚子十一月甲子朔□□□□葬於雍州萬年縣高平鄉之少陵原。"⑧由是可知唐以前之小陵原西眷柳氏大塋之地，入唐後屬高平鄉。

北周建德六年（577）柳僧習長子柳鷟的墓誌云"葬于小陵原大夫人壽昌郡君墓次"⑨，北周天和三年（568）柳鷟妻王令媯的墓誌亦云"窆于長安小陵原祔先姑壽昌

---

① 王連龍：《新見北朝墓誌集釋》，北京：中國書籍出版社，2013年，第116頁。
② 王連龍：《新見北朝墓誌集釋》，北京：中國書籍出版社，2013年，第114頁。
③ 據自藏拓本著錄，又見浙江大學圖書館古籍碑帖研究與保護中心中國歷代墓誌數據庫。
④ 西魏廢帝二年（553）《柳檜墓誌》，王連龍《新見北朝墓誌集釋》，中國書籍出版社，2013年，第116頁。
⑤ 胡戟《珍稀墓誌百品》，陝西師範大學出版總社，2016年，第18頁。
⑥ 趙力光：《西安碑林博物館新藏墓誌續編》上冊，西安：陝西師範大學出版總社有限公司，2014年，第15頁。
⑦ 楊軍凱：《鄭乾意墓誌考釋》，《文博》2014年第4期，第51—54頁注釋。《柳虬墓誌》記葬地在"小陵原太夫人壽昌君墓次"，又知其母（太夫人）亦即柳僧習妻為天水趙氏，柳虬七子的年序為世子鴻漸、二子蔡年、三子止戈、四子山甫、五子逢恩、六子御天、七子乃文。又，柳山甫墓誌亦已出土，資料尚未刊佈，誌石存西安市文物保護考古研究院。
⑧ 馬國良：《隋〈柳禮盛墓誌銘〉考》，《華夏文化》2018年第2期，第25—28頁。
⑨ 趙文成、趙君平：《秦晉豫新出墓誌蒐佚續編》第1冊，北京：國家圖書館出版社，2015年，第157頁。

郡君墓次"①。雖然柳僧習未葬於長安，但若以柳僧習妻子一輩推之，則前舉唐貞元十九年（803）《柳鋌墓誌》"七代祖隋楊州刺史諱僧習至曾祖王父皇徐州長史諱子夏，五世兆于少陵原"的說法還是合理的。又據前舉柳鷟與妻王令嬀的墓誌可知其夫婦先是"殯在嵩高山南，土名史馬桑"，保定三年（563），母因子（帶韋）貴，遂"詔拜母王夫人爲延壽郡君。……以建德五年五月奉迎靈柩遷于長安，詔贈虞州刺史。以周建德六年歲次丁酉十月辛丑朔廿日庚申葬于小陵原大夫人壽昌郡君墓次"。而北周建德六年（577）柳鷟子《柳帶韋墓誌》亦曰"遷窆於小陵原"②，當即葬於其父母與祖母之族塋。

降及隋唐，除新見隋柳機夫婦墓誌外，更有唐貞觀十年（636）柳旦次子柳則的墓誌記其與妻"合葬於雍州萬年縣少陵原潁川府君之墓次"③，"潁川府君"即柳則曾祖潁川太守柳僧習。且柳則在隋大業十一年（615）先卒葬于洛陽北原，唐貞觀二十一年（647）後方才由其長子柳奭"奉迎神柩還京"入葬大塋。唐貞觀十四年（640）柳鷟孫、柳帶韋子《柳祚墓誌》云"遷窆於雍州萬年縣少陵鄉泉原里少陵之原"④。唐顯慶三年（658）柳檜次子《柳雄亮墓誌》云"葬於雍州萬年縣高平鄉平泉里少陵原"⑤。唐麟德元年（664）柳祚子《柳幹墓誌》云"葬於雍州萬年縣少陵鄉少陵之原舊塋"⑥。唐開耀二年（682）《柳子陽墓誌》云"葬於雍州明堂縣少陵原"⑦，子陽即柳慶曾孫、柳旦孫、柳亨長子、柳誠盈父。再如武周長壽三年（694）柳虬曾孫、柳蔡年孫、柳諤之子《柳保隆墓誌》云："葬於雍州明堂縣高平鄉鳳棲原之大塋。"⑧唐長壽三年（694）柳保隆子柳璧的墓誌亦云"終於明堂顯國坊里第""窆于鳳棲原之大塋"⑨。鳳棲原亦即少陵原，主要指少陵原的西北端杜陵以西的一段。由此似可推定柳氏大塋當在杜陵與今韋曲以東的航天城之間。

隋檢校黃門侍郎柳旦與唐蒲州刺史柳則父子碑誌早佚，著錄在《寶刻叢編》卷 8 引《京兆金石錄》，據著錄知其皆出於長安萬年縣，則其葬地亦當在少陵原大塋。今見前舉新出土《柳則墓誌》所記與妻賀若氏"合葬於雍州萬年縣少陵原潁川府君之墓次"，適可爲證。又柳則曾孫《柳嘉泰碑》云"歸窆于萬年洪固之原"，銘文又有"啓手杜陵，東陌秦原"之謂⑩，知鴻固、杜陵皆指代少陵原之柳氏大塋所在。

柳楷爲柳旦第四子，屬柳旦一支的小宗。唐元和六年（811）柳宗元撰《柳寬墓誌》曰："晉之亂，柳氏始分，曰耆，爲汝南守，居河東。又五世曰慶，相魏。魏相之嗣曰旦，

---

① 趙文成、趙君平：《秦晉豫新出墓誌蒐佚續編》第 1 冊，北京：國家圖書館出版社，2015 年，第 141 頁。
② 胡海帆、湯燕《1996—2017 北京大學圖書館新藏金石拓本菁華（續編）》，北京：北京大學出版社，2018 年，第 161 頁。
③ 趙文成、趙君平：《秦晉豫新出墓誌蒐佚續編》第 1 冊，北京：國家圖書館出版社，2015 年，第 227 頁。
④ 《柳祚墓誌》，http://blog.sina.com.cn/s/blog_14c9b6ed70102yo1y.html.（2018-12-29）。
⑤ 趙力光：《西安碑林博物館新藏墓誌續編》上冊，西安：陝西師範大學出版總社有限公司，2014 年，第 112 頁。
⑥ 《柳幹志》，http://blog.sina.com.cn/s/blog_14c9b6ed70102yo1y.html.（2018-12-29）。
⑦ 胡戟、榮新江：《大唐西市博物館藏墓誌》上冊，北京：北京大學出版社，2012 年，第 244 頁。
⑧ 胡戟、榮新江：《大唐西市博物館藏墓誌》上冊，北京：北京大學出版社，2012 年，第 282 頁。
⑨ 胡戟、榮新江：《大唐西市博物館藏墓誌》上冊，北京：北京大學出版社，2012 年，第 284 頁。
⑩ [宋] 李昉等：《文苑英華》卷 908，北京：中華書局，1966 年，第 4778 頁。

仕隋，爲黃門侍郎。其小宗曰楷，至於唐，刺濟、房、蘭、廓四州。楷生夏縣令府君諱繹。繹生司議郎府君諱遺愛。皆葬長安少陵原。遺愛生御史府君諱開，葬南陽。其嗣曰寬，字存諒。"①由此可知柳慶至柳遺愛一支五代皆葬長安少陵原，柳遺愛子嗣柳開、柳寬始徙葬南陽。

柳旦六世孫柳宗元亦"歸葬萬年先人墓側"，見《柳子厚墓誌銘》。而《舊唐書》卷160《柳宗元傳》亦云：元和十四年（819）"觀察使裴行立爲營護其喪及妻子還于京師。"②又見柳宗元爲其叔父所撰《故殿中侍御史柳公墓表》曰："唐貞元十二年二月庚寅葬我殿中侍御史河東柳公於萬年縣之少陵原。"③合此可推柳宗元與其先人墓皆在少陵原族塋。再以之與前舉貞元十九年（803）《柳鋋墓誌》"七代祖隋楊州刺史諱僧習至曾祖王父皇徐州長史諱子夏，五世兆于少陵原"相聯繫，子夏爲柳宗元高祖，則自柳僧習至柳宗元一脈九代皆葬於長安大塋。

需要注意的是《柳檜墓誌》有"書軌未同，舊塋艱遠""嬴博雖古，久客思鄉。未因反葬，孤墳可傷"云云④，或可推知彼時河東柳氏尚未有定著長安者，而柳檜葬於長安也是緣當時情況不便反葬洛陽，只好權殯於長安小陵原，但不曾想却從此成爲西眷柳氏西入長安後綿延五世的家族塋域之始作俑者，很有可能柳檜的母親即柳僧習妻壽昌郡君亦在此時與兒子柳檜等同時同地下葬焉。而與柳檜同時同地下葬的還有其姪子柳御天，前舉西魏廢帝二年（553）《柳御天墓誌》曰"附于第四叔東梁州刺史萬年縣開國子檜墓次"，則柳御天當亦屬於未能反葬而權殯長安者。又據前舉北周建德元年（572）《宇文逄恩墓誌》與《宇文鴻漸墓誌》"附葬於長安小陵原美陽孝公墓次"，知柳檜兄美陽孝公柳蚪也繼柳檜而葬在小陵原柳氏族塋。至此，從西魏廢帝二年（553）柳檜、柳御天到北周天和三年（568）柳鷙妻王令媯、建德元年（572）宇文逄恩與宇文鴻漸，以及建德六年（577）柳鷙，皆葬於長安小陵原，則西眷柳氏在長安的族塋確已形成於彼時，而西眷柳氏主支柳僧習諸子西入長安並開始中央化的進程，也應開始於西魏北周時期，並迅速壯大而成爲"關中郡姓"之首。

（2）葬於高陽原族塋者。唐儀鳳三年（678）《柳沖墓誌》云："厝于乾封縣福陽鄉高陽原。"⑤案柳沖即柳慶曾孫、柳勃孫、柳嶷子，柳慶一支至其曾孫柳沖始從大塋分出而遷往高陽原，形成一處新的長安西眷柳氏家族塋域。

唐貞元十二年（796）柳宗元撰《萬年縣丞柳君（元方）墓誌》云："克開長安縣高陽原，祔於先塋。"⑥

從上舉史料可知西眷柳氏在長安的兩處大塋，以少陵原爲主，而以高陽原爲輔，少陵原在西魏時期已經形成族塋，高陽原則到隋代開皇年間始有族人權葬於此，最早的案例就是《柳機墓誌》所言開皇十四年（594）七月"殯于雍州長安縣高陽原"，仁壽元年（601）

---

① ［唐］柳宗元：《柳河東集》上冊，上海：上海人民出版社，1974年，第169頁。
② 《舊唐書》卷160《柳宗元傳》，北京：中華書局，1975年，第4214頁。
③ ［唐］柳宗元：《柳河東集》上冊，上海：上海人民出版社，1974年，第195頁。
④ 王連龍：《新見北朝墓誌集釋》，北京：中國書籍出版社，2013年，第114頁。
⑤ 胡戟、榮新江：《大唐西市博物館藏墓誌》上冊，北京：北京大學出版社，2012年，第210頁。
⑥ ［唐］柳宗元：《柳河東集》上冊，上海：上海人民出版社，1974年，第818頁。

更"遷厝於雍州大興縣洪原鄉延信里",這似説明高陽原在彼時並不是約定俗成的西眷柳氏大塋。而就所見碑誌文獻統計,葬於高陽原者也確實始終少於葬在少陵原者。不過西眷柳氏的柳敏與柳道茂兩個從支在長安的葬地却皆在高陽原,而未見有葬於少陵原者。

除却長安少陵原與高陽原大塋以外,西眷柳氏亦有葬於長安之外的分支。如天寶七載(748)柳慶曾孫、柳旦孫、柳亨次子《柳子貢墓誌》曰"遷窆於京兆府武功縣扶風原"①,説明其家族在入唐三世以後已出現向京師以外流徙者,當然武功尚屬於三輔地區的右扶風之地。又,自武周至玄宗朝,西眷柳氏亦出現分支到洛陽著籍者。較早者如垂拱元年(685)柳慶曾孫、柳機孫、柳遜子《柳偘墓誌》曰:"奄疹終於南陽穰縣里也""遷窆於洛州北芒之原",柳偘第三子柳永錫的墓誌與柳偘同時同地下葬,亦曰"奄疹終於南陽穰縣里也""葬於洛州北邙之原"②。如前舉貞元十九年(803)《柳鋌墓誌》記柳鋌一支從其祖父柳從心開始徙居並安兆於洛陽,亦是典型。總之,盛唐以後的西眷柳氏著籍且安葬於洛陽者逐漸多矣,此亦可以見證彼時政治與經濟中心的傾斜與移動。③

關於西眷柳氏在隋唐長安城内的住宅所在坊里,《柳機墓誌》與其妻《李氏墓誌》皆未言居住在大興城内何坊而僅言薨於京第。檢索柳氏碑誌與史傳文獻,有長安出土武周長壽三年(694)柳機的伯父柳蚪的五代孫、柳保隆之子柳璧的墓誌明言"終於明堂顯國坊里第"④。長安出土儀鳳三年(678)《柳沖墓誌》曰"曾祖慶,魏尚書左右僕射,周司會、平齊縣公。祖勃,隨巌州林慮縣令。父嶷,皇朝鄜州洛交縣令、光州治中""終於長安縣弘化里之私第"⑤。案此柳沖爲柳慶曾孫,而非兩《唐書》有傳之柳莊曾孫、柳楚賢第三子柳沖。《新唐書》卷73上《宰相世系表三上》柳慶一支失載柳勃、柳嶷、柳沖三代,可據補。儀鳳三年(678)《柳子陽妻皇甫氏墓誌》曰"卒於萬年縣崇義里之私第"⑥。開元二十七年(739)郭訥撰柳旦重孫柳嘉泰之碑云"終於長安開化里之私第"⑦。案顯國坊,中宗後避諱改昭國坊。弘化里,中宗後避高宗太子李弘諱改崇化里。以上坊里除弘化屬長安城西的長安縣管轄外,顯國、崇義、開化三坊皆屬長安城東的萬年縣管轄。

士族"設籍或歸葬於兩京地區,表示其重心已遷移至中央而疏離了原籍"⑧。證之以

---

① 該墓誌2012年入藏西安碑林博物館。趙力光:《西安碑林博物館新藏墓誌續編》上册,西安:陝西師範大學出版總社有限公司,2014年,第317頁。
② 上舉兩方墓誌載周紹良:《唐代墓誌彙編》上册,上海:上海古籍出版社,1992年,第733、734頁。
③ 毛漢光《從士族籍貫遷移看唐代士族之中央化》一文即據《柳永錫墓誌》而將河東柳氏西眷慶機支歸入"新貫"河南府,並指出:"兩京亦有區別,大士族家支遷移河南府者比京兆府者幾多一倍,唐代東都有其實際作用,全漢昇先生從經濟因素指出唐天子屢屢就食於東都,而運河是連接經濟中心與政治中心的大動脉,這是重大貢獻。本文除了承認經濟因素以外,還加上社會因素,自北魏定都洛陽,以迄隋唐之發展,洛陽已成爲當時人文薈聚之所,是一個最重要的社會中心。本文甚至進一步認爲東都所發揮的社會意義比天子就食洛陽的意義更爲重大,因爲汴梁是漕運重鎮,運河的船不能航行黄河,要在汴梁換船,汴梁至洛陽這一段黄河甚爲艱辛,代價極高。如果唐天子純爲就食,汴梁比洛陽更爲恰當。"毛漢光:《中國中古社會史論》,上海:上海書店出版社,2002年,第330頁。
④ 胡戟、榮新江:《大唐西市博物館藏墓誌》上册,北京:北京大學出版社,2012年,第284頁。
⑤ 胡戟、榮新江:《大唐西市博物館藏墓誌》上册,北京:北京大學出版社,2012年,第210頁。
⑥ 胡戟、榮新江:《大唐西市博物館藏墓誌》上册,北京:北京大學出版社,2012年,第212頁。
⑦ [宋]李昉等:《文苑英華》卷908,北京:中華書局,1966年,第4778頁。
⑧ 毛漢光:《中國中古社會史論》,上海:上海書店出版社,2002年,第330頁。

墓誌材料，河東西眷柳氏主支之鷟、虯、檜、慶四脈分支先已在西魏、北周時期落籍於長安，並成爲此一時期形成的與"韋、裴、薛、杜、楊"齊名的關中郡姓之一①。因此實際上西眷柳氏在西魏北周時期落籍長安後，便失去了原有的地方性而比較徹底地步入中央政治官僚核心系統。譬如與東眷柳氏相比，西眷柳氏即似未見有北歸以後更回到河東蒲州解縣或虞鄉原籍定著的支脈，誠所謂"里閒無豪族，井邑無衣冠，人不土著，萃處京畿"②。

四

西眷柳氏主支爲最早北歸的柳僧習一支，亦即《新唐書》卷73上《宰相世系表三上》所列西眷柳氏之柳僧習以下四子鷟、虯、檜、慶各自分立的四支房分。僅將墓誌所見西眷柳氏主支世系梳理如下：

（1）柳鷟支。北周建德六年（577）《柳鷟墓誌》：八世祖軌，五世祖恭，祖緝，父僧習，長子帶韋，次子帶經，"帶韋二男二女，帶經一男。"③以柳鷟太昌元年（532）卒享年三十六歲推之，柳鷟當生於北魏孝文帝太和二十一年（497），長柳檜十歲。

北周建德六年（577）《柳帶韋墓誌》：祖僧習，父鷟，妻懷仁郡君裴氏字正暉，世子祚、次子祐、次子續出後弟帶經、長女智慧適清淵侯鄭繼、次女四德。④

唐貞觀十四年（640）《柳祚墓誌》：祖鷟，父帶韋，子震。⑤唐麟德元年（664）《柳幹墓誌》：曾祖鷟，祖帶韋，父祚。⑥

唐開元六年（718）《薛府君夫人河東郡君柳墓誌》：曾祖帶韋，祖祚，考範。⑦

唐開成五年（840）《女道士柳尊師真宮誌銘》：高祖範，曾祖齊物，祖喜，父淡。⑧柳範即柳鷟曾孫、柳帶韋孫、柳祚次子。又，柳淡娶蕭穎士女。

（2）柳虯支。西魏廢帝二年（553）《柳御天墓誌》：御天卒於大統十四年（548），爲柳虯第六子，其第四叔爲柳檜。

西魏恭帝二年（555）《柳虯墓誌》：曾祖紹，祖緝，父僧習，七子鴻漸、蔡年、止戈、山甫、逢恩、御天、乃文。⑨

北周建德元年（572）《宇文逢恩墓誌》：祖僧習，父虯。逢恩卒於建德元年（572），享年卅七。《新唐書·宰相世系表》《元和姓纂》皆記柳虯有四子，此可據補柳御天與宇文逢恩

---

① 《新唐書》卷199《柳沖傳》，北京：中華書局，1975年，第5677—5678頁載柳芳《氏族論》曰："過江則爲僑姓，王、謝、袁、蕭爲大；東南則爲吳姓，朱、張、顧、陸爲大；山東則爲郡姓，王、崔、盧、李、鄭爲大；關中亦號郡姓，韋、裴、柳、薛、楊、杜首之；代北則爲虜姓，元、長孫、宇文、于、陸、源、竇首之。"
② ［唐］杜佑著，［日］長澤規矩也、尾崎康校訂，韓昇譯訂：《北宋版通典》第4冊卷17《選舉五》，上海：上海人民出版社，2008年，第448頁。
③ 趙文成、趙君平：《秦晉豫新出墓誌蒐佚續編》第1冊，北京：國家圖書館出版社，2015年，第157頁。
④ 胡海帆、湯燕：《1996—2017北京大學圖書館新藏金石拓本菁華（續編）》，北京：北京大學出版社，2018年，第161頁。
⑤ 《隋柳祚墓誌》，http://blog.sina.com.cn/s/blog_14c9b6ed70102yo1y.html（2018-12-29）。
⑥ 《柳幹墓讀》，http://blog.sina.com.cn/s/blog_14c9b6ed70102yhpp.html（2018-12-29）。
⑦ 周紹良：《唐代墓誌彙編》上冊，上海：上海古籍出版社，1992年，第1204頁。
⑧ 周紹良：《唐代墓誌彙編》下冊，上海：上海古籍出版社，1992年，第2201頁。
⑨ 據尚未刊佈的開皇六年（586）《柳虯妻席氏墓誌》，又可補知柳虯七子的表字以及十八位孫子的名諱。

二子。

北周建德元年（572）《宇文鴻漸墓誌》：祖僧習，父虬。鴻漸亦卒於建德元年（572），然墓誌未記宇文鴻漸享齡，據《新唐書·宰相世系表》《元和姓纂》所載，宇文鴻漸當爲長子。

唐貞觀十四年（640）《柳禮盛墓誌》：祖虬，父蔡年。禮盛所娶辛氏爲青州刺史辛季慶女。

2012年5月，出土於西安市長安區郭杜街道辦事處的唐貞觀十四年（640）《鄭乾意暨妻柳氏墓誌》曰"夫人柳，父隋昌州刺史止戈長女"①，《金石錄》載開皇六年（586）丁道護書《興國寺碑陰》記有襄州鎮副總管柳止戈②，武則天長安二年（702）《柳惇墓誌》曰"曾祖止戈，隋□儀同、散騎常侍、平南將軍、洛昌通和四州刺史、平涼公"③，唐開元二年（714）《柳彥初墓誌》曰"曾祖止戈，隋上儀同三司、通和昌洛四州諸軍事四州刺史"④，《新唐書·宰相世系表》謹記止戈官職爲後周洛州刺史，權德輿撰《相國右庶子崔公夫人河東縣君柳氏祔葬墓誌銘》亦云"孝公生止戈，後周洛州刺史"⑤，則可據《鄭乾意暨妻柳氏墓誌》確知柳虬第三子柳止戈在隋大業間嘗歷昌州刺史一職，洛州刺史乃北周莅職，至於通和二州刺史是否爲隋代職務，存疑。

武周長壽三年（694）《柳保隆墓誌》：曾祖虬字仲蟠，祖蔡年字修期，父諤之字公肅，子玄璋。⑥

武周長壽三年（694）《柳璧墓誌》：曾祖蔡年，祖諤之，父保隆，次弟柳玄璋。⑦

唐開元十二年（724）《河東郡君柳氏墓誌》：曾祖蔡年，祖挺，考元宏，妣蕭夫人，襄城長公主之女。⑧

（3）柳檜支。西魏廢帝二年（553）《柳檜墓誌》：五世祖恭，曾祖紹，祖緝，祖母崔氏，父僧習，母趙氏。檜字季華，夫人裴氏諱媚，世子子斌，次子雄亮，次子子第。女婉勤，嫡楊氏。⑨以柳檜卒於西魏廢帝元年（552）享年四十六歲推之，柳檜當生於北魏宣帝正始四年（507）。

北周天和二年（567）《宇文斌墓誌》：字伯達，舊姓柳，賜族宇文氏。祖僧習，父檜。宇文斌夫人河東裴氏，父纂，儀同三司、滄州刺史。⑩

---

① 西安市文物保護考古研究院：《鄭乾意夫婦墓發掘簡報》，《文博》2014年第4期，第3—10頁。鄭乾意以輦轄府鷹揚郎將卒於隋大業八年（612）四月十七日，柳氏卒於唐武德六年（623）十月七日，唐貞觀十四年（640）正月廿三日合葬於雍州長安縣高陽之原。
② ［宋］趙明誠撰、金文明校證：《金石錄》卷22《隋興國寺碑陰》，上海：上海書畫出版社，1985年，第410頁。
③ 吳鋼：《全唐文補遺（千唐誌齋新藏專輯）》，西安：三秦出版社，2006年，第89頁。
④ 吳鋼：《全唐文補遺（千唐誌齋新藏專輯）》，西安：三秦出版社，2006年，第89、117頁。"曾祖止戈"疑爲"高祖止戈"之誤。
⑤ ［宋］李昉等：《文苑英華》卷967，北京：中華書局，1966年，第5085頁。
⑥ 胡戟、榮新江：《大唐西市博物館藏墓誌》上冊，北京：北京大學出版社，2012年，第282頁。
⑦ 胡戟、榮新江：《大唐西市博物館藏墓誌》上冊，北京：北京大學出版社，2012年，第284頁。
⑧ 胡戟、榮新江：《大唐西市博物館藏墓誌》中冊，北京：北京大學出版社，2012年，第436頁。
⑨ 王連龍：《新見北朝墓誌集釋》，北京：中國書籍出版社，2013年，第116頁。
⑩ 胡戟：《珍稀墓誌百品》，西安：陝西師範大學出版社總社，2016年，第18頁。

唐顯慶三年（658）《柳雄亮墓誌》：祖僧習，父檜。①

（4）柳慶支。除前舉柳機夫婦墓誌外，尚有如下墓誌可資梳理此支世次。

隋大業六年（610）《柳旦墓誌》出土於長安，久佚，最早著錄於《京兆金石錄》《寶刻叢編》《金石錄》。據《金石錄》卷22知墓誌記柳旦六子：爕、則、綽、楷、浚、亨。《新唐書·宰相世系表》與《元和姓纂》皆闕其第五子浚。②

唐貞觀十年（636）《柳則墓誌》出土於西安南郊，墓誌記"君諱則，字成象，河東解人也。祖慶，魏尚書左右僕射、平齊公，考旦，隋太常少卿、黃門侍郎、新城公，君即新城公之第二子也"。又記"君長子奭"③。

唐儀鳳三年（678）《柳沖墓誌》：曾祖慶，祖勃，父嶷。④此柳沖與兩《唐書》有傳之柳莊曾孫、柳楚賢第三子柳沖非是同一人。

唐麟德二年（665）《柳彩雲墓誌》：曾祖慶，父嶷。出嫁長孫氏，薨於通化坊，葬於萬年縣高平鄉。⑤

唐開耀二年（682）《柳子陽墓誌》：曾祖慶，祖旦，父亨。從父兄子房，嗣子誠盈。⑥柳子陽爲柳亨嫡子。唐儀鳳三年（678）《柳子陽妻皇甫氏墓誌》：長子誠盈，第二息誠言，第三息誠微。⑦唐天寶七載（748）《柳子貢墓誌》：曾祖慶，祖旦，烈考壽陵縣開國侯，嗣子茂宗，孫泚。⑧墓誌失載柳子貢父名諱，據前舉《柳子陽墓誌》知"壽陵縣開國侯"即柳旦第六子柳亨。

唐垂拱元年（685）《柳侃墓誌》：曾祖慶，祖機，父逖。⑨柳侃爲柳逖第三子。唐垂拱元年（685）《柳永錫墓誌》：曾祖機，祖逖，父侃。⑩柳永錫爲柳侃第三子。

唐貞元十九年（803）《柳鋋墓誌》：十一代祖恭、八代祖緝、七代祖僧習、曾祖王父子夏、王父從心、烈考固，"孤子方叔、方貞、方明、方義"。⑪

五

柳機夫婦墓誌的發現，以及與西魏《趙超宗妻王氏墓誌》《柳檜墓誌》《柳御天墓誌》《柳虬墓誌》，北周《宇文斌墓誌》《宇文逢恩墓誌》《宇文鴻漸墓誌》《柳篤妻王令媯墓誌》《柳篤墓誌》《柳帶韋墓誌》和唐《柳則墓誌》《柳祚墓誌》《柳雄亮墓誌》《柳禮盛墓誌》《柳幹墓誌》《柳彩雲墓誌》等新出文獻的聚合，爲綜合研討西眷柳氏著支著房世系及其初入關中、躋身"郡姓"之情形提供了豐富的史料平臺。"關中郡姓"之西眷柳氏主支柳僧

---

① 趙力光：《西安碑林博物館新藏墓誌續編》上冊，西安：陝西師範大學出版總社有限公司，2014年，第112頁。
② 王其禕、周曉薇：《隋代墓誌銘彙考》第6冊，北京：綫裝書局，2007年，第148頁。
③ 趙文成、趙君平：《秦晉豫新出墓誌蒐佚續編》第1冊，北京：國家圖書館出版社，2015年，第227頁。
④ 胡戟、榮新江：《大唐西市博物館藏墓誌》上冊，北京：北京大學出版社，2012年，第210頁。
⑤ 趙文成、趙君平：《秦晉豫新出墓誌蒐佚續編》第2冊，北京：國家圖書館出版社，2015年，第307頁。
⑥ 胡戟、榮新江：《大唐西市博物館藏墓誌》上冊，北京：北京大學出版社，2012年，第244頁。
⑦ 胡戟、榮新江：《大唐西市博物館藏墓誌》上冊，北京：北京大學出版社，2012年，第212頁。
⑧ 趙力光：《西安碑林博物館新藏墓誌續編》上冊，西安：陝西師範大學出版總社有限公司，2014年，第317頁。
⑨ 周紹良：《唐代墓誌彙編》上冊，上海：上海古籍出版社，1992年，第733頁。
⑩ 周紹良：《唐代墓誌彙編》上冊，上海：上海古籍出版社，1992年，第734頁。
⑪ 齊運通：《洛陽新獲七朝墓誌》，北京：中華書局，2012年，第311頁。

習諸子，其由定著到"新貫"並以族群的勢力累世居葬於長安，乃始於西魏北周，而興盛於隋唐。其西入關中的關鍵人物除柳慶以外，柳慶的兄長柳鷟、柳虯、柳檜及其子輩亦不容忽略。以西眷柳氏在西魏、北周、隋唐之間的著籍與居葬地皆密聚於長安之情形，適可印證中古大士族著房著支遷移的目標是兩京一帶，而其性質的演變，則凸顯著"由武質團體而兼及文章世家、由地方性人物而中央性人物、由社會體而兼具政治性、由經濟性而形而上的趨向"①。

據毛漢光的研究，河東柳氏的東眷與西眷中有若干重要人物南遷，南遷者又有若干人物在後魏時期及南朝梁、陳亡國時北返鄉里②，其情形與代表人物大致是號爲西眷的柳耆長子柳恭嘗任西燕河東太守，後投降後秦，乃率民南徙，居於汝潁之間。後柳恭四世孫柳僧習嘗任齊奉朝請，魏景明中與豫州刺史裴叔業據州歸於後魏。東眷柳氏的南遷始於永嘉亂起，故在時間上還要早於西眷。隋代柳彧的七世祖柳卓"隨晉南遷，居於襄陽"，至柳彧"父仲禮，爲梁將，敗歸周，復家本土"③。又有隋唐間的柳卓後裔柳莊、柳楚賢、柳沖一支，"其先仕江左，世居襄陽。陳亡，還鄉里"④。不過西眷柳氏似乎不僅在南遷與北歸期間，居留鄉里者與東眷相比甚爲少見，且北歸後亦少見有"復家本土"者。這似説明西眷柳氏對於地方勢力的放棄要更早、更徹底，亦即其中央化也比東眷要更早、更徹底。特別是就西魏、北周與隋代而言，西眷柳氏的中央化勢力要比東眷雄厚得多。

"如果將具有地方性格的郡姓'新貫'於中央地區並依附中央的現象，稱爲中央化；而又將代表性的性格轉變爲純官吏性格的現象，稱爲官僚化；則士族在中古時期的演變，一直在中央化與官僚化的螺旋進程中交互推移，最後成爲純官僚而失去地方性，一旦大帝國崩潰，將受重大影響，此所以士族在晉朝永嘉亂後仍然興盛，而在唐亡之後就一蹶不振也"⑤。基於此種論點，則本書所舉説的西眷柳氏主支在西魏、北周、隋唐之間演爲"關中郡姓"之情形，也正可以給予充分印證。

---

① 毛漢光：《中國中古社會史論》，上海：上海書店出版社，2002年，第86頁。
② 毛漢光：《中國中古政治史論》，上海：上海書店出版社，2002年，第120頁。
③ 《隋書》卷62《柳彧傳》，北京：中華書局，1973年，第1481頁。
④ 《舊唐書》卷189下《儒學·柳沖傳》，北京：中華書局，1975年，第4971頁。
⑤ 毛漢光：《中國中古社會史論》，上海：上海書店出版社，2002年，第333頁。

○九六　張寂墓誌

【基本信息】

　　張寂墓誌，出土於西安市長安區杜陵，誌石今存民間。誌文 18 行，滿行 18 字，正書，有方界格。誌石拓本長 40 釐米、寬 41 釐米。研究參詳周曉薇、王其禕《長安新出隋〈張寂墓誌〉與隋代宦官史事輯略》①。

【誌文】

大隋儀同三司內侍故張君之墓誌銘

君諱寂，字比丘，常山九門人。漢常山王耳之裔孫也。祖，魏平北將軍、高陽郡太守、本州定州刺史。父，魏晉昌太守，又除晉壽太守、平南將軍、假節督益州刺史。世膺冕紱，不隕家聲。君之載誕，剋光前業。少遭閔凶，備丁多難。爰從小學，趨事宮闈。明敏肅勤，見稱衙壺。爲齊潁川王府東閤祭酒。周氏平鄴，隨例西遷，敕授都督，以勞進也。尋轉帥都督。開皇之始，內給事，別事漢王，餘官如故。又轉大都督、內常侍，出內惟愆，帝有茂焉。詔除儀同三司，尋遷內侍。君天情峭直，立性剛簡，雖處儕倫，介然不雜。臧否無避，時人憚之。仁壽元年七月，從王校獵於晉陽西山，其月卅日遇疾薨於路，時年五十八。叡情傷悼，賵贈有加。粵以其年十月辛亥朔廿三日癸酉窆於京師之東南杜陵之地。刻石泉門，以旌蒿里。其銘曰：

大爐不息，多力恒趨。詎燃石火，誰留隙駒。塵灰易滅，金石難逾。式題玄板，志此泉隅。

【疏證】

　　相較於唐代，對於隋代史事的研討，一直以來限於史源的匱乏而顯得沉寂且薄弱。譬如宦官這樣的主題，《隋書》與《北史》皆不爲之立傳，而如《中説》《大業雜記》一類的時人雜著筆記，也難能撲捉到宦者的風影，故欲研究隋代宦官制度及其史事人物，則無任困難。所幸地不愛寶，處在新舊世紀之交前後這幾十年間，幽薶千年的隋代石刻文獻竟數以百計的涌出地下，遂爲隋代歷史與人物的探討辟開了一脈豐富的史源。譬如《張寂墓誌》，誌主在隋文帝朝官至內侍省第一長官，故梳理其行事，也可進而將傳世與出土文獻所見隋代宦者人物史事一并輯而考之，從而補備隋代宦官史料之闕略並借以豹窺隋代宦官制度情實之一斑。

　　張寂爲"常山九門人"，常山即常山郡，《魏書》卷 106《地形志二上》"常山郡"小注云："漢高帝置，曰恒山郡，文帝諱恒，改爲常山，後漢建武中省真定郡屬焉。孝章建初中爲淮陽，永元二年復。"又領縣有九門縣，小注云："二漢、晉屬，有常山城、九門

---

① 周曉薇、王其禕：《長安新出隋〈張寂墓誌〉與隋代宦官史事輯略》，《考古與文物》2017 年第 2 期，第 103—109 頁。

城。"①北周改常山郡爲恒州,隋代改爲恒山郡,統縣有九門,小注曰:"後齊廢,開皇六年復。大業初,又併新市縣入焉。"②張寂所言籍貫"常山九門",蓋猶承北魏郡縣舊稱③,其地當今河北省藁城市。《新唐書》卷72下《宰相世系表二下》載有張氏河間一房,云:"河間張氏,漢常山景王耳之後,世居鄭縣。"④河間郡與常山郡東西比鄰,河間當今河北省河間市,鄭縣當今河北省任丘市,以墓誌云張寂爲"漢常山王耳之裔孫也",則其房分當系出河間郡,後從鄭縣析出。張耳,《史記》《漢書》有傳。唯墓誌未記張寂祖、父名諱,雖然其祖嘗任"魏平北將軍、高陽郡太守、本州定州刺史",其父嘗任"魏晉昌太守,又除晉壽太守、平南將軍、假節督益州刺史",而依然未能從史籍中考得可以對應的張姓人物。

墓誌曰:"世膺冕紱,不隕家聲。君之載誕,剋光前業。少遭閔凶,備丁多難。爰從小學,趨事宮闈。明敏肅勤,見稱衖壼。"可知張寂少年遭遇雙親相繼去世之難,遂從小學被召入宮中爲宦者,是時張寂應不足十五歲,而其入宮時間當在北齊。"衖壼",《爾雅·釋宮》曰"衖門謂之閎""宮中衖,謂之壼"。《疏》曰"衖頭之門名閎""宮中衖閣間道名壼"⑤。故"衖壼"乃借指後宮之門道。張寂在北齊又嘗任"潁州王府東閣祭酒",誌文"潁州王府"當爲"潁川王府"之別,潁川王即北齊武成皇帝高湛第十子高仁儉,《北齊書》卷12《武成十二王傳》有《潁川王仁儉傳》。據《北齊書》卷8《後主紀》載"(天統三年)六月己未,太上皇帝詔封皇子仁幾爲西河王,仁約爲樂浪王,仁儉爲潁川王。"⑥武平末年高仁儉又嘗出任膠州刺史,並隨後主死於長安⑦。東閣祭酒,爲齊周隋唐諸朝親王府、公主府、三公府、相府、諸開府、大將軍府、中外府等常設屬官,與西閣祭酒共掌禮賢良、導賓客,《隋書》卷28《百官志下》載"親王府東、西閣祭酒"官階爲從七品⑧。誌云:"周氏平鄴,隨例西遷,敕授都督,以勞進也。尋轉帥都督。"由知張寂在北齊亡後而"隨例"西入北周⑨,並由都督而進至帥都督。帥都督在北周官階爲正七命⑩。入隋以後,張寂於開皇初任"內給事,別事漢王,餘官如故。又轉大都督、內常侍",後"詔除儀同三司,尋遷內侍",直至"仁壽元年七月,從王校獵於晉陽西山,其月卅日遇疾薨於路,時年五十八",同年十月二十三日"窆於京師之東南杜陵之地"。內給事,顏師古注《漢書》曰:"中黃門,奄

---

① 《魏書》卷106《地形志二上》,北京:中華書局,1974年,第2462頁。
② 《隋書》卷30《地理志中》,北京:中華書局,1973年,第856頁。
③ 《魏書》卷78《張普惠傳》,北京:中華書局,1974年,第1727頁亦曰:"張普惠,字洪賑,常山九門人。"《隋書》卷46《張煚傳》,北京:中華書局,1973年,第1261頁則作"河間鄭人也"。
④ 《新唐書》卷72下《宰相世系表二下》,北京:中華書局,1975年,第2714頁。
⑤ [晉]郭璞注、[宋]邢昺疏:《爾雅注疏》卷5《釋宮》,北京:中華書局,1980年影印阮元《十三經注疏》本,第2598頁上。
⑥ 《北齊書》卷8《後主紀》,北京:中華書局,1972年,第100頁。
⑦ 《北齊書》卷12《武成十二王傳》,北京:中華書局,1972年,第164頁。
⑧ 《隋書》卷28《百官志下》,北京:中華書局,1974年,第787頁。
⑨ 《周書》關於"隨例"遷到長安的記載很多。《周書》卷40《顏之儀傳》,北京:中華書局,1971年,第720頁載:"江陵平,之儀隨例遷長安。世宗以爲麟趾學士,稍遷司書上士。"《周書》卷42《劉祥傳》,北京:中華書局,1971年,第765頁云:"江陵平,隨例入國。齊公憲以其善於詞令,召為記室。"此兩例均爲從梁入北周者。
⑩ 《周書》卷24《盧辯傳》,北京:中華書局,1971年,第405頁。

人居禁中在黃門之內給事者也。"①隋內侍省設內給事四人，爲内侍省第三長官，掌判省事，其官階爲從五品②。漢王即隋文帝第四子楊諒，《隋書》卷1《高祖紀上》載：開皇元年（581）二月"乙亥，封皇弟邵國公慧爲滕王，同安公爽爲衛王；皇子雁門公廣爲晉王，俊爲秦王，秀爲越王，諒爲漢王。"③所謂"餘官如故"，當指張寂在北周所任"帥都督"依然在身。後張寂又升任正六品上階的大都督和正五品的内常侍，再後又緣詔升任到内侍省的第一長官從四品的内侍④，且拜正五品的勳官儀同三司銜。《隋書》卷59《煬三子·太子昭傳》載："元德太子昭，煬帝長子也，生而高祖命養宮中。……仁壽初，徙爲晉王，拜内史令，兼左衛大將軍。"⑤故"從王校獮"應指張寂嘗隨從晉王楊昭校獮於晉陽西山，並緣墓誌可知仁壽三年（603）七月晉王楊昭的行蹤乃在晉陽，適與本傳"仁壽初，徙爲晉王"相合。據《隋書》卷30《地理志中》，可知晉陽爲太原郡統縣，置於後齊，曰龍山，帶太原郡。開皇初郡廢，十年改縣曰晉陽，十六年又置清源縣，大業初省入焉。有龍山、蒙山。⑥龍山與蒙山均在太原西南，故"西山"或當指龍山與蒙山一帶。以張寂在齊隋兩朝皆爲宦官推之，其在北周亦當爲宦者身份。

《張寂墓誌》出土地信息闕失，但據誌云"窆於京師之東南杜陵之地"，適可確知其出土地的大致位域應在今西安市南郊長安區杜陵鄉一帶。杜陵也稱杜原、杜陵原，並與少陵原和鴻固原的名稱常常交錯互用。以隋代墓誌爲例，葬於杜陵者尚有開皇二年（582）北魏常山王元淑第三女《尼元華光墓誌》及元華光侄女《尼元媛柔墓誌》皆"窆於杜陵原"，開皇十四年（594）《庫狄士文墓誌》"葬於杜陵之南三里"，開皇十八年（598）《韋協墓誌》"遷厝於雍州大興縣界杜陵源洪固鄉壽貴里"⑦，大業元年（605）《李景亮墓誌》云"遷厝于京兆杜原"，大業九年（613）《真化道場尼那提墓誌》云葬於"京兆大興縣高平鄉之杜原"⑧。又北魏、西魏墓誌亦有葬於杜陵者，如孝昌二年（526）《韋彧墓誌》"葬于舊兆杜陵"，大統十六年（550）《韋彧妻柳敬憐墓誌》"合葬杜陵舊兆洪固鄉疇貴里"⑨。從葬於杜陵的隋代之前人物身份來看，有宦官、僧尼、胡族，亦有中原士人，而尤以此地是中古京兆杜氏族塋爲著名。

因緣隋代宦官史料不多，故《張寂墓誌》無疑是探究隋代宦官史事的一個鮮活案例。

---

① 《漢書》卷19上《百官公卿表上》，北京：中華書局，1962年，第732頁。
② 《舊唐書》卷28《百官志下》，北京：中華書局，1974年，第775、786頁。
③ 《隋書》卷1《高祖紀上》，北京：中華書局，1974年，第14頁。
④ 《隋書》卷28《百官志下》，北京：中華書局，1973年，第775頁載：隋代文帝時期内侍省置内侍二人，"領内尚食、掖庭、宮闈、奚官、内僕、内府等局"。又，唐初承隋制度，如《舊唐書》卷184《宦官傳》，北京：中華書局，1975年，第4754頁曰："貞觀中，太宗定制，内侍省不置三品官，内侍是長官，階四品。至永淳末，向七十年，權未假於内官，但在閤門守禦，黃衣廩食而已。"
⑤ 《隋書》卷59《煬三子·太子昭傳》，北京：中華書局，1973年，第1435—1436頁；又《隋書》卷2《高祖紀下》，北京：中華書局，1973年，第46頁載："仁壽元年春正月乙酉朔，大赦，改元。以尚書右僕射楊素爲尚書左僕射，納言蘇威爲尚書右僕射。丁酉，徙河南王昭爲晉王。"
⑥ 《隋書》卷30《地理志中》，北京：中華書局，1973年，第854頁。
⑦ 西安市文物考古保護研究院：《隋韋協墓發掘簡報》，《文博》2015年第5期，第9—18頁。
⑧ 上舉兩方墓誌分別載王其禕、周曉薇：《隋代墓誌銘彙考》第3冊，北京：綫裝書局，2007年，第159頁；王其禕、周曉薇：《隋代墓誌銘彙考》第4冊，北京：綫裝書局，2007年，第361頁。
⑨ 上舉兩方墓誌見周偉洲、賈麥明、穆小軍：《新出土的四方北朝韋氏墓誌考釋》，《文博》2000年第2期，第65—72頁。

而除張寂外，檢討文獻所見可考之隋代宦官，尚有楊約、宋胡、楊涣、劉則、苟府君、李善等數人可資梳理研討①，兹要述如下。

楊約，《隋書》有傳，且《隋書》有傳之宦官僅此一人。楊約亦有墓誌出土②。《隋書》卷48《楊約傳》略云："約字惠伯，素異母弟也。在童兒時，嘗登樹墮地，爲查所傷，由是竟爲宦者。性沉静，內多譎詐，好學强記。素友愛之，凡有所爲，必先籌於約而後行之。在周末，以素軍功，賜爵安成縣公，拜上儀同三司。高祖受禪，授長秋卿。久之，爲邵州刺史，入爲宗正少卿，轉大理少卿。"③待楊廣爲太子，"引約爲左庶子，改封修武縣公，進位大將軍。及素被高祖所疏，出約爲伊州刺史"④。楊廣即位，拜爲內史令。"後數載，加位右光禄大夫。……未幾，拜淅陽太守。……卒，以素子玄挺後之。"⑤《隋書》本傳亦云："約外示温柔，內懷狡算，爲蛇畫足，終傾國本，俾無遺育，宜哉。"⑥比較墓誌所記，則墓誌竟絲毫未述及楊約爲宦官之事與其嘗任"長秋卿"官職（齊周時期宦官機構長秋寺的第一長官，據楊約本傳知其授任長秋卿或在"高祖受禪"之開皇初），唯可據墓誌知楊約卒後乃歸葬於華陰縣舊塋，而並未葬於京師之地。若比較通常隋唐宦官所任官職性質，楊約顯然是一個特例，即作爲內官其任官履歷竟還包括具有中樞權力的三省官系統的"內史令"與九寺官系統的"宗正少卿""大理少卿"，以及太子府屬官左庶子與外任刺史官等，這種情形顯然在職官制度中對閹官是有著嚴格約束的，因此楊約之能夠擔任到正三品的"內史令"與正四品的"宗正少卿""大理少卿""左庶子"及三四品之間的刺史等高品級朝官或外官，理應與他是"素異母弟"的身份及受寵於隋煬帝的因素有極大關係，更何況楊約也並非是刻意自宫爲閹人者。

宋胡，有墓誌出土。據墓誌知宋胡字虎，襄州當陽郡武陵縣（今湖北常德）人，父祖皆爲州郡主簿功曹一類中層官員。宋胡嘗應敕侍奉於"梁湘東王"亦即梁元帝蕭繹左右，直至梁元帝登基，則彼時宋虎當已是宦官身份。後江陵陷落，梁朝滅亡，宋胡隨梁朝官民內附於北周，又被入補爲寺人（宦者），隨侍周武帝，後再遷巷伯（閹官）二命士，改任

---

① [唐] 韋述撰、辛德勇輯校：《兩京新記輯校》卷3"長安縣所領群賢坊"條，西安：三秦出版社，2006年，第62頁云："東門之南，直心尼寺"，小注曰："開皇八年，宦者儀同宋祥舍宅所立也"。據此可知隋代宦官又有一位宋祥，官儀同，並曾舍宅立寺。然事蹟甚少，故不納入正文研討。《資治通鑑》卷185《唐紀一》載：武德元年（618）七月"戊午夜三鼓，世充勒兵襲含嘉門。元文都聞變，入奉皇泰主御乾陽殿，陳兵自衛，命諸將閉門拒守。將軍跋野綱將兵出，遇世充，下馬降之。將軍費曜、田閣戰於門外，不利。文都自將宿衛兵欲出玄武門以襲其後，長秋監段瑜稱求門鑰不獲，稽留遂久。"此段瑜爲隋末東都宦官之長，亦緣無事蹟可考而不納入正文研討。北京：中華書局，1956年，第5801—5802頁。《隋書》卷73《循吏傳》，北京：中華書局，1973年，第1677頁載有一位"時在髫齔，遂被腐刑，給使殿省"的樊叔略，然查其一生雖歷宦三朝，授職衆多，却從未有入內侍省爲官的經歷，故不當以閹宦視之。又，[宋] 劉斧：《青瑣高議》後集卷5注出《隋煬帝海山記下》，上海：上海古籍出版社，1983年，第153頁載："大業四年，道州貢矮民王義，眉目濃秀，應對敏給，帝尤愛之。常從帝遊，終不得入宮，帝曰'爾非宮中物'。義乃自宫。帝由是愈加憐愛，得出入帝內寢，義多卧榻下。帝遊湖海回，義多宿十六院。"此王義雖因自宮而得入宮中，但並未見擔任內侍省官職，只是在宮中備掃除之役，故不計爲隋代宦官。
② 王其禕、周曉薇：《隋代墓誌銘彙考》第4册，北京：綫裝書局，2007年，第336—340頁。
③ 《隋書》卷48《楊約傳》，北京：中華書局，1973年，第1293頁。
④ 《隋書》卷48《楊約傳》，北京：中華書局，1973年，第1294頁。
⑤ 《隋書》卷48《楊約傳》，北京：中華書局，1973年，第1294頁。
⑥ 《隋書》卷48《楊約傳》，北京：中華書局，1973年，第1296頁。

掌寢，封新泰縣子，授鄀山郡守。開皇二年（582）又除南安太守，詔追授內常侍，開皇四年（584）從駕洛陽，開皇五年（585）卒葬都城長安城南高陽原，享年五十一。①《詩·小雅·巷伯》云："巷伯，刺幽王也。寺人傷於讒，故作是詩也。"鄭玄箋曰："巷伯，閹官。寺人，內小臣也。閹官上士四人，掌王后之命，於宮中爲近，故謂之巷伯，與寺人之官相近。讒人譖寺人，寺人又傷其將及巷伯，故以名篇。"②《左傳·襄公九年》亦云：宋災，"令司宮、巷伯儆宮"。杜預注曰："司宮，奄臣。巷伯，寺人。皆掌宮內之事。"③可知隋《宋胡墓誌》所見"巷伯""內小臣"等，皆爲北周閹官名，而"寺人"一職，在隋代尚有沿用。又案，結合前述楊約的履歷，可知彼時的宦官亦可以擔任士人的官職，因此宋胡在周隋兩朝也曾任過曠野將軍、都督、伏波將軍、帥都督、使持節、儀同大將軍、新泰縣開國伯、鄀山郡守及南安太守等職爵與戎秩，這與隋代以後宦官不再擔任三省六部及守刺之類的朝官或外官是不同的。

楊渙，參詳開皇九年（589）《楊渙墓誌》。墓誌首題"大隋大都督內侍中尹楊渙墓誌"，誌文云其字大通，弘農華陰人，祖延楊貴、父楊騰，《北史》卷80《外戚·楊騰傳》皆有傳。楊渙因其父"秉誠執義，率武勸文，翼主匡危，不顧妻息"，遂"幼罹非所，冥以幽官，引罪自聘，稱德君父"，適"有齊肇運，內軸推人，抑授中黃門，仍遷冗從僕射"。至北周"宣政元年，授大都督、巷伯上士，尋轉中尹、都上士""開皇七年七月，舊疾暴增，卒於京第，時年五十八"，開皇九年（589），因生前"曾游龍首山陽，徘徊臨眺，乃歎曰死而得地，斯之是乎？先墳雖在本鄉，棄骨魂歸，何勞過煩生者"，故楊渙卒後葬於都城長安龍首原，而未歸葬華陰祖塋，這與前舉楊約歸葬祖塋的情形正好相反。楊渙爲北周宦官，仕至內侍中尹，而卒於隋代。《隋書》卷27《百官志中》記北齊官制有"長秋寺，掌諸宮閤。卿、中尹各一人，並用宦者。"④長秋卿爲從三品，中尹爲第四品。至隋代，內侍爲從四品。推之北周，品階亦當在六命與七命之間。唯此，則隋代宦官的品階似比齊周時期稍有降低。

劉則，有墓誌出土。墓誌云其字處仁，長樂下博（今河北深州）人，父祖皆爲守刺一級高官，母盧氏亦爲刺史之女。劉則娶渤海高氏，知爲大姓世族聯姻。北齊滅亡，始隨侍於"大祖文皇帝"即隋文帝楊堅帳下，正所謂"公夙承階陛，即預驅馳，及受終踐祚，參侍帷扆。雖有鵬飛逸翮，終因鴻漸於郊"。開皇元年（581），釋褐除內小臣。開皇三年（583），轉宮閤局丞。開皇十二年（592），又授都督，仍遷掖庭局令。開皇十六年（596），詔授兼內給事。同年奉敕送光化公主適於西域。開皇十九年（599），文官並加戎秩，轉授帥都督。廿年，又敕送義城公主達於啓民可汗。仁壽元年（601），正除內給事。大業三年（607），令文新頒，官號沿革，改內給事爲內承奉。大業六年（610），從駕江都，病逝於俊儀縣治，

---

① 王其禕、周曉薇：《隋代墓誌銘彙考》第1冊，北京：線裝書局，2007年，第156—160頁。
② ［漢］鄭玄箋、［唐］孔穎達等正義：《毛詩正義》卷12，北京：中華書局，1980年影印阮元《十三經注疏》本，第456頁上。
③ ［晋］杜預注、［唐］孔穎達正義：《春秋左傳正義》卷30，北京：中華書局，1980年影印阮元《十三經注疏》本，第1941頁上。
④ 《隋書》卷27《百官志中》，北京：中華書局，1973年，第757頁。

享年六十二。次年於洛陽縣常平鄉仙游里北邙山下。①案《隋書》未載"內小臣"一職，蓋北周舊名，入隋尋廢，而爲《隋書·百官志》所不載焉。隋煬帝改內常侍爲內承奉，改內給事爲內承直，而墓誌則言"改內給事爲內承奉"，蓋誤。又以享齡推之，劉則在隋初任內小臣時已三十三歲，則其任職宦官或更在北周末年，抑或隋初宦官名目尚沿周制，而其入宦因由想來或許是遭逢了家難等緣故。②又以此推之，劉則娶妻高氏亦或當在其爲宦官之前。另外，還可推知仁壽元年（601）張寂任內侍之時，任內給事的劉則恰好是張寂的屬下。總之，劉以宦官身份兩次送公主出西域和親，又能兼任"文官並加戎秩"，且明確記載了"大業三年，令文新頒，官號沿革"之具體名目，以及從駕江都等史事，皆可與傳世文獻相互證補，則其史料價值頗爲重要。

苟府君，見載於其妻《宋玉豔墓誌》。據墓誌知苟府君妻宋氏爲魏宜陽太守宋始王的孫女、北周儀同三司河內縣開國公宋喜的女兒，家族冠冕縉紳，社會地位顯貴。又據"常侍昔仕齊世，位烈亞台，主祭執勤，寔歸華族"，"齊主爰發絲綸，作嬪于我"云云③，知苟府君蓋先仕於北齊，並以"位烈亞台"的身份奉齊主詔命而娶宋氏。然墓蓋題"隋苟府君夫人墓誌銘"，墓誌首題亦曰"隋正議大夫內常侍苟府君夫人故宋氏墓誌銘"，則苟君所任正議大夫、內常侍難道是隋代官職。不過墓誌未記宋氏卒年，僅言"大業十一年二月廿一日歸窆于河南縣靈淵鄉舊塋"，那麼若以宋玉豔大業十一年（615）去世年五十二推之，北齊末年宋氏不過十三歲，而苟府君若是彼時已經做到"位烈亞台"的內常侍，則其年齡絕不應在弱冠之歲，而當在盛壯之年。墓誌既言"歸窆"，則宋氏五十二歲卒世似當在大業十一年（615）之前。又因墓誌未有苟府君卒世或合葬諸信息，故苟府君是否活到隋代，以及究竟卒於宋氏之前還是之後，亦皆不得而知。緣此，姑且以苟府君所任內常侍爲北齊宦官爲宜。又銘文"彤管內洽，螽斯外流"一語，或是對宋氏生兒育女的虛飾之辭。

李善，有墓誌出土④。墓誌首題"隋故內給事內承奉內常侍李善墓誌銘"，墓誌記述簡要，且除却記載誌主李善"君諱善，字繡，趙郡（今河北邯鄲）人也"，以及葬於"大業十一年十一月廿一日河南郡河南縣千金鄉北茫山禮"兩句之外，通篇皆爲銘文。據銘文"簡在帝心，來司御膳"和"鑾輿巡幸，扈從東回"云云，或可推知李善起初曾做過內侍省尚食局所負責的御膳房工作，後又嘗隨侍隋煬帝下江都並回洛陽。又以其大業十一年（615）葬在北邙推之，其所任"內給事內承奉內常侍"當是服務於東都的宦者。隋之內侍省（隋煬帝時改名長秋監）設內給事（隋煬帝時改稱內承直）四人，從五品；內常侍（隋煬帝時改稱內承奉）二人，正五品。以此推之，李善任"內給事"當在文帝朝，而誌文以內承奉

---

① 王其禕、周曉薇：《隋代墓誌銘彙考》第4冊，北京：綫裝書局，2007年，第136—142頁。
② 以劉則所任爲"內小臣"而非《通典》北周官品中的"內小臣奄"，遂有學者據《唐六典》隋代內侍省官員或有參用士人現象以推斷齊周隋時期宦官當不盡爲受刑之閹人，並懷疑劉則恐亦爲周隋間時未受刑之宦官。參詳徐成：《北朝隋唐內侍制度研究：以觀念與職能爲中心》第二章，上海師範大學博士學位論文，2012年。筆者以爲《唐六典》所言爲大業三年（607）以後制度，不當推及以前，且《隋書》記北齊與多依北周之法的隋文帝時期內侍省皆明言"並用宦官"，而本文所論宦官又皆爲大業以前者，故對此問題不予辨析。
③ 王其禕、周曉薇：《隋代墓誌銘彙考》第5冊，北京：綫裝書局，2007年，第133—136頁。
④ 參詳王其禕、王慶衛：《〈隋代墓誌銘彙考〉補》，西安碑林博物館：《碑林集刊》第13輯，西安：陝西人民美術出版社，2008年，第198頁。圖版載在趙君平、趙文成：《河洛墓刻拾零》上冊，北京：國家圖書館出版社，2007年，第60頁。

與内常侍並列復指，未詳何故？《隋書》卷28《百官志下》云煬帝"自三年定令之後，驟有制置，制置未久，隨復改易"①，那麼，是否大業末又將内承直回改爲内給事、内承奉回改爲内常侍，而誌文作者是旨在有意説明抑或是不經意的暗示？還需琢磨。

隋代文獻固然匱乏，且所記閹宦資料更殊爲稀缺，然合此新出土之《張寂墓誌》及前揭六種隋代宦者誌傳約而考之，則可以稍補隋代宦官史事之所闕略並借以見證隋代宦官制度之基本情實。那麼，歸納前文所考包括《張寂墓誌》在内的七例隋代宦官史料，應能認知這樣幾點情形：一是隋代宦官不同於唐代宦官的是尚有能與士人一樣擔任三省六部與州郡守刺等外朝官之情形，但其參政干政力量畢竟甚微，因爲正處在國家一統事業向上的時期，隋代帝王與宦官的親狎程度並不密切，反而對文人和高僧更多寵信，故而限制了宦官在隋代的權力擴張；二是隋代宦者服務所在亦不限於京師，且包括東都，又可別事王府（張寂），當然限於史料而亦應涉及江都、晉陽、仁壽宮等離宮別館之地，這適能體現宦官依附於皇族的家奴本質；三是隋代宦官葬地在洛陽者或葬河南縣千金鄉北邙山（李善），或葬洛陽縣常平縣仙游里北邙山（劉則），在長安者或葬城東龍首原（楊涣），或葬城東南杜陵（張寂），或葬城西南高陽原（宋胡），則宦官一類人物在當時應該沒有集中的塋域；四是所見宦官人物多爲大業以前者，而甚少煬帝朝宦官人事，故難以印證隋煬帝大業三年（607）後改内史省官員爲"並用士人"或"並用宦者"或"並參用士人"之情實②；五是材料中只有兩例明確提及了宦官娶妻情形，但劉則的娶妻當是在其身爲宦官之前，而苟君的娶妻乃在北齊，其時苟君應該已是宦官，那麼這可否説明齊隋間宦官娶妻"對食"較之漢晉時代的不盡爲社會所容，已漸趨成爲一種在北朝以後可以被理解與通融的情理中事③，特別是苟府君與宋玉艷竟得到"齊主爰發絲綸，作嬪于我"的明媒正娶，不正是一種官方態度嗎。至於前揭隋代宦官的籍貫地區（河北三、華陰二、湖北一、不詳一）、入宦緣由（楊約"在童兒時，嘗登樹墮地，爲查所傷，由是竟爲宦者"，宋胡"以其温仁，參侍帷幄"，楊涣"幼羅非所，冥以幽官，引罪自聘"，劉則"恥居關外，樂住神州。夙承階陛，即預驅馳"，餘皆不詳）、家族背景（多爲官宦之家、世族大姓）、民族成分（未見胡族）、文化程度（張寂"爰從小學，趣事宫闈"，楊約"好學強記"，李善"經史藴藉，詩書覽閱"，餘皆不詳）、娶妻養子（兩例有妻，養子不詳）等諸因素，因爲案例過少而統計起來實不能科學合理，唯聊作參考。總而括之，與北魏縱容寵任宦官的情形相比，隋代對於宦官的態度與權重似乎更多受到了南朝的影響，儘管其在内侍省的建制格局與職能上承繼齊周制度的成分較爲明顯④。

復有兩則相關材料不妨附記於此，以爲研討隋代宦官制度之補備。其一，内侍省雖是

---

① 《隋書》卷28《百官志下》，北京：中華書局，1973年，第803頁。
② 《隋書》卷28《百官志下》，北京：中華書局，1973年，第799頁。
③ 《後漢書》卷61《周舉傳》，北京：中華書局，1965年，第2025頁云："豎宦之人，亦復虛以形執，威侮良家，取女閉之，至有白首殁無配偶，逆於天心。"《魏書》卷94《宦官傳》，北京：中華書局，1974年，第2016頁載：宦官王琚七十歲時，"賜得世祖時宫人郭氏，本鍾離人，明嚴有母德，内外婦孫百口，奉之肅若嚴君，家内以治"。
④ 參詳冷東：《試論北魏宦官制度》，《汕頭大學學報》（人文社科版）1988年第1、2期；徐成：《北朝隋唐内侍制度研究：以觀念與職能爲中心》，上海師範大學博士學位論文，2012年。

宦官的辦公場所，在隋代却曾有僧人卒於此，亦有王爺幽於斯。開皇十四年（594）《惠雲法師墓誌》首行題云"大隋太尉晉王慧日道場故惠雲法師墓"，誌文又曰法師"捨壽於内侍省"①，惠雲俗姓賈氏，生於建鄴，十歲入道，歷南朝梁、陳與隋代。法師於開皇九年（589）隋平陳後成爲太尉晉王楊廣的"家僧"，嘗"從遊京洛，陪鎮汾河"，並駐錫於江都慧日道場，後奉詔入長安，開皇十四年（594）卒於京師内侍省。一位"復奉安車，再朝象魏"，"敷問仁王《般若經》"的高僧，何以入京後"捨壽於内侍省"，是帝王對其寵遇親近等同於内官乎？成爲一謎。又，《隋書》卷45《庶人楊秀傳》曰："太子陰作偶人，書上及漢王姓字，縛手釘心，令人埋之華山下，令楊素發之。又作檄文曰：'逆臣賊子，專弄威柄，陛下唯守虚器，一無所知。'陳甲兵之盛，云'指期問罪'。置秀集中，因以聞奏。上曰：'天下寧有是耶？'於是廢爲庶人，幽内侍省，不得與妻子相見，令給獠婢二人驅使。與相連坐者百餘人。"②則内侍省之地又嘗幽禁過蜀王楊秀。其二，《隋書》卷62《元巖傳》載："蜀王性好奢侈，嘗欲取獠口以爲閹人……又共妃出獵，以彈彈人，多捕山獠，以充宦者。"③可知蜀王楊秀在益州時竟有以南方山民爲其王府宦者之好尚，這與隋煬帝知道州矮民王義自宫後遂許其入宫侍奉於榻旁的癖性又何其相似乃爾。

---

① 王其禕、周曉薇：《隋代墓誌銘彙考》第2冊，北京：綫裝書局，2007年，第128頁。
② 《隋書》卷45《庶人楊秀傳》，北京：中華書局，1973年，第1242頁。
③ 《隋書》卷62《元巖傳》，北京：中華書局，1973年，第1476頁。

〇九七　卞茂暨妻張氏墓誌

【基本信息】

卞茂暨妻張氏墓誌，2009 年出土於河南洛陽孟津縣送莊鄉後溝村，誌石今存洛陽民間。誌文 19 行，滿行 19 字，正書，有方界格。蓋題 9 字，3 行，每行 3 字，陽文篆書，有方界格。誌石拓本長寬均 35 釐米，誌蓋覆斗形，盝頂高長 27 釐米、寬 27.5 釐米。墓誌圖文載在趙君平、趙文成《秦晉豫新出墓誌蒐佚》①，王連龍《新見隋唐墓誌集釋》②。

【誌蓋】

大隋濟陰故卞君墓銘

【誌文】

君諱茂，字長林，濟陰定陶人也。自周之葉，肇分其族，後楚之明，始昌厥職。祖會，魏散騎常侍、金紫大夫。考察，齊奉朝請、振威將軍。並由辭令，曳屣朱門；各爲文華，垂纓丹陛。君以雄圖少立，宏略早聞，遂召爲千人營主，領相州鄉團大都督。阮嗣宗爲營主，晉后偏奇；荀公達任軍師，魏王深重。大隋開皇四年，駕幸內嶽，以君洛州首領，俠潁奉先，謀同士卒，乃授朔州七嶺鎮長史。□榆之下，無飲馬之胡；長城之外，有來降之虜。十四年十一月，以君能撫邊部，遂遷循州總管司士參軍，非直厚策虧年，深謀損壽，良由嶺南障地，未宜名士。十七年正月，春秋五十有四，患未移旬，殞然州館。其年六月，喪還洛陽，楚人之詠，魂有可招，沅外之靈，應無夜哭。夫人南陽張氏，仁壽元年十一月廿三日奄然辭世，即其月廿九日合葬於金墉城西邙山之陽。嗚呼哀哉，乃爲詞曰：

姬後之胤，枝檊分流。楚晚高達，識我公侯。威棱叵潁，仁惠難儔。漠表兼鎮，嶺外佐州。烏鳴風切，松闇雲愁。千年一壠，骨散聲浮。

　　　　　　　　　　　　　　仁壽元年十一月廿九日子師道

【疏證】

《新見隋唐墓誌集釋》載此墓誌誤作"元"姓。

卞氏小姓，望出濟陰（今山東菏澤），傳春秋魯桓公子慶父曾孫仲孫述爲卞邑大夫，稱卞莊子，支子以邑爲氏。先秦人物有卞莊子、卞和，漢以降以三國魏文帝母武宣卞皇后一族與東晉卞壼一支最爲著名，然南北朝以後卞氏人物爲史籍所載者甚少，如《隋書》與《舊唐書》《新唐書》所載隋唐人物中即皆無卞姓。

史籍所見卞氏郡望多爲濟陰冤句（今山東省菏澤市西），如西晉之卞壼、卞範之，南

---

① 趙君平、趙文成：《秦晉豫新出墓誌蒐佚》第 1 冊，北京：國家圖書館出版社，2011 年，第 94 頁。
② 王連龍：《新見隋唐墓誌集釋》，瀋陽：遼海出版社，2015 年，第 23 頁。

朝齊之卞彬、南朝梁之卞華。宋代以後，卞氏又有益州成都一支，如卞袞。《元和姓纂》僅載冤句一房。《三國志》卷5《后妃傳》載魏文帝母"武宣卞皇后，瑯邪開陽（今山東臨沂）人"①，而《卞茂墓誌》則曰"濟陰定陶（今山東菏澤定陶縣）人"，又，隋大業十二年（616）《卞鑒墓誌》亦曰"濟陰定陶人"②，案冤句與定陶在南北朝時期皆爲濟陰郡屬縣，冤句在郡之西，定陶在郡之東，則稱冤句或稱定陶皆屬濟陰郡望，唯"瑯邪開陽"似應視爲卞氏在中古時期的另一房分。

卞茂及其祖、父，史傳皆無載。據誌知其祖卞會，在魏任"散騎常侍、金紫大夫"，父卞察，在齊任"奉朝請、振威將軍"。

卞茂在隋代之前嘗任"千人營主"，又"領相州鄉團大都督"，入隋後開皇四年（584）文帝駕幸中嶽嵩山，卞茂爲洛州民團首領，護駕有功，"授朔州七嶺鎮長史"，開皇十四年（594）"遷循州總管司士參軍"。朔州在塞北，循州在嶺南，終因"嶺南障地，未宜名士"，遂卒於州館。同年六月還葬洛陽，至仁壽元年（601）與妻張氏"合葬於金墉城西邙山之陽"。營主、隊主、戍主等，皆南北朝時期低級武官名。鄉團爲軍府的下屬組織，掌領鄉居軍戶，檢查戶口，勸課農桑，後演變爲鄉里民間組織。都督與大都督至北朝後期則爲率領鄉兵、畜牧軍馬的中低級軍官職名。誌稱"内嶽"乃避楊堅父楊忠嫌名"中"字，此爲新見隋代避諱案例，可補前此研究之不備③。"開皇四年，駕幸内嶽"一事不見於《隋書》，然本紀有開皇四年（584）九月"甲戌，駕幸洛陽，關内饑也"一語④，則隋文帝是年確乎來幸洛陽，而駕幸中嶽嵩山之行，則或爲史籍所失載焉。嵩山爲禪宗初祖達摩法師面壁處，亦是二祖慧可修行處，然至北魏末年亂世，慧可出走，禪法南行，嵩山佛教衰微。隋文帝佞佛，佛教在周末隋初始出現轉機，裴漼《唐嵩岳少林寺碑》嘗載北周大象末年，少林寺初復，"選沙門中德業灼然者，置菩薩僧一百廿人，慧遠法師、洪遵律師即其數也"⑤，可推《卞茂墓誌》所載隋文帝在開皇四年（584）登嵩山禮佛一事恐不爲虛。七嶺鎮，史無記載。北魏太宗明元帝永興五年（413）秋七月，"車駕自大室西南巡諸部落，遂南次定襄大洛城，東逾七嶺山，田於善無川"，善無川在今山西朔州右玉縣（漢魏時皆爲善無縣）界，縣北與西北以古長城爲界，又與內蒙古凉城、和林格爾縣毗鄰，東連大同市左雲縣，則七嶺山在善無川以西，而《卞茂墓誌》所言"七嶺鎮"當即設在七嶺山的軍鎮名。又墓誌"口榆之下，無飲馬之胡；長城之外，有來降之虜"，亦即對卞茂來任朔州邊地情事之寫照。

卞茂葬於"金墉城西邙山之陽"，金墉城地名在隋代墓誌中僅此一見。金墉城爲漢魏洛陽城西北角之小城，始築於三國魏明帝時，險固如砥，易守難攻，所謂"若欲城守，守何如金墉"，故金墉亦爲洛陽之代稱。金墉城見載於史籍者甚夥，如東魏侯景、司徒高昂

---

① 《三國志》卷5《后妃傳》，北京：中華書局，1959年，第156頁。
② 王其禕、周曉薇：《隋代墓誌銘彙考》第5冊，北京：綫裝書局，2007年，第348頁。
③ 周曉薇、王其禕：《片石千秋：隋代墓誌銘與隋代歷史文化》第二章，北京：科學出版社，2014年，第65—88頁。
④ 《隋書》卷1《高祖紀上》，北京：中華書局，1973年，第22頁。
⑤ [明]都穆：《金薤琳琅》卷12，新文豐出版公司編輯部：《石刻史料新編》第1輯第10冊，臺北：新文豐出版公司，1977年，第7716頁。

圍西魏獨孤信於金墉城，戰於河陰，西魏敗遁，北齊神武帝毀金墉城而還，即爲著名事件。隋末李密亦嘗"修金墉故城居之"，而與王世充苦戰。金墉城亦是北魏河南四鎮中洛陽軍鎮的帥府所在。魏晉時被廢帝、后、太子等，亦多幽置於此。出土北魏墓誌中所見亡於金墉城者亦甚多，羅舉如下：北魏延昌二年（513）《元恪妻貴華恭夫人王普賢墓誌》"薨于金墉之內"①，神龜二年（519）《高道悦墓誌》"暴喪於金墉宮"②，正光二年（521）《元恪嬪司馬顯姿墓誌》"薨于金墉"，正光二年（521）《馮迎男墓誌》"亡於金墉宮"，正光二年（521）《王僧男墓誌》"終於大魏金墉宮"③，孝昌二年（526）《元潛妻于仙姬墓誌》"薨於洛陽金墉之宮"④。又，《隋書》卷 30《地理志中》"河南郡"所轄洛陽縣小注曰："（開皇）十四年於金墉城別置（河南道）總監。煬帝即位，廢省。"⑤《太平寰宇記·河南府》"河南縣"條曰："金墉城，在故城西北角。魏明帝所築。《洛陽地圖》云：'金墉城內有百尺樓。'"⑥《河南志》"後魏城闕古迹"之"承明門"條小注曰："遷京之始，宮闕未就，孝文帝徙金墉城。城西有王南寺，數臨幸焉，因開此門，當金墉城前東西大道，而未有名，時人謂之新門。"⑦大業元年（605）隋煬帝新築洛陽城，洛陽舊城之金墉城遂偏在新城之東北方向。卞茂葬於仁壽元年（601），時新城尚未築造，故金墉城西自是邙山南麓的延伸地帶，不過大業元年（605）建造新城時應該沒有波及卞茂塋地所在，因爲新城北距邙山南麓尚有數里之遠。又檢唐永徽二年（651）《單信墓誌》云："葬於北邙山陽，去州城七里有餘，金墉鄉之地"⑧，則入唐後在距洛陽城東北七里有餘的邙山南畔又有金墉鄉之設。再據唐開元二十一年（733）《王膺墓誌》"葬於國門東廿里金墉原"⑨，則又知洛陽城東二十里之邙山南麓，在唐代又有金墉原之名，且唐代金墉鄉的地域至少在城東北七里到二十里之間。

---

① 趙力光：《鴛鴦七齋誌藏石》，西安：三秦出版社，1995 年，第 32 頁。
② 秦公：《釋北魏高道悦墓誌》，《文物》1979 年第 9 期。
③ 上舉三方墓誌均載北京圖書館金石組：《北京圖書館藏中國歷代石刻拓本滙編》第 4 冊，鄭州：中州古籍出版社，1989 年，第 100、104、113 頁。
④ 趙力光：《鴛鴦七齋誌藏石》，西安：三秦出版社，1995 年，第 78 頁。
⑤《隋書》卷 30《地理志中》，北京：中華書局，1973 年，第 834 頁。
⑥ [宋] 樂史撰、王文楚等校點：《太平寰宇記》卷 3《河南道三》，北京：中華書局，2007 年，第 50 頁。
⑦ [清] 徐松輯、高敏點校：《河南志》，北京：中華書局，1974 年，第 81 頁。
⑧ 周紹良：《唐代墓誌彙編》上冊，上海：上海古籍出版社，1992 年，第 147 頁。
⑨ 周紹良、趙超：《唐代墓誌彙編續集》，上海：上海古籍出版社，2001 年，第 541 頁。

○九八　司馬融墓誌

【基本信息】

司馬融墓誌，2008年5月出土於河南孟州市西北石莊鄉雷河村，誌石今存民間。誌文16行，滿行16字，正書，有方界格。誌石長寬均42.5釐米。研究參詳羅火金、劉剛州《隋代司馬融墓誌考》[①]。

【誌文】

大隋使持節儀同三司洋州刺史鯛陽公墓誌

公諱融，字子融，河内温人也。十世祖晉宣皇帝，備于史籍，可得言矣。高祖楚之，即孝武皇帝第三子也，魏司徒公、瑯琊王。曾祖金龍，開府儀同三司、吏部尚書，襲封瑯琊王。祖悅，豫州刺史、漁陽縣開國子。父彦，使持節、車騎大將軍、儀同三司、利州刺史、平陽縣開國子。公，魏永熙三年解褐員外侍郎，尋轉丞相府參軍事。周九年，授大都督，襲爵平陽子。又授使持節、車騎大將軍、儀同三司。又除延壽、安邑二郡守。大隋開皇元年，除洋州諸軍事洋州刺史，改封鯛陽公。以五年五月廿五日薨，仁壽元年歲次辛酉十一月辛巳朔廿九日己酉遷葬於河陽縣北原廿里之上樂鄉。

【疏證】

司馬融祖、曾、高三代正史皆有傳，而墓誌所載五代人物之爵號亦皆可釋考。

《中原文物》2009年第3期載羅火金、劉剛州《隋代司馬融墓誌考》，簡要梳理了司馬融家族世系，司馬融在西魏、北周和隋代的歷職情況，並對孟州市司馬氏家族墓誌的發現情況及意義做了介紹。

北周孝閔帝與孝明帝在位時無年號，但稱元年、二年，至第三年始有"武成"年號，而《司馬融墓誌》竟稱"周九年"，殊不可解。疑是"元年"誤刻爲"九年"。北周立國第九年應是保定五年（565）。

司馬融於開皇元年（581）封"鯛陽公"，長安出土開皇二年（582）《梁暄墓誌》又記梁暄於開皇元年（581）封"鯛陽縣開國男"[②]。案史有"鮦陽縣"，無"鯛陽縣"。《隋書》卷30《地理志中》淮陽郡統縣有"鮦陽"，小注曰："後齊廢，開皇十一年復。"[③]以《梁暄墓誌》推之，似隋初即有"鯛陽縣"之設。"鮦陽縣"始置於漢，因在鮦水之陽得名，治所在今安徽省臨泉縣西北鮦城。《晉書》卷49《畢卓傳》、《魏書》卷79《董紹傳》皆云"新蔡鮦陽人"。緣此可推隋代之"鯛陽"即"鮦陽"，"鯛"爲"鮦"之別寫。

---

① 羅火金、劉剛州：《隋代司馬融墓誌考》，《中原文物》2009年第3期，第94—97頁。
② 王其禕、周曉薇：《隋代墓誌銘彙考》第1冊，北京：綫裝書局，2007年，第1頁。
③ 《隋書》卷30《地理志中》，北京：中華書局，1973年，第840頁。

有關新出土北魏司馬氏家族墓葬的考古發掘報告與墓誌研究成果約有山西省大同市博物館、山西省文物工作委員會《山西大同石家寨北魏司馬金龍墓》[①]，尚振明《孟縣出土北魏司馬悦墓誌》[②]，尚振明《孟縣出土北魏司馬悦墓誌》[③]，尚振明《河南省孟縣出土北魏司馬悦墓誌》[④]，陳小青《司馬興龍司馬遵業墓誌銘考》[⑤]，周錚《司馬垂墓誌考證》[⑥]，宋馨《司馬金龍墓葬的重新評估》[⑦]，陳小青《〈北魏司馬顯姿墓誌〉考釋》[⑧]，張學鋒《墓誌所見北朝的民族融合——以司馬金龍家族墓誌爲綫索》[⑨]，程剛《北魏初至北周中的司馬楚之家族興替》[⑩]。

[①] 山西省大同市博物館、山西省文物工作委員會：《山西大同石家寨北魏司馬金龍墓》，《文物》1972 年第 3 期。
[②] 尚振明：《孟縣出土北魏司馬悦墓誌》，《中原文物》1980 年第 3 期。
[③] 尚振明：《孟縣出土北魏司馬悦墓誌》，《文物》1981 年第 12 期。
[④] 尚振明：《河南省孟縣出土北魏司馬悦墓誌》，《考古》1983 年第 3 期。
[⑤] 陳小青：《司馬興龍司馬遵業墓誌銘考》，《文物春秋》1993 年第 3 期。
[⑥] 周錚：《司馬垂墓誌考證》，《中國歷史博物館館刊》1996 年第 1 期。
[⑦] 宋馨：《司馬金龍墓葬的重新評估》，殷憲：《北朝史研究：中國魏晋南北朝史國際學術研討會論文集》，北京：商務印書館，2004 年。
[⑧] 陳小青：《〈北魏司馬顯姿墓誌〉考釋》，《圖書館雜誌》2006 年第 11 期。
[⑨] 張學鋒：《墓誌所見北朝的民族融合——以司馬金龍家族墓誌爲綫索》，《許昌學院學報》2014 年第 3 期。
[⑩] 程剛：《北魏初至北周中的司馬楚之家族興替》，《中南大學學報》（社會科學版）2014 年第 3 期。

○九九　長孫君妻薛氏墓誌

【基本信息】

長孫君妻薛氏誌，出土於西安市長安區韋曲街道辦事處東側鳳栖原，誌石今存西安市文物保護考古所。誌文8行，滿行10字，正書，有方界格。誌石尺寸不詳。墓誌披露於國家文物局《2009中國重要考古發現》[①]，陝西省文物局、陝西省考古研究院《留住文明——陝西"十一五"期間基本建設考古重要發現（2006—2010）》[②]。

【誌文】

魏左光禄大夫散騎常侍開府儀同三司平原侯長孫公妻周城郡君薛氏，時年七十九，大隋仁壽二年九月廿日薨於京師之第，以仁壽三年歲次癸亥二月癸酉朔十二日甲申葬於大興縣永壽鄉小陵原。

【疏證】

據《2009中國重要考古發現》與《留住文明——陝西"十一五"期間基本建設考古重要發現（2006—2010）》披露，同時同地（少陵原）還出土了薛氏夫開府儀同三司、東宮右武衛副率、平原公柴惲的墓誌，葬在大業二年（606），誌石亦藏西安市文物保護考古所。唯薛氏墓誌云爲長孫君妻，而非柴姓，令人疑惑，而在《柴惲墓誌》中也未有明確交代[③]，且薛氏墓誌云"左光禄大夫散騎常侍開府儀同三司平原侯長孫公"，《柴惲墓誌》則云"開府儀同三司東宮右武衛副率平原公柴府君"，職爵姓氏互異，存疑。

薛氏夫"魏左光禄大夫散騎常侍開府儀同三司平原侯長孫公"，史傳無考。誌云薛氏"葬於大興縣永壽鄉小陵原"，永壽鄉，參詳大業四年（608）《高矞墓誌》。小陵原，參詳大業十二年（616）《尹彥卿墓誌》。

[①] 國家文物局：《2009中國重要考古發現》，北京：文物出版社，2010年，第136頁。

[②] 陝西省文物局、陝西省考古研究院：《留住文明——陝西"十一五"期間基本建設考古重要發現（2006—2010）》，西安：三秦出版社，2011年，第201—202頁。

[③] 陝西省文物局、陝西省考古研究院：《留住文明——陝西"十一五"期間基本建設考古重要發現（2006—2010）》，西安：三秦出版社，2011年，第201—203頁云：航天中路延伸段M1隋墓出土青石墓誌一合，"根據墓誌記載，墓主柴惲爲開府儀同三司、東宮右武衛副率、平原公，葬于大業二年十二月二十九日"。

一〇〇　司馬君妻尉瓊仁墓誌

【基本信息】

司馬君妻尉瓊仁墓誌，出土於西安市長安區杜曲鎮興教寺北，2010 年入藏大唐西市博物館。誌文 23 行，滿行 24 字，正書，有方界格。誌石長寬均 36.5 釐米、厚 8 釐米，誌蓋盝頂，長寬均 35.5 釐米、厚 7 釐米。誌石四側素面，誌蓋亦素面，無蓋題，無紋飾。墓誌圖文載在胡戟、榮新江《大唐西市博物館藏墓誌》[①]。

【誌文】

隋故司馬君夫人尉氏墓誌銘并序

夫人字瓊仁，河南洛陽人也。太保、吳武公之孫，上柱國、盧忠公之女。若夫崇基峻峙，隆太階於壽丘，遐源遠屬，導清瀾於若水。及金行委馭，玄曆肇興，遷鼎而宅崤函，建國而荒淮海。故軒蓋繼軌，珪組相暎。自非豐功厚德，熟能鍾斯美乎。夫人感靈淳粹，凝神清遠，桂馥蘭芬，珠光玉潤。開軒對幌，若紅葉之暎渌波，拂鏡臨臺，似輕雲之蔽明月。況令儀令範，不假披圖，女德女工，無勞問史。及移天作配，道合瑟琴，弘內則於閨閫，敷陰教於嬪御。玉壺曉唱，斂袨而問內安；金鋪夕掩，進膳而脩中饋。及良人遁世，屬疾丘園，折芰焚枯，分甘共樂。比鴻妻之奇節，方萊婦之高風。克嗣徽音，流聲彤管。既而君子于役，遠戍衡陽，苦霧所侵，頹齡奄及。夫人守以貞白，勵以冰清，非行露所能霑，益城隅之彌峻。至如停機勸學，察色知謀，故亦垂美圖象，傳芳簡素。豈謂三秋七夕，空餘婺女之星；飛漢經天，空望恒娥之月。以仁壽三年五月廿三日遘疾薨于京第，春秋卌有五。粵以其年歲次癸亥十月己巳朔十六日甲申祔窆於大興縣洪原鄉之小陵原。雖合葬非古，而同塋自昔，建華表於玄宮，鐫清輝於翠石。其銘曰：

鬱鬱高門，巍巍遠系，名賢接踵，軒冕弈世。震澤之區，淄川之際，開國錫社，遺風不替。降茲淑令，敏自生知，既稱婦德，兼弘母儀。將脩纂組，爰結衿褵，竊比欅木，遠譬蚕斯。王霸貞遯，法真栖逸，雖曰清高，終由良室。以隱方顯，持耕代秩，彼倉如何，中年俱卒。原隰爽塏，墳壟荒涼，鳴鐸戒路，飛旌啓行。青松合影，素魄沉光，式鐫茂德，永播餘芳。

【疏證】

誌云尉瓊仁爲"太保、吳武公之孫，上柱國、盧忠公之女"，吳武公即尉遲綱，《周書》卷 20、《北史》卷 62 皆有傳。《周書》本傳略云："尉遲綱字婆羅，蜀國公迥之弟也。……武成元年，進封吳國公，邑萬戶，除涇州總管、五州十一防諸軍事、涇州刺史。……（天和）四年五月，薨于京師，時年五十三。贈太保、十二州諸軍事、同州

[①] 胡戟、榮新江：《大唐西市博物館藏墓誌》上冊，北京：北京大學出版社，2012 年，第 46 頁。

刺史。謚曰武。"①《北史》本傳略同，所載官職、封爵、謚號與誌載相合。盧忠公即尉遲運，《周書》卷40、《北史》卷62皆有傳。《周書》本傳略云："尉遲運，大司空、吳國公綱之子也。（建德）五年，拜柱國，進爵盧國公，邑五千戶。宣帝即位，授上柱國。大象元年二月，遂以憂薨於州，時年四十一。贈大後丞、秦渭河鄯成洮文等七州諸軍事、秦州刺史。謚曰（忠）[中]。"②《北史》本傳略同，所載官職、封爵、謚號與誌載相合。而關於尉遲運的謚號，此墓誌竟直書"忠"字而不予避諱，頗有意思。前引《周書》本傳校勘記云："諸本'忠'都作'中'。殿本當依《北史》改。按尉遲運爲周宣帝所憾，幸免於禍，不會給予'忠'字之謚。今回改。"③案尉遲運得贈謚號在大象元年[《尉遲運墓誌》葬時爲大成元年（579）十月亦即大象元年（579）二月，誌文中尚未記其謚號，知其謚號議定在葬事之後]，故"忠"字自不與隋諱衝突，因爲"數進諫"而爲周宣帝疏忌銜之，依理推之或許不當議以"忠"字謚號，然今見仁壽三年（603）《尉瓊仁墓誌》確鑿書爲"忠"字，則尉遲運的謚號似還當以"忠"字爲定。其實，檢讀隋代墓誌，可以找到數十例之多的以"忠"字爲爵號或謚號者，是知隋諱實無定規，"寬嚴隨人意而異"。④

誌云瓊仁在女德女工方面是自然天成，"不假披圖""無勞問史"。出嫁到司馬氏家，則"道合瑟琴"，以"內則""陰教"是遵⑤，"玉壺曉唱，斂衽而問內安；金鋪夕掩，進膳而修中饋"。尤其是丈夫稱疾遁世，隱逸在家，她不追求榮華富貴，能夠與之同甘苦樂。丈夫行役"遠戍衡陽"而去世，她"守以貞白，勵以冰清"。塑造了一位從儀容到品行都十分合乎當時社會審美標準的女姓形象。

尉瓊仁父祖一支猶然單姓尉氏而未回改復姓尉遲，參詳開皇十五年（595）《尉永墓誌》。誌云尉氏"以仁壽三年五月廿三日遘疾薨于京第，春秋卌有五。粵以其年歲次癸亥十月己巳朔十六日甲申，祔窆於大興縣洪原鄉之小陵原"。中古長安尉氏如尉遲運一族大塋乃在咸陽北原一帶，而尉瓊仁則"祔窆於"長安小陵原，應是合祔於其夫司馬氏墓塋。尉瓊仁夫司馬氏，史籍無考。

---

① 《周書》卷20《尉遲綱傳》，北京：中華書局，1971年，第339—340頁。
② 《周書》卷40《尉遲運傳》，北京：中華書局，1971年，第709—710頁。
③ 《周書》卷40校勘記[二]，北京：中華書局，1971年，第726頁；《北史》卷62《尉遲運傳》亦作"忠"。
④ 王其禕、周曉薇：《隋代避諱釋例——以隋代墓誌銘爲主體材料》，全國高等院校古籍整理研究工作委員會、《中國典籍與文化》編輯部：《中國典籍與文化論叢》第13輯，南京：鳳凰出版社，2011年，第28—46頁。
⑤ 陰教，指女子教化。《周禮注疏》卷7《內宰》云："以陰禮教六宮，以陰禮教九嬪。"參詳[漢]鄭玄注、[唐]賈公彥疏：《周禮注疏》卷7《內宰》，北京：中華書局，1980年影印阮元《十三經注疏》本，第684頁下。

一〇一　請世珎墓誌

【基本信息】

　　請世珎墓誌，出土於陝西咸陽，誌石今存民間。誌文 16 行，滿行 16 字，正書，有方界格。蓋題 16 字，4 行，每行 4 字，陽文篆書，有方界格。誌石長 50.5 釐米、寬 52 釐米，誌蓋覆斗形，盝頂長 43 釐米、寬 43.5 釐米。左上角斷裂。墓誌圖文載在劉文《陝西新見隋朝墓誌》[①]。

【誌蓋】

隋使持節吉州刺史金鄉伯請君墓誌銘

【誌文】

大隋故使持節上開府儀同三司吉州諸軍事吉州刺史金鄉縣開國伯請使君墓誌銘
君諱世珎，字元瑈，襄國平恩人也。昔虹精表瑞，重華穆於四門；鳳飛叶兆，敬仲興於八世。因封命氏，播美騰芳。載德象賢，嬋聯不墜。祖圖，贈涼州刺史。父蠡，金紫光禄大夫、恒州刺史、萬年伯。去思來晚，謠詠起於四民；夏日春陽，威恩勵於百姓。公餘慶所鍾，含章秀出。奔雷峻嶽，播異氣而降神；麟角鳳毛，摽奇文而示武。行成士則，孝合天經。加以瓖姿駭俗，精彩照澈。年十七任恭帝扶侍，豈止魏驚平叔，面拭朱衣；漢賞季宗，名題殿柱。俄除丹州司馬。属王室阪蕩，鼎命有歸。燕南趙北，既有白珪之寇；玉壘銅梁，非無子陽之賊。秉麾問罪，自属親賢。鼇贊戎機，妙簡英彦。公以都督、行軍長史，運兹韜略，掃除妖沴。大隋膺曆，遷使持節、儀同大將軍，出除本郡襄國太守。開皇五年，入授右車騎將軍。属吳越尚梗，豐逆屢彰。王師薄伐，別統上流。樓檻嘖於江潭，旌旗拂於雲霧。應機摧殄，冰散瓦解。殊功之賞，遷上開府，封金鄉縣開國伯，邑七百戶。九年，詔曰：公氣幹摽舉，勳效已隆。宜委牧民，宣揚朝化。除使持節吉州諸軍事吉州刺史。先禮後刑，令行禁止。遺書賢於十部，露冕振於百城。彎弓挺劒之寇，望境憚威；文身卉服之民，晏安懷德。克宣美績，簡在帝心。發詔褒揚，重加本位。丁大夫人優，絕漿泣血，毀瘠過禮。追五起之無期，興三悔之弥切。奉詔奪情，再弘風教。起復使持節吉州諸軍事吉州刺史。既而羽化之藥，不遇於兩僮；膏肓之疹，忽謀於二豎。仁壽元年十月七日寝疾薨於州廨，春秋六十有四。一州慟哭，猶喪陶璜；三荆墮淚，若思羊祜。嗚呼，粤以三年歲次癸亥十月己巳朔廿三日辛卯歸葬於咸陽石安原。嗣子安鄉縣令政德，悲深風樹，思結寒泉。徒使繞墓銜號，無復過庭聞禮。將恐岸遷爲谷，海變成田。冀聲實而不朽，憑金石而恒傳。迺爲銘曰：
命舜登庸，封陳筮仕。聖精雖謝，英賢間起。世積珪璋，門多杞梓。以兹餘慶，誕生夫子。

[①] 劉文：《陝西新見隋朝墓誌》，西安：三秦出版社，2018 年，第 71 頁。

風神籠盖，膽核縱橫。乘羊擅美，臨虎不驚。弓落鳴雁，書照飛螢。孝感寒笋，義變枯荆。解巾從宦，秉懷清恪。立操公方，登朝寒愕。七戰無遺，六奇英略。陷陣摧鋒，猶風解籜。剖符百越，刺舉三條。仁明起頌，來晚興謡。五溪怵厲，二嶺雄妖。墮禽傷壽，命折寒膠。朱輪既往，白馬空歸。還驂哀步，送雁悲飛。金生碑古，盖偃松衰。棠蔭勿剪，永播清徽。

【疏證】

請世珎及其祖請圜、父請蠢、嗣子請政德，史傳皆無載。誌云請世珎"年十七任恭帝扶侍"，恭帝，周文帝於魏後元年（554）廢西魏帝而立齊王廓爲皇帝，是爲恭帝，在位三年。扶侍一職，見於梁、陳朝官制，梁朝東宮官有齋内、主璽、主衣、扶侍等局，各置有司，以承其事。①魏周隋則未載其職。誌云"俄除丹州司馬"，丹州，《隋書》卷29《地理志上》延安郡有義川縣，小注云："西魏置汾州、義川郡，後改州爲丹州。"②誌云"屬王室阪蕩，鼎命有歸"，意爲西魏滅亡進入北周。請世珎在北周曾任都督、行軍長史。進入隋朝，遷使持節、儀同大將軍，出除本郡襄國太守。開皇五年（585），入授右車騎將軍。誌云"屬吳越尚梗，豐逆屢彰。王師薄伐，别統上流。樓檻喧於江潭，旌旗拂於雲霧。應機摧殄，冰散瓦解"。是指開皇九年（589）滅陳之役，請世珎也因爲"殊功之賞，遷上開府，封金鄉縣開國伯，邑七百戶"。並得到詔書褒獎。金鄉縣，在隋代屬濟陰郡。又任使持節吉州諸軍事吉州刺史，吉州，《隋書》卷31《地理志下》廬陵郡小注云："平陳，置吉州。統縣四，戶二萬三千七百一十四。"③則隋在平陳後置吉州，此誌所載請世珎任吉州刺史正是在開皇九年平陳之後，與史志所載相合。誌云"歸葬於咸陽石安原"，大業十二年（616）《寶彦墓誌》亦云"遷厝於涇陽縣之石安原"④，皆指今咸陽北原，在北周咸陽郡郡治石安縣（今涇陽縣）境内，大體位於涇陽縣西南七里，崇二十丈，東西三十八里。又，大業九年（613）《張子明墓誌》云"遷窆於涇陽縣洪川鄉洪原里石安原"⑤，而該墓誌即出土於今西安咸陽國際機場一帶，可以爲證。

---

① 《隋書》卷26《百官志上》，北京：中華書局，1973年，第727頁。
② 《隋書》卷29《地理志上》，北京：中華書局，1973年，第811頁。
③ 《隋書》卷31《地理志下》，北京：中華書局，1973年，第880頁。
④ 劉文：《陝西新見隋朝墓誌》，西安：三秦出版社，2018年，第110頁。
⑤ 王其禕、周曉薇：《隋代墓誌銘彙考》第4冊，北京：綫裝書局，2007年，第379頁。

一〇二　皇甫紘墓誌

【基本信息】

皇甫紘墓誌，2015年出土於西安市長安區，誌石今存民間。誌文23行，滿行22字。正書，有方界格。誌石拓本長39釐米、寬39.5釐米。墓誌圖文載在劉文《陝西新見隋朝墓誌》①。

【誌文】

大隋故帥都督井州司馬皇甫君墓誌銘

君諱紘，字紘，安定朝那人。漢度遼將軍規之後也。泰澤導其靈源，浚林開其惠葉。故能分流不竭，擢秀相望。祖元，梁州別駕、北地太守；父詮，京兆郡功曹、載師上士，並外身後志，積德行仁，善著鄉閭，名高郡國。而月精雲實，載挺神芝。甘露醴泉，寔生芳桂。比其儀表，則城北徐公；方以藝能，則關西孔子。周天和元年，趙王出鎮靈關，引君爲記室。尋治遂州懷化郡守。王尊之沉白馬，未足論初；陳冰之鬬倉牛，更成慙德。建德五年，趙王遷牧神州，又被辟爲軍曹從事。七年，除曹州冤朐縣令。屬群妖搆逆，剽邑屠城，若篙箭之守晉陽，松蒭之全沔邑。開皇四年，以勳蒙授帥都督，其年除潞州襄垣縣令。十二年，袟滿入爲光祿寺丞。十七年，除伊州長史。仁壽二年，轉授井州司馬。安仁之掌河朔，休徵之贊海隅。借爲連類，我居其右。方冀報善可期，金鉉昇於台路；豈謂降年不永，玉鑰虧於命門。其年十二月十四日遘疾薨於井州廨舍，逾其年十一月十八日歸葬於雍州大興縣零泉鄉之小陵原。長子世剛等，永惟罔極，銜哀畢世，敢遵銘典，刊石泉門。其詞曰：黃魚載躍，白馬來朝。繼德不隕，布在民謠。惟君嗣美，挺秀遷喬。理窮義核，文總詞條。其一 秉筆膺務，分符試守。垂露濡翰，迴風送綬。率懷汎愛，推心善誘。參贊六條，宣風十部。其二 秉德履仁，雄喦峻節。報施終爽，精靈先竭。壟路悲風，山門怒雪。攸攸万古，飛芳無絕。

【疏證】

誌云"君諱紘，字紘，安定朝那人。漢度遼將軍規之後也"，皇甫規，《後漢書》有傳，爲東漢時屢建奇功的戰將，文武兼通，著有文集五卷。因其爲安定朝那人，又爲東漢名將世家，皇甫紘誌或攀附爲其後人。誌云"祖元，梁州別駕、北地太守；父詮，京兆郡功曹、載師上士"；長子皇甫世剛，史傳皆無載。誌云"周天和元年，趙王出鎮靈關，引君爲記室。尋治遂州懷化郡守。王尊之沉白馬，未足論初；陳冰之鬬倉牛，更成慚德。建德五年，趙王遷牧神州，又被辟爲軍曹從事。"趙王者，即趙僭王宇文招，字豆盧突，文帝子，《周

---

① 劉文：《陝西新見隋朝墓誌》，西安：三秦出版社，2018年，第73頁。

書》與《北史》有傳，其女爲沙鉢略可汗妻千金公主。據《周書》卷 13 本傳，知宇文招先於"保定中，拜爲柱國，出爲益州總管"，建德三年（574）進爵趙王，"除雍州牧"①。而墓誌則記其天和元年（566）出鎮靈關②，建德五年（576）"遷牧神州"，亦即較本傳所記入職蜀郡年份稍晚，且進爵爲王年份亦稍晚，蓋墓誌所記或有誤差。誌云"七年，除曹州冤朐縣令。屬群妖搆逆，剽邑屠城，若篙箭之守晉陽，松筱之全沔邑"。按北周武帝建德僅有六年，下一年即爲宣政元年（578），武帝於宣政元年（578）六月崩，宣帝即位，即位伊始，仍襲用宣政年號，次年方改年號爲大象。則誌云"七年"，或將宣政元年（578）誤爲建德七年（578）。曹州冤朐，《隋書》卷 30《地理志中》濟陰郡小注云"後魏置西兖州，後周改曰曹州"③，統縣有冤句，則"冤朐"即"冤句"。誌云"開皇四年，以勳蒙授帥都督，其年除潞州襄垣縣令"。潞州襄垣，《隋書》卷 30《地理志中》襄垣縣隸上黨郡，上黨郡小注云："後周置潞州"④，則其云潞州襄垣，襲北周舊稱也。令人疑惑的是，皇甫紘開皇四年（584）即任襄垣縣令，而到"十二年，秩滿入爲光祿寺丞"，任襄垣縣令長達八年之久方才"秩滿"，實屬少見。因爲隋代明文規定"刺史、縣令，三年一遷，佐官四年一遷"⑤。縣令三年之後若復任縣令，則需要遷轉到其他縣，這也是大多數縣令由此縣令向彼縣令遷出任職的主要途徑。⑥誌云："十七年，除伊州長史。仁壽二年，轉授井州司馬。"井州，《隋書》卷 30《地理志中》恒山郡置井陘縣，小注云："後齊廢石邑，以置井陘。開皇六年復石邑縣，分置井陘。十六年於井陘置井州……大業初廢州。"⑦《隋書》於井州的記叙，僅此一條。皇甫紘任井州司馬在仁壽二年（602），證明此時確有井州設置。誌云："其年十二月十四日遘疾薨於井州廨舍，逾其年十一月十八日歸葬於雍州大興縣零泉鄉之小陵原。""雍州大興縣零泉鄉"，參詳開皇十三年（593）《梁脩芝墓誌》。

---

① 《周書》卷 13《宇文招傳》，北京：中華書局，1971 年，第 203 頁。
② 靈關，[晉] 左思《蜀都賦》："廓靈關以爲門，包玉壘而爲宇。"劉逵注："靈關，山名，在成都西南漢壽界。"載 [梁] 蕭統編、[唐] 李善注：《文選》卷 4，北京：中華書局，1977 年，第 75 頁。[晉] 常璩撰、劉琳校注：《華陽國志校注》卷 3《蜀志》，成都：巴蜀書社，1984 年，第 182 頁載："七國稱王，杜宇稱帝……乃以褒斜爲前門，熊耳、靈關爲後戶。"劉琳注"靈關"云：在今四川寶興縣南，蘆山縣西北。爲蜀中通往西北少數民族地區的隘口。劉琳注文參詳 [晉] 常璩撰、劉琳校注：《華陽國志校注》卷 3《蜀志》，成都：巴蜀書社，1984 年，第 185—186 頁。
③ 《隋書》卷 30《地理志中》，北京：中華書局，1973 年，第 837 頁。
④ 《隋書》卷 30《地理志中》，北京：中華書局，1973 年，第 849 頁。
⑤ 《隋書》卷 28《百官志下》，北京：中華書局，1973 年，第 792 頁。
⑥ 周曉薇、王其禕、陳英哲：《隋代縣長輯存附考（下）》，西安碑林博物館：《碑林集刊》第 16 輯，西安：三秦出版社，2011 年，第 238 頁。
⑦ 《隋書》卷 30《地理志中》，北京：中華書局，1973 年，第 856 頁。

一〇三　史崇基墓誌

【基本信息】

　　史崇基墓誌，出土於西安市西郊，誌石今存洛陽九朝刻石文字博物館。誌文29行，滿行29字。正書，有方界格。誌石長寬均51釐米、厚10釐米。墓誌圖文載在趙文成、趙君平《秦晉豫新出墓誌蒐佚續編》[1]，齊運通、楊建鋒《洛陽新獲墓誌二〇一五》[2]，劉文《陝西新見隋朝墓誌》[3]。研究參詳周曉薇《西安新見隋〈史崇基墓誌〉與中古史氏脈系》[4]。

【誌文】

大隋陽城公世子都督史君之墓誌

君諱崇基，字洪業，雍州京兆人也，世掌史官，因而著姓。克則作頌於魯公，玄乃布德于漢后。由斯啓國，自此承家。徽風継武，可得言矣。世徇雄豪，家傳耿介。祖寧，柱國、使持節、荆襄等五十四州總管、安政郡開國公。倜儻大度，情忘愠憘。有文武才略，夙爲朝野所推。父祥，上開府、右衛將軍、慶州道行軍總管、陽城郡開國公。立性恭勤，凝正不雜。入參禁旅，出裁閫外。廉靜自居，威憺兼設。君幼表岐嶷，綈綺有聞。貴義輕財，趣賢禮士。翕然流譽，播聲京雒。遊獵墳典，深識多知。造席抗辭，言不徒出。於是遠集兵書，《太公》《孫子》之要；求求戰策，《司馬》《諸葛》之占。"八陣""九拒"之宜，雲梯地道之術，莫不暗由智府，成誦在心。以開皇十八年應詔試舉，以君文武才堪，入居宿衛。至廿年，重蒙選簡，乃授都督，於君誠曰屈才，處衆實駭僉属。早丁偏優，居喪過禮。晨號暮泣，悲動行路。升溢自充，鹽酪不入。陽城公每加慰勉，僅不滅性。事後母至孝，出告及面，遊必有方。夏清冬温，無違就養。動容有則，非禮勿言。神韻清標，風情秀發。可謂無雙，寔維獨步。豫章王，皇帝之令孫，殿下之愛子，地隆齊楚，德懋燕梁。園閣初開，妙筭僚衛。以君聲望兼美，仍以都督領庫真。君，王既作牧東蕃，仍即侍從，深降恩私，冠於儕伍。既托心腹，兼寄爪牙。方馳力康衢，效績明世。脩短有數，積善無徵。以仁壽二年終于淮海，春秋廿七。以三年歲次癸亥十二月戊辰朔廿八日乙未歸窆長安縣龍兒里之山。朝府惻悼，鄉間惋惜。又無遺嗣，痛結親朋。君孝于維孝，友于兄弟。同氣數人，皆相愛睦。昔荀氏"八龍"，賈君"三虎"。雖古今異世，彼我一時。加以性重懽娛，志懷招納。每因務隙，必事賓遊。勝景名辰，坐客恒滿。井投陳遵之轄，席設何曾之饌。對朗月而憶許詢，臨高秋而召潘岳。嘯詠風雲，留連文酒。並以庸墟，預蒙敬愛。追懷曩昔，

---

[1] 趙文成、趙君平：《秦晉豫新出墓誌蒐佚續編》第1冊，北京：國家圖書館出版社，2015年，第185頁。
[2] 齊運通、楊建鋒：《洛陽新獲墓誌二〇一五》，北京：中華書局，2017年，第57頁。
[3] 劉文：《陝西新見隋朝墓誌》，西安：三秦出版社，2018年，第75頁。
[4] 周曉薇：《西安新見隋〈史崇基墓誌〉與中古史氏脉系》，《文博》2019年第1期，第82—87頁。

傷心何已。聊述徽猷,陳其實録。隙駒易遠,逝水難停。策吉龜凶,陵遷谷貿。匪雕玄石,孰紀芳塵?迺爲銘曰:

世緒綿邈,洪源浩汗。籀見前經,遊聞往漢。將相公侯,金柯玉幹。羽儀不已,誕生夫子。楚桂齊馨,隋珠埒美。武閑騎射,學資經史。仁非外將,孝稟自然。入侍天闕,出衛梁廷。恩光靡二,禮遇無前。如何不愁,邁斯禍疾。抱恨遥塗,於焉自畢。即從黄壤,便違白日。一棺客殯,万里輕裝。去辭東閣,來歸北芒。丹旐容裔,素柳危昂。墓田蕭颾,原野蒼茫。千秋万祀,過矣悠長。

【疏證】

史崇基一支系出朔方,父史祥、祖史寧,史書皆有傳,則墓誌對於考察史氏之族屬及其在隋唐間趨於中央化的政治地位,乃至梳理中古史氏之房分郡望,有著重要價值。

一、史誌所見史崇基的父祖

誌云史崇基"祖寧,柱國、使持節、荆襄等五十四州總管、安政郡開國公"。史寧,《周書》卷28、《北史》卷61有傳。《周書》本傳云"史寧字永和,建康表氏人也。曾祖豫,仕沮渠氏爲臨松令。魏平梁州,祖灌隨例遷於撫寧鎮,因家焉。……寧少以軍功,拜别將。遷直閣將軍、都督,宿衛禁中。尋加持節、征東將軍、金紫光禄大夫"。魏廢帝"三年,吐谷渾通使於齊,寧擊獲之,就拜大將軍"。魏廢帝二年(553),"進爵安政郡公"。"孝閔帝踐阼,拜小司徒,出爲荆襄淅鄀等五十二州及江陵鎮防諸軍事、荆州刺史""保定三年,卒於州。謚曰烈"①。史誌所載有相合之處,然"柱國"勳官爲本傳所不載,又誌載"荆襄等五十四州總管"與傳載"荆襄淅鄀等五十二州及江陵鎮防諸軍事、荆州刺史"互異。又,史寧之子史雄尚北周太祖女永富公主,史寧之女史世貴適毛州刺史、滑國公韋壽。韋壽即鄖國襄公韋孝寬第三子,故史寧家族在北周既有子尚公主,又有女與京兆韋氏鄖公房聯姻,對提升其家族在周隋的政治社會地位,無疑頗具意義且作用重大。

誌云:"父祥,上開府、右衛將軍、慶州道行軍總管、陽城郡開國公。"史祥,《北史》《隋書》均有傳。《隋書》卷63本傳略云:"史祥字世休,朔方人也。……仕周太子車右中士,襲爵武遂縣公。高祖踐阼,拜儀同,領交州事,進爵陽城郡公。祥在州頗有惠政。後數年,轉驃騎將軍。伐陳之役,從宜陽公王世積,以舟師出九江道,先鋒與陳人合戰,破之,進拔江州。……尋拜蘄州總管,未幾,徵拜左領左右將軍。後以行軍總管從晉王廣擊突厥於靈武,破之。遷右衛將軍。仁壽中,率兵屯弘化以備胡。煬帝時在東宫……甚親遇之。"②且與太子時的隋煬帝有書信往來,皆論舊行行兵時事,則知史祥乃是一位諳熟用兵佈陣的軍事家。墓誌言史崇基亦能夠"遠集兵書,《太公》《孫子》之要;多求戰策,《司馬》《諸葛》之占。'八陣''九拒'之宜,雲梯地道之術,莫不暗由胷府,成誦在心",自是有其父輩的家學傳授。史誌記載史祥在北周及隋文帝時期任職基本相合,誌略而傳詳。

---

① 《周書》卷28《史寧傳》,北京:中華書局,1971年,第465—469頁;《北史》卷61本傳略同。
② 《隋書》卷63《史祥傳》,北京:中華書局,1973年,第1493—1495頁。

唯誌"慶州道行軍總管"一職未見史載。又因墓誌撰於仁壽三年（603），故未詳史祥在煬帝朝事迹。據《北史》卷61本傳可知史祥在漢王楊諒作亂時，"帝以祥爲行軍總管"，大敗漢王楊諒部將綦良，"進位上大將軍""尋遷鴻臚卿，從征吐谷渾。祥出玉門道，擊虜破之。進位右光祿大夫，拜右驍衛大將軍。及征遼東，出蹋頓道，不利，由是除名。俄拜燕郡太守，被賊高開道所圍，城陷，開道甚禮之。會開道與羅藝通和，送祥於涿郡，卒於塗。子義隆，永年令"①。今據墓誌又知史崇基亦爲史祥之子。

二、史崇基的舊籍與新貫

誌云史崇基爲"雍州京兆人也"，然《周書》與《北史》史寧本傳皆云"建康（袁）[表]氏人也"。據《元和姓纂》"建康史氏"房記載："今隸酒泉郡，史丹裔孫後漢歸義侯苞之後，至晋永嘉亂，避地河西，因居建康。苞裔孫寧，後周安政公；生祥，隋城陽公。"②《周書》卷28史寧本傳校勘記又云："錢氏《考異》三二云：'此涼州之建康，非揚州之建康也。"袁氏"當爲"表氏"之訛。'按錢説是。表氏是漢以來的舊縣，屬酒泉郡。建康郡，前涼張駿置。表氏縣當時改屬建康。"③《周書》史寧本傳亦曰："曾祖豫，仕沮渠氏爲臨松令。魏平涼州，祖灌隨例遷於撫寧鎮，因家焉。父遵，初爲征虜府鎧曹參軍。屬杜洛周構逆，六鎮自相屠陷，遵遂率鄉里二千家奔恒州。其後恒州爲賊所敗，遵復歸洛陽。拜樓煩郡守。"④ 由是可知所謂的"建康表氏人"與"朔方人"，本是因先祖避永嘉之亂而徙居河西建康者，非是從西域之昭武史姓而後融入突厥之突厥族史氏。

史崇基墓誌之所以云"雍州京兆人"，應當是自其祖史寧與其父史祥先在西魏、北周直至入隋已經落腳於關中，更且有史崇基的伯父史雄尚北周永富公主、姑母史世貴嫁於關中郡姓之韋氏鄖公房韋壽，於是便有了改籍新貫的資本與勢力。又，開皇六年（586）史崇基姑姑《史世貴墓誌》云"扶風莫西人"，"扶風莫西"即扶風郡莫西縣。北魏太和十一年（487）分扶風郡置武功郡，又分扶風郡好時縣置莫西縣轄於武功郡。⑤隋開皇十八年（598）改莫西縣爲好時縣並轄於京兆郡，大業三年（607）又廢好時縣置上宜縣。⑥則隋仁壽二年（602）時扶風莫西正轄於京兆郡，推理史崇基誌文所謂"雍州京兆人"之新貫，其具體郡縣當即扶風郡莫西縣，亦即扶風莫西應該是數百年後的史祥一族由河西朔方回徙關中的最先和最主要的著籍地。另外，史崇基一直"入居宿衛"，並擔任豫章王楊暕的僚衛，因多年居止於京師，故也有其徑稱爲"雍州京兆人"的可能。而這一點其實也可以視作建康史氏一族自西魏、北周至隋代而趨於完成中央化進程的一個信號。

---

① 《北史》卷61《史祥傳》，北京：中華書局，1974年，第2189—2190頁。
② ［唐］林寶撰，岑仲勉校記：《元和姓纂（附四校記）》卷6，北京：中華書局，1994年，第822頁。
③ 《周書》卷28校勘記［一］，北京：中華書局，1971年，第483頁。
④ 《周書》卷28《史寧傳》，北京：中華書局，1971年，第465頁。
⑤ 《魏書》卷106下《地形志二下》，北京：中華書局，1974年，第2609—2610頁。
⑥ 《隋書》卷29《地理志上》，北京：中華書局，1973年，第808頁。

三、史崇基的仕宦與行事

史崇基,史傳無載。據誌知其"開皇十八年應詔試舉,以君文武才堪,入居宿衛",開皇廿年(600),"重蒙選簡,乃授都督"。母親去世後,"居喪過禮",父親陽城公史祥"每加慰勉,僅不滅性"。並且事奉後母至孝。誌云:"豫章王,皇帝之令孫,殿下之愛子,地隆齊楚,德懋燕梁。園閣初開,妙筭僚衛。以君聲望兼美,仍以都督領庫真。"豫章王即齊王楊暕,《隋書》卷59有傳。楊暕爲隋煬帝第二子,開皇十三年(593)二月己卯,"立皇孫暕爲豫章王"①。《隋書》卷59《楊暕傳》云:"齊王暕字世胐,小字阿孩。美容儀,疏眉目,少爲高祖所愛。開皇中,立爲豫章王,邑千戶。及長,頗涉經史,尤工騎射。初爲内史令。仁壽中,拜揚州總管沿淮以南諸軍事。煬帝即位,進封齊王,增邑四千戶。"②庫真爲鮮卑語官名,北朝及隋内侍宿衛武官之一,有時也做起家官,品級不詳,又作"庫直",《北齊書》與《隋書》多見之,參詳開皇八年(588)《囗子建墓誌》。

誌又云"王既作牧東蕃,仍即侍從,深降恩私,冠於儕伍",據齊王楊暕本傳知是楊暕做揚州總管時史崇基爲侍從。又據《隋書》卷2《高祖紀下》載"(仁壽元年)三月壬辰,以豫章王暕爲揚州總管",則知豫章王楊暕任揚州總管與史崇基任侍從的具體時間。誌云"以仁壽二年終於淮海,春秋廿七。以三年歲次癸亥十二月戊辰朔廿八日乙未歸窆長安縣龍兒里之山","長安縣龍兒里"爲隋代墓誌中迄今所見轄於長安縣之新里名,可補前此研究之所闕略。③

四、中古史氏的房分與脈系

"姓氏與郡望相屬,乃知宗派所出"④。兹據史傳與墓誌等文獻,對中古史氏的房分脈系與舊籍新貫略作梳理。中古史氏多系出於西漢宣帝時期的杜陵侯史恭與其孫關內侯史丹之後,史恭遠籍魯國(今山東),後徙居杜陵(今西安),因緣史恭的女弟成爲戾太子良娣,而後史氏家族子嗣得以興隆。然而這一支杜陵史氏"皆訖王莽乃絶",其所謂"絶"者,實則爲自史丹之後而分化出史氏的其他房支。據《元和姓纂》可知漢代以後史氏門族大略定著以下六房⑤:

一是以史寧、史祥家族爲代表的河西建康郡的"建康史氏"一房,即《元和姓纂》所謂:"今隸酒泉郡,史丹裔孫後漢歸義侯苞之後,至晋永嘉亂,避地河西,因居建康。"⑥而建康史氏自北朝開始便在族源上開始了中原移民與昭武史國的融合。

二是史丹曾孫史崇"自杜陵受封溧陽侯,遂爲郡人",亦即史氏宣城房,或稱溧陽房。這一房史氏至唐代武周朝出了一位宰相,即宜州溧陽人史務滋。溧陽房史氏在唐代又有因

---

① 《隋書》卷2《高祖紀下》,北京:中華書局,1974年,第38頁。
② 《隋書》卷59《楊暕傳》,北京:中華書局,1973年,第1442頁。
③ 周曉薇、王其禕:《片石千秋:隋代墓誌銘與隋代歷史文化》第六章"隋代兩京地名稽考",北京:科學出版社,2014年,第231—232頁。
④ [清]孫星衍:《校補元和姓纂輯本序》,[唐]林寶撰、岑仲勉校:《元和姓纂(附四校記)》卷1,北京:中華書局,1994年,第3頁。
⑤ [唐]林寶撰、岑仲勉校記:《元和姓纂(附四校記)》卷6,北京:中華書局,1994年,第822—826頁。
⑥ 周曉薇:《西安新見隋〈史崇基墓誌〉與中古史氏脈系》,《文博》2019年第1期,第85頁。

官入朝而著籍於長安者。

三是高密房，亦稱史丹之後，後世無聞。

四是京兆房，史丹裔孫史璜留居長安。後世最著者爲隋左領軍大將軍史萬歲，《隋書》與《北史》本傳言其爲"京兆杜陵人"，其宅第在隋大興城待賢坊。

五是陳留考城房，《元和姓纂》曰："今隸曹州。後漢京兆尹敞，生弼。今無聞。"《後漢書》卷68《郭符許傳》載有"史叔賓者，陳留人也"[①]。

六是河南房，爲代北突厥族後裔，本姓阿史那。其中一支西突厥特勤大奈在隋末從唐高祖舉兵平長安有功而賜姓史氏，後大奈子仁表尚太宗女普安公主。唐貞觀十七年（643）《史善應墓誌》與史善應子總章三年（670）《史崇禮墓誌》皆云"河南洛陽人"[②]，善應曾祖爲纈傑娑那可汗，祖爲雁門公乙史波羅可汗（即沙鉢略可汗），父爲康國公褥檀特勤史實，則其統系亦與史大奈爲同宗。另一支突厥族阿史那氏在唐玄宗時始改姓史氏，唐會昌二年（842）《史從及墓誌》"其先阿史那之裔也。皇左驍衛大將軍社尒六代孫。我高祖締構之初，乃宣力王室，克成大勳。洎貞觀中，冠蓋赫奕，莫之與京，紀述之文，焕乎國史家牒，故不書。開元巳降稱史氏，蓋省文也"云云可證。[③]不過，漢代史丹後裔在齊隋之間亦有分支河南者。

除以上六房郡望，檢讀出土之石刻文獻，發現史氏在隋唐之間更有漸次分支於潞州上黨、濟北郡、河間鄭、絳郡、魏州冠氏、衛州朝哥、齊郡、華陰、常州晉陵、蘇州崑山等新貫，如唐代的史思明本名窣干，亦爲定著在營州寧夷州的突厥雜種胡人。

從上述這樣一種枝繁葉茂的房分態勢，或可以見證史氏在隋唐時期所呈現出的族群振興面貌是空前的。史氏並非中古時期族大系長的士族郡姓，隨著漢唐之間數百年的南北流徙，族群中更出現了中原與北方民族的融合成分，而能夠借以了解史氏舊籍與新貫所體現出來的社會勢力的浮沉變動及其與政治地位的關係，新出土的大量石刻文獻無疑有著重要的史據意義。

---

① 《後漢書》卷68《郭符許傳》，北京：中華書局，1965年，第2230頁。
② 趙文成、趙君平：《秦晉豫新出墓誌蒐佚續編》第2冊，北京：國家圖書館出版社，2015年，第329頁；王慶衛：《新見唐代突厥王族史善應墓誌》，《中國國家博物館館刊》2014年第4期；湯燕：《新出唐史善應、史崇禮父子墓誌及突厥早期世系》，榮新江：《唐研究》第20輯，北京：北京大學出版社，2013年；朱振宏：《突厥族史善應墓誌箋證研究》，《中國邊政》2014年第4期。
③ 趙力光：《西安碑林博物館新藏墓誌續編》上冊，西安：陝西師範大學出版社，2014年，第559頁。

一〇四　□元暨妻崔氏鮑氏墓誌

【基本信息】

□元暨妻崔氏鮑氏墓誌，出土於山西壺關縣，誌石今存民間。誌文18行，滿行18字，正書，有方界格。誌石尺寸不詳。

【誌文】

君諱元，字明尚，出在陳郡南陽人也。昔禱祀於媒郊，敢氣於神迹。承官寵爵，世有仁焉。父景買，少品英才，天然上哲。玉器瑚璉，不教而成秀。魏武皇帝授河北郡守、豫州刺史。夫人崔氏，理遙根於博陵，布錦枝於四海。息顯元，孤松□騰荊蕀，溫然如玉。往昔臥龍，復何以方其挺秀。天保八年，命徙皇庭，授金紫光禄大夫、清州刺史。夫人鮑氏，志節蓋於清雲，貞心皦於白日。但逝水無亭，嗟呼痛甚，轉世應時，非關四馬。孫洪建，丘教之明達人，布德無倦，卓石泉原，唅生歎息，春秋六十有三，有意交衿，既辭壽終，玄天著命，寶曆瑗興，百世本支，福流得姓。恐子孫不綴，虛在朝野之際。昔輕輪不轉，預表騰公之墳；季春刊碑，遂著張生之墓。至今仁壽四年歲在玄枵三月丁酉朔廿四日庚申，父子與夫人及孫妻十喪合葬在壺關城西卅里。西有藂林，東俠流水，在於橫岡之上。穆照王父，授此開壋，乃祖乃父，例爵封州，銘鐫玄石，永播粉篆，記之存驗。

【疏證】

此墓誌未見墓誌蓋，或云"隋向元墓誌銘"，則不知何所依據？墓誌所記爲□元一族祖孫三代十人合葬於壺關城西之事，然誌文言辭語義與行文格式略有不能暢達者。誌文所記有其父景買、母崔氏，有其妻鮑氏，亦有其子洪建，然並不足於十喪。誌文"息顯元"者，蓋即□元。誌云"陳郡南陽人"，檢《隋書》卷30《地理志中》"淮陽郡"屬縣宛丘條小注云："後魏曰項，置陳郡。開皇初縣改名宛丘，尋廢郡，後析置臨蔡縣。大業初置淮陽郡，並臨蔡縣入焉。又後魏置南陽郡，東魏廢。"[1]故誌文"陳郡南陽"當爲復指後魏設於一地的南陽郡（廢於東魏）與陳郡（廢於隋初），而非指隋代的南陽郡南陽縣。□元在北齊天保八年（557）任清州刺史，固然可與《北齊書》卷20《斛律羌舉傳》"元象中，除清州刺史，封密縣侯"互證[2]，而疑東魏北齊或有清州之設。然《周書》卷27《梁椿傳》載大統年間"除清州刺史，在州雖無他政績，而夷夏安之"[3]，校勘記云："宋本、南本'清'皆作'渭'，汲本、局本作'清'，注'一作渭'。《魏書》卷106《地形志》無'清州'，疑

---

[1]《隋書》卷30《地理志中》，北京：中華書局，1973年，第839頁。
[2]《北齊書》卷20《斛律羌舉傳》，北京：中華書局，1972年，第266頁。
[3]《魏書》卷106《地形志》，北京：中華書局，1971年，第451頁。

作'渭'是。"① 既然北魏西魏皆無清州之設，則汲本、局本謂梁椿在西魏大統年間所任清州刺史確應爲渭州刺史之訛。又《元和姓纂》卷3"胡"姓安定房載"魏胡質，荆州刺史；生威，清州刺史、平春侯，又居淮南"②，然《晉書》卷90《胡威傳》作"拜前將軍、監青州諸軍事、青州刺史，以功封平春侯"③，則魏晉間亦無清州之設。再檢《北齊地理志》與《北周地理志》，皆無清州之設。實則中古石刻中常見"清"與"青"互爲通用者，如洛陽龍門石窟老君洞北魏永平元年（508）《道守造像記》"清州□泉寺道守"之"清州"即爲"青州"，北魏永安三年（530）《元液墓誌》"死贈征虜將軍、清州刺史"之"清州"亦爲"青州"，東魏天平三年（536）《王僧墓誌》"正光中，除清州高陽令"之"清州"同樣是"青州"之別。④綜上，《□元墓誌》所稱"清州刺史"與前舉《北齊書·斛律羌舉傳》"元象中，除清州刺史"之謂，恐亦皆爲青州之別寫焉。以誌文"春秋六十有三，有意交袗，既辭壽終，玄天著命，寶歷瑗興"推之，□元當卒在隋代之前。

---

① 《魏書》卷106《地形志》，北京：中華書局，1971年，第462—463頁。
② ［唐］林寶撰、岑仲勉校記：《元和姓纂（附四校記）》卷3，北京：中華書局，1994年，第279頁。
③ 《晉書》卷90《胡威傳》，北京：中華書局，1974年，第2330頁。
④ 上舉三墓誌載毛遠明：《漢魏六朝碑刻校注》第4冊，北京：綫裝書局，2008年，第117頁；毛遠明：《漢魏六朝碑刻校注》第6冊，北京：綫裝書局，2008年，第304頁；毛遠明：《漢魏六朝碑刻校注》第7冊，北京：綫裝書局，2008年，第155頁。

一〇五　睢尚墓誌

【基本信息】

睢尚墓誌，2012年11月出土於河北内丘縣城郊，誌石今存内丘縣文物保管所。誌文13行，滿行14字，正書，有方界格。誌蓋素面無字。誌石長39釐米、寬38.2釐米、厚7.2釐米。誌蓋覆斗形，長寬均39釐米、厚11釐米。誌蓋四周與四殺綫刻雙排條紋。墓誌披露於賈城會、巨建强《内丘出土隋代墓誌》①。

【誌文】

隋故鄉望大都督睢希遠之墓誌銘

君諱尚，字希遠，趙郡内丘人也。洪源起於履迹，得姓因封爲氏。領袖嬴劉，縉紳曹馬。祖，地望高華，器成人寶，辟郡功曹。父，拂衣高尚，自事丘中。君雄才武略，氣盖儕侣。於時三國爭衡，四郊多壘，文職斯輕，武任猶重。乃以君爲鄉望大都督，匹馬孤征，足堪横陣，一旅之衆，冀展功勳。但長策未申，奄從永夜，春秋六十四，仁壽二年正月七日卒於故里。仁壽四年十一月十日葬於内丘縣東二里。寒暑遞换，陵谷遷移。若不雋德，芳音何紀？

【疏證】

睢氏爲中古趙郡著姓，而少見於南朝，《漢書》有《睢弘傳》，《魏書》有《睢夸傳》，《北齊書》有《睢豫傳》，皆趙郡高邑人，正史未立傳者又有北齊睢仲讓②、北魏慕容寶③。《隋書》卷22《五行志上》僅記北齊河清四年（565）睢孟一人，而《舊唐書》《新唐書》竟不載一位睢氏人物。《元和姓纂》卷2"睢"曰："趙大夫食采睢邑，因以爲氏。趙郡邯鄲爲郡著姓。漢有符節令睢弘，字孟。"④《漢書》卷75《睢弘傳》顔師古注曰："睢音息隨反。今河朔尚有此姓，音字皆然。"⑤睢姓在傳世文獻中多有訛作"睦"者，如《魏書》卷8《世宗紀》之"右衛將軍睦雅"⑥、《北齊書》卷45《睢豫傳》之"睦豫"⑦、《太平寰宇記》卷60

---

① 賈城會、巨建强：《内丘出土隋代墓誌》，《文物春秋》2014年第4期，第39—40頁。
② 《北齊書》卷30《崔暹傳》，北京：中華書局，1972年，第405頁載："趙郡睢仲讓陽屈服之，暹喜，擢爲司徒中郎。"又有《北齊書》卷37《魏收傳》，北京：中華書局，1972年，第488頁載："所引史官，恐其淩逼，唯取學流先相依附者。房延祐、辛元植、睢仲讓雖夙涉朝位，並非史才。"
③ 《魏書》卷95《徒何慕容廆傳》，北京：中華書局，1974年，第2069頁載："（慕容）寶中書令睢遽執意抗言，寶從而止。"
④ ［唐］林寶撰、岑仲勉校記：《元和姓纂（附四校記）》卷2，北京：中華書局，1994年，第89頁。
⑤ 《漢書》卷75《睢弘傳》顔師古注，北京：中華書局，1962年，第3153頁。
⑥ 《魏書》卷8《世宗紀》，北京：中華書局，1974年，第206頁。
⑦ 《北齊書》卷45《睢豫傳》，北京：中華書局，1972年，第627頁。並參詳校勘記張元濟跋文。

《河北道・趙州》之"趙郡二姓：李、睦"及"睦夸"等皆訛"眭"爲"睦"①。今據《眭尚墓誌》與大業四年（608）《吴嚴暨妻眭氏墓誌》②，適可證眭氏爲趙郡鉅族。誌云眭尚爲"趙郡内丘人"，南距邯鄲百餘里，適屬趙郡邯鄲著房。内丘縣本中丘縣，隋初因避諱文帝父楊忠嫌名改焉。内丘縣在隋代屬襄國郡，不屬趙郡。《魏書》卷 106《地形志上》殷州南趙郡所轄中丘縣下小注曰："前漢屬常山，後漢、晋屬趙國，晋亂，罷。太和二十一年復。"③北齊屬襄國郡，隋代相沿。墓誌言"趙郡"者，蓋用郡望之舊稱。嫌名"中"字，在隋代避諱並不嚴格，尤其是非專有名詞的一般性敘述文字，如墓誌有"自事丘中"的"中"字即未予避諱。隋代碑誌所見"中丘"改爲"内丘"的用例除此以外還有一例，即開皇六年（586）《龍藏寺碑》碑陰題名有"内丘縣散伯叱李顯和"④。墓誌曰"領袖嬴劉，縉紳曹馬"，嬴即嬴，嬴劉即指秦漢，曹馬當指曹魏與西晋時期，蓋言眭氏在秦漢魏晋時期最見昌盛。"三國爭衡"蓋指北齊、北周與隋的戰爭，故曰彼時"文職斯輕，武任猶重"，誌主遂以鄉望與戰功著稱故里。墓誌不著誌主父、祖名諱，且其祖僅爲郡功曹，其父更不曾出仕，誌主本人亦只在鄉里被加爲榮勳性的地方武職"大都督"，説明眭氏一族在彼時已然衰微不振。又，"望"字下部作"立"，北朝墓誌中多見之。

---

① ［宋］樂史撰、王文楚等點校：《太平寰宇記》卷 60《河北道・趙州》，北京：中華書局，2007 年，第 1231 頁。
② 王其禕、周曉薇：《隋代墓誌銘彙考》第 3 册，北京：綫裝書局，2007 年，第 339 頁。
③ 《魏書》卷 106《地形志上》，北京：中華書局，1974 年，第 2472 頁。
④ ［清］王昶：《金石萃編》卷 38，新文豐出版公司編輯部：《石刻史料新編》第 1 輯第 1 册，臺北：新文豐出版公司，1977 年，第 648 頁。

一〇六　解昭暨妻常氏墓誌

【基本信息】
解昭暨妻常氏墓誌，出土時地與今存所在皆不詳。誌文 20 行，滿行 21 字，正書，有方界格。誌石拓本長寬均 41.5 釐米、厚 10 釐米。

【誌文】
隋故制勝將軍司法從事解君墓誌銘

君諱昭，字敬顯，雁門廣武人也。濬流高岳，河岳杳以難窮；固蔕深根，松檜長而不朽。況家謨世諜，炳著前書，玄冕青絁，無虧縉素者歟。祖仁，魏定州贊治、桑乾鎮將。父策，征虜將軍、馬邑鎮將。並明略英規，或騁騏驥之足；雄心壯氣；俱總要蕃之邸。君誕應精靈，早知岐嶷，髫年齔歲，見異儔伍。更是黃家童子，工對日餘；徐氏幼郎，能論月净。于是，鶴鳴來仕，齊授制勝將軍。至大象初，任司法從事。皇隋馭曆，以母老居堂，冀存溫清，暨風樹不静，泣血有終。散志丘園，花蒔泉石。實州閭之師表，鄉邦之指南。夜川不息，奄從物故。仁壽二年十一月一日終於宅，春秋七十有三。夫人常氏，誕降幽精，弱不戲弄，丹唇素面，鬒髮旄腰。及作配君子，著範閨闈，正色斂容，匡獎貽厥。開皇十二年七月廿九日終於家，粵仁壽四年十一月癸巳朔廿八日庚申与夫人合葬於舊塋。銘曰：
桐珪克剪，大邑斯封。我之祚胤，厥自周宗。朱軒赫奕，赤黻雝容。枝流散解，氏載爰從。曰若余祖，允文允武。君之器幹，珠明漢浦。溫恭朝夕，下承上撫。縱志丘泉，逍遙郊塿。有美一人，優柔婥妁。來嬪於我，姑慈婦恪。芒芒曠垤，寂寂荒原。風縈素盖，月照山門。泉扃一閟，幾夜長昏。

【疏證】
解昭與其父解策、祖解仁，皆不載於史。《史記》卷 111《衛將軍驃騎列傳》云："將軍荀彘，太原廣武人。"①《後漢書》卷 83《周黨傳》云："周黨字伯況，太原廣武人也。"②《宋書》卷 93《周續之傳》云："雁門廣武人也。"③據《魏書》卷 106 下《地形志下》知廣武縣在前漢屬太原郡，後漢與晉則屬雁門郡。④北周雁門郡亦治廣武縣。今解昭墓誌猶署"雁門廣武人"，《隋書》卷 30《地理志中》雁門郡雁門縣小注云："舊曰廣武，置雁門郡。開皇初郡廢，十八年改曰雁門。大業初置雁門郡。"⑤可知開皇十八年（598）始改廣武縣爲雁門

---

① 《史記》卷 111《衛將軍驃騎列傳》，北京：中華書局，1959 年，第 2944 頁；《漢書》卷 55《荀彘傳》同。
② 《後漢書》卷 83《周黨傳》，北京：中華書局，1962 年，第 2761 頁。
③ 《宋書》卷 93《周續之傳》，北京：中華書局，1974 年，第 2280 頁；《南史》卷 75《周續之傳》同。
④ 《魏書》卷 106 下《地形志下》，北京：中華書局，1974 年，第 2629 頁。
⑤ 《隋書》卷 30《地理志中》，北京：中華書局，1973 年，第 852 頁。

縣，其地當今山西省代縣西南。《元和郡縣圖志》卷 14《河東道三》代州雁門縣云："本漢廣武縣地，屬太原郡。後漢改屬雁門郡。隋開皇三年罷郡，縣仍屬肆州。後改肆州爲代州，縣屬不改。十八年改廣武縣爲雁門縣，蓋避太子之諱也。國朝因之。"①然《解昭墓誌》撰在仁壽四年（604），猶作"廣武"而未加避諱焉。桑乾鎮與馬邑鎮皆爲北魏軍鎮，其地皆在代郡。"制勝將軍"爲北齊將軍名號，品階第五品下②。墓誌僅曰"合葬於舊塋"，而不知此舊塋所在地。據書法風貌呈現出新體楷書的樣式來判斷，大抵應刊葬於長安。又據大業六年（610）西安南郊出土之《解方保墓誌》③，楷書面貌與此誌亦頗相近似，亦可作爲《解昭墓誌》或出土於長安之旁證。唯《解方保墓誌》僅云"雁門人"，又不記其父祖名諱官職，故不知與解昭有無宗支關係。

---

① [唐]李吉甫撰、賀次君點校：《元和郡縣圖志》卷 14《河東道三》，北京：中華書局，1983 年，第 402 頁。
②《隋書》卷 27《百官志中》，北京：中華書局，1973 年，第 766 頁。
③ 王其禕、周曉薇：《隋代墓誌銘彙考》第 4 册，北京：綫裝書局，2007 年，第 101 頁。

一〇七 李裕墓誌

【基本信息】

李裕墓誌，2006 年 12 月出土於西安市長安區郭杜鎮昊瑞花苑住宅社區工地，誌石今存陝西省考古研究院。誌文 26 行，滿行 26 字，正書，有方界格。蓋題 9 字，3 行，每行 3 字，陽文篆書，有方界格。誌石長寬均 40.5 釐米、厚 10 釐米，誌蓋長寬均 40.5 釐米、厚 8 釐米，誌石四側與誌蓋四殺及四側皆爲素面。墓誌圖文載在李明、劉呆運、李舉綱《長安高陽原新出土隋唐墓誌》[1]，陝西省考古研究院《西安南郊李裕墓發掘簡報》[2]，研究參詳周能俊《西安南郊隋李裕墓誌考釋》[3]。

【誌蓋】

大業猗氏公李君墓誌

【誌文】

大業猗氏公李君之墓誌

公諱裕，字石生，隴西狄道人也。若夫宣尼應運，柱史啓將聖之原；光武握符，司馬佐興王之業。元禮經綸雅俗，室號龍門；宣伯孝友淳深，車憑熊軾。自斯已降，風猷繼踵。祖，柱國、大傅、趙武公，資逸群之材，矯垂天之翼，權輿周室，功格皇天。父曜，使持節、驃騎大將軍、開府儀同三司、大都督、延州諸軍事延州刺史，德嗣家聲，勳書王府。故以遠同鄧騭，服擬台儀，近方苟羨，任居連率。公幼標令問，見稱紈綺。令君之子，還符孟德之言；王公之孫，無假伯喈之譽。加以器識韶敏，風神穎脫，孝爲德本，材實世資。以周建德元年起家，爲灉城郡守領灉城防主。陸抗之胤，唯領屯兵；杜周之子，方爲郡守。軍民兼撫，振古未傳。公乃威惠並施，韋弦得衷，黎庶歸懷，遠近胥悅。皇隋革運，深思治本，以三輔百城之冠，京兆列郡所瞻，開皇元年，詔擢君爲京兆尹。公乃導德齊禮，刑清俗富，政同豹産，名出趙張。高祖以公名臣之冑，治有勳迹，爰降璽書，用建茅社。開皇三年，封猗氏縣公，昔漢思樂毅，竟微土宇；晋寵道明，財隆班秩，傳今望古，絕後光前。而性愛文酒，流聯賞會，一從吏職，心厭鉤距。乃謝病告歸，追懽里巷，深重閑居之賦，托□漳濱之詩。室奏絲桐，堂羅賓客，若夫春滋蘭畹，寒雕桂蘂，鳥弄喬枝，鴻歸海岸。莫不命駕同遊，招賢並作，志輕軒冕，心狎林泉。而閱水不追，高春遽落，春秋六十三，仁壽四年六月十七日薨于雍州長安縣之務仁里，粵以大業元年歲次乙丑正月壬辰朔十一日壬寅卜葬于雍州長安縣布政鄉高陽之原。懼陵谷遷改，松檟銷亡，式銘玄石，永播遺芳。

---

[1] 李明、劉呆運、李舉綱：《長安高陽原新出土隋唐墓誌》，北京：文物出版社，2016 年，第 38—41 頁。
[2] 陝西省考古研究院：《西安南郊李裕墓發掘簡報》，《文物》2009 年第 7 期，第 4—20 頁。
[3] 周能俊：《西安南郊隋李裕墓誌考釋》，《閩江學刊》2015 年第 1 期，第 81—87 頁。

周史遥原，漢飛華族。將相繼踵，公侯必復。乃祖乃父，台司岳牧。勳邁阿衡，功參博陸。惟公嗣美，聲芳載起。蘊德摽奇，淵渟岳跱。藝術必該，政績可紀。夜犬不驚，亂繩斯理。倦兹簿領，謝病閑居。敬愛賓友，耽翫琴書。謂仁者壽，天道憑虚。德音猶在，神逝焉如。邐迤荒原，參差隴樹。挽斷松風，歌悽薤露。馬鬣一封，魚燈永暮。

【疏證】

李裕的祖父"柱國、太傅、趙武公"者，即《周書》《北史》有傳的八柱國核心人物李弼；其父延州刺史李曜，亦見載於《周書》（"曜"別作"耀"）《北史》與兩《唐書》。對於李弼、李曜的史事、家族世系，以及冒籍爲隴西狄道與其政治運命浮沉的考證，可參詳周能俊《西安南郊隋李裕墓誌考釋》。需要解讀的是李裕在北周所任"防主"之職與其落葬地"長安縣布政鄉"的問題。

墓誌載李裕"以周建德元年起家爲儻城郡守領儻城防主"，"儻城郡"，《隋書》卷29《地理志上》"漢川郡興勢縣"條曰："舊置儻城郡，開皇初郡廢。"①儻城郡舊爲晉昌郡，西魏廢帝三年（554）改曰儻城郡，隋開皇三年（583）罷郡，其地當今陝西省洋縣。②防主，始設於西魏，爲州郡一級的防區軍事長官。通常設在有重要軍事防禦性質的州郡，相當於軍鎮，故所設並非涉及每個州郡。防主的職階約當五品的軍鎮鎮將。北周沿襲防主之設，如《周書》卷34《韓盛傳》云：韓盛兄德興"歷官持節、車騎大將軍、儀同三司、通洛慈澗防主、邵州刺史、任城縣男。"③《周書》卷34《裴寬傳》載："大統五年，授都督、同軌防長史，加征虜將軍。"④《周書》卷48《蕭詧傳》載："太祖乃置江陵防主，統兵居於西城，名曰助防。外示助詧備禦，內實兼防詧也。"⑤開皇九年（589）《宋忻暨妻韋胡磨墓誌》載其北周建德"五年，授大寧防主"⑥。開皇九年（589）《成備墓誌》載其北周"建德三年，授和州長史，仍爲防主"。開皇十年（590）《耿雄墓誌》載其北周天和"四年授同軌防主。六年授九曲防主，治中州事"。《隋書》卷28《百官志下》記隋煬帝即位後，"罷州置郡，郡置太守""又置諸防主、副官，掌同諸鎮"⑦。然《隋書》雖有沿襲防主之設的記載，却幾乎少見具體的人事案例，故不詳當時是否有真正實施。以李裕起家出仕即爲五、六命之間的儻城郡的軍政第一長官，則可見其家族在北周的政治社會地位之高貴。又誌云"開皇元年，詔擢君爲京兆尹""開皇三年，封猗氏縣公"，京兆尹爲正三品官職，位等上州刺史。⑧李裕入隋後猶能貴爲京兆尹，無疑還是受惠於其家族的勢力影響，雖然其在任

---

① 《隋書》卷29《地理志上》，北京：中華書局，1973年，第817頁。
② 王仲犖：《北周地理志》上冊，北京：中華書局，1980年，第326頁。
③ 《周書》卷34《韓盛傳》，北京：中華書局，1971年，第594頁。
④ 《周書》卷34《裴寬傳》，北京：中華書局，1971年，第595頁。
⑤ 《周書》卷48《蕭詧傳》，北京：中華書局，1971年，第859頁。
⑥ 王其禕、周曉薇：《隋代墓誌銘彙考》第1冊，北京：綫裝書局，2007年，第267頁。
⑦ 《隋書》卷28《百官志下》，北京：中華書局，1973年，第802頁。
⑧ 《隋書》卷28《百官志下》，北京：中華書局，1973年，第785頁載："大將軍，吏部尚書，太常、光禄、衛尉等三卿，太子三少，納言，內史令，左右衛、左右武衛、左右武候、領左右等大將軍，禮部、兵部、都官、度支、工部尚書，宗正、太僕、大理、鴻臚、司農、太府等六卿，上州刺史，京兆尹，秘書監，銀青光禄大夫，開國伯，爲正三品。"

的時間極爲短暫即爲虞慶則所取代。①

誌云仁壽四年（604）"薨于雍州長安縣之務仁里"，隋代大興城無"務仁里"，轄於長安縣下亦無含有"務"字與"仁"字之坊里名。隸屬大興縣下則有"崇仁""宜仁""親仁""務本"諸坊，因不詳"務仁里"是否爲大興城内的里坊名，付闕待考。誌云大業元年（605）"葬于雍州長安縣布政鄉高陽之原"，"布政鄉"，隋開皇九年（589）《皇甫忍墓誌》亦云"窆于長安縣布政鄉延休里"②，該誌 2005 年出土於西安市南郊長安區郭杜街道辦事處，《李裕墓誌》2006 年亦出土於西安市南郊長安區郭杜街道辦事處，則今長安區郭杜街道辦事處及其周邊當即隋代布政鄉轄地。唐代亦有布政鄉，位於金光門至開遠門外③，即今西安市土門一帶。由此推知隋代布政鄉與唐代布政鄉同名而異地。又，唐咸亨四年（673）《韓寶才墓誌》云"殯於京城西布政之原小嚴村之左"④，該墓誌出土於西安西郊，可證唐代布政鄉確在京城之西，而稍異於隋代在京城之西南高陽原。唐會昌元年（841）《仇文義暨妻王氏墓誌》亦云"厝于京兆長安縣布政鄉大郭里龍首原都門之西五里而近"⑤，則此"都門"即唐代長安城西出三門中最北的開遠門，而龍首原亦正在開遠門外。⑥

---

① 《隋書》卷 40《虞慶則傳》，北京：中華書局，1973 年，第 1174 頁。
② 王其禕、周曉薇：《隋代墓誌銘彙考》第 1 册，北京：綫裝書局，2007 年，第 397 頁。
③ 尚民傑：《唐長安、萬年鄉村續考》，西安市文物保護考古所：《西安文物考古研究》，西安：陝西人民出版社，2004 年，第 366 頁。
④ 王仁波：《隋唐五代墓誌滙編·陝西卷》第 1 册，天津：天津古籍出版社，1991 年，第 53 頁。
⑤ 王仁波：《隋唐五代墓誌滙編·陝西卷》第 1 册，天津：天津古籍出版社，1991 年，第 53 頁；吴鋼：《隋唐五代墓誌滙編·陝西卷》第 4 册，天津：天津古籍出版社，1991 年，第 133 頁。
⑥ 參詳周曉薇、王其禕：《片石千秋：隋代墓誌銘與隋代歷史文化》第六章，北京：科學出版社，2014 年，第 220—221 頁。

一〇八　長孫行布墓誌

【基本信息】

　　長孫行布墓誌，出土於西安市南郊長安區，誌石今存民間。誌文 20 行，滿行 18 字，正書，有方界格。蓋題 16 字，4 行，每行 4 字，雙鈎正書，有方界格。誌石長寬均 34.5 釐米，誌蓋覆斗形，盝頂長 26.5 釐米、寬 27 釐米。墓誌圖文載在劉文《陝西新見隋朝墓誌》①。

【誌蓋】

大隋儀同三司長孫行布墓誌之銘并頌

【誌文】

儀同三司長孫行布墓誌銘

君諱行布，螯屋人也。奕世卿相之門，本枝冠冕之貴。祖兕，光禄大夫，聲［□］魏朝。父晟，左領軍將軍，名重當世。君生而聰令，倜儻不群。性好經史，偏工武用。出身爲漢王諒庫真左右，常陪紫蓋，恒御朱輪。榮寵之來，幕府無二。諒以少年凶悖，釁起蕭牆。集蒲坂之兵，興晉陽之鉀。君先被籠絆，勢不獲免。每欲建節，自拔無由。因諒出城，遂潛運機謀，拒守歸順。事卒不成，奄致摧滅。年廿八，喪於并州城内。投身徇義，爲國亡軀。出万死之間，盡一生之命。詔書褒獎，贈儀同三司，賜物五百段。即以大業元年二月廿三日葬於長安城南小陵之原。痛感行路，哀切飛鳥。恐山河頽變，陵谷無常。故勒石幽泉，以彰茂實。乃爲銘曰：

厥初先葉，世有名賢。惟祖及祢，官爵蟬聯。珠生漢水，玉出藍田。年始弱冠，有事王府。少閑文德，終便用武。志勵冰霜，應時義舉。千生難盡，一朝飄忽。先軫喪元，馬援歸骨。誰言壯士，俄然埋没。昔晏華堂，今□□墓。不復車馬，唯交狐兔。一奄泉門，春秋□□。永壽鄉皇泉里。

【疏證】

　　"聲魏朝"之"聲"下漏刻一字，與後文之"名重當世"爲對句。

　　誌主長孫行布及其祖長孫兕、父長孫晟，《隋書》《北史》皆有傳。《隋書》卷 51《長孫覽傳附長孫熾傳》載："熾字仲光，上黨文宣王稚之曾孫也。祖裕，魏太常卿、冀州刺史。父兕，周開府儀同三司、熊絳二州刺史、平原侯。"②據《長孫行布墓誌》可補長孫兕在魏所任光禄大夫散官，而據史傳則可知其在北周之職官爵位。又，《北史》卷 22《長孫

---

① 劉文：《陝西新見隋朝墓誌》，西安：三秦出版社，2018 年，第 77 頁。
② 《隋書》卷 51《長孫覽傳附長孫熾傳》，北京：中華書局，1973 年，第 1328 頁。

道生傳附長孫兕傳》尤詳於《隋書》本傳，其略云："兕，字若汗。……從魏孝武西遷，別封鄴縣侯。周天和初，進驃騎大將軍、開府儀同三司。"①長孫晟爲長孫熾之弟，《隋書》卷 51《長孫晟傳》云："晟字季晟，性通敏，略涉書記，善彈工射，趫捷過人……遇高祖崩，匿喪未發。煬帝引晟於大行前委以內衛宿衛，知門禁事，即日拜左領軍將軍。"②適與墓誌所記官職相合。

誌云長孫行布"出身爲漢王諒庫真左右，常陪紫蓋，恒御朱輪。榮寵之來，幕府無二"，與《隋書》卷 51《長孫晟傳》所載長子長孫行布"起家漢王諒庫真，甚見親狎"相合③。"庫真"又稱"庫直"，參詳開皇八年（588）《□子建墓誌》。誌云"諒以少年凶悖，疊起蕭牆。集蒲坂之兵，興晉陽之鉀。君先被籠絆，勢不獲免。每欲建節，自拔無由。因諒出城，遂潛運機謀，拒守歸順。事卒不成，奄致摧滅"。參較本傳，與誌所記相合，《隋書》卷 51《長孫晟傳附長孫行布傳》載："後遇諒於并州起逆，率衆南拒官軍，乃留行布城守，遂與豆盧毓等閉門拒諒，城陷。"④綜合誌、傳記載，可知長孫布行在漢王楊諒府任事，身不由己地卷入漢王楊諒的叛逆之中，然他趁著漢王楊諒命他守城之時機，與豆盧毓等人閉門抗拒漢王楊諒回城，不料城陷遇害。誌云長孫布行"年廿八，喪於并州城內。投身徇義，爲國亡軀。出万死之間，盡一生之命。詔書褒獎，贈儀同三司，賜物五百段"。誌文所交待的長孫布行陣亡之年齡及受到朝廷詔書褒獎並贈官、賜物的情況，均爲本傳所不載。

誌云"即以大業元年二月廿三日葬於長安城南小陵之原"，文末又補刻"永壽鄉皇泉里"，當即具體葬地，而皇泉里則是隋代墓誌中迄今所見之新里名。

又，據《隋書·長孫晟傳》知其除長子行布，還有"次子恒安，以兄功授鷹揚郎將"、"少子無忌嗣"⑤。史家對長孫氏一族評價甚高，《隋書》卷 51"史臣曰"："長孫氏爰自代陰，來儀京洛，門傳鍾鼎，家誓山河。漢代八王，無以方其茂績，張氏七葉，不能譬此重光。覽獨擅雄辨，熾早稱爽俊，俱司禮閣，並統師旅，且公且侯，文武不墜。晟體資英武，兼包奇略，因機制變，懷彼戎夷。傾巢盡落，屈膝稽顙，塞垣絕鳴鏑之旅，渭橋有單于之拜。惠流邊朔，功光王府，保茲爵祿，不亦宜乎？"⑥一方面說明長孫一族的父祖輩在北魏、北周的確具有英武奇略而可以稱譽四方之功業；另一方面亦因爲其後代進入唐朝，諸如長孫無忌做了太宗朝宰相，他的妹妹又是唐太宗文德皇后，成爲與皇族有著姻親的顯赫家族，因此容易得到初唐史官的極力贊頌。

---

① 《北史》卷 22《長孫道生傳附長孫兕傳》，北京：中華書局，1974 年，第 816 頁。
② 《隋書》卷 51《長孫晟傳》，北京：中華書局，1973 年，第 1335 頁。
③ 《隋書》卷 51《長孫晟傳》，北京：中華書局，1973 年，第 1336 頁。
④ 《隋書》卷 51《長孫晟傳附長孫行布傳》，北京：中華書局，1973 年，第 1336 頁。
⑤ 《隋書》卷 51《長孫晟傳》，北京：中華書局，1973 年，第 1336 頁。
⑥ 《隋書》卷 51《長孫晟傳》"史臣曰"，北京：中華書局，1973 年，第 1337 頁。

一〇九　黎淳暨妻楊氏墓誌

【基本信息】

黎淳暨妻楊氏墓誌，出土於河北臨漳縣，誌石今存民間。誌文17行，滿行18字，正書兼篆書筆意，有方界格。誌石拓本長39釐米、寬38.5釐米。墓誌圖文載在《文化安豐》①，王連龍《新見北朝墓誌集釋》②，趙文成、趙君平《秦晉豫新出墓誌蒐佚續編》③。

【誌文】

齊故伏波將軍黎君墓誌銘

君諱淳，字叔和，懷州河內人也。自火正居官，司地爲任，簪纓不絕，代有人焉。祖，襄威將軍、北絳郡守，懷仁蘊義，價重一時。父，司徒錄事、南青長史，機神俊朗，名高當世。君幼標令望，早擅嘉聲。見奇通理之年，表異青衿之日。自濯纓入仕，即任魏鸜鳩戍主。以永熙分隔，守捍多功，乃封岐州廣化縣開國子，尋加伏波將軍，授北徐州鄭縣令。導德齊禮，但旌爲政之能；馴雉飛蝗，實表當官之異。齊天保七年，遘疾薨於舍，春秋六十三。夫人楊氏，七十七，開皇十年終。以隋大業二年正月六日合葬於故鄴城西南五里。庶陵谷可移，此烏無易，其詞曰：

資氣川岳，載誕英靈。熊羆入夢，君其挺生。爰初筮仕，繕主邊城。敫名竹素，馳譽丹青。道消運短，命薄數終。嬰茲痾疾，壯志摧雄。人世易盡，泉壤難窮。唯餘隴樹，旦暮悲風。

【疏證】

黎姓在隋代墓誌中爲僅見，《隋書》亦未載黎姓人物。黎淳祖、父兩代不記名諱，於史無考。而《魏書》卷9《肅宗紀》曰：正光五年（524）秋七月"丁丑，（莫折）念生遣其都督楊伯年、樊元、張朗等攻仇鳩、河池二戍，東益州刺史魏子建遣將尹祥、黎叔和擊破之，斬樊元首，殺賊千餘人。"④此黎叔和與黎淳字叔和蓋即同一人，且黎淳在彼時乃以字行於世。以黎淳卒於齊天保七年（556）春秋六十三推之，其當肅宗孝明帝正光五年（524）時爲三十一歲，年齡正合爲軍鎮戍主，且如墓誌所言其任戍主恰在北魏"永熙"年（532—

---

① 賈振林：《文化安豐》，鄭州：大象出版社，2011年，第250頁。
② 王連龍：《新見北朝墓誌集釋》，北京：中國書籍出版社，2013年，第145—147頁。
③ 趙文成、趙君平：《秦晉豫新出墓誌蒐佚續編》第1冊，北京：國家圖書館出版社，2015年，第186頁。
④ 《魏書》卷9《肅宗紀》，北京：中華書局，1974年，第236頁。

534）之前。再以此推斷，則北魏所設"仇鳩"戍當即墓誌中的"魏䲭鳩戍"①。仇鳩、河池二戍，其地皆在今甘肅隴南徽縣。誌云"以永熙分隔，守捍多功，乃封岐州廣化縣開國子，尋加伏波將軍，授北徐州鄭縣令"，則其封爵或在東魏，而其加伏波將軍與授北徐州鄭縣令當已入北齊爲官矣。岐州，當指北魏之南岐州，北周改曰鳳州，廣化縣亦北魏置，開皇初改州爲河池郡，仁壽初改縣爲河池縣［蓋仁壽元年（601）避太子楊廣名諱改焉］，參見《隋書》卷29《地理志上》"河池郡"。然墓誌撰在大業二年（606），猶稱"廣化縣"，是知彼時避諱"廣"字猶不嚴格。黎淳卒在北齊天保七年（556），而其夫人楊氏卒在隋開皇十年（590），合葬又遲至大業二年（606），時距黎淳去世已逾五十年矣。

墓誌云黎姓之出乃"自火正居官，司地爲任"，此蓋附會於古高辛氏、顓頊氏之嘗任火官耳。《尚書·呂刑》："乃命重、黎，絕地天通，罔有降格。"孔安國傳："重即羲，黎即和。堯命羲和，世掌天地四時之官，使人神不擾，各得其序，是謂絕地天通。言天神無有降地，地祇不至於天，明不相干。"②《國語》卷18《楚語下》："顓頊受之，乃命南正重司天以屬神，命火正黎司地以屬民，使復舊常，無相侵瀆，是謂絕地天通。"③《漢書》卷25上《郊祀志上》："顓頊受之，乃命南正重司天以屬神，命火正黎司地以屬民，使復舊常，亡相侵黷。"④顔師古注引應劭曰："黎，陰官也。火數二，二，地數也，故火正司地以屬萬民。"⑤《文選·張衡〈思玄賦〉》："流目眺夫衡阿兮，覩有黎之圮墳。"⑥李善注："黎，高辛氏之火正，謂祝融也。《左氏傳·昭十九年》：顓頊氏有子曰黎，爲祝融。"⑦

黎淳之族屬，或出代北。北朝胡姓有黎氏，系出鮮卑。《魏書》卷113《官氏志九》云"素黎氏後改爲黎氏"⑧，知爲虜姓，或以爲蓋因鮮卑檀石槐之東部大人有名"素利"者而爲氏，而"素利"疑即"黎"之異譯。《元和姓纂》卷3曰黎氏爲"周時侯國。《風俗通》云'九黎之後'，《尚書》'西伯戡黎'，亦見《毛詩》"⑨。又記黎氏有宋城、河南二房，河南房即爲鮮卑素黎氏改黎氏一支。黎淳爲"懷州河內人"，當今河南沁陽，則其族屬當即鮮卑支裔而在北魏孝文帝漢化改革時內徙。

正史所見中古黎姓較少，北魏北周之間有黎嶷、黎鎮、黎瓊、黎季明一族，河間鄚（今

---

① 仇鳩戍，又見《魏書》卷78《張普惠傳》，北京：中華書局，1974年，第1741頁載："東益群氏先款順，故廣業、仇鳩、河池三城粟便得入。"又據《魏書》卷101《氐傳》，北京：中華書局，1974年，第2228—2229頁，可知仇池方圓百頃，爲氏族世居之地，在岐隴以南，漢川以西，漢武都郡，漢晉時期氐族豪帥多自立爲仇池公，並"分諸氐羌爲二十部護軍，各ىس鎮戍，不置郡縣"。"仇鳩戍"當即彼時所置二十戍之一焉。
② ［漢］鄭玄箋、［唐］孔穎達等正義：《尚書正義》卷19《呂刑》，北京：中華書局，1980年影印阮元《十三經注疏》本，第248頁中。
③ 《國語》卷18《楚語下》，上海：上海古籍出版社，1978年，第562頁。
④ 《漢書》卷25上《郊祀志上》，北京：中華書局，1962年，第1190頁。
⑤ 《漢書》卷25上《郊祀志上》，北京：中華書局，1962年，第1190頁。
⑥ ［梁］蕭統編、［唐］李善注：《文選》卷15《張平子思玄賦》，北京：中華書局，1977年，第216頁。
⑦ ［梁］蕭統編、［唐］李善注：《文選》卷15《張平子思玄賦》，北京：中華書局，1977年，第216頁。
⑧ 《魏書》卷113《官氏志九》，北京：中華書局，1974年，第3011頁。
⑨ ［唐］林寶撰、岑仲勉校記：《元和姓纂（附四校記）》卷3，北京：中華書局，1994年，第318頁。

河北任丘）人，《周書》有傳。故非如王仲犖所言"此氏西魏、北周無聞"。唐有黎幹，戎州（今四川宜賓）人。降至宋明，黎姓始多見之。唯中古黎氏主要聚居地乃在山西、河北、河南、山東之間。

　　墓誌書法甚佳，石出鄴城（今河北臨漳），故書體頗有齊隋間氣息，融合楷隸，天然老成，渾而不粗，樸而不俗，結字寬和，筆風俊朗，每喜掩卷復開，含咀雋永而不欲釋手。

一一〇　□善墓誌

【基本信息】

□善墓誌，出土於山西長治市，誌石今存民間。誌文 15 行，滿行 15 字，正書，有方界格。誌石長寬均 38 釐米。博藝網中州畫廊 2009 年 9 月 21 日發帖披露。

【誌文】

君諱善，字寶願，東海郯人也。自鶬鶊鳴於岐嶺，帝王之祉漸興；鳳皇遊於洛濱，神仙之道斯盛。芬芳累代，光映千年。靈驗著於圖書，榮譽流於方策。祖文貴，六奇□術，禀性自天；七札俱穿，非關學視。父思寧，資神挺秀，體志弘深。爰在弱存，齡心專學。索隱探賾，盡先師之妙旨；辯質徵玄，得聖人之居窟穴。祭酒君履信懷仁，蹈禮依義，淳和孝友，篤敬里廬，昊蒼不鑒，哲人云往。大業元年六月十八日卒於家館，春秋五十有一，以大隋大業二年歲次丙寅三月乙卯朔十九日癸酉歸窆於八諫里。墳孤月迴，見者傷心。禽思松悲，聽之墮淚。刊石泉壤，以播無窮。其辭曰：

【疏證】

誌主姓氏不詳，云爲"東海郯人"（今山東郯縣），則徐、何、王等皆是著姓，然以誌文云"自鶬鶊鳴於岐嶺，帝王之祉漸興；鳳皇游於洛濱，神仙之道斯盛"推之，或疑其爲劉姓。東海劉氏出自東漢皇族，乃光武帝劉秀長子東海恭王劉強後裔。劉強爲劉秀長子，郭皇后所生，本當爲皇太子，而遇郭后被廢，遂貶封劉強東海王，其後裔嗣王封侯者甚衆，衍爲大族。如東漢末年有東海郯人劉虞，出任幽州刺史，累官至太尉，封容丘侯。誌主祖文貴，誌文有"六奇七劄之譽"，知以武功見稱；而其父思寧，又有"爰在弱齡，存心專學。索隱探賾，儘先師之妙旨"之誇，當是長於文學。

誌文"祭酒君"云云，恐非誌主嘗任魏晉以後所設國子或東西閣祭酒等，而當是沿用古時對年長位尊者的一種敬稱。如清代趙翼云："祭酒本非官名，古時凡同輩之長，皆曰祭酒。蓋飲食聚會，必推長者先祭。胡廣曰：古禮，賓客得主人饌，則老者一人舉酒以祭，示有先也。"[①]當然時至隋代而猶有此稱謂，尚屬少見。無獨有偶，隋唐墓誌中還有以"公士"之謂敬稱無官爵者，而"公士"乃是通行於秦漢賞賜武功的最低一級爵名，北魏以後廢弛。可推此墓誌中的"祭酒"與"公士"的用法用意應該是一致的。不過，以誌主享年五十一歲，便以形容年長位尊的"祭酒"相稱敬，似亦有所未宜。

誌云葬於"八諫里"，考山西省長治縣西南有八義鎮八義村，古屬八諫鄉，當以臨八諫水而得名。而"八諫"之典出，乃相傳長平之戰，趙括行軍至此，有部將八人對其戰略

---

① [清] 趙翼：《陔餘叢考》卷 26《論官制·祭酒》，北京：中華書局，1963 年，第 538 頁。

提出諍諫，趙括拒諫，八人預感戰事將敗，遂自刎山下。後以此山名"八諫山"，山麓之水爲"八諫水"（今淘清河支流）。《太平寰宇記》卷 45《河東道·潞州·上黨縣》引《水經注》作"八諫水"，而今本《水經注》作"女諫水"。王先謙合校《水經注》卷 10《濁漳水》注疏"銅鞮水又東南，合女諫水"一句云："趙釋曰：一清按《太平寰宇記》，上黨縣有八諫水，引《水經》云諫水源出上黨縣西。《魏書·地形志》：上黨郡寄氏縣有八禮泉、上黨谷，即八諫水也。"①而楊守敬《水經注疏》引《潞安府舊志》注疏此條云："八諫山在府城西南六十里，長平之役，趙軍中有八諫而死者，即此地也。八諫水出八諫山，會雄山西南隅之水，北流與淘水合，是八諫水在銅鞮之南百餘里，中隔屯留、長子二縣。女諫水則在銅鞮之北東南注銅鞮水，是女諫非八諫審矣。"②又，唐玄宗由東都洛陽北上潞州至此，宰臣張説賦詩《奉和聖制賜崔日知往潞州應制》有"川横八諫闊，山帶五龍長"句③。由是推之，此墓誌雖拓本始見於洛陽，而其出土地當在山西長治一帶。

又誌文"居窟穴"三字當有一字衍文。"其辭曰"以下無文字，屬無銘文墓誌，不過品讀"其辭曰"以上四言六句，或可視作銘文亦未嘗不可。墓誌書法簡率自然而不計工拙，甚或有直接奏刀之嫌，然其間架與氣韻頗古樸可愛且不失時代法度。又且墓誌書刻之草草，或與誌主身份不高及地處晉東南而非近於京畿不無關係。

---

① [北魏] 酈道元著、王先謙校訂：《水經注》卷 10《濁漳水》，成都：巴蜀書社，1985 年，第 210 頁上。
② [後魏] 酈道元注，[清] 楊守敬、熊會貞疏：《水經注疏》上冊，南京：江蘇古籍出版社，1989 年，第 920—921 頁。
③ [宋] 李昉等：《文苑英華》卷 177《奉和賜崔日知往潞州應制》，北京：中華書局，1966 年，第 866 頁。

一一一　長孫懿妻劉氏墓誌

【基本信息】

長孫懿妻劉氏墓誌，出土於西安東郊，誌石今存民間。誌文8行，滿行8字，正書，有方界格。誌石長19.8釐米、寬19.5釐米。研究參詳傅清音、王其禕《從三方墓誌看北周尚主劉昶家庭在隋的境遇沉浮》[1]。

【誌文】

大隋使持節、儀同三司、蔡羅二州諸軍事羅州刺史、鄶國公長孫氏夫人劉氏，大業元年六月廿七日薨於私第，春秋卌九，以二年十一月廿二日歸葬舊塋之右。

【疏證】

長孫氏妻劉氏的墓誌是一方玲瓏精緻的墓誌，誌石尺寸竟小到不足20釐米見方，可謂迄今所見形制最小的隋代墓誌之一。[2]劉氏即劉昶之女，入《隋書·列女傳》，其母爲宇文泰第十四女西河公主，參詳開皇十七年（597）《劉昶妻宇文氏墓誌》。

劉氏夫開皇十二年（592）《長孫懿墓誌》亦可參互印證。劉氏墓誌記其夫"大隋使持節儀同三司蔡羅二州諸軍事羅州刺史鄶國公長孫氏"之職官封爵與《長孫懿墓誌》相合。從其夫婦墓誌推算，劉氏生於北周孝閔帝元年（557），長孫懿生於西魏廢帝二年（553），則劉氏小其夫五歲。又據唐顯慶三年（658）《長孫弄珪墓誌》云："高祖儉，魏開府儀同三司、侍中、尚書右僕射，周柱國、少冢宰、太保、鄶文公。曾祖隆，周駙馬都尉、驃騎大將軍、荆州總管、安平伯。祖懿，大將軍、駕部侍郎、蔡州刺史，襲鄶國公。父穎，道優運短，時命不俱。"[3]可再證蔡州刺史、鄶國公長孫懿正是此"鄶國公長孫氏夫人劉氏"之夫君，且知長孫懿乃是襲承其祖長孫儉之爵位。文獻皆不記長孫懿嘗任"羅州刺史"職，而據此誌與《長孫懿墓誌》適可補闕。再據《長孫懿墓誌》云葬地在"大興縣崇義鄉之潼源里"，則長孫氏族塋或即在此地。以此推斷，《長孫懿妻劉氏墓誌》所言"歸葬舊塋之右"之"舊塋"，或即葬在長孫懿之塋右。而以墓誌書法面貌推之，其書刻風格乃是典型的仁壽、大業時期長安樣式[4]，則此誌出土於長安的可能性很大。

---

[1] 傅清音、王其禕：《從三方墓誌看北周尚主劉昶家庭在隋的境遇沉浮》，西安碑林博物館：《碑林論叢》第23輯，西安：三秦出版社，2018年，第38—49頁。

[2] 周曉薇、王其禕：《新見隋代〈尚衣奉御尹彥卿墓誌〉研讀》，《考古與文物》2011年第6期，第95—98頁。尺寸約在20釐米的小型隋墓誌還有仁壽元年（601）《張振墓誌》與《張振妻韋氏墓誌》以及大業十一年（615）《傅道樂墓誌》。

[3] 吳鋼：《隋唐五代墓誌滙編·陝西卷》第3冊，天津：天津古籍出版社，1991年，第46頁。

[4] 如出土於長安的仁壽元年（601）《張振墓誌》與《張振妻韋氏墓誌》、大業三年（607）《溫州刺史楊府君夫人元氏墓誌》與《溫州刺史後夫人李氏墓誌》、大業四年（608）《陳沅陵王妃沈氏墓誌》、大業四年（608）《蘇統師墓誌》、大業四年（608）《高崟墓誌》、大業六年（610）《解方保墓誌》等，皆與此誌書法極類。

一一二　魏乾暨妻李氏墓誌

【基本信息】

魏乾暨妻李氏墓誌，出土於河南洛陽白馬寺鎮，誌石今存民間。誌文20行，滿行20字。正書，有方界格。蓋題3行，每行3字，陽文篆書，有方界格。誌石長49.5釐米、寬49釐米。誌蓋覆斗形，盝頂高43釐米、寬42.5釐米。墓誌圖版載在趙文成、趙君平《秦晋豫新出墓誌蒐佚續編》[①]。

【誌蓋】

隋博平縣令魏明府銘

【誌文】

君諱乾，字善陽，其先司州魏郡人也。昔區明大電，感姬水之靈；月貫長虹，表商丘之慶。或以庸勳茂實，西域懷威；或體道弘仁，穎川星集。祖定收，魏冠軍將軍、重合縣令。父德祖，安州司馬，齊任屯騎校尉。君惟岳降神，礼年成德；珠目擅奇，山庭表異。雅襟神亮，志尚溫清。釋褐除殿內將軍，化行大漢，稚子贊其明；德被南陽，公孝宣其美。尋遷曠野將軍、博州博平縣令。然搎刀百里，民謡五袴。清潔有種，遠譬胡威；察下除奸，實同門豹。既而流謙寡驗，報施無徵。春秋八十有一，終於坢第。道俗悲嗟，朝野共惜。夫人趙郡李氏，礼義閨庭，譽流邦族。始標婦德，終擅母儀。父任襄州刺史，子見三男。夫人春秋六十二，卒於本宅。嗣子摩兒等，悲燋庭樹，慟切雲禽。即以大隋大業二年十一月廿二日合葬於清風鄉邙山之南洛水之北。其辭曰：

長源混瀁，茂緒蟬聯。奇謀蒱帝，德宿浮天。門襲冠冕，世挺英賢。青衿對日，綺歲論玄。爰從嚙臂，彈冠筮仕。弱用六條，臨兹百里。隙馬難留，逝川莫止。如何不淑，生平忽矣。素車已降，丹旌晨流。山門水咽，松路風秋。墳孤月亮，野闊雲愁。千齡永古，萬載芳遒。院匝青松，周廻白柳。延陵掛劍，神應領受。海變桑田，山門長久。

【疏證】

魏乾及其祖、父、子四代，史皆無載。誌云"其先司州魏郡人也"，司州魏郡，據《魏書》卷106上《地形志二上》"魏尹"小注曰："故魏郡，漢高祖置，二漢屬冀州，晋屬司州，天興中屬相州。天平初改爲尹。"[②]《隋書》卷30《地理志中》"魏郡"小注云："後魏置相州，東魏改曰司州牧。後周又改曰相州，置六府。宣政初府移洛，以置總管府，未幾，府廢。"領縣有安陽，小注云："周大象初，置相州及魏郡，因改名鄴。開皇初郡廢，十年

[①] 趙文成、趙君平：《秦晋豫新出墓誌蒐佚續編》第1冊，北京：國家圖書館出版社，2015年，第187頁。
[②]《魏書》卷106上《地形志二上》，北京：中華書局，1974年，第2456頁。

復，名安陽，分置相縣，鄴還復舊。大業初廢相入焉，置魏郡。"①魏乾暨妻李氏葬於隋大業二年（606），正與《地理志》"大業初""置魏郡"記載相合。誌云魏乾"釋褐除殿內將軍"，"殿內"爲"殿中"在隋代的諱稱。以魏乾父任官於北齊而魏乾以八十一歲卒世推之，魏乾的起家官之任或亦當在北齊。散號"殿內將軍"品階相當於"下縣令"與"中郡丞"，爲正八品②。後魏乾"尋遷曠野將軍、博州博平縣令"，"曠野將軍"相當於"下縣丞"，爲從九品。以此比較其起家官品階，可能所任"曠野將軍"屬北周職銜。而其所任"博州博平縣令"是否爲入隋後官職？以博平縣在唐代爲上縣，則在隋代至少爲中縣，則品階亦相應至少爲從七品。③博州，《隋書》卷30《地理志中》武陽郡聊城縣小注："舊置南冀州及平原郡，未幾，州廢。開皇初郡廢。十六年置博州，大業初州廢。"④博平縣（今山東泰安東南），在北齊爲兗州泰山郡治所，在北周爲兗州東平郡治所。《隋書》卷30《地理志中》博平縣屬清河郡，小注云："開皇六年置靈縣，大業初省入。"⑤則"博州博平縣令"之謂，蓋爲隋代建置，那麽魏乾所任"博州博平縣令"很有可能就是隋代任官。

誌云"夫人趙郡李氏"。《太平寰宇記》卷60《河北道·趙州》曰："趙郡二姓：有李、睦。"⑥又檢開皇十二年（592）《羊烈妻長孫氏墓誌》"男敏行，妻趙郡李氏"，大業八年（612）《田光山妻李氏墓誌》"夫人姓李，趙郡人也"，大業九年（613）《張受暨妻李氏墓誌》"夫人趙郡李氏，陳留府君尚之第二女"，大業十二年（616）《李元暨妻鄧氏墓誌》"君諱元，字長仁，趙郡柏人人也。周朝闕令，見真氣而齋待；漢室群公，望龍門而願謁。洪源盛緒，可得詳焉"等⑦，以及《新唐書》卷72上《宰相世系表二上》記趙郡李氏已定著六房，曰南祖、東祖、西祖、遼東、江夏、漢中⑧。可知隋代趙郡李氏確爲顯姓著族。

---

① 《隋書》卷30《地理志中》，北京：中華書局，1973年，第847頁。
② 《隋書》卷28《職官志》，北京：中華書局，1973年，第787頁。
③ 《隋書》卷28《職官志》，北京：中華書局，1973年，第789頁。
④ 《隋書》卷30《地理志中》，北京：中華書局，1973年，第854頁。
⑤ 《隋書》卷30《地理志中》，北京：中華書局，1973年，第847頁。
⑥ [宋]樂史撰、王文楚等點校：《太平寰宇記》卷60《河北道·趙州》，北京：中華書局，2007年，第1231頁。
⑦ 上舉四種墓誌載王其禕、周曉薇：《隋代墓誌銘彙考》第2冊，北京：綫裝書局，2007年，第82頁；王其禕、周曉薇：《隋代墓誌銘彙考》第4冊，北京：綫裝書局，2007年，第254、375頁；王其禕、周曉薇：《隋代墓誌銘彙考》第5冊，北京：綫裝書局，2007年，第288頁。
⑧ 《新唐書》卷72上《宰相世系表二上》，北京：中華書局，1975年，第2599頁。

一一三　于斌暨妻李氏墓誌

【基本信息】

　　于斌墓誌，2016 年出土於西安南郊長安區，誌石今存民間。誌文 29 行，滿行 29 字，正書，有方界格。蓋題 9 字，3 行，每行 3 字，陽文篆書，有方界格。誌石拓本長寬均 52 釐米。誌蓋覆斗形，拓本長 52 釐米、寬 51 釐米，盝頂高 43 釐米、寬 42 釐米。誌石四側與誌蓋四殺及四側均無紋飾。墓誌圖文載在劉文《陝西新見隋朝墓誌》[①]，胡海帆、湯燕《1996—2017 北京大學圖書館新藏金石拓本菁華（續編）》[②]。

【誌蓋】

隋高唐縣令于君墓誌

【誌文】

隋故博州高唐縣令于府君墓誌

君諱斌，字僧奴，馮翊華池人也。定國降賜車之祉，諒啓洪源；文則膺受鉞之隆，寔聯華胄。其後言因避地，遂乃擇君。冠冕洛京，貴逾七族；羽儀關輔，榮冠五陵。史冊已詳，可略言也。祖謹，周使持節、太師、柱國大將軍、大都督、雍恒朔雲燕尉顯鳳岐隴涇寧幽宜敷延夏綏丹華廿州諸軍事、雍州牧、燕國文公。父翼，隋使持節、太尉公、上柱國、蒲晉懷絳邵汾六州諸軍事、任國穆公。並公才公望，論道經邦，勳勒鸞旂，德圖麟閣。君太尉公之第六子，周平原公主之所生，上公之慶本崇，元主之儀尤重。幼承訓範，早弘志操。佩紛展其就養，溫席盡其服勤。兼以緯世保家，跗萼交暎，外朗內潤，風猷俱美。世居台鉉，門湊衣冠，實有千里之賓，非無四方之友。堂堂容止，恂恂占對，由是延譽漸從，徵辟將委。太尉以君春秋尚富，文史方敦，匪徇張禹之私，且息祁奚之舉，縱容侍省，優遊藝業。既而頻罹艱棘，久嬰哀疚，懷南陔而切思，輓北向以纏情。將貽毀滅，僅全礼典。服闋久之，選爲太子左親衛，遊搖山而侍從，陪伊水以追隨。久衛銅葷，亟淹玉律。朝旨以罷侯已降，受縣爲隆。訪十室以求賢，委百里而宣化。乃延嘉薦，遂膺清舉。出爲博州高唐縣令。尒其俗本齊風，邑臨趙境，民戶尤雜，刑政特難。君撫以惠和，威之明察，良今之選惟允，神君之響載傳。延壽增秩，方紆朝典，稚子立祠，邊留氓思。以大業元年七月廿六日遘疾，終於任所，時年卌有一。惟君風神雅正，器宇冲和。忘斯榮寵，淡兹愠喜。屈廊廟之材，申丘壑之志，背山臨水，殊得公理之懷；清風朗月，每從玄度之賞。奄兹長逝，惆悵名流。嗚呼哀哉。夫人隴西李氏，開府、河東公樁之女也。女儀夙備，婦德早弘。自合張箴，詎勞班誡，奄摧桂質，空播蘭芬。春秋卅一，仁壽四年八月十一日亡，粵以二

[①] 劉文：《陝西新見隋朝墓誌》，西安：三秦出版社，2018 年，第 79 頁。

[②] 胡海帆、湯燕：《1996—2017 北京大學圖書館新藏金石拓本菁華（續編）》，北京：北京大學出版社，2018 年，第 170 頁。

年太歲丙寅十一月辛亥朔廿二日庚申合葬于雍州長安縣福陽鄉脩福里之原，礼也。世子崇信等，居喪得礼，卜宅遵制，式鐫貞石，永播芳徽。其銘曰：

韋家仍相，李氏復公。葷宗孰擬，盛族攸同。太師秉德，台階載隆。太尉弘道，基構增崇。
昌源不已，挺生君子。器度寔高，風儀惟美。孝本百行，學追千里。是稱竭力，豈伊爲己。
濯纓來仕，彈冠入朝。直城陪從，曲觀相招。茂樹方植，鳴琴且調。雉馴德被，蝗去災消。
滅沒將馳，扶搖未矯。流霞信誕，閬川何邈。墨綬昔紆，丹旐今去。惠化猶結，哀情彌著。
經途遼遠，攀送留連。悲聲響谷，慘色凝天。言遵貞兆，乃卜幽埏。今來古往，見日何年。

【疏證】

關於中古于氏家族研究，可參詳陳鵬《嫁接世系與望托東海——北周隋唐虜姓于氏譜系建構之考察》、張曉永《種族、姓氏與地域：中古于氏家族研究》[①]。

誌云："君諱斌，字僧奴，馮翊華池人也。"于斌，史傳無載。誌云："祖謹，周使持節、太師、柱國大將軍、大都督、雍恒朔雲燕尉顯鳳岐隴涇寧幽宜敷延夏綏丹華廿州諸軍事、雍州牧、燕國文公。"于謹，《周書》《北史》有傳。《周書》卷15本傳云："于謹字思敬，河南洛陽人也。小名巨彌。曾祖婆，魏懷荒鎮將。祖安定，平涼郡守、高平郡將。父提，隴西郡守，荏平縣伯。保定二年，以謹著勳，追贈使持節、柱國大將軍、太保、建平郡公。"[②]又云："及晉公護東伐，謹時老病，護以其宿將舊臣，猶請與同行，詢訪戎略。軍還，賜鐘磬一部。天和二年，又賜安車一乘。尋授雍州牧。三年，薨於位，年七十六。高祖親臨，詔譙王儉監護喪事，賜繒彩千段，粟麥五千斛，贈本官，加使持節、太師、雍恒等二十州諸軍事、雍州刺史，諡曰文。及葬，王公已下，咸送出郊外。配享於太祖廟庭。"[③]則于謹爲北周勳臣，本傳記叙頗詳，墓誌載其官職、贈官、諡號皆與本傳相合。誌云"父翼，隋使持節、太尉公、上柱國、蒲晉懷絳邵汾六州諸軍事、任國穆公"。于翼，《周書》《北史》有傳。《周書》卷30本傳略云："于翼字文若，太師、燕公謹之子。年十一，尚太祖女平原公主，拜員外散騎常侍，封安平縣公，邑一千戶。大統十六年，進爵郡公，加大都督，領太祖帳下左右，禁中宿衛。遷鎮南將軍、金紫光祿大夫、散騎常侍、武衛將軍。及尉遲迥據相州舉兵，以書招翼。翼執其使，並書送之。于時隋文帝執政，賜翼雜繒……並珍寶服玩等，進位上柱國，封任國公。開皇初，拜太尉。三年五月，薨。贈本官、加蒲晉懷絳邵汾六州諸軍事、蒲州刺史，諡曰穆。"[④]則墓誌載于翼官職、贈官適與史傳相契。

誌云"君太尉公之第六子，周平原公主之所生"，與前引《周書》于翼本傳云于翼"年十一，尚太祖女平原公主"相合。而《周書》于翼本傳僅記其三子"子璽，官至上大將軍、

[①] 陳鵬：《嫁接世系與望托東海——北周隋唐虜姓于氏譜系建構之考察》，蒼銘主編：《民族史研究》第12輯，北京：中央民族大學出版社，2015年，第178—191頁；張曉永：《種族、姓氏與地域：中古于氏家族研究》，陝西師範大學碩士學位論文，2015年。
[②]《周書》卷15《于謹傳》，北京：中華書局，1971年，第243頁。
[③]《周書》卷15《于謹傳》，北京：中華書局，1971年，第250頁。
[④]《周書》卷30《于翼傳》，北京：中華書局，1971年，第523—526頁。

軍司馬、黎陽郡公。璽弟詮，上儀同三司、吏部下大夫、常山公。詮弟讓，儀同三司"①，未記于斌，據誌則知于斌爲于翼第六子，可補史傳之闕。誌云"世子崇信等"，則知于斌長子爲于崇信，史傳亦無載。史傳與墓誌結合，可梳理于斌家族世系如圖 5 所示：

婆→安定→提→謹→翼

↓

璽— 詮—讓—？—？—斌

↓　　↓　　↓　　　　↓

元嗣　瑾　抱誠　　　崇信

圖 5　于斌家族世系圖

誌云："（于斌）堂堂容止，恂恂占對，由是延譽漸從，徵辟將委。太尉以君春秋尚富，文史方敦，匪徇張禹之私，且息祁奚之舉，縱容侍省，優遊藝業。"太尉，即在隋開皇初擔任太尉的于翼。雖然于斌各方面的水平和能力，尚足以承擔公職、委以官任，但他的父親以其年紀尚輕，仍需加強知識儲備爲由，不急於讓他任職。誌云"既而頻罹艱棘，久嬰哀疚，懷南陔而切思，輟北向以縈情。將貽毁滅，僅全礼典"，于斌父親于翼去世的時間，據《北史》卷 11《隋高祖本紀上》載："（開皇三年）五月癸卯，太尉、任城公于翼薨。"②誌云："服闋久之，選爲太子左親衛，遊摇山而侍從，陪伊水以追隨"，以于斌服闋三年推之，至少應在開皇六年（586）五月之後，此時的皇太子爲楊勇，亦即于斌曾在楊勇太子府任左親衛。太子左親衛官階爲從七品上階。③誌云："朝旨以罷侯已降，受縣爲隆。訪十室以求賢，委百里而宣化。乃延嘉薦，遂膺清舉。出爲博州高唐縣令"，所謂"罷侯已降，受縣爲隆"的朝旨，蓋指《隋書》卷 46《楊尚希傳》所云：

> 高祖受禪……尚希時見天下州郡過多，上表曰："……竊見當今郡縣，倍多於古，或地無百里，數縣並置，或户不滿千，二郡分領。具僚以衆，資費日多，吏卒人倍，租調歲減。清幹良才，百分無一，動須數萬，如何可覓？所謂民少官多，十羊九牧。……今存要去閒，併小爲大，國家則不虧粟帛，選舉則易得賢才，敢陳管見，伏聽裁處。"帝覽而嘉之，於是遂罷天下諸郡。④

《隋書》卷 29《地理志上》亦曰："高祖受終，惟新朝政，開皇三年，遂廢諸郡。洎於九載，廓定江表，尋以户口滋多，析置州縣。"⑤誠然，墓誌引徵此典並非要强調隋高祖時罷天下諸郡之事，而是借以説明于斌是在平陳以後所呈現的"受縣爲隆"的時代情形下，通

---

① 《周書》卷 30《于翼傳》，北京：中華書局，1971 年，第 526 頁。另外《元和姓纂》記于謹于翼一支，《新唐書·宰相世系表》于翼子亦僅有璽、詮、讓三人。
② 《北史》卷 11《隋高祖本紀上》，北京：中華書局，1974 年，第 409 頁。又，本卷校勘記［二三］云："太尉任城公于翼薨　張森楷云："隋書無此文。據翼傳本書卷 23，周大象末，封任國公，初無降爵之文，何以忽稱'任城'？疑'城'是'國'之訛。"
③ 《隋書》卷 28《百官志下》，北京：中華書局，1973 年，第 787 頁。
④ 《隋書》卷 46《楊尚希傳》，北京：中華書局，1973 年，第 1252—1253 頁。
⑤ 《隋書》卷 29《地理志上》，北京：中華書局，1973 年，第 807 頁。

過求賢和"嘉薦"的方式,膺舉做了縣令。這裏應該還潛隱著一個史實,即開皇二十年(600)太子楊勇被廢黜,時任太子左親衛的于斌大約也因此而去職,若以斌"大業元年七月廿六日遘疾,終於任所"推之,其始任縣令大約在仁壽年間,故誌稱"出爲博州高唐縣令",相對於此前的太子府官職而言,"高唐縣令"一職顯然帶有出降之意。博州高唐縣,《隋書》卷 30《地理志中》武陽郡聊城縣小注:"舊置南冀州及平原郡,未幾,州廢。開皇初郡廢。十六年置博州,大業初州廢。"①同卷清河郡屬縣高唐小注云:"後魏置南清河郡,後齊郡廢。"②《元和郡縣圖志》卷 16《河北道一・博州》曰:"隋開皇三年置[罷](平原)郡,十六年於今理置博州,大業三年省。"③可知高唐確爲博州屬縣。墓誌撰在大業二年(606),正在開皇十六年(596)至大業三年(607)設置博州高唐縣之間。又,大業二年(606)《魏乾暨妻李氏墓誌》云魏乾"尋遷曠野將軍、博州博平縣令"④,亦可爲證隋代是時確有博州之設。

于斌妻隴西李氏之父開府河東公李椿,李椿妻爲劉婉華,可參《隋代墓誌銘彙考》開皇十三年(593)《李椿墓誌》與大業六年(610)《劉婉華墓誌》。⑤

誌云大業二年(606)"合葬于雍州長安縣福陽鄉脩福里之原",福陽鄉與脩福里均可補隋代鄉里名稱之闕。又,"福陽鄉修福里之原"當是指高陽原,參詳大業十一年(615)《秦僧伽暨妻徐氏墓誌》。

又,近年出土的隋代于氏家族墓誌約有西安出土的開皇六年(586)《于寬墓誌》誌主爲于提之孫、于虎之子,于寬之叔父即于謹。陝西三原縣出土的開皇十年(590)《于儀墓誌》誌主爲于謹第四子、于翼第二弟,亦即于斌的叔父,尚魏文帝第三女廣寧公主,合葬於于謹家族大塋所在地的馮翊華池(即今陝西三原縣)。西安出土的大業二年(606)《于懿墓誌》誌主爲于虎之孫、于寬之子。⑥西安出土大業十二年(616)《于緯墓誌》誌主爲于提(當爲虎之訛)之孫、于寬之子。⑦《隋代墓誌銘彙考》還收有于謹長子《于寔墓誌蓋》(今存陝西三原縣博物館)和于謹第六子《于紹墓誌蓋》(今存西安市高陵區博物館)⑧,凡此皆可資研討隋代于氏家族之政治關係與社會地位。

銘文"葦宗"當爲"華宗"之訛。

---

① 《隋書》卷 30《地理志中》,北京:中華書局,1973 年,第 845 頁。
② 《隋書》卷 30《地理志中》,北京:中華書局,1973 年,第 847 頁。
③ [唐]李吉甫撰、賀次君點校:《元和郡縣圖志》卷 16《河北道一・博州》,北京:中華書局,1983 年,第 456 頁。
④ 趙文成、趙君平:《秦晉豫新出墓誌蒐佚續編》第 1 冊,北京:國家圖書館出版社,2015 年,第 187 頁。
⑤ 王其禕、周曉薇:《隋代墓誌銘彙考》第 2 冊,北京:綫裝書局,2007 年,第 117 頁;王其禕、周曉薇:《隋代墓誌銘彙考》第 4 冊,北京:綫裝書局,2007 年,第 27 頁。
⑥ 趙君平、趙文成:《秦晉豫新出墓誌蒐佚》第 1 冊,北京:國家圖書館出版社,2011 年,第 125 頁;齊運通:《洛陽新獲七朝墓誌》,北京:中華書局,2012 年,第 63 頁。
⑦ 王其禕、周曉薇:《隋代墓誌銘彙考》第 5 冊,北京:綫裝書局,2007 年,第 277 頁;胡戟、榮新江:《大唐西市博物館藏墓誌》上冊,北京:北京大學出版社,2012 年,第 54 頁。
⑧ 王其禕、周曉薇:《隋代墓誌銘彙考》第 6 冊,北京:綫裝書局,2007 年,第 52、50 頁。

一一四　王清暨妻蘇氏墓誌

【基本信息】

　　王清暨妻蘇氏墓誌，2007 年出土於陝西華陰縣，誌石今存洛陽民間。誌文 34 行，滿行 34 字，正書，有方界格。蓋題 9 字，3 行，每行 3 字，陽文篆書，有方界格。誌石長寬均 51 釐米，誌蓋覆斗形，盝頂長 29 釐米、寬 28 釐米，誌蓋四殺素面。墓誌圖版載在趙君平、趙文成《秦晋豫新出墓誌蒐佚》[①]，齊運通《洛陽新獲七朝墓誌》[②]，研究參詳周曉薇《止園宅之間　極山勢之樂——從隋大業二年〈王清墓誌〉管窺園宅營造的時代風尚》[③]。

【誌蓋】

大隋蘄水縣令王君誌

【誌文】

君諱清，字子澄，弘農華陰人也。桂馥參天，晉陽榮其月圃；蘭芳列地，華北以風庭。莫不枯中藉髡，朽裏傳馨，尚披褐以隆高，況衣冠而日貴。曾祖公晟，吏部朝散，又遷朝議、御府監、御史治書，加通直散騎常侍。容□傲挺，價重京師。祖生，千人軍帥、固道大將、太子直齋、東宮宫尹、左金紫光禄大夫。雅量閑潤，名楊朝野。父和，吏部給，又遷通議、司旅大夫、右銀青光禄大夫、散騎常侍。懷道履義，庶隆歸仰。君意望清高，神衿朗叡，六藝通德，禮樂而受於師，五美融情，寬惠不由其習。言語韻樞機之聽，威儀合容止之觀，重義而後於才，不□静以先其讓。年六，司空府辟爲行參軍，而居以爲鵷鶵非桐竹不歸，騏麟豈荆棘以處，頻答禮命，覿見俯慚，復賜威徵，未嘗仰懼，於是乎卒而不就。方驗大海成深，將傾者非功高可竭；高山自重，欲動者非力大能排。見高大其爲量，覩深重之於兹，既增岌岌之瞻，其益汪汪之望。年十八，辟任州主簿，智能諍醜，僚友資於令名；惠以施民，士女楊其善問，俄而徵任相府記室參軍，又遷其椽。而君智奥藏往，神邃知來，度否泰以先明，憲窮通而逆慎。念得唐竟從白首，愁其在署之勞；相平子倒服黄冠，歡以居家之樂。遂乃懸止聘之車，怡情詩酒；榮少遊之馬，悦意琴書。僑佹天子，俶儻公侯，貴趙臺于生平，重袁琳之不拜。時有大息士憲，任上儀同三司。第二息士幹，任大都督、領鄉。第三息士茂，英彦不群。第四息士琳，身才絶衆。擅龍名而並二，建虎號以同三。誠孝盛臣子之功，家國隆君父之用。於是，墻高數刃，門邃九重，峻宇連藩，高房接棟。彫樑刻藻，閒文杏而成章；香壁涅椒，助流蘇以扇馥。繡被榮龍，羅幬暎雀；

[①] 趙君平、趙文成：《秦晋豫新出墓誌蒐佚》第 1 册，北京：國家圖書館出版社，2011 年，第 100 頁。
[②] 齊運通《洛陽新獲七朝墓誌》，北京：中華書局，2012 年，第 54 頁。
[③] 周曉薇《止園宅之間　極山勢之樂——從隋大業二年〈王清墓誌〉管窺園宅營造的時代風尚》，西安碑林博物館：《紀念西安碑林 930 週年華誕學術研討會論文集》，西安：三秦出版社，2018 年，第 120—132 頁。

珠簾曜影，玉砌含光。伎則燕姬趙女、碧玉綠珠；樂則蜀管吳絃、金鐘石磬。有臣民於子孫，而孝友乎兄弟，擅恩威於邑里，感畏愛於郡閭。復以悅意池臺，別安林沼。螢山菊圃，親勞壘石之功；鑿井之園，自苦開泉之力。五柳林間，能栽異草，三行徑裏，巧殖名花。齋椽不削，屋柱含皮，宇草連根，扉荆帶葉。近殖高林，非難聽鳥；臨穿小泊，復易觀魚。賓來寓目，客去留心，致阮籍以能尋，眷嵇康而不友。三春之餘，戀花朝而命酒；九夏之末，顧月夜以張琴。詩成付筆，興盡傳盃，袖舞罇前，山崩醉後。其宅也如彼，其園也若此，然出入止園宅之間，則往來極山勢之樂。豈貧賤之顛於一日，亦富貴所貪其百年。逮乎春秋八十有二，遂蒙詔就家送授蘄州蘄水縣令。雖不吏民外樅，猶嫌事上之譏；政教內施，豈畏要君之刺。真可謂確乎君子，大矣潛夫，視御史之猶無，豈尚書而羨有。大業二年九月六日薨于家，春秋八十有三。夫人蘇氏，辛野郡守蘇塤之女也，率性幽閒，禀性齋肅，剋從禮告，卒順婦儀。建德七年五月十日，感疾不瘳，奄從傾逝，春秋廿有七。方以大業二年十一月廿三日合葬於華陰東原豐原鄉弘仁里。冀蔭存壞木，影立頹山。故序當年，式標不朽。嗚呼哀哉，乃爲銘曰：

蘭抽茂苑，桂聳高林。垂芳代北，扇馥華陰。命德以位，輕官詎臨。山方志重，海喻情深。吏揚善問，還征德音。言勞束帶，乃逸抽簪。宅建朱門，園營白屋。入賞石崇，出怡潘岳。盛以家福，隆之世祿。三虎榮門，二龍光族。羽悵觀伎，華堂奏樂。盡日於斯，生平是足。晨鳥易往，夕口難廻。石門一閟，松路長開。稌琴別撫，卓酒辭盃。絃歌罷奏，樂飲然催。空追木壞，詎反山頹。欲知永慕，松吟遂哀。

【疏證】

誌文"念得唐竟從白首"之"得唐"兩字，疑是"馮唐"之訛，乃用西漢大臣馮唐白首易老，屈於郎署之典故。①

王清爲弘農華陰人，系出中古王氏新望之華陰房，其曾祖王公晟、祖王生、父王和皆莅職於北朝。王清亦身歷北魏、西魏、北周、隋四朝，然僅在西魏擔任過低微官職，而後半生則一直隱居鄉里。史傳之於王清祖孫四代及王清四子皆無記載，依據墓誌記叙略可梳理王清家族及其人物事迹，而值得注重的是，墓誌對王清的住宅與園林有著細緻描述與渲染，這在中古時期的墓誌文撰寫中殊不多見，在隋代墓誌中也是絕無僅有。王清作爲北朝華陰王氏後代，甫任微職，旋即厭倦對仕途的追求，正值壯歲而退歸老家，營建安樂宅第以頤養餘生。從誌文對其宅邸與園林的刻意描繪中，得以窺見隋代官宦家庭的宅第和園林建筑式樣與規模，並可參稽史籍中的宮室營繕法令以探究其宅第僭侈逾制的狀況，以及結合相關文獻來探討彼時邸宅與園林建筑的時代風尚與社會背景，尤其是南北文化融合對於北方宅園營造風格的影響。又因爲這篇墓誌具有較強的文學渲染色彩，故也應該注意剔除其對王清邸宅及園林描寫的浮誇與虛構成分。

---

① 《史記》卷 102《馮唐列傳》，北京：中華書局，1982 年；《漢書》卷 50《馮唐傳》，北京：中華書局，1962 年。

一、王清家族人物及其個人生平

王清與其曾祖王公晟、祖王生、父王和,以及其四子王士憲、王士幹、王士茂、王士琳,妻父蘇塏,史傳皆無載。王清爲弘農華陰人,中古王氏新望有華陰一房,見鄧名世《古今姓氏書辯證》卷 14 引《元和姓纂》佚文。①唐武周朝宰相王孝傑即出華陰王氏,後徙京兆新豐(今西安臨潼新豐鎮),見《新唐書》卷 72 中《宰相世系表二中》。②

(1)王清家族人物簡況。王清曾祖王公晟嘗任"吏部朝散,又遷朝議、御府監、御史治書,加通直散騎常侍"。"御府監",不載於《魏書》,以隋代官品衡之,或爲正六品。"御史治書"即"治書侍御史",在魏爲第五品中,在隋爲從五品。"通直散騎常侍"在魏爲第三品上,在隋爲正四品。

王清祖王生嘗任"千人軍帥、固道大將、太子直齋、東宮宮尹、左金紫光祿大夫",檢史書官志,無載"千人軍帥",唯《魏書》載有任"千人軍將"。如《魏書》卷 30《尉撥傳》:"從討和龍,遷虎賁帥,轉千人軍將。"③《魏書》卷 42《堯暄傳》:"暄聰了,美容貌,爲千人軍將、東宮吏。"④則"千人軍帥"或即"千人軍將"。"固道",即固道郡。《魏書》卷 106 下《地形志二下》"南岐州"領郡三,其中有"固道郡",小注云:"延興四年置。"⑤又,《魏書》卷 51《皮豹子傳》云其第九子曰喜:"喜至,申恩布惠,夷民大悅,酋帥強奴子等各率戶歸附,於是置廣業、固道二郡以居之。徵爲南部尚書,賜爵南康侯,加左將軍。"⑥此或爲延興四年(474)置固道郡的直接原因。"太子直齋",《魏書》卷 113《官氏志九》載:"(太和)十八年十二月,降車、驃將軍,侍中、黄門秩,依魏晉舊事。十九年八月,初置直齋、御仗左右武官。"⑦則直齋的職責爲"禁直上下,有宿衛之勤"。太子直齋即太子府宿衛官。"東宮宮尹"即"太子宮尹",爲太子府長官,文獻所見多設於北周,則王清祖父當終官於北周。

王清父王和嘗任"吏部給,又遷通議、司旅大夫、右銀青光祿大夫、散騎常侍"。"吏部給"當即"吏部給事中",在魏爲從六品上。司旅一職蓋設於北周,大業九年(613)《楊雄墓誌》云:"服闋,授太子右司旅。"⑧《隋書》卷 43《楊雄傳》又云:"周武帝時,为太子司旅下大夫。"⑨可知司旅有左右之分,亦有上下之別,而是否僅爲太子府屬官,則不能詳確。"散騎常侍"官階在從三品,北周時爲加官。而以王清在西魏時即已辭官歸田,並卒在隋朝,直至臨終前一年才版授縣令,故其經濟來源恐需仰仗其父子的諸多供給。

(2)王清的生平行事。誌主王清"年六,司空府辟爲行參軍","年六"當爲"年十六",

---

① [宋]鄧世銘撰、王力平點校:《古今姓氏書辯證》上冊,南昌:江西人民出版社,2006 年,第 206 頁。
② 《新唐書》卷 72 中《宰相世系表二中》,北京:中華書局,1975 年,第 2650 頁。
③ 《魏書》卷 30《尉撥傳》,北京:中華書局,1974 年,第 729 頁。
④ 《魏書》卷 42《堯暄傳》,北京:中華書局,1974 年,第 954 頁。
⑤ 《魏書》卷 106 下《地形志二下》,北京:中華書局,1974 年,第 2612 頁。
⑥ 《魏書》卷 51《皮豹子傳》,北京:中華書局,1974 年,第 1132—1133 頁。
⑦ 《魏書》卷 113《官氏志九》,北京:中華書局,1974 年,第 2993 頁。
⑧ 趙文成、趙君平:《秦晉豫新出墓誌蒐佚續編》第 1 冊,北京:國家圖書館出版社,2015 年,第 202 頁。
⑨ 《隋書》卷 43《楊雄傳》,北京:中華書局,1973 年,第 1215 頁;《北史》卷 67《楊紹附楊雄傳》同。

誌文疑有脱誤，否則"年六"焉可擔任行參軍？亦或許此事爲虛托，因誌文復云王清"卒而不就"。誌云"年十八，辟任州主簿"，"俄而徵任相府記室參軍，又遷其椽"。以王清大業二年（606）卒年八十三推之，其起家任州主簿時或在西魏文帝大統七年（541）。而以"逮乎春秋八十有二，遂蒙詔就家送授蘄州蘄水縣令"之記叙，知爲隋代耆年版授縣令，恰能合乎"八十者，授縣令"之版授制度。① 王清"大業二年九月六日薨于家，春秋八十有三"。有子四人："大息士憲，任上儀同三司。第二息士幹，任大都督領鄉。第三息士茂，英彥不群。第四息士琳，身才絶衆。"夫人"蘇氏，辛野郡守蘇塩之女"，早逝於北周建德七年（578）。以其卒年僅 27 歲推之，則知蘇氏小王清 27 歲。再以蘇氏 14 歲即北周保定四年（564）嫁給王清推算，王清娶蘇氏時年齡已是 41 歲，則蘇氏或非王清原配。其父蘇塩，亦不載於史。"辛野郡"或即"新野郡"之别寫，見《魏書》卷 106 下《地形志下》。"大業二年十一月廿三日合葬於華陰東原豐原鄉弘仁里"，東原亦爲華陰楊氏大塋所在，大業二年（606）《楊謨墓誌》即云"改葬於華陰東原豐原鄉弘仁里"②。

二、王清的奢華宅第與園林范式

值得關注的是，墓誌在叙述了王清的起家及徵任、遷轉官職後，話鋒一轉，竟對王清的住宅和園林給予了大量筆墨的刻意描述和渲染。借此，不但揭示出王清家業的豐厚殷實，也可資了解王清放棄仕途、營修宅第的初衷，以及他在構建宅第上的奢華逾制，以及在筑造園林時的回歸自然之修養旨趣。

（1）營造宅第的緣起及其建筑結構。王清修建住宅的動機，誌文略云王清在"徵任相府記室參軍，又遷其椽"之後，"遂乃懸止騁之車，怡情詩酒；策少遊之馬，悅意琴書"，說明王清已決意放弃職任，一心寄情詩酒琴書，去追求恬淡隨性的生活，享受優越的"居家之樂"。在這樣的生活環境下，他撫養四個兒子長大成人：有的仕途順暢；有的"英彥不群"；有的"身才絶衆"。家庭的興隆和順以及家資的殷富，促使王清將家居生活的興致放在了營造住宅和修建園林方面。如果以王清 20 歲成家，到其四個兒子皆已長大成人並擔任了官職推算，此時王清年齡大致應在五六十歲之間，即如誌文所言"誠孝盛臣子之功，家國隆君父之用"，於是開始營造可以終老的宅園，這個時間應該就在周隋之際。誌云："墻高數仞，門邃九重，峻宇連藩，高房接棟。彫樑刻藻，閒文杏而成章；香壁塈椒，助流蘇以扇馥。繡被縈龍，羅幃暎雀；珠簾曜影，玉砌含光。"數仞高墻、九重深門，峻宇鱗次，高房櫛比的，確院落宏麗，氣派非常。從雕梁彩繪到墙壁椒香，從綉被羅幃到珠簾玉砌，雖然有著文學修辭的夸張，亦能想見其建制與裝飾的闊綽和奢華之程度，以及可能具備的殷厚的經濟實力。譬如《洛陽伽藍記》載北魏高陽王元雍的宅邸，可謂相當闊綽，"居止第宅，匹於帝宫。白殿丹檻，窈窕連亘；飞檐反宇，轇轕照日"③。這位高陽王元雍

---

① 《隋書》卷 3《煬帝紀》，北京：中華書局，1973 年，第 75—76 頁大業七年（611）二月詔曰："今往涿郡，巡撫民俗。其河北諸郡及山西、山東年九十已上者，版授太守；八十者，授縣令。"

② 王其禕、周曉薇：《隋代墓誌銘彙考》第 3 冊，北京：綫裝書局，2007 年，第 198 頁。

③ [魏] 楊衒之撰，范祥雍校注：《洛陽伽藍記校注》卷 3《城南·高陽王寺》，上海：上海古籍出版社，1978 年，第 176—177 頁。

在北魏正光年間曾任丞相，是一位"貴標人臣，富兼山海"的顯要人物。而王清則官卑位微，其財富自與元雍無法相比，不過根據墓誌所記其曾祖、祖、父的官任狀況，相繼在北魏、西魏及北周擔任著中級以上官職，素有"盛以家福，隆之世祿"的深厚家底，這大概正是王清之所以能夠建設宏麗家宅的經濟基礎。王清不戀官場進升，退而營建宅第，除了他稟性中的"識圖知命，意去囂塵。不以煩辱在懷，翩以丘園養志"的處世態度之外①，還有一個潛在因素，就是在古代農業經濟狀況下的常人意識中，對良田美宅的追求，無不被視爲人生中非常重要的物質標尺。因此住宅不僅僅是遮風蔽雨、合家生息的居止場所，更成爲普遍的身份與地位的象徵，何況漢魏已降，早已不再是"五畝之宅，樹之以桑，五十者可以衣帛矣"的時代了。因此，正如墓誌所云，王清是想借此來"擅恩威於邑里，感畏愛於郡間"，即通過非同一般的豪宅甲第來顯示他的家世與門第的榮耀。而事實上，隋唐之間隨著政治與文化的大一統趨勢而產生的選官制度的變化，使得門閥士族亦不得不向中央化靠攏，門第與家世也必然隨之趨於弱化。於是，"等級、地位、權勢一個物化的表現，就是宅第"。"能擁有自己的宅邸，便是一種身份、地位、財力的象徵。宅第的地理位置、宅第的規模、宅第主人的身份，都是一所宅第成爲權勢與榮耀象徵的條件"。所以說隋唐之間的官僚士族們都已經漸漸認識到："甲第更重要的特徵不是門第所強調的門風，而是高大的豪宅和富貴的排場與張揚。"②

（2）宅第規格的僭侈逾制。北周的相關法令已難知悉，而王清家擁有如此高規格的住宅，顯然是有違當時國家相關律令的。此房屋的建造約在北周末年或隋朝初年，即以隋朝而論，王清的宅院是否有違相關的隋代營造法令制度呢？遺憾的是，隋代的《開皇令》中恰恰闕佚了《營繕令》。不過大多數唐令都以《開皇令》爲基礎，在篇目上亦大部分皆沿用《開皇令》，因此參考唐代的《營繕令》，或許可以間接反映出隋代抑或上溯到北周的相關規定。③依據《營繕令》，王清所任品級，其營造住宅不能超過"三間五架"，門屋不能超過"一間兩架"。若依其致仕後庶人身份論，則不得超過"三間四架"，"門屋一間兩架"，而王清住宅描叙爲"墻高數刃，門邃九重，峻宇連藩，高房接棟"的狀況，顯然已經逾越了三間五架的規定，肯定有違營繕條令。

那麼，《營繕令》是否在執行中有那麼嚴格，絕不允許有任何違背？揆諸文獻，此種有違律令的事例在隋朝確實存在，據《隋書》文帝第三子秦孝王楊俊本傳，可知楊俊盛治宮室，窮極侈麗。隋高祖認爲其有違法令，要免官處責。然劉昇與楊素卻一再上諫要求從輕處置，最終沒有得到高祖的許可。④而上諫人楊素，其住宅同樣也存在逾制問題。《大業雜記》中就有一段關於楊素住宅的描述："尚書令楊素於東都造宅，新成，僭於宮省。宅方三百步，門院五重，高齋曲池，時爲冠絕。"⑤《隋書》卷48《楊素傳》亦云："時素貴寵日隆……家

---

① 參見仁壽二年（602）《裴覬墓誌》，王其禕、周曉薇：《隋代墓誌銘彙考》第3冊，北京：綫裝書局，2007年，第52頁。
② 榮新江：《高樓對紫陌，甲第連青山——唐長安城的甲第及其象徵意義》，《中華文史論叢》2009年第4期，第4—5頁。
③ ［宋］王溥：《唐會要》卷31《輿服上·雜錄》，上海：上海古籍出版社，1991年，第668—671頁。
④ 《隋書》卷45《文四子·秦孝王俊傳》，北京：中華書局，1973年，第1239—1240頁。
⑤ ［唐］杜寶撰、辛德勇輯校：《大業雜記輯校》，西安：三秦出版社，2006年，第31頁。

僅數千,後庭妓妾曳綺羅者以千數。第宅華侈,制擬宮禁。"①楊素住宅的豪華當然要勝過王清,只是史書對楊素住宅的描敘,比起《王清墓誌》顯然要簡略許多。而如果說以楊素那樣的朝中顯貴身份,他的宅第在當時就有"僭於宮省"的指責,那麼一介平民的王清,其住宅的"峻宇連藩",當然也會有越制逾禮之嫌了。而據史載及《王清墓誌》來看,實際上田宅逾制的情況是存在的。不過,王清能夠逾制的原因,也可以據唐代《營繕令》加以分析:其云"其祖父舍宅,門蔭子孫,雖蔭盡,聽依仍舊居住",則也許王清的住宅是在"祖父舍宅"的基礎上而進行營繕建造,亦即利用了"垂芳代北,扇馥華陰"的"門蔭"的庇護。味其誌文所言"枯中藉髡,朽里傳馨,尚披褐以隆高,況衣冠而日貴",銘文所言"盛以家福,隆之世祿,三虎榮門,二龍光族",似乎正流露出王清傳承家業、托庇祖蔭的意思,那麼王清擁有的奢華宅第或許與其祖上留下的舊居有關②,而其殷實的家業傳至隋代,猶然興盛富有,又或許因爲遠離京城,以至於改朝換代也未受到較大衝擊,這才直接延續了王清家居生活的優越適意。甚至墓誌還描敘了家中常有藝妓樂班來歌舞娛樂,"伎則燕姬趙女、碧玉綠珠,樂則蜀管吳絃、金鐘石磬""羽悵觀伎,華堂奏樂。盡日於斯,生平是足"。這也顯示王清不僅擁有豐厚的家資,還積澱著較深的士族文化底蘊。因爲蓄養歌舞藝伎,畢竟是中古官宦大族與文人雅士的時尚。當然這些描寫或許有一定的虛構和誇張,但也能從側面反映出王清家族即使作爲致仕官宦的優越家居生活背景。

(3)創置園林的時代理念與回歸自然的生活意趣。誌文在描寫了王清的宅第狀貌之後,又說他"悅意池臺",別安林沼","這"別安"的"池臺"與"林沼",顯然是他住宅之外的園林別業。王清在創建園林的過程中,親自參與各項事務,"螢山菊圃,親勞壘石之功;鑿井之園,自苦開泉之力"。對戶外環境的裝點要求更是樹林成蔭,花草成行,"五柳林間,能栽異草;三行徑里,巧殖名花"。如此刻意經營園林,正與兩晉六朝以來,南朝園林含蓄、秀美、恬靜、淡泊的設計理念相互融通,也與文人雅士注重園林建築在情感與精神上的領悟,以及始終與自然保持和諧融洽關係的意境頗爲契合。諸如東晉庾闡在《閑居賦》形容自家的園林式庭院是"鳥棲庭林,燕巢子幕。既乃青陽結蔭,木槿開榮。森條霜重,綠葉雲傾。陰興則暑退,風來則氣清。前臨塘中,眇目長洲。晨渠吐溜,歸潮夕流"③。梁朝徐勉曾在《誡子書》中講他中年營建小園的目的是"非在播藝,以要利人,正欲穿池種樹,少寄情賞",而在小園的建設中,培石爲山,聚石移果,雜以花卉,更是爲了"以娛休沐,用託性靈"④。又有陳朝的張譏,史書稱他是一位品性恬靜,不求榮利,"常慕閑逸"的雅士,"所居宅營山池,植花果,講《周易》、《老》、《莊》而教授焉"⑤。由此可見,兩晉南北朝以來的私家園林宅第營造風尚,不能簡單理解爲一種建築上的外在時尚,而是通過"積石爲山,引水爲池"的景觀,使人賞心悅目的同時,身心融入大自然

---

① 《隋書》卷48《楊素傳》,北京:中華書局,1973年,第1287—1288頁。
② 還應注意,撰誌者爲了文字修辭的需要,也許會對王清住宅屋宇數量採用虛化量詞的描敘,是爲泛指而非實際房屋數量。
③ [唐]歐陽詢撰、汪紹楹校:《藝文類聚》卷64《居處部四·宅舍》,上海:上海古籍出版社,1999年,第1145頁。
④ 《梁書》卷25《徐勉傳》,北京:中華書局,1973年,第384—385頁。
⑤ 《陳書》卷33《張譏傳》,北京:中華書局,1973年,第444頁。

的山水草木精粹中，寄託超然物我的心靈境界。①再如隋代江總《歲暮還宅詩》所云："悒然想泉石，驅駕出樓臺；玩竹春前筍，驚花雪後梅。青山殊可對，黃卷復時開。長繩豈系日，濁酒傾一杯。"②宅院園林建構在泉石之間，走出政務樓臺，回歸宅園的同時，就回歸了自然，回到了坐對青山的春竹雪梅之間，展卷日暮，自斟自娛。又如隋元行恭《過故宅》詩亦對故宅的懷念充滿深情③，所寫景物亦烘托出人與自然相依相諧的宅第園林營造的基本元素和觀念。

王清的園林建築所體現的回歸自然理念，還表露在選用建築材質方面。屋宇喜用原生態材質，即誌文所謂"齋椽不削，屋柱含皮；宇草連根，扉荊帶葉"。屋內不用雕樑畫柱，而逕用帶皮的椽木，園門不用精心裝飾，而逕用帶葉的荊枝。又且"近殖高林，非難聽鳥；臨穿小泊，復易觀魚"。可以高林聽鳥，小淵觀魚，這樣的園林，自然會吸引嘉賓好友前來相聚，正所謂"賓來寓目，客去留心，致阮籍以能尋，眷嵇康而不友"。招徠了名流雅士，擴大了交際范圍，更增添了生活情趣。更有"三春之餘，戀花朝而命酒；九夏之末，顧月夜以張琴。詩成付筆，興盡傳杯，袖舞罇前，山崩醉後"的描寫，揭示出對肆意酣暢、隨意任性的清流生活的追求，也勾勒出對魏晉風度與竹林雅集的嚮往，這顯然是營造格局與元素中所體現出來的文化理念與時代風尚。可見私家居宅與園林的精心設計，代表著一種建築上的社會時尚和文化情趣。而其風格與布局的貼近大自然，又成爲雅集墨客文友的絕佳交際場所。

三、墓誌撰者濃重渲染宅第園林的時代風尚與社會背景

《王清墓誌》如此描寫宅居和園林，在墓誌體裁的文字中確屬少見。借此，或可以推知此篇墓誌的撰寫者，有可能是一位由南入北的頗有文學造詣，且諳熟江南園林建構的文士。誌文辭藻華麗，文采飛揚，若從文學描述角度而論，亦可稱之爲一篇精彩之作。尤其是撰者將南朝文人情懷與南國生活風尚深深根植於心，並由此借題發揮而將王清宅第與園林渲染到了極致。如果仔細推敲，不難發現，其對王清宅第的描寫，充滿了富麗堂皇，仿佛在炫耀世家大族豐厚的物質財富和優雅的生活狀態。而其對王清園林的刻畫，則充滿了清純自然的人文氣息，彰顯出人與自然的融洽與對自然的心靈寄託。宅第與園林的區別描繪，旨在昭示"其宅也如彼，其園也若此"的迥然不同，並進而反映出生活與休閒這兩個不同層面的精神境界與文化追求。至於從宅第到園林之間的相互聯系，作者也刻意加以描述，但凡是"出入止園宅之間"，都可以"往來極山勢之樂"。王清家住華陰，正在華山腳下、渭水南畔，出宅可以遙望太華岨出雲表，危峰峭峻，巉巖秀絕；入園亦可以仰見石萼鱗鱗，勢若蓮花，狀如芙蓉。將崇麗的西嶽華山襯托在園宅之間，一如隋唐時期長安城南可以"悠然見南山"的無數世家大族別業的旨趣一樣，那就是"問君何能爾，心遠地自偏""此中有真意，欲辯已忘言"。那麼，撰寫誌文者所欲渲染的當是通過王清的宅園來反映一

---

① 吳功正：《六朝園林文化研究》，《中國文化研究》1994年第3期，第108—117頁。
② [唐] 徐堅等：《初學記》卷24《居處部·宅第八》注引隋江總《歲暮還宅詩》，北京：中華書局，2004年，第580頁。
③ [唐] 徐堅等：《初學記》卷24《居處部·宅第八》注引隋元行恭《過故宅詩》，北京：中華書局，2004年，第580頁。

種生活情懷,一個時代氣象,一種營造文化,即周隋時期在繼承南朝以來禮樂文化的同時,反映在宅居文化上的園林建築風格,也一樣萃取了南朝文人傾情山水、寄懷自然的高雅志趣與營造理念。

文獻揭示,隋煬帝在大業元年(605)營造東都、修建顯仁宮,"采海內奇禽异獸草木",反映出隋煬帝對建築時尚的追求極其奢華糜麗,當然這也說明了彼時社會經濟的穩定與物質生活的富足。《隋書》卷24《食貨志》記載:

> 開皇十七年,戶口滋盛,中外倉庫,無不盈積。……煬皇嗣守鴻基,國家殷富,雅愛宏玩,肆情方騁,初造東都,窮諸巨麗。帝昔居藩翰,親平江左,兼以梁、陳曲折,以就規摹。曾雉逾芒,浮橋跨洛,金門象闕,咸竦飛觀,頹巖塞川,構成雲綺,移嶺樹以爲林藪,包芒山以爲苑囿。①

可以表明,隋煬帝"嗣守鴻業"的大業年間,正值"國家殷富"時期,由於他"雅愛宏玩",所以在營造東都時,"窮諸巨麗"。又因爲他爲太子時曾被隋文帝長期委派藩居江南,對江南文化情有獨鐘,因此將許多"梁陳曲折"的江南建築風尚運用到了營造東都的規劃上。隋煬帝又在東都附近大造宮殿別館,極盡奢華,更是將江南的建築格局與特色設計其中。僅以東都西苑宮人所居住的"十六院"爲例:

> 苑內造山爲海,周十餘里,水深數丈。其中有方丈、蓬萊、瀛州諸山,相去各三百步,山高出水百餘尺。上有通真觀、集靈臺、總仙宮,分在諸山。風亭月觀,皆以機成,或起或泛,若有神變。海北有龍鱗渠,屈曲周繞十六院入海。海東有曲水池,其間有曲水殿,上巳祓飲之所。每秋八月月明之夜,帝引宮人三五十騎,人定之後,開閭闔門入西苑,歌管達曙,諸府寺,因乃置《清夜游》之曲數十首。②

此處水繞山環,起伏變化,亭閣樓臺,參差其中。輕舟畫舸,飛橋閣道,還有應時的菓蔬與水陸珍肴,更是上巳歌舞與中秋吟賦的美妙苑囿。值得注意的是,這十六院的營造設計風格,完全是仿照江南建康宮苑的樣式建設的。③不但注重與大自然景物的結合,又著力於人文景觀的建造,充分繼承了六朝以來的園林風尚。此種建築風尚或式樣,到了北朝後期隨著大量南人入北所促成的文化融并,自然會對周隋時期的宅第與園林的建造產生影響,而這樣的影響當然首先會波及人文薈萃的兩京地區。

又且隋煬帝個人對宅第也有著特別的喜好。《隋書》卷56《張衡傳》記載,大業三年(607),隋煬帝"幸榆林郡",返程路過太原時,專程到張衡宅第"留宴三日",只因"悅其山泉"。告別時尚意猶未盡,賜給張衡良田好馬,金帶彩帛。④這種崇尚融入自然山水的住宅風尚,無疑也會影響到上流社會與文人階層。唐人亦很崇尚此種依山傍水的郊外別業,例如《舊唐書》卷147《杜佑傳》載:"佑城南樊川有佳林亭,卉木幽邃,佑每與公卿

---

① 《隋書》卷24《食貨志》,北京:中華書局,1973年,第672頁。
② [唐]杜寶撰,辛德勇輯校:《大業雜記》,西安:三秦出版社,2006年,第14—15頁。
③ 妹尾達彥:《江南文化的系譜——建康と洛陽(2)》,《六朝學術學會報》2014年第15集,第89—91頁。
④ 《隋書》卷56《張衡傳》,北京:中華書局,1973年,第1392頁。《隋書》卷3《煬帝紀》亦載:大業三年(607)"次太原。詔營晉陽宮。九月己未,次濟源。幸御史大夫張衡宅,宴享極歡。"

讌集其間，廣陳妓樂。"①杜佑之子杜式方，"甲第在安仁里，杜城有別墅，亭館林池，爲城南之最"②。史傳對杜佑的郊居記述甚簡，而杜佑的門人權德輿所撰《司徒岐公杜城郊居記》，纂敘幽勝，極其形容。此記還強調："故城南墟里，多以杜爲名，逮今郊居，不忘厥初。又以見積厚流澤，此爲回復。"③是謂杜佑營造的郊居，有著承繼和光大杜氏族業、澤流源遠之意義。杜佑的郊居別業，也因其地位的尊貴而工程浩大，精心開鑿的泉流方塘，顯示出神契天合的意境，迴蕩著"含虛籟以四達，溯清輝而交映"的氣象。王清的別沼園林，當然無法與此相侔，然其中確實存在著共同之處，諸如地點皆選取以大自然的崇巖峻嶺爲背景，一爲壯美的終南山，一爲峭秀的太華山，又均在園林別業中修筑亭臺廳館，導引清流，雖然構造各有所異，然其嘉招賓客，盛集雅士，飲酒賞樂，高談縱論的郊居旨趣，畢竟有著異曲同工之效。其實，總覽隋唐園宅的營造內涵，最理想的境界莫若："園圃之勝，不能相兼者六：務宏大者少幽邃，人力勝者少蒼古，多水泉者艱眺望。兼此六者，惟湖園（唐宰相裴度的園宅）而已。"④而唐人對宅居與園林建築的這些追求，已然從隋代王清的宅園營造中可以窺見一斑。

歸納《王清墓誌》的基本內涵與史料價值，大約可以得出如下認知：

（1）《王清墓誌》揭示了一位弘農王氏的後裔，系出中古王氏新望之華陰房，其家族人物雖不見於史傳，卻儼然是一門北朝世家大族。王清嘗仕於西魏，甫任微職，旋即厭倦對仕途的追求而決然"懸止聘之車"，退居鄉里，綿歷周隋，營建安樂宅園以頤養餘生。這固然有其個人的生活理想與價值觀念，而家庭的經濟基礎和文化底蘊，也應該對他有所支撐與影響。這些正體現在墓誌文對其家庭宅第與園林建置及內涵的細致描述與渲染上。

（2）王清在盛年歸隱之時，其父還在任朝官，且俸祿不薄，而其祖曾兩代亦皆爲中級以上官員，三代相沿，王清所能承繼的祖業自然可觀，且又有其數子已經在官而可能給予的幫助，故其所承繼的作爲地方世家大族象徵的宅第，自然會有相當的規模格局，才足以顯示華陰王氏的地位與榮譽。當然王清本人顯然是對宅第園林頗所偏愛的，固能在營繕宅第的同時，又建造了自家的園林。而誌文撰者也無疑與其趣味相投，以致在文字中傾注了極大地熱情和筆觸。

（3）誌文對王清住宅與園林分別作了不同角度的細致而張揚的描述，使我們得以窺見當時官宦家庭的宅第和園林建築式樣與規模，這在記載隋代營造建置的傳世文獻中究屬少見，故應當視爲典型案例並給予關注討論。宅第在中古後期，隨著政治與文化一統趨勢的變化轉折，開始逐漸超越門第家世而成等級地位與財力權勢的物化的身份象徵。既然宅第園林漸趨成爲一個不僅是物質生活，而且是政治精神的重要條件，自然就有了對其宏大富

---

① 《舊唐書》卷 147《杜佑傳》，北京：中華書局，1975 年，第 3981 頁。又，宋代張禮《遊城南記》在"復涉潏水，游范公五居"下注曰："范公莊，本唐岐國杜公佑郊居也。……此莊向爲杜氏所有，後歸尚書郎胡拱辰。熙寧中，侍御史范巽之買此莊于胡，故俗謂之御史莊。中有溪柳、巖軒、江閣、圃堂、林館，故又謂之五居。"［宋］張禮撰，史念海、曹爾琴校注：《遊城南記校注》，西安：三秦出版社，2006 年，第 129 頁。
② 《舊唐書》卷 147《杜式方傳》，北京：中華書局，1975 年，第 3984 頁。
③ ［唐］權德輿：《新刊權載之文集》第 2 冊，上海：上海古籍出版社，2013 年影印本，第 376—378 頁。
④ ［宋］李格非：《洛陽名園記》，《景印文淵閣四庫全書》第 587 冊，上海：上海古籍出版社，1987 年，第 246 頁。

麗、奢華排場的不斷追求，王清的宅園正爲此留下了珍貴的注腳，因此《王清墓誌》足以視爲檢討隋唐建筑史與營造理念的不可多得的案例。

（4）《王清墓誌》所描寫的宅園基本格局與營造內涵，可謂集中體現了當時園宅營造的審美理念正是宏大壯麗而能依托於自然山水，同時還未注重於唐代以後文人園宅所趨尚的以人力追仿自然的所謂內在精微的雅緻意趣。概括的説，就是宏大之中見幽邃，人力之間存閑古，水泉之上足眺望。這種對唐代高等級宅園理想要素的總結，似乎在王清的園宅中也大多可以見證。其實這樣的宅園理念也無疑引導了唐宋時期官宦文人們在仕與不仕之間回歸養生治性、行義求志的理想方式。另外，從王清所處的時代來看，南人入北所帶來的文化融合，也不能不影響到宅園的營造上，亦即南朝的園林要素中注重咫尺千里的人文景觀的點綴，也被借鑒到了北方宏闊粗獷的建築格局中，從而烘托出幽邃的氛圍。

（5）從誌文中審視王清的宅第結構，無疑會關注到周隋時期官宦與平民在住居營建上的法定標準問題，檢諸隋唐之間相關的營繕法令，可以肯定王清住宅的逾制超標。不過王清的宅居應該是承繼的祖產，因此是不悖於允許世宦人家子弟繼承前代居屋產業的相關法令的。當然，在時尚與利益的趨勢下，宅第的僭侈逾制是難以嚴格控制的，在京城中的宅第還容易把關，而作爲郊居別業，就難免奢華無度了，更何況遠離京師的地方，世家大族無論如何都是要在宅園的建造上比富競貴的，因爲那已然成爲當時政治身份與社會地位的最重要的象徵物。

（6）《王清墓誌》充滿濃郁的文學色彩，因而難免要注意語詞中的誇張溢美與理想虛構的成分。儘管如此，其所反映出來的彼時宅園營造的真實信息與背景資料，包括誌主的好尚與撰者的情結，乃至時代的追求與文化的趣味，都還是足以與傳世文獻互爲印證的。

一一五　裴子休妻魏薩墓誌

【基本信息】

裴子休妻魏薩墓誌，出土於山西運城襄汾縣，誌石今存民間。誌文 22 行，滿行 22 字，隸書，有方界格。誌石長寬均 52 釐米。

【誌文】

齊東雍本州刺史周儀同三司懷戎子故裴子休夫人魏氏墓誌銘

夫人諱薩，字薩，常山鉅禄人也。五等剖符，昂受茅土之命；九合諸國，更旌金石之音。軒冕纂世，可略言矣。曾祖權，義陽郡守。祖季度，盛樂郡守、金紫光禄大夫。父僧武，臨穎、城罣及畿服級郡守。弈葉珪璋，禪聯冠盖。無慚十德之彥，詎謝萬石之榮。夫人淑令禀靈，婉娩從傅，行彰四德，義在三從。及好仇君子，作範母儀。郊婦慙於興敬，梁妻媿於申禮。使君委質齊邦，畫遊繡服。鼎遷周室，儀視台星。朝顯室光，式有恒典。故齊授豫州陽武縣君，周授齊州臨邑縣君。然使君門旌義夫，閣櫺節婦。香成蘭室，夫人豫焉。是以木奴千頭，哲夫慙於營産；三徙仁里，賢子卒以成名。既疾積年，便成大漸，以大業二年九月終于家，春秋七十。即以三年歲次丁卯二月庚辰朔五日甲申合葬於先公之舊域。鳴呼哀哉，塵飄鏡闇，永罷顧侶之鳴；吹動幃香，終無反魂之氣。風林摇影，偏感負米之懷；野樹移年，懼變啼痕之色。嗚呼哀哉，乃爲銘曰：

恒岳極峻，河瀆時清。地既平坦，人昂廉貞。馬家僕射，晉世孤卿。六珈許老，百兩從迎。內兼女師，外助君德。節用姑顯，命階夫職。棗栗虔恭，巾櫛奉則。停機興戒，倚閭銜憶。天前淪穴，室後空帷。樹無更讓，梓有交枝。雞鏡罷色，龍劍終隨。堂還有主，君恨應離。珠漸掌遠，士方貌親。陵倍飛蒭，哭感行人。灼灼桃色，何年更春。昏昏雲氣，口愁不新。

【疏證】

誌主魏薩曾祖魏權、祖魏季度、父魏僧武，史傳皆無載。魏薩夫君裴子休亦有墓誌，刊葬於開皇六年（586），載在《隋代墓誌銘彙考》[1]。裴子休起家爲北魏太傅長孫稚府行參軍。東魏天平末年任東雍、南汾二州大都督。北齊任東雍州長史、持節、都督岐山諸軍事、車騎大將軍、岐州刺史、帶東雍州長史等職。北周滅齊，裴子休被俘，雖照例授使持節、儀同大將軍，封懷戎縣開國子，邑二百五十户，而仍被遣返家鄉。[2]因而《魏薩墓誌》云其夫"使君委質齊邦，畫遊繡服"確爲實情，而"鼎遷周室，儀視台星"一句則爲虛誇。

---

[1] 王其褘、周曉薇：《隋代墓誌銘彙考》第 1 冊，北京：綫裝書局，2007 年，第 187 頁。
[2] 羅新、葉煒：《新出魏晉南北朝墓誌疏證》修訂本，北京：中華書局，2016 年，第 351 頁。

又，誌云"（魏薩）是以木奴千頭，哲夫慹於營産；三徙仁里，賢子卒以成名"，雖爲用典的套話，但亦透露出她育有子息。誌云"夫人淑令禀靈，婉娩從傅，行彰四德，義在三從。及好仇君子，作範母儀。郄婦慹於興敬，梁妻媿於申禮"，則引用了褒揚婦德之典故及溢美之辭，並因此而獲得"齊授豫州陽武縣君，周授齊州臨邑縣君"的榮耀，亦與丈夫"門旌義夫"的稱號相配。誌云以大業"三年歲次丁卯二月庚辰朔五日甲申合葬於先公之舊域"，其夫裴子休葬於家族墓地汾絗原，當今襄汾縣①，則魏薩也當葬於此地。

誌文"鉅禄"即"鉅鹿"之別寫。另，"臨穎、城罩及畿服級郡守"一句，似有不通，臨穎應即臨潁，城罩應即城臯。

---

① 參詳裴子休父母《裴良暨妻趙氏墓誌》（李學文：《山西襄汾出土東魏天平二年裴良墓誌》，《文物》1990 年第 12 期，第 86—90 頁）及其兄弟《裴子誕墓誌》與《裴子通墓誌》（運城地區河東博物館：《晉南發現北齊裴子誕兄弟墓誌》，《考古》1994 年第 4 期，第 338—342 頁）。

一一六　康寶足暨妻翟氏墓誌

【基本信息】

康寶足暨妻翟氏墓誌，出土於河南洛陽，誌石今存民間。誌文18行，滿行18字，隸書，有方界格。蓋題4字，2行，每行2字，陽文篆書，有方界格。誌石拓片高41釐米、寬40釐米。誌蓋拓本長寬均39釐米。蓋題四周刻飾蓮花紋，左右各有一提環，已鏽斷，四殺刻飾卷草紋。誌石右下角殘缺，約缺13個字。墓誌圖版載在趙文成、趙君平《秦晋豫新出墓誌蒐佚續編》①。

【誌蓋】

康君墓誌

【誌文】

大隋故康君墓銘

君諱寶足，字金藏滿，恒州京邑人也。□□□□之封，趙壁無虞，百丈孤松，峻雲迥出。父□，□□皇帝直後將軍。君意氣□□，縱橫侗儻，□□□習，弓馬早知。天統元年，□授別將。以君謀□□然，勳深名遠，累宦榮家，相傳世爵。武平元年，□加翊軍將軍、前軍第二副都督。君頻加轉任，屢負干戈，領袖前鋒，遂成零落。春秋六十一，以大象二年寄於亳州梁郡之所。夫人恒州翟直後之長女。夫人心存孝敬，有德兼功，上訓下慈，禮儀俱備。園中暫望，堪使桃李羞妍；鏡裏看衣，還類恒娥在月。但以世同風燭，電影暫時。仁壽二年，忽如秋葉，春秋七十有二，則以大業三年歲次丁卯八月丁丑朔八日合葬於積善鄉積善里。陽烏一落，不反西光；逝水一流，焉迴東注。嗚呼哀哉，乃爲銘曰：

杳杳長辭，冥冥永去。散識何方，分魂何處？隴霧恒低，松風鎮舉。唯聞黃鵠，留仙相許。

【疏證】

誌云"君諱寶足，字金藏滿，恒州京邑人也"。誌主康寶足當爲昭武九姓中的康國人。此康氏一族定著北魏平城，任官於北齊、北周，後卒於亳州梁郡（今河南商丘），值得关注。隋代亳州與梁郡無廢置關係，亳州隋代改譙郡，宋州隋代改梁郡，則亳州梁郡非隋代之設置，恐爲前朝之制。②恒州京邑，隋無恒州之設，京邑亦非縣名。據《魏書》卷106《地形志二》恒州小注云："天興中置司州，治代都平城，太和中改。孝昌中陷，天平二年置，寄治肆州秀容郡城。"③又載恒州領代郡平城縣，故恒州京邑當指北魏恒州所轄的平城都。

---

① 趙文成、趙君平：《秦晋豫新出墓誌蒐佚續編》第1冊，北京：國家圖書館出版社，2015年，第189頁。
② 《隋書》卷30《地理志中》，北京：中華書局，1973年，第836頁。
③ 《魏書》卷106《地形志二》，北京：中華書局，1974年，第2497頁。

誌云"父□，□□皇帝直後將軍"，直後一職，《隋書》卷27《百官志中》云"後齊制官，多循後魏"[①]，在"左中衛府"的"直閣屬官"中，"有朱衣直閣、直閣將軍、直寢、直齋、直後之屬"[②]。隋代因襲，"左右衛，掌宮掖禁禦，督攝仗衛。又各有直閣將軍、六人。直寢、十二人。直齋、直後，各十五人。並掌宿衛侍從"[③]。則康寶足誌記其父任"直後將軍"者或誤，直後未設將軍職。誌云康寶足"天統元年，□授別將"，"武平元年，□加翊軍將軍、前軍第二副都督"。"翊軍將軍"官秩從二品，前軍為四將軍（前軍、後軍、左軍、右軍）之一。

誌云"大業三年歲次丁卯八月丁丑朔八日合葬於積善鄉積善里"，此"積善里"乃爲葬所，故與洛陽城內轄於河南縣的"積善坊"不是一事。又，墓誌拓本爲洛陽師範學院河洛文化中心趙振華提供，並承提示誌文所云"積善鄉積善里"蓋爲當時河南府屬縣所轄鄉里名，則此誌或出土於洛陽週邊。依據是唐代河南府（洛州）壽安縣有積善鄉，如《大唐故五品孫陳周子墓誌》云"葬于壽安積善鄉之原禮也"[④]，積善鄉在隋唐墓誌中僅此一見，以此推之，壽安縣之積善鄉或許在隋代已然存在了。然隋代東都坊里有積善里，屬河南縣，位於天津橋南端西側從北第一坊，但不可能是誌主葬地所在。另外也不能排除河南、洛陽兩縣亦或有"積善"鄉名。究爲何地，還需再考。

[①] 《隋書》卷27《百官志中》，北京：中華書局，1973年，第751頁。
[②] 《隋書》卷27《百官志中》，北京：中華書局，1973年，第758頁。
[③] 《隋書》卷28《百官志下》，北京：中華書局，1973年，第778頁。
[④] 周紹良：《唐代墓誌彙編》下冊，上海：上海古籍出版社，1998年，第1555頁。

一一七　姚勳暨妻且渠氏陳氏墓誌

【基本信息】

姚勳暨妻且渠氏陳氏墓誌，2011年7月出土於陝西禮泉縣城，同年8月入藏昭陵博物館。誌文24行，滿行24字，正書，有方界格。蓋題16字，4行，每行4字，陽文篆書，有方界格。誌石長寬均46.5釐米、厚9釐米，四側素面。誌蓋長寬均47.5釐米、厚9釐米，盝頂長寬均39釐米，四殺素面。墓誌披露於胡元超《隋姚勳墓誌勘誤》[1]，研究參詳王其禕、周曉薇：《咸陽地區新出隋代墓誌銘研讀兩則——大業三年〈姚勳墓誌〉與大業七年〈趙榮墓誌〉》[2]。

【誌蓋】

隋使持節上開府驃騎將軍姚使君墓誌

【誌文】

大隋上開府左備身驃騎將軍寧陵縣開國子姚府君墓誌
君諱勳，字定國，馮翊蓮夕人也，晚居夏州朔方郡。系發姚墟，賜賜邑而命氏；源承媯汭，乃受封而構族。自斯以降。羽儀無墜。祖，魏大都督十二州諸軍事、夏州刺史。父曇，周儀同三司，追贈雖州刺史。並識度恢弘，志略崇遠。文綜三史，武擅六奇。馳藉甚於妙年，播延譽於前達。公承世載之洪基，降惟神之秀氣。幼而風采明悟，襟情倜儻。周天和三年，因蔭出身，蒙任二命士。五年，補夏官二命士。榮參列象，任比握蘭。恭謹見知，明練爲首。建德三年，授承御二命士。公早參帷陛，是稱禦侮。四年，簡入長上。其年，從征河陽。周武帝以三分斯在，一戎未定，興西伯之師，問東秦之罪。其年，從平相州，尒其山川重險，峻極於天。陪侍鑾輿，親承廟略。公首啓戎麾，躬當矢石，遷承御上士。大象二年，大丞相初建宰朝，授帥都督。開皇九年，奉敕隨宜陽公南征，於蘄口與吳人苦戰，公獨揮長劍，身接短兵，既斬顏良，又擒孟獲，蒙授上儀同三司，封寧陵縣開國子。克誓山河，建玆茅社。十年，詔授車騎將軍，領右武衛右十五驃騎左車騎兵。都警夜於八屯，察巡盡於五校。大業元年，詔授上開府儀同三司。聲明顯車服之庸，上將應星辰之列。即事登拜，寵降王人。而晷刻不停，逝川難息，邁疾彌留，奄從朝露。以大業三年二月十八日薨於豫州河南縣恭安鄉之第，春秋五十有五。嗚呼哀哉，夫人且渠氏，次夫人潁川陳氏，粵以其年十月九日合葬於澧泉縣豐泉鄉禮也。世子新成等，宅兆既長，卜云允吉，紀此徽猷。銘曰：
陶唐睿聖，有虞明哲。冠蓋相暉，英聲遠澈。猗歟載業，挺彥重光。仕遊伊洛，英姿浚往。

---

[1] 胡元超：《隋姚勳墓誌勘誤》，樊英峰：《乾陵文化研究》第6輯，西安：三秦出版社，2011年，第343—345頁。
[2] 王其禕、周曉薇：《咸陽地區新出隋代墓誌銘研讀兩則——大業三年〈姚勳墓誌〉與大業七年〈趙榮墓誌〉》，丁偉：《乾陵文化研究》，西安：三秦出版社，2019年，第208—211頁。

豈期和璧，奄同丘壤。庶因翠石，傳名無爽。

【疏證】

誌云："君諱勳，字定國，馮翊蓮夕人也，晚居夏州朔方郡。"蓮夕，或爲"蓮勺"之形近而訛。東漢延熹五年（162）《蒼頡廟碑》題名人有多位籍貫署爲"蓮勺"者①。又見隋仁壽三年（603）《蘇慈墓誌》云"歸葬于同州蓮芍縣崇德鄉樂邑里之山"②，則蓮勺又作蓮芍。蓮勺縣始設於漢，後秦姚萇時廢，後魏太和三年（479）復舊，隋開皇十年（590）罷郡，以蓮勺屬華州。大業二年（606）省蓮勺入下邽。其地當今陝西渭南市臨渭區。《隋書》卷29《地理志上》馮翊郡下邽縣小注云："舊置延壽郡。開皇初郡廢，大業初併蓮勺縣入焉。"③隋代夏州朔方郡治所當今陝西靖邊縣統萬城遺址。姚勳及其父姚曇、子姚新成，史傳皆無載。

姚勳於北周天和三年（568）"因蔭出身，蒙任二命士。五年，補夏官二命士"。建德三年（574），"授承御二命士"。建德四年（575），隨申國公李穆征河陽，即北周攻打北齊的戰役。關於這次征戰的起因，《周書》卷6《武帝紀下》記載頗詳，建德四年（575）秋七月丁丑，武帝下詔：

> 高氏因時放命，據有汾、漳，擅假名器，歷年永久。朕以亭毒爲心，遵養時晦，遂敦聘好，務息黎元。而彼懷惡不悛，尋事侵軼，背言負信，竊邑藏奸。往者軍下宜陽，釁由彼始；兵興汾曲，事非我先。此獲俘囚，禮送相繼；彼所拘執，曾無一反。加以淫刑妄逞，毒賦繁興，齊、魯軫殄悴之哀，幽、并啓來蘇之望。既禍盈惡稔，衆叛親離，不有一戎，何以大定。

> 今白藏在辰，涼風戒節，屬兵詰暴，時事惟宜。朕當親禦六師，龔行天罰。庶憑祖宗之靈，潛資將士之力，風馳九有，電掃八紘。可分命衆軍，指期進發。④

並任命和派出各路征齊的主帥：

> 以柱國陳王純爲前一軍總管，滎陽公馬消難爲前二軍總管，鄭國公達奚震爲前三軍總管，越王盛爲後一軍總管，周昌公侯莫陳瓊爲後二軍總管，趙王招爲後三軍總管，齊王憲率衆二萬趣黎陽，隨國公楊堅、廣寧侯薛回舟師三萬自渭入河，柱國梁國公侯莫陳芮率衆一萬守太行道，申國公李穆帥衆三萬守河陽道，常山公于翼帥衆二萬出陳、汝。壬午，上親率六軍，衆六萬，直指河陰。⑤

因知彼時姚勳乃隨李穆守河陽道，爲三萬軍兵之一員。同年，姚勳又隨李穆"平相州"。因其能"陪侍鑾輿，親承廟略"，又能"首啓戎麾，躬當矢石"，而"遷承御上士"。誌云

---

① 毛遠明：《漢魏六朝碑刻校注》第1冊，北京：綫裝書局，2008年，第223頁。
② 王其禕、周曉薇：《隋代墓誌銘彙考》第3冊，北京：綫裝書局，2007年，第63頁。
③ 《隋書》卷29《地理志上》，北京：中華書局，1973年，第809頁。
④ 《周書》卷6《武帝紀下》，北京：中華書局，1971年，第92—93頁。
⑤ 《周書》卷6《武帝紀下》，北京：中華書局，1971年，第93頁。

"大象二年,大丞相初建宰朝,授帥都督"。大丞相即隋國公楊堅。《周書》卷8《靜帝紀》載大象二年(580)夏五月庚戌,"柱國、漢王贊爲上柱國、右大丞相,上柱國、揚州總管、隨國公楊堅爲假黃鉞、左大丞相,柱國、秦王贄爲上柱國。帝居諒闇,百官總己下聽於左大丞相"①。《隋書》卷1《高祖紀上》亦載,大象二年(580)五月"庚戌,周帝拜高祖假黃鉞、左大丞相,百官總己而聽焉。以正陽宫爲丞相府,以鄭譯爲長史,劉昉爲司馬,具置僚佐。"②誌云:"開皇九年,奉敕隨宜陽公南征,於蘄口與吴人苦戰,公獨揮長劍,身接短兵,既斬顔良,又擒孟獲,蒙授上儀同三司,封寧陵縣開國子。"宜陽公者王世積,姚勛跟隨王世積南征,是參加隋伐陳的戰役。《隋書》卷2《高祖紀下》載開皇八年(588)冬十月"甲子,將伐陳,有事於太廟。命晋王廣、秦王俊、清河公楊素並爲行軍元帥,以伐陳。於是晋王廣出六合,秦王俊出襄陽……宜陽公王世積出蘄春……合總管九十,兵五十一萬八千,皆受晋王節度。"③又,"於蘄口與吴人苦戰"之事,《隋書》卷40《王世積傳》:"高祖受禪,進封宜陽郡公。……未幾,授蘄州總管。平陳之役,以舟師自蘄水趣九江,與陳將紀瑱戰於蘄口,大破之。"④則知這場"苦戰"是與陳將紀瑱在蘄口(今湖北蘄春蘄州鎮)展開的一場水戰。姚勛於開皇"十年,詔授車騎將軍,領右武衛右十五驃騎左車騎兵",此條史料可資探討彼時十二衛中左右衛統領的外軍宿衛的建置規模、類别與兵種。誌云"以大業三年二月十八日薨於豫州河南縣恭安鄉之第"。恭安鄉,爲隋代文獻所僅見。大業九年(613)《趙朗暨妻孫氏墓誌》載趙朗仁壽二年(602)"卒於河南縣勸善鄉恭安里私第"⑤,然仁壽二年(602)洛陽新都尚未修建,故此恭安里恐爲北魏舊城里坊名,則與大業三年(607)姚勛卒所"恭安鄉"當無鄉里轄屬關係。誌云"其年十月九日合葬於澧泉縣豐泉鄉禮也","澧泉"與"豐泉"皆當爲"醴泉"之别寫。據《隋書》卷29《地理志上》京兆郡醴泉縣小注云:"後魏曰寧夷,西魏置寧夷郡。後周改爲秦郡,後廢,又以新時、甘泉二縣入焉。開皇十八年改縣名醴泉。有甘泉水、波水、浪水。有九嵕山、温秀嶺。"⑥誌曰"夫人且渠氏",且渠,傳世文獻多作"沮渠",北朝胡姓,舊居張掖、酒泉,原爲匈奴治下之月氏族,先世任匈奴左沮渠,因以官爲氏,入塞後,從漢征戰,號"義從胡",以世居盧水,又號盧水胡,實即五胡中之羯胡。五胡十六國之北涼政權即爲沮渠氏建立,參詳《魏書·沮渠蒙遜傳》。

又,誌文"巡盡"當爲"巡晝"之訛。

---

① 《周書》卷8《靜帝紀》,北京:中華書局,1971年,第131頁。
② 《隋書》卷1《高祖紀上》,北京:中華書局,1973年,第3頁。
③ 《隋書》卷2《高祖紀下》,北京:中華書局,1973年,第31頁。
④ 《隋書》卷40《王世積傳》,北京:中華書局,1973年,第1172頁。
⑤ 周曉薇、王其褘:《片石千秋:隋代墓誌銘與隋代歷史文化》第六章,北京:科學出版社,2014年,第246頁。
⑥ 《隋書》卷29《地理志上》,北京:中華書局,1973年,第808頁。

一一八　楊君妻元氏墓誌

【基本信息】

楊君妻元氏墓誌，2007 年出土於陝西華陰縣，2009 年入藏大唐西市博物館。誌文 14 行，滿行 14 字，正書，無界格。蓋題 12 字，4 行，每行 3 字，陰文正書，無界格。誌石長寬均 29 釐米、厚 6 釐米，誌蓋覆斗形，長寬均 30 釐米、厚 4.5 釐米。誌石四側與誌蓋四殺皆爲素面。墓誌圖文載在趙君平、趙文成《秦晉豫新出墓誌蒐佚》①，胡戟、榮新江《大唐西市博物館藏墓誌》②。

【誌蓋】

隋溫州使君夫人元氏之墓誌

【誌文】

隋溫州刺史楊使君夫人元氏墓誌

夫人元氏，河南洛陽人也。魏隴西王之孫，開府儀同三司隴西王韶之長女也。聯暉月岫，望重靈娥。結采星宮，質華仙媻。以茲令範，歸于名族。表柔順於巾櫛，飛芳聲於圖史。周建德四年，封隋州光化郡君，方期松竹，遽彫蘭蕙。開皇元年五月廿日薨於長安，春秋卌有一。粵以大業三年十一月四日合葬於華陰東原。所育三子，並承慈訓，爲龍爲光，令望令問。其銘曰：

蘭堂先謝，松路同歸。原野超忽，林聚變衰。雲霾壟首，月掩泉扉。人人此送，愴愴霑衣。

【疏證】

誌云"夫人元氏，河南洛陽人也。魏隴西王之孫，開府儀同三司隴西王韶之長女也"。知元氏爲元魏皇族拓拔氏族屬，河南洛陽乃緣孝文帝遷都定著中原後之元氏新貫。元氏父元韶，《北齊書》有傳，元韶父爲元劭，《魏書》有傳。據《魏書》卷 21 元劭本傳知元劭父爲元勰（同書有傳），封彭城王，則元劭"襲封"亦當爲彭城王。③《北齊書》元韶本傳也明確云其"襲封彭城王"，然墓誌載元氏祖、父均爲"隴西王"，與史傳不合。又檢諸史籍，"隴西王"無一爲元姓者，而彭城王元韶，亦未見有與其同姓名者，則或疑墓誌所記有誤，或即墓誌有攀附之嫌。另外，《北齊書》卷 28《元韶傳》載天保十年（559），"太史奏云：'今年當除舊布新。'文宣謂韶曰：'漢光武何故中興？'韶曰：'爲誅諸劉不盡。'於是乃誅諸元以厭之。遂以五月誅元世哲、景式等二十五家，餘十九家並禁止之。韶幽於

---

① 趙君平、趙文成：《秦晉豫新出墓誌蒐佚》第 1 冊，北京：國家圖書館出版社，2011 年，第 103 頁。
② 胡戟、榮新江：《大唐西市博物館藏墓誌》上冊，北京：北京大學出版社，2012 年，第 48 頁。
③ 《魏書》卷 21《元韶傳》，北京：中華書局，1974 年，第 584 頁。

京畿地牢，絶食，啖衣袖而死。及七月，大誅元氏，自昭成已下並無遺焉。或父祖爲王，或身常貴顯，或兄弟強壯，皆斬東市。其嬰兒投於空中，承之以矟。前後死者凡七百二十一人，悉投屍漳水，剖魚多得爪甲，都下爲之久不食魚"①。則以墓誌所記元韶長女元氏卒於開皇元年（581）享齡四十一歲推之，至北齊天保十年（559）屠戮諸元時元氏已十九歲，是否因爲已經嫁於華陰楊姓人家而得以僥倖逃過誅戮無遺之劫，亦值得揣疑。墓誌記元氏在北周"建德四年，封隋州光化郡君"，這應該是賴其夫君出身望族且官居溫州刺史等因素而得受封，並最終得在去世二十七年後而與其夫君合葬於華陰楊氏族塋。溫州刺史楊使君，於史無考。隋州光化郡，《隋書》卷31《地理志下》漢東郡小注曰："西魏置并州，後改曰隋州。"其統縣有光化縣，小注曰："舊曰安化，西魏改爲新化，後周又改焉。"②可知北周乃是改隋州之新化縣爲光化縣，隋代州郡改易，亦是改漢東郡爲隋州，而非改光化郡爲隋州。又，光化郡乃爲北齊所置，蓋亦爲北周所沿用。《隋書》卷31《地理志下》弋陽郡期思縣小注曰："陳置邊城郡。開皇初郡廢，改縣名焉。有後齊光化郡，亦廢入焉。"③

此溫州刺史楊君又有《後夫人李氏墓誌》亦於同年月日下葬，可參詳。

---

① 《北齊書》卷28《元韶傳》，北京：中華書局，1972年，第388—389頁。
② 《隋書》卷31《地理志下》，北京：中華書局，1973年，第892、893頁。
③ 《隋書》卷31《地理志下》，北京：中華書局，1973年，第875頁。

一一九　楊君後夫人李氏墓誌

【基本信息】

楊君後夫人李氏墓誌，2007 年出土於陝西華陰縣，2009 年入藏大唐西市博物館。誌文 13 行，滿行 13 字，正書，無界格。蓋題 12 字，4 行，每行 3 字，陰文正書，無界格。誌石長 27 釐米、寬 26.5 釐米、厚 6.5 釐米。誌蓋覆斗形，長寬均 26 釐米、厚 5 釐米。誌石四側與誌蓋四殺皆爲素面。墓誌圖文載在趙君平、趙文成《秦晋豫新出墓誌蒐佚》①，胡戟、榮新江《大唐西市博物館藏墓誌》②。

【誌蓋】

隋温州使君後夫人李氏墓誌

【誌文】

隋温州刺史後夫人李氏墓誌

夫人李氏，五原平高人也。葉承周史，妍分漢帳。世播英聲，家傳才淑。祖遠，柱國、太保、陽平公。父謙，儀同、義安公。夫人挺此幽閑，繼兹蘋藻，撫存送往，均慈等愛。春秋五十有四，大業二年二月廿三日薨，三年十一月四日祔葬華陰東原。所産三男，齊名八子，難昆難季，盡善盡美。銘曰：

繼母如母，恩斯育斯。秋庭桂落，春室蘭萎。飛霜結霧，墜葉辭枝。風雲歇滅，前後參差。

【疏證】

誌云"夫人李氏，五原平高人也"，《隋書》卷 29《地理志上》五原郡小注云："開皇五年置豐州，仁壽元年置總管府，大業元年府廢。"③所領三縣爲九原、永豐、安化，並無平高縣。而同卷平涼郡統縣有平高縣，小注云："後魏置太平郡，後改爲平高。開皇初郡廢。大業初置平涼郡。"④未知隋代之平高與五原是否有行政從屬關係？

楊君後夫人李氏祖李遠，字萬歲。《周書》有傳，李遠與其兄李賢，身處亂離之際，馳騁戎馬之間，在魏、北周屢遷文武之任，如墓誌所云"祖遠，柱國、太保、陽平公"，與史傳所載略同，唯史傳更詳，且獲史臣嘉評曰："位高望重，光國榮家，跗萼連暉，椒聊繁衍，冠冕之盛，當時莫比焉。自周迄隋，鬱爲西京盛族，雖金、張在漢，不之尚也。"⑤誌云："父謙，儀同、義安公。"據《周書》李遠傳記載，其子李植，"在太祖

---

① 趙君平、趙文成：《秦晋豫新出墓誌蒐佚》第 1 册，北京：國家圖書館出版社，2011 年，第 105 頁。
② 胡戟、榮新江：《大唐西市博物館藏墓誌》上册，北京：北京大學出版社，2012 年，第 50 頁。
③ 《隋書》卷 29《地理志上》，北京：中華書局，1973 年，第 813 頁。
④ 《隋書》卷 29《地理志上》，北京：中華書局，1973 年，第 812 頁。
⑤ 《周書》卷 25《李遠傳》史臣曰，北京：中華書局，1971 年，第 424 頁。

時已爲相府司錄參軍，掌朝政。及晉公護執權，恐不被任用，乃密欲誅護"，事敗，"於是護乃害植，並逼遠令自殺。時年五十一。植弟叔諧、叔謙、叔讓亦死。餘並以年幼得免"①。叔謙當即李謙，而史傳失載李謙官職，據墓誌可補。本傳又載，至建德元年（572），晉公護被誅，李遠一家得到平反，周武帝下詔曰："故使持節、柱國大將軍、大都督、陽平郡開國公遠，早蒙驅任，夙著勳績，內參帷幄，外屬藩維。竭誠王室，乃罹橫禍。言念貞良，追增傷悼。宜加榮寵，用彰忠節。"並"贈本官，加陝熊等十五州諸軍事、陝州刺史。諡曰忠。隋開皇初，追贈上柱國、黎國公，邑三千戶，改諡曰懷。植及諸弟，並加贈諡"②。則李遠父子兄弟雖榮耀天下，然禍起蕭牆，慘遭殺戮，唯有幾個幼小的姊弟逃過此劫，想必李氏夫人便是其中的一位。

此溫州刺史楊君又有前妻《元氏墓誌》亦於同年月日下葬，元氏開皇元年（581）卒年四十一，而李氏"春秋五十有四，大業二年二月廿三日薨"，推之，元氏卒時，李氏約二十九歲，未知是否爲元氏卒後續弦者，抑或是元氏未亡前即已娶爲二房？誌云"夫人挺此幽閑，繼兹蘋藻，撫存送往，均慈等愛"，可知李氏作爲繼母，不但能夠"撫存送往"，而且對待元氏的孩子能夠給予生母般慈愛，誠如墓誌所譽"繼母如母，恩斯育斯""難昆難季，盡善盡美"。

---

① 《周書》卷 25《李遠傳》，北京：中華書局，1971 年，第 422 頁。
② 《周書》卷 25《李遠傳》，北京：中華書局，1971 年，第 422 頁。

一二〇　司馬季沖暨妻元氏墓誌

【基本信息】

司馬季沖暨妻元氏墓誌，出土於河北臨漳縣，2014 年入藏北朝藝術研究院。誌文 20 行，滿行 20 字。正書，有方界格。蓋題 4 字，2 行，每行 2 字，正書，有方界格。誌石長 44 釐米、寬 43.6 釐米、厚 7 釐米。誌蓋高 44.1 釐米、寬 44.2 釐米、厚 7.5 釐米。墓誌圖文載在《北朝藝術研究院藏品圖錄·墓誌》①。

【誌蓋】

司馬公銘

【誌文】

君諱季沖，字季沖。河內溫人。氏族高華，其來自遠。光諸史藉，無待讚揚。祖龍，魏司徒公。考纂，儀同三司、青州刺史。並櫪時譽，儀表雅俗。君風骨挺異，神彩特抽。釋褐司徒府參軍事，齊襄帝爲大將軍，乃教曰：亡簪墜屨，尚所徘徊。况兹唯舊，豈容棄捨。眷言翼亮，載懷明德，轉補參軍事。又教公才識櫪舉，勳明令胤。又轉左僕射刑獄參軍。宣帝登膺，選用東宮僚輔，方詔公志業閒爽，風神簡帳，宜光弼儲宮，由其才力。除太子洗馬，尋轉太子僕，又除河間郡守。下車布政，屏盗除奸，暴虎逆移，灾蝗自去。又除太中大夫。俄遷濟北郡守。威恩感物，禮讓興行。周平東夏，除左中郎將。以大象三年八月廿四日薨於鄴城，春秋六十有二。夫人河南元氏，中山郡君，司空公蠻第五女也。樹風不靜，早閟泉門。粵以大業三年歲次丁卯十一月丙午朔廿七日壬申合葬於漳水之陽。恐清規勝範，歿世無聞，聊述聲塵，寄之不朽。銘曰：

自居火正，世掌天官。爰暨典午，揖讓昇壇。迄兹以降，世擅衣冠。載生夫子，氣溢雲端。其溫似玉，其臭如蘭。文既濟濟，武亦桓桓。宣風導俗，去煞勝殘。彼倉不弔，奄就闉棺。草枯霜落，風急松寒。豈其一旦，長夜漫漫。

【疏證】

北齊天統三年（567）司馬季沖妻《元客女墓誌》亦與《司馬季沖墓誌》同時出土並入藏北朝藝術研究院。

此誌殷憲在《北朝藝術研究院藏北朝墓誌的史學和書學價值》一文指出：

> 據《魏書·司馬楚之傳》、同書《司馬楚之傳附子金龍傳》，記司馬楚之爲司馬懿弟司馬馗八世孫，明元帝末入魏。司馬金龍則爲司馬馗九世孫、楚之入魏後"尚諸王女河內公主"生金龍。官至"侍中、鎮西大將軍、開府、雲中鎮大將、朔州刺

---

① 大同北朝藝術研究院：《北朝藝術研究院藏品圖錄·墓誌》，北京：文物出版社，2016 年，第 205—207 頁。

史。徵爲吏部尚書。太和八年薨"。並記"金龍初納太尉、隴西王源賀女，生子延宗、次纂，次悦。後娶沮渠氏，生徽亮"。關於司馬纂，"金龍傳"云："纂，字茂宗，中書博士。歷司州治中、別駕、河内邑中正。永平元年卒。贈鎮遠將軍、南青州刺史，諡曰肅。"（《魏書》第 857 頁）《司馬季沖墓誌》云："君諱季沖，字季沖，河内温人……祖龍，魏司徒公。考纂，儀同三司，青州刺史。"知此誌誌主司馬季沖爲司馬纂少子。依其北周"大象三年（即隋開皇元年，581 年）八月廿四日薨於鄴城，春秋六十有二"逆推，則生於北魏神龜三年（520）。在齊官"太子洗馬，尋轉太子僕，又除河間郡守"。齊亡入周爲左中郎將。這方墓誌的意義就在於將司馬楚之家族史的鏈條又延長了長長一段，起訖於整個北朝的將近兩個世紀。①

殷憲又據《司馬季沖墓誌》"夫人河南元氏，中山郡君。司空公蠻第五女也"一語，強調"説明司馬氏與元氏的聯姻從曾祖到曾孫延續了四代人"。關於元蠻的考證，亦可參詳殷憲文章，此不贅述。

近年又見大業三年（607）《趙沖暨妻元氏墓誌》②，誌文與此《司馬季沖暨妻元氏墓誌》略同，而文辭有所省約，然語句詞義似不如《司馬季沖暨妻元氏墓誌》完整通暢，故頗懷疑《趙沖暨妻元氏墓誌》乃據《司馬季沖暨妻元氏墓誌》翻刻作僞焉。

---

① 大同北朝藝術研究院：《北朝藝術研究院藏圖録·墓誌》，北京：文物出版社，2016 年，第 26 頁。
② 誌石今存洛陽九朝刻石文字博物館。

一二一　王濟暨妻董氏墓誌

【基本信息】

王濟暨妻董氏墓誌，出土於西安南郊長安區，誌石今存民間。誌文20行，滿行22字，正書，有方界格。誌石尺寸不詳。

【誌文】

大隋翊軍將軍涼州總管府屬王府君墓誌

君諱濟，字多兒，太原晉陽人也，今居京兆郡大興縣。遠胄纂於軒丘，遥源系於豊水。華宗焉奕，可而略而言也。祖受，假鎮遠將軍，板秦州天水郡守。父興，宣威將軍兼雍州内兵參軍，板原州刺史。君幼而穎悟，衿情秀朗。魏前元年，任太府寺衣冠署令。二年，使太官署令。魏後三年，創置亦官，備歷弁工、裘工、鑄工及冬官府四員二命士，又冶、函工上士。建德三年，授屯田三命，總少監。六年，授豫州上蔡縣令。九官述職，六曹分務。君歷任諸司，咸康庶績。及周曆將謝，皇隋創業，膺籙帝圖，應天改物。開皇三年，蒙授陰槃縣令。九年，授涼州總管府屬，弼諧民政，緝熙治迹，門無游靜，里有誦書，晷刻不停，命將難保。以開皇十二年正月終於任，春秋六十有餘。嗚呼哀哉，夫人隴西董氏，喻玉成姿，譬金爲德，以大業三年四月終於私宅，春秋七十。粵以四年歲次戊辰二月甲戌朔十一日甲申合葬於大興縣小陵原義善鄉。長子讓，悲纏岵屺，思結風枝。恐年歲淹留，墳塋難測，勒茲翠石，敬述芳猷。其詞曰：

崇源濬遠，茂緒靈長。門傳鍾鼎，世襲珪璋。惟君挺生，實爲民秀。器同瑚璉，才稱領袖。悲哉逝水，迅矣羲奔。素車容裔，丹旐繽翻。千秋万歲，盛範攸存。

【疏證】

王濟及其祖、父、子四代，史傳皆無載。據誌知其"祖受，假鎮遠將軍，板秦州天水郡守。父興，宣威將軍兼雍州内兵參軍，板原州刺史"，可知王濟父、祖皆在八十歲以後得授守刺版職。其子王讓，履歷未詳，無從考核。王濟於"魏前元年，任太府寺衣冠署令。二年，使太官署令"。太府寺，《隋書》卷27《百官志中》在記載後齊官職時強調"後齊制官，多循後魏"，因而後齊官職基本上可以反映出後魏官制，如：

太府寺，掌金帛府庫，營造器物。統左、中、右三尚方，左藏、司染、諸冶東西道署、黄藏、右藏、細作、左校、甄官等署令、丞。左尚方，又別領別局、樂器、器作三局丞。中尚方，又別領別局、涇州絲局、雍州絲局、定州紬綾局四局丞。右尚方，又別領別局丞。司染署，又別領京坊、河東、信都三局丞。諸冶東道，又別領滏口、武安、白間三局丞。諸冶西道，又別領晉陽冶、泉部、大鄔、原仇四局丞。甄官署，又別領石窟丞。[1]

則王濟在太府寺中任衣冠署令，可能屬中尚方"別局"中的某絲局。"太官署令"，爲光禄寺屬官，太官是"掌食膳事"的官員[2]，署令則爲太官的下屬。誌文又載："魏後三年，創置亦官，備歷弁工、裘工、鑄工及冬官府四員二命士，又冶、函工上士。""亦"字疑是"六"字之訛。而這一段文字對探討西魏官職制度具有史料價值，其與恭帝三年（556）創置時間正合[3]，而墓誌所記官職名目亦適可補備史傳之闕略。這些官職名目，僅見《通典》卷39《職官二十一·秩品四》"後周官品"記有冶工、鑄工、函工、裘工、弁工，品階皆有正二命與正一命兩級，唯函工還有正三命一級。[4]冶工、鑄工、函工、裘工、弁工皆屬冬官，而冬官之徒屬最爲繁冗。誌云："建德三年，授屯田三命，總少監。六年，授豫州上蔡縣令。"屯田，爲尚書省祠部屬曹，爲右丞所掌，而屯田曹的職責爲"掌藉田、諸州屯田等阬朱粗"[5]。上蔡，《隋書》卷30《地理志中》汝南郡統縣有汝陽縣，小注云："舊曰上蔡，置汝南郡。開皇初郡廢。大業初置郡，改縣曰汝陽，並廢保城縣入焉。"[6]汝南郡統縣還有上蔡縣，小注曰："後魏置，曰臨汝。後齊廢。開皇中置，曰武津。大業初改名焉。"[7]誌主所任上蔡縣令在北周，可知爲隋代汝陽縣，而非隋代上蔡縣。誌云"開皇三年，蒙授陰槃縣令"，《隋書》卷29《地理志上》安定郡統縣有陰盤縣，小注云："後魏置平涼郡，開皇初郡廢。"[8]誌云"九年，授涼州總管府屬""以開皇十二年正月終於任，春秋六十有餘"，又云"夫人隴西董氏""以大業三年四月終於私宅，春秋七十"，董氏事迹無考。"粤以四年歲次戊辰二月甲戌朔十一日甲申合葬於大興縣小陵原義善鄉"，義善鄉是隋代墓誌銘中迄今僅見的新鄉名。筆者前此已利用隋代墓誌銘爲基本素材，並結合傳世文獻與今人研究，對隋代兩京屬縣所轄鄉、坊、里、村等地名，分門別類稽考訂補，其中西京整理出轄於大興縣的鄉名十六個，"義善鄉"前此皆未見到，今據此誌適可補其所闕。[9]唐代亦有義善鄉，如1999年在西安市南郊的長安縣（今西安市長安區）大兆鄉三益村出土的唐貞元十八年（802）《獨孤申叔墓誌》云"是年七月七日而葬萬年縣鳳棲原義善鄉"[10]，隋大興縣入唐後改爲萬年縣，所不同的是《獨孤申

---

[1] 《隋書》卷27《百官志中》，北京：中華書局，1973年，第757頁。
[2] 《隋書》卷27《百官志中》，北京：中華書局，1973年，第755頁。
[3] 《周書》卷2《文帝紀下》，北京：中華書局，1971年，第36頁載："（魏恭帝）三年春正月丁丑，初行周禮，建六官。"《周書》卷24《盧辯傳》，北京：中華書局，1971年，第404頁載："辯所述六官，太祖以魏恭帝三年始命行之。自茲厥後，世有損益。"《隋書》卷27《百官志中》，北京：中華書局，1973年，第770—771頁載："周太祖初據關內，官名未改魏號。及方隅粗定，改創章程，命尚書令盧辯，遠師周之建職，置三公三孤，以爲論道之官。次置六卿，以分司庶務。……制度既畢，太祖以魏恭帝三年，始命行之。所設官名，訖於周末，多有改更。並具《盧傳》，不復重序云。"
[4] ［唐］杜佑著，［日］長澤規矩也、尾崎康校訂，韓昇譯訂：《北宋版通典》第8冊卷39《職官二十一》，上海：上海人民出版社，2008年，第376—381頁。
[5] 《隋書》卷27《百官志中》，北京：中華書局，1973年，第752—753頁。
[6] 《隋書》卷30《地理志中》，北京：中華書局，1973年，第838頁。
[7] 《隋書》卷30《地理志中》，北京：中華書局，1973年，第839頁。
[8] 《隋書》卷29《地理志上》，北京：中華書局，1973年，第810頁。
[9] 周曉薇、王其禕：《片石千秋：隋代墓誌銘與隋代歷史文化》，北京：科學出版社，2014年，第196—204頁。
[10] 趙力光：《西安碑林博物館新藏墓誌彙編》中冊，北京：綫裝書局，2007年，第602頁。

叔墓誌》之義善鄉所在原的名稱爲鳳棲原，其實鳳棲原乃是隋唐之間從小陵原到少陵原之後而衍生出來的又一新的原名，其地理位域是一致的。唐代"義善鄉"在長安城外廓城明德門與啓夏門以南一帶（唐之圜丘在此），據宋敏求《長安志》卷 11 知萬年縣有"義善寺，在縣南十五里。貞觀十九年建"[1]，可能與此地在隋唐間爲義善鄉之地有關。又據唐乾符三年（876）《李推賢墓誌》云"葬於京兆府萬年縣義善鄉大仵村鳳棲原之先塋"[2]，知唐代義善鄉確在鳳棲原上，而大仵村則正在啓夏門外東南數里[3]。

---

[1] ［宋］宋敏求撰，辛德勇、郎潔點校：《長安志》，西安：三秦出版社，2013 年，第 372 頁。
[2] 周紹良：《唐代墓誌彙編》下冊，上海：上海古籍出版社，1992 年，第 2481 頁。
[3] 史念海：《西安歷史地圖集》"唐長安縣、萬年縣鄉里分佈圖"，西安：西安地圖出版社，1996 年。

一二二　陳沅陵王妃沈氏墓誌

【基本信息】

陳沅陵王妃沈氏墓誌，出土於西安市長安區，誌石今存民間。誌文 8 行，每行 10 字，正書，有方界格。誌石拓本長 31 釐米、寬 30.5 釐米。墓誌圖文載在王連龍《新見北朝墓誌集釋》①，趙文成、趙君平《秦晉豫新出墓誌蒐佚續編》②。研究參詳周曉薇、王菁《蘭蕙俱摧：陳朝妃子入隋後的蹇促命運——以隋大業五年〈施太妃誌〉爲中心》③。

【誌文】

妃姓沈，吳郡吳興人也。父眄，陳金紫光禄大夫，遂安長公主之女，以陳至德四年嫡陳沅陵王，以大業四年六月八日薨於京兆郡長安縣頒政里，春秋三十有四，式刊玄石，以播芳猷。

【疏證】

誌云沈妃"父眄，陳金紫光禄大夫"，又云爲"遂安長公主之女"，史籍均未見記載。沈妃"陳至德四年嫡陳沅陵王"，沅陵王即陳叔興，以沈妃大業四年（608）卒，年三十四歲推之，可知其出適沅陵王時約爲十六歲。又，沅陵王去世一年後，沈妃即卒，誌文未言卒因，是丈夫去世悲傷過度抑鬱而死？抑或染病在身？抑或另有其他事因？甚存疑惑。誌云其"薨於京兆郡長安縣頒政里"，而沈妃的婆婆《施太妃墓誌》亦云太妃"大業五年歲次己巳八月十一日薨於頒政里"④，則可知沈妃生前乃與施太妃在同一坊里居住。

又，大業三年（607）沈妃夫《沅陵王陳叔興墓誌》於 1992 年在西安出土並入藏長安區博物館，董理《陳沅陵王陳叔興墓誌銘考釋》予以披露研究⑤。沈妃墓誌未言葬地，或即與沅陵王同葬於"大興縣義陽鄉貴安里高陽之原"。大業五年（609）陳叔興母《施太妃墓誌》於 1992 年在西安南郊韋曲鎮北原出土並入藏長安縣文物管理委員會，見載於《隋代墓誌銘彙考》⑥，另有董理《陳臨賀王國太妃墓誌銘考釋》⑦，皆可參讀。

---

① 王連龍：《新見北朝墓誌集釋》，北京：中國書籍出版社，2013 年，第 203—205 頁。
② 趙文成、趙君平：《秦晉豫新出墓誌蒐佚續編》第 1 冊，北京：國家圖書館出版社，2015 年，第 193 頁。
③ 周曉薇、王菁：《蘭蕙俱摧：陳朝妃子入隋後的蹇促命運——以隋大業五年〈施太妃誌〉爲中心》，杜文玉：《唐史論叢》第 16 輯，西安：陝西師範大學出版總社有限公司，2013 年，第 126—133 頁。
④ 隋大業四年（608）陳宣帝夫人《施太妃志》，1992 年出土于西安市長安區韋曲鎮北原，現藏長安區博物館。董理《〈陳臨賀王國太妃墓誌銘〉考釋》一文對該墓誌所涉及的內容作了釋讀與考論（《文博》2001 年第 5 期，第 68—71 頁），又，羅新、葉煒：《新出魏晉南北朝墓誌疏證》修訂本，北京：中華書局，2016 年，第 513—515 頁以《陳宣帝夫人施氏墓誌》爲名收入此誌並再做疏證。
⑤ 董理：《陳沅陵王陳叔興墓誌銘考釋》，周天遊：《陝西歷史博物館館刊》第 8 輯，西安：三秦出版社，2001 年，第 258 頁；墓誌又載在王其禕、周曉薇：《隋代墓誌銘彙考》第 3 冊，北京：綫裝書局，2007 年，第 238 頁。
⑥ 王其禕、周曉薇：《隋代墓誌銘彙考》第 3 冊，北京：綫裝書局，2007 年，第 363 頁。
⑦ 董理：《〈陳臨賀王國太妃墓誌銘〉考釋》，《文博》2001 年第 5 期，第 68—71 頁。

一二三　張開暨妻趙氏墓誌

【基本信息】

張開暨妻趙氏墓誌，2000 年出土於河南洛陽孟津縣，誌石今存洛陽民間。誌文 26 行，滿行 26 字，隸書，有方界格。蓋題 9 字，3 行，每行 3 字，陽文篆書，有方界格。誌石拓本長寬均 56 釐米。誌蓋覆斗形，長寬均 56 釐米。誌蓋四殺綫刻四神圖案，蓋題四邊綫刻翼馬、鳳鳥、團花對稱圖案及連珠、卷繩圖案，左右兩團花處有提環。誌蓋右側斷裂。誌石四側失拓，應有十二辰圖案。墓誌圖版載在趙君平、趙文成《秦晋豫新出墓誌蒐佚》[1]，齊運通《洛陽新獲七朝墓誌》[2]。

【誌蓋】

隋石艾縣尉故張君銘

【誌文】

君諱開，字正通，河南洛陽人也。昔孝友播道，啓周宣中興之業；決勝呈謀，起漢高代秦之帝。賜居隴右，道霸西戎，世載功名，流芳史冊。祖，魏太中大夫、東秦州刺史，俊人在官，威恩並治。父和，給事黄門郎、司徒長史、永寧博陵二郡太守、周大都督，襄幃望堺，具瞻寬猛。君神精降誕，聰慧絶倫，視聽幽明，莫非玄識。齊武平二年，領軍將軍、東安王匹妻子彥聞風則美，先補開府行參軍，王每与論決，深存敬重，徵書後辟，君縱容高揖，固辭未就。王終貴有能，懸擒預擬，盖趙壹之遇司空，漢王之見酈翼，以兹相况，未足過也。大象二年，属文皇作相，運廻天日，長寧牧雉，籠栝山海，妙選時髦，用光州望。以君超拔，擢任從事。君官當十部，威肅百城，政除三穢，風清萬里。至開皇元年，永富公宰州，復任從事。至二年，秦王作牧，復授從事。王以君器高夏鼎，享雞非便，尋應詔舉，除并州石艾縣尉。君上贊百里，下訓四民，五袴歌謠，聲芳九達。然孔丘仕魯，不過司寇；阮宗在晉，止自步兵。以君方之，貴賤命也。離居此任，養志丘園。高尚厥心，不應辟命。何期雙楹坐夢，一電流奔。以大業四年閏三月二日終於東京集賢里舍，春秋六十有四。士識銜哀，莫不流涕。夫人趙氏，南陽著姓，歷代冠纓，祖盛，左光禄大夫；父遵，襄州刺史。門藉舊風，庭稟師訓，四德無玷，六行全周。孝謹舅姑，嚴正婦禮，内教諸子，外揚母德。皇天無擇，殲厥良人。以仁壽元年五月十六日，春秋五十有二，終於雒陽故城永康里舍，粤以大業四年歲在戊辰八月辛丑朔二日壬寅合葬於芒山之陽，恐芳名易淪，竹素難久，勒銘大隧，永播鴻猷。乃爲詞曰：

氏因姬水，感氣天張。本枝帝葉，臣孝周王。封侯始漢，饗國前凉。祖乘朱轂，考衣繡裳。

---

[1] 趙君平、趙文成：《秦晋豫新出墓誌蒐佚》第 1 冊，北京：國家圖書館出版社，2011 年，第 110 頁。
[2] 齊運通：《洛陽新獲七朝墓誌》，北京：中華書局，2012 年，第 57 頁。

玄精降誕，朱顏超異。孝行有百，信言無二。長揖天王，挺世高志。如丘上達，不憖下位。夫人趙國，家世南陽。庭遊待傅，門類齊姜。恭姑盡孝，訓子皆良。許君以越，驅掃玄堂。白日一去，黃泉九重。山門朱棗，隴樹青松。還悲吳子，留劍無逢。唯有誌石，永播君庸。

【疏證】

　　張開與其父張和，並其妻趙氏祖趙盛、父趙遵，皆未載於史傳。據誌知張開祖曾任"魏太中大夫、東秦州刺史"，父張和曾任"給事黃門郎、司徒長史、永寧博陵二郡太守、周大都督"。以張開起家任北齊東安王府行參軍推之，張和所任"給事黃門郎、司徒長史、永寧博陵二郡太守"數職也當是北齊命官。張開夫人趙氏祖趙盛曾任"左光祿大夫"，父趙遵曾任"襄州刺史"，亦當在齊周時期。

　　誌云張開"齊武平二年，領軍將軍、東安王匹婁子彥聞風則美，先補開府行參軍"，領軍將軍、東安王匹婁子彥即婁子彥，為婁睿之子。《魏書》卷113《官氏志九》云："匹婁氏，後改為婁氏。"①婁睿有傳見《北齊書》卷15《婁昭附婁睿傳》，其云婁睿"齊受禪，得除領軍將軍，別封安定侯。睿無他器幹，以外戚貴幸，縱情財色。爲瀛州刺史，聚斂無厭。皇建初，封東安王。……子子彥嗣。位開府儀同三司"②，與誌所記稍合，唯史傳作婁子彥，而墓誌猶作匹婁子彥，且所記"領軍將軍"亦為史傳所不載。誌云"大象二年，屬文皇作相……以君超拔，擢任從事"，亦即楊堅在北周大象二年（580）任宰相時，提拔張開入丞相府做了從事。誌云"至開皇元年，永富公宰州，復任從事"，永富公即竇榮定，《隋書》有傳。本傳載竇榮定"從（北周）武元皇帝引突厥木杆侵齊之并州，賜物三百段。襲爵永富縣公，邑千戶，進位開府，除忠州刺史。……高祖受禪，來朝京師。……以佐命功，拜上柱國、寧州刺史。"③可知張開在開皇元年（581）嘗跟從永富公竇榮定在寧州任從事。誌云"至二年，秦王作牧，復授從事。王以君器高夏鼎，享雞非便，尋應詔舉，除并州石艾縣尉"。秦王即楊俊，《隋書》本傳曰："秦孝王俊字阿祗，高祖第三子也。開皇元年立為秦王。二年春，拜上柱國、河南道行臺尚書令、洛州刺史，時年十二。加右武衛大將軍，領關東兵。三年，遷秦州總管，隴右諸州盡隸焉。"④可知開皇二年（582）張開在洛州任秦王從事，隨即因楊俊遷任秦州，而被秦王推舉出任石艾縣尉。并州石艾縣，《魏書》卷106上《地形志二上》載并州樂平郡有石艾縣，小注云："前漢屬太原，後罷，晉屬。真君九年罷，孝昌六年復故名上艾，後改。"⑤《隋書》卷30《地理志中》石艾縣屬太

---

① 《魏書》卷113《官氏志九》，北京：中華書局，1974年，第3008頁。《元和姓纂》五質、《通志・氏族略》五作"疋婁"。"匹婁"亦作"疋婁"，參見姚薇元：《北朝胡姓考》修訂本，北京：中華書局，2007年，第98頁。

② 《北齊書》卷15《婁昭附婁睿傳》，北京：中華書局，1972年，第197頁。又，《北齊書》卷48《外戚・婁睿傳》略同，唯未記其任領軍將軍，亦未載其子名諱事略。

③ 《隋書》卷39《竇榮定傳》，北京：中華書局，1973年，第1150頁。又，據《隋書》卷1《高祖紀上》，北京：中華書局，1973年，第16、18頁載：開皇二年（582）"四月丁丑，以寧州刺史竇榮定為左武候大將軍。""秋八月癸巳，以左武候大將軍竇榮定為秦州總管。"

④ 《隋書》卷45《文四子・秦孝王俊傳》，北京：中華書局，1973年，第1239頁。

⑤ 《魏書》卷106上《地形志二上》，北京：中華書局，1974年，第2468頁。

原郡,太原郡小注云:"後齊并州,置省,立别宫。後周置并州六府,後置總管,廢六府。開皇二年置河北道行臺,九年改爲總管府,大業初府廢。"①可知石艾縣在漢、晉屬太原。北齊、魏、北周皆屬并州。誌云"并州石艾縣",循舊制也,且張開任職在開皇初,彼時尚未改州爲郡。誌云"以大業四年閏三月二日終於東京集賢里舍",集賢里,《河南志》載"長夏門街之東第三街,凡十一坊",從南第二坊曰集賢坊。②唐代亦曰集賢坊,承隋之舊。誌云張開妻趙氏"終於雒陽故城永康里舍",永康里,爲北魏洛陽故城,屬洛陽縣。如北魏延昌四年(515)《王禎墓誌》云"卒於洛陽永康里"③,北魏正光四年(523)《王曉墓誌》云"卒於洛陽永康里"④,北魏正光四年(523)《王基墓誌》云"薨於洛陽永康里"等⑤,又《北史》卷100《傳序》記李超隋開皇中"終於洛陽永康里宅"⑥。張開妻趙氏雖然葬於大業四年(608),然其卒在仁壽元年(601),是時隋代東都洛陽城尚未建設,且誌文亦明言"終於雒陽故城永康里舍",可知永康里爲北魏洛陽故城之坊里名。

---

① 《隋書》卷30《地理志中》,北京:中華書局,1973年,第854頁。
② [清]徐松撰、高敏點校:《河南志》,北京:中華書局,2012年,第16頁。
③ 趙萬里:《漢魏南北朝墓誌集釋》第4册,北京:科學出版社,1956年,第129頁下。
④ 洛陽市文物工作隊:《洛陽出土歷代墓誌輯繩》,北京:中國社會科學出版社,1991年,第36頁。
⑤ 趙萬里:《漢魏南北朝墓誌集釋》第4册,北京:科學出版社,1956年,第142頁上。
⑥ 《北史》卷100《傳序》,北京:中華書局,1974年,第3341頁。

一二四　高奣墓誌

【基本信息】

　　高奣墓誌，出土於西安市長安區少陵原，2012 年 12 月入藏西安碑林博物館。誌文 8 行，滿行 8 字，正書，有方界格。誌石拓片長寬均 30.5 厘米。墓誌圖文載在王連龍《新見北朝墓誌集釋》①，趙文成、趙君平《秦晋豫新出墓誌蒐佚續編》②，胡海帆、湯燕《1996—2017 北京大學圖書館新藏金石拓本菁華（續編）》③。研究參詳王其禕、周曉薇《長安地區新出隋代墓誌銘十種集釋》④。

【誌文】

維大業四年歲次戊辰十月庚子朔十日，京兆郡長安縣同樂鄉前遂州長江縣令高奣，建德五年八月二日薨，今葬於大興縣永壽鄉黄原里小陵原之銘記。

【疏證】

　　奣字疑爲奣字，音翁，明也。《廣韻·上梗》："奣，六合清朗。"⑤多用於人名，如《北史》卷 38《裴延儁傳》云其"曾祖奣，諮議參軍，并州別駕"⑥。《明史》有陳奣，《清史稿》有高奣映。江蘇昆山又有奣子橋地名。故奣字當即奣字之碑別體。

　　高奣，不載於史。長江縣，唐楊炯上元年間（674—676）所撰《遂州長江縣先聖孔子廟堂碑》載："長江令楊公，弘農華陰人也，即華山公之孫、大將軍之子。"⑦西魏恭帝二年（555），改巴興縣爲長江縣（四川蓬溪縣靈鷲山）。長江縣以境内有大江（涪江）故名。屬懷化郡。北周孝閔帝元年（557），長江縣屬石山郡。隋文帝開皇三年（583），長江縣屬遂州。隋煬帝大業三年（607），改州爲郡，以郡統縣，遂州改爲遂寧郡，長江縣屬遂寧郡。唐高祖武德元年（618），行州統縣制。遂寧郡更名遂州，長江縣屬遂州。宋徽宗政和五年（1115），升遂州爲遂寧府。長江縣屬之。元世祖至元十九年（1282），長江縣人口鋭減，土地荒蕪，併入蓬溪縣。

　　墓誌所記大興城郊鄉里名稱有轄於長安縣之同樂鄉和轄於大興縣之永壽鄉與黄原里，

---

①　王連龍：《新見北朝墓誌集釋》，北京：中國書籍出版社，2013 年，第 188—189 頁。
②　趙文成、趙君平：《秦晋豫新出墓誌蒐佚續編》第 1 册，北京：國家圖書館出版社，2015 年，第 194 頁。
③　胡海帆、湯燕：《1996—2017 北京大學圖書館新藏金石拓本菁華（續編）》，北京：北京大學出版社，2018 年，第 173 頁。
④　王其禕、周曉薇：《長安地區新出隋代墓誌銘十種集釋》，西安碑林博物館：《碑林集刊》第 19 輯，西安：三秦出版社，2013 年，第 22—23 頁。
⑤　《覆元泰定本廣韻》卷 3《三十八梗》，北京：中華書局，1985 年，第 193 頁。
⑥　《北史》卷 38《裴延儁傳》，北京：中華書局，1974 年，第 1377 頁。
⑦　[宋]李昉等：《文苑英華》卷 845，北京：中華書局，1966 年，第 4469 頁。

此三個鄉里名稱在隋代墓誌中皆爲新見，且皆爲史籍所未見載，適可補史之闕。永壽鄉在隋代屬大興縣，還有一例可以佐證，即仁壽三年（603）《長孫公妻薛氏墓誌》云"葬于大興縣永壽鄉小陵原"。唐武德初改隋大興縣爲萬年縣，而萬年縣所轄亦有永壽鄉，如唐武德二年（619）《顔宏墓誌》云"返葬於雍州萬年縣永壽之鄉"①，2003 年西安南郊三爻村出土唐天寶五載（746）《楊惠墓誌》云"葬於京兆府萬年縣永壽鄉之原"②，可知"永壽鄉"爲唐承隋舊。但永壽鄉在唐又有轄於長安縣者，並管領到京城西南郊的畢原、神禾原與高陽原地界。如唐天寶十四載（755）《韋瓊墓誌》云"葬於長安縣永壽鄉畢原"③，唐太和元年（827）《鄭溥墓誌》云"葬於長安縣永壽鄉姜尹村神禾原"④，唐大中四年（850）《陳蘭英墓誌》云"葬於長安縣永壽鄉高陽原"⑤，可知與隋代至唐代前期的大興、萬年縣所轄永壽鄉管領到京城東南郊少陵原的地界不盡相同，唐代轄於長安縣的永壽鄉所管領的地界乃在長安城的西南隅。那麼是否唐代前期承隋之舊的萬年縣永壽鄉到盛唐以後改作他名？而又在長安縣轄境設置了永壽鄉？存疑待考。唐代長安縣亦轄有同樂鄉，如永徽五年（654）《李玄濟墓誌》云"葬於雍州長安縣同樂鄉寧安里之細柳原"⑥，貞觀十五年（641）《丘師墓誌》亦云"合葬於長安縣同樂鄉細柳之原"，⑦由知"同樂鄉"亦爲唐承隋舊。"黄原里"，參見開皇十九年（599）《乙弗明墓誌》。

---

① 胡戟、榮新江：《大唐西市博物館藏墓誌》上册，北京：北京大學出版社，2012 年，第 62 頁。
② 潘萍：《長安區出土唐楊惠墓誌銘述略》，西安碑林博物館：《碑林集刊》第 9 輯，西安：陝西人民美術出版社，2003 年，第 186 頁；趙力光：《西安碑林博物館新藏墓誌彙編》中册，北京：綫裝書局，2007 年，第 462 頁。
③ 周紹良：《唐代墓誌彙編》下册，上海：上海古籍出版社，1992 年，第 1719 頁。
④ 周紹良、趙超：《唐代墓誌彙編續集》，上海：上海古籍出版社，2001 年，第 884 頁。
⑤ 周紹良：《唐代墓誌彙編》下册，上海：上海古籍出版社，1992 年，第 2285 頁。
⑥ 趙力光：《西安碑林博物館新藏墓誌彙編》上册，北京：綫裝書局，2007 年，第 81 頁。
⑦ 趙君平、趙文成：《秦晉豫新出墓誌蒐佚》第 1 册，北京：國家圖書館出版社，2011 年，第 135 頁。

一二五　張秩暨妻李氏墓誌

【基本信息】

張秩暨妻李氏墓誌，出土於河南安陽，誌石今存安陽市文物考古研究所。誌文 15 行，滿行 17 字，隸書，有方界格。誌石長 38.5 釐米、寬 38.5 釐米、厚 11 釐米。墓誌圖文載在《安陽墓誌選編》①。

【誌文】

隋故長兼行參軍張君李夫人合墓誌銘

君諱秩，字土建，南陽菀人也。因封氏焉，波流浩汗。祖龍，懷州城局參軍，又加騎都尉。父愛，立身簡素，器博□明，除楚州南陽郡守。君秉賢英才，風韻閑雅，爲開府長兼行參軍。君丘園自悦，不涉預於朱軒；嘯詠堦庭，本無心於紫盖。春秋五十有二，以開皇十二年五月十四日，早從崩墜。夫人晚遭孀閨，煢居在疾，嗟鴛鴦之獨寢，悼龍劍之孤飛。年卅有八，大業二年七月八日卒於家第。卜其宅兆而安厝也。大業四年歲次戊辰九日己酉，合葬安陽城西北五里白素鄉。却臨野崗，前帶渌水。若不勒石泉門，何以楊名後世。銘曰：槃根百丈，抽擢千尋。孤遥雪嶺，獨迥芳林。昔作□瓦，今成兩樹。死生先後，埋殯同處。

【疏證】

誌主張秩及其祖張龍、父張愛，史傳皆無載。誌文先云"君秉賢英才，風韻閑雅，爲開府長兼行參軍"，復又云"君丘園自悦，不涉預於朱軒；嘯詠堦庭，本無心於紫盖"，最後曰"春秋五十有二，以開皇十二年五月十四日，早從崩墜"，或可認爲張秩所任"開府長兼行參軍"當在隋前，入隋後則丘園自悦，不再入仕。開皇六年（586）《龍藏寺碑》末尾署"齊開府長兼行參軍九門□□□□"②，開皇九年（589）《安備墓誌》首行題曰"故開府長兼行參軍安君墓誌銘"，誌文又云"武平之末，齊許王莫府初開，牒爲長兼行參軍"③。可證北齊確有此職名。又檢《魏書》卷 113《官氏志九》，知北魏始置"開府長兼行參軍""皇子長兼行參軍""二公長兼行參軍"諸職，皆爲從第八品。④誌云"合葬安陽城西北五里白素鄉"，隋代墓誌所見又有開皇十年（590）《王曜墓誌》"葬於安陽西北白素曲"，開皇十一年（591）《張景略墓誌》"遷窆於相州安陽河北白素曲"，開皇十三年（593）《蘇嶷墓誌》"遷於相州北十里鄴縣白素鄉"，開皇十五年（595）《張盛暨妻王氏墓誌》"與先君

---

① 安陽市文物考古研究所、安陽博物館：《安陽墓誌選編》，北京：科學出版社，2016 年，第 17、172 頁。
② [清] 王昶：《金石萃編》卷 38，新文豐出版公司編輯部：《石刻史料新編》第 1 輯第 1 册，臺北：新文豐出版公司，1977 年，第 648 頁。
③ 胡戟、榮新江：《大唐西市博物館藏墓誌》上册，北京：北京大學出版社，2012 年，第 24 頁。
④《魏書》卷 113《官氏志九》，北京：中華書局，1974 年，第 3002 頁。

同窆於相州安陽城北五里白素鄉"①，此白素曲與白素鄉皆爲一地。又，墓誌所見隋代相州安陽所轄鄉名，除此白素鄉，還有開皇七年（587）《韓邕墓誌》之"環塬鄉"，開皇九年（589）《趙洪墓誌》之"陽邑鄉"，開皇十三年（593）《蘇巍墓誌》之"靜民鄉"，開皇十五年（595）《張盛暨妻王氏墓誌》之"修仁鄉"，②開皇十八年（598）《萬寶暨妻王氏墓誌》之"萬善鄉"與"淳風鄉"，開皇十九年（599）《苑德贊妻杜氏墓誌》之"輔和鄉"③，仁壽二年（602）《陳虔墓誌》之"淳風鄉"與"萬金鄉"④，仁壽三年（603）《卜仁墓誌》之"定延鄉"，仁壽四年（604）《馬少敏墓誌》之"萬金鄉"，大業六年（610）《范高暨妻蘇氏墓誌》之"淳風鄉"，⑤大業八年（612）《任清奴墓誌》之"定延鄉"，大業九年（613）《周瑞墓誌》之"永安鄉"⑥，對這些鄉名及其所在相州安陽的方位里數的梳理，無疑是研究當時安陽城郊歷史地理的重要史料。

---

① 上舉四種墓誌載王其禕、周曉薇：《隋代墓誌銘彙考》第 1 册，北京：綫裝書局，2007 年，第 370、380 頁；王其禕、周曉薇：《隋代墓誌銘彙考》第 2 册，北京：綫裝書局，2007 年，第 110、206 頁。
② 上舉四種墓誌分別載王其禕、周曉薇：《隋代墓誌銘彙考》第 1 册，北京：綫裝書局，2007 年，第 226、335 頁；王其禕、周曉薇：《隋代墓誌銘彙考》第 2 册，北京：綫裝書局，2007 年，第 110、206 頁。
③ 王其禕、周曉薇：《隋代墓誌銘彙考》第 2 册，北京：綫裝書局，2007 年，第 310 頁。
④ 安陽市文物考古研究所、安陽博物館：《安陽墓誌選編》，北京：科學出版社，2016 年，第 16 頁。
⑤ 上舉三墓誌載王其禕、周曉薇：《隋代墓誌銘彙考》第 3 册，北京：綫裝書局，2007 年，第 76、92 頁；王其禕、周曉薇：《隋代墓誌銘彙考》第 4 册，北京：綫裝書局，2007 年，第 48 頁。
⑥ 上舉兩墓誌載安陽市文物考古研究所、安陽博物館：《安陽墓誌選編》，北京：科學出版社，2016 年，第 19、18 頁。

一二六　李公勛墓誌

【基本信息】

李公勛墓誌，2006 年 11 月出土於西安市長安區昊瑞花苑住宅社區工地，誌石今存陝西省考古研究院。誌文 23 行，滿行 26 字，正書，有方界格。誌石長寬均 46 釐米、厚 6 釐米，誌蓋長寬均 46 釐米、厚 8 釐米。誌蓋盝頂，素面無字。誌石四側與誌蓋四殺及四側皆爲素面。墓誌圖文載在李明、劉呆運、李舉綱《長安高陽原新出土隋唐墓誌》[①]。

【誌文】

大隋宣惠尉漢川郡難江縣令李府君墓誌銘

君諱公勛，字子順，隴西鍾武人也。若夫公侯冠蓋無慚，袁氏相承；卿士羽儀，何以苟家繼踵。袞冕登軒，九華奕葉。氛氳史藉，可略而言也。祖遇，使持節、大都督、散騎常侍、夏靈原三州諸軍事原州刺史。世挺英才，時稱獨立。父基，使持節開府儀同三司、散騎常侍、兼太僕少卿、渭州諸軍事渭州刺史、平舒縣開國侯。經文緯武，高行先言。始博龍驎，翻從電弇。公降靈山岳，德比星河。孝敬本自天然，仁義發於韶齓。詳詳閑雅，江海默惻其深；昂昂秀氣，嵩華豈隆其峻。芬馥与白桂連芳，鏗鏘共珪璋比德。年十八解褐，任周右門正都下士。開皇三年，任春宮勳衛。公力能舉鼎，矢足吟猨，辯對無雙，才兼七步。十二年，除監門直長。仁壽元年，遷都督、蘇州吳縣令。下車布教，遐迩承風。境無豪橫之民，庭有自退之吏。凶徒既肅，詎待蒲鞭，圓土久空，寧繁荷法。大業四年還朝，尋遷漢川郡難江縣令。其年十月廿五日遘疾終於縣館，春秋五十有四。荆山璧碎，崐嶺爲之摧峯；月桂條枯，鄧林爲之息茂。以五年正月廿八日窆於長安縣福民鄉之高陽原，禮也。荒郊寂寂，松徑森森。悽行路之情，奄親知之淚。只恐桑田改異，海水遷移，故徽猷記之玄石，銘曰：

徽猷遠茂，珪璋遐著。族比崐峯，姓方天柱。言爲世範，行成規矩。處聖申文，在周聿武。孝惟天性，誠兼臣子。鋒囊不停，弱冠登士。罰有蒲鞭，縣無威吏。德流他邑，謨風法軌。朝光易奄，修促難違。金鳥落影，玉兔沉輝。精隨電轉，魂逐雲飛。一埋荒徑，万古無歸。

【疏證】

李公勛與其祖李遇、父李基，史皆無載。又《周書》有傳的敦煌郡公李基與此平舒侯李基非同一人。原州，大業初改置平凉郡。渭州，大業初改隴西郡。平舒縣（今河北廊坊大城縣），北魏屬章武郡，隋開皇三年（583）郡廢，置瀛州，大業三年（607），復置河間郡，平舒縣屬焉。參詳《隋書》卷 30《地理志中》河間郡。誌云"隴西鍾武人"，隴爲隴

[①] 李明、劉呆運、李舉綱：《長安高陽原新出土隋唐墓誌》，北京：文物出版社，2016 年，第 42—43 頁。

的別寫，《隋書》卷29《地理志上》隴西郡統縣有襄武，無鍾武，南齊時有鍾武縣屬江夏郡，因疑墓誌或誤。

誌云李公勳"年十八解褐，任周右門正都下士"，右門正都下士一職，《周書》《隋書》與《北史》皆無載，檢《唐六典》卷8《門下省》"城門郎"條，記有："後周地官府置宮門中士一人、下士一人，掌皇城五門之禁令；又置城門中士一人、下士一人，掌皇城十二門之禁令，蓋並其任也。"①則李公勳所任右門正都下士或即《六典》所載宮門下士、城門下士之類，容再考之。誌云"開皇三年，任春宮勳衛"，可知其所任勳衛官爲彼時楊勇府下的太子勳衛。又檢《隋書》卷28《百官志下》，可知"太子勳衛"品階爲正八品下②。誌又曰"十二年，除監門直長"，又檢《隋書》卷28《百官志下》載太子左右監門直長，品階爲從七品③。誌云"仁壽元年，遷都督蘇州吳縣令"，《隋書》卷31《地理志下》吳郡小注云："陳置吳州。平陳，改曰蘇州，大業初復曰吳州。"④又吳郡統縣吳縣小注曰："舊置吳郡。平陳，郡廢，大業初復置。"⑤李公勳任吳縣令在仁壽初，則其時尚稱蘇州而未改吳郡焉。誌云"大業四年還朝，尋遷漢川郡難江縣令"，《隋書》卷29《地理志上》載難江縣爲漢川郡統縣，當今四川南江縣。公勳於大業四年（608）十月廿五日卒於難江縣令任上，終年五十四。誌云大業五年（609）正月廿八日葬於"長安縣福民鄉之高陽原"，福民鄉在隋代大興城郊鄉里名稱中迄爲僅見，其地當今西安市長安區韋曲以西的郭杜鎮一帶。又此地初唐有福陽鄉，未知是否與隋代之福民鄉爲一脈相承？

---

① [唐]李林甫等撰、陳仲夫點校：《唐六典》卷8《門下省》，北京：中華書局，1992年，第249頁。
② 《隋書》卷28《百官志下》，北京：中華書局，1973年，第787頁。
③ 《隋書》卷28《百官志下》，北京：中華書局，1973年，第787頁。
④ 《隋書》卷31《地理志下》，北京：中華書局，1973年，第877頁。
⑤ 《隋書》卷31《地理志下》，北京：中華書局，1973年，第877頁。

一二七　田世眕墓誌

【基本信息】

田世眕墓誌，2013 年春出土於西安東郊，誌石今存民間。誌文 14 行，滿行 14 字，正書，有方界格。誌石長寬均 38 釐米。墓誌圖文載在劉文《陝西新見隋朝墓誌》①。

【誌文】

隋故左勳侍田君墓誌

君諱世眕，字阿□，北地安定人也。周史筮卦，知五世之後昌；齊單畫奇，復七十而建國。祖願，開府、原州刺史、光川郡開國公。父達，上儀同、硤澧潼沔四州諸軍事、司金將作大監、下邳太守、光川郡開國公。鏘金珮玉，朱紫嬋聯。君幼而聰睿，寔謂生知，長而多能。開皇五年□左勳侍，大業五年四月卅日卒於仁壽第，即以五月六日窆于白鹿原之西坡。惟君嘉譽夙摽，英聲遠振。雕文粲爛，麗玉流珠。俊武威稜，揮戈彎月。名揚身□，空播徽猷。高岸不常，式鐫玄石。

【疏證】

眕當即眕。田世眕及其祖、父，史傳皆無載。據誌知其祖田願任"開府、原州刺史、光川郡開國公"。光川，《隋書》卷 31《地理志下》沔陽郡竟陵縣小注云："舊曰霄城，置竟陵郡。後周改縣曰竟陵。開皇初置復州，仁壽三年州復徙建興。又有京山縣，齊置建安郡，西魏改曰光川，後周郡廢。大業初京山縣又廢入焉。"②則田世眕祖願、父達或爲西魏時任職。誌云田世眕"開皇五年□左勳侍"，左勳侍，《隋書》卷 12《禮儀志七》載："後周警衛之制，置左右宮伯，掌侍衛之禁，各更直於內。……左右勳侍，掌陪左右庶侍而守出入，則服金塗甲，左執吉良環，右執獰環長劍，十二人，兼執師子彤楯，列於左右庶侍之外。行則兼帶盧弓矢，巡田則與左右庶侍，俱常服，佩短劍，如其長劍之飾。"③則左勳侍原爲北周警衛官職之一。然《隋書》卷 12《禮儀志七》又云"高祖受命，因周、齊宮衛，微有變革"④，則隋代或許因周齊宮衛，亦設此職，只是未見載於《隋書·職官志》。誌云"大業五年四月卅日卒於仁壽第，即以五月六日窆于白鹿原之西坡"，白鹿原，隋代墓誌多有見載，如《隋代墓誌銘彙考》所載開皇十六年（596）《羅達墓誌》、大業六年（610）《姬威墓誌》、大業七年（611）《田德元墓誌》、大業十一年（615）《吴弘暨妻高氏墓誌》、大業十一年（615）《劉世恭墓誌》、大業十一年（615）《馮淹墓誌》等，出土地主要集中

---

① 劉文：《陝西新見隋朝墓誌》，西安：三秦出版社，2018 年，第 81 頁。
② 《隋書》卷 31《地理志下》，北京：中華書局，1973 年，第 890 頁。
③ 《隋書》卷 12《禮儀志七》，北京：中華書局，1973 年，第 282 頁。
④ 《隋書》卷 12《禮儀志七》，北京：中華書局，1973 年，第 283 頁。

在今西安市東郊韓森寨至郭家灘的滻河東西兩岸白鹿原一帶，隋代白鹿原即位於此，唐代白鹿原亦在此地。《長安志》卷11萬年縣載："白鹿原。在縣東南二十里。自藍田縣界至滻水川，盡東西一十五里，南接終南，北至霸川，盡南北一十里，亦謂之霸上。"①《三秦記輯注》云："白鹿原在驪山西南，今西安市東南，位於滻、灞二河之間。白鹿原爲西北—東南走向。西北起自今西安市東郊紡織城，東南至秦嶺北麓。白鹿原南北約二十多公里，北寬南窄，一般寬約六七公里。"②前舉墓誌史料，白鹿原皆屬滻川鄉，不知白鹿原一帶有否其他鄉名？唐亦有白鹿原、白鹿鄉之稱，如1954年西安市東郊郭家灘出土長安三年（703）《騫紹業墓誌》"卜宅於萬年縣白鹿鄉之原"，西安市東郊郭家灘出土神龍三年（707）《嚴君妻任氏墓誌》"權殯於雍州萬年縣滻川鄉之白鹿原"。③田世眕墓誌雖未及白鹿原之屬鄉，然亦應在今西安市東郊紡織城東南至秦嶺北麓一帶。

---

① [宋]宋敏求撰，辛德勇、郎潔點校：《長安志》，西安：三秦出版社，2013年，第361頁。
② [東漢]辛氏撰、劉慶柱輯注：《三秦記輯注》，西安：三秦出版社，2006年，第99頁。
③ 上舉兩墓誌載高峽：《西安碑林全集》卷76，廣州、深圳：廣東經濟出版社、海天出版社，1999年，第2331、2362頁。

一二八　王伯暨妻□氏墓誌

【基本信息】

王伯暨妻□氏誌，2004 年出土於河南洛陽孟津縣，誌石今存洛陽民間。誌文 25 行，滿行 25 字，正書。誌石拓本長 57 釐米、寬 56.5 釐米；誌蓋拓本長 32 釐米、寬 33 釐米，四周綫刻四神圖案。墓誌圖版載在趙君平、趙文成《河洛墓刻拾零》[①]，研究參詳王其禕、王慶衛《〈隋代墓誌銘彙考〉補》[②]。

【誌蓋】

隋故王府君之墓誌銘

【誌文】

齊輕車將軍通事舍人黃縣開國男王君墓誌并序

王伯字孝儒，秦州略陽人也。卜世卜王，在三代而推晟；五侯八儁，居兩朝而莫重。綿綿與瓜瓞俱□，煒煒共□禄齊光。衣纓翕習，緗素彪炳。風聲不朽，可得而言。祖明，魏延興年內除兼給事黃門侍郎、西河郡太守、北平縣開國□，贈岐州刺史。藉甚仞於朝野，哀榮冠於存殁。父貴，延昌年內除虎賁中郎將、征虜將軍、任城郡太守、中軍將軍、金紫光禄大夫、□□縣開國男，贈使持節、征西將軍、秦州刺史。藝備文武，職兼軍國。休聲美績，鎮伍超群。君生長豪華，聲名官學。齊天統年內除清野將軍，在所督領，無慚名實。又除通直散騎侍郎，封黃縣開國男。長有遊梁之志，（殖）綽登齊爵之榮。人爲今古，事無優劣。武平五年除輕車將軍、太子通事舍人。雖復委質兩宮，仍是屈足千里。□而西鄰稱競，楊百一以兼攻；東秦數終，開四塞而平定。君以鼎命既改，志事稍違。止足爲心，丘薗自得。相柘隱跡，垣綺之在幽山；恣意游賞，王劉之處蘖竹。爰暨大隋奄有，禮命便繁，機杖自安，弓旌莫顧。粵以大業四年五月廿八日壽終於雒陽之第，春秋七十有四，以五年歲次己巳十一月甲子朔十二日乙酉與夫人□□合□於□□馨□之鄉。三金□所請筮得觀卦：葬後八百年爲王天安所發，發見此銘，還即奄塞，天安及子孫世世富貴。□不奄塞，天安子孫滅門大禍。嗚呼哀哉，乃爲詞曰：

王者王季之後，卜世公卿。□君討亂，手剪鯢鯨。宰郡封國，虎去民平。神□何道，白日不明。其一英豪氣盡，無復雄鋒。泉埋朽骨，石記生容。山田林棘，鑪樹青松。還悲吳子，留劍不逢。其二夫人四德，善順當年。母儀陰訓，姑道慈賢。神飛素月，體卧黃泉。墳生荒草，机悵空然。其三危年西夕，驚浪東流。嗚呼百秾，俄成古丘。其四

[①] 趙君平、趙文成：《河洛墓刻拾零》上册，北京：北京圖書館出版社，2007 年，第 57 頁。
[②] 王其禕、王慶衛：《〈隋代墓誌銘彙考〉補》，西安碑林博物館：《碑林集刊》第 13 輯，西安：陝西人民美術出版社，2008 年，第 195—197 頁。

大隋大業五年十一月廿二日男萬徽、萬通、君卿等啓葬銘記。

【疏證】

誌主王伯及其祖明、父貴，皆不載於史。誌文末尾云"啓葬銘記"，亦少見。

誌文頗值得一説的是："請筮得觀卦：葬後八百年爲王天安所發，發見此銘，還即奄塞，天安及子孫世世富貴。□不奄塞，天安子孫滅門大禍。"這段以"王天安"爲預知人事的讖語在之前的墓誌文中爲僅見。所謂："後嗣克昌，真人挺出，繁陽受册，預表當塗，白水龍飛，先彰讖語。"①此類預言吉凶得失的厭勝讖語，在隋代墓誌中實不乏例證。如開皇四年（584）《徐之範墓誌》云："卜此葬地，得泰卦，後一千八百年爲孫長壽所發，所發者滅門。"開皇九年（589）《張茂墓誌》誌文末行云："筮占：葬後一遷八百年，爲吴奴子所發掘，誠奴子必宜遷葬之，子孫得福，家熾盛，大富貴。如違，招致殃禍絶滅。"開皇九年（589）《趙洪墓誌》云："千七百年爲樂受所發，發者滅門，還覆大吉。"開皇十一年（591）《尒朱端墓誌》云："開吾墓者，改葬之，大富貴。"大業十二年（616）《李籥墓誌》誌文末尾云："吾壙後三千年有崔智覼所破。"②掘墓者是否有叫孫長壽、樂受、吴奴子、崔智覼的，恐怕很難有此巧合。即以出土之年份上溯開皇四年（584）和開皇九年（589），距"後一千八百年"皆尚差近四百年，距"千七百年"尚差近三百年，而"三千年"之説就更差之遠矣。猶如羅振玉所説："可知術士之所豫記，但能得其概略，固不能無毫釐之失矣。"③此種筮言一如咒語，唯在寄託願望，佑護骨骸安寧，其猶能勸誡發掘者"必宜還葬之""改葬之，大富貴"，又皆略無咒凶語意，但爲改葬者祈福，也算得仁義至盡矣。

關於此類石刻讖語，顧燮光《夢碧簃石言》卷3《石刻之前知》有以舉説，所舉有晋《保母磚》，隋《趙洪磚誌》，唐《李君妻賈氏墓誌》《李輔光墓誌》《范夫人墓誌》《董穆墓誌》《李宗墓誌》等，並斷言："術數讖緯之學，在虛無縹緲之間，附會者於金石文字，亦神妙其説，若爲信有其事，是可惑矣。……意此等乃當時好奇者隨意妄書，非真有先知之術也。"④又，趙萬里《漢魏南北朝墓誌集釋》卷11北齊天保六年（555）《元子邃墓誌》云：

> 誌末有"今葬後九百年，必爲張僧達所開，開者即好遷葬，必見大吉"一行，其文荒誕不經，蓋術者厭勝之辭，古人誌墓之文多有之。如安陽出土開皇九年《趙洪墓磚》，有"千七百年爲樂受所發"一行；《常山貞石志》十載元氏出土建中二年《李夫人賈孄墓誌》，末有"後一千三百年爲劉黄頭所發"一行；唐張讀《宣室志》五："開元中江南大水，溺而死者千數，郡以狀聞，玄宗詔侍御史鄔載往巡視之。載至江南，

---

① 大業三年（607）《陸君妻高善德墓誌》語，王其禕、周曉薇：《隋代墓誌銘彙考》第3册，北京：綫裝書局，2007年，第217頁。
② 上舉五種墓誌載王其禕、周曉薇：《隋代墓誌銘彙考》第1册，北京：綫裝書局，2007年，第136、315、335頁；王其禕、周曉薇：《隋代墓誌銘彙考》第2册，北京：綫裝書局，2007年，第38頁；王其禕、周曉薇：《隋代墓誌銘彙考》第5册，北京：綫裝書局，2007年，第310頁。
③ 羅振玉：《雪堂類稿》丙之二《石文跋尾》之《蒿里遺文·磚誌》，瀋陽：遼寧教育出版社，2003年，第337頁。
④ 顧燮光撰、王其禕校點：《夢碧簃石言》卷3《石刻之前知》，瀋陽：遼寧教育出版社，2001年，第106頁。

忽見道傍有古墓，水漬而穴出，公念之，命工遷其骸於高原。既發墓，得一誌，後有銘二十言，乃卜地者之詞。銘曰：爾後一千歲，此地化爲泉，賴逢鄔侍御，移我向高原。載覽而異之，因校其年，果千歲矣。"《太平御覽》五五九引《神怪志》："王果經三峽，見石壁有物，懸之如棺。使取之，乃一棺，發之，骸骨存焉。有銘曰：三百年後水，漂我至長江，垂欲墮，欲落不落逢王果。果淒然曰：數百年前已知有我。乃改葬祭之而去。"皆其例。《仝朱端墓誌》末有"開吾墓者，改葬之，大富貴"一行，文亦類此，惟不言何時何人耳。又考《太平廣記》三百九十一引《史系》："後魏天賜中河東人張恩盜發湯塚，得誌云：我死後二千年困於恩。恩得古鍾盤，皆投於河。"又引《朝野僉載》："後魏高流之爲徐州刺史，決濋沱河，破一古墓，得銘曰：吾死後三百年，背底生流泉，賴高流之遷吾上高原。流之爲造棺槨衣物，取其柩而改葬焉。"……又引《水經》："宋浦陽江有琵琶圻，圻有古塚墮水，覺有隱起字云：筮吉龜凶八百年落江中。謝靈運取覺詣京，咸傳視焉。"文見《水經‧漸江水》注事皆在齊天保前。乃近出晉魏墓誌無作此等語者，要以此誌爲首見矣。①

謹附此以備參詳。另，趙振華《談隋唐時期喪葬文化中的墓誌讖言》亦有析論②，可參讀。此外，再附記三條唐墓誌所見讖語文字，聊備資料之用。（1）乾封元年（666）《柳山濤墓誌》文末附記："《易》占云：葬後一千三百年，乃爲黃頭所發。其所開發者，當更好埋葬之。若不好埋葬者，凶不出年。"③（2）總章三年（670）《劉府君妻韓淨識墓誌》文末附記："九百年張僧達所發，發時更吉，若不閉藏，所發之人滅門。"④（3）上元三年（676）《郗瑞達墓誌》文末附記："占曰：葬後一千五百年，有孫長壽發，若不掩藏，凶不出年。"⑤

歸理前文所記，墓誌文所見讖語預言對象計有孫長壽、樂受、吳奴子、崔胥驥、張僧達、黃頭、劉黃頭、張恩、高流、張大安（《夢碧簃石言》卷3《石刻之前知》所舉唐天寶二年（743）《李宗墓誌》"葬後一千七百年有張大安所發"，今又有一位王天安者，則已得十一人矣。另外，筮占皆用《易》爲解，但有得觀卦者，有得泰卦者，觀卦象徵瞻仰，泰卦象徵通達，其他卦象隋代墓誌未見。

---

① 趙萬里：《漢魏南北朝墓誌集釋》第2冊，北京：科學出版社，1956年，第113頁。
② 趙振華、王學春：《談隋唐時期喪葬文化中的墓誌讖言》，西安碑林博物館：《碑林集刊》第10輯，西安：陝西人民美術出版社，2004年，第193頁。
③ 吳鋼：《全唐文補遺‧千唐誌齋新藏專輯》，西安：三秦出版社，2006年，第26頁。
④ 吳鋼：《全唐文補遺》第8輯，西安：三秦出版社，2005年，第277頁。
⑤ 吳鋼：《全唐文補遺‧千唐誌齋新藏專輯》，西安：三秦出版社，2006年，第41頁。

一二九　李世洛墓誌

【基本信息】

李世洛墓誌，2011 年出土於西安南郊郭杜鎮，誌石今存洛陽九朝刻石文字博物館。誌文 25 行，滿行 25 字，正書，有方界格。誌石拓本長 50.5 釐米、寬 50 釐米。墓誌圖文載在趙文成、趙君平《秦晉豫新出墓誌蒐佚續編》①，齊運通、楊建鋒《洛陽新獲墓誌二〇一五》②，劉文《陝西新見隋朝墓誌》③，研究參詳王其禕、周曉薇《長安地區新出隋代墓誌銘十種集釋》④。

【誌文】

大隋故延安郡因城縣令李明府墓誌

君諱世洛，字阿師，隴西狄道人也。宗親表胄，可略而言。其先累世重光，啓周秦於初漢；瓊根寶葉，移不朽於大隋。祖瑗，周武威太守、甘州刺史，授命天庭，誠心奉國。考伽，儀同三司、車騎將軍，海內傳名，波留宇宙。君稟氣隆於川岳，英聲被於星漢。慈仁積著，德播山河。性譏驚，美談笑，善草隸，愛林泉。幼挺珪璋之輝，壯負風雲之氣。昂藏不群，消散自得，隱跡鄉閭，召爲周之下士。以君恩類冬光，威同夏日，朝恒假寐，信不宿言，宦歷數年，授右監門校尉，其年轉任右武侯府司馬，加帥都督。于時，西戎自□，遘亂干戈，我皇憐彼黔黎，奉命撫化，以君武略邁於張僚，雄毅超於許褚，是用勝茲上將，統此熊羆，詔爲行軍總管府長史，兵驅一至，革面承風，雲騎暫臨，廓清荒野，群臣咳其奇，主上稱其美矣。孟之返殿軍後，豈雪其功，馮將軍立於戎前，詎宣其力，斯之效矣，史箝明焉。轉授延安郡因城縣令，守節儉於當時，追清風於往代，舒孝德以治心，布五聽以察獄，惠必理民，志同水鏡，何誤禍無兇善，壽不擇賢，夢感兩楹，疾因二竪，春秋五十有三。在任薨没，民哀滿路，似喪慈親，慟絶臨軒，痛哉何及。以大業五年十二月十六日葬於京兆郡長安縣灃鄗鄉高陽原界，乃爲墳殯。世子德瑜，丁重酷烈，殆將滅性，山側窮廬，陵墳積土。昔王祥喪親，方兹懷愧；姜詩事母，見此有慙。鄉黨異其奇，芯袟稱其至矣。嗚呼哀哉，延陵寶鈕，無復再用之期；項藉雛鷹，詎有重攀之日。陽臺陌上，永絶嘉賓；筆下留書，徒盈箱篋。芳園樹裏，寧復知春，世內英聲，方今絶矣。嗚呼不已，刻誌爲銘：冠冕登朝，威英即世。豪哲五陵，才過六藝。茂實奇峰，迥然天際。皎皎夫子，千年掩滯。空留劍氣，徒有餘名。何時無世，世亦時經。悽悽隴首，颮颮松聲。一爲墳壤，永作佳城。

---

① 趙文成、趙君平：《秦晉豫新出墓誌蒐佚續編》第 1 册，北京：國家圖書館出版社，2015 年，第 195 頁。
② 齊運通、楊建鋒：《洛陽新獲墓誌二〇一五》，北京：中華書局，2017 年，第 58 頁。
③ 劉文：《陝西新見隋朝墓誌》，西安：三秦出版社，2018 年，第 82 頁。
④ 王其禕、周曉薇：《長安地區新出隋代墓誌銘十種集釋》，西安碑林博物館：《碑林集刊》第 19 輯，西安：三秦出版社，2013 年，第 23—25 頁。

【疏證】

李世洛與其祖瑗、父伽、子德瑜，俱不載於史。李世洛系出隴西狄道，祖父李瑗嘗任北周武威太守、甘州刺史，則其家族蓋爲隴西豪右，而正史所記北周任武威太守與甘州刺史者，竟無一人。據北周孝閔帝元年（557）《強獨樂文帝廟造像碑》知彼時有化政郡公宇文貴嘗任甘州諸軍事，並代尉遲迥"邊戍岷蜀"[①]，以推李瑗之任甘州刺史，或當在宇文貴之後。

李世洛在北周歷任下士、右監門校尉、右武侯府司馬、帥都督，入隋任行軍總管府長史，以軍功轉授延安郡因城縣令並卒於任上，以此可見李世洛一門又當是周隋之間武將世家。延安郡因城縣，據《隋書》卷30《地理志中》知其"置於西魏，後周廢，尋又置"[②]。墓誌云"葬於京兆郡長安縣澧酆鄉高陽原界"，"澧酆鄉"爲新見鄉名，可補史闕。其地理方位當東跨澧水、西界鄠縣，亦當今西安市西南郊的細柳鎮以南一帶。由此地理位置推之，墓誌中的"澧酆鄉"抑或是"澧鄠鄉"之訛，一疑。

墓誌言李世洛"善草隸"，而"善草隸"或"工草隸"之謂，乃是南北朝隋唐時期讚譽擅長書法者的常見說辭，意即長於草書和隸書，而彼時的隸書實則多就正楷書而言。歸理正史所見北朝的魏齊周隋之間"善草隸"者，約有王世弼、源楷、李思穆、柳弘、王褒、蕭撝、崔玄伯、蕭慨、房彥謙、劉懋、庾道、趙仲將、虞世基、房玄齡等人，另有釋智永、歐陽詢、虞世南等也是隋唐之間工草善隸的大家。而檢諸出土墓誌，亦頗有善書者不勝枚舉，今據墓誌，又可補周隋時有李世洛者亦是"善草隸"之能手。唯反觀此誌書法，正楷尚佳，所惜蓋緣刻工粗糙簡拙而頗傷書寫原貌。

---

① ［清］陸增祥：《八瓊室金石補正》卷23，北京：文物出版社，1985年，第143頁。
② 《隋書》卷30《地理志中》，北京：中華書局，1973年，第811頁。

一三〇　胡岳墓誌

【基本信息】

胡岳墓誌，出土時地不詳，誌石今存洛陽民間。誌文23行，滿行23字，正書，有方界格。蓋題9字，3行，每行3字，陽文篆書，有方界格。誌石拓本長51釐米、寬51釐米。誌蓋四殺綫刻蔓草紋飾。

【誌蓋】

豫州陸渾縣令胡宗誌

【誌文】

君諱岳，字長宗，安定臨涇人。大隋使持節、儀同大將軍、內陽郡守、成永縣開國公故胡永貴之世子。往因祖海龍，任利仁縣令，下車未幾，屬永熙難作，還返無由，遂編此綰，積世官宦，略攬碑辭焉。或盡誠盡節，榮華周魏，亦勳功克著，封顯脩朝。君幼年令傑，世号神童。弱冠夙成，勤侍皇閣。荏苒十年，無一點瘕累，群僚敬其憨恪，官司藉甚溫恭。俄補右二翊衛驃騎府司法，尋轉任司倉。職司其憂，謀不出位。遷總府司兵，匪直摸揩拔群，抑亦武略過物，任未經周，尚書司勳，授都督。軍謀將策，亞蘇李之餘謨；撫群導下，保瑚璉而自固。朝廷加委尚書吏部，除穀州東垣縣令。昔人在職直有，一種不欺，惟君養民，導德齊禮，衆欺不舉，三考未充。遷豫州陸渾縣令。內脩七教，外尊五美。不飲民水，化若神明。方欲攀高松以承雲，浮大江而朝海，豈期昊天不弔，殲我良人，春秋卅有六，大隋大業五年十月十三日遘疾卒於家。鄉邑士女，咸發遺珠之痛；縣遂知誠，俱慘殲良之容。惟君仁及草木，信合鄉情，輕財重義，方圓得所。粵以六年歲在庚午正月癸亥朔十一日癸酉窆於域內先公墳左。盖天長地久，不免劫燒之灾；山海移毀，不異麻姑之見。玄石可憑，□以頌其德美。其銘曰：

猗獻胡君，令問有則。虔恭奉上，不遑宴息。恪懃愛下，清階屢陟。仁風懃被，如星共極。惠化僅行，如鳥收翼。譬彼芳蘭，華庭是殖。垂裕後昆，執珪秉宜。摧聲不繼，奄從秋□。瞻彼太山，蓊鬱其峰。陸渾良宰，車服有容。月遷上位，歲轉名封。保身有節，慎知遠同。山頹命也，川逝其逢。忽從万古，追頌其蹤。勒茲玄石，芳猷永洪。

【疏證】

此墓誌雖非科學發掘，而其文辭內涵與其書法面貌皆合乎時代特徵，葬年月日之干支亦合於長曆，因可排除偽刻之嫌。胡岳與其祖胡海龍、父胡永貴，皆不載於史。胡永貴所封"成永縣開國公"之成永縣亦不見於史。安定臨涇為中古胡姓郡望，即今甘肅鎮原縣。然墓誌云"往因祖海龍，任利仁縣令，下車未幾，屬永熙難作，還返無由，遂編此絟"，所謂編籍於此者，蓋即利仁縣焉。考《隋書》卷29《地理志上》上郡三川縣小注曰："舊名長城，西魏改焉。又有利仁縣，尋廢入焉。"①利仁縣所在當今陝西富縣西南三川驛，而"永熙難作"乃指北魏末年分崩離析爲東西魏，亦即胡岳的祖父當是在北魏末年開始定居於利仁縣，此地西距臨涇約四百里。墓誌又記胡岳"窆於域內先公墳左"，先公者，當指其父胡永貴。而胡岳終官"豫州陸渾縣令"，又云"邁疾卒於家。鄉邑士女，咸發遺珠之痛；縣遂知誠，俱慘殲良之容"，故"域內"者似乎是指其祖父落籍之處的利仁縣。然而胡永貴是否葬於利仁縣？胡岳退官後是否返居利仁縣？亦或是胡岳與其父皆葬在其任過縣令的陸渾縣（今河南嵩縣）？可惜墓誌的出土地信息不詳，因此胡岳去世所在的"家"與其落葬的"域內"究爲何處？還需考證。胡岳所任衛府之司法、司倉與司兵及尚書司勳與吏部，概爲隋代官職。後授任"穀州東垣縣令""三考未充"，即三載考績未滿，又再"遷豫州陸渾縣令"。《隋書》卷30《地理志中》河南郡新安縣小注曰："後周置中州及東垣縣，州尋廢。開皇十六年置穀州，仁壽四年州廢，又廢新安入東垣。大業初改名新安。"②可知胡岳任東垣縣令當在開皇十六年（596）至仁壽四年（604）之間，東垣縣當今河南新安縣。陸渾亦河南郡屬縣，東垣縣在洛陽西，陸渾縣在洛陽南，從東垣遷任陸渾，爲同郡遷轉。又據上引《隋書》河南郡所統陸渾縣小注可知"東魏置伊川郡，領南陸渾縣。開皇初廢郡，改縣曰伏流。大業初改曰陸渾。"③可知胡岳任陸渾縣令在大業初年。而若以隋煬帝"自三年定令"而改革官制推之，彼時對於郡縣的廢置省改，或亦多在大業三年（607）。那麼，胡岳又很可能是卒在陸渾縣令任上，故其所謂"卒於家"就應是卒於陸渾縣，次年方遷葬於祖籍利仁縣的"域內先公墳左"焉。又據墓誌書刻風格及質地似爲砂石推之，亦當出自陝北一帶。誌文曰"內脩七教，外尊五美"。"七教"指孔子所説的"上敬老則下益孝，上順齒則下益悌，上樂施則下益諒，上親賢則下擇友，上好德則下不隱，上惡貪則下恥爭，上強果則下廉恥"④。"五美"指孔子所説的"君子惠而不費，勞而不怨，欲而不貪，泰而不驕，威而不猛"⑤。

---

① 《隋書》卷29《地理志上》，北京：中華書局，1973年，第811頁。
② 《隋書》卷30《地理志中》，北京：中華書局，1973年，第834頁。
③ 《隋書》卷30《地理志中》，北京：中華書局，1973年，第835頁。
④ 黃懷信主撰、孔德立、周海生參撰：《大戴禮記彙校集注》上冊，西安：三秦出版社，2005年，第17—18頁。
⑤ ［三國·魏］何晏集解、［宋］邢昺疏：《論語注疏》卷20《堯曰》，北京：中華書局，1980年影印阮元《十三經注疏》本，第2535頁下。

一三一　韋津妻元咳女墓誌

【基本信息】

韋津妻元咳女墓誌，出土於西安南郊長安區，誌石今存陝西省考古研究院。誌文 21 行，滿行 20 字，正書，有方界格。誌石長 55 釐米、寬 56 釐米、厚 10 釐米。誌蓋四周、四側減地綫刻纏枝忍冬，四殺刻四神圖案；誌石四側刻十二辰圖案。墓誌僅局部圖文披露於日本《金石書學》2002 年第 6 期與王其禕、周曉薇《隋代墓誌銘彙考》①。

【誌蓋】

大隋元夫人墓誌之銘

【誌文】

隋朝請大夫内史侍郎河南郡贊治韋府君夫人故元氏墓誌銘

夫人諱咳女，河南雒陽人也。家承帝裔，瓊枝玉幹之華；世襲王章，袞服朱輪之盛。載芬圖史，鬱爲冠族。祖，尚書左僕射、雍州牧、司空公、安昌平王子均；父，金紫光禄大夫、集沁二州刺史、順陽良公孝方，並以德望優重，延譽當年，教義貽訓，風徽斯遠。夫人體柔順之懿德，禀幽閑之淑氣，神情敏慧，風範端華。盡孝敬於事親，秉謙撝以牧己。故能惠問發於髫年，芳徽彰於綺歲。年十有六，歸於韋氏。四德兼美，百兩言歸，磬恭肅於嚴威，備饎酏於主饋。閨門之内，芬若椒蘭；嘉偶攸齊，和同琴瑟。宜爾子孫，方天眉壽，遽捐館舍，永即幽塗。以大業六年三月二十五日寢疾，終於河南郡政俗里第，春秋四十有四。以其年七月二十三日遷窆舊塋鴻固鄉疇貴里。西山靈藥，九轉未期；東海桑田，千年應改。題芳勒美，永播無窮。乃爲銘曰：

珠澤含潤，蘭畹滋芳。德華胄緒，秀發閨房。髧髮端壹，筓縱矜莊。柔情琬琰，淑質琳琅。何魴宋子，高門鼎族。家道以正，人緐允穆。匜盥虔恭，言容祗肅。孝性天然，慈懷鞠育。人生飄忽，景命弗融。暮輝追隴，晨露危風。千齡樹拱，万古塗窮。金石有弊，蘭菊無終。

【疏證】

元咳女家族乃是北魏宗室後裔，故誌文有"家承帝裔，瓊枝玉幹之華；世襲王章，袞服朱輪之盛。載芬圖史，鬱爲冠族"之譽。元咳女祖元子均、父元孝方，《魏書》《北史》均有傳。《魏書》卷 19 上《景穆十二王傳上》載景穆皇帝第五子爲汝陰王天賜，天賜第五子修義，修義"子均，位給事黄門侍郎"。②《隋書》卷 50《元孝矩傳》載："元孝矩，河南洛陽人也。祖修義，父子均，並爲魏尚書僕射。……孝矩次弟雅，字孝方，有文武幹用。

---

① 王其禕、周曉薇：《隋代墓誌銘彙考》第 4 册，北京：綫裝書局，2007 年，第 72 頁。
②《魏書》卷 19 上《景穆十二王傳上》，北京：中華書局，1974 年，第 451 頁。

開皇中,歷左領左右將軍、集沁二州刺史,封順陽郡公。"①《北史》卷17《景穆十二王傳上》載:"子均,位給事黃門侍郎。後入西魏,封安昌王,位開府儀同三司。薨,贈司空,謚曰平。"②可知墓誌所記元子均"司空公"乃贈官,而元孝方之散官謚號等,則可補備史傳之未足。

　　元咳女之夫"隋朝請大夫內史侍郎河南郡贊治韋府君"即韋津,韋孝寬之子,《北史》有傳附韋孝寬。"孝寬有六子,總、壽、霽、津知名",又云:"霽弟津,位內史侍郎、戶部侍郎、判尚書事。"③新出土唐貞觀四年(630)《韋津墓誌》略云:"君諱津,字悉達,京兆杜陵人也。祖旭,魏司空、文惠公。父寬,周太傅、鄖襄公。"④又記述了韋津在北周大象二年(580),跟從父親韋孝寬討伐尉遲迥,"以勳授儀同三司、武陽郡公,邑二千五百戶"。入隋,於開皇四年(584),授任"左衛車騎將軍,尋遷隴州刺史。大業元年,遷內史侍郎。五年,轉河南郡贊治"。因元咳女葬於大業六年(610),因而元咳女誌題所反映的是韋津大業六年(610)以前的職任。值得一提的是,韋津墓誌還記載他在任河南郡贊治時,曾參與了規劃和完善東都的建設:"于時,帝宇聿修,皇京草創,俯規水地,仰構雲楣。考周公之先喆,裁梧侯之留憲,莫不寔資衡尺,取正鉤繩,成一代之洪範,垂千齡之壯觀"。此時應為洛都建成不久,宮室建築、交通道路、囿園規劃、開渠引水等事項皆有待逐步完善,韋津所做正是"俯規水地,仰構雲楣"的事務。據《隋書》卷24《食貨志》載,隋煬帝建東都時,"又於皁澗營顯仁宮,苑囿連接,北至新安,南及飛山,西至澠池,周圍數百里。課天下諸州,各貢草木花果,奇禽異獸於其中。開渠,引穀、洛水,自苑西入,而東注于洛。又自板渚引河,達于淮海,謂之御河。河畔築御道,樹以柳"⑤。韋津所參與謀劃的很可能就是諸如此類的完善工程。誌云"九年,轉民部侍郎。十有一年,詔判民部尚書事。煬帝顧爲代邸,省方淮甸,天駟南轅,雲旗東指,京都留務,是用委焉"。韋津大業後期所任職官等,多與史載相合。⑥又,《隋書》卷71《元文都傳》載:"大業十三年,帝幸江都宮,詔文都與段達、皇甫無逸、韋津等同爲東都留守。及帝崩,文都與達、津等共推越王侗爲帝。"⑦韋津參與推舉越王楊侗爲帝之事則爲墓誌所回避。另外,墓誌講到李密"縱逆",韋津"親率吏民""空拳徒搏",而"矢盡道窮,由是就擒,陷於勍敵。既而俘見李密,逼說都城。君抗對抑揚,懷臧洪之必死;臨危淳慤,遵解陽之無貳。凶魁感歎,竟不害焉",將韋津抗擊李密寫的繪聲繪色。此事亦見於《隋書》卷85《段達傳》,其云:"王充之敗也,密復進據北芒,來至上春門,達與判左丞郭文懿、尚書韋津出兵拒之。達見賊盛,不陣而走,爲密所乘,軍大潰,津沒於陣。由是賊勢日盛。"⑧

---

① 《隋書》卷50《元孝矩傳》,北京:中華書局,1973年,第1317、1318頁。
② 《北史》卷17《景穆十二王傳上》,北京:中華書局,1974年,第641頁。
③ 《北史》卷64《韋孝寬附韋津傳》,北京:中華書局,1974年,第2268、2269頁。
④ 與《元咳女墓誌》同時出土,誌石藏陝西省考古研究院,尚未刊佈,茲據筆者所藏拓本著錄。
⑤ 《隋書》卷24《食貨志》,北京:中華書局,1973年,第686頁。
⑥ 如《隋書》卷4《煬帝紀下》,北京:中華書局,1973年,第90頁載:大業十二年(616)秋七月"甲子,幸江都宮,以越王侗、光祿大夫段達、太府卿元文都、檢校民部尚書韋津、右武衛將軍皇甫無逸、右司郎盧楚等總留後事。"
⑦ 《隋書》卷71《元文都傳》,北京:中華書局,1973年,第1650頁。
⑧ 《隋書》卷85《段達傳》,北京:中華書局,1973年,第1900頁。

這裏僅記韋津"没於陣"。《隋書》卷 70《李密傳》載:"密於是修金墉故城居之,衆三十餘萬。復來攻上春門,留守韋津出拒戰,密擊敗之,執津於陣。"①亦説韋津"出拒戰",被李密"執津於陣"。這兩處記載都没寫李密俘獲韋津之後的情況,是否如誌所云由於韋津"抗對抑揚""凶魁感歎,竟不害焉"呢?《舊唐書》卷 92《韋安石傳》恰有説明,傳云:"韋安石,京兆萬年人,周大司空、郇國公孝寬曾孫也。祖津,大業末爲民部侍郎。煬帝之幸江都,敕津與段達、元文都等於洛陽留守,仍檢校民部尚書事。李密逼東都,津拒戰於上東(春)門外,兵敗,爲密所囚,及王世充殺文都等,津獨免其難。密敗,歸東都,世充僭號,深被委遇。及洛陽平,高祖與津有舊,征授諫議大夫,檢校黃門侍郎。出爲陵州刺史,卒。"②顯而易見,韋津之所以未被殺掉,很有可能是李密想要任用他,則前述《韋津墓誌》實爲揄揚溢美之辭。而李密最終敗歸東都,韋津則投降了王世充,"深被委遇"。不過幸運的是唐"高祖與津有舊",於是依然得到任用,即如墓誌所載在武德四年(621),"蒙授開府、秦州總管長史""八年,轉諫議大夫、檢校黃門侍郎。其年,轉太僕少卿。九年,除陵州刺史"等,皆可補備韋津入唐以後的政治履歷。又檢《新唐書》卷 74 上《宰相世系表四上》韋氏"郇公房"記有:"津,陵州刺史、壽光縣男。"③則爲《韋津墓誌》所不載④,蓋爲後來追封。韋津"以貞觀二年四月五日卒於州廨,春秋六十八",其一生可謂"出入三代,始終一德,斯盖士林之魁楚,衣冠之領袖者歟"。

元咳女墓誌云:"夫人體柔順之懿德,禀幽閑之淑氣,神情敏慧,風範端華。盡孝敬於事親,秉謙撝以牧己",文辭極盡張揚在室女子之淑德美譽。又云"年十有六,歸於韋氏",以其卒年與享齡可推知其開皇二年(582)嫁給韋津。元氏乃北魏皇族,韋氏是關中郡姓,此兩大家族的聯姻,亦可説明隋代元氏家族在此時的政治地位雖已没落,但其社會地位仍然崇高,因此,其聯姻對象依然是地方世族與大姓。元咳女"以大業六年三月二十五日寢疾,終於河南郡政俗里第,春秋四十有四。以其年七月二十三日,遷窆舊塋鴻固鄉疇貴里",又據《韋津墓誌》云:"安厝于雍州萬年縣洪固之舊塋",可知元咳女墓誌所謂的"舊塋"應該就是韋氏家族的舊塋。隋代的鄉原名稱"鴻固"入唐後又稱作"洪固",疇貴里,參詳開皇六年(586)《韋壽妻史世貴墓誌》。

---

① 《隋書》卷 70《李密傳》,北京:中華書局,1973 年,第 1630 頁。
② 《舊唐書》卷 92《韋安石傳》,北京:中華書局,1975 年,第 2955 頁。
③ 《新唐書》卷 74 上《宰相世系表四上》,北京:中華書局,1975 年,第 3090 頁。
④ 據韋津曾孫唐天寶九載(750)《韋英墓誌》載:"曾祖津,隋户部尚書、武陽郡公,皇諫議大夫、太僕少卿、壽光縣男。"趙力光:《西安碑林博物館新藏墓誌彙編》中冊,北京:綫裝書局,2007 年,第 475 頁。

一三二　韋世□墓誌

【基本信息】

韋世□墓誌，出土於西安南郊長安區，誌石今存民間。誌文 20 行，滿行 19 字，正書，有方界格。誌石長 28.5 釐米、寬 28 釐米。墓誌圖文載在劉文《陝西新見隋朝墓誌》①。

【誌文】

大隋□□□□韋府君之墓誌

君諱世□，字□婆，京兆杜陵人也。□□賢□世□□□□□世濟其美，不隕□業，人物焉□，冠冕蟬聯，故可得略而言之也。祖旭，豳州刺史、驃騎大將軍、司空、文惠公。論道經邦，□□鼎□。父□順，魏奉朝請、假節、中壘將軍、東秦州刺史，識器沉敏，幹局有聞。君紈綺之辰，早標令問。孝乃率由，悌非外□。枕藉道德，戈獵墳素。周武帝以君貴介□□，游處盛番。周保定二年，授周齊王府行參軍，公雖□來□楚，每留連丘壑。開皇元年，召補雍州主簿。負問之寄，僉屬時才。而景命不留，逝川難駐。以大業五年十月廿二日卒於京宅，時年六十二。以六年七月廿五日永窆于京兆郡大興縣御宿鄉之□，禮也。東武□飛，蓬瀛三徙。不有刊勒，孰寄清塵。□□銘曰：

肅肅我祖，國自豕韋。重規疊矩，□□龍旂。曰祖曰考，基仁踐義。幹蠱隆家，若人斯寄。丱齒老成，齠年□智。曰仁者壽，□善徒設。蘭菊先秋，摧芳遽滅。隴雲埋日，松風蕭瑟。厚夜方睒，□□永諡。春秋迭代，德音斯秩。

【疏證】

誌云韋世□"祖旭，豳州刺史、驃騎大將軍、司空、文惠公"，《周書》《北史》有傳。豳州刺史，本傳皆作南豳州刺史②，稍異。"南豳州"，《周書》卷 2《文帝紀下》魏廢帝三年（554）春正月改"南豳為寧州"③，可知北魏末年至西魏確有"南豳州"之設。本傳又載韋旭在北魏任武威郡守、大行臺右丞，加輔國將軍、雍州大中正、右將軍，贈司空、冀州刺史、諡曰文惠④，據墓誌又可知其嘗授武散官"驃騎大將軍"。誌云"父□順，魏奉朝請、假節、中壘將軍、東秦州刺史"，據韋旭本傳知韋□順當為韋孝寬兄弟，史傳無載，

---

① 劉文：《陝西新見隋朝墓誌》，西安：三秦出版社，2018 年，第 86 頁。
②《周書》《北史》本傳原皆作"南幽州"，校勘記分別據錢大昕、張森楷考證"幽當作豳"而改正為"南豳州"。又，《隋書》卷 47《韋世康傳》云："祖旭，魏南幽州刺史"，《新唐書·宰相世系表》韋氏逍遙公房"旭，南幽州刺史、文惠公"，皆誤，而校勘記皆未之及。今據《韋世□墓誌》，適可確證"豳州"為是，且墓誌作"豳州"者，或為"南豳州"之省稱耳。檢《魏書·地形志》與《隋書·地理志》，皆無南豳州而有豳州，因疑魏之豳州與南豳州或為一事。
③《周書》卷 2《文帝紀下》，北京：中華書局，1971 年，第 34 頁。
④《北史》卷 64《韋孝寬傳附韋旭傳》，北京：中華書局，1974 年，第 2259 頁；《周書》卷 31《韋孝寬傳附傳》略同。

或可補韋氏東眷京兆諸房之分支。①

誌云"周保定二年,授周齊王府行參軍",齊王即齊煬王宇文憲,據《周書》卷12本傳載其武成初進封齊國公,建德二年(573),進爵爲王。②可知韋世□任其王府行參軍時宇文憲乃爲齊國公而非齊王。誌云"永窆于京兆郡大興縣御肅鄉之□",大興縣御肅鄉,檢隋代墓誌銘所載迄爲僅見。唯大業五年(609)《王摩侯終南山舍利塔銘》云:"大隋大業五年歲次己巳正月己巳朔廿日,京兆郡大興縣御肅鄉便子谷至相道場,建立佛舍利塔。弟子王摩侯供養。"此塔銘出土於今西安城南百塔寺遺址。陸耀遹《金石續編》卷3"王摩侯舍利塔記"考證云:"御宿鄉因川而名,御宿作御肅。"③毛鳳枝《關中金石文字存逸考》卷3《長安縣上‧終南山舍利塔銘》亦認爲"御肅即御宿川也"④。今據《韋世□墓誌》也可證前賢推論不謬,隋代御肅鄉確屬京兆郡大興縣。又見唐景龍三年(709)《裴覺墓誌》"歸窆於萬年縣御宿川大韋曲之舊塋"⑤,可知御肅(宿)鄉確因御宿川而得名,在隋代屬大興縣,在唐代屬萬年縣,鄉名則唐承隋舊,其地理區域大致爲北界韋曲鎮,西臨神禾原西畔與長安縣交界,東連樊川皇子陂,南抵神禾原皇甫村。然則據韋壽、韋諶、韋圓成等人墓誌,知韋氏大塋在大興縣洪固鄉,此御宿鄉當爲韋氏又一分支之塋域。

---

① 據韋旭本傳知其子韋孝寬有兄韋夐,韋夐有子洸字世穆、世康、瓘字世恭、藝字世文、沖字世沖、世約等,孝寬亦有子壽字世齡,可知墓誌所記"□順"與"世□字□婆"者,亦是韋旭之一子一孫。
② 《周書》卷12《宇文憲傳》,北京:中華書局,1971年,第187、190頁。
③ 新文豐出版公司編輯部:《石刻史料新編》第1輯第4冊,臺北:新文豐出版公司,1977年,第3061頁。
④ 新文豐出版公司編輯部:《石刻史料新編》第2輯第14冊,臺北:新文豐出版公司,1979年,第10426頁。
⑤ 王仁波:《隋唐五代墓誌滙編‧陝西卷》第1冊,天津:天津古籍出版社,1991年,第89頁。

一三三　鄭仲明墓誌

【基本信息】

鄭仲明墓誌，2014 年出土於河南鄭州西郊羅莊，誌石今存鄭州市文物考古研究院。誌文 20 行，滿行 15 字，正書，有方界格。蓋題 9 字，陽文篆書，有方界格。誌石長 41 釐米、寬 52.3 釐米、厚 8 釐米，誌蓋長 41 釐米、寬 52.3 釐米、厚 4 釐米。墓誌披露於《隋代鄭仲明墓發掘簡報》①。

【誌蓋】

魏尚書僕射鄭君墓銘

【誌文】

故魏侍中尚書右僕射鄭君墓志

君諱仲明，滎陽人也。世德世禄，門閥門風，詳諸素碑，可略云也。祖玄，陽武靖侯，馳聲上國。父永，豫州刺史，流詠下民。公早擅奇姿，夙摽令問，基宇宏邈，器識淵遠。魏政侵微，奸徒孔熾，鎮靜方俗，尤俟尊賢。以公德重望高，就拜本郡太守、大都督、安平縣開國侯。尒朱榮以建義之年，擁徒據洛，遷逼神器，熏灼生民。公於是戮力匡躬，乃心王室，斬凶魁之使，燔僭逆之書，氣笙凝霜，精貫白日。既而孤城殺翶，渦浦解鱗，奄肆蚊蚋之心，遂逢螻蟻之害。雖臧洪之在東郡，望此非難；陽瓚之據滑臺，方斯未遠。贈侍中、車騎大將軍、尚書右僕射、儀同三司、并雍☐州刺史。粵以隋大業六年十一月廿三日葬於合陽之原，乃爲銘曰：

洪原溯［☐］，層搆迢嶢。降誕英彥，命世建標。武圖虎奮，文思龍彤。人事幾促，天祐何遼。名 隨［以下文字轉刻於誌石側面］風遠，身共烟消。生兮易謝，魂兮難招。

【疏證】

鄭仲明墓誌於 2014 年在河南鄭州西郊羅莊城中村改造時出土，墓葬編號爲 14ZYLM15。因《隋代鄭仲明墓發掘簡報》未披露墓誌蓋圖版，故不詳蓋題之行字數。墓中所出典型陪葬物有八足淡青釉辟雍硯和著袴褶服男俑等，簡報亦就鄭仲明其人其事與葬地合陽之所在有簡要考釋。

鄭仲明卒於北魏建義元年（528），葬於隋大業六年（610），之所以間隔八十餘年，蓋緣遷葬所致。鄭仲明在《魏書·鄭羲傳》有附傳，此外，《魏書》與《北史》之《鄭儼傳》、《魏書》與《北史》之《辛纂傳》、《北齊書》與《北史》之《元韶傳》等亦有其行事之記載。

---

① 鄭州市文物考古研究院、首都師範大學歷史學院：《隋代鄭仲明墓發掘簡報》，《中原文物》2015 年第 6 期，第 4—7 頁。

鄭氏爲中古北方著族大姓，郡望滎陽（今河南滎陽）。北魏時期以鄭羲一房聲名最著，鄭仲明即中書令鄭羲的從孫、中書令鄭儼的從弟。誌云鄭仲明"祖玄，陽武靖侯，馳聲上國。父永，豫州刺史，流詠下民"。祖玄，即《魏書》卷56《鄭羲傳》所載："（鄭）羲從父兄德玄，顯祖初，自淮南內附，拜滎陽太守。"①史傳未載其爵謚，而墓誌則未記其官職。父鄭永，當即《魏書·鄭羲傳》所載鄭德玄"子穎考，太和中，復爲滎陽太守。卒，贈冠軍將軍、豫州刺史、開封侯，謚曰惠"②。由墓誌可知"豫州刺史"爲贈官。誌云鄭仲明"以公德重望高，就拜本郡太守、大都督、安平縣開國侯"，本郡即滎陽郡，則仲明一門祖、父、子三代皆有滎陽太守之任，可知鄭氏自淮南內附以後依然是雄踞滎陽的地方豪族之首。又由《魏書》本傳記鄭德玄在"羲叔父簡"之下推之，則鄭德玄應即鄭簡之子，果如此，則鄭仲明一支當屬滎陽鄭氏南祖房，參見《元和姓纂》卷9"鄭"。再檢《新唐書》卷75上《宰相世系表五上》，未見鄭仲明及其父祖，而在南祖鄭氏一房載有始祖鄭簡長子"靈虬，滎陽太守"與四子"季騆，滎陽郡太守"③，然"靈虬"與"季騆"之子皆不是"穎考"（或"永"），故鄭德玄爲鄭簡之子，疑爲《新唐書·宰相世系表》失載。

史籍所見鄭仲明行事略見《魏書》卷56《鄭羲傳附鄭仲明傳》曰："仲明，奉朝請，稍遷太尉屬。以公強當世，爲從弟儼所昵，除滎陽太守。儼慮世難，欲以東道託之。建義初，仲明弟季明遇害河陰。儼後歸之，欲與起兵，尋爲城民所殺。"④此與墓誌所云"尒朱榮以建義之年，擁徒據洛，遷逼神器，熏灼生民。公於是戮力匪躬，乃心王室，斬凶魁之使，燔僭逆之書，氣聳凝霜，精貫白日。既而孤城殺翮，涇浦解鱗，奄肆蚖虺之心，遂逢螻蟻之害"，適可互爲印證。而鄭仲明精忠王室，"斬凶魁之使，燔僭逆之書"，不屈服於叛軍之壯舉，則可補史傳之闕略。又，相關文獻亦有以參證，如《魏書》卷93《恩倖·鄭儼傳》云："肅宗崩，事出倉卒，天下咸言儼計也。尒朱榮舉兵向洛，以儼、（徐）紇爲辭。榮逼京師，儼走歸鄉里。儼從兄仲明先爲滎陽太守，至是，儼與仲明欲據郡起衆。尋爲其部下所殺，與仲明俱傳首洛陽。"⑤《北齊書》卷28《元韶傳》亦曰："元韶字世冑，魏孝莊之姪。避尒朱之難，匿於嵩山。性好學，美容儀。初尒朱榮將入洛，父劭恐，以韶寄所親滎陽太守鄭仲明。仲明尋爲城人所殺。"⑥再據《魏書》卷66《辛雄傳附從父兄辛纂傳》"還鎮虎牢，俄轉中軍將軍、滎陽太守。民有姜洛生、康乞得者，舊是太守鄭仲明左右，豪猾偷竊，境內爲患。纂伺捕擒獲，梟於郡市，百姓忻然。加鎮東將軍"⑦，可推知鄭仲明任太守在辛纂之前，亦即辛纂任滎陽太守當在鄭仲明被殺之建義元年（528）河陰之變以後，亦即孝莊帝永安建明年間（528—530）。又，鄭仲明官爵，亦可據《魏書》卷56《鄭洪健傳》載："仲明兄洪健，李沖女婿。建義初，莊帝以仲明舅氏之親，其弟與

---

① 《魏書》卷56《鄭羲傳》，北京：中華書局，1974年，第1249頁。
② 《魏書》卷56《鄭羲傳》，北京：中華書局，1974年，第1249頁。
③ 《新唐書》卷75上《宰相世系表五上》，北京：中華書局，1975年，第3333、3334頁。
④ 《魏書》卷56《鄭羲傳附鄭仲明傳》，北京：中華書局，1974年，第1249頁。
⑤ 《魏書》卷93《恩倖·鄭儼傳》，北京：中華書局，1974年，第2007頁；《北史》卷35《鄭儼傳》略同。
⑥ 《北齊書》卷28《元韶傳》，北京：中華書局，1972年，第388頁；《北史》卷19《元韶傳》同。
⑦ 《魏書》卷66《辛雄傳附從父兄辛纂傳》，北京：中華書局，1974年，第1699頁；《北史》卷50《辛纂傳》同。

謀扶戴，仲明之死也，且有奉國之意，乃追封安平縣開國侯、邑七百戶，贈侍中、車騎大將軍、儀同三司、尚書左僕射、雍州刺史"①以爲互證。唯墓誌所記："尚書右僕射"，史傳作"尚書左僕射"，且有贈官"并州刺史"爲史傳之闕。葬地"合陽之原"，當即墓誌出土地之鄭州市西郊羅莊，隋唐時或屬滎陽，故《隋代鄭仲明墓發掘簡報》認爲"合陽之原"或即"滎陽之原"之誤。

---

① 《魏書》卷 56《鄭洪健傳》，北京：中華書局，1974 年，第 1250 頁。

一三四　辛侃墓誌

【基本信息】

辛侃墓誌，出土於西安南郊長安區，誌石今存民間。誌文21行，滿行21字，正書，有方界格。蓋題9字，3行，每行3字，陽文篆書，有方界格。誌石拓本長寬均35釐米。誌蓋呈覆斗形，盝頂長寬均31釐米。墓誌圖文載在趙文成、趙君平《秦晉豫新出墓誌蒐佚續編》[①]，王連龍《新見隋唐墓誌集釋》[②]，葉煒、劉秀峰《墨香閣藏北朝墓誌》[③]。研究參詳李皓《遷徙與蛻變：中古時期隴西辛氏家族研究》[④]。

【誌蓋】

隋故辛府君之墓誌銘

【誌文】

大隋故宗正寺丞辛侃墓誌銘

公諱侃，字道潤，京兆大興人也。荆山曜質，爰挺夜光；赤水流珍，是稱明月。祖虬，東秦州刺史。父韶，治集州刺史。公釋褐任陛閤近侍，供奉玉階，俄以清勤顯著，除爲魏州司法，在任未淹，又蒙授洺州司功。逢詔下率土，拔擢賢良，公以此才，便應斯舉，乃被除爲揚州司功，以省癈總管，遂蒙授宗正寺丞。公挺奇天縱，立節卓然，歷位著能，風猷自遠。從江都旋轡，憩駕汴河，邁疾纏綿，降年不永，春秋卅五，以大業三年歲次丁卯六月戊寅朔三十日丁未乃薨於路。於是親僚故友，邦邑鄉人，知與不知，皆爲流涕。公器亮清高，風韻閑雅，鬱而不申，有志無命。以大業六年歲次庚午閏十一月戊子朔十五日壬寅窆於營域。嗟明珠墮掌，痛瓊樹摧枝。若夫陵谷易遷，金石難朽，勒銘泉壤，永樹丹青。嗚呼哀哉，乃爲銘曰：

灼灼辰象，滔滔江漢。蔚彼若人，寔唯民幹。誠孝聞傳，信義流散。德顯日新，論明月旦。肅肅伊人，昂昂千里。慇懃禮敬，躭貪經史。負笈游學，解巾言仕。紹世隆家，爰属夫子。黃熊見兆，赤禽浮日。代序無期，人生有畢。丘樹森沉，壠煙蒙密。一從大夏，永歸幽室。日月忽矣，丘壟芒然。停輤寒野，頓轊窮泉。春苑虛散，秋月徒懸。銘兹金石，芳猷永傳。長子積慶，次子積福。

【疏證】

誌云"公諱侃，字道潤，京兆大興人也"，又云"祖虬，東秦州刺史。父韶，治集州

[①] 趙文成、趙君平：《秦晉豫新出墓誌蒐佚續編》第1冊，北京：國家圖書館出版社，2015年，第196頁。
[②] 王連龍：《新見隋唐墓誌集釋》，北京：中國書籍出版社，2013年，第29頁。
[③] 葉煒、劉秀峰：《墨香閣藏北朝墓誌》，上海：上海古籍出版社，2016年，第236—237頁。
[④] 李皓：《遷徙與蛻變：中古時期隴西辛氏家族研究》，陝西師範大學碩士學位論文，2016年。

刺史"。辛偘及其祖辛虬、父辛韶史傳皆無載。辛虬事迹見北魏永熙三年（534）《辛虬墓誌》①，辛韶，可參開皇二年（582）《辛韶暨妻趙氏墓誌》。辛偘長子辛積慶，次子辛積福，史傳亦無載。

誌云"公釋褐任陛閤近侍，供奉玉階，俄以清勤顯著，除爲魏州司法，在任未淹，又蒙授洧州司功。"辛偘出仕先在皇宮做近侍，不久做了魏州司法，即魏州司法參軍。後又任洧州司功，即洧州司功參軍。再任楊州司功，即楊州司功參軍。《唐六典》卷30《三府督護州縣官吏》云："隋諸州有功曹、戶曹、兵曹等參軍事，法曹、士曹行參軍；郡有西曹、金曹、戶曹、兵曹、法曹、士曹等。及罷郡置州，以曹爲名者，改曰司。煬帝罷州置郡，改司功、司倉、司戶、司兵、司法、司士等爲書佐。皇朝因其六司，而改書佐爲參軍事。"②司法參軍掌律、令、格、式，鞫獄定刑，督捕盜賊，糺逖奸非之事，以究其情僞，而制其文法。司功參軍掌官吏考課、假使、選舉、祭祀、禎祥、道佛、學校、表疏、書啓、醫藥、陳設之事。誌云"以省癈總管，遂蒙授宗正寺承"。宗正寺承即宗正寺丞。《隋書》卷28《百官志下》載："太常、光禄、衛尉、宗正、太僕、大理、鴻臚、司農、太府等九寺，並置卿、少卿各一人。太僕尋加少卿一人。各置丞，太常、衛尉、宗正、大理、鴻臚、將作二人，光禄、太僕各三人，司農五人，太府六人。"③《唐六典》卷16《典衛尉宗正寺》"宗正寺"條云其設："丞二人，從六品上。"④小注云："漢宗正有丞，秩千石，歷魏、晋亦如之。東晋省，宋、齊因之。梁宗正丞爲四班。陳六百石，第八品。後魏第七品，北齊因之。隋初丞二人，並七品下；煬帝大業五年，增爲從五品。皇朝置二人，從六品上。"⑤省廢總管，《隋書》卷3《煬帝紀上》載："大業元年春正月壬辰朔，大赦，改元。……廢諸州總管府。"⑥據此知辛偘任宗正寺丞是在大業元年（605）隋煬帝下令廢諸州總管府時，而此時宗正寺丞品秩爲七品下。

誌云："從江都旋轡，憩駕汴河，遘疾纏綿，降年不永，春秋卌五，以大業三年歲次丁卯六月戊寅朔三十日丁未乃薨於路。""從江都"是隨從隋煬帝下江都，在大業元年（605）與大業二年（606）之間，史載隋煬帝兩次下江都，《隋書》卷3《煬帝紀上》載："（大業元年）八月壬寅，上御龍舟，幸江都。以左武衛大將軍郭衍爲前軍，右武衛大將軍李景爲後軍。文武官五品已上給樓船，九品已上給黃篾。舳艫相接，二百餘里。"⑦聲勢十分浩大。同卷又載，大業二年（606）"三月庚午，車駕發江都。"⑧辛偘隨駕是在哪一次？據墓誌載辛偘護駕在汴河休整時不幸染病，"降年不永"，並在大業三年（607）"薨於路"，則其應在大業二年（606）三月時隨駕江都。墓誌不言具體葬地，只云卒後三年的大業六年（610）

---

① 誌石今存陝西漢唐石刻博物館。
② ［唐］李林甫等撰、陳仲夫點校：《唐六典》卷30《三府督護州縣官吏》，北京：中華書局，1992年，第741頁。
③ 《隋書》卷28《百官志下》，北京：中華書局，1973年，第775頁。
④ ［唐］李林甫等撰、陳仲夫點校：《唐六典》卷16《典衛尉宗正寺》，北京：中華書局，1992年，第465頁。
⑤ ［唐］李林甫等撰、陳仲夫點校：《唐六典》卷16《典衛尉宗正寺》，北京：中華書局，1992年，第465頁。
⑥ 《隋書》卷3《煬帝紀上》，北京：中華書局，1973年，第62頁。
⑦ 《隋書》卷3《煬帝紀上》，北京：中華書局，1973年，第65頁。
⑧ 《隋書》卷3《煬帝紀上》，北京：中華書局，1973年，第65頁。

使得"窆於營域",以辛侃已署籍爲"京兆大興",且其祖虬葬於"山北縣界"與其父韶葬於"藍田縣界"並屬京兆推之,辛侃所窆之塋域當即長安東南隅的家族塋域。署籍"京兆大興"似乎也説明了"隋唐以後,隴西辛氏的故土觀念不斷淡化,這也從另一個側面反映出中央化對士族社會的衝擊"①。

---

① 李皓:《中古隴西辛氏的地緣歷史嬗變——以墓誌所見族塋遷徙爲綫索》,西安碑林博物館:《碑林論叢》第 23 輯,西安:三秦出版社,2018 年,第 90—98 頁。

一三五　杜君妻錢大忍墓誌

【基本信息】

杜君妻錢大忍墓誌，出土於西安南郊，誌石今存民間。誌文 20 行，滿行 19 字，正書，有方界格。蓋題 9 字，3 行，每行 3 字，陽文篆書，有方界格。誌石拓本長 31.5 釐米、寬 32 釐米。誌蓋呈覆斗形，拓本盝頂長 27.5 釐米、寬 27 釐米，蓋題四周刻飾四神與雲山花卉圖案。

【誌蓋】

隋懷義郡君錢氏墓誌

【誌文】

陳故鄱陽王國左常侍杜府君妻懷義郡君錢氏墓誌銘

夫人諱大忍，吳郡錢唐人。梁魏興太守質之女也。鴻基峻跱，飛英聲於上葉；懋緒遐長，紛蟬聯於下武。重光疊彩，其在茲乎。夫人資和陰景，濯美淑靈，秀松桂之貞芳，韜冰玉之明閨。端莊窈窕，雅操幽閑，踐六行而謙恭，佩四德而溫睦。節凝内範，君子求思；百兩來儀，言歸輔佐。躬勤紃組，賦綠衣之詩；劬勞沼沚，吟採蘋之詠。班姬女誡，淵鏡於蘭閨；張華史箴，昭章於彤管。開皇十三年，高祖文皇帝以夫人中饋宣風，斷機貽訓，誕茲英哲，剋樹元勳，爵以榮親，加其秩命，封懷義郡君。而日轡流光，星機促景，金丹不轉，玉液無徵。春秋八十有三，大業七年正月七日薨于京第，即以其年二月十六日葬於大興縣洪源鄉之原。竊以泉途日遠，人世如浮，刊百齡之蕙問，播千載之徽猷。乃爲銘曰：

奕奕華胄，載誕柔明。陰儀照灼，淑景芳貞。春松竝茂，秋菊齊榮。中饋凝肅，内政風清。滄波東逝，白日西曛。六行彫美，四德摧芬。山門映月，隴路浮雲。青松千載，空陰節墳。

【疏證】

錢氏戰國時有隱士錢丹，秦有御史大夫錢産，漢有錢遜，避王莽亂而徙烏程，爲吳興錢氏始祖。此梁陳之錢唐錢氏蓋其後也，亦蓋後來吳越國錢繆之遠族也。大忍父質，不載於史，其夫杜君亦不詳爲誰人？杜君嘗任鄱陽王國左常侍，鄱陽王即陳世祖第三子陳伯山，天嘉元年（560）封王，禎明三年（589）薨。王國常侍官在梁秩爲二班，在陳不言秩，約當九品。誌主一家蓋即開皇九年（589）陳亡而從後主入長安者，時宗室王侯多配於隴右河西，而誌主不唯於開皇十三年（593）受封懷義郡君，且得卒葬京師而高壽八十三，誠可謂善終矣。葬地洪源鄉之原，即小陵原。又見西安南郊高陽原新出唐武德五年（622）《錢强墓誌》略云：錢强字子文，吴興長城人，祖伯鸞，梁吴興太守、員外散騎常侍，父僧瑶，陳尚書令、特進。錢强隋開皇十年入京，授永陽縣侯、羅州刺史，大業元年卒於長安，唐武德五年（622）卜葬於雍州長安縣高陽原福陽鄉。錢强子九隴，授右武衛將軍，封臨川公。①推測錢强當亦陳亡而隨後主入長安者，或亦與大忍一族爲同宗。

---

① 趙文成、趙君平：《秦晉豫新出墓誌蒐佚續編》第 1 册，北京：國家圖書館出版社，2015 年，第 215 頁。

一三六　趙榮墓誌

【基本信息】

趙榮墓誌，出土於陝西武功縣，誌石今存民間。誌文21行，滿行21字，正書，有方界格。誌石拓本長34.5釐米、寬34釐米。誌石上緣與左側皆有泐損，約闕20餘字。墓誌圖版載在趙文成、趙君平《秦晉豫新出墓誌蒐佚續編》①，研究參詳王其禕、周曉薇《咸陽地區新出隋代墓誌銘研讀兩則——大業三年〈姚勳墓誌〉與大業七年〈趙榮墓誌〉》②。

【誌文】

大隋朝請大夫黄櫨鎮將故趙府君之墓誌銘
君諱榮，字士建，秦州天水人也。三卿居晉，天賜曠樂之□；□駿御周，城分得姓之邑。亦有寶符察智，家有令童，□□求才，國稱賢相，蘭芬松茂，可略而言。祖伏，周蕩寇將軍，父樂，州都從事，並以績著司庸，名高雅俗，青綸居□沼之貴，朱黻盛龍章之寵。君世載餘祉，資靈降生，機神內湛，符采外暢。孝友之性，稟之於自然；仁恕之風，匪由於積習。州閭之內，聲實斯遠。建德五年，選爲壯士，從周武皇帝東討平齊，力戰有勳，蒙授都督，即於本鄉統領禁兵。開皇三年，尋轉授帥都督。十三年，又加授大都督，仍領本兵。仁壽四年，晉陽展效，蒙授儀同三司。大業元年，改授朝請大夫。二年，蒙授黄櫨鎮將。六年六月廿□日遘疾薨於管舍，春秋六十有一。粵以七年歲次辛未二月丁巳朔廿八日甲申葬於京兆郡武功縣教義鄉菩薩之原，禮也。世子子雅等，至性荼毒，躄踴哀號，悲□泉以痛心，踐霜露何增感。思樹風長，世以播芳。猶齊蘭菊於山川，庶無絕於終古。乃爲銘曰：

□□餘慶，峻極降神。有一於此，所謂伊人。熊羆之士，爪牙之臣。萬夫是□，□□絕塵。終風未落，零露摧芳。在物既尔，人亦殲良。□□□滅，高名轉香。獨悲泉下，此夜何長。

【疏證】

誌云趙榮爲秦州天水人，《元和姓纂》卷7"趙氏"有"天水西縣"大房，然未載趙榮祖孫四代，且趙榮及其祖、父、子亦均不見於史傳。據誌知其"祖伏，周蕩寇將軍"，"父樂，州都從事"，皆爲北周命官。

趙榮出身武將世家，且一生所任皆爲武職。北周建德五年（576），起家"選爲壯士，從周武皇帝東討平齊，力戰有勳，蒙授都督，即於本鄉統領禁兵"。入隋於"開皇三年，

---

① 趙文成、趙君平：《秦晉豫新出墓誌蒐佚續編》第1冊，北京：國家圖書館出版社，2015年，第198頁。
② 王其禕、周曉薇：《咸陽地區新出隋代墓誌銘研讀兩則——大業三年〈姚勳墓誌〉與大業七年〈趙榮墓誌〉》，丁偉：《乾陵文化研究》，西安：三秦出版社，2019年，第208—214頁。

尋轉授帥都督。十三年，又加授大都督，仍領本兵"。值得注意的是，誌云"仁壽四年，晉陽展效，蒙授儀同三司"，據《隋書》卷 3《煬帝紀上》載："(仁壽)四年七月，高祖崩，上即皇帝位於仁壽宮。八月，奉梓宮還京師。并州總管漢王諒舉兵反，詔尚書左僕射楊素討平之。"①則"晉陽展效"一語蓋指趙榮因爲參與了討平漢王楊諒舉兵反叛一事而蒙授儀同三司。誌云"大業元年，改授朝請大夫。二年，蒙授黄櫨鎮將"。黄櫨應爲軍鎮名，《隋書·地理志》與今人編纂的《北齊地理志》《北周地理志》等相關史志均未見載。檢《北齊書》卷 2《神武紀下》載，東魏武定三年 (545)"三月乙未，神武朝鄴，丙午，還晉陽。十月丁卯，神武上言，幽、安、定三州北接奚、蠕蠕，請於險要修立城戍以防之，躬自臨履，莫不嚴固。"②《北齊書》卷 4《文宣帝紀四》又記：北齊天保三年 (552)"冬十月乙未，至黄櫨嶺，仍起長城，北至社干戍四百餘里，立三十六戍。"③可知北齊初年文宣帝又仿照神武帝當年在東魏時期沿幽、安、定三州一綫自東北向西南修立城戍的做法，繼續著長城的修葺工程，而這段長城則是自南邊的黄櫨嶺 (位於今山西汾陽市西北) 向北綿延四百餘里直到雁門郡達速嶺長城南邊的社干戍 (位於今山西五寨縣北)④，並且在沿綫設立了三十六個軍鎮戍防。⑤據此，則隋代的黄櫨軍鎮蓋緣設立於黄櫨嶺而得名，當然也不排除此軍鎮在北周甚至北齊時期已經設立於斯且爲隋代所承繼的可能性。又據《北齊書》卷 2《神武紀上》曰："(永熙) 二年正月，竇泰奄至尒朱兆庭。軍人因宴休惰，忽見泰軍，驚走，追破之於赤洪嶺。兆自縊，(北齊) 神武親臨厚葬之。慕容紹宗以尒朱榮妻子及餘衆自保烏突城，降，神武以義故，待之甚厚。"⑥《北齊書》卷 17《斛律金傳》亦載："(武定) 三年，(北齊) 高祖出軍襲山胡，分爲二道。以金爲南道軍司，由黄櫨嶺出。高祖自出北道，度赤袄嶺，會金於烏突戍，合擊破之。"⑦則東魏設立的烏突戍或即前揭北齊三十六戍之一，而烏突戍當即烏突城，在黄櫨嶺西，後來北周更在此設置烏突郡與烏突縣。《隋書》卷 30《地理志中》離石郡小注曰："後齊置西汾州，後周改爲石州。"⑧又所統太和縣小注曰："後周置，曰烏突，及置烏突郡。開皇初郡廢，縣尋改焉。"⑨赤洪嶺或作赤袄嶺，

---

① 《隋書》卷 3《煬帝紀上》，北京：中華書局，1973 年，第 60 頁。此事又可參詳《隋書》卷 45《文四子·楊諒傳》與《隋書》卷 48《楊素傳》。《隋書》卷 48《楊素傳》，北京：中華書局，1973 年，第 1290 頁載：有詔云"晉陽之南，蟻徒數萬，諒不量力，猶欲舉斧。"則爲墓誌以晉陽代指平定漢王楊諒的明證。

② 《北齊書》卷 2《神武紀下》，北京：中華書局，1972 年，第 22 頁，《北史》本紀同。

③ 《北齊書》卷 4《文宣帝紀四》，北京：中華書局，1972 年，第 56 頁，《北史》本紀同。

④ 黄櫨嶺與社干戍地理方位，參見譚其驤：《中國歷史地圖集》第 4 冊，北京：中國地圖出版社，1982 年，第 65—66 頁。唯《中國歷史地圖集》蓋據《資治通鑑》將"社干戍"標作"社平戍"，而今中華書局本《北史·齊本紀》則作"社于戍"，蓋誤。

⑤ 《資治通鑑》卷 164《梁紀二十》"太宗承聖元年"條，北京：中華書局，1956 年，第 5093 頁載："冬，十月，齊主自晉陽如離石，自黄櫨嶺起長城，北至社平戍，四百餘里，置三十六戍。"胡三省注曰："此長城蓋起於唐石州，北抵武州之境。櫨，音盧。'社平'，《齊紀》作'社子'。按《斛律金傳》：黄櫨嶺在烏突戍東。"

⑥ 《北齊書》卷 2《神武紀上》，北京：中華書局，1972 年，第 9 頁；《北史》本紀、《北齊書·慕容紹宗傳》與《北史·慕容紹宗傳》所記略同。

⑦ 《北齊書》卷 17《斛律金傳》，北京：中華書局，1972 年，第 220 頁。

⑧ 《隋書》卷 30《地理志中》，北京：中華書局，1973 年，第 852 頁。

⑨ 《隋書》卷 30《地理志中》，北京：中華書局，1973 年，第 852 頁。

即隋代離石郡離石縣（當今山西吕梁市離石區）的離石山。[1]

誌云"葬於京兆郡武功縣教義鄉菩薩之原"，隋代墓誌出於武功者僅此一例，且墓誌具體出土地信息缺失。教義鄉鄉名與菩薩原原名，均不見於史載。檢唐代墓誌中有天寶七載（748）《柳子貢墓誌》曰："遷窆於京兆府武功縣扶風原。"[2]《新唐書》卷37《地理志一》關内道京兆府京兆郡武功縣小注曰："西原，煬帝所葬。"[3]《資治通鑑》卷230《唐紀四十六》"德宗興元元年"條載：夏四月"庚戌，朱泚遣其將韓旻攻武功，鍠以其衆迎降。瑊戰不利，收兵登西原"，胡三省注曰："其地高平，在武功縣西，故曰西原。"[4]《太平寰宇記》卷27《關中道三》"雍州武功縣"條記有"三畤原，在縣西南二十里，高五十丈。西入扶風縣界"，又有"隋文帝泰陵，在縣西南二十里三畤原上。"[5]是知《柳子貢墓誌》所謂的"扶風原"當即武功西原，亦即"三畤原"，隋文帝陵與隋煬帝陵及后稷祠、姜嫄祠等皆在此原上。以是推之，隋代武功縣教義鄉所在的"菩薩原"或亦可能就是唐代的武功西原即扶風原又即三畤原之地。

---

[1] ［宋］樂史撰、王文楚等校點：《太平寰宇記》卷42《河東道三》，北京：中華書局，2007年，第886頁。
[2] 趙力光：《西安碑林博物館新藏墓誌續編》上册，西安：陝西師範大學出版總社有限公司，2014年，第317頁。
[3] 《新唐書》卷37《地理志一》，北京：中華書局，1975年，第963頁。
[4] 《資治通鑑》卷230《唐紀四十六》"德宗興元元年"條，北京：中華書局，1956年，第7422頁。
[5] ［宋］樂史撰、王文楚等校點：《太平寰宇記》卷27《關中道三》，北京：中華書局，2007年，第854、856頁。

一三七　高叡墓誌

【基本信息】

高叡墓誌，20 世紀 70 年代出土於耀州區孫原鎮五臺村陝西秦嶺水泥公司粘土礦區，誌石今存銅川市耀州區博物館。誌文 16 行，滿行 16 字，正書，有方界格。誌石長寬均 37 釐米、厚 6 釐米。墓誌披露於王建域《新見隋〈高叡墓誌〉考釋》[①]。

【誌文】

大隋京兆郡華原縣故高叡墓誌銘

君諱叡，字阿族，京兆郡華原縣人也。其先齊太公之冑胤，後因賜姓，遂爲高氏。望隆渤海，枝宦關西。飲沐王畿，便居兹土。曾祖炬，咸陽郡祭酒、主簿。祖歡，千人軍主。君宿殖靈根，體含秀逸。周朝採德，擢爲通道觀學士。時隨所尚，咸慕鄉官，本部前通川郡姜府君選任主簿。大隋在御，薦赴龍門，任秦州清水縣丞。禮謝還朝，任京府都水參事。屬時廢置，僚位更新，遂任魯郡泗水縣正。五福無徵，凶殃暴集，春秋六十有五。大業七年九月奄捐任所，八年歲次壬申正月十九日己亥歸葬于華原縣之東原。既同萬古，永辭鄉域。哀之無已，銘記云爾：

冥冥窀穸，杳杳泉深；巍峨路遠，扃穸相侵。親宗絕問，昵友無尋；獨乖群侶，永就幽沉。

【疏證】

誌主高叡及其曾祖高炬、祖高歡，史傳均無載。據誌可知高炬嘗任"咸陽郡祭酒、主簿"，高歡嘗任"千人軍主"，皆官職不高。

誌云高叡"京兆郡華原縣人也。其先齊太公之冑胤，後因賜姓，遂爲高氏。望隆渤海，枝宦關西。飲沐王畿，便居兹土"。渤海爲高氏郡望，素有"天下之高出渤海"之譽，上起後漢，下至隋唐，渤海高氏皆爲北方大姓望族之一。高叡一族雖"望隆渤海"，却緣先祖或即其祖高炬歷官"咸陽郡祭酒、主簿"而分枝於關西，並定著於王畿之地，即京兆郡華原縣（今陝西耀縣）。《新唐書》卷 71 下《宰相世系表一下》云："高氏出自姜姓，齊太公六世孫文公赤，生公子高，孫傒，爲齊上卿，與管仲合諸侯有功，桓公命傒以王父字爲氏，食采於盧，謚曰敬仲，世爲上卿。……洪，後漢渤海太守，因居渤海蓨縣。"[②]《新唐書》所記高氏房分除渤海房外，又有北齊皇族及京兆、晉陵三房。並曰"京兆高氏，又有與北齊同祖，初居文安，後徙京兆"[③]，此房高氏入唐後以唐德宗、順宗兩朝宰相高郢一

[①] 王建域：《新見隋〈高叡墓誌〉考釋》，西安碑林博物館：《碑林集刊》第 14 輯，西安：陝西人民美術出版社，2009 年，第 13—15 頁。

[②]《新唐書》卷 71 下《宰相世系表一下》，北京：中華書局，1975 年，第 2387 頁。

[③]《新唐書》卷 71 下《宰相世系表一下》，北京：中華書局，1975 年，第 2397 頁。

族最爲顯貴。而高叡父祖一支亦當是從北齊房析出，初居燕趙故地的文安縣，即今河北廊坊一帶，後因宦徙籍周隋王畿之地的關中渭北。據《隋書》卷29《地理志上》，可知大業三年（607）改雍州爲京兆郡，所統華原縣小注曰："後魏置北雍州，西魏改爲宜州，又置北地郡，尋改爲通川郡。開皇初郡廢，大業初州廢，及土門縣入焉。"①《太平寰宇記》卷31《關西道七》"耀州華原縣"云："曹魏、元魏皆於其地置北地郡。元魏廢帝三年改爲通川郡，領泥陽縣。隋開皇三年罷郡，以縣屬宜州，六年改泥陽爲華原。大業二年省宜州，縣屬京兆。"②可知華原縣名始稱於隋開皇六年（586）。

　　高叡歷宦周、隋兩朝，誌云其在北周嘗"擢爲通道觀學士"，"通道觀"爲道觀名，《周書》記載北周武帝於建德三年（574）下詔在京城建立通道觀③，在此任職者稱學士，均爲"學兼經史，善於談論者"④。主要通過講説"聖哲微言，先賢典訓，金科玉篆，秘蹟玄文，所以濟養黎元，扶成教義者，並宜弘闡，一以貫之"，以糾正"岐路既分，派源逾遠，淳離朴散，形氣斯乖。遂使三墨八儒，朱紫交競；九流七略，異説相騰"的局面。⑤而據《隋書・長孫覽傳》與《北史・長孫覽傳》，知"通道觀學士"亦稱"通道館學士"。誌又載高叡在北周復被通川郡姜府君選任主簿，姜府君者何許人，無考。而由"時隨所尚，咸慕鄉官"一語，可證彼時皆以能够被辟選爲本州郡之屬官爲榮耀焉。誌云"大隋在御，薦赴龍門，任秦州清水縣丞。禮謝還朝，任京府都水參事"。秦州即天水郡，統縣有清水縣，蓋因從北周舊朝入隋爲官之故，遂有"薦赴龍門"之謂。都水參事一職，屬都水臺，負責管理津渡、河堤、船局、橋梁等事項之機構。北魏、北齊時都水臺設使者二人、參事十人。隋文帝時在北周官職的基礎上有所調整，都水臺所設官職更加細化。《隋書》卷28《百官志下》載："都水臺，使者及丞各二人，參軍三十人，河堤謁者六十人，録事二人。領掌船局、都水尉二人，又領諸津。上津每尉一人，丞二人。中津每尉、丞各一人。下津每典作一人，津長四人。"⑥而在開皇三年（583）四月，隋文帝下詔"廢光禄寺及都水臺入司農"⑦，"（開皇）十三年，復置都水臺……仁壽元年，改都水臺爲監，更名使者爲監"⑧。隋煬帝時，復又出現變化，《隋書》卷28《百官志下》載："煬帝即位，多所改革。三年定令，品自第一至於第九，唯置正從，而除上下階。……改内侍省爲長秋監，國子學爲國子監，將作寺爲將作監，並都水監，總爲五監。"⑨又云："都水監改爲使者，增爲正五品，丞爲從七品。統舟楫、河渠二署。舟楫署每津置尉一人。五年，又改使者爲監，四品，加置少監，爲五品。後又改監、少監爲令，從三品，少令，從四品。"⑩由此可知，入隋以來，

---

① 《隋書》卷29《地理志上》，北京：中華書局，1973年，第808—809頁。
② ［宋］樂史撰、王文楚等校點：《太平寰宇記》卷31《關西道七》，北京：中華書局，2007年，第695頁。
③ 《周書》卷5《武帝紀上》，北京：中華書局，1971年，第85頁載建德三年（574）六月戊午詔曰："今可立通道觀。"
④ 《隋書》卷51《長孫熾傳》，北京：中華書局，1973年，第1328頁；《北史》卷22《長孫熾傳》略同。
⑤ 《周書》卷5《武帝紀上》，北京：中華書局，1971年，第85頁。
⑥ 《隋書》卷28《百官志下》，北京：中華書局，1973年，第775頁。
⑦ 《隋書》卷28《百官志下》，北京：中華書局，1973年，第792頁。
⑧ 《隋書》卷28《百官志下》，北京：中華書局，1973年，第793頁。
⑨ 《隋書》卷28《百官志下》，北京：中華書局，1973年，第793頁。
⑩ 《隋書》卷28《百官志下》，北京：中華書局，1973年，第799頁。

在隋文帝時期都水臺先是沿襲前朝官職而設,並且細化了機構各級的職責,然不久又併入司農寺。開皇十三年(593)再恢復都水臺,却不清楚機構設置是否依舊。至仁壽元年(601),改都水臺爲監,更名使者爲監。隋煬帝初期,將都水監併入將作寺,都水監長官改爲使者、丞,大業五年(609),又改使者爲監,加置少監,後又改監、少監爲令、少令,官品也隨之有所提升。顯而易見,入隋後僅有"都水參軍"而無"都水參事"之名,墓誌云爲都水參事,蓋沿襲魏齊舊稱而已。

誌云"屬時廢置,僚位更新,遂任魯郡泗水縣正",隋煬帝改革官制始自大業三年(607),其中包括改"縣尉爲縣正,尋改正爲戶曹、法曹"①,則高叡任"泗水縣正"必在大業三年(607)之後。而以高叡大業七年(611)卒於任所推之,其卒時官職是否已改爲"戶曹",尚難推究。隋代墓誌所見縣正史料尚有三例,依次爲大業七年(611)《鄭謇墓誌》曰:"起家邢州南和縣尉,尋遷將作左校署丞。未幾,又轉任舂陵郡上馬縣正。……前居將作,履修構之重;後入司民,授解繩之任。……以大業六年十一月九日終於上馬縣任所之宅,春秋四十有四。"鄭謇所任上馬縣正時間亦當在大業三年(607)後。大業十一年(615)《明雲騰墓誌》曰:"弱冠釋褐,拜文林郎,加上郡三川縣正。……春秋有卌,君乃卒矣。"墓誌未書卒年,推之享齡與葬年,明雲騰弱冠後不久所加"三川縣正"似當在文帝朝。大業十二年(616)《卞鑒暨妻劉氏墓誌》曰"起家揚州高郵縣正,……大業元年正月,遷司農寺上林署丞。進獻天廚,職司禁苑,勁勞王事,功績日新。轉授河南郡伊闕縣戶曹",至大業九年(613)又授正九品的"奉誠尉。"②誌文明確記載卞鑒任"高郵縣正"在大業前,而"伊闕縣戶曹"一職則在大業九年(613)授"奉誠尉"之前,則戶曹正是縣正亦即縣尉之改名。據《隋書》卷28《百官志下》所記"文帝又採後周之制"所設官職中有"縣,置令,丞,尉,正,光初功曹,光初主簿,功曹,主簿,西曹"等③,可知隋文帝時期的縣正與隋煬帝時期的縣正職級不同,即隋文帝時期的縣正職級在縣尉之下,而隋煬帝時期的縣正則是改縣尉而設。

---

① 《隋書》卷28《百官志下》,北京:中華書局,1973年,第802頁。
② 上舉三方墓誌載王其禕、周曉薇:《隋代墓誌銘彙考》第4冊,北京:綫裝書局,2007年,第176頁;王其禕、周曉薇:《隋代墓誌銘彙考》第5冊,北京:綫裝書局,2007年,第123、348頁。
③ 《隋書》卷28《百官志下》,北京:中華書局,1973年,第783頁。

一三八　霍還墓誌

【基本信息】

霍還墓誌，2008年出土於洛陽孟津縣，誌石今存民間。誌文15行，滿行15字，正書，有方界格。蓋題9字，3行，每行3字，陽文篆書，有方界格。誌石長41釐米、寬41.5釐米。誌蓋覆斗形，盝頂長寬均32釐米。墓誌圖版載在趙君平、趙文成《秦晉豫新出墓誌蒐佚》①。

【誌蓋】

故同昌郡主簿霍君銘

【誌文】

君諱還，字子歸，趙郡柏仁人也。漢大將軍、大司馬博陸侯光之裔矣。祖環，魏征東大將軍、營州刺史。考勝，齊雄烈將軍、細作署令。君稟氣平和，誕生叡哲，學該流略，行越今古。釋褐周大將軍是連文殊府長史。仁壽之初，轉杭州總管府司士行參軍。又遷同昌郡主簿。謇謂匪躬，實稱其職。粵以大隋大業八年十二月廿七日卒於其第，春秋六十有八，以九年歲次癸酉正月丙子朔九日甲申葬於都郭東北廿里。恐長河似帶，深谷成陵，聊刊諱氏，誌諸泉石。其詞曰：
堂堂盛德，穆穆英才。波連滄海，麓接崐峨。節義明着，丘墳洞該。何知霜落，忽見松摧。嗚呼哀哉。

【疏證】

霍還及其父、祖，皆不載於史。誌云"君諱還，字子歸，趙郡柏仁人也，漢大將軍、大司馬博陸侯光之裔矣"，檢《漢書》卷68《霍光傳》，知霍光爲霍去病弟，河東平陽人。前事汉武帝，中輔幼主汉昭帝，后事汉宣帝。任大將軍、大司馬，封博陸侯。墓誌云趙郡霍還爲河東霍光後裔，或有攀附望族之嫌。趙郡柏仁，檢《隋書》卷30《地理志中》，趙郡有柏鄉縣（今河北省柏鄉縣），無柏仁縣，而襄國郡有柏仁縣（今河北省隆堯縣）。②柏鄉與柏仁兩縣南北毗鄰，或墓誌所記有誤。誌云"祖環，魏征東大將軍、營州刺史。考勝，齊雄烈將軍、細作署令"，細作署，《隋書》卷27《百官志中》載："（後齊）太府寺，掌金帛府庫，營造器物。統左、中、右三尚方，左藏、司染、諸冶東西道署、黃藏、右藏、細作、左校、甄官等署令、丞。"③《隋書》卷68《何稠傳》亦載"（何稠）仕周御飾下士。

---

① 趙君平、趙文成：《秦晉豫新出墓誌蒐佚》第1冊，北京：國家圖書館出版社，2011年，第113頁。
② 《隋書》卷30《地理志中》，北京：中華書局，1973年，第855頁。
③ 《隋書》卷27《百官志中》，北京：中華書局，1973年，第757頁。

及高祖爲丞相，召補參軍，兼掌細作署"①，則北周仍沿襲北齊舊制，品階爲從第八品。在北齊褒賞勳庸的散號將軍中，雄烈將軍品階爲第七品。

誌云霍遷"釋褐周大將軍是連文殊府長史"，北周大將軍"是連文殊"不載於正史，且正史亦無一位是連氏。姚薇元《北朝胡姓考》云："《官氏志》：'是連氏後改爲連氏。'按《辯證》卷二一是連氏下云：'代北是連氏，隨魏南徙，孝文太和中改爲連氏，望出河南。北齊文宣帝有黄門郎是連子暢。'又卷九連氏下云：'河南連氏，《五代史》福建僞閩門使連仲遇。'據此，知河南連氏，魏後或復舊氏，或仍新姓。石刻有《北齊大都督是連公妻邢夫人墓誌》（天統三年），可知北齊時此族又復舊姓。"②王仲犖《代北姓氏考》"是連氏"又云："此氏西魏、北周無聞。"③案《北齊大都督是連公妻邢夫人墓誌》即《是連夫人邢阿光墓誌》，其葬年應爲北齊皇建二年（561），而非天統三年（567）。該墓誌出土於河北省磁縣，今藏瀋陽博物館。④今據《霍遷墓誌》又可爲是連氏"魏後或復舊氏"添一案例，復可知周隋時期猶有是連氏姓族。誌云："仁壽之初，轉杭州總管府司士行參軍。又遷同昌郡主簿。"同昌郡，《隋書》卷29《地理志上》同昌郡小注云"西魏逐吐谷渾，置鄧州。開皇七年改曰扶州"，其統縣有尚安，小注云："西魏置縣及鄧寧郡。開皇初郡廢，大業初置同昌郡。"⑤則霍遷任同昌郡主簿當在大業初。誌云"葬於都郭東北廿里"，又曰"恐長河似帶，深谷成陵"，且墓誌出土於孟津，則"都郭"應指隋代新都洛陽城。大業九年（613）《□寶遷暨妻張氏墓誌》"卒於都郭之隆化里第……合葬於東都郭北八里"⑥，又有1936年出土於洛陽城北前海資村的大業七年（611）《張濤妻禮氏墓誌》"窆於都郭之北九里"⑦，皆可爲證。

---

① 《隋書》卷68《何稠傳》，北京：中華書局，1973年，第1596頁；《北史》卷90《何稠傳》同。
② 姚薇元：《北朝胡姓考》修訂本，北京：中華書局，2007年，第61頁。
③ 王仲犖：《蜡華山館叢稿續編》，北京：中華書局，2007年，第120頁。
④ 趙萬里：《漢魏南北朝墓誌集釋》第2冊，北京：科學出版社，1956年，第71頁上下；趙萬里：《漢魏南北朝墓誌集釋》第4冊，北京：科學出版社，1956年，第208頁上下。圖版與錄文又分見《北京圖書館藏中國歷代石刻拓本滙編》及趙超《漢魏南北朝墓誌彙編》。
⑤ 《隋書》卷29《地理志上》，北京：中華書局，1973年，第821頁。
⑥ 誌石今存開封市博物館。李健超：《增訂唐兩京城坊考》修訂本，西安：三秦出版社，2006年，第311頁。
⑦ 王其禕、周曉薇：《隋代墓誌銘彙考》第4冊，北京：綫裝書局，2007年，第172頁。

一三九　李協墓誌

【基本信息】

李協墓誌，出土於山西長治市，誌石今存民間。誌文20行，滿行20字，隸書兼篆書筆意，有方界格。蓋題8字，3行，第1、3行皆3字，中間1行2字，陽文篆書，有方界格。誌石拓本長50.5釐米、寬50釐米。誌蓋覆斗形，盝頂正中刻飾一朵蓮花與連珠紋。

【誌蓋】

隋故李府君墓誌銘

【誌文】

君諱協，字龜和，河東聞喜人也。後居上黨縣之永隆鄉。自天地分元，星精降其神兆；陰陽經緯，靈氣應其先君。莫不翼贊周秦，聲騰花萼，衣纓世襲，史策相傳。十四世祖李方，風神秀出，壯志孤樹，朝野仁倫，國城高操。漢和帝以獫狁方強，羣飛沙漠，以方威振戎夷，橫戈塞北，征討有功，拜河東太守。父顯，智術幽深，聲高雅俗，孝昌之末，授留民郡守。值魏道陵遲，尒朱爭政，八方扇動，九縣分崩。以河東地嶮羊腸，川逾劍閣，避世東遊，遂居此邑。君器識英明，風猷放暢，眇然高峻，德望惟深。授河東聞喜縣令，辭榮賞目，養性丘園，心翫真原，體歸空寂。豈謂丹竈無烟，忽同風炎，陽秋六十有九，五月十日，川逝不追，奄終世務。即剋大隋大業九年歲在大梁建寅之月廿二日丁酉遷葬於上黨城東之四里。地維原壤，東連壺口之隘；山川平隰，西接郪侯之都。孤墳望於九馗，松楊悲於四序。庶使市朝先變，人世俱移，篆素塵飛，冀存貞石，嗚呼哀哉，乃爲銘曰：

惟君惟德，門多族望。或公或王，世傳卿相。叶晉匡周，仁倫遠曠。川逝俄歸，英聲已喪。崇山東固，漳河北流。松楊悽切，風月陵秋。埏門寂寂，大夜幽幽。惟今惟古，何泣何憂。

【疏證】

誌云李協"字龜和，河東聞喜人也。後居上黨縣之永隆鄉"，李協家族遷至上黨的時間與緣由，墓誌亦有叙述，其云："值魏道陵遲，尒朱爭政，八方扇動，九縣分崩。以河東地嶮羊腸，川逾劍閣，避世東游，遂居此邑。"這個歷史大背景應該是北魏末年，宮廷爭鬥劇烈，武泰元年（528）靈太后胡氏鴆殺孝明帝元詡，立年僅三歲的幼主元釗爲帝，時爲太原王的北魏權臣尒朱榮借口爲孝明帝舉哀而自晉陽發兵，直搗洛陽，立長樂王元子攸爲帝，即孝莊帝，改元建義，遂殺靈太后與元釗，沉於黃河，誘集王公百官兩千餘人於河陰而戕之，此即河陰之變。由墓誌適可印證彼時尒朱榮一路南下，沿途攻伐擄掠，民不聊生，致使河東百姓多有流離失所、背井離鄉者，李協一族就是在此境遇中從河東的聞喜縣，遷徙到了東北方向約五百里遠的上黨縣（今山西省長治市），這無疑是研討北魏河東地區流民史的絕好案例。

誌云李協十四祖李方嘗在漢和帝時因征討西羌獫狁有功，拜河東太守，其父李顯在北魏孝昌之末，授留民郡守，史傳皆無載。按《魏書》卷106下《地形志二下》有宜民郡無留民郡①，墓誌作留民郡，蓋誤。李協史傳無載，誌云其曾任"河東聞喜縣令"，聞喜縣，《魏書》卷106下《地形志二上》正平郡有聞喜縣，小注云："二漢、晉屬河東，後屬。"②《隋書》卷30《地理志中》聞喜縣屬絳郡③，誌云河東聞喜縣，蓋沿舊稱。誌云"大業九年歲在大梁建寅之月廿二日丁酉遷葬"，檢《二十史朔閏表》，大業九年（613）為癸酉年。"大梁"為星次名，屬十二年周而復始的歲星紀年法。即按照古天文將黃道附近一周天十二等分二十八度的排列紀年，"自胃七度至畢十一度為大梁，於辰在酉，趙之分野，屬冀州"④。"建寅之月"即正月，此用夏歷法。以此推之，大業九年（613）正月廿二日正是"丁酉"。誌文書享年多作"春秋"，此作"陽秋"者殊爲少見。墓誌書法爲隸楷相雜，而又兼篆書筆法，頗爲古奧。齊隋以至晚唐五代間，上黨地區石刻書法較多帶有古風，似受隋唐兩京地區影響程度並不特別顯著，演變也稍慢，甚至包括墓誌蓋上正中多用浮雕獸面圖案與多書刻輓歌等形式，皆富有地方特徵。

---

① 《魏書》卷106下《地形志二下》，北京：中華書局，1974年，第2642頁。
② 《魏書》卷106下《地形志二上》，北京：中華書局，1974年，第2485頁。
③ 《隋書》卷30《地理志中》，北京：中華書局，1973年，第850頁。
④ 《晉書》卷11《天文志》，北京：中華書局，1974年，第308頁。

一四〇　郝宜墓誌

【基本信息】

郝宜墓誌，1998 年 5 月出土於陝西延長縣黑家堡鎮瓦村望莊臺，誌石今存延長縣文物管理委員會。誌文 14 行，滿行 17 字，正書，有方界格。誌蓋 11 字，4 行，第 1、4 行，每行 1 字；第 2、3 行，每行 4 字，陽文篆書，有方界格。誌石長寬均 51 釐米。誌蓋覆斗形，長寬均 54 釐米，盝頂長寬均 39.5 釐米、殺面高 7 釐米。四殺綫刻水波忍冬紋。盝頂四角分別刻有獸面紋、菊花紋及蓮花紋。研究參詳段雙印、馬旭東《隋郝伏願墓誌考釋》[①]。

【誌蓋】

隋故朝請大夫郝伏愿銘記

【誌文】

君諱宜，字伏願，望出西衢國人耶。四世祖郝子魚，有得西將胡人一餘向東，往至太原治。經十五年衰弱，爲魏所統，遂授蒿城郡守，領民酋長，因官食封。父宜，至天和元年五月於國有勳效，去建德元年三月授開府儀同三司。願至開皇元年，刺史裴陵公用願州主簿。至開皇元年七月，尚書省司勳，授珍難將軍。當年五月，授延安郡河清府大督。至大業元年二月，箭代州勳，詔授儀同三司，授朝請大夫。五年正月十八日，授定城府鷹揚郎將。大業七年從駕正遁。八年迴還，至涿郡界薨，還達於家館。九年三月五日，葬在延安郡東百里。住在去斤川蕭斗村北一里道。

【疏證】

段雙印、馬旭東《隋郝伏願墓誌考釋》，嘗就郝宜之郡望、族屬、家世與履歷等情狀有所考釋，然該文在錄文及標點方面尚有疏誤，考證亦有未盡之處，皆需給予訂補。

墓誌言郝宜"望出西衢國人"，西衢國，不載於史載。據《佛說眾許摩訶帝經》載："又第三日請佛受供，佛入三摩地，往西衢陀洲取得尾螺迦閃他果，還來先至迦葉住處。"[②]北宋高僧法演禪師《悼浮渡圓鑒禪師》亦云："浮渡巖前青瘦柏。叢林筲出標風格。夜來寒影落西衢。誰唱胡笳十八拍。"[③]則西衢國乃是西域之地，由此亦可推測郝宜一族蓋系胡人。墓誌又言"四世祖郝子魚，有得西將胡人一餘向東，往至太原治。經十五年衰弱，爲魏所統，遂授蒿城郡守，領民酋長，因官食封"。文辭雖對郝氏一族的流徙交待不甚清晰，但基本可以

[①] 段雙印、馬旭東：《隋郝伏願墓誌考釋》，西安碑林博物館：《碑林集刊》第 14 輯，西安：陝西人民美術出版社，2009 年，第 16—19 頁。

[②] [宋]法賢譯：《佛說眾許摩訶帝經》卷 9，《大正新修大藏經》第 3 冊，臺北：新文豐出版公司，1983—1987 年，第 959 頁下。

[③] [宋]法演撰，惟慶編：《法演禪師語錄》卷下《黃梅東山演和尚語錄》，《大正新修大藏經》第 47 冊，臺北：新文豐出版公司，1983—1987 年，第 667 頁上。

認定郝宜先祖確是從西域徙居太原，並在北魏初年曾任胡族官職"領民酋長"，由此更能印證郝宜家族的匈奴胡身份。依據《元和姓纂》與《新唐書·宰相世系表》，可知郝氏族源大略是出於郝胥氏，太昊氏之佐也。商帝乙之世，裔孫子期封於太原郝鄉，因以爲氏。郝氏遠祖有郝晏爲秦上卿，晏孫瑗，爲太原守。瑗子夔，爲漢匈奴中郎將。漢代以後郝氏郡望以太原房最盛，其著名者有後梁太傅郝潔、後燕從事中郎郝略、桓温參軍郝隆、唐太原尉郝昕等人。①《北朝胡姓考》"郝氏"云："太原郝氏，出自烏丸大人郝旦之後，以名爲氏，烏丸族也。"又詳加稽考曰："烏丸爲東胡族'氏族無常，以大人健者名字爲姓'。酋名郝旦，其部屬必以郝爲氏。烏丸自漢氏入塞後，布列沿邊諸郡，與諸胡雜處，故魏晉以後，邊郡諸胡每多郝氏。晉惠帝元康中，匈奴郝散、郝度元兄弟叛，攻破上黨、馮翊、北地三郡。懷帝時，王浚將烏丸郝襲叛降石勒，支胡郝索聚衆屯於新豐。後魏天興初，杏城盧水胡郝奴率種人内附。北齊武成初，延州稽胡郝阿保、郝狼皮率種人降於北齊。其後蒲川別帥郝三郎屢叛。據此，知魏晉之世，除烏丸有郝氏外，匈奴、盧水胡、稽胡及支胡，皆有以郝爲氏者。"②由此亦可推斷郝宜一族正是先徙居太原、後歸附北魏的烏丸東胡。

墓誌先言"君諱宜，字伏願"，又言"父宜"，再言"願"，皆指郝宜一人，之所以言"父宜"，蓋因誌文撰者爲郝宜之子，抑或以郝宜之子的名份撰寫，而這種情形在墓誌中並不鮮見。郝宜歷宦周、隋兩朝，其在隋所任"尚書省司勳"即司勳侍郎，屬尚書省吏部，品階爲正六品。其所任"延安郡河清府大督"與"定城府鷹揚郎將"，皆是研討隋代軍府分布的重要史料。延安郡河清府爲前賢稽考隋代鷹揚府所闕，可據誌以補。"定城府"，前賢有據唐儀鳳二年（677）《趙文雅妻邊氏墓誌》"祖道，隋任左驍衛定城府左果毅"以補③，並依據唐天寶七載（748）《史庭墓誌》"父皇朝隨任華州定城府左果毅"與唐天寶十一載（752）《齊子墓誌》"遷華州定城府左果毅都尉"，認爲定城府是"唐承隋之舊續置。隸華州"④。今據《郝宜墓誌》可將定城府的信據提至隋代。

誌文"褊城郡守"當即"褊城郡守"，《魏書》卷106上《地形志二上》載"東燕州"領郡有"褊城郡"，小注曰"武定元年置"，而褊城郡所領廣武、沃野二縣，亦皆"武定元年置"⑤。又，《魏書》卷106下《地形志二下》"東夏州"領郡亦有"褊城郡"，小注曰"太和元年置"，且此褊城郡領縣廣武縣小注亦曰："前漢屬太原，後漢、晉屬雁門，後屬。有三城、褊城。"⑥《隋書》卷29《地理志上》延安郡即北魏東夏州，其統縣"豐林"小注曰："後魏置，曰廣武，及褊城郡。開皇初郡廢，十八年改爲豐林，大業初又併沃野縣入焉。"⑦誌文所言"褊城郡"當是北魏東夏州領郡，其地當今延安市東北。

---

① [唐]林寶撰、岑仲勉校記：《元和姓纂（附四校記）》卷10，北京：中華書局，1994年，第1565—1566頁；《新唐書》卷73下《宰相世系表三下》，北京：中華書局，1975年，第2988頁。
② 姚薇元：《北朝胡姓考》修訂本，北京：中華書局，2007年，第273—274頁。
③ 趙力光：《西安碑林博物館新藏墓誌彙編》上册，北京：綫裝書局，2007年，第163頁。
④ 張沛：《唐折衝府匯考》，西安：三秦出版社，2003年，第60、426頁。
⑤ 《魏書》卷106上《地形志二上》，北京：中華書局，1974年，第2494頁。
⑥ 《魏書》卷106下《地形志二下》，北京：中華書局，1974年，第2629頁。
⑦ 《隋書》卷29《地理志上》，北京：中華書局，1973年，第811頁。

一四一　張道淵暨妻衛氏墓誌

【基本信息】

張道淵暨妻衛氏墓誌，出土時地與收藏信息皆不詳。誌文13行，滿行13字，正書，有方界格。誌石尺寸亦不詳。墓誌拓本於盛世收藏網［興業堂］磚誌碑拓雜項2007年7月15日披露。

【誌文】

維大業九年歲次癸酉十月辛未朔二日壬申，祖故張不疑孫道淵并夫人故衛金達女葬於女古之西，□石碑一區，石人一雙，石羊虎一□，石門一具，石志一合，墓田九□，□□卌七步，四面籿外，各有兩步，□□塹長圍，當明堂門外，別有地□□墓籿齊西，尋道南北一十八步，□世作燈，明田爲至，無窮之歲，其墓左青龍，右白虎，前朱雀，後玄武，上祖□在北墳相去一百餘步，交龍□□立侍，顒顒羊虎□□，以徒而不□□石勒名示□□。

【疏證】

誌文中的"籿"字當是"料"之異體字。

此墓誌內涵更類似於買地券，其雖出土所在未詳，但從書法風格尚存魏齊古風推測，且又與山西沁源出土的開皇四年（584）《韓貴和墓誌》楷法相近，則大約不出於中原偏北部的山左山右地區。誌云"祖故張不疑孫道淵并夫人故衛金達女葬於女古之西"，可知誌主爲張不疑孫張道淵與妻衛氏，而衛氏則是衛金達之女，"女古之西"不可解，或爲"女谷"之別。張不疑、張道淵、衛金達，皆不載於史。唯墓誌所記墓塋規制並神道各類石刻最詳，其云墓前樹立有"石碑一區，石人一雙，石羊虎一□，石門一具，石志一合"，又提及墓園方圓步數，以及有溝塹、明堂、祖墳等要素，皆可資瞭解隋代葬制之細節，亦對於探討中古時期葬制與墓園石刻及石像生等的分類和演變有著重要參證價值。

唐代封演《封氏聞見記》云："秦、漢以來，帝王陵前有石麒麟、石辟邪、石象、石馬之屬，人臣墓前有石羊、石虎、石人、石柱之屬，皆所以表飾墳壟，如生前之象儀衛耳。"[①]封氏將墓前立石人、石柱及石羊、虎等石像生，分爲帝王陵前所立與人臣墓前所立兩類。至於庶民百姓的墓地，通常是不能僭越或者多沒有經濟基礎以樹立石像生的。以早期的人臣墓爲例，茂陵的霍去病墓前石像生就是典型代表。墓前樹立石像生的葬俗盛於漢魏南北朝，《水經注》所載甚多。歸而納之：（1）石像生的種類有石人、石羊、石馬、石虎、石駝、石牛、石鳥、石獅。其中以石羊、石虎最多。除了石像生，還有石柱也頗爲普遍。（2）石像生的位置大多在墓冢的碑側（或有記碑北、碑東

---

① ［唐］封演撰、李成甲點校：《封氏聞見記》，瀋陽：遼寧教育出版社，1998年，第33頁。

西），也有直接立在墓隧前。還有立在墓冢附近的廟或祠前，這亦反映出其時有在墓冢附近立廟祠的習俗。（3）石像生多爲對稱的雙數。（4）凡墓冢立有石人、石柱、石獸等石像生者的身份均爲高官、名將、地方官員或大姓豪族。（5）正史中包括注文所載立石像生者均爲政府或衆人集體修建，而《水經注》所載則多爲家族修建，且未見有平民百姓家墓冢之記叙。除了傳世文獻記載，出土材料所見則有安徽壽縣出土漢代刻石之《劉氏冢鎮墓石羊第一石》與《劉氏冢鎮墓石羊第二石》爲經典案例，題刻文字大略云："□立主。移葬。□□子孫不響，留者□□去□□□東□之□，青石黄［表］，書□水精，與相絶，祀鱷魚□。□黄米二升，與祖□卷轉世，無有死者。即欲有死者，須石羊能顧，□□而□，足可□□，乃應召呼。以爲不信，石羊爲真。如律令。"①從這些刻石題款及題刻文字來看，安徽壽縣劉氏冢前所立兩石羊均有鎮墓作用。

西晉元康八年（298）《晋故武威將軍魏（雛）君侯柩》，墓誌似小碑形，圭首，陽面與陰而刻銘文。值得注意的是，同時又立有二石柱柩銘，其一殘缺下半銘文皆曰："元康八年二月甲戌朔十日將軍魏君志神柩也。"②當然這二石柱所起作用與墓碑相當，蓋因墓誌埋入墓中，再立二石柱以誌墓主生平。還有一條西晋永嘉三年（309）的記載，仍出於《水經注》卷23"過水"注："過水南有譙定王司馬士會冢。冢前有碑，晋永嘉三年立。碑南二百許步，有兩石柱，高丈餘，半下爲束竹交文，作制極工。"③這裏記載的是在司馬士會冢前立碑，碑南有兩石柱，而且申明石柱上的飾紋"作制極工"。其未見記錄立有石獸的狀況，或許與當時的喪葬令有關，"《晋令》曰：諸葬者皆不得立祠堂、石碑、石表、石獸。"④石表即石柱。又有《寶刻叢編》卷15《江南東路·建康府》"晋冠軍將軍史侯墓石柱"條注引《諸道石刻録》云："晋冠軍將軍中校尉北中郎將五兵尚書□□刺史史侯墓石柱在溧陽。"⑤而《宋書》卷15《禮志二》更是例舉了漢至東晋義熙年間墓葬制度的變化，其云：

> 漢以後，天下送死奢靡，多作石室石獸碑銘等物。建安十年，魏武帝以天下雕弊，下令不得厚葬，又禁立碑。魏高貴鄉公甘露二年，大將軍參軍太原王倫卒，倫兄俊作《表德論》，以述倫遺美，云"祇畏王典，不得爲銘，乃撰録行事，就刊於墓之陰云爾"。此則碑禁尚嚴也。此後復弛替。晋武帝咸寧四年，又詔曰："此石獸碑表，既私褒美，興長虚僞，傷財害人，莫大於此。一禁斷之。其犯者雖會赦令，皆當毁壞。"至元帝太興元年，有司奏："故驃騎府主簿故恩營葬舊君顧榮，求立碑。"詔特聽立。自是後，禁又漸頽。大臣長吏，人皆私立。義熙中，尚書祠部郎中裴松之又議禁斷，於是至今。⑥

---

① 毛遠明：《漢魏六朝碑刻校注》第2册，北京：綫裝書局，2008年，第163頁。
② 趙萬里：《漢魏南北朝墓誌集釋》第3册，北京：科學出版社，1956年，第5頁下—第6頁下。
③ ［北魏］酈道元著、［清］王先謙校：《水經注疏》，成都：巴蜀書社，1985年，第393頁上。
④ ［宋］李昉等：《太平御覽》卷589《文部五》，北京：中華書局，1960年，第2653頁。
⑤ ［宋］陳思：《寶刻叢編》，《石刻史料新編》第1輯第24册，臺北：新文豐出版公司，1977年，第18323頁。
⑥ 《宋書》卷15《禮志二》，北京：中華書局，1974年，第407頁。

上述記載説明，三國魏武帝時已下令禁立碑，甘露二年（257）遵守得還相當嚴格，到西晉武帝時又下詔禁斷。而到了東晉元帝太興元年（318）破例爲顧榮立碑之後，"禁又漸頹"。義熙中"又議禁斷"，是否真的禁斷，由於文獻記載的闕失，暫不明晰。但是義熙總共十四年，之後的恭帝司馬德文即位，年號爲元熙，執政不到一年東晉就滅亡了，則東晉在喪葬制方面的規定對於南北朝究竟有多大約束作用，很難講清楚。實際上，史書恰好記載了梁朝對相關制度的規定：梁天監"六年，申明葬制，凡墓不得造石人獸碑，唯聽作石柱，記名位而已。"①則在梁代天監之前，還是存在"造石人獸碑"的現象，於是朝廷禮儀做了相應規定，申明墓前只能立石柱，達到記名位的目的即可。説明南朝梁時，在墓葬上一定是沿襲了兩漢以來的風尚。

南北朝時期的素材更見豐富，僅檢閱北魏墓誌中記載墓塋制度及神道石刻等，目前所見較早者當爲 1996 年陝西咸陽渭城區正陽鎮發現的北魏熙平二年（517）《張宜墓誌》，其銘文之後附刻一行文字，曰："龍碑一枚、石虎二枚、石羊二枚。"②其次有 1988 年秋出土於河北省行唐縣南橋鄉的北魏永熙三年（534）《李盛墓誌》云"石羊碑文各四枚。在舍東北五百步"③，言石羊四枚可解，而言碑文四枚則不可解矣。以上兩條記載説明北魏時期在葬地立石碑、石羊、石虎的情況依然存在。而且，《魏書》卷 93《趙脩傳》載："脩之葬父也，百僚自王公以下無不弔祭，酒犢祭奠之具，填塞門街。於京師爲制碑銘，石獸、石柱皆發民車牛，傳致本縣。財用之費，悉自公家。凶吉車乘將百兩，道路供給，亦皆出官。"④此云京師爲趙脩父親的墓冢制碑銘，發民車運送石獸、石柱的敘述，更能説明朝野已視此爲喪葬中的常規制度。北周的相關記載較少，僅見宣政元年（578）《僞齊在京爲荷王釋褐辟任齊安成主倍贈車騎將軍時珍墓誌》載："瑩石磨玉，彫屏鏤密。似漢主之金陵，像周王之王室。丘前復作明堂，獸柱，師子，符門。選擇良工，鎸成雅□。"⑤是云墓前立有"獸柱""師子"。

通過國家相關禮制、政令可見魏武帝、晉武帝、梁武帝時都曾下令禁止立碑、立表、立石人獸，然正因屢禁不止，才會出現各朝禁令的交替頒布。梁代葬令允許立石柱，或因石柱自漢代以來極爲興盛，亦或南朝一些石柱上鎸刻著死者生平事迹，起到了碑誌的作用。北朝則通過《張宜墓誌》《時珍墓誌》記載，可見北魏、北周不但有立石像生的實例，而且依據《魏書·趙脩傳》，可知北魏京城尚有制造碑銘、石獸、石柱的作坊，北朝政府也未如魏晉南朝頒布喪葬令對立碑立石像生加以制止。

進入隋朝，開皇年間的《喪葬令》規定："三品已上立碑，螭首龜趺。趺上高不得過九尺。七品已上立碣，高四尺。圭首方趺。若隱淪道素、孝義著聞者，雖無爵，奏，聽立碣。"⑥這條記載僅提到葬三品至七品官員立碑碣高度及形制等規定，沒有提到對墓前立石

---

① 《隋書》卷 8《禮儀志三》，北京：中華書局，1973 年，第 153 頁。
② 趙力光：《西安碑林博物館新藏墓誌彙編》上册，北京：綫裝書局，2007 年，第 9 頁。
③ 毛遠明：《漢魏六朝碑刻校注》第 7 册，北京：綫裝書局，2008 年，第 89 頁。
④ 《魏書》卷 93《趙脩傳》，北京：中華書局，1974 年，第 1998 頁。
⑤ 趙萬里：《漢魏南北朝墓誌集釋》第 4 册，北京：科學出版社，1956 年，第 228 頁上。
⑥ 《隋書》卷 8《禮儀志三》，北京：中華書局，1973 年，第 157 頁。

像生的規定，不知是國家允許還是史料闕載？而從幾方有相關記叙的墓誌文字來看，立石像生的情況不僅存在，而且記載得頗爲詳細。如 1999 年山西沁源縣出土的隋開皇四年（584）《韓貴和墓誌》略云：

  荆州南陽人也。韓貴和，祖宗因官流寓，寄居定陽。去武定年中，神武皇帝採訪英才，遂被州郡舉置爲中堅將軍、賀拔安定王參軍，後除三州界合宿嶺防境大都督。年邁，蒙天元皇帝旨，授和州伊川、隆州儀陽二郡守。後開皇三年，蒙時儀同三司、司農少卿、大使、南皮縣開國伯臣達瓚授荆州刺史。年九十一，以今開皇四年三月廿八日薨，今葬在村北三百步，石銘一枚，石柱一雙，並羊、虎、清磚大藏，隧道周悉，羊、虎、悲柱並在其所，葬後富貴吉昌。［下轉誌蓋背面］大葬墓在晉州降川彰壁上韓村。在西三里有堂弟韓買奴墓，羊、虎、悲柱亦在其所，官榮職爵，備在悲銘。①

這裏記叙了韓貴和墓前有石銘、石柱、石羊、石虎。又記其堂弟韓買奴墓前亦立有"羊、虎、悲柱"。"悲柱"即"石柱"，道出了立石柱寄悲情的寓意。有趣的是，誌文"羊、虎、悲柱並在其所，葬後富貴吉昌"一句，當反映了時人立石柱石像生求死者入土後能在另一個世界富貴吉昌的風俗理念，當然也不乏有對其後人吉昌富貴的福祐願望。與此相較，《張道淵暨妻衛氏墓誌》少了石柱，多了石門，且將墓所的具體位置、離祖墳的距離等更做了細致描述。

唐代墓誌中記叙墓園石刻信息較豐富的典型是唐開元三年（715）《唐故銀青光禄大夫巂州都督長沙郡公贈幽州都督吏部尚書文獻公姚府君玄堂記》：

  玄堂在陝州東硤石縣東北廿里崇孝鄉南陵里安陽公之原，即懷州長史府君塋東南五百四十步。懷州長史府君墳高一丈，周迴廿三步，石人、石柱、石羊、石獸各二，列在墳南；碑一所，在闕南廿步；柏樹七百八十六株。文獻公墳高一丈五尺，周迴廿五步，石人、石柱、石羊、石獸各二，列在墳南；碑一所，在墳南一十四步；柏樹八百六十株；闕四所，在塋四隅。

  右奉開元三年七月十四日制贈吏部尚書，諡曰文獻公。既奉朝恩，爰加禮秩，以其年十月己酉朔十三日辛酉卜兆叶吉，敢用封樹。其明器等物，總一百五十事，並此記並同瘞於玄堂南一十二步。第十子兵部尚書兼紫微令梁國公崇，蓼莪增感，悲號靡及，恐松柏方合，陵谷遷貿，而前誌先在壙内，事歸幽密，不敢輒啓，今敬鎸貞琰，以立斯記。

  開元三年歲次乙卯十月己酉秋十三日辛酉記。②

此乃姚崇爲其父所撰玄堂記，是所見記載隋唐之間士大夫家族墓塋制度及石刻類别之最細詳者，其中的石獸即石虎，爲避高祖父李虎名諱改焉。因爲是在墓塋之外修造玄堂，故言"前誌先在壙内，事歸幽密，不敢輒啓，今敬鎸貞琰，以立斯記"，以示敬畏有加耳。

---

① 王其禕、周曉薇：《隋代墓誌銘彙考》第 1 册，北京：綫裝書局，2007 年，第 128 頁。
② 周紹良、趙超：《唐代墓誌彙編續集》開元 009，上海：上海古籍出版社，2001 年，第 459 頁。

唐代的喪葬制對官員立碑與立石像生有等級上的規定,《唐會要》卷38《服紀下》"葬"記載:"舊制。碑碣之制。五品以上立碑。螭首龜趺。趺上高不過九尺。七品以上立碑。圭首方趺。趺上不過四尺。若隱淪道素。孝義著聞。雖不仕亦立碣。凡石人石獸之類。三品以上用六。五品以上用四。"①不但明確五品和七品以上碑的高度、碑首形狀雕飾、碑趺,還明確規定墓前立石像生亦要依據官階品級的不同數量有異。這些制度又寫在了法律中,據《唐律疏議·雜律》曰:"諸營造舍宅、車服、器物及墳塋、石獸之屬,於令有違者,杖一百。雖會赦,皆令改去之;墳則不改。"[疏]議曰:"墳塋者,'一品方九十步,墳高一丈八尺。'石獸者,'三品以上,六;五品以上,四。'此等之類,具在令文。若有違者,各杖一百。雖會赦,皆令除去,唯墳不改。稱'之屬'者,碑、碣等是。若有犯者,並同此坐。"②如有違反者,要遭受杖刑。有趣的是,凡官府供葬的石質或陶質物品的制作,均由將作監下設甄官署負責制作供給。《舊唐書》卷44《職官志三》記載:"甄官令掌供琢石陶土之事。凡石磬碑碣、石人獸馬、碾磑塼瓦、瓶缶之器、喪葬明器,皆供之。"③這些"琢石陶土之事",自然包括了"石磬碑碣、石人獸馬"。這些物件不但官方供給,還受到法律保護,不允許他人毀壞。《唐律疏議》卷27《雜律》第443條載:"諸毀人碑碣及石獸者,徒一年;即毀人廟主者,加一等。……[疏]議曰:喪葬令:'五品以上聽立碑,七品以上立碣。塋域之內,亦有石獸。'其有毀人碑碣及石獸者,徒一年。'即毀人廟主者,加一等',徒一年半。"④唐代喪葬制對碑碣、石像生的明文規定,並寫進法律條文,不僅包含著嚴格執行的作用,也極具法律保護的意義。

從上述史料對於中古葬制特別是墓園石刻制度的梳理中,適可見證墓誌文獻所記叙的隋代墓葬石刻制度的基本情形,以及承上啓下的基本內涵,其中關於石刻類型、數量及墓園方圓,以及溝塹、明堂、祖墳等要素細節,無疑對於隋代《喪葬令》的泛泛記載有以補充和印證。

---

① [宋]王溥:《唐會要》卷38《服紀下》,上海:上海古籍出版社,1991年,第809頁。
② [唐]長孫無忌等撰、劉俊文點校:《唐律疏議》卷26《雜律》第403條,北京:中華書局,1983年,第488頁。
③ 《舊唐書》卷44《職官志三》,北京:中華書局,1975年,第1896頁。
④ [唐]長孫無忌等撰、劉俊文點校:《唐律疏議》卷27《雜律》第443條,北京:中華書局,1983年,第517頁。

一四二　潘嗣墓誌

【基本信息】

潘嗣墓誌，2006 年出土於河南洛陽，誌石今存洛陽民間。誌文 20 行，滿行 20 字，正書兼隸書筆意，有方界格。蓋題 9 字，3 行，每行 3 字，陽文篆書，有方界格。誌石長 36.5 釐米、寬 37.5 釐米。誌蓋長 37.5 釐米、寬 38.5 釐米。墓誌蓋圖案極富文化與藝術元素，四殺爲卷草紋，盝頂中部爲蓋題，四角各有一雙環連珠八角團花圖案，且外環皆呈火焰紋，四方爲四神與雲紋圖案，四神首尾皆呈順時針方向，其中的玄武圖案最爲奇特，表現爲龜蛇分體、龜蛇相隨、兩首對望。此種分體式玄武圖像極爲少見，唯漢鏡中有見。墓誌圖版載在趙君平、趙文成《秦晋豫新出墓誌蒐佚》[①]。

【誌蓋】

隋故七交戍主潘君銘

【誌文】

君諱嗣，字繼伯，本宗州人。其先楚大夫尫之苗裔，晉河陽令岳之後也。祖生，爲魏丹楊郡守，後爲交州刺史。考顯，齊楚州新昌、密雲二縣令。君承彼芳猷，誕斯懿德，岐嶷見美，齠齔称神。巖巖起万仞之基，駸駸方千里之致。始聞詩礼，言立之道備焉；後好百家，諸子之心得矣。加以心存貞質，性好廉隅，高蹈史魚之蹤，遠得鮑牙之操。于時永昌王以君山含美玉，海潤明珠，朗物鑒人，光纓曜綬，遂召君爲參軍，於是五材利用，百工咸袟，斧析順理，剖決以時。獨標幕府之風，孤擅龍門之德。至開皇初，人惟求舊，爵賞惟賢，是應旌命，更斑禮袟。又任儀同杜崇司兵參軍，既而亮直王室，夙夜公家，庶績咸熙，百事有叙。至大業二年，特拔爲七交戍主。不謂四時有謝，五福無徵，電影須臾，溘然歸滅。春秋七十有六，卒於富義里之第。即以大業九年十月三日窆君於東都城南之地。故雕琢他山，依俙德行，冀同蘭菊，不絶長年。乃爲銘曰：楚世潘尫，晉時潘岳。匡君事主，褰帷入幄。族望江南，家瞻河朔。文德不朽，曠遠綿邈。少遊天闕，早謁承明。朱門自曜，玉馬相榮。哀哉泉壤，儵忽生平。西陵幾望，東海桑生。

【疏證】

潘嗣與其祖生、父顯，史皆不載。誌云潘嗣"本宗州人"。宗州，《舊唐書》卷 39《地理志二》河北道有貝州，其云："隋爲清河郡。武德四年，平竇建德，置貝州……八年，還於舊治。九年，以廢宗州之宗城、經城來屬，又以廢毛州之臨清來屬。天寶元年，改爲

[①] 趙君平、趙文成：《秦晋豫新出墓誌蒐佚》第 1 冊，北京：國家圖書館出版社，2011 年，第 117 頁。

清河郡。乾元元年,復爲貝州。"①貝州領縣有宗城,其云:"隋舊。武德四年,置宗州,領宗城、府城、南宫、斌强四縣。九年,廢宗州及府城、斌强二縣,以經城、宗城屬貝州,南宫屬冀州。"②據《舊唐書》卷39《地理志二》所載,可知唐代的貝州即隋代的清河郡,宗城亦隋之舊縣。而武德四年(621)同時置貝州與宗州,至武德九年(626)而廢宗州,並以宗城縣屬貝州。再檢《太平寰宇記》卷54"宗城縣"條對其沿革離合更有清晰記述:"本漢章帝分鉅鹿地立廣宗縣,屬鉅鹿郡。後魏于縣理置廣宗縣,屬清河郡。隋開皇三年罷郡,仁壽元年改廣宗爲宗城縣。唐武德四年於此置宗州,領宗城縣;九年廢宗州,以縣屬貝州。今屬魏州。"③《隋書》卷30《地理志中》清河郡宗城縣小注亦云:"舊曰廣宗,仁壽元年改。"④綜上,則知隋代的清河郡廣宗縣,在漢魏時期分别隸屬鉅鹿郡,在隋仁壽元年(601)改爲宗城縣。唐武德四年(621)置宗州,領宗城縣,武德九年(626)又廢宗州以宗城縣屬貝州。而《潘嗣墓誌》竟已言其"本宗州人",與文獻記載宗州乃唐初始有的名稱有悖,推測或爲墓誌誤將宗城寫作宗州。

誌云"其先楚大夫尪之苗裔,晋河陽令岳之後也"。潘尪,春秋时期楚国大夫。潘岳,《晋書》卷55《潘岳傳》云:"潘岳字安仁,滎陽中牟人也。祖瑾,安平太守。父芘,琅邪内史。"⑤《元和姓纂》卷4潘姓"廣宗"房略云:"今宋城縣。勗生芘、滿。芘生岳。滿生尼。本居滎陽中牟,孫才,爲晋廣宗太守,因家焉。八代孫紹業,後魏隋州刺史;生子義,隋尚書右丞。孫求仁,唐屯田郎中、杭州刺史。"⑥其中潘紹業即潘永基,紹業爲其字,《魏書》卷72《潘永基傳》略云:"潘永基,字紹業,長樂廣宗人也。父靈虬,中書侍郎。永安二年,除潁川太守,遷東徐州刺史。永熙中,爲征東將軍、金紫光禄大夫、遷車騎將軍、左光禄大夫。尋加衛大將軍。復除東徐州刺史。長子子禮,州主簿。子禮弟子智,武定中,太尉士曹参軍。"⑦《北史》卷45《潘永基傳》略同,又載:"子子義、子智。子義學涉有父風,仕隋至尚書右丞。"⑧則兩書所載潘永基長子名有子禮與子義之異。潘嗣一門雖不載於史,然亦必系出廣宗一房。隋代墓誌中還有大業十一年(615)《張志相妻潘善利墓誌》,云"潘夫人諱善利,宗城人也。晋河陽令岳之苗裔,齊主仗君榮之元女"⑨,亦爲潘氏廣宗房。

誌云"于時永昌王以君山含美玉,海潤明珠,朗物鑒人,光縷曜綬,遂召君爲參軍",永昌王或即高道豁,《北齊書》卷21《高昂傳》載:"皇建初,追封昂永昌王。道豁襲,武

---

① 《舊唐書》卷39《地理志二》,北京:中華書局,1975年,第1496頁。
② 《舊唐書》卷39《地理志二》,北京:中華書局,1975年,第1497頁。
③ [宋]樂史撰、王文楚等校點:《太平寰宇記》卷54,北京:中華書局,2007年,第1113頁。
④ 《隋書》卷30《地理志中》,北京:中華書局,1973年,第847頁。
⑤ 《晋書》卷55《潘岳傳》,北京:中華書局,1974年,第1500頁。
⑥ [唐]林寶撰、岑仲勉校記:《元和姓纂(附四校記)》卷4,北京:中華書局,1994年,第513—514頁。按此條記載與史傳之異岑氏已出校,如潘岳世系、潘紹業任東徐州刺史非隋州刺史。據《文館詞林》補潘子義在北齊時,"武帝以通直散騎常侍、判東平王開府中郎事潘子義兼持書侍御史"。詳參校記,兹不復述。
⑦ 《魏書》卷72《潘永基傳》,北京:中華書局,1974年,第1623—1624頁。
⑧ 《北史》卷45《潘永基傳》,北京:中華書局,1974年,第1678頁。
⑨ 王其禕、周曉薇:《隋代墓誌銘彙考》第5册,北京:綫裝書局,2007年,第171頁。

平末,開府儀同三司。入周,授儀同大將軍。開皇中,卒於黄州刺史。"①衡以時代,潘嗣當在高道豁王府任參軍。誌云"又任儀同杜崇司兵參軍",杜崇,檢史傳皆無載。誌云:"至大業二年,特拔爲七交戍主"。隋代軍戍名稱史不多見,《隋書》僅記"敦煌"一例,即開皇初"尒朱勣以謀反伏誅,萬歲頗相關涉,坐除名,配敦煌爲戍卒。其戍主甚驍武,每單騎深入突厥中,掠取羊馬,輒大剋獲"②。隋代墓誌所見還有開皇十八年(598)《宋睦墓誌》"除九京戍主,一十八年後任驛馬幢主"③,大業十年(614)《陸平墓誌》"除絳郡大谷戍主"。據《隋書》卷28《百官志下》,隋代戍主分上、中、下,上戍主爲正七品、中戍主爲正八品、下戍主爲正九品。④又,"七交戍"所隸何州何地,尚不可考知。對於北朝軍戍的研究,可參考日本學者宫川尚志《南北朝之軍主隊主戍主等》⑤。

誌云"春秋七十有六,卒於富義里之第。即以大業九年十月三日窆君於東都城南之地"。《河南志》載定洛陽定鼎門街之西第二街有北廣利坊,小注云:"按:廣利坊本在厚載門街之西,西市之北,其後徙於此地。"定鼎門街之西第三街又有懷義坊,小注云:"按:韋述《記》:唐通濟坊即隋懷義坊。今通濟外更增懷義,蓋唐廣利坊之地。廣利即隋富義坊。隋有陳叔寶宅。"⑥可知"富義里"確爲隋代洛陽坊里。此《潘嗣墓誌》所記適可與《兩京新記》互證。

---

① 《北齊書》卷21《高昂傳》,北京:中華書局,1972年,第296頁。
② 《隋書》卷53《史萬歲傳》,北京:中華書局,1973年,第1354頁;《北史》本傳略同。
③ 王其禕、周曉薇:《隋代墓誌銘彙考》第2冊,北京:綫裝書局,2007年,第292頁。
④ 《隋書》卷28《百官志下》,北京:中華書局,1973年,第787、789頁。
⑤ 宫川尚志:《南北朝之軍主隊主戍主等》,《東洋史研究》1955年第6號,第436—464頁。
⑥ [清]徐松輯、高敏點校:《河南志》,北京:中華書局,2012年,第26、27頁。

一四三　董重暨妻梁氏墓誌

【基本信息】

董重暨妻梁氏墓誌，2008 年出土於河南洛陽北邙山，誌石今存洛陽民間。誌文 22 行，滿行 22 字，正書，有方界格。蓋題 9 字，3 行，每行 3 字，陰文正書，有方界格。誌石長寬均 41 釐米。誌蓋覆斗形，盝頂長 35 釐米、寬 34 釐米。誌蓋四殺素面。墓誌圖版載在趙君平、趙文成《秦晉豫新出墓誌蒐佚》①，齊運通、楊建鋒《洛陽新獲墓誌二〇一五》②。

【誌蓋】

大隋董公梁夫人墓銘

【誌文】

公諱重，字榮貴，隴西人也。漢相仲舒之後。自下幃服業，文功盛於相時；上略舉兵，武職光於將世。紆青曳紫，動玉鳴金，光諸簡策，可略言矣。祖茂，給事中、員外步兵校尉、陽平縣令，褰幃訟息，布政改風，雨逐車澆，蟓隨境出，卒贈交州刺史。父弘萬，殿內將軍、寧朔將軍、安國侯、新昌郡太守。去織以行其治，酌泉不易其心，德備行藏，道兼舒卷。公業就東郊，名芳西序，吐椒蘭於脣吻，懸水鏡於心智，故得屢降弓車，高才入選。授開府參軍，隋任春官府大學、洛州武器子監，轉洛州百工監。隋開皇十年十月五日搆疾彌留，卒於江州潯陽縣，春秋五十有四。大業九年十月十四日返窆雒陽縣崇讓鄉。夫人梁氏，竦之後也。祖□，秦州刺史，父洽，嵩州康城縣丞、朔州司戶參軍。夫人言唯美令，表四德之顯聞；孝感神靈，標六行之光著。躬儉節用，志在女功。以隋開皇六年六月四日卒於洛州河南縣欽政鄉，春秋卅有五，同葬於邙山華原鄉，表同穴也。昔伯鸞噫歌之地，元凱託葬之山。北望長河，南觀峻岳，至如風前鳥吟，月下墳孤，空令寶劍之懸，終落隨琴之淚。乃爲銘曰：

本之上葉，玉美桂芬。冠冕自職，簪纓苾民。出納唯命，可否獨申。鐫金授爵，鏤簡書勳。繼德嗣賢，公之赫弈。汪汪仁行，乾乾史籍。語馥椒蘭，信敦金石。人世何期，隟駒掩夕。卜宅邙野，長河之前。墳荒宿草，松闇孤煙。空教鶴唳，徒令劍懸。自茲成夜，幾度千年。

【疏證】

董重及其父、祖三代，皆不見載於正史。誌云董重爲隴西人，漢相董仲舒之後。檢《元和姓纂》卷 6 董姓"隴西房"，董仲舒一支未見記載。"殿內將軍"即殿中將軍，隋避中字，

---

① 趙君平、趙文成：《秦晉豫新出墓誌蒐佚》第 1 冊，北京：國家圖書館出版社，2011 年，第 119 頁。
② 齊運通、楊建鋒：《洛陽新獲墓誌二〇一五》，北京：中華書局，2017 年，第 60 頁。

改中爲内。誌云董重"高才入選，授開府參軍"，以後一句強調"隋任"云云，則其起家任開府參軍當在隋代以前。誌云："隋任春官府大學、洛州武器子監，轉洛州百工監。"春官府大學，其意不甚明，或指其在禮部和太學任職。洛州武器子監、洛州百工監，《隋書》卷 28《百官志下》行臺省載"每行臺置食貨，農圃，武器，百工監、副監、各一人"①，則洛州也有與京師長安一樣的行臺省機構，子監之稱或同於少監，即副監。行臺諸副監爲視從八品，行臺諸監爲正八品。②誌云："隋開皇十年十月五日搆疾彌留，卒於江州潯陽縣，春秋五十有四。大業九年十月十四日返窆洛陽縣崇讓鄉。"江州潯陽縣，《隋書》卷 31《地理志下》九江郡小注曰"舊置江州"，統縣溢城，小注曰"舊曰柴桑，置尋陽郡。梁又立汝南縣。平陳，郡廢，又廢汝南、柴桑二縣，立尋陽縣，十八年改曰彭蠡。大業初置郡，縣改名焉。"③可知尋陽設縣在隋開皇九年（589）平陳之後到開皇十八年（598）改縣名爲彭蠡之前，而董重於開皇十年（590）卒在江州潯陽縣，恰在設縣之間。又，《元和郡縣圖志》卷 28"江州"小注曰"潯陽"，其管縣"潯陽縣"云："本漢舊縣，屬廬江郡，以在潯水之陽，故曰潯陽。隋平陳，改潯陽爲彭蠡縣，大業二年改爲溢城縣，武德五年復改爲潯陽縣。"④實則隋以前史籍文獻多作"尋陽"，唐以後始多作"潯陽"，故今見墓誌已作"潯陽"之寫法值得措意⑤，蓋自隋代始初露"潯陽"寫法之端倪，入唐以後方隨著縣名的改易爲"潯陽"而漸趨廣泛並約定俗成矣。洛陽縣所轄"崇讓鄉"，此鄉名見載於隋代墓誌者，僅此一例。⑥

誌云："夫人梁氏，竦之後也。"梁竦爲東漢時期著名的思想家、文學家，《後漢書》卷 34 有傳。據誌知梁氏之祖曾任秦州刺史，父梁洽，任嵩州康城縣丞、朔州司戶參軍，史傳皆無載。誌云"以隋開皇六年六月四日卒於洛州河南縣欽政鄉"，欽政鄉名在隋代文獻中僅此一見。⑦

---

① 《隋書》卷 28《百官志下》，北京：中華書局，1973 年，第 779 頁。
② 《隋書》卷 28《百官志下》，北京：中華書局，1973 年，第 790 頁。
③ 《隋書》卷 31《地理志下》，北京：中華書局，1973 年，第 894 頁。
④ [唐]李吉甫撰、賀次君點校：《元和郡縣圖志》，北京：中華書局，1983 年，第 675—676 頁。《舊唐書》卷 40《地理志三》江州潯陽條曰"武德四年，復爲潯陽，潯水至此入江爲名"，北京：中華書局，1975 年，第 1609 頁。
⑤ "潯陽"的寫法在隋代以前還可找到一例，即見載於《洛陽出土北魏墓誌選編》圖 215（北京：科學出版社，2001 年）和《漢魏六朝碑刻校注》第 3 冊第 276 頁（北京：綫裝書局，2009 年）的北魏太和十八年（494）《陶浚墓誌》曰"潯陽柴桑人也"，然而雖黑"尋陽"已寫作"潯陽"，但墓誌的真贗頗有可疑，故不能作爲支持北魏時期已出現"潯陽"寫法的依據。
⑥ 周曉薇、王其禕：《片石千秋：隋代墓誌銘與隋代歷史文化》，北京：科學出版社，2014 年，第 256 頁。
⑦ 周曉薇、王其禕：《片石千秋：隋代墓誌銘與隋代歷史文化》，北京：科學出版社，2014 年，第 244 頁。

一四四　元誠墓誌

【基本信息】

元誠墓誌，出土於西安南郊少陵原，誌石今存西安博物院。誌文29行，滿行30字，正書，有方界格。蓋題16字，4行，每行4字，陽文篆書，有方界格。誌石長54釐米、寬54釐米、厚9釐米。誌蓋長54釐米、寬54釐米、厚7釐米、盝頂長46釐米、寬45.5釐米。誌蓋四殺素面無紋飾。誌石表面剥泐嚴重，文字殘損較多。墓誌圖文載在《西安新獲墓誌集萃》[①]，劉文《陝西新見隋朝墓誌》[②]。

【誌蓋】

大隋故梁州白雲縣令元府君之墓誌銘

【誌文】

大隋故白雲縣令元□□□墓誌銘并序
君諱誠，字孝恭，河南洛陽人也。派源天漢，滔滔帶地之□；□□□□，隱隱□□之氣。國史方屬，云之詳矣。祖□，魏使持節、驃騎大將軍、開府儀同三司、侍□□右衛大將軍、尚書右僕射、青冀徐兗五州諸軍事五州刺史、司徒、太□公、義陽王，式居端右，見執法之節；乃作司徒，弘在寬之教。親賢並寄，功德懋於□□；車服兼隆，寵□光於踐土。父政，魏使持節、驃騎大將軍、開府儀同三司、散騎常侍、大行臺左丞、侍中、著作郎、吏部尚書、大宗正卿、魯郡公，贈徐兗二州刺史，謚曰威公。世濟明德，禮崇八命；俞往惟才，任兼五省。山濤啓事，多謝得人；鄭默侍言，有慚□□。既曰宗英，是稱國寶。君籍冑葭莩，早承教義，稟靈醇粹，□彰□璧。事親孝敬，鄉邑化其移家；立志清貞，時輩推其脩己。長波萬頃，響毀□□其德；□盖千□，霜露寧虧其色。加以溫恭自度，敏博多聞，終朝造席，若飲醇□，累日□□，詎□明鏡。豈直迎門倒屣，所謂王公之孫，一見嗟欽，方知曜卿之□，若斯而已哉。當塗既謝，曆命歸周，凡厥維城，皆爲崇德，□□□移□變舊□□宮□□令相希更時務。君以聲高洛下，器蓋宗中，方□□之馬□，譬魏家之□□。□□實彼周行，□□封調。周大象元年授司土上士，既居□秩之官，實佐□□□□。君盡勤□□，□土推宜，疏導隨方，塗泥咸乂。故使金□復道，曾無蟻□□；□曰休功，歲見留舍之益。皇隋膺□，推之運用，億兆□心，下搜揚之書，□□□之選。以君續著前朝，名□□士，特降優旌，仍□□樸。開皇二年授梁州白雲縣令，華陽黑水，□曰舊邦，□寇讎，□爲新邑，□□□□，井田彫弊。君洞識□情，深知治術，下車布教，罕任威刑，先之仁愛，□其□本之心；課以耕桑，移其□□之性。學備鄉□，禮讓作於鄒魯；家脩廉恥，草□遠於藿蒲。故以考勣□□，□□隣邑。方當騁足□□，□□杜邵，運促道悠，逝川無反。仁壽二年四月

[①] 西安市文物稽查隊：《西安新獲墓誌集萃》，北京：文物出版社，2016年，第28頁。
[②] 劉文：《陝西新見隋朝墓誌》，西安：三秦出版社，2018年，第93頁。

十二日□，春秋六十有九，以今大業九年歲次癸酉十月辛未朔十四日甲申遷窆於大興縣小陵原。雖復□□□，何救埋玉之冤；碧海爲田，永結沉珠之恨。□子□雄，哀過度而莫訓，□陟□而長號。敬刊無愧之辭，□慰蓼莪之感。銘曰：

漢稱藩輔，周曰維城。□□有魏，亦寄宗英。乃□□□，□襲公卿。鴻都□狀，□□揚名。顯允夫君，□懃踵武。響高先輩，功□□□。□□□□，□□□□。人□□□，家殷箱庚。未搏逸翮，遽委窮泉。荒郊悽切，寒野□眠。□□□□，草短□□。□□原之不變，歷万古而攸傳。

【疏證】

　　元誠祖名諱殘缺，父元政。考《周書》卷38《元偉傳》云：“元偉字猷道，河南洛陽人也。魏昭成之後。”①知元偉係出北魏宗室昭成一支。《周書》卷38《元偉傳》又云：“太祖天縱寬仁，性罕猜忌。元氏戚屬，竝保全之，內外任使，布於列職。孝閔踐祚，無替前緒。明、武纘業，亦遵先志。雖天厭魏德，鼎命已遷，枝葉榮茂，足以逾於前代矣。然簡牘散亡，事多湮沒。今録其名位可知者，附於此云。”②説明北周對衰亡的魏朝宗枝較爲寬容，因而使得北魏元氏戚屬，不僅準許他們生存，而且“內外任使，布於列職”。檢對《元偉傳》後附録的元氏戚屬名位，其中有“柱國大將軍、特進、尚書令、少師、義陽王元子孝”和“侍中、驃騎大將軍、開府儀同三司、吏部尚書、魯郡公元正”③，可知誌主元誠祖當即元子孝，父當即元正，墓誌作“政”。而元誠一族亦當爲北魏宗室昭成一支後裔。

　　誌云元誠“周大象元年授司土上士”，《通典》卷39後周官品正三命冬官工部有小司土上士。④誌云“開皇二年授梁州白雲縣令”，梁州白雲縣，《隋書》卷29《地理志上》汉川郡小注云“舊置梁州”，統縣有南鄭，小注云：“舊置漢川郡。開皇初郡廢，大業初置郡。又西魏置白雲縣，至是併入焉。”⑤又云：“周時梁州，以併雍部。及漢，又析置益州。在《禹貢》，自漢川以下諸郡，皆其封域。漢中之人，質樸無文，不甚趨利。性嗜口腹，多事田漁，雖蓬室柴門，食必兼肉。好祀鬼神，尤多忌諱，家人有死，輒離其故宅。崇重道教，猶有張魯之風焉。每至五月十五日，必以酒食相饋，賓旅聚會，有甚於三元。”⑥而墓誌則記述道：“華陽黑水，□曰舊邦，□□寇讎，□爲新邑，□□□□，井田彫弊。君洞識□情，深知治術，下車布教，罕任威刑，先之仁愛，□其□本之心；課以耕桑，移其□□之性。學備鄉□，禮讓作於鄒魯；家脩廉恥，草□遠於蘧蒲。故以考較□□，□□隣邑。”這不僅是對元誠任白雲縣令期間所作所爲的歌功頌德，也是對當時白雲縣政情與民風的真實反映。而若以元誠在周隋間的宦迹低微來考量，亦可見證北魏宗室後裔在彼時的政治社會地位日趨衰落情態之一斑。

---

①《周書》卷38《元偉傳》，北京：中華書局，1971年，第688頁。
②《周書》卷38《元偉傳》，北京：中華書局，1971年，第689頁。
③《周書》卷38《元偉傳》，北京：中華書局，1971年，第690頁。
④［唐］杜佑著，［日］長澤規矩也、尾崎康校訂，韓昇譯訂：《北宋版通典》第8冊卷39《職官二十一》，上海：上海人民出版社，2008年，第376頁。
⑤《隋書》卷29《地理志上》，北京：中華書局，1973年，第817頁。
⑥《隋書》卷29《地理志上》，北京：中華書局，1973年，第829頁。

一四五　王均暨妻申氏墓誌

【基本信息】

王均暨妻申氏墓誌，出土於山西長治市，誌石今存民間。誌文 20 行，滿行 20 字，隸書，有方界格。誌石長 45 釐米、寬 45 釐米。墓誌圖版載在劉焯東《中國民間藏誌識讀》①，《墓誌書法精選》第 5 冊《王均墓誌·梁溆墓誌》②。

【誌文】

君諱均，字始平，太原人也。芬芳華冑，肇周靈王之風；煒曄英苗，挺鬱馨蘭之氣。溧源冠蓋，震雅範於河東；花萼衣纓，誕高名於江左。祖子，歷宦河東郡丞，清高勤務，鋒穎難倫，郡守梁挾特舉拜爲龍門縣令。父因，齊高王立蔭招賢與封，奉命迴轅，遂居上黨。閑廷二載，辟任太原郡主簿；輔政三周，秉朝松直，郡守柳昇召任太原郡郎中。君豫章吳猛之孝，幼節非倫；扶風瀍真之辭，豈獨爲尚。加以登神靖閱，武拔文高，周孔之道通玄，愷悌之儀自解。聲高海內，遲邐欽仁，公私所逼，舉爲平望。君齎金訪主，飲馬投錢，等孫敖之衣，同晏嬰之食。冀欲揚名世則，朝野移風。不謂禍及良賢，奄同物化。開皇廿年四月四日，年七十有一而終。夫人申氏，千齡閑教，四德隨躬，麗響同蘭，猶來皎藝。粵以大業九年歲次癸酉，年七十二而終，十月辛未朔十四日甲申合葬上黨城東四里壺口之南。其銘曰：

重規將相，累成君雅。誕範彝倫，乃周天下。公閑禮德，名高朝野。寶駕停軒，飜調素馬。洛川匪匹，趙璧靡般。鏗鏘巧制，窈窕能端。長辭寶帳，永別閨蘭。幽泉地冷，隴栢風寒。昏昏火宅，遊遊大羅。鏡花含象，月影浮波。去來神識，轉換消磨。無人無主，誰自誰他。

【疏證】

誌主王均及其祖子、父因，並文中所及河東郡守梁挾、太原郡守柳昇，皆未見載於史。齊高王即齊神武帝高歡，見《北齊書·神武帝紀》與《北史》卷 6《齊本紀上》。壺口即壺關。壺關縣屬上黨郡，大業初廢壺關縣入於上黨縣。《魏書》卷 106 上《地形志上》上黨郡小注："秦置，治壺關城，前漢治長子城。董卓作亂，治壺關城，慕容儁治安民城，後遷壺關城。皇始元年遷治安民，真君中復治壺關。"其統縣壺關小注曰："二漢、晉屬，後罷，太和十三年復。"③《隋書》卷 30《地理志中》上黨郡上黨縣小注曰："舊置上黨郡，開皇初郡廢。有壺關縣。大業初復置郡，廢壺關入焉。"④上黨爲北齊神武帝

---

① 劉焯東：《中國民間藏誌識讀》，鄭州：河南美術出版社，2011 年，第 104—105 頁。
② 《墓誌書法精選》第 5 冊《王均墓誌·梁溆墓誌》，北京：榮寶齋出版社，2015 年，第 2—19 頁。
③ 《魏書》卷 106 上《地形志上》，北京：中華書局，1974 年，第 2467 頁。
④ 《隋書》卷 30《地理志中》，北京：中華書局，1973 年，第 849 頁。

之聖地，《北齊書》卷 1《神武帝紀上》曰："初，魏真君中內學者奏言上黨有天子氣，云在壺關大王山。太武帝於是南巡以厭當之，累石爲三封，斬其北鳳凰山，以毀其形。後上黨人居晉陽者，號上黨坊，神武實居之。"①《北史》卷 2《魏本紀二》云：太平真君九年（448）二月，世祖太武帝"遂西幸上黨。詔於壺關東北大王山累石爲三封，又斬其鳳皇山南足以斷之。"②天保初，高歡封第七子高渙爲上黨王。龍門縣，《隋書》卷 30《地理志中》河東郡龍門縣小注曰："後魏置，並置龍門郡。開皇初郡廢。"③吳猛，晉代道士。字世雲，豫章分寧人，"少有孝行，夏日常手不驅蚊，懼其去己而噬親也"。載《晉書》卷 95《藝術傳》。法真，扶風郿縣人，東漢名士，號玄德先生，載《後漢書》卷 83《逸民傳》。齎金訪主，"謝（承）爲《後漢書》曰：黃向，字文章。爲性廉潔，常步行於路中，得金璣一囊，可直二百餘萬，募求得其主，還之。"④飲馬投錢，漢趙岐《三輔決錄》載："安陵清者有項仲山，飲馬渭水，每投三錢。"⑤

---

① 《北齊書》卷 1《神武帝紀上》，北京：中華書局，1972 年，第 6 頁。
② 《北史》卷 2《魏本紀二》，北京：中華書局，1974 年，第 59 頁。
③ 《隋書》卷 30《地理志中》，北京：中華書局，1973 年，第 850 頁。
④ ［宋］李昉等：《太平御覽》卷 425《人事部·清廉上》，北京：中華書局，1960 年，第 1958 頁。
⑤ ［漢］趙岐：《三輔決錄》，西安：三秦出版社，2006 年，第 15 頁。

一四六　杜懿暨妻韋氏墓誌

【基本信息】

杜懿暨妻韋氏墓誌，出土於西安市長安區杜陵原，誌石今存民間。誌文32行，滿行32字，正書，有方界格。誌石拓本長72釐米、寬71.5釐米。

【誌文】

大隋故太僕卿杜君之墓誌銘

君諱懿，字弘仁，京兆杜陵人也。二守夾河，名高漢冊；五世清德，譽重晉庭。不墜冠冕，海內歸其箸族；遞爲卿相，天下稱其世家。不絕良史之書，故可得而略也。祖顒，魏使持節、征西將軍、金紫光禄大夫、太尉公、都督、三雍幽涇五州諸軍事、雍州刺史、平陽武公。父秀，周征東將軍、右金紫光禄大夫、儀同三司、渭州刺史。維君降德英靈，資神穎悟。映玉質於髫齓，振金聲於觹觽，發號神童，終成令望。建德四年，起家即爲左司衛左侍伯色。五年，轉爲司服下士。及乎隋運且昇，霸圖肇建，即謀同德，仍授禮曹參軍。既屬崩壞，誠資制作，捃摭頹綱，於茲大備。開皇元年，蒙授御府直長。三年，襲封甘棠縣男，邑二百戶。十二年九月遷爲金部侍郎。應皇象之尊，伺泉府之重，握蘭敷奏，僉曰惟宜。十九年，蒙授大都督。二十年，出爲北道行軍總管府長史。董察戎旐，首僚督府，自非深識奇正，豈得總司戎幕。既而制勝在乎罇俎，折衝寄於帷帳。決機兩陣，策勳第一。飲至行賞，進授儀同三司。鼎飪之和，台楷之峻，儀形之美，莫尚於斯。其年十月，敕授內舍人。大業元年，蒙授河南縣令。于時卜惟雒食，百堵初興，民利用遷，五方繁會。君首膺規撫之政，創謀教富之術。革頑民於殷俗，鉏荼穢於周餘，穆此淳黎，覃茲聖化，造之與因，見其難矣。三年四月，入爲殿內大監。其年四月，又加朝請大夫。公既三虎之取，掌實九龍之裏，庭樹不言，欄楯無譴。至十月，轉授禮部侍郎。四年八月，奉敕檢校河南贊治。接畛則黍稷彌望，離房則機杼相和。反本爭歸，遷善罔匱。五年十月，蒙授太僕卿，良以慎同數馬，善若御龍，故得邜勿金鷗之節，騰驤玉鷺之度。方當侍瑶池之高讌，陪玉檢之升封。而與善無徵，殲良遂及。以大業六年十月八日薨於私第，時年五十五。維公鑒度弘遠，器宇純粹，覩物識奥，研道知機。故能契闊權輿，思媚嗣德。坐光九棘，位重千金。及乎贊毗神牧，享割京縣，潛思以化其本，不言以遷其俗，洋洋乎德之爲政也。夫人韋氏，京兆人也。祖遠，廷尉卿。父□□□。夫人工容之盛，四德無虧；笄縏之嚴，五事斯飭。年十有七，歸于杜氏。仁壽三年，策拜永樂縣君。既以達禮見封，且得從夫有秩。以大業元年三月八日邁疾薨于私第，春秋卅九，以今九年太歲癸酉十月辛未朔十五日乙酉合葬於大興縣洪原鄉之延信里，禮也。世子虔福，痛乾川之夙傾，陟岵屺而長訣，敢髣髴乎紀著，用少申於貫撤。呼嗚孝矣，乃作銘云：

積德積慶，世禄世家。深根固柢，接耀連華。乃祖乃父，陽豔春葩。天降純德，早摽英跱。

色憂傷足，心驚噬指。祇敬六德，膏潤三史。濯纓宰府，矯翼崇華。榮均鄧驚，任等君牙。帝京富沃，王里豪奢。民知禮讓，吏息奸耶。齊姜宋子，魚駕鸞飛。兢兢沃盥，戰戰懸揮。方諧異室，忽此同歸。蘭摧鄭夢，璧碎秦宮。一埋匣玉，永閟鰓銅。黃山嚴其苦霧，白揚結其悲風。諒春秋之非我，日出入其安窮。

【疏證】

　　杜懿歷仕周隋，終官太僕卿，夫人韋氏，爲廷尉卿韋遠孫女，先於杜懿而卒，後合葬於大興縣洪原鄉之延信里。杜懿一房世系見載於《元和姓纂》和《新唐書·宰相世系表》，而關於杜懿一房世系及其葬地的梳理考證，可參大業九年（613）杜懿次子《杜祐墓誌》。西安市長安區博物館藏唐儀鳳元年（676）《韋孝忠妻杜大德墓誌》云："夫人諱大德，字普恩，京兆杜陵人也。……曾祖秀，魏黃門侍郎、周吏部侍郎、思寧縣開國公；祖懿，隨儀同三司、禮部侍郎、太僕卿、甘棠縣開國公；父乾福，皇朝朝散大夫、遂州司馬。"①所記杜秀、杜懿職官爵號有與《杜懿墓誌》不同者或爲入唐後所贈。而杜懿世子"乾福"與"虔福"之互異，乃爲入唐以後所改，亦參詳大業九年（613）《杜祐墓誌》。

　　誌云杜懿"建德四年，起家即爲左司衛左侍伯色"。司衛，《北史》卷30《盧辯傳》曰："（建德）四年，又改置宿衛官員。其司武、司衛之類，皆後所增改。"②北周大象元年（579）《尉遲運墓誌》云："建德元年，改授侍伯，轉右司衛，又除司武。"③《唐六典》卷28《太子左右衛及諸率府》云："後周東宮官員有司戎、司武、司衛之類。"④則杜懿起家爲東宮太子府宿衛。北周東宮侍衛，亦有左右之分。如仁壽三年（603）《蘇慈墓誌》云："宣政元年，授前侍伯中大夫。其年，授右侍伯中大夫。其年，周宣帝授右少司衛中大夫。大象元年，授司衛上大夫。"⑤開皇九年（589）《索盼墓誌》云索盼在北周"任左司衛府軍曹"，大業九年（613）《楊雄墓誌》云宣政元年（578）"仍授右少司衛中大夫"。侍伯，即西魏北周所設東宮侍衛禁兵名稱，亦分左右，《周書》《隋書》所見甚多。而"侍伯色"的說法較爲少見，正史僅見《北史》卷53《傅伏傳》云其"令於侍伯色宿衛，授上儀同"⑥，而"色"字也有履歷、腳色的義項，故可知"侍伯色"應該就是指在東宮府擔任宿衛禁兵這一類腳色，屬於最低等的禁兵，故可能連一命的品階也沒有。誌云："（建德）五年，轉爲司服下士。"司服，《隋書》卷11《禮儀志六》云："後周設司服之官，掌皇帝十二服。"⑦下士品階爲一命。誌云"開皇元年，蒙授御府直長"，御府直長，《隋書》卷28《百官志下》門下省載："統城門、尚食、

---

① 吳敏霞：《長安碑刻》上冊，西安：陝西人民出版社，2014年，第61頁。
② 《北史》卷30《盧辯傳》，北京：中華書局，1974年，第1101頁。
③ 毛遠明：《漢魏六朝碑刻校注》第10冊，北京：綫裝書局，2007年，第327頁。
④ ［唐］李林甫撰、陳仲夫點校：《唐六典》卷28《太子左右衛及諸率府》，北京：中華書局，1992年，第715頁；［唐］杜佑著，［日］長澤規矩也、尾崎康校訂，韓昇譯訂：《北宋版通典》第6冊卷30《職官十二》，上海：上海人民出版社，2008年，第207頁載："後周東宮有司戎、司武、司衛等員。"
⑤ 王其禕、周曉薇：《隋代墓誌銘彙考》第3冊，北京：綫裝書局，2007年，第63頁。
⑥ 《北史》卷53《傅伏傳》，北京：中華書局，1974年，第1931頁。
⑦ 《隋書》卷11《禮儀志六》，北京：中華書局，1973年，第244頁。

尚藥、符璽、御府、殿內等六局。"①其中御府局設直長四人②，爲從七品上階。誌云："開皇三年，襲封甘棠縣男，邑二百戶。"甘棠縣，《隋書》卷30《地理志中》河南郡有壽安縣，小注云："後魏置縣曰甘棠，仁壽四年改焉。"③誌云："十二年九月遷爲金部侍郎。"金部侍郎，《隋書》卷28《百官志下》尚書省載"度支尚書統度支、戶部侍郎各二人，金部、倉部侍郎各一人"④，爲正六品上階。誌云："十九年，蒙授大都督。二十年，出爲北道行軍總管府長史。……既而制勝在乎罇俎，折衝寄於帷帳。決機兩陣，策勳第一。飲至行賞，進授儀同三司。"檢《隋書》卷2《高祖紀下》載："（開皇二十年）夏四月壬戌，突厥犯塞，以晉王廣爲行軍元帥，擊破之。"⑤則杜懿或在此次擊破突厥的戰爭中立功進授。誌云"其年十月，敕授內舍人"，內舍人，《隋書》卷28《百官志下》載："門下坊，置左庶子二人，內舍人四人，錄事二人，主事令史四人。統司經、宮門、內直、典膳、藥藏、齋帥等六局。"⑥大業"三年四月，入爲殿內大監"，殿內大監即殿內監，《隋書》卷28《百官志下》門下省載："符璽、御府、殿內局，監各二人，直長各四人。"⑦殿內監爲正六品。誌云"其年四月，又加朝請大夫"，朝請大夫爲尚書省吏部官員，爲正五品，散官。誌云"至十月，轉授禮部侍郎"，《隋書》卷28《百官志下》尚書省載："禮部尚書統禮部、祠部侍郎各一人，主客、膳部侍郎各二人。"⑧誌云大業"四年八月，奉敕檢校河南贊治"，贊治，《唐六典》卷30《三府督護州縣官吏》"尹一人，從三品"條小注云："後漢省都尉，州又置別駕、治中，皆刺史自辟除。魏、晉已下皆因之。隋文帝罷郡，以州統縣，改別駕、治中爲長史、司馬。煬帝罷州置郡，罷長史、司馬，置贊治，後改爲丞。"⑨誌云"五年十月，蒙授太僕卿"，太僕卿爲隋代九寺之一的太僕寺第一長官，階正三品。

誌云"夫人韋氏，京兆人也。祖遠，廷尉卿"，韋遠，史傳無載。誌云韋氏"年十有七，歸于杜氏"。笔者嘗依據史傳與墓誌記載106例隋代女性資料，統計出隋代女子結縭年齡在17歲出嫁者共6人，今據此可增加數據爲7人。且據統計可以看出，隋代女子結縭年齡段主要在13—18歲，13—16歲人數居多，又尤以15歲人數最集中，基本繼承和延續著魏晉南北朝時期女子結縭年齡相對較早的傳統。同時，16—20歲結縭的人數也佔有一定比例，說明隋代在魏晉南北朝以來早婚習俗的基礎上，結縭年齡稍顯增高，同時也直接影響了唐代女子結縭的平均年齡趨向。⑩又從韋氏卒年在大業元年（605），年49歲，杜懿大業六年（610）卒，年55歲分析，兩人年齡僅相差1歲，似應爲元配，那麼17歲結縭的韋氏亦屬年齡偏大出嫁者。

---

① 《隋書》卷28《百官志下》，北京：中華書局，1973年，第774頁。
② 《隋書》卷28《百官志下》，北京：中華書局，1973年，第774頁。
③ 《隋書》卷30《地理志中》，北京：中華書局，1973年，第835頁。
④ 《隋書》卷28《百官志下》，北京：中華書局，1973年，第774頁。
⑤ 《隋書》卷2《高祖紀下》，北京：中華書局，1973年，第45頁。
⑥ 《隋書》卷28《百官志下》，北京：中華書局，1973年，第779頁。
⑦ 《隋書》卷28《百官志下》，北京：中華書局，1973年，第774頁。
⑧ 《隋書》卷28《百官志下》，北京：中華書局，1973年，第774頁。
⑨ [唐]李林甫撰、陳仲夫點校：《唐六典》卷30《三府督護州縣官吏》，北京：中華書局，1992年，第741頁。
⑩ 周曉薇、王其禕：《柔順之象：隋代女性與社會》第二章，北京：中國社會科學出版社，2012年，第27—54頁。

韋杜皆爲關中郡姓，京兆韋杜兩姓聯姻，且兩族更皆有貴爲三四品階的顯宦，則足以見證其家族在當時的政治勢力與社會地位之盛大。

誌云以大業九年（613）"合葬於大興縣洪原鄉之延信里"，"洪原鄉"又稱"洪源鄉"，爲史籍所闕。其名稱當沿用前朝舊稱，如北周天和五年（570）《侯莫陳道生墓誌》云："葬於京兆某縣洪源鄉。"①隋代墓誌有葬地謂"洪固鄉"者頗多，自與洪固原相關，但亦有題"小陵之原洪固鄉""高陽原洪固鄉"者，可知隋唐間長安城南小（少）陵原、高陽原、鳳棲原、畢原、樂游原等這些小原，其實往往相互交織迭錯，新舊名稱亦往往混用。以此推之，"洪原鄉洪原里"當與洪固鄉相毗連，同在小陵原上，或當在洪固鄉之南。唐代亦沿用洪原鄉名，如1985年長安縣大兆鄉兆寨村東北500米鮑陂磚瓦廠出土唐武德元年（618）《李制墓誌》云："合葬於萬年縣洪原之鄉。"②1958年，長安縣大兆鄉龐留村出土唐至德二載（757）《清源縣主墓誌》云："懸窆於咸寧洪原鄉少陵原。"1979年長安縣大兆鄉司馬村南澇池出土唐開成五年（840）《杜公長女墓誌》云："葬於萬年縣少陵原下洪原鄉主塋之隅故土也。"③又見《長安志》"萬年縣洪固鄉"條例舉"歐陽詹撰《左驍衛將軍馬實墓誌》云葬於京兆府萬年縣洪固鄉延信里司馬村之少陵原"④，則與開皇十五年（595）《元綸墓誌》"葬於大興縣之小陵原洪原鄉延信里"⑤、仁壽元年（601）《柳機墓誌》"遷厝於雍州大興縣洪原鄉延信里"及此《杜懿墓誌》"合葬於大興縣洪原鄉之延信里"之里名皆相合，至於隋唐兩朝在鄉名上的互異，或是唐代已將洪原鄉之"延信里"劃入洪固鄉矣。⑥

---

① ［北周］庾信撰，［清］倪璠注、許逸民校點：《庾子山集注》下冊，北京：中華書局，1980年，第950頁。
② 陳尊祥、郭盼生：《唐李制墓誌考釋》，《碑林集刊》第3輯，西安：陝西人民美術出版社，1995年，第47頁。
③ 上舉兩方墓誌載高峽：《西安碑林全集》卷81、卷88，廣州、深圳：廣東經濟出版社、海天出版社，1999年，第2980、3782頁。
④ ［宋］宋敏求撰，辛德勇、郎潔點校：《長安志》卷11，西安：三秦出版社，2013年，第357頁。
⑤ 魏秋萍：《長安新出隋開皇十五年〈元綸墓誌〉釋讀》，《考古與文物》2012年第6期，第100—103頁。
⑥ 周曉薇、王其禕：《片石千秋：隋代墓誌銘與隋代歷史文化》，北京：科學出版社，2014年，第196—200頁。

一四七 杜祐墓誌

【基本信息】

杜祐墓誌，出土於西安南郊長安區少陵原，2012年12月入藏西安碑林博物館。誌文22行，滿行23字，正書，有方界格。蓋題12字，3行，每行4字，陽文篆書，有方界格。誌石拓本長寬均44釐米。誌蓋拓本長寬均45釐米。蓋題四周上下兩邊綫刻蓮花紋，左右兩邊綫刻青龍白虎紋；四殺上下兩邊綫刻朱雀玄武蔓草紋，左右兩邊綫刻纏枝蔓草紋。墓誌圖文載在趙文成、趙君平《秦晋豫新出墓誌蒐佚續編》[①]，劉文《陝西新見隋朝墓誌》[②]，研究參詳王其禕、周曉薇《長安新出隋大業九年〈杜祐墓誌〉疏證——兼爲梳理隋唐墓誌所見京兆杜氏世系》[③]。

【誌蓋】

大隋故河源縣令杜君墓誌銘

【誌文】

大隋故河源縣令杜君之墓誌銘

君諱祐，字虔祐，京兆杜陵人也。在周初啓其族，逮漢載挺其英。御史接葉其才華，僕射世濟其明德。人倫摸揩，可略而言。曾祖顒，魏使持節、征西將軍、太尉公、都督三雍幽涇五州諸軍事雍州刺史、平陽武公；祖秀，周征東將軍、右金紫光禄大夫、儀同三司、渭州刺史；父懿，儀同三司、禮部侍郎、殿内監、河南尹贊治。維君擢玉質於崐峯，馥芳榮於蘭圃，辯悟清通，李膺嗟其夙智；聰慧明敏，武侯愛其早成。高祖文皇帝旰食霄衣，求賢舉善，乃詔百辟，各舉所知。君以譽重聲高，膺兹利觀，即授左勳衛，即開皇十九年，至二十年八月，仍爲司騎參軍。昔漢主臨師，灌嬰爲騎將；魏祖親戎，曹純爲騎督。董司於此，無愧前良。仁壽三年，遷爲符璽直長，故以經明睚孟，嚴彈霍光，擢自儕倫，超斯典尚。至大業五年，出爲河源縣令。君以少年試守，寔稱治據，利銜馭黠，談者美之。方當以異等超遷，高第召入，而長卿不過於園令，亭伯竟卒於長岑。以大業六年十月廿日遘疾終於縣所，春秋卅一，即以今大業九年太歲癸酉十月辛未朔十五日乙酉歸葬於大興縣洪原鄉小陵原，禮也。嗚呼哀哉，乃爲銘曰：

荀令之子，王公之孫。幼摽美質，夙擅清言。壯思泉涌，健筆雲奔。亦既筮仕，觀國之光。言司符璽，爰宰河陽。政清務靜，吏肅民康。九萬方搏，三千忽奄。風勁松哀，山危路嶮。不憑刊勒，安知顔冉。

[①] 趙文成、趙君平：《秦晋豫新出墓誌蒐佚續編》第1冊，北京：國家圖書館出版社，2015年，第208頁。
[②] 劉文：《陝西新見隋朝墓誌》，西安：三秦出版社，2018年，第95頁。
[③] 王其禕、周曉薇：《長安新出隋大業九年〈杜祐墓誌〉疏證——兼爲梳理隋唐墓誌所見京兆杜氏世系》，杜文玉：《唐史論叢》第14輯，西安：陝西師範大學出版總社有限公司，2012年，第1—25頁。

【疏證】

杜氏以其族長系大、累世多宦而被冠爲中古時期"關中郡姓"中的六大首望姓氏之一，又以其頗爲顯赫的漢魏逾昌、隋唐益劭的政治社會地位和強大的家族生命力而被譽爲"中華高族""三輔著姓"。自魏晉以迄唐末，杜氏衣冠人物，相繼不絶，其家族源遠流長，支脉亦多，而其作爲通世門閥則一直以京兆爲盛族、杜陵爲著姓，其郡望舊貫除京兆主房及瓜瓞自北朝的京兆本支以外，復有"洹水杜氏""中山杜氏""襄陽杜氏""濮陽杜氏"等幾房新望大都自永嘉亂後遷出京兆累世定居新地而形成①。杜氏既由漢代的京兆杜陵一地繁衍支分開來，則究其地望爲京兆杜陵的漢魏先祖，或多推以南陽豪族徙居茂陵又徙居杜陵的漢御史大夫杜周及其子杜延年乃至魏晉時的杜預一系。且自兹已降，遂有"天下諸杜、望高京兆"的美譽，並大凡杜氏亦多以系出京兆杜陵者爲榮耀。及至隋唐時期，長安城南杜陵一帶猶其成爲了趨於中央化、官僚化的京兆杜氏亦即"南杜"（城南諸杜）的聚居地，且以其"國門南出，杜陵故地"，地近宫闕，世多貴宦，復更有"城南韋杜、離天尺五"的盛名。然不無實情的是，隋唐時期的"關中郡姓"韋氏墓誌倒確乎有不少出土於斯，而杜姓墓誌之所出竟寥寥無幾，反而大多出在洛陽北邙，此誠一種不可忽視的現象②。不僅如此，即便是北朝以迄於隋唐時期的杜姓墓誌之總合，今之所見亦不過六七十例，其中葬地在長安者還真是屈指可數，故能在隋唐京師尤其是城南杜陵故地發現隋唐杜姓墓誌，委實並不易得。此《隋河源縣令杜祐墓誌銘》，正是一例可資探究京兆杜氏之瓜瓞出中晚唐宰相杜佑、杜悰一脉的唐代之前人物之典型。

杜祐及其父杜懿、祖杜秀、曾祖杜顒四代，可參正史考之。曾祖杜顒，《魏書》卷45本傳略云：杜顒爲杜洪太子、杜祖悦弟，"字思顔，孝昌二年，爲西征軍司，行岐州事。以守岐州勳，封平陽縣開國伯，邑五百户。武泰中，轉授岐州刺史。永安中，除涇州刺史。時万俟醜奴充斥關右，不行。乃爲都督，防守岐州。醜奴攻之，不克。事寧，除鎮西將軍、光禄大夫。以勳又賞安平縣開國伯，食邑五百户。以平陽伯轉授第二子景仲。後爲征西將軍、金紫光禄大夫，没於關西"③。祖杜秀，即杜景秀，正史無傳，而杜景秀兄杜景仲，則載在前引《魏書·杜顒傳》。杜懿與杜祐，正史皆無傳。據《元和姓纂》卷6"杜氏"京兆房略記："漢御史大夫周，本居南陽，以豪族徙茂陵；子延年，又徙杜陵。延年孫篤，篤曾孫畿，生元凱，當陽侯。當陽侯次子尹。尹六代孫顒，西魏安平公。安平公顒，雍州刺史，贈太尉，生景秀、景仲、景恭。景秀，後周渭州刺史；生懿，隋禮部侍郎、殿内監、甘棠公。懿生乾福、乾右、乾祚。乾福生崇允、嗣及。乾祐生續，主客郎中。續生知讓、知謙。"④而《新唐書》卷72上《宰相世系表二上》却將杜顒一支闌在"襄陽杜氏"房，所記次子"景秀，後周渭州刺史、思寧公"；景秀長子"懿，隋殿内監、甘棠公"，次子"遜，柏仁令"；懿長子

---

① 宋豔梅：《兩晉之際京兆杜氏地域選擇考論》，《常熟理工學院學報》（哲學社會科學版）2010年第11期，第102—105頁。
② 王力平《四至九世紀襄陽杜氏家族述論》一文强調應予考察京兆杜氏房支自永嘉亂後南遷襄陽以後政治地位及家學門風發生的變化，以及隋唐時期復歸鞏洛以後作爲僑興房支在仕途命運和家學家風上的再次轉變的問題。參詳張國剛：《中國社會歷史評論》第3卷，北京：中華書局，2001年，第58—73頁。
③ 《魏書》卷45《杜顒傳》，北京：中華書局，1974年，第1020頁。
④ 〔唐〕林寶撰、岑仲勉校記：《元和姓纂（附四校記）》卷6，北京：中華書局，1994年，第911、919、920頁。《元和姓纂》正文中的"乾右"，岑氏校記云："右，當如下文作祐，蓋弟兄均從示旁命名也。"

"乾播",次子"乾祐",三子"乾祚"①。今與《杜祐墓誌》互爲證補,可知史傳不載杜顒使持節、太尉公、都督三雍幽涇五州諸軍事雍州刺史、平陽武公諸職爵,不載杜秀(字景秀)周征東將軍、右金紫光禄大夫、儀同三司諸職,不載杜懿儀同三司、河南尹贊治諸職。而據大業九年(613)《杜懿暨妻韋氏墓誌》更可補杜懿在周隋所歷職官尤多。至於"虔祐",唐以後文獻多作"乾祐"。又《杜懿暨妻韋氏墓誌》記"世子虔福",《元和姓纂》則作"乾福",可證彼時排行爲"虔"而後改爲"乾"。再據新出唐景雲二年(711)《杜乾祚暨妻薛氏墓誌》②,略云:"君諱乾祚,京兆人也。曾祖顒,後魏征西將軍、金紫光禄大夫、東荆涇岐三州刺史、安平公。祖景秀,後魏黄門侍郎、金紫光禄大夫、儀同三司、贈渭州刺史。父懿,隨銀青光禄大夫、金部禮部侍郎、殿中監、甘棠公。"復云杜乾祚"解褐皇朝秦府護軍府録事參軍,轉任洛洲鞏縣令。貞觀廿年十二月廿日,春秋六十,終於洛洲城之私第也。夫人及君同殯於上東門外張村西南五里之禮也。以大唐景雲二年五月四日己酉朔,載安宅兆,合葬于安喜門外平樂鄉安善里杜郭村西二里北邙山之禮也。長子崇嗣,第三子崇業。"此亦可與《元和姓纂》《新唐書·宰相世系表》及《杜祐墓誌》互爲證補,如《元和姓纂》與《新唐書·宰相世系表》即於杜乾祚子孫兩代俱失載焉。

又,杜顒父杜洪太爲杜銓族子,而《魏書》卷45《杜銓傳》即言其爲"京兆人",且云:"初,密太后父豹喪在濮陽,世祖欲命迎葬於鄴,謂司徒崔浩曰:'天下諸杜,何處望高?'浩對京兆爲美。世祖曰:'朕今方改葬外祖,意欲取京兆中長老一人,以爲宗正,命營護凶事。'浩曰:'中書博士杜銓,其家今在趙郡,是杜預之後,於今爲諸杜之最,即可取之。'詔召見。"③《元和姓纂》即系在京兆房,《杜祐墓誌》亦云"京兆杜陵人",則唯不詳《新唐書》卷72上《宰相世系表二上》系杜顒一支在"襄陽"房之道理何在?以前舉杜祐弟杜乾祚一支既居葬於洛陽分析,疑在杜祐父杜懿嘗任隋河南尹贊治及杜乾祚任唐洛洲鞏縣令時,其族屬中已有一支因官定著於洛陽,而卒任隋河源縣令的杜祐其時却依然歸葬長安焉,那麽,《新唐書》卷72上《宰相世系表二上》將乾祐以上世系歸在"襄陽房"則顯然有誤。

至於杜祐其人,則可據墓誌知其本字虔祐,開皇十九年(599)授左勳衛,開皇二十年(600)八月爲司騎參軍,仁壽三年(603)遷符璽直長④,大業五年(609)出爲河源縣令,大業六年(610)十月廿日遘疾終於縣所,春秋卅一,大業九年(613)十月十五日歸葬於大興縣洪原鄉小陵原。誌文所記官職皆系以年份,由知杜祐二十歲任左勳衛,二十一歲任司騎參軍,二十四歲任符璽直長,三十歲任河源縣令。又據《隋書·百官志》,文帝朝勳衛隸宫衛十二行之外四行,以帥都督領,勳衛秩從七品,煬帝朝改名義曹。司騎參軍即司騎參軍事,隸司騎局,從七品。文帝朝符璽局置直長四人,從七品。河源縣屬龍川郡,

---

① 《新唐書》卷72上《宰相世系表二上》,北京:中華書局,1975年,第2424頁。
② 吳鋼:《全唐文補遺·千唐誌齋新藏專輯》,西安:三秦出版社,2006年,第113—114頁。
③ 《魏書》卷45《杜銓傳》,北京:中華書局,1974年,第1018—1019頁。
④ [唐]顔真卿:《顔魯公集》卷8《杜濟神道碑》,上海:上海古籍出版社,1992年,第55頁云:"隋符璽郎乾祐之玄孫。"隋文帝朝符璽局長官爲監,貳爲直長,煬帝朝改監爲郎,正六品。碑文蓋有誤焉。

蓋爲中縣，令長亦爲從七品。而從京官到地方官，品秩雖同，實則貶矣。至於杜祐十年間一直停留在從七品的緣故，尚不得考詳。又誌文於杜祐的盡職恪責，頗多以漢代典故爲喻，譬如其任"司騎參軍"協助管理騎兵，則以劉邦麾下驍勇的車騎將軍灌嬰和曹操麾下善戰的"虎豹騎"督帥曹純作比；又譬如其任"符璽直長"掌管帝王印信，則以博學的漢代公羊經學大師眭孟和謹慎的漢室輔政名臣霍光作比；再譬如其任"河源縣令""方當以異等超遷，高第召入"，竟齎志而没，撰者則以漢代文學家司馬相如終不過授官爲漢文帝的陵園令和崔駰因耿直而弃任長岑縣長作比，以憐惜其"壯思泉湧，健筆雲奔"却懷抱文才而未能施展。其所謂"以異等超遷，高第召入"者，則或可略窺隋代詮選制度在大業間趨重於文韜之一斑。如大業四年（608）冬十月嘗詔求孔子胄緒以立爲紹聖侯，繼而於大業五年（609）六月辛亥又大張旗鼓"詔諸郡學業該通、才藝優洽，膂力驍壯、超絶等倫，在官勤奮、堪理政事，立性正直、不避强禦四科舉人"①，皆可爲照應。誌文又言及"高祖文皇帝昃食霄衣，求賢舉善，乃詔百辟，各舉所知。君以譽重聲高，膺兹利觀，即授左勳衛，即開皇十九年"，檢閲《隋書》，此亦適可與開皇十八年（598）秋七月丙子，"詔京官五品已上，總管、刺史，以志行修謹、清平幹濟二科舉人"事相與印證②。

誌云杜祐葬於"大興縣洪原鄉小陵原"，"小陵原"，參詳大業十二年（616）《尹彦卿墓誌》。洪原鄉即洪源鄉，參詳大業九年（613）《杜懿暨妻韋氏墓誌》。由葬地分析，杜祐父杜懿亦"葬於大興縣洪原鄉之延信里"，故"小陵原"蓋即杜祐家族的塋域所在，而《杜祐墓誌》的出土地也無疑就在當時的小陵原洪原鄉延信里，亦即今天的長安區大兆鄉一帶。此外，杜牧撰《杜顗墓誌》誌主就是杜牧的弟弟、德順憲三宗宰相杜佑的孫子③，與隋代的杜祐一系同屬京兆房，且杜佑高祖杜淹與此隋代的杜祐乃爲同祖叔伯兄弟，故誌文"歸葬先塋"云云，或亦可作爲杜祐家族塋域之一證。又據長安出土顯慶元年（656）杜如晦弟《杜楚客墓誌》"京兆杜陵人""族茂中京""祔葬于平公（楚客父杜吒）之舊塋"云云④，可知京兆房本支的平公杜吒及其子杜楚客一系族塋當亦在長安城南杜陵亦即少陵原故地一帶。

唯再三展讀《杜祐墓誌》，可慨者良多，而顧其誌文之整飭與嫻雅，則非深於學養文采者所不能撰作，又其書法之端秀嚴正，亦必出於彼時善書者手，晚隋盛京文法與書風之流行時尚，於斯可得品味焉。

又，近年以來，對於地域性族群集團的研究漸成熱點，且尤多聚焦於北朝隋唐間"關中郡姓"與"山東郡姓"的家族遷徙發展史及其納入"關隴集團"理論背景下的政治史範疇的考察。而作爲"關中郡姓"首望之一的京兆杜氏，已有的關注與成果主要有劉静夫《京兆杜氏研究——魏晉南北朝士族門閥個案研究之二》⑤、王力平《四至九世紀襄陽

---

① 《隋書》卷3《煬帝紀上》，北京：中華書局，1974年，第73頁。
② 《隋書》卷2《高祖紀下》，北京：中華書局，1974年，第43頁。
③ ［唐］杜牧撰、何錫光校注：《樊川文集》卷9，上海：上海古籍出版社，2007年，第139頁。
④ 王連龍：《新見隋唐墓誌集釋》，瀋陽：遼海出版社，2015年，第75—81頁。
⑤ 劉静夫：《京兆杜氏研究——魏晉南北朝士族門閥個案研究之二》，《許昌師專學報》1993年第3期，第17—25頁。

杜氏家族述論》①、毛漢光《唐代大士族的進士第》②、李浩《唐代杜氏在長安的居所》③、宋豔梅《兩晉之際京兆杜氏地域選擇考論》④、宋豔梅《永嘉亂後京兆杜氏晚渡江左述論》⑤、呂卓民《長安韋杜家族》⑥、王力平《中古杜氏家族的變遷》⑦等著述。其中，對於唐代杜氏所作房分譜系之研究，已有學者就"碑誌所見杜氏遷居地與歸葬地"以表覽形式予以抽樣梳理，並"從著房支考察杜氏的歸葬地"，進而給予分析與推論，差能明晰透徹。⑧參鑒此種方式與内涵，筆者亦嘗據更多能夠知見的隋唐時期墓誌材料作《隋唐墓誌所見杜姓世系表解》予以條分縷析，並主要從遷居、歸葬地來歸結其彼時所定著房分與世系之情形，以冀望有助於研究杜氏家族籍貫遷徙及作中古杜氏譜牒之梳理分析，乃至於綜合考察京兆杜氏家族集團作爲"關中郡姓"與門閥士族在隋唐時期的中央官僚化及其播遷興衰諸問題。⑨歸結的結論大致有四：

一是京兆杜氏在盛唐以前已漸漸支分脈離出京兆而遷居洛陽，其作爲"關中郡姓"的首望似已趨於弱化並向東京洛陽轉移。

二是唐代杜姓墓誌往往自命爲京兆一系之所出，其實大多是祖述遠宗，且多以漢晉之杜周、杜預標爲京兆家族之淵源以顯示其房支門戶的清顯有依，而較少詳記彼時或因官或避亂而流寓某地的新著房分。

三是杜氏雖爲中古著姓，"族茂中京"，然北魏以下以迄於隋代，石刻文獻中的杜姓墓誌實在所見寥寥，降及唐代，杜姓墓誌從數量上看似有較大豐富於北朝，但相較於有唐三百年的時間段，又實不若同爲"關中郡姓"中的韋、裴、柳、薛、楊著姓及李、王、張、崔、盧、劉、郭、陳、趙、鄭等諸多中原大姓墓誌材料所見甚夥，且由此一角度似也可以約略見出諸姓與其政治社會地位的浮沉盛衰態勢。

四是從葬地看，唐代杜氏雖自詡爲"首關中甲族，冠海内世家"，然京兆杜氏一系真正定著長安的人數似並不最多，反而大宗蓋多返徙於洛陽、安陽（相州）、南陽一帶，譬如前舉同屬京兆杜陵房的隋朝杜祐的弟弟鞏縣令杜乾祚，唐貞觀二十年（646）卒葬於洛陽，推測這一支杜氏蓋至少在入唐後不久即徙居洛陽了。

---

① 王力平：《四至九世紀襄陽杜氏家族述論》，張國剛：《中國社會歷史評論》第 3 卷，北京：中華書局，2001 年，第 58—73 頁。
② 毛漢光：《中國中古社會史論》，上海：上海書店出版社，2002 年，第 334—364 頁。
③ 李浩：《唐代杜氏在長安的居所》，《中華文史論叢》2006 年第 3 輯，第 271—286 頁。
④ 宋豔梅：《兩晉之際京兆杜氏地域選擇考論》，《常熟理工學院學報》（哲學社會科學版）2010 年第 11 期，第 102—105 頁。
⑤ 宋豔梅：《永嘉亂後京兆杜氏晚渡江左述論》，《長安大學學報》（社會科學版）2011 年第 1 期，第 105—108 頁。
⑥ 呂卓民：《長安韋杜家族》，西安：西安出版社，2005 年。
⑦ 王力平：《中古杜氏家族的變遷》，北京：商務印書館，2006 年。
⑧ 李浩：《唐代杜氏在長安的居所》，《中華文史論叢》2006 年第 3 輯，第 271—286 頁；文中僅據唐代杜氏墓誌 29 通作隨機抽樣分析。
⑨ 王其褘、周曉薇：《長安新出隋大業九年〈杜祐墓誌〉疏證——兼爲梳理隋唐墓誌所見京兆杜氏世系》，杜文玉：《唐史論叢》第 14 輯，西安：陝西師範大學出版總社有限公司，2012 年，第 1—25 頁。

一四八　釋童真墓誌

【基本信息】

釋童真墓誌，出土於西安市南郊長安區，誌石今存民間。誌文 14 行，滿行 14 字，正書，有方界格。蓋題 16 字，4 行，每行 4 字，陽文篆書，有方界格。誌石長寬均 45.5 釐米，誌蓋覆斗形，盝頂長 40 釐米、寬 39 釐米。墓誌圖文載在劉文《陝西新見隋朝墓誌》[1]。研究參詳周曉薇《西安新出隋大業十年〈童真法師墓誌〉疏證》[2]，李宗俊《〈釋童真墓誌銘〉與隋朝二帝崇佛相關問題》[3]。

【誌蓋】

大隋大禪定道場主童真瀘師之墓誌銘

【誌文】

粵以大隋大業十年歲次甲戌三月己亥朔，大禪定道場主沙門童真法師，春秋七十有一。是知四節若馳，瞥逾隟馬；百年如幻，脆甚藏舟。加以遘疾弥隆，遂登大漸。其月九日遷神於大禪定伽藍。法師俗姓李氏，隴西燉煌人也。後居河東之虞鄉縣焉。可謂哲人繼軌，道播神州，開士傳風，名流振旦。即以其月十三日葬於京兆郡大興縣義陽鄉之原。弟子法該千餘人等，慕情罔極，嗟重奉之難期；孝思逾深，痛還謁之無日。今乃勒此貽銘，永惟玄範；庶使池灰屢起，海水頻移。刊德迹而無窮，記芳猷而不絕。

【疏證】

"釋氏之葬，起塔而繫以銘，猶世法之有墓誌也"[4]，即所謂塔銘、塔記、方墳記、石室銘之類。因爲"僧尼及居士不事棺葬而火葬，焚尸後入骨灰塔，故不曰墓誌而曰塔銘"[5]。細究此理，大抵如斯。然考察中古時期僧尼葬石，實則亦不盡然，即釋氏喪葬刻石也有個別稱爲墓誌者，如 1923 年於河南省洛陽城東山嶺頭村東南五里出土的北魏正光五年（524）《比丘尼統慈慶墓誌銘》[6]，1929 年於河南省洛陽城東北蟠龍塚村出土的北魏永熙三年（534）《昭玄沙門大統僧令法師墓誌銘》[7]，可知僧尼以墓誌爲名而與世法無殊的葬石大約出現在北魏晚期，然綿歷齊周以迄於隋，猶如星鳳，直到唐代始漸趨多

---

[1] 劉文：《陝西新見隋朝墓誌》，西安：三秦出版社，2018 年，第 97 頁。
[2] 周曉薇：《西安新出隋大業十年〈童真法師墓誌〉疏證》，賈二強：《長安學研究》第 4 輯，北京：科學出版社，2019 年，第 31—37 頁。
[3] 李宗俊：《〈釋童真墓誌銘〉與隋朝二帝崇佛相關問題》，《唐都學刊》2019 年第 1 期，第 5—15 頁。
[4] [清] 葉昌熾撰、王其褘校點：《語石》卷 4 "塔銘二則"，瀋陽：遼寧教育出版社，1998 年，第 105 頁。
[5] 黃永年：《古文獻學四講》，廈門：鷺江出版社，2003 年，第 219—220 頁。
[6] 趙萬里：《漢魏南北朝墓誌集釋》第 4 冊，北京：科學出版社，1956 年，第 144 頁下。
[7] 趙萬里：《漢魏南北朝墓誌集釋》第 4 冊，北京：科學出版社，1956 年，第 183 頁上下。

見焉。即如迄今所見逾八百種隋誌中亦僅得釋氏刻石而名爲墓誌者凡三種，即此《大隋大禪定道場主童真法師之墓誌銘》與開皇二年（582）《彭城郡公主尼元華光墓誌》《簡穆王第二女比丘尼元媛柔墓誌》。

童真法師，《續高僧傳》有傳，適可與墓誌互爲補證。本傳曰："釋童真，姓李氏，遠祖隴西，寓居河東之蒲坂焉。"墓誌云："法師俗姓李氏，隴西燉煌人也。後居河東之虞鄉縣焉。"則本傳與墓誌均載童真法師祖籍爲隴西，誌更具體爲燉煌人。又皆云其寓居河東，所異者一爲蒲坂縣，一爲虞鄉縣。檢《隋書》卷30《地理志中》，虞鄉、蒲坂均屬河東郡。河東縣小注云："舊曰蒲坂縣，置河東郡。開皇初郡廢，十六年析置河東縣。大業初置河東郡，併蒲坂入。"虞鄉縣小注云："後魏曰安定，西魏改曰南解，又改曰綏化，又曰虞鄉。"①以墓誌撰作於當時，則或當以墓誌所言"虞鄉縣"爲確。墓誌對童真法師一生事迹記載甚簡，僅泛泛而言"可謂哲人繼軌，道播神州，開士傳風，名流振旦"。據本傳則知其"少厭生死，希心常住，投曇延法師爲其師範，綜掇玄儒，英猷秀舉。受具已後，歸宗律句，晚涉經論，通明大小，尤善《涅槃》，議其詞理。恒處延興，敷化不絕，聽徒千數，各標令望。"②曇延法師自齊歷周而入於隋，名爲世重，道爲帝師，嘗著《涅槃大疏》，並創建京師延興寺，開皇八年（588）卒於寺所，爲其送葬的號爲"一代名流"的弟子沙門中爲首者即童真法師，可知童真乃是曇延門人弟子中能夠"紹緒厥風""尤善《涅槃》"的佼佼者。③正因爲如此，童真亦爲隋代帝王所器重，開皇十二年（592），隋文帝敕召童真於大興善寺"對翻梵本"，開皇十六年（596），又"別詔以爲《涅槃》衆主，披解文義，允愜衆心"。仁壽元年（601），隋文帝下敕在全國修建佛舍利靈塔，同年十月更敕令童真"送舍利於終南山仙游寺"。大業元年（605），隋煬帝營建大禪定道場，"下敕召童真爲道場主"，"存撫上下，有聲僧綱。又以《涅槃》本務，常事弘獎，言令之設，多附斯文"④。本傳云童真禪師在"大業九年，因疾卒於住寺，春秋七十有一"⑤，此與墓誌所記大業十年（614）三月"邁疾彌隆"，"其月九日遷神於大禪定伽藍"的記叙，在時間上相差一年，而墓誌撰刻於下葬之時，或當以大業十年（614）爲準。

《續高僧傳》卷12《釋童真傳》云："仁壽元年，下敕率土之內普建靈塔，前後諸州一百一十一所，皆送舍利，打刹勸課，繕搆精妙。真以德王當時，下敕令往雍州創置靈塔，遂送舍利於終南山仙游寺，即古傳云秦穆公女名弄玉習仙昇雲之所也。初，真以十月內從京至寺，路逢雨雪，飛奔滂注，淹漬人物，唯舍利輿上獨不霑潤，同共異之。寺居衝谷，日夕風震，自靈骨初臨，迄於藏瘞，怗然恬靜，燈耀山谷。兼以陰雲四塞，雨雪俱零，冀得清霽見日，有符程限。真乃手執熏爐，興發大願，恰至下期，冬日垂照，時正在午，道俗同慶。及

---

① 《隋書》卷30《地理志中》，北京：中華書局，1973年，第850頁。
② ［唐］道宣撰、郭紹林點校：《續高僧傳》卷12《隋西京大禪定道場釋童真傳》，北京：中華書局，2014年，第411頁。
③ ［唐］道宣撰、郭紹林點校：《續高僧傳》卷8《隋京師延興寺釋曇延傳》，北京：中華書局，2014年，第278頁。
④ ［唐］道宣撰、郭紹林點校：《續高僧傳》卷12《隋西京大禪定道場釋童真傳》，北京：中華書局，2014年，第411—412頁。
⑤ ［唐］道宣撰，郭紹林點校：《續高僧傳》卷12《隋西京大禪定道場釋童真傳》，北京：中華書局，2014年，第412頁。

安覆訖，還復雲合。大衆共歎真心冥感之所至也。"①值得慶幸的是1998年10月，隋仁壽元年（601）瘞埋佛舍利時所刻《仙游寺舍利塔銘》在周至縣仙游寺遺址的法王塔地宫出土，則與童真傳所記適可互證。此《仙游寺舍利塔下銘》文字不長，茲逐録之："維大隋仁壽元年歲次辛酉十月辛亥朔十五日乙丑，皇帝普爲一切法界幽顯生靈，謹於雍州盩厔縣仙游寺奉安舍利，敬造靈塔，願太祖武元皇帝、明元皇后、皇帝、皇后、皇太子、諸王子孫等，並内外群官，爰及民庶、六道三塗、人非人等，生生世世，值佛聞法，永離苦空，同昇妙果。"而更爲奇妙的是在此隋代塔銘刻石的背面，還刊有一篇唐開元十三年（725）的《仙游寺舍利塔銘》，銘文云：

> 竊聞天宫敞而七寶明，舍利現而千光徹。八國争立，育王創迹。而先置萬塔，齊秀優填，憶而寫容，寔大雄之盛德，即衆聖之醫王者歟。無得而稱，無言而述，此塔即大隋仁壽元年十月十五日置也。大唐開元四年重出舍利，本寺大德沙門敬玄，道門苦節，遠近謝其精誠；神機肅朗，合寺欽其高行。乃眘彼前修，情深仰止，謹捨衣缽之資，用崇斯塔。奉爲開元神武皇帝、太子諸王、文武百官、爰及含識，並同沾勝福，共結妙因。至開元十三年歲次乙丑十二月十五日甲子朔，莊嚴事畢，重入靈塔。其塔乃瑩以丹青，餝以朱柒，致使固齊天地，歸然獨存。其銘曰：絳臺搆畢，雁塔休工。天花隨喜，地塔崇封。②

這一發現，無異於爲仙游寺舍利塔在百餘年以後又接續了一段被歲月遺忘的妙因法緣。

大禪定寺爲京師大寺，其遺址當今西安市西南郊木塔寨。據《續高僧傳》卷10《釋靖玄傳》、《續高僧傳》卷12《釋靈幹傳》、《續高僧傳》卷18《釋靜端傳》，以及《大方廣佛華嚴經感應略記》之《神人延請·隋禪定道場僧慧悟》記載，知諸位高僧皆嘗被詔住錫於"隋西京大禪定道場"（唐改大總持寺），所謂"天下伽藍之盛，莫與爲比"，寺址位於大興城西南角的和平坊與永陽坊之間。韋述《兩京新記》卷3"永陽坊"曰："半以東，大莊嚴寺。"小注云："隋初置宇文敬別館於此，仁壽三年，爲獻后立爲禪定寺。宇文愷以京城西有昆明池，地勢微下，乃奏於此建木浮圖。高三百卅尺。周匝百廿步。寺内復殿重廊，天下伽藍之盛，莫與於比。大業末，此寺有僧智興，次當鐘役。……武德元年，改爲莊嚴寺。"③又曰："半已西，大總持寺。"小注云："隋大業元年，煬帝爲父文帝立。初名大禪定寺，制度與莊嚴同。亦有木浮圖，高下與東浮圖不異。武德元年，改爲總持寺。今莊嚴、總持，即隋文、獻后宮中之號。二寺門額並少詹事殷令名所題。《竹林傳》云隋代所賜，至今儼然。"④由是可知，大禪定寺位於永陽坊西部，乃大業元年（605）隋煬帝爲隋文帝追冥福所立，童真即爲第一任道場主，直至大業十年（614）圓寂。

誌云童真禪師有"弟子法該千餘人等"，法該，釋傳無載。唯《續高僧傳》卷12《釋轉明傳》有以提及。其云唐西京化度寺釋轉明，來去無踪，頗爲神異，尤其善陳徵應，

---

① [唐]道宣撰、郭紹林點校：《續高僧傳》卷12《釋童真傳》，北京：中華書局，2014年，第411—412頁。
② 王其禕等：《中國珍稀碑帖叢書·仙遊寺隋唐塔銘兩種》，西安：陝西人民出版社，2005年。
③ [唐]韋述撰、辛德勇輯校：《兩京新記輯校》卷3，西安：三秦出版社，2006年，第69—70頁。
④ [唐]韋述撰、辛德勇輯校：《兩京新記輯校》卷3，西安：三秦出版社，2006年，第70頁。

皆有靈驗。唐武德三年（620）八月一天，轉明"行至總持，顧僧衆曰：'不久此寺當流血矣。宜共慎之'。時以爲卓異，共怪輕誕，及遭法該等事，尋被簿錄，戮之都市，方悔前失"。①所謂"遭法該等事"，是指因童真的弟子法該私度了僞鄭王世充的兒孫②，在唐朝犯了大逆之罪，大總持寺僧亦因此而遭朝廷屠戮。唐大總持寺亦即隋大禪定寺在初唐以後的衰微，或亦與此次屠戮有關。

《釋童真墓誌》出土地信息不詳，而墓誌云大業十年（614）三月"十三日葬於京兆郡大興縣義陽鄉之原"，大興縣義陽鄉，隋大業三年（607）《陳叔興墓誌》亦云："葬於大興縣義陽鄉貴安里高陽之原。"③從高陽原的範圍可以推知義陽鄉應位於大興縣西南，《陳叔興墓誌》1992 年 8 月於西安市長安縣韋曲鎮民間徵集，出土地不詳，但應在今西安市長安區韋曲範圍或距韋曲不遠。2005 年 12 月於西安市長安區郭杜街道辦事處茅坡村一帶（今韋曲西側的智慧城小區）長建 M37 號墓出土的隋開皇十年（590）《宋胤妻李寶艷墓誌》云"遷窆葬於義陽鄉高原"④，此地確實東臨韋曲。隋開皇十五年（595）《韋總妻達奚氏墓誌》亦云"權瘞于大興城南義陽鄉貴安里"⑤。因此《釋童真墓誌》的出土地或亦在今西安市長安區韋曲鎮偏西一帶。又，唐代亦有義陽鄉，《長安志》載，長安縣所轄"義陽鄉。在縣西南二里，管布政里"⑥，可知唐代義陽鄉屬長安縣，具體地理位置據武伯綸《唐萬年、長安縣鄉里考》附"唐長安郊區萬年、長安縣鄉里位置示意圖"所標，唐義陽鄉位於唐長安城西南⑦，隋義陽鄉似在都城正南。再以 2002 年西安市長安區郭杜街道辦事處茅坡村南出土唐開元二十四年（736）《孫承嗣墓誌》"祔葬於長安縣義陽鄉高陽原"爲證⑧，唐之義陽鄉確屬長安縣，即城南偏西，但其地理範圍應該與隋代大興縣義陽鄉基本一致，故隋代大興縣所轄的義陽鄉應該爲唐代長安縣所轄的義陽鄉所沿承。

---

① ［唐］道宣撰、郭紹林點校：《續高僧傳》卷 12《釋轉明傳》，北京：中華書局，2014 年，第 1019—1020 頁。
② ［唐］釋道世撰，周叔迦、蘇晋仁校注：《法苑珠林校注》第 2 册，北京：中華書局，2003 年，第 877 頁。
③ 王其禕、周曉薇：《隋代墓誌銘彙考》第 3 册，北京：綫裝書局，2007 年，第 238 頁。
④ 林一翀：《新出〈李寶艷墓誌〉所見李唐皇室郡望、家世與婚姻集團考論》，榮新江：《唐研究》第 23 卷，北京：北京大學出版社，2018 年，第 71—84 頁。
⑤ 石存陝西省考古研究院。
⑥ ［宋］宋敏求撰，辛德勇、郎潔點校：《長安志》卷 12，西安：三秦出版社，2013 年，第 381 頁。
⑦ 武伯綸：《唐萬年、長安縣鄉里考》，《考古學報》1963 年第 2 期，第 98 頁。
⑧ 張全民、劉呆運等：《唐孫承嗣夫婦墓發掘簡報》，《考古與文物》2005 年第 2 期，第 18 頁。

一四九　趙宮人墓誌

【基本信息】

趙宮人墓誌，出土於河南洛陽，誌石今存民間。誌文 16 行，滿行 17 字，正書，有方界格。誌石長 49 釐米、寬 48 釐米。

【誌文】

趙宮人墓誌銘并序

宮人尚服姓趙氏，魯郡任城人也。趙氏之先，詳乎史諜，衣冠弈世，可略而言。至於潛魚命寵，飛鷰傳華，獨立椒宮，專房蘭室。宮人繼此餘芳，挺兹妍美，厠影掖庭，儀範弘備，書高入帳，文邁齊紈。盡簪珮之恭，磬衿褵之肅。方當保斯柔順，長侍掖庭，如何不永，遽先零落。以九年九月十三日云亡，時年五十二，以大業十年十月廿七日葬河南縣北邙之山。痛梁日之須臾，嗟嶺雲之飄忽，勒玄石於幽墳，庶芳音之無歇。廼爲銘曰：

飛鷰傳芳，是生令嫄。軒冕輝映，英賢繁育。柔明內湛，形儀外肅。良家歷選，入奉椒房。衿褵有則，圖史斯彰。花飄儷袖，塵落歌梁。禮華難久，蘭桂摧芳。魂沉洛渚，雲歇高唐。泉流黃壤，風悲白楊。玄燈掩照，幽夜悠長。

【疏證】

在此《趙宮人墓誌》發現之前，所能知見的隋代宮人墓誌共有 41 方，今可增至 42 方矣。誌云"宮人尚服姓趙氏，魯郡任城人也"，則這位趙姓宮人在隋朝宮掖所任爲六尚之一的尚服一職。魯郡任城，《隋書》卷 31《地理志下》魯郡小注云："舊兗州，大業二年改爲魯郡。"魯郡所轄任城縣小注云："舊置高平郡，開皇初廢。"①趙宮人葬在大業十年（614），適在大業二年（606）改兗州爲魯郡之後。誌云"至於潛魚命寵，飛鷰傳華，獨立椒宮，專房蘭室。宮人繼此餘芳，挺兹妍美，厠影掖庭，儀範弘備"，飛鷰，則比附趙宮人系出漢成帝劉鷔的第二任皇后趙飛燕一族，前有"飛鷰傳華""專房蘭室"，後有"繼此餘芳""厠影掖庭"，可謂榮寵一時。又云"書高入帳，文邁齊紈"，乃比喻趙宮人不僅讀書甚多，而且擅長撰寫文章。據《隋代墓誌銘彙考》所載，隋代宮人墓誌類此描述者又有宮人劉氏"詩工團扇，賦巧芙蕖，言出蘭閨，光升椒掖"，宮人沈氏"照梁比麗，回雪方妍，落妙藻於芳蕖，灑花箋於高帳"，宮人蕭氏"瞻望月麗，必以題詩，得賦吟篇，梁間不絕"，宮人樊氏"文麗三秋之扇，聲和四時之柱"等，皆足以説明隋代宮掖女職有不少人擁有工詩、作賦、寫文章的才華。又云"盡簪珮之恭，磬衿褵之肅"，此是言其能夠恪奉所任"尚服"的責任與職守。銘文曰"良家歷選，入

---

① 《隋書》卷 31《地理志下》，北京：中華書局，1973 年，第 870—871 頁。

奉椒房"，旨在強調其出身良家。良家出身對膺選宫人而言是一個最爲基本的前提條件。隋代宫人墓誌中記載良家女子入選宫人的案例不少①，此不贅舉。一般來説，良家出身的女子才有可能接受良好的教育，有了良好的教育，也才可能具備良好的女德修養，即所謂"儀範弘備"。也正因此，《趙宫人墓誌》強調其"柔明内湛，行儀外肅"，品質行爲，"寔由德選"。尚服，在隋文帝時期"掌服章寶藏。管司飾三人，掌簪珥花嚴；典櫛三人，掌巾櫛膏沐。"②隋煬帝時期，對於宫人制度增廣建設，"又參詳典故，自製嘉名，著之於令""時又增置女官，準尚書省，以六局管二十四司"，其中六局中"三曰尚服局，管司璽，掌琮璽符節；司衣，掌衣服；司飾，掌湯沐巾櫛玩弄；司仗，掌仗衛戎器"③。隋煬帝時期的宫掖六局主要還是依據隋文帝時期的宫人"六尚"制度，只是"六尚"所屬有所改置和調整。隋文、煬帝兩朝的"尚服"一職是執掌"服章寶藏"的主管，下屬有司飾、司璽、司衣、司仗等女職。依據拙撰《掖庭女職：隋代宫人制度新證》"隋代宫人墓誌所記職司等基本素材之綜合分析"④，可歸屬尚服局的女職共有六人，其中司璽一人、典璽一人、司餙（飾）一人、司仗三人，今又可補尚服一人，而且應該是尚服局的總管。

誌云"以大業十年十月廿七日葬河南縣北邙之山"，前此所見 41 方宫人墓誌所記葬地皆比較集中，除了大業二年（606）《宫人朱氏墓誌》云"窆於宫城西北廿里"外，其餘均言葬於北邙山（北芒山、北望山同），而且屬縣皆爲河南縣，屬鄉則集中在千金鄉或老子鄉。此方趙宫人誌所記葬地同於其他隋代宫人墓誌，可再證明隋代宫人確有其集中葬地。

---

① 周曉薇、王其禕：《柔順之象：隋代女性與社會》第七章，北京：中國社會科學出版社，2012 年，第 155—211 頁。
② 《隋書》卷 36《后妃傳》，北京：中華書局，1973 年，第 1106 頁。
③ 《隋書》卷 36《后妃傳》，北京：中華書局，1973 年，第 1107—1108 頁。
④ 周曉薇、王其禕：《柔順之象：隋代女性與社會》，北京：中國社會科學出版社，2012 年，第 181—182 頁。

一五〇　陸平墓誌

【基本信息】

陸平墓誌，2015 年出土於河南洛陽，誌石今存民間。誌文 19 行，滿行 20 字。正書，有方界格。蓋題 9 字，3 行，每行 3 字，陽文篆書，有方界格。誌石拓本長 42 釐米、寬 42.5 釐米。誌蓋拓本長 41.5 釐米、寬 42.5 釐米。誌蓋覆斗形，盝頂長寬均 32.5 釐米、四殺高 5.5 釐米。誌蓋四殺綫刻卷草紋。墓誌著録於張乃翥《龍門區系石刻文萃》①，周立《洛陽出土墓誌目録續編》②，研究參詳周曉薇、王其禕《洛陽新出土隋〈陸平墓誌〉釋讀——兼談齊隋直蕩官與洛陽"破陵"之説》③。

【誌蓋】

隋大谷戍主陸君之銘

【誌文】

君諱平，字銓，代人也。其先顓頊曾孫陸終之苗裔，西漢大夫，以才辯而下南越；東吳上宰，布恩信而威北魏。績以誠節濟君，機以文章冠俗。自兹纓紱，備諸簡素。祖生，魏金紫光禄大夫、北道行臺、青州刺史、昌黎郡開國侯；父希，齊直盪正都督，襲封爲佰。及齊氏亂亡，退歸田里，高秉一志，不事兩君。匿影丘園，絶迹朝市，而上天賜福，延壽遐期。大業元年，詔使板授韓州刺史。君資神挺生，膺和秀出。孝友發於天性，德義洽於人倫。雖皇甫謐之小品，沈子友之三杪，未爲高論；張仲景之醫治（俊），曹子建之七步，詎可稱奇。解褐楊州總管參軍事，加宣惠尉，又除絳郡大谷戍主。而水泡不實，石火難留。以大業十年四月遘疾而殞，春秋六十有八，即以其年十一月十五日己酉葬於郭北破陵之西三里，俱筠緗茂實，或恐秦政之災；金石憑言，庶畢麻姑之齒。其詞曰：

堂堂盛緒，郁郁時英。弼諧上岳，光兹美聲。珪璋惡寶，松柏慚貞。何知失路，作戍壇亭。悲夫達土，丁兹禍録。永棄人倫，長沾鬼族。荒墳宿莽，拱樹初木。九泉既葬，三光詎燭。嗚呼哀哉。

【疏證】

陸平與其父陸希、祖陸生，史皆無載。誌言"代人"，則陸平一族自是系出北魏代郡之步六孤姓。《魏書》卷 113《官氏志》曰："步六孤氏，後改爲陸氏。"④《元和姓纂》卷

---

① 張乃翥：《龍門區系石刻文萃》，北京：國家圖書館出版社，2011 年，第 438 頁。
② 周立：《洛陽出土墓誌目録續編》，北京：國家圖書館出版社，2012 年。
③ 周曉薇、王其禕：《洛陽新出土隋〈陸平墓誌〉釋讀——兼談齊隋直蕩官與洛陽"破陵"之説》，《華夏考古》2018 年第 2 期，第 86—92 頁。
④ 《魏書》卷 113《官氏志》，北京：中華書局，1974 年，第 3007 頁。

10 "陸氏"河南洛陽房云："出自代北，代爲郡長大人，號步六孤氏。後魏孝文遷洛，改爲陸氏，與穆、奚、于、賀、劉、婁、[尉]爲北人八族。"① 陸平雖爲代人，墓誌却將其家族攀附爲"顓頊曾孫陸終之苗裔"，且羅舉其先祖有"西漢大夫"即陸賈，有"東吳太宰"即陸遜、陸抗父子，又有東漢學者陸績與西晉文人陸機等人，以爲光耀。實則揭示出彼時北朝胡族後裔已然漢化後的普遍社會心理與仕途祈願。好在埋幽之文往往其三代以內的記述尚可信據，此誌亦然。又，北朝正史爲陸氏系出代人者立傳的大都出自《魏書》陸俟、陸真與《周書》陸騰家族，《北齊書》與《隋書》則未爲代人陸氏立傳。出土文獻中所見北朝代人陸氏，約有北魏正光四年（523）《陸希道墓誌》即代人陸俟之孫、陸叡之子。② 北魏建義元年（528）《陸紹墓誌》"河南河陰人"，並言"承膏腴於北都"，北都即平城（今大同）。北魏永安三年（530）《陸孟暉墓誌》"故司空公、東郡莊王之孫"③，東郡莊王即代人陸麗長子陸定國。東魏武定四年（546）《陸子玉墓誌》云："河南洛陽人也……曾祖羽真、使持節、征西大將軍、涇秦雍三州諸軍事涇州刺史。追贈羽真、侍中、征東大將軍、冀州刺史、東平成王……祖散騎常、使持節、安南將軍、都督青齊光豫四周諸軍事青州刺史、樂安康公……父使持節、散騎常侍、肆州刺史、東中郎將、大鴻臚卿、驃騎大將軍、左光禄大夫、給事黃門侍郎、永安伯。"④ 東平成王即陸俟，樂安康公即陸俟子陸龍成，永安伯即陸昶。東魏武定五年（547）《元凝妃陸順華墓誌》云"河南洛陽人"⑤，陸氏"祖受洛跋"即代人陸俟長子陸馛。北齊天保五年（554）《陸淨墓誌》"河南洛陽人也……曾祖期，魏征西、東平成王……祖跋，太保、建安貞王……父琇，衛大將軍、儀同三司"⑥，陸期即陸俟，陸跋即陸馛，陸馛與陸琇亦皆在《魏書》有傳附陸俟。北齊天保七年（556）《穆瑜妻盧脩榮墓誌》"河南洛陽人也，魏東平成王之曾孫也"⑦。北齊河清三年（564）《陸盛榮墓誌》載："河南洛陽人也。昔南公北人，不聞胤冑；鬼谷褐冠，莫知氏族……五世祖侍中、東平成王……高祖司徒、平原簡王……曾祖司空、東郡莊王。"⑧ 北周建德元年（572）《步六孤須蜜多墓誌》云"本性陸，吳郡吳人也""高祖載，爲劉義真長史，留鎮關中。既没赫連，因即仕魏。臨終誡其子孫曰：'樂操土風，不忘本也。言念尔祖，無違此心。'"⑨ 隋開皇六年（586）《陸孝昇墓誌》載："河南洛陽人也。魏有天下，基自玄方。"據《步六孤須蜜多墓誌》可知陸氏吳郡房嘗有入北後改姓步六孤之轍迹，且其所述籍貫郡望則往往有掩飾其胡族身份之蓄意。

---

① [唐]林寳撰、岑仲勉校記：《元和姓纂（附四校記）》卷10，北京：中華書局，1994年，第1422—1423頁；姚薇元：《北朝胡姓考》修訂本，北京：中華書局，2007年，第32頁。
② 北京圖書館金石組：《北京圖書館藏中國歷代石刻拓本滙編》第4册，鄭州：中州古籍出版社，1989年，第157頁。
③ 上舉兩方墓誌載趙超：《漢魏南北朝墓誌彙編》，天津：天津古籍出版社，2008年，第235、271頁。
④ 葉煒、劉秀峰：《墨香閣藏北朝墓誌》，上海：上海古籍出版社，2016年，第62頁。
⑤ 趙超：《漢魏南北朝墓誌彙編》，天津：天津古籍出版社，2008年，第375頁。
⑥ 大同北朝藝術研究院：《北朝藝術研究院藏品圖録·墓誌》，北京：文物出版社，2016年，第120—121頁。
⑦ 趙超：《漢魏南北朝墓誌彙編》，天津：天津古籍出版社，2008年，第126—127頁。
⑧ 葉煒、劉秀峰：《墨香閣藏北朝墓誌》，上海：上海古籍出版社，2016年，第130頁。
⑨ 趙超：《漢魏南北朝墓誌彙編》，天津：天津古籍出版社，2008年，第484頁。

陸平"祖生，魏金紫光禄大夫、北道行臺、青州刺史、昌黎郡開國侯；父希，齊直盪正都督，襲封爲佰"，則其家族地位在北朝後期尚不低微，只是因爲遭逢北齊滅亡，遂"退歸田里"，不再出仕。然入隋以後，竟又在大業元年（605）板授陸希爲韓州刺史（治所當今山西省襄垣縣），以陸平卒享年推之，是時陸平爲五十八歲，則其父陸希年齡當在八十歲以上，適合乎隋代板授刺史者多爲八九十歲老者的制度①。板授，北魏時又有稱"板假"者②。有關隋代文獻所見版授制度與案例，參詳開皇十八年（598）《馬君妻王善墓誌》。

陸希所任北齊直盪官也是一個值得略作梳理的問題。據《隋書》卷 27《百官志中》所載北齊官制，可知直盪官隸左右衛府，其屬官"有直盪正副都督、直入正副都督、勳武前鋒正副都督、勳武前鋒五藏等員"③，正都督官階爲從四品上。後隋代亦承北齊制度而設置直盪府，如隋開皇十四年（594）《王臺墓誌》曰："大象元年，周宣帝以君剖割有稱，敕授左司武中録。聖上時領左司武大將軍，特垂識任。及作相之初，皇運之始，君受寄心腹，參職兵機，負重飲冰，監檢内外。于時，新置直盪府，總周朝六衛並廿四軍，以君股肱弼幹，授左直盪府司録。開皇元年，以君戎衛勞久，轉大都督，其年又授左武衛府司馬，尋遷左直寢。"④或以爲作爲禁衛系統中級軍官的直盪屬官早在後趙、北魏已有⑤，北齊官制則又多承北魏、東魏焉。⑥以石刻文獻所見直盪官個案較多，適可補備傳世文獻之匱乏⑦。僅將所見齊隋墓誌有直盪官者信息約略梳理如表 4⑧：

---

① 隋大業七年（611）詔："武有七德，先之以安民；政有六本，興之以教義。……今往涿郡，巡撫民俗。其河北諸郡及山西、山東年九十已上者，版授太守；八十者，授縣令。"《隋書》卷 3《煬帝紀上》，北京：中華書局，1973 年，第 75—76 頁。
② 北魏孝昌三年（527）《龐雙造像記》云"板假牽安太守龐延宗、板假京兆太守龐安宗"，參見毛遠明：《漢魏六朝碑刻校注》第 6 册，北京：綫裝書局，2008 年，第 100 頁。
③ 《隋書》卷 27《百官志中》，北京：中華書局，1973 年，第 758 頁。
④ 王其禕、周曉薇：《隋代墓誌銘彙考》第 2 册，北京：綫裝書局，2007 年，第 136 頁。
⑤ 如《晉書》卷 106《石季龍載記》，北京：中華書局，1971 年，第 2756 頁云："改直盪爲龍騰，冠以絳幘。"《周書》卷 29《楊紹傳》，北京：中華書局，1971 年，第 500 頁載："魏永安中，授廣武將軍、屯騎校尉、直盪别將。"
⑥ 欲了解南北朝禁衛武官制度之演變，可參詳張金龍：《東魏北齊左右衛府制度考論》，《蘭州大學學報》（社會科學版）2004 年第 2 期，第 5—7 頁；張金龍：《北朝都督制的演變與禁衛武官都督的形成》，《北朝研究》第 1 輯，北京：北京燕山出版社，2008 年，第 1—15 頁。
⑦ 正史所見任直盪都督者僅有兩例，《周書》卷 16《侯莫陳瓊傳》，北京：中華書局，1971 年，第 270 頁載："從魏孝武入關，爲太祖直盪都督。"《周書》卷 29《王勇傳》，北京：中華書局，1971 年，第 491 頁云："及太祖爲丞相，引爲帳内直盪都督。"
⑧ 表 4 中引據書名之版本信息依次爲：趙超：《漢魏南北朝墓誌彙編》，天津：天津古籍出版社，2008 年；毛遠明：《漢魏六朝碑刻校注》，北京：綫裝書局，2008 年；羅新、葉煒：《新出魏晉南北朝墓誌疏證》修訂本，北京：中華書局，2016 年；王連龍：《新見北朝墓誌集釋》，北京：中國書籍出版社，2013 年；胡戟、榮新江：《大唐西市博物館藏墓誌》，北京：北京大學出版社，2012 年；賈振林：《文化安豐》，鄭州：大象出版社，2011 年；王其禕、周曉薇：《隋代墓誌銘彙考》，北京：綫裝書局，2007 年。

表4　齊隋墓誌所見直盪屬官表

紀年	誌名	引文	出處
天保七年（556）	□子輝墓誌	除直盪大都督、魚龍縣開国子、白水縣開国男	《漢魏南北朝墓誌彙編》第403頁
天統元年（565）	趙道德墓誌	蒙除直盪都督	《漢魏南北朝墓誌彙編》第428頁
天統三年（567）	趙熾墓誌	又遷直盪正都督，食梁州陽夏縣幹	《漢魏六朝碑刻校注》第9冊，第277頁
天統四年（568）	□伏買墓誌	父昭……蒙特賞強弩將軍、帳內直盪軍主	《墨香閣藏北朝墓誌》第150頁
武平元年（570）	吳遷墓誌	除直盪都督，除直盪正右箱都督	《漢魏南北朝墓誌彙編》第447頁
武平二年（571）	乞伏保達墓誌	尋遷直盪、備身都督	《漢魏南北朝墓誌彙編》第450頁
武平二年（571）	梁子彥墓誌	又除直盪正都督，食兗州平陽縣幹	《漢魏南北朝墓誌彙編》第451頁
武平二年（571）	元世雄墓誌	河清三年，又爲直突都督，尋轉若曷直盪第二副，直齋，尋加廣德將軍	《墨香閣藏北朝墓誌》第172頁
武平五年（574）	雲榮墓誌	仍除直盪正都督，食高唐縣幹	《漢魏南北朝墓誌彙編》第465頁
武平五年（574）	李琮墓誌	（女）瓊兒，適廣平段德諧，直盪都督	《漢魏南北朝墓誌彙編》第467頁
武平六年（575）	叔孫都墓誌	初除前鋒第二副都督，轉直突都督，遷直盪第二副都督，又除直入正都督，尋加秦州刺史	《墨香閣藏北朝墓誌》第182頁
武平七年（576）	可朱渾孝裕墓誌	尋除若曷直盪第二副都督、直齋，食南營州新昌縣幹	《新出魏晉南北朝墓誌疏證》修訂本，第216頁
武平七年（576）	穆建墓誌	齊故鎮西將軍直盪正都督	《新見北朝墓誌集釋》第163頁
開皇九年（589）	安備墓誌	父知識，齊車騎大將軍、直盪都督、千乘縣散男	《大唐西市博物館藏墓誌》上冊，第24頁
開皇九年（589）	索眆墓誌	尋除直盪第一副都督、安平縣開國子，食邑六百戶	《文化安豐》第387頁
開皇十二年（592）	虞弘墓誌	加輕車將軍、直齋、直盪都督	《隋代墓誌銘彙考》第2冊，第95頁
仁壽元年（601）	紇干廣墓誌	加翊軍將軍、勳武前鋒第二正都督、征羌縣開國男，尋轉直盪副都督，品封入如故。武平五年，詔授直盪正都督	《墨香閣藏北朝墓誌》第224頁

续表

紀年	誌名	引文	出處
大業元年（605）	王善來墓誌	齊獻武皇帝補任前鋒直盪、第一領民酋長	《隋代墓誌銘彙考》第3冊，第154頁
大業三年（607）	高六奇墓誌	拜直盪正都督	《隋代墓誌銘彙考》第3冊，第277頁
大業九年（613）	□鍾葵墓誌	祖世同，直盪都督	《隋代墓誌銘彙考》第4冊，第353頁
大業十年（614）	陸平墓誌	父希，齊直盪正都督	
大業十二年（616）	段濟墓誌	爲直盪正都督，直閣將軍	《隋代墓誌銘彙考》第5冊，第281頁

由表4可知，直盪屬官系統的官職名稱，石刻文獻的信息要比史籍所載制度更爲復雜，直盪都督不僅分正副，亦有第一第二之別，還有左右箱之分，更有大都督之銜等。而隋代墓誌中所記載的直盪官也均爲北齊時武職。有學者指出："東魏北齊特重禁軍，禁軍兵源依靠所謂'九州勳人'，即六鎮內遷的鎮民。墓誌説可朱渾孝裕'爰處禁戎，兼督驍武，英杰之氣，足冠時雄'，這其實是多數六鎮後裔共同的人生之旅。"①以此觀照陸平一族由代北遷徙洛陽（墓誌所言葬地"破陵"即洛陽北邙山，見後文解讀），其父陸希又嘗任"齊直盪正都督"，自然也是六鎮後裔焉。另外，從任直盪官者的民族屬性分析，亦多是內遷的胡族，而即便是直盪官的正都督，也不過是中層武職。

誌主陸平"解褐楊州總管參軍事，加宣惠尉，又除絳郡大谷戍主"。隋煬帝楊廣嗣位前嘗爲揚州總管，仁壽元年（601）始以楊廣次子豫章王楊暕爲揚州總管。推之誌文，陸平蓋爲楊暕任總管以後的參軍事，因楊暕後來有反叛之嫌而失寵於楊廣，故陸平之所以在六十八歲去世時也只做到戍主這樣的八品上下的低級軍職，或許與此有關。"大谷戍"軍府名不載於史，隋代太原郡（治所在今太原市）有太谷縣，而大谷戍屬絳郡（治所在今山西省新絳縣），則此大谷戍當與太谷縣無涉。又見唐墓誌有開元八年（720）《原州太谷戍主彭城劉行實墓誌銘》②，原州當今寧夏固原，則唐代太谷戍與隋代大谷戍亦無涉。但無論如何，"絳郡大谷戍"之名畢竟揭示出隋代嘗今在山西新絳縣一帶的絳郡設置過這樣一個軍府，這對探研隋代軍事力量的分佈與絳郡的軍事地理地位應有重要價值。

誌云"葬於郭北破陵之西三里"，因爲墓誌出土地信息不詳，故對其葬地名稱有必要略加解析。"破陵"之名，迄爲隋代之前石刻文獻所僅見。據《隋書》卷70《楊玄感傳》與《舊唐書》卷62《楊恭仁傳》、《新唐書》卷100《楊恭仁傳》，載大業九年（613）屈突通濟河軍於破陵及楊恭仁於破陵大敗楊玄感，《資治通鑑》胡注曰"破陵，當在河陽南

---

① 羅新、葉煒：《新出魏晉南北朝墓誌疏證》修訂本，北京：中華書局，2016年，第218頁。
② 周紹良、趙超：《唐代墓誌彙編續集》，上海：上海古籍出版社，2001年，第473頁。

岸、洛城東北"①，可知破陵之地約當今洛陽市孟津縣東，具體位域在邙山北麓的黃河南岸、隋代洛陽城的東北方向，由是可知墓誌所言"郭北"者即隋代洛陽城北也。另據唐代墓誌亦可印證"破陵"之所在，如麟德二年（665）《杜醜墓誌》云"遷窆於洛陽之界破陵東"，上元三年（676）《樂歸墓誌》云"與夫人胡氏同窆於河南縣邙山破陵北三里之平原"，垂拱三年（687）《李道真墓誌》云"假窆於河南縣北邙山破陵東北"。②案"破陵"之陵當有所指，葬於孟津地域的邙山漢魏帝陵約有東漢光武帝原陵、安帝恭陵、順帝憲陵、沖帝懷陵、靈帝文陵與北魏孝文帝長陵、孝明帝定陵，其中唯有位於今孟津縣鐵謝村附近的漢光武帝劉秀的原陵南依邙山、北枕黃河，差能接近胡注之說，因疑"破陵"或即原陵之謂。但是"破"字又該如何爲解，且前舉唐《樂歸墓誌》云："窆於河南縣邙山破陵北三里之平原"，若是原陵爲破陵，則原陵以北三里已是黃河之水，不當爲平原之地，似於理不合。故有學者認爲"破陵"可能是指北魏孝文帝皇后高氏終寧陵，其陵在北魏洛陽故城西之孝文帝長陵東南（今邙山南石山村與楊凹村之南、瀍河以東），後來高氏靈櫬又遷配孝文帝長陵兆（位於今孟津縣朝陽鄉官莊村邙山之顛）西北六十步，並且有傳說"初開終寧陵數丈，於梓宫上獲大蛇長丈餘，黑色，頭有'王'字，蟄而不動。靈櫬既遷，置蛇舊處"③，故當地至今有呼終寧陵爲盤龍塚者，又或以爲盤龍塚即破陵塚之音轉。由此理推，是否可以認爲終寧陵因曾重啓梓宫而配奉長陵，由人工再次掘開而形如凹狀，遂有"破陵"之謂乎？④且終寧陵的地理位置亦與前舉《樂歸墓誌》"窆於河南縣邙山破陵北三里之平原"的地形結構基本相符。然筆者還是覺得鐵證不夠充足，故"破陵"之所指或仍需等待新史料的發現而給與準確認證。不過無論如何，依據隋《陸平墓誌》，"破陵"之名的出現畢竟可以印證前賢認爲至遲起於隋代的推斷。

---

① 《資治通鑑》卷 182《隋紀六》"煬帝大業九年"條，北京：中華書局，1956 年，第 5680 頁。
② 上舉三方墓誌載周紹良：《唐代墓誌彙編》上冊，上海：上海古籍出版社，1992 年，第 428—429、614—615、754 頁。
③ 《魏書》卷 13《孝文昭皇后高氏傳》，北京：中華書局，1974 年，第 336 頁。
④ 趙振華、余扶危：《北魏帝陵后陵方位研究》，洛陽市第二文物工作隊：《洛陽漢魏陵墓研究論文集》，北京：文物出版社，2009 年；趙振華：《洛陽出土墓誌與北魏帝后陵墓的方位》，《中國文物報》2007 年 11 月 2 日，第 7 版；陳長安：《洛陽北魏定陵、終寧陵考》，《中原文物》1987 年特刊；徐苹芳：《中國秦漢魏晉南北朝時代的陵園和塋域》，《考古》1981 年第 6 期，第 521—527 頁；宿白：《北魏洛陽城和北邙陵墓——鮮卑遺迹輯録之三》，《文物》1978 年第 7 期，第 42—52 頁。

一五一　秦僧伽暨妻徐氏墓誌

【基本信息】

秦僧伽暨妻徐氏墓誌，出土於西安南郊，2012年12月入藏西安碑林博物館。誌文8行，每行13字，後空5行。正書，有方界格。誌石拓本長寬均40.5釐米。研究參詳王其禕、周曉薇《長安新出隋〈秦僧伽暨妻徐氏墓誌〉小考——兼說北朝隋唐墓誌中的"地主"一詞》[①]。

【誌文】

大隋大業十一年歲次乙亥正月甲午朔十六日己酉，京兆郡長安縣神泉鄉表政里住在清化鄉崇賢里前岷州當夷縣令故秦僧伽，去開皇十三年十二月亡，妻徐，以大業九年二月亡，今合葬於長安縣福陽鄉龍仁里奉誠村辛保仁地葬，故立銘誌，以爲永記。

【疏證】

秦僧伽，史籍無載。其在開皇十三年（593）前任"岷州當夷縣令"，岷州置於西魏，大業初州廢，更名臨洮縣而隸屬洮州臨洮郡。當夷縣置於北周，隋代承之。[②]迄今所見隋唐之間的秦氏墓誌尚有幾例，且多系秦瓊一族。如長安新出唐永徽三年（652）《秦貞墓誌》，記其祖秦泰，隋廣寧王錄事參軍，父秦養，唐赢州刺史、使持節赢州諸軍事，兄秦瓊，唐故左武衛大將軍、上柱國、翼國公，祖籍齊州歷城。[③]不知秦僧伽與秦瓊一族有無宗親關係。然以秦僧伽卒後葬於辛保仁地界，知其未有家族塋域，而秦貞又隨夫葬在少陵原界，不知秦瓊一族葬地究在何處？而秦瓊子秦懷道、孫秦佾、秦利見三人皆葬在洛陽北邙，見三人墓誌[④]。秦瓊父《秦愛墓誌》則於1995年在濟南出土，今存濟南市博物館。墓誌略云："君諱愛，字季養，齊郡歷城人。祖孝達，魏廣年縣令。父方太，齊廣寧王府記室。齊成陽王斛律武都……乃召君爲錄事參軍……周武平齊，君乃告歸鄉里。以大業十年十一月廿一日終於齊州歷城縣懷智里宅，春秋六十九。叔寶既參贊興王，勳庸斯重。……武德八年，詔贈上輕車都尉。貞觀元年十一月詔曰：'故上輕車都尉秦季養，守志丘園，早先風露。其子左武衛大將軍、翼國公叔寶，委質府朝，功參王業，宴禀庭訓，克成厥美。乃眷遺範，宜飾哀榮，可贈持節瀛州諸軍事瀛州刺史，上輕車都尉如故，禮也。'粵以貞觀二年正月

---

① 王其禕、周曉薇：《長安新出隋〈秦僧伽暨妻徐氏墓誌〉小考——兼說北朝隋唐墓誌中的"地主"一詞》，《考古與文物》2013年第6期，第82—85頁。
② 《隋書》卷29《地理志上》，北京：中華書局，1973年，第820頁。
③ 《秦貞墓誌》2009年出土於西安南郊少陵原，未見刊佈。此據筆者自藏拓本著錄。
④ 三人墓誌分別載趙君平、趙文成：《秦晉豫出土墓誌蒐佚》第2册，北京：國家圖書館出版社，2011年，第460頁；周紹良：《唐代墓誌彙編》上册，上海：上海古籍出版社，1992年，第935—936、1077頁。

十三日，還改窆于齊州歷城縣懷智里。"①可知秦泰即秦方太，秦養即秦季養名愛。又，《秦愛墓誌》與《秦貞墓誌》皆不呼秦瓊而言叔寶，正與《新唐書》秦叔寶本傳所言"以字顯"相合。秦氏郡望齊州歷城，貞觀二年（628）《秦愛墓誌》猶曰："齊郡歷城"，永徽三年（652）《秦貞墓誌》已曰"齊州歷城"，兩《唐書》秦瓊傳亦皆曰"齊州歷城"。惜《秦僧伽墓誌》中未有郡望之説。

《秦僧伽墓誌》的史料價值所在，一是關於隋代京兆郡長安縣所轄鄉里問題，即誌文述及長安縣的三個鄉（神泉鄉、清化鄉、福陽鄉）、三個里（表政里、崇賢里、龍仁里）、一個村（奉誠村），除"福陽鄉"外，皆可補苴隋代大興城郊鄉里名稱之闕，而"福陽鄉"亦可與相關墓誌互爲印證②。

另一類值得探討的史料是墓誌提到"今合葬於長安縣福陽鄉龍仁里奉誠村辛保仁地葬，故立銘誌，以爲永記"，所謂"辛保仁地"，即言秦僧伽的葬地乃爲辛保仁所有，也就是説辛保仁是這塊葬地的"地主"，由此便值得展開對於北朝隋唐墓誌銘中相類於"地主"這一名稱的普查。

這裏所説的"地主"，並非指古代祭祀的太山、梁父，而是指土地的擁有者或管理者。秦漢封建以後，大凡人死而無地可葬者，則需向土地擁有者購買葬地，或求得同意而葬在他人地界内，否則只能葬到鄙遠荒蕪的無主之地。將土地的所有者稱之爲"地主"，在隋唐以前頗不多見。唯見《晉書》卷100《祖約傳》有"又占奪鄉里先人田地，地主多怨"③所指當是這樣一種性質。另據石刻文獻復有三例：其一爲東漢永興二年《向壽碑》"許昌向令子諱壽，年三，以永興二年二月廿九日亡於官舍。三月一日於許城西北二里，將張豐地中，去吏董頵家八十步，去西仟卌步瘞之。"張豐即向壽墓塋所在地的地主，此是最早一例特别説明將墓塋置在他人地界内的石刻史料。其二爲北魏孝昌三年（527）《法義九十人等造塔記》云："施地主：宋石鳳，妻趙姿。"其三爲北齊太寧二年（562）《義慈惠石柱頌》云："初施義園宅地主篤信弟子嚴僧安。"④"施地主"，意即施捨出自己的土地園宅來建造佛塔與石柱者。同類史料在隋代墓誌中亦可找到三例：即開皇二年（582）《梁暄墓誌》曰"窆於長安縣界族正李端下"，開皇十九年（599）《苑德贊妻杜氏墓誌》曰葬於"相州相縣輔和鄉長金遵下"，開皇二十年（600）《楊文願墓誌》云："大隋右衛翊衛驃騎大將軍儀同三司宜陽縣開國公楊文願，字阿妓，弘農華陰人也。以開皇廿年二月二日薨於仁壽宮宅，以其月廿五日權瘞於雍州大興縣弘固鄉，地主韋洪。"⑤"族正"、"鄉長"與"地主"，

---

① 韓明祥：《濟南歷代墓誌銘》，濟南：黄河出版社，2002年，第22頁。
② 王其褘、周曉薇：《長安新出隋〈秦僧伽暨妻徐氏墓誌〉小考——兼説北朝隋唐墓誌中的"地主"一詞》，《考古與文物》2013年第6期，第83頁。
③ 《晋書》卷100《祖約傳》，北京：中華書局，1974年，第2627頁。
④ 上舉三墓誌載毛遠明：《漢魏六朝碑刻校注》第1冊，北京：綫裝書局，2008年，第182頁；毛遠明：《漢魏六朝碑刻校注》第6冊，北京：綫裝書局，2008年，第122頁；毛遠明：《漢魏六朝碑刻校注》第9冊，北京：綫裝書局，2008年，第104頁。
⑤ 上舉三墓誌載王其褘、周曉薇：《隋代墓誌銘彙考》第1冊，北京：綫裝書局，2007年，第1頁；王其褘、周曉薇：《隋代墓誌銘彙考》第2冊，北京：綫裝書局，2007年，第310、322頁。

在此表示的性質與意思略同,即土地(葬地)的擁有者或管領者。降及唐、五代,亦不時見有此種稱謂。茲舉十四例:上元二年(675)《大唐故戎州都督府長史護軍莊府君妻華容縣君龐氏墓銘》云:"權殯於北芒原平樂鄉界,其墓西北去郝村一百步。地主姓王名郎子。"①長安三年(703)《張岳妻鄭氏墓誌》云:"權殯於洛州城安喜門西北三里合宮縣平樂鄉瀍水東楊善遇地內側。"②天寶八載(749)《趙莊墓誌》文末題:"天寶八載歲次己丑四月乙未朔二十一日乙卯建,前地主姜玄亮男南山。"③天寶九載(750)《尉遲阿道墓誌》云:"以天寶九載龍集庚寅三月廿一日,卒於京安興里之私第,時春秋一十有九。以其月廿三日,殯於王柴村北原,禮也。其地主王及侄。東南西北長五步闊三步。"④大曆八年(773)《柳公夫人和氏墓誌》云:"朝議郎前歙州歙縣令柳公亡夫人汝南和氏,大曆八年歲次癸丑十二月辛未朔二日壬申權殯於蘇州長洲縣大雲鄉崇仁里梁庭昭地內,故此銘誌。"⑤貞元十三年(797)《劉日進暨妻武氏墓誌》(墨書磚誌)云:"大唐貞元十三年正月十五日,深州武強縣平皋鄉崇賢坊故人劉日進並妻武氏,同葬於縣西南二里常樂鄉劉長史村內,男庭賓、庭芬、孫男淡交、希金、江子、希光、淡海等,恐後陵谷變移,故立銘記憑驗。"⑥貞元十五年(799)《大唐故懷州修武縣主簿京兆韋公(續)之墓》文末題:"地主蔣埴。"⑦元和六年(811)《唐故濮陽府君墓誌》云:"君諱巨源,其先陳留人也。祖庭晁,父昂……君即昂之第三子也……春秋卅有九,時元和六年正月三日終於私第,以期十四日窆於長洲縣武丘鄉李忻墩地卜塋禮也。"⑧會昌五年(845)《邵博墓誌》曰:"會昌五年乙丑歲七月丙午十九日甲子卒於上都親仁坊。公春秋卅八,中路夭喪,以七月廿七日壬申葬于京兆府萬年縣洪固鄉冑貴里李永村,買曹友幹之地也。即啓夏門外直南約六七里,在本使莊西北去莊約一百廿步。"⑨會昌六年(846)《趙文信墓誌》文末附刻小字曰:"堂上塋在此古成村西坡子上直北道三百步已來,道西三十步已來,並是此村辛義恭家一主勾當。"⑩大中元年(847)《史堵穎墓誌》云:"維大中元年歲次丁卯閏三月景寅八日癸酉,故內侍省令史堵穎,年卅口,其月四日一更時卒於上京頒政坊餛飩曲東。本貫常州晉陵縣五湖鄉臨湖里。權殯於長安縣龍首鄉小嚴村。買地壹段,地主王公政。其小嚴村即開遠門外臨皋驛西南。孝弟集賢供奉中顥記。"大中九年(855)《張懷清妻石氏墓誌》文末記:"其塋地於任初處買進,布一十三端。契云九畝之林田內,任揀二

---

① 趙君平:《邙洛碑誌三百種》,北京:中華書局,2004年,第84頁。
② 吳鋼:《全唐文補遺》第7輯,西安:三秦出版社,2000年,第336頁。
③ 吳鋼:《全唐文補遺·千唐誌齋新藏專輯》,西安:三秦出版社,2006年,第217頁。
④ 吳鋼:《全唐文補遺》第5輯,西安:三秦出版社,1998年,第217頁。
⑤ 蘇州博物館:《蘇州博物館藏歷代碑誌》,北京:文物出版社,2012年,第16頁。
⑥ 衡水市文物局:《衡水出土墓誌》,石家莊:河北美術出版社,2010年,第57頁。
⑦ 趙君平:《邙洛碑誌三百種》,北京:中華書局,2004年,第255頁。
⑧ 蘇州博物館:《蘇州博物館藏歷代碑誌》,北京:文物出版社,2012年,第18頁。
⑨ 齊運通、楊建鋒:《洛陽新獲墓誌二〇一五》,北京:中華書局,2017年,第328頁。
⑩ 周紹良、趙超:《唐代墓誌彙編續集》,上海:上海古籍出版社,2001年,第963頁。

畝充，四面並至地主。"①後梁乾化五年（915）《□礀墓誌》文末附記："河南縣紫□鄉宣武村地主楊剳。兼造尊勝陁羅尼幢一所建立塋內。"②後周廣順二年（952）《薄可扶墓誌》文末題："塋地四畝三角，地主冀彥章。"③十四例中的"楊善遇地內"和"梁庭昭地內"之說，無疑是在表明二人的"地主"身份。所謂"劉長史村內"，即劉日進暨妻武氏合葬之常樂鄉墓地乃爲劉長史所管有，而非劉日進自家塋域，劉長史同樣相當於"地主""族正"之類身份。"一主勾當"亦説明辛義恭家是土地的管領者。最有意思的是《張懷清妻石氏墓誌》講到塋地是以契約形式用十三端布從地主任初名下的九畝林田內揀二畝所得，塋地四面仍是地主任初的田地。唯有"前地主姜玄亮男南山"所表達的意思似乎是在強調姜玄亮爲前地主，而其子南山則不再具備地主身份，或土地管領權並未由南山繼承下來。而既然南山不具備管領權，墓誌又爲何要多此一番説明提示？容再考之。另外，通常葬在自家地裏或無主之地者皆無需在墓誌文中作專門説明，但還是有這樣一例作了專門強調，即建中二年（781）《王絜妻孟氏磚誌》云："維建中二年歲次辛酉正月庚申朔日庚午，南閻浮提娑訶世界魏州朝城縣義興和順里故人王絜妻孟，春秋六十有五，祚於前月廿八日命終，正歸蒿里，葬在朝城縣西界卅五里王羅村東南三里，埋在自家地里。恐後親公遷移古城，恐變認有失，故勒銘記。"④

總之，古文獻特別是墓誌文獻中記載"地主"身份者在隋唐時期始多見之，因附記所見史料於此，或有助於日後相關於中古後期土地制度與經濟史層面的深入研討。

---

① 上舉兩方墓誌載吳鋼：《全唐文補遺》第 7 輯，西安：三秦出版社，2000 年，第 123、416 頁。
② 吳鋼：《全唐文補遺》第 5 輯，西安：三秦出版社，1998 年，第 444 頁。
③ 吳鋼：《全唐文補遺·千唐誌齋新藏專輯》，西安：三秦出版社，2006 年，第 429 頁。
④ 吳鋼：《全唐文補遺》第 7 輯，西安：三秦出版社，2000 年，第 398 頁。

一五二　陳宣帝皇后柳敬言墓誌

【基本信息】

陳宣帝皇后柳敬言墓誌，出土於洛陽市孟津縣楊凹村，原存洛陽存古閣，1998 年從洛陽都城博物館調撥洛陽古代藝術館。誌文 24 行，每行 25 字，正書，有方界格。誌石長 24 釐米、寬 25 釐米，四側無紋飾。研究參詳吳建華《南朝陳叔寶母后柳氏墓誌淺釋及相關問題辯正》[①]。

【誌文】

隋故金紫光禄大夫長城公太夫人柳氏墓誌銘并序

太夫人諱敬言，字敬言，河東解人。陳高宗孝宣皇帝之元妃也。昔展季清風，道光前載，伯褰鑒識，名重當時。自斯已降，英華相踵，故能篤生淑令，載興家國。祖惲，侍内、吳興太守，高才秀氣，冠冕搢紳。父偃，金紫光禄大夫，雅道清暉，儀形多士。太夫人幼禀端莊，率由孝敬，閑明表譽，婉順居心。高宗潛德在田，言求良淑，太夫人以結褵禀命，作嬪君子。虔恭婦道，燮和内政，閨風以睦，賓敬無違。陳高祖武皇帝肇膺靈命，大啓藩維，比漢于荆，方周于魯。永定二年，册拜始興王妃。及世祖平承，當璧斯在，貴介之重，親地兼隆。天嘉元年，改授安城王妃。既而嗣君棄德，高宗中興。太建元年，長秋初建，册拜皇后，正位紫闈，德光厚載，盈昃有序，幾望增暉。太建十四年，後主承業，加崇尊號，爲皇太后，居弘範宫。真明三年，宗祐内遷，家于京兆。皇朝降禮初附，禀餼優隆。今上嗣興，義深恩澤，仁壽四年，授長城公太夫人，爰及子孫，並蒙超叙。或鳴玉珥貂，或鈕金驪傳，五日來下，光暉滿室。寵靈所敬，當世榮之。大業十年，賜東都甲宅一區。十一年春遘疾，二月十五日薨於河南縣之安世里，春秋八十有五。恩詔重疊，喪事咸備。粵以其月廿七日窆於洛陽縣安山里之山。春秋迭代，陵谷貿遷，敬鐫金石，爲銘云爾：

遠矣大猷，皇哉寶命。紫盖膺録，黄旗握鏡。多難興邦，殷憂啓圣。中興纂歷，下武克昌。亦有妊姒，徽音載光。震騰既節，輪璧斯揚。數屬無妄，時逢埁贕。九鼎輕遷，三靈改卜。税駼驚總，辭華褫鞠。皇澤遐被，無革故新。比儀上將，齊榮國賓。謀孫翼子，佩紫要銀。四氣不居，百齡俄謝。指薪詎息，黄金難化。去此高堂，言歸厚夜。戒行不入，出宿無歸。郊烟獨起，隴鴈孤飛。勒斯大暮，用紀芳徽。

【疏證】

柳敬言即陳孝宣帝柳皇后、陳後主之母，《陳書》《南史》有傳。柳敬言祖柳惲、父柳偃，《梁書》《南史》皆有傳。誌傳相較，爲本傳所不載者有柳偃授金紫光禄大夫。柳敬言永定二

[①] 吳建華：《南朝陳叔寶母后柳氏墓誌淺釋及相關問題辯正》，《河洛史志》2011 年第 4 期，第 16—20 頁。

年（558），冊拜始興王妃，真明三年（589），宗祐內遷，家于京兆。仁壽四年（604）授長城公太夫人，大業十年（614）賜東都甲宅一區，薨於河南縣之安世里，窆於洛陽縣安山里之山。真明即禎明，真明三年（589）即開皇九年（589），是年隋滅陳，故曰"宗祐內遷，家于京兆"，亦即《陳書》卷7《高宗柳皇后傳》所言"陳亡入長安"。誌云"天嘉元年，改授安城王妃"，傳曰："天嘉二年，與後主還朝，后爲安成王妃。"①元年與二年互異，"城"與"成"互異。《陳書》卷5《宣帝紀》與卷6《後主紀》載柳敬言冊拜皇后在太建元年（569）春正月甲午，太建十四年（582）正月乙丑"尊皇后爲皇太后，宫曰弘範"②。《陳書》本傳載柳敬言"大業十一年薨於東都，年八十三，葬洛陽之邙山"③，《南史》卷12《宣柳皇后傳》云："隋大業十二年，薨於東都，年八十三，葬于洛陽之芒山。"④墓誌則記爲大業"十一年春遘疾，二月十五日薨於河南縣之安世里，春秋八十有五。恩詔重疊，喪事咸備。粵以其月廿七日窆於洛陽縣安山里之山"。卒年與享齡皆當以墓誌爲準，葬地在安山里，屬隋代東都洛陽縣西北鳳臺鄉，位於北邙山西南的馬安山（又作"馬鞍山"）之陽，大體方位約當今洛陽老城東北西吕廟和馬溝至鳳凰臺一帶的邙山。隋代墓誌所見葬於安山里者又有大業十一年（615）《陳叔明暨妻劉氏墓誌》云"卜兆於洛陽縣安山里鳳臺原"，大業十二年（616）《段濟墓誌》云"權葬于洛陽東北馬安山西鳳臺鄉界"，大業十二年（616）《李元暨妻鄧氏墓誌》云"合葬於洛陽縣北鳳臺鄉安山里"，大業十二年（616）《齊士幹墓誌》云："卜葬于河南郡洛陽縣鳳臺鄉安山里邙山之陽。"⑤卒所"河南縣之安世里"，隋代東都坊里無安世里，而河南縣所轄有安業、安衆二里，隋薛道衡宅在安業里，因疑隋之安世里或入唐後改爲安業里或安衆里。《陳書》卷7《後主沈皇后傳》云"而柳太后猶居柏梁殿，即皇后之正殿也"⑥，蓋柏梁殿即弘範宫之正殿。柳敬言在隋受封"長城公太夫人"，乃緣於南梁時其父柳偃尚梁武帝女長城公主，亦即敬言爲長城公主女兒之故。

---

① 《陳書》卷7《高宗柳皇后傳》，北京：中華書局，1972年，第129頁。
② 《陳書》卷5《宣帝紀》，北京：中華書局，1972年，第76頁；《陳書》卷6《後主紀》，北京：中華書局，1972年，第106頁。
③ 《陳書》卷7《高宗柳皇后傳》，北京：中華書局，1972年，第129頁。
④ 《南史》卷12《宣柳皇后傳》，北京：中華書局，1973年，第346頁。
⑤ 上舉四種墓誌載王其禕、周曉薇：《隋代墓誌銘彙考》第5冊，北京：綫裝書局，2007年，第108、281、288、365頁。
⑥ 《陳書》卷7《後主沈皇后傳》，北京：中華書局，1972年，第131頁。

一五三　謝善富墓誌磚

【基本信息】

謝善富墓誌磚，出土於西安東郊，誌石今存西安博物院。誌文 7 行，滿行 7 字。正書，有方界格。誌磚長 34 釐米、寬 33 釐米、厚 4.5 釐米。誌蓋覆斗形，長 35 釐米、寬 34 釐米。墓誌正面四角均占一格陰刻弧綫。誌蓋盝頂綫刻方界格，四周綫刻連珠紋，盝頂四角均占一格陰刻弧綫，四殺素面。墓誌圖文載在《西安新獲墓誌集萃》[①]和劉文《陝西新見隋朝墓誌》[②]。

【誌文】

大業十一年歲次乙亥四月癸亥朔十六日戊寅，今住京兆郡大興縣龍首鄉殯永寧鄉安邑里清信男謝善富銘記。

【疏證】

謝善富不見於史傳。隋代墓誌所見謝姓者，又有開皇十五年（595）《謝岳暨妻關氏墓誌》、開皇二十年（600）《謝成暨妻李氏墓誌》等[③]。墓誌所記干支與大業十一年（615）四月十六日皆合。

誌云"今住京兆郡大興縣龍首鄉殯永寧鄉安邑里"，大興縣永寧鄉，又見於大業十一年（615）《吳弘暨妻高氏墓誌》"終於大興縣永寧鄉之本第"與大業十一年（615）《尹君妻王氏墓誌》"大業十一年正月廿日，大興縣永寧鄉住在安邑里民尹家故人婦女王銘記"[④]，由此可知永寧鄉安邑里確屬大興縣。又，安邑里即安邑坊，唐承隋舊。如唐開元三年（715）《邢思賢墓誌》云"以先天元年九月七日薨於京兆安邑里私第"，開元十二年（724）《李誕墓誌》云夫人王氏"開元十有一年冬十有一月六日薨於京師安邑里"[⑤]，貞元八年（792）《馬炫墓誌》云"以貞元七年九月二日薨於京師安邑里私第"，大中三年（849）《太原郡王氏故笄女十六娘墓誌》云："以大中三年勞瘤革發，至十月廿二日，終於安邑里水池曲之第，以是年十一月三日於當府界城東萬年縣崇義鄉南姚村南一里創置茲塋地。"[⑥]安邑坊乃朱雀街東第四街，即皇城之東第二街，街東從北第七坊。據《長安志》知此坊有隋右武衛大將軍、宋國公賀若弼宅，又注引《酉陽雜俎》

---

① 西安市文物稽查隊：《西安新獲墓誌集萃》，北京：文物出版社，2016 年，第 30 頁。
② 劉文：《陝西新見隋朝墓誌》，西安：三秦出版社，2018 年，第 99 頁。
③ 上舉兩方墓誌載王其禕、周曉薇：《隋代墓誌銘彙考》第 2 册，北京：綫裝書局，2007 年，第 179、329 頁。
④ 上舉兩方墓誌載王其禕、周曉薇：《隋代墓誌銘彙考》第 5 册，北京：綫裝書局，2007 年，第 237、281 頁。
⑤ 上舉兩方墓誌載周紹良：《唐代墓誌彙編》上册，上海：上海古籍出版社，1992 年，第 1160、1300 頁。
⑥ 上舉兩方墓誌載周紹良、趙超：《唐代墓誌彙編續集》，上海：上海古籍出版社，2001 年，第 750、985 頁。

記此坊街北有隋開皇六年（586）以禮部尚書張穎宅所立玄法寺。①由此亦可知安邑里爲大興城坊里，謝善富不應殯於安邑里，而應住在安邑里，疑墓誌所記有誤，當是殯在永寧鄉。又以《尹君妻王氏墓誌》1955 年於西安東郊郭家灘東國棉四廠基建工地出土推之，可知謝善富之墓誌或亦出土於此地。隋代永寧鄉在都城之東、白鹿原西，唐代迄未見有此鄉。

　　隋代墓誌所見龍首鄉皆屬長安縣，如開皇十七年（597）《張通妻陶貴墓誌》"葬於長安縣之龍首鄉"，開皇十七年（597）《賀若嵩墓誌》"權瘞於長安縣龍首鄉"，大業五年（609）《元世斌墓誌》"權殯於大興城西龍首鄉隆安里之山"，大業十一年（615）《尉富娘墓誌》"窆於京兆郡長安縣龍首鄉興臺里"，大業十二年（616）《宋永貴墓誌》"歸葬於京兆郡長安縣龍首鄉之山"②。然唐代長安、萬年兩縣各有一龍首鄉，《長安志》萬年縣載"龍首鄉。在縣東一十五里，管村三十五，神鹿里"③，即城東之龍首鄉，屬萬年縣，位置在今韓森寨東南與郭家灘南④。今據《謝善富墓誌磚》"京兆郡大興縣龍首鄉"云云，可證隋代大興縣確有龍首鄉。又，唐代墓誌中則有 1952 年西安市南郊新開門出土唐天寶十四載（755）《宋應墓誌》云"權瘞於咸寧縣延興門外龍首鄉之原"⑤，1986 年西安市東郊馬騰空磚廠出土唐開成二年（837）《蘭氏墓誌》云"葬于萬年縣龍首鄉袁藺村淨福里於先塋之東"⑥。可知唐代萬年（咸寧）縣龍首鄉乃沿承隋代大興縣龍首鄉之舊。而以往研究認爲"隋代大興城萬年縣屬則迄爲有見龍首鄉之設"者，或可得以修正。⑦

　　北朝佛教造像多見"清信士""清信大士""清信女""清信佛弟子""清信弟子"等稱謂，唯此墓誌稱"清信男"，在隋代墓誌乃至北朝墓誌中皆爲僅見。《大藏經》中有"清信男"之謂，如《仁王護國般若經疏》曰："梵云優婆塞，此云清信男。"⑧

---

① [宋]宋敏求撰，辛德勇、郎潔點校：《長安志》卷 8，西安：三秦出版社，2013 年，第 291 頁。
② 上舉五種墓誌載王其禕、周曉薇：《隋代墓誌銘彙考》第 2 冊，北京：綫裝書局，2007 年，第 226、239 頁；王其禕、周曉薇：《隋代墓誌銘彙考》第 3 冊，北京：綫裝書局，2007 年，第 256 頁；王其禕、周曉薇：《隋代墓誌銘彙考》第 5 冊，北京：綫裝書局，2007 年，第 179、384 頁。
③ [宋]宋敏求撰，辛德勇、郎潔點校：《長安志》卷 11，西安：三秦出版社，2013 年，第 357 頁。
④ 武伯綸：《唐萬年、長安縣鄉里考》，《考古學報》1963 年第 2 期，第 88 頁。
⑤ 高峽：《西安碑林全集》卷 81，廣州、深圳：廣東經濟出版社、海天出版社，1999 年，第 2935 頁。
⑥ 許自然、張蘊：《西安市周圍出土的三合唐墓誌》，《考古與文物》1990 年第 4 期，第 72 頁。
⑦ 周曉薇、王其禕：《片石千秋：隋代墓誌銘與隋代歷史文化》，北京：科學出版社，2014 年，第 222—223 頁。
⑧ [陳]釋智顗說，釋灌頂記：《仁王護國般若經疏》卷 2，《大正新修大藏經》第 33 冊，臺北：新文豐出版公司，1983—1987 年，第 260 頁下。

一五四　樊覽墓誌

【基本信息】

樊覽墓誌，出土於甘肅省寧縣，誌石今存民間。誌文28行，滿行28字，正書，有方界格。蓋題9字，3行。每行3字，陽文篆書，有方界格。誌石長63釐米、寬63.5釐米；誌蓋覆斗形，盝頂長52釐米、寬52釐米。誌石左右上角及下端略殘。

【誌蓋】

北地郡贊治樊公之銘

【誌文】

公諱覽，字智博，南陽人也。昔周卿補袞，遂定齊邦；漢將英賢，衝冠楚幕。層城峻舉，弱木垂陰。弈葉重光，源流派遠。祖方興，梁散騎常侍、仁威將軍、司州刺史、魚復縣開國侯，食邑二千戶。資神昂宿，誕應嵩華。镕範彝倫，羽儀當世。父文熾，梁使持節信武將軍，都督南梁黎等二州諸軍事二州刺史、新蔡縣開國侯，食邑三千戶。建兹茅社，勒鐘鼎之勳；裂以山河，等維城之重。公以食牛成氣，早著鳳毛。智略淵澄，宏謨秀出。起家陳始興王府法曹參軍。西園秋月，才接應劉；菀菀春池，德条枚馬。尋遷真威將軍、通直散騎侍郎。俄轉作唐縣令，清慎著秤，庭有懸魚。時号唯良，野看馴雉。又除步兵校尉、開遠將軍、天門郡守，轉授略遠將軍、永嘉王府司馬。周昌翊趙，韓安輔梁。同贊維城，我無慙德。又除員外散騎常侍、太僕卿。伯奭以舊臣受委，始任此官；滕公以鄧沛故人，方居斯職。尋遷和戎將軍、錢唐郡太守。只若帶牛佩犢之政，彼此一時；飛蝗去虎之君，同年而語。往以五胡濟洛，一馬渡江。禮樂南遷，衣冠楊越。金陵卜盡，牛斗氣衰。高祖席卷南轅，光宅天下。公深識天命，知機若神。遂據名邦，先歸有□。開皇十年，詔除澤州司馬，又授廉州長史，轉任顯州長史。大業七年，□北地郡贊治，九年廢省，改任行丞。公濯纓入仕，結組登朝。衣袞南遊，攘□北踐，選衆而舉，僉議攸歸。屈廊廟之盛才，爲生民之儀表。既而隟駒難□，日月若馳。露結朱軒，霜彫梁木。以大業十一年六月廿日寢疾暴增，奄薨於郡，春秋七十有七。公雖身嬰朱組，志尚不羈。獨慕延陵，終焉有託。世子遵等，禀受遺令。即以其年七月十九日遷窆於定安縣西原純政鄉純政里。大鳥爰集，非唯伯起之墳；黄鵠來鳴，何止子安之墓。嗚呼哀哉，乃爲銘曰：

崇基肇遠，赫矣其休。姬宣錫命，漢祖封侯。三江派別，四海分流。世光鵷鷺，門襲琳球。其一迺祖迺父，世禄世官。摩霄奮翼，激水鵬搏。鶴鳴出仕，鴻漸登壇。千尋梁木，万頃波瀾。其二出入兩朝，兼条八柄。高懸聲價，俯應上命。方印照物，臨民水鏡。華嶺松青，藍田玉暎。其三呂望齊丘，延陵嬴博。非桑与梓，終焉是託。洞庭樹枯，淮南木落。康擢斂響，奄然如昨。其四郊甸迥遠，氣候凄清。簫吟隴樹，薤韻松聲。一時壯節，万古佳城。歿而不朽，空傳有名。

維大隋大業十一年歲次乙亥七月辛卯朔十九日己酉

【疏證】

樊覽不載於史傳，然其祖方興、父文熾，《陳書》《南史》皆附見《樊毅傳》。

誌云："覽，字智博，南陽人也。昔周卿補袞，遂定齊邦；漢將英賢，衝冠楚幕。"《元和姓纂》"樊氏"云："周太王子虞仲支孫爲周卿士，食采於樊，因命氏，今河内陽樊是也。周有樊穆仲，字山甫。樊仲皮、樊齊，並其後。又殷人七族有樊氏。仲尼弟子遟，魯人，蓋其後。"①河内陽樊，即隋之河内郡濟源縣，亦即今之太行以南與黄河以北的河南濟源。然《元和姓纂》所記樊氏大房爲"南陽湖陽縣"，方興與文熾本傳亦云"南陽湖陽人"，復檢大業三年（607）《宫人樊氏墓誌》云："宫人三品，姓樊，南陽湖陽人也。其先姬姓，胄自軒轅。當周宣王世，有仲山甫爲君喉舌，以致中興，食菜樊邑，因斯命氏。其地今南陽樊城是焉。"②此條不僅可與樊氏姓源族望相印證，亦可推比見證樊氏著房確爲南陽湖陽，而非河内陽樊。其地則在隋代爲春陵郡湖陽縣，亦即今之南陽市唐河縣湖陽鎮。

《元和姓纂》記樊氏"南陽湖陽縣"房云："樊齊之後。漢有舞陽侯樊噲；曾孫嘉，爲南陽太守，因家焉。後漢有樊重，子弘，封壽張侯。重迺光武外祖也，一宗五侯。晋永嘉南遷，樊氏居淮南。裔孫南齊廣平太守道理，生方興，梁同州刺史、魚復侯。方興生文熾，新蔡侯。文熾生靖、猛、毅。毅，陳護軍、逍遥公。猛，陳荆州刺史、富川侯，生逵、遂、迪。"③岑氏校記指出方興之任"同州刺史"有誤，據《陳書》卷31《樊毅傳》乃"司州"也。今據《樊覽墓誌》可再證《元和姓纂》"同州"確爲"司州"之訛。又，《元和姓纂》記樊文熾三子無樊覽，亦無覽子遵，適可據墓誌以補。據樊毅、樊猛本傳，又知二人皆於陳亡後隨例入隋焉，唯不知入隋後之履歷有否如樊覽這般識時務而受重用。

樊覽祖樊方興、父樊文熾，《陳書》卷31《樊毅傳》云："樊毅字智烈，南陽湖陽人也。祖方興，梁散騎常侍、仁威將軍、司州刺史、魚復縣侯。父文熾，梁散騎常侍、信武將軍、益州刺史、新蔡縣侯。"④據墓誌知樊方興所封縣侯"食邑二千户"，而樊文熾所封縣侯則"食邑三千户"，且樊文熾所任"都督南梁黎等二州諸軍事二州刺史"亦爲史傳所闕。又檢《魏書》卷9《肅宗紀》，知樊文熾於孝昌元年（525）夏四月，作爲梁朝蕭衍益州刺史蕭淵猷的部將，奉命"率衆圍小劍戍"，爲北魏淳于誕軍所敗，"文熾僅以身免"⑤。《魏書》卷70《傅竪眼傳附傅敬和傳》又記："孝莊時，（敬和）復爲益州刺史，朝廷以其父有遺惠故也。至州，聚斂無已，好酒嗜色，遠近失望。仍爲蕭衍將樊文熾攻圍，敬和以

---

① [唐]林寶撰、岑仲勉校記：《元和姓纂（附四校記）》卷4，北京：中華書局，1994年，第445頁。
② 王其禕、周曉薇：《隋代墓誌銘彙考》第5册，北京：綫裝書局，2007年，第77頁。
③ [唐]林寶撰、岑仲勉校記：《元和姓纂（附四校記）》卷4，北京：中華書局，1994年，第445頁。
④ 《陳書》卷31《樊毅傳》，北京：中華書局，1972年，第415頁。
⑤ 《魏書》卷9《肅宗紀》，北京：中華書局，1974年，第240—241頁；又見《魏書》卷71《淳于誕傳》、《魏書》卷98《島夷蕭衍傳》；《北史》卷45《淳于誕傳》所記略同。

城降,送於江南。"①此又爲墓誌之所未載。

樊覽"起家陳始興王府法曹參軍","始興王"當即陳叔陵,陳高宗第二子,太建元年(569),封始興郡王。後於高宗駕崩時,欲逆弑後主不果而被斬首。《陳書》《南史》有傳。樊覽又任"永嘉王府司馬","永嘉王"當即陳彦,後主第三子,至德元年(583),立爲永嘉王。禎明三年(589)入關。隋大業中爲襄武令。《陳書》《南史》有傳。樊覽至陳朝滅亡前,仕至太僕卿、錢唐郡太守。入隋後,先後任"澤州司馬,又授廉州長史,轉任顯州長史",直至"大業七年□北地郡贊治,九年廢省,改任行丞"。改贊治爲行丞,可與隋志互證。《隋書》卷28《百官志下》記"煬帝即位,多所改革",三年定令,"罷州置郡,郡置太守""罷長史、司馬,置贊務一人以貳之""又改郡贊務爲丞,位在通守下"。復云"帝自三年定令之後,驟有制置,制置未久,隨復改易。其餘不可備知者,蓋史之闕文云。"②《通典》卷33《職官十五》"總論郡佐"云:"至隋開皇三年,改别駕、治中爲長史、司馬。至煬帝,又罷長史、司馬,置贊治一人,後又改郡贊治爲丞,位在通守下。今郡丞廢矣,其職復分爲别駕、長史、司馬。"③實則贊治之置,始於北周,隋初改爲長史、司馬,隋煬帝再改爲贊治。今據《樊覽墓誌》,可以確知廢贊治改郡丞在大業九年(613),且知在彼時郡丞又稱作行丞,蓋如行參軍、行書佐之類。隋代墓誌所見復有大業十二年(616)《宋永貴墓誌》"大業三年,改授慶州司馬,累遷朝請大夫、漢川贊治。贊邦佐治,自郡遷州",大業十二年(616)《羊本暨妻周氏墓誌》云"復除襄國郡贊治,又改襄國郡丞"④,皆可爲證。至於贊治在唐人書寫中多作贊務、贊持者,則是爲避唐高宗李治名諱所改焉。

誌云:"公雖身嬰朱組,志尚不羈。獨慕延陵,終焉有託。世子遵等,稟受遺令。即以其年七月十九日遷窆於定安縣西原純政鄉純政里。"樊覽爲南陽人,却遺令葬在定安縣,恐與其終官北地郡丞有關,亦即彼時其家族已經定著於北地定安縣矣,而這也成爲了樊氏族群在隋末的遷徙出現北地定安一支的見證。《隋書》卷29《地理志上》載北地郡置於大業初,治所在定安縣⑤,當今甘肅省慶陽市寧縣。

樊覽雖葬在遠離京師的邊鄙之地,而其墓誌撰者却頗有文字素養,誌文四六對句皆能工穩且富文采,用典亦大多恰如其分。如"西園秋月,才接應劉;菟菀春池,德糸枚馬",以漢代文士應瑒、劉楨、枚乘、司馬相如作比,以喻誌主在陳始興王府以文才著稱。如"清慎著秤,庭有懸魚。時号唯良,野看馴雉",以漢代羊續懸魚、魯恭馴雉的故事,以喻誌主任職縣令時的清廉仁政。如"周昌翊趙,韓安輔梁",以漢代周昌、韓安國作比,以喻誌主耿直敢言、持重忠誠。如"帶牛佩犢之政,彼此一時;飛蝗去虎之君,同年而語",

---

① 《魏書》卷70《傅豎眼傳附傅敬和傳》,北京:中華書局,1974年,第1560頁。《北史》卷45《傅豎眼傳附傅敬和傳》所記略同。而《北史》卷85《沓龍超傳》則記文熾寇益州在"永熙中",並因益州守將沓龍超被俘後"辭氣不撓"而炙殺之。
② 《隋書》卷28《百官志下》,北京:中華書局,1973年,第793、802、803頁。
③ [唐]杜佑著,[日]長澤規矩也、尾崎康校,韓昇譯訂:《北宋版通典》第7冊卷33《職官十五》,上海:上海人民出版社,2008年,第259頁。
④ 上舉兩方墓誌載王其禕、周曉薇:《隋代墓誌銘彙考》第5冊,北京:綫裝書局,2007年,第384、334頁。
⑤ 《隋書》卷29《地理志上》,北京:中華書局,1973年,第810頁。

以漢代循吏渤海太守龔遂與九江太守宋均作比，以喻誌主在錢塘太守任上有止暴歸農、政化大行的業績。特別是誌云："又除員外散騎常侍、太僕卿。伯翳以舊臣受委，始任此官；滕公以鄧沛故人，方居斯職。"滕公即西漢開國功臣汝陰侯夏侯嬰，因與劉邦爲同鄉同知而受任太僕，並以太僕一職畢生輔佐漢室。而值得注意的是伯翳其人，檢諸史傳，或當指隋代本朝的趙翳，爲天水西人，高祖爲丞相時，遷大宗伯，入隋封金城郡公，授尚書右僕射，終官冀州刺史，在任以儉化民，威德惠政，深得隋文帝嘉賞。開皇十九年（599）卒。《隋書》卷 46 有傳。①然趙翳並未見有任過太僕卿，莫非"伯翳"之"伯"是指其所任"大宗伯"焉。又，隋煬帝即位，漢王作亂，史祥領兵於河陰大勝並直趣黎陽，進位上大將軍，轉太僕卿。隋煬帝爲之賜詩曰："伯翳朝繼重，夏侯親遇深。貴耳唯聞古，賤目詎知今。早摽勁草質，久有背淮心。掃逆黎山外，振旅河之陰。功已書王府，留情太僕箴。"事具《隋書》《北史》之史祥本傳。②隋煬帝詩中的"伯翳朝繼重，夏侯親遇深"一句，正與墓誌所喻相合。此"伯翳"似乎也是指身爲北周舊臣的趙翳入隋後爲隋文帝所繼續器重。若果如此，則可見趙翳在當朝的名望之高，另外亦可見隋煬帝在即位之初所做詩篇到隋末已經影響頗爲深遠，此外竟然將本朝人物與彼時常用的漢代典故並列爲文學用典，這無疑是很值得重視的現象。

---

① 《隋書》卷 46《趙翳傳》，北京：中華書局，1973 年，第 1249—1251 頁。
② 《隋書》卷 63《史祥傳》，北京：中華書局，1973 年，第 1493—1496 頁；《北史》卷 61《史祥傳》略同。

一五五　王子良母劉盆墓誌

【基本信息】

王子良母劉盆墓誌，出土時地與今存所在皆不詳。誌文9行，滿行9字，陽文篆書，有方界格。蓋題16字，4行，每行4字，陽文篆書，有方界格。誌石長50.5釐米、寬61釐米。誌蓋覆斗形，殘存左下角，尺寸不詳。墓誌圖文載在劉文《陝西新見隋朝墓誌》①。

【誌蓋】

隋博士奉誠尉王子良母劉氏之墓誌銘

【誌文】

隋秘書省博士秦誠尉王子良母劉氏之墓誌。劉夫，諱盆，字盆生，京兆大興人也。大業九年歲次癸酉八月壬寅朔十七日戊午終。以大業十一年歲次乙亥八月辛酉朔廿四日甲申葬於本縣長樂之原。

【疏證】

王子良，不載於史傳。誌云王子良任秘書省博士，據《隋書》卷28《百官志下》載秘書省有太史曹，"置令、丞各二人，司曆二人，監候四人。其曆、天文、漏刻、視祲，各有博士及生員"②。則王子良或爲其中所置博士之一。"秦誠尉"疑爲"奉誠尉"之誤，《隋書·百官志》未見記載。據《唐六典》卷2《尚書吏部》載，奉誠尉爲隋煬帝時所置八郎、八尉之一，爲九品③。"劉夫"之"夫"字，或即"夫人"二字之合寫。誌云劉盆爲京兆大興人，有諱有字者，女性中不多見，可見其出身或爲有文化背景與社會地位之世家望族。劉氏卒葬於本縣長樂之原，本縣即大興縣。長樂原是隋代墓誌銘中迄今所見的新原名。隋代有長樂里，如開皇十六年（596）《羅達墓誌》云其葬於大興縣滻川鄉長樂里④。《羅達墓誌》出土於西安市東郊郭家灘西北國棉五廠，則今滻河東岸的郭家灘一帶當即隋代長樂里所在。唐代亦沿用長樂里，地理位置似比隋代長樂里偏西，亦即唐代長樂里在滻河西岸，隋代長樂里在滻河東岸，但也不排除隋代長樂里轄域可能跨越滻河東西兩岸。又，隋無長樂鄉，長樂里屬滻川鄉，而唐代長樂里則屬長樂鄉，不屬滻川鄉，這也説明唐代長樂里蓋處在長樂鄉與滻川鄉交界。⑤唐代墓誌有1953年西安東郊高樓村出土神龍元年（705）《李

---

① 劉文：《陝西新見隋朝墓誌》西安：三秦出版社，2018年，第，102頁。
② 《隋書》卷28《百官志下》，北京：中華書局，1973年，第775頁。
③ [唐] 李林甫等撰、陳仲夫點校：《唐六典》卷2《尚書吏部》，北京：中華書局，1992年，第31頁。
④ 王其禕、周曉薇：《隋代墓誌銘彙考》第2冊，北京：綫裝書局，2007年，第217頁。
⑤ 周曉薇、王其禕：《片石千秋：隋代墓誌銘與隋代歷史文化》，北京：科學出版社，2014年，第209頁。

思貞墓誌》,云其"遷窆於雍州萬年縣滻川鄉務政里長樂原"①,則此長樂原抑或是承隋代而來之名稱?而此劉氏誌所云長樂之原似可證其確爲隋代舊稱,其地則當今西安東郊滻河東岸的郭家灘一帶。

 以篆書書寫的隋代墓誌迄爲僅見,值得珍視,然此誌篆書簡拙,多楷隸筆意,故多不合於秦漢篆法。

---

① 高峽:《西安碑林全集》卷76,廣州、深圳:廣東經濟出版社、海天出版社,1999年,第2344頁。

一五六　趙通暨妻禮氏墓誌

【基本信息】

趙通暨妻禮氏墓誌，2003 年出土於洛陽孟津縣，誌石今存民間。誌文 25 行，滿行 25 字，正書，有方界格。蓋題 4 字，2 行，每行 2 字，陽文篆書，有方界格。誌石長 43 釐米、寬 43 釐米、厚 9 釐米。誌蓋覆斗形，盝頂拓片長 33.5 釐米、寬 34 釐米。盝頂與四殺綫刻捲草紋。墓誌圖版載在趙君平、趙文成《秦晉豫新出墓誌蒐佚》[1]。

【誌蓋】

趙君墓誌

【誌文】

君名通，諱達拏，南陽新野人也。帝高辛氏之苗裔，晉卿趙襄之後。其祖洛，雍容儒雅，博文強識，再爲郡功曹，釋褐奉朝請。州舉秀孝，以清爲功，鄉飲相薦，捐攘入朝。即以其年受司從事，巡赴嚴肅，朝野神謨。未及還京，遥補河間郡束城縣令。君父叉，小烝依蔭，涉獦典墳。實有養民之器，志在幽隱。明府懸車，遂歸南陽。教導家門，恩沾鄉邑。義聲全勝上古，仁風即被當時。魏文皇帝欲靜江南，群英普録，召緒京都，遂遊河雒。於時朝［□］忻見，咸爲口實，未及次斑，属帝大行，二朱忏紀，謀定尊主，事未果成。大齊起義，焚燒宮殿，擁［□］播遷，君之与父，同羈魏地。時有左僕射崔暹，海內名族，人舛神聰，文德來遠，志存諷雅。君父數蒙礼接，頻許薦譚。君父心非石席，不可卷舒，漸相恩引，恒与子弟切瑳，數年之後，遂抑爲省事。君始年弱冠，全事父風，崔公知其性德，舉用彭城王諮議參軍。時逢恩澤，王任州宰，以君相附有儀，遂除高陽郡無極縣丞。比贊未時，嘉禾挺秀；［□］相逕秋，醴泉湧溢。擊壤皷腹，乃作五袴之歌；父老相慶，咸爲皇公之詠。非君所好，志在逍遥，辭以歸寧，頻召不起，歷涉周隋，晏然無事。夫人濟北恭城礼司馬之長女，小閑四德，婦礼夙成，年餘十一，納聘君門，卅年花萼，相成子孫。煩值止可，名流万代。共保千椿，豈悞三兩，年中□桂，□惟難逢。頃捨君年五十有六，即以其年權殯故都城西南，日月易流，俄逕一十四載，自尒已來，內外不惶，親因傷歎。卜擇良時，歲道始開。大隋大業十一年歲次乙亥十月庚申朔廿六日乙酉，改葬新都東北一十五里。地接邙城，崑扶永固。鳳臺仁里，能埋玉樹。嗚呼哀哉，乃爲銘曰：

英風漉地，艷藻天庭。溫良正直，如蘭斯馨。瓊芝桂萼，抱葉重榮。宜［□］金石，永固長生。如何風燭，能没能頃。蒼茫雲狼，慘愴寒庭。悲哉大運，蘭府傷情。

---

[1] 趙君平、趙文成：《秦晉豫新出墓誌蒐佚》第 1 冊，北京：國家圖書館出版社，2011 年，第 123 頁。

【疏證】

誌云趙通"南陽新野人",《元和姓纂》卷7趙姓有"南陽穰縣"房,然未載趙通祖孫三代,可據此誌補南陽新野一支。趙通及其祖、父、子亦均不見於史傳。據誌知其祖趙洛"釋褐奉朝請",又"補河間郡束城縣令"。其父趙叉從小"涉獵典墳",後緣趙洛辭官,遂歸南陽老家。誌云"魏文皇帝欲靜江南,群英普錄,召緒京都,遂遊河雒",則趙叉曾經作爲"群英"中的一員,被北魏高祖拓跋宏招致京都,並派往河雒。誌云其"未及次斑,屬帝大行",而魏文帝"大行"之時在太和二十三年(499),據《魏書》卷7《高祖紀下》載,是年"夏四月丙午朔,帝崩於穀塘原之行宮,時年三十三。秘諱,至魯陽發哀,還京師。上諡曰孝文皇帝,廟曰高祖。五月丙申,葬長陵。"①則可知趙叉在河雒的時間爲太和二十三年(499)左右。誌又云"二朱忓紀,謀定尊主,事未果成","二朱"指尒朱榮與尒朱天光。此事載於《魏書》,武泰元年(528),"尋屬肅宗崩,事出倉卒,(尒朱)榮聞之大怒,謂鄭儼、徐紇爲之,與元天穆等密議稱兵入匡朝廷,討定之"②。尒朱榮並上抗表,且"遣從子天光、親信奚毅及倉頭王相入洛,與從弟世隆密議廢立。天光乃見莊帝,具論榮心,帝許之。天光等還北,榮發晉陽。……師次河內,重遣王相密來奉迎,帝與兄彭城王劭、弟始平王子正於高渚潛渡以赴之。榮軍將士咸稱萬歲。於時武泰元年四月九日也"③。"十一日,榮奉帝爲主,詔以榮爲使持節、侍中、都督中外諸軍事、大將軍、開府、兼尚書令、領軍將軍、領左右、太原王,食邑二萬戶。十二日,百官皆朝於行宮。十三日,榮惑武衛將軍費穆之説,乃引迎駕百官於行宮西北,云欲祭天。朝士既集,列騎圍繞,責天下喪亂,明帝卒崩之由,云皆緣此等貪虐,不相匡弼所致。因縱兵亂害,王公卿士皆斂手就戮,死者千三百餘人,皇弟、皇兄並亦見害,靈太后、少主其日暴崩"④。尒朱榮身雖居外,却能廣布親信,牽制朝廷,"於是莊帝密有圖榮之意",永安三年(530)九月,莊帝趁尒朱榮來洛陽朝見時,伏兵於明光殿東廊,亂刀殺死尒朱榮及其隨從。⑤誌云"大齊起義,焚燒宮殿,擁[□]播遷,君之与父,同羈魏地",是指東魏武定八年(550),時任齊王、相國的高洋逼迫孝靜帝禪位,即皇帝位於南郊,改武定八年(550)为天保元年(550),定國號爲大齊。⑥所謂"同羈魏地",表面意思是趙通與其父留在了東魏故都鄴城,其實北齊的都城也在鄴城,強調"魏地",則飽含其不忘東魏的情結。誌云"時有左僕射崔暹,海內名族""君父數蒙礼接,頻許薦譚",崔暹又"漸相恩引,恒与子弟切瑳,數年之後,遂抑為省事"。是謂趙通父親曾與崔暹關係密切,得到了崔暹的推舉。崔暹,《北齊書》卷30本傳云:"崔暹,字季倫,博陵安平人,漢尚書寔之後也,世爲北州著姓。"⑦則誌云其"海內名族"與崔暹出身"北州著姓"相合。崔暹在北齊高祖朝任御史中尉,能夠"盡心爲國,不避豪強,遂使遠邇肅清,群公奉法"。在世宗

---

① 《魏書》卷7《高祖紀下》,北京:中華書局,1974年,第185頁。
② 《魏書》卷74《尒朱榮傳》,北京:中華書局,1974年,第1646頁。
③ 《魏書》卷74《尒朱榮傳》,北京:中華書局,1974年,第1647頁。
④ 《魏書》卷74《尒朱榮傳》,北京:中華書局,1974年,第1647—1648頁。
⑤ 《魏書》卷74《尒朱榮傳》,北京:中華書局,1974年,第1646—1655頁。
⑥ 《北齊書》卷4《文宣帝紀》,北京:中華書局,1972年,第43—50頁。
⑦ 《北齊書》卷30《崔暹傳》,北京:中華書局,1972年,第403頁;《北史》卷32本傳略同。

朝,"世宗以暹爲度支尚書,兼僕射,委以心腹之寄。暹憂國如家,以天下爲己任"①。然正由於崔暹執法嚴肅,得罪不少權貴,一如趙通誌所說,崔暹的一生可以用"人舛神聰"來寫照,尤其是"人舛",在《北齊書》卷30《崔暹傳》中正可見兩條事例:一是"高慎之叛,與暹有隙,高祖欲殺之,世宗救免。"②二是"顯祖初嗣霸業,司馬子如等挾舊怨,言暹罪重,謂宜罰之。高隆之亦言宜寬政網,去苛察法官,黜崔暹,則得遠近人意。顯祖從之。及踐阼,譖毀之者猶不息。帝乃令都督陳山提等搜暹家,甚貧匱,唯得高祖、世宗與暹書千餘紙,多論軍國大事。帝嗟賞之。仍不免衆口,乃流暹於馬城,晝則負土供役,夜則置地牢。歲餘,奴告暹謀反,鎖赴晋陽,無實,釋而勞之"③。天保十年(559)"暹以疾卒,帝撫靈而哭。贈開府"④。又,《趙通墓誌》云:"君始年弱冠,全事父風,崔公知其性德,舉用彭城王諮議參軍。時逢恩澤,王任州宰,以君相附有儀,遂除高陽郡無極縣丞。"這裏的崔公仍是崔暹,由於趙通"性德"承繼其父,崔暹便舉薦他做了彭城王諮議參軍。崔暹本傳亦載其"好薦人士",曾選畢義云、盧潛等人任御史,"世稱其知人。"⑤據墓誌知崔暹又舉薦過趙通父子二人,也是對其本傳記叙的證補。彭城王者,《北齊書》卷10《高祖十一王·彭城景思王浟傳》云:"彭城景思王浟,字子深,神武第五子也。""天保初,封彭城王。""七年,轉司州牧""後加特進,兼司空、太尉、州牧如故。"⑥是知天保初年,趙通做了彭城王諮議參軍,天保七年(556),彭城王高浟做了州宰之後,趙通又在彭城王的提攜下做了高陽郡無極縣丞。唯做官任職對趙通來說是"非君所好",他"志在逍遥",因而"辭以歸寧,頻召不起",歷周入隋,依然是"晏然無事",以一介平民的身份畢其終生。誌云趙通夫人爲"濟北恭城礼司馬之長女""小閑四德,婦礼夙成,年餘十一,納聘君門,卅年花萼,相成子孫",趙通妻禮氏在十一歲多就出嫁,五十餘歲已經是子孫滿枝。隋代女子結縭年齡多集中在13—18歲,其中以15歲人數最多,平均結縭年齡爲15.79歲,則趙通妻子的結縭年齡大大低於平均年齡。⑦誌云趙通妻"頃捨君年五十有六,即以其年權殯故都城西南,日月易流,俄逕一十四載……大隋大業十一年歲次乙亥十月庚申朔廿六日乙酉,改葬新都東北一十五里。地接莨城,崮扶永固。鳳臺仁里,能埋玉樹"。可知推知趙通妻去世在隋仁壽二年(602),當時權殯的"故都城"指隋朝之前的漢魏洛陽故都,位於後來隋大業元年(605)所建成的新都洛陽城東北。至大業十一年(615),趙通妻的墳墓便改葬到了隋代新都洛陽城的東北十五里之地。案隋代濟北郡無恭城縣,有肥城縣,即北周之肥城郡治所。疑恭城爲肥城之訛,則誌文當是復指周隋之濟北、肥城二郡,若指肥城縣,則"司馬"一職便無從對應。

---

① 《北齊書》卷30《崔暹傳》,北京:中華書局,1972年,第403、404頁。
② 《北齊書》卷30《崔暹傳》,北京:中華書局,1972年,第403—404頁。
③ 《北齊書》卷30《崔暹傳》,北京:中華書局,1972年,第405—406頁。
④ 《北齊書》卷30《崔暹傳》,北京:中華書局,1972年,第406頁。
⑤ 《北齊書》卷30《崔暹傳》,北京:中華書局,1972年,第403—404頁。
⑥ 《北齊書》卷10《高祖十一王·彭城景思王浟傳》,北京:中華書局,1972年,第133—134頁。
⑦ 周曉薇、王其禕:《柔順之象:隋代女性與社會》,北京:中國社會科學出版社,2014年,第54頁。

一五七　李善墓誌

【基本信息】

李善墓誌，2004 年出土於河南洛陽邙山鎮，誌石今存洛陽民間。誌文 18 行，滿行 18 字，正書，有方界格。誌石拓本長寬均 43 釐米。墓誌圖版載在趙君平、趙文成《河洛墓刻拾零》①，研究參詳王其禕、王慶衛《〈隋代墓誌銘彙考〉補》②。

【誌文】

隋故内給事内承奉内常侍李君墓誌銘

君諱善，字䌽，趙郡人也。周史執筆，漢將彎弓。猶龍比德，石虎標雄。惟祖惟父，簪纓不窮。方駕七葉，連蹤五公。其一靈異載誕，夙標奇節。龍産白沙，鳳生丹穴。經史藴藉，詩書覽閱。高麥屢浮，路蒲斯截。其二自昔在室，爰洎賓王。始號家寶，終爲國光。入參鳳闕，出總龍驤。譽重軒陛，威振戎行。其三歷數遷改，市朝迴變。運偶舜徵，時逢堯禪。百揆既叙，八元咸薦。簡在帝心，來司御膳。其四降生上聖，嗣興下武。送往事居，罄心竭股。青璅陪侍，丹墀弼輔。績等先朝，恩隆後主。其五鑾輿巡幸，扈從東迴。六戎初駕，二豎便灾。忽變朝日，俄成夜臺。追榮琱賵，事切皇哀。其六儵忽人世，荒涼兆域。无復芝蘭，方羅荆棘。風咽笳響，雲昏日色。物候悽然，傷心何極。其七孝子不匱，追慕纏綿。時移四序，思切三年。鶴栖松上，燕聚墳前。庶憑金石，永寄雕鐫。大業十一年十一月廿一日河南郡河南縣千金鄉北茫山禮。

【疏證】

誌主李善，不載於史。以其大業十一年（615）葬在北邙推之，其所任"内給事内承奉内常侍"當屬服務於東都的宦者。隋代之内侍省（煬帝時改名長秋監）設内給事（煬帝時改稱内承直）四人，從五品；内常侍（煬帝時改稱内承奉）二人，正五品。以此推之，李善任内給事當在文帝朝，而誌文以内承奉與内常侍並列復指，未詳何故？《隋書》卷 28《百官志下》云隋煬帝"自三年定令之後，驟有制置，制置未久，隨復改易"③，那麽，是否大業末又將内承奉回改爲内常侍，而誌文作者旨在有意説明或無意暗示，值得關注。

《李善墓誌》最爲特别的是除首題和第一句述諱字、籍貫及末句記時間葬地以外，皆爲銘文，是隋代墓誌文體中的特例。銘文共有八節，每節四韻八句，共 256 字，且每節一個韻腳，節節换韻，有平聲韻，亦有仄聲韻。如此豐富的韻文，對研討隋代語言聲律不啻

---

① 趙君平、趙文成：《河洛墓刻拾零》上册，北京：北京圖書館出版社，2007 年，第 60 頁。

② 王其禕、王慶衛：《〈隋代墓誌銘彙考〉補》，西安碑林博物館：《碑林集刊》第 13 輯，西安：陝西人民美術出版社，2008 年，第 198—200 頁。

③ 《隋書》卷 28《百官志下》，北京：中華書局，1973 年，第 803 頁。

是一篇極好的案例。隋代是中古音韻的整合和定型時期,並直接影響著唐宋正統官韻如《唐韻》《廣韻》《集韻》的形成與發展,因此對隋代音聲韻律的研究,上可探討上古語音的分歧,下可考求後世方音的變化,自然有著十分重要且關鍵的作用。遺憾的是陸法言在仁壽年間撰作的總結性權威韻書《切韻》早已散佚,可資利用研究的第一手材料就只能搜討當時人撰作的各類文字,特別是當時所刊刻的石刻文獻,諸如帶有韻律銘文的墓誌文,正是最爲直接、可信和豐富的研究對象。此《李善墓誌》是迄今所見隋代墓誌中銘文較長且韻腳較多的案例之一,對補正《切韻》的韻目和平上去入四聲目應有很好的佐證意義。另外在《隋代墓誌銘彙考》中同樣有一些與《李善墓誌》相似的長篇銘文值得重視,如開皇三年(583)《王士良墓誌》銘文十節,每節八句。開皇三年(583)《陰雲墓誌》銘文七節,每節八句。開皇六年(586)《李敬族墓誌》銘文十節,每節八句。開皇八年(588)《韋略墓誌》銘文八節,每節八句。開皇十一年(591)《裴子通暨妻元氏墓誌》銘文七節,每節八句。開皇十二年(592)《吕思禮暨妻辛氏墓誌》銘文七節,每節八句。開皇十三年(593)《李椿墓誌》銘文八節,每節八句。仁壽四年(604)《楊紀暨妻韋氏墓誌》銘文七節,每節八句。大業八年(612)《徐智竦墓誌》銘文七節又兩句,每節八句。大業十一年(615)《鄧晌墓誌》銘文八節,每節八句。大業十二年(616)《張濬墓誌》銘文七節,每節八句。銘文在五節、六節而每節八句者亦復不少,此不贅舉。①

尋繹較早的此類全韻文墓銘文體,成書於六世紀上半葉的《昭明文選》"墓誌"類選有一篇八字一句共十二句九十六字的有韻銘文,姑且視之爲該墓誌全部文字,誌文由任彦升撰,誌主爲卒在梁武帝天監元年(502)的劉瓛妻王氏。全文如下:"既稱萊婦,亦曰鴻妻。復有令德,一與之齊。實佐君子,簪蒿杖藜。欣欣負載,在冀之畦。居室有行,亟聞義讓。稟訓丹陽,弘風丞相。籍甚二門,風流遠尚。肇允才淑,闓德斯諒。蕪没鄭鄉,寂寥楊家。參差孔樹,毫末成拱。暫啓荒埏,常扃幽隴。夫貴妻尊,匪爵而重。"②而與此時段相近的北魏墓誌中亦不乏例證,如景明元年(500)《元定墓誌》,除一句七十六字特長誌題外,全文作八字一句共十句的有韻銘文而又不言"銘曰"之類③,亦可視爲較早的全韻文墓銘文體之案例。

又,唐代墓誌中亦有全用銘文者,如開元六年(718)《故丘處士妻劉氏墓誌》僅有銘文,曰:"笄而以字,戴以從夫。挾瑟相樂,攀條共娱。川波驟箭,曉魄馳駒。鏡掩朝匣,華傷早跗。鳳兮安在,丘壟湮蕪。魂氣來格,同歸此途。開元六年七月十七日。"④開元廿一年(733)《洪和公唐府君墓誌》全用四字韻文,文末記遷葬人與時間地點。天寶十載(751)《楊彦璿墓誌》亦全用四字韻文,唯首尾各一句記誌主姓名和葬時地點。⑤附此以備參詳。

---

① 上舉十一種墓誌分別載王其禕、周曉薇:《隋代墓誌銘彙考》第 1 册,北京:綫裝書局,2007 年,第 93、109、169、262 頁;王其禕、周曉薇:《隋代墓誌銘彙考》第 2 册,北京:綫裝書局,2007 年,第 10、56、117 頁;王其禕、周曉薇:《隋代墓誌銘彙考》第 3 册,北京:綫裝書局,2007 年,第 106 頁;王其禕、周曉薇:《隋代墓誌銘彙考》第 4 册,北京:綫裝書局,2007 年,第 221 頁;王其禕、周曉薇:《隋代墓誌銘彙考》第 5 册,北京:綫裝書局,2007 年,第 80、342 頁。
② [梁]蕭統編、[唐]李善注:《文選》下册,北京:中華書局,1977 年,第 824—825 頁。
③ 毛遠明:《漢魏六朝碑刻校注》第 3 册,北京:綫裝書局,2008 年,第 336 頁。
④ 吴鋼:《全唐文補遺·千唐誌齋新藏專輯》,西安:三秦出版社,2006 年,第 127 頁。
⑤ 上舉兩方墓誌載吴鋼:《全唐文補遺》第 7 輯,西安:三秦出版社,2005 年,第 376、385 頁。

一五八　于懿墓誌

【基本信息】

于懿墓誌，出土於西安南郊長安區，誌石今存洛陽民間。誌文26行，滿行28字，正書，無界格。蓋題9字，3行，每行3字，陽文篆書，有方界格。誌石長44.5釐米、寬44釐米。誌蓋覆斗形，盝頂長35釐米、寬36釐米。墓誌圖版載在趙君平、趙文成《秦晉豫新出墓誌蒐佚》①，齊運通《洛陽新獲七朝墓誌》②。

【誌蓋】

隋故奮武尉于君之誌

【誌文】

大隋故奮武尉于君之墓誌銘

君諱懿，字長符，京兆藍田人也。應晉同分，備諸魯冊；高門待封，亦書班史。遥芳盛族，可略言焉。祖虎，周涇恒二州刺史、豐川縣公，察舉兩邦，尚稱遺惠；建侯大國，猶播高風。父寬，周使持節、驃騎大將軍、開府儀同三司、右武伯大夫、興湖二州刺史、清河縣開國公。入典兵符，出宣政道，豈唯懋德，實有豐功，不隕其名，斯之謂矣。而君稟靈山岳，氣感風雲，幼摽岐嶷，早擅聰穎。清華有志度，敏達多智能，頗涉藝文，尤善騎射。開皇元年，起家東宮親信。二年，改授勳衛，累遷左內率備身左右、本府司鎧參軍。勤勞近侍，年踰一紀。恭敕見知，未嘗有過。左率韋霽，京輔貴遊，行義比何曾，英名繼殷浩，坐罕常賓，門唯好事。以君通家領袖，深相知賞，公筵曲室，造次弗遺，孔融之遇李膺，不能異也。既而諸府元僚，即銓本衛，韋左率親承明敕，高選時才，以君素登龍門，得人斯在。至十七年，應詔授左內率府長史，從容上席，既有補闕之賢；察檢後曹，實副責成之委。至二十年，仍奉敕追入上臺，改授領勳衛都督。至大業五年，大駕西伐，以宿衛之勞，進授奮武尉。君生自高梁，志小刀筆，雖天然明敏，臨事多能，而薄領盈前，非其所好。歸來蕭散，深會雅懷。於是却掃家園，優遊自逸。清風美景，或置驛於諸郊；良辰吉日，乍連鑣於別館。豈意春秋迭代，大椿共蒲柳同彫；嚴霜肅隰，蕭艾與靈芝並落。大業十一年五月廿四日亡於私里，春秋五十有五。粵以今十二年太歲丙子正月戊子朔十九丙午遷葬於京兆郡長安縣之高陽原。君少有令才，早服名義，方期與善，剋保喬松，中身即世，悲深毀玉。嗚呼哀哉，雖大夜之難曉，儻北山之有隮。敬書爵里，銘之玄石。銘曰：

家傳鍾鼎，門迥軿輻。公才公望，聞禮聞詩。清華相踵，高視當時。慶靈無已，載挺珪璧。器同瑚璉，韻符金石。行乃生知，才非友益。從容上佐，優遊甲宅。得意風雲，志懷顯赫。

---

① 趙君平、趙文成：《秦晉豫新出墓誌蒐佚》第1冊，北京：國家圖書館出版社，2011年，第125頁。
② 齊運通：《洛陽新獲七朝墓誌》，北京：中華書局，2012年，第63頁。

未窮賞會，忽悲過隟。芳塵如在，高臺遽傾。車廻舊館，馬思佳城。千秋永永，無墜嘉名。

【疏證】

于懿及其父于寬、祖于虎，史皆不載。已出土其家族人物墓誌尚有開皇六年（586）《于寬墓誌》與大業十二年（616）于寬子《于緯墓誌》①，則可參詳並補充梳理其家族世系及其人物事迹。

據墓誌可知于懿爲于寬子，而檢《于寬墓誌》可知其爲于寬長子，唯于懿字"長符"與于寬墓誌字"長扶"互異。而于懿祖于虎職任"涇恒二州刺史"，據《于寬墓誌》知爲贈官。至於所記于寬的職任與封爵，則與《于寬墓誌》所載相符。

誌云于懿"開皇元年，起家東宮親信，二年改授勳衛，累遷左内率、備身左右、本府司鎧參軍"。親信，《隋書》卷28《百官志下》載："王公已下，三品已上，又並有親信、帳內，各隨品高卑而制員。"②而東宮親信之職未見載，《隋書》所見擔任王府親信者，有裴仁基以本官領漢王諒府親信，虞慶則子孝仁領晉王親信。又有長孫覽在魏大統中，起家東宮親信。勳衛即太子勳衛，爲正八品上階。左内率，"左右内率、副率，各一人，掌領備身已上禁内侍衛，供奉兵仗"③。備身左右，"備身左右八人，掌供奉弓箭"。④品階爲正七品。本府司鎧參軍，指任東宮府司鎧參軍。檢《隋書》卷28《百官志下》，左右衛設有鎧曹行參軍⑤，東宫府司鎧參軍未見載。誌云"勤勞近侍，年踰一紀"，則于懿在東宫任職竟達十二年之久。誌云："左率韋霽，京輔貴遊，行義比何曾，英名繼殷浩，坐罕常賓，門唯好事。以君通家領袖，深相知賞，公筵曲室，造次弗遺，孔融之遇李膺，不能異也。既而諸府元僚，即銓本衛，韋左率欽承明敕，高選時才，以君素登龍門，得人斯在。至十七年應詔授左内率府長史，從容上席，既有補闕之賢，察檢后曹，實副責成之委。"韋霽，《隋書》卷47《韋世康傳》有附傳云韋壽弟韋霽"位至太常少卿，安邑縣伯"⑥。《隋書》卷8《禮儀志三》又載，大業七年（611）"行幸望海鎮，於禿黎山爲壇，祀黃帝，行禡祭。詔太常少卿韋霽、博士褚亮奏定其禮。"⑦則史傳僅記韋霽任太常少卿一職而未記其在開皇年間曾任左内率諸職，今可據誌以補。所謂韋霽"京輔貴遊"云云，正如《隋書》卷47《韋世康傳》所載，韋氏一族是"京兆杜陵人也，世爲關右著姓"。韋壽爲韋孝寬子，在北周任京兆尹。入隋任恒、毛二州刺史。其女爲晉王昭妃。⑧開皇十七年（597），

---

① 《于緯墓誌》載在王其禕、周曉薇：《隋代墓誌銘彙考》第5冊，北京：綫裝書局，2007年，第277頁。
② 《隋書》卷28《百官志下》，北京：中華書局，1973年，第782頁。
③ 《隋書》卷28《百官志下》，北京：中華書局，1973年，第780頁。
④ 《隋書》卷28《百官志下》，北京：中華書局，1973年，第780頁。
⑤ 《隋書》卷28《百官志下》，北京：中華書局，1973年，第780頁。
⑥ 《隋書》卷47《韋世康傳附韋霽傳》，北京：中華書局，1973年，第1271頁。
⑦ 《隋書》卷8《禮儀志三》，北京：中華書局，1973年，第162頁。
⑧ 《隋書》卷47《韋世康傳》，北京：中華書局，1973年，第1271頁。

由韋霽推薦，于懿任"左內率府長史"，官秩爲從七品下階。開皇二十年（600），"仍奉敕追入上臺，改授領勳衛都督"，至大業五年（609），大駕西伐，以宿衛之勞，進授奮武尉。大業五年（609）大駕西伐指隋煬帝征討吐谷渾。奮武尉爲隋代設置的武散官十六尉之一，官秩六品。

一五九　韓舒暨妻婁氏墓誌

【基本信息】

韓舒暨妻婁氏墓誌，出土時地不詳，2011 年入藏鳳翔縣博物館。誌文分刻兩石，拓本之一誌文 16 行，滿行 14 字；拓本之二誌文 13 行，滿行 11 字，均正書，無界格。誌石拓本之一長 39.5 釐米、寬 46.5 釐米，拓本之二長 33 釐米、寬 41 釐米。研究參詳常美琦《隋韓舒之墓誌考釋》[①]，魏宏利《鳳翔縣博物館藏隋〈韓舒墓誌〉考釋》[②]。

【誌文】

大隋朝散大夫永平府鷹揚郎將韓舒之墓誌
君諱舒，字子滔，扶風雍縣人也。祖諱金兮，汾陰縣令；父令和，廓州刺史。祖者冠冕，見於斯矣。建德六年，平齊，蒙授都督。大象二年，尉迥作逆，復申誠效，勳功第一，蒙授大都督。開皇三年，任賀蘭鎮將。仁壽三年，又以久肅精憨，蒙任虞州車騎將軍，親老見辭，望盡誠孝。轉授咸陽車騎。大業元年，復授永平府鷹揚郎將。大業五年，陪麾問罪，西戎伏從，蒙授朝散大夫。但逝川東注，大火西流，餌藥無勝，遂歸物化。大業十一年二月廿三日薨於私第。郡君者，河南郡左光祿大夫婁鐵之女，大業十年九月五日薨背，並福已終，咸同斯奄，占卜吉辰，安厝兆宅。［轉第二石］乃用大業十二年歲次丙子正月戊子朔廿二日己酉葬於老舅之南。軒蓋雲奔，車馬雨集，嗚呼哀哉，乃爲銘曰：
大山其壞，人之云亡。林木蕭索，原野蒼芒。有祖有考，如珪如璋。牧州宰縣，冠蓋相望。君有武略，超登禁臠。勇徹三軍，名斑幕府。佐世流芳，傳之右輔。舊疹微增，化爲異物。便以吉辰，安厝窀室。墓足松楊，村多榆柳。墳內夜深，泉門閟久。勒功金石，垂芳不朽。

【疏證】

誌文逐年記録韓舒所歷職官，易於考察彼時周隋間官職尤其軍職之升遷制度。韓舒與其父、祖以及妻鐵，皆不見載於史。"開皇三年，任賀蘭鎮將"，此"賀蘭"者蓋爲軍鎮名而不爲史籍所載[③]，或當設在隋代靈武郡弘靜縣賀蘭山一帶。隋代中鎮將爲從五品，下鎮將爲正六品。"大業五年，陪麾問罪，西戎伏從"，指是年五六月間隋煬帝大獵於拔延山，並伐逐吐谷渾主伏允事。[④]永平府，可補隋代軍府之闕逸。張掖郡有張掖縣舊爲永平縣，

[①] 常美琦：《〈隋韓舒之墓誌〉考釋》，《圖書情報論壇》2016 年第 6 期，第 76—81 頁；常美琦：《〈隋韓舒之墓誌〉考釋》，《成都大學學報》（社會科學版）2017 年第 4 期，第 74—78 頁。
[②] 魏宏利：《鳳翔縣博物館藏隋〈韓舒墓誌〉考釋》，《文博》2019 年第 4 期，第 82—86 頁。
[③] 周一良：《北魏鎮戍制度考及續考》，《魏晉南北朝史論集》，北京：北京大學出版社，2010 年，第 172—190 頁；張沛：《唐折衝府匯考》附録四，西安：三秦出版社，2003 年。
[④]《隋書》卷 3《煬帝紀上》，北京：中華書局，1973 年，第 73 頁。

未詳軍府是否駐紮於此而得名？又，《新唐書》卷37《地理志》坊州中部郡條載："上。武德二年析鄜州之中部、鄜城置。有府五，曰杏城、仁里、思臣、永平、安臺。"[1]不知坊州之永平府是承隋之舊，抑或唐代新置？但顯然與隋代張掖郡永平縣無涉。再尋史料，見唐聖曆二年（699）《于遂古墓誌》云乾封元年（666），"以功拜上柱國、遊擊將軍，轉右金吾衛永平府左果毅都尉……垂拱三年，除左玉鈐衛永平府折衝都尉"[2]。《吐魯番出土文書》錄《唐軍府衛士名籍》亦有"永平府衛士胡外生，貫坊州中部縣安平鄉神安里"[3]。以此推之，隋代之永平府或亦可能置在坊州中部縣且爲唐代所承襲。"祖者冠冕"之"者"蓋爲"考"字之訛。婁鐵，不見於史，胡姓之匹婁氏與賀婁氏皆改爲婁氏。可參開皇十五年（595）《婁叡妻乞伏氏墓誌》。

---

[1]《新唐書》卷37《地理志》，北京：中華書局，1975年，第970頁。
[2] 周紹良、趙超：《唐代墓誌彙編續集》，上海：上海古籍出版社，2001年，第374頁。
[3] 張沛：《唐折衝府匯考》，西安：三秦出版社，2003年，第98頁。

一六〇　獨孤儉墓誌

【基本信息】

獨孤儉墓誌，出土於陝西咸陽，2012 年 12 月入藏西安碑林博物館。誌文 19 行，滿行 21 字，正書，有方界格。誌石拓本長寬均 45 釐米。墓誌圖文與研究參詳王其禕《新見隋大業十二年〈獨孤儉墓誌〉箋證》[①]、王連龍《新見隋唐墓誌集釋》[②]。

【誌文】

大隋御史臺監察御史獨孤府君墓誌銘

君諱儉，字白澤，河南雒陽人也。昔瑯琊開左晉之基，道武盛中興之業。冠纓播蕩於江表，戎馬脱駕於伊川。從豐沛而入咸陽，步新野而歸河北者，衆矣。由帝鄉帝城之貴，始爲河南之雒陽人。曾祖信，贈上柱國、太師、趙公；祖藏，金州刺史、武平公；考斌，前車騎、儀同三司。君資河岳之靈，藉公侯之胄。每厚桑霍之誠，興言以勵節；常賢陰馬之德，飭行而循道。故能選職任人，起家除監察御史，繡衣暫出，濁吏還清，驄馬忽馳，謡民即避。俄遷河南郡偃師縣長，以大業十一年冬遇疾，十二年正月十六日終於東都館舍，春秋卅有三，以其年四月十七日瘞於咸陽之小陵原。嗚呼哀哉，君内潤含章，温恭顯德，與善無效，怛化儵然。竊以哀誄悼丘，蔡碑傷郭，日月其除，惟魂是託。乃爲詞曰：

河岳長靈，公侯積慶。載誕人傑，爰資后聖。德播蘭蓀，才明水鏡。一步公府，再膺朝命。美俗宣化，愛雉臨民。威稜嚴訽，異表肥親。曲池忽故，高臺不新。光沉掩日，花落無春。氣盡風雲，名留世物。招魂述宋，悼騷德屈。曉露淒歌，空山引紼。泉門冥冥，佳城鬱鬱。

【疏證】

獨孤儉爲北周重臣獨孤信曾孫，故其墓誌於研究周隋兩朝獨孤家族世系及其人事變遷頗有史料價值。箋證誌文，約有五事：

其一，誌主獨孤儉及其父獨孤斌皆不載於史，而其曾祖獨孤信在《周書》卷 16、《北史》卷 61 有傳，其祖獨孤藏在《周書》有傳附獨孤信，《北史》與《隋書》亦有載。又《獨孤信墓誌》、《獨孤藏墓誌》及獨孤信長子《獨孤羅墓誌》皆已出土並披露[③]，唯獨孤信、藏、羅三人墓誌皆出於咸陽底張灣，而《獨孤儉墓誌》緣出土地不詳，僅得從墓誌文知其

[①] 王其禕：《新見隋大業十二年〈獨孤儉墓誌〉箋證》，《書法叢刊》2012 年第 6 期，第 32—36 頁。
[②] 王連龍：《新見隋唐墓誌集釋》，瀋陽：遼海出版社，2015 年，第 32—35 頁。
[③] 上舉三方墓誌載毛遠明：《漢魏六朝碑刻校注》第 10 册，北京：綫裝書局，2008 年，第 133、312 頁；北京圖書館金石組：《北京圖書館藏中國歷代石刻拓本滙編》第 9 册，鄭州：中州古籍出版社，1989 年，第 126 頁。對於獨孤藏、獨孤羅墓誌的個案研究，可參羅新、葉煒：《新出魏晉南北朝墓誌疏證》修訂本，北京：中華書局，2016 年，第 279—282、441—443 頁。又見新出唐顯慶三年（658）《大唐故利州刺史鍾山縣開國公万俟府君妻城郡君獨孤大惠墓誌》，大惠曾祖信、祖善、父覽，知與儉爲同曾祖兄妹。大惠卒於顯慶二年（657），年六十四歲，次年"葬於咸陽縣洪瀆川使君之舊塋"。參詳趙力光：《西安碑林博物館新藏墓誌續編》上册，西安：陝西師範大學出版總社，2014 年，第 106 頁。

葬在"咸陽之小陵原",而若葬地也在底張灣獨孤信族塋一地,則"小陵原"之謂似當與《獨孤信墓誌》云葬"石安之北原"、《獨孤藏墓誌》云葬"涇陽胡瀆川"、《獨孤羅墓誌》云葬"雍州涇陽縣洪瀆原奉賢鄉靜民里"者爲同一地。然"小陵原"名稱在西魏、北周、隋代乃專指長安城南的漢宣帝及許皇后夫婦葬地杜陵所在的鴻固原,亦即入唐後所稱的少陵原①,故此"咸陽之小陵原",不知是對位於底張灣的北周武帝孝陵的稱謂否?以其稱名爲僅見而容再考之。

其二,《獨孤藏墓誌》誌文末行附記"夫人賀蘭氏,有子三人"九字,惜不書名字。今據《獨孤儉墓誌》知獨孤斌乃其一子,再據《元和姓纂》"獨孤氏"岑仲勉補:"藏,隨金州刺史、武平公,生機。機生修法、修本、修德。"②唐景龍二年(708)《東都苑總監元府君夫人河南獨孤氏墓誌》云:"曾祖藏,隨通議大夫、金州刺史、武平郡開國公。祖機,皇朝滄州刺史、上柱國、滕國公。"③由知獨孤機亦獨孤藏一子,以獨孤儉卒於隋卒年三十二歲推之,其父"前車騎"獨孤斌似當比入唐任"滄州刺史"的兄弟獨孤機年長。然獨孤藏卒於北周,顯然《元府君夫人河南獨孤氏墓誌》系官於隋代有誤,同樣將獨孤機系官在"皇朝"也不免值得揣疑。

其三,《獨孤儉墓誌》云"河南雒陽人",獨孤信本傳云"雲中人""祖俟尼,和平中,以良家子自雲中鎮武川,因家焉"④,北周孝閔帝元年(557)《獨孤信墓誌》云"河南洛陽人",北周宣政元年(578)《獨孤藏墓誌》唯云"朔州人也……本姓劉,漢景帝之裔,赤眉之亂,流寓隴陰,因改爲獨孤氏",而隋開皇二十年(600)《獨孤羅墓誌》又云"雲內盛樂人,後居河南之洛陽縣",則獨孤氏居洛陽,當自獨孤信始,本傳云西魏間獨孤信嘗守洛陽與東魏對抗,徙居蓋在其時。而《獨孤儉墓誌》云"戎馬脱駕於伊川……由帝鄉帝城之貴,始爲河南之雒陽人"者,亦當是就獨孤信嘗建軍功於洛陽而言。

其四,在隋代出任御史臺官職者,檢《隋書》約有御史大夫楊素、張衡、裴蘊,御史中丞沈觀,治書侍御史李諤、劉行本、梁毗、皇甫誕、柳彧,侍御史骨儀、柳調、韋節,監軍御史蕭懷靜,御史韋德裕。又隋大業年間(605—617)《王法愛墓誌》云"御史大夫壽光元公弘之女"⑤,當即正史所載之大業間黃門侍郎王弘。今據《獨孤儉墓誌》,又可補"繡衣暫出,濁吏還清"的監察御史獨孤儉一人。隋代監察御史在文帝朝置十二員,秩從八品,到煬帝朝增爲十六員,秩從七品。以獨孤儉大業十二年(616)卒年三十二歲推之,其起家除監察御史當在煬帝朝,而其起家即任從七品之監察御史,蓋與其家世貴顯有關⑥。又據《隋書·地理志》,河南郡舊置洛州,大業元年移都,改曰豫州,三年改爲郡。統縣

---

① 周曉薇、王其禕:《新見隋代〈尚衣奉御尹彦卿墓誌〉研讀——兼説"小陵原"與"少陵原"的名稱沿革》,《考古與文物》2011年第4期,第95—98頁。至於王連龍《新見隋唐墓誌集釋》推斷獨孤儉葬地"咸陽之小陵原"爲長安城南之少陵原亦即杜陵原,顯然是不對的。
② [唐]林寶撰、岑仲勉校記:《元和姓纂(附四校記)》卷10,北京:中華書局,1994年,第1458頁。
③ 吳鋼:《全唐文補遺》第5輯,西安:三秦出版社,1998年,第294頁。
④《周書》卷16《獨孤信傳》,北京:中華書局,1971年,第263頁。
⑤ 王其禕、周曉薇:《隋代墓誌銘彙考》第6冊,北京:綫裝書局,2007年,第1頁。
⑥《周書》卷16《獨孤信傳》,北京:中華書局,1971年,第267頁載:"信長女,周明敬后;第四女,元貞皇后;第七女,隋文獻后。周隋及皇家,三代皆爲外戚,自古以來,未之有也。"

十八,偃師爲開皇十六年置。①以獨孤儉大業十二年（616）終官從六品之"河南郡偃師縣長"（上縣令），適與郡縣沿革相合。

其五，墓誌書法甚佳，筆法峻整肅括，間架端穆雍和，頗能代表隋代"新體"楷書中長安樣式的典型，而又依稀透出北碑書法所特有的方嚴峻厲的筆鋒。由於墓誌書刻時間已屆晚隋，故與開皇時期相較，更少舊體遺風（齊周楷法多存隸書筆意），而更多南朝妍柔朗潤氣象（即方嚴遒勁與疏放妍妙的融合）。譬如與長安地區舊出堪稱隋楷典範的《張通妻陶貴墓誌》《董美人墓誌》《蘇慈墓誌》《尉富娘墓誌》《元公姬夫人墓誌》以及新出《竇儼墓誌》《長孫汪墓誌》等互爲比對，足以見出彼時爲書家所趨之若鶩而堪爲"干禄之鴻寶"的楷法標格，並頗能作爲見證"歐體盛行無魏法，隋人變古有唐風"的絕佳案例②。

---

① 《隋書》卷30《地理志中》，北京：中華書局，1973年，第834頁。
② 王其禕：《隋代"新體"楷書的確立與其藝術旨趣——以隋代墓誌銘書法爲審查主體》，《第六屆中國書法史論國際研討會論文集》，北京：文物出版社，2007年，第150—167頁。

一六一　夏侯遷墓誌

【基本信息】

夏侯遷墓誌，出土時地與今存所在皆不詳。誌文 20 行，滿行 20 字。正書，有方界格。蓋題 9 字，3 行，每行 3 字，陽文篆書，有方界格。誌石拓本長 38 釐米、寬 39 釐米。誌蓋覆斗形，盝頂拓本長 21.5 釐米、寬 21 釐米。

【誌蓋】

隋故宣惠尉夏侯君誌

【誌文】

君諱遷，字迦葉，馮翊郃陽人也。其先夏后之苗胄，俾侯于杞公子，發源莘渚，因封命氏，自茲厥後，望重江東，宋武入關，遂宅河右。長瀾自遠，高峯已峻，羽儀弈葉，冠蓋相望，領袖人倫，珠玉連響。祖，經文緯武，四海歸懷；父，體道居宗，天下浪意。君資神挺生，膺靈秀出，器度淹融，藝業淵邃，爲山始覆，便已許其千刃；學海初流，盖亦期於万頃。以衣冠子徵入宿衛，釋褐千人軍主，轉授都督，尋除帥都督。既而，握蘭公府，理笏玉庭，並翼鵷鴻，齊摽松竹，實[□□]之羽儀，人倫之模楷。方當躡泰階[而]高步，遵康衢而上馳，而白鹿之祥未應，黃鳥之悲奄及。大業八年三月廿五日卒於家，春秋七十有五，以大業十二年歲次丙子十月甲申朔十三日丙申歸葬於馮翊縣之方城鄉萬壽里。銘曰：

惟王建國，俾侯于杞。綿綿苰岯，蟬聯錯峙。鍾美在焉，降神生矣。世禄不窮，家慶未已。其一升朝秉笏，逮綰銀黃。衛禁丹陛，上謁文昌。作民領袖，爲國棟梁。德音愕愕，令望堂堂。其二孔臨逝水，莊生吟越。寂以處思，有懷明發。翻然高舉，來歸隋闕。長洛未窮，朝光已没。其三灼龜兆域，松檀斯陳。雄圖埋没，壯志沉淪。一棺已閟，百代非春。蕭蕭隴路，虛禁蕉人。

【疏證】

誌文曰："馮翊郃陽人也。其先夏后之苗胄，俾侯于杞公子，發源莘渚，因封命氏，自茲厥後，望重江東，宋武入關，遂宅河右。"莘渚之莘，爲先秦古國名，夏禹之有莘氏。有莘國之地約當今陝西省合陽縣洽川鄉，東濱於黃河，是遠古三皇五帝中帝嚳的埋葬地。《元和姓纂》夏侯氏條曰："夏后之後，至東婁公，封爲杞侯。至簡公，爲楚惠所滅，弟他奔魯，魯悼公以夏侯受爵爲侯，因氏焉。後去魯之沛，居譙，遂爲郡人。"①唐開成五年（840）《趙公夫人夏侯氏墓誌》亦曰："昔武王尅商，封夏禹之後於杞，列爵爲侯伯，

---

① [唐]林寶撰、岑仲勉校記：《元和姓纂（附四校記）》卷 7，北京：中華書局，1994 年，第 1057 頁。

厥後因爲夏侯氏。"①夏侯氏望出沛國譙郡（今安徽亳州），故有"望重江東"之辭，而所謂"宋武入關，遂宅河右"，即南朝宋武帝劉裕於東晉末年攻取長安，滅亡後秦，夏侯氏始有定著河右關中之支脈，今《夏侯遷墓誌》之署"馮翊郃陽人"，蓋其先祖自東晉末年已著籍於此焉。夏侯遷不見於史籍，而其表字爲"迦葉"，似可見證其家族有崇佛情愫。

誌主爲"馮翊郃陽人"，又葬於馮翊縣。馮翊爲隋代京都之左輔，《隋書》卷 29《地理志上》載馮翊郡屬縣有馮翊、郃陽等八縣。馮翊縣小注曰："後魏曰華陰。西魏改爲武鄉，置武鄉郡。開皇初郡廢，大業初改名馮翊，置馮翊郡。有沙苑。"②方城鄉萬壽里，不見於隋代以前文獻，可補隋代馮翊縣鄉里名目之闕。迄今所見隋代墓誌出土於渭北郃陽縣者，僅此一例。

銘文"上謁文昌"，並非指後來具有人格而主持文運的文昌帝君神祇，而是指二十八宿中的文昌六星，蓋即"帝皇正坐於紫宮，輔臣列位於文昌"的文昌殿，亦即朝廷的代指。如"或寄重文昌，允釐於袞職；或任華綸閣，密勿於王言"③。《史記》卷 27《天官書》曰："斗魁戴匡六星，曰文昌宮：一曰上將，二曰次將，三曰貴相，四曰司命，五曰司中，六曰司禄。在鬥魁中，貴人之牢。魁下六星，兩兩相比者，名曰三能。三能色齊，君臣和；不齊，爲乖戾。輔星明近，輔臣親彊；斥小，疏弱。"④《隋書》卷 19《天文志上》"經星中宮"曰："文昌六星，在北斗魁前，天之六府也，主集計天道。一曰上將，大將建威武。二曰次將，尚書正左右。三曰貴相，太常理文緒。四曰司禄、司中，司隸賞功進。五曰司命、司怪，太史主滅咎。六曰司寇，大理佐理寶。所謂一者，起北斗魁前，近内階者也。明潤，大小齊，天瑞臻。文昌北六星曰内階，天皇之陛也。"⑤

誌文"實之羽儀，人倫之模楷。方當躡泰階高步，遵康衢而上馳"的"實"下當闕二字，應爲"□□之羽儀，人倫之模楷"。"高步"前疑落一字，"康"下當因剥泐而空過一格，非是避諱空格，故其對句當爲"躡泰階而高步，遵康衢而上馳"。又，"蕉人"應即樵人之别。

---

① 周紹良：《唐代墓誌彙編》下册，上海：上海古籍出版社，1992 年，第 2202 頁。
② 《隋書》卷 29《地理志上》，北京：中華書局，1973 年，第 809 頁。
③ 《晉書》卷 75 "史臣曰"，北京：中華書局，1974 年，第 1995 頁。
④ 《史記》卷 27《天官書》，北京：中華書局，1982 年，第 1293 頁。
⑤ 《隋書》卷 19《天文志上》，北京：中華書局，1973 年，第 532 頁。

一六二　尹彥卿墓誌

【基本信息】

尹彥卿墓誌，出土於西安南郊長安區，誌石今存民間。誌文 11 行，滿行 12 字，正書，有方界格。誌石拓本長 23 釐米、寬 22 釐米。墓誌圖文載在趙文成、趙君平《秦晉豫新出墓誌蒐佚續編》[①]，王連龍《新見隋唐墓誌集釋》[②]，研究參詳周曉薇、王其禕《新見隋代〈尚衣奉御尹彥卿墓誌〉研讀——兼説"小陵原"與"少陵原"的名稱沿革》[③]。

【誌文】

大隋故朝請大夫尚衣奉御萬安郡開國公尹君墓誌
君諱彥卿，字尪，瀛州河間郡人也。祖諱章，魏行臺侍郎、刑部尚書。父諱正，周上開府儀同三司、兵部尚書、內史侍郎、萬安郡開[國]公。君去大業十年七月廿七日薨於東都景行里，春秋卌有八，以大業十二年歲次丙子十二月癸未朔十四日丙申改葬於大興縣洪原鄉小陵原。

【疏證】

《尹彥卿墓誌》形製小巧，似此類小於 25 釐米見方的隋代墓誌小品（不含磚誌），約有河北武安出土今存遼寧省博物館的開皇九年（589）《洪州刺史張僧殷暨子騎兵參軍張潘慶墓誌》爲 21.7 釐米見方，2002 年西安市長安區洪固鄉出土的開皇二十年（600）《右衛翊衛驃騎大將軍儀同三司宜陽縣開國公楊文願墓誌》長 24.8 釐米、寬 17.5 釐米，洛陽出土的大業八年（612）《綏德尉麻府君妻龐畏孃墓誌》長 24 釐米、寬 23 釐米，洛陽出土的大業十年（614）《光禄大夫開府儀同三司文安憲侯牛弘第三女牛暉墓誌》長 23 釐米、寬 22 釐米等[④]，此外還有仁壽元年（601）《張振墓誌》與《張振妻韋氏墓誌》分別長 18.5 釐米、寬 20.5 釐米和長 23.8 釐米、寬 25 釐米[⑤]，以及大業二年（606）《長孫懿妻劉氏墓誌》與大業十一年（615）《傅道樂墓誌》皆不足 20 釐米見方。[⑥]合此可以推知，隋代似並未以

[①] 趙文成、趙君平：《秦晉豫新出墓誌蒐佚續編》第 1 冊，北京：國家圖書館出版社，2015 年，第 210 頁。
[②] 王連龍：《新見隋唐墓誌集釋》，瀋陽：遼海出版社，2015 年，第 36—37 頁。
[③] 周曉薇、王其禕：《新見隋代〈尚衣奉御尹彥卿墓誌〉研讀——兼説"小陵原"與"少陵原"的名稱沿革》，《考古與文物》2011 年第 4 期，第 95—98 頁。
[④] 上舉四種墓誌載王其禕、周曉薇：《隋代墓誌銘彙考》第 1 冊，北京：綫裝書局，2007 年，第 332 頁；王其禕、周曉薇：《隋代墓誌銘彙考》第 2 冊，北京：綫裝書局，2007 年，第 322 頁；王其禕、周曉薇：《隋代墓誌銘彙考》第 4 冊，北京：綫裝書局，2007 年，第 274 頁；王其禕、周曉薇：《隋代墓誌銘彙考》第 5 冊，北京：綫裝書局，2007 年，第 37 頁。
[⑤] 王其禕、周曉薇：《長安地區新出隋代墓誌銘十種集釋》，西安碑林博物館：《碑林集刊》第 19 輯，西安：三秦出版社，2013 年，第 20—21 頁；王連龍：《新見隋唐墓誌集釋》，瀋陽：遼海出版社，2015 年，第 26 頁。
[⑥] 《傅道樂墓誌》據筆者所藏拓本。

身份貴賤與官品高低來嚴格規約墓誌石的形制大小①。

按誌主尹彥卿,《隋書》無傳。唯《隋書》卷76《尹式傳》云:"河間尹式,博學解屬文,少有令聞。仁壽中,官至漢王記室,王甚重之。及漢王敗,式自殺。其族人正卿、彥卿俱有雋才,名顯於世。"②《北史》卷83《尹式傳》所記略同。由排行推測尹正卿與尹彥卿當爲兄弟。而《隋書》卷85《宇文化及傳》與《司馬德戡傳》記尹正卿義寧二年(618)三月嘗參與宇文化及謀反,後又反戈謀襲宇文化及而爲宇文化及所殺。③由是又知尹正卿晚尹彥卿四年而卒,而尹式與尹彥卿父尹正以諱名推之,或亦同宗兄弟?所惜墓誌未記尹彥卿之所能事,故其"名顯於世"之"雋才"究不知何所體現?尹彥卿祖尹章,不見於史傳。尹彥卿父尹正,亦非《周書》卷48、《北史》卷93有傳之尹正。《周書》卷48《尹正傳》云:"尹正,其先天水人。詧莅雍州,正爲其府中兵參軍。擒張纘,獲杜岸,皆正之力。詧承制,以爲將軍。尋拜大將軍。及稱帝,除護軍將軍,進位柱國,封新野縣侯,邑千戶。詧之三年,卒,贈開府儀同三司。謚曰剛。巋之五年,以正配食詧廟。子德毅,多權略,位至大將軍。後以見疑賜死。"④可知正史有傳者爲天水人,而尹彥卿父爲河間人;正史有傳者任職南朝西梁且卒在蕭詧大定三年(557),而尹彥卿父署官爵皆爲北周,更二人官爵無一相同;正史有傳者有子曰德毅,亦與尹彥卿、尹正卿行字不合。可推正史有傳之尹正與尹彥卿父非是一人。然同一時段有兩位官爵頗高的同姓名者並行於世,也是頗爲巧合的事。封萬安郡公者,檢《周書》《北史》《隋書》皆未見有記載。"內史侍郎"則是避諱隋文帝父楊忠嫌名而改"中書侍郎"之謂。尚衣奉御,《隋書》卷28《百官志下》記,隋煬帝時殿內省"統尚食、尚藥、尚衣、尚舍、尚乘、尚輦等六局,各置奉御二人"⑤。奉御爲正五品。尚衣即舊御府之改名,掌御衣服玩弄事。尹彥卿任尚衣奉御正在隋煬帝時,可資佐證。隋代墓誌所見任尚衣奉御者還有大業七年(611)韋匡伯一人⑥,尹彥卿之任尚衣奉御當在韋匡伯之後。《隋書》則僅記蕭巋子蕭璟一人爲"尚衣奉御"⑦。

尹彥卿卒於東都"景行里",《唐兩京城坊考》卷5《東京外郭城》云:"東城之東,第三南北街,北當安喜門西街,從南第一曰景行坊。"⑧此坊未見注錄隋人宅第,檢隋代墓誌

---

① 雖然《隋書》卷8《禮儀志》在葬制上規定:"三品已上立碑,螭首龜趺。趺上高不得過九尺。七品已上立碣,高四尺。圭首方趺。若隱淪道素,孝義著聞者,雖無爵,奏,聽立碣。"北京:中華書局,1973年,第157頁。但對於墓誌未見明文依據,而實際的情形也顯得雜亂無章。

② 《隋書》卷76《尹式傳》,北京:中華書局,1973年,第1748頁。

③ 《隋書》卷85《宇文化及傳》,北京:中華書局,1973年,第1891頁;《北史》卷79《宇文化及傳》與《司馬德戡傳》所記略同。

④ 《周書》卷48《尹正傳》,北京:中華書局,1971年,第871頁;《北史》卷93《尹正傳》略同。

⑤ 《隋書》卷28《百官志下》,北京:中華書局,1973年,第795頁。

⑥ 王其禕、周曉薇:《隋代墓誌銘彙考》第5冊,北京:綫裝書局,2007年,第28頁。《新唐書》卷74上《宰相世系表》韋氏鄖公房亦記"匡伯,隋尚衣奉御、舒國懿公"。又,《文物》1987年第1期《昭陵發現陪葬宮人墓》披露唐顯慶元年(656)韋匡伯女《文帝昭容一品韋尼子墓誌》云:"父匡伯,隋尚衣奉御、舒國公。"永隆二年(681)《韋檀特墓誌》亦云"隋尚衣奉御舒國公之第二女",詳見周紹良:《唐代墓誌彙編》上冊,上海:上海古籍出版社,1992年,第681頁。

⑦ 《隋書》卷79《外戚列傳》,北京:中華書局,1973年,第1795頁。

⑧ [清]徐松撰、方嚴點校:《唐兩京城坊考》卷5《東京外郭城》,北京:中華書局,1985年,第174頁。

銘亦僅此一例景行坊之記載，今據《尹彥卿墓誌》適可補隋代尹氏一門嘗居此坊。隋代東都景行里位於北市之南、漕渠之北、時邕坊之西、歸義坊（瀍水南北縱穿此坊）之東。

尹彥卿葬於"大興縣洪原鄉小陵原"，《漢書》卷 97 上《外戚傳》云："（孝宣）許后立三年而崩，諡曰恭哀皇后，葬杜南，是爲杜陵南園。"唐顏師古注曰："即今之所謂小陵者，去杜陵十八里。"①駱天驤《類編長安志》卷 7 "原丘"云："少陵原。在今咸寧縣南四十里，南接終南，北至滻水，西屈曲六十里，入長安縣界，即漢鴻固原也。宣帝許后葬司馬村，塚比杜陵差小，號曰小陵，以杜陵大故也，語訛爲少陵。杜甫稱少陵野老。杜曲在其旁。"②同書卷 8 "辨惑"又云："司馬塚。本許后塚。新說曰：'宣帝許后葬于司馬村，比杜陵差小，呼爲小陵，以杜陵大故也。秦音以小爲少，謂之少陵，改少陵鄉。俗傳大司馬霍光塚非也，許后塚是也。'"③又見新出唐調露元年（679）《常昌暨妻劉氏墓誌》云："合葬於少陵原之禮也。其原却背滻水，前望鮑陂。東接頭空，西臨樊谷。漢武置陵之地，秦皇游獵之原。厥土惟平，宅兆惟上。"④此將少陵原的地理位置交代得十分清楚，即少陵原北濱滻水，南望鮑陂（今長安區杜陵正南小鮑陂村），東接（馬）頭空，西臨樊川。又云"厥土惟平，宅兆惟上"，更強調此原自古就是土厚原平、合於安墳的佳所。

若按照前述"秦音以小爲少"的說法，緣何訛爲"少陵原"在唐代以前未見，且顏師古尚認爲"即今之所謂小陵者"。案今見"小陵原"之號，西魏已有，如大統二年（536）《趙超宗妻王氏墓誌》"合窆於山北縣小陵原"⑤，西魏之山北縣即北周之萬年、隋代之大興與唐代之萬年、咸寧縣。大統十年（544）《婁叡墓誌》"窆於小陵原之北鄉"⑥，大統十四年（548）《韓樂妃墓誌》"葬於山北縣小陵原韋妃墓之東"⑦，大統十五年（549）《侯興墓誌》"遷葬於山北縣小陵原"⑧，廢帝二年（553）《杜欑墓誌》"合葬于小陵原"⑨，廢帝二年（553）《柳檜墓誌》"權窆小陵原，去長安卅里。"⑩北周更爲多見，如新出土北周明帝二年（558）《拓

---

① 《漢書》卷 97 上《外戚傳》，北京：中華書局，1962 年，第 3967—3968 頁。
② ［元］駱天驤撰、黃永年點校：《類編長安志》卷 7，北京：中華書局，1990 年，第 205－206 頁。
③ ［元］駱天驤撰、黃永年點校：《類編長安志》卷 8，北京：中華書局，1990 年，第 266 頁。又參見［宋］宋敏求《長安志》卷 11 "萬年"："少陵原。在縣南四十里，南接終南，北至滻水，西屈曲六十里入長安縣界，即漢鴻固原也。宣帝許后葬於此，俗號少陵。"［宋］程大昌《雍錄》卷 7 "少陵原"條："在長安縣南四十里。漢宣帝陵在杜陵縣，許后葬杜陵南園。師古曰：'即今謂小陵者也，去杜陵十八里。'它書皆作少陵。杜甫家焉，故自稱杜陵老，亦曰少陵也。"
④ 趙力光：《西安碑林博物館新藏墓誌續編》上冊，西安：陝西師範大學出版總社有限公司，2014 年，第 173 頁。
⑤ 趙力光：《西安碑林博物館新藏墓誌彙編》上冊，北京：綫裝書局，2007 年，第 24 頁。北魏、西魏墓誌中亦有稱此地爲杜陵者，如孝昌二年（526）《韋彧墓誌》云："公諱彧，字遵慶，京兆杜人也，今同山北縣洪固鄉疇貴里。……薨於長安城永貴里第……葬於舊兆杜陵。"大統十六年（550）《韋彧妻柳敬憐墓誌》云："合葬杜陵舊兆洪固鄉疇貴里。"可知"洪固"與"疇貴"的鄉里名稱亦自北魏始有。參詳周偉洲、賈麥明、穆小軍：《新出土的四方北朝韋氏墓誌考釋》，《文博》2000 年第 2 期，第 65—72 頁。
⑥ 周曉薇、李皓：《隋代鮮卑族乞伏氏與賀妻氏之新史料——長安新見隋開皇十五年〈婁叡妻乞伏氏墓誌〉》，杜文玉：《唐史論叢》第 28 輯，西安：三秦出版社，2019 年，第 288—298 頁。
⑦ 齊運通、楊建鋒：《洛陽新獲墓誌二〇一五》，北京：中華書局，2017 年，第 29 頁。
⑧ 趙力光：《西安碑林博物館新藏墓誌續編》上冊，西安：陝西師範大學出版總社有限公司，2014 年，第 5 頁。
⑨ 齊運通、楊建鋒：《洛陽新獲墓誌二〇一五》，北京：中華書局，2017 年，第 34 頁。
⑩ 王連龍：《新見北朝墓誌集釋》，北京：中國書籍出版社，2013 年，第 116 頁。

跋寧墓誌》"窆於小陵原"①，新出土北周明帝二年（558）《元儒墓誌》"窆於小陵原"②，西安南郊長安區大兆鄉小兆村出土的北周明帝二年（558）《拓跋育墓誌》"葬於小陵原"③，保定五年（565）《長孫紹遠墓誌》"窆於小陵原，附文宣王之兆帷"④，天和二年（567）《乙弗紹墓誌》"以天和元年春謝任還京……以二年七月二日遘疾薨於第……其年十月十七日子窆於小陵原"⑤，天和二年（567）《柳驚妻王令媯墓誌》"窆於長安小陵原"⑥，天和二年（567）《拓拔昇墓誌》"葬于京兆郡山北縣小崚原"⑦，天和五年（570）《烏六渾樂墓誌》"葬於小陵原"⑧，天和六年（571）《王預墓誌》"窆于小陵之南原"⑨，建德元年（572）《宇文逢恩墓誌》"祔葬於長安小陵原美陽孝公墓次"⑩，大象元年（579）《尉遲元偉墓誌》"葬於京師城南小陵原"⑪。隋代碑誌中也多見小陵原之謂，如開皇元年（581）《華端墓誌》"窆於大興縣小陵之原"，開皇三年（583）《高那耶墓誌》"厝於大興縣小陵原"⑫，開皇九年（589）《宋忻暨妻韋胡磨墓誌》"葬於小陵原"⑬，開皇九年（589）《成罕墓誌》"窆于雍州大興縣之小陵原"，開皇九年（589）《成備墓誌》"以開皇九年歲次己酉十月辛卯朔廿四日丁亥窆於雍州大興縣小陵之原"，開皇九年（589）《成晉墓誌》"窆于雍州大興縣小陵之原"，開皇十年（590）《耿雄墓誌》"窆於大興縣南小陵原高平鄉通明里"，隋薛道衡撰《趙芬碑》開皇"十五年厝於小陵原"⑭，仁壽元年（601）《魯阿鼻墓誌》"遷葬小陵之原洪固鄉疇貴里"⑮，仁壽三年（603）《長孫君妻薛氏墓誌》"葬於大興縣永壽鄉小陵原"，大業九年（613）《元誡墓誌》"遷窆於大興縣小陵原"⑯，大業十三年（617）《元統師墓誌》"以（大業）十三年太歲丁丑二月壬午朔三日甲申歸瘞於大興縣洪源鄉之小陵原"⑰。其中，"高平鄉""洪固鄉""永壽鄉"的出現，可以知道自東北向西南蜿蜒的小陵原並不僅有洪原一鄉⑱。入唐後大興縣改名萬年縣或咸寧縣，而"洪原鄉"名稱猶然沿用了稍長時間，如 1985 年西安市長安區

---

① 趙力光：《西安碑林博物館新藏墓誌續編》上冊，西安：陝西師範大學出版總社有限公司，2014 年，第 5 頁。
② 西安市文物稽查隊：《西安新獲墓誌集萃》，北京：文物出版社，2016 年，第 16 頁。
③ 祥生：《長安發現北魏獻文皇帝之孫墓誌》，西安碑林博物館：《碑林集刊》第 4 輯，西安：陝西人民美術出版社，1996 年，第 62 頁。
④ 陳財經、王建中：《新出土北朝長孫氏墓誌三方考略》，西安碑林博物館：《碑林集刊》第 17 輯，西安：三秦出版社，2011 年，第 1121 頁。文宣王即長孫稚，《魏書》有傳附其曾祖長孫道生。
⑤ 毛遠明：《漢魏六朝碑刻校注》第 10 冊，北京：綫裝書局，2008 年，第 213 頁。"子"字疑爲"卜"字之誤刻。
⑥ 趙文成、趙君平：《秦晉豫新出墓誌蒐佚續編》第 1 冊，北京：國家圖書館出版社，2015 年，第 141 頁。
⑦ 齊運通、楊建鋒：《洛陽新獲墓誌二〇一五》，北京：中華書局，2017 年，第 37 頁。
⑧ 吳敏霞：《長安碑刻》上冊，西安：陝西人民出版社，2014 年，第 5 頁。
⑨ 齊運通、楊建鋒：《洛陽新獲墓誌二〇一五》，北京：中華書局，2017 年，第 42 頁。
⑩ 趙力光：《西安碑林博物館新藏墓誌續編》上冊，西安：陝西師範大學出版總社有限公司，2014 年，第 15 頁。
⑪ 王連龍：《新見北朝墓誌集釋》，北京：中國書籍出版社，2013 年，第 190 頁。
⑫ 近年新出，筆者得見原石圖版。
⑬ 王其禕、周曉薇：《隋代墓誌銘彙考》第 1 冊，北京：綫裝書局，2007 年，第 267 頁。
⑮ 王其禕、周曉薇：《隋代墓誌銘彙考》第 2 冊，北京：綫裝書局，2007 年，第 15 頁。
⑭ [唐]許敬宗編、羅國威整理：《日藏弘仁本文館詞林校證》卷 452《大將軍趙芬碑銘一首並序》，北京：中華書局，2001 年，第 150 頁。
⑯ 西安市文物稽查隊：《西安新獲墓誌集萃》，北京：文物出版社，2016 年，第 28 頁。
⑰ 胡戟、榮新江：《大唐西市博物館藏墓誌》上冊，北京：北京大學出版社，2012 年，第 58 頁。
⑱ 前舉隋開皇二十年（600）《楊文顯墓誌》亦云："葬於大興縣洪固鄉。"

大兆鄉北寨村出土的唐武德元年（618）《李制墓誌》"葬於萬年縣洪原之鄉"①，永徽二年（651）《姜崇業墓誌》"永徽二年歲次辛亥八月壬戌朔廿三日甲申遷窆於京兆萬年洪原鄉之原"②，至德二載（757）《壽王第六女贈清源縣主墓誌》"窆於咸寧洪原鄉少陵原"③，今西安市長安區大兆鄉司馬村出土的唐開成五年（840）《杜公長女墓誌》"葬於萬年縣少陵原下洪原鄉主塋之隅故土"④，杜牧撰大中六年（852）《杜顗墓誌》"歸葬先塋，實萬年縣洪原鄉少陵西南二里"⑤。又，北周庾信《侯莫陳道生墓誌》曰"葬於京兆某縣洪源鄉"，復於銘文更言："趙瑟秦聲，同為丘墓。小陵石槨，洪原鄉墓。"⑥是知小陵與洪原對文在隋代以前已有先聲。從上述舉證，可知《尹彥卿墓誌》的葬地與出土地當在今西安市長安區大兆亦即去杜陵南十八里漢宣帝許皇后墓所在之少陵原一帶，至於唐代以前稱"小陵"，唐代以後稱"少陵"，似乎儼然有一綫分界，更確切說是唐代高祖武德年間尚用"小陵"之稱，而至貞觀年間始出現"少陵"之謂，且與"小陵"互見，貞觀以後遂不再有"小陵"名稱而皆作"少陵"焉。⑦至於名稱遷改的確切緣由和確鑿的文獻依據，或許還要再做更加深入細緻的爬梳檢討。不過，新發現的貞觀十年（636）《柳則墓誌》有"合葬于雍州萬年縣少陵鄉潁川府君之墓次"云云⑧，這似乎是以"小陵"作"少陵"的最早材料，而"少陵鄉"也是迄今僅見的萬年縣新鄉名，推之或可能是因為新設此鄉，於是小陵原亦隨之改稱少陵原焉。

---

① 陳尊祥、郭盼生：《唐李制墓誌考釋》，西安碑林博物館：《碑林集刊》第 3 輯，西安：陝西人民美術出版社，1995 年，第 47 頁。
② 胡戟、榮新江：《大唐西市博物館藏墓誌》上冊，北京：北京大學出版社，2012 年，第 96 頁。
③ 周紹良：《唐代墓誌彙編》下冊，上海：上海古籍出版社，1992 年，第 1733 頁。
④ 趙力光：《西安碑林博物館新藏墓誌彙編》下冊，北京：綫裝書局，2007 年，第 717 頁。
⑤ ［唐］杜牧、何錫光校注：《樊川文集》卷 9，上海：上海古籍出版社，2007 年，第 139 頁。
⑥ ［北周］庾信撰、［清］倪璠注、許逸民校點：《庾子山集注》下冊，北京：中華書局，1980 年，第 950—951 頁"洪原鄉墓"，《庾開府集注》四庫全書本作"洪原鄉土"。
⑦ 如唐武德四年（621）《隋朝散大夫張權墓誌》（大唐西市博物館藏石）云："自隋末喪亂，遂被世充羈縶，春秋卅有五，洛邑乎珍，喪柩乃旋，以今武德四年十月十五日永窆於萬年縣之小陵原。"武德五年（622）《鄭譯墓誌》（大唐西市博物館藏石）云"寄窆於雍州萬年縣黃臺鄉小陵原"。貞觀元年（627）《王裕墓誌》（洛陽九朝刻石文字博物館藏石）云"改窆于雍州萬年縣之小陵原"。貞觀十三年（639）《姜世遠墓誌》尚云"合葬于京兆萬年之小陵原"，http://blog.sina.com.cn/s/blog_14c9b6ed70102wxqb.html（2017-05-23）。貞觀十七年（643）《源伯儀墓誌》（私家收藏）云"合葬於小陵原"。貞觀二十年（646）《元虔蓋暨妻韋氏墓誌》（吳鋼：《全唐文補遺》第 7 輯，西安：三秦出版社，2000 年，第 248 頁。）亦云："粵以貞觀廿年歲次景午十一月己丑朔十四日壬寅遷神於雍州萬年縣之小陵原。"貞觀二十一年（647）《趙玉內人張氏墓誌》（吳敏霞：《長安碑刻》上冊，西安：陝西人民出版社，2014 年，第 29 頁。）猶曰"即以其年正月廿二日厝於雍州萬年縣之小陵原"。不過，少陵原的稱謂也在貞觀間出現，如貞觀十二年（638）《趙隆墓誌》（周紹良、趙超：《唐代墓誌彙編續集》貞觀 019，上海：上海古籍出版社，2001 年，第 21 頁）始云："粵以貞觀十二年歲次戊戌正月辛巳朔十六日丙午窆於義善鄉少陵原。"貞觀十四年（640）《王贊墓誌》（洛陽九朝刻石文字博物館藏石）亦云"遷厝于雍州萬年縣東十五里少陵原"。至永徽六年（655）《常鴻墓誌》（大唐西市博物館藏石）則云"以永徽六年歲次乙卯十月丁酉朔十三日己酉合葬於萬年縣之少陵原"。可知太宗朝尚為混用時期，從高宗朝始，小陵原的名稱便未見再沿用了。
⑧ 齊運通、楊建鋒：《洛陽新獲墓誌二〇一五》，北京：中華書局，2017 年，第 64 頁。

一六三　包愷墓誌

【基本信息】
　　包愷墓誌，2015 年出土於西安南郊，誌石今存民間。誌文 28 行，滿行 27 字，正書，有方界格。蓋題 16 字，4 行，每行 4 字，陽文篆書，有方界格。誌石拓本長寬均 45 釐米。誌蓋拓本長寬均 45.5 釐米、盝頂長寬均 35.5 釐米。誌蓋呈覆斗形，蓋題四周及四殺皆無紋飾。墓誌圖文載在劉文《陝西新見隋朝墓誌》①，研究參詳周曉薇、王其禕《禮遇與懷柔：江南士人流寓隋朝的文教事功——以新出隋大業十三年〈包愷墓誌〉爲中心》②。

【誌蓋】
大隋故國子監太學助教包府君之墓誌

【誌文】
大隋故國子監太學助教包先生墓誌

君諱愷，字和樂，東海人。其先出自齊之鮑氏，漢包咸之後也。昔者棘既爲來，疎亦成束。袁乃去車而命氏，包亦舍魚而著姓。詳諸史冊，可得言焉。祖曇顯，梁河東王功曹參軍、越州司馬。父駿，陳南康王內記室參軍、臨川郡丞。維君幼而聰敏，早摽穎悟。乳臭而喜搖筆，繈抱而善思經。年甫幼學，大敦墳素。若乃三《礼》二《傳》，王桓馬鄭之經；八代兩京，遷固劉蔡之史，莫不若指諸掌，成誦在心。遂乃博涉衆藝，遍觀流略，故以五行俱下，三絶韋編。陳太建七年，對舉高第。八年四月，釋褐武陵王國侍郎。十一年，遷桂陽王國常侍。亟遊大國，久曳長裾。礼盛平臺，聲問華省。由是擢爲員外散騎侍郎。至德三年，轉爲晉熙王刑獄參軍事。既而陳運告謝，長離度江。秦孝王作牧惟楊，焚林牓道，高選楚材，召君參預文學。十年二月，即爲王府行參軍。仁壽元年，蒙授旅騎尉，兼秘書省校書郎。二年，奉敕脩《魏史》，以子政言博，故膺此殺青；安國之才，故寄兹直筆。君亦質而不俚，婉而成章。大業元年，遷飛騎尉、兼太常寺衣冠署令，職閑務寡，雅合恬澹之心；胄子學徒，人有師資之請。乃復舉爲國子學助教。於是懸鍾須叩，注河待挹。釋滯惑如冰涣，酬質疑如響起。辯説瀉而泉涌，清音吐而風生。故得獨步虎門，高視璧水。十年二月，又授越嶲縣丞，其年丁母憂，竟不之任。君至性淳深，扳號逾礼，食靡鹽酪，衣無蠒繡。縈憂扶瘠，卒不勝喪。十二年十二月廿九日亡於私館，時年五十有八，即以十三年太歲丁丑正月壬子朔十日辛酉，歸葬于京兆郡大興縣洪固鄉脩善原之礼也。維君謙遜以接物，儉約以居身，恥一物之不知，每三思而行事。恂恂善誘，亹亹忘倦。有人倫之鑒識，爲四海之儒宗。而賈誼遂出於長沙，相如不過於園令。顏回屢空於陋巷，石建終滅於

---

① 劉文：《陝西新見隋朝墓誌》，西安：三秦出版社，2018 年，第 114 頁。
② 周曉薇、王其禕：《禮遇與懷柔：江南士人流寓隋朝的文教事功——以新出隋大業十三年〈包愷墓誌〉爲中心》，《陝西師範大學學報》（哲學社會科學版）2017 年第 2 期，第 130—143 頁。

苦盧。爲善奚憑，嗚呼報施，天乎不慭，乃作銘云：

六經浩蕩，三史彌漫。諸子相騰，百家紛亂。累世不通，君一以貫。區別條分，霧廓冰泮。子雲龍盤，君山鴻鍛。寂漠生平，屯邅身世。徒負高才，何稱絶藝。仲舒往矣，元瑜長逝。悠悠淮海，鬱鬱江川。魂歸可至，葬反何年。馳素車之流慟，酌絮酒而悽然。要百年之同盡，亦何嗟其後先。

【疏證】

隋代立國，終使數百年的分崩亂世復歸一統，其體現在國家秩序與政治文化格局上的最大變革便是恢復漢魏之舊的正統建設，而在這樣的正統建設中，最突出和最見成效的國策之一就是對南朝士人的禮遇與懷柔，從而得以極盡延攬文化才俊而爲重續禮樂制度、傳承經史正統成就了一系列的復古事功。然則何以見證這些文化教育上的正統建設與復古事功呢？除却傳世文獻中的主體材料無疑是最重要的理論依據之外，還需看到不斷面世的各類出土文獻亦有著可資豐富補充與佐證主體材料的正確性和信據力，故頗爲學界所敏感並有以汲取焉。

《包愷墓誌》正是這樣一篇可資佐史的重要石刻文獻。誌主包愷是在隋滅陳之後進入長安的一位南朝文士，對《史記》《漢書》頗有造詣，與另一位入北的南朝學者蕭該同被譽爲彼時《漢書》學者之"宗匠"，《隋書》與《北史》皆為之立傳。所惜史傳甚爲簡略，無過七十餘字，曰："東海包愷，字和樂。其兄愉，明五經，愷悉傳其業。又從王仲通受《史記》《漢書》，尤稱精究。大業中，爲國子助教。于時《漢書》學者，以蕭、包二人爲宗匠。聚徒教授，著錄者數千人。卒，門人爲起墳立碣焉。"①而新出《包愷墓誌》則洋洋七百三十餘字，所載包愷事迹可謂該詳，如其祖父名諱、職任，包愷在陳、隋的職任與文教活動等，皆可補備史傳記述之不足。至於墓誌所記又頗多可與梁、陳、隋史事互爲補充與印證者，則尤見其史料價值之重要。特別是包愷在隋代主要從事修書、講史等文化教育活動，且其在隋代期間的友好交往亦多爲流寓隋朝的江南士人，因而適可通過這一特殊群體的文教事功，展現隋朝政府對江南文士所采取的"懷柔"策略之功效，並揭示江南士人在隋朝文教建設中所發揮的積極作用。

《包愷墓誌》誌題云"包先生墓誌"，"先生"者，有學問而可以爲師之學人通謂。包愷"有人倫之鑒識，爲四海之儒宗"，尊其爲"先生"，不亦宜焉。

一、鮑氏與包氏之姓源及其族脈

檢視古代姓氏譜牒與相關史傳，包氏與鮑氏皆各有其姓源，至於兩姓之間的族脈統系與瓜葛，似不甚明晰。今《包愷墓誌》則分明指出包氏與鮑氏爲一脈同源，亦即包氏乃由鮑氏析出遂"舍魚而著姓"。《包愷墓誌》所強調者：一是誌主郡望爲"東海人"，旋即溯其姓源曰："其先出自齊之鮑氏，漢包咸之後也。""齊之鮑氏"即鮑叔牙，鮑敬叔之子，嘗薦管仲相桓公，有功於齊，子孫世爲齊卿。包咸，《後漢書》卷79有傳，云包咸爲會稽

---

① 《隋書》卷75《儒林·包愷傳》，北京：中華書局，1973年，第1716頁。

曲阿人，曾受業長安，師事博士右師細君，習《魯詩》《論語》。王莽末年，曾在東海立精舍講授。光武即位，乃歸鄉里。舉孝廉，除郎中。建武中入授皇太子《論語》，拜諫議大夫、侍中、右中郎將。永平五年，遷大鴻臚。①溯源到漢代包咸，或是因爲包咸曾在東海講學，又是大學問家，又與包愷爲東海人，故可得瓜葛；二是誌云"昔者棘既爲來，疎亦成束。袁乃去車而命氏，包亦舍魚而著姓。詳諸史冊，可得言焉"，強調包氏原爲鮑氏，後來去掉魚旁而爲包姓，著意説明鮑、包二姓之同宗同源。

然考察中古鮑氏與包氏，實則"鮑"姓多而"包"姓少。且鮑姓人物又多系在東海郯縣（今浙江嵊州）大房②，其主支自西漢至隋唐，大多以才學著名。故知中古鮑氏一族素以經史傳家，且尤以渡江後頗見著述豐碩，或與鮑氏入南朝後所受文學風尚之熏染有關。又緣鮑氏有東海一房，包愷亦爲東海人，推測《包愷墓誌》或意欲將包氏附會爲東海鮑氏一房之所出，遂可以與漢晉南北朝之鮑氏文人世家相攀附焉。

關於包姓的記述，《元和姓纂》卷5"包"姓云："楚大夫申包胥之後，以王父字因之。"③《古今姓氏書辯證》卷11"包"姓云："上黨包氏，出自楚大夫包胥，有乞師於秦存國之功，食邑於申，謂之'申包胥'，子孫徙居上黨。丹陽包氏，其先泰山鮑氏，王莽時避難，去魚爲包。"④王莽時去魚爲包的泰山（東海）鮑氏，即漢代鮑宣、鮑永一支，可知鮑、包二姓蓋自東漢以降始混爲一氏矣。唐代顧況撰《華亭縣令延陵包公壁記》（以下簡稱《壁記》），述其族系云："陶氏之隱，誥云：張李二君，勤行仁義，異代同德，慶鍾包君。鮑靚，通靈之士。秦有包邱，漢有包咸，世爲學官。隨晉南渡，今爲延陵人也。《隋書·儒林傳》：包愷包愉兄弟皆治《漢書》，從弟子千餘人，樹碑記德。"⑤華亭縣令延陵（今江蘇丹陽）包公即唐代包融。《壁記》不僅將包氏名人從秦包邱述至隋代包愷兄弟，並且將晉之鮑靚與漢之包咸視爲同宗。如此，則與《包愷墓誌》"出自齊之鮑氏，漢包咸之後"的説法略合，意即鮑、包二姓在隋唐時期已被包氏一族視作同宗同源矣。包融，《舊唐書》有傳，云其"文詞俊秀，名揚於上京"⑥，則《壁記》所載包融"著作垂名於當代""聲隱都野"⑦，亦不虛妄。而包愷一族繁衍至唐代，就文史傳家的風尚而言，正可謂代不乏人。然則《包愷墓誌》所謂"詳諸史冊，可得言焉"，比起中古鮑氏人物之盛，包氏"可得言焉"者，委實甚少。不過梳理並總結鮑、包二氏的姓源與族脈，可知二氏本各自有其姓源，

---

① 《後漢書》卷79下《包咸傳》，北京：中華書局，1965年，第2570頁。
② 今存河南登封的北齊天保八年（557）《僧靜明等修塔造像碑》邑主題名多見鮑姓一族。漢永興元年（153）《乙瑛碑》記有"（曲阜）令鮑疊，字文公，上黨屯留人"。漢永壽二年（156）《韓敕造孔廟禮器碑》碑陰題名有"泰山鮑丹漢公"。又，《漢書》的鮑宣傳云爲渤海高城人，《後漢書》的鮑永、鮑顯傳皆云爲上黨屯留人，則可證鮑氏舊貫有渤海高城與上黨屯留，蓋自鮑永孫鮑德始徙居東海，後又有著籍延陵丹陽者。
③ [唐] 林寶撰、岑仲勉校記：《元和姓纂（附四校記）》卷7，北京：中華書局，1994年，第561頁。
④ [宋] 鄧名世撰、王力平點校：《古今姓氏書辯證》，南昌：江西人民出版社，2006年，第157頁。
⑤ [唐] 顧況：《華陽集》卷下《華亭縣令延陵包公壁記》，《景印文淵閣四庫全書》第1072冊，臺北：商務印書館，1986年，第552頁。
⑥ 《舊唐書》卷190中《賀知章傳附包融傳》，北京：中華書局，1975年，第5035頁。
⑦ [唐] 顧況：《華陽集》卷下《華亭縣令延陵包公壁記》，《景印文淵閣四庫全書》第1072冊，臺北：商務印書館，1986年，第552頁。

大約至東漢始相與混合，亦即將包氏系爲鮑氏之一支，而《包愷墓誌》"其先出自齊之鮑氏，漢包咸之後也。昔者棘既爲來，疎亦成束。袁乃去車而命氏，包亦舍魚而著姓"云云，或可視爲較早的文獻依據之一。至於鮑、包二氏的著籍地或曰房分的遷變，大約爲渤海高城、上黨屯留、東海郯縣、會稽曲阿、丹陽延陵，至唐代中期鮑宣後裔又有著籍襄陽的京兆尹、工部尚書鮑防一支，參詳兩《唐書》鮑防本傳，而《文苑英華》載《工部尚書鮑防碑》則曰："有唐尚書東海宣公姓鮑……公諱防，字子慎，河南洛陽人。"①

二、包愷祖、父遞相任職於梁、陳兩朝王府參軍

包愷，《隋書》《北史》均有傳，兩傳略同。包愷祖、父分別在梁、陳兩朝的王府中擔任過職務，然史傳皆不載包愷祖、父，適可據墓誌補備。誌云："祖曇顯，梁河東王功曹參軍、越州司馬。"梁河東王即蕭譽，爲昭明太子第二子，中大通三年（531）封河東郡王，《梁書》有傳。據《梁書》卷5《元帝紀》載，太清"三年三月，侯景寇没京師"，四月"世祖徵兵於湘州，湘州刺史河東王譽拒不遣。六月丙午，遣世子方等帥衆討譽，戰所敗死。七月，又遣鎮兵將軍鮑泉代討譽"。"鮑泉攻湘州不克，又遣左衛將軍王僧辯代將""大寶元年，世祖猶稱太清四年""夏五月辛未，王僧辯克湘州，斬河東王譽，湘州平"②。則包曇顯任河東王功曹參軍、越州司馬約在中大通三年（531）至大寶元年（550）期間。功曹參軍，檢《隋書·百官志》，梁朝皇子王府設有"功曹史"而無"功曹參軍"，秩爲六班，約當七品。③《梁書》卷48《卞華傳》載："天監初，遷臨川王參軍事，兼國子助教，轉安成王功曹參軍，兼《五經》博士，聚徒教授。"④可知卞華在安成王府的任職爲功曹參軍，與包曇顯任河東王功曹參軍的事例相同，説明梁皇子府或當有功曹參軍一職。

誌云"父駿，陳南康王内記室參軍、臨川郡丞"。陳封南康王者有曇朗及其子曇方泰，曇朗，《陳書》有傳⑤，其封南康王的時間，《陳書》卷2《高祖紀下》載永定元年（557）十一月景申詔曰："兄子梁中書侍郎頊襲封始興王，弟子梁中書侍郎曇朗襲封南康王，禮秩一同正王。"⑥曇朗本傳又載紹泰二年（556），徐嗣徽、任約引齊寇攻逼京邑，尋而請和，求高祖子姪爲質。在朝文武咸願與齊和親，高祖難違衆議，遂遣曇朗爲質於齊。齊背約，害曇朗於晋陽，時年二十八。而正因爲"是時既與齊絶，弗之知也。高祖踐祚，猶以曇朗襲封南康郡王，奉忠壯王祀，禮秩一同皇子"。則永定元年（557）冬十一月高祖以曇朗襲封南康王時，曇朗已被殺，而陳高祖並不知情。直到"天嘉二年，齊人結好，方始知之"。世祖下詔追贈曇朗爲"侍中、安東將軍、開府儀同三司、南徐州刺史，謚曰愍。乃遣兼郎中令隨聘使江德藻、劉師知迎曇朗喪柩，以三年春至都"⑦。由上述史料可推知，曇朗永

---

① ［宋］李昉等：《文苑英華》卷896《碑五十三神道十四》，北京：中華書局，1966年，第4719—4720頁。
② 上引皆見《梁書》卷5《元帝紀》，北京：中華書局，1973年，第113—114頁。
③ 《隋書》卷26《百官志上》，北京：中華書局，1973年，第727、731頁。
④ 《梁書》卷48《卞華傳》，北京：中華書局，1973年，第678頁。
⑤ 《陳書》卷14《南康愍王曇朗傳》，北京：中華書局，1972年，第210頁載："南康愍王曇朗，高祖母弟忠壯王休先之子也。"
⑥ 《陳書》卷2《高祖紀下》，北京：中華書局，1973年，第34—35頁。
⑦ 《陳書》卷14《南康愍王曇朗傳》，北京：中華書局，1972年，第210—211頁。

定元年（557）受封南康王時，正在北齊做質子且被殺，則包駿不可能在此時任南康王府記室參軍。又據《陳書》卷14《南康愍王曇朗傳附子方泰傳》載："方泰少麤獷，與諸惡少年群聚，游逸無度，世祖以南康王故，特寬貰之。天嘉元年，詔曰：'南康王曇朗，出隔齊庭，反身莫測，國廟方修，奠饗須主，可以長男方泰爲南康世子，嗣南康王。'後聞曇朗薨，於是襲爵南康嗣王。"①則包駿任南康王內記室參軍當在曇方泰府下。內記室參軍即中記室參軍，階六品②，隋代避諱改"中"爲"內"。包駿又任臨川郡丞，臨川郡屬萬戶郡，則包駿所任臨川郡丞爲品秩第七，俸禄六百石。③

三、包愷在陳朝的事迹與入隋後的文教活動

前文述及包愷的祖、父分別在梁、陳兩朝茌職王府參軍，而包愷在陳朝的行事也是從任王府官起家開始，並直至南朝覆亡而輾轉歷官於數家王府。包愷自幼受到良好教育，承紹家學，以其天分聰穎，博涉衆藝，尤對經史研討頗多建樹，聲名績著，入隋後更主要在京師從事著書與文化教育活動。

（1）授業之師與博涉衆藝。誌云包愷"幼而聰敏，早摽穎悟。乳臭而喜摇筆，繦抱而善思經。年甫幼學，大敦墳素。若乃三《禮》二《傳》，王桓馬鄭之經；八代兩京，遷固劉蔡之史，莫不若指諸掌，成誦在心。遂乃博涉衆藝，遍觀流略，故以五行俱下，三絶韋編"。如此這般對包愷幼年努力讀書、博涉經史之描寫雖不免有虛飾溢美，然比對《隋書》包愷本傳，亦頗多可資補充印證之處，如本傳云："其兄愉，明《五經》，愷悉傳其業。又從王仲通受《史記》、《漢書》，尤稱精究。"④正因爲有"明五經"的兄長包愉以家學傳習，復有王仲通授以馬、班二史，包愷乃得如誌所稱"年甫幼學，大敦墳素""博涉衆藝，遍觀流略"。然令人遺憾的是無論其兄長包愉抑或王仲通，史傳中除包愷本傳以外，竟無從找到更多關於他們的記載。

（2）輾轉茌職於陳朝的幾家王府。《隋書》本傳未載包愷入隋之前履歷，適可據誌以補。誌云："陳太建七年，對舉高第。八年四月，釋褐武陵王國侍郎。"武陵王爲世祖陳蒨第十子，名伯禮，字用之，"天嘉六年，立爲武陵王"⑤。王國侍郎，梁陳時皆爲起家官。⑥誌云"（太建）十一年，遷桂陽王國常侍"。桂陽王爲世祖陳蒨第十三子，名伯謀，字深之。廢帝光大二年秋七月壬戌，立爲桂陽王。⑦王國常侍，《隋書·百官志》記皇弟皇子國常侍、侍郎，皆不言秩。⑧稍後，包愷擢爲員外散騎侍郎，品階第七，秩四百石。⑨誌又云："至德三年，轉

---

① 《陳書》卷14《南康愍王曇朗傳附子方泰傳》，北京：中華書局，1972年，第211頁。
② 《隋書》卷26《百官志上》，北京：中華書局，1973年，第744頁。
③ 《隋書》卷26《百官志上》，北京：中華書局，1973年，第745頁。
④ 《隋書》卷75《包愷傳》，北京：中華書局，1973年，第1716頁。
⑤ 《陳書》卷28《世祖九王·武陵王伯禮傳》，北京：中華書局，1972年，第363頁。
⑥ 《隋書》卷26《百官志上》，北京：中華書局，1973年，第741頁。
⑦ 《陳書》卷4《廢帝紀》，北京：中華書局，1972年，第69頁。《陳書》卷28《世祖九王·桂陽王伯謀傳》，北京：中華書局，1972年，第364頁云：伯謀"太建中，立爲桂陽王"，校勘記已據《本紀》指出其誤，今不採用。
⑧ 《隋書》卷26《百官志上》，北京：中華書局，1973年，第746頁。
⑨ 《隋書》卷26《百官志上》，北京：中華書局，1973年，第744—745頁。

爲晉熙王刑獄參軍事。"晉熙王爲高宗陳頊第十二子，名叔文，字子才，"太建七年，立爲晉熙王"①。王刑獄參軍事，後齊制官有此，陳朝官制闕載，然陳朝王府確有設置，據《陳書》卷33《張譏傳》可證，其云："高祖受禪，除太常丞，轉始興王府刑獄參軍。"②《陳書》晉熙王本傳載陳叔文從陳至德元年（583）至禎明二年（588），再到隋開皇九年（589）投降隋朝之行事甚詳，正可以揭示包愷在"既而陳運告謝，長離度江"時，是如何跟從陳叔文進入隋朝的。③其中所記晉熙王陳叔文的降隋經過，正可以推知此時任陳叔文王府刑獄參軍事的包愷，很有可能亦隨陳叔文在"自湘州還朝，至巴州"的途中，親歷了陳叔文"乃率巴州刺史畢寶等"向秦王"請降"的過程，並跟隨陳叔文於隋開皇九年（589）三月款服入隋。此時的隋文帝雖嫌惡陳叔文的"不忠"，又因緣國家"方欲懷柔江表"，仍授任陳叔文爲開府，並派去宜州做了刺史。宜州地處關中，相較於其他入隋的陳朝宗室子弟的安置，陳叔文的確是得到了"懷柔"的優待。④至於包愷，在因陳亡而結束了晉熙王刑獄參軍事後，竟以其學問名聲而順利選入隋朝的王府中開始了爲新政權服務的文教活動。

（3）入隋後所參與的文史事業。一是入秦孝王府、參與別修《魏書》。誌云"秦孝王作牧惟楊，焚林牓道，高選楚材，召君參預文學"，至開皇"十年二月，即爲王府行參軍"。秦孝王爲隋高祖第三子，名俊，字阿祇，"開皇元年立爲秦王"。"作牧惟楊"，指楊俊於滅陳後授任"揚州總管四十四州諸軍事，鎮廣陵"⑤。楊俊任揚州總管僅一年多時間，包愷即在此時入秦孝王府。王府行參軍秩爲七品。⑥事實上，包愷入隋後能夠旋即選入秦孝王府，可能還有一個原因，即上引《陳書·晉熙王傳》載陳叔文在巴州致書秦王楊俊表示願意歸降，秦王得書，派人迎勞陳叔文所率文武將吏，"秦王竝厚待之，置于賓館"。於此期間，當有人向秦王楊俊介紹過包愷的學問才幹，以至秦王對包愷有所賞識。因此在包愷入隋後，楊俊便立即將他召來府中"參預文學"焉。

誌云"仁壽元年，蒙授旅騎尉，兼秘書省校書郎。二年，奉敕脩《魏史》"。旅騎尉，在隋爲八尉之第六，可推其品階爲從八品下。⑦秘書省校書郎，隋代爲正九品。⑧包愷奉敕脩《魏史》一事不見於《隋書》本傳，而檢《隋書》卷58《魏澹傳》，確有隋文帝詔修《魏史》的記載：

> 高祖以魏收所撰書褒貶失實，平繪爲《中興書》事不倫序，詔澹別成《魏史》。

---

① 《陳書》卷28《高宗二十九王·晉熙王叔文傳》，北京：中華書局，1972年，第369頁。
② 《陳書》卷33《張譏傳》，北京：中華書局，1972年，第444頁。
③ 《陳書》卷28《高宗二十九王·晉熙王叔文傳》，北京：中華書局，1972年，第369—370頁。
④ 《南史》卷10《陳本紀下》，北京：中華書局，1975年，第311頁載："隋文帝以陳氏子弟既多，恐京下爲過，皆分置諸州縣，每歲賜以衣服以安全之。"這裏所說的將陳氏子弟"分置諸州縣"，據《陳書》相關記載其實就是西北部偏遠州縣。如陳伯山長子君範，"及六軍敗績，相率出降，因從後主入關。至長安，隋文帝並於隴右及河西諸州，各給田業以處之"。（《陳書》卷28《高宗二十八王·鄱陽王傳》，北京：中華書局，1972年，第361頁。）又如長沙王陳叔堅，"三年入關，遷於瓜州，更名叔賢"。（《陳書》卷28《高宗二十八王·長沙王傳》，北京：中華書局，1972年，第367頁。）
⑤ 《隋書》卷4《文四子·秦孝王俊傳》，北京：中華書局，1973年，第1239頁。
⑥ 《隋書》卷28《百官志下》，北京：中華書局，1973年，第781頁。
⑦ 《隋書》卷28《百官志下》，北京：中華書局，1973年，第792頁。
⑧ 《隋書》卷28《百官志下》，北京：中華書局，1973年，第788—789頁。

> 澹自道武下及恭帝，爲十二紀，七十八傳，別爲史論及例一卷，並目録，合九十二卷。澹之義例與魏收多所不同……澹所著《魏書》，甚簡要，大矯收、繪之失。上覽而善之。①

可知隋高祖因不滿北齊人魏收所撰《魏書》和宋繪所注《晉中興書》的失實無序，遂詔敕魏澹"別成《魏史》"。之所以選擇魏澹另行撰寫《魏史》的原因，應是看中其出身文學世家，"博涉經史""詞采贍逸"，又時任著作郎。而魏澹也畢竟不負高祖所望，纂成《魏史》，"上覽而善之"。史臣亦評論說："澹之《魏書》，時稱簡正，條例詳密，足傳於後。"②《隋書·經籍志》不僅著録了後齊僕射魏收撰《後魏書》130卷，並著録了著作郎魏彦深（澹）撰《後魏書》100卷。③說明魏澹的《魏史》在初唐時期依然流行，且緣詳備而唐人不復重修。④其實，魏收的《魏書》被後世譏爲"穢史"，故詔令魏澹重修，正可從側面見證楊隋政權爲樹立一統天下的正統觀念的著意行爲，譬如在政治上旨在強化天下大同的一元意識和在文化上要將南朝堅守的漢魏正統接續過來。

又，《隋書》卷57《薛道衡傳》云："從子德音，有雋才，起家爲游騎尉。佐魏澹修《魏史》。史成，遷著作佐郎。"⑤則知魏澹修《魏史》時有輔佐其修史者薛德音。至於魏澹修《魏史》的時間，史傳沒有記載，劉知幾以爲"至隋開皇，敕著作郎魏澹與顔之推、辛德源更撰《魏書》，矯正收失"⑥，雖然顔、辛二人其實並未參與《魏書》的編纂，但"開皇"之説蓋無問題。那麼，墓誌所記包愷仁壽二年（602）"奉敕脩《魏史》"，究竟與魏澹修《魏史》是否一時一事？若是一事，則包愷理應也與薛德音一樣是擔任了輔佐魏澹修史的角色；若非一事，則文帝朝難道又嘗第二次敕修《魏史》，而其主修人或即包愷，因此墓誌所透露的這一信息便務須留意。不過理推隋文帝敕修《魏史》料不應遲至仁壽二年（602），可能是魏澹的《魏史》直到仁壽二年（602）仍在進行中，而包愷在彼時的地位僅是校書郎，則恐怕不夠資格擔當主筆吧，更何況史籍並未有任何蛛絲馬迹可以覓見文帝朝嘗兩次敕修《魏書》，且隋煬帝時敕楊素再修《魏書》也是因爲魏澹之書猶未能善的緣故。因此結論還應該是魏澹的《魏史》到仁壽二年（602）尚未告成，而朝廷又詔命包愷爲之佐修。這至少透露出隋文帝敕修《魏書》的工作亦即"上覽而善之"的時間下限遷延到了仁壽二年（602）。至於墓誌讚許包愷的學識廣博如同劉向

---

① 《隋書》卷58《魏澹傳》，北京：中華書局，1973年，第1417—1419頁。"平繪"當爲"宋繪"之訛，見《北齊書》卷20《宋顯附宋繪傳》。
② 《隋書》卷58"史臣曰"，北京：中華書局，1973年，第1433頁。
③ 《隋書》卷33《經籍志二》，北京：中華書局，1973年，第956頁。
④ 《舊唐書》卷73《令狐德棻傳》，北京：中華書局，1975年，第2598頁載："貞觀三年，太宗復敕修撰，乃令德棻與秘書郎岑文本修周史，中書舍人李百藥修齊史，著作郎姚思廉修梁、陳史，秘書監魏徵修隋史，與尚書左僕射房玄齡總監諸代史。衆議以魏史既有魏收、魏澹二家，已爲詳備，遂不復修。"可證唐貞觀時魏收、魏澹兩家所撰《後魏書》依然流行，《舊唐書·經籍志》與《新唐書·藝文志》皆著録此書全本，直到《宋史·藝文志》，魏澹撰《後魏書》僅著録有部分《紀》存，元代開始殘闕，後竟至佚失，甚可惜焉。
⑤ 《隋書》卷57《薛道衡傳》，北京：中華書局，1973年，第1414頁。
⑥ [唐]劉知幾撰、（清）浦起龍釋：《史通通釋》卷12《外篇·古今正史第二》，上海：上海古籍出版社，1978年，第365頁。

撰寫《戰國策》，秉筆直書就像孔安國注《古文尚書》，故能"質而不俚，婉而成章"，亦恐不全是虛誇，並且昭示出包愷纂修《魏史》的記敘原則與文筆風格。

無獨有偶，不僅隋文帝嘗敕令別成《魏書》，隋煬帝也同樣有此舉措。《隋書》卷 76《潘徽傳》載："煬帝嗣位，詔徽與著作佐郎陸從典、太常博士褚亮、歐陽詢等助越公楊素撰《魏書》，會素薨而止。"①《史通》亦言："煬帝以澹書猶未能善，又敕左僕射楊素別撰，學士潘徽、褚亮、歐陽詢等佐之。會素薨而止。"②遺憾的是，這次修撰《魏書》很快因主筆楊素的去世而未能竟功。至於時任衣冠署令的包愷是否也參預其中，則不得而知。

二是任國子助教、聚徒教授《漢書》。誌云包愷"大業元年，遷飛騎尉、兼太常寺衣冠署令"。飛騎尉，爲開皇六年（586）吏部所設"八尉"之第五，推其品階爲正八品下。③太常寺衣冠署令爲中署令，秩從八品。④太常寺主要執掌陵廟群祀、禮樂儀制、天文術數等事項。衣冠署令執掌國家進行祭祀、禮儀等活動中的服飾，如冠幘、舄履等。這似可說明包愷亦熟稔於禮樂祭祀制度。誌又云："職閑務寡，雅合恬澹之心；冑子學徒，人有師資之請。乃復舉爲國子學助教。"包愷在衣冠署職任清閑，正符合他探究學問所追求的恬澹寡欲。但是又鑒於他的學問專精，遂受到延請而被舉薦爲國子學助教，墓誌首題則作"國子監太學助教"，而包愷本傳又云："大業中，爲國子助教。"⑤唯國子學助教與太學助教不同，雖品秩皆爲從七品，且在時人心目中國子學實比太學地位略高。《隋書》卷 28《百官志下》載，國子寺"統國子、太學、四門、書算學，各置博士、助教、學生……等員。"⑥今據墓誌，包愷所任或當以太學助教爲準。又據《隋書》卷 58《許善心傳》云："大業元年，轉禮部侍郎，奏薦儒者徐文遠爲國子博士，包愷、陸德明、褚徽、魯世達之輩並加品秩，授爲學官。"⑦可知包愷任國子助教乃爲許善心所舉薦⑧，同時任職的還有來自南朝陳國的經學家陸德明等人。包愷本傳又云："于時《漢書》學者，以蕭、包二人爲宗匠。聚徒教授，著録者數千人。"⑨這裏的"蕭"指當時研究《漢書》的南朝著名學者蕭該，《隋書》有傳。包愷講授《漢書》時，學子多達數千人。在講堂上，包愷"釋滯惑如冰渙，酬質疑如響起。辯說瀉而泉涌，清音吐而風生。故得獨步虎門，高視璧水"，得到衆多門生擁戴。墓誌文中雖未提及包愷曾講授《漢書》之事，但這些誇讚的文辭或可視爲針對他在國子監期間也曾講授過《漢書》

---

① 《隋書》卷 76《潘徽傳》，北京：中華書局，1973 年，第 1747 頁。
② [唐] 劉知幾撰、[清] 浦起龍釋：《史通通釋》卷 12《外篇·古今正史第二》，上海：上海古籍出版社，1978 年，第 365 頁。
③ 《隋書》卷 28《百官志下》，北京：中華書局，1973 年，第 792 頁。
④ 《隋書》卷 28《百官志下》，北京：中華書局，1973 年，第 788 頁。
⑤ 《隋書》卷 75《包愷傳》，北京：中華書局，1973 年，第 1716 頁。
⑥ 《隋書》卷 28《百官志下》，北京：中華書局，1973 年，第 777 頁。
⑦ 《隋書》卷 58《許善心傳》，北京：中華書局，1973 年，第 1427 頁。
⑧ 《舊唐書》卷 139《儒學上·徐文遠傳》，北京：中華書局，1975 年，第 4943 頁云："大業初，禮部侍郎許善心舉文遠與包愷、褚徽、陸德明、魯達爲學官，遂擢授文遠國子博士，愷等並爲太學博士。"《新唐書》卷 198《儒學上·徐文遠傳》所記略同。唯今見《包愷墓誌》作"國子監太學助教"，其本傳亦作"國子助教"，則或當以墓誌與本傳之"助教"爲準。
⑨ 《隋書》卷 75《包愷傳》，北京：中華書局，1973 年，第 1716 頁。

而言。據《隋書》卷33《經籍志二》著録有《漢書音》12卷，小注云"廢太子勇命包愷等撰"①，可知包愷在開皇年間就嘗撰作了《漢書音》，再加上他又嘗奉詔修《魏史》，那麼墓誌以釋滯惑、酬質疑、辯説瀉、清音吐以及"獨步虎門（指西魏北周時於太學之外所設教授貴族子弟的學校'虎門館'），高視璧水（借喻古代太學等國家庠序及讀書講學之處）"來讚譽他的學問成就，畢竟是絶不爲過的。

附帶説明一下包愷的終官與卒葬，墓誌記包愷在去世前三年的大業十年（614）二月，"又授越巂縣丞。其年丁母憂，竟不之任"，也就是説由從七品的"國子助教"降授爲從八品的"越巂縣丞"本該是其最後一任官職，却因爲要給母親守喪而没有往南朝故土赴任。包愷是否在大業元年（605）至大業十年（614）之間一直任國子監太學助教，墓誌略而未及，此後何以又降職，也未有交代。而從墓誌"賈誼遂出於長沙，相如不過於園令，顔回屢空於陋巷，石建終滅於苦廬"的喟嘆中，似可見出時人對包愷晚年才高位卑與志願未酬的憐惜，至於包愷晚年之所以遭際這樣的境況，恐怕只能聯繫到他曾有過受命於楊勇著書及輔佐同樣受寵於楊勇的魏澹修史的履歷，遂在煬帝朝於官禄上未宜晉升循序的緣故吧。

墓誌云包愷"（大業）十二年十二月廿九日亡於私館，時年五十有八，即以十三年太歲丁丑正月壬子朔十日辛酉，歸葬於京兆郡大興縣洪固鄉脩善原之礼也"。此"大興縣洪固鄉脩善原"正是本傳所説的"門人爲起墳立碣"之處。大興縣洪固鄉之"脩善原"名稱，在文獻中迄爲僅見。梳理隋代墓誌，座落在大興縣境内的原有小陵原、高陽原、神和原、白鹿原、杜原、樂游原，其中明確轄於洪固鄉的只有小陵原和高陽原。那麼，"脩善原"的名稱緣何而來？也許彼時洪固鄉所轄有"修善里"，故"修善原"是否爲"修善里"或者"修善里之原"之省稱，姑妄臆斷。不過，既言"歸葬"，則説明"亡於私館"之地當指其晚年講學之緵山所在，而包愷家族彼時蓋已定著長安，或期望以京師爲新貫，故需歸葬焉。

四、包愷在文教活動中所交往的江南士人群體

從上述包愷入隋之後所參與的文教事業可知，他曾進入秦王楊俊府參預文學，受命於太子楊勇而撰寫《漢書音》，奉敕參修《魏史》，入國子監任太學助教，並在緵山教授《漢書》等。而將包愷主要從事的這些文教活動做爲典型案例，展開來梳理分析與之交往的江南士人群體關係，或許可以進而揭示隋朝政府對待流寓北方的江南文士有著怎樣人盡其才的任用和任人唯賢的禮遇，並以此見證楊隋政權對入北的江南文人所採用的以懷柔爲主的政治文化策略之目與成效。

（1）包愷在東宮太子府及秦王府的江南同道。既然《隋書·經籍志》載太子楊勇命包愷等撰《漢書音》12卷，那麼包愷定然參與到了東宮太子府的文史創作活動中，儘管他不曾在府中任職。而之所以此事不爲《包愷墓誌》所載，很可能是因爲太子楊勇後來被廢黜，故不得不在大業年間考慮到政治避諱的因素而掩隱去這一史實，墓誌的這一曲筆回護應當

---

① 《隋書》卷33《經籍志二》，北京：中華書局，1973年，第953頁。《舊唐書》卷46《經籍志上》載："《漢書》二卷夏侯泳撰。又十二卷包愷撰。"《新唐書》卷58《藝文志二》載："包愷《漢書音》十二卷。"

引起注意。至於《隋書》本傳，原本就極其簡略，事迹多有闕載，史官所據史源也可能原本就如同墓誌一樣略去了這一容易引起麻煩的行事，故本傳亦不見記載的緣故似也於理可通。包愷既然參與了東宫太子府的文史創作活動，他自然就會與太子府中參與文學的文士群體發生瓜葛，譬如前文提到的包愷與之佐修《魏史》的魏澹，也是爲太子楊勇所寵者，而彼時更有一位被"皇太子勇引爲學士……精於兩《漢書》，時人稱爲'漢聖'"的南人學者劉臻①，也理應與包愷有著學術上的接觸與交流。可見太子楊勇對於《漢書》本情有獨鍾，而當時的太子府也不啻爲雅聚南朝士人開展文學活動的中心。

又，《隋書》楊勇本傳言其"頗好學，解屬詞賦，性寬仁和厚，率意任情，無矯飾之行。引明克讓、姚察、陸開明等爲之賓友。"②其中的明克讓、姚察，皆出身梁、陳文學世家，才華俊逸，以至楊勇在當時有著"極南土譽望"者的美稱。《隋書》明克讓本傳亦載："太子以師道處之，恩禮甚厚。每有四方珍味，輒以賜之。于時東宮盛徵天下才學之士，至於博物洽聞，皆出其下。詔與太常牛弘等修禮議樂，當朝典故多所裁正。"③明克讓自梁入周，周亡入隋，較早被隋朝任用而參與"修禮議樂"的文化正統建設。而以精通《漢書》受到楊勇重視的包愷，在此時應不啻爲太子府文學圈中的一員，則按理也會與明克讓、姚察等南朝碩儒有著同鄉同道的學術交往。

再檢史書，隋滅陳之後，與包愷境況相似而被選入太子府或秦王府的陳朝文士，史册記載不乏其人。

一是任太子府東宮學士者：

> 沈光字總持，吴興人也。父君道，仕陳吏部侍郎，陳滅，家于長安。皇太子勇引署學士。後爲漢王諒府掾，諒敗，除名。④

> （蔡徵）子翼，治《尚書》，官至司徒屬、德教學士。入隋，爲東宮學士。⑤

二是任秦王府文學、學士者：

> 潘徽字伯彦，吴郡人也。性聰敏，少受《禮》於鄭灼，受《毛詩》於施公，受《書》於張冲，講《莊》、《老》於張譏，並通大義。尤精三史。善屬文，能持論。陳尚書令江總引致文儒之士，徽一詣總，總甚敬之。釋褐新蔡王國侍郎，選爲客館令。隋遣魏澹聘于陳，陳人使徽接對之。……及陳滅，爲州博士，秦孝王俊聞其名，召爲學士。嘗從俊朝京師，在塗，令徽於馬上爲賦，行一驛而成，名曰《述恩賦》。俊覽而善之。⑥

> （江總）長子溢，頗有文辭，性傲誕驕物，雖近屬故友，不免訾欺。歷中書黄門

---

① 《隋書》卷76《劉臻傳》，北京：中華書局，1973年，第1731頁。
② 《隋書》卷45《文四子・楊勇傳》，北京：中華書局，1973年，第1230頁。又，陸開明來自齊，以博學著稱。因本書旨在説明包愷與江南士人的交往，茲不專意展開其事迹，謹此説明。
③ 《隋書》卷58《明克讓傳》，北京：中華書局，1973年，第1415—1416頁。
④ 《隋書》卷64《沈光傳》，北京：中華書局，1973年，第1513頁。
⑤ 《陳書》卷29《蔡徵傳》，北京：中華書局，1973年，第393頁。
⑥ 《隋書》卷76《潘徽傳》，北京：中華書局，1973年，第1743—1744頁。

侍郎，太子中庶子。入隋，爲秦王文學。①

上述幾位進入太子府與秦王府的文學學士照理都有可能與包愷有著不同程度的學術交往。這些來自江南的學者，首先是故國鄉情會將他們緊密團聚在一起，更加之能做所擅長的學術工作，又能在一個高層文化圈里集體共事，彼此之間的感情與學術交流無疑成爲他們在異國他鄉的一種精神寄託。其實無論是太子府還是秦王府，都是當時京師學者研究經史文化的人才聚集地，其學術活動必然有助於南北學術的交彙與融通，並有力推進大一統王朝秩序的正統建設。

（2）包愷任國子助教時的江南同僚。包愷任國子助教是由許善心推薦的，《隋書》許善心傳言其出身梁陳文化世家。幼年讀書萬卷，"皆徧通涉"，"十五解屬文，賤上父友徐陵，陵大奇之，謂人曰：'才調極高，此神童也。'起家除新安王法曹。太子詹事江總舉秀才，對策高第，授度支郎中，轉侍郎，補撰史學士"。最值得一提的是"禎明二年，加通直散騎常侍，聘於隋。遇高祖伐陳，禮成而不獲反命，累表請辭。上不許，留繫賓館。及陳亡，高祖遣使告之。善心衰服號哭於西階之下，藉草東向，經三日。敕書唁焉。明日，有詔就館，拜通直散騎常侍，賜衣一襲。善心哭盡哀，入房改服，復出北面立，垂涕再拜受詔。明日乃朝，伏泣於殿下，悲不能興。上顧左右曰：'我平陳國，唯獲此人。既能懷其舊君，即是我誠臣也。'敕以本官直門下省，賜物千段，草馬二十匹。從幸太山，還授虞部侍郎。"②許善心爲亡國悲哭盡哀，隋文帝不僅不怪罪，反稱其爲誠臣並賜物授官。一方面表現出隋文帝對江南士人的禮遇與懷柔態度；另一方面也與許善心的淵博學問有關，隋文帝深知他是不可多得的人才，自然想要利用他來爲隋朝的文化建設事業效力。如《隋書》本傳載：

> （開皇）十七年，除秘書丞。于時秘藏圖籍尚多淆亂，善心放阮孝緒《七錄》更制《七林》，各爲總叙，冠於篇首。又於部錄之下，明作者之意，區分其類例焉。又奏追李文博、陸從典等學者十許人，正定經史錯謬。仁壽元年，攝黃門侍郎。二年，加攝太常少卿，與牛弘等議定禮樂，秘書丞、黃門，並如故。四年，留守京師。③

可見許善心所做的都是與學問相關的具體工作，諸如整理秘藏圖籍，分類編目，撰寫提要等，可謂發揮了他的專長。之後，在大業元年，許善心轉任禮部侍郎時，奏薦儒者徐文遠爲國子博士，包愷、陸德明、褚徽、魯世達之輩並加品秩，授爲學官。從許善心爲陳朝滅亡悲慟哀哭的舉動來看，他從心底是要盡忠於陳朝的，盡管陳朝已亡，而他對陳朝的懷念與情感仍在。那麼於他來說，能做到的就是利用隋文帝對自己的信任，舉薦來自梁陳的學者擔任學官，也算是對故國的一份禮敬與心奠和對同鄉的一份情誼與責任，於是一方面通過對流寓隋朝的梁陳士人傾力提攜，提供他們一個良好的生存平臺；另一方面則爲南方士人在學術上的廣泛交流、聯絡以及助力他們有所建樹，提供良好的條件和機遇。

與包愷同時被許善心推薦的學官還有以下四位：

---

① 《南史》卷36《江總傳》，北京：中華書局，1975年，第947頁。
② 《隋書》卷58《許善心傳》，北京：中華書局，1973年，第1424—1425頁。
③ 《隋書》卷58《許善心傳》，北京：中華書局，1973年，第1427頁。

徐文遠，兩《唐書》有傳。徐文遠先祖自東海徙家於洛州偃師，父親娶了梁元帝的公主爲妻，這層皇親關係當然可以使他榮華富貴。不料江陵陷落，一家人被西魏擄至長安，尤其因爲與梁朝宗室的牽連，使得在長安生活困窘，只能靠隨兄售書度日。然徐文遠却借此機會在書鋪博覽群籍，且對《春秋左氏傳》頗有研究。於是，當隋朝在長安建立政權時，他已是著名學者，並在開皇間做了太學博士，竇威、楊玄感、李密皆從其受學。撰有《左傳音》3卷、《義疏》60卷。①對徐文遠的任用，正體現出隋文帝對待江南士人是以學識爲重，而隋文帝的懷柔政策也的確讓江南知識分子有了立足之地和施展才能的機會。大業初年徐文遠又得到許善心的舉薦，做了國子博士，同樣可以説明隋煬帝對江南士人的態度也是任人唯賢。

　　陸德明，爲陳亡入隋學者。《舊唐書》《新唐書》均有傳。德明爲蘇州吴人，初受學於周弘正，"解褐始興王國左常侍，遷國子助教。陳亡，歸鄉里。隋煬帝嗣位，以爲秘書學士。大業中，廣召經明之士，四方至者甚衆。……授國子助教……貞觀初，拜國子博士，封吴縣男。尋卒。撰《經典釋文》三十卷、《老子疏》十五卷、《易疏》二十卷，並行於世"②。陸德明系出名門，爲大儒周弘正的學生，陳亡後回歸鄉里，又在隋大業年間受舉薦出爲學官，終得學有所用。其著述豐贍，所撰《經典釋文》流傳至今，所採漢魏六朝音切凡230餘家，又兼羅列諸儒之訓詁，考證各本之異同，不但爲後人提供了詳細的參考資料，而且唯賴此書保存了諸家訓詁注釋條目文本。則這一成就多與其任學官期間的教學研討分不開，也反映出隋朝政府爲江南學者提供了有利於學術發展的温床。

　　褚徽，《隋書》卷75《褚輝傳》云："吴郡褚輝字高明，以《三禮》學稱於江南。煬帝時，徵天下儒術之士，悉集内史省，相次講論。輝博辯，無能屈者，由是擢爲太學博士。撰《禮疏》一百卷。"③《隋書》卷32《經籍志一》又載，秘書學士褚暉撰《禮記文外大義》2卷。④其所互異者，褚徽的名字在《隋書》本傳作"輝"，在《北史》本傳與《隋書·經籍志》作"暉"，在《隋書·許善心傳》與《舊唐書·徐文遠傳》作"徽"，遂有"輝""暉""徽"三個同音異形字，然其事迹顯係同一人⑤，至於其名諱以何爲是，不能遽斷。

　　魯世達，《隋書》有傳，極簡。云："餘杭魯世達，煬帝時爲國子助教，撰《毛詩章句義疏》四十二卷，行於世。"⑥

　　上舉四位大業初與包愷同時被許善心舉薦爲學官者，皆爲國破入北的江南著名學者。他們各自術有專攻，"時人稱文遠之《左氏》、褚徽之《禮》、魯達之《詩》、陸德明之《易》，皆爲一時之最"⑦，分別在經學研究領域有著專深的造詣與並世的成就。而從各自的著述

---

① 《舊唐書》卷189《儒學上·徐文遠傳》，北京：中華書局，1975年，第4942—4943頁；《新唐書》卷198本傳略同。
② 《舊唐書》卷189《儒學上·陸德明傳》，北京：中華書局，1975年，第4944—4945頁；《新唐書》卷198本傳略同。
③ 《隋書》卷75《褚輝傳》，北京：中華書局，1973年，第1723頁；《北史》卷82《儒林下·褚暉傳》略同。
④ 《隋書》卷32《經籍志一》，北京：中華書局，1973年，第922頁。
⑤ 《隋書·褚輝傳》與《北史·褚暉傳》《隋書·許善心傳》《舊唐書·徐文遠》對實爲一人的"褚輝""褚暉""褚徽"，中華書局版均未出校記説明。
⑥ 《隋書》卷75《魯世達傳》，北京：中華書局，1973年，第1724頁。
⑦ 《舊唐書》卷189《儒學上·徐文遠傳》，北京：中華書局，1975年，第4943頁。魯達即魯世達，避唐諱而省"世"字。

也可看出,他們的研究興趣大都集中在對經、史、子書的義疏、音注方面,共同的學術旨趣與長期的學術互動,必然促成他們在圈內的密切交往與深厚情誼,同時也推動了隋代學術富有特色與成效的音韻學與義疏學的發展。

(3)聚徒教授《漢書》的江南學者。《隋書》蕭該本傳云:"蘭陵蕭該者,梁鄱陽王恢之孫也。少封攸侯。梁荆州陷,與何妥同至長安。性篤學,《詩》、《書》、《春秋》、《禮記》並通大義,尤精《漢書》,甚爲貴游所禮。開皇初,賜爵山陰縣公,拜國子博士。……該後撰《漢書》及《文選音義》,咸爲當時所貴。"①蕭該與包愷既同爲當時教研《漢書》的"宗匠",則倆人自少不了學術上的商討交流。並且由於他們《漢書》研究成果的流佈和宣講,梁陳的治史學風在隋朝得到發揚光大。當然,包愷能夠在隋代開壇授徒,亦表明政府對足以昭示回歸"漢魏正統"的《漢書》文化的重視與提倡,以及對江南知識分子引領學術活動正確方向的鼓勵與支持。

再據《隋書》卷76《劉臻傳》,可知劉臻父子都曾仕於梁,梁滅,劉臻入北周做了露門學士。入隋後雖從高熲伐陳,然只是在軍中"典文翰"。之後又做了楊勇太子府學士,因精於兩《漢書》,時人稱爲"漢聖"②。如此,劉臻極有可能與包愷有深交,因爲前述包愷曾受命楊勇撰寫《漢書音》,彼時包愷約三十來歲,作爲青年俊彦,他一定會請教正在太子府中任學士的"漢聖"劉臻長輩的。

還有一位姚察,也是由陳入隋而以研治《漢書》著名的史學家,《陳書》《南史》有傳。《隋書》卷33《經籍志二》載姚察撰《漢書訓纂》30卷、《漢書集解》1卷、《定漢書疑》2卷。③那麼,包愷是否與姚察有交誼呢?《陳書》本傳略云:"姚察字伯審,吳興武康人也。九世祖信,吳太常卿,有名江左。父上開府僧垣,知名梁武代。(察)在亂離之間,篤學不廢。陳滅入隋,開皇九年,詔授秘書丞,別敕成梁、陳二代史。又敕於朱華閣長參。文帝知察疏菲,別日乃獨召入內殿,賜菓菜,乃指察謂朝臣曰'聞姚察學行當今無比,我平陳唯得此一人'。仁壽二年,敕侍晉王昭讀。煬帝初在東宮,數被召見,訪以文籍。即位之始,詔授太子內舍人,餘並如故。車駕巡幸,恒侍從焉。及改易衣冠,刪正朝式,切問近對,察一人而已。年七十四,大業二年,終於東都。"④"足爲師範"的姚察在隋代參與了多項政府行爲的修訂禮樂制度活動,一直活躍在高層授意進行的文化建設事業中,看似與包愷沒有能夠交集的公務場所。然從姚察出身江南又來自於陳朝,尤其是撰寫過三種對《漢書》進行訓纂、集解、釋疑的著作來考量,作爲後學的包愷,其尋道問學之師恐亦少不了此儒宗姚察,並理應會受到他對於《漢書》思想認知的影響的。

恂恂善誘,亹亹忘倦,聚徒講史,傳授《漢書》,無疑是包愷一生成就最大的教育事功,正如其墓誌所譽"有人倫之鑒識,爲四海之儒宗"。《隋書》本傳云其"聚徒教授,著録者數千人",可見包愷的學問尤其是講授《漢書》的影響與名聲頗大,以至有

---

① 《隋書》卷75《蕭該傳》,北京:中華書局,1973年,第1715—1716頁。
② 《隋書》卷76《劉臻傳》,北京:中華書局,1973年,第1731—1732頁。
③ 《隋書》卷33《經籍志二》,北京:中華書局,1973年,第954頁。
④ 《陳書》卷27《姚察傳》,北京:中華書局,1973年,第348、352頁;《南史》卷69本傳略同。

大批追隨者。那麼究竟他培養過什麼樣的學生，鑒於史籍記述的闕失，難以悉知。不過還是有幾條出自《隋書》《北史》《舊唐書》《新唐書》中的李密傳的史料可資解讀。《隋書》李密傳記載其"師事國子助教包愷，受《史記》、《漢書》，勵精忘倦，愷門徒皆出其下"①。《新唐書》本傳還記敘了李密在拜師途中的一段生動有趣的戲劇性情節：

> （密）聞包愷在緱山，往從之。以蒲韉乘牛，掛《漢書》一帙角上，行且讀。越國公楊素適見于道，按轡躡其後，曰："何書生勤如此？"密識素，下拜。問所讀，曰："《項羽傳》。"因與語，奇之。歸謂子玄感曰："吾觀密識度，非若等輩。"玄感遂傾心結納。②

可知一代人臣李密追隨包愷學習《漢書》的故事不唯膾炙於史，同時也以"愷門徒皆出其下"的評譽而足資見證包愷爲《漢書》"宗匠""四海儒宗"的地位與影響。另外所透露出的包愷講學地點在河南緱山（今偃師市府店鎮）的信息，也是其本傳與墓誌皆所不及的。至於在緱山講學的時間，則當在包愷丁母憂到其去世的大業十年（614）至大業十二年（616）之間。

不妨再分析一下包愷講授《漢書》何以能擁有衆多的學生？早在魏晉以後，閱讀和研習《漢書》即成爲史學的基礎與傳統。班固《漢書》一出，便與《史記》對舉，並稱馬班。與《史記》的紀傳體通史體裁相較，《漢書》則開創了紀傳體斷代史格局的先河，並爲後代正史奉作程式。正如唐代劉知幾評論說："如《漢書》者，究西都之首末，窮劉氏之廢興，包舉一代，撰成一書。言皆精練，事甚該密，故學者尋討，易爲其功。自爾迄今，無改斯道。"③除此開闢體制之功，《漢書》更以其"並當代雅言，事無邪僻，故能取信一時，擅名千載"的語言風格與修史立場而爲後世史家尊爲"不祧之宗"④。《漢書》的旨趣是宣揚漢德，潤色鴻業，自然會被以正統自居的歷代官方所肯定與推廣，故自魏晉以後，《漢書》已然成爲垂範後世的一門專深的顯學，隋代一統天下，體現正統思想的《漢書》自然更需要深入人心，因而著述與授徒並舉，便是其時最大的師承特色。⑤《漢書》成書以來，正是依靠聚徒講學及注解訓釋的方式來師承傳授，遂成爲一種可稱之爲"《漢書》學"的文化流播模式與傳統。以這樣一種模式傳習《漢書》，在隋代無疑形成了一個從繁榮走向成熟的局面，誠所謂"《漢書》之學，隋人已究心，及唐而益以考究爲業"⑥，亦即蕭該、包愷、劉臻等人的著述與講學必然直接奠定了唐人顏師古《漢書注》的基礎。《隋書·儒林傳》嘗形容當時的教育盛況爲"負笈追師，不遠千里，講誦之聲，

---

① 《隋書》卷70《李密傳》，北京：中華書局，1973年，第1624頁；《北史》卷60《李密傳》略同。
② 《新唐書》卷84《李密傳》，北京：中華書局，1975年，第3677—3678頁；《舊唐書》卷53《李密傳》略同，然所記"嘗欲尋包愷"，不若《新唐書》本傳"聞包愷在緱山，往從之"有包愷所在地，因引據新傳。
③ [唐]劉知幾撰、（清）浦起龍釋：《史通通釋》卷1《內篇·六家第一》，上海：上海古籍出版社，1978年，第22頁。
④ [唐]劉知幾撰，（清）浦起龍釋：《史通通釋》卷5《內篇·六家第一》，上海：上海古籍出版社，1978年，第115頁。
⑤ 肖瑞峰、石樹芳："'漢書學'的歷史流程及其特徵"，《清華大學學報》（哲學社會科學版）2013年第4期，第105—110頁。
⑥ [清]趙翼著、王樹民校證：《廿二史札記校證》卷20，北京：中華書局，1984年，第441頁。

道路不絕。中州儒雅之盛，自漢魏以來，一時而已"，①故隋朝政府支持蕭該、包愷對《漢書》大張旗鼓地開壇講學，招收生徒，且能出現數千人跟隨蕭該、包愷學習《漢書》的規模，外加先已營造的注釋《漢書》的濃郁氛圍，正可以見證大一統時代對於此種代表正統文化風尚的沿襲與抬舉，以及充分體現朝廷對江南士人學者的重視與懷柔，而江南士人通過講學與著述等文教活動，不僅促進了南北學術的融通與升華，也密切了江南學者之間的感情交際和學術交流，乃至有效推進了隋代回歸漢魏正統、重構國家秩序的文化建設進程。

梳理包愷入隋參與文教活動的同僚群體關係，略如圖6所示：

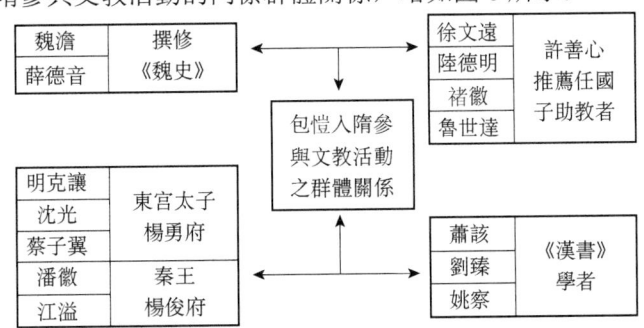

圖6　包愷入隋參與文教活動的同僚群體關係示意圖

從對包愷在文教活動中所交往的江南士人群體一節的分析中，可以有這樣幾點認識：

第一，隋朝本著"祇承天命，清蕩萬方。百王衰敝之後，兆庶澆浮之日，聖人遺訓，掃地俱盡，制禮作樂，今也其時"②的政治文化理念，先後任用諸如明克讓、許善心、姚察、虞世基、裴政、袁朗等人修訂禮樂，他們"皆爲南朝之名士，而家世以學業顯於梁陳之時者也。隋修五禮，欲采梁陳以後江東發展之新迹，則兹數子者，亦猶北魏孝文帝之王肅、劉芳，然則史所謂隋'采梁儀注以爲五禮'者，必經由此諸人所輸入，无疑也"③。這些江南名士所做的工作的確取得了顯著成績，隋朝的禮樂制度漸趨完備，政府的各項策略也整齊有序。誠所謂"南方文士在梁陳之際以及後來隋平陳、廢後梁時之成批北人，對於同屬'關隴集團'的隋朝及唐初統治集團的文化素質及政策制定，亦有著潛移默化的影響。隋煬帝在內的隋文帝諸子，唐太宗在內的唐高祖諸子，一如宇文氏諸王，都對南方文化情有獨鍾，我們相信，這種情況與梁陳之際南方文士成批北遷關中所形成的文化氛圍不無關聯，隋唐間制度文化的南朝化傾向，也應當與之有關"④。然而，終究不能忽視的是："入北南人中的衣冠士人，雖然有的受到禮遇，並對北方的政治和文化產生了較大的影響，但他們是以個人而不是作爲宗族鄉里的代表而發揮其影響的，只要考察一下他們在北方的生存狀態和心態，不難看出，他們在北朝的地位和影響，與晉宋時期的僑姓高門不能同日

---

① 《隋書》卷75《儒林傳》序，北京：中華書局，1973年，第1706頁。
② 《隋書》卷2《高祖紀下》，北京：中華書局，1973年，第34頁。
③ 陳寅恪：《隋唐制度淵源略論稿》，上海：上海古籍出版社，1982年，第51頁。
④ 牟發松：《漢唐歷史變遷中的社會與國家》，上海：上海人民出版社，2011年，第297—298頁。引文中"南方文士成批北遷關中"原訛作"北方文士"，徑改。

而語。"①似包愷這般的江南士人與其群體,他們入隋後的政治待遇與社會地位情況亦當如此看待。

第二,包愷入隋,正在開皇九年(589)滅陳之後,當時隋文帝嘗頒布詔書一道,從中可以讀出偃武修文的導向,就連武將之子都要學文,有功之臣也要降情文藝②,這是宣告從此國家要大力推行文治方針而"終以文德懷遠人"了。特別是隋文帝撤去淮南道行省,命令晉王楊廣率師凱旋而代之以年少的秦王俊任揚州總管四十四州諸軍事,鎮廣陵。這當然是因爲其時江南各地順利平定,毋需要再動用武力行動的一個信號,說明隋朝要以懷柔政策治理江南、貫徹國家方略了。③而令隋文帝料想不及的是開皇十年(590)的江南叛亂④,於是隋文帝又作出一項具有戰略意義的決定,繼續任命并州總管楊廣任揚州總管,表明隋文帝此時對江南政策有了深刻反思,試圖進行戰略性調整,修正以往的高壓政策,加強對江南的懷柔。因爲楊廣曾是平陳統帥,又娶後梁公主爲妃,與江南關係頗深。加之楊廣長期鎮守江南,熟悉並喜愛江南文化,期間做了不少安撫民心的懷柔工作,爲江南人士的重用、江南地區的穩定、南北文化的融合起到了積極作用。而且隋滅陳之後,"江南士人,悉播遷入京師"⑤,朝廷將他們派送到中央的學術機構或教育機構推廣文教活動。在如此大力提倡文化正統建設的社會背景下,亡國的江南士人雖然懷有離鄉背井的哀愁,但是既然能夠從事自己所喜愛的文教事業,施展其才幹,也算能夠感受到實惠的禮遇與懷柔而稍感欣慰了。

第三,包愷所交往的江南學者,固然有諸如明克讓、許善心、姚察等人受詔參加了國家正定新樂、創定封禪禮、制定輿服等關係到朝廷禮樂祭祀的重要活動,成爲國家禮樂文化的制定者。而其他學者也能以他們個自的學術專業,在各類學術和教育團體進行刊正典籍、著書立説、開壇講學、經理官學等文化教育活動,這些活動也同樣不同程度地因其所發揮的轉移一時風氣的功效而影響著國家禮儀制度的建設進程,這些學者以深厚的家學淵源和個人專長所進行的各項文化活動及其學術成果,無疑對隋朝一統政治與文化格局的確立起到了不可低估的積極效用。

五、結語

隋代建立以後所重塑的政治文化秩序,正如清人皮錫瑞所總結的:"學術隨世運爲轉移,亦不盡隨世運爲轉移。隋平陳而天下統一,南北之學亦歸統一,此隨世運爲轉移

---

① 牟發松:《漢唐歷史變遷中的社會與國家》,上海:上海人民出版社,2011年,第298頁。
② 《隋書》卷2《高祖紀下》,北京:中華書局,1973年,第33頁。
③ 韓昇:《隋文帝傳》,北京:人民出版社,1998年,第334—342頁。
④ 關於隋開皇十年(590)江南之亂的原因,學者多有探討,如王大建認爲:這次大動亂是由於朝廷強行在南方推行《五教》而引發的。然與隋文帝之前的一系列措施如悉用北人擔任南方的守令,下令盡變南朝刑法的疏緩,代之以嚴刑峻法等,在推行《五教》其間又不乏蔑視、污辱南人的言行,深深刺傷了江南士民的自尊心。此時,又謠傳隋王朝要江南人民遷徙到北方,這無異於火上澆油。於是動亂爆發。要鞏固統一的隋王朝,必須及時調整與改革在南方的文化政策,消除南北文化隔閡,建立和發展共同的文化意識。因此,隋文帝派了對江南社會狀況十分熟悉的楊廣去擔任總管。王大建:《隋代文化政策的調整與改革》,《文史哲》1995年第3期,第32—38頁。
⑤ 《隋書》卷21《天文志下》,北京:中華書局,1973年,第612頁。

者也；天下統一，南併於北，而經學統一，北學反併於南，此不隨世運爲轉移者也。"①新出《包愷墓誌》雖爲個案分析，然亦可與這種時勢使然的北學折於南學的政治文化背景互爲印證，故可歸結如下：

（1）包愷是陳亡而流寓隋朝的江南士人，在學術上承其父兄而經史傳家，頗有建樹，尤以史學與教育事功垂世。以其史誌互補，適可豐富與明晰包氏家族在中古的氏族關係與學術淵源，而包愷在隋代以前的行事，與其仁壽二年（602）"奉敕脩《魏史》"，大業元年（605）兼太常寺衣冠署令，以及不赴越嶲縣丞之任、後歸葬長安等信息，又皆爲史所不載的重要素材。特別是"奉敕脩《魏史》"的記載，無疑爲了解隋文帝敕命魏澹修《魏史》的告成時間和史所不載的新的佐修人，提供了值得重視的信息。並且也可資見證大規模纂修正史的政府行爲是與大一統的政治文化格局的建設相一致的，其對後來的初唐同樣爲昭示正統而廣修正史的規模與成效也必定產生了直接的影響。

（2）包愷在隋代不僅曾在秦王府參預文學並任行參軍，而且也與太子楊勇有所瓜葛，其受命楊勇而撰寫《漢書音》之履歷，當成爲他進入煬帝朝以後難以晉階的羈絆，如其墓誌竟諱莫如深地避而不及，且到晚年更加官職低微、生活窘迫，應是明證。史誌互補，足可豐滿而鮮活這樣一位隋代精研《漢書》的"宗匠"與名師者形象，並可資佐證隋代史學研究重歸正統的旨趣與源流，乃至對於成熟於初唐的《漢書》學的影響，亦即當時學者們大多以其精通音韻小學而左右著《漢書》研究的走向，這也是中古時期《漢書》研究一直重視音韻義疏的傳統沿襲。而這些密集的史學研究與教學活動，也大有益於培養國民"溥天之下，莫非王土，率土之濱，莫非王臣"的一元史觀，亦即在一統時代的歷史文化認同意識，並借以促成政治上的國家秩序建設。

（3）通過《包愷墓誌》與史傳的相互補證，揭示出包愷入隋之後，與江南士人在各項文教群體活動中，相互聯系與合作，爲隋朝文化建設做出了重要貢獻。無論著述，抑或授徒，皆凸顯出爲大一統政治服務的正確方向，即爲建設正統的文化制度和國家秩序而服務。在從分裂到統一的歷史進程中，南朝士人絡繹不絕地播遷入北方並形成一個強大的文化圈，以至在隋代竟聚合成爲文化的主體力量，並以其學有專精及其家世背景與學術傳統，對隋朝的學術發展與文化國策產生了積極引導與推進作用。"既稱燕趙之後，實曰東南之美"②。相對於在政治上的北方併吞南方，在文化上則反見南學浸溉北學，從上述與包愷相關聯的隋代江南士人群體及其文教活動，應能顯示隋朝對江南士人所實施的禮遇與懷柔策略的影響與成效。

---

① [清]皮錫瑞著、周予同注釋：《經學歷史》，北京：中華書局，1959年，第193頁。
②《隋書》卷58"史臣曰"，北京：中華書局，1973年，第1433頁。

參 考 文 獻[①]

（一）古代文獻

1. 經部

　　［晉］杜預注、［唐］孔穎達正義：《春秋左傳正義》，北京：中華書局，1980 年影印阮元《十三經注疏》本。

　　［晉］郭璞注、［宋］邢昺疏：《爾雅注疏》，北京：中華書局，1980 年影印阮元《十三經注疏》本。

　　黄懷信主撰、孔德立、周海生參撰：《大戴禮記彙校集注》，西安：三秦出版社，2005 年。

　　［三國·魏］何晏集解、［宋］邢昺疏：《論語注疏》，北京：中華書局，1980 年影印阮元《十三經注疏》本。

　　［三國·魏］王弼等注、［唐］孔穎達等正義：《周易正義》，北京：中華書局，1980 年影印阮元《十三經注疏》本。

　　［漢］鄭玄注、［唐］賈公彦疏：《周禮注疏》，北京：中華書局，1980 年影印阮元《十三經注疏》本。

　　［漢］鄭玄注、［唐］賈公彦疏：《儀禮注疏》，北京：中華書局，1980 年影印阮元《十三經注疏》本。

　　［漢］鄭玄箋、［唐］孔穎達等正義：《尚書正義》，北京：中華書局，1980 年影印阮元《十三經注疏》本。

　　［漢］鄭玄箋、［唐］孔穎達等正義：《毛詩正義》，北京：中華書局，1980 年影印阮元《十三經注疏》本。

　　［漢］鄭玄注、［唐］孔穎達等正義：《禮記正義》，北京：中華書局，1980 年影印阮元《十三經注疏》本。

2. 史部

　　［東漢］班固：《漢書》，北京：中華書局，1962 年。

　　［晉］常璩撰、劉琳校注：《華陽國志校注》，成都：巴蜀書社，1984 年。

　　［西晉］陳壽：《三國志》，北京：中華書局，1959 年。

　　［宋］陳思：《寶刻叢編》，新文豐出版公司編輯部：《石刻史料新編》第 1 輯，臺北：新文豐出版有限公司，1977 年。

　　［宋］程大昌著、黄永年點校：《雍録》，北京：中華書局，2002 年。

　　［唐］道宣撰、郭紹林點校：《續高僧傳》，北京：中華書局，2014 年。

　　［宋］鄧名世撰、王力平點校：《古今姓氏書辯證》，南昌：江西人民出版社，2006 年。

　　［明］都穆：《金薤琳琅》，新文豐出版公司編輯部：《石刻史料新編》第 1 輯，臺北：新文豐出版公司，1977 年。

　　［唐］杜寶撰、辛德勇輯校：《大業雜記輯校》，西安：三秦出版社，2006 年。

　　［唐］杜佑著，［日］長澤規矩也、尾崎康校訂，韓昇譯訂：《北宋版通典》，上海：上海人民出版社，

[①] 以著者姓氏英文字母爲序。

2008年。

［南朝·宋］范曄：《後漢書》，北京：中華書局，1965年。

［唐］房玄齡等：《晉書》，北京：中華書局，1974年。

《覆元泰定本廣韻》，北京：中華書局，1985年。

［晉］葛洪撰、周天游校注：《西京雜記》，西安：三秦出版社，2006年。

顧燮光撰、王其禕校點：《夢碧簃石言》，瀋陽：遼寧教育出版社，2001年。

［清］顧炎武：《歷代宅京記》，北京：中華書局，1984年。

［清］顧炎武著，黃汝成集釋，欒保群、呂宗力校點：《日知錄集釋》，上海：上海古籍出版社，2014年。

《國語》，上海：上海古籍出版社，1978年。

何清谷校注：《三輔黃圖校注》，西安：三秦出版社，1995年。

［宋］樂史撰、王文楚等校點：《太平寰宇記》，北京：中華書局，2007年。

［唐］李百藥等：《北齊書》，北京：中華書局，1972年。

［元］李好文撰、辛德勇、郎潔點校：《長安志圖》，西安：三秦出版社，2013年。

［唐］李吉甫撰、賀次君點校：《元和郡縣圖志》，北京：中華書局，1983年。

［唐］李林甫撰、陳仲夫點校：《唐六典》，北京：中華書局，1992年。

［唐］李泰等撰、賀次君輯校：《括地志》，北京：中華書局，1980年。

［唐］李延壽：《北史》，北京：中華書局，1974年校點本。

［唐］李延壽：《南史》，北京：中華書局，1975年校點本。

［北魏］酈道元著、陳橋驛校證：《水經注校證》，北京：中華書局，2013年。

［北魏］酈道元著、王先謙校訂：《水經注》，成都：巴蜀書社，1985年。

［北魏］酈道元著、［清］楊守敬、熊會貞：《水經注疏》，南京：江蘇古籍出版社，1989年。

梁啟超：《碑帖跋》，新文豐出版公司編輯部：《石刻史料新編》第4輯，臺北：新文豐出版公司，2006年。

［唐］林寶撰、岑仲勉校：《元和姓纂（附四校記）》，北京：中華書局，1994年。

［唐］令狐德棻等：《周書》，北京：中華書局，1971年。

［後晉］劉昫等：《舊唐書》，北京：中華書局，1975年。

［漢］劉向集錄：《戰國策》，上海：上海古籍出版社，1985年。

［唐］劉知幾撰、［清］浦起龍釋：《史通通釋》，上海：上海古籍出版社，1978年。

［清］陸耀遹：《金石續編》，新文豐出版公司編輯部：《石刻史料新編》第1輯，臺北：新文豐出版公司，1977年。

［清］陸增祥：《八瓊室金石補正》，北京：文物出版社，1985年。

［清］羅振玉撰、蕭文立編校：《雪堂類稿》，瀋陽：遼寧教育出版社，2003年。

［元］駱天驤撰、黃永年點校：《類編長安志》，北京：中華書局，1990年。

［清］毛鳳枝：《關中金石文字存逸考》，新文豐出版公司編輯部：《石刻史料新編》第2輯，臺北：新文豐出版公司，1979年。

［北宋］歐陽修，宋祁：《新唐書》，北京：中華書局，1975年。

［清］皮錫瑞著、周予同注釋：《經學歷史》，北京：中華書局，1959年。

［清］錢大昕著、方詩銘、周殿杰校點：《廿二史考異》，上海：上海古籍出版社，2004年。

［梁］沈約等：《宋書》，北京：中華書局，1974年。

［宋］司馬光等：《資治通鑑》，北京：中華書局，1982 年。

［西漢］司馬遷：《史記》第 2 版，北京：中華書局，1982 年。

［宋］宋敏求：《唐大詔令集》，北京：中華書局，2008 年。

［宋］宋敏求撰，辛德勇、郎潔點校：《長安志》，西安：三秦出版社，2013 年。

［元］脫脫等：《金史》，北京：中華書局，1975 年校點本。

［清］王昶：《金石萃編》，新文豐出版公司編輯部：《石刻史料新編》第 1 輯，臺北：新文豐出版公司，1977 年。

［宋］王溥：《唐會要》，上海：上海古籍出版社，1991 年。

［唐］韋述撰、辛德勇輯校：《兩京新記輯校》，西安：三秦出版社，2006 年。

［北齊］魏收等：《魏書》，北京：中華書局，1974 年。

［唐］魏徵等：《隋書》，北京：中華書局，1973 年。

［梁］蕭子顯等：《南齊書》，北京：中華書局，1972 年。

［東漢］辛氏撰、劉慶柱輯注：《三秦記輯注》，西安：三秦出版社，2006 年。

［清］徐松輯、高敏點校：《河南志》，北京：中華書局，1974 年。

［清］徐松撰、方嚴點校：《唐兩京城坊考》，北京：中華書局，1985 年。

［北魏］楊衒之撰、范祥雍校注：《洛陽伽藍記校注》，上海：上海古籍出版社，1978 年。

［唐］姚思廉等：《陳書》，北京：中華書局，1972 年。

［唐］姚思廉等：《梁書》，北京：中華書局，1973 年。

［清］葉昌熾撰、王其禕校點：《語石》，瀋陽：遼寧教育出版社，1998 年。

［宋］贊寧：《宋高僧傳》，北京：中華書局，1987 年。

［宋］張禮撰、史念海、曹爾琴校注：《游城南記校注》，西安：三秦出版社，2003 年。

［清］章學誠著、葉瑛校注：《文史通義校注》，北京：中華書局，1985 年。

［唐］長孫無忌等撰、劉俊文點校：《唐律疏議》，北京：中華書局，1983 年。

［宋］趙明誠撰、金文明校證：《金石錄校證》，上海：上海書畫出版社，1985 年。

［漢］趙岐：《三輔決錄》，西安：三秦出版社，2006 年。

［清］趙翼：《陔餘叢考》，北京：中華書局，1963 年。

［清］趙翼著、王樹民校證：《廿二史札記校證》，北京：中華書局，1984 年。

［宋］鄭樵撰、王樹民點校：《通志二十略》，北京：中華書局，1995 年。

［清］鄭業斆：《獨笑齋金石考略》，上海：上海古籍出版社，2002 年。

3. 子部

［唐］法琳撰：《辯正論》，《大正新修大藏經》，臺北：新文豐出版公司，1983—1987 年。

［宋］法賢譯：《佛說衆許摩訶帝經》，《大正新修大藏經》，臺北：新文豐出版公司，1983—1987 年。

［宋］法演撰、惟慶編：《法演禪師語錄》，《大正新修大藏經》，臺北：新文豐出版公司，1983—1987 年。

［唐］封演撰、李成甲校點：《封氏聞見記》，瀋陽：遼寧教育出版社，1998 年。

［晉］干寶撰、汪紹楹校注：《搜神記》，北京：中華書局，1979 年。

［宋］李昉等：《太平御覽》，北京：中華書局，1960 年。

［宋］李昉等：《文苑英華》，北京：中華書局，1966 年。

［宋］李昉等：《太平廣記》，北京：中華書局，1961 年。

［宋］劉斧：《青瑣高議》，上海：上海古籍出版社，1983 年。

［唐］歐陽詢撰、汪紹楹校：《藝文類聚》新 2 版，上海：上海古籍出版社，1999 年。

［陳］釋智顗說，釋灌頂記：《仁王護國般若經疏》，《大正新修大藏經》，臺北：新文豐出版公司，1983—1987 年。

［唐］釋道世撰、周叔迦、蘇晋仁校注：《法苑珠林校注》，北京：中華書局，2003 年。

［宋］王欽若等編纂、周勛初等校訂：《册府元龜》，南京：鳳凰出版社，2006 年。

［唐］徐堅等：《初學記》，北京：中華書局，2004 年。

［唐］張彦遠：《歷代名畫記》，瀋陽：遼寧教育出版社，2001 年。

4. 集部

［明］陳耀文：《天中記》，《景印文淵閣四庫全書》第 966 册，臺北：商務印書館，1986 年。

［唐］杜牧、何錫光校注：《樊川文集》，上海：上海古籍出版社，2007 年。

［唐］顧況：《華陽集》，《景印文淵閣四庫全書》第 1072 册，臺北：商務印書館，1986 年。

［宋］李格非：《洛陽名園記》，《景印文淵閣四庫全書》第 587 册，上海：上海古籍出版社，1987 年。

［唐］柳宗元：《柳河東集》，上海：上海人民出版社，1974 年。

［唐］盧照鄰著、李雲逸校注：《盧照鄰集校注》，北京：中華書局，1998 年。

逯欽立：《先秦漢魏南北朝詩》，北京：中華書局，1983 年。

［唐］錢起著、王定璋校注：《錢起集校注》，杭州：浙江古籍出版社，2015 年。

［唐］權德輿撰，郭廣偉校點：《權德輿詩文集》，上海：上海古籍出版社，2008 年。

［唐］權德輿：《新刊權載之文集》，上海：上海古籍出版社，2013 年。

［梁］蕭統編、［唐］李善注：《文選》，北京：中華書局，1977 年。

［唐］許敬宗撰、羅國威整理：《日藏弘仁本文館詞林校證》，北京：中華書局，2001 年。

［唐］顏真卿：《顏魯公集》，上海：上海古籍出版社，1992 年。

［北周］庾信撰、［清］倪璠注、許逸民校點：《庾子山集注》，北京：中華書局，1980 年。

（二）研究專著

［美］安樂哲著、溫海明等譯：《和而不同：中西哲學的會通》，北京：北京大學出版社，2009 年。

岑仲勉：《隋書求是》，北京：中華書局，2004 年。

陳寅恪：《隋唐制度淵源略論稿》，上海：上海古籍出版社，1982 年。

陳寅恪：《唐代政治制度述論稿》，上海：上海古籍出版社，1997 年。

鄧小南主編：《唐宋婦女與社會》，上海：上海辭書出版社，2003 年。

［日］宮川尚志：《六朝史研究》，京都：平樂寺書店，1962 年。

韓昇：《隋文帝傳》，北京：人民出版社，1998 年。

黃永年：《古文獻學四講》，廈門：鷺江出版社，2003 年。

黃永年：《六至九世紀中國政治史》，上海：上海書店出版社，2004 年。

李健超：《增訂唐兩京城坊考》修訂版，西安：三秦出版社，2006 年。

羅新、葉煒：《新出魏晉南北朝墓誌疏證》修訂版，北京：中華書局，2016 年。

吕卓民：《長安韋杜家族》，西安：西安出版社，2005 年。

馬長壽：《碑銘所見前秦至隋初的關中部族》，桂林：廣西師範大學出版社，2006 年。

毛漢光：《中國中古社會史論》，上海：上海書店出版社，2002 年。

毛漢光：《中國中古政治史論》，上海：上海書店出版社，2002 年。

牟發松：《漢唐歷史變遷中的社會與國家》，上海：上海人民出版社，2011 年。

榮新江：《學術訓練與學術規範》，北京：北京大學出版社，2011年。
施和金：《北齊地理志》，北京：中華書局，2008年。
石興邦、彭樹智：《古物文明》，西安：陝西人民出版社，2001年。
湯承業：《隋文帝政治事功之研究》，臺北：商務印書館，1967年。
湯用彤：《漢魏兩晋南北朝佛教史》，上海：上海人民出版社，2016年。
唐長孺：《魏晋南北朝史論拾遺》，北京：中華書局，1983年。
唐長孺：《魏晋南北朝隋唐史三論》，北京：中華書局，2001年。
《王国維遺書》，上海：上海古籍書店，1983年。
王力平：《中古杜氏家族的變遷》，北京：商務印書館，2006年。
王連龍：《新見北朝墓誌集釋》，北京：中國書籍出版社，2013年。
王連龍：《新見隋唐墓誌集釋》，瀋陽：遼海出版社，2015年。
王仲犖：《北周地理志》，北京：中華書局，1980年。
王仲犖：《蜡華山館叢稿續編》，北京：中華書局，2007年。
[法]謝和耐著，黃建華、黃迅餘譯：《中國社會史》，南京：江蘇人民出版社，2010年。
許作民：《安陽古今地名考》，鄭州：中州古籍出版社，1992年。
姚平：《唐代婦女的生命歷程》，上海：上海古籍出版社，2004年。
姚薇元：《北朝胡姓考》修訂版，北京：中華書局，2007年。
瞿同祖著、邱立波譯：《漢代社會結構》，上海：上海人民出版社，2007年。
張國剛：《中國社會歷史評論》第三卷，北京：中華書局，2001年。
張沛：《唐折衝府匯考》，西安：三秦出版社，2003年。
趙超：《新唐書宰相世系表集校》，北京：中華書局，1998年。
周偉洲：《新出土中古有關胡族文物研究》，北京：社會科學文獻出版社，2016年。
周曉薇、王其褘：《片石千秋：隋代墓誌銘與隋代歷史文化》，北京：科學出版社，2014年。
周曉薇、王其褘：《柔順之象：隋代女性與社會》，北京：中國社會科學出版社，2012年。
周一良：《魏晋南北朝史論集》，北京：北京大學出版社，2010年。
周一良：《魏晋南北朝史札記》補訂本，北京：中華書局，2015年。

（三）碑誌文獻彙編及其相關資料

安陽市文物考古研究所、安陽博物館：《安陽墓誌選編》，北京：科學出版社，2016年。
北京圖書館金石組：《北京圖書館藏中國歷代石刻拓本滙編》，鄭州：中州古籍出版社，1989年。
大同北朝藝術博物館：《北朝藝術研究院藏品圖録·墓誌》，北京：文物出版社，2016年。
高峽：《西安碑林全集》，廣州、深圳：廣東經濟出版社、海天出版社，1999年。
郭茂育、趙水森：《洛陽出土鴛鴦墓誌輯録》，北京：國家圖書館出版社，2012年。
國家文物局：《2009中國重要考古發現》，北京：文物出版社，2010年。
韓明祥：《濟南歷代墓誌銘》，濟南：黃河出版社，2002年。
河南省文物局：《衛輝大司馬墓地》，北京：科學出版社，2016年。
衡水市文物局：《衡水出土墓誌》，石家莊：河北美術出版社，2010年。
胡海帆、湯燕：《1996—2017北京大學圖書館新藏金石拓本菁華（續編）》，北京：北京大學出版社，2018年。
胡海帆、湯燕：《北京大學圖書館新藏金石拓本菁華1996—2012》，北京：北京大學出版社，2013年。
胡戟、榮新江：《大唐西市博物館藏墓誌》，北京：北京大學出版社，2012年。

胡戟：《珍稀墓誌百品》，西安：陝西師範大學出版總社，2016年。
賈振林：《文化安豐》，鄭州：大象出版社，2011年。
李炳武：《長安金石》，香港：香港人民美術出版社，2007年
李明、劉呆運、李舉綱：《長安高陽原新出土隋唐墓誌》，北京：文物出版社，2016年。
劉文：《陝西新見隋朝墓誌》，西安：三秦出版社，2018年。
劉燁東：《中國民間藏誌識讀》，鄭州：河南美術出版社，2011年。
洛陽市文物工作隊：《洛陽出土歷代墓誌輯繩》，北京：中國社會科學出版社，1991年。
洛陽市文物局：《洛陽出土北魏墓誌選編》，北京：科學出版社，2001年。
毛漢光：《唐代墓誌銘彙編附考》，臺北："中央研究院"歷史語言研究所，1983年。
毛遠明：《漢魏六朝碑刻校注》，北京：綫裝書局，2008年。
《墓誌書法精選》，北京：榮寶齋出版社，2015年。
寧夏文物考古研究所：《固原南塬漢唐墓地》，北京：文物出版社，2009年。
齊運通、楊建鋒：《洛陽新獲墓誌二〇一五》，北京：中華書局，2017年。
齊運通：《洛陽新獲七朝墓誌》，北京：中華書局，2012年。
喬棟、李獻奇、史家珍：《洛陽新獲墓誌續編》，北京：科學出版社，2008年。
陝西省文物局、陝西省考古研究院編：《留住文明：陝西"十一五"期間基本建設考古重要發現（2006—2010）》，西安：三秦出版社，2011年。
山西省考古研究所、太原市文物考古研究所：《北齊東安王婁睿墓》，北京：文物出版社，2006年。
蘇州博物館：《蘇州博物館藏歷代碑誌》，北京：文物出版社，2012年。
王其禕、周曉薇：《隋代墓誌銘彙考》，北京：綫裝書局，2007年。
吳鋼：《全唐文補遺》第2輯，西安：三秦出版社，1995年。
吳鋼：《全唐文補遺》第5輯，西安：三秦出版社，1998年。
吳鋼：《全唐文補遺》第6輯，西安：三秦出版社，1999年。
吳鋼：《全唐文補遺》第7輯，西安：三秦出版社，2000年。
吳鋼：《全唐文補遺》第8輯，西安：三秦出版社，2005年。
吳鋼：《全唐文補遺》第9輯，西安：三秦出版社，2007年。
吳鋼：《全唐文補遺·千唐誌齋新藏專輯》，西安：三秦出版社，2006年。
吳敏霞：《長安碑刻》，西安：陝西人民出版社，2014年。
吳振鋒：《字裏千秋：新見碑誌拓片集粹》，西安：陝西師範大學出版總社，2017年。
武威通志編委會：《武威通志·藝文卷》，蘭州：甘肅人民出版社，2007年。
西安市文物稽查隊：《西安新獲墓誌集萃》，北京：文物出版社，2016年。
葉煒、劉秀峰：《墨香閣藏北朝墓誌》，上海：上海古籍出版社，2016年。
銀川美術館：《寧夏歷代碑刻集》，銀川：寧夏人民出版社，2007年。
張伯齡：《北朝墓誌英華》，西安：三秦出版社，1988年。
張沛：《昭陵碑石》，西安：三秦出版社，1993年。
張寧等：《隋唐五代墓誌滙編》，天津：天津古籍出版社，1991年。
趙超：《漢魏南北朝墓誌彙編》，天津：天津古籍出版社，2008年。
趙君平、趙文成：《河洛墓刻拾零》，北京：北京圖書館出版社，2007年。
趙君平、趙文成：《秦晋豫新出墓誌蒐佚》，北京：國家圖書館出版社，2012年。
趙君平：《邙洛碑誌三百種》，北京：中華書局，2004年。

趙力光：《西安碑林博物館新藏墓誌彙編》，北京：綫裝書局，2007 年。
趙力光：《西安碑林博物館新藏墓誌續編》，西安：陝西師範大學出版總社，2014 年。
趙力光：《鴛鴦七誌齋藏石》，西安：三秦出版社，1995 年。
赵萬里：《漢魏南北朝墓誌集釋》，北京：科學出版社，1956 年。
趙文成、趙君平：《秦晉豫新出墓誌蒐佚續編》，北京：國家圖書館出版社，2015 年。
趙文成、趙君平：《新出唐墓誌百種》，杭州：西泠印社，2010 年。
周紹良、趙超：《唐代墓誌彙編續集》，上海：上海古籍出版社，2001 年。
周紹良：《唐代墓誌彙編》，上海：上海古籍出版社，1992 年。

後　　記

　　桑榆當晚照，崦嵫正夕陽。回首自投於隋代石刻文獻與隋代歷史文化研究的"羅網"，驀然已逾一十八年矣。眼見著西隅日迫而蒼山尚遠，想來往後的用力與方向，恐怕是終老餘生也再跳不出這個心甘情願自縛的"樊籠"了。

　　在學術上與隋代結緣，是從二〇〇二年開始的。這一年，我們獲得了國家文物局文物保護科學和技術研究重點課題"隋代墓誌銘彙考"的立項，直至二〇〇七年以六卷本完成結項並出版。兩年之後的二〇〇九年，我們再申請到國家社科基金項目資助，並分別於二〇一二年和二〇一四年出版了《柔順之象：隋代女性與社會》及《片石千秋：隋代墓誌銘與隋代歷史文化》。緊接著我們又勞形於國家社科基金重點課題"新出隋代墓誌銘整理與研究"的案牘中，光陰流轉，幾度春秋，如今這本行將接受讀者們批評的小書——《貞石可憑：新見隋代墓誌銘疏證》，便是五年來甘苦自知的心血結晶。

　　人生易老，不過好在隋代的歷史也不長，又幸而我們也明白愚鈍人本當下笨功夫，於是就在這一條學術的小徑上走到了今天，並闢開了這麼一路模樣，唯限於學識且力所不及，縱然還有著無數未盡斬除的荊棘和不能鋪平的坎坷，但總算多少能夠有益於來者的前行與進步，這就已然讓我們欣慰和滿足了。

　　學術之路固然要艱苦獨行，而良師益友的扶助，總是不可或缺的力量。因此，我們要鄭重而虔心地銘感那些或惠贈新品、或賜示訊息、或謄錄誌文、或校讀書稿的每一位恕不一一敬錄大名的師友、同道與學生，假如沒有這些慷慨的陽光雨露，又如何能奢望今天的菓實成熟。同樣，我們也要誠謝陝西師範大學和歷史文化學院所給予的優秀學術著作出版資助，以及科學出版社的厚愛與支持，才使得這本惴惴然期待大家指教的拙著能夠順利付梓。

　　北望長安，南眺秦山，天低野曠，落霞無限。眼下的光景之於我們的繼續前行，即便已不能焚膏秉燭，却也依然會在這一畦"隋齋"的小園裏，緩耕慢作，兀兀窮年，若問還能有什麼收穫，姑且一笑置之。

周曉薇　王其禕
2019 年 12 月於長安城南潏水北畔之隋齋